主编 吴承明 陈争平

中国市场通史

第1卷

主编 李埏 龙登高

先秦至宋元

中国出版集团 东方出版中心

图书在版编目（CIP）数据

中国市场通史：三卷本/吴承明，陈争平主编.—上海：东方出版中心，2021.1
ISBN 978-7-5473-1735-8

Ⅰ.①中… Ⅱ.①吴… ②陈… Ⅲ.①市场经济-经济史-研究-中国 Ⅳ.①F129

中国版本图书馆CIP数据核字（2020）第237275号

中国市场通史（三卷本）

主　　编　吴承明　陈争平
策划组稿　张爱民
责任编辑　黄　驰　肖　月
封面设计　钟　颖

出版发行　东方出版中心
地　　址　上海市仙霞路345号
邮政编码　200336
电　　话　021-62417400
印 刷 者　上海盛通时代印刷有限公司

开　　本　710mm×1000mm　1/16
印　　张　86
字　　数　1257千字
版　　次　2021年4月第1版
印　　次　2021年4月第1次印刷
定　　价　298.00元

国家社会科学基金重点项目

（编号05AJL004）

主　　编 吴承明　**陈争平**

第1卷主编　李　埏　龙登高

主要撰稿人：

龙登高　清华大学社会科学院教授

黄纯艳　华东师范大学历史系教授

王文成　昆明学院研究员

孙洪升　中央财经大学经济学院教授

田晓忠　云南大学中国经济史研究所副教授

传统经济·市场经济·现代化

（代序）

吴承明

1992年我国确定建立社会主义市场经济体制以来，史学界对此有不少讨论，主要是如何评价我国历史上比较发达的商品流通，它是不是市场经济，或者什么时候进入市场经济。这里从经济史角度提出几点看法：(1) 从传统经济到市场经济有个转变过程；(2) 市场机制也有个演变过程；(3) 这个转变过程也就是经济现代化的过程，迄今我国尚未完成这种转变。

一、市场经济有个转变过程

什么是市场经济，没有一个经典定义。马克思从未用过市场经济一词，只讲商品经济。古典和新古典经济学，开卷就讲市场，但也无市场经济一词。我国提出建立社会主义市场经济体制后，学术界对于什么是市场经济莫衷一是，但有两点共识。第一，我们所说的是建立社会主义市场经济体制，不是指个别市场。第二，建立这种体制的主要目的，亦即市场经济的主要功能，是通过市场机制更好地调配资源的利用，改变计划经济体制下存在比例失调的状况（当然，实行市场调配后仍需要远景规划、战略性计划调配和宏观调控，这都不在话下）。

将这两个概念置于历史上看：一个社会的经济是发展、停滞或衰退，归根到底是有限资源的利用或配置是优化了还是劣化了；经济体制或制度的良窳，对经济发展具有决定性作用。

历史上长时期内资源的利用主要不是通过市场调配的。一块土地种什么,主要是由家庭、地租的、政府征税的需要决定的。朱元璋是个实物主义者,不但要征粮、棉、丝,还要按亩征布、帛以至红花、靛蓝,农民就得生产这些。但是,自古就有交换,就有市场,就有市场调配。陈春声研究,到乾隆时,广东的耕地只要一半种粮食,就足够全省人食用了。但广东是个缺粮省,靠外省接济,因为一半以上的耕地种蔗、桑、果木、葵去了。[1]这就是市场调配。历史上,资源调配方式是不断演进的,演进到一定程度就发生制度的转变。市场经济可说是一次大的制度转变。马克思和古典经济学没有市场经济一词,但都讲过这次大的转变。

马克思的市场观源于重农学派,即工业品与农产品交换形成市场,工农双方都是独立生产者。单纯农产品包括农家副业产品的交换,历史悠久,但还不是现代意义(资本主义)的市场。他说,工场手工业(它是独立生产的)的出现,使农产品进入资本市场,但还没有引起"根本的改变"。要到机器大工业时代,彻底消灭农民家庭手工业,才为资本"征服了整个国内市场"。[2]

在《德意志意识形态》的"交往和生产力"一节,马克思和恩格斯详述了西欧这个转变过程,并把它分为三个阶段。第一阶段始于16世纪"特殊的商人阶级的形成",这指脱离手工行会、从事城市间长途贩运的商人。他们造成城市间生产分工,市场扩大,结果是工场手工业兴起。第二阶段始于17世纪中叶,商业政治化。诸如英国、法国等国争相开拓殖民地,实行保护关税和各种贸易禁令,以至战争。第三阶段始于18世纪晚期,世界市场的巨大需求产生了机器大工业,生产大发展,同时,英法等国已具备了自由贸易的条件,竞争普遍化。[3]"人们在他们的交往方式不再适合于既存的生产力时,就不得不改变他们继承下来的一切社会形式。"[4]因而,这是一种社会形式的转变,转变后的西欧可说是市场经济了(虽然马克思没有用这个词)。从16世纪到机器大

[1] 陈春声:《市场机制与社会变迁》,广州:中山大学出版社,1992年,第27—28页。
[2] 《资本论》第1卷,北京:人民出版社,1975年,第816—817页。
[3] 《马克思恩格斯选集》第1卷,北京:人民出版社,1974年,第59—67页。
[4] 同上书,第4卷,第321页。这里"交往"是借用英文commerce,以上引《德意志意识形态》中用德文Verkehr更接近商业行为。

工业建立，前后近300年。

古典经济学的市场观多少带有重商主义色彩。A.斯密的市场促进分工、分工和专业化引起国民财富增长的学说已为人所共知。德国历史学派的经济学家们提出各种经济发展阶段论。最早，F.李斯特把原始社会以后的发展分为农业时期、农工业时期、农工商业时期；商业似最晚出。但他实际的论点是，在第一阶段应以自由贸易为手段，力求发展农业；在第二阶段应行“限制贸易政策”即保护关税，来促进工业发展；到第三阶段，如工业革命后的英国，即可“再行逐步恢复自由贸易的原则”，“进行无所限制的竞争”。[1]到新历史学派的K.毕歇尔，提出第一阶段是封闭经济，包括种族社会和中世纪庄园。第二阶段是城邦经济，指城市兴起以后的西欧，是生产者与消费者直接交换。第三阶段是国民经济，在工业革命以后，这时，生产者都是为市场而生产，商品要经过许多环节才达到消费者手中。[2]毕歇尔实际上已提出市场经济的概念了，虽然他没用这个词。

首先使用市场经济一词的大约是J.希克斯1969年出版的《经济史理论》，但也是偶尔使用，更多是用“商业经济”。他认为，世界经济发展的趋势是由习俗经济和命令经济向市场经济过渡或转换。这种转换是渐进的，各地有先后，并可有反复。欧洲中世纪是习俗经济和命令经济的混合物，其转换的起点是16世纪“专业商人”的出现，他们要求保护财产权和维护合同，而旧制度无能为力。于是，在西欧出现城邦制度，城邦和商业竞争，导致殖民主义和海外市场的扩张，接下去，就是一个“市场渗透”阶段。他从四个方面详述了这个过程：(1)适应新市场的货币、法律、信用制度的确立；(2)政府财政、税收和行政管理的改造；(3)领主制破坏，货币地租通行，农产品商品化；(4)自由劳动代替农奴劳动，劳动力市场形成。而这一切，导致工业革命，转换完成。[3]算来，前后也是近300年。

20世纪80年代兴起的以D.诺斯为代表的新制度学派的经济史学，把经

[1] ［德］弗里德里希·李斯特：《政治经济学的国民体系》中译本，北京：商务印书馆，1961年。

[2] Karl Bücher, Die Entstehung der Volkswirtschaft, 1893（《国民经济的形成》）。

[3] ［英］约翰·希克斯：《经济史理论》中译本，北京：商务印书馆，1987年。

济的发展归之于向有效的经济制度的变革，尤其重视产权制度的完善化和交易费用的节约。诺斯认为，人类历史上有两次重大的关系人口与资源的"经济革命"，一次是大约一万年以前的定居农业的出现，一次就是工业革命。工业革命是由1450—1650年间欧洲人的海外扩张和市场扩大开始的，它引起欧洲政治、经济结构的变革。一方面，它迫使具有完善财产权规定和自由竞争的"普遍法"取代中世纪和王权时代的约束；另一方面，它使生产组织发生变化，"从手工业到领料加工制再到工厂制"，完成制度变革。这个变革"经历了三个多世纪"。[1]由于我国正在进行体制改革，新制度学派经济学连同诺斯的经济史理论已为学界所熟知。

二、市场机制也有个演变过程

无论在传统经济或在市场经济中，所谓市场调节生产或资源配置，都是通过市场机制。在传统经济转变为市场经济的过程中，市场机制也是不断演变的。不过，市场机制是只"看不见的手"，他究竟怎样演变我们并不知道，我们知道的只是经济学家对市场机制的解释和分析的方法的演变。我常说，在经济史研究中，一切经济学理论都应视为方法论；任何伟大的经济学说，在历史的长河中都会变成经济分析的一种方法。[2]所以，这里说"市场机制的演变"，实际是经济学家解释和分析市场功能的方法的演变。不同学派有不同的市场理论，我只能择其当时比较通行或比较实用的方法来讨论，自不免主观成分。

指导市场机制的，一般称为"价值规律"。在马克思的理论体系中，资源调配被归结为劳动时间(包括活劳动和物化劳动)的节约和它在各部门间的比例分配。而决定商品价值的是社会平均必要劳动或"抽象劳动"。这本是难以计量的，尤其物化劳动。但是，在交换比较简单、物化劳动比较直接的情况下，人们凭经验是可以理会的。例如"抱布贸丝"，交换双方对生产布和生产丝要花多少劳动都是心中有数的。[3]所以恩格斯说："马克思的价值规律，

---

[1] [美]诺斯：《经济史上的结构和变革》中译本，北京：商务印书馆，1992年，尤其是"工业革命的反思"章。Property right原译"所有权"，不妥，兹改为"财产权"即通称"产权"。

[2] 参见吴承明：《经济学理论与经济史研究》，《经济研究》1995年第4期。

[3] "里谚：君有一尺绢，我有五尺布，相与值贸之，粗者不贫，细者不富。"(同治《余干县志》卷3，市镇)。

从开始出现把产品转化为商品那种交换时起(按指五千到七千年以前)，直到公元15世纪止这个时期内，在经济上是普遍适用的”；直到15世纪止，它起着“支配作用”。[1]

16世纪西欧进入资本主义以后，市场空前扩大，竞争加剧，原来采用劳动时间度量的价值规律不能有效地解释市场的运作了。于是，马克思提出“商品价值转化为生产价格”的理论。就是说，市场上商品价格的形成不再以劳动价值为基础，而是以成本价格加平均利润的“生产价格”为基础了；在市场上调节生产和资源配置的价值规律，也要从生产价格的组成上来分析了。在这个意义上我们说，市场机制的原理发生了变化。而马克思的生产价格，实际上就是A.斯密的“自然价格”、D.李嘉图的“生产价格”“生产费用”，[2]它们都是由生产成本或费用、利润的平均值(有的如地租实际已采用边际值)组成。这种分析方法，在资本主义早期(16世纪到19世纪70年代)大体是适用的。

但是，市场经济的发展，日益扩大和复杂化了。现代经济，不仅商品市场和生产要素市场日臻完备，还有无形财产和技术、信息市场，专利权和知识产权市场，货币衍生品、期货、期权、风险市场；所有市场都要有个价格，市场上没有的东西也有个影子价格。这些价格，很多是不能用生产成本来考察的，于是，经济学家必须有新的理论来解释和分析市场机制，从这个意义上说，市场机制又改变了。

在众多的新经济理论中，比较通行和比较实用的是新古典的均衡价值论。这种理论用“均衡”来描绘极其复杂的交易中的各种力量，恐怕是唯一可行办法，而其主要特点是不再用平均值，而是用边际值来进行分析。经验证明，无论买方或卖方，要得出最优决策，不能只看平均数，而需考虑边际值。实用上，边际分析比较容易计量，也比较精确。最早的边际分析是抛开古典的生产成本说，专从买方即需求(消费)方面进行评价的，但到新古典经济学中，已兼顾需求和供给(生产)了，最优价格决定于边际需求和边际供给的均衡，最优生产(投资)是在边际成本等于边际收益的水平上经营，资源替代成本或机会成

[1] 《资本论》第3卷，北京：人民出版社，1975年，第1019页。
[2] 同上书，第9章，第221页。

本的均衡使资源获得最佳收益,而这也就是资源配置的优化。

现在我们也常把上述这些原则叫作价值规律。但新古典经济学完全忽略经济结构和社会制度的变革,只适于静态或短期分析。做历史研究,还必须运用马克思的历史观和新制度学派的理论,并且,(1)国家政策,尤其基础建设、国防、环保等政策,造成一条很大的非市场的资源流通渠道;(2)托拉斯、跨国公司、大公营企业的内部交易,造成另一条"看得见的手"指挥的资源流通;(3)垄断、寡头垄断、协定价格、博弈交易,都造成对均衡价格的破坏;(4)传统偏好、文化和习俗刚性、法律的破绽,都会在这里或那里造成市场失灵。总之,均衡价值论作为市场规律,实际是漏洞百出的。我们用它来解释和分析市场机制,也可说是出于不得已;当然,也可从其他理论(如合理预期论、激进经济学、模糊经济学)中,吸取某些补充。

三、市场转变过程实即经济现代化过程,我国尚未完成这个转变

从上面的分析可以看出,从传统经济向市场经济的转变过程实即经济现代化或近代化的过程。[1]因为,它不仅是市场量的空前的扩大,市场交易的内涵和市场机制的原理也发生根本性的改变,而这一切,又都是以政治、法律、经济体制和制度的相应变革为前提的。上引马克思所说,"commerce方式"的不适应导致人们"不得不改变他们继承下来的一切社会形式",应是最好的概括。

这里我把过渡到市场经济作为经济现代化的标志,看来比过去把资本主义化作为现代化标志更符合历史实际。任何传统社会,除非中途灭亡,它迟早总要进入现代化社会,这在逻辑上是无误的。但历史上,却不一定必须经过资本主义,我国实际上就是越过"卡夫丁峡谷",由半封建进入社会主义的。市场作为调节生产的手段,市场经济作为现代化经济的形式,与基本生产资料所有制(不是指财产权或产权)并无主从关系。这也是我国要建立社会主义市场经济体制的理论根据。

[1] "现代化"与"近代化"为同义语。我过去文章因为是讲历史,多用"近代化";这里涉及当代和21世纪,故用"现代化"。

历史上我国商品交换比较发达，但是，用上两节所述标准看，它还不是市场经济。它也有个向市场经济转变的过程，何时开始转变，也要联系中国经济的现代化过程来考察。

傅衣凌晚年提出的“明清社会变迁论”，指出“从16世纪开始，中国在政治、社会和文化方面发生一系列变化”，但因种种原因，这些变化有中断以至倒退，但最后仍未脱离世界经济发展的共同规律。[1]我深佩其说。

我以为，中国市场的转化也是从16世纪即明嘉靖、万历间开始的。这时出现的徽商、山西商、陕西商等大商帮即相当于马克思所说的“商人阶级”、希克斯所说的“专业商人”；同时，也有工场手工业出现，即过去我们强调的资本主义萌芽。在社会风气、社会群体组织上也有一定变化；出现了不少“离经叛道”的文学作品引发起明末清初的“启蒙思潮”。我曾有文分析这种情况。[2]并指出，这时的商帮与马克思所说的“纯商人”尚有一定差距，其社会影响太弱。而最重要的，恐怕是没有引起希克斯所说的“政治渗透”，在产权、商法、税制上毫无变化，仍然是完整的封建专制国家，没有商人权利，并坐失了海上和外贸的优势。随着17世纪市场危机和大规模战争的到来，现代化萌芽销声匿迹。进入清代，尤其是康、雍、乾盛世，商业有很大发展，商帮资本由百万两级增至千万两级，市场扩大到边疆地区，市场一体化颇有成绩。我亦有文论述这种情况。[3]然而，愈是“盛世”，统治者愈趋保守。封建专制加强，启蒙思潮被扼杀。迄19世纪，尽管市场大发展，却无任何制度性改革，反不断出现禁海、靖边、闭关、康熙不景气、道光市场危机等逆流；嘉庆以后，长途贩运贸易实际上衰退了。

进入20世纪后，我国已有了现代化产业，口岸城市勃兴，并与国际市场接轨。然而，以抗日战争前而论，我国尚未转变为市场经济：(1)占国民经济最大比重的农业仍然是传统的小农经济体制，商品率很低；新兴产业集中于纺织

[1] 傅衣凌：《明清社会变迁论》，北京：人民出版社，1989年。

[2] 吴承明：《十六与十七世纪的中国市场》，《货殖——商业与市场研究》1995年第1辑；《世潮·传统·近代化》，《近代史研究》1993年3月。

[3] 吴承明：《十八与十九世纪上叶的中国市场》，《货殖》1997年第3辑；《利用粮价变动研究清代的市场整合》，《中国经济史研究》1996年第2期。

和食品业,尚未形成部门体系。这种二元经济的结构刚性和由此造成的低供需弹性,从根本上限制着市场调配资源的作用。(2)现代化市场被定义为"一个价格",如两地的价格差等于运费,则属一个市场。20世纪30年代的中国远未达到这个程度。又因许多产品和劳务价格受国际市场支配,与成本脱节。尤其农产品市场,实际是扩大了的集贸市场,没有权威性的集中价格,即使有也辐射性甚弱。加以工农、城乡价格剪刀差,就进一步破坏了边际成本和收益的均衡。(3)市场现代化是由人格交易向非人格交易的转变,这需要一系列的成文和不成文的法律,以明确产权,中立化规则,规范行为和执行罚则。市场经济必须是法制经济,这一点,在当时尚不存在。

抗日战争爆发,又出现向实物经济倾斜的逆流。1953年开始实行计划经济,限制以至取消市场调配资源的功能,就更谈不到转变了。

我国真正有意识地向市场经济转变,还是在邓小平时代。这时,我国已经有了颇为完整的现代化产业体系,就生产力说,比西欧工业革命时期不知要高出多少倍。但要实现市场经济体制,还是不容易的。邓小平说:"市场经济在封建社会时期就有了萌芽。"[1]我想,这可以指上述16世纪即嘉、万时的变化。1995年中共十四届五中全会提出第九个五年计划和2010年远景目标的建议,说九五期间要"初步建立社会主义市场经济体制",到2010年"形成比较完善的社会主义市场经济体制";也就是说转变完成。从16世纪到2010年,约500年,比西欧多用200年,何以故;这正是我们经济史要研究的问题。应当把这500年作为经济史的重要课题。它也是中国现代化的历史。它经历明、清、民国和新中国70年,历经风风雨雨,惊涛骇浪,其间迭次顺流和逆流,都值得借鉴。

[1]　邓小平:《邓小平文选》第2卷,北京:人民出版社,1994年,第236页。

目　录

绪 论

20世纪90年代初，随着中国改革开放进程的加快，受到中国建设社会主义市场经济体制改革目标的现实驱动，学术界对各历史时期的中国传统市场及其发展史才展开了全面探讨。在越来越多学者的直接参与下，涌现出了一大批与中国市场相关的研究成果。这些成果不仅极大地丰富和充实了中国传统市场与市场史研究，而且成为新时期中国经济史研究不断走向深入并进一步向前发展的重要体现。不过，在此之前的学人并未完全忽视这一领域，早在20世纪二三十年代，就有不少前辈学者对中国各历史时期的商业、商品、货币、城市等各方面内容展开过深浅不一的探讨，由于研究话语与趣旨的差异，很多研究尚未归结到"市场"与市场史的层面，但他们对古代商业与货币等问题的多方面探讨，事实上早已揭开中国古代传统市场研究的序幕。这里系统回顾一下20世纪中国市场史的学术发展历程，分析其研究路径与方法，揭示其学术发展趋势，进而更好地推动学术研究的向前发展。

一、中国古代传统商业与市场史研究的开拓与探索

20世纪初，随着西方近代经济学、社会学等社会科学理论传入中国，一些学者如梁启超、陈家焜等开始尝试用西方社会科学相关理论研究中国历史，其中就有对中国古代商业与社会的初步探索。[1]在20年代末30年代初的中国社

[1] 梁启超：《中国国债史》(1904)；陈家焜：《中国商业史》(1908)。

会史大论战中,不少学者在论述中国古代社会发展演进历程时纷纷以商业资本的发达作为重要立论依据,如陶希圣通过对春秋战国时期商人资本与商业状况的考察,认为商人资本的发展促使完整封建制度解体,随后因其与大土地私有相结合,造成农民流离失所,从而引发中国古代社会循环无端的历史变迁[1];李季指出秦以后到鸦片战争前的中国存在着"(一)小农业与家庭手工业的直接结合,构成一个地方小市场的网;(二)高利贷资本和商人资本很占优势"等状况[2]。他们将古代商业与市场的发达作为"商业资本主义社会"或"前资本主义的生产方法时代"的判断依据,但对商业与市场的论述却多停留于表面,缺乏深入分析,结论产生了一定的轰动效应,可惜整体说服力不强。

"一场混战使大家感觉无知了,于是返头重来,重新做起。"[3]其中,便包括了对古代商业与市场方面的研究。20世纪三四十年代,围绕粮食价格、商人阶层、市场制度、货币制度、交通与商业关系、海外贸易等问题,学者们已展开相关探讨。代表有刘汝霖、钱穆对汉代粮食价格[4],彭信威对汉代的购买力[5],石隐、曾资生、黄灼耀对汉代的商人[6],陶希圣、何格恩对唐代的"市"制[7],黄君墨对唐代货币制度[8],秦璋对唐代交通与商业关系[9],刘兴唐、李彩璋、秦璋对唐代商业和商品经济[10],吕振羽、韩振华对唐代商业资本和海外贸易[11],陶

[1] 参见陶希圣:《中国社会与中国革命》,上海:新生命书局,1931年,第1—96页。
[2] 参见李季:《中国社会史论战批判》,上海:神州国光社,1934年,第91—93页。
[3] 马乘风:《中国经济史》(第1册)序言,中国经济史研究会,1935年。
[4] 刘汝霖:《西汉粮价涨落考》,《师大月刊》1933年9月第6册·钱穆:《记汉代米价考》,《天津益世报·读书周刊》1937年第83期。
[5] 彭信威:《两汉购买力变动之研究》,《复旦学报》1938年第4期。
[6] 石隐:《周秦汉的商业经济与商人地位》,《经济论衡》1944年2月3日;曾资生:《汉代商人阶级与商业资本的发展》,《中央日报》1947年6月4日;黄灼耀:《秦代商人的地位》,《新中华〈夏刊〉》1948年11月第6卷第22期。
[7] 陶希圣:《唐代管理"市"的法令》,《食货》1936年第4卷第8期;何格恩:《唐代岭南的虚市》,《食货》1937年第5卷第2期。
[8] 黄君墨:《唐朝的货币》,《食货》1946年第4卷第11期。
[9] 秦璋:《唐代之交通与商业》,《中国经济》1934年第2卷第12期。
[10] 刘兴唐:《唐代商品经济之发展》,《文化批判》1935年第2卷第5期;李彩璋:《唐代商业之研究》,《师大月刊》1936年第26、27期。
[11] 吕振羽:《隋唐五代经济概论》,《中山文化教育馆季刊》1935年冬季号第2卷第4期。

希圣、鞠清远、吴云端、宋晞等对唐、五代和宋的都市和商业[1]，鞠清远对宋代四川蚕市[2]，李埏对宋代的楮币和交子[3]，傅衣凌对宋元商人[4]等进行的研究。这些围绕秦汉或唐宋时期商业与市场某一方面的具体研究，研究内容常以史料搜集为支撑，不少论述已较深入。另一方面，在20世纪30年代相继出版的一些中国经济史论著，如王孝通《中国商业史》[5]，马乘风《中国经济史》[6]，鞠清远的《唐代经济史》[7]，陶希圣、武仙卿《南北朝经济史》[8]，朱伯康、祝慈寿《中国经济史纲》[9]，将商业作为中国古代经济史的重要组成部分，从经济史的完整性构成展开阐述，扩大了人们对中国古代商业较发达的认识。

20世纪20至40年代传统商业、货币与市场研究最突出的表现，是出现了以加藤繁和全汉昇为代表的学术领军人物，他们以各自精深的研究对此领域的开拓和发展作出重要贡献。

日本学者加藤繁直到20世纪40年代逝世一直致力于对中国古代货币与商业等方面的探讨研究，他在这方面的主要代表作是《唐宋时代金银之研究——以金银之货币机能为中心》[10]和《中国经济史考证》(上、下)[11]。在《唐宋时代金银之研究——以金银之货币机能为中心》一书中，加藤以具体翔

[1] 陶希圣：《五代的都市与商业》，《食货》1935年第1卷第10期。鞠清远：《唐代的都市概说》，《天津〈益世报〉》"食货副刊" 1937年3月16日。吴云端：《唐代的都市制度》，《中央日报》1946年9月7日；《隋唐时代都市与商业的盛衰》，《中央日报》1946年10月5日、12日；《五代的商业与都市》，《中央日报》1948年3月10日。宋晞：《北宋商业中心的考察》，《中央日报》1948年7月19日。

[2] 鞠清远：《唐宋时代四川的蚕市》，《食货》1936年第3卷第6期。

[3] 李埏：《宋代四川交子兑界考》，《中央日报·史学》1940年4月；《北宋楮币起源考》，《浙江大学文学院集刊》1944年第4期。

[4] 傅衣凌：《宋元之际江淮海商考》，《财政知识》1941年第4卷第1期。

[5] 王孝通：《中国商业史》，上海：商务印书馆，1936年。

[6] 马乘风：《中国经济史》，中国经济史研究会，1935、1936年。

[7] 鞠清远：《唐代经济史》，上海：商务印书馆，1936年。

[8] 陶希圣、武仙卿：《南北朝经济史》，上海：商务印书馆，1937年。

[9] 朱伯康、祝慈寿：《中国经济史纲》，上海：商务印书馆，1946年。

[10] [日]加藤繁：《唐宋时代金银之研究——以金银之货币机能为中心》，"东洋文库"，1926年。傅安华曾将其中一部分译为中文，以《唐代绢帛之货币的用途》发表在《食货》1934年第1卷第2期。1944年该书由中国联合准备银行编辑发行该书中文译本。台湾新文丰出版股份有限公司于1974年重印发行。中华书局2006年亦以1944年中译本为底本重印发行。

[11] [日]加藤繁：《中国经济史考证》(上、下)，"东洋文库"，1952、1953年。后经吴杰翻译，以《中国经济史考证》(一、二、三)为名，由商务印书馆于1959、1963、1973年出版发行。中华书局2012年以吴杰翻译本为底本进行再版，又恢复为《中国经济史考证》(上、下)。

实的资料一一考辨论述了唐宋时期金银货币的各种用途、金银的种类与形制、金银器饰及其价格、金银出产地及其输出与输入等具体内容,指出宋代金银货币较唐代发展为快的实情,并认为其主要原因就在于宋代社会经济更为发达。该著还兼顾考察了中国古代金银货币的使用情况与发展演进过程。《中国经济史考证》一书,收录了他在20世纪20至40年代发表的主要论文58篇,其中有多篇为货币史研究论文,如《柜坊考》(1922)、《交子的起源》(1930)、《官营后的益州交子制度》(1934)、《北宋四川交子的界分》《陕西交子考》(1936)、《交子、会子、关子的语义》(1936)、《南宋初期的见钱关子、交子和会子》(1944)等。这些论文对宋代流通领域中的信用凭证与纸币问题集中探讨,正揭示出宋代社会经济较之以往有重大发展,并在货币领域内的特殊表现。加藤对唐宋货币的考察,体现了其对唐宋商业与市场问题的高度敏锐性。在货币问题之外,他对唐宋时代的城乡市场与商业贸易等诸多新情况亦分别予以了探讨。《关于唐宋的草市》(1926)、《唐宋时代的草市及其发展》(1933)二文已经注意到唐宋时代乡村出现了各种草市、镇市和定期市情况;《宋代都市的发展》(1931)、《唐宋时代的市》(1933)、《论唐宋时代的商业组织"行"并及清代的会馆》(1935)则指出唐代都市内的"市"是一种同业商店聚而为行,行聚而成市的形制,并具体论述了宋代以后这种"市制"的瓦解与变化。《唐宋时代的仓库》(1925)考察了邸、店、堆垛场、塌房等仓库类型,指出仓库与商业发展之紧密关系。《宋代商税考》(1934)讨论了宋代的商税制度、商税管理结构以及商税税额收入等问题,说明商税的勃兴只能是商业发展之结果。《宋代和金国的贸易》(1937)、《宋金贸易中的茶、钱和绢》(1941)则对宋金之间的贸易情况、商品构成等进行了探讨。总之,加藤繁以其对唐宋货币以及商业发展各个构成方面的具体研究,在这一时期揭开了对商业与市场史研究诸多议题的序幕。

全汉昇对唐宋商业与市场的研究同样有开拓之功。1934—1948年间他在《"中央研究院"历史语言研究所集刊》《食货》杂志上集中发表的十余篇论文,几乎全是关于唐宋城市商业贸易、货币与货币经济等方面的研究之作。在唐宋城市商业和贸易方面,他的代表性文章有《南宋杭州的消费与外地商品之输入》[1]《北宋汴梁的输出入贸易》[2]《唐宋时代扬州经济景况的繁荣与衰落》[3]《宋代广州的国内外贸易》[4]《南方的虚市》[5]《唐宋帝国与运河》[6]《南宋稻米的生产与运销》[7]《宋金间的走私贸易》[8]等。在他早期发表的论文中，着重探讨了三种不同性质的城市（汴梁、杭州属于行政功能色彩浓厚的城市，扬州是国内商业重镇，广州是国际贸易商埠）商业发展状况和商品构成结构，指出以运河等交通运输条件之改善，对唐宋城市商业和城市经济发展产生了重要影响。在此基础上完成的《唐宋帝国与运河》一文，属于较早关注到中国古代经济重心分布问题的专文，文章就运河的修筑以及运河在发挥沟通唐宋国家政治军事重心所在的北方与经济重心所在南方之间的重大作用展开论述，借此阐明运河兴废与唐宋国家国运盛衰的关系。在商业大都会之外，他注意到在宋代的若干地方，或由于交通方便，便于商品集散；或由于人口增加，导致一些虚市演变为市镇。此外他对南宋稻米的生产与运销、宋金间的走私贸易的考察，也是将其置之于商业贸易史视角进行的探索。与加藤相似，货币与货币经济也是他的研究重点。这又反映在两个方面，一方面是以《唐代物价的变动》[9]《北宋物价的变动》[10]《南宋初年的物价大变动》[11]《宋末的通货膨胀及其对于物价的影响》[12]等为代表的对唐宋物价史的研究；另一方面则是以《中古自然经济》[13]和《唐宋政府岁入与货币经济的关系》[14]为代表的对货币经济史的研究。在物价史研究方面，他以具体史料为分析依据，分别论述了唐代物价变动的七个阶段和北宋物价变动的四个阶段，从而在整体上描绘

[1] 全汉昇：《南宋杭州的消费与外地商品之输入》，《史语所集刊》1943年第7本。
[2] 全汉昇：《北宋汴梁的输出入贸易》，《史语所集刊》1943年第8本。
[3] 全汉昇：《唐宋时代扬州经济景况的繁荣与衰落》，《史语所集刊》1943年第11本。
[4] 全汉昇：《宋代广州的国内外贸易》，《史语所集刊》1943年第11本。
[5] 全汉昇：《南方的虚市》，《史语所集刊》1947年第9本。
[6] 全汉昇：《唐宋帝国与运河》，《中研院历史语言研究所专刊》之24，1944年。
[7] 全汉昇：《南宋稻米的生产与运销》，《史语所集刊》1948年第10本。
[8] 全汉昇：《宋金间的走私贸易》，《史语所集刊》1943年第11本。
[9] 全汉昇：《唐代物价的变动》，《史语所集刊》1943年第11本。
[10] 全汉昇：《北宋物价的变动》，《史语所集刊》1943年第11本。
[11] 全汉昇：《南宋初年的物价大变动》，《史语所集刊》1943年第11本。
[12] 全汉昇：《宋末的通货膨胀及其对于物价的影响》，《史语所集刊》1948年第10本。
[13] 全汉昇：《中古自然经济》，《史语所集刊》1948年第10本。
[14] 全汉昇：《唐宋政府岁入与货币经济的关系》，《史语所集刊》1948年第20本上册。

出唐宋时期的物价升降起伏过程,开启了中国物价史研究的先河。[1]在货币经济史研究方面,《中古自然经济》一文根据德国学者布鲁诺·希尔德布兰德(Bruno Hildebrand)以交换为标准提出的经济史分期,以商业盛衰与货币使用的进步及退化关系为分析工具,全面论述了自魏晋以降至唐中叶实物货币使用取代金属货币使用的具体情况,指出该时段就是一个以自然经济为主的时期。作为《中古自然经济》的姊妹篇,《唐宋政府岁入与货币经济的关系》则通过对唐和北宋政府岁入中钱币增长情况的考察,指出钱币在唐宋国家岁入总额中所占比重越来越大的事实,借此说明了唐宋时期货币经济的发展,最终论证了货币经济逐渐取代了中古以来占过优势的自然经济地位的历史演进过程。

加藤繁和全汉昇的商业与市场史研究,从研究时段来说,主要限于对唐宋时期的考察;从研究内容来说,已涉及唐宋时期的城市经济、跨国与国际贸易、商品构成、商业组织、商业货币、商业税收、城乡市场、交通运输、物价变动等各个方面。这其中很多问题都是之前学者所没有关注到,或者虽偶有关注,但却很少有如他们二者一样对其进行集中深入论述,并从中提出精辟的见解。他们的研究,虽然尚未直接冠以"市场"之名,很多却已有市场研究之实。他们对商业与市场史、古代经济史的研究,除了研究对象基本一致外(当然,加藤的研究范围要更加广泛),[2]研究方法上也有很多相似之处,即注重对史实材料的广泛收集,以及对材料进行逐一考证与细致梳理,以实证的研究为取向。不同之处则在于全汉昇更加注重对理论方法的吸收借鉴与具体运用,在他的文章中除极少数例外,绝大多数都有明确的问题意识和研究指向。这不仅体现在他以交通运输情况来解析运河城市商业经济之发达,以运河畅通与否来

[1] 事实上,全汉昇在20世纪40年代末期研究发生转向后,对物价问题的探讨仍没有停止,不过研究转为以明清为主,尤其对清代物价的研究,更是用力尤深,此不多举。可参见王业键:《全汉昇在中国经济史研究上的重要贡献》,载全汉昇著:《中国经济史研究》(一)之"附录",北京:中华书局,2011年,第410—413页。

[2] 在对唐宋经济史展开的研究之中,加藤繁的研究领域远不止商业贸易和货币史,他对唐宋时期的土地制度、财政、户口等方面的研究都有重要建树。在唐宋之外,二者都对清代的商业贸易和货币史研究有开拓之功,全汉昇后来研究的转向不仅仅是由唐宋转向清代,他还在中国近代工业化研究领域作出了重要贡献。可参见王业键:《全汉昇在中国经济史研究上的重要贡献》,载全汉昇著:《中国经济史研究》(一)之"附录",北京:中华书局,2011年,第410—413页。

解释唐宋国家政治命运的盛衰，更重要的还体现在他以普遍的货币使用状况对中国古代经济形态发展变化展开的分析。如在对货币经济论述的两篇文章里，他以商品交易的媒介——货币为研究对象，以大量丰富的史实和统计数据为讨论基础，借鉴西方古典经济学与马克思主义政治经济学相关论述为分析工具，系统全面地阐释了中国古代从汉晋以降至宋代的经济形态演变过程，即由自然经济到货币经济的发展演进过程。该论说对之后的中国史学界产生了重要影响。何兹全撰文指出南北朝时期南北区域情形迥异，南方地区因大量移民迁入带来的经济开发与繁荣，货币经济仍居主导地位，[1]实际对全汉昇中古自然经济说作了回应与补充。从这个意义上说，加藤繁、全汉昇以他们对学术探索的热情和学术研究的敏锐目光，开辟了中国经济史研究的新领域，推动了中国经济史研究的新发展。

当然，由于这一阶段中国史学研究的重心并不在于商业史或市场史的研究，故与商业相关的研究影响力较为有限。但在加藤繁、全汉昇为代表的学者们辛勤的耕耘下，传统商业与市场史的主要研究对象和范围已大致确定，他们对相关具体问题的考察，基本奠定了此后这一领域的研究基础。

二、传统商业与商品经济研究的进展与波折

1949年新中国的成立和马克思主义理论在史学研究中主导地位的确立，是影响此后国内学术研究的重大事件。在新的时代背景下，由于对商业与贸易在国民经济发展中的地位和作用认识不足，新中国推行“以粮为纲”方针，重视农业生产和工业发展，商业与贸易受到忽视与抑制，商业史、商品经济史研究因此受到很大影响。反映在具体研究中，一方面对前一阶段研究成果进行了一定程度的整合与拓展，另一方面则随着马克思主义中国化进程的深入，在一些大的研究议题（如“中国古代史分期”“中国资本主义萌芽”等所谓史学界“五朵金花”）带动下，研究的取向进一步屈从或附着于对重大时代主题的探讨。在整个大的时代背景之下，商业与商品经济史研究经历了短暂发展

[1] 何兹全：《东晋南朝的钱币使用与钱币问题》，《“中央研究院”历史语言研究所集刊》1949年第14本。

与不断走向式微，最终在“文革”期间完全停滞。

对上一阶段商业史研究的继承与整合，主要体现在20世纪50年代初至60年代中期出版或发表的相关论著之中。著作方面，李剑农的三部中国古代经济史稿，即《先秦两汉经济史稿》[1]《魏晋南北朝隋唐经济史稿》[2]和《宋元明经济史稿》[3]，原是他在20世纪40年代的大学课堂讲义，此时经过其进一步整理，分别出版。三部著作各分专章对各历史时期的货币使用情况、商业经济发展概况进行了详细论述：在货币使用情况方面，一一陈述了历代货币制度与货币形态；在对各时段商业经济发展概况的论述方面，则分别从商业交通、商业都市分布、商业市场形制、商品构成与海外贸易等方面进行裁取与阐述。三部著作对商业与市场的论述，既体现出对之前学界相关研究成果的继承延续，同时又在整体性阐释方面将之进一步往前推进。张家驹的《两宋经济重心的南移》，[4]蓝本为作者20世纪30年代大学毕业论文，新著在原有论文基础上进行了全面扩充，分别从两宋政权更迭与南方社会生产力发展等方面整合前说，延续了民国学人对古代经济重心问题探讨余绪，推动了中国古代经济重心南移议题的往前发展。彭信威的《中国货币史》[5]是一部关于中国古代货币研究的通史著作，也是作者在20世纪三四十年代已有搜集资料和研究基础上的整合拓展，该著对殷商至清代的货币制度、货币购买力、货币理论与货币史、信用与信用机构等方面全面系统的梳理论述，其论新见迭出，至今仍为货币史研究的经典之作。此外，杨宽的《战国史》[6]吕思勉《隋唐五代史》[7]岑仲勉《隋唐史》[8]韩国磐《隋唐五代史纲》[9]等断代史著作中也对不同时代的商业、货币与市场相关内容进行了综合论述，这些内容多数亦来源于上一阶段已有研究基

[1] 李剑农：《先秦两汉经济史稿》，北京：三联书店，1957年。
[2] 李剑农：《魏晋南北朝隋唐经济史稿》，北京：中华书局，1963年。
[3] 李剑农：《宋元明经济史稿》，北京：三联书店，1957年。
[4] 张家驹：《两宋经济重心的南移》，武汉：湖北人民出版社，1957年。
[5] 彭信威：《中国货币史》，上海：上海人民出版社，1958年第1次修订、1965年第2次修订。
[6] 杨宽：《战国史》，上海：上海人民出版社，1955年。
[7] 吕思勉：《隋唐五代史》，北京：中华书局，1959年。
[8] 岑仲勉：《隋唐史》，北京：高等教育出版社，1957年。
[9] 韩国磐：《隋唐五代史纲》，北京：三联书店，1961年。

础。胡如雷《唐代的飞钱》[1]程溯洛《宋代城市经济概况》[2]束世澂《隋唐宋时代城市的发展》[3]陈昌运《北宋时期开封城市经济的繁荣》[4]和李埏《略论唐代的“钱帛兼行”》[5]等论文，在研究对象上一样体现出对上一阶段研究的延续。其中不断阐释出新意并将研究往前推进的论文也所在多有。如李埏的《略论唐代的“钱帛兼行”》在加藤繁、全汉昇与李剑农对唐代货币使用情况的相关揭示基础上，进一步从铜钱、绢帛的自有属性与社会交换的实际需要出发，认为城市小生产者的身份变化与绢帛广阔国际市场的同时并存，是导致唐代城乡商品交易媒介货币出现“钱帛兼行”的主要原因，进而指出商品经济的有限度发展最终制约着唐代货币的使用形态发展。该文不仅提出了“钱帛兼行”这一学术概念，更在理论解释层面上将之不断深化。

除研究对象上的延续性外，从研究方法来说，上述研究也基本延续着前一阶段加藤繁、全汉昇等学者的治学路径，即一方面注重于对历史资料的大量搜集和具体考证，以求得对古代商业、货币与市场状况本身面貌之揭示，另一方面则又试图运用西方经济学，尤其是马克思主义政治经济学相关理论对其进行合理解释。这种延续性是学术正常发展规律的体现。20世纪50年代活跃于中国史坛的多数学者，他们的学术训练以及自身学术积累，是从上一个时段延续下来的，他们的学术背景和学术生命具有不可割裂性。在新中国建立之初，他们在充分吸收之前相关研究成果基础上进行的一些综合性的整合研究，相较于上一阶段的各种专题式学术探讨，其整合式的拓展意义较为明显。这正是李剑农、彭信威等学者于此时作出的重要学术贡献。但另一方面，与前一阶段在研究理论与解释工具选择上的较多不同，20世纪50年代中期以后随着马克思主义明确成为指导史学研究的唯一正确理论，学术研究解释工具和研究话语体系也不断走向统一。作为大时代背景下的很多“旧史家”，也纷纷展开对马克思主义理论的系统学习，并在马克思主义理论指导下对原有研究进

[1] 胡如雷：《唐代的飞钱》，《光明日报》1956年6月7日。
[2] 程溯洛：《宋代城市经济概况》，《历史教学》1956年第5期。
[3] 束世澂：《隋唐宋时代城市的发展》，《历史教学问题》1959年第3期。
[4] 陈昌运：《北宋时期开封城市经济的繁荣》，《史学月刊》1959年第6期。
[5] 李埏：《略论唐代的“钱帛兼行”》，《历史研究》1964年第1期。

行的一些相应修订,就是这种时代风气变化的一个显著反映。[1]新旧史家在马克思主义理论指导下开展的史学研究,已经不可撼动。

运用马克思主义理论对中国历史发展过程及其规律性的探讨,不仅是重大的历史课题,更是关乎新中国发展前途与命运的重大现实问题。20世纪50年代中期以后,对这一重大课题的探讨汇集而成史学界常说的"五朵金花",即五个重大历史议题:中国封建土地所有制问题、中国古代史分期问题、中国资本主义萌芽问题、汉民族形成问题和中国封建社会农民战争问题。围绕"五朵金花"所展开的全国性大讨论,成为此时学术研究的主流。其中,与商业和市场关系比较紧密的是"中国资本主义萌芽"问题。在"中国资本主义萌芽"话语体系下,很多学者的研究重心与取向不在于探索古代商业、商品经济的具体构成与内涵特征,转而纷纷以古代商业与商品经济发展的相关内容和论述为依据,从商业组织和商品性雇佣劳动生产关系等方面参与到中国古代资本主义萌芽问题的讨论。他们提出了唐宋时期中国已出现资本主义萌芽。如孔经纬在《中国封建社会中资本主义萌芽问题之研究》[2]《关于唐宋时期已有资本主义萌芽的历史事实》[3]两文中,依据《太平广记》《春渚纪闻》《东京梦华录》以及《马可·波罗行记》等所载资料,认为唐中叶已出现具有资本主义协作制性质的手工业作坊,到两宋时尤其是南宋时的临安表现更为明显,表明唐宋时期中国已出现最初的资本主义萌芽情况。傅筑夫、李竞能以唐代商品经济高度发达为研究背景,指出商业资本逐步向产业资本渗透,雇佣劳动制普遍实行,"尽管唐代还是中国封建经济的高峰时代,但是已经在这个经济结构的胎内孕育着资本主义因素的最初萌芽"。[4]束世澂立足宋代商品经济的空前发展,认为"这样高涨的商品经济,是可能作为资本主义关系产生的前

---

[1] 参阅王学典:《近五十年的中国历史学》,《历史研究》2004年第1期。罗志田:《"文革"前"十七年"中国史学的片段反思》,《四川大学学报(哲学社会科学版)》2009年第5期。朱春龙:《"旧史家"与"五朵金花"的讨论(1949—1966)》,《史学理论研究》2015年第2期。

[2] 孔经纬:《中国封建社会中资本主义萌芽问题之研究》,《新史学通讯》(即后来的《史学月刊》)1955年第12期。

[3] 孔经纬:《关于唐宋时期已有资本主义萌芽的历史事实》,《新史学通讯》1956年第3期。

[4] 傅筑夫、李竞能:《中国封建社会内资本主义因素的萌芽》,《新建设》1955年第10期(1956年该文单行本由上海人民出版社出版发行)。

提的”，结合雇佣劳动者普遍存在以及资本剥削制度等方面内容，得出中国资本主义萌芽起源于宋代的结论。[1]此外还有柯昌基[2]、韩大成[3]从手工业中雇佣劳动的使用情况为依据，一样赞同宋代资本主义萌芽说。不同的声音则主要来自明清经济史学者，他们认为明清时期中国才产生资本主义萌芽。[4]此外，还有一些学者，则从根本上认为，唐宋时期的商业与商品经济发展程度非常有限。[5]

资本主义萌芽说的主要立论基础在于较发达的商业与商品经济，以及在此背后出现的商品生产雇佣关系。从这方面说，资本主义萌芽问题的探讨与商业、商品经济联系紧密。正是由于对不同时期商业和商品经济发展程度认识上存在差异，导致了学者们不尽相同的学术判断。不过，由于此时对资本主义萌芽讨论的核心，或者说研究的最终指向并不在于揭示唐宋或明清时期的商业与市场发展情况如何，而是为了证明“中国封建社会内的商品经济的发展，已经孕育着资本主义的萌芽，如果没有外国资本主义的影响，中国也将缓慢地发展到资本主义社会”这一论断。因此，讨论从一开始就有非常明确的理论预设，即认为马克思主义理论必然符合中国国情，强调中国与世界各民族历史进程的同一性。对这一问题的讨论，演变为“中国资本主义在何时、何地、何处萌芽”的问题，进而在这一先入为主的理论指引下，从历史时期的商业与商品经济发展状况来汲取养分，以成其说。研究议题取向的转化以及由此反映出的比较史观和全局视野，对唐宋时期、明清时期商品经济研究的推进仍是有益的，有其贡献在其中。[6]

---

[1] 束世澂：《论北宋时资本主义关系的产生》，《华东师范大学学报》1956年第3期。

[2] 柯昌基：《宋代雇佣关系的初步探索》，《历史研究》1957年第2期。

[3] 韩大成：《对黎澍同志“关于中国资本主义萌芽的考察”一文的几点意见》，《历史研究》1956年第7期。

[4] 吴晗：《明初社会生产力的发展》，《历史研究》1955年第3期。邓拓：《从万历到乾隆》，《历史研究》1956年第10期。徐大龄：《十六世纪、十七世纪初期中国封建社会内部资本主义的萌芽》，《北京大学学报》1956年第3期。尚钺：《中国资本主义发生和演变的初步研究》，北京：三联书店，1956年。傅衣凌：《明代江南市民经济试探》，上海：上海人民出版社，1957年；《明清时代的商人及商人资本》，北京：人民出版社，1957年。

[5] 王仲荦：《从茶叶经济发展历史看中国封建社会的一个特征》，《文史哲》1953年第2期。蒙文通：《从宋代的商税和城市看中国封建社会的自然经济》，《历史研究》1961年第4期。

[6] 可参阅李伯重：《资本主义萌芽研究与现代中国史学》，《历史研究》2000年第2期。

学术与政治相结合，并逐渐屈从于政治需要，在20世纪50年代末的“史学革命”之后，变得越来越严重。一些研究者甚至逐渐抛弃了那些“历史之所以为历史”的东西，很多历史问题的探讨由于缺乏具体史实支撑而变得越来越空泛无当，在运用马克思主义研究历史过程中贴标签式的教条主义之风盛行，复杂的历史被简单化和公式化了。再加上社会主义公有制“三大改造”完成后，受马克思主义经典作家之影响，认为商品经济是资本主义性质的私有经济形式，将商品经济视为是资本主义的代名词，从而在整个社会政治与经济领域对商品经济采取了漠视甚至压制的态势，进一步加剧了对商品交换与市场研究的衰微。[1]“文革”时期，这种衰微达到极致。与其他学术研究领域一样，商品与市场研究在“文革”时期进入全面停滞阶段。[2]

三、中国传统商业与市场研究的全面勃兴与繁荣

“文革”中断了中国学术发展的正常进程，对中国社会和学术发展造成了难以估量的损失。“文革”结束后，特别是1978年中国共产党十一届三中全会之后，在“解放思想、实事求是”思想路线指引下，阶级斗争让位于经济建设，改革开放成为新时期的时代主题，“文革”时一度被视为学术“禁区”的商业、商品经济、商业市场等问题终于突破各种阻碍，回归到正常的学术研究。在中国改革开放逐步深入、进而明确建立社会主义市场经济体制改革目标的大时代背景下，老一辈学者以及在改革开放后培养成长起来的年轻学者迸发出惊人的学术创造力，他们在中国经济史研究各领域，尤其是商品经济史、商业和市场史的研究中产出了大量的研究成果。据统计，1900年至1984年上半年中国（包括大陆和台湾）出版的中国经济史论著近2万种，其中“文革”后大陆出版居大多数；1986年至1995年十年间大陆出版的中国经济史论著近2万种，

[1] 参见李根蟠：《二十世纪的中国古代经济史研究》，《历史研究》1999年第1期。

[2] 当然，这仅指国内学术研究而言。从全球视野看，日本以及西方学者对市场与市场史理论的探讨并未受到中国国内政治形势的影响而停滞，相反在此阶段取得重要进展，典型如日本学者宫崎市定、斯波义信等对宋代商业与城市革命的探讨，英国经济学家约翰·希克斯对市场与经济史理论的思考，美国人类学家施坚雅对中国农村集市与城市的研究，等等。这些研究在20世纪八九十年代以后又影响了中国学术研究的发展。

数量已超过此前85年发表论著总和。[1]在上述统计年份之外，1995年以后的商业史、市场史研究成果一直持续稳步增长，累积至今，研究成果数量之巨，远非以往时代所能比拟。

除研究成果数量的大幅增长外，这一阶段对传统商业与市场史的研究，在资料的搜集与运用，研究对象与范围的扩大，研究议题的拓展与深入等方面，都展现出巨大进步。

传统商业与市场史研究离不开对史料的搜集与整理运用。20世纪80年代以前的中国古代商业史研究，依据资料主要来源于传统典籍，对考古、碑刻、文书资料的运用尚较有限。改革开放以后，随着考古事业的进展，考古新发现的实物或文字材料，不断被运用于商业史的研究。如作为古代商业交换最重要媒介的货币，在越来越多的考古发掘中都有发现，数量与形制或多寡不一，但不论是先秦时期的海贝，战国秦汉时期的铜刀、铜币，还是唐宋金元时期的铜钱、白银、交钞，都已成为当时商业发展水平的重要见证，进而成为史家研究历史时期货币经济的重要材料。一些重要的货币史著作，对各种考古发现的货币作尽可能周全的阐释。[2]货币之外，考古发掘出土的金银器、瓷器、陶器等实物器材，以及各种碑刻、墓志、墓室壁画、砖石像、竹简、文书等，也都成为商业与社会经济研究的重要材料。一些重要竹简与文书的发现，如睡虎地秦简、走马楼吴简、吐鲁番文书的出土，很大程度上弥补了传世文献资料的不足，在相关经济史研究中发挥出重要价值。对传统文献资料的整理取得重要进展，如完成了二十四史等一大批基本传统文献的整理、点校工作，大量文献整理后出版发行，为商业史研究提供了重要的基础性材料支撑。一些大型史籍丛书如《四库全书》《宋会要辑稿》等完成电子信息化，电子检索技术的进步进一步扩大了史家对相关史料搜集的能力，为商业与市场研究的深入开展提供了巨大便利。

---

[1] 这一阶段的研究成果，有相当大一部分内容属于商品经济史、商业史与市场史研究。参见叶茂：《中国古代经济史研究综述（1977—1996）》，《中国经济史研究》1996—1997年联合增刊。参见李伯重：《回顾与展望：中国社会经济史学百年沧桑》，《文史哲》2008年第1期。

[2] 萧清：《中国古代货币史》，北京：人民出版社，1984年。钱剑夫：《秦汉货币史稿》，武汉：湖北人民出版社，1986年。张南：《秦汉货币史论》，南宁：广西人民出版社，1991年。黄锡全：《先秦货币通论》，北京：紫禁城出版社，2001年。杨寿川：《贝币研究》，昆明：云南大学出版社，1997年。赵德馨：《楚国的货币》，武汉：湖北教育出版社，1995年。

商业与商品经济研究对象与范围在这一阶段明显扩大。“文革”前商业史、商品经济史研究总体较薄弱，仅有的少量研究又多注重于对秦汉、唐宋时代的货币经济探讨，对其他历史时期的商业发展状况，以及少数民族地区的商业贸易等方面的研究成果几乎阙如。新时期的商业与商品经济史研究，由于研究资料搜集范围的扩大，以及研究手段的提高，不仅秦汉、唐代、宋代的商业贸易与商品经济的研究在原有基础上获得进一步发展，出版多部研究专著，[1]以往研究较薄弱的南北朝、辽、金、元等朝的商业贸易、货币经济、对外交通与贸易等方面内容也有重要研究进展。[2]此前较少为学者关注的盐、铁、茶、酒等特殊商品的买卖，及其反映的商业与市场问题，在新时期里也成为商品经济史研究的重要对象，出版了若干研究新著。[3]城市人口、城市经济、城市管理，以及城市化等问题，也成为新时期商业史、城市史研究的重要内容。此外，还有诸如对海外贸易、货币流通、商人阶层、商业资本、地域经济等等进行的广泛研究，[4]都是新时期商业与商品经济史研究扩大的体现。

从学术研究本身出发，很多研究议题得到深化与拓展。如“文革”前就已探讨过的“中国资本主义萌芽”问题，在这一阶段出版了《中国资本主义的萌芽》，[5]对中国资本主义萌芽具体内容做了尽可能客观、细致的全面考察，较

---

[1] 黄今言：《秦汉商品经济研究》，北京：人民出版社，2005年。张泽咸：《唐代工商业》，北京：中国社会科学出版社，1995年。［美］马润潮著，马德程译：《宋代的商业与城市》，台北：中国文化大学出版社，1985年。［日］斯波义信，庄景辉译：《宋代商业史研究》，台北：稻禾出版社，1997年。漆侠：《宋代经济史》，上海：上海人民出版社，1987、1988年。

[2] 吴慧主编：《中国商业通史》（第1卷），北京：中国财政经济出版社，2004年；《中国商业通史》（第2卷），北京：中国财政经济出版社，2006年。

[3] 郭正忠：《宋代盐业经济史》，北京：人民出版社，1990年。郭正忠主编：《中国盐业史》，北京：人民出版社，1997年。任长幸：《西夏盐业史》，北京：中国经济出版社，2016年。李晓：《宋代工商业经济与政府干预研究》，北京：中国青年出版社，2000年。林文勋、黄纯艳等：《中国古代专卖制度与商品经济》，昆明：云南大学出版社，2003年。李华瑞：《宋代酒的生产和征榷》，保定：河北大学出版社，1995、2001年。

[4] 陈高华、吴泰：《宋元时期的海外贸易》，天津：天津人民出版社，1981年。关履权：《宋代广州的海外贸易》，广州：广东人民出版社，1987、1994年。黄纯艳：《宋代海外贸易》，北京：社会科学文献出版社，2003年。喻常森：《元代海外贸易》，西安：西北大学出版社，1994年。张弘：《战国秦汉时期商人和商业资本研究》，济南：齐鲁书社，2003年。姜锡东：《宋代商人与商业资本》，石家庄：河北教育出版社，1993年。

[5] 许涤新、吴承明主编：《中国资本主义发展史》（第1卷）“中国资本主义的萌芽”，北京：人民出版社，1985年。

“文革”以前标签式研讨更富学理化，也更加深入，其中一些研究内容追溯到宋元时期。对“中国封建社会长期延续”问题的讨论，转而也延续到对封建社会经济结构、小农经济与商品经济的研究中来，都是研究议题不断深化的具体体现。随着学术研究不断走向深入，一些研究议题逐渐淡出学者们研究视野，一些新的研究议题与领域也逐渐形成。如吴承明在完成《中国资本主义发展史》第1卷“中国资本主义萌芽”撰写工作后，公开宣布放弃对“资本主义萌芽”问题的讨论，转向了对市场与市场史的研究，就是学术研究转向的一个典型。在吴承明研究的带动下，很多学者对中国传统市场不同层面展开研究，其中又以龙登高的研究最为突出，他不仅对宋代东南市场做了深刻揭示，还从贯通视野展开了对中国传统市场的研究。[1]市场与市场史研究在某种程度上代表了对此前商品经济史研究的拓展与升华，也正是在市场史研究的视域下，中国传统时期商业发展水平、市场发育程度、个体家庭与经济社会联系、区域经济与社会发展等问题，可以得到更加合理的揭示。

这一阶段商业、商品经济与市场史研究取得的成就当然远不止此，还出版了一些重要的代表作。如商业史领域出版了吴慧主编的五册本《中国商业通史》，其中第1、2卷是先秦到宋元时期的商业发展史，商品经济史领域有李埏《经济史研究中的商品经济问题》[2]童书城《中国商品经济史》[3]冷鹏飞《中国古代社会商品经济形态研究》[4]，市场史研究则以龙登高《宋代东南市场研究》《中国传统市场发展史》《江南市场史：十一至十九世纪的变迁》最有代表性。相继出版的几套中国经济通史著作，如人民出版社《中国封建社会经济史》(五册)、[5]齐鲁书社《中国封建社会经济史》(四册)、[6]湖南人民出版社《中国经济通史》(九卷)，[7]也对先秦至宋元时期商品经济与商业市场发展情

[1] 龙登高：《宋代东南市场研究》，昆明：云南大学出版社，1994年；《中国传统市场发展史》，北京：人民出版社，1997年；《江南市场史：十一至十九世纪的变迁》，北京：清华大学出版社，2003年。
[2] 李埏：《经济史研究中的商品经济问题》，《经济问题探索》1983年第3期。
[3] 童书城：《中国商品经济史》，合肥：安徽教育出版社，1990年。
[4] 冷鹏飞：《中国古代社会商品经济形态研究》，北京：中华书局，2002年。
[5] 傅筑夫：《中国封建社会经济史》(5册)，北京：人民出版社，1981、1986、1989年分别出版。
[6] 田昌五、漆侠主编：《中国封建社会经济史》(4册)，济南：齐鲁书社，1996年。
[7] 赵德馨主编：《中国经济通史》(9卷)，长沙：湖南人民出版社，2002年。

况均予以了积极的、较公允的论述,商业与市场史研究的大致面貌得到较充分展示。

1. 传统时代商品与市场发展水平与阶段性特征

市场是商品交换的场所与领域,与商品经济有着天然的联系。20世纪70年代末以后,对秦汉至唐宋商品经济展开研究的论述渐次增多。如傅筑夫对春秋战国商品经济发展程度予以了极高评价,甚至认为在春秋战国之际,商品经济和货币经济的突出发展,已产生资本主义因素,形成了“国民经济体系”;[1]邓福秋以《史记·货殖列传》所载材料为依据,认为西汉相互联系的大大小小的商业经济区,已构成以洛阳为中心的全国统一市场。[2]黄今言认为秦汉时期是中国古代商品经济发展的一个高峰期,并对其商品经济发展状况进行了系统阐述。[3]蒋福亚承认战乱造成了魏晋南北朝时期北方出现商品经济与市场的萎缩,同时认为北魏中期以后的北方、东晋南朝的南方和两汉相比,非但差距不大,甚至还略有发展。[4]李埏以唐代商业网已达于各主要经济区为据,认为全国性的市场已经形成(尽管这个商业网还是漫画式,全国性市场还处于它的幼年阶段)。[5]傅筑夫指出宋代是中国古代商品经济最发达的时期,商业出现革命性变化,商业和城市由古代型向近代型转化。[6]漆侠通过对宋代商品经济发展具体状况的分析,指出东南诸路商品货币经济有了显著发展。[7]资本主义萌芽论者往往据此推断古代中国产生了资本主义萌芽。[8]海外学者

[1] 傅筑夫:《中国古代经济史概论》,北京:中国社会科学出版社,1981年;《再论资本主义萌芽——关于资本主义萌芽的几点补充意见》,《社会科学战线》1983年第1期。

[2] 邓福秋:《西汉前期的商业经济区和全国性统一市场——读〈史记货殖列传〉札记》,《中国史研究》1986年第4期;《西汉前期的市场经济和我国历史上的资本主义萌芽问题——读〈史记货殖列传〉札记之二》,《中国经济史研究》1994年第2期。

[3] 黄今言:《秦汉商品经济研究》,北京:人民出版社,2005年。

[4] 蒋福亚:《魏晋南北朝时期的商品经济和传统市场》,《中国经济史研究》2001年第3期。

[5] 李埏:《从钱帛兼行到钱楮并用》,载邓广铭、程应缪主编:《宋史研究论文集》,上海:上海古籍出版社,1982年。

[6] 傅筑夫:《唐宋时代商品经济的发展与资本主义因素的萌芽》,《陕西师范大学学报(哲学社会科学版)》1979年第1期;《中国封建社会经济史》(第5卷),北京:人民出版社,1989年。

[7] 漆侠:《宋代经济史》(下),上海:上海人民出版社,1988年。

[8] 典型如前述傅筑夫认为春秋战国已有资本主义因素,唐宋时产生资本主义萌芽说,漆侠在《宋代经济史》一书中亦认为在东南诸路商品经济发达地区产生了资本主义萌芽,等等。

中亦有多人持类似观点。如英国学者伊懋可（Mark Elvin）就指出13世纪的中国在交通运输、金融、信贷、城市化与市场系统各领域都出现了革命性变革。[1]日本学者斯波义信对宋代商业与经济革命有相似的认识，认为宋代已出现全国性市场。[2]

批评的声音则认为上述各类估计过高。如郭庠林、张立英认为战国商品经济虽比春秋发达，但充其量只是简单商品经济。[3]曹应旺指出战国仍是一个自然经济为主的时期，战国农业手工业中的商品生产只能充当自然经济的婢女。[4]秦晖认为隋唐是一个自然经济为主的时期，其商品经济发展程度远较秦汉古典时期为低。[5]汪圣铎认为宋代商品经济是一种畸形发展和虚假繁荣，不少被认为标志着商品经济高度发展的现象，并不是建立在社会生产力和社会生产顺利发展的基础上。[6]包伟民通过对宋代粮食市场的分析，也指出宋代粮食贸易远未超过自然经济范畴。[7]

此时一些学者对各个历史时期商品经济发展水平及其发展周期作了总体评估。如赵俪生在《中国经济史上的三个转折》[8]一文中，以公元前524年周景王铸大钱、公元86年汉章帝时朝议封钱以布帛当租和公元190年董卓尽废五铢钱、公元780年两税法改革赋税用钱三个时间节点为界，对自然经济向商品、货币、交换经济的转折，或相反的运动轨迹进行了论述，将整个古代经济史划分为上古期共同体自然经济、秦汉期古典经济、中古期自然经济和近古期商品、货币、交换相对发展的地主经济四个阶段。漆侠提出中国封建时代社会经济发展经历了“两个马鞍型”过程，即从春秋战国进入封建制后到秦汉时期发展到第一个高峰，魏晋以后社会生产力低落，到隋唐有所恢复、回

[1] Mark Elvin, *The pattern of the Chinese Past*. Stanford University Press, 1973.
[2] ［日］斯波义信著，庄景辉译：《宋代商业史研究》，台北：稻禾出版社，1997年，第3章“宋代全国市场的形成”。
[3] 郭庠林、张立英：《战国时期商品经济的考察》，《财经研究》1983年第5期。
[4] 曹应旺：《春秋战国时期的商品经济与经营管理》，载尹进主编：《中国古代商品经济与经营管理》，武汉：武汉大学出版社，1991年。
[5] 秦晖：《汉唐商品经济比较研究》，《陕西师范大学学报（哲学社会科学版）》1991年第2期。
[6] 汪圣铎：《宋代财政与商品经济发展》，载邓广铭、郦家驹等主编：《宋史研究论文集》，郑州：河南人民出版社，1984年。
[7] 包伟民：《宋代的粮食贸易》，《中国社会科学》1991年第2期。
[8] 赵俪生：《中国经济史上的三个转折》，《史学月刊》1985年第2期。

升，形成第一个马鞍形；宋代在唐代经济发展基础上，社会生产力迅猛发展，达到一个更高的高峰，元代遽降，直到明中叶才恢复到宋代水平，形成第二个马鞍形。[1]在其与田昌五共同主编《中国封建社会经济史》（第1卷）中，认为商品经济的发展同样“是呈循环式起伏状态发展的”“马鞍形曲线”：战国至西汉是商品经济的第一个高峰期，东汉由盛转衰；魏晋南北朝商品经济微乎其微，“基本上是一个自然经济时期”；唐宋是“第二个高峰期”；辽金西夏时的北中国由盛转衰；元明清三代商品经济“呈全面回升之势”，惟元朝发达的海上贸易明清转衰。[2]李埏从自然经济与商品经济互为消长、升降起伏的经济曲线中，指出商品经济发展有两个灼热可见的高峰，即《史记·货殖列传》所传人物生活的那个时代（前473—前154）和自唐发展沿至宋的时代，其中第二个高峰比第一个高峰更高。[3]秦晖通过对汉唐商品经济发展程度的分析，认为秦汉商品经济发展程度要远较隋唐为高。[4]薛平拴则对此予以反驳，认为唐代商品经济发展的深度与广度，以及农民经济的商品化程度，均明显超过汉代。[5]

2. 市场活动的主体和市场中的商品构成与商品结构

商品经济包括商品生产和商品交换。商品生产者和交换者就是市场活动的主体。在商品生产方面，以往学者认为个体小农家庭处于自然经济形态，即以小农业与小手工业相结合的“男耕女织”为主要特征的经营方式，几乎不与市场发生关系，[6]将个体小农家庭生产排除在商品生产之外。这种观点在新时期里遭到批评。更多的学者揭示了小农家庭与市场存在着必然联系，认为他

---

[1] 漆侠：《宋代社会生产力的发展及其在中国古代经济发展过程中的地位》，《中国经济史研究》1986年第1期。

[2] 田昌五、漆侠主编：《中国封建社会经济史》（第1卷），济南：齐鲁书社，1993年。

[3] 李埏：《再论我国的封建的土地国有制》，载云南大学历史系编《史学论丛》第2辑，昆明：云南人民出版社，1986年。

[4] 秦晖：《汉唐商品经济比较研究》，《陕西师范大学学报（哲学社会科学版）》1991年第2期。

[5] 薛平拴：《唐代商品经济发展水平评估——与秦晖统治商榷》，《陕西师范大学学报（哲学社会科学版）》1992年第2期。

[6] 如傅筑夫在《中国古代经济史概论》一书中就指出战国以后的小农家庭通过男耕女织满足了生活的基本需要，完全不依赖于市场。

们既是农业社会中商品的主要生产者，也是社会再生产过程中的消费者。如陈家泽认为中国封建社会以一家一户为基本生产细胞，自给程度远逊于西欧中世纪庄园，小商品生产很早就作为自然经济小生产的补充而存在。[1]经君健指出，私有制下的小生产形成的产品单一性和需求多样性的矛盾不能在本经济单位内自行解决，为了获得再生产必需的全部经济条件，耕织结合的小农也得借助于商品交换。[2]李根蟠以《管子》一书所载小家庭再生产为例，指出在春秋战国之际，小农家庭与市场联系非常紧密，流通已成为小农再生产过程的必要环节。[3]龙登高对笼统说小农家庭的经营方式是“耕织结合”表示不同意，认为小农家庭经营既是个体的、孤立的小规模生产，又是集各种具体劳动和再生产过程于一体的综合型生产，是由个体性综合型生产力决定的，在其发展过程中与市场的联系逐步密切。[4]方行就整个封建社会小农家庭多层次的商品性生产结构进行揭示，指出小农家庭存在自给型生产（农民直接消费其产品的绝大部分，只有少部分进入流通过程的生产，“真正的自然经济”）、半自给性生产、交换型生产（为买而卖与为卖而买两种类型）三大类型，[5]进一步认为农业与手工业、自给性生产和商品性生产的双重结合是小农经济的基本特征。[6]李晓通过对宋代小农经济构成的进一步分析，指出个体小农家庭具有“小农、小工、小商三位一体”的历史演变趋势。[7]许惠民具体分析了唐宋时期从普通个体小农家庭分离出来的各种专业户和半专业户，认为他们所生产的产品已具有明显的市场导向和商品属性。[8]郭正忠对宋代乡村中农户的专业化分工趋势亦进行了重要揭示。[9]

---

[1] 陈家泽：《从两种小生产的转化看我国封建社会的长期延续》，《历史研究》1982年第1期。

[2] 经君健：《试论地主制经济与商品经济的本质联系》，《中国经济史研究》1987年第2期。

[3] 李根蟠：《从〈管子〉看小农经济与市场》，《中国经济史研究》1995年第3期；《封建地主制形成时期小农与市场的若干问题》，《中国经济史研究》1996年第2期。

[4] 龙登高：《宋代的小农家庭与农村市场》，《思想战线》1991年第6期；《个体小农家庭经营方式的历史演变》，《云南民族学院学报》1992年第2期；《论个体小农与传统市场——以宋代为中心》，《中国经济史研究》1996年第2期。

[5] 方行：《封建社会的自然经济和商品经济》，《中国经济史研究》1988年第1期。

[6] 方行：《清代前期的小农经济》，《中国经济史研究》1993年第3期。林甘泉在其《秦汉的自然经济与商品经济》（《中国经济史研究》1997年第1期）亦持大致相似的看法。

[7] 李晓：《论宋代小农、小工、小商的三位一体化趋势》，《中国经济史研究》2004年第1期。

[8] 许惠民：《两宋的农村专业户》，《历史研究》1987年第6期。

[9] 郭正忠：《论两宋乡村产业的专业化分工趋势》，《中国社会经济史研究》1990年第2期。

对手工业者产品的商品属性，学界主要围绕其是由官营手工业生产还是由私营手工业生产而展开。

在商品交换与流通领域，个体小农、手工业者等作为直接产品提供者参与其中，他们同时也需要从市场中获得再生产资料补给。此外，贵族、地主、官员等社会群体都是商品的购买者与消费者，也广泛参与到商品交换之中。而在整个商品流通环节中，最重要中间角色就是居于交易中介的商人。对商人展开论述的研究成果极为丰富。如在商人群体兴起方面，李埏根据《史记·货殖列传》时代所载众多商人及其活动的考述，认为春秋战国是商人阶级兴起的时期。[1]商人的构成和类型方面，有按商业经营资本规模大小多寡将其分为工商地主、富商、中等商人和小商人，[2]有按其经营对象将其分为盐商、茶商、米商、木材商、珠宝商、丝织品商、金融商、杂货商、船商等，[3]也有按商人在商品流通过程和生产过程中的地位和作用将其分为行商、坐贾、牙人等，[4]学者们对这些不同类型的商人市场经营活动进行了论述。不同时期商人的社会角色和地位，张邻、张弘、张剑光、林立平、朱瑞熙等学者对其进行阐述。[5]姜伯勤对与商人身份地位关联紧密的“市籍”制度进行了有力探索。[6]商人与商业资本方面，代表性著作主要有效仿傅衣凌《明清时期商人及商业资本》[7]而作的

[1] 李埏：《论中国古代商人阶级的兴起——读〈史记·货殖列传〉札记》，《中国经济史研究》2000年第2期。

[2] 薛平拴：《唐代的中小商人和商品经济》，《晋阳学刊》1992年第2期。朱大渭、张泽咸主编：《中国封建社会经济史》（第1卷），济南：齐鲁书社，1996年。张泽咸：《唐代工商业》，北京：中国社会科学出版社，1995年。冯敏：《唐代商人类型概说》，《宁夏师范学院学报（社会科学）》2013年第1期。

[3] 郑学檬：《关于唐代商人和商业资本的若干问题》，《厦门大学学报》1980年第4期。张泽咸：《唐代工商业》，北京：中国社会科学出版社，1995年。谷更有：《唐代船商的地域特征和经济实力》，《思想战线》2001年第5期。

[4] 张弓：《唐五大时期的牙人》，载《魏晋隋唐史论集》，北京：中国社会科学出版社，1981年。张熙惟：《宋代商品经营资本的发展及其历史地位》，《文史哲》1996年第6期。任仲书、于海生：《宋代“牙人”的经济活动及影响》，《史学集刊》2003年第3期。黎志刚：《宋代牙人与乡村经济的市场化》，《云南社会科学》2006年第1期。

[5] 张邻：《论唐代中期以后商贾势力的膨胀》，《学术月刊》1985年第1期。张弘：《战国秦汉时期商人和商业资本对农村经济的作用》，《济南大学学报》2000年第6期。张剑光、邹国慰：《唐代商人社会地位的变化及其意义》，《上海师范大学学报（哲学社会科学版）》1989年第2期；林立平：《唐宋时期商人社会地位的演变》，《历史研究》1989年第1期。朱瑞熙：《宋代商人的社会地位及其历史作用》，《历史研究》1986年第2期。

[6] 姜伯勤：《从判文看唐代市籍制度的终结》，《历史研究》1990年第3期。

[7] 傅衣凌：《明清时代商人及商业资本》，北京：人民出版社，1956年。

张弘《战国秦汉时期的商人和商业资本研究》[1]和姜锡东《宋代商人和商业资本》[2]，二书专门探讨了战国秦汉和宋代的商人群体的经营活动以及商业资本流向，各有其突出价值。吴慧主编的《中国商业通史》(第1卷、第2卷)，也分专章探讨了商周以降至宋代的商人阶层构成与商业资本。[3]对职业商人之外不同群体的经商现象，王灵善、程民生、杨学富、吴晓亮等也进行了探讨。[4]

商品的构成与结构，是商品交换和流通中的主要内容，学者们对此展开了深入研究。根据不同的分类标准，认为有生产资料和生活资料商品之别，有农民和手工业者生产的小商品和在国有土地(指山林川泽等)上生产的大宗商品(指政府专营或租给私人经营的工商业)之别，[5]有日用品与奢侈品之别，等等。不同时期里的商品构成有较大差异。如秦汉时期的商品有二三十个行业，三百多种产品构成，但大多都是生活资料，供富人消费的奢侈品占很大比重。[6]唐宋元时期随着海外贸易的兴盛，生产力提高带来的商品供给增多，以茶业为代表的商品性农业异军突起，使整个社会商品种类较之秦汉有了大幅增长，极大地改变了之前社会商品的构成与结构，日用品逐渐占据着重要位置。[7]盐、茶、酒等特殊商品的蓬勃发展成为此时期显著的现象，对其展开的研究亦取得重要进展。这方面的代表性论著有：郭正忠《宋代盐业经济史》[8]和《中国盐业史·古代编》[9]孙洪升《唐宋茶业经济》[10]李晓《宋代茶业经济研究》[11]李华瑞《宋代酒的生产和征榷》[12]林文勋和黄纯艳等《中国古代专卖制

[1] 张弘：《战国秦汉时期的商人和商业资本研究》，济南：齐鲁书社，2003年。
[2] 姜锡东：《宋代商人和商业资本》，北京：中华书局，2002年。
[3] 吴慧：《中国商业通史》(第1卷、第2卷)，北京：中国财政经济出版社，2008年。
[4] 王灵善：《唐代官员经商问题浅析》，《山西大学学报(哲学社会科学版)》1989年第3期。程民生、白连仲：《论宋代官员、士人经商——兼谈宋代商业观念的变化》，《中州学刊》1993年第2期。杨学富：《宋代的"全民经商"》，《文史杂志》1993年第8期。吴晓亮：《试论宋代"全民经商"即经商群体构成变化的历史价值》，《思想战线》2003年第2期。
[5] 田昌五：《中国历史体系新论》，济南：山东大学出版社，1995年。徐晓望：《论小商品经济》，《中国经济史研究》1997年第2期。
[6] 黄今言：《秦汉商品经济研究》，北京：人民出版社，2005年。
[7] 傅筑夫：《唐宋时代商品经济的发展与资本主义因素的萌芽》，《陕西师范大学学报(哲学社会科学版)》1979年第1期。漆侠：《宋代经济史》，上海：上海人民出版社，1987、1988年。
[8] 郭正忠：《宋代盐业经济史》，北京：人民出版社，1990年。
[9] 郭正忠：《中国盐业史·古代编》，北京：人民出版社，1999年。
[10] 孙洪升：《唐宋茶业经济》，北京：社会科学文献出版社，2001年。
[11] 李晓：《宋代茶业经济研究》，北京：中国政法大学出版社，2008年。
[12] 李华瑞：《宋代酒的生产和征榷》，保定：河北大学出版社，1995年。

度与商品经济》[1],以及周荔《宋代的茶叶生产》[2]林文勋《宋代四川茶产量考辨》[3]李晓《宋代的茶叶市场》[4]等。张锦鹏《宋代商品供给研究》具体考量了宋代商品供给总量变化与结构特征。[5]

3. 城乡市场与区域市场

在商品经济史研究逐渐深入的过程中,用"市场"指代商品交换的空间和范围,借此反映商品经济发展的规模和程度的研究日渐增多。如傅宗文《宋代的草市镇》在此时期较早地指出宋代草市、镇市的兴起是商品经济发展的结果,大量市镇的兴起已经构成"地方小市场的网",使得原来耕织自然经济下的农民,空前频繁地与市场发生联系。[6]牟发松《唐代草市略论——以长江中游地区为重点》梳理唐中期以后长江中游地区草市普遍兴起状况,认为该区域草市兴盛是社会分工和商品经济发展的结果,但同时也是一种地方小市场构成。[7]杨果通过对宋代鄂州南草市的考察,指出在江汉平原已结成区域性城镇群,形成一个稀疏的、连结更大区域的城镇网络,是自然地理条件变迁、区域经济进步、交通进步促成的结果。[8]李根蟠将研究视野延伸到春秋战国,认为战国时期在农村中已经出现集市,虽然有商人插足其间,但其市场主体仍为农民。[9]黄今言讨论了两汉时期的农村集市贸易。[10]在农村市场之外,城市商业与市场受到学者们研究更多的青睐。城市商业经济方面,张鸿雁[11]对春秋战

[1] 林文勋、黄纯艳等著:《中国古代专卖制度与商品经济》,昆明:云南大学出版社,2003年。
[2] 周荔:《宋代的茶叶生产》,《历史研究》1985年第6期。
[3] 林文勋:《宋代四川茶产量考辨》,《历史研究》1991年第5期。
[4] 李晓:《宋代的茶叶市场》,《中国经济史研究》1995年第1期。
[5] 张锦鹏:《宋代商品供给研究》,昆明:云南大学出版社,2003年。
[6] 傅宗文:《宋代的草市镇》,《社会科学战线》1982年第1期;《宋代草市镇研究》,福州:福建人民出版社,1989年。
[7] 牟发松:《唐代草市略论——以长江中游地区为重点》,《中国经济史研究》1989年第4期。
[8] 杨果:《宋代的鄂州南草市——江汉平原市镇的个案分析》,《江汉论坛》1999年第12期。
[9] 李根蟠:《从〈管子〉看小农经济与市场》,《中国经济史研究》1995年第3期。
[10] 黄今言:《论两汉时期的农村集市贸易》,《中国经济史研究》1999年第6期。
[11] 张鸿雁:《春秋战国时期城市在社会发展中的地位和作用》,《文史哲》1984年第4期。

国，张泽咸、黄煌、肖建乐等[1]对唐代，林正秋、贾大泉、周宝珠、梁庚尧等[2]对宋代城市商业经济发展状况的各个方面均做了较深入探讨。唐代城市商业与市场的研究主要集中在长安、洛阳、扬州等几个有限城市，宋代则在开封、临安之外，还扩展到范围更广的泉州、广州、宁波等地方城市。城市的界限也逐渐模糊，不少学者将唐宋新兴的草市镇也视为城市，城市经济研究范围扩大。[3]吴晓亮对宋代城市化进程进行了考察。[4]此外，对城市市场的管理受到了额外关注。如武建国、盛会莲对唐代城市的市场管理坊市制度，[5]胡建华、吴晓亮、尹向阳等对宋代城市市场管理制度，以及从唐到宋市场管理模式变迁等方面的研究，均富有价值。[6]

区域商品经济与市场研究方面，贾大泉、林文勋对宋代四川商品经济发展的总体论述，[7]彭友良对宋代福建地区商品经济的发展与考察，[8]均有较高价值。在较大区域空间范围内整合城乡市场进行的整体考察，也取得了重要进展。如高维刚认为在两汉农村市场和郡、县城市市场基础上，形成了更高一级的区域市场，即关陇、巴蜀、关东和楚越四大区域市场，商业都市就是各区域市场里的枢纽。[9]漆侠指出在宋代各级市场发展基础上，已形成以城市为中心，由城市、镇市和墟市所构成的多层次、网络状的地方市场体系，构成了区域性

[1] 张泽咸：《唐代城市构成的特点》，《社会科学战线》1991年第2期；《唐代工商业》（下编），北京：中国社会科学出版社，1995年。黄煌：《唐代的城市居民生活与城市经济》，《华东师范大学学报》1992年第3期。肖建乐、孙德华：《唐代城市经济发展研究》，《城市发展研究》2007年第1期。

[2] 林正秋：《南宋杭州的城市经济》，《杭州大学学报》1978年第4期；《南宋都城临安的商业》，《史学月刊》1982年第3期。贾大泉：《宋代四川城市经济的发展》，《四川师范大学学报》1986年第2期。周宝珠：《宋代东京研究》，郑州：河南大学出版社，1992年。梁庚尧：《南宋城市的发展》，《食货月刊》复刊1981年第10卷第10、11期。

[3] 郭正忠：《唐宋城市类型与新型经济都市——镇市》，《天津社会科学》1986年第2期；《唐宋四类城市的规模、布局与管理》，《中国历史博物馆馆刊》1987年。

[4] 吴晓亮：《宋代城市化问题研究》，《宋代经济史研究》，昆明：云南大学出版社，1994年。

[5] 武建国：《唐代市场管理制度研究》，《思想战线》1988年第3期。盛会莲：《唐代坊市制度的发展变化》，《西北师范大学学报（社会科学版）》2000年第3期。

[6] 胡建华：《宋代城市市场管理简论》，《河南大学学报（哲学社会科学版）》1990年第4期。吴晓亮：《唐宋国家市场管理模式变化研究——以唐代"市"和宋代"税务"为对象的历史考察》，《中国经济史研究》2007年第4期。尹向阳：《宋代政府市场管制制度演进分析》，《中国经济史研究》2008年第2期。

[7] 贾大泉：《宋代四川经济述论》，成都：四川省社会科学院出版社，1985年。林文勋：《宋代四川商品经济史研究》，昆明：云南大学出版社，1994年。

[8] 彭友良：《两宋时代福建集市贸易的发展与城镇的兴起》，《福建学刊》1988年第4期；《宋代福建商业经济发展的原因和农业中商品经济的发展》，《福建论坛》1988年第1期。

[9] 高维刚：《两汉的区域市场》，《四川师范大学学报（社会科学版）》2008年第3期。

市场，并具体论述了以汴京为中心的北方市场，以东南六路为主、苏杭为中心的东南市场，以成都府、梓州和兴元府为中心的蜀川诸路区域性市场，以永兴军、太原和秦州为支点的西北市场的发展情况，认为区域市场有力地推动了各地区经济的发展。[1]龙登高在借鉴中心地理论基础上，梳理了宋代的城镇中心地等级体系与市场网络构建情况，对宋元华北区域、两浙区域、四川区域、江汉以及其他一些区域的市场格局与发展状况进行了论述。[2]

4. 货币制度与货币流通

货币是商品经济发展的晴雨表，对历代货币形态及其流通使用情况的考察一直是经济史研究的一个热点。货币史研究的重要代表性论著有：刘森《宋金纸币史》[3]姜锡东《宋代商业信用研究》[4]车迎新《宋代货币研究》[5]李埏和林文勋《宋金楮币史系年》[6]高聪明《宋代货币与货币流通研究》[7]王文成《宋代白银货币化研究》[8]汪圣铎《两宋货币史》[9]等。

在货币构成与其性质判定方面，针对西汉黄金究竟是货币黄金还是黄铜的讨论在新时期仍在继续，[10]秦晖于此指出汉代"黄金很多"的实际含义是"以锭块的形式存在的黄金很多"，[11]并且通过与唐代货币"钱帛兼行"使用情况的比较，进一步论证了他关于汉代商品经济发展程度较唐代为高的观点。薛平拴驳斥了货币关系发展唐代不如汉代的看法，认为唐和汉相比不仅毫不

[1] 漆侠：《宋代经济史》（下），上海：上海人民出版社，1988年。
[2] 龙登高：《宋代东南市场研究》，昆明：云南大学出版社，1994年；《中国传统市场发展史》，北京：人民出版社，1997年。
[3] 刘森：《宋金纸币史》，北京：中国金融出版社，1993年。
[4] 姜锡东：《宋代商业信用研究》，石家庄：河北教育出版社，1993年。
[5] 车迎新：《宋代货币研究》，北京：中国金融出版社，1995年。
[6] 李埏、林文勋：《宋金楮币史系年》，昆明：云南民族出版社，1996年。
[7] 高聪明：《宋代货币与货币流通研究》，保定：河北大学出版社，2000年。
[8] 王文成：《宋代白银货币化研究》，昆明：云南大学出版社，2001年。
[9] 汪圣铎：《两宋货币史》，北京：社会科学文献出版社，2003年。
[10] 此论最早可往前追溯到郭沫若《十批判书》（1945）。《文史哲》1956年第9期刊《关于汉代黄金问题》专栏，载有潘朝业《汉"金"存疑》和陈让《汉金非铜辩》两文，随后胡珠生在《文史哲》再发文（《论汉金非铜即其减退原因》，《文史哲》1957年第12期），继续了这一争论。20世纪70年代以后又有劳干（《汉代黄金及铜钱的使用问题》，《史语所集刊》1979年第42期）、傅筑夫（《由春秋战国到秦汉大量流通的黄金究竟是金还是铜？》，《文史集林》1985年第4期）对汉代黄金问题发表看法。
[11] 秦晖：《汉"金"新论》，《历史研究》1993年第5期。

逊色，而且有明显发展。[1]对魏晋南北朝货币发行和流通呈现出的萎缩状况，基本认为是商品经济发展低迷的结果，反过来又进一步制约着商品经济的发展。[2]唐宋时期的货币构成较复杂，有实物货币如布帛，贱金属货币如铜钱、铁钱，贵金属货币如白银、黄金，信用货币如交子、会子等多种不同形态。李埏认为从唐到宋在商品交易规模扩大、商品经济急剧发展前提下，商品交易的货币形态发生了从唐代的“钱帛兼行”向宋代“钱楮并用”的转化。[3]王文成论述了从唐宋至宋元货币演进的白银货币化趋势，并以白银货币化的整体演进趋势为核心，论证了宋金元时期货币流通进一步出现“银钞相权”的转化。[4]

对货币制度的认识，总体上认为是由当时商品经济发展水平所决定。如对以铜钱为主要货币的解释，多数学者认为这是由于农业和手工业相结合的小生产经营方式所决定，小生产经营主体只能以单位价值较小的铜钱为主要交易媒介。但另一方面由于小生产者与市场联系的普遍性，又使市场上商品交易量很大，在大宗商品交易和远距离贸易时，铜钱因其值小量重的不便，白银和纸币遂在商品交换中起到弥补铜币不足的作用。[5]对宋代纸币性质的认识学界有不同看法，如有学者认为北宋纸币交子是源于商品经济的高度发达而产生的信用货币，并将其作为宋代发生商业革命的重要标志，另有学者则认为宋代纸币的产生并不是以信用、而是以政府强制为基础，纸币不过是铸币的替代物，因此有很大的局限性。[6]高聪明、张文认为宋代纸币经历了兑换性纸币和国家信用纸币的两个不同发展阶段，是一种介于替代性货币与信用货币之间的一种非无限法偿的替代性货币。[7]

[1] 薛平拴：《唐代商品经济发展水平评估——与秦晖统治商榷》，《陕西师范大学学报（哲学社会科学版）》1992年第2期。
[2] 薛平拴：《论危机南北朝时期的货币发行与流通》，《史学月刊》1994年第1期。
[3] 李埏：《从钱帛兼行到钱楮并用》，《宋史研究论文集》，上海：上海古籍出版社，1982年。
[4] 王文成：《从“钱楮并用”到“银钞相权”——宋金元时期传统中国的市场结构与货币流通》，《思想战线》2014年第6期。
[5] 高聪明：《宋代货币与货币流通研究》，保定：河北大学出版社，2000年。
[6] 包伟民：《试论宋代纸币的性质及其历史地位》，《中国经济史研究》1995年第3期。
[7] 高聪明：《宋代货币与货币流通研究》，保定：河北大学出版社，2000年。张文：《宋代通货膨胀问题辨析——兼论宋代纸币的性质》，《西南师范大学学报》2000年第1期。

5. 土地、劳动力、金融等要素市场

中国古代自秦汉以降已出现较普遍的土地买卖，演进至宋代，地权交易更加频繁，在事实层面上已经形成土地市场。方行具体分析了古代土地市场的发展过程，认为自汉代至唐中叶为土地市场发展的初级阶段，土地买卖受各种制度性因素制约，未成为人们占有土地的主要途径，唐中叶至明中叶为土地市场发展的外延扩大阶段，土地买卖限制松弛，买卖增多，形式多样。[1]李振宏则从地价角度否定汉代土地市场的存在，认为在秦汉时期土地买卖过程中并不存在市场价格围绕价值上下波动情形。[2]郦家驹认为伴随着商品货币关系的发展，两税时期以货币为中介，土地作为商品进入流通领域的现象已经非常普遍。[3]漆侠指出宋代土地变成商品卷入流通领域，在土地买卖过程中地租决定地价的经济规律已经在起作用。[4]龙登高、戴建国等对宋代土地“典卖”进行考察，揭示了不同产权形态下存在着的多种交易形式。[5]

古代雇佣劳动出现很早，但有无劳动力市场则看法不一。赵冈认为自井田制瓦解，土地私有制确立后，就有劳动力市场存在。[6]张泽咸、王曾瑜认为唐宋时期存在有劳动力市场。[7]龙登高指出，宋代许多农民以出卖劳动力为生，“小安东桥俨然已成为成都的一个劳动力市场了”。[8]漆侠则不同意宋代已具有劳动力市场。[9]

唐宋时期的“柜坊”“金银钞引交易铺”“便钱务”等被视为有部分金融职能的专门机构，表明唐宋时已具有金融市场。秦晖对此表示反对，认为晚唐时期存在高利贷资本但不存在信用资本，柜坊有钱物保管功能但不可能有现代

[1] 方行：《中国封建社会的土地市场》，《中国经济史研究》2001年第2期。
[2] 李振宏：《两汉地价初探》，《中国史研究》，1981年第2期；《两汉地价补论》，《史学月刊》1990年第3期。
[3] 郦家驹：《两宋时期土地所有权的转移》，《中国史研究》1988年第4期。
[4] 漆侠：《宋代经济史》（下），上海：上海人民出版社，1988年。
[5] 龙登高、温方方、邱永志：《典田的性质与权益——基于清代与宋代的比较研究》，《历史研究》2016年第5期。戴建国：《从佃户到田面主：宋代土地产权形态的演变》，《中国社会科学》2017年第3期。
[6] 赵冈、陈钟毅：《中国经济制度史论》，台北：联经出版事业公司，1986年。
[7] 张泽咸、王曾瑜：《试论秦汉至两宋的乡村雇佣劳动》，《中国史研究》1984年第3期。
[8] 龙登高：《宋代的小农家庭与农村市场》，《思想战线》1991年第6期。
[9] 漆侠：《宋代经济史》（下），上海：上海人民出版社，1988年。

金融功能，指出柜坊在本质上不是商品经济发展的结果，而是自然经济闭塞下的产物。[1]刘秋根、黎志刚也对传统时代的高利贷资本提出了不同的认识与看法。[2]周建波等从新制度经济学视角对中古佛教信仰与寺院金融兴衰关系做了阐述。[3]

简而言之，这一阶段学界对中国传统商业、商品经济与市场史的研究，不论在研究成果的数量还是质量方面，都取得了巨大进展，推动并展示了该学术领域研究的繁荣与兴盛。

中国传统市场史研究在此时出现空前的盛况，一方面得益于中国改革开放以来高速发展的经济与社会建设为学术研究提供的良好环境支持，高等教育尤其是研究生教育为学术研究的发展不断提供新鲜的补充血液；另一方面在“解放思想、实事求是”思想指引下，随着国际学术交流频繁，新理论、新方法层出不穷，学者们对现代经济学、社会学、历史学等社会科学的理论方法进行了广泛的吸收与借鉴。以新理论、新方法之指导对中国传统商业与市场进行学术探讨，改变了原有较单一的研究方式。由此促成了学术研究的多元化发展，从而也促成了该领域研究的繁荣局面。改革开放以后的新时期，学术多元化发展趋势明显增强，这不仅是商业、商品经济与市场史研究的鼎盛时期，同时也是中国经济史、历史学研究的鼎盛时期。[4]

通过对20世纪以来中国古代商业、商品经济与市场史研究历程的回顾，总结如下：

第一，商品经济与市场史研究受到现实政治经济的影响较大，现实政治与

[1] 秦晖：《唐代柜坊为“金融机构”说质疑——兼论封建后期金融市场的形成机制问题》，《陕西师范大学学报（哲学社会科学版）》1990年第2期。

[2] 刘秋根：《试论中国古代高利贷的起源和发展》，《河北学刊》1992年第2期；《唐宋高利贷资本的发展》，《史学月刊》1992年第4期；《中国传统金融借贷研究》，北京：中国社会科学出版社，2017年。黎志刚：《宋代民间借贷与乡村社会》，云南大学博士学位论文，2013年。

[3] 周建波、孙圣民、张博、周建涛：《佛教信仰、商业信用与制度变迁——中古时期寺院金融兴衰分析》，《经济研究》2018年第6期。

[4] 但进入21世纪后，随着老一辈学者的纷纷过世以及部分中青年经济史学者研究方向转型，传统中国经济史研究渐有衰落趋势。——笔者注

经济发展的需要会影响到学术研究议题的取向。如20世纪50年代末至70年代末，现实政治经济生活中对商品经济的错误认识，导致学术研究对此亦讳莫如深、闭口不谈。20世纪80年代以后随着改革开放进程加快，以经济建设为中心的现实导向，促进了商品经济与市场史研究的全面深入开展。

第二，商品经济与市场运行是经济与社会的有机组成部分，当代社会科学研究理论与方法的进步和创新，将会极大地带动对历史上的商品经济与市场研究。如马克思主义政治经济学关于自然经济和商品经济的基本理论的阐述带动了对整个中国古代商品经济史研究全面走向深入。施坚雅从中心地理论汲取养分构建的区域市场层级和市场网络体系，对市场史研究有全面推动之功。充分借鉴、吸收当代社会科学研究理论与方法的有益养分，将对经济史、社会史研究进展有极大促进作用。

第三，全局性综合型的研究视野常常能够促生新的问题意识，而对研究对象和概念的准确把握则将推动学术研究走得更深更远。如对商品市场的分析，吴承明强调要注意区分是使用价值形态的商品还是交换价值形态的商品，是建立在分工基础上生产的商品，还是在没有分工基础上的剩余产品，二者截然不同。[1]如以宋代市场为例，北宋西北沿边市场是由官府政治运作而出现，它与东南市场显然有别，究竟应该如何判别这种“财政性市场”？又如传统市场与市场经济，二者也是完全不同的概念，前者指的是商品交易的场所和领域，后者指的是一种资源配置的方式，即根据市场机制（价值规律）配置生产资源。概念的错用、误用，研究结论的科学性将大打折扣。

第四，要充分重视政治性因素对传统经济运行产生的影响。以上所述的若干具有争议性的问题，其背后往往在于对政治性力量干预因素的认识不同，这恰恰是中国传统市场的一大特色，也是有待我们以后进一步深入探讨的一个切入口。

---

[1] 吴承明：《试论交换经济史》，《中国经济史研究》1987年第1期。

第一章
市场的初兴：战国秦汉时期

第一节　市场的起源：从原始交换到井田制时代的市场

一、原始交换

交换的出现意味着市场的产生，这一历史现象开始于农村公社之前，滥觞于原始社会末期。交换是物品在时间与空间上的转移、物品占有者之间的转移。物品占有者最先是原始人集团，交换行为也最先发生在这些集团之间，经过相当长的历史演进后，才开始出现个体私人占有者之间的交换行为。

物品在占有者之间的转移可以通过多种渠道，例如相互馈赠礼品、部落战争中的掳掠等。礼品馈赠式的交换不属于商品交换的范畴，因而不是形成市场的最初要素，但它是物物交换的萌芽。事实上，最初的物品交换与礼品馈赠之间是难以截然区分的。大体而言，礼品馈赠基于一定的友好关系，并且往往是以某种名义进行的。物品交换则基于使用价值，没有附托于友好关系或其他名义之下，显然，物品交换扩展了物品转移的空间。物物交换在现代人的眼中实在是平淡无奇，不足为道，但在人类文明发展的历史长河中，却是一个了不起的进步，它以商品形式永恒地开创了不同利益主体之间的交往，它宣告了市场的萌生。

人类最先的交换行为，发生于原始社会部落与部落之间，或氏族与氏族之间,或公社与公社之间。因为在各种集团内部,生产力极端低下、生产物匮乏,只能实行原始的公平分配。既然不存在私有财产,个体之间的交换也就不存在前提条件。交换的前提必须是产品的占有,当产品的占有是以原始集团为单位时,集团内部的个体不占有产品,个体之间也就不存在产品交换的可能。而在集团与集团之间,自然条件的不同造成他们所获取物品的差异,由此,以集团为单位,原始交换产生。这种交换仍然属于原始共同体公共经济的一部分。正如李根蟠等所指出的:交换的发生最初是以各原始共同体自然环境的差异以及由此形成的不同生产领域为基础的,同时它又是与氏族的形成分不开的。因为最初的交换产生的必要条件之一是彼此独立又相互联系的原始共同体的存在。只要交换仍然以共同体为单位进行,它就仍然是共同体公共经济的一部分,而不是它的对立物。后来,生产的发展引起了个体劳动的可能性和个体家庭经济的出现,原始共同体之间的商品交换逐渐渗透到原始共同体内部中。在对外商品交换的刺激下发生的原始共同体内部的社会分工与交换,自始就与个体家庭私有经济的形成和原始共同体的分裂相联系,它的发展才是原始共同体的瓦解和私有制国家形成的强有力杠杆。[1]

在河南、陕西、甘肃等地出土的仰韶文化时期文物中,都曾发现有海贝。这些为数不少的海贝,不管是起先用于装饰,还是后来充当早期货币,无疑都是从沿海辗转而至,其中有的是屡经交换而来的。也就是说,沿海部落与内地部落及内地部落之间,交换行为时有发生。内地的海贝可以通过多种渠道而来,例如部落间相互馈赠礼品、部族战争中的掳掠,但也不能排除交换的途径,尤其愈到后来,交换的可能性越大,交换行为越多。在原始社会晚期的遗址中,往往可以发现外地的产品(如陶器、玉器等)。

即使到了后来传说中的尧时期,这时已是原始社会末期,集团之间的交换仍然存在。《淮南子·齐俗训》追述道,尧之治天下时,“其导万民也,水处者渔,山处者木,谷处者牧,陆处者农。地宜其事,事宜其械,械宜其用,用宜其人。泽皋织网,陵阪耕田,得以所有易所无,以所工易所拙”。这种地区差

[1] 李根蟠等:《中国原始社会经济研究》,北京:中国社会科学出版社,1987年,第253—254页。

异当然不一定是从部落间差异出发，但显然可以从中窥见远古部落间交换的史影。

个体之间的交换，其最古老的方式可能是公社成员之间直接的劳动交换——属于生产范畴的各种活动与各种能力的交换，也可能是朋友馈赠式交换。当个体劳动与个体家庭在原始共同体内部萌生成长时，劳动交换转化为产品交换，同时财物或产品的私有性日渐突显，在原始集团之间商品交换的影响与刺激下，朋友馈赠式交换便逐渐向物物交换转变，这样，商品交换开始向原始共同体内部渗透。

新石器时代早期处于母系氏族社会，这时期代表性的裴李岗文化距今约7 000年，其遗址发掘的墓葬中，随葬品数量悬殊较大，表明个体私人占有的财产已逐渐发展，占有数量出现多寡不均。当然在母系氏族时期，初始发展的私有财产还很有限，个人财产受到氏族集体的约束，不能流入外族与其他部落。此时私有物品主要是陶器、石器和少量装饰品。

考古学上的龙山文化时期，我国原始社会进入了父系氏族公社。细石器的使用提高了生产效率，农业的发展使粮食剩余出现，驯养牲畜也已开始，后世的"六畜"此时都已产生。原始工业方面，新出现了陶器、铜器制作，原有的手工业品如石器、骨器、玉器、纺织品等产品增多。根据有随葬品的墓数和储藏粮食的窖穴数量、容积等情况分析，社会发展到锄耕农业经济阶段，相当一部分家庭已经常年都有剩余产品。[1]自龙山文化开始，若干手工业部门已从农业中分离出来，并出现了专业或半专业的个体手工工匠。这些个体工匠从事商品性生产，其产品不但在共同体内部进行交换，而且在外部进行交换。在距今6 000年前的大汶口一带，约有一半的家庭已常年有剩余品。此时，一方面，原始共同体内部的家庭或个体生产随着技术的提高而在生产过程中逐渐出现专业化，劳动产品的私人占有不断增多；另一方面，相互交换产品的可能性在供给与需要的共同增加中不断扩大。私有劳动产品的交换随之增加。

"道不拾遗，市不预价"，《淮南子·览冥训》对黄帝时代市场秩序倍加赞

[1] 吴才麟：《史前经济与财政起源》，北京：中国财政经济出版社，1990年，第199—205页。

美，其实这只是原始市场的自然状态，而与交易道德无关。所谓“市不预价”，也就是没有讨价还价，原始市场不计价格高低，恰恰表明它还处于蒙昧状态。这使《淮南子》的作者发生误解，而心向往之，对于现代人更是匪夷所思了。但在现代云南偏僻山区的苦聪人那里仍然可以看到远古的痕迹。民族学家观察到，苦聪人将准备出售的物品，摆在道路之旁，自己隐身于路边丛林。行人如欲交换，只需将自己的物品放在原地，就可以带走所需物品。当然谁都知道放在路旁的物品并非人们所遗弃，谁也不会偷偷拿走。在这里，遑论商品价格，就连买卖双方都不是直接会面的。这种简单而纯朴的市场交换行为，不正是“道不拾遗，市不预价”的真实写照吗？

交换的发展使交易的地点与时间趋于集中，从而固定地点的市场开始萌生。《易·系辞下》说：“列廛于国，日中为市，致天下之民，聚天下之货，交易而退，各得其所。”《易》成于西周，书中所说的固定交换市场的情形，与其说它是炎帝族号神农氏时代的市场，不如说是作者所处的西周时市场交易的情形，但它毕竟反映了神农氏时交易市场已开始萌芽了。传说颛顼时“祝融为市”即可为佐证。《初学记》引《风俗通》亦有“因井为市”之语。《史记·平准书》“正义”有云：“古人未有市，若朝聚井汲水，便将货物于井边货卖，故言市井也。”

媒介交易的商人也开始出现。传说舜“作什器于寿丘，就时于负夏”，“就时”意即根据市场行情的变化，乘时逐利，贩运贸易。[1]《尸子》说舜“顿丘买贵，于是贩于顿丘；传虚卖贱，于是债于传虚”。《管子·揆度》记载，尧舜时，为了消除虎豹出没的危害，“大夫散其邑粟，与其财物，以市虎豹之皮，故山林之人刺其猛兽，若从亲戚之仇”。收购虎豹兽皮之举，激发人们像进行血亲复仇一样捕猎猛兽。商业尤其是长途贸易的出现，与交通运输条件的进步相伴随。史籍对文字产生前的史实偶有追述，《古史考》说：“黄帝作车，引重致远。少昊时略加牛，禹时奚仲加马。”《易·系辞下》说上古时“刳木为舟，剡木为楫。舟楫之利，以济不通，致远以利天下”。

[1]《史记·五帝本纪》。

原始货币在物物交换中产生。对于原始人而言，海贝不用分割即可成为方便的计量单位，似乎是币材优良的天然货币。当商品交换的发展呼唤一般等价物来媒介日益增加的交换行为时，海贝成为首选对象，成为我国最早的货币。值得注意的是，在原始文化遗址的考古发掘中，不仅发现天然海贝，齐家文化遗址还出土了一枚仿海贝的石贝。石贝的出现是作为一般等价物的海贝长期流通的结果，已带有等价符号的性质。总的说来，龙山文化与齐家文化时期，处于物物交换与以一般等价物为媒介的交换并存阶段。

物物交换仅仅是不同使用价值的转换，商品的价值还没有取得独立的形式。一般等价物随着商品交换价值与使用价值的分离而独立出来，货币成为价值的独立形式，可以直接转化为任何商品，从而形成商品流通。商品流通既是商品由生产领域进入消费领域的运动过程，又是不同经济主体实现各自利益的经济过程，随着这一过程的不断演进，市场逐渐扩张。

二、井田制农村公社市场

农村公社既是原始公社的最后一个社会阶段，也是文明社会的最初形态，它是从家长制家庭公社发展而来的。家庭公社，一旦将共同耕作的土地交给个人使用，就演进为农村公社。恩格斯在《家庭、私有制和国家的起源》中，论述德意志人进入农村公社时说，几乎一切民族在实行过土地由氏族后来由共产制家庭公社共同耕作之后，继而差不多一切民族都实行过把土地分配给单个家庭并定期实行重新分配的农村公社。

我国夏商周时期的井田制，就处于农村公社历史时期。李埏的研究成果表明，《诗经》《周礼》都有反映而由孟子首次描绘的井田制，是真实可信的，它与历史发展的普遍规律若合符节，后世的土地制度、阶级关系等经济现象及其演变，都可以从中追寻到它的滥觞，[1]中国传统市场也同样如此。俞伟超对先秦两汉的“单——僤——弹”进行了富有特色的追踪考古，发现文献与文物中

---

[1] 李埏：《试论中国古代农村公社的延续和解体》，《思想战线》1979年第3期；《孟子的井田说与分工论》，《社会科学战线》1991年第1期。

频繁出现的周代的“单”,就是以地缘纽带维系的农村公社。[1]

在井田制农村公社下,土地所有权属最高统治者,定期分配,不能买卖。耕田分为“公田”和“私田”,公田由庶人助耕,私田由庶人个体耕作。村社内劳动单位是一夫一妻的个体家庭,他们私有牲畜等动产,但还不能私有地产。他们不仅在财产所有权上还不完整,在农耕生产上也不完全独立,他们对村社共同体具有强烈的依附关系。对于井田制农村公社,虽然学术界多肯定其真实存在,可对其具体的社会形态则争论不一。但无论如何,作为社会的基本细胞,农村公社是属于全体成员所有,还是公社首领占有;或者,是属于最高统治者“王有”,还是已经成为采邑主个人占有,这都是其次的问题。不应该从这一层次来论证公社是否存在,或是否瓦解。也就是说,农村公社可以是原始社会下的公有,是部落、氏族共同体中的组织,也可以是作为采邑而存在,这个采邑既可以是最高统治者所有,也可以由各个采邑主所占有,甚至可以作为国家的基层组织,以行政组织的形式出现。只要它作为一个经济体仍然存在,仍然在组织生产、分配、消费等职能上发挥作用,它就是社会基本的经济细胞。农村公社存在的前提,就是它的生产组织职能。在农业生产上有公田、私田之分,这个公田的所有者也许多种多样,但它是由公社成员集体耕作的。而所谓私田,则都是由村社成员占有和使用的。

在我国古代,基本劳动组合的人数愈古愈多,因为个体的力量实在太微弱,只有众人组合在一起才能产生足够的劳动效益。夏代时大抵如《大戴礼记》所谓的“耕者五耦而式”,后来发展为三人并耕的“垒田”,进而流行二人相助的耦耕。《逸周书·大聚》所记“饮食相约,兴弹相庸,耦耕俱耘”,就是指在村社组织“弹”内进行耦耕集体劳作。在这种低下的生产力下,氏族公社、农村公社成为生产共同体,井田制即建诸血缘与地缘双重纽带维系的农村公社之上。

井田制农村公社下普通成员的生产生活都在村社共同体内进行。农忙季节家庭劳力不足,通过村社或领邑内的集体劳动或换工互助等可以得到调剂。

[1] 俞伟超:《中国古代公社组织的考察》,北京:文物出版社,1988年,第42—52页、第57—65页、第71—85页。

图 1–1　耦耕的现代遗存：戗地。林县山坡小地的一种耕作方法。所用工具戗犁，由木把顶端安一锐器而成。戗地时，两人对面，一人按一人拉，一天可翻田半亩。

纺织品的制作也是村社成员同室共作。他们对外界很少需求，与市场基本绝缘。市场上流通的商品，多见奴隶、珠玉珍宝，而少日用必需品。《易·旅六二》有语曰："旅即次，怀其资，得僮仆"，是为人口买卖。《国语·晋语》说："夫绛之富商，韦藩木楗以过于朝，唯其功庸少也，而能金玉其车，文错其服，能行诸侯之贿，而无寻尺之禄，无大绩于民故也。"可见直到春秋时期，商业经营仍然与一般村社成员关系不大。

但市场仍在农村公社的土壤中缓慢成长，远距离的贩运贸易增多，如《左传·襄公二十六年》有语曰："杞梓皮革，自楚往也；虽楚有材，晋实用之。"木材、皮革从楚国贩运至晋国，表明远距离贸易已具有一定水平。夏商周时期交通运输条件的进步，促使商业及远距离贸易的展开。夏代，交通工具车已经出现。《世本》《山海经》《左传》《荀子》《吕氏春秋》等都有"奚仲造车"的传说。《管子·形势》记载尤详："奚仲之为车器也，方、圆、曲、直皆中规矩钩绳，故机旋相得，用之牢利，成器坚固。"甲骨文中已有"车""舟"等文字，车的牵引动力有牛、马、人力。在这种交通运输条件下，商品流通增多，贩运贸易的地域扩大。

现存商代饕餮纹鼎中,有一人荷贝立在船内,旁边有人以手划船。挑着货币坐船到别处去,显然是去做买卖。该鼎铸造精美,其所有者一定是个驱使奴隶跑买卖的奴隶主。《左传·成公三年》记载了一个试图在楚国营救晋国荀姓贵族的郑国商人,其足迹遍及楚、晋、齐、郑等诸侯国。另一个郑国商人玄缟的故事更常为后人乐道,他贩运的牲畜数量可观。向往周代礼制的孔子,面对人们在市场上日益增多的趋利行为,也不能不蠢蠢欲动,他一反自己"君子喻于义、小人喻于利"的理想,慨然叹曰:"利而可求也,虽执鞭之士,吾亦为之。"其弟子将此语载于孔子语录集《论语·述而》之中。

农村公社下市场消费需求多出自贵族,具体表现为对奢侈品的需求。与市场关系较为密切者,是贵族阶层,商业多由他们承担,而且大多是由他们世袭为之。《国语·齐语》所谓"奇怪时来,珍异物聚",表明贵族贩运的商品多为奢侈品及国家政权所需要的财物。

贩运贸易之由贵族来担当,主要因为当时还没有专业商人,而普通公社成员都束缚在土地上,只有贵族才能胜任贩运贸易,商人一般都与诸侯国政府有紧密联系。上述两则郑国商人的事例都表明了这一点,玄缟面对行进中入侵的强敌,果断地以自己的商品假装奉郑王之命犒赏敌军以迷惑之,如果他不是与郑王关系深切,是难以做出这种义举的。另一则郑国商人的故事更典型地反映了商人与政权之间的共同利益与相互关联。《左传·昭公十六年》载,晋国韩起聘郑,向郑国商人买一只玉环,商人称必须先禀告君大夫,而子产也委婉地拒绝了聘使的要求,对韩起解释说:"昔我先君桓公,与商人皆出自周,庸次比耦,以艾杀其地,斩之蓬蒿藜藿而共处之。世有盟誓,以相信也,曰:尔无我叛,我无疆贾,毋或匄夺。尔有利市宝贿,我勿与知。恃此质誓,故能自得,以至于今。"这里的商人与郑国公室"皆出自周",而且"世有盟誓",说明他们不是平民,更不是贱人奴隶,而是有贵族血统的人。《诗经·瞻印》亦有"如贾三倍,君子是识"之语。《尚书·酒诰》中周公告诫康叔之辞也说明,那些从事商业活动的殷遗民,就是贵族康叔的世代股肱。

但这些有贵族血统的商人,大多不是职业性的。《尚书·酒诰》说殷人"妹土，嗣尔股肱，纯其艺黍稷，奔走事厥考厥长。肇牵车牛，远服贾，用孝养厥父母”。《易经》曰：“农功既毕，始牵牛车，载其所有，求易所无。远行贾卖……用所得珍异，孝养其父母。”这是周初商业贸易活动的反映。商人只有等到农闲之时才能外出远行经商，并不是一年四季经营，并且还是次于农业的活动，主要经营仍是“纯其艺黍稷”。人先完成农业生产，然后才驾牛车外出经商。[1]另一方面，远服贾的目的是为了换取物品“孝养其父母”，追求利润的目的还处于混沌状态。

有一种说法，认为“商人”一词，来自被周战败的殷商，因而地位低贱，流传至今，一直重农抑商。这是一种误解。在市场环境不成熟的周代，最初的商贩需要有运营资本，车马等交通运输工具，能够获取远方市场的信息，把握价格的变动，有足够的知识和技能等等，凡此都不是穷人和贱人能够具备的。因此，最初的商贩，只可能是拥有上述综合条件于一身的贵族、有权势者。

职业商人的形成，是春秋时代的事了。《国语·齐语》说：“昔圣王之处士也，使就闲燕，处工就官府，处商就市井，处农就田野……令夫商群萃而州处，察其四时，而监其商之赀，以知其市之贾（价）；负任担荷，服牛轺马，以周游四方，以其所有，易其所无，市贱鬻贵，旦夕从事于此，以饬其子弟，相语以利，相示以赖，相陈以知贾。少而习焉，其心安焉，不见异物而迁焉。”私商形成，世代相袭，并在春秋后期迅速壮大。《墨子·贵义》云：“商人之四方，市贾倍蓰。虽有关梁之难，盗贼之危，必为之。”

三、城市官立市场的理想模式

商朝盘庚迁殷以后，定居农业渐进地稳步发展，商业贸易有所扩大，到西周与春秋时期，城市经济开始呈现新的景象。商朝的都城，《诗经·商颂》称其盛云：“商邑翼翼，四方是极，赫赫厥声，濯濯厥灵”，显示出它作为全国中心的景象。西周的都城镐京（今西安市西）、东周之洛邑（今洛阳）也是当世政治、经济和文化中心。各诸侯国的都邑，虽然侯伯之城不过方五里，卿大夫之都不

---

[1] 郭沫若先生在《十批判书》中解释说：“肇者，始也，可见周初人的眼中认为商业行为始于殷。此说不当，从上下文的关联上不难看出，‘肇’是承接‘纯其艺黍稷’与‘牵车牛远服贾’两种活动的。”

过百雉,但也涌现出一批著名的城市,如齐之营丘、宋之商丘、晋之曲沃、燕之蓟等,都在此时奠定了后世市场繁荣的基础。城市中的小本业者,经营着各种商品。姜太公的传说反映了这一点,谯周《古史考》谓"吕望尝屠牛于朝歌,买饮于孟津"。亦有"负贩于朝歌"或"市贩于孟津"的不同说法,但无论是屠牛、负贩也罢,买饮、市贩也罢,都属于小本经营,这说明城市小本经营已趋多样化,这是人口增多、需求多样化的结果。

许多城市都设立了市场。古史传说中有所谓神农氏"日中为市",又有颛顼时代的"祝融为市"。[1]开始时,这种市场是很不成形的,夏末国王桀,竟在夏的都城"放虎于市,以观其惊"。商代的城市市场有了相当的改观,在殷都,《六韬》说:"殷君善治宫室,大者百里,中有九市",这当然不无夸张。西周春秋的城市市场,则成为名副其实的交易专门场所了。齐国都城的市场喧嚣热闹,《左传·昭公三年》载:晏子之宅靠近市场,"湫隘嚣尘,不可以居"。但对市民却非常便利,"小人近市,朝夕得所求"。《国语·齐语》载,管仲把齐的国都划为21个乡,工商之乡占其六,其中"市立三乡",商人聚居,约达6 000户。春秋战国时期秦国的都城雍,即今陕西凤翔之故雍城,发掘了位于雍城后部的市场。这一市场建制与周朝"面朝后市"制是一致的。市场南北宽160米,东西长180米,面积近3万平方米。四周以土围墙,围墙内是封闭式露天市场,四面墙中部各开一市门,门上有四坡式大建筑。

城市市场由官府设立和管理。工商业者是为官府服务的,所谓"工商食官"是也,他们居于"国"(即城)中,并且统一集中居住,即"处商就市井"。城市市场和工商业者既然多从属于官府,官府对自身的切身利益倍加重视,对市场秩序的管理也就不遗余力。《周礼·地官》的作者还专门设计了一套完整而繁冗的市场管理模式。[2]

其一,市场开设。根据"面朝后市"的原则在城市中开设市场,考古发掘证实了这一点,而且后世城市建设也都遵循不渝。市场内设"思次",是市场

[1] 王符:《潜夫论·五德志》,"世本·作篇"。
[2] 顾颉刚先生认为《周礼》全书不成于一个时代,而其中的《地官·司徒》则是成于战国时代(《文史》第6辑,第35、38页)。其实,也可以说,由于西周、春秋、战国市场的发展,战国时代的人们根据对周代礼制的向往,而为过去的周代礼制设计了一套理想化的市场模式。

最高长官“司市”的行政署，每天悬挂旌旗，指挥开市。市场内每二十肆设“介次”，“胥师”“贾师”在此处理市场日常事务。交易不能在市场外进行。日设三市，“大市，日昃而市，百族为主；朝市，朝时而市，商贾为主；夕市，夕时而市，贩夫贩妇为主”。《礼记·月令》还记载了关市制度：中秋之月，“易关市，来商旅，纳物贿，以便民事。四方来集，远乡皆至，则财不匮，上无乏用，百事乃遂”。据《易·象》，冬至闭关，禁止商旅通行。

其二，商品陈列。商品以类相属，分肆陈列，同类或相近的商品摆在同一范围内，以方便挑选与购买；名称相近而质地不同的商品尽量远远分开，不摆在一个范围内，以免混淆。贾师负责验收检查，分门别类，比较审定，然后将各类合格商品按不同等级陈列于肆，并明码标价。只有符合这些要求才允许开业。《礼记·王制》对禁止上市的商品有详细明确的规定：“圭璧金璋，不粥于市；命服命车，不粥于市；宗庙之器，不粥于市；牺牲不粥于市；戎器不粥于市；用器不中度，不粥于市；兵车不中度，不粥于市；布帛精粗不中数、幅广狭不中量，不粥于市；奸色乱正色，不粥于市；锦文珠玉成器，不粥于市；衣服饮食不粥于市；五谷不时、果实未熟，不粥于市；木不中伐，不粥于市；禽兽鱼鳖不中杀，不粥于市。”这些禁止上市的商品，除了触犯等级制度——礼制的禁令之外，主要都是从商品质量的角度出发的。凡此违禁物品，不仅在市场上有不同官吏屡加检查，而且在国门出入时严加防范。所谓“司门掌授管键以启闭国门，凡出入不物者，正其货贿，凡财物犯禁者举之”。

其三，物价管制。市场价格由官府统一规定，不得自行更变。饥荒年景，严禁哄抬物价，贾师必须确保物价稳定。四时食物珍品，也禁止利用季节差抬高物价。即“凡天患，禁贵买者，使有恒贾，四时之珍异亦如之”。市场上的滞销商品，官府根据市价收购并集中起来，公开标明价格随时抛售，以待不时而买者；赊购者，在不同的期限内定期归还。

其四，交易规则。买卖双方在商品成交时先向主管官吏“质人”申领凭证“质”或“剂”，按《周礼·天官》注，长者称质，短者称剂，奴隶、牛马等大宗贵重商品用质，一般商品则用剂。质或剂上标明双方使用的度量衡标准及商品规格，由质人负责巡查监管。查获犯禁行为，罚没商品。交易纠纷在一定的期限内由质人受理。允许赊购商品,必须在不同的规定期限内定期归还;借贷者,由有关官吏确定其偿还能力并出面担保。

此外,市场内行政、治安、税收都有专人各司其职,制订有详细的条文。

四、货币的起源与金属货币的产生

萌生时期的市场绝少确切的文字记载,幸而考古发掘成果与人类学调研提供了一些蛛丝马迹,尤其集中于货币,提供了市场起源的大致线索,本节对此详加考察。

1. 货币的萌发与海贝的使用

夏朝建立以前,中国文明史的重要标志——文字尚处于萌芽阶段。数十万年乃至上百万年的远古史,没有也不可能给我们留下可资考证的文献史料。司马迁在记述中国古代货币的起源时,做出了如下推断:"农工商交易之路通,而龟贝金钱刀布之币兴焉,所从来久远,自高辛氏之前尚矣,靡得而记云。"[1]但20世纪考古学的发展,为我们了解这段历史提供了十分珍贵的考古材料。至迟在新石器时代,部落之间、部落内部的经济交往开始出现并日益发展,商品交换的胚胎开始萌发,诸如龟、贝、石器、玉器、陶器、粮食、牲畜、布匹等等物品,已逐步或多或少地参与交换。最引人注目的是,产于沿海的贝壳,开始零星地出现在了河南仰韶、山西芮城、[2]陕西临潼姜寨、[3]青海乐都柳湾、[4]云南元谋大敦子[5]等远离大海的新石器时代的遗址中。尽管这时商品的数量、种类较少,交换的频率较低,出土的贝壳为数也不多,但这首先意味着远离海贝产地的不少地区,与沿海或多或少已发生了经济交往,海贝辗转来到了内地。其次海贝作为一种外来的物品,与本地物产相对应,具备了表现本地物品价值的条件。加之贝壳本身具有审美意义和象征意义而缺乏

[1] 《史记》卷30,《平准书》。
[2] 王毓全:《我国古代货币的起源和发展》,北京:科学出版社,1957年,第11页。
[3] 半坡博物馆等:《姜寨——新石器时代遗址发掘报告》,北京:文物出版社,1988年,第410页。
[4] 青海省文物管理处考古队、北京大学历史系考古专业:《青海乐都柳湾原始社会墓葬第一次发掘的初步收获》,《文物》1976年第1期,第71页。
[5] 《元谋大敦子新石器时代遗址》,《考古学报》1977年第1期。

更多的使用价值，天然以枚计数，轻便且易于携带，为内地财富和商品找到恰当的价值表现材料，奠定了必要的物质基础。

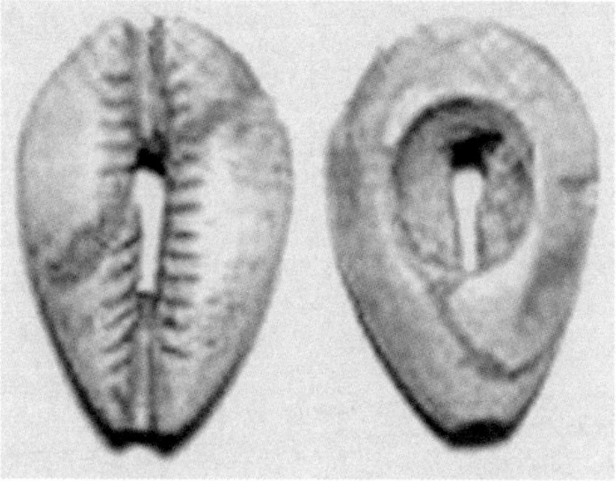

图1–2　贝币

考古发掘的夏代遗址中也出土了龟甲、贝壳、玉器、青铜器及金银等物品。其中，属于夏代的二里头遗址等不仅多次发现海贝，而且多次出土了骨贝、石贝、蚌贝。虽然贝在当时仅仅是作为装饰品，抑或已具有一般等价物的社会功能，尚待研究。但“海贝在二里头等遗址的出土，意味着中原地区与遥远的沿海居民存在着某种交往和联系，则是肯定无疑的”。[1]此后的商周两代，不同地区之间、同一地区的不同所有者之间的经济交往和联系明显加强。在广大农村，也有“日中为市，致天下之民，聚天下之货，交易而退，各得其所”[2]的市场交易。形成了海贝之路、玉石之路、[3]“金道锡行”[4]等较为固定的物流线路。考古材料和文献材料中，不同所有者间转移、让渡劳动产品乃至人口的记载增加，参与交换的商品种类和数量都有了新的增长。在文献记载和考古发掘的诸种出土物品中，与社会财富和商品的转移、让渡关系最密切的，主要是海贝。

商周时期海贝的出土地更为广泛。黄锡全从有关材料中，整理了部分海贝的出土情况，制作了《近五十年出土先秦海贝主要部分统计表》。其中，明确属于商代和西周时期的达49处，遍及今天的内蒙古、河南、山东、山西、河北、陕西、宁夏、甘肃、北京、江苏等省区。[5]属于商周时期但未列入该《表》的

[1]　杨锡璋、高炜主编：《中国考古学·夏商卷》，北京：中国社会科学出版社，2003年，第123页。
[2]　《周易正义》卷8，《系辞》下。
[3]　臧振：《“玉石之路”初探》，《人文杂志》1994年第4期，第79—88页。
[4]　参见裘士京：《江南铜材和“金道锡行”初探》，《中国史研究》1992年第4期，第3—11页。参见陈公柔：《曾伯铭中的“金道锡行”及相关问题研究》，载《中国考古学论丛》，北京：科学出版社，1995年。
[5]　黄锡全：《先秦货币通论》，北京：紫禁城出版社，2001年，第46—50页。

海贝出土情况,至少还有四川[1]、青海[2]和新疆[3]。此外,云南[4]、贵州[5]、广西[6]也出土了不少海贝,只是考古学断代的时间略晚一些。考古发现中已出土的海贝有6种,但出土最多的是货贝(Cypraea moneta)。

在商周时期各地出土的海贝中,出现了高度集中与逐步普及并存的现象。一方面,同一墓藏出土海贝总量大大增加。如商代超过千枚的有殷墟五号墓(妇好墓)、山东益都苏埠屯一号墓(3 790枚)[7]、属于春秋晚期的河南淅川下寺楚令尹子庚墓(4 432枚)[8]。另一方面,更多的墓葬中,出土的海贝数量不多,但同一地、同一时期的墓葬中,出土海贝的概率越来越高。商代"殷墟中小墓中,有近三分之一的墓随葬有贝,若死者也可按5人一家计的话,则是每家都与贝发生关系"。[9]西周墓葬中,1955—1957年在陕西长安张家坡、客省庄一带发掘的182座墓葬中,53座用贝随葬,多者33枚,少者2枚,海贝出土总量达千枚以上。[10]且"不仅在中原宗周一带,就是在边远的地区,以贝随葬已相当普遍,不仅贵族墓,贫民墓也有,只是多寡不同"。[11]

相应地,考古材料和文献材料中,大量出现了把贝与社会财富紧密联系在一起,并用于转让、交换的记载。在商代基本定型的汉字中,财、资、货、买、贮、宝等与财富有关的汉字均属"贝"部;盘庚迁殷时曾告诫臣僚:"兹予有乱政同位,具乃贝玉。"[12]商周甲骨文、金文中出现了"丁亥卜,光取贝二朋在正月,取"[13]、"壬申,王易(赐)亚鱼贝,用作兄癸隮才,六月佳王七祀翌日"[14]等获取、

[1] 张善熙、陈显丹:《三星堆文化的贝币试探》,《四川文物》1989年(专辑),第69—71页。
[2] 董志强、岳永芳:《青海古代的原始货币——海贝》,《青海民族研究(社会科学版)》2000年第3期,第93—96页。
[3] 钱伯泉:《上古时期新疆的贝币和贝饰》,《新疆钱币》2001年第1期,第1—2页。
[4] 王大道:《云南出土货币概述》,《四川文物》1988年第5期,第27—33页。
[5] 魏玉光:《六盘水历史上的贝币文化试论》,《六盘水师范学院学报(社会科学版)》1991年第2期,第76—77页。
[6] 黄启善:《广西贝币研究》,《广西金融研究》2001年增刊,第20—23页。
[7] 山东省博物馆:《商代益都苏埠屯第一号奴隶殉葬墓》,《文物》1972年第8期,第24页。
[8] 河南省文物研究所等编:《淅川下寺春秋楚墓》,北京:文物出版社,1991年。
[9] 杨升南:《商代经济史》,贵阳:贵州人民出版社,1992年,第602页。
[10] 中国科学院考古研究所编著:《沣西发掘报告》,北京:文物出版社,1962年,第116、128页。
[11] 黄锡全:《先秦货币通论》,北京:紫禁城出版社,2001年,第21页。
[12]《尚书正义》卷9。
[13] 董作宾:《安阳侯家庄出土之甲骨文字》,《中国考古学报》(第1册),北京:商务印书馆,1964年,第91—165页。
[14] 中国社会科学院考古研究所安阳工作队:《安阳殷墟西区一七一三号墓的发掘》,《考古》1986年第8期,第705页。《中国考古学·夏商卷》引文略异。

让渡、支付贝的记载。有学者统计，贝、朋二字见于甲骨者有19条，见于商代和西周青铜器铭文者98条。[1]《诗经·小雅》中也留下了“菁菁者莪，在彼中陵。既见君子，锡我百朋”的诗句。[2]

更为重要的是，西周金文中出现了以下记载：

康王时期的《亢鼎铭》：“乙未，公大保買大珁於[illegible]亞，才（财）五十朋。公令亢歸（歸）[illegible]亚贝五十朋，⺒（與）[illegible]（翌）[illegible]、鬯、䰞、牛一。賓亢[illegible]（騂）、金二匀（鈞）。亢對亞宝，用乍（作）父巳。夫冊。”[3]

恭王时期的《卫盉铭》：“矩白（伯）庶人取堇（瑾）章（璋）于裘卫，才（财）八十朋。氒（厥）[illegible]（贾），其舍田十田；矩或（又）取赤虎（琥）两、麀[illegible]韨两、[illegible]（贲）韐一，才（财）廿朋，其舍田三田。”[4]

从上述金文材料及《周易》“六五，或益之，十朋之龟弗克违，元吉”“六二，或益之。十朋之龟弗克违，永贞吉”[5]来看，贝在一定范围与青铜器、玉器、土地等发生了互换。甚至龟甲的价值，也可用十朋贝来计量。作为不动产的土地，也加入了与贝互换的物品之列。海贝在一定范围的财富转移、让渡乃至商品交换中，在一定程度上发挥了计量商品价值、实现商品价值转移与让渡的作用，即履行了货币的价值尺度和流通手段的职能，扮演了货币的角色。

贝与其他物品互换，天然的优势之一是便于以枚计数。但大量青铜器铭文材料、上古文献材料中记及贝的数量时，均在数词后紧接着一个“朋”字。夏商时期的各种文化遗址，几乎都发现有海贝。如偃师二里头文化、郑州二里冈文化及安阳殷墟的墓葬中，都有为数不一的海贝出土，有的多达数百枚。而山东益都苏埠屯一号墓随葬了3 790枚[6]，殷墟五号墓近7千枚[7]。如此众多的贝，说明它的主要功用已由装饰品转化为货币了。《说文》释贝：“古者货贝而

[1] 汪庆正主编：《中国历代货币大系》(一)，《先秦货币》，附录三：《甲骨卜辞、青铜器铭文中的“贝”字和有关货币的记载摘录》，上海：上海人民出版社，1988年，第1157—1161页。
[2] 高亨：《诗经今注》，上海：上海古籍出版社，1980年，第243页。
[3] 马承源：《亢鼎铭文——西周早期用贝币交易玉器的记录》，《上海博物馆集刊》2000年第8期，第120—121页。
[4] 庞怀清等：《陕西省岐山县董家村西周铜器窖穴发掘简报》，《文物》1976年第5期，第27页。
[5]《周易正义》卷4，《损》《益》。
[6] 山东省博物馆：《商代益都苏埠屯第一号奴隶殉葬墓》，《文物》1972年第8期，第24页。
[7] 中国社会科学院考古研究所安阳工作队：《安阳殷墟五号墓的发掘》，《考古学报》1977年第2期。

宝龟,周而有泉”。甲骨文中不少与财富有关的字都从贝。作为货币的贝,通常以“朋”为单位计量,[1]把单个的贝加工穿孔,用绳子穿起来,叫串,两串贝在一起,叫作朋。固定计量单位的形成也表明贝已稳定地担负起货币计量职能。《易·益六二》有“或益之十朋之龟”,《诗经·小雅》有“既见君子,锡我百朋”,表示贝充当价值尺度。不少古文字学家、货币史家把“朋”作为贝的量词,进行了广泛考证,做出了1朋2贝、5贝、10贝、20贝或“朋无定数”等多种解释。[2]近年还有学者以西周金文的记载为依据,对“贝币”的购买力做了初步推测,提出了周代海贝的购买力由高到低、逐步下降的看法。[3]

大概东周以前贝一直是最通用的货币,开始是海贝,继而是仿贝,后有铸造的铜贝。天然海贝广泛流通,继而出现了仿贝并代替海贝充当交换媒介。河南偃师二里头文化遗址等处均发现有骨贝、石贝及玉贝。仿贝是作为一般等价物的海贝长期流通的结果,已带有等价符号的性质。海贝流通与仿贝制作的发展,催生出金属贝,如铜贝。在商代晚期墓葬中曾发现有铜贝百多枚。从天然海贝发展到铜贝,表明贝已稳定地充当等价尺度。从先秦时期有关贝的记载及出土情况来看,西周至春秋时期,仿贝日益增加。此后,战国中期,随葬海贝少见,随葬其他仿制贝的情况也已少见。[4]中原地区的财富转移和商品交换中,曾在一定范围内、一定程度上计量、转移、支付财富价值的海贝,至迟在战国中期已逐步退出历史舞台。[5]

2. 铜贝、钱刀的产生与流通

除天然海贝外,属于新石器时代晚期的青海乐都柳湾M91号墓中,“出土

[1] “朋”从计量单位,引申为挑着贝的商人。古时商人很少,故“有朋自远方来,不亦乐乎”。

[2] 乔志敏:《“贝”“朋”新论》,《中原文物》1988年第2期,第49—52页。白秦川:《先秦货币二考》,《历史研究》1997年第2期,第5—10页。

[3] 黄锡全:《先秦货币通论》,北京:紫禁城出版社,2001年,第35—40页。

[4] 同上书,第30、35—40页。

[5] 西南特别是云南,贝的使用情况有明显的区域特点。云南不仅出土了大量春秋战国时期的海贝,而且以后长期用贝作货币。参见李家瑞:《古代云南用贝币的大概情形》、方国瑜:《云南用贝作货币的时代及贝的来源》、杨寿川:《贝币研究——中原与云南用海贝作货币的历史考察》《云南用贝作货币的起始时代》等,收入杨寿川编著:《贝币研究》,昆明:云南大学出版社,1997年。

了一枚仿海贝制成的石贝"。[1]有学者统计，先秦时期出土的仿贝共有10种之多。其中，同属于新石器时代的仿贝还有骨贝、蚌贝和陶贝，夏代新增玉贝和铅贝，商代新增铜贝，其余为春秋以后出现的仿贝。[2]在各种仿贝中，最重要的是商代新出现的青铜仿贝。

中国古代铜的冶炼和使用，至少可以追溯到马家窑文化、仰韶文化时期。1975年甘肃东乡马家窑文化遗址中，已有铜刀出土。1956年陕西西安半坡的仰韶文化遗址中也有黄铜出土。[3]夏、商至西周时期，青铜首先成为王室和各级贵族最希望拥有的物品。占有青铜，就占有了价值含量和技术含量最高的财富，拥有青铜数量的多寡，成为权力、地位的标志。成套的青铜礼器，直接构成了王权、身份和等级的象征。[4]于是，青铜及以青铜为原料铸造的各种器物，日益频繁地在各级贵族间分配、转移、让渡。金文中不仅出现了"孚金""易(赐)金"的铭文，而且出现了"罚金"的记载。[5]考古发现中，不仅出土了大量青铜器，而且出土了大量青铜块、青铜饼和青铜器残片。据戴志强、周卫荣先生对浙江、江苏出土的10批青铜块的分析，一批出土量最多的达150千克，单块轻重不一，其中昆山县兵稀镇盛庄村出土的100多块，从十几克到几百克。[6]延至"西周中期以后，赐金(铜)的数目，已大大超过赐贝"。[7]

至迟在商代中期，青铜已用来铸造仿贝。因无铭文，又称无文铜贝。商代铜质仿贝"体大而重，形制与真海贝相同"。如山西保德林遮峪出土的商代铜贝，最重为8.5克，最轻为4克，平均8.04克。商代以后的无文铜贝，数量日渐增加，重量日益减轻。"战国时期中原地区的大型墓葬中，常出现大量薄形铜

[1] 青海省文物管理处考古队、北京大学历史系考古专业：《青海乐都柳湾原始社会墓葬第一次发掘的初步收获》，《文物》1976年第1期，第73页。
[2] 乔志敏：《"贝""朋"新论》，《中原文物》1988年第2期，第49页。
[3] 孙叔云、韩汝玢：《甘肃早期铜器的发现与冶炼制造技术的研究》，《文物》1997年第7期，第75页。唐兰：《中国青铜器的起源与发展》，《故宫博物院院刊》1979年第1期。
[4] 张光直：《商代文明》，北京：工艺美术出版社，1999年，第188页。
[5] 参见汪庆正主编：《中国历代货币大系》(一)，《先秦货币》，上海：上海人民出版社，1988年，第1157—1158页。
[6] 戴志强、周卫荣：《中国早期的称量货币：青铜——长江下游地区出土青铜块的科学验证》，《中国钱币》1995年第2期，第3—7页。
[7] 黄锡全：《先秦货币通论》，北京：紫禁城出版社，2001年，第57页。

贝,有的且鎏金,轻的仅1克余。”[1]东周时期的无文铜贝主要出土于三晋,齐国境内有少量出土,楚国境内也有零星出土。[2]其中,山西侯马山村一座春秋时期晋国的大夫墓中,1 600枚铜贝与骨贝、海贝、包金贝同时出土。侯马牛村古城遗址还发现了大量铜贝和铸铜贝的陶范。[3]赵宁夫、汲津主要依据甲骨文和金文中青铜的计量单位和相关记载,结合青铜切割不易的特点,做出了“在中国以青铜为代表的金属称量货币阶段,也许无文铜贝是最有代表性的一种”的推断。[4]黄锡全先生则认为无文铜贝早期属于称量货币,后期已计数交易,是从金属称量货币到金属铸币的过渡环节。[5]而结合周代的金文中出现“赐富贝金”“大矩赐丰金贝”[6]等铭文的情况来看,其中的“金贝”已不能排除是青铜贝的可能。甚至赐金、赐贝的金文,也不能排除实际给赐物为铜贝的可能。无文铜贝在商周特别是东周时期的财富转移、让渡中,发挥了重要作用。

商周时期的青铜还用于制造各种生产工具。与石器相比,青铜生产工具大大提高了小生产者的劳动生产率。但是,绝大多数小生产者所期盼的青铜工具,却不能通过自己生产获得,更不可能通过贵族的赏赐和分配取得。他们只能在极其艰难的条件下,通过市场交换,“以其所有、易其所无”。因此,青铜工具在市场上“受到普遍的欢迎,成为人人乐于接受的商品”。[7]据陈振中先生搜集整理,截至1991年,中国大陆收藏、报道的各种青铜工具至少有7 400件。[8]仅从地下出土的5 862件来看,主要有器物有削、刀、锯、凿、错、钻、锥、鱼钩、斧、锛、镬、耒、耜、铲(钱)、锄、铚、镰等,既有手工工具,也有农具。其中,铜刀、削是我国先民最早使用的工具,也是各个地区广泛使用,社会生产、生活各

[1] 汪庆正主编.《中国历代货币大系》(一),《先秦货币》,上海: 上海人民出版社,1988年,第33页。
[2] 张天恩:《东周列国贝化的考察》,《中国钱币》1991年第2期,第27—33页。
[3] 山西省文物管理委员会侯马工作站:《山西侯马上马村东周墓葬》,《考古》1963年5期。山西省考古研究所:《山西侯马上马墓地发掘简报(1963—1986)》,《文物》1989年第6期,第1—21页。
[4] 赵宁夫、汲津:《试论建国以来河南出土钱币的学术价值》,《中原文物》1984年第2期,第102页。
[5] 黄锡全:《先秦货币通论》,北京: 紫禁城出版社,2001年,第56页。
[6] 见富鼎(器号2749)、丰鼎(器号5403)、丰作父辛尊(器号5996)铭文,见中国社会科学院考古研究所编:《殷周金文集成释文》,香港: 香港中文大学出版社,2001年,第2卷第5册,第340页; 第4卷第10册,第148页; 第4卷第11册,第265页。
[7] 李埏:《试论中国古代农村公社的延续和解体》,《不自小斋文存》,昆明: 云南大学出版社,2001年,第37页。
[8] 陈振中:《先秦青铜生产工具》,厦门: 厦门大学出版社,2004年,第14页。

个方面普遍应用的重要工具，它的出土量在先秦青铜工具中居首位。而古代文献中名为“钱”的青铜铲，商代和西周时期曾在今天的河北、河南、陕西部分地区大量使用，较为普及。[1]

更为重要的是，春秋战国之际铁器的广泛使用，对商品货币关系产生了深刻而巨大的影响。一方面，铁器的使用促进了生产的发展，使各种剩余产品增多，并引起了更多的个体交换，使货币经济进一步深入农村。另一方面，铁器在更广的范围替代青铜工具，使普及程度较高的青铜钱、刀，在逐步失去作为工具的使用价值的同时，获得了换取其他商品的能力。“于是，慢慢地、悄悄地，用途最广的钱镈和刀铚便从商品中分离出来，夺取一般等价物的特殊地位，充当交换媒介，发挥价值尺度、流通手段等各项职能，成为商品的商品——货币。”[2]中国历史上与广大小农联系最密切的金属货币——钱（铲形币，即布币）[3]、刀应运而生。

从现有的考古资料来看，至迟春秋中期，周室和晋国辖区的特大型空首布，已具备了货币的特征。虽然这种特大型空首布的长度仍有13.5—15.2厘米，宽6.3—7.9厘米，重43.7—84.5克，轻重大小与农具差别不大。但是，这种空首布安装木柄的銎已不再伸入铲身中部发挥传导动力的作用，而是缩短到銎与铲身的相接处，在保留空首銎形的同时，在铲身上只留下了象征性的3条竖线。[4]它已失去了作为工具的使用价值。

青铜刀的用途十分广泛，出土以窖藏为多，分类、断代难度较大。迄今为

[1] 陈振中：《青铜生产工具与中国奴隶社会经济》，北京：中国社会科学出版社，1992年，第3—21、34、202页。参见唐兰：《中国古代社会使用青铜农器问题的初步研究》，《故宫博物院院刊》1960年（总第2期），第10—34页。华觉明：《论商周青铜农具及其制作使用》，《自然科学史研究》1990年第2期，第147页。雷从云：《战国铁农具的考古发现及其意义》，《考古》1980年第3期。

[2] 李埏：《试论中国古代农村公社的延续和解体》，《不自小斋文存》，昆明：云南大学出版社，2001年，第37页。

[3] 在货币史、钱币学界，通常把铲形币称为“布币”。但据陈振中先生考证，先秦时期青铜农具有“镈”，但无“布”。“镈”主要是从斧演化而来的锄类农具，与后来演化为货币的铲形农具无关。通常所说的“布币”，应称为“钱”，即铜铲，是主要用来锄草的工具。因此，“布就是布，布字既不是镈的借字，也与钱镈铜农具无关”。从时间上来看，“钱”在东周以后是货币的名称，东周以前为农具名称。见陈振中：《青铜生产工具与中国奴隶制社会经济》，北京：中国社会科学出版社，1992年，第5章《镈》，第6章《钱》，第145—213页。此从陈说。但在下面的行文中，考虑到行文方便，也使用“布币”一词，但实际均指“钱”。

[4] 黄锡全：《先秦货币通论》，北京：紫禁城出版社，2001年，第87、96、104页。

止，考古学、钱币学界对刀币始铸时间、演化系列尚难以形成比较一致的看法。但是，不少学者均认为，至迟春秋中叶，齐、燕等国部分地区已有原始刀削取得了作为货币的资格，出现了与布币并行的北方刀币流通区。[1]从刀削与刀币的形态上看，两者的主要区别在于，实用刀削体大厚实，尤其是柄部中间厚实，分量重，刃部无郭，脊背宽，柄部正背多为一条线。而刀币则形体相对较小，分量较轻，柄部中间已脱离实用的厚实而逐渐变得较薄，刃部逐渐出现郭线。[2]其中，流通于齐地的齐刀，较为硕大、厚重，一般在50克以上。[3]

楚国作为青铜的主要产地之一，同时还长期承担向中原转输海贝的任务。[4]春秋时期楚国经济实力明显增强，商品货币经济迈上了一个新的台阶。随着中原对青铜、海贝、无文铜贝需求的扩大和铁器的广泛使用，春秋战国之际楚国取象贝壳，用青铜铸成实心铜贝，并在其上铸有“贝(咒)”“紊”等字，用作货币流通。长江流域至迟在战国早期，铸行了具有鲜明地方特色的青铜货币——有文铜贝。因“紊”字难识，形似蚂蚁，而“咒”字铭文又似人的鼻梁，又称“蚁鼻钱”。[5]

这样，春秋战国之际的黄河、长江流域，商品货币经济获得了长足发展，金属货币登上了中国历史舞台并与最广大的小生产者紧密结合在了一起。而基于不同地区的特点，初步形成了具有农耕经济特色的东周与三晋布币区、具有农牧经济特色的齐燕刀币区、具有饭稻羹鱼特点的楚国蚁鼻钱流通区3个主

[1] 王毓铨认为齐国最早的刀币应为“齐造邦刀”等3种“古刀”，其铸造时间推断为周定王封齐之后，不会晚于齐桓公时期。见王毓铨：《中国古代货币的起源和发展》，北京：中国社会科学出版社，1990年。朱活结合文献材料的研究，做出了齐国铸造刀币应在齐桓公时期(前685—前643)的推论。其“初期铸币就是在取得货币资格的刀削上铸上商人自己的印记……”，见朱活：《古钱新探》，济南：齐鲁书社，1984年，第103页。萧清认为齐国的“刀化(货)”出现于春秋前期，见萧清：《中国古代货币史》，北京：人民出版社，1984年，第48页。黄锡全把甲型尖首刀定在春秋中期或稍早，齐之大刀始铸时间推定为春秋中晚期。见黄锡全：《先秦货币通论》，北京：紫禁城出版社，2001年，第213、215、300页。张弛也认为，原始尖首刀币的铸行年代上限约在春秋中期，见张弛：《中国刀币汇考》，石家庄：河北人民出版社，1997年，第115页。张光明：《齐刀币研究概论》，《齐国货币研究》，济南：齐鲁书社，2003年，第18页。

[2] 田光、赵志鹏：《记新见数枚削刀和原始刀币》，《中国钱币》2005年第2期，第12页。

[3] 汪庆正主编：《中国历代货币大系》(一)，《先秦货币》，上海：上海人民出版社，1988年，第25页。

[4] 刘玉堂：《楚国经济史》，武汉：湖北教育出版社，1995年，第268—278页。

[5] 萧清：《中国古代货币史》，北京：人民出版社，1984年，第50页。

要货币区。考古材料表明，蚁鼻钱、布币和刀币，是在各地市场上流通最广的金属货币：

——山东曲阜董大城村、安徽肥西新仓乡等地曾一次出土上万枚蚁鼻钱，江苏昆山县正仪乡一次出土200公斤，约计6万枚，全国出土总量已达到15万余枚；[1]

——21世纪初，有准确记录出土的布币共约1万余枚，实际出土数还不止于此，且仅侯马晋国铸铜遗址出土的耸肩空首布范芯就有10万多枚；[2]山西省、内蒙古自治区、辽宁省、河北省、河南省明确有出土地点和枚数的平首布计56 343枚；[3]

——燕明刀出土和著录数量在20万枚左右，齐明刀出土有1.1万枚，至今保存下来的大约有近万枚左右，齐大刀约近9 000枚又数十公斤。[4]

相应地，在文献中也出现了大量关于金、钱、刀、布的记载。如《商君书》记"民无一日之繇，官无数钱之费"，[5]《荀子》把春秋战国时期的"今世"概括为"厚刀布之敛，以夺之财；重田野之赋，以夺之食；苛关市之征，以难其事"的时代；[6]《管子》中不止一次把刀布列为"下币"，且称："五谷粟米者，民之司命也。黄金刀布者，民之通货也"。[7]甚至宋国"狗猛酒酸"，其原因是"人畏焉。或令孺子怀钱挈壶瓮而往酤，而狗迓而龁之，此酒所以酸而不售也"。[8]李悝在魏国计算小农一夫治百亩，一年可获粟150石，每年余45石，"石三十，为钱千三百五十。除社闾尝新、春秋之祠，用钱三百，余千五十。衣，人率用钱三百，五人终岁用千五百，不足四百五十"。[9]甚至在经济较为落后的秦国，秦简《日书》中也出现了关于市场集期、夜市的记载及"不钱则布""金钱良日，甲申、己巳"等文字。[10]普通小农的日常生活，与货币发生了十分密切的联系。

---

[1] 黄锡全：《先秦货币通论》，北京：紫禁城出版社，2001年，第85、224、257、280、356页。
[2] 蔡运章：《洛阳钱币的发现与研究》，北京：中华书局，1998年，第28页。
[3] 陈隆文：《春秋战国货币地理研究》，北京：人民出版社，2006年，第114页。
[4] 黄锡全：《先秦货币通论》，北京：紫禁城出版社，2001年，第85、224、257、280、356页。
[5] 《商君书》，《徕民》第15。
[6] 《荀子》，《富国篇》第10。
[7] 《管子》，《轻重》第81。
[8] 《韩非子》，《外储说》右上，第34。
[9] 《汉书》卷24，《食货志》上。
[10] 吴小强：《秦简日书集释》，长沙：岳麓书社，2007年，第304页。

不仅如此,著名理财家计然还提出了“积著之理,务完物,无息币”,“财币欲其行如流水”的理财理论。[1]广为流通的货币,不仅全面履行了货币的职能,而且广泛用于借贷,涌现了鲁人曹邴氏一类“贳贷行贾遍郡国”的高利贷者。[2]

第二节 战国秦汉农村市场的初兴与城市的发展

农村公社的解体与市场的发展紧密相关。换言之,井田制农村公社是在市场发展的过程中逐渐解体的,同时,村社的解体又对市场的发展产生了推动作用。村社废墟上产生的中国传统市场,在其初期便呈现出勃勃生机,自春秋战国之交即进入传统市场的第一个发展高峰,直至汉武帝之后走向衰落,汉末以后更形逆转。

社会基本经济细胞农村公社的裂变,这是自春秋晚期开始,历经战国、秦至汉初,中国社会最根本的一场深刻革命。这场革命对当时社会经济各领域的影响至深且巨,并初步奠定了此后中国传统社会两千多年的基本格局,对市场发展的影响也如此深远。

一、个体小农家庭经营卷入市场

1. 私有产权与交换

农村公社的解体根源于其内部的矛盾运动。农村公社是公有制和私有制并存的“二重性”社会结构,也是集体劳动与个体劳动皆备的劳动组织,这是其本质特征与基本矛盾之所在。公社是一个整体,它必须使每个成员成为这个整体中有机的一员,而不是与整体毫不相干的独立的个体。也就是说,每个成员必须依赖村社共同体,从土地的授受,到再生产的完成,虽然是以家庭为单位

[1] 司马迁:《史记》卷129,《货殖列传》。
[2] 同上书。

的，但都与村社共同体息息相关。个体力量的壮大，将是导致村社解体的最初的诱因。私有成分壮大——瓦解农村公社的致命因素，根本的原因在于“小土地劳动”的发展，即生产力的进步，最直接的表现则是私有动产的积累和交换。

春秋战国时期，青铜生产扩大，由制造干戈、钟鼎等武器与礼器，进而用于制造钱、刀等农器。更重要的是，熟铁锻造和生铁铸造技术出现并推广，农具进入木金复合体阶段，即木制农具尖端安装金属刃套，并且形制多样。迄今出土了上千件战国铁器，形制有犁、锄、镰、锸、耙、斧、锛、凿、刀、削、锥、钻等。石家庄庄村赵国遗址出土的生产工具中，铁农具占65%，辽宁莲花堡燕国遗址出土的工具中铁农具占85%，河北兴隆燕国遗址出土的铁铸范，其中农具范占60%。[1]1986年出土的陕西凤翔秦公一号大墓，发现墓的填土中竟丢弃10多件优质铁工具，如铁铲、铁锸等。[2]其中叫作耨的小手锄，既可用于掘地发土，也可用于中耕锄草，是战国秦汉时的代表性铁农具，形制短小轻巧，用途多样，适合于个体劳作，标志着个体性综合型生产力的形成。[3]

交换的发展是公社解体的必要条件。从私有动产的交换开始，货币进入公社内部，随之是土地成为商品，不动产的商品化已经触及了农村公社的根基，农村公社赖以维系的最深厚的基础一旦动摇，它所面临的也就唯有土崩瓦解了。春秋开始到战国时期，农村公社中的个体家庭逐渐卷入市场，此时交换与市场的发展是如此引人注目，以至战国之初，农村公社仍处于瓦解的过程中，使进入中国市场史上第一个发展的高峰期。

个体生产力的发展，商品经济的渗入，终于使长期存在于商周社会的井田制逐渐走向崩溃。公田上的集体劳作，原来在农村公社中居于首位，而现在愈来愈受到怠慢，生产效率降低，产量减少。于是将公田平均分配给各家各户进行个体耕作，以提高生产效率，统治者按“彻法”收取实物租。《吕氏春秋·分地》云：“今以众地者，公作则迟，有所匿其力也；分地则速，无所匿其力也。”《管子·乘马》亦云：“均地、分地……审其分，则民尽力矣。”在有的村社，由于

[1] 转引自姚政：《论春秋战国时期农村公社的解体》，《南充师院学报》1988年第1期。
[2] 《秦公大墓和陵园出土一批珍贵文物》，《光明日报》1986年5月4日。
[3] 龙登高：《个体小农家庭经营方式的历史演变》，《云南民族大学学报》1992年第2期。

人口的增加,并由于“八家不尽力于公田”,于是改为一井九夫,也改行什分抽一的彻法。这样,公田名存实亡了,甚至连公田其名也变为实际上的私田、份地的组成部分。

私田,已停止定期重分,农民稳定地占有自己耕种的小块私田,获得了实际的占有权。生产力的进步,农业产量的提高,一方面增强了农业生产效率,另一方面刺激了人口的再生产。农民交换得到的铁制犁铧,使他们有能力开垦更多的土地,以养活更多的人口。而此时土地私有权便显得尤为重要了。从鲁宣公“初税亩”到商鞅变法,土地私有制的法定地位正式确立。[1]

土地公有制之下作为劳动组织的农村公社不复存在,但村社或类村社作为社会关系的外壳在土地私有制社会中仍没有消失,并且在民间基层社会继续发挥其某些作用。据俞伟超考察,两汉多数地区每里皆立一社,一里之众通常就是一社之众。[2]民间还有不少私社。《汉书·五行志下》“禁民私所自立社”,下有颜注云:“民间三月、九月又社,号曰私社。”又引臣瓒曰:“旧制二十五家为一社,而民或十家、五家共为田社,是私社。”里社一般在二、八月和岁终举行祭祀,私社则又在三、九月祭祀。文献与文物中都反映有县社、乡社、里社、私社、田社、弹社、单等多种类型的组织,看来要弄清它们之间的关系已颇为困难。不过,大致清楚的是,它们都与农村公社有某种渊源关系,或者就是村社的残存。它们都是民间自愿自发结合的团体,或者是具有某些官方色彩的民间组织,有的还具有共同体性质。官府也在此基础上稍加编制成什伍制、闾里制来统治基层社会。

里社的共同体色彩、规模与存在之普遍程度,自然远不及农村公社,它们已经不是一种劳动组织,但依然具有凝聚力,细小幼弱的个体小农家庭仍不能不对它们有所依托,它们是个体家庭完成再生产不可或缺的外部条件。里社共推富有经验的父老管理,其聚居地有公共的闾门、墓地,有的还有公共田产,定期组织祭祀活动。组织个体家庭无力完成的经济活动也是里社的重要

[1]　李埏:《中国封建经济史论集》,昆明:云南教育出版社,1987年,第82—86页。
[2]　俞伟超:《中国古代公社组织的考察》,北京:文物出版社,1988年,第84页。

职能。耕作时尤其是农忙季节，需要邻里合作，彼此换工，聚力挽犁，有的地区还需要合力耦耕，西汉赵过“教民相与庸挽犁”便基于乡社的互助功能。至于农田水利建设、纺织等手工业生产环节不可缺少的分工协作，也大多在里社内部完成。因此，或将里社直称为田社。下文还将看到，里社及其某些活动的展开，也与市场发生了联系。

2. 初兴的个体家庭经营与市场

在农村公社解体后，个体小农家庭成为独立的经济单位。原来在公社共同体内部完成的生产、分配、消费等经济活动与生产环节，现在都转移到家庭经济体之中了。不过在公社共同体内滋生成长的个体小农家庭，作为新的经济实体，仍然是十分幼弱且很不完整的。这一方面使它对残存的农村公社或里社等仍不得不有所依赖，另一方面，为了完成从公社承继而来的部分再生产与生产、分配、消费功能，它只能向市场寻求实现的渠道。

早在春秋后期，追求自耕自食、自给自足理想的许行，聚徒数十人于滕国，打算将理想付诸实践，他们组成了一个经济单位。据《汉书·食货志》载，其成员衣褐、素冠，简陋之至，但并非自织而衣，因为自织会影响农耕生产，“害于耕”。他们使用的饮食器皿之釜甑，生活用之陶器，生产用之铁器农具等，都是不惮其烦地“纷纷然与百工交易”，同样也是因为“百工之事固不可耕且为也”。这些交换都是通过出售粮食来换取，即“以粟易之”。许子师徒相当于一个经济体，相对于普通家庭而言，这是一个拥有数十名劳动力的大型经济单位了。这样一个大型经济体，尚不能自己完成织布、织冠和制作釜甑、铁犁等，更何况初始脱离农村公社的小农家庭呢？

铁器是在春秋后期开始大量推广使用的，以前为数有限，即使有使用的，往往也是通过村社来获取。现在，独立的家庭除了走向市场外，即所谓“以粟易器械”，别无他途。《盐铁论·水旱篇》说：“铁器，民之大用也，器用便利，则用力少而得作多，农夫事劝功。”分散的小农家庭对铁农具的需求，促使小规模铁匠活跃起来，他们“家人相一，父子勠力，各务为善器。器不善者不集。农事急，挽运衍之阡陌之间。民相与市买，得以财货五谷新弊易货，或时贳”。

经济体内不生产纺织品的原因是“害于耕”。生产力的低下，使刚刚脱离村社共同体的个体家庭，必须投入几乎全部的劳动于农耕生产，很少能够腾出剩余劳动力即使是妇女辅助劳动力独立进行纺织与副业生产，否则便影响农耕。另一方面，纺织生产原来是在村社共同体内进行，或者是由专业的“百工”来完成。

部分小农家庭从市场购买纺织品，必须通过出售粮食来购买；部分家庭则自己纺织，但纺织过程并不完全在家庭内部完成。如果试图自身来完成（事实上这也是小农家庭所力求逐渐实现的目标），以弥补村社共同体瓦解后所造成的种种困难，则需购买生产资料。具体情形如何呢？《战国策·秦策》有详细的记述：

> 夫江上之处女，有家贫而无烛者，处女相与语，欲去之。家贫无烛者欲去矣，谓处女曰：妾以无烛故，常先至扫室布席，何爱于余明之照四壁者？幸以赐妾，何妨于处女？妾自以为有益于处女，何为去我？处女相与语然而留之。

“处女”，注云“女在室者”，时各地都将群处而织者谓之处女。同室共作的方式，往往是“妇人同巷，相从夜绩”，因为妇女白天无暇脱身于农耕生产及其辅助劳动与家务，只能夜间进行纺织，故常有“女工一月得四十五日”的说法。

从这里不难看出，村社共同体的解体，给小农家庭的纺织生产带来了新的矛盾。以小农家庭的生产规模与生产能力而言，在当时的技术条件下难以独立完成纺织生产，必须有赖于共同体，进行同室而作。为什么必须同室而作呢？《汉书·食货志》作了很好的说明：“必相从者，所从省燎火，同巧作，而合习俗也。”师古注曰：“燎所以为明，火所以为温。”也就是说，集体劳作，既可以节省生产费用，如照明之蜡烛，加温之柴薪等，也有利于技术交流、分工协作，“同巧作”，“合习俗”。而初始独立的家庭经济体，经济条件有限，规模小，力量弱，或缺乏蜡烛，或无力添置柴薪，或买不起机杼，更不可能分工合作。

但是，已经或正在解体的农村公社共同体，使同室夜作的经营方式产生诸多困难。《战国策·秦策》的叙述表明，因为原有的组织与协调日益松散，同室而作的生产方式已产生裂痕，出现矛盾。这种随着村社共同体职能进一步丧失的趋势，必将日益突显，最终被新的经营方式所取代。

面对“同室而作”的种种困难，有的家庭将逐渐考虑在自己家庭内进行纺织生产。事实上，实现耕与织结合于一体，完成自给自足，正是小农家庭梦寐以求的目标。那么可以断言，纺织品的生产正开始由“同室而作”向家庭织作转移。在这一转移的过程中，不难设想，小农家庭势必不能顺利地不间断地实现自织而衣。于是，它只能将这一需求断层转向市场。另一方面，在家庭纺织生产的建立过程中，他们也将向市场提出生产资料方面的消费需求。自然，为了实现消费需求，必须同时向市场出售更多的商品。

关于战国初期小农家庭的生活开支及其与市场的联系，李悝做了详细的统计，《汉书·食货志》引述云：

> 今一夫挟五口，治田百亩，岁收亩一石半，为粟百五十石，除十一之税十五石，余百三十五石。食，人月一石半，五人终岁为粟九十石，余有四十五石。石三十，为钱千三百五十，除社闾尝新春秋之祠，用钱三百，余千五十。衣，人率用钱三百，五人终岁用千五百，不足四百五十。不幸疾病死丧之费，及上赋敛，又未与此。

李悝的计算中，农户专事粮食生产，不事纺织，也没有副业收成，它们与市场的关系密切，这是战国时一种类型的农户。《管子·禁藏》用不同的计量标准和方法计算了另一种类型的农户收支情况：“率三十亩而足于卒岁。岁兼美恶，亩取一石，则人有三十石。果蓏素食当十石，糠秕六畜当十石，则人有五十石。布帛麻丝，旁入奇利，未在其中也。”这种类型的农户有家庭纺织业及副业生产，当是日益增多的小农家庭经营方式。农户剩余产品的增加，推动着市场的扩大，形成《孟子·滕文公上》所描述的“男有余粟，女有余布，纷纷然与百工交易”的景观。

农户的一些市场行为通过里社来完成。各家庭无力自备耕牛，便由邻里集体购置，共同使用，甚至连共用水井的汲水索所需经费，也由各家分担。[1]里社举行祭祀所需物品，亦由全里居民共同出钱购买，如前述“社闾尝新、春秋之祀三百钱”。里社或有公共田产，有的也共同购买。1977年在河南偃师发现的东汉建初二年《侍廷里僤约束石券》：侍廷里里民集体敛钱购置田地82亩，作为这个共同体公有的田产。共买是汉代流行的一种商品交易形式，《九章算术》有几道相关的算题：9人共买鸡，鸡价70；21人共买羊，羊价150；11人共买豕，豕价900；126家共买牛，牛价3 750；还有7人共买价53钱的物品，36人共买价9 800钱的金，等等。这些“共买”的行为都非常细碎，而共买的主体是多样的，除里社外，家族也有这种经济行为，家族有共同财产如墓地等，都可能是通过共同购买而得。[2]

个体小家庭属于社会学所谓的核心家庭，多为五口之家，银雀山汉墓竹简《田法》就有：“食口七人，上家之数也；食口六人，中家之数也；食口五人，下家之数也。”家庭拥有的田亩数，史籍多称一家百亩，但这似乎是多数小农的理想，或出自思想家的设计。凤凰山十号汉墓竹简的记载，代表性地反映了人均占地数量。有学者据此统计，每户占有田地，最多者54亩，最少者仅为8亩，户均24.6亩。每人占有土地，最多者10.8亩，最少者1.9亩，人均约5亩。据《史记·陈丞相世家》，陈平少时家贫，与兄嫂共居，有田30亩。甚至有如晁错《论贵粟疏》所谓：“有者半贾而卖，无者取倍称之息。于是有卖田宅鬻子孙以偿责（债）者矣。”不过，总的说来小农家庭对市场供求相当有限，《史记·律书》所载西汉时“自年六七十翁亦未尝至市井”的现象，看来并不罕见。

3. 农村集市的出现

春秋以前不存在农村集市，战国秦汉时期，农民与市场联系的出现促使农村集市诞生。汉代与最基层的行政组织“里”并称的“聚”，就是有固定市集的村落。《管子·乘马》所谓“聚者有市，无市则民乏”。后世的“市”“镇”

[1] 《九章算术》卷9、卷8。
[2] 《八琼室金石补正》卷3《大吉买山地记》铭文：“大吉，昆弟六人共买山地，建初元年造此冢地，直三万钱。”

直溯其源，明人有谓："远于城而民聚居焉者，古曰'聚'，名'镇'自唐始，今兼名'市'：村墟百货于焉，往求之，曰市镇。"[1]朱桂昌、李根蟠对战国秦汉农村集市的考察作出了开拓性的贡献，[2]黄今言、秦维刚等论述了两汉时期的里市、乡市、亭市等，[3]从他们的论述中可以一窥战国秦汉时期农村集市的大致状貌。

农村市场交易分散而零碎，时间与地点变化无常，对农民偶发的交换甚为不便，人们一直寻求便利。于是，有的地方出现了"因井为市"，战国时期发展成为固定日期和地点的聚市。聚可能还有"丞"管理市集交易诸事务。正如周围几个"里"的学童集中在一个"聚"的学校"序"受教育一样。[4]

有的聚位于河岸湖畔来往便利之处，以利周围农民集散分合。如涿郡良乡县（今北京房山区所属）的圣聚，有圣水流经其地；南阳郡山阳县（今河南山阳）的阳亭聚，位于平阳水东岸；丹阳郡宛陵县（今安徽宣城）有彭泽聚，沛国杼秋县（今安徽砀山）有澶渊聚，大概也是聚因水名。

有的聚位于交通要道，乃至战略要地。如长安曲邮聚（在今陕西临潼境内），地处长安至关东行程的起点，邮驿之头站。南阳郡棘阳县（今河南南阳）亦有黄邮聚。邮驿无疑处于交通便利之处，常率先成为交易之所，居延汉简就有到邮驿籴买粮食大斛二石的事实。[5]长安千人聚（位于今西安），则是宣帝葬卫后之地，位于杜门大道东，宣帝既然将卫后改葬于此，又追谥赐园，以倡优杂伎千人乐其园，这里无疑应该是一块风水宝地，此外，众多的宫中倡优杂伎，向附近地区提出了消费需求，对周围自然形成吸引力。右扶风美阳县（今陕西岐山）的平阳聚，则是秦宁公一度建都的旧址。垓下聚则是汉军围困项羽的战场。

---

[1] 天启《海盐图经》卷1。

[2] 朱桂昌：《古"聚"考说》，载《纪念李埏教授从事学术活动五十周年史学论文集》，昆明：云南大学出版社，1992年。李根蟠：《从〈管子〉看小农经济与市场》，《中国经济史研究》1995年第1期。

[3] 黄今言：《论两汉时期的农村集市贸易——以乡市、里市研究为中心》，《中国经济史研究》1999年第4期。高维刚：《秦汉农村集市及郡县市场》，《西南民族大学学报（人文社科版）》2008年第8期。

[4] 在里、聚之上的基层组织"乡"的学校叫"庠"。《汉书·平帝纪》载，汉制：郡国曰"学"，县、道、邑、侯国曰"校"，校、学置经师一人。乡曰庠，聚曰序，序、庠置孝经师一人。

[5] 甘肃省文物考古研究所：《居延新简》，北京：文物出版社，1990年。

有的聚是有数百年历史的古老村落。为什么古老村落容易成为周围的中心地呢?因为中国古代人们往往聚族而居,并以村落为中心形成一个生产半径,族人在这个圈内繁衍生息。随着人口的增加,圈内的土地与资源不足以养活日益增多的人口时,便有成员分溢而出,在原村落附近择地而居,久而久之又成为新的村落,这样的几个新村落,多是以原有老村落为中心的。族人的祭祀、庆典等活动,都汇集在老村举行。当交换发展起来后——许多宗教活动都伴随着交易活动,老村便自然成为集市所在的聚。朱桂昌所举之泰山郡的菟裘聚(在今山东泰安),其历史可上溯到春秋初年,京兆尹的苍野聚,则可上溯到春秋末期。

有的聚则因物产闻名而形成。如任城的桃聚、南阳的杏聚、陈留的葵丘聚、弘农的桃丘等,聚因物名,也很可能就是各自的特产交易而发展成聚的。长安西的细柳聚,曾是周亚夫屯军之地,聚内有市,且称之为柳市,大约以贩运柳枝为大宗,柳枝是北方农民编织筐箩等手工业品的主要原材料。

即使在边远地区,农村市场也开始成长。高维刚据汉简材料揭示出,河西四郡(武威、张掖、酒泉、敦煌)地处边塞地区的一些屯戍卒民聚居的坞壁、交通要道上的某些邮驿,及地方上的一些乡里,有最基层的乡村集市,称"乡市""市里"。[1]

二、城市市场及其管理

战国秦汉时期城市较之以往有了相当的发展,正如《战国策·赵策三》所说:"古者四海之内分为万国,城虽大,无过三百丈者,人虽众,无过三千家者。"战国时代则是"千丈之城,万家之邑相望"。据统计,春秋战国之交35个诸侯国共有城邑约600个。[2]汉初所建长安城,有"八街九陌、三宫九府、三庙十二门、九市十六桥"之谓。测绘研究结果表明,长安城东墙长5 916.95米,西墙长4 766.46米,南墙长7 453.03米,北墙长6 878.39米,城墙总长约为25.1公里,

[1] 高维刚:《从汉简管窥河西四郡市场》,《四川大学学报》1994年第2期。
[2] 张鸿雁:《春秋战国城市经济发展史论》,沈阳:辽宁大学出版社,1988年,第121页。

地域面积为34.39平方公里。[1]考古发掘，燕下都遗址呈不规则的长方形，东西8公里，南北4公里；齐国故城临淄，大城南北近9公里，东西约7公里。大城为郭。大城西南隅有“王城”小城，南北4公里多，东西3公里。大城内道路宽阔径直，纵横交错。散布着居民点和冶铁、炼铜、制胄作坊等遗址。[2]《战国策·齐策》中，苏秦赞临淄之繁华道：“临淄之途，车毂击，人肩摩，连衽成帷，举袂成幕，挥汗成雨。家敦而富，志高而扬。”国都以下的城市，如韩国大县“城方八里”，齐国即墨有“五里之城，七里之郭”。[3]城市的经济中心功能加强，《盐铁论·力耕》概括了全国的情形：“自京师东西南北，历山川，经郡国，诸殷富大都，无非街衢五通，商贾之所臻，万物之所殖者。”

图1–3 汉代壁画拱桥

城市人口增多，有的大城市已具相当规模。战国时临淄号称居民7万户，到西汉达10万户，约当50万人，“市租千金，人众殷富，巨于长安”。[4]秦代曲逆城，号称3万多户，汉高祖为其雄壮而惊叹，认为唯有曲逆可与洛阳相匹。秦咸阳，《史记·秦始皇本纪》称仅徙天下豪富就达12万户，相当一部分就地安置；西汉长安，《汉书·地理志》载有户8万余，口24.6万。同书亦载，宛有户4.7万余，成都7.6万余户。这几个十数万、数十万人口的城市，代表了战国秦

[1] 《汉长安城位置长度精确确定》，引自《光明日报》1997年1月29日第1版。
[2] 《文物考古工作三十年》，北京：文物出版社，1979年，第42页。《临淄齐国故城勘探纪要》，《文物》1972年第5期。
[3] 《战国策》东周策；齐策六。
[4] 《史记·苏秦列传》《汉书·高五王传》。

汉时的最高水平。

城市居民中有大量工商业者及小本经营者,《潜夫论·浮侈》载:“今察洛阳,浮末者什于农夫,虚伪游手什于浮末……天下百郡千县,市邑万数,类皆如此。”列子《列御寇》载:列子在齐都临淄,见到10处卖浆之家,争相竞卖,“特为食羹之货,无多余之赢,其为利也薄”。一般居民日常生活仰赖市场,每日要与市场发生联系,因此家庭妇女经常性地往返市场。[1]家庭主妇频繁出入市场,也表明市场在城市生活中的重要地位。

城市一般都设有成片的手工业作坊和专门市场,大城市还有若干个市场。西汉长安形成东西两市制度,西市由6个市合组而成,东市由3个市合成,每市“方二百六十六步”,各包括4个里,九市共36个里。[2]临淄则有“中市”“右市”之分。1971年内蒙古和林格尔发现的东汉墓葬有壁画,上绘上谷郡宁县县城图,有城墙、城门、街道、市场、衙署等,其中有一个四合大院,中间榜题“宁市中”,就是县市。市场的繁荣,成为衡量社会经济状况的标准,《后汉书·孔奋传》有语论述及此:“时天下扰乱,唯河西独安,而姑臧称为富邑,通货羌胡,市日四合。”手工业有官营与私营,私营手工业,战国时代的基本形式主要有:个体小手工业者的家庭小生产,一匠数徒式的小手工业作坊生产,大手工业主的工场手工业。[3]两汉时期大体也如此,并且多在城市之中。

一般而言,城市中的市场都是封闭的,以围墙与居民区、行政区相隔离,设几道市门(多为4道门),供车马人流出入。黎明开启市门时,常出现《史记·孟尝君列传》所谓“侧肩争门而入”的拥挤情景。交易时间市场内甚为热闹,桓谭《新论》描述郢都“市路相交处”,人来车往,以致“朝衣鲜而暮衣弊”。工商业者居住其中及附近,故《管子·大匡》谓:“凡仕者近宫,不仕与耕者近门,工贾近市。”也有城市,市不在城墙之内,商贾富人居于城外,市场活

[1] 《韩非子·外储说左上》:“郑县人乙子妻之市,买鳖以归。过颍水,以为渴也,因纵而饮之,遂亡其鳖。”同书又载:“曾子之妻之市,其子随之而泣。”西汉韩婴《韩诗外传》卷2亦有“楚狂接舆躬耕以食,其妻之市未返”等语。

[2] 杨宽:《中国古代都城制度史研究》,上海:上海古籍出版社,1993年,第225页。

[3] 参见邵鸿:《商品经济与战国社会变迁》,南昌:江西人民出版社,1995年,第70—71页。

动也在城外进行。春秋战国之际的墨子在《杂守》一文中分析难以守卫的城市说："市去城远，四不守也；蓄积在外，富人在虚，五不守也。"郑县的市可能就是这样，卜子之妻去市场，必须过颍水，说明市场距离不近。古代城市由内城外郭组成，城的面积一般是有限的，而郭则可以很广阔。[1]《管子·轻重甲》述"桓公忧北郭之贫"，管子提出的对策之一是"去市三百步，不得树葵菜"，周围是菜园，可见临淄有市位于北郭。[2]

隧是市内通道，能容纳车马通行，《史记·信陵君列传》有"公子引车入市"的事实。如果市场繁忙，很容易发生堵塞的现象。《西都赋》形容长安市场"人不得顾，车不得旋"。店肆排列于隧的两旁，为商贾居住与营业之所，称"市列""列肆"。《秦律·金布律》有"贾市居列者"之语，《三辅黄图》有"周环列肆，商贾居之"等语。颜师古注《汉志》"开市肆以通之"一语曰："肆，列也。列者，若今市中卖物行也。"各店肆经营不同品种的货物，同类货物多集中在相近的列肆中，就像唐宋以后的"行"一样。故班固《西都赋》有"九市开场，货别隧分"之语。与市配套的还有"廛"。郑玄注《礼记·王制》"市，廛而不税"，解释廛即是"市场邸舍，税其舍不税其物"。据此，廛即贮藏货物的仓库。班固《西都赋》形容长安货仓之多，"阗城溢郭，旁流百廛"。

市的开业时间都在白天，因此，《风俗通》说："市买者，当清旦而行，日中交易所有，夕时便罢。"寓言故事中的郑人买履，买鞋忘了带尺，等到他回去带尺返回，市已关闭了。夜间交易，需要增加照明费用，并且官府管理不便，因此一般没有夜市。直到唐宋之时，交换频繁，并且突破了政府的管制，夜市才得以兴起。

市内商贾不列入一般户籍，而别列"市籍"，与通常的编户齐民相区分。没有市籍者不准在市内营业，《汉书·尹赏传》有搜捕"无市籍商贩作务"的记载。市籍身份之人，不得入宦，不得名田，甚至不得操刀、乘骑马，并且"贾

[1] 如《春秋大事表七》卷4载，吴都梅李，城"周三里二百步，外郭周三百里"。

[2] 菜地一般都是在城外郭内的，粮田则多在郭外。孙诒让《周礼正义》卷24考证结果是"场圃则唯在郭内，不在城内"。《庄子·让王篇》载，颜回"有郭外之田五十亩"种粮食作物，"郭内之田十亩"植丝麻。

人不得衣丝乘车，重租税以困辱之”。[1]秦代谪戍制，贾人、有市籍者及其子孙，都在首先征发之列。身有市籍，地位低下，不仅本人，而且影响及后世几代。

有市籍者，不管其营业好坏，都必须定期交纳市租，拖欠者将受处罚，例如何显，“家有市籍，租常不入县，数负责课。市穑夫求商捕辱显家”。市籍的征收额不轻，汉代，“齐临淄十万户，市租千金”。[2]官府收取市租，常用于赏赐等。[3]

市场管理体制自成体系。令署，即市场行政管理机构，设于市楼，悬挂旌旗。[4]在长安的市中，《三辅黄图·长安九市》载“旗亭楼，在杜门大道南。又有当市楼。有令署，以察商贾货财买卖贸易之事，三辅都尉掌之”。“市楼皆重屋”，居高临下，便于监视市场的一举一动。

市吏管理市场秩序，负责督巡市场，“吏巡之不谨，皆有罪”。[5]市门专设一吏，称卒，监察出入市场人员，因为并非所有人都能自由进出市场。在居延边塞地区，汉简所示，市场由市吏主管各项事务，到市场上从事买卖活动的人，必须持有官府发放的“符传”。[6]

长安东、西两市设市令，其他大城市如洛阳、邯郸、临淄、宛、成都等设市长。州县之市则有市穑夫。据《汉书·百官公卿表》：京兆尹属官有长安市、厨两令丞，左冯翊属官有长安四市长丞。《汉书·食货志》载，王莽时“更名长安东西市令及洛阳、邯郸、临淄、宛、成都市长皆为五均司市师。东市称京，西市称畿，洛阳称中，余四都各用东西南北为称，皆置交易丞五人，钱府丞一人”。

市场实行价格管制。上市商品，明码标价，《秦律·金布律》规定：“各婴

[1] 见《汉书》景帝纪、哀帝纪、平帝纪、高帝纪。

[2] 《汉书·何武传》《史记·齐悼惠王世家》。

[3] 《说苑·尊贤》载，齐桓公曾赐管仲“齐国市租一年”。晋平公以市租养食客，语见《新序》卷1：“食客三千余人，朝食不足，暮收市租，暮食不足，朝收市租。”《史记·廉颇蔺相如列传》载，李牧居代，“市租皆输入莫（幕）府”。

[4] 《史记·三代世表》集解引薛琮语：“市楼也，立旗于上，故取名焉。”

[5] 《韩非子·内储说上》载，宋太宰“召市吏而诮之曰：市门之外何多牛屎？市吏甚怪太宰知其疾，乃悚惧其所也”。《汉书·梅福传》有“变姓名为吴市门卒”，可知是比较下贱的职业。

[6] 徐乐尧：《居延汉简所见的市》，载《秦汉简牍论文集》，兰州：甘肃人民出版社，1989年。

(系)其贾(价)，小物不能名一钱者，勿婴。”标准市价称“市平”。扬雄《法言·学行篇》有语：“一哄之市，必立之平。”《汉书·食货志》载，王莽时，“诸司市常以四时中月实定所掌，为物上中下之贾，各自用为其市平，毋拘它所”。而所谓“市不豫价”，即不需要临时评定价格，表明市场秩序好。

上述规范的市场，多出自长安、洛阳两个最大城市。对于其他城市而言，这可能更多的是政府有关城市建制的一种制度，而不一定是实际情形。位于城外的市场，就很难做到规范。即使当时全国五大城市之一的成都，直到公元前311年才修成初具规模的城墙，市场及其市门、店肆，经修整才与咸阳的制度相同。《华阳国志·蜀志》载，秦惠王二十七年，张仪与张若修成都城，周围十二里，高七丈，“置盐铁市，并长丞，修整里阓，市张列肆，与咸阳同制”。大城市尚且如此，中小城市更不待言。《管子·乘马》也说，凡筑城，“因天材，就地利。故城郭不必中规矩，道路不必中准绳”。城既如此，市的设置都能合规矩、中准绳吗？

图1–4　百戏《汉元帝纂要》载：“百戏起于秦汉曼衍之戏，后乃有高絙、吞刀、履火、寻橦等也。”

三、主要商品：以盐铁为重点的考察

战国秦汉商品市场引人注目的变化有如下三方面：从奢侈品到民生用品的增多，从土特产品到大众用品的出现，从特权商人到职业商人的兴起。

农产品剩余的增多和城乡市场的变化发展，使市场商品构成发生改变。春秋以前，奢侈品在市场上独领风骚，战国秦汉时期，奢侈品在商品流通领域仍占有相当的比重。“奇怪时来，珍异物聚”之类的记述仍频繁出现于《管子·小匡》等文献中，《考工记》亦谓商人的职能就是“通四方之珍异”。但此时更为引人注目的是，越来越多的民生用品广泛进入市场，名类繁多，不计其数。《史记·货殖列传》论列全国各地特色商品：“夫山西饶材、竹、谷、卢、旄、玉石；山东多鱼、盐、漆、丝、声色；江南出楠、梓、姜、桂、金、锡、连、丹沙、犀、玳瑁、珠玑、齿革；龙门、碣石北多马、牛、羊、旃裘、筋角；铜、铁则千里往往山出棋置：此其大较也。皆中国人民所喜好，谣俗被服饮食奉生送死之具也。故待农而食之，虞而出之，工而成之，商而通之。”对战国秦汉的商品市场，下面分类略作考察，土地买卖和劳动力买卖也置于此一并考察。

粮食市场。战国秦汉时期，农业生产虽有较大提高，但粮食生产仍很不稳定，因而小农口粮的自给自足，需要以市场调节为补充，视收成的丰歉而出入粮食市场。当时，不同季节粮价不同，丰歉年景间粮价变动更大，而粮价变动越大，意味着小农出入粮食市场可能越频繁。这给粮商营利带来了便利，货殖列传中，白圭、任氏、桥姚、师史等就是突出的粮商，也因为粮食市场的波动，官府对此进行控制较多。如《管子·国蓄》:“五谷食米，民之司命也。黄金刀币，民之通施也。故善者执其通施以御其司命也。”官府以货币流通为手段控制粮食供应。不过粮食的地区间流转则很有限，主要靠政府调拨。民间粮食市场发育程度还很低，故有“千里不贩籴”之谚。

纺织品市场较为广阔，商品生产渐成规模。战国秦汉时的齐鲁、陈留、襄邑、成都等地是著名的丝织品商品生产基地。齐早已号称“冠带衣履天下”，鲁缟至为轻细，故战国后“强弩之余不能穿鲁缟”之谚流传于世。到东汉时王充《论衡·程材篇》仍说:“齐郡世刺绣，恒女无不能。襄邑俗织锦，钝妇无不巧。”陈留境内纺织染料的专业商品生产蔚为规模，农户“皆以种蓝染绀为业，蓝田弥望，黍稷不植”。[1]这种专业户的产品全部是面向市场的。蜀是中国另一有名的纺织品产地，蜀布曾远通西域的大夏，武帝时张骞曾见，《盐铁论·本议篇》也将“蜀汉之布与齐陶之缣”并提。到东汉时，蜀锦的商品生产由众多的城市纺织专业户“伎巧之家”从事，产品精致，“一端数金”。左思《蜀都赋》赞其盛云：“伎巧之家，百室离房，机杼相和，贝锦斐成。”《华阳国志·蜀志》有“蜀地女工之业覆衣天下”的说法。丝织品在本阶段成为中国最重要的出口商品，远销西域乃至欧洲，由此带动形成了举世闻名的丝绸之路。

畜禽产品有鸡、羊、猪、牛等。传说战国时的猗顿就因“大畜（蓄）牛羊”而成巨富，《汉书·项籍传》师古注云，猗顿“赀拟王公，驰名天下”。尤值一提的是，牛耕的推广使耕牛的买卖日益盛行。牛价，每头值数千钱，《九章算术》有钱1 200、1 818、3 750不等的价格。居延新出土《建武三年侯粟君所责寇恩事》有牛价当粟60石的记载，为钱亦可数千。四川郫县犀浦东汉残碑上有“牛一头直万五千”的文字。

战国秦汉时的民生用品市场，总的说来还处于低迷状态，数量有限，品种不多。李根蟠指出：小农占有的土地比后世农民为多，他们首先需要集中力量把地种好；小农的商业性副业生产的比重不甚稳定，视粮食生产的丰歉为盈缩。可以说，商品生产是自给生产的补充，副业生产是粮食生产的补充，其农副产品投放市场的多寡，主要不是取决于市场的需要，而是取决于自身的需要，即以足够换取自己不能生产的那部分物质资料和交纳贡赋为度，其副业生产的规模及其产品投放市场的数量，则依据粮食生产满足上述要求的程度来调节。[2]

民生用品市场中，最为活跃的商品是盐铁。此类商品民户一般不能自己制造，天然仰赖于市场。盐铁成为当时最引人注目的大宗商品。盐为人们食

---

[1]《艺文类聚》卷81，引赵岐《蓝赋》。

[2] 参见李根蟠：《自然经济商品经济与中国封建地主制》，《中国经济史研究》1988年第3期；《从〈管子〉看小农经济与市场》，《中国经济史研究》1995年第1期。

用不可缺少，《管子·海王》所谓："十口之家，十人食盐，百口之家，百人食盐。"其需求弹性极小，无论价格高低，人们都必须买食，正如《汉书·食货志》所说："非编户齐民所能家作，必仰于市，虽贵数倍，不得不买。"经营盐业起家的名商有刀闲、猗顿等。盐业中心最有名的是齐、晋，《货殖列传》说"山东食海盐，山西食盐卤，岭南沙北固往往出盐"。

随着冶炼技术的提高，铁器产品种类增多，需求扩大。《盐铁论》所谓"一女必有一针一刀"，"耕者必有一耒一耜一铫"，"行服连轺者必有一斤一锯一锥一凿"。尤其是铁农具普遍推广，使铁器市场迅速扩大，《盐铁论·水旱篇》说："家人相一，父子勠力，各务为善器。器不善者不集。农事急，挽运衍之阡陌之间，民相与市买，得以财货五谷新弊易货，或时贳。""善器"就是指铁器，个体劳动者使用的增加，商人从事铁器买卖也盛况空前。经营冶炼和铁器而致富者很多，如郭纵、寡妇清、卓氏、曹邴氏、孔氏，等等，《史记·货殖列传》载之甚详。其产地不少，《周礼·冬官·考工记》所举如："郑之刀，宋之斤，鲁之削，吴粤之宝剑，迁乎其地，而弗能为良，地气然也。"巴蜀和南阳则是最为著名的铁冶中心。

南阳，即战国时的宛，是传统的铁冶中心，出产锋利的铁器。《荀子·议兵篇》就有记载，《方言》谓"宛地出钢铁为矛"。《商君书·弱民》称："宛钜铁饱，利若蜂虿。胁蛟犀兕，坚若金石。"远在关中的秦昭王也知道"楚之铁剑利"。[1]《战国策·秦策》载："韩卒之剑戟，皆出于冥山、棠溪、墨州、合伯、邓师、宛冯、龙渊、大阿，皆陆断马牛，水击鹄雁……"韩卒剑戟的八个出处，除不确定的冥山和不可考之合伯外，其余都位于以南阳为中心的地区。[2]可见，战国时期的宛及其附近地区都有铁冶业，宛因此成为一个著名的铁器铸造中心。其产品很有市场，至少韩国军队的兵器大部分来自这一产区。这一产区地处楚、韩、魏、秦四国交界之地，其产品既然在韩国使用很广，在楚、魏等地当更

[1]《史记·范雎蔡泽列传》。
[2]《史记·苏秦传》同。据两书各注，宛冯指宛地铸剑的冯池，邓师是指南阳邓地的有名铸剑工，墨阳指墨阳之莫邪，乃著名的宝剑，产于西平县。唐司马贞《索隐》曰，西平县"今有铁官令　，别领户，古铸剑地也"。唐之西平县即战国时汝南之西平。棠溪在汝南，龙渊、太阿均铸于汝南西平之龙泉水。汝南，紧靠南阳东北。合伯，地缺，不可考。

多。秦统一后，孔氏被秦人从大梁（今开封西北）迁至南阳，《货殖列传》载，孔氏“大鼓铸，规陂池，连车骑，游诸侯，因通商贾之利……家致富数千金，故南阳行贾尽法孔氏之雍容”。

巴蜀是铁冶业的后起之秀。据《货殖列传》，秦破赵国时，卓氏等一批商人被虏逼迁，有人想方设法就近安迁，卓氏听说临邛附近的汶山一带，“民工于市，易贾”，就主动远迁，夫妻推辇，到了临邛。“即铁山鼓铸，运筹策，倾滇蜀之民，富至僮千人，田池射猎之乐，拟于人君。”与卓氏有着类似经历的程郑，“山东迁虏也，亦冶铸，贾椎髻之民，富埒卓氏，俱居临邛”。蜀地的铁冶已有一定的基础，据《华阳国志·蜀志》，早在秦惠王二十七年（前311），张若治成都，“置盐铁市”。卓氏、程郑将先进的冶炼技术引进到四川，开发滇蜀，与西南少数民族贸易往来，得到了丰厚的回报。到东汉时蜀汉的铝器、佩刀仍是上调品。[1]

四、要素市场：土地交易与劳动力买卖

1. 土地交易

春秋战国时，土地商品化，“田里不鬻”的古老信条荡然无存，从根本上动摇了农村公社的根基。秦代，从法律上进一步确认“除井田，民得买卖”。土地市场的存在与活跃，成为中国传统市场不同于西欧传统市场的一个重要特征。

贵族官僚地主始终是土地市场的重要力量。战国名将王翦、赵括等纷纷大量置地，如赵括因战功获赐大量金帛，于是“日视便利田宅可买者买之”；汉初名相萧何，“多买田地”，有人上书控告“相国贱强买民田数千百”。同为西汉丞相的张禹，初时“内殖货财，家以田为业。及富贵，多买田至四百顷，皆泾渭溉灌，极膏腴上贾（价）”。[2]此类事例史籍中比比皆是。而贵族官僚买卖田地，虽然往往是大手笔的，但其中超经济强制的色彩浓厚，对土地市场的发育

---

[1] 至东汉和帝时废，《后汉书·和帝邓皇后纪》：“蜀汉铝器、九鬲、佩刀，并不复调。”
[2] 分见《史记·廉颇蔺相如列传》《史记·萧相国世家》《汉书·张禹传》。

又不免其副作用。初兴的商人阶级，也将其资本投入土地之上。《越绝书·计然内经第五》所载经商之策，其“十倍之利”的内容就有：“阳且尽之岁，亟发粜，以收田宅牛马，积敛货财，聚棺木，以应阳之至也。此皆十倍者也。”

土地市场的发育，在小土地买卖行为中更清晰地得到反映，因为它们多发生在小农之间，没有附加非市场手段的因素。汉代小块土地的买卖在民间很流行，今发现的汉代地券记载，多是如此，其时买地券多为实际的地权交易，[1]与后世不同：

《王未卿买地券》：“买罼门亭部什三陌西袁田三亩，亩价钱三千一百，并直九千三百。”

《曹仲成买地券》：“买长谷亭部马领佰北冢田六亩，亩千五百，并直九千，钱即日毕。”

《王当买地券》：“买谷郏亭部三佰西袁田十亩以为宅，贾直钱万，钱即日毕。”

《樊利家买地券》：“买石梁亭部桓千东比是陌北田五亩，亩三千，并直万五千，钱即日毕。”

《房桃枝买地券》：“买广德亭部罗西北口步兵道东冢下余地一亩，直钱三千，钱即毕。”

《侍廷里僤约束石券》：“敛钱共有六万一千五百，买田八十二亩。”

这里只有最后一条买卖土地数额达到数十亩，而这是里社集体购买的，其余个人买卖土地，少则一亩，多亦不过几亩。有些小块土地的形状也不规整，《九章算术》算题所记，买卖的田地形状各异。土地买卖行为的细碎，表明买卖行为司空见惯，交易频繁，并多发生在个体小农之间，不仅限于地主贵族。同时，交易时当面付清货币，并立契约为据，凡此都表明，土地市场在形成之初即已达到相当水平。

[1] 吴天颖：《汉代买地券考》，《考古学报》1982年第1期。

图1–5　东汉建初元年（76）浙江绍兴《大吉山买地摩崖》："昆弟六人，共买山地。建初元年，造此冢地。直三万钱。"

建初六年武孟子买地玉券："建初六年十一月十六日乙酉，武孟子男靡婴买马熙宜、朱大弟少卿冢田。南广九十四步，西长六十八步，北广六十五，东长七十九步，为田廿三亩奇百六十四步。直钱十万二千。东陈田比介，北、西、南朱少比介。时知券约赵满、何非，沽酒各半。"[1]

建初六年十一月十六日酉，武孟子男靡婴买马熙宜朱大弟少卿冢田，（大小），为田二十三亩奇，百六十四步，直钱十万二千。（方位）时知券约赵满、何非，沽酒各二千。[2]

现存的土地交易契约只有在碑刻墓冢"买地券"得到信息。墓地交易通常立碑以示，带有一些阴间的味道，但与阳间的交易相通。如汉"真道冢地碑"：

延熹五年七月中旬，真道字直中，以钱八千从有亲真敖字政直、直弟政升、升弟二从弟汉宗，市冢地，连随地（大小）……钱付毕（方位）……子孙但得宿山居留，不得争碍舍地碍讼，天帝诛疾……

右真道冢地碑，延熹七年真道以钱八千，从真歼兄弟市此地，广二十二丈，戒约后世，作冢取土方隅，但得宿山居留，不得争讼舍地，怖之以天帝诛疾，劝之以勉崇孝道，戒之以不得违犯先入之约，字札紊碎，不能

[1]　北京图书馆金石组编：《北京图书馆藏中国历代石刻拓本汇编》第1册，郑州：中州古籍出版社，1989年，第28页。
[2]　［日］矢野春隆：《华北地券（契）制度研究》，南满洲铁道式会社经济调查会，昭和十年，第17页。

尽通。[1]

一些地券是阳间亲友为保障阴间死者的安宁,避免阴间可能的土地争讼,而立虚拟碑以示阴间众鬼神,同时亦告知阳间后人。晋大康年间杨绍地契:

> 大男杨绍从土公买冢地一丘,东极阚泽,西极黄滕,南极山背,北极于湖,直钱四百万,即日交(按:原为友)毕,日月为证,四时为任。
>
> 大康五年九月廿九日对共破剪,民有私约如律令。

土公相当于土地公或土地神,他成为土地卖方,显然要么是无主荒地,要么是自己的土地。如果说此契还有人间的味道,那么,晋“咸康朱曼妻薛氏地契”则完全是虚拟契约:

> ……从天买地从买宅,东极甲乙,南极丙丁,西极庚辛,北极壬癸,中极戊巳,上极天,下极泉。直钱二百万,即日交毕,有志薛地,当询天帝;有志薛宅,当询土伯。任知者:东王公,西王母。如天帝律令。

地契必须载明,当场付款,不留后患与争论的空间。除了方位与大小之外,还得有中人,汉晋时称为“任”或“任知者”,也是历代契约不可缺少的要素。

以明确的土地产权来安慰死者,保障阴间的空间权属,避免可能的争讼侵害亲友,以确保其的权益。私有土地产权的意识贯通阴阳,深入人心。

2. 劳动力买卖

战国秦汉时期,奴隶作为可带来剩余价值的活的商品,成为财富的象征并

[1] [日]矢野春隆:《华北地券(契)制度研究》,南满洲铁道式会社经济调查会,昭和十年,第16页。以下四契均来自此书。《隶续》卷19《真道冢地碑》:“延熹五年七月中旬,真道字直中,以钱八千从有亲真敖字政直、直弟政升、升二从弟汉、宗,市冢地。”

为贵族所追逐。春秋战国时，战俘、罪犯是奴隶的主要来源，多隶属于官府。私家奴隶，有时通过官府出卖或赏赐官奴的途径获取，其主要来源则是债务奴隶，即《韩非子·六反》所谓“天饥岁荒，嫁妻卖子”，晁错《论贵粟疏》所云“卖田宅、鬻子孙以偿债者”。但债务奴隶的来源受到法律的限制，《汉书·严助传》如淳注云：“卖子与人作奴婢，名为赘子，三年不能赎，遂为奴婢。”《汉书·食货志》记载说，汉初时大饥馑，“高祖乃令民得卖子”，饥馑过后，立即下诏：“民以饥饿卖为奴婢者，皆免为庶人。”可见，卖子为奴只是非常情况下的特殊现象，在平常，买主只能以赘子、养子、养女等名目私下获取奴隶。因为，源出于农村公社成员的齐民，其身份与社会地位，在法律上是“无有贵贱”的，具有独立的人身自由。因此世袭的私家奴隶较少，即使沦为奴隶后，也有恢复自由的机会。《史记·季布栾布列传》载，曾为酒保的栾布，在齐地“为人所略卖，为奴于燕”，后来又成为一代名将。尽管如此，秦汉时奴隶仍大量存在，因为奴隶可以带来丰厚的剩余价值。据于琨奇考证，奴隶从事农业每年的剩余价值率，秦时高达320%，汉时为68%—240%，奴价，秦时值粟365石，值布199匹，汉时值粟261石，值布130匹。[1]因此，奴隶市场颇盛。秦时，奴隶与牛马一样，同置于栏圈中公开买卖，即《汉书·王莽传》所谓“秦置牛马市，与奴婢同兰（栏）”。汉初贾谊《治安策》中说：“今民卖僮者，为之绣衣丝履而偏诸缘，内（纳）之闲中。”闲，也就是指栏。市场上买卖的奴隶，还要精心装饰，穿上古代君后祭祀时的礼服以吸引买主。《汉书·董仲舒传》载：富人们“众其奴婢，多其牛羊，广其田宅，博其产业，畜其积委，务此而亡已。”东汉时仍是如此，《论衡·骨相篇》云：“售贵之家，役使僮奴，养育牛马，必有与众不同者矣。僮奴，则有不殚亡之相……”

雇佣劳动也开始出现。作为劳动组织的农村公社在解体过程中，贫富分化加剧，穷困无告的村社成员被抛出原有经济体系之外，他们有自由的身份，却无以为生，唯有出卖自己的劳动谋生。《史记·刺客列传》载，战国名士高渐离，曾在宋子的酒店“为人庸保”；秦末的陈涉是一群佣耕者中心怀鸿鹄大志

[1]　于琨奇：《秦汉奴价考辨》，《中国经济史研究》1987年第1期。

的不凡之辈；前述栾布穷困潦倒时“卖佣于齐，为酒保”；东汉杜根逃窜宜城山中，《后汉书》本传说他“为酒家保，积十五年”。这种现象史不绝书。在居延边塞地区，还出现了以受雇运货为生的专业运输者——“僦人”，为官私市场服务。应该注意的是，这些卖佣者，出卖的只是其劳动，而保持其齐民的身份，一般情况下不得役使为奴。《韩非子·外储说左上》有一段记载清楚地说明了这种关系：“夫卖庸而播耕者，主人费家而美食，调布而求易钱者，非爱庸客也。曰：如是，耕者且深，耨者熟耘也。庸客致力而疾耕耘，尽巧于畦亩者，非爱主人也。曰：如是，羹且美，钱币且易云。”这完全是以劳动换取报酬，劳动的强度、好坏与报酬的高低成正比。

雇佣价格所代表的，是劳动力的价值，就是保证佣工及其家属生存、代续所需要的生活资料的价值。汉志李悝所计，最低生活水准每人每天约需0.83斗。以3口之家计，则佣价平均当为2.5斗。汉简《建武三年侯粟责寇恩事》所载与此相当，“市庸平贾，大男日二斗”。《九章算术》中的佣价在每日5—12钱之间，这不是虚拟的算题，而是真实的数字。西汉粮价一般在每石30—80钱之间，即《史记·货殖列传》所谓“上不过八十，下不减三十，则农末俱利”，则佣价当在7.5—20钱之间。东汉的佣价有月2 000钱者，但其时粟价达每石数百钱左右，以每石200—300计，则佣价也只约合2—3斗粟。[1]

第三节　金属货币的流通与演进

一、铜贝、钱刀的发展与圜钱的铸行

战国时期的货币流通，各种货币各自形成流通范围，并相互渗透，相互影响，相互竞争，最后趋同，并由统一后的秦中央政权确立了全国统一的货币体制。

大体而言，战国时有三种独立的币制体系，主导着全国范围内的货币发

[1] 宋杰：《九章算术与汉代社会经济》，北京：首都师范大学出版社，1994年。

展。其一是布币，以中州为中心，流通范围西及秦国，北及赵燕；其二是刀币，一直是齐国的独立货币体系，后扩及燕赵，与布币兼行；其三是蚁鼻钱，在楚国及后来属楚的陈、蔡、宋、鲁等地流通。

蚁鼻钱，从其外形来看，应该与贝币有某种渊源关系。1963年湖北孝感发现5 000枚左右的蚁鼻钱，共重21.5千克，平均重约4.37克，单位重量都在3.5—5.4克之间。[1]这种比较划一的情形，说明它们可能是在蚁鼻钱流通正趋鼎盛、开始大量铸行时的窖藏，时间约在战国中期。大致到战国中期以后，一般蚁鼻钱的重量已减至3.5克以下，多为2.5—3.5克左右。[2]到战国末期，蚁鼻钱的重量多低于这一水平，减至1克或更轻，1962年秦都咸阳故城遗址发现的100多枚蚁鼻钱就是如此，这应该是秦始皇统一后从楚国搜刮待销熔的蚁鼻钱。蚁鼻钱在今湖北、湖南、河南、江苏等地都有发现，可见当时流通于江淮广阔地区。

布币原是一种广泛使用的青铜农具，唯其普遍而成为交换媒介进入货币流通。它们最初作为交换媒介时，形制很粗大，和实际使用的同名农具几乎没有区别，后来才逐渐变小。据萧清估算，布币的一标准单位，从春秋时期重约35克，降至战国早期的12—17克，至战国晚期，进一步降至10克左右，而最流行的布币形制，也就是铸造与使用数量最多的布币，一枚的重量都在6克上下。不仅重量减小，而且在形制上也更适应于使用的方便，尖足布发展成为方足小布，布币的锐角也趋于平钝，一些地方的布币还更进一步从平钝而趋于圆形化。1963年，山西阳高出土战国布币达13 000枚，钱文显示的铸币地点达63个之多，广布于赵、韩、魏、燕各地。[3]足见布币铸造之广泛和普遍。阳高地处战国时赵之边邑，如果不是特殊原因汇集了如此众多的各国货币，那就足以表明当时各地之间经济交流之广泛、市场联系之密切。分散于如此广阔地区的铸币，是不会不胫而走的，唯一的可能就是各地之间频繁而错杂的交往。

[1]《孝感县发现的楚贝整理完毕》，《文物》1965年第12期。
[2]　萧清：《中国货币发展史》，北京：人民出版社，1984年，第71页。
[3]《山西阳高天桥出土的战国货币》，《文物》1965年第4期。

铜贝、钱刀型制复杂，种类繁多，轻重不一，在流通中存在着种种不便。广大小农参与交换的细碎性，也迫切要求货币向小型化方向发展。包括周王室及各诸侯国在内的货币铸造者，则很快发现了通过铸币减重带来的巨大利润。因此，在小农卷入交换、铸币自身减重和铸币人追逐铸币收益的多重驱动下，战国时期各种货币的型制日益简化、尺寸逐步缩小、重量不断减轻。布币的空首銎变成了实首（即平首），锐角趋于平钝，甚至出现了圆首、圆肩、圆足的“圆足布”“三孔布”。战国早期布币记重为半釿、一釿、二釿者，重量分别在6—9克、12—17克、22—30克。晚期主要流通一釿、半釿两种，且重量减少到10—13克和4—6克，小尖方足布和小方足布轻者仅3克。齐“法化”刀币重量每枚重43—53.5克，多为46克，燕明刀多为12—19克。而晚期刀币大多减重至10克上下，赵、魏晚期刀币小者重约7克；楚国有文铜贝重者5.5克，轻者1克左右。江苏淮阳马鞍冢楚国车马坑出土的一枚最轻的蚁鼻钱，仅重0.1克。[1]这不仅使货币本身更便于交换，而且进一步推动着商品货币经济的深入发展，逐步“可以广泛地、细大不遗地包含一切商品，使尺帛斗粟、一针一锥都能进行买卖了”。[2]

在刀、布、蚁鼻钱等青铜货币型制逐步变化的同时，战国时期各种货币如行云流水，日益突破了铸造地和诸侯国的疆界，出现了突出的互相渗透、交叉并用趋势。从同一地点来看，战国时期多种金属币常常出土于同一窖藏，无疑是当时同一地同时流通多种货币的明证。如1963年山西原平县一次出土了战国时期赵国窖藏货币64公斤，其中完整的布币有2 223枚，刀币2 180枚，刀币、布币约各占一半。[3]而从货币流通的区域来看，则形成了新的货币流通景观——出现了一系列复合货币流通区。其中，刀布并行流通，已成为“我国春秋战国时期北方各诸侯国之间货币流通领域中一个较普遍而且较复杂的货币

[1] 汪庆正主编：《中国历代货币大系》(一)，《先秦货币》，上海：上海人民出版社，1988年，第21、33页。萧清：《中国古代货币史》，北京：人民出版社，1984年，第55、60页。赵德馨：《论先秦的两种货币体系》，《江汉论坛》2004年第9期，第92页。

[2] 李埏：《试论中国古代农村公社的延续和解体》，《不自小斋文存》，昆明：云南大学出版社，2001年，第37页。

[3] 山西省文物管理工作委员会：《山西省原平县出土的战国货币》，《文物》1965年第1期，第46页。

流通现象”。[1]不仅如此，在货币铸造方面，曾铸行某种货币的区域，也出现了仿铸、改铸它种货币的情况。如在通行刀币的燕国，不但较早地仿铸了赵国的安阳布，在战国晚期又仿铸了平首耸肩尖足大布。“同时或稍晚，还铸行了本国的新型铸币——右匽新冶布。”[2]

更重要的是，除布币、刀币和蚁鼻钱外，战国时期出现了一种新的货币——圜钱。圜钱一般认为取象玉璧或纺轮，呈圆形，内有孔（穿），分圆孔、方孔两种。对于圜钱始铸时间和地点学术界尚未形成较为一致的意见。黄锡全先生虽然“倾向于将秦铸行圆形圆孔钱的年代推定在秦孝公十二年，而将‘半两’钱的铸行年代推定在秦惠文王二年‘初行钱’之时”。但也认为魏国至迟于公元前312年前后铸行了“桼垣一釿”“桼睘一釿”“半釿”等圜钱，且圜钱首行于魏国的可能性极大，其始铸年代当在魏迁大梁前后。“秦、赵、两周的圜钱，当是受到魏国的影响后所铸行。”[3]李学勤认为，“稍早出现的是‘安臧’圜钱，无郭，圆穿，很像魏国的圜钱”。“可能晚于上述圜钱的，有‘西周’‘东周’圜钱”，有郭，圆穿。[4]

虽然圜钱的始铸时间和地点尚难确定，但秦、魏等国在公元前350年至公元前310年间先后铸行圜钱、圜钱的型制先圆“穿”后方“孔”、从早期的14.8—18.5克的“共”字圜钱快速减重到“西周”圜钱3.8—4.2克、秦圜钱从10克左右减重为5克左右等情况，已为不少学者认同。而圜钱圆形的外廓与中间的内孔，远比刀、布和蚁鼻钱更便于携带，便于流通，也更符合货币脱离原始工具和装饰品的物象意义，成为超越传统货币区区域特点、更具一般意义的商品价值的表现材料。因此，圜钱的铸行或许从一开始就具有秦、魏等国基本同时并铸的特点。继而圜钱又出现了跨越不同货币区，与各种刀、布等并行流通的特点。有学者经过细致排列指出，战国时期在刀币和圜钱、布钱与圜钱、不同类型的刀币中，形成了布、刀与圜钱三种货币并行流通、布钱与圜钱、不同类

[1] 张弛：《中国刀币汇考》，石家庄：河北人民出版社，1994年，第143—144页。
[2] 河北省文物研究所石永富、石磊编：《燕下都东周货币聚珍》，北京：文物出版社，1996年，第309页。
[3] 黄锡全：《先秦货币通论》，北京：紫禁城出版社，2001年，第312—313、331页。
[4] 李学勤：《东周与秦代文明》，上海：上海人民出版社，2007年，第239页。

型的刀币与刀币、刀币与圜钱、刀币与布币的共同流通5种组合方式。[1]复合型的货币流通区进一步增加并互相重叠、交叉。至战国中后期，齐、燕两国的刀币区也铸行圜钱，出现了把取圜钱天圆地方之形、采刀币"化"之名、以镒为重量单位的"镒"化圜钱。其中，属于齐国铸行的有"镒四化""镒六化""镒化"；属于燕国铸行的则有"明四""明化""一化"等数种。"这既显示出刀币区圜钱的特征，同时也便于新铸的圜钱与原来的刀币并行流通。"[2]甚至南方的楚国出现铭文为"视金一朱"、"视金二朱"、铸有圆形圆孔图案的铜质钱牌，也与圜钱的跨区流通不无关系。[3]这样，圜钱出现后，不仅型制上完成了从圆形圆孔到圆形方孔的转变，而且快速减重，并日益呈现出取代传统刀、布，成为中原通用货币的发展趋势。

随着铜贝、钱刀流通的普及和深入，周王和诸侯国开始依托政权的力量铸行金属货币，管理、干预货币经济。《史记》载，楚庄王（前613—前591）曾"以为币轻，更小以为大，百姓不便，皆去其业"。由于受到市场的抵制，经孙叔敖奏请，更币终止，市场"复如故"。[4]这当是传世文献中，诸侯国政权铸发新币，发行、管理货币，干预货币流通较早的记载。此外，《国语》不仅留下了周景王于二十一年（前524）铸行大钱的记载，而且通过单穆公之口，阐述了轻重两种"币""子母相权"的理论："古者，天降灾戾，于是乎量资币，权轻重，以振救民。民患轻，则为作重币以行之，于是乎有母权子而行，民皆得焉。若不堪重，则多作轻而行之，亦不废重，于是乎有子权母而行，大小利之。"[5]《管子》中关于齐国铸钱的记载虽然不一定可信，但从考古材料来看，至迟在威、宣王时期（前378—前324），"在齐国境内的刀币便均统一于'齐法化'的形式了"。"这时刀币铭文不再有各城邑的地名，反映着王室铸币权进一步的集中与加强。"[6]而《史记》中关于秦国惠文王二年（前336）"初行钱"[7]的记载，很可能是秦国统一内部币制

[1]　陈隆文：《春秋战国货币地理研究》，北京：人民出版社，2006年，第208页。
[2]　萧清：《中国古代货币史》，北京：人民出版社，1984年，第79—80页。
[3]　黄锡全：《先秦货币通论》，北京：紫禁城出版社，2001年，第383页。
[4]　《史记》卷119，《孙叔敖传》。
[5]　《国语》。
[6]　萧清：《中国古代货币史》，北京：人民出版社，1984年，第60页。
[7]　司马迁：《史记》《始皇本纪》《六国年表》。

的改革行动。

在圜钱的铸行中，秦国的圜钱有着一系列突出的特点。从考古材料来看，秦国除行用圜钱外，“似乎没有象中原三晋和齐燕诸国那样铸行过布币和刀币”。所通行的圜钱，除极个别的有地名和封号铭文外，一般均不铸地名；出土的秦圜钱轻重不一，但均铸有“半两”“两甾”以记重；[1]在文献记载中，《史记》中专门记载了秦惠文王“立二年，初行钱”“天子贺行钱”。[2]秦半两圜钱的这一系列特点，意味着秦国实行的高度集中统一管理经济的政策，在货币领域也得到了严格贯彻执行。其中，惠文王时期“初行钱”，不是开始铸钱流通，而是通过国家法令的形式，颁布货币政策，确定法定的货币形制和标准。而周天子之所以“贺行钱”，除了秦国的政治军事影响力不断增长之外，或许与秦钱采用了周制有关。

战国末年，随着秦统一战争的展开，半两圜钱流通区也借助经济、政治乃至军事力量，迅速扩大到秦国新占领的地区。如四川青川县郝家坪50号墓中，7枚半两钱与秦昭王元年（前306）纪年木犊同时出土，[3]证明早在公元前316年秦灭蜀后，秦国的半两就已在蜀地流通。秦昭王二十九年（前278）秦将白起攻下楚郢都，建置南郡，秦国的货币和货币政策也随之行于楚地。有学者统计，秦灭楚后至统一全国期间，仅宜城雷家坡、云梦睡虎等地，已有多所墓葬先后出土半两铜钱60多枚。[4]不仅如此，从考古材料来看，秦统一六国过程中，对六国货币可能实行了收缴熔化政策。如在秦咸阳宫遗址西南的长陵车站附近，发现一窖铜料块和破碎铜器，其中有战国时期各国货币15种。计有“安邑二釿”、“梁充釿当爰”、“梁正尚金当爰”、“殊布当圻”、平首方肩方足小布、“齐法化”刀、鄽刀、尖首刀、古刀、蚁鼻钱等140枚。虽有半两钱三枚，但质地轻薄，显系回收废币。这些货币与其他铜料混杂一起，放在一个陶釜内外，当是准备回炉化铜之物。[5]这样，秦国的军事统一过程，与半两取代其他货

[1] 黄锡全：《先秦货币通论》，北京：紫禁城出版社，2001年，第322页。

[2] 《史记》《秦始皇本纪》《六国年表》。

[3] 四川省博物馆、青川县文化馆：《青川出土秦更修田律木牍——四川青川县战国墓发掘简报》，《文物》1982年第1期，第1—21页。

[4] 陈振裕：《湖北秦汉半两钱的考古发现与研究》，《江汉考古》1986年第4期，第81页。

[5] 吴镇烽：《半两钱及其相关的问题》，《陕西省考古学会第一届年会论文集》，《考古与文物》编辑部，1983年。

币的过程,紧密结合在了一起。

秦国货币与货币政策在新占领地的推行,在云梦睡虎地秦简中得到了集中体现。睡虎地秦简中,不仅出土了专门规范货币财物管理的《金布律》,而且在同出的其他秦简中,也包含有大量货币流通与货币政策的内容。其中,不仅明确规定了布帛的货币地位,留下了有关黄金的记载(详后),而且主要记载了秦国圜钱政策在当地的贯彻执行情况。其主要内容是:

(1)钱是广为流通的主要货币。秦简中大量出现"贾钱"(价钱)一词,举凡马、牛、羊、鸡、犬、枲、褐、禀衣、脂、膠、瓦器、铁器、木器、桑叶、丝等商品及计赃、借贷,均以钱作价。《金布律》还规定:"有买(卖)及买殹(也),各婴其贾(价);小物不能各一钱者,勿婴。"[1]即凡买卖商品,都须以铜钱标价,只有在商品价值不值一钱、无法用钱表示价格的情况下,才免于用铜钱标价。商品交易中,卖方给付商品,买方必须"受钱必辄入其钱銗中,令市者见其入",[2]确保铜钱用于实现商品的价值。

(2)国家垄断铸币权,对铜钱的流通、贮藏进行严格管理。秦简中《封诊式》留下了这样的文字:"(爰)书:某里士五(伍)甲、乙缚诣男子丙、丁及新钱百一十钱、容(熔)二合,告曰:'丙盗铸此钱,丁佐铸。甲、乙捕(索)其室而得此钱、容(熔),来诣之。'"[3]说明秦国铜钱严禁私铸,对私铸者实行告捕。针对流通中的铜钱大小、轻重不一,秦国还明确规定:官府受钱时,无论"钱善不善,杂实之","百姓市用钱,美恶杂之,勿敢异"。因此,铜钱无论轻重大小,均以枚计数流通。官府收到的铜钱,还必须"千钱一畚,以丞、令印印。不盈千者,亦封印之"。[4]以便清点管理。

显然,秦国灭楚后,把秦国的圜钱政策在楚地全面推行。半两圜钱取代了楚地的铜贝,成为主要货币。相应地,至公元前221年,秦国最终灭六国,实现了对全国的统一。秦国的上述货币政策,亦随之推行全国。半两圜钱事实上亦随统一战争的结束,当然地成为统一后秦朝各地通行的主要货币,为秦统一

[1]《睡虎地秦墓竹简》,第37页。
[2] 同上书,第42页。
[3] 同上书,第151页。
[4] 同上书,第35页。

后，在全国范围进一步统一币制，奠定了基础。

货币及其型制的演进，是交换矛盾运动的结果，尤其与村社解体及个体小农经营方式演进下交换的发展紧密相关。刀布等犀利青铜工具对农田耕作来说，是很能提高个体劳动生产率的，因而广受欢迎，人们“以粟易器械”，利用剩余产品进行交换。随着青铜生产技术的进步，青铜器的使用越来越广。人们掌握了它，不仅可以利用其使用价值，还可以利用其交换价值，即再用它去交换别的商品。久而久之，它们便从普通商品中脱颖而出，取得一般等价物的特殊地位，充当交换媒介，发挥价值尺度、流通手段等各项职能，成为商品的商品——货币。

货币型制的变化是以便利交换为前提的。在农村公社解体过程中及其后，个体小农成为市场中新兴的力量。个体生产者交换的最大特征就是细碎性。个体交换越来越频繁，自然要求货币单位相应缩小，刀、布、蚁鼻钱的重量因此不断减轻。随着货币职能的演进，刀布逐渐失去其本来的形态与意义，渐趋符号化，直至最终由实际使用价值完全转化为纯粹交换价值的符号。

交换的便利，不仅希望货币重量轻，而且要求便于携带、方便清点计算。于是刀布的型制，由外形尖锐变为平钝，进而趋于圆形化。战国时期，在魏、秦等国，率先出现了一种新型货币，这就是圜钱。圜钱呈圆形，中空一孔，1973年山西闻喜县出土一战国灰陶罐，内有圜钱700余枚，麻绳相串，层层盘放，整齐垒叠于罐内。圜钱体圆有孔，便于携带、收藏，易于清点计量。后来，圜钱内的圆孔变成方孔，这与“天圆地方”的古代思想恰相吻合。这种便于交换的货币新形制，使用范围迅速扩大，刀、布流通区各地都先后铸造，赵、齐、燕国的圜钱，今日都有出土发现。同时，其他种类的货币在外形上也向圜钱看齐、趋同。如赵国晚期铸

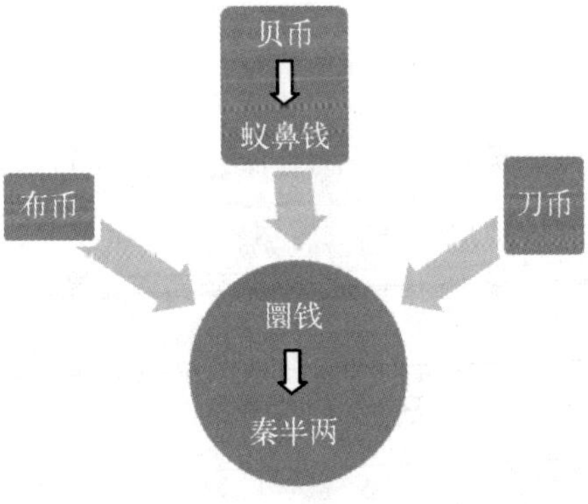

图1-6 货币形制渐趋一致

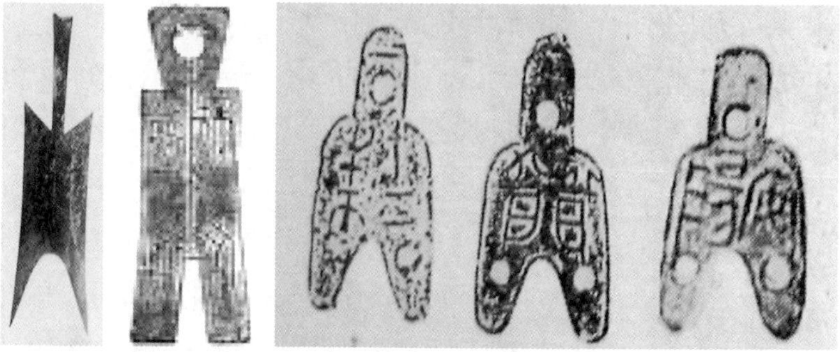

图1–7 “布”的型制：由笨重渐趋轻便

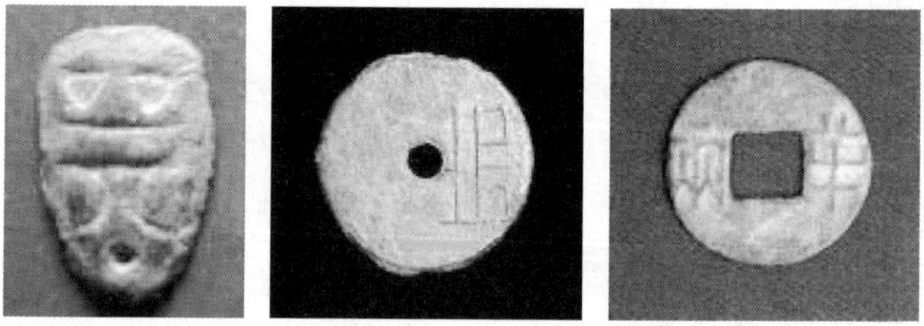

蚁鼻钱　　圜钱　　秦“半两”

图1–8

行一种圆形圆足有孔布币，显示出布币与圜钱之间的一种递嬗形态。[1]

种种迹象表明，战国各地型制不一、名目纷呈的货币流通，开始呈现出渐趋同化、统一的走势，圜钱则是这一趋势中的导路者。

秦的统一以政治手段加速实现了货币演进所追逐的目标，以秦“半两”圜钱统一各国市场币制。秦国的圜钱，圆形方孔，计重“半两”，平均重量约为10克左右。秦统一后规定：币为三等，“黄金以镒名，为上币；铜钱识曰‘半两’，重如其文，为下币；而珠玉龟贝银锡之属为器饰宝藏，不为币”。[2]货币一旦摆脱了诸侯割据、经济封闭的影响，其发展也就跃上了一个新台阶。

秦汉时期铸币的重量继续减轻。因为个体小农经营方式进一步成长，个体交换继续深入，市场商品细碎繁多，交易行为频繁，小至尺帛斗粟，一针一

[1] 裘锡圭：《战国货币考·圆肩圆足三孔布汇考》，《北京大学学报》1965年第1期。
[2]《史记·平准书》。

锥，都经常卷入买卖。这就要求交换媒介与之相适应，型制要便于携带，面额要小，重量要轻。秦半两钱不久便显示出它的不足与缺陷，滞后于交换的发展。《汉书·食货志》载："汉兴，以为秦钱重难用，更令民铸荚钱。"文帝五年铸四铢钱，其文为半两，武帝建元元年铸三铢钱。元狩五年，因"三铢钱轻，轻钱易作奸诈，乃更请郡国铸五铢钱。周郭其质，令不得磨钱取鋊"。顺应个体生产者交换、轻重适宜的五铢钱，从此在中国广大国土上周流达600多年之久。

二、布帛与金银

布帛即布匹和绢帛。《说文》释"布"为"枲织也"；释"币"为"帛也"；"帛，缯也"。[1]《礼记》称：自从"后有圣作"，"治其麻丝，以为布帛，以养生送死，以事鬼神上帝，皆从其朔"。[2]布帛不仅是人们日常生活必需品，而且很早就是人们转移让渡财富的重要物质载体，甚至在人与鬼神、上帝的"交往"中也概莫能外。在《尚书·禹贡》中，九州至少六州的贡物中有布帛。即除冀州、梁州、雍州未明确记载入贡纺织品外，兖州"厥贡漆丝，厥篚织文"，青州"厥贡盐絺，海物惟错。岱畎丝、枲、铅、松、怪石。莱夷作牧，厥篚檿丝"；徐州"厥篚玄纤缟"；扬州"厥篚织贝"；荆州"厥篚玄纁玑组"；豫州"厥贡漆、枲、絺、纻、厥、纩"。[3]《尚书·召诰》记周公归政于成王后，周公、成王和召公（太保）会于洛，"太保乃以庶邦冢君，出取币，乃复入，锡周公"。[4]而《礼记·月令》载：季春之月，"天子布德行惠，命有司，发仓廪，赐贫穷，振乏绝，开府库，出币帛，周天下，勉诸侯，聘名士，礼贤者"。[5]综合以上情况，夏、商、周时期各地入贡的布帛，并非全部直接用于消费，其中相当一部分又从府库流出，以不同方式在不同人群间转手。

在《周礼》中，关于布帛的记载，更广泛涉及上至周室、封国、诸侯，下至庶

[1] 《说文解字》，北京：中华书局，1963年，第158、160页。
[2] 《礼记正义》卷21，《礼运》。见《十三经注疏》，北京：中华书局，1980年，第1416页。
[3] 《尚书正义》卷6，《禹贡》。见《十三经注疏》，北京：中华书局，1980年，第146—150页。
[4] 《尚书正义》卷15，《召诰》。见《十三经注疏》，北京：中华书局，1980年，第211、213页。
[5] 《礼记正义》卷15，《月令》。见《十三经注疏》，北京：中华书局，1980年，第1363页。

民、市肆诸多方面。艾俊川、周卫荣先生在《布、布币与早期货币新论》一文中,以《周礼》中的“布”为中心,细致考辨、阐述了“布”是“实物布帛货币,而不是金属铸币”的观点。[1]尤为突出的是:“羊人掌羊牲。凡祭祀饰羔、祭祀,割羊牲。”“若牧人无牲,则受布于司马,使其贾买牲而共之。”反之,“巫马,掌养疾马而乘治之,相医而药攻马疾,受财于校人。马死,则使其贾粥之,入其布于校人”。如果《周礼》这段文字,反映的确为西周时期的情况的话,其中“布”的物质形态当是布帛,且已在市场上扮演着十分重要的角色。

验之于金文,周王颁赐布帛确属不虚。如西周成王时期的《作册睘卣》铭载:“佳十又九年,王才(在)斥。王姜令作册安尸(夷)白(伯),尸(夷)白(伯)宾(傧)睘贝布。觊(扬)王姜休,用作文考癸宝障器。”《作册睘尊》铭亦载:“在斥君令余作册睘安夷伯夷伯宾用贝布作朕文考日癸旅宝。”[2]赐帛者如西周早期的《舍父鼎》载:“辛宫赐舍父帛金扬辛宫休用作宝鼎”,晚期的《大簋盖》也记:“余既赐大乃里,睽宾豕璋帛束,睽令豕曰:天子余弗感吝。豕以睽导大赐里大宾豕害璋马两宾睽害璋帛束大拜稽首……”[3]

而周室赏赐布帛的来源,相当一部分来自于向民间征收的赋税。如周宣王时代的《兮甲盘》载:“……淮夷,旧我帛晦人,毋不敢出其帛,其责。其进人,其贮,毋敢不即次,即市。敢不用命,则即刑,扑伐。”[4]包括“淮夷”在内的周朝各封地,用布帛纳税是一项基本义务。敢不输纳布帛者,将受到周室的讨伐。结合《诗经》中“氓之蚩蚩,抱布贸丝”[5]等记载来看,特别是在西周时期青铜钱(镈)、刀还没有演进为金属铸币的情况下,布帛在贡赋、赏赐、聘享乃至通过市场交换的财富转移、让渡中,已然起着十分重要的作用。

---

[1] 艾俊川、周卫荣:《布、布币与早期货币新论》,中国钱币学会编《中国钱币论文集》第4辑,北京:中国金融出版社,2002年,第28页。

[2] 中国社会科学院考古研究所编:《殷周金文集成释文》第4卷,第10、11册,香港:香港中文大学出版社,2001年,第152、262页,器号5407、5989。

[3] 中国社会科学院考古研究所编:《殷周金文集成释文》,香港:香港中文大学出版社,2001年,第2卷,第5册,第294页;第3卷,第8册,第424页,器号2629、4298。

[4] 中国社会科学院考古研究所编:《殷周金文集成释文》,香港:香港中文大学出版社,2001年,第6卷,第16册,第131页,器号10174。陈连庆:《兮甲盘考释》,《东北师范人学学报(哲学社会科学版)》1978年第4期,第24页。尚秀妍:《兮甲盘铭汇释》,《殷都学刊》2001年第4期,第89页。

[5]《国风》卷313,《氓》。

春秋战国时期，广大小农开始以“粟帛易器械”，绢帛大量通过市场，经商人之手转移让渡。甚至《韩非子》中出现了这样的故事：“卫人有夫妻祷而祝曰：使我无故得百束帛。其夫曰：何少也？对曰：益是，子将以买妾。”[1]从湖北睡虎地出土的秦简来看，随着战国时期货币经济的快速发展，布帛的货币性进一步增强。睡虎地秦简《金布律》载：

布，袤八尺，福（幅）广二尺五寸。布恶，其广袤不如式者，不行。

钱十一当一布。其出入钱以当金、布，以律。

贾市居列者及官府之吏，毋敢择行钱、布；择行钱、布者，列伍长弗告，吏循之不谨，皆有罪。[2]

《金布律》作为秦国的法律文书，不仅明确规定了作为货币的“布”的尺寸、法定价值量及其与铜钱的比价，赋予“布”以货币的地位，规定了“布”的流通规则，而且在一定程度上解决了布帛质量不一、种类繁多而带来的流通不便的问题。这说明，至少在战国末期秦统一六国的进程中，布帛曾经在法律上取得了货币的资格。

但是，布帛毕竟“不可尺寸而裂”，又须“劳秤尺之平”，长期流通和频繁转移，还将严重影响其价值和使用价值。布帛并非理想的币材。而按秦尺1尺相当于23.2厘米计算，[3]秦律法定“布”的尺寸为长185.6厘米、宽58厘米，合1.076 48平方米。在战国末期市场上“小物不能各一钱者”[4]广泛存在的情况下，“布”可能主要用于有一定规模的交易。而在铜钱流通日益发展的情况下，其货币地位面临着严峻挑战。因此，秦律很多地方的钱数都是11的倍数，虽然反映了“秦人本以布为货币单位”的状况，但“把布折算为钱”，也“表示了半两对布的取代过程”。[5]

---

[1] 《韩非子集解》，北京：中华书局，1998年，第246页。
[2] 睡虎地秦墓竹简整理小组：《睡虎地秦墓竹简》，北京：文物出版社，1990年，第36页。
[3] 丘光明编著：《中国历代度量衡考》，北京：科学出版社，1992年，第10页。
[4] 睡虎地秦墓竹简整理小组：《睡虎地秦墓竹简》，北京：文物出版社，1990年，第37页。
[5] 李学勤：《东周与秦代文明》，上海：上海人民出版社，2007年，第249页。

与布帛的局限性形成鲜明对比的是,金银天然具有良好的作为币材的条件。考古材料表明,我国至迟夏代已能熔铸天然金、银,并将其制作为装饰品。[1]属于夏、商和西周时期的金、银器出土有所增加,甚至黄金器饰存在着明显的南北差异。[2]春秋中晚期至战国时期,金、银的冶炼和加工得到了较快发展,出土器物进一步增加。[3]这为金、银更广泛地参与经济生活,奠定了必要的物质基础。

在富产黄金、长期向中原输送龟甲的楚国,春秋战国时期把黄金铸为龟甲状的金钣,用天平及砝码切割使用。[4]钣面用青铜凿模印以"郢爯""陈爯""鄗爯""专爯""卢(炉)金""少贞"等文字。[5]有学者统计,可考的56次考古发现,共出土黄金654块,3万6千多克。[6]出土的地域范围包括了今天湖北、河南、安徽、江苏、浙江、山东等省,湖南、上海出土过冥币性质的仿制品。[7]此外,在远离楚国的陕西,属于秦汉时期的遗址中,也先后两次有郢爯出土。[8]湖南、湖北、安徽、江苏等省出土了天平和砝码,其中最多的一套有砝码10枚,最小的重6克,最大的重251.3克,分别相当于战国时期的1铢和1镒,基本可组成1铢、2铢、3铢、6铢、12铢(半两)、1两、2两、4两、8两(半镒)、1镒的重量单位。[9]在湖北荆门包山出土的楚简中,出现了"贷越异之金十镒一镒四两","大司马邵阳败晋师于襄陵之岁,享月,子司马以王命命巽陵公黾、宜阳司马强买越异之黄金,以贷鄗间以籴种"等记载,[10]说明楚国官员曾经向越异借贷黄金,用于

[1] 甘肃省博物馆:《甘肃省文物考古工作三十年》,《文物考古工作三十年(1949—1979)》,北京:文物出版社,1979年,第142—143、151页。
[2] 段渝:《商代黄金制品的南北系统》,《考古与文物》2004年第2期,第33—42页。
[3] 华觉明:《中国金属史的分期和发展梗概》,载《科技考古论丛——全国第二届科技考古学术研讨会论文集》,合肥:中国科学技术大学出版社,1991年,第11—12页。
[4] 赵德馨先生认为:"公元前5世纪中叶之前,也就是春秋中页或稍后,已使用金币;在其后期,则开始铸造有文金币郢爯,或许还有卢金和鄗字金币。"赵德馨:《楚国的货币》,武汉:湖北教育出版社,1995年,第50页。
[5] 李学勤:《东周与秦代文明》,上海:上海人民出版社,2007年,第248页。
[6] 陈彦良:《中国古代的货币区系、黄金流动与市场整合》,《台大历史学报》2005年第36期,第239页。
[7] 黄德馨:《楚爰金研究》,北京:光明日报出版社,1991年,第77、82页。
[8] 刘向群:《西安汉城发现一枚"郢爰"》,《文物》1965年第1期。咸阳市博物馆:《咸阳市近年发现一批秦汉遗物》,《考古》1973年第3期。
[9] 赵德馨:《楚国的货币》,武汉:湖北教育出版社,1995年,第163—171页。
[10]《包山楚墓》,北京:文物出版社,1991年,第103、119页。

籴买种籽。[1]据赵德馨统计，“包山楚简文书类194简中，涉及用金的29简，占总简数的15%；仅用于翟穜（糴种）的有11简，占总简数的5.7%，占用金简数的37.9%”。[2]延至战国末年，秦已灭楚，在秦国治理下的楚地，也留下了一些使用黄金的记载。前述睡虎地秦简中，有关简文也反映出黄金价值重大，官府财务出纳中包含有黄金，用天平称重，曾用于赏赐。在赏赐中，还可用钱折价支付。

在传世文献中，关于“金”的记载并不少。但“金”即“五色金也”，“凡金之属皆从金”。[3]“金”既可用作金属的总称，也用于指黄色的黄金、铜，银也称“白金”。不少文献中的“金”字，具体含义不明，所指到底是黄金还是铜，难以辨别。但至迟战国时期的文献，对黄金的记载明显增加，不少关于“金”的记载，也已能确定即是黄金。如《墨子》中有“千镒之裘”，[4]墨子“游荆耕柱子于楚……毋几何而遗十金于子墨子”，劝公输般放弃助楚攻宋“献十金”等记载。[5]特别是《战国策》中，用金的记载不少。其中除绝大多数黄金的用途是诸侯国间的交聘、馈赠、悬赏等等之外，直接用于市场交换的也有这样两条记载：[6]

其一是郭隗对燕昭王说：“古之君人有以千金求千里马者，三年不能得。涓人言于君曰：‘请求之。’君遣之。三月，得千里马，马已死，买其首五百金，反以报君……”

其二是燕太子为荆轲“预求天下之利匕首，得赵人徐夫人之匕首，取之百金”。

诚然，所言用金购买的千里马、利匕，仍属于十分难得的珍宝，特别是“预求”利匕，具有一定的悬赏性质，但总体上具备了通过市场购买珍宝的意义。

上述情况结合《管子》中关于“使吾得居楚之黄金，吾能令农毋耕而食，女毋织而衣”、“苟入吾国之粟，因吾国之币，然后载黄金以出”、“管子告楚

[1]　王颖：《从包山楚简看战国中晚期楚国的社会经济》，《中国社会经济史研究》2004年第3期。
[2]　赵德馨：《论先秦货币的两种体系——从货币文化的视角考察楚国与黄河流域各国货币的异同》，《江汉论坛》2004年第9期。
[3]　许慎：《说文解字》，北京：中华书局，1963年，第293页。
[4]　《墨子》，亲士。
[5]　《墨子》，耕柱、公输。
[6]　诸祖耿：《战国策集注会考》（下册），南京：江苏古籍出版社，1985年，第1556、1652页。

之贾人曰：子为我致鹿二十，赐子金百斤，什至而千金也”等记载来看，[1]战国时期黄金，无疑已被广泛视为易于分割、十分珍贵的价值载体，以“贡纳之币”“聘享之币”的形式，用于大额财富的让渡和远距离转移。特别是在地域辽阔、盛产黄金的楚国，黄金在经济生活中发挥了较为重要的作用，甚至不排除偶然地、零星地参与市场交换的可能。

白银虽与黄金一样，同属于贵金属。可是，中国银产较为匮乏，且白银主要以化合物形态存在于自然界中，采冶白银比淘取沙金更为困难。先秦时期白银的数量更为稀缺，使用范围受到了更大的限制。考古出土的银制品，文献中关于银的记载，都明显比金少。但《尚书·禹贡》记载梁州“厥贡镠、铁、银、镂、砮、磬”。[2]明确把银列入了梁州输送至商朝中央的贡品之中。春秋战国时期，考古出土的白银制品有所增加，但主要是用于装饰的器饰。甚至中山国第五代王墓葬中出土的银贝、[3]河南扶沟古城出土的银布，[4]也不具备市场上流通货币的特征，而主要是作为“贡纳之币”“聘享之币”，或“玩巧之币”，介入到了当时的经济生活之中。[5]

战国秦汉时期贵金属的使用至今是一个难解之谜，史籍中西汉“金”出现的频率非常高，数额巨大，令人瞠目，东汉以后却骤然消失。笔者曾撰文论述，[6]西汉的真金其实并不如史籍中记载那样多，并且还不具备流通手段和价值尺度职能。金银天然具备货币效用，却并非与生俱来具有货币职能，正如希克斯的论断：“贵金属在成为货币之前很早就具备货币效用，最初执行的是价值贮藏的职能。”[7]战国秦汉时的黄金就是如此，价值贮藏的职能突出，并以商品形态出现于市场。

---

[1] 《管子·轻重》，《甲篇》《乙篇》《戊篇》。
[2] 《尚书正义》卷6，《禹贡》。见《十三经注疏》，北京：中华书局，1980年，第150页。
[3] 河北省文物管理局：《河北省平上县战国时期中山国墓葬发掘简报》，《文物》1979年第1期。
[4] 郝本性、郝万章：《河南扶沟古城村出土的楚金银币》，《文物》1980年第10期。
[5] 王文成：《唐代以前的白银与货币》，见《宋代白银货币化研究》，昆明：云南大学出版社，2001年，第385—388页。
[6] 龙登高：《西汉黄金非币论》，《中国钱币》1990年第3期。
[7] John Hicks, *A Theory of Economic History*, Oxford: Oxford University Press, 1969, p.36.

三、秦汉币制的统一

公元前221年，秦国先后灭韩、赵、魏、楚、燕、齐，最终实现了对六国的统一。而从货币史的角度看，秦国发动的统一战争的进程，同时也是秦国半两圜钱和秦国的货币政策向全国推广的过程。秦国完成统一之际，其货币与货币政策亦当随之通行全国。但秦统一后，并未就此止步。《史记》载："及至秦，中一国之币为二等，黄金以溢名，为上币；铜钱识曰半两，重如其文，为下币。而珠玉、龟贝、银锡之属为器饰宝藏，不为币。"[1]这意味着，秦统一后，进一步从法律上肯定统一的成果，并对货币政策进行了新的调整：

（1）通过国家政策提高黄金的地位，明确黄金为"上币"，并把计量单位统一为"溢（镒）"，即二十两。

（2）明令规定了铜钱的"下币"地位，并确认只有面额铸有"半两"字样的铜钱为法定铸币，取消了形形色色的六国旧币的货币资格，且要求半两钱"重如其文"（约相当于今8克）。

（3）除黄金和半两外，"珠玉龟贝银锡之属"，虽然价值重大，只能作为器饰宝藏，不用作币材。

这是秦国在实现全国政治统一后，在推进"车同轨，书同文字"政策的同时，实行"一法度衡石丈尺"的内容之一。它以国家政策的形式，肯定了先秦货币相互影响、流通区域交叉重叠、逐步向圜钱过渡的总趋势，结束了战国时期多种货币形态并存的复杂局面，确立了"上币""下币"通行全国的法律地位。使地域广袤辽阔、区域差异明显的中国，首次在法律上统一了货币的币材、形制、法定重量、计量单位，实现了货币政策的统一。对加强全国各地的经济联系、促进市场发展，具有重要的积极意义，对中国货币史产生了十分深远的影响。

但由于文献记载过于简略，2002年新出土的里耶秦简，虽然纪年中有廿五年至卅七年和二世元年、二年，属秦统一后的主要文献，但迄今尚未完整公布，

---

[1] 《史记》卷30，《平准书》。《汉书》卷24《食货志》下亦称："秦兼天下，币为二等。黄金以溢为名，上币；铜钱质如周钱，文曰'半两'，重如其文，而珠玉龟贝银锡之属为器饰宝藏，不为币，然各随时而轻重无常。"

研究处于起步阶段。[1]秦代统一货币的政策和货币实际流通状况，仍有不少问题难以明了。但从秦钱“重如其文”的规定和半两减重的趋势来看，秦统一前后的货币流通，面临着新的问题。考古材料中，秦代流通中既有早期较重的半两，又有晚期较轻的半两，也有大量减重钱，还有不少盗铸钱。以至今日钱币学界很难从轻重判断官铸、私铸，区分统一前后的铸币。甚至在考古发现的“一釜千钱的窖藏中，出现了钱径26—30毫米的半两钱所占比例高达67.3%，重4—6克者占61.3%”的情况，“确实造成分期的困难”。[2]秦代短短15年间，流通中半两减重和名实统一问题，似乎没能得到解决。

《史记·六国年表》载：秦始皇三十七年（前210），秦始皇从会稽、琅琊“还至沙丘，崩。子胡亥立，为二世皇帝。杀蒙恬。道九原入。复行钱”。[3]但遗憾的是，除此“复行钱”三字外，有关史料未对“复行钱”的具体情况做出说明，实际含义仍难明了。结合前述铜钱流通情况来看，似乎“复行钱”是对当时半两流通中的混乱现象进行整顿。对照秦秦惠文王二年（前336）“初行钱”的情况来看，司马迁所言“行钱”，当是达不到半两的法定重量、但仍具有合法地位的铜钱标准。其中可能包含秦朝官铸但重量不足半两的铜钱。“复行钱”或为再一次调整或强调“行钱”的标准。但是，无论“复行钱”的内容如何，这一政策执行不到4年而秦亡，实际上不可能收到应有的效果。诚如有的学者所言：“秦二世时，‘半两’已严重减重，尤其是各地私铸的‘荚钱’，径不到2厘米，重不足2克。各式大小轻重半两钱已混杂在一起流通使用，完全是依靠政府用强制的法律手段来维持。”[4]

秦朝灭亡后，原有的货币问题历史地留给了西汉。西汉初建，“接秦之弊”，在“丈夫从军旅，老弱转粮，作业剧而财匮，自天子不能具钧驷，而将相或乘牛车，齐民无藏盖”的情况下，“于是为秦钱重难用，更令民铸钱，一黄金一

[1] 李学勤：《初读里耶秦简》，《文物》2003年第1期，第73—81页。伍成泉：《近年来湘西里耶秦简研究综述》，《中国史研究动态》2007年第6期，第16—25页。

[2] 马飞海总主编，汪庆正、朱活、陈尊祥主编：《中国历代货币大系》，《秦汉三国两晋南北朝货币》，上海：上海辞书出版社，2002年，第11页。

[3]《史记》卷15，《六国年表》。

[4] 关汉亨编著：《半两货币图说》，上海：上海书店出版社，1995年，第201页。

斤，约法省禁”。[1]这说明：

（1）汉承秦制，仍以黄金为“上币”、半两为“下币”。

（2）黄金的计量单位从“溢”（秦制二十两）改为“斤”（汉制十六两）。明确规定“黄金方寸而重一斤”（约相当于今250克）。[2]

（3）铜钱仍以“半两”为文，但针对半两“钱重难用”的问题，不再规定“重如其文”。为铜钱进一步减重打开了缺口，客观上承认了铜钱继续减重的事实和发展趋势。

（4）放弃了国家对铸币权的垄断，通过“令民铸钱”的方式，赋予了贵族、官僚、富商大贾以铸币权。

汉初的上述政策，首先从废除秦代苛政的政治需求出发，达到了“约法省禁”的目的。无论是黄金改溢为斤，还是取消铜钱重如其文的规定，都在一定程度上具有适应货币减重趋势的意义。然而，在市场逐利与货币减重的双重作用下，汉初的货币流通却很快陷入了混乱。民间所铸铜钱，虽然仍旧名为“半两”，但实际重量迅速减轻，大量“不轨逐利之民，蓄积余业以稽市物，物涌腾粜，米至石万钱，马一匹则百金”。[3]出现了穿孔扩大、直径缩小、厚度变薄，形如榆荚的“荚钱”。如山东章丘出土“荚钱”石范，钱文直径仅为0.6厘米，每范一次可铸钱324枚。[4]因此，至迟高后二年（前186）七月，汉朝政府决定再次调整货币政策，“行八铢钱”。[5]

高后二年（前186）货币政策的调整，在张家山汉简中有较为全面的记载。张家山汉简出土《二年律令》竹简526枚，简文含律27种、令1种。正是高后二年施行的法律。其中，最值得重视的是，《二年律令》除继续沿用秦代《金布律》之名、也颁布有汉代的《金布律》外，还专门制定了迄今所知最早的专门

[1]《史记》卷30，《平准书》。
[2]《汉书》卷24，《食货志》下。
[3]《史记》卷30，《平准书》。
[4] 朱活：《谈银雀山汉墓出土的货币》，《文物》1978年第5期，第56页。
[5]《汉书》卷3，《高后纪》。另，李林甫等撰、陈仲夫以宋本《大唐六典》为底本点校的《唐六典》（北京：中华书局，1991年）卷13《御史台》中，在“侍御史，四人，从六品下”之后，小字注：“惠帝三年，相国奏遣御史监三辅不法事，有：辞讼者，盗贼者，铸伪钱者……凡九条”（见第379页）。似惠帝时已开始禁止“铸伪钱”。但其可靠性和具体情况不详。

规定铜钱的法律文件——《钱律》。《钱律》全文如下：

钱径十分寸八以上，虽缺铄，文章颇可智(知)，而非殊折及铅钱也，皆为行钱。金不青赤者，为行金。敢择不取行钱、金者，罚金四两。

故毁销行钱以为铜、它物者，坐臧(赃)为盗。

为伪金者，黥为城旦舂。

盗铸钱及佐者，弃市。同居不告，赎耐。正典、田典、伍人不告，罚金四两。或颇告，皆相除。尉、尉史、乡部、官啬夫、士吏、部主者弗得，罚金四两。

智(知)人盗铸钱，为买铜、炭，及为行其新钱，若为通之，与同罪。

盗铸钱及佐者，智(知)人盗铸钱，为买铜、炭，及为行其新钱，若为通之，而能颇相捕，若先自告、告其与，吏捕，颇得之，除捕者罪。

诸谋盗铸钱，颇有其器具未铸者，皆黥为城旦舂。智(知)为及买铸钱具者，与同罪。[1]

这说明，高后二年(前186)汉朝政府调整了放任铸币的政策，严格规定现行货币中继续可以流通的"行钱""行金"规格，明确禁止销毁符合流通标准的货币，严厉打击伪造黄金和盗铸铜钱。特别是铜钱，"谋盗铸钱"者及知情人同罪。

但值得注意的是，《史记》载："会孝惠、高后时，天下初定，郡国诸侯各务自拊循其民，吴有豫章郡铜山，(刘)濞则招致天下亡命者盗铸钱，煮海水为盐……"[2]汉廷禁盗铸的政策，实质上仍是"高后八铢半两钱为中央与郡国共铸"，"当时民间盗铸钱、私铸钱，应以八铢半两钱销熔、改铸荚钱为主要对象"。[3]在这样的情况下，郡国减重铸钱仍属合法，而民间盗铸实际上也难以禁止。4年

[1] 张家山二四七号汉墓竹简整理小组：《张家山汉墓竹简》(二四七号墓释文修订本)，北京：文物出版社，2006年，第35—36页。
[2] 《史记》卷106，《吴王刘濞列传》。
[3] 马飞海总主编，汪庆正、朱活、陈尊祥主编：《中国历代货币大系》，《秦汉三国两晋南北朝货币》，上海：上海辞书出版社，2002年，第15页。

后的高后六年（前182）六月，高后不得不再次调整铸币政策，在“匈奴寇狄道，攻阿阳”的情况下，“行五分钱”。[1]国家认可的法定铸币重量进一步降低。

随着国家法定铸币标准的降低和盗铸的蔓延，汉文帝时期出现了“为钱多而益轻”的严峻形势。对此，文帝五年（前175）四月，“乃更铸四铢钱，其文为‘半两’。除盗铸钱令，使民放铸”。即国家仅规定铜钱仍文为“半两”，实际重量为4铢。要求民间按规定铸行流通，对“敢杂以铅铁为它巧者，其罪黥”。[2]同时用“法马钱”与“称钱衡”，称量、监督市场上流通的铜钱重量。对“敢择轻重，衡及弗用，劾论罚，徭里家十日”。[3]但文帝时期的这一政策，实际放弃了国家的铸币权。而郡国铸钱，更得到了文帝的鼓励和支持。文帝甚至“赐邓通蜀严道铜山，得自铸钱”。[4]吴王同样“以诸侯即山铸钱，富埒天子”。文帝时期上述政策的实行，不可避免地造成了铜钱流通的混乱。不仅民间铸钱杂以铅巧者不少，而且“民用钱，郡县不同：或用轻钱，百加若干；或用重钱，平称不受”。[5]甚至出现了在一块石范上，同时刻制“四铢半两”和“榆荚”两种钱模的石范，同时浇铸两种铜钱的现象。[6]在“市肆异用，钱文大乱”而“吴、邓钱布天下”[7]的情况下，“而铸钱之禁生焉”。[8]景帝中元六年（前144），汉廷不得不又一次强调国家铸币权，加强对盗铸的监管。“十二月，改诸官名，定铸钱伪黄金弃市律。”[9]但从汉初“秦钱重难用”而来的铜钱减重问题、铜钱名义重量和实际重量的分离问题、盗铸问题、铸币权分散导致的货币型制和金属含量不一致等问题，至直文帝末年仍没有得到解决。

四、武帝时期的币制改革与五铢钱的铸行

建元元年（前140），汉武帝继位，当年“春二月……行三铢钱”，建元五年

[1]《汉书》卷3，《高后纪》。
[2]《汉书》卷24，《食货志》下。
[3] 晁华山：《西汉称钱天平与法马》，《文物》1977年第11期，第69页。
[4]《史记》卷125，《佞幸列传》。
[5]《汉书》卷24，《食货志》下。
[6] 李少南：《山东博兴发现西汉钱范》，《文物》1991年第11期，第95页。
[7]《汉书》卷24，《食货志》下。
[8]《史记》卷30，《平准书》。
[9]《汉书》卷5，《景帝本纪》。

(前136)春,“罢三铢钱,行半两钱”。[1]先后两次调整了货币政策。“据出土资料,三铢钱有无郭和有郭两种,铸作皆正规,其径一般为22—23毫米,重2—2.1克,切近三铢,符合‘重如其文’的制令”。[2]尽管这次铸行三铢钱的尝试,历时仅4年,但首次突破了秦以来的“半两”币制,直接以“铢”名钱,重量单位只相当于半两的四分之一。顺应了铜钱减重的趋势,有利于解决铜钱不适小用问题。而两次调整货币政策,都未再对铸币权进行调整,稳定了国家铸币的政策。这一方面为进一步集中、统一铸币权创造了条件,另一方面也为中央集中铸币权,实行财政发行打开了缺口。

武帝元光、元朔年间(前134—前123)招徕东瓯、事两粤、开巴蜀、击匈奴、使西域、修黄河等相继取得重大进展,但汉廷也因之府库空虚,财政支绌,陷入了“县官大空”的境地。相反,富商大贾“冶铸鬻盐,财或累万金,而不佐公家之急,齐民重困”。[3]西汉政府与富商大贾乃至郡国之间的财富占有,形成了巨大的反差。同时,在货币领域出现了“从建元以来,用少,县官往往即多铜山而铸钱,民亦盗铸,不可胜数。钱益多而轻,物益少而贵”的局面。[4]于是,汉武帝决定依托国家货币发行权,调整货币政策,改变财富占有状况。“更造钱币以澹用,而摧浮淫并兼之徒。”[5]元狩三年(前120)至元鼎四年(前113)间,先后四次实行币制改革,连续出台了一系列货币政策:

(1)元狩三年(前120),基于“今半两钱法重四铢,而奸或盗摩钱质而取,

---

[1] 《汉书》卷6,《武帝纪》。另《史记》卷22《汉兴以来将相名臣年表》记:建元五年“行三分钱”。徐广《集解》对此有不同解释:注云:“《汉书》云‘半两’,四分曰半两。”另,三铢钱的始铸时间,《史记》和《汉书》的记载不尽一致,考古出土三铢钱数量很少,佐证单薄,至今学界仍有较大分歧。彭信威《中国货币史》(上海:上海人民出版社,1958年,第68页)、萧清《中国古代货币史》(北京:人民出版,1984年,第110页)、钱剑夫《秦汉货币史稿》(武汉:湖北人民出版社,1986年,第42页)、林甘泉主编《中国经济通史·秦汉经济卷》(下册)(北京:经济日报出版社,1999年,第612页)、叶世昌、潘连贵《中国古近代金融史》(上海:复旦大学出版社,2001年,第10页)、王裕巽《西汉武帝建元元年间初行三铢钱考》(《中国钱币》2000年第2期,第28—31页)等,均认为建元、元狩两次铸三铢。[日]加藤繁《三铢钱铸造年代考》(《中国经济史考证》,北京:商务印书馆,1959年,第156页)、王献唐《中国古代货币通考》(济南:齐鲁书社,1979年,第880、1147页)、刘森《三铢钱论》[《中国钱币论文集》(第3辑),北京:中国金融出版社,1989年,第217页]等,主张《汉书》误记建元元年铸三铢。武帝铸三铢仅一次,时为元狩四年。

[2] 马飞海总主编,汪庆正、朱活、陈尊祥主编:《中国历代货币大系·秦汉三国两晋南北朝货币》,上海:上海辞书出版社,2002年,第17页。

[3] 《汉书》卷24,《食货志》下。

[4] 同上。

[5] 同上。

钱益轻薄而物贵，则远方用币烦费不省"，"乃以白鹿皮方尺，缘以藻缋，为皮币，直四十万。王侯宗室朝觐聘享，必以皮币荐璧，然后得行"；用银锡铸白金三品，分别为圆形重八两（值三千）、方形值五百、龟行值三百；"令县官销半两钱，更铸三铢钱，文如其重。"同时明确规定"盗铸诸金钱罪皆死"。[1]

（2）元狩五年（前118），"有司言三铢钱轻，轻钱易作奸诈。乃更请诸郡国铸五铢钱。周郭其质，令不可得摩取鋊焉。"[2]

（3）元鼎二年（前115），针对"郡国铸钱，民多奸铸，钱多轻"的问题，"公卿请令京师铸钟官赤仄，一当五，赋官用非赤仄不得行。白金稍贱，民弗宝用，县官以令禁之"。[3]

（4）元鼎四年（前113），"赤仄钱贱，民巧法用之。不便，又废。于是悉禁郡国毋铸钱，专令上林三官铸。钱既多，而令天下非三官钱不得行。诸郡国前所铸钱皆废销之，输入其铜三官"。[4]

短短六七年间，汉武帝4次调整货币政策，从白鹿皮币、白金三品到赤侧五铢，以财政强制发行虚价大钱的方式，聚敛财富，沉重打击了郡国和富商大贾势力；废除旧钱，输铜入上林三官，保障了中央铸币原料，巩固了财政发行铸币的垄断地位。而四次货币政策调整过程中，汉武帝还始终坚持严厉打击盗铸，不惜以严刑酷法树立和巩固中央铸币权威，通过货币政策调整财富占有关系。面对"吏民之犯者不可胜数"，造白金、行五铢5年间仅赦"吏民之坐盗铸金钱死者数十万人……天下大氐无虑皆铸金钱矣"，以至"犯者众，吏不能尽诛取"[5]的情况，汉武帝不仅没有放松打击，而是遣褚大、徐偃等"分曹循行郡国，举兼并之徒守相为利者"。酷吏张汤等"用惨急刻深为九卿"，行"腹诽之法"，进一步加强了打击力度。[6]其中，见于《汉书》记载的郡国王侯，先后有曲成圉侯皇柔"元鼎二年，坐为汝南太守，知民不用赤侧钱为赋，为鬼

[1]《史记》卷30,《平准书》。
[2]《汉书》卷24,《食货志》下。
[3] 同上。
[4] 同上。
[5]《史记》卷30,《平准书》。
[6] 同上。

薪。”[1]“郸侯周仲居为太常,坐不收赤侧钱收行钱论。”[2]因此,武帝时期的货币政策,与盐铁专营、均输平准、算缗告缗紧密结合,收到了明显效果。由于杨可告缗遍天下,“中家以上大抵皆遇告。杜周治之,狱少反者。乃分遣御史、廷尉正监分曹往,即治郡国缗钱,得民财物以亿计,奴婢以千万数,田大县数百顷,小县百余顷,宅亦如之。于是商贾中家以上大率破。民偷甘食好衣,不事畜藏之产业,而县官有盐铁缗钱之故,用益饶矣”。[3]特别是盐铁专营和均输平准,实际成为中央集中铸币后,财政发行的主要渠道。三官“五铢”钱成为与专制主义中央集权强力支持下,与国家禁榷商品、官营商业和物资调配相联系的流通币。“更造钱币以澹用,而摧浮淫并兼之徒”的目的初步实现。

不仅如此,武帝时期的货币政策,按“重如其文”的原则铸三铢、废半两、行五铢,对适应小农市场发展水平的铜钱重量,进行了探索。上林三官始铸的五铢钱,直径统一为25毫米,3.5—3.8克。[4]既比“易奸诈”的三铢钱略重,又只相当于秦半两(16铢)名义重量的五分之一,适应了秦以来铜钱进一步减重、小农市场快速发展的需要,是圜钱铸行以来市场筛选货币、推进货币减重的结果;五铢钱名义重量直接铸于币面,且与实际重量相符,童叟无欺。把按枚计数、面额计重、重如其文统一起来,用铜钱自身的金属含量,为铜钱所代表的价值提供信誉保证。铸行五铢钱的政策,还依托中央集权的力量,统一规范铜钱形制、重量、尺寸,稳定了币值,规范了货币流通秩序,提高了铜钱的标准化程度和交易的便利性;以优质铜材和精良的铸造技术为基础,重如其文使盗铸铜钱“计其费不能相当,唯真工大奸,乃盗为之”;而“周郭其质”,起到了“令不可得摩取鋊”[5]的作用,提高了盗铸成本,改进了防伪

图1–9　汉代五铢钱

[1] 《汉书》卷16,《高惠高后文功臣表》。

[2] 《汉书》卷19,《百官公卿表》下。

[3] 《史记》卷30,《平准书》。

[4] 马飞海总主编,汪庆正、朱活、陈尊祥主编:《中国历代货币大系》,《秦汉三国两晋南北朝货币》,上海:上海辞书出版社,2002年,第19页。

[5] 《汉书》卷24,《食货志》下。

销熔技术，这与严厉打击盗铸行为一道，为五铢钱的流通提供了重要的政策支持和技术保障。西汉铜铸币的历史，由此终结了“半两”时代，进入了“五铢”时代。

五铢钱的铸行，与汉武帝打击商人阶级的行动同步。在汉武帝取得全面胜利的同时，宣告了《货殖列传》时代的终结。中国古代经济史上的第一个商品经济发展的高峰，至此转向。[1]但五铢钱作为与小农密切联系的货币，得到了中央集权的强力支持。小农通过市场与中央集权的联系，得到了巩固和加强。五铢钱的铸行和流通，进入了相对稳定的时期。

汉昭帝始元六年（前81），西汉中央召开盐铁会议，集中郡国贤良文学60余人，与御史大夫桑弘羊等，围绕武帝时期的经济政策展开了激烈辩论。武帝时期的货币政策，也构成了辩论的重要内容之一。在盐铁会议上，桑弘羊首先阐述了垄断铸币权对国家政权的重要性，强调调整货币政策、国家垄断铸币“故统一，则民不二也；币由上，则下不疑也”。贤良文学则强调武帝4次货币政策变动特别是铸白金的政策，导致“币数易而民益疑”；国家垄断铸行三官五铢，“吏匠侵利，或不中式，故有薄厚轻重。农人不习，物类比之，信故疑新，不知奸贞。商贾以美贸恶，以半易倍。买则失实，卖则失理，其疑或滋益甚。夫铸伪金钱以有法，而钱之善恶无增损于故”等问题。[2]仅从《盐铁论》的记载来看，似乎贤良文学的批评，并没有动摇西汉中央延续武帝时期货币政策的决心。此后，西汉后期的铸币政策历“宣、元、成、哀、平五世，亡所变改”。[3]虽然元帝时一度罢盐铁官，但仅三年即予恢复。五铢钱的铸行、贮藏总量“自孝武元狩五年三官初铸五铢钱，至平帝元始中，成钱二百八十亿万余云”。[4]

---

[1] 李埏：《〈史记·货殖列传〉时代略论》，《不自小斋文存》，昆明：云南人民出版社，2001年，第391—402页。

[2] 桓宽编，王利器校注：《盐铁论校注》卷1，《错币》第4，北京：中华书局，1992年，第57—58页。

[3] 《汉书》卷24，《食货志》下。

[4] 同上。对《汉书》中关于西汉五铢钱铸造额“二百八十亿万余”的记载，诸家有不同解释。日本学者加藤繁认为“万”字衍，铸钱数为280亿。（《中国经济史考证》，第1卷，北京：商务印书馆，1959年，第65页。）徐承泰认为“亿万”的含义即“亿”，总量亦为280亿。（见《西汉货币铸造数量研究》，《湖北大学学报》1993年第5期。）叶世昌、潘连贵认为应为2 800亿（《中国古近代金融史》，上海：复旦大学出版社，2002年，第11页。）查明辉认为“亿”为“万万”，“万”为亿之后的余数。总量为280亿（《西汉五铢钱铸造量问题之考辨》，《江西师范大学学报》2004年第37卷第2期）。

从考古材料的发现情况看，武帝以后的五铢钱，流通范围更为广泛，已遍及今天中国东北、西北、西南边疆各地。东北如辽宁朝阳袁家台子发掘的49座西汉墓中，早期的出土有半两钱，中、晚期的出土有五铢钱。西北的新疆和田县买力克阿瓦提遗址北端出土的一件陶缸，“内装五铢钱约45公斤，地面上也发现这种五铢钱”。所出五铢全部为西汉五铢。[1]蒋其祥认为，在继半两钱之后，“汉代的五铢钱成了新疆地区主要的流通货币”。甚至魏晋南北朝时期，中原钱币进入新疆不多，但“为适应本地经济发展需要，新疆地区先后出现龟兹国铸造的龟兹五铢和龟兹小铜钱、高昌国铸造的高昌吉利钱、于阗国铸造的汉佉二体钱，以及从国外传入的波斯银币等，构成了一幅以五铢钱为主导而又绚丽多姿的货币文化图景”。[2]地处今内蒙古西北中蒙边境的居延地区出土的汉简中，不仅留下了发放俸钱、用钱购买各种商品的记载，[3]而且还留下了行用五铢的记载：“将军，使者，太守议贷钱，古恶小萃不为用，改(政)更旧制，设作五铢钱，欲便百姓，钱行铢能。”[4]尽管居延作为沿边军事要塞，商业贸易发展受到种种限制，但在边塞军事机构与内地、当地居民以及本部官兵之间，边塞吏卒、当地居民等私人之间，“建立了各种货币关系”。[5]西南方向，云南“晋宁石寨山、江川李家山、曲靖珠街八塔台等地西汉中、晚期‘滇文化’墓葬”，也出土了不少五铢钱。[6]成为滇国集中贮藏起来，专用于与内地贸易的主要货币。[7]

---

[1] 宋治民:《战国秦汉考古》,成都：四川大学出版社,1993年,第235、240页。

[2] 蒋其祥:《秦汉三国两晋南北朝西域(新疆)钱币研究》,载《中国历代货币大系》,《秦汉三国两晋南北朝货币》,上海：上海辞书出版社,2002年,第573页。

[3] 谢桂华、李均明、朱国炤:《居延汉简释文合校》(北京：文物出版社,1987年,第5、18、58页)载:“斗食吏三人,一月奉用钱二千七百,一岁奉用钱三万二千四百”,“出钱九百买弓□□”,“黍米二斗,直钱卅”等。标点为引者所加。

[4] 陈直:《居延汉简解要》。陈直先生认为:“此张掖太守之教令,非汉武帝之诏书也。”并认为“此教令为武帝元狩时事”。见《居延汉简研究》,天津：天津古籍出版社,1986年,第234页。简文又见谢桂华、李均明、朱国炤:《居延汉简释文合校》未予标点,释文为“将军使者大守议货钱古恶小萃不为用改更旧制设作五铢钱欲便百姓钱行未能□处,令吏民尽知之务□……”。北京：文物出版社,1987年,第26页。

[5] 参见张南:《西汉居延边塞货币关系研究》,《内蒙古社会科学》1986年第3期,第43—47页。

[6] 王大道:《云南出土货币概述》,《四川文物》1988年第5期,第31页。

[7] 张增祺:《滇文化》,北京：文物出版社,2001年,第138页。

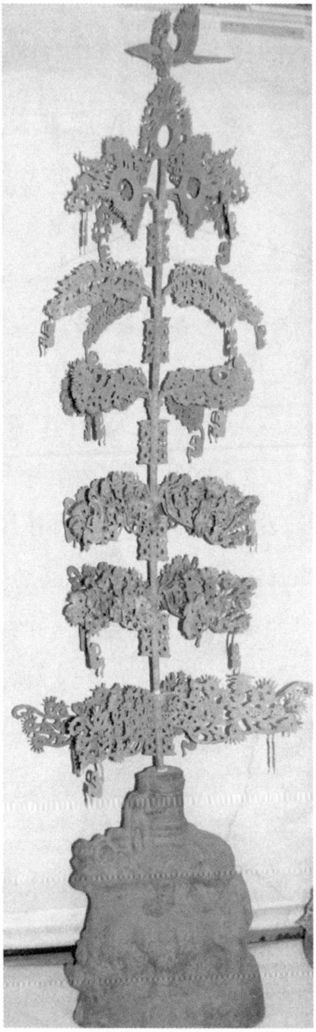

图1–10　左图：龙形摇钱树；右图：凤形摇钱树

注：左图是1990年出土的绵阳东汉摇钱树，高度1米左右，加基座通高198厘米，枝干分为三层共八片枝叶，呈对称分布。树干上有造像，高约5厘米，宽约2.5厘米，两侧各有一条飞龙，龙长约6厘米，人像身着袍衣站立，双手下垂合于腰前，整体造型美观而大方。枝叶每两片为一对，有如芭蕉叶的，叶片上铸有圆形方孔钱，每钱相互连接，铸有一人作弯腰伸臂拎钱状，叶片外侧四周犹如太阳的光芒，延生出许多长短不一的万缕细丝；有如椭圆形的，一头为乒乓球大小的圆环，两侧铸有飞龙，龙头顶着钱币，两龙之间用钱币连接，叶片外侧如同刺猬般的短刺所包裹。

摇钱树上的图像显示，多数都是祈求长生不老，有的则是祈求死后升仙进入天堂，更多的则是祈求富有。可以推断，摇钱树是当时极为流行的随葬物品，寄托了人们对财富的向往。(《绵阳晚报》2008年7月12日)

右图是凤形摇钱树，引自"盛世收藏"网站。高175厘米，共6层，每层4张叶子，挂4个猴子，中间两层另各挂8张分叶子，中间杆子为六节空心铜管做成，上有挂孔用于挂叶子。顶部有一凤凰，由三个部件构成。座子：为红陶座子，最下面一猪，猪背上一老虎，老虎背上座一人。

五、西汉后期的货币问题与王莽的币制改革

结合有关文献和考古材料来看,西汉后期的货币流通,并非整齐划一、一帆风顺,仍存在一系列值得注意的问题。[1]

第一,盗铸、销磨、减重等问题。盗铸、销磨铸币,是铸币与生俱来的问题。即使是在汉武帝时代,"真工大奸"盗铸五铢仍属不免,武帝以后同样不可能彻底解决。甚至随着汉朝中央权威的降低,更有所蔓延。居延汉简记载,宣帝元康元年(前65)十二月,"东部候长长生敢言之,候官移太守府,所移河南都尉书曰:诏所名捕,及铸伪钱盗贼凡未得者,牛延寿、高建等廿四稿,书到满口候史旁位∠遂昌"。[2]而至元帝时,贡禹称:"自五铢钱起已来七十余年,民坐盗铸钱被刑者众。"[3]敢于冒险盗铸铜钱者,有进一步增加。除盗铸外,西汉法定的五铢钱,在流通中也遭到销磨、剪凿,出现了铜钱重量越来越轻的趋势。有学者分析洛阳等地出土的西汉晚期剪轮五铢、磨郭五铢情况,认为这类铜钱缺损程度多少不等,"一般无周郭者,约重2.5克;而钱文仅存一半者,重量也只有1克稍多一点",甚至不排除官铸铜钱直接铸为"剪轮钱"的可能。[4]在江苏仪征胥浦101号西汉元始五年(5)纪年墓中,出土铜钱2 330枚,其中五铢钱1 635枚,剪轮五铢695枚。剪轮五铢的数量占出土铜钱数的29.8%。[5]

第二,铜钱藏而不用的问题。五铢钱流通于小农的市场,适应了小农零星细碎交换的需要。但小农市场的容量毕竟有限。随着西汉中央铸币量的增长,开始出现了铜钱积而不用的现象。汉元帝时,仅汉廷入藏"都内钱

[1] 由于传世史料不多,考古材料个别是居延汉简的年代断限面临不少困难,西汉后期的货币流通的很多情况仍不甚明了。如陕西扶风、咸阳、西安,江苏盱眙、广西合浦等地,属于西汉宣帝至哀帝时期的墓葬中,出土了不少小五铢钱。其面文"五铢",直径12毫米左右,穿宽6毫米左右,重量为0.7—0.8克,约合汉制一铢上下。面、背皆有周郭,背穿有郭,钱文规整。但小五铸的铸造和流通问题,学术界看法不一,尚难定论。参见《中国历代货币大系》,《秦汉三国两晋南北朝货币》,第20、549页。

[2] 陈直:《居延汉简解要》,载《居延汉简研究》,天津:天津古籍出版社,1986年,第195页。又见谢桂华、李均明、朱国炤:《居延汉简释文合校》,北京:文物出版社,1987年,第33页。陈著、谢著个别文字有异,陈著进行了标点,并附以考释,此从陈说。

[3]《汉书》卷72,《贡禹传》。

[4] 吴荣曾:《两汉五铢概述》,见《中国历代货币大系》,《秦汉三国两晋南北朝货币》,第549页。

[5] 扬州博物馆:《江苏仪征胥浦101号西汉墓》,《文物》1987年第1期。

四十万万，水衡钱二十五万万，少府钱时十八万万”，[1]三者合计达到了83亿，将近占五铢钱铸行至西汉末年总铸量的30%。桓谭在《新论》中也说：“汉定以来，百姓赋敛一岁为四十余万万，吏俸用其半，余二十万万，藏于都内，为禁钱。少府所领园地、作务之八十三万万，以给宫室供养、诸赏赐。”[2]所言赋敛数量当为西汉末年的情况，赋敛的物质形态虽不一定都是铜钱，但按铜钱价值计算，却有“二十万万”禁钱藏于都内。尽管禁钱并非不再流通，但西汉政府府库中铜钱藏而不用的情况，当非偶然。不仅如此，元帝时贡禹也说，民间也“富人臧钱满室，犹无厌足”。[3]官民藏钱量为数巨大，铜钱的贮藏职能得到充分发挥，而市场流通量所占比例似乎不是很高。

第三，主张废钱不用、更改币制的问题。汉元帝时期，贡禹曾针对西汉政府集中数十万人采铜铸钱、民间盗铸被刑者众、富室逐利藏钱和贫富分化加剧的现象，把问题的原因归之为“末利深而惑于钱也”。奏请“罢采珠玉金银铸钱之官，毋复以为币，除其贩卖租铢之律，租税禄赐皆以布帛及谷”。贡禹的主张，虽因“议者以为交易待钱，布帛不可尺寸分裂，禹议亦寝”，[4]但应不失为当时货币流通情况的曲折反映。不仅如此，哀帝时，师丹辅政，“会有上书言，古者以龟贝为货，今以钱易之，民以故贫，宜可改币”。哀帝“以问（师）丹，丹对言可改”。针对秦汉以来的铜钱铸行政策，提出改弦更张者仍有人在，并得到了师丹的认同。只是“章下有司议，皆以为行钱以来久，难卒变易”而止。[5]

平帝末年王莽大权独揽后，把变更西汉货币政策的议论，以王莽特有的复古方式，全面付诸实施，并在短短7年间，先后四次变更币制：[6]

（一）平帝居摄二年（7），以推行货币“子母相权”为名，铸行“错刀”、“契刀”、“大泉”，与五铢钱并行流通。明确规定“错刀”值5 000五铢，“契刀”500，法定重量为12铢（出土实测9—13克）的“大泉”，值五铢50。

（二）始建国元年（9），王莽成为新朝皇帝，下令新铸“小泉”，重一铢，值

[1]《汉书》卷86，《王嘉传》。
[2] 桓潭：《新论》，《谴非》第六。
[3]《汉书》卷24，《食货志》下。
[4] 同上书。
[5]《汉书》卷86，《师丹传》。
[6]《汉书》卷24，《食货志》下；卷99，《王莽传》。

一;废除西汉以来的五铢,以及刚铸行的“错刀”“契刀”;保留“大泉”,且与“小泉”的法定比价为一比五十。同时“遣谏大夫五十人分铸钱于郡国”。

(三)始建国二年(10),在推行“五均赊贷”和“六莞”的同时,铸行二十八品宝货,并以抽象数量“一”为标准,规定了各种宝货与“一”的比价关系:

(1)货泉六品。其中,小泉径六分,重1铢,“文曰‘小泉直一’”。幺泉、幼泉、中泉、壮泉、大泉径七分至一寸二分,重三铢至十二铢,值3至50。

(2)贝货五品。其中,不满一寸二分者,2枚为朋,值3。小贝、幺贝、壮贝、大贝从一寸二分至四寸八分以上,均2枚为朋,值10至216。

(3)龟货四品。其中,子龟五寸以上,为小贝10朋,值100。侯龟、公龟、元龟从七寸以上至一尺二寸,分别值幺贝、壮贝、大贝10朋,相当于300至2 160。

(4)布货10品。其中,小布长一寸五分,重15铢,值100。幺布、幼布、厚布、差布、中布、壮布、第布、次布、大布,从一寸六分至二寸四分,重16铢至24铢,值200至1 000。

(5)银货二品。以八两为一“流”。朱提银与“它银”,一流分别值1 580、1 000。

(6)金货一品。黄金,一斤值万钱。

(四)天凤元年(14),在28品宝货无法流通,只有大泉、小泉勉强行用的情况下,“罢大小钱”,铸行货布、货泉。货布长二寸五分,广一寸,重25铢,值货钱25;货钱径一寸,重5铢,枚值一。

王莽的货币政策,是利用专制主义皇权的权威和信誉,在短期内反复骗取和掠夺财富的政策。四次币制改革中,新莽政权始终坚持铸行多种虚价大钱,以皇权的权威和信誉强制它们并行流通。除错刀、契刀、宝货等名义价值显然超过实际价值外,第一次币改铸行12铢重的大泉,重量是五铢的2.4倍,比价是五铢钱的50倍;始建国元年铸行1铢重的小泉,继续流通的大泉重量是小泉的12倍,但比价是小泉的50倍;始建国二年的六品货泉,小泉与大泉的重量与比价,也与此相同。最后一次把货钱的重量固定在5铢上时,也没忘记规定货布重量为货泉的5倍,但作价仍为货泉的25倍。王莽正是在这种令“百姓愦乱”、[1]“每一易钱，民用破业”[2]的货币政策变动中，用皇权支撑虚价大钱，通过虚价大钱骗取、掠夺财富。

新莽政权发行的各种泉刀宝货，严重背离了货币的本质，违背货币流通规律，难以履行货币职能，甚至其中许多品类，从发行之日起，就不具备基本的货币职能。特别是始建国二年推行的宝货制，虽然标榜“民以食为命，以货为资。是以八政以食为首。宝货皆重则小用不给，皆轻则僦载烦费，轻重大小各有差品，则用便而民乐”。[3]但实际上，28种宝货违背了货币等值原则，已不可能按同一尺度度量商品价值。而王莽公布的28种宝货的比价表，实际上成为“宝货”的商品价格表。所发行的宝货，使用中须通过单位为“一”的小泉作价，然后与商品互换，已不再是实现商品交换的等价物。不仅如此，新莽政权为了保障泉刀宝货的流通，还明确废弃行用了上百年的五铢钱。也许正是因为陷入了新钱无用、旧钱禁止用的尴尬境地，居延等地才出现了“西汉时吏俸以钱为主，东汉为半钱半谷。从王莽元凤三年六月，直到东汉建武二十六年五月，吏俸全部用谷”的现象。[4]王莽的货币政策，变成了终结货币职能、扰乱货币流通、废弃金属货币的政策，对货币制度造成了严重危害。

王莽的货币政策，假托复古，想当然地随意变更币制，滥用、分解国家铸币权，肆意践踏市场发展规律。《汉书》载：“莽性燥扰，不能无为。每有兴造，必依古得经义。”[5]表面上王莽的每次货币政策调整，都从先秦经典中寻找理论依据，但实质上是无视先秦以来市场发展所取得的巨大进步，把人们关于货币起源甚至物物交换时代的传说，制定为现实的货币政策，在市场上强制推行。其最终结果只能是“农商失业，食货俱废，民人至涕泣于市道”。[6]对社会经济，特别是商品经济的发展，造成了致命的摧残。不仅如此，王莽还对盗铸“货币”、反对和违反其货币政策者，以严刑峻法进行严厉打击。甚至在市场拒绝接受“宝货”“盗铸者不可禁”的情况下，采取了“一家铸钱，五家坐之，没入

[1]《汉书》卷24，《食货志》下。
[2]《汉书》卷99，《王莽传》。
[3] 同上书。
[4] 杨剑宏：《汉代居延的商品经济》，《敦煌研究》1997年第4期。
[5]《汉书》卷24，《食货志》下。
[6]《汉书》卷99，《王莽传》。

为奴婢。吏民出入，持布钱以副符传，不持者，橱传勿舍，关津苛留。公卿皆持以入宫殿门，欲以重而行之”的措施。但其结果是犯铸钱者“以十万数”，“愁苦死者什六七”。广大民众“愁法禁烦苛，不得举手。力作所得，不足以给贡税。闭门自守，又坐邻伍铸钱挟铜，奸吏因以愁民。民穷，悉起为盗贼”。[1]王莽的货币政策，在给社会经济带来严重危害的同时，点燃了农民大起义的烈火，最终随着新莽政权的土崩瓦解和王莽的自杀而宣告终结。

新莽政权灭亡后，深受王莽货币政策之害的货币经济，却未随新莽政权的灭亡而复苏。自地皇四年至东汉建武十三年（37）刘秀完成统一，历时14年的战乱，对市场发展构成了不小的阻碍。更重要的是，孕育于西汉中后期的豪强经济，历经王莽改制、战乱纷扰，进一步向庄园经济发展。东汉以后的货币经济日渐式微，小农的货币——铜钱流通的市场基础受到严重动摇。

新莽以后的历史文献中，关于铸行货币的记载，已明显减少。传世钱范中，曾有更始二年（24）“五铢钱范”，证明更始时曾铸过五铢钱。[2]见于《后汉书》的记载，有建武六年（30）公孙述在蜀中“废铜钱，置铁官钱，百姓货币不行”。[3]刘秀政权中，马援曾在陇西上书，提议铸行五铢钱，但因“事下三府，三府奏以为未可许，事遂寝”。[4]因此，从地皇四年（即更始元年）至东汉建武十三年（37）刘秀初步完成统一的十多年间，全国实际上处于“货币杂用布、帛、金、粟”[5]的状态。

建武十六年（40），《后汉书》载：“是岁，始行五铢钱。”[6]东汉王朝正式恢复了五铢钱的铸行。但值得注意的是，东汉恢复铸行五铢后，似乎没有把铸币地点集中到中央。甚至有学者依据《后汉书》关于第五伦曾署长安“督铸钱掾，领长安市”、甘肃武都耿勋于熹平二年（173）“开故道铜官，铸作钱、器”等记载，认为“自东汉初建武年间起，朝廷不仅容许郡县、地方铸钱，并准其自署

[1]《汉书》卷99，《王莽传》。
[2]　萧清：《中国古代货币史》，北京：人民出版社，1984年，第123页。
[3]《后汉书》卷13，《公孙述传》。
[4]《后汉书》卷24，《马援传》。
[5]《后汉书》卷1，《光武帝本纪》。
[6]　同上书。

钱官。”[1]

此外，《后汉书》中关于东汉货币政策的记载，仅有四次。第一次是章帝时，因“谷贵，县官经用不足”，尚书张林上言：“谷所以归，由钱贱故也。可尽封钱，一取布帛为租，以通天下之用。”经反复讨论，“帝然之，有诏施行”。东汉政府一度采取了禁钱流通、以布帛通天下之用的政策，取缔了铜钱的货币资格。此后因再次遭到朱晖等的反对，才停止了“封钱”的政策。[2]

第二次是桓帝时“有上书言人以货轻钱薄，故致贫困，宜改铸大钱。事下四府群僚及太学能言之士”。但刘陶上言，以为贫困非铸钱可解，“民可百年无货，不可一朝有饥”，“多言铸冶之便，或欲因缘行诈，以贾国利”。最终“帝竟不铸钱”。[3]这次调整货币政策的动议，实际没有实行。

此后灵帝三年（186）“复修玉堂殿……又铸四出文钱”；[4]献帝初平元年（190）“董卓坏五铢钱，更铸小钱”。[5]这两次已付诸行动，且前后相距仅4年。其中，灵帝铸“四出文钱”，“钱皆四道。识者窃言侈虐已甚，形象兆见，此钱成，必四道而去。及京师大乱，钱果流布四海”。[6]董卓“又坏五铢钱，更铸小钱，悉取洛阳及长安铜人、钟虡、飞廉、铜马之属，以充铸焉。故货贱物贵，谷石数万。又钱无轮郭文章，不便人用”。[7]

有学者根据传世和出土的东汉钱范及五铢钱考察，认为东汉时期五铢钱铸行，大致可分为早、中、晚期三个阶段：[8]

（1）早期为光武帝、明帝、章帝时期（40—88），五铢钱直径“在25—26毫米，钱重为3—4克。近同西汉五铢钱之径重规范”。

（2）中期为和帝至桓帝时期（89—167），“钱型近似其早期钱，但铜质、铸工已渐现粗拙的趋势。钱径多在24毫米左右，较前期略见减缩……”，出现了有

---

[1] 《中国历代货币大系》卷2，《秦汉三国两晋南北朝货币》，第27页。
[2] 《后汉书》卷43，《朱晖传》。
[3] 《后汉书》卷57，《刘陶传》。
[4] 《后汉书》卷8，《孝灵帝本纪》。
[5] 《后汉书》卷9，《孝献帝本纪》。
[6] 《后汉书》卷78，《张让传》。
[7] 《后汉书》卷72，《董卓传》。
[8] 《中国历代货币大系》卷2，《秦汉三国魏晋南北朝货币》，第25—28页。

些钱背铸有一至十等数字及“王”“工”“土”等文字的现象。

（3）晚期为灵帝至献帝时期（168—220），除铸行“四出五铢”外，铜钱“铸作、铜质更与此前东汉五铢钱有明显差别”。“灵帝钱的径重有回升的情况，其径一般为25毫米，重3.2—4克。”

此外，“自东汉五铢钱中期至东汉亡，原私铸、盗铸的主要方式渐为对官钱的剪凿方法所取代，其法是用圆周行利凿将官钱分截为内芯和外环两部分”。逐渐形成了保留原铸内芯的“剪边钱”和保留原铸外环的“綖环钱”。两者重量一般在1克左右，与其他铜钱折值并用。

结合文献记载和出土钱币、钱范的情况来看，东汉时期虽然恢复了五铢钱的铸行，但随着豪强经济的发展和职业商人、广大小农的破产，“东汉市场全面衰退，并呈现出不同于西汉的演进趋势”。[1]不仅出现了市场排斥钱币的呼声，而且一度施行“封钱用帛”的政策。而董卓正式废五铢，改铸小钱，则进一步动摇了五铢钱的地位。货币经济的颓势，已难以逆转。

东汉货币流通开始倒退。何兹全遍引《汉书》《史记》，发现西汉材料中没有见到金、钱以外的物品作交易媒介，各种物品的价格，都用金和钱来作标准。而与西汉相比，史料中东汉黄金出现的次数可说微不足道。综观《后汉书》，使用黄金作赏赐的不足十次，数额亦甚微。这与西汉使用黄金次数之频繁、数额之惊人相比，形成强烈的反差。从朝廷赏赐的统计来看，西汉的赏赐大量使用的是金和钱，东汉却代之以钱和帛了。西汉朝廷赏赐用的布帛，多是小量的一两匹、三五匹，对象是鳏寡孤独、高年三老、孝悌力田等人，显然都是为了直接使用，没有见过一例布帛可以直接用作货币去购买物品。东汉朝廷的布帛赏赐则丰富得多，一如西汉黄金赏赐一样令人叹为观止。对高级贵族一般赏赐布在万匹以上，对官吏则在百匹上下，对小官、吏民在数十匹、数匹左右，这肯定不止于穿着之用。此外西汉赎罪用钱，东汉改用缣，死罪之赎有缣20匹、30匹、40匹不等。[2]赎罪用缣，虽然不能说明布帛已有货币功能，但至少说明法律上布帛在赎罪方面已可以代替金钱，也就多少使布帛具有货币效用。《后

[1]　龙登高：《中国传统市场发展史》，北京：人民出版社，1997年，第77页。
[2]　参见何兹全：《中国古代社会》，郑州：河南人民出版社，1991年，第460—490页。

汉书·东夷·高句丽传》载安帝诏曰："自今以后，不与县官战斗而自以亲附送生口者，皆与缣直，缣人四十匹，小口半之。"以缣赎生口而径言"缣直"，缣的货币职能又比较鲜明了一步。同书《党锢传》载，夏馥隐居二三年，无人知者，其弟夏静"乘车马，载缣帛"，一路追寻。不带钱币而带缣帛，大约也是作货币用。同书《章帝纪》载，章帝曾"赐高年二人共布帛各一匹以为醴酪"，这等于是说，赐布帛作为醴酪之资。

西汉后期，贡禹向元帝建议说："宜罢采珠玉金银铸钱之官，亡复以为币……租税禄赐皆以布帛及谷。"[1]西汉末年王莽乱后，货币杂用布帛金粟。东汉章帝时，尚书张林主张赋税征收实物，实物货币以代替铜币。"今非但谷贵也，百物皆贵，此钱贱故尔。宜令天下悉以布帛为租，市买皆用之。封钱勿出，如此则钱少，物皆贱矣。"[2]张林的建议受到许多人的支持而诏行，后来取消的原因，只是担心"布帛为租，则吏多奸盗，诚非明主所当宜行"。可以说，"封钱勿出"的建议，正是市场排斥钱币的呼声。

第四节　职业商人群体的盛衰

一、从特权商人到职业商人的兴起

商品流通经商人的媒介演进为商业，即以商品—货币—商品为特征的以使用价值为目的的交换，发展至以货币—商品—货币为特征的以价值增殖为目的的交换，为卖而买的交换是更高级的市场活动，这是市场进步的重要标志。原始公社的末期就已出现最初的商业活动，农村公社时期贵族商人充当商业的主体，春秋战国之交，职业商人开始活跃于市场。

当消费需求与商品供给不断扩大时，在供与求矛盾的两极之间，职业商人长袖善舞，不仅为市场的发展做出了非凡的贡献，而且自身的力量不断壮大，

[1]《汉书·贡禹传》。
[2] 语见《晋书·食货志》。《后汉书·朱晖传》亦载："尚书张林上言，谷所以贵，由钱贱故也。可尽封钱，一取布帛为租，以通天下为用。"

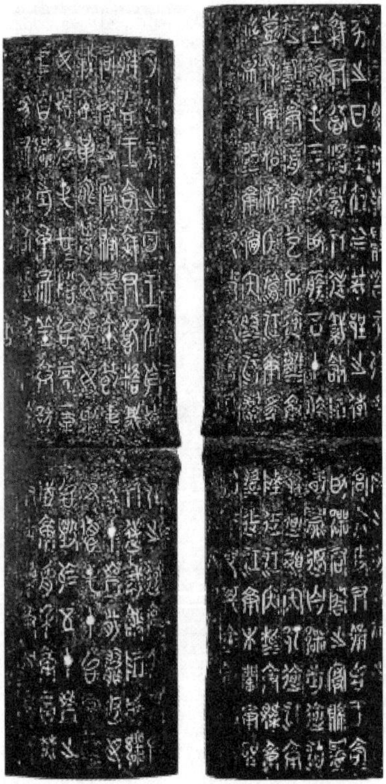

图1–11　鄂君启车节铭　战国·楚

势力雄厚的职业商人群体，蔚然形成前所未有的气象。

春秋以前的商人，多为具有某种特权的人，战国秦汉贵族商人仍不失为一支活跃的力量。例如楚王室封君鄂君启，拥有一支庞大的商队，活跃于江淮各地。其船队多时达150艘船只，运量达1 800吨，车队有50乘车辆，运量500吨。[1]不过，作为职业商人的主体，则是在农村公社解体的过程中，从齐民中分化出来的工商业者。贫富分化的加剧，使不少村社成员濒临破产。除了沦为佃农、雇农乃至债务奴隶外，他们难道就这样甘于命运的安排吗？他们很快就发现通往富裕之路的捷径，正如《货殖列传》所云："夫用贫求富，农不如工，工不如商，刺绣文不如倚门市。此言末业，贫者之资也。"事实上，与其说这是捷径，不如说是大变动、大发展时代给予他们的机遇，社会需要新型的工商业来创造新的财富，活跃新的市场。于是，"民之从利也，如水之走下，于四方无择也"。《管子·形势解》一语精炼地概括出在利润驱动下商人躁动的心态。司马迁在《货殖列传》[2]中，列举了一批成功的商人及其业绩之后，感慨不已，他说，在这些显著而突出的事例中，商人"皆非有爵邑、奉禄、弄法、犯奸而富，尽椎埋去就，与时俯仰，获其赢利……"对此感触之深，使他不禁一再重复："今有无秩禄之俸、爵邑之入，而乐与之比者，命曰素封。"可见，战国秦汉的商人群体，既不是享有特权、受爵封邑的世袭贵族，或

[1] 刘和惠：《鄂君启节新探》，《考古与文物》1982年第5期；《鄂君启节新见》，《中国文物报》1992年12月6日。

[2] 本节所引《史记·货殖列传》资料，均不另作注明。

者大权在握的当朝品官吏僚，也不是作奸犯科的罪犯，而是跟随时势的发展变化，在市场中辗转奔波的平民百姓，也就是原来村社中普普通通的民。商人群体中，既有齐民中的富人，也有起于贫困而致富者。

请再看司马迁笔下在市场上叱咤风云的商贾骄子们的形象：陶朱公，起初在齐国苦心勠力，耕于海畔。后迁至居天下之中的陶。“乃治产积居，与时逐，而不责于人。”很快便三致千金。后来，“子孙修业而息之，遂至巨万。故言富者皆称陶朱公”。吕不韦，阳翟大贾，在邯郸、长安、濮阳等地间“往来贩贱卖贵，家累千金”。[1]

当时的商人，尤其是盐铁大商人，其资本之巨、其财产之丰都令人惊叹。司马迁极尽华丽辞藻，铺张扬厉来加以形容，仿佛不如此不足以表现商人群体的崛起及其力量。强大的经济势力，虽然仍难以给他们带来贵族、官僚所拥有的种种特权，但他们在社会上、政治上的影响，诚如司马迁《平准书》所云：“凡编户之民，富相什则卑下之，伯则畏惮之，千则役，万则仆，物之理也。”有的商人役使大量劳动者，蜀卓氏“至僮千人”，有的兼并豪党之徒，“以武断乡曲”，“他们大者倾城，中者倾县，下者倾乡里”，“千金之家比一都之君，巨万者乃与王者同乐”。如果说当朝的大小品官凭借其政治权力统治着臣民，世袭的贵族依仗其特权食封受邑奴役部属，那么可以说，新兴的商人依靠自身的财力与智巧，在市场上呼风唤雨，并进而剥削民庶。

新兴的富商大贾及其经济势力，使统治者刮目相看，不得不利用他们的经济力量与社会影响为巩固统治服务。春秋战国时期，大富商在诸侯面前“分庭抗礼”。即使后来千古一帝的秦始皇也未敢怠慢。他让乌氏巨商倮享有贵族与品官的双重地位，“比封君，以时与列臣朝请”，又为巴蜀人贾寡妇清“筑女怀台”。司马迁感慨万千：“夫倮鄙人牧长，清穷乡寡妇，礼抗万乘，名显天下，岂非以富邪？”汉高祖迫于统一之初的经济凋敝而困辱商人，令贾人不得衣丝乘车，但不久到孝惠、高后时，“为天下初定，复弛商贾之律”。因为不仅市场需要商人，而且汉王朝也离不开商人资本的经济辅助，汉景帝平吴楚七国

[1]《史记·吕不韦列传》。

之乱时,就从商人和高利贷者那里获得了巨额借款,无盐氏便是其中之一。

二、商人资本的经营

上述商人,绝大多数都靠正当经营起家。每一个成功商人的背后,都有一段艰辛的创业史。卓氏被秦人从赵国掠至咸阳,又夫妻推辇,远迁成都西南的临邛,在那里即山鼓铸,奔走于滇蜀不毛之间。程郑的经历与卓氏几乎一模一样。师史,在各郡国间贩运粮食,无所不至。他的家在天下之中洛阳,史氏经常要往返其中却“数过邑门而不入”,无怪乎司马迁称赞说,正是凭借这等精神,史氏才能积累起千万的财富啊!桥姚,则是在开辟边塞的艰难条件下“致马千匹,牛倍之,羊万头,粟以万钟计”。岂止这几位呢,哪个成功的商人没有“尽椎埋去就,与时俯仰”的艰难经历?《墨子·贵义》亦感慨系之:“今士之用身,不若商人用布之慎也,商人用一布,不敢继苟而售焉,以择良者。”《管子·禁藏》描绘了商人奋勇趋利、无所畏惧的画面:“其商人通贾,倍道兼行,夜以继日,千里不远者,利在前也……利之所在,虽千仞之山,无所不上;深渊之下,无所不入焉。”

初期商人资本的积累还离不开节俭。如白圭能“薄饮食,忍嗜欲,节衣服,与用事僮仆同苦乐”。曹邴氏,虽然家至巨万,“然家自父兄子孙约,俯有拾,仰有取”。宣曲任氏,“折节为俭,力田畜。田畜人争取贱贾,任氏独贵取之。富者数世。然任公家约,非田畜所出弗衣弗食,公事不毕,则身不得饮酒食肉。以此为闾里率,故富而主上重之”。

上述商人的成功更离不开市场与经济环境。盐铁巨商的成就,就得益于盐铁的广阔市场与日益扩大的需求。时势造英雄,社会的变革、市场的发展为他们提供各显神通的天地。战国时,各诸侯国都非常重视商人的作用,《管子·地数》说:“夫齐衢处之本,通达所出也,游子胜商之所道。人来本者,食吾本粟,因吾本币,骐骥黄金然后出。”商人到来,必然会创造消费需求,从而带来收益。《管子·侈靡》说:“移商人于国,非用人也。不择乡而处,不择君而使。出则从利,入则不守。国之山林也,取而利之。市廛之所及,二依(倍)其本。”商人可以创造财富,带来繁荣。他们不分地区,不分国君,唯利是图。因此统治者应该为商人提供较好的市场环境，吸引商人前往。另一方面，“无市则民乏”，没有商人的运输贩运，市场商品就会匮乏，人民生活无着。因此，齐国注重市场培育，吸引商人。《管子·轻重乙》载：“请以令为诸侯之商贾立客舍，一乘者有食，三乘者有刍菽，五乘者有伍养，天下之商贾归齐若流水。”创造物流条件，为商人及其车马货物提供便利的食宿等各方面的服务。《吕氏春秋·促秋纪》也主张“易关市，来商旅，入货贿，以便民市”，使“四方来杂，远乡皆至”，与《管子》的主张如出一辙。即使力主重农抑末的韩非，也主张加强市场联系，他在《韩非子·难二》中写道：“利商市关梁之行，能以所有致所无，客商归之，外货留之。”财政收入就会增加，他主张严格税制管理，杜绝重税与刁难商人。《管子·问》主张对各地来的商人一视同仁，避免关税与工农业税的重复征收，空车不征税，步行商贩不税。甚至“关几而不征，市廛而不税”。秦汉的统一，为商人创造了更有利的市场、交通条件和经济环境。

时势造英雄，而英雄则要适应时势，施展过人的才智，方能脱颖而出。陶朱公从计然的治国七策中借鉴、总结出经商之道：[1]其一，大地时旱时涝，谷物时丰时歉。旱时造舟船，涝时修车马，以备后乏，此万物之理。要把握市场行情的变化，就必须熟悉各类商品为人需求的时令，提前做好市场营运的准备。其二，商品价格，瞬息万变。物价贵到极点，势必下跌，贱到极点，必定回升。判断价格的涨跌趋势，准确把握买卖时机。当商品昂贵之时，就应毫不犹豫迅速抛出，把昂贵的东西视之如粪土而不惜；商品低廉之际，又要毅然决然乘时买入，把低贱的东西视同珠玉而倍加珍惜。其三，积贮货物，务求完好，以防日后滞销。易腐易蚀的货物，即使价格再高，也不能长期存留，不能轻易囤积居奇。其四，货币流通好比江河，水纳百川，方能汇成大江大河。货币也是一样，如果让资金积滞不用，只会变成一堆死钱。只有使它周流不息，才能不断生成利润，日益增多。这些思想，即使今日看来，仍然闪烁着不朽的光华。例如其中的货币流通理论，以往人们以为在中国直到宋代的沈括才加以阐述，西方思

[1] 关于陶朱公的事迹与经商之道，可参阅龙登高：《商圣陶朱公传奇》，《中州今古》1996年第3期。

想界又比沈括晚了几个世纪，这样看来，对此必须重新审视，至少要将它的出现上溯1 500年。

白圭则总结出“人弃我取，人取我予”的商场真谛，这成为千年古训而为历代商人恪守不渝。其实白圭的办法在今日看来是再简单不过的。丰收季节买进谷物，卖出丝漆；蚕茧吐丝时则买进帛絮，卖出谷物。这不是最简单的经商常识吗？如果是在市场发育已经成熟的条件下，这确实是不足为贵的，但在当时并不是我们现在所想象的那样简单。当时正值农村公社刚刚瓦解之时，农户把自己的生产物与需求从原来依托村社共同体来解决转而向市场寻求实现的途径，这样，在农村公社废墟上产生了新兴的市场，这成为商人群体产生的前提。但人们对新兴市场的认识还需要一段时间，同时还没有产生人数与财力足够的商人从事农产品的买卖，大多数已有的商人则还热衷于以往的奢侈品与盐铁等商品的买卖之中。另一方面，新兴的市场风险大，发育不成熟，作为这一市场的商品供给者与消费者，个体小农家庭本身的经营方式还处于幼弱而不稳定的状态之中，他们与市场的联系也处于极大的偶发性状态。也就是说，谷物市场与纺织品市场都变幻莫测，捉摸不定，而如何把谷物与纺织品两种商品结合起来做买卖，并有机地把握它们与农民的商品供给与消费需求的季节性差异，凭借以往的商业知识，显然是远远不够的，如果不能准确把握市场行情，稍有不慎便会破产。用今天的话来说，在市场发展的新形势下，商人必须更新观念，市场需要新型的职业商人。白圭就是一位勇敢的先行者。他总结出了在这一新兴市场中经商致富的门道，并投身于新兴市场的经营之中，于是他成为治生之祖。

第一，过去商人主要集中于奢侈品，白圭则进入大众用品的新兴市场，这一市场具有不确定性与不稳定性，还不为一般人所把握，只有具备一定前瞻性的企业家才能驾驭它，白圭就是如此。

第二，因为市场发育不成熟，消费者需求的不确定性很大，不确定性意味着风险，敢于并善于冒险者，才能获得风险收益。

第三，信息不充分是初兴市场的一大局限，这使得确定何时何地及如何“取”与“弃”，是很不容易把握的。

“人弃我取，人取我予”的法则，关键还在于实际发挥与决断。白圭的可贵之处，不仅在于他勇敢投身于仍然处在不稳定状态的新兴市场中经商作贾，而且在于他还自有一套经营哲学。一方面他能“乐观时变”，能够准确预测新兴市场的行情变化，从变幻莫测的市场把握出刚刚露出苗头的价格规律与市场动态。另一方面，白圭具有一个开拓性的、成功的商人所必备的机谋与决断，能够“趋时若猛兽鸷鸟之发”，而这正是常人所缺少的。他自己也不无得意地夸耀，他能够在起伏不定的市场中得心应手，“犹伊尹、吕尚之谋，孙（武）吴（起）用兵，商鞅行法是也。是故其智不足与权变，勇不足以决断，仁不能以取予，强不能有所守，虽欲学吾术，终不告之矣”。经商治生犹如治国用兵，白圭自比于伊尹、吕尚、孙武、吴起及商鞅，在那社会变动不居，传统市场初兴的时代，大概并不为过吧。唯其如此，白圭才能成为治生之祖，“人弃我取，人取我予”的商场名言，也被后世的商人奉为圭臬，并引申运用，推广弘扬。例如宣曲任氏就是“人弃我取”思想的成功实践者。在秦王朝覆亡之际，“豪杰皆争取金玉，而任氏独窖仓粟。楚汉相距荥阳也，民不得耕种，米石至万，而豪杰金玉尽归任氏，任氏以此起富”。

不少商人则抓住不断出现的新的机遇，出奇制胜，从常人耻于从事的低贱行业，或不屑于从事的利薄行业中崛起成为巨富。《汉书·贡禹传》所谓“商贾求利，东西南北各用智巧”。除了盐铁、粮食及纺织品、畜产品等大宗商品外，有的货殖家则致力于一些毫不起眼的行业，有的是被人忽视的买卖，有的则是遭人遗弃的行当。但市场上新的需求则使他们能够出奇制胜，同样走向成功。“掘冢，奸事也，而田叔以起。博戏，恶业也，而桓发用富。行贾，丈夫贱行也，而雍乐成以饶。贩脂，辱处也，而雍伯千金。卖浆，小业也，而张氏千万。洒削，薄技也，而郅氏鼎食。胃脯，简微耳，浊氏连骑。马医，浅方，张里击钟。此皆诚壹之所致。”缺乏资金，则合伙为之，《史记·管晏列传》索引载齐国管仲、鲍叔牙就曾“同贾南阳”。汉代称集资经商曰“合钱共贾”。[1]湖北江陵凤凰山10号汉墓出土的简牍《中贩共侍约》，黄盛璋释译为：“某年三月辛卯，合伙做商

[1] 语见郑玄注：《周礼·秋官·朝士》。

贩，贩长张伯、石兄、秦仲、陈伯等十人在一起合伙共贩。约定一，每人出贩钱二百；约定二，加入贩会的钱要交齐备，不交齐备，就不能同他合伙同贩……”[1]

由于初兴的市场波动起伏不定，经商致富变动不居，所谓“富无经业，则货无常主，能者辐辏，不肖者瓦解”。商人处境艰难，时代的局限性在其身上也有强烈体现，占卜等手段也为商人运用于经营之中。云梦秦简《日书》载，经商吉日为：“市良日，戊寅、戊晨（辰）、戊申，戊戌，利初市，吉”；“金钱良日，甲申、乙巳，申不可出货，午不可入货，货必后绝”；“己亥、己巳、癸丑、癸未、庚寅、辛酉、辛卯、戊戌、戊辰、壬午，市日。”

三、商人的重创与市场制度的转变

1. 商人与政府：财富和利益的对立

春秋晚期以来，传统市场一经产生便进入繁荣期，形成我国市场史上引人注目的第一次高峰。市场发展突出的表象之一，就是职业商人群体力量的壮大，成为引人注目的社会力量，并引起其他社会阶层的艳羡，乃至统治集团的嫉恨。晁错在《论贵粟疏》中向汉文帝大声疾呼：

> 商贾大者积贮倍息，小者坐列贩卖，操其奇赢，日游都市，乘上之急，所卖必倍。故其男不耕耘，女不蚕织，衣必文采，食必粱肉。亡农夫之苦，有仟佰之得。因其富厚，交通王侯，力过吏势，以力相倾；千里游敖，冠盖相望，乘坚策肥，履丝曳缟。此商人所以兼并农人，农人所以流亡者也。今法律贱商人，商人已富贵矣；尊农夫，农夫已贫贱矣。

商人的活动有助于市场的繁荣，却引起了统治集团的恐惧。商人的财富流向土地，可能造成自耕农丧失土地，流亡失业，这就危及中央王朝的统治根基，因为自耕农是中央直接控制的人口，财税、兵员所由出也。但汉代还没有

[1] 见《文物》1974年第6期。

设立商税制度，商人获得了财富却不需要向政府纳税，因此形成了商人与政府的对立——财富和利益的对立。[1]

但汉初朝廷似乎还无力顾及商人阶层对统治造成的隐患，直到严重的财政危机来临，中央王朝与商人集团的矛盾日趋表面化、直接化、激烈化。雄才大略的汉武帝，凭借汉世鼎盛的国势，开疆拓土，干戈日滋。在西南遣数万人修筑通往西南夷的道路，在北方先后派出几十万的大军，远征匈奴，大获全胜，扬威天下。然而大规模的征伐战争，耗费巨大，犒赏三军几万人次，掏空了国库。数万俘虏的生活费用，竟要汉武帝节省个人的开支来补给。[2]此时，山东洪灾，70余万灾民嗷嗷待哺，官府赈灾费以亿计。兵甲之财，转输之费，军功之赏，加以凿渠开道，赈灾济难，耗费无穷。

朝廷与商人之间于是形成鲜明的反差："……县官大空，而富商大贾或滞财役贫，转毂百数，废居居邑，封君皆低首仰给。冶铸煮盐，财或累万金，而不佐国家之急，黎民重困。"这种局面无疑是朝廷不能容忍的，而为了解决财政危机，政府唯有与财富所有者进行争夺。于是，不可避免地，一场打击商人、争夺财富的经济运动全面展开。

2. 与商争利：大规模的工商业国营运动

青年汉武帝不愧为一代枭雄，他从商人阶层选拔了一批"兴利之臣"，来为他聚财敛物出谋划策。东郭咸阳，齐国的大盐商，孔仅，南阳铁冶巨头，桑弘羊，洛阳商贾世家。他们都是年轻有为，不仅经商有道，致财千金，而且"言利事，析秋毫"。杰出的商人依仗人君之势，岂不如虎添翼？果然，他们聚财兴利，出手不凡，为汉武帝制定了一套措施，并以商人的手腕，凭借政治强力，大刀阔斧地在全国范围内全面推行。《盐铁论·轻重第十四》说："大夫君以心计策国用，构诸侯，参以酒榷，咸阳、孔仅增以盐铁，江充、杨可之等各以锋锐，言利末之事析秋毫，可为无间矣。"政府秋毫之利也不放过，血气方刚的汉武帝

[1] 黄纯艳：《经济制度变迁与唐宋社会变革》，《文史哲》2005年第1期。

[2] 《史记·平准书》："而胡降者皆衣食县官，县官不给，天子乃损膳，解乘舆驷，出御府禁藏以赡之。"本节出自《史记·平准书》的引文，不另作注明。

集团以征匈奴的气势对待手无寸铁的商人,令人不寒而栗!主要措施有:

算缗。扩大"算"的范围,算,即税也。汉朝原来向商人征收的税是营业税,现在除继续征收营业税外,加征资产税,并扩大征税面,加强征收力度。让商人自行清算财产总数,申报官府,如实纳税。"异时算轺车、贾人缗钱皆有差,请算如故。诸贾人、末作、贳贷、卖买,居邑稽诸物,及商以取利者,虽无市籍,各以其物自占,率缗钱二千而一算;诸作有租及铸,率缗钱四千一算。"

告缗。纳税隐瞒不报或自报不实者,鼓励检举告发违反算缗令者。告发属实者,以没收财产的一半奖赏;被告者,戍边一年,没入缗钱。由酷吏杨可主持告缗,杜周负责治罪。这一法令实施后,"杨可告缗遍天下,中家以上大抵皆遇告。杜周治之,狱少反者"。后来还实行"株送徒",追究犯人,使之招供,牵连同党,结果牵引出数千人。

盐铁官营。孔仅、咸阳主持盐铁事务,开始时推行的是官民合办的形式。由官府提供器具,安排粮食,招募商民生产。后来在天下各郡县设立盐铁官署,任用盐铁富商为吏。严禁私人生产,"敢私铸铁器、煮盐者,钛左趾,没入其器物"。

均输平准。各郡县置均输官,调运地方贡赋和商贾所转贩的其他商品,又"开委府于京师,以笼货物,贱则买,贵则卖",此为平准。"令远方各以其物贵时商贾所转贩者为赋,而相灌输。置平准于京师,都受天下委输。"均输平准其实是对各地市场的一场掠夺,《盐铁论》载贤良文学评论道:"间者,郡国或令民作布絮,吏恣留难,与之为市。吏之所入,非独齐、阿之缣,蜀汉之布也,亦民间之所为耳。行奸卖平,农民重苦,女工再税,未见输之均也。"各郡县农官转输粮食、纺织品,一年之中,均输布帛达500万匹,山东各地官府漕粮增加到一年600万石。

统一铸币权。原来由各地方郡国铸钱,现在中央王朝收回铸币权,盗铸金钱者犯死罪。派酷吏张汤等负责审理案件,并开始派出中央特派员到各地巡视("江充禁服")。结果仅大赦释放者就达数十上百万人之巨,可见原来从事铸钱人数之众。不久,又全部销毁地方铸币,只限中央铸币流通。

此外,禁止有市籍的商贾及其家属凭户籍占有田地。敢有违犯者,没收其田产与僮仆。武帝还接受主父偃的建议,迁徙豪富强族。主父偃说:"茂陵初立,天下豪杰并兼之家,乱众之民,皆可徙茂陵。内实京师,外销奸猾。此所谓不诛而害除。”于是，元朔二年夏，徙郡国豪杰及资三百万以上于茂陵。[1]

汉武帝这次运动的出发点，正如桑弘羊在盐铁会议上所说，是“用度不足，故兴盐铁，设酒榷，置均输，蕃货长财，以佐助边费”。在这一方面来说，确实是大获成功，主政者夸耀道：“大夫君为治粟都尉管领大农事，灸刺稽滞，开利百脉。是以万物流通，而县官富实。当此之时，四方征暴乱，车甲之费，克获之赏，以亿万计，皆赡大司农。此皆扁鹊之力，而盐铁之福也。”官府财政危机得到好转，而春秋战国之交崛起的商人集团，却遭遇到一场全国范围内的重创。贤良文学一针见血地指出：“笼天下盐铁诸利，以排富商大贾。”[2]

算缗、告缗，使朝廷获得了巨额财富，却使商人遭受了沉重的打击。各地“得民财物以亿计，奴婢以千万数，田，大县数百顷，小县百余顷，宅亦如之。于是商贾中家以上大率破，民偷甘食好衣，不事畜藏之产业”。商人不仅相继破产，更可怕的是，再也没有经商殖货原来那种条件了。

市场秩序也因此受到严重扰乱。贩运商人减少，商品流通减少，物价上涨。官营物资质劣价高。铁器，本来各地使用者因地而异，“刚柔异势，巨小之用，居句之宜，党殊俗易，各有所便。县官笼而一之，则铁器失其宜，而农夫失其便。……县邑或以户口赋铁，而贱平其准。良家以道次发僦运盐铁，烦费，百姓病苦之”。其他官营工商业无不在官僚机构的层层运转中变形，正如贤良文学所揭露的：“县官猥发，阖门擅市，则万物并收。万物并收，则物腾跃。腾跃，则商贾牟利。自市，则吏容奸，豪吏富商积货储物以待其急，轻贾奸吏收贱以取贵，未见准之平也。”[3]官吏徇私舞弊，垄断市场，强行收购，无所不求，导致物价飞涨。正当的商人被政府政策排斥、打击而消失了，奸商出现，并与污吏勾结，沆瀣一气，操纵物价。

均输、平准的实行，使盐铁之外的其他商品的流通也由官府经营。“大农之诸官尽笼天下之货物，贵即卖之，贱则买之，如此，富商大贾无所牟大利。”

对于商人而言，这是一次全方位的掠夺、打击和摧残，算缗、告缗是夺其

[1]《史记·主父偃列传》，又见《汉书·武帝纪》。
[2]《盐铁论·轻重第十四》。
[3]《盐铁论·禁耕第五》《盐铁论·本议第一》。

财，均输平准是分其利，如果说这些是断其流，那么管榷则是竭其源。盐、铁、酒、铸钱，是当时商业利润最丰厚之所在，把这些大宗商品从生产到流通各环节全部实行国家经营，截断了其赖以生存的基础。无怪乎汉武帝宠幸的另一官员卜式说："县官当食租衣税而已，今弘羊令吏坐市列肆，贩物求利。亨(烹)弘羊，天乃雨。"

汉武帝、桑弘羊的这一次大规模打击商人运动，决非中国历史上一般的抑商政策所能比拟，它使初兴的职业商人遭受了史无前例的灾难。其打击面之广，程度之深，通观中国历史，大概无出其右者。它对商人与市场的影响，也决不只是一时的挫折而已。这次打击，使商人的力量骤然衰落，长时期内一蹶不振，并且在以后数百多年内一直未能恢复此前之盛况。它是一个时代的结束，标志着中国市场史上第一个高峰期至此画上了一个句号。

更为重要的是，它是中国历史上一次重要的制度变革，自由经商转向政府管制，政府将最重要的商品笼为专卖，[1]此后，政府专卖和干预市场这一精神与中国传统社会相始终。

3. 盐铁论：寻求合理化解释

汉武帝之后，虽然并不是所有的政策都延续不变，但他的主要宗旨在长时期内没有改弦更张。汉昭帝元始六年，著名的盐铁会议在长安举行，桑弘羊为首的丞相、御史与地方郡国所举文学、贤良，就管榷、均输、平准、统一币制等重大问题展开辩论。其实，面对财政困境，在掠夺大商人这一点上，双方是一致的。桑弘羊有两个明显的弱点，一是与民争利，一是政策在实施过程中因官吏腐败所造成的扭曲、变形与破坏。因此在辩论时，桑弘羊等力主有必要发展工商业，在这个前提下，同时又要抑制富商大贾，那么自然唯一的途径就只有国营工商业了，也就是国营盐铁、均输平准等。文学贤良不主张发展工商末业，既要抑止富商大贾，同时也反对国营工商与民争利，在财政困难面前，这显得

[1] 有学者认为，春秋战国时期在齐与秦就已出现了古代国家垄断经营盐铁生产和贸易之事。邵鸿博士对此作了驳议，令人信服。战国秦时期，齐国等地盐铁生产除民营外，也有官营生产与销售，但远谈不上国家垄断专营。见邵鸿：《商品经济与战国社会变迁》，南昌：江西人民出版社，1995年，第91—93页。

苍白无力。双方辩论的出发点大体如此，以现代人的中立角度通观《盐铁论》全文，桑弘羊一派似乎要占上风。

盐铁会议后管榷制度做了些改动，但盐铁官营专卖的基本精神保持下来，中央的铸币权，则从此再没有下放过。汉宣帝时，贡禹说："今汉家铸钱，及诸盐铁官皆置吏卒徒，攻山取铜铁，一岁功十万人已上……自五铢钱起已来七十余年，民坐盗铸钱被刑者众。"[1]可见中央铸钱、官营盐铁，一直都延续下来。宣帝时，一度还在边郡设置常平仓。"令边郡皆筑仓，以谷贱时增其贾而籴，以利农，谷贵时减贾而粜，名曰常平仓。"元帝二年，一度废罢盐铁官、常平仓等，以求不与民争利，但不久，出于财政困难，盐铁官又不得不恢复。

迁徙富商豪杰的政策，汉武帝后也继承下来，虽然这项措施的主旨是打击地方豪强势力，强内虚外，如《汉书·成汤传》所谓"以强京师，衰弱诸侯，又使中家以下，得均贫富"。但大商人始终都是其迁徙对象之一，如宣帝本始元年，"募郡国吏民赀百万以上徙平陵"；成帝鸿嘉二年，"徙郡国豪杰赀五百万以上五千户于昌陵"，[2]旨在割断商人的根基。

4. 王莽新法再次冲击

商人还没有从汉武帝打击运动中喘息过来，西汉末年又遭受了王莽新法的一次大冲击。汉武帝的打击，使大商人遭受毁灭性的打击，但商人不会消失。均输、平准的实行，不可能全面排斥、取代商人活动，在很多情形下，地方农官聚敛民财，常常要依托商人，或者是和商人相勾结的，商人本身也常瞅准政策的空隙，从事商业活动。王莽继续打击已经萎靡不振的商人，《汉书·食货志》载，他颁布六管之令："夫盐，食肴之将；酒，百药之长，嘉会之好；铁，田农之本；名山大泽，饶衍之臧。五均、赊贷，百姓所取平，仰以给澹。铁布铜冶，通行有无，备民用也。此六者，非编户齐民所能家作，必仰于市，虽贵数倍，不得不买，豪民富贾，即要（邀，要挟）贫弱。"于是"命县官酤酒，卖盐、铁器，铸钱，诸采取名山大泽众物者税之。又令市官收贱卖贵，赊贷予民，收息百月

[1]《汉书·贡禹传》。
[2]《汉书·宣帝纪》《汉书·成帝纪》。

三”。并在各地“乘传督酒利”。王莽的一系列措施,造成“商旅穷窘,号泣市道”。[1]王莽甚至推行土地国有,私人不准买卖,恢复1 200年以前已废除了的井田制。这在中国历史上可以说是绝无仅有的一次。

应该指出,职业商人遭受汉武帝的打击而一蹶不振,市场骤然衰落,一方面固然是因为打击措施之厉、程度之深,另一方面也说明,初兴的传统市场是相当脆弱的,职业商人风云一时,却是不稳定的,唯其如此,市场和其中的商人没有力量抵抗各种因素的干扰,其生命力还很脆弱,仍是刀俎之下鱼肉的角色。汉武帝后,商人迟迟未能重整旗鼓,卷土重来,市场发展也未能东山再起,它不仅不能以自身的力量去影响和改变社会经济,相反,在汉末魏晋南北朝时期,随着社会经济的变化而长期在低谷中徘徊。这一切充分说明,春秋战国之交诞生的中国传统市场,虽然取得初兴的硕果,却还没有走上成熟稳定的发展道路。迟至数百年后,经两宋时期市场的再度繁荣,才步入定型和成熟的阶段。当王安石变法强力干预市场,推行国营化,试图再次改变民间自由主义倾向的传统时,他失败了。

为人忽视的一点是,宋代设立了商税制度,商人财富增加的同时,政府的税收也增加了。政府不必通过暴力从商人那里掠取财富,也不必取而代之以国营排挤私营。也就是说,政府和商人的利益,可以从对立走向共处,从国营走向合作,从而扩大了商人营利的空间,稳定了市场秩序。

第五节 各地市场联系与对外贸易

一、交通运输与各地市场联系的发展

1. 交通运输的进步

战国时期,虽然诸侯各据一方不利沟通,但是各国内部的交通运输已随着

[1]《后汉书·隗嚣传》。

商品经济的进步而发展。另一方面，长期的大规模争霸战争造就了一条条军事交通线路，成为各国军备物资运输的命脉，并在战争间隙与战争之后演变为经济的（尤其是商业的）通道。秦汉统一后，相继在此基础上进行连接、修复，构成全国交通网络的一部分。

秦始皇六合诸侯以后，削平各国壁垒，连接各国干道，修筑了以咸阳为中心沟通全国的驰道网络。驰道，以天子驰走车马而名，《汉书·贾山传》描述驰道之壮云："为驰道于天下，东穷燕齐，南极吴楚。江湖之上，濒海之观毕至。道广五十步，三丈而树。厚筑其外，隐以金椎，树以青松，为驰道之丽至于此。"其中最主要的有两条，一条向东，直通燕齐，一条向南，径达吴楚。

在北方，还新修了从云阳（今陕西淳化）直达九原的"直道"，史称此道"堑山堙谷，千八百里"。在南方，拓展了穿越五岭的山路，汉人称之为"新道"，地跨湘、赣、粤、桂、闽，以水为主，水陆相兼。从咸阳到成都，在巴蜀群山峻岭间修筑了"栈道"，道经嘉陵江，有吊桥横跨两岸悬崖，形势险峻，工程艰巨。自四川继续向南修筑了"五尺道"，从宜宾经今云南昭通抵曲靖，因山路险峻，道宽五尺而得名。

这些交通要道的修复、拓展，最初几乎无一不是从军事、政治目的出发的，但它对沟通各地商业往来、加强全国市场联系的贡献甚为巨大。驰道虽然以秦始皇浩浩荡荡东巡天下最为壮观也最为著名，但它服务最多的毕竟还是那些默默无闻的不计其数的商旅车马。在直道这条军事要道沿途，时有秦汉时代的货币、车马、铜镜等出土，这些出土文物，正是当年商旅往来的历史折射。栈道使关中平原、成都平原两大发达区域交通往来更便利。东汉又开通褒斜道，使成都东至洛阳，一路"去就安稳"。[1]岭南新道、丝绸之路更是中国连接西域以至欧洲的著名商道。

春秋战国时期开凿了众多的运河。《史记·河渠书》载："荥阳下引河东南为鸿沟，以通宋、郑、陈、蔡、曹、卫，与济、汝、淮、泗会。于楚，西方则通渠汉水、云梦之野，东方则通（鸿）沟、江淮之间。于吴，则通渠三江、五湖。于齐，则通

[1] 严可均：《全汉文》，录汉明帝永平九年碑拓本。

淄、济之间。于蜀,蜀守冰凿离碓,辟沫水之害,穿二江成都之中。此渠皆可行舟,有余则用灌溉,百姓享其利。"

秦汉王朝建立了快速便捷、广布全国的驿传系统。其机构主要有"传舍""亭""邮"等。传舍仅供官府人员、车马、物资使用,不留宿平民,所止者必须有符信,但十里一置的"亭"则限制较宽,应劭《风俗通》曰:"亭,留也。今语有亭留、亭待,盖亭行旅宿食之所馆也。"亭是遍布城乡的驿传基层组织,为商旅提供了方便的设施,以供其替换车马、饮食歇息。西汉时全国共有2.69万个亭,东汉时共有1.24万个亭。[1]

私驿,也见诸史籍,但多为官僚豪强自设客馆、自备驿马。这些私驿客馆是否用于为官僚豪强自己的商业运输服务,是否也为其他商旅提供服务,进一步而言,是否有专门的或非专门的私驿为民间提供服务,这些问题的肯定回答,虽然史籍无征,但可能性是不小的。私人旅馆叫逆旅。《续汉书·百官志》注引应顺曰:"郡计吏观国之光,而舍逆旅,崎岖私馆。"即使官吏也停歇于私人旅馆,可见其数当不在少,尤其是在地形崎岖,没有官府传驿的地方。不过,当时旅行仍以寄宿普通人家者多,无法投宿时就只有风餐露宿了。

战国秦汉时代,人们出门往往要自带食粮,粮谷还能当作货币使用,作为旅行的费用,被称"资粮"。《庄子·逍遥游》有"适百里者,宿舂粮;适千里者,三月聚粮"。西汉郑庄结交天下名士,处处有食宿招待,《史记·汲郑列传》说他因此能"千里不责粮"。一般人,尤其是闯荡各地市场的商旅,就不会有如此方便了。《九章算术·均输章》第27题,有人持米十斗九升余(合今40斤),数量甚少,而且连过三关,行程较远,当是个人旅途所用的食粮或资粮。这说明市场条件仍很差,物流设施滞后。

民间运输车辆,多为牛车、马车。先秦礼制规定,权贵用马车,庶民商人用牛车,这在秦汉可能余风犹存。不过,一匹马牵拉的"轺车",已为商旅较多地使用。东汉顺帝阳嘉四年(135)十月,乌桓寇云中,一次就掠夺商人牛车千余辆,可见牛车使用的普遍。民间还多使用叫"鹿车"的独轮车,人力手推,轻巧

[1] 孙毓棠:《汉代的交通》,载《孙毓棠学术论文集》,北京:中华书局,1995年。

方便，适用于小规模运输。秦汉时期，驴、骡等西域牲畜传入内地，毛驴价贱，又适宜于羊肠小径和山地运输，所以民间所用，以毛驴为最广。不仅用于驮运货物，还可用以驾车。[1]对于中小商人而言，马车庞大而昂贵，毛驴的引进为他们打开便利之门。价钱不高，而且适合于小型驮载。两三袋、一两筐的货物，可由毛驴驮运，稍多一些，则可用简易的驴车。在出土的汉代画像石中，有农户将车辆用于田间运输的形象。东汉彭城相袁贺家，《后汉书·应奉传》载有专门的“造车匠”。《九章算术》有例题为“一车载二十五斛”，这可能是当时常见的车了。还有例题说“空车日行七十里，重车日行五十里”。

汉代普通货车每辆一般载运25斛粟，合11.25石，337.5公斤。北魏时官府征发民间车辆运粮，规定“租车一乘，官格四十斛成载”，约合18石，540公斤。唐代普通货车的标准载重是1 000斤，合今约666公斤。明代，据《大明会典》所记，普通货车大者载10石，约合750公斤。两汉的陆上运输业，特别是以车辆运载为主的长途运输，水平是比较低的。[2]水路运输工具船的记载也可见于文献之中，[3]有的记载还使人惊叹，如前述战国鄂君启的船队多达150艘，运量1 800吨；《三辅皇图》有谓“作豫章大船可载万人”。但总体而言，其重要性自然还远不如车马陆上运输。

战国秦汉时期的交通运输条件，虽然仍然是有限的，例如商旅多须自带资粮，路途投宿不便，土路遇雨泥泞，久雨则只能苦候天晴，等等，但其进步也是明显的。道路网络的改善，车船制作技术的提高，降低了运输成本，扩大了商品流通，从而推动市场的开拓。

2. 各地市场联系

交通运输的发展状况，既是市场发展的重要表征，同时作为物流条件，也极大地促进了市场联系的加强。《货殖列传》说：“汉兴，海内为一，开关梁，弛山泽之禁，是以富商大贾，周流天下，交易之物，莫不得其所欲。”《汉书·伍被

[1] 参阅《中国古代道路交通史》，北京：人民交通出版社，1994年，第139—140页。
[2] 宋杰：《九章算术与汉代社会经济》，北京：首都师范大学出版社，1994年，第52页。
[3] 《史记·郦生陆贾列传》载，楚汉相争时，“蜀汉之粟方船而下”。西汉蜀人王褒的庄园中，《僮约》说“舍后有树，当裁作船”。

传》也说:“重装富贾,周流天下,道无不通,交易之道行。”这尤其集中体现于城市之间商品流通的活跃,以城市为中心的地区经济之间的往来。诚如《盐铁论·力耕篇》所云:“自京师东西南北,历山川,经郡国,诸殷富大都,无非街衢五通,商贾之所臻,万物之所殖者。”各地经济交往扩大,以大中城市为中心,市场联系加强。

关中沃野千里,“隙陇蜀之货物而多贾”,又“北却戎翟,东通三晋”,因而“四方辐辏,并至而会。地小人众,故其民益玩巧而事末也”。秦代曾徙天下豪富于咸阳12万户,除向蜀、南阳等地疏散外,不少仍留在都城,成为市场中一股新兴力量。以长安为中心的关中地区,依赖自身发达的经济,吸引西部的羌陇、南部的巴蜀通流货物。北面则与游牧民族相连,向东通过三晋与中原进行经济往来,而通过丝绸之路,则有丝织品和西域的马匹、骆驼、水果、苜蓿、胡萝卜等商品对流往返。关中的大都会咸阳、长安,其繁华自不待言,即使其附近的长陵、安陵、霸陵、阳陵、茂陵、杜陵、平陵7个陵城,也得益不浅。今陕西西安临潼区北的栎邑、凤翔县南的雍,则分别是长安东、西两翼的经济都会。

关中的繁荣,尤得益于陇、蜀。巴蜀四塞,仰赖栈道与关中相通,“以所多易所鲜”。这样,关中不仅享有巴蜀自身的商品,而且能得到巴蜀四周的资源,如奴隶、牛马等,因为巴蜀本身与西南少数民族又颇多交往。成都是这里的政治经济中心,扬雄《蜀都赋》颂其发达的商业:“市廛所会,万商之渊。列隧百重,罗肆巨千,贿货山积,纤丽星繁。……异物崛诡,奇于八方。”从秦汉开始,成都及其所在的川西平原,赢得了“天府之国”的美誉。陇西四郡“唯京师其道”,更是离不开关中。而它本身“西有羌中之利,北有戎翟之畜,畜牧天下饶”。

三河地区居天下之中,这里,“杨、平阳、陈西贾秦、翟,北贾种、代……迫近北夷,师旅亟往,中国委输时有奇羡”。杨在今山西洪洞县东南,平阳在今临汾市西南,都是汾水之畔南北道路上的经济中心城市,西与关中、北翟贸易,北与种、代通商,种、代因为是抗击匈奴的战略要地,从军旅屯驻、战备物资运输中得益不少,杨、平阳的商人在这里经营谋利,得心应手。太行山以东,则有今河南温县西的温、河南济源南的轵,也“西贾上党,北贾赵、中山”。

洛阳原是周天子所在的都城，《战国策·秦策》载张仪之语为“三川阁室，天下之市朝也”。秦朝、西汉时仍是东都，“东贾齐、鲁，南贾梁、楚”。东汉作为都城的洛阳，《后汉书·仲长统传》描述其盛云：“船车贾贩，周于四方，废居积贮，满于都城，琦赂宝货，巨室不能容；马牛羊豕，山谷不能受……举俗舍本农，趋商贾，牛马车舆，填塞道路，游手伪为巧，充盈都邑。”洛阳城外著名的阳渠石桥，《水经注·谷水》载：“以城下漕渠东通河济，南引江淮，方贡委输，所由而至……桥工路博，流通万里。”自洛阳南行，宛（今南阳）“西通武关、郧关，东南受汉、江、淮”，作为铁器产地与交易中心，这里“俗杂好事，业多贾”。

燕赵一带，邯郸是“漳、河之间一都会，北通燕、涿，南有郑、卫”。它所在的赵和中山两地，是著名的纺织品产地，人们“仰机利而食”。燕国的蓟是渤海、碣石之间的经济都会，南通齐赵，东北边胡，并且“有鱼盐枣栗之饶。北邻乌桓、夫余，东绾秽貉、朝鲜、真番之利”。

齐鲁梁宋。齐“带山海，膏壤千里，宜桑麻，人民多文彩、布帛、鱼盐”。临淄是海岱间的一大都会，在春秋战国时，已是相当繁华，《战国策·齐策》述云：“车毂击，人肩摩，连衽成帷，举袂成幕，挥汗成雨，志高而扬。”秦汉时仍是全国鱼盐、纺织业的最大中心之一。大梁，战国时交通运输极为便利，《战国策·魏策》说：“从郑至梁不过百里，从陈至梁不过二百余里。马驰人趋，不待倦而至。”秦灭魏时，曾引河水淹灌，此城遂成废墟。睢阳则更趋繁荣，取代了大梁的经济中心地位。邹、鲁，虽无林泽之饶，但颇有桑麻之利，“好贾趋利，甚于周人”。

陶，据史念海的考察，位于今山东荷泽定陶区，春秋时是曹国都城，战国时灭于宋，后为魏所据，最后入于秦，为天下之中，交通四通八达。不仅陆路纵横交错，无所不至，位于当时著名的“午道”之上。尤得水路之利，人工运河菏水的开凿，使陶处于济水与菏水会合之处，而菏水使当时天下四渎江、淮、河、济得以联系起来，陶因而大享其利，成为战国时期最为繁荣的经济都会。[1]战国初年的朱公，正是基于“陶居天下之中，诸侯四通，货物所交易也，乃治产积

[1] 史念海：《战国时期的交通道路》，《中国历史地理论丛》1991年第1期。

居”,终成巨富。被司马迁称为“天下之中”的陶,严格说来是经济地理意义上的“天下之中”。陶不是一个重要的政治都会,而是一个有名的商业中心,它是由各地市场联系催生的一个新型经济中心地。就此而言,陶的崛起具有无可比拟的历史意义。

楚越。西楚的江陵,即原来的郢都,“西通巫巴,东有云梦之饶”。桓谭《新论》形容其拥挤热闹说:“楚之郢都,车挂毂,民摩肩,市路相交,号为朝衣新而暮衣敝。”陈,也曾是楚之都城,“在楚夏之交,通鱼盐之货,其民多贾”。东楚的吴,“东有海盐之饶,章山之铜,三江、五湖之利,亦江东一都会也”。南楚,都会是寿春。还有合肥、豫章、长沙等,各有名特产,如合肥,“受南北潮(按:史念海认为‘潮’似应为‘湖’字),皮革、鲍、木输会也”。此外,岭南的番禺,都会雏形初现,“珠玑、犀、玳瑁、果、布之凑”。

虽然战国秦汉时期交通运输条件还很有限,城乡市场还没有形成有机的网络。但全国各地形成了具有一定规模的城市经济中心,以洛阳、临淄、成都、陶、长安等大城市为枢纽,依托日渐进步的交通运输网络,沟通各地市场联系与商品往来,初兴的中国传统市场不断发展。但诚如黄今言所论,还没有形成全国统一性市场。[1]

二、汉代的对外贸易

不论是陆上,还是海上,中国史籍有明确记载的对外贸易都是从汉武帝时代开始的。《汉书·西域传》称“西域以孝武时始通”,不仅西汉政府与西域的交往自张骞出使后才开始,内地与西域的贸易也自此才开始大规模地展开。在此以前,中国的商品已经传到身毒和大夏,张骞在大夏见到邛竹杖和蜀布,被告知是大夏的商人前往身毒国买得。那是通过蜀地与印度之间的商路贩运的。西域各国直通长安的商路尚未建立。但是西域诸国听闻汉朝大富饶,“贵汉财物”,希望与汉朝交往。汉武帝决定利用他们对汉朝财物的需求,“以赂遗设利朝”,建立与西域的关系,使自己的“威德遍于四海”。汉武帝的政治需求

[1] 黄今言:《论秦汉商品市场发育水平的几个问题》,《中国经济史研究》2003年第3期。

为内地与西域的贸易打开了大门。

张骞之后，西汉开始频繁派遣前往西域诸国的使节。西汉使节自新置的酒泉郡“以通西北国。因发使抵安息、奄蔡、犛轩、条支、身毒国”，“使者相望于道，一辈大者数百，少者百余人”，“一岁中使者多者十余，少者五六辈，远者八九岁，近者数岁而反”。西域诸国也有不少使节跟随汉使出使汉朝，“外国使更来更去”。汉朝给予优待，在敦煌“置酒泉都尉。西至盐水，往往有亭。而仑头有田卒数百人，因置使者护田积粟，以给使外国者”，并向他们展示大汉的富盛。汉武帝“巡狩海上，乃悉从外国客，大都多人则过之，散财帛赏赐，厚具饶给之，以览视汉富厚焉……令外国客遍观各仓库府藏之积，欲以见汉广大，倾骇之”。这更激起了西域诸国与汉朝交往的愿望。使节的往来也伴随着贸易的发生，汉朝派出的使节与张骞当年一样，携带大量中国物品，“所赍操大放博望侯时”。对西域国家“因使使赂赐，以镇抚之”，同时也“求奇物”，获取各国的宝货。[1]

商业的贸易也同时兴盛起来。各国通过商业贸易获得汉朝的商品。当汉武帝派遣使节，带着黄金交换大宛的战马时，昔日贵汉财物，苦不能通的大宛已经“饶汉物”。颜师古注曰：“饶汉物”就是“素有汉地财物，故不贪金马之币”。[2]使节和商旅频繁往来，在内地与西域间形成了南、北两条稳定的交通线。《汉书·西域传》记载：“自玉门、阳关出西域有两道：从鄯善傍南山北，波河西行至莎车，为南道。南道西逾葱岭则出大月氏、安息。自车师前王廷随北山，波河西行至疏勒，为北道。北道西逾葱岭则出大宛、康居、奄蔡焉。”这条道路上需求最大的中国内地商品是丝绸。当时汉朝是唯一可以生产丝绸的国度，周边民族与汉朝交往中丝绸是最受欢迎的物品，如“匈奴好汉缯絮食物”，“夜郎旁小邑皆贪汉缯帛”。[3]商路开通后，刺激了西域诸国，乃至西亚、欧洲等地对中国丝绸的需求。这两条通道也成为中国内地通向西域以及印度、西亚和欧洲的商路。

---

[1]《汉书》卷61，《张骞传》，中华书局点校本（以下同），第2649页；《史记》卷123，《大宛列传》，中华书局点校本（以下同），第3173页。

[2]《汉书》卷61，《张骞传》，第2697页。

[3]《史记》卷110，《匈奴列传》，第2899页；《汉书》卷95，《西南夷传》，第3839页。

在汉武帝经营西域以前，地中海、伊朗和印度间已经存在一个经济交流圈，汉朝与西域间商路的开通，将中国内地与这个经济交流圈联系了起来。从而也把汉朝和当时西方最强盛的罗马帝国联系起来。罗马需要的中国商品至少90%是丝绸，此外还有毛皮、铁、肉桂和大黄。[1]希腊、罗马人首先通过丝绸认识中国，将中国称为赛里斯(Seres)。希腊人拖雷美《地理书》将中国称为赛里斯(Serice)和秦尼(Sinae)，言其处于世界极东，书中有《赛里斯记》和《秦尼国记》。白里内《博物志》记载："赛里斯人林中产丝，驰名宇内……织成锦绣文绮，贩运至罗马。富豪贵族之妇女，裁成衣服，光辉夺目。"[2]罗马虽然于公元1世纪末，通过海路到达中国的交趾，但陆路仍旧是与中国的主要贸易渠道，海路始终未起决定性的作用。[3]汉朝与罗马的贸易主要通过中亚和西亚诸国商人中转，两者之间贸易的发展反映了汉朝丝路贸易的状况。

---

[1] ［英］G.F.赫德逊著，王遵仲等译：《欧洲与中国》，北京：中华书局，1995年，第66、69页。
[2] 参张星烺编注，朱杰勤校订：《中西交通史料汇编》第1编第1章，《两汉时期中国与欧洲之交通》，北京：中华书局，2003年。
[3] ［英］G.F.赫德逊著，王遵仲等译：《欧洲与中国》，北京：中华书局，1995年，第50页。

第二章

魏晋南北朝隋唐时期市场的曲折演进

自汉末军阀混战至隋朝统一的400年间，既是中国史上空前绝后的割据纷争的时代，也是中华民族大融合的时期。这是中国传统市场的长期低落阶段，同时也是其偏离主流轨道的演进阶段，呈现出独有的历史面貌和特征。这一时期，大土地所有制下的地权转移与庄园经济，在中国历史上独具特色，地权转移对田地市场，庄园经济对市场商品供给，士族门阀地主对商品流通，都产生独特而深刻的影响。

从劳动力及其家庭的经济依附关系的变化，可以看到一条曲折的演进脉络，市场演变亦与之若合符节：

井田制时期个体小农对村社的强烈依赖；

战国秦汉时期个体家庭经营的确立，乡社与宗族尤为个体家庭的主要外部依赖；

汉魏之际人身依附关系向隶属关系的转变；

从依附庄园主到依附国家，南北朝庄园经济继续存在，均田制之后政府对人口、土地的控制增强；

个体农户独立经营得以成长，至中晚唐两宋时期，市场成为又一外部依托。

第一节 庄园制及其市场活动

一、土地市场的新特点

土地，自从春秋战国农村公社瓦解成为商品以来，一直在中国传统市场占据举足轻重的位置。与西欧等地的古代社会经济相比，自由的土地市场构成中国传统社会的显著特征。从这一角度而言，土地是传统市场中影响最深远的商品。

东汉开始，土地关系发生了深刻的变化，这一变化的影响是如此广泛，对整个市场的作用是如此巨大，以至如果我们不花一定的笔墨来探索其渊源流变，就不足以弄清此时土地市场乃至整个市场变化的社会经济背景与根源。换言之，土地市场的变化是由当时社会最主要的变革所引起的，我们从土地占有者构成的变化入手分析。

魏晋南北朝时期的土地所有者，最引人注目的就是门阀士族大土地所有者。士族渊源于东汉豪强地主。在汉末开始的频繁战乱中，豪强门阀的势力日趋壮大。曹丕《典论·自叙》描述道："名豪大侠，富室强族……大者连郡国，中者婴城邑，小者聚阡陌。"三国时期的割据势力，实质上都是由世家大族纠合而成。在这种情况下，政权与豪族更是息息相关了。入族选官更多地为大族把持，在东汉察举、征辟制的基础上，曹魏实行九品官人法，依士人的籍贯及其先世官位的高低为依据定品论级。西晋以来，家世更成了论品的唯一标准，形成"上品无寒门，下品无世族"的局面。只要有世族的资本，在任何时候、任何地点都可以维持显赫的社会地位。两晋时期大批世家大族南迁，他们以地望相标榜，以族姓为炫耀，在南方重建其大土地庄园经济，并因南方具有更适宜的地理条件与政治经济条件，其势力得到加强。北人大量迁徙荆、扬等处，造成人多地少，南迁的皇室、世族无不大肆兼并土地，如《晋书》本传载，愍怀太子"广买田业，多畜私财"。在南迁士族最为密集的扬州，《梁书·武帝纪》说："豪强富室，多占取公田，贵价僦税，以与贫民。"《宋书·谢灵运传》说：士族地主"凿山浚湖，功役无已，寻山陟岭，必造幽峻，岩障千重，莫不备尽"。《宋书·羊希传》感慨道:“富强者兼岭而占,贫弱者薪苏无托,至渔采之地,亦又如兹。”

此外,土地还有国家占有和小农占有等形态。三国时,为了解决军需的困难,国家组织屯田,包括军屯与民屯,此后两晋及南北朝都存在,但受到大土地所有者的不断蚕食侵吞,朝廷也经常将国有土地赐给贵族官僚。个体农民的小块土地,在无休止的战乱中,难以维持,在大型农具的生产力条件下,也很难恢复个体经营。破产农民或者投靠于国家庄园的羽翼之下,或者将土地投献给大土地所有者,换取荫庇的条件,以苟且维生。

世家大族长期维系的根本是大土地庄园和土地上的依附劳动者。在广占田园与劳动者方面,士族与朝廷间始终存在矛盾。围绕土地占有问题,两者间的相互勾结与斗争自汉以来从未停止。但天平不断向士族倾斜。不久中央王朝,也就是最高士族地主,从法律上肯定了大土地私人占有。尽管占田限额已大大放宽,但仍然不能满足世家大族无尽的欲望。一纸诏令限制不住世家大族的土地扩张,反而为他们兼并占地提供了合法的借口。晋室南渡之后,世家大族为扩大庄园,将其魔爪由农田继而伸向山林川泽。山林川泽历来是国家所有,私家势力是不可染指的。东晋王朝一度颁布“壬辰之科”,严禁占山固泽,然而同样屡禁不止,并且慢慢地,“事既难遵,理与时弛”,占山固泽逐渐走向合法化。孝武帝大明初年,颁布了占山令,规定了品官占山的限额,同时又规定,业已开发的山林川泽,“听不追夺”,只是不能继续占山,“若先已占山,不得更占;先占阙少,依限占足”。[1]显然,这一法令为世家大族已占山林川泽规定了所有权的保障,而对他们进一步扩张的限制则软弱无力。魏晋南北朝,非但从来没有(也不可能)出现秦汉王朝迁徙豪强并剥夺其土地私有权的现象,相反,朝廷与门阀勾结则成为主流。

对土地和依附农民的占有,一旦获得法律的保障,大土地庄园经济的发展也就更趋稳定。土地,当它进入大土地所有者手中,就很难转移了。大土地私有者都是世家大族,不仅经济力量雄厚,政治权势很大,社会地位很高,而且这

[1]《宋书·羊玄保附羊希传》。

些互相依仗、巩固的特权都是世袭的,代代相传,当时社会中没有与之匹敌的力量能够从中获取土地,商人、一般地主几乎无力与之竞争。商人,自经汉武帝打击之后,虽然顽强生存,但始终难复其盛。世族之外的地主,也就是庶族地主,不仅政治上只能充当低级官吏,经济上也难与世族相匹敌。田亩众多,经济力量强大,是世家大族之能长盛不衰的根本原因之一。假如个人的土地所有权处于风雨飘摇之中,那么,其他一切关系都难以持续发挥作用,即使能够荣耀一时,也难成其为世家。谢灵运《山居赋》自注云:"若少私寡欲,充命则足,但非田无以立足耳。"这无异于说,其他都是次要的,田园则是安身立命之根本,是维系世家大族地位的保障。

士族大土地所有制的特点是土地具有较高的稳定性。《梁书·太宗王皇后传》记载了这样一桩事例:

"高祖于钟山造大爱敬寺。(王)骞旧墅在寺侧,有良田八十余顷,即晋丞相王导赐田也。高祖遣主书宣旨就骞求市,欲以施寺。骞答旨云:'此田不卖。若是敕取,所不敢言。'酬对又脱略。高祖怒,遂付市评田价,以直逼还之。"这是一例皇帝与世家之间土地买卖的事例,王骞是王导之后,王氏是一显赫豪门士族。为造佛寺,皇帝求购良田80顷。面对买主皇帝,王骞断然回答不卖,并且不加解释,酬对简略,用语不恭,还挑衅般地说,除非你皇帝强力"敕取"。堂堂一国之君,受到臣民如此无礼,这大概只能出现于魏晋南北朝时期的世家与皇帝之间。而最后,皇帝也只能忍气吞声,以强力购买的方式敕取之。不愿出卖田地,王骞敢于藐视皇帝,足见田地在世族心目中的地位高于一切。连皇帝都不能轻易从世家中购买到田地,还有谁能够呢? 没有。地权已经由世家大族牢牢把持了。

土地市场由此形成其特点,地权集中,地权运动滞缓。土地转移的主要流向是:国有土地转化为士族地主土地,权贵豪门封略山湖,抢占公田,圈占无主荒田。买卖、兼并私有土地的现象不突出,也就是说,尽管地权转移仍在进行,但土地市场相当滞缓。

门阀士族世代相袭、历久不衰的事实本身正说明其大土地所有权的稳固。魏晋南北朝朝廷更替频繁,而世家大族的政治经济地位则能世代相袭不变。

王仲荦列举自汉末以来世代沿袭的高官大族，[1]如颍川荀氏，自荀淑仕汉为朗陵令，淑子爽官至司空，淑孙彧为曹操股肱，位至尚书令，荀氏在魏晋南北朝，为世“冠冕”；颍川陈氏，自陈实仕汉为太丘长，实子纪位至九卿，纪子郡仕魏至司空，其后子孙，历两晋南北朝，并处高位。王氏，自王仁仕汉至青州刺史，仁孙王祥仕魏至太傅，祥弟览亦至九卿，祥从弟子衍仕西晋至太尉，览子导仕东晋至丞相，进而达到“王与马，共天下”的巅峰，这个数百年长盛不衰的江左“盛门”，直到南朝末年才开始衰落，出现“旧时王谢堂前燕，飞入寻常百姓家”的没落景象。北朝的老牌世族则有：清河崔氏，范阳卢氏，赵郡李氏，荥阳郑氏，太原王氏等，他们在战乱中各自结坞为堡，势力得到巩固。

世家大族荫庇大量的依附农及其土地，依附农对土地失去支配权，从而使为数众多的土地失去买与卖的可能性，退出土地市场，减少了土地买卖，从而加强了土地市场的萎缩。东晋南朝历代政府，还对土地等买卖收取4%的税额，《隋书·食货志》载：“晋自过江，凡货卖奴婢、马牛、田宅，有文券，率钱一万，输估四百入官，卖者三百，买者一百。无文券者，随物所堪，亦百分收四，名为散估。历宋、齐、梁、陈，如此以为常。以此人竞商贩，不为田业。故使均输，欲为惩励。”4%的交易税应对田宅买卖产生影响。不过南朝以来，庶族地主逐渐兴起，其经济势力的成长与对土地的需求，推动了土地市场的缓慢复苏。

与此相应，劳动力市场衰落。由于劳动者多束缚于庄园之中，被庄园主奴役，人身依附关系较强，难以自由出卖其劳动，只有为数有限的自由个体农民，在有限的范围内出卖其劳动。不过，魏晋南北朝的雇佣劳动类别仍然不少，据刘汉东考察[2]主要有：佣力、佣耕、佣保、佣牧、佣运、佣匠、雇匠、流庸、佣书、士夫客、贩贴等。

北朝的雇佣劳动，史载甚少，为数不多的几例，集中于“佣书”。《魏书》各传的记载中有：房景伯“佣书自给”，崔亮“佣书自业”，蒋少游亦在平城“佣书为业”，崔光“佣书以养父母”，刘芳“佣书以自资给”，他在寺庙中常为诸僧

[1]　王仲荦：《魏晋南北朝史》（上册），上海：上海人民出版社，1979年，第144页。
[2]　详见刘汉东：《论魏晋南北朝的雇佣劳动者》，《中国史研究》1990年第4期。

佣写经论，笔迹称善，岁中能入百余匹，如此长达数十年。

南朝雇佣劳动稍多一些。吴逵昼则佣赁，夜则伐木烧砖。为了送终埋葬其疾疫而死的众亲人，在邻里的帮助下得以完成，他都以佣力的方式来报答。刘宋时郭世道也有相同的经历，他佣力以养继母，葬母时受到亲戚的帮助，同样“佣赁倍还其直”。郭世道的儿子郭原平也是佣力为生，他擅长木工技术，以此一技之长佣赁养家，“每为人作匠，取散夫价”。“散夫价”，就是散匠所得的计件工资。他在雇主家，每天直到日暮才能返回，以所得雇值到里中买米，家中才能举爨就食。父亲死后，他请人营墓，没有酬资，只能“自卖十夫，以供众费……葬毕，诣所买主，执役无懈”。[1]所谓“自卖十夫”，就是预期出卖自己的十个雇佣劳动日，向雇主先期借支十天的酬资，随后“执役无懈”。吴达之也是如此，《南齐书》本传说，他为安葬兄嫂，“无以葬，自卖十夫客，以营冢椁”。此类记载时可见之。

蒋福亚认为不能简单地说魏晋南北朝时期市场陷入低落，魏孝文帝改革后，北方社会经济恢复了，商品经济和传统市场同时也就进入了恢复的阶段。本时期的南方则承袭了两汉以来的趋势，有明显的发展，三吴终于成了我国封建社会中新生的经济重心，商品经济和传统市场也从无到有，并逐步走向了繁荣。他据1999年文物出版社出版的《长沙走马楼吴简·嘉禾吏民田家莂》嘉禾四年778个租佃者中，除143个不明外，有468个缴钱，缴钱最多的一个达12 000文；167个折成米缴纳。折算两者之间的百分比，前者占73.7%，后者占26.3%。嘉禾五年1 269个租佃者中，除170个不明外，826个缴钱，273个折成米缴纳，缴钱最多的一个达12 160文，折成百分比前者占73%强，后者占27%弱。魏晋南北朝时期，哪怕是半自耕农和租佃农民，也有细微的产品在各种因素的制约下流向了市场，在临湘是以钱表现出来的，其他地区也可以用钱或其他形式如谷帛之类表现出来。对于半自耕农和租佃农民而言，也和市场断不了联系。[2]

北凉建平五年（441）高昌县张鄯善奴夏葡萄园券：“建平五年正月｜一

---

[1]《宋书·郭世道附原平传》。
[2] 蒋福亚：《魏晋南北朝时期的商品经济和传统市场》，《中国经济史研究》2001第3期。

日，道人佛敬以毯贰拾张，□张鄯善奴蒲陶一年。贾即毕，蒲陶并绳索即蹑畔相付。二主先相和可，不相逼强，乃为券书。券成之后，各不得反悔，悔者倍罚毯肆拾张，入不悔者。民有私要，律所不断。官租酒仰敬。时人张奴子、书券弘通，共知言要，沽各半。”[1]

二、庄园经济及其市场活动

自西汉盛期以后到东汉时，中国传统经济逐渐出现了新的迹象。其突出的表征是一系列互为表里相互作用的经济现象，这就是个体性综合型生产力向大型化转变，豪强地主势力不断增长，个体小农家庭经济衰微，传统市场随之出现新的变化。

农具的演进呈现一个明显的趋势，即农具尤其是犁的大型化。西汉赵过推广的耦犁即已采用两牛三人的耕作方法，东汉的铃镈大犁，出土的汉代比阳大铁铧都属于大型长辕犁具。东汉盛行的辈耕也是两牛两犁相从而耕，犁壁（翻土板）出现后，仍然是两牛一犋，[2]山西平陆县汉代壁画所显示的犁耕法也是两牛抬杠，一人扶犁。崔实《政论》所载之辽东犁则更趋笨重，“今辽东耕犁辕长四尺，回转相妨，既用两牛，两人牵之，一人将犁，一人下种，二人挽耧，凡用两牛六人”。

章帝时连续发生大规模的牛疫，[3]对农业生产与小农处境影响不小。《后汉书·章帝纪》称：“比年牛多疾疫，垦田减少，谷价颇贵，人以流亡。”其影响延续多年，“自牛疫以来，谷食连少”。

农具向大型化发展的趋势，对个体小农经营是一种冲击，且不说三人耕法小农家庭劳动力数量不足胜任，单就耕牛而言，拥有一头牛者已是相当殷实的家庭，更何况两头牛及与之相配套的大农具呢？加之大规模牛疫雪上加霜，个体小经营走向衰落。于是扶助小农进行生产的诏令屡告于世，即使在东汉较好年景的章帝、和帝时代也是如此，《后汉书》两帝纪载，章帝令郡

[1] 王素：《略谈香港新见吐鲁番契券的意义》，《文物》2003年第10期。张传玺（2008）提出一些意见。
[2] 诸此农具形制，请参阅王静如：《论中国古代犁耕和田亩的发展》，《农业考古》1984年第1期。
[3] 《后汉书·章帝纪》载：章帝继位那年，“是岁牛疫”，次年“比年牛多疾疫”，4年后又一次“牛大疫”。

国招募流民,“赐给公田,为雇募耕佣,赁种饷,贳与田器。勿收租五岁,除算三年”。和帝颁布诏令曰:“贫民有田业而以匮乏不能自逐者,贷种粮。”为什么小农的生产需要政府来扶助呢?就是说在现有的生产力状况与社会经济条件下,小农经营的维系已发生困难,到东汉后期,则进一步转变为危机了。

小农经营无从维系,一遇灾荒,就流离逃亡,成为流民。《后汉书·质帝纪》载:“民多流亡,皆虚张户口,户口既少,而无赀者多,当复割剥,公赋重重。”流民逃亡,使未逃亡者赋税更重,不堪重负,亦接踵流亡,形成恶性循环。东汉的流民问题一直是困扰统治者的社会问题,导致多次流民暴动,黄巾起义就是一次大规模的流民暴动。战乱加剧了流民问题,《三国志·魏书·司马朗传》载:“兵难日起,州郡鼎沸,郊境之内,民不安业乙捐弃居产,流亡藏窜。虽四关设禁,重加刑戮,犹不绝息。”同书《陶谦传》注引献帝一道诏书说:“今海内扰攘,州郡起兵……四民流移,托身他方,携白首于山野,弃稚子于沟壑,顾他乡而哀叹,向阡陌而流涕。饥厄困苦,亦已甚矣。”

与此相反,豪强地主的庄园经营则获得新的历史契机。在农具大型化趋势中大土地所有者大获其利,他们财力雄厚,能够置备大型先进工具,并拥有足够的劳动力可资合理地调配使用。农闲季节,他们安排“合耦田器,养耕牛,选任田者,以俟农事之起”,准备各种事宜,农忙时的劳动协作更不待言,崔实《四明月令》对此多有涉及。在当时生产力条件下,大土地经营较之个体家庭经营具有明显的优势。藤加礼之助认为,汉代乡里共同体内部,自立小农民几乎平等,“随着后汉时期历史的发展,共同体的阶级分化加剧,富裕的豪族与贫民两极分化,前者对后者的支配扩大”,黄巾起义后,便逐步走上“领主化”道路。[1]

流民的增加,有利于豪强接纳扩充劳动力,扩大庄园。另一方面,庄园内的劳动者,由于自身不具备足够的生产条件摆脱豪族独立进行生产,那么就只能留在庄园,任凭豪家剥削,否则就会无以为生,劳动者对豪强的依附关系随

[1] [日]藤加礼之助:《所谓中国中世社会を握すだめの觉书》,《东海史学》1981年第16期。

之加强。而个体小农，由于个体生产的困难，往往自愿投靠于豪强，以人身依附为代价，换取生存的条件。《通典》卷1所谓“上家累巨亿之资，斥地侔封君之土”，下户“父子低首，奴事富人。躬率妻孥，为之服役”。豪强地主势力由此不断成长。仲长统《昌言·损益篇》说：“豪人货殖，馆舍布于州郡，田亩连于方国。身无半通青纶之命，而窃三辰龙章之服。不为编户一伍之长，而有千室名邑之役。荣乐过于封君，势力侔于守令。财赂自营，犯法不坐，刺客死士，为之投命。”

市场上的“豪人货殖”之风是经济变化的突出产物。所谓的豪人，就是贵族、官僚和大地主，他们竞相从事种种市场活动。仲长统《昌言·理乱篇》说：“豪人之室，连栋数百，膏田满野，奴婢千群，徒附万数。船车贾贩周于四方，废居积贮满于都城。”据《汉书·张安世传》，早在西汉后期，张安世“尊为公侯，食邑万户。然身衣弋绨，夫人自纺绩。家僮七百人，皆有手技作业。内治产业，累积纤微。是以能殖其货，富于大将军(霍)光”。此类事例《后汉书》所载不少，《樊宏传》说，刘秀的外祖父樊重，世善农稼，好货殖，“其经理产业，物无所弃”，有求必给。《济南王康传》载，刘秀子康，“多殖财货，大修宫室，奴婢至千四百人，厩马千二百匹，私田八百顷”。《张让传》载，宦官张让，“多放父兄子弟，婚亲宾客，典据州郡，辜榷财利，侵掠百姓。百姓之冤，无所告诉”。《三国志·蜀书·麋竺传》亦载，东汉末年，东海麋竺，“祖世货殖，僮客万人，赀产巨亿”。

豪人货殖，其最大的特点就是凭借种种特权和强势进行市场营利活动，桓谭力陈其弊：“今富商大贾多放钱货，中家子弟为之保役，趋走与臣仆等勤，收税(息)与封君比入，是以众人慕效，不耕而至食，乃多通侈靡以淫耳目。”他建议“今可令诸商贾自纠告，若非身力所得，皆以臧畀告者。如此，则专役一己，不敢以货与人……”刘秀对此不予理睬。[1]桓谭试图以西汉桑弘羊的办法来削弱豪人，然而势易时移，这只能是书生之论而已，又怎会被采纳呢？东汉的豪人已不是西汉的大商人，他们是特权阶层的成员，刘秀一门就是其重要代

[1]《后汉书·桓谭传》。

表,他们怎么会把既得利益白白出让呢?而西汉的商人与之不同,他们富甲一方,但始终只是活跃于市场,而未入贵族官僚之伍。

与豪人货殖兴盛互为因果的是,职业商人式微。汉末,中小商人濒临破产。《后汉书·刘陶传》载:“今牧守长吏,上下交竞,封豕长蛇,蚕食天下。货殖者为穷冤之魂,贫馁者为饥寒之鬼。”反映商人艰难处境的记载,在我国历历典籍中实在是凤毛麟角,因为对商人一直都是有歧见的。刘陶此语,确属难得。难得之语,正说明自汉武帝以来至汉末,商人已处于崩溃的边缘了。何兹全指出:像前汉那样,把一切社会经济不安定、土地兼并、农民流亡,都归罪于钱币流通和商人活动的议论、指责,在东汉是看不见的。即有,在政治上、社会上影响也不大。[1]正由于职业商人的缺乏,才使豪强地主得以取代他们在流通领域中的地位。

豪人凭借强势货殖营利,扰乱了市场秩序。如《后汉书》各本传载,窦宪“奴客缇骑,依仗形势,侵陵小人,强夺财货,篡取罪人,妻略妇女。商贾闭门,如避寇仇”。市场秩序的破坏,在土地市场上表现尤甚。宦官侯览,前后夺人宅381所,田118顷。桓帝时刘瑜控诉宦官“第舍增多,穷极奇巧……民无罪而复入,官有田而复夺之”。窦宪“恃宫掖声势,遂以贱直请夺沁水公主园田”,公然强买公主土地。“贵主尚见枉夺,何况小人哉?”

市场商品构成中奢侈品的比重增加,因为民生用品的市场减少,而富家豪族的奢侈消费则有增无减。贫困的小农,其市场需求已大大减少,正如刘陶所说:“窃见比年已来,良苗尽于蝗螟之口,杼轴空于公私之求。所急朝夕之餐,所患靡盐之事。岂谓钱货之厚薄,铢两之轻重哉?”[2]人们已经如此贫困,已经不存在基本的市场需求,何从奢谈货币?豪强地主的奢侈需求,崔实《政论》所举云“列肆卖侈功,商贾鬻僭服,百姓作淫器”。仲长统《昌言·理乱篇》的描写更是淋漓尽致:豪人之室,“琦赂宝货,巨室不能容。马牛羊豕,山谷不能受。妖童美妾,填乎绮室。倡讴妓乐,列乎深堂。宾客待见而不敢去,车骑交错而不敢进。三牲之肉臭而不可食,清醇之酎败而不可饮。睇盼则人从其

---

[1] 何兹全:《中国古代社会》,郑州:河南人民出版社,1991年,第401页。
[2]《后汉书·刘陶传》,又见《晋书·食货志》。

目之所视，喜怒则人随其心之所虑。此皆公侯之广乐，君长之厚实也"。王符《潜夫论·浮侈篇》说："今京师贵戚，衣服、饮食、车舆、庐舍，奢过王制，僭上甚矣。"针对商人的困境，市场的凋零，他在《潜夫论·务本》说："夫富民者，以农桑为本，以游业为末；百工者以致用为本，以巧饰为末；商贾者，以通货为本，以鬻奇为末。三者守本离末则民富，离本守末则民贫。"在这里他对本末之说做了新的诠释，并对奢靡之风所引导的工商业歧途作了批判："商贾者，所以通物也，物以任用为要，以坚牢为资；今商竞鬻无用之货，淫侈之币，以惑民取产，虽于淫商有得，而国计愈失矣。"工业亦然，"今工好造雕琢之器，巧伪饰之，以欺民取贿，虽于奸工有利，而国计愈病矣"。

无论从职业商人的凋零，市场秩序的混乱，还是市场商品结构的变化，货币流通手段的倒退，种种迹象都表明，东汉市场全面衰退，并呈现出不同于西汉的演进趋势。这还突出地表现于城市市场的萧条。长安三辅地区，西汉时辖57县，人口为243万余，而东汉时辖38县，人口只有52万多，剧减191万口之巨。如果说长安是因为都城东迁之故，不足为论，那么，东汉都城洛阳人口的减少，则足以表明东汉城市市场的低落。洛阳所属河南郡，西汉时辖22县，人口为174万，东汉辖21县，人口仅为101万，减少了73万口之多。[1]

汉武帝以来到东汉时期市场演进的特点与趋势，和魏晋以后的市场状况是紧相衔接的。东汉市场的种种迹象，有的在魏晋以后继续强化，有的则随社会经济的变化而进一步演化为新的时代特征。

土地市场的新异特点由大土地所有制决定，大土地所有制下庄园经济在魏晋南朝占了主流地位。那么，庄园经济具有什么样的优势使它能成为主流的经营方式，它具有哪些特征？更重要的是，这种主流的经营方式对市场产生什么影响，市场由此走势如何，具有怎样的特点？

世家大族在占有的大片田地上，建立了颇具规模的庄园，史载之庄、田庄、田园、别墅、别业……就是此类庄园。东晋谢灵运在《山居赋》中描述其山居：左湖右江，往渚还汀。北山二园，南山三苑，百果备列。面山背阜，东阻西

[1] 彭雨新主编：《中国封建社会经济史》，武汉：武汉大学出版社，1994年，第2编第6章。

倾，阡陌纵横。“送夏早秀，迎秋晚成。兼有陵陆，麻麦粟菽，候时觇节，递艺递熟。供粒食与浆饮，谢工商与衡牧。”石崇在河南县的“金谷别庐”，据其《金谷诗序》[1]，内有果、竹、柏、药草之属，又有水碓、鱼池、土窟等设置。庄内还有“金田十顷，羊二百口，鸡、猪、鹅、鸭之类，莫不毕备”。刘宋时会稽大族孔灵符的永兴别墅中，《宋书》本传载，周围33里，水陆地265顷，“含带二山，又有果园九处”。

这些庄园，亘山连水，穿江带湖，方圆数十里乃至上百里，田亩成百上千，其间道路交错，沟渠纵横，其面积之广，规模之壮，设施之全，无以复加。他们是世家大族的命根子，无怪乎谢灵运要极尽华文丽辞来赞美与歌颂。这些庄园最引人注目的特征，就是经济的高度自给自足。庄园内，从农耕、畜牧、纺织，到果园业、制药业……一应俱备。颜之推《颜氏家训·治家篇》概括庄园的经济功能说：“生民之本，要当稼穑而食，桑麻以衣；蔬果之蓄，园场之产；鸡豚之善，埘圈之所生；爰及栋宇、器械、樵苏、脂烛，莫非种殖之物也。至能守其业者，闭门而为生之具以足，但家无盐井耳。”即使小型庄园也是如此。北周萧大圜的田庄，《周书》本传说：“二顷以供檀粥，十亩以给丝麻。侍儿五三，可充纴织；家僮数四，足代耕耘。沽酪牧羊，协潘生之志；畜鸡种黍，应庄叟之言。”徐勉的东田小园，《梁书》本传引其《戒书》：“桃李茂密，桐竹成荫，塍陌交通，渠畎相属……渎中并饶菰蒋，湖里殊富芰莲。”

庄园经济体，较之个体小农家庭，其自给自足可以更完整，更为强烈，因为它具有在经济体内实现自给自足更为充分的要素。“非播艺以要利入”是它的出发点，“谢工商与衡牧”“闭门而为生之具以足”是它的目标。人们不禁要问，庄园为什么能在汉末以后长期成为居于主导地位的经济体？

以大型农具为主要特征的生产力条件，对个体小农经营无补于事。且不说三人耕法小农家庭劳动力数量不足胜任，两牛、三牛及与之配套的大农具更使他们望尘莫及。但农具的大型化则是大土地庄园的福音。它促进了群

[1] 转引自高敏主编：《魏晋南北朝经济史》（上册），上海：上海人民出版社，1996年，第369页。

体劳动与协作劳动及其生产的效率,庄园主掌握了先进工具,并拥有足够的劳动人手可以合理地调配使用。《齐民要术·耕作》第1有这样的安排,农闲季节,庄园主便安排"合耦田器,养耕牛,选任田者",准备各项耕作事宜。到了农忙季节,便驱使其众多的部曲从事大规模的协作劳动。这样,庄园经济较之个体家庭经营具有明显的优势,并由此排挤个体经营,扩张庄园经济的势力。

在庄园中,农民成为庄园主的徒附、部曲、宾客、佃仆、奴婢,人身依附的程度不等,自东汉至魏晋逐渐加强。汉代的宾客已经对主人发生了从属关系,东汉末年则普遍地以奴客相称。三国时期,孙权通过赏赐,多次允许"复客",大量国家编户齐民连带赐田,名正言顺地成为私家之客。此后西晋占田制进一步肯定了荫衣食客、荫佃户的合法性。荫客范围相当广泛,几乎没有限制。《占田令》规定:"各以品之高下卑荫其亲属。多者九族,少者三世。"北魏政权的宗主督护制之下,宗族长的作用也加强,《魏书·李冲传》称"人多隐冒,五十、三十家方为一户,谓之荫附"。

汉末以后社会的动荡也催发了庄园经济的膨胀。黄巾起义、董卓之乱启开战祸之端,之后,三国鼎立,混战不休,西晋短期统一昙花一现,旋踵五胡乱华,十六国与东晋、北朝与南朝,长期对峙,攻守无常。这种局面在中国历史上是空前绝后的,它对庄园经济的促动也是绝无仅有的。兵连祸结对个体农民是致命的打击,动荡不定的社会环境,加强了宗族的凝聚力,把持宗族的首领即士家豪强,组建坞堡,将流移转徙的农民吸纳其内,固守自卫,并在其统一指挥下开展生产。他们聚族而居,"峻险厄,杜蹊径,修坞堡,树藩障"。[1]在兵荒马乱之中保持一片相对稳定的维生之地。在当时大规模的人口迁徙中,大多也都是举族而迁。社会越是动乱,宗族首领与族姓之间的内部矛盾越能被险恶的外界环境所冲淡抵消,世家大族对农民的控制也就越能得到强化。

在魏晋南北朝,农具的大型化,战火频仍,世家大族坞壁自保等条件,决定

---

[1]《晋书·庾衮传》。

了庄园必然形成自给自足的经营方式。庄园经济体,其自然经济的形态更完备,但应该指出,自给自足并不是庄园经济与生俱来的本质特征,也就是说,庄园经济并不只有自然经济发展的唯一出路。只要有条件,庄园随时可能与市场发生联系。正如《晋书·江统传》所说:"公侯之尊,莫不殖园圃之田,而收市井之利。"这种现象,史不绝书。三国时李衡于武陵龙阳汜洲上作宅,种柑橘千株,几年后柑橘收获,"岁得绢数千匹,家道殷足"。晋人王戎"性好兴利,广收八方,园田水碓,周遍天下",他卖李钻核的故事更是尽人皆知。沈庆之有园舍娄湖,"广开田园之业,每指地示人曰:钱尽在此中"。[1]潘岳《闲居赋序》中说,其庄园所产蔬菜和羊酪都供出售,"灌园粥菜,以供朝夕之膳;牧羊酤酪,以俟伏腊之费"。

由于庄园的规模经济特征,一旦它与外界市场发生关系时,它比小农经营方式能更有利地参与市场,它可以投入更多的资金,配置更多的有组织的成员从事较大规模的复杂的商业活动。同样,它能够进行类似规模经营的集中的商品生产。正如希克斯所说:"适合市场销售的产品,在领主的土地上通过农奴劳动,完全可能(事实上也的确如此)比在农民的土地上更容易也更有效地生产出来。"[2]北朝贾思勰在《齐民要术》中的设计就典型地反映了庄园从事商品生产与市场活动的情形,他在《杂说》第30篇中道:

> 二月:可粜粟、黍、大小豆、麻、麦子等;收薪炭。三月:可粜黍,买布。四月:可籴面及大麦、弊絮。五月:可籴大小豆、胡麻,籴禾广大小麦。收弊絮及布帛。至后籴麦孚麦肖,曝干密封,至冬可养马。七月:粜大小麦;收缣练。八月:粜种麦;籴黍。十月:卖缣、帛、弊絮;籴粟、豆、麻子。十一月:籴粳稻、粟、豆、麻子。

此类庄园多种经营,足以自给,剩余品亦供出售,主要有米、麦、布等。庄园主的营利活动,主要是利用物价的季节差获取利润,收获季节收购农产品,而丁

---

[1] 分见《三国志·吴书·孙休传》《晋书·王戎传》《宋书·沈庆之传》。
[2] John Hicks, A Theory of Economic History, Oxford: Oxford University Press, 1969, p.105.

青黄不接之时出售。在《种榆白杨》第46部分中，贾思勰又有种榆加工以获利的安排：种榆之后，三年就有荚叶可供出卖。五年之后，就可以用作椽。有的可以砍下出卖，一根十文，有的可制作独乐（小儿玩具陀螺），一个能卖三文。十年之后，可以制作木碗、瓶及各种器皿，无所不任，它们都可以换取数量不等的钱币。十五年之后，更能用来制作车毂，车毂一具，就值绢三匹。其间，每年还要修剪、疏伐，"指柴雇人，十束雇一人，无业之人争来就作"，雇价低廉。而卖柴可得不少钱，岁出万束，以一束三文计，则得三十贯。总之，能种一顷，岁得千匹。这些收入解决家庭的一些重大需求，如"男女初生，各与小树二十株；比至嫁娶，悉任车毂。一树三具，一具直绢三匹，成绢一百八十匹。聘财资遣，粗得充事"。

贾思勰力主城市附近的田地种植经济作物。事实上，《齐民要术》中所述，涉及商品生产者都是近城之地，也就是说，庄园经济体内自给自足，其买卖行为大多针对城市市场。卷首《杂说》云："如云城郭近地，务须多种瓜、菜、茄子等，且得供家，有余出卖。"在七月的适当日子里，"如有牛车，尽割卖之。如自无车牛，输与人"。地主家庭多有运输工具，可以直接贩卖经营。又如《蔓菁》第18中，他设计，在近城良田一顷，如七月初种上蔓菁，那么，可以收叶30大车，正月二月卖作干菜，3车就可买到1个奴仆；收根200车，20车就可得一婢；收子200石，输与压油家（榨油坊）……

士族门阀地主对市场的影响，在商品生产及其产品出售上，主要表现在与城市市场相联系的庄园；在消费需求上，则表现于奢侈性高需求上，这更具普遍性。西晋时，"都邑之内，游食滋多，巧伎末业，服饰奢丽，富人兼美，犹有魏之遗弊，染化日深，靡财害谷，动以万计"。南朝时，世家贵族"竞收罕至之珍，远蓄未名之货，明珠翠羽，无足而驰，丝厨文犀，飞不待翼"。[1]而豪门斗奢比富，更是丑态百出。西晋何曾每天膳食万钱，犹言"无下箸处"，其子何劭更甚，膳食日耗两万。石崇与王恺斗富尤为臭名昭著。石崇"财产丰积，室宇宏丽。后房百数，皆曳纨绣，珥金翠。丝竹尽当时之选，庖膳穷水陆之珍。与贵

---

[1]　分见《晋书·齐王攸传》《宋书·孔琳之传》。

戚王恺、羊琇之徒以奢靡相尚。恺以粭澳釜,崇以蜡代薪。恺作紫丝布步幛四十里,崇作锦步幛五十里以敌之。崇涂屋以椒,恺用赤石脂。崇、恺争豪如此。"《晋书·石崇传》所载这桩斗富丑剧,竟被后来的南北士族视为豪举,北魏高阳王元雍就发出了"恨我不见石崇"[1]的遗憾之叹。士族们互相攀比,有人便以此心态推销高档商品。王导家有几千匹端练卖不出去,于是亲自做广告,与大臣同穿练单衣,士族竞相仿效,很快就以高价销售一空。谢安的同乡从任职处带回5万把葵蒲扇,谢安用之,人竟模仿,扇价上涨。士族的清贵骄奢,腐化糜烂,到南北朝达到极点,《颜氏家训·勉学》第8所谓"褒衣博带,大冠高履,出则车舆,入则扶持"。新兴的庶族地主也很快后继其尘。士族地主骄奢无度,奢侈需求很大,《洛阳伽蓝记》说:"帝族王侯,外戚公主,擅山海之富,居山林之饶,争修园宅,互相竞夸。崇门丰室,洞户连房,正馆生风,重楼起雾,高台芳榭,家家而筑。花林曲池,园园而有。"魏晋时的傅玄《检商贾篇》说,商人之富就是源出这些奢侈需求所产生的市场之中,"上逞无厌之欲,下充无极之求。都有专市之贾,邑有倾世之商","且末流滥溢而本源竭,纤靡盈市而谷帛罄"。华核上孙皓疏:"民贫而俗奢,百工作无用之器,妇人为绮靡之饰",竞仿时俗。富人贾商,更加奢侈。刘宋时周朗追根究原:"侈丽之原,实先宫阃。"[2]

上流富贵阶层的消费需求,是魏晋南北朝时期手工业品的基本流向。这种消费导向对当时手工业经济的影响是深远的,[3]如奢靡斗富之风刺激了手工业品追求奢华的时尚。

虽然可以找出不少庄园从事商品生产和市场买卖的事例,但这绝不是当时庄园的主流,而只是出现于局部地区或某段时代,正如贾思勰的设计多指近城庄园一样。庄园的自然经济特征,使之在生产环节与成员消费上,都对市场很少形成需求,只是局限于奢侈品之类,向市场出售的商品也很有限,这样,市场长期萎靡就成为不可避免。而庄园内为数众多的依附农,他们的生产与消

[1] 杨衒之:《洛阳伽蓝记》卷4。
[2] 分见《三国志·吴书·华核传》《宋书·周朗传》。
[3] 魏明孔:《中国前近代手工业经济的特点》,《文史哲》2004年第6期。

费基本上在庄园内部得到实现，从而使他们基本上与市场绝缘开来，这就使市场失去战国秦汉时消费需求与商品供给的重要来源。

三、贵族官僚经商及其对市场的影响

东汉豪人货殖之风，至魏晋南北朝愈演愈烈。士族官僚贵族，莫不借助权势经商谋利，皇室不后于人。晋惠帝时，愍怀太子"于宫中为市，使人屠酤，手揣斤两，轻重不差"，又令西园卖葵菜、篮子、鸡、面之属，而收其利。[1]南朝各代皇室，无一不是这样。宋明帝命皇室刘休"于宅后开小店"，使其妻王氏于店中卖扫帚、皂荚。宋孝武帝"诸皇子皆置邸舍，逐什一之利，为患遍天下"。[2]《南齐书·豫章文献王嶷传》则称"诸王举货"。临川王萧映任雍州刺史时，派人到京城贩运货物，有人还建议他到江陵买货，至都城出售谋利。梁时萧宏爱钱如命，被讥为"钱愚"，现钱号称三亿。他在都城拥有数十所邸阁，堆满各地各种商品，布、绢、丝、绵、漆、蜜、苎、蜡、朱砂、黄屑、杂货，贱买贮藏，俟机高价出售。新入主中原的北朝皇室也不例外，北魏都平城时，皇室需贩卖营利才能补给开支。太子拓跋晃"贩酤市廛，与民争利"。北海王详"贪冒无厌，多所取利，公私营贩，侵剥远近"。[3]在北魏平城，每逢江南聘使到，将皇室宝藏，及京城富商，在铺内售卖。

官僚军阀，竞相贩运图利，为数更多。《晋书·江统传》说："秦汉以来，风俗转薄，公侯之尊，莫不殖园圃之田，而收市井之利，渐冉相仿，莫以为耻。"三国两晋南北朝历代都是如此。曹魏时，听诸典农治生"以要利入"，本职之外借公职私牟商利，得到许可。孙吴"州郡吏民及诸营兵，皆浮船长江，贾作上下"。[4]

东晋南渡士族，变本加厉，《晋书》各传中此类事例俯拾皆是。刁逵，"兄弟子侄并不拘名行，以货殖为务"，敛财聚货，家有奴婢千人，置地数千顷，浮财不可胜计。刘胤领江州刺史，派属下"大殖财货，商贩百万"，其商船在江上往

[1] 《晋书·愍怀太子传》。
[2] 分见《宋书·刘休传》《宋书·沈怀文传》。
[3] 分见《魏书·高允传》《魏书·北海王详传》。
[4] 分见《三国志·魏书·司马芝传》《三国志·吴书·孙休传》。

来穿梭，络绎不绝，把水道都占据了。《晋阳秋》的作者孙盛，官至长沙太守，仍以家贫为由“颇营资产”。王戎挖空心思，刁钻营利，更是臭名昭著，他广收四方之利，“实积聚钱，不知纪极，自执牙筹，昼夜算计，恒苦不足”，可谓无所不尽之至。

南朝各地军将官僚，兴起长途贩运之风。试检《宋书》各传几则事例言之。刘宋东兴侯吴喜，派往西南，完成战事，仍不归朝，“托言捍蜀”，实为贸易之事。他不仅自己货易交关，“又遣部下将吏，兼因土地富人，往襄阳或蜀汉，属托郡县，侵官害民，兴生求利，千端万绪。从西还，大艑小艒，爰及草舫，钱米布绢，无船不满。自喜以下，迨至小将，人人重载，莫不兼资”。[1]刘道济为益州刺史，颇为货殖，“远方商人多至蜀土资货，或有值数百万者”。州府乃“限布、丝、绵各不得过五十斤，马无善恶，限蜀钱二万。府又立冶，一断私民鼓铸，而贵卖铁器，商旅吁嗟”。(《宋书·刘道济传》)孔凯的两个弟弟，“颇营产业”，其中一次就“辎重十余船，皆是绵绢纸席之属”。《梁书·徐勉传》载，徐勉少孤贫，“显贵以来将三十载，门人故旧亟荐便宜，或使创辟田园，或劝兴立氐店，又欲舳舻运致，亦令货殖聚敛”。勉曾卖园于人，获值百余金。《陈书》各传中也有大量记载，如湘州刺史华皎兼营产业，规模不小，“粮运竹木，委输甚众。至于油、蜜、脯、菜之属，莫不营办”。陈朝陈宝应在晋安（今福州）典兵，自海道北上至江南，“载米粟与之贸易，多致玉帛子女”，于是“大致资产”。

北朝官僚也不逊色。北魏一朝，《魏书·食货志》称“牧守之官，颇为货利”，《魏书》各传对此提供了大量的素材。司空刘腾，“公私屡请，唯在财货。舟车之利，水陆无遗。山泽之饶，所在固护。剥削六镇，交通互市，岁入利息，以巨万计”。李崇“性好货财，贩肆聚敛，家资巨万，营求不息”。其子世哲，在邺、洛市廛，垄断商利。崔宽任镇西将军，因弘农出漆蜡，盛产竹木，路与南通，乃商贩往来，家产甚富。邢峦在汉中，“兼商贩聚敛”。正始初年袁翻说，边吏“无防寇御贼之心，唯有通商聚敛之意”。

官僚贵族之外，各割据政权也纷纷卷入市场。为了解决军需，各政权、各

---

[1]《守书·吴喜传》。

军队常自行开设“军市”，以弥补市场匮乏所引起的军需不足，这说明许多军需的获取都离不开市场。例如，司马懿曾在长安设军市；孙吴潘璋，领兵数千，战事之隙，便开军市，并供应其他部队。曹魏各地屯田官，常派遣部属、屯田客营商。西晋“武帝欲平一江表，时谷贱而布帛贵，帝欲立平籴法，用布帛市谷，以为粮储”。[1]北魏边戍将官役使士兵，“其羸弱老小之辈，微解金铁之功，少闲草木之作，无不搜营穷垒，苦役百端。自余或伐木深山，或耘草平陆，贩贸往返，相望道路”。[2]

割据政权因财政、军需的匮乏还兴起与民和市之风，设立市场收购民间产品。政府采购数量颇丰。魏明孔[3]研究发现，北齐花大量钱币通过市场购买粮食和手工业品，如丝、棉、纹、绢、布、蜡等，满足了贵族、官吏和军队的需要。但和买、和市等行为并非按照市场价格进行，而是带有严重的政府强制购买和盘剥的性质。南朝宋永初元年，“台府所须，皆别遣主帅与民和市，即时裨直”。益州刺史刘道济，“府又立冶，一断私民鼓铸，而贵卖铁器”。[4]齐永明六年，朝廷以官库钱5 000万和买丝绢米布，荆、扬、湘、江等十一州共出钱5 600万和买米、豆、蜡、麦、布等物品。南海郡“常有高凉生口及海舶数至，外国贾人以通货易”。州郡官僚“以半价就市，又买而即卖，其利数倍，历政以常”。[5]与民和市和买，下开唐宋之风。

政府垄断的现象也较突出。铁农具被官府垄断，定价与市场相背，缺乏商业诚信，引起消费者和商人的不满，《宋书》卷45“断私民鼓铸，而贵卖铁器，商旅吁嗟，百姓咸欲为乱”。

各割据政权，在混战不休的间隙，政权之间以互市等形式出现的贸易往来仍不时进行。三国时大型互市在江夏新市、石阳市场，晋时有弋阳市（今河南潢川）。曹魏大将军曹爽，给江夏太守王经绢20匹，委托到东吴做生意。徐邈任凉州太守，用武威等地池盐，交换少数民族粮食，又用金锦犬马与之贸易。

[1]《晋书·食货志》。
[2]《魏书·袁翻传》。
[3] 魏明孔：《中国手工业经济通史》之《魏晋南北朝隋唐五代卷》，福州：福建人民出版社，2004年，第215页。
[4] 分见《宋书·武帝纪下》《宋书·刘粹传附刘道济传》。
[5] 分见《通典·食货典·轻重》《南齐书·荀伯玉传》。

曹操派人至蜀买锦,曹丕《治书》也说,蜀锦质量越来越坏,连鲜卑人都不喜欢了,徒有虚名。可证曹魏是购买蜀锦与鲜卑人贸易,以购买战马等。魏黄初三年,鲜卑大人轲比能,率三千余骑,牛马七千余口来与中原互市。嘉禾四年(235),魏使至吴,用马交换珠玑、翡翠、玳瑁。东晋时,石勒写信给祖逖,希望通使贸易,祖逖未加答复,不置可否,实际听任互市,后来收利十倍。陶侃在武昌任太守时,在郡东立夷市,大获其利。《晋书·苻健载记》说:苻坚在陕西吸引"南金奇货、弓、竿、漆、蜡,通关市,来远商,于是国用充足,而异贿盈积矣"。《魏书·食货志》载:"西域东夷,贡其珍物,充于王府。又于南垂立互市,以致南货,羽毛齿革之属,无远不至。"南朝宋武帝即位,北魏求通互市,元嘉二十八年,魏又请与宋互市。神龟、正光时,在南部互市。北齐穆后曾以三万匹锦彩派胡商去北周市买珠宝。

市场上官僚贵族势力的膨胀,是职业商人尤其是资本雄厚的大商人凋零的结果。残存的商人,也没有足够的资本从事贩运贸易。能够有资本从事贩运贸易者,只有世族官僚、庄园主。市场行为人尤其是商人的多元化,是市场不规范、秩序混乱的表现。市场发育不完善,缺乏正常的市场渠道以供商品流通;缺乏一定数量的职业商人和足够的商业资本来承载商品运输与销售;商品匮乏,只能通过经济职能部门额外地、或兼业地来组织贩运,或官吏、军将利用权力去贩运。这种现象的普遍化、合法化,其本质是将权力转化为某种形态的资本,来填补商人资本不足的空隙。或者说,通过权力来催发商业资本。官僚贵族不仅自己非常富有,而且控制着官府财产、军队粮饷,只要有利可图,就会施展一切手段把它们转化为资本,或者用自己私家所有拿去投资,或者以公款为自己、为官府谋利。以行政、军事人员来弥补职业商人的真空。市场供求变幻莫测所带来的风险,社会动荡、战乱四起所带来的危害,也只有政治权力与军事力量才能化险为夷。此外,在割据四起、战乱纷纷的年代,市场供需、价格变动、何处商品匮乏、何处商品有余等市场信息往往与军事情报连带在一起,因而也最先为军事、行政首长获悉,于是他们便拥有市场信息方面的竞争优势。割据政权之间,在军事对抗的同时,常常有物资交流、商品流通的需要,一般商人以走私形式贩运商品,如果不取得封疆大吏的支持,可能寸步难行,而军将则委派人员经商，并可以畅通无阻。有时他们还可以获得豁免关税的优待。[1]这样看来，世族官僚在市场上呼风唤雨也就势所必然，虽然各王朝也时常加以某些限制，[2]但地方大员雄踞一方，世族门阀根基深厚，中央政府对他们无可奈何，约束经商自然只能成为一纸空文。

官僚贵族兴贩营利，破坏了市场秩序。有的军阀，以武力为后盾经商，其间抢劫商旅，欺掠百姓，无恶不作。石崇任荆州刺史，“百道营生”，无所不及，还劫掠商旅和贡使。世族官僚不是职业商人，他们进入市场，主要目的是一味地聚敛钱财。梁临川王萧宏“恣意聚敛，库室垂有百间……宏性爱钱，百万一聚，黄榜标之；千万一库，悬一紫标。如此三十余间，帝与佗卿屈指计三亿余万”。事载《南史》本传。如此聚额钱财，确属匪夷所思，更何况当时市场上钱货严重短缺，三亿余万无疑是不可能的，但即使三千多万，也是一笔巨大的数字了。如果把这些现钱作为流通手段投入市场，朝臣们每每所苦叹的铜钱不足问题，不就可以得到缓解了吗？然而，这些钱只是一堆死钱而已，只能满足萧宏个人的一己钱癖罢了。它们已窒息于非职业商人的市场行为人手中，而隔绝于市场之外。

官僚贵族可以兴贩营利，攫取商业利润，但他们代替不了职业商人在市场上的地位和作用，压制了职业商人的复兴，扰乱了市场秩序。如南朝宋时，文帝之子在荆州放高利贷，还债时而米，时而钱，巧立名目，反复纽折，收利十倍，刁钻扰民，使“百姓嗷然，不复堪命”。刘道济在益州，垄断商利，使“商旅吁嗟，百姓咸欲为乱”。[3]统治者甚至颁布了一些针对商人的侮辱性措施，如《晋令》规定：“侩卖者皆当着巾，白贴，额题所侩卖者及姓名，一足白履，一足黑履。”这种规定在历史上是很少见的。因此，即使主张重农抑商的傅玄，也不得不在《检商贾篇》中承认，“夫商贾者，所以冲盈虚而权天地之利，通有无而壹四海之财。其人可甚贱，而其业不可废”。

[1] 如《南史·沈客卿传》载：“旧制：军人、士人、二品清官以上，并无关市之税。”
[2] 如北魏孝明帝曾规定，七品、六品官，“并不听锢贴店肆，争利城市”，事见《魏书·肃宗纪》。据《南齐书·豫章文献王嶷传》，齐朝规定“二千石官长不得与人为市”。
[3] 分见《宋书·晋平刺王休祐传》《宋书·刘粹传附刘道济传》。

第二节 隋唐市场农户经营与农村市场的复苏

战国秦汉时期中国传统市场第一个高峰在汉武帝时代骤然跌落之后，自给自足的士族庄园便潜滋暗长，发展起来。三国、两晋时期的战祸更使自然经济强化，庄园、屯田、占田等土地制度都是它的产物。至南朝商品经济才慢慢睁开的睡眼；在隋唐均田制下，市场逐渐复苏，到唐代中叶，传统市场开始进入新的历史阶段。

一、均田制的兴废与土地市场

北魏孝文帝太和九年（485）推行均田制，直到唐德宗建中元年（780）两税法颁行，均田制在我国存在了约300年，对土地市场产生了重大影响，在中国传统市场史上烙下了深深的印迹。在均田制下，土地由国家授受与登记，[1]自由的土地市场在法律上不复存在。北魏至隋的均田令，土地买卖主要限于桑田，唐代均田制下，土地买卖有所放宽，据《唐律疏议》卷12，下列情况下允许土地出卖：永业田家贫无以供葬；及口分田卖充住宅、邸店、碾硙；狭乡乐迁就宽乡者。此外，赐田、勋官永业田不在禁止买卖之列。同时规定买方土地总数不能超过法定额，即“买者不得过本制”。即使唐代放宽之后，土地进入市场仍然相当有限。总的说来，均田制下土地市场处于沉滞状态。

不过，制度允许的几个缺口毕竟为地权转移提供了法律依据，尤其是中唐以后，土地买卖从这些缺口突破，不断扩大。官僚贵族凭恃权势，地主富商依仗钱财，巧立名目，挖空心思实行兼并，成为田地买卖的先锋。王公百官及富豪之家，“比置庄田，恣行吞并，莫惧章程，借荒者皆有熟田，因之侵夺；置牧者

[1] 笔者认为土地由国家授受，应该包括向国家登记。如果土地完全由政府丈量、搭配、调查、定期重分、监督、惩罚，这种实施成本太大，需要庞大的政府和官吏队伍来实施，需要详尽的信息收集与整理，这只能在当代庞大的政府才能做到。同时对私人开垦的土地与其他私有的土地还要没收再分配，这其间遇到的阻力会非常巨大。同时均田制的地域差异也很大，在敦煌一带具有屯田历史基础的地区容易实施。

唯指山谷，不限多少。爰及口分、永业，违法买卖，或改籍书，或去典贴……远近皆然，因循亦久”。[1]而农民为了交纳沉重的赋税，或满足逐渐增加的需求，不得已出售田业，以致“卖舍贴田”“拆屋卖田”。因此，即便在均田制的法令下，土地市场仍渐趋活跃起来，《通典·食货典》载：“开元之际，天宝以来，法令弛废，兼并之弊，有逾于汉成、哀之间。”代宗《禁富户吞并敕》提到：“百姓田地，比者多被殷富之家、官吏吞并，所以逃散，莫不由兹。”至两税法实行前夕，均田制只是徒有其名了，《旧唐书·杨炎传》说：“田亩移换，非旧额矣；贫富升降，非旧第矣。”

均田制废弛后，土地在法律上成为商品，自由的土地市场再一次在全国范围内实现。均田令的束缚一经解除，土地市场顿趋活跃。尤其是没有特权的商人，将其资本投入土地市场，“多置庄田广修宅，四邻买尽犹嫌窄”。[2]文宗时：“江淮诸道富商大贾并诸寺观，广占良田，多滞积贮。”[3]陆贽贞元十年(794)《均节赋税恤百姓六条》说：“今制度弛紊，疆理隳坏，恣人相吞，无复畔限。富者兼地数万亩，贫者无容足之居。依托豪强，以为私属，贷其种食，赁其田庐，终年服劳，无日休息。”

唐代土地交易已有较为规范的契约，[4]与后代的契约格式没有太大区别。如，唐乾宁四年(897)平康乡百姓张义全卖舍契：

永宁坊巷东壁上舍东房子壹口并屋木，东西一丈叁尺五寸□基，南北贰丈贰尺五寸并基。东至张加闰，西至张义全，南至义文君，北至吴支支。又房门外院落地并旧檐柱，东西肆尺，南北一丈一尺叁寸。尺门道地，南北二尺，东西三丈六尺伍寸，其大门道三家合出入。后乾宁四年丁巳岁正月十二日，平康百姓张义全为缘缺少粮用，遂将上件祖父舍兼屋木出卖与洪润乡百姓令狐信通兄弟，都断作价直伍十硕，内斛斗干货各半。其上件舍价，立契当日交相分付讫，一无悬欠。其舍□□已后，中间若有亲姻兄

[1] 《册府元龟》卷495。
[2] 唐摭：《云溪友议》卷11。
[3] 《唐大诏令集》卷117，遣使宣抚诸道诏。
[4] 岳纯之：《论隋唐五代不动产买卖及其法律控制》，《中国经济史研究》2007年第4期。

> 弟兼及别人称为主己者,一仰旧舍主张义全及男粉子只当还替,不干买舍人之事。或有恩敕赦书行下,亦不在论理之限。一定已后,两不休悔。如先悔者,罚麦贰拾硕,充入不悔人。恐人无信,两共对面平章,故勒此契,各各亲自押署,用为后凭。[1]

隋唐以后,交易契约中普遍出现保人画押署名,明确规定保人的责任,使得契约风险分担的对象范围扩大,改变了以往契约相对方无力或故意不履行契约时,契约方就无法得到救济的现象。[2]中保人制度的另一个进步,是意味着交易地域、群体的扩大,突破了人格化交易的限制。

福建彰浦县龟山唐墓出土砖制的“买地券”:

> □词世界南瞻部洲大唐国福建道管内漳浦县嘉岭乡□□里□□堡□□□□陈氏林□□□□□月□□□除向阳当归□里,有冥钱万一千□之□地主张坚固,李亭度□收买□艮山刚(岗)地一片,东至王公,西至王母,南瞻部洲,北萦越单为界,亡人收领永为冢宅。何人书,星与月;何人见,竹与木;星月归于天,竹木归于土。急急如律令。[3]

这一唐代文物与汉代买地券相承。唐代、宋代的买地券都出现有张坚固、李定度常联袂出现,作为墓地成交的地下的见证人或保人或地主。陈进国根据福建地区的考古资料、历史文献以及田野调查发现,至今当地的风水师仍如此。张坚固、李定度,即法度永久、交易有律、度量准确之意,是堪舆家重视方位抉择的物化象征。[4]张坚固、李定度之名,宋代泉州的买地券中出现,2009年发现的武夷山地契中亦有之,[5]说明这种习俗与规则不

---

[1] 沙知辑:《敦煌契约文书辑校》,南京:江苏古籍出版社,1998年,第8—9页。

[2] 张姗姗:《古中国的契约概念与契约观》,吉林大学法学硕士论文,2006年。

[3] 王文径编:《彰浦历代碑刻》,彰浦县博物馆,1994年。

[4] “买地券”习俗与地域风水信仰——福建的案例。

[5] 武夷山市民王先生在吴屯乡金井坑发现宋代地契志,如下:“此地乃侈亡人宣义,用九万九千九百九十九贯九□九分九毫九厘九□,向张坚固遂买过为□冢宅,居上兴崇,外人是无依据可叠,切恐外姓不知,因故要有字仰赀信属除□□□□天府□□启贸何人事白水中□□□□□白人□□白鹤仙撰□岁上□。”

仅限于闽南彰州，遥远的闽北武夷山地区亦然。不仅如此，我们又发现“唐元和九年范阳县乔进臣买地砖牒”保人张坚固、管公明、东方朔和见人李定度：

元和九年九月廿九日，乔进臣买德地一段，东至东海，西至山，南至刃各，北至长城。用钱九十九千九百九文。其钱交付讫。其得更不得忏悢（反悔），如有忏悢（反悔），打你九千，使你作奴婢。上至天，下至皇泉。

保人张坚固

保人管公明

保人东方朔

见人李定度

涿州范阳县向阳乡永乐村敦义理南二里　人乔进臣牒[1]

与汉代相比，唐代买地券越来越迷信化，但仍与人间契约一样，也是以法律文书的形式维护买主的权益。

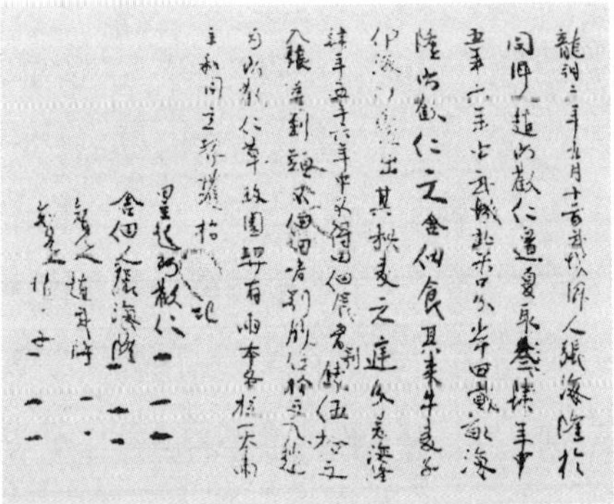

图2–1　唐龙朔三年（663）西州高昌县张海隆夏田契

引自：张传玺《中国契约资料的蕴藏及其史料价值》，《北京大学学报》1991年第3期。

图2–2　唐垂拱三年（687）（杨大志租田契）

[1]　罗振玉：《地券征存》。

二、个体小农家庭经营的复苏及其与市场的联系

均田制在北魏隋唐的实施，尤其是唐前期长达一个半世纪的国家统一与社会安定，给小农个体生产提供了一个有利的环境，形成了常为后世津津乐道的贞观之治、开元盛世，元稹《问进士》诗歌曰："四海之内，高山绝壑，耒耜亦满。"杜甫《忆昔》诗更是脍炙人口："忆昔开元全盛日，小邑犹藏万家室。稻米流脂粟米白，公私仓廪俱丰实。"唐代的人口数量，走出东汉以来长期的低谷，政府统计的户口峰值出现于天宝十四载（755），户891万，口5 292万，古今史家无不对这一数字表示怀疑，推算实际人口应该在7 000万—8 000万之间，甚至可能达9 000万。这种推算应该是成立的，笔者认为唐代官方统计的户口数字，极有可能只是国家均田制下受田的人户数，还有大批未获受田人户及隐漏户口。

生产力的进步，表现于生产工具尤其是铁农具的进一步发展。南朝时已发明"灌钢"技术并用之于镰刀制作，但此时熟铁钢刃农具还不多见。直到唐代，由于炒炼熟铁技术、灌钢技术及锻炼技术进一步的发展，钢刃熟铁农具的使用才普遍起来。唐宋时期钢刃熟铁农具的广泛使用，杨宽称之为我国历史上铁农具的第二次重大变革。[1]唐代，牛耕日益普及，新起的曲辕犁轻便省力，耕具已颇为完备，陆龟蒙《耒耜经》载，犁耕之后，用爬（耙）碎土块、去杂草，再用砺石碌碡碡碾平田面。个体性综合型生产力进步，个体小农家庭经营方式复苏巩固，精耕细作农业由此得到发展。灌溉农业的发展引人注目，唐代水利事业在全国范围内普遍超过了前代，与西汉相比，无论数量或质量都有很大的前进和突破，分布地域也更为辽阔。[2]李伯重详细考察了唐代江南的大型溉田工程后指出：唐以前，江南溉田面积在万顷上下的工程仅有鉴湖，唐代至少还有绛岩湖、小江湖、嘉禾等数项。溉田上千顷的工程，唐以前一项也没有，而唐代至少有十三项。[3]灌溉工具，除过去的辘轳、桔槔、翻车外，发明了水转筒车，能够利用水力冲击将低处水流引灌高地。

---

[1] 杨宽：《我国历史上铁农具的改革与作用》，《历史研究》1980年第5期。
[2] 周魁一、陈茂山：《西汉与唐代灌溉成就的比较研究》，《历史地理》第11辑。
[3] 李伯重：《唐代江南农业的发展》，北京：农业出版社，1990年，第83页。

农作物品种方面，水稻在粮食作物中自南朝时期地位上升，有人认为其最终取得主要地位可能就在唐代。水稻是一种高产作物，它的普及使我国粮食产量大幅度提高。唐时已有早、中、晚稻之分，农作物亩产量大幅度上升，江南最为突出。据李伯重《唐代江南农业的发展》研究结果，以唐代单位计，六朝时江南采用休闲制，每亩产量约为1.4石，而唐代一作制水稻达3石，稻麦复种制达4石。北方则已广泛实行粟、麦、豆、黍等多种作物的复种制。粮食产量的增加意味着农民出售商品粮的可能性增强，意味着更多的土地与劳动人手可用于经济作物的生产，劳动效率的提高意味着商品性作物种植的深化……生产力的进步为商品经济的发展奠定了坚实的基础，市场的拓展从广度和深度上展现出广阔的前景。

粮食作物产量提高，就能从粮食作物的生产中匀出相当的劳动人手和土地，增加经济作物的种植。茶叶就在此时异军突起，翻开了中国农业史的新篇章。其他经济作物，如蚕桑生产也大量增加，苎麻、甘蔗、柑橘、西瓜等等都有扩大。

农业生产者已部分地卷入市场关系。精耕细作的深化，农户生产投入大大增加。李伯重《唐代江南农业的发展》对江南农户的投入做了数量分析，他们在人工、农具、种籽、耕牛、饲料等方面的总投入，每户每年六朝时无牛农户投入为468尺绢，唐代一作制下的无牛农户为638尺，有牛农户达1 221尺。生产投入大量增加，家庭内自我满足有限，不少必须通过市场才能实现。唐代进入流通过程的农产品比战国秦汉时期为多，米、麦、丝、麻、布、帛、竹、木，以至家禽、家畜之类，颇为可观。至于茶漆等经济作物产品，商品性更强，无疑大都进入流通过程。所谓“东邻转谷五之利，西邻贩缯日已贵”[1]，正表明农户剩余品进入市场。农产品商品化的程度提高，农业中商品生产部分增加。专业商品生产者逐渐增多，四川张守珪的茶园，“每岁召采茶人力百余人”。[2]唐末洪州东湖南岸的陈陶是一个果蔬专业户，“植花竹，种蔬菜，兼植柑橘，课山童卖之”。[3]这种事例不胜枚举。

[1]　丁仙芝：《赠朱中书》。
[2]　《太平广记》卷38。
[3]　光绪《江西通志》卷114引。

隋唐社会分工的发展,在手工业的进步中表现突出。此时手工业,与此前此后的情形相类,分为家庭手工业、官府手工业、私营手工业。唐代初期,按三者的比例而言,以前两者最盛,后者尚微。到中叶,随着农业生产的发展,出现了一个显著的变化,就是独立手工业发达起来。与此同时,家庭手工业也有很大发展。唯官府手工业发展不大,到宋代,还渐有衰退之迹。

农村家庭手工业是农民的副业,与农业是紧密地结合的。这种手工业,不管其规模如何,都很难反映手工业和农业的分离,即社会分工的扩大。但家庭手工业与市场的联系则并不稀疏,农民手工产品除自己消费外,多投入市场,换取所需。《隋书·地理志》载,豫章郡丝麻纺织并举,"一年蚕四五熟,勤于纺绩;亦有夜浣纱而旦成布者,俗呼为鸡鸣布"。之所以赶在清晨成布,很可能是便于清晨携布去交易,鸡鸣布之名,当是在市场上传播开来的。私营的独立手工业,则充分显示社会分工扩大的迹象,因为它基本上和农业相分离,与家庭手工业有着本质的不同。也只有独立的手工业才能对市场的发展起到巨大的作用。独立手工业不属官府,它的生产资料、生活资料以及劳动力,不能用经济外的强制手段去取得,而只能通过市场去购买,其产品也必须投入市场。私营手工业的种类颇不少,粗举其要,有纺织业、染色业、制茶业、坑冶业、铸造业、碾磨业、造船业、建筑业、竹木业、陶业、饮食业、运输业、文具业,等等。以纺织业为例,唐代北方已出现私营的纺织作坊,定州何明远的事例为人熟知,《朝野佥载》卷3说他"资财巨万,家有绫机五百张"。这在传统社会时期可以说是前无古人、后无来者,不过,仅从这个孤立的事例,还难以得出某些历史趋势的结论。巫宝三先生新近对这一史料做了考证,[1]认为何明远是一个特例,其真实情形是定州三驿附近500户农家的织品归他包销,在当时条件下商人尚无力雇佣较多工人在有固定设备的大工场中制造商品。

唐代农民的消费需求与商品交换仍然是非常零星、细碎与微弱的,韩愈和韦处厚对农民购买食盐的记述就典型地反映了这种情况。农民的消费需求还很有限,食盐是一重要内容,而为了换取食盐,农民就不得不多方设法。韦处

[1] 巫宝三:《试释关于唐代丝织业商人的一则史料》,《中国经济史研究》1996年第2期。

厚说，山南道的山谷贫人，“随土交易，布帛既少，食物随时，市盐者或一斤麻，或一两丝，或蜡、或漆、或鱼、或鸡，琐细丛杂者皆因所便”。[1]韩愈《论变盐法事宜状》说：农民“有现钱籴盐者十无二三，多用杂物及米谷博易。盐商利归于己，无物不取，或从赊贷，约以时熟填还，用此取济，两得利便”。

消费性借贷对农民而言是常见的。每到青黄不接时节，农民缺乏口粮，无以为生，高息借贷谷物或出质服物用品，陆贽所谓“人小乏则求取息利，人大乏则卖鬻田庐”。[2]甚者将男女典贴于人。[3]史书所载，无不对高利贷进行抨击。然而借助于通过市场，小农家庭毕竟延续了生活与生产，这是过去仰赖宗族或卖身豪强之外的新途径。

个体小农与市场的经济联系是农村市场发展的基础，并对城市市场产生重要的影响。由于生产力水平的提高，农民能够生产出的产品量有较大增长，从而投入市场的剩余产品量也相应增加，同时，越来越多的农民转而从事专业化的商品生产。小农为数众多，每户即使只拿出很少的一部分产品投入市场，其总数也十分可观。相反，如果农民卷入市场的程度有限，市场的发展就会缺乏广泛而稳定的基础，即使偶有发展，也不可能持续不衰。唐代农村市场发展的突出表现，就是乡村草市的成长。

三、农村集市与草市的萌生

各地农村市场以不同形式出现。集市，就是指一定范围的人们按特定的周期性时间间隔汇聚于特定地点，在约定俗成的定期集日里进行交易活动的现象。农民在本村落或附近交通便利之处群聚交换，是其消费需求与商品供给的细小性与偶然性特征所决定的《茅亭客话》卷4所载刘某，“每一月两三度入青城县货药，市米、面、盐、酪”，很具典型性，这种情况下显然没必要形成常市。众多的细小商品同时汇聚于集市之中，众多偶然不定的市场供给与需求同时出现于集市之中，聚少成多，形成一定交易规模，为农民提供了有无交

[1] 《唐会要》卷59,《度支使》。
[2] 陆贽:《翰苑集》卷22,《均节赋税恤百姓第五条》。
[3] 罗彤华:《唐代民间借贷之研究》,台北：台湾商务印书馆,2005年,第55—59页。

易的方便。南朝时的村墟就是这种集市,刘宋沈怀远《南越志》载:“越之市为虚,多在村场,先期招集各商,或歌舞以来之。荆南、岭表皆然。”钱易《南部新书》也说:“端州以南,三日一市,谓趁虚。”殆隋唐,更有增加。柳宗元《柳州峒氓》描述柳州乡村集市:“郡城南下接通津,异服殊音不可亲。青箬裹盐归峒客,绿荷包饭趁墟人。”宋人吴处厚《青箱杂记》释此“虚”云:“盖市之所在,有人则满,无人则虚。而岭南村市,满时少,虚时多,谓之为虚。”在潘州,据段公路《北户录》卷1,达“三里一虚”,这当然是夸张。在四川,《五国故事》谓:“蜀中每春三月为蚕市,至时货易毕集,闤阓填委,蜀人称其极盛。”北方亦然,集市多在店举行,《广异记》即载有临汝郡官渠店,周围村民赴集之事实。有的县城,也以定期集市的形式满足居民的交易需要,如《水经注·江水》载,巴郡平都县,“县有市肆,四日一会”,鱼复县,“治下有市,十日一会”。这种县城,其实与乡村没有多大区别。

草市,是民间自发形成的市场,与城内官府管制下的市场相对,史载最早出现于南朝。最初的草市,以城郭外的草市较为多见,因为城市与乡村接合部,在城市需求与乡村生产的双重带动下,市场率先活跃起来。“草市多樵客,渔家足水禽”,[1]这样的草市,应该就是为城市服务的。乡村草市,在农民商品供给与消费需求的刺激下也开始依稀出现。北方谓之店、草店,南方谓之墟、草市等。德州安德县渡黄河南与齐州临邑县邻接处,开元十三年就已有灌家口草市一所。唐代后期,有的草市规模扩大而升为县治,如代宗大历七年(772)以张桥行市为永济县治,元和十三年(818)在德州灌家口草市附近筑城设归化县。[2]

四川彭州唐昌县建德草市的设立,相当典型。[3]这一带与导江、郫城两县城相距较远,原来设置的邮亭久已荒废,商旅往来,沿途饮食不便,无处休憩,常常风餐露宿。村民入城买卖,或输役纳税,清晨出发,深夜才能返回,极为不便。一旦遇大雨,则跬步难行,非常艰难。唐昌县建德乡,位于导江、郫城两县城的中界点,吴行鲁倡议在此设立草市,一呼百应,老幼携挈,共事修营,不旬

[1] 李嘉祐:《登楚城驿路十里村竹林次交映》,载《全唐诗》卷206。
[2] 张泽咸考证,归化县元和十三年由草市设县,长庆元年(821)废。见《唐代工商业》,北京:中国社会科学出版社,1995年,第238页。
[3]《文苑英华》卷808,《彭州唐昌县建德草市歇马亭镇并天五院记》。

日而告就。草市设立后，很快“百货咸集，蠢类莫遗；旗亭旅舍，翼张鳞次；榆杨相接，桑麻渐繁”。不久，又在草市中开设定期集市，“因定日而知其往，公亦约之以期而侯之。其日，商旅辇货而至者数万，珍纤之玩悉有，受用之具毕陈”。建德草市的创设，缓解了附近村民的交换矛盾，便利了商旅往来，草市本身因适应市场的需要而走向繁荣。灌家口草市的地理位置也与此相类，它位于德州安德县与齐州临邑县交界处的黄河南岸。

江淮一带的草市成长迅速。苏州的乡村，“灯火穿村市，星歌上驿楼。何言五十里，已不属苏州”。[1]宛然城市气象。杜牧《上李太尉论江贼书》记述江淮草市尤详。他说：“凡江淮草市，尽近水际，富室大户，多居其间。”自元和十五年以来，江南江北，凡名草市，都遭江淮劫贼洗掠，劫贼“逢遇草市，泊舟津口，便行陆劫。白昼入市，杀人取财，多亦纵火，唱棹徐去”。草市“只有三年再劫者，无有五年获安者”。这则史料表明，江淮一带的草市，已经较为稳定地普遍存在于江河岸边交通便利之处，而不只是停留于初始的萌发状态。因为，只有当它成为周围村落消费需求与商品供给的中心时，才会吸引众多的富室迁居其内，他们借助那里的优势从事市场活动，或者利用那里的丰富商品以资享用。正因为草市已成为富庶之聚，又没有官府控制，才会被劫贼视为首选对象。而草市在三五年内屡遭劫掠，受到破坏后能在短期恢复，表明草市已经具有一定的生命力，它在农村市场中心地的作用已成为不可缺少，它的地位也是难以动摇了。不过，除了西川、华北、江淮等发达地区外，在唐代的许多地区，农民的交换仍是入城进行。如灵池县村民“将豆麦入城货卖，收市盐酪”。洪州胡氏，以“船载麦，溯流诣州市”。[2]

第三节 魏晋南北朝隋唐时期的主要城市

在古代社会，城市是人类文明的重要载体和体现。汉末以来群雄混战，随

[1] 《白香山集》卷54，望亭驿酬别周判官。
[2] 分见《茅客亭话》卷8、《太平广记》卷374。

后三国鼎立,十六国时期五胡乱华,继而南北对峙,长期战乱不休,空前绝后的大浩劫,使战国秦汉发展起来的城市市场遭受毁灭性的破坏。汉末三国两晋南北朝的城市,尤其是北方城市,进入长期的黑暗时期。只有在战争间隙的和平年代,北方才有少数城市得以复苏,南方则相对稳定,城市市场在秦汉基础上有所进步。隋唐盛世,城市普遍得到发展,并且城市市场开始了革命性的变化。

汉末三国混战,各路军阀所到之处,名城空而不居,百里绝而无民。十六国纷争更使北方雪上加霜,孙绰为之哀鸣:"苍生殄灭,百不遗一,河洛丘墟,函夏萧条,井堙木刊,阡陌夷灭,生理茫茫,永无依归。"[1]东、西魏的分裂战争之后,整个北方肃杀凄凉,载于《魏书》:"恒代而北,尽为丘墟,崤潼以西,烟火断绝。齐方全赵,殛于乱麻。于是生民耗减,且将大半。"

此数百年间的北方新兴城市,大概唯有邺城足可为道。邺(在今河北省临漳县)为曹魏最初的都城,是北方新兴的手工业、商业都会,汇集北方的铁器、锦缣等商品,转运洛阳。左思《魏都赋》述其盛云:邺城"廓三市而开廛,籍平逵而九达,班列肆以兼罗",市场上"质剂平而交易,刀布贸而无算。财以工化,贿以通商"。然而,即使是邺城,也不过昙花一现而已。平城(今山西大同)的命运也大体类似,北魏前期定都于此,一度出现"分置市里,经途洞达"[2]的都会气象,北魏分裂后亦毁于战乱。

直到隋唐时期,北方城市才得到复苏发展,涌现了一批新型工商业城市。如宋州(今河南商丘),杜甫《遣怀》诗赞曰:"邑中九万家,高栋照通衢,舟车半天下,主客多欢娱。"最有代表性的则是汴州(今河南开封),隋代大运河的开通,使汴州成为南北物资交流的枢纽,唐人记述其盛的诗文不少,或谓"汴为雄郡,自江淮达于河洛,舟车辐辏,人庶浩繁"。或谓"大梁当天下之要,总舟车之繁,控河朔之咽喉,通淮湖之运漕"。[3]并很快取代洛阳成为中原的经济中心,到五代北宋又成为政治中心。这座政治军事上的"四战之城",其发展

[1]《晋书·孙楚传附孙绰传》。
[2]《魏书·太祖纪》。
[3] 分见《旧唐书·李勉传》;《文苑英华》卷803,《汴州纠曹厅壁记》。

及至被定为都城，完全是经济与市场的重要性使然。

一、洛阳市场的起伏

洛阳地处中原要地，既是全国经济中心，也为兵家必争之地。在兵连祸结的数百年中，洛阳城写满了中国历史的沧桑，典型地反映了这一时期中国城市市场的曲折演进经历。

洛阳在汉末战争中尽遭焚荡，《三国志·魏书·董卓传》载，董卓之乱，纵兵烧洛阳城外百里，南北宫及宗庙、府库、民家亦未幸免，“城内扫地殄尽”。街陌荒芜，居民悉数外徙，大多亡于途中。

曹魏定天下五都，洛阳为中，北通邺城，南至许昌，西达长安，东经荥阳至谯，折而南行抵寿春，通过交通网络与各地经济中心相连。经过一段时期的喘息恢复，洛阳“其民四方杂居，多豪门大族，商贾胡貌，天下四会，利之所聚”。[1]

永嘉之乱，洛阳再次毁于兵燹。直至北魏孝文帝迁都，重建洛阳，市场才重新繁荣起来。杨衒之《洛阳伽蓝记》详细记载了洛阳市场与贸易状况。洛阳有三市：金市，亦名大市，在城内宫城之西，周回八里；牛马市，在大城东，亦曰东市；南市，在大城南，又称羊市。市场内有旗亭，亦叫市楼，悬有钟鼓，击鼓开市或罢市。此外，郭城内外形成几大工商业集中区：

> 市东有通商、达货二里。里内之人，尽皆工巧屠贩为生，资财巨万；
>
> 市南有调音、乐律二里。里内之人，竹丝讴歌，天下妙伎出焉；
>
> 市西有退酤、治觞二里。里内之人，多酝酒为业。河东人刘白堕，善能酿酒……京师朝贵多出郡登藩，远相饷馈，
>
> 市北有慈孝、奉终二里。里内之人，以卖棺椁为业，赁车而为事。
>
> 别有准财、金肆二里，富人在焉。
>
> 凡此十里，多诸工商货殖之民，千金比屋，层楼对出，重门启扇，阁道

[1]《三国志·魏书·傅嘏传》注引《傅子》。

交通，迭相临望。金银锦锈，奴婢缇衣，五味八珍，仆隶毕口。

城南归正里，三千余家，自立巷市。市所卖口味，多是水族，时人谓为鱼鳖市也。

洛阳的物流条件有了改善，早在晋武帝泰始十年，在洛阳北郊黄河上，杜预主持修建了跨河浮桥——富平津桥，使孟津险渡，得以防止覆没之患。《晋书·潘岳传》说洛阳附近客舍“连陌接馆”，致使守旧的官僚看着很不顺眼，有人建议加以禁止，并另设官驿。潘岳极力反对：“方今四海会同，九服纳贡，八方翼翼，公私满路。近畿辐凑；客舍亦稠。冬有温庐，夏有凉荫。刍秣成行，器用取给。疲牛必投，乘凉近进。”如果官府“管开闭之权，借不校之势，此道路之蠹，奸利所殖也。率历代之旧俗，获行留之欢心，使客舍洒扫，以待征旅择家而息，岂非众庶颙颙之望？”北魏后，洛阳四周的道路，“树以松榆，亘以绿水，京邑行人多庇其下”。富商刘宝，以洛阳为中心，建立了庞大的信息网和运输网。他于各州郡都会之处，“皆立一宅，各养马十匹。至于盐粟贵贱，市价高下，所在一例。舟车所通，足迹所履，莫不商贩焉。是以海内之货，咸萃其庭”。北魏洛阳不仅恢复了北方经济中心的地位，而且国际交流也加强。“自葱岭已西，至于大秦，百国千城，莫不款附。商胡贩客，日奔塞下。所谓尽天地之区已。乐中国土风，因而宅者，不可胜数，是以附化之民万有余家。门巷修整，阊阖填列，青槐荫陌，绿树垂庭。天下难得之货咸悉在焉。”[1]

北魏末年，洛阳再次成为兵燹之地，繁华化为灰烬。隋朝统一后，炀帝以洛阳为东都，新选城址大规模营建。考古发掘，其东城墙长7 312米，南墙长7 290米，北墙长6 138米，西墙长6 776米，有3市109坊。同时，“徙洛阳郭内人及天下诸州富商大贾数万家以实之”。经过营建后，洛阳开始恢复元气，《隋书·地理志》载居民达20余万户。市场复苏，《大业杂记》记述了洛阳三市之繁华：

大同市，傍漕渠，周四里。

[1] 以上皆见《洛阳伽蓝记》卷3、卷4。

通远市，位于横跨漕渠的通远桥之南，遂以得名。市东合漕渠，市南临洛水。通远市周六里，二十门分路入市，其内郡国舟船，舳舻万计。

丰都市，位于洛水临寰桥之南，周八里，通门十二。其内一百二十行，三千余肆。甍宇齐平，遥望如一。榆柳交荫，通渠相注。市四壁有四百余店，重楼延阁，互相临映，招致商旅，珍奇山积。[1]

（炀帝时迎接40多个国家的使臣与商人入市）整饬店肆，蟾宇如一，盛设帷帐，珍货充积，人物华盛，卖菜者亦籍以龙须席。[2]

隋末战乱，东都洛阳迅速衰败。唐重建三市，前后花了70余年。如原隋丰都市，大业四年（617）遭李密部将孟让所焚，唐武德四年（621）重建，面积由原来的两坊之地减为半坊，并以其在洛水南而改称南市。显庆二年（657）于漕渠北新置北市，较隋之北市少了半坊之地。天授二年（691），在隋大同市之西南固本坊建置西市。“垂拱中省京南市，开元十年又省都西市。”此外，在北市以南的洛河和漕渠、新潭附近，各郡来的商船很多，政府遂开新潭以停泊船只，“为天下舟船所集，常万余艘，填满河路，商旅贸易，车马填塞”。安史之乱，又是“东都残毁，百无一存”，萧条凄惨，甚至“栈车挽曹，亦不易求”。[3]

二、隋唐长安的复兴

长安遭受的战争疮痍较之洛阳更为惨重。它在汉末之乱中变成一座荒城，直到两晋时仍未开始重建，潘岳《西征赋》描述道：街里萧条，居邑败逸，营宇、寺署、肆廛、管库，百不存一。其人口凋零，至有“户不盈百”之谓。此后屡毁屡建，仍只是一座小城而已，至前秦才稍有改善，苻坚时，“关陇清晏，百姓丰乐。自长安至于诸州，皆夹路树槐柳，二十里一亭，四十里一驿，旅行者取给于途，工商贩贸于道”。[4]刘裕攻破长安后又陷入长期破敝，直至西魏再次定都才渐有起色。

---

[1] 《两京记》则说：“东京丰都市，东西南北居二坊之地，四面各开三门，邸凡三百一十二区，资货一百行。”
[2] 《资治通鉴》卷181。
[3] 转引自茹炳林：《唐朝的洛阳商业》，《中州今古》1989年第1期。
[4] 《晋书·苻坚载记》。

隋定都长安,改称大兴,此后长安进入极盛期。隋唐的长安城,经考古勘查,面积达83平方公里,由宫城、皇城、外郭城组成。外郭城平面呈长方形,东西宽9 721米,南北长8 651米,周长约36.7公里。城内有2市108坊,每个坊的四周分别筑有夯土坊墙,多数坊内有十字街和东西南北四门。唐代长安户口史无确载,宋敏求《长安志》卷10说,长安县领4万户,卷8称万年县户口减于长安县,两县分别管辖东西1市54坊,估计户口相差不会太多,在籍户数可达8万,以每户五口计,则为40万人。在籍户口之外,《长安志》又称"浮寄流寓,不可胜计"。《旧唐书·张建封传》亦云:"京师游手堕业者数千万家,无土著生业。"此外庞大的官僚贵族集团和军队亦不在户籍之中,开元中,仅驻长安的长从宿卫就达12万名。这样看来,长安人口超过60万是肯定无疑的。

隋京有两市,东为都会市,主要为官僚服务,西为利民市,内多波斯、阿拉伯商人开设的商店。《隋书·食货志》称,市场内"俗具五方,人物混淆,华戎杂错。去农经商,争朝夕之利,游手为事,竞锥刀之末"。唐代市场体系严密而规范,交易繁盛,据《长安志》所载:(东市)"南北居两坊之地,东西南北各六百步,四面各开一门。……街市内货财二百二十行,四面立邸(邸,就是货栈或批发店),四方珍奇,皆所积集。"(西市)"南北尽两坊之地。市内店肆如东市之制。"西市与下层民众关系更密切,故有"商贾所凑,多归西市"之称。东西两市的市场容量是相当可观的,《唐国史补》卷中载,两市"日有礼席,举铛釜而取之。故三五百人之馔,常可立办"。考古实测印证了文献所载,并重现出更为直观的景象。东、西两市四周土墙围绕。墙内分布有沿墙街四条,宽约14米,两市均由井字形主街道划分为九个方阵,东市主街宽近30米,西市主街宽16—18米,西市内还有小巷,街道两侧有两层排水沟。临街房屋密集,还有储藏室,有饮食店。各类货物按行分区列肆贩卖。发达的长安市场,孕育出新经济现象的萌芽,如专门存放钱物的"柜坊"与"寄附铺",可能就是近代金融市场的嚆矢,众多的"行",则是早期的工商业者组织。[1]

唐高宗时将安善坊及大业坊之半设"中市",试图把人口与牲畜买卖从东

---

[1] 关于"柜坊""行"等,张泽咸先生有集中论述,参看其专著《唐代工商业》下编一,北京:中国社会科学出版社,1995年。

市与西市迁至中市进行，于是“立中市署，领口、马、牛、驴之肆”。[1]但中市所在地处偏僻，人们只到市署办理人口与牲畜买卖必需的手续，由官府验证，买卖活动仍在原来市面上进行，中市最终没有延续下来。这是唐初的事，政府试图设立新的市场，但没有成功。而到唐中后期则恰恰相反，尽管政府严格限制买卖活动的时间与地点，但却无法阻止市场活动向坊区的渗透。政府严令不能在坊市街曲，侵街打墙，进行买卖活动，最终只能眼看着坊市制逐渐崩溃。唐初与唐后期的鲜明比照，生动地说明，市场发展是以自身规律演进变化的，政府的强制既不能揠苗助长，终究也难以阻遏它的成长。

三、南方城市的发展：建康、扬州与其他

魏晋南北朝时期，南方战争次数少得多，每次历时又都不长；政局和社会秩序相对稳定，工农业生产因得以继续进行。这些因素，使得南方和北方形成截然不同的对比。南方的商品经济并未遭受顿挫，而有相当发展。还有一个重要因素给南方经济以强有力的刺激，这就是国内西南市场和国外海外市场的开拓。陆上的沙漠之舟远不若海上的宏舸巨舰，海上的丝绸之路超过了陆上的丝绸之路。西出阳关以远，阻碍重重，而海上交通随着造船技术与航海知识的进步不断扩大。由于这个缘故，南方的海上贸易一直是可观的，这就有力地刺激了商品生产和商品流通。南方市场的开拓突出地体现于城市市场的发展。

1. 建康的兴起

建康，三国时称建业，迅速崛起于孙吴定都之后。左思《吴都赋》咏叹道：“水浮陆行，方舟结驷，唱棹转毂，昧旦永日。开市朝而并纳，横阛阓而流溢。混品物而同廛，并都鄙而为一。”孙吴时，破岗渎开成后，“上下一十四埭，定会市，作邸阁”。[2]这个叫会市的交易场所，已经有了储货的邸阁，从临时走向固定市场了。这可能是个自发形成的市场，位于建康的港口，实际

[1] 《长安志》卷7。
[2] 《建康实录》卷2。

上是烘托大城市的卫星市镇的初起,至东晋时城周围增加了若干处“草市”“沙市”。

建康府属人口东晋初年为4万户,南朝梁时城市号称“南北各四十里”,全府户口28万户。《隋书·地理志》云:“小人率多商贩,君子资于官禄,市廛列肆,埒于二京。”建康东西两铁冶,一次曾有数千万斤铁器运销市场。

建康北有两线通彭城,西通寿春,继续西行至荆、郢,并可与巴蜀、汉中相连。东有陆路至吴郡,形成以建康为中心向江南广大地区辐射的交通网络。陆路,新筑了将近20条可通车马的大道和多条可供军运和商旅往来的不规范的路线。新亭大道往西南,是长江上游从江陵入建康的必经陆道。南朝时历阳、豫州(治寿阳,今寿县)、襄阳至建康均有驿传设施。方山大道东至破岗渎,是连接三吴的要道。丹徒水道,自孙吴始,历代都畅通吴、会。破岗渎,自句容至曲阿,穿山越岭,将建康连通江南运河。从此,“东南漕运,士商舻舳,由曲阿溯流入句容,复沿下至秦淮(河)”,至建康。[1]与富庶的吴会地区相连,促进了建康的发展。

建康城,历代都兴建有新的市场,孙权时设建康大市和东市;永安中设立建康北市;秣陵门市场,东晋隆安中发乐营人交易,因而成市。至南朝和隋朝,《隋书·食货志》载建康“北有大市,自余小市十余所”。

建康的门户京口(今江苏镇江),刘宋时,“经途四达,利尽淮海,城邑高明,士风淳壹,苞总形胜,实唯名都”。[2]

2. 唐代扬州的兴盛

大运河开凿通航后,“公家漕运,私家商旅,舳舻相继”,这使位于运河入长江之口的扬州首享其利,《唐会要》卷86所谓“广陵当南北之衢,百货所集”。在行政建置上则成为一级行政区首府所在。淮南、江南的发展,使扬州拥有广阔富饶的腹地。“禹贡淮海之域,职方东南之奥,产金三品,射利万室,控荆衡

---

[1] 参见刘希为、王荣生:《三至九世纪江南交通发展考论》,《徐州师范大学学报》1994年第2期。
[2]《宋书·文帝纪》。

以沿泛，通夷越之货贿，四会五达，此为咽颐。”[1]安史之乱后，东南财赋成为朝廷仰给，而扬州是东南八道财赋漕运京师的重要转运枢纽。

扬州之成为南北市场的中心，从商品市场的角度而言，因为它是南北漕运之枢纽，南北商品流通的集散地。扬州设有大规模的“场院”，相当于北宋之堆垛场。唐元和十一年（816），曾运扬州“诸院”米50万石、菱1 500万束。代宗时刘晏改进转般法，据《新唐书·食货志》，其法为：“江船不入汴，汴船不入河，河船不入渭。江南之运积于扬州，汴河之运积于河阴，河船之运积渭口，渭船之运入太仓。岁转粟百一十万石，无升斗溺者。轻货自扬州至汴州。”这进一步加强了扬州的枢纽地位。

这里是盐的集散中心，唐代盐铁转运使设驻扬州。中唐之后，茶叶在商品市场上异军突起，扬州又成为南方茶叶北上的转运中心，“茶自江淮而来，舟车相继，所在山积，色额甚多”。[2]奢侈品贸易也是扬州商业的一大特色，《旧唐书·苏环传》谓：“扬州地当要冲，多富商大贾、珠翠珍怪之产。”其他商品还很多，如“豫章诸郡，尽出良材，求利采之，将至广陵，利则数倍”。[3]此外，扬州本地也有一些特产，扬州帽就是其中著名者，为京师所重，非常畅销。[4]

扬州成为江淮广大区域内的中心城市。“富商大贾，动逾百数”，散诸史籍中的事例，上一章曾辑有往来扬州与江西之间商僧吕用之、船商俞大娘、南昌谢某、周迪等。《稽神录》载有广陵某家具商，一次运往建康的家具价值就达20万钱。而诸道节度使，“以广陵当南北之冲，百货所集，多以军储货贩，列置邸肆，名托军用，实私其利焉”。于扬州置邸肆贸易。[5]南北商人包括官商与私商汇聚，中央政府的盐铁使等机构设驻于此，各地军政官府亦设置商业机构，扬州日趋繁荣。

唐天宝年间，扬州有户7.7万，较唐初增加3倍多，城市规模达周长40余里，而其前身汉代广陵城周长为14里。所扩大的主要是工商业的罗城，罗城

---

[1] 权德舆：《岐公淮南遗爱碑铭》，载《唐文粹》卷54。
[2] 《太平广记》卷330。
[3] 《太平广记》卷331。
[4] 《太平广记》卷153，裴度有“是时京师始重扬州毡帽”之语；卷157，李敏求有“此间难得扬州毡帽子，他日请致一枚”之句。李廓《长安少年行十首》亦云“划戴扬州帽，重薰异国香”。
[5] 《太平广记》卷290。

呈长方形，中间纵贯一条南北向官河，是连通江淮运河的通道，商船可直达城中。[1]天宝十载，一次飓风海潮袭击扬州，覆江口船数千艘。安史之乱后，扬州"舟墙栉比，车毂鳞集，东南数百万艘漕船，浮江而上，此为扼吭"，[2]臻于极盛。"扬州常节制淮南十一郡之地，自淮南之西，大江之东南，至五岭、蜀汉十一路百州之迁徙贸易之人，往还皆出其下，舟车南北，日夜灌输京师者，居天下之七。"[3]权德舆《广陵诗》述其繁华曰："广陵实佳丽，隋季此为京。八方称辐辏，五达如砥平。大旗映空色，茄萧发连营。层台出重霄，金碧摩颢清。交驰流水毂，回接浮云甍……"因此唐人称"扬州富甲天下"，可当全国第一大商业重镇。

3. 其他城市

荆州是著名的古城，又称江陵，居荆襄重地，为楚湘名城。南朝以后，荆州常与扬州并称，同为南方城市繁荣的代表，在唐代扬州崛起之前，位在扬州之上。刘宋时，"荆城跨南楚之富，扬部有全吴之沃，鱼盐杞梓之利，充仞八方，丝绵布帛之饶，覆衣天下"。（《宋书》卷54，《沈昙庆传》）南齐时，号称"江左大镇，莫过于荆扬"。[4]它北接襄阳，西通岷蜀，物产所出，多为珍异，商赂所聚。唐代成为全国物资转运中心，"荆南巨镇，江汉上游，右控巴蜀，左联吴越，南通五岭，北走上都"。[5]唐元和中，荆州城进行了大规模扩建，因为州城人众街窄、店铺拥挤，政府填平城郊方圆十里的后湖；辟为新城区和交易市场。州城南面的江埠渡口已发展为一个颇具规模的市镇，即沙头市，长江自此而上江面趋窄，水流转急，自此以下河宽浪高，因而入蜀下吴的船只在此调换船舶或转运，这使沙头港埠帆樯如林。[6]刘禹锡《荆州歌》云："今日好南风，商旅相催发。沙头樯竿上，始见春江阔。"

自荆州顺长江而下，不远处还有郢州，"地居形要，控接湘川，边带涢沔"。

---

[1] 参见许万里：《唐代扬州商业探析》，《北京商学学院学报》1989年第3期。
[2] 洪迈：《容斋随笔》卷9。
[3] 《太平广记》卷290。
[4] 《宋书·孔季恭等传》《南齐书·州郡志下》。
[5] 《颜鲁公文集》卷2。
[6] 参见牟发松：《唐代草市略论》，《中国经济史研究》1989年第4期。

南齐梁曹景宗在郢州“于城南起宅，长堤以东，夏口以北，开街列门，东西数里”。事见《梁书》本传。唐安史之乱后，郢州进一步扩大，李白《武昌宰韩君去思碑序》云：“襁负云集，居未二载，户口三倍。”郢州后称鄂州，广德元年曾受大风之袭，《旧唐书·代宗纪》载：“火发江中，焚船三千艘，焚居人庐舍二千家”，可见其盛。

当中原久历兵燹之时，成都在西南未受战火侵袭，大体得到持续发展。左思《蜀都赋》：“市廛所会，万商之渊。列隧百重，罗肆巨千，贿货山积，纤丽星繁。”《隋书·食货志》说：成都“水陆所凑，货殖所萃，盖一都会也”。唐贞元时，成都市场进行了一次大的扩充，据《云笈七签》，“于万里桥隔江创置新南市。发掘坟墓，开振通街。水之南岸，人逾万户。廛闬楼阁，连属宠丽，为一时之盛”。成都的丝织业尤为突出。蜀锦历史悠久，“成都独称妙，三国时魏则市于蜀，而吴亦资于西道”。[1]唐时城内有专门的丝织业集中区——织锦坊，织技的精巧、品种的繁多，多见于诗人的歌咏和史书的记载，从中可见专业纺织之发达。唐文宗太和三年（829），南诏攻入成都，虏掠织工凡数万，可见工人之众。在唐代扬州极盛时，成都紧随其后，有“扬一益二”之称，唐晚期扬州逐渐衰落，而成都仍然继续发展。

江南自三国以来持续开发，至南朝隋唐成为富饶之域，一批经济都会成长起来。苏州，时称吴郡，南朝时号称“最为富庶，贡赋商旅，皆出其地”。[2]唐代白居易《苏州刺史谢上表》说：“当今国用多出江南，江南诸州，苏为大。”宋人范成大《吴郡志·杂志》也称：“唐时，苏之繁雄固为浙右第一矣。”杭州，隋唐之际由15 000户增至35 000户，玄宗时达86 000户，中唐后号称10万户。“东南名郡，咽喉吴越，势雄江海，骈樯二十里，开肆三万室”，税钱达50万。[3]有店肆三万，平均十家居民就有三家店肆。大历十年（775），曾发生一次大海潮，覆溺州民五千家，船千艘之多。越州，六朝时为会郡治所，世族汇聚，为一大名都。唐时，“铜盐楮竹之货殖，舟车苞篚之委输，固已被四方而盈二都”。[4]常

[1] 《太平御览》卷815，引《丹阳记》。
[2] 《资治通鉴》，梁简文帝大宝元年。
[3] 《全唐文》卷316，引李华《杭州刺史厅壁记》。
[4] 《全唐文》卷523。

州、湖州、镇江等都逐渐兴起。

此外，寿阳，地处淮、泗、汝、颍相会之处，《晋书·伏滔传》称："南引荆汝之利，东连三吴之富；北接梁宋，平途不过七日；西援陈汝，水陆不出千里……舒、六之贡，利尽蛮越，金石皮革之具萃焉。"为金石、皮革、苞木、箭竹等货物集散地，是南北对峙时的互市贸易中心。广州，秦汉以来一直是中国的对外贸易中心，市场上金银、珍珠、香药、象牙、翡翠、犀角、琉璃等珍稀商品丰富。徐陵说："工商竞致，粥米商盐，盈衢通肆。新垣既筑，外户无扃，脂脯豪家，钟鼎为乐。扬袪洒汗，振雨流风。市有千金之租，田有万箱之咏。"[1]陆贽《陆宣公集》卷18说："广州地当要会，俗号殷繁，交易之徒，素所奔凑。"盛唐之世，广州对外贸易进入极盛，市场随之繁荣。

第四节　隋唐坊市制城市体系及其突破

汉末三国两晋南北朝时期，中国大多数城市衰败，人口减少，需求剧降，商业凋零，商品匮乏。相当多的城市，处于旋毁旋建的循环之中，或者草草而创，其中的专门市场区，大多也是时兴时设，许多不复存在。虽然在制度上大体承袭秦汉，但实际上大多数城市市场是另一番景观。

山阴市场之混乱无序比较典型，王彪之《整市教》说："多不如法，或店肆错乱，或商估没漏，假冒豪强之名，拥护贸易之利，凌践平弱之人，专固要害之处。"而山阴是会稽郡治，是一繁华都会，《宋书·顾觊之传》说："山阴民户三万，海内剧邑。"广陵为淮南名都，但市场亦杂乱，萧梁时南兖州刺史吕僧珍之姊，"住在市西，小屋临路，与列肆杂处。"[2]而有的城市，则未立市，如钟离郡，东晋时为军镇，直到刘宋才立市。许多城市有市场而无人管理，如夏口，梁元帝时陆法和为郢州刺史，"列肆之内，不立市丞。牧佐之法，无人领受，但以

[1] 《广东通志·金石略》引。
[2] 《梁书·吕僧珍传》。

空槛龠在道间，上开一孔受钱。贾客店人随货多少，计其估限，自委槛中”。[1]美其名曰实行无为而治，实则是市场零落，估税太少。

一、隋唐坊市制城市体制及其管理

隋唐立国，对紊乱的市场进行了规范，形成了秩序严明的坊市制市场体系。据《唐会要》《唐六典》有关唐令所载，主要规定有：

其一，各级行政治所城市才具备设市资格，“诸非州县之处，不得置市”。唐初4万户以上的州才准许在治所设市令，晚唐大中五年规定，3 000户以上的县，准置市令一人，吏两人，位于交通要道、交易繁盛者亦如之。

其二，专设市籍制管理政府各级市场内列店大建经营商业者，并征收资产户税与征发科役，还不得入仕为官和服饰越制。[2]对手工业者则专设匠籍制，子弟世袭。[3]这些制度严格控制社会流动。

其三，商业区“市”与居民区“坊”分离，一切交易都限于固定的市内进行，坊内不准买卖。各市垣墙圈围，画地为牢，以便政府有效控制、管理市场。而市内店铺，不得私造。无论坊市街曲，不得侵街打墙，接檐造舍。

其四，市场定时启闭，规定时间以外不得交易。“凡市，以日中击鼓三百声，而众以会；日入前七刻，击钲三百声，而众以散。”其州领务少处，不欲设钲鼓者听之。

坊市制城市市场，各级治所大体都存在，按唐制，计有都城长安和洛阳，都督府39个，州治327个，县治1 573个，它们都设有相应的市场。有的城市不止一处市场，如成都有东、南两市，扬州亦然，甚至个别县治也如此，昭应县即有两市。各级治所城市的市场都设有专门管理的官吏。长安和洛阳有“两京诸市署”，总管两京四市；都督府市和州市，由仓曹、司仓曹掌度量、市肆之事；县市虽没有专门机构但仍有官吏掌管市场。[4]坊市制市场，以长安、洛阳最为完备和典型。

---

[1] 《北齐书·陆法和传》。
[2] 姜伯勤：《从判文看唐代市籍制的终结》，《历史研究》1990年第3期。
[3] 关于匠籍制，详见刘玉峰：《唐代工商业形态论稿》，济南：齐鲁书社，2002年。
[4] 参见武建国：《唐代市场管理制度研究》，《中国经济史研究》，昆明：云南人民出版社，1990年。

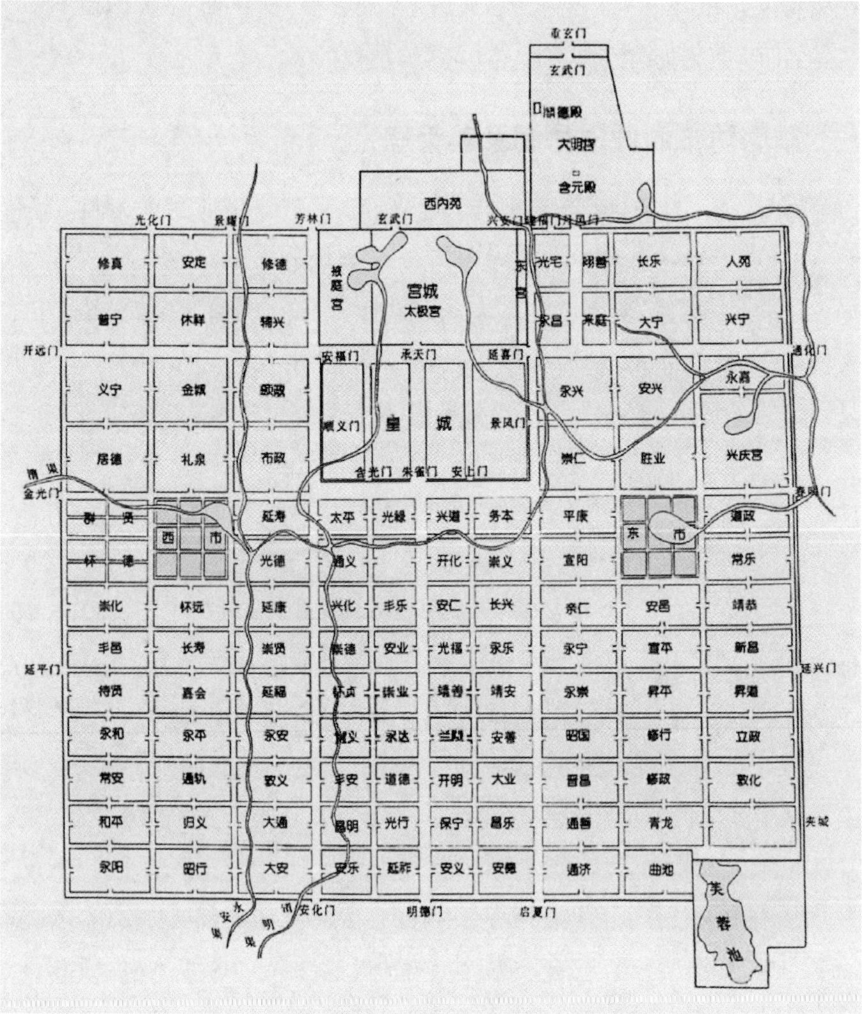

图2-3　唐代长安

市场交易管理，参考武建国的论述，主要有如下几个方面：

其一，交易的各类货物相对集中，立为专门的行，各行皆需标题行名，以显示所售商品的类别；以利市人交易，亦便于管理。

其二，严格实行全国统一标准的斛斗秤度等度量衡及其检校制度，私作斛斗秤度不合标准，或未经检校、印署而使用者，或官吏检校不平与不实者，以刑律处罚。

其三，商品物价，实行旬价呈报制；分货物为三等之值，十日为簿。公私交易，若官司遣评物价，或贵或贱，令价不平者，依律惩处。

其四，确保商品质量，各种器物上标题作者姓名后方可出售，不合格物品不准出售；买卖奴婢牛马，还需经官府立券公验。

其五，保障公平交易与平等竞争，对于下列行为严加处置：欺行霸市、非法牟利者；相互勾结、垄断市场物价者，即所谓“专略其利、障固其市”者；“参市”者（类似于20世纪90年代北京的“托儿”），即所谓“负贩之徒，共和表里，参合贵贱，惑乱外人”。[1]

其六，市场内禁止无故扰乱，擅走车马，或从事非法的政治活动。

刘禹锡《观市》文生动描述了坊市制市场的交易情景：元和二年，沅南不雨，遂迁市于城门之逵。“肇下令之日，布市籍者咸至，夹轨道而分次焉。”商品名类繁多，“华实之毛，畋渔之生，交蜚走错，水陆群状，伙名入隧而分”。商品分门别类，“其列区榜，揭价名物，参外夷之货”。市场买卖者千姿百态，“韫藏而待价者，负挈而求沽者，乘射其时者，奇赢以游者，坐贾颙颙，行贾遑遑，利心中惊，贪目不瞬。于是质剂之曹，较固之伦，合彼此而腾跃之。冒良苦之巧言，致量衡于险手。抄忽之差，鼓舌伧伫，诋欺相高，诡态横出，鼓嚣哗，坌烟埃，奋膻腥，坌巾屦啮而合之，异致同归。鸡鸣而争赴，日中而骈阗，万足一心，恐人我先。交易而退”。

唐代坊市制市场及其管理制度深刻反映了当时市场体制的性质，这种市场是从属于政治的，是为各级官府服务的，在某种程度上可以说，它就是官立市场。

市场商品，不少是官府所需，或人们购买用来服官役，所以官府对产品质量的管理较为严格。尤其是兵器，府兵需要从市场上购买，因此，“其造弓、矢、长刀，官为立样，仍题工人姓名，然后听鬻之。诸器亦如之。以伪滥之物交易者，没官；短狭不中量，还主”。官府严格管理市场，因为市场在很大程度上要为官府服务。很多时候官府是市场直接或间接的消费者。有时，官府也是商

[1]《唐律疏议》卷26。

品的供给者。太府寺下设有平准署，除购买官府所需的物资外，还负责出售官府财物，包括租庸调制下的粮食、布帛等赋税收入的官府消费剩余，及籍没罪犯家产的拍卖。

与此相关，唐后期出现宫市。出自皇宫的中官宦者，在长安两市等处强买物品。他们口含敕命，以宫中多余的次品衣服、不成尺寸的绢帛，高估价值，作为酬价，强行贱取买卖。并且强迫卖者，倾车乘，罄犛驴，送至禁中，少有不甘，有殴致血流者。宫市，固然向市场提出了一些市场需求，但如宫中贵人所言"百姓蒙宫市存养，颇获厚利"，完全是美化之辞。相反，宦官们狗仗人势横行市场，对市场秩序的干扰与破坏，则是无法估量的。"中人之出，虽沽浆卖饼之家，无不彻业塞门，以伺其出。"[1]白居易《卖炭翁》中的主人公，是一个年迈的小商贩，他的悲惨遭遇，正是白望宫使的罪证。这种状况在贞元末年登峰造极。韩愈《顺宗实录》载：贞元末年"不复行文书，置白望数百人于两市及要闹坊。阅人所卖物但称宫中，即敛手付与，真伪不复可辨，无考问所从来。其论价之高下者，率用百钱物买人值数千钱物，仍索进奉门户及脚价钱。人将物诣市，至有空手而归者。名为宫市，而实夺之。"致有农夫愤然殴打宦官的事发生。

隋唐坊市制市场，相对于城市经济规模来说，是很有限的。市的面积在城市中比例很小，长安坊市总110区，才有东西2市；洛阳126坊，3个市才占2坊之地。两京如此，州府县治市场也不例外。坊市制市场体制，是城市市场不发达的产物。随着商品经济的扩大和深入，这种市场必然成为束缚而走向解体。长安，唐政府曾在东西两市之外别设三市，高宗时立中市，天宝八载立南市，元和十二年立新市，但不久都废置。[2]增设市场，是因为原有的东西两市已无法容纳日益扩大的商品交换，而官府新设市场何以又相继废置呢，这是因为旧体制下的官立市场再也不能适应市场发展的新形势了。

隋唐都城，高墙森严，其雄伟壮丽，气势非凡，正是封建国家威严与强盛的体现。"百千家似围棋局，十二街为种菜畦"的整齐城市规划，正是政治控制经

[1]《唐会要》卷86。
[2] 转引自宋英：《唐长安城的工商业市场》，《人文杂志》1995年增刊。

济与市场的产物。参照考古发掘与文献记载，这样宏大而整齐的建筑及其建置过程，正好说明：它不是商品经济发展的自然产物，而是政治权力所造成的现象。《新中国考古收获》分析：从长安整个城市中宫殿区所占的地位、封闭式的坊制和受严格管理的市场情况来看，这种城市与欧洲中世纪时期的城市有很大差异。统治者控制着整个城市，城市是贵族、官僚、地主的集居之地。工商业虽然较前代获得了发展，有了固定的市场，但在整个城市中却并不占主要地位，还受着严格的控制。

但是市场关系是无孔不入的，它的壮大必将冲决旧的秩序。中唐以后，市场关系不独已伸进贵臣勋戚之家，而且在叩击高峻的宫墙，并敲开了沉重的城门与高大的城墙，打破了规整划一的坊市分隔制度，促使唐宋时期深刻的城市变革，出现了中国城市史上最重要的质的飞跃。

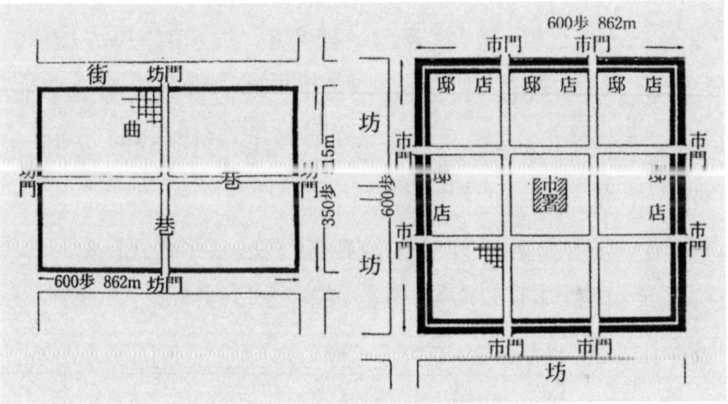

图2-4　汉唐长安的坊与市

引自：[日]斯波义信《中国都市史》，"东洋文库"，2002年。

二、唐中后期坊市制城市体制的开始突破

城市市场关系的不断扩大，使坊市制市场越来越不能满足需要，中晚唐不少城市开始新建、扩建市场，就是其明证。唐贞元时，成都于万里桥隔江创置新南市，很快便人逾万户，交易繁荣，为一时之盛。元和中，荆州城进行了大规模扩建，因为州城人众街窄，店铺拥挤，政府填平城郊方圆十里的后湖，辟为新

城区和交易市场。

市场交易时间延长,逐渐突破坊市制的交易时间的规定。市与坊,都设有门,击鼓启闭,但后来,"或鼓未动即先开,或夜已深而未闭"。各地普遍出现夜市,扬州夜市最为文人所乐道,《容斋随笔·唐扬州之盛》辑有:

> 王建诗云:"夜市千灯照碧云,高楼红袖客纷纷。如今不似升平日,犹自笙歌彻晓闻。"
>
> 徐凝诗云:"天下三分明月夜,二分无赖是扬州。"
>
> 李绅诗云:"夜桥灯火连星汉,水廓帆樯近斗牛。今日市朝风俗变,不须开口问迷楼。"

苏州夜市亦盛,晚唐诗人杜荀鹤有诗为证,其《送人游吴》诗有"夜市卖菱藕,春船载绮岁"之句;其《送友游吴越》诗有"夜市桥边水,春风寺外船"之句。长安崇仁坊的夜市,《长安志》所载更是"昼夜喧呼,灯火不绝,京中诸坊,莫之与比"。夜市的记载,在成都、杭州、汴州、楚州、梓州、象州、湖州等大中小城市都有出现。

夜市出现于城内固定的"市"区,官府逐渐放宽了市场的时间规定,至赵宋建国之初,太祖即"诏开封府,令京城夜市,至三鼓以来,不得禁止。"[1]后来进一步取消了击鼓启闭市场的制度。有的夜市则出现于城内外新兴的交易地点,如长安崇仁坊夜市,又如汴梁有夜市,"水门向晚茶商闹,桥市通宵酒客行",[2]这种夜市,则是市场空间渗透扩展的表现。

市场的空间形态,也逐渐改变。有的城市,"市"内交易增多,于是出现增设店铺或破墙开店等现象。如扬州"侨寄衣冠及工商等,多侵衢造宅"。[3]如两京各市,纷纷在正铺前加造偏铺以增加营业面积,长安"诸街铺近日多被杂人及百姓、诸军、诸使、官健起造舍屋,侵占禁街"。甚至地方政府出于谋利而

[1] 《宋会要辑稿·食货》卷67之1。
[2] 《全唐诗》卷300,引王建诗。
[3] 《旧唐书·杜亚传》。

破坏旧制度，如天宝九年（750）京畿“昭应县两市及近场广造店铺，出赁与人，干利商贾”。这种局面迫使朝廷不得不一再下诏禁止。景龙元年（707）敕令“两京市诸行自有正铺者，不得于铺前更造偏铺”。[1]大历二年敕令：“诸坊市街曲，有侵街打墙、接造檐舍等”，并令毁拆重罚。但朝廷的禁令在市场发展面前显得苍白无力，城市居民“各逐便宜，无所拘限，因循既久，约敕甚难”，[2]愈演愈烈。

更多的现象则是，在居民区坊巷内，逐渐出现买卖行为，进而开设了商业店铺。洛阳的许多里坊街巷内，都出现了商业店肆。如殖业坊有酒家、有客舍；修善坊在南市附近，坊内多车坊、酒肆；绥福里有名噪一时的小吃店；敦行坊有“里肆”（商店）；疏财坊有卖酒为业的郭大娘，等等。此外《太平广记》各卷中，清化坊、归德坊、都城门东、中桥附近等都有旅店。沈既济《任氏传》载：郑子“及里门，门扃未发。门旁有胡人鬻饼之舍，方张灯炽炉，郑子憩其帘下，坐以候鼓”。

在长安，商业同样发展到里坊之中，如崇仁坊，《长安志》卷8载：“北街当皇城之景风门，与尚书省选院最相近，又与东市相连，选人入京师无第宅者多停憩此，因是一街辐辏，遂倾两市，昼夜喧呼，灯火不绝。”许多里坊出现了酒肆、酒垆、饼店、旅舍等。仅《两京城坊考》中有旅馆的坊区就有永崇坊、宣平坊、道政坊、布政坊、崇贤坊、延福坊、长乐坊、新昌坊等八坊。王叔文执政时，求见者昼夜车马如市，“至宿其坊中饼肆、酒垆下”。[3]长安延寿坊有造玉器和出售金银珠宝者，颂政坊有馄饨曲（即巷），宣阳坊有采缬铺，胜业坊有卖蒸饼者，宣平坊夜有卖油者，永昌坊有茶肆，新昌坊有客舍。坊区家庭内存在手工制作，原来应该就是不受限制的，小民须以此为生，即使上层大家庭，女红之作也当存在。官私的作坊，大多也在各坊，如崇仁坊，《乐府杂录》记“造乐器者悉在此坊”。贞元末年，长安市场不限于东西两市区，有的坊区还成为热闹的商业区，被称为“要闹坊”，这些地区遂成为宫市掠夺的必至

---

[1]《册府元龟》卷89、卷14。
[2]《唐会要》卷86。
[3]《资治通鉴》卷236。

之地。

这种变化一开始是严行禁止的，隋文帝巡幸路过汴州治所，这是一座新兴的工商业城市，而杨坚从心底里“恶其殷盛”，下令凡有向街开门者，封闭之。唐朝四品官张衡，加一级合入三品，“因退朝见路旁蒸饼新熟，遂市其一，马上食之，被御史弹奏，则乃降流外出身，不许入三品”。[1]后来渐渐多了，也就熟视无睹，为人所认可。《刘宾客嘉话录》有两则趣闻：

> 刘仆射晏，五鼓入朝。时寒，中路见卖蒸胡之处，热气腾辉，以袍袖包裙帽底啖之。且谓同列曰：“美不可言，美不可言。”

> 刑部侍郎从伯刍尝言，某所居安邑里巷口，有鬻饼者，早过户未尝不闻讴歌，而当垆兴甚早。

这两则史料反映了如下事实：其一，刘晏为政在两税法前夕，五鼓时分尚未开市，而卖蒸胡者已经开业。其二，官僚住所与皇宫之间，不经过长安的东市或西市，可见卖蒸胡者是在两市之外的城区营业。安邑里是坊区，已出现鬻饼之类流动商贩。其三，此类不在规定时间与地点进行贩卖，是不合法的，而在此时已不以为怪，且不论其是否司空见惯，或者法律是否严格执行，可以肯定的是，在人们的观念中已经得到认可，身为仆射的刘晏还在大庭广众之下满口称赞蒸胡美不可言。

坊内已经存在或潜在的市场因素，在坊外及城外市场的催发与刺激下，便发育膨胀起来。坊内的商品，不能总是躲在深闺人未识，它们迫切需要在市场的风浪中寻找自己的价值实现。坊区内的人们，也渴盼着走向市场。但是，狭小有限的市区已经不能再容纳新增加的商人与商品了，人们只能在坊内想办法。于是，在各坊内的小街曲巷，有的房檐伸出来以引起市人的注意，进而，两坊之间的大道，两边的坊墙被打破一个个窗口，摆上商品，吆喝贩卖。继而坊

---

[1]《朝野佥载》卷4。

墙的窗口越开越大，越来越多，最终被一个个的店肆所占领，居民区与市场也就浑然一体了。坊市制的空间形态就这样消失于城市历史舞台。

商品流通是没有政治边界的，城市的高墙深池阻止不了交易的扩大，市场同时越过城墙，向城郊扩张。唐中后期城郊草市的兴起，进一步冲击着坊市制市场体系。

建康城，南面的草市、东面的沙市，东晋就已出现，部尉设于其中。荆州城附近的市场，前引牟发松《唐代草市略论》所辑有后湖、草市、沙头市及其对岸的马头和曾口市。其南面的江埠渡口已发展为一个颇具规模的市镇，即沙头市，长江自此而上江面趋窄，水流转急，自此以下河宽浪高，因而入蜀下吴的船只在此调换船舶或转运，这使沙头港埠帆樯如林。“此外还有白洑南草市，有人常贩桡朴、石炭”，[1]李嘉祐《登楚城驿路十里村竹林次交映》谓：“草市多樵客，渔家足水禽。”郢州亦有汩口草市。

汴梁城外，隋朝时商旅船客汇聚，蔚为都市气象，隋文帝强令他们返本归农，船客停于郭外星居者，勒为聚落，侨人逐令归本。但唐代很快又发展起来。距城不远的汴水渡口一草市，王建《汴路即事》诗云：“天涯同此路，人语各殊方。草市迎江货，津桥税海商。”这是商路之津、城市之外的草市，活跃着四远而至的贩运商人。

隋唐政府对城墙内外的居民的管理有明显区别。城内居民中，“市”区单列“市籍”，社会地位低下，与坊内居民迥异，这种区别逐渐缩小，至宋代，市籍问题不再被提及。同时唐中叶出现了“坊部户”的称谓，宪宗元和四年（809）奏文中出现“坊郭户”与乡村户对称的文字。[2]坊郭户是指内外城的人户的统称，包括坊内和“市”内的居民，也包括城墙外的居民，可见城墙内外已被视为一体，而与乡村相对。五代后唐明宗诏令中，将“京都及州府、县镇及关城草市”的居民与乡村人户区别开来。凡此都表明坊与市之界限、城墙之界限逐渐消失，而代之以乡村与城市之分。

附郭草市从一开始就是在官府控制之外兴起的，游离于政权体制之外，为

---

[1]《酉阳杂俎》前集卷2。

[2] 张泽咸：《唐代城市构成的特点》，《社会科学战线》1991年第2期。

城市市场注入了新的血液，表明旧有的城垣再也无法包容日渐增长的城市人口和日益增长的商品交换。城市的进一步扩展，促进了市场性质的改变。大中七年，“废州县市印”，[1]标志着官府控制城市市场的结束，城市市场将进入一个新的历史时代。

[1]《册府元龟》卷504。

第三章
魏晋南北朝隋唐时期的货币与商业

第一节　魏晋南北朝隋唐时期货币流通的曲折演进

一、魏晋南北朝时期流通手段的倒退

货币是商品的商品，货币流通与价格是市场发展的晴雨表。东汉以后，与市场的低迷紧相一致，流通手段开始向实物货币回归，汉末魏晋出现大幅度的倒退。金属货币的流通大为缩减，乃至一度从市场消失，而谷帛充当货币日益盛行，并在相当长的一段时期内，取代铜钱，成为货币流通的主体。

谷帛用作货币，即使在传统市场的第一次高峰阶段铜钱流通的兴盛期，仍然是存在的。铜币通过排挤实物货币而取得流通领域的主导货币形式，但它不可能在每一次交换行为中都成为媒介，从而完全排斥其他交换形态。无论秦时的半两钱，还是汉武帝后的五铢钱，都不是唯一的交换媒介。即使在关中或中原，市场的许多角落，尤其是农村的一些地方，还有以物易物的交换。在不发达的地区，以物易物、实物货币更是随处可见。

在非铜钱为媒介的交换中，有几种生产物显然已起着流通手段的作用，那就是布帛和谷物。随着市场的低落，它们在流通领域的作用越来越强化。

西汉后期的贡禹、东汉章帝时的张林，都曾建议罢铜钱，而以谷帛为币，这实际上是市场衰落的无可奈何的叹息。汉末，金属货币愈来愈受到实物货币

的排挤，董卓紊乱币制，更加剧了这一趋势，“自是钱货不行”。故《晋书·食货志》称：“钱之不用，由于兵乱，积久自至于废。有由而然，汉末是也。”这种局势发展下来，终于得到皇帝诏书的承认，曹丕于黄初二年(221)下令：“罢五铢钱，使百姓以谷帛为市。”这等于是从法令上取消五铢钱的法钱地位。吴、蜀有铸钱，史书只是一笔带过，《三国志·吴书·孙权传》云，吴曾铸“大泉五百”“大泉当千”，但“民意不以为便”，官府遂收回封存勿出。蜀有“直百钱”，影响也不大。

西晋稍有好转，尽管时间短暂，铜钱流行在洛阳等城市仍有所起色，于是晋人成公绥、鲁褒分别著有脍炙人口的《钱神论》：

> 成公绥有云：“载驰载驱，唯钱是求。朱衣素带，当涂之士，爱我家兄，皆无能已。执我之手，说分终始。不计优劣，不论能否，宾客辐辏，门常如市。”
>
> 鲁褒有云：“亲爱如兄，字曰孔方。失之则贫弱，得之则富强。无翼而飞，无足而走。解严毅之颜，开难发之口。钱多者处前，钱少者居后。处前为君长，在后者为臣仆……钱之所在，危可使安，死可使活。钱之所去，贵可使贱，生可使杀。……”

他们所讽刺的对象，是当时市场最发达的都城洛阳中的世族官僚，即所谓“朱衣素带”者，并不能代表铜钱流通的全貌。当时不仅两晋政府长期没有铸钱，而且民间销毁铜钱的现象十分严重，根本的原因，就在于铜钱作为货币流通的衰落，正如傅玄所分析的：“世富钱流，则禁盗铸钱；世贫钱滞，则禁盗坏钱”。[1]“世贫钱滞”正是市场商品与货币流通的真实写照，两晋南北朝都大体如此。《晋书·食货志》载，东晋太元年间，商人贪“比轮钱”(指孙吴旧钱)斤两较重，贩运至交广卖与当地人改铸铜鼓。徐爰《铸四铢钱议》说，民间“多剪凿古钱以取铜”。南朝宋时沈演之反映说：“竞窃剪凿，销毁滋繁，刑禁虽重，

[1]《晋书·傅玄传》。

奸避方密”，使钱币“岁月增贵”。[1]政府铸钱减少，出土文物可资为证，1955年湖北武昌一座西晋墓出土钱币3 630枚，1973年江苏丹徒发现一瓮重达280斤的东晋窖藏铜钱，其中90%都是汉五铢钱，其他则为历朝各种铸币。而1950年长沙发掘的27座两晋墓，墓葬出土绝少钱币。

魏晋时将西汉以货币形式交纳的算赋改为以实物交纳户调，也是适应货币与市场的变化。当曹丕于太和元年又诏令复五铢钱时，谷帛的货币职能已经相当稳固了。曹魏、西晋政府的赏罚、买卖都以绢帛为准。《魏略》所记曹魏流传的买官鬻爵的等级数量为：“欲求牙门，当得千匹；百人督，五百匹。”晋武帝欲立平籴法，亦用布帛市谷，据《晋书·刑法志》：“贼燔人庐舍，积聚盗贼，赃五百匹以上，弃市。”当时的法律中，此类条令不一而足。官府如此，民间交换不待言。在民间，布帛已经成为普遍通用的价值尺度，如吐鲁番晋翟姜女买棺木简：泰始九年二月九日大女翟姜女，“买棺一口，贾练廿匹”。[2]《齐民要术》计算田地收入，以绢计值者居多，如负郭良田，种一顷红蓝花者，“岁书绢三百匹”。以绢计价司空见惯，蜀国何随取民芋，以绵系其处；西晋名将羊祜军行吴境，割谷为粮，送绢偿之；等等，都是人所皆知的故事，此不赘举。布帛作为流通手段，同样有相当多的记载可资为证，兹举《三国志·魏书》两例：任嘏“与人共买生口，各雇八匹；后生口家来赎，时价值六十匹，共买者欲随时价取赎。嘏自取本价八匹，共买者惭，并还取本价”。此载于该书《王昶传》注引《任嘏别传》。《胡质传》载，胡在荆州，他的一个穷亲友自京都来看望他，告归，“质赐绢一匹，为道路粮”。明确称绢为交易媒介，后世的北魏，《魏书·虎子传》更有直称“资粮之绢”之语。《汉晋西陲木简汇编》第2编“买布简”，简文中有“买布四升”“买履三升”，则是以米谷的计量单位“升”为定价标准。谷帛具备了价值尺度和流通手段，同时也具备支付手段、贮藏手段等货币职能，从而具备了完整的货币形态。谷帛的使用是如此广泛而稳定，奸诈之辈竟然不惜损坏这些生产物，以期在交换中获利。《晋书·食货志》载，魏明帝时，“钱废谷用既久，人间巧伪渐多，竞湿谷以要利，作薄绢以为市，虽处以严刑，而不

[1]《宋书·何尚之传》引。
[2] 新疆维吾尔自治区博物馆：《新疆历史文物》，北京：文物出版社，1978年。

能禁也”。

西晋灭亡后,南北对峙的局面长达两百多年,但无论北方还是南方,货币流通的状况大同小异,铜钱始终都不能和布帛相抗衡,只是程度不同而已。

在北方、十六国时期,1959年吐鲁番出土一批当时的文书显示,除个别记录金银数枚外,很少涉及钱币,一般买卖、举债都用布帛等物支付,如买婢用锦,赁桑用毯,雇工用绢等。[1]《晋书·石季龙载记上》载,后赵石虎曾下令:“刑赎之物,得以钱代财帛;无钱,听以谷麦”。这里谷麦与钱一样作为财帛的计量媒介。石勒试图在后赵推行铜钱,然而,这位在战场上叱咤风云、所向披靡的统帅,在经济规律面前遭到失败,他的严刑酷法无力将货币流通向前推进一步。《晋书·石勒载记下》录此事说:“令公私行钱,而人情不乐。乃出绢市钱,限中绢匹一千二百,下绢八百。然而百姓私买中绢四千,下绢二千。巧利者贱买私钱,贵卖于官。坐死者十数人,而钱终不行。”石勒可以说使尽了一切手段,都无济于事。地位衰败的铜钱,即使在行政强令的扶助下,也难以在市面上流通起来。这里的“人情不乐”无异于是说“市场不允许”,这是钱终不行的根本原因。

北魏初至于太和,钱货无所周流,孝文帝太和十五年重新铸钱,名曰太和五铢,但它大体只能“专贸于京师,不行于天下”,未行钱处甚多。而私钱“薄甚榆荚,上贯便破,置之水上,殆欲不沉”。[2]据《魏书·食货志》,北魏布帛流通,甚至“专以单丝之缣,疏缕之布;狭幅促度,不中常式。裂为匹尺,以济有无”。东魏、北齐政府都铸造过五铢钱,但东魏市场仍是“钱皆不行,交贸者以绢布”。北齐的“常平五铢”钱还称得上制作精美,币值较高,但受到私铸的冲击,无法使铜币流通走上正轨。北周的情况更在北齐之下,其法律说明了这一点,《周书·武帝纪》所裁判处死刑的条款有:“持杖群强盗一匹以上,不持杖群强盗五匹以上,监临主掌自盗二十匹以上,小盗及诈伪诸官物三十匹以上”等。显然盗贼并不是非布帛不盗,官府也不是非盗布帛不刑,而是官府以绢帛货币来衡量其盗物的价值,并据以定罪。

在南方,金属货币的命运要好一些,它没有沦落到完全消失于市场的地

[1] 参见萧清:《中国货币发展史》,北京:人民出版社,1984年,第167页注。
[2]《北史·高道穆传》。

步，但境况也可堪凄凉。南朝所用多沿袭汉代旧币，由此不难推测南朝金属货币流通的水平。南朝宋时，尚书右丞徐爰《铸四铢钱议》曰：铜钱“年历既远，丧乱屡经，堙焚剪毁，日月销减。货薄民贫，公私俱困”。周朗建议“罢金钱，以谷帛为赏罚”，一千钱以下才可用金属货币。沈约甚至主张：“固宜一罢钱货，专用谷帛，使民知役生之路，非此莫由。”[1]古钱既不可多得，且久经磨损，轻薄不佳，而新铸铜钱也面临同样的问题。官府无力大量铸造，为数有限的铸币质量亦差。宋武帝铸孝建四铢，“所铸钱形式薄小，轮廓不成”，和盗铸、私铸铜钱差别不大。民间的私铸铜钱，刘宋时得到政府许可，但成色低，甚至恶劣到“入水不沉，随手破碎”，以致“商货不行”。[2]或须“摩泽淄染”，始能行用。523年，梁武帝铸造铁钱，这在我国古代是首次。这种减重贬值的铸币，诱发了私铸，并作为劣币排挤了市场上流通的铜钱，造成物价上涨。《隋书·食货志》追述道：“所在铁钱遂如丘山，物价腾贵，交易者以车载钱，不复计数而唯论贯。商旅奸诈，因之以求利。”于是铁钱只能成为一个短暂的插曲，很快便从市场上消失。南齐铸钱仅有一次，古钱多被民间剪凿，鲜有完者。梁时铸钱稍多，却更为混乱，陈朝铸钱稍稍精良，但已难解痼疾。

与铜钱的疲软相对照，谷帛为币则在大部分时间内要坚挺得多，广泛得多。东晋沿袭西晋，“士习其风，钱不普用”。[3]川蜀一带，在宋限令用钱之前，“悉以绢为货”，[4]各地普遍如此，至有周朗、沈约建议罢铜钱，专用谷帛。后来虽然经济有所发展，但铜钱的流通始终未能普及。至梁初，唯京师及三吴、荆、郢、江湘、梁、益等州用钱，其他州郡杂以谷帛交易。陈时，《隋书·食货志》称仍“兼以粟帛为货”。

由此可见，铜钱作为货币主流的地位，在西汉后期就曾发生过动摇，东汉虽有恢复，但较之高峰期的盛况，则远为逊色，并且很不稳定，至汉末三国时期迅速跌入最低谷，即退出流通领域，直至西晋。此后南北朝时期，尽管铜钱在南方恢复，维持了与实物货币并行的地位且继续抬头，但在北方，它始终未能

---

[1] 《宋书·周朗传》《宋书·孔琳之传》引。
[2] 《宋书·颜竣传》。
[3] 《宋书·何尚之传》引沈演之语。
[4] 《宋书·刘秀之传》。

达到和布帛谷物相颉颃的势力。

就币材效能而言，生产物充当货币，显然远不及金属货币。铜钱，诚如晋鲁褒《钱神论》所云："其积如山，其流如川。动静有时，行藏有节。市井便易，不患耗折。" 孔琳之也说，铜钱 "既无毁败之费，又省运置之苦，此钱所以嗣功龟贝，历代不废者也"。而谷帛作为货币则存在缺陷，《晋书·食货志》云："谷帛为宝，本充衣食。分以为货，则致损甚多，又劳毁于商贩之手，耗弃于割截之用。此之为弊，著自于曩。"《通典》卷9也说："布帛不可以尺寸为交易，菽粟不可以抄勺贸有无。" 既然如此，为什么谷帛能东山再起于货币流通领域呢？重要的原因在于，铜钱形制多样不统一，有历朝古钱，有当朝铸币，有民间私铸钱，连专门的钱币学家都颇感棘手，难以分辨，更不用说平民百姓了；币制频繁变更，魏晋南北朝时期，南北各地割据纷争。朝廷更替不断，每逢改朝换代就有一次币制变动，每一朝代又不断改变，因此铜钱的使用错综复杂混乱之极，朝廷束手无策，民间深感不便。更重要的是，市场发展水平的制约是最根本的因素。在这种情势下，与人们日常生活息息相关的谷帛反倒显示出其优势。自汉以降，无论政府还是民间，全国各地的布帛都以统一的定式计量，幅阔2尺2寸，长40尺为匹。布帛谷物成为统一的计量单位，便于市场通用，计量商品及其物价。因此，无论政权如何变动，无论走到何地，布帛谷物都是统一的货币，最终还可以还原于生产物形态。

图3-1　唐代开元通宝

二、唐代的"钱帛兼行"

假若魏晋南北朝时期可以称为"钱谷布帛杂用时期"的话，那么隋唐可称为"钱帛兼行时期"。[1] 汉末以来，在布帛谷物等生产物形式的流通手段中，绢帛的货币作用越来越发展，谷物和布则逐渐削弱，演进至唐，形成钱帛兼行的

[1]　李埏：《略论唐代的"钱帛兼行"》，《历史研究》1964年第1期。

格局。

各种生产物充当交易媒介的现象，在广大农村和欠发达地区，仍很普遍。购买食盐是农民最经常的交易行为，大多是以各种生产物交换而来。韩愈说百姓贫多富少，“除城郭外，有现钱籴盐者十无二三，多用杂物及米谷博易。盐商利归于己，无物不取；或从赊贷升斗，约以时熟填还。用此取济，两得利便”。山南道兴元一带也大体如此：“兴元巡管，不用现钱。山谷贫人，随土交易。布帛既少，食物随时。市盐者或一斤麻、或一两丝、或蜡或漆、或鱼或鸡。琐细丛杂，皆因所便。”[1]

食盐是农民最起码的需求，交易频密，因而以各种生产物来交换。在其他买卖场合，则以绢帛充当流通媒介最为常见。主要原因就是其他生产物退出货币流通，绢帛因而显得更为突出。在广大农村，即使到了两税法推行之时，仍然是如《新唐书·食货志》所云“用布帛处多，用钱处少”。唐人习语常“布帛”连称，实际所指多为帛。唐代律令计赃、平功庸等种种的规定，都是以绢帛计之。具体使用的事例如《云仙杂记》卷4所载：“开成中，物价至微。村落买鱼肉者，俗人买以胡绢半尺。”从这种把绢帛“裂为匹尺，以济有无”的现象看来，绢帛在农村里具有流通手段的作用是显然的。

唐代城市里的商品很多，商业贸易发达。就大宗商品而言，在茶业大盛之前，执商品界牛耳的实唯绢帛而已。最足以说明这一点的是，尽管长安市上有商品极众，但那里最大量的商人和最富有的官僚所追求囤积的却是绢帛。例如高宗时能够交通帝王的大贾邹凤炽、玄宗誉之为“天下之富”的王元宝，都对皇帝自夸其豪富道：以绢一匹，系终南山树，“南山树尽，臣绢未尽”。以聚敛著称的杨国忠，“既居要地，中外饷遗辐辏，积绢至三千万匹”。[2]又如文宗时的郑注，《旧唐书》本传载，“既籍没其家财，得绢一百万匹，他货称是”。这些人，就是当时被称为有“绢癖”的代表，他们聚积巨额的绢，显然不是为其使用价值，而是为其交换价值。

为什么绢帛具有流通手段的作用呢？在买卖鱼肉这种细碎交换的场合，

[1] 韩愈：《昌黎先生集》卷40，《论变盐法事宜状》；《唐会要》卷59。
[2] 《太平广记》卷495；《资治通鉴》卷216。

为什么不使用更易于分割的铜钱或谷物呢?李埏指出:绢帛是农村的生产物之一,便于取给应用;它是一种使用价值,而且是一种生活必需品,当人们不用它进行交换的时候,可以直接消费它;它在农村以外的市场上,有着更为发展的货币职能,人们拥有了它,可以进行任何交换。就前两点而言,它和谷物相类而和铜钱不同;就后一点而言,它和谷物不同而和铜钱相类。可以说,在某种程度上,它兼具两者之长而无两者之短,因而人们便更多地使用它。最后一个因素是决定性的。因为唐代的农村,虽然自然经济仍很顽强,但比之以前,已与外界有较多的经济联系。在外界(主要是城市)的需求方面,绢帛更易于为人们所接受是很自然的事情。试检《敦煌资料》[1]中的借约便可看到:凡举债人不离本乡的,多是缺甚借甚;若一离本乡,如"入奏充使""往西州充使""往伊州充使"则通常借的是绢,利息亦以绢计算。

《敦煌资料》中的辛丑年贾彦昌贷生绢契:"辛丑年十月二十五日贾彦昌缘往西州充使,遂于龙兴寺上座心善面上贷生绢壹匹,长叁拾柒尺贰寸,幅壹尺捌寸。又贷帛花绵绫壹匹,长贰丈叁尺陆寸,幅壹尺玖寸半。自贷后,西州回日还,利头好立机两匹,各长贰丈五尺。若路上般次不善者,仰口承人弟彦祐于尺数还本续本绵绫便休。若真善到,利头当日还纳,本物限人后壹月还纳。恐后无凭,故立此契。"绢1匹,绫1匹,利息为一月两匹。

为什么这样呢?很明显,不唯是绢帛轻便易赍,而且是它在城市或其他乡村中具有货币职能,可以作为川资之用。既然社会的最大购买力表现为绢帛,而绢帛又有着最广阔的销路,那么,绢帛也自然就由一般的交换手段变成了流通手段。这种交换方式扩张开来,一切人都可以使用绢帛,市场上便是"钱帛兼行"了。

但是,应该注意到,绢帛和铜钱毕竟不同。铜钱虽然微贱,但它是一种脱离价值实体的金属铸币,货币形态更为完整。至于绢帛,它在市场上,基本上是一种"一般商品"。尽管总的看去,它和铜钱交织流通,但就一匹绢而言,它只是在它的商品流通过程中暂时一尽货币的职能。它不可能穿上货币的服

[1] 中国科学院历史研究所资料室编:《敦煌资料》第1辑,北京:中华书局,1961年。

装，长期流通不止。（假若它不迅速退出流通，那就要丧失或减少使用价值。）因此，它作为货币只能适应于简单的商品货币关系。从货币形态的发展说来，它是比铜钱远为落后的。

在南北朝后期，只有三吴、荆、江、湘、梁、益、徐、扬、兖、豫等州郡用钱，铜钱的流通是在当时比较发展的区域。隋文帝铸新的五铢钱，《隋书·食货志》称："自是钱货始一，所在流布，百姓便之。"唐初武德四年，结束了五铢钱长期流通的历史，铸开元通宝钱，史称"轻重大小，最为折衷，远近便之"。经隋而唐，铜钱流通的区域是大为扩张了，但在唐代前期，仍局限于大中城市和经济发达地区。唐穆宗时户部尚书杨於陵在指陈钱荒的原因时说："昔行之于中原，今泄之于边裔。……大历以前，淄青、太原、魏博杂铅铁以通时用，岭南杂以金银、丹砂、象齿。今一用泉货，故钱不足。"[1]可见，铜钱的流通区域，在大历以后，才逐渐扩及边疆。

铜钱是一种贱金属的、细小单位的货币。开元钱尽管比五铢钱加重了，但仍然很细小。标准的开元钱一枚不过合今天的重量4克。以如此细小的货币，何以能适应当时城市交换的需要，而使"远近便之"？又何以很少流入农村，弄得连籴盐也很少现钱？这两个问题实际是一事的两面。与市场联系最紧密的，是那些朝不保夕的城市小生产者。他们人数众多，生产与消费规模都非常细小，"朝求升，暮求合"地依赖市场维持生计。这正是流通手段选择贱金属并采取那样细小单位的根本原因。十分明显，个人的所得那样微薄，生活又有那么些需要，实际的买卖行为非常零碎，假若不把那一点儿所得作很细的分割，怎么能够应付呢？铜钱的细小单位正好适应了这一点；或者反过来说，正是城市小生产者的细碎交换的矛盾规定了铜钱的细小单位的特征。

在魏晋南北朝时期，铜钱的使用范围曾大大缩小，隋唐城市小生产得以发展，铜钱的流通随之加强。开元二十年（732）的一道敕令表明了这一点："绫、罗、绢、布、杂货，交易皆通用。如闻市肆必须现钱，深非道理。自今已后，与钱货兼用，不遵者准法罪之。"两年后再次申令：所有庄宅、人口、牛马等大宗交

[1]《新唐书·食货志》。

易，优先用绢布、绫罗、丝绵等，1 000钱以下的小宗买卖，亦令钱物兼用，违者科罪。[1]绢帛等交换媒介，在市场上已开始受到铜钱的排挤，人们不愿收受绢帛，唐玄宗不明其理，企图通过行政命令加强绢帛的货币地位，但终究不能改变绢帛作为流通手段走向末路的历史趋势。

三、中晚唐的钱荒与信用货币

自唐中叶以后，绢帛日益受到排挤，其货币机能便不能不受到阻滞与削弱。与此同时，铜钱的流通则向深度和广度扩张。两税法的推行是以市场发展为前提的，反过来它又刺激了铜钱的需求。租庸调是一钱不征的，两税法则非钱不行，即令只是以钱定税，折供杂物，也有赖于铜钱流通。开元间天下租钱200余万缗。两税法行后，岁敛钱达3 000万缗之巨。两税法的推行是市场扩大和钱荒发生的一个直接原因，但更为根本的原因在于市场本身的发展所导致的商品价格总额上升和货币经济的扩张。在地域上，铜钱流通不断扩张，由城市扩及乡村，由中原扩及塞外，原来不用钱的地区也相率行钱，如《新唐书·食货志》所谓："大历以前，淄青、太原、魏博杂铅铁以通时用，岭南杂以金银、丹砂、象齿，今一用泉货。"在深度上，随着均田制的瓦解，农民越来越多地卷入市场关系；随着坊市制的突破，城市市场突破坊墙与城墙而日益扩大，城乡市场的发展使商品价格总额不断增长，市场对流通手段量的需求随之上升。而货币流通手段，则由于原来与铜钱并行的绢帛逐渐退出货币流通领域，市场自然只能更多地使用铜钱。然而中央铸钱额非但没有增加，反而有所下降，开元中每年铸钱逾百万贯，宪宗元和时，则减至15万贯。这样，流通领域的矛盾便日见尖锐起来：市场的扩大即商品价格总额的增长对流通手段的需求愈来愈强、愈来愈大，而货币流通总量甚至减少，因为旧有绢帛退出，铜钱数量又没有增长，矛盾演化的结果导致钱荒，表现为通货紧缩、钱重物轻。

与钱荒相伴随的，还有种种经济现象，它们既是钱荒的原因，也是钱荒的

---

[1] 《册府元龟》卷504；《全唐文》卷35。

表现。

其一，盗铸滥钱。由于市面上铜钱短缺，民间私铸铜钱以谋利，这些铜钱面目滥恶，成色低，不足重，但在市场上却能驱逐好钱。《新唐书·食货志》载：开元末，“天下盗铸益起，广陵、丹阳、宣城尤甚。京师权豪，岁岁取之，舟车相属”。两税法实行前夕，“江淮百姓，近日市肆交易钱，交下粗恶……不敷斤两。致使绢价腾贵，恶钱渐多。闻诸州山野地窖，皆有私钱，转相贸易，奸滥渐深”。[1]私钱泛滥对于市场流通手段的缺乏或有一时的救急作用，但它对货币体系尤其是官府的财政制度则造成混乱。

其二，销钱为器。铜作为币材和器皿原料，都相当紧缺，铜原料和作为奢侈品的铜器，价格高昂，甚至高于同一重量的钱文面额。《旧唐书·杨嗣复传》载，开成时，“江淮已南，铜器成肆，市井逐利者，销钱一缗，售利三四倍，远民不知法令，率以为常”。贞元年间，兴贩之徒，销熔铸币以制造铜器皿，利润丰厚。1 000文铜钱，熔化可得铜6斤，加工成器皿，可售6 000文，获利6倍。在高额利润的诱引下，“销铸遂多，江淮之间，钱宝减耗”。[2]

其三，窖藏铜钱。在简单商品经济下，人们窖藏钱财容易成为癖好。唐前期，表现为“绢癖”，富商权贵如邹凤炽、王元宝、杨国忠之流大批囤积绢帛。中唐以后，表现为“钱癖”，铜钱币值稳定上升，而且不会腐败，从而富有者对铜钱表现出越来越大的贪婪。钱癖较之绢癖更为惊人，《旧唐书·食货志》载：京师闾里区肆所积多方镇钱，王锷、韩弘、李惟简，少者不下50万贯。这种巨额窖藏当然是其中最为突出者，但从官府的蓄钱限令的规定中，可以看出这种现象绝非偶然。长庆四年敕令：“私贮现钱家，除合贮数外，一万贯至十万贯，限一周年内处置毕，十万贯至二十万贯以下者，限二周年处置毕。”限令的这种规定，显然不是针对极个别的对象，而其数额之巨，只要参照宪宗时国家年铸币额15万贯的数字，我们就不能不为之瞠目结舌。试推算长安铜钱窖藏的粗略数字：50万贯以上以3人（或更多）计200万贯，10万—20万贯以10人计150万贯，1万—10万贯以50人计为250万贯，那么，仅长安这些高资大贾的

[1]《唐会要》卷89。
[2]《册府元龟》卷501。

仓窖中,就积淀下600余万贯铸币。如此巨额的铜钱退出流通领域,这不能不是钱荒的一个重要原因。

此外还有一些现象,如《新唐书·食货志》所引杨於陵语:"昔行之于中原,今泄之于边裔;又有闾井送终之含,商贾贷举之积,江湖压覆之耗"等等,这些因素与钱荒相互作用,交相促发,使钱荒陷入恶性循环之中,长期困扰市场不休。

面对钱荒的困扰,政府采取了一系列措施,例如:扩大铸钱,以增加铸币的绝对数额;出内府之积,限制私人蓄钱,以加快货币流通速度,从而相对增加货币数量;强制性地恢复绢帛作为货币的使用,以减缓铜钱缺乏的压力;禁止铜钱向塞外和海外的泄流,禁止销熔铜钱;等等。至唐武宗甚至在全国范围内废毁佛像,取铜铸钱。凡此措施,在执行过程中都难免受到扭曲变形,成效甚微,或者一波三折,反复无常,或者"法竟不行"。事实上,有的措施,本身就是和市场发展背道而驰的,如强行绢帛,如禁止外流;有的则在当时市场条件下只能是一纸空文,如蓄钱限令;有的则是强奸民意,如废佛铸钱;而地方政府"禁钱不出境",人为造成割据与封闭,更导致"商贾不通"。种种措施,始终无法消弭钱荒。

相对而言,民间在应付钱荒过程中产生的一些经济行为,则显示出创造性,"除陌"就是其中之一。除陌,又称"短陌""省陌""垫陌",即"陌内欠钱",就是在交易中,减少实际的铜钱支付额,名义上是一千文或一百文,实际支付则少于此数。一开始政府对这种现象严加禁止,后来逐渐放宽,《旧唐书·食货志》引长庆元年敕令:"如闻比来用钱,所在除陌不一。与其禁人之必犯,未若从俗之所宜。"随着除陌的普遍化与经常化,穆宗时正式承认其合法,"其内外公私用钱,从今以后,宜每贯一例除垫八十,以九百二十文成贯"。[1]亦即92文成陌。随着钱荒的恶化,短陌数越来越大,相继降至85文成陌,80文成陌,77文成陌,乾符年间,政府宣布以77文为陌,"遂为常式"。

如果说除陌制是市场在钱荒困扰中的一种无可奈何的变通行为,那么,

[1]《全唐文》卷65。

“便换”“飞钱”等信用交易现象的出现，则是市场行为人积极的创造性发明。

在钱荒的背景下，铜钱作为贱金属货币自身的交换矛盾显露无遗。铜钱价低体重，庋藏运载不便，风险较大。据两唐书食货志的记载：开元钱的标准重量是每千文6斤4两（约当现在的4公斤），鹅眼、铁锡、古文之类的恶钱每贯重约3.4斤（约2公斤左右）。依此计算，1万贯开元钱重6万斤；恶钱半之，重3万多斤。唐建中时江淮铸钱输于京师，工用转运之费，每贯计钱2 000，本倍于利；就是较近的商州，也要钱900，其中运费之昂，可以想见。

这个矛盾使得汇兑方法应运而生，出现了所谓的“飞钱”“便换”。“时商贾至京师，委钱诸道进奏院及诸军诸使富家，以轻装趋四方，合券乃取之，号飞钱。”官府对于这种新事物，开始时明令禁止，后来也卷入其中。元和二年，朝廷还敕令“公私便换现钱，并须禁断”，但仅仅一年之后，便改弦更张，“许令商人于户部、度支、盐铁三司，任便换钱”。[1]飞钱给商人交易尤其是远距离贸易带来的便利是显而易见的，《因话录》记载了这样一桩故事：“有士子鬻产于外，得钱数百缗。惧川途之难赍也，祈所知纳于公藏，而持牒以归，世所谓便换者，置之衣囊。一日醉，指囊示人曰：莫轻此囊，大有好物。……”数百缗重达千斤上下，川途难赍，可想而知，改以便换，竟置于衣囊，方便轻快。无怪乎这个士人竟而得意忘形起来。

李埏指出，飞钱之“合券乃取之”，深值注意。它表明，券的合与不合是支付的主要依据，而不问求兑的人究竟是谁。这是可以理解的。在相距很远的两地，券之合与不合易辨，人之是否其人则很难识别。商贾流动不居，乍来即去，怎么能让支付者认识不误呢？这种合券乃取的方法把信用向前推进了一大步，使“认票不认人”的信用票据树立起它的权威，人们于是有可能不立即要求兑取铜钱，而辗转把它用作支付手段。这样，它就和后来的楮币接近了。《宋史·食货志》记述会子与交子的头一句便说：“会子、交子之法，盖有取于唐之飞钱。”可谓直溯其源，最能得其演进之实。[2]

---

[1] 《唐会要》卷88。
[2] 李埏：《从钱帛兼行到钱楮并用》，载《宋史研究论文集》，上海：上海古籍出版社，1982年。

第二节　隋唐时期商品市场：以茶叶市场为重点

一、商品流通的扩大

唐代卷入远距离贸易的大宗商品，数量和品种都有明显增加。茶叶是前所未见的商品，中唐以后迅速崛起，形成新的市场，并由南方向北方运销，蔚为规模；蔗糖是又一新兴商品，南朝时甘蔗主要用榨法制作蔗浆，唐代川蜀、岭南及江南开始蔗糖制作和销售；商品粮，由短程贩运开始了长途运销；丝织品，因为江南生产基地的兴起，流通地域与规模扩展；瓷器窑址增加，日常生活用器具越来越多地流入市场；“凡货贿之物，侈于用者，不可胜计。丝帛为衣，麻布为囊，毡帽为盖，革皮为带，内邱白瓷瓯，端溪紫石砚，天下无贵贱通用之”。李肇《唐国史补》此语，正是唐代民生用品数量增多、流通扩大的真实写照。其中“天下无贵贱通用之”，可深值注意，它意味着，由于运输成本与交易成本的降低，一些商品的流通越来越普及，一些过去仅能为少数人享用的奢侈品或高档商品，被越来越多的人所使用，从而转化为普通的民生用品。与此相对照，有一些商品，最初只是地区性的，或者是部分“下等人”才使用的，不登大雅之堂，随着其消费的推广与流通的扩大，逐渐普及开来，成为市场广大的民生用品，茶叶就是此类商品。商品构成的这些变化，在市场史具有其突出意义。

大多数商品的远距离运销，资料的缺乏使我们已难于详为勾勒，只能从部分商品零星的记载中窥其踪影。

商品粮的运销，主要表现于农民、地主及商人将农村剩余粮贩往州县城市，而城市中则有专门的坐贾贩粜，这种情况在唐代是普遍的。长距离的商品粮运动，原来主要依靠政府的调拨，刘晏推行的常平仓制就是其最高体现。粮食属于体重价贱的商品，商人进行长途贩运，运输成本过高，商人资本无力承担，故有“千里不贩籴”之谚。唐中后期，商人卷入商品粮的远距离贸易，刘晏《致元载书》论官府漕运时，谈到“楚帆越客”，直抵长安。宣州、歙州一带，地狭谷乏，皆他州来，宪宗时旱灾，“商人舟米以来者相望”。[1]商人的这

[1]　李翱：《卢公行状》，《全唐文》卷640。

一作用已受到朝廷的重视。开元二年(714)敕令:“年岁不稔,有无须相通,所在州县,不得闭籴。”[1]太和八年(834)下诏曰:“岁有歉穰,谷有贵贱,故其轻重,须使通流,非止救灾,亦为利物。”因此常令地方官吏“许商贩往来,不得止遏”。[2]商品粮的远距离贸易地域延展逐渐扩大。太和三年,河南、河北诸道频年水患而饥荒四起,江淮诸郡,所在丰稔,但因为地方官吏的遏籴而使“商旅不通,米价悬异”。朝廷严令之下改变了这种局面,南方米谷源源北上,“河南通商旅之后,淮南诸郡,米价渐起,展转连接之处,直至江西、湖南、荆襄已来,并须约勒”。[3]不过,终唐之世,政府的粮食调拨仍是粮食地区调节的主要手段,商品粮的远距离贸易仅限于通过市场进行地区间的丰歉调节,而且这种作用仍然有限,元和年间湖南境内“丰年贸易不出境,邻部灾荒不相恤”的情形,仍具有一定的普遍性。

丝织业,唐前期仍以北方遥遥领先,盛唐时的户调绢绵州数,河南道28州、河北道25州,都在其列,全无例外,而其他同级行政单位,最多只有1/3的州有户调绢绵。河南、河北两道各州的贡赋丝帛,数量最多,而且囊括八个等级绢中的前四等,尤以河南道为佳。剑南道和江南道殿后。这种格局中唐以后起了变化。吴绫、缭绫、越罗等江南织品经唐代诗人们的吟咏而获得崇高的声誉,白居易《缭绫》诗:“……天上取样人间织;织为云外秋雁行,染作江南春水色……异彩奇文相隐映,转侧看花花不定。……缭绫织成费功绩,莫比寻常缯与帛。”蜀郡丝织品历史悠久,织造精细,章彩绮丽,足以与中原比美,《隋书·地理志》谓“人多工巧,绫锦雕镂之妙,殆侔于上国”,其中尤以蜀锦名重天下,杜甫《白丝行》有谓“越罗蜀锦金粟尺”。

瓷器使用更为普及,瓷制茶具、餐具、酒具、文具、玩具、乐器以及实用的瓶、壶、罐、盘、碗等各种器皿,无所不备。唐代瓷器形成以浙江越窑为代表的青瓷和河北邢瓷为代表的白瓷两大瓷窑系统,窑址遍及南北各地。[4]瓷器品种的增加尤其是实用性的增强,表明瓷器流通的扩大。

---

[1]《唐会要》卷90。
[2]《册府元龟》卷502。
[3]《唐大诏令集》卷111,令御史巡定诸道米价敕。
[4] 详见冯先铭:《中国陶瓷》,上海:上海古籍出版社,1994年,第2章。

在商品市场尚不发达的唐代，食盐是一项突出的大宗商品，由于其巨额利润，盐商处于官府的控制之下，但走私贩运者屡禁不绝，黄巢就是其中之一。木材，常常是自山区顺江河而下至平原与城镇，运输成本较低，长途贩运较多。南北方的水果互为对流，在徐州河面上曾发生南北果船相撞的史实，那是南运苏州的郑州刘某梨船，与逆向北运郑州的苏州宏某橘船。[1]甚至鲜鱼这种鲜活产品也卷入长途贩运，宣州渔商刘成，以“巨舫载鱼蟹，鬻于吴越间”。[2]在众多的商品中，引人注目而具有历史意义的商品当推茶叶。

南方各种商品源源北上，如广陵锦、镜、铜器，丹阳之京口绫衫缎，晋绫之折造官绫绣，会稽之铜镜、罗、吴绫、绛纱，豫章之名瓷、酒器、茶釜、茶铛、茶碗，宣城的纸笔，吴郡的方文绫等。[3]

图3-2 〔唐〕阎立本：《斗茶图卷》

二、茶叶市场的异军突起

茶叶、咖啡和可可是世界上三大饮料。其中，茶叶的历史最为悠久，且长

[1] 《全唐文》卷985，对梨橘判。
[2] 《太平广记》卷470。
[3] 唐长孺：《魏晋南北朝隋唐史三论》，武汉：武汉大学出版社，1992年，第317页。

盛不衰。魏晋南北朝南方形成的饮茶风尚风靡全国，甚至塞外少数民族也嗜好茶茗。唐中叶以后，城镇居民、贩夫走卒及村野农夫都大量消费茶叶。

茶叶由一种地区性的消费品，逐渐成为全国范围内的大宗商品，这一进程发生于唐代。杨煜《膳夫经手钞》述其源流道："茶，古不闻食之，近晋宋以降，吴人采其叶煮，是为茗粥。至开元、天宝之间，稍稍有茶，至大历遂多，建中以后盛矣。"茶叶逐渐成为民众的日常需求，正如《旧唐书·李珏传》所说："茶为食物，无异米盐。人之所资，远近同俗。既祛渴乏，难舍斯须。田闾之间，嗜好尤切。"需求的广泛与普遍造就了广大的茶叶市场。起先，"南人好饮之，北人初多不饮"，开元以后，北方人转相仿效，遂成风俗，"自邹鲁沧棣至京邑城市，多开店铺，煎茶卖之。不问道俗，投钱取饮"。[1]到唐末，又从中原传至塞外，贞元以后，回纥开始驱马易茶，西南的吐蕃，靠近最大茶叶产地之一的四川，也成为川茶的一大销售市场。

饮茶之风在六朝既已出现，可是茶的种植不广，原因是当时的农业生产力还不足以大量生产这种经济作物。直到中唐之际，茶叶才能发展起来。据陆羽《茶经》所载，唐朝肃、代之际，产茶地区已扩及十道中的八道，多至40余州，主要分布于南方。《册府元龟》开成五年崔珙上《禁茶户盗卖私茶奏》称："江南百姓，营生多以种茶为业。"歙州山多而田少，"山且植茗，高下无遗土。千里之内，业于茶者七八矣。由是给衣食，供赋役，悉恃此祁之茗"。[2]

茶叶可以说是一种天然的商品，生产者自食并不多，大量都是抛入市场。这种产品不仅商品性很强，而且其交换方式与其他农业生产物又有区别。许多农家剩余品，都是有无相易，一经易手，就进入消费过程。在这种交换方式中，买卖两极面对面地出现在市场上，用不着什么人厕身其间为之媒介。茶叶这种商品，产地在川蜀江淮，而销售却远及北国、吐蕃、塞外，没有商人的中介便无法流通。

南方各地生产的不同等级、不同种类的茶叶产品大量投入市场。据李肇的记载，当时的名优茶品种已有30种左右："风俗贵茶，茶之名品益重。剑南

---

[1] 封演：《封氏闻见录》卷6。
[2] 张途：《祁门县新修阊门溪记》，载见《全唐文》卷802、《文苑英华》卷813、宋代《新安志》。

有蒙顶，石花或小方或散芽，号为第一；湖州有顾渚之紫笋；东川有神泉小团、昌明兽目；峡州有碧涧明月、芳蕊、茱萸簝；福州有方山之露芽；夔州有香山；江陵有楠木；湖南有衡山；岳州有灉湖之含膏；常州有义兴之紫笋；婺州有东白；睦州有鸠坑；洪州有西山之白露；寿州有霍山之黄芽；蕲州有蕲门团黄，而浮梁之商货不在焉。"[1]又，杨华在《膳夫经手录》中对大中时期投入市场的茶叶及其产地、特点、主要销售区域、年产销量有较为详细的论述，大致反映出了唐代的茶叶商品情况，对我们认识市场的客体有较大意义。朱自振据此制成《唐大中前后茶叶产销表》，[2]转录于下：

表3–1　唐大中前后茶叶产销表

茶　名	产　地	茶叶特点	主要销售区域	每年产销量
新安茶	蜀蒙顶不远	多而不精	春时供本地饮用	
蜀茶	《茶经》剑南茶区	至他处芳香滋味不变	南走百越北临五湖（今太湖流域）	谷雨后岁取数百万斤，散落东下
浮梁茶	饶州、歙州、江州一带	味不长于蜀茶	关西、山东	其于济人，百倍于蜀茶
蕲州、鄂州、至德茶	鄂岳宣歙观察使的部分地区	方斤厚片	陈、蔡以北，幽、并以南	其收藏、榷税倍于浮梁
衡州茶	衡州	团饼而巨串	潇湘至五岭更远及交趾	岁取十万
潭州茶、阳团茶、渠江薄片、江陵南木、施州方茶	今长沙和川鄂湘黔接壤区	味短韵卑	唯本地及江陵、襄阳数十里食之	
建州大团	建州	状类紫笋味极苦	唯广陵、山阳人好尚之	

[1]〔唐〕李肇：《唐国史补》卷下，杭州：浙江古籍出版社，1986年。
[2] 朱自振：《茶史初探》，北京：中国农业出版社，1996年，第54页。

（续表）

茶 名	产 地	茶叶特点	主要销售区域	每年产销量
蒙顶茶	蒙山周围*	品居第一		岁出千万斤
歙州、祁门、婺源方茶	歙州、婺州	制置精好	梁、宋、并诸州	商贾所赍，数千里不绝于道路

注：疑误。查阅《辞源》"蒙山" 条云："山名，在今四川名山县北界。" 此处应为蒙山周围。

茶叶带来的巨额利润，使自诩为不与民争利的政府也跃跃欲试。政府不断加重征税，唐德宗建中三年（782）始税茶，旋罢，贞元九年（793）复税，以三等定价，十税其一，税得40万缗，说明当时的贸易额已达400万缗以上。以后税率有所增加，税额逐年上升，大中年间，年税茶额达到60多万贯，文宗太和时，年收100万贯。茶税的征收和增加，反映国内茶叶贸易的扩大。唐政府还一度实行榷茶，到了宋代，茶的贸易更加发达，榷茶税收成了国家财政的一项重要收入。

茶作为一种异军突起的商品，在中国经济史上是值得大书特书的，其重要性，只有汉代盐铁、明清棉布可与之相匹。茶叶在唐代的影响牵涉国计民生，远远超过一般商品。据业师李埏先生讲授，茶叶，从它的生产、运销、市场等各方面来看，都具有与其他商品不同的独特性与新异性。

茶叶的突出特点是适应面广，既可以是小农家庭的细小经营，也可以是茶园大规模种植。一方面它极适应于小农的个体生产，是一种天然的小商品生产，与小农经济的细碎性、分散性紧相一致，可以无限地细碎，小至一株两株，栽种于田塍岗边，只要有一寸土地就可以种植。既可以在丘陵种植，也可以在高山栽培，它在南方比其他任何经济作物都普遍。例如甘蔗、漆等，在南方都受到气候、土壤、地势各种条件的制约。又如瓷器，其生产主要集中于为数有限的几大名窑，而茶则可以普遍存在于穷乡僻壤。

因此茶叶很快成为一项大宗商品。这项大宗商品，又具有其他大宗商品所未曾具备的特殊社会经济意义。战国秦汉传统市场初兴时期，大宗商品首推盐铁，但盐铁都不是小农家庭个体生产所能胜任的，至少不是小农家庭所能普遍生产的,因而不能带动农民广泛卷入商品经济之中。茶叶却将个体农民广泛卷入商品生产之中,因而其意义就不可同日而语。

茶叶的加工制作的技术是多层次的,既可以是简单粗略的加工,也可以是精细考究的深加工。如果说瓷器足以代表当时的工艺高度,但不能代表手工业的广度,那么,茶叶加工则既体现了手工业的高度,又体现了其发展的广度。

茶作为饮料,其必需的程度,北方超过南方,尤其是塞外的游牧民族常摄入大量脂肪,饮用茶叶极有利于消化。因此当南方茶叶的生产增加、中原的消费普及之后,饮茶之风便在塞外迅速流行,中国的茶叶源源流向塞外。中国境内农业民族与周边的游牧民族之间的交易,唐以前是绢马贸易,唐后期则一变而为茶马贸易。绢在游牧民族中的市场并不大,它受到革质品的排挤。茶叶则没有其他商品可以替代,并且只有中国南方才有生产。通过茶叶这项特殊商品,中原王朝可以对周边民族实行羁縻政策。而茶叶因为拥有塞外这个广阔而稳定的市场,在南方的生产便持续而稳定地扩大。秦汉时期的大宗商品盐铁,缺乏茶叶那样的独特条件,没有那样广阔的市场,尤其是国外市场,因此它们的发展就难以产生茶叶那样深远的影响。

茶叶这项商品的广泛流通又带动了其他商品的生产与流通。例如瓷器,六朝时瓷与陶的区别不显明,唐代瓷器的生产有很大发展,这不能不与饮茶之风的带动紧密相关。因为,饮茶需要器皿,这种器皿首推瓷器。饮茶愈广泛,瓷器的生产就愈推广;品茶愈考究,瓷器的制造就愈精美。

第三节　唐代职业商人的成长

一、隋唐交通运输的进步

隋代开大运河,完成了中国历史上影响深远的伟大工程,自此大运河成为中国南北交通的首善之要道。运河水面宽阔,两岸为大道,种榆柳,树荫相交,南北船只畅达。唐代诗人李敬方《汴河直进船》吟咏道:“汴水通淮利最多,生人为害亦相和。东南四十三州地,取尽脂膏是此河。”史家述其伟大功绩道:

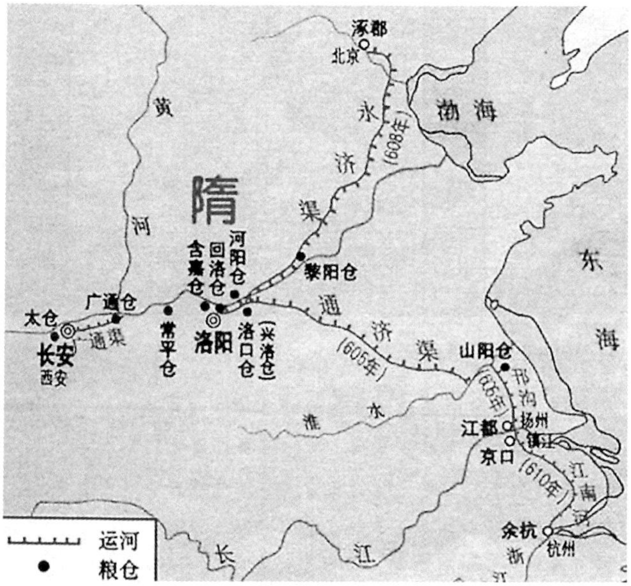

图3–3　隋代运河路线

“自扬、益、湘南至于交、广、闽中各州，公家运漕，私行商旅，舳舻相继。隋氏虽作劳，后世实受其利也。”[1]自此以后，历宋、元、明、清，大运河都成为南北交通的枢纽。在沟通南北市场的作用方面，大运河的历史功绩是无与伦比的。天然河道的航运也得到开拓，《旧唐书·职官志》云，长江、黄河之外，“若渭、洛、汾、济、漳、淇、淮、汉，皆亘达方域，通济舳舻，从有之无，利于生人者也”。《旧唐书·崔融传》记水路交通运输：“天下诸津，舟航所聚，旁通巴汉，前指闽越，七泽十薮，三江五湖，控引河洛，兼包淮海，弘舸巨舰，千舳万艘，交贸往返，昧旦永日。”水运的开发使之在交通运输业中的地位上升，《唐国史补》卷下云：“天下货利，舟楫者居多。”

陆路交通方面，隋朝结束分裂局面，在全国范围内堑山堙谷，大修驰道，唐朝又在此基础上修复、扩展，形成以长安、洛阳为中心的官道网络。在一些地形险绝的山区，也新修了道路，如汉沔经商山达长安的商於路，原来是“行路

[1]《元和郡县图志》卷6。

艰辛,僵仆相继”,[1]几经修筑后改善,“人不滞留,行者为便”。秦蜀间新修了斜谷路,使“商旅及私行者,任取稳便往来”。[2]

物流设施也大有进步。在北方,东起宋、汴,西至岐、凉,南自荆、襄,北达太原、范阳,《通典》卷7载:“夹路列店肆,接客酒馔丰溢。每店皆有驴赁客乘,倏忽数十里,谓之驿驴。”物流设施便利商旅货物往来。长安、洛阳等城市的物流设施更为完备,长安东西两市,“四面皆立邸,四方珍奇,皆所积集”。洛阳南市,除三千余肆外,“四壁有四百余店,货贿山集”。[3]这种邸、店,就是仓储设施。著名的洛阳含嘉仓,考古发掘其面积达43万平方米,倚靠外郭城墙,400多个仓窖排列整齐,东西成排,南北成行,井然有序。仓窖进行过防潮处理,第160号窖至今还保留着炭化的小米25万公斤左右。含嘉仓是国家粮库,与市场关系稀疏,却代表着隋唐仓储的最高水平。

城乡市场网点增多,商旅食宿条件改善。主要商道旁,“皆有店肆,以供商旅”。汴洛间板桥镇有个三娘子的店舍,“多有驴畜,往来公私车乘有不逮者,辄贱估其价以济之……故远近商旅多归之”。[4]这种高水平的服务设施很可能是个别的现象,但唐代各地物流条件的改善则是较为普遍的。在汉代,长途旅行者多必须自备川粮,唐代盛时,至少在贞观、开元时,这种状况有了改变,《贞观政要》载:“行旅自京师至岭表,自山东至沧海,皆不赍粮,取给于路。”《开天传信录》也有“行者不赍粮”的记载。这是一个相当大的进步。当然,唐代欠开发地区仍很广,自然条件对交通运输的制约仍很强烈。如川陕商路在兴元一带,《太平广记》卷433说“杜绝人烟,鸷兽成群,食啖行旅”,商旅不得不“路眠野宿”,通常必须十余辈少壮持刀杖同行,以防备猛兽的袭击。据记载,野兽侵袭商旅在不少地区时常发生。即使在河南府,交通状况也不尽如人意,“盖缘府界阔远,山谷重深,自春多雨,马蹄又软,驱驰石路,跷蹄实多”。[5]在这种交通条件下,商业风险度很大,而商人们仍艰难地开拓着

[1] 《册府元龟》卷697。
[2] 《唐会要》卷86。
[3] 分见宋敏求:《长安志》卷8;徐松:《唐两京城坊考》卷5。
[4] 《太平广记》卷286。
[5] 《文苑英华》卷624,《河南府奏论驿马表》。

各地商品市场。

水陆交通与物流设施的进步，带动了运输业的展开。《唐国史补》记载了渑池道中商旅车马运输的景象："渑池道中，有车载瓦瓮塞于隘路。属天寒，冰雪峻滑，进退不得。日向暮，官私客旅群队，铃铎数千，罗拥在后。"在冰雪天气中，渑池道仍是商旅成群，车马结队，竟至铃铎数千，运输之繁忙可见一斑。

交通运输的发展，推动了商品流通的扩大，商人往返于各地之间。以江西与扬州为例，扬州的盐铁、江西的茶米对流之外，其他商品，如"豫章诸县尽出良材，求利者采之，将至广陵，利则数倍。"[1]往返两地之间的商人，寻检史籍，著名者如：《旧唐书·高骈传》载鄱阳人吕用之，"世为商侩，往来广陵，得诸贾之欢。"顾起元《客座赘语》卷6载，南昌谢某与安徽历阳段某结为亲家，往来江湖间，南昌周迪，亦携妻远行，往来广陵。李肇《唐国史补》载，船商俞大娘，"航船最大，居老养生送死婚娶，悉在其间。开巷为圃，操驾之工数百。南至江西，北至淮南，岁一往来，其利甚博"。

二、职业商人的活动

1. 活跃的商人群体

魏晋南北朝时期的官僚世族经商，隋唐时仍然存在。如玄宗天宝年间，"郡县官僚共为货殖，竞交互放债侵人，互为征收，割剥黎庶"。武宗会昌年间，"朝列衣冠，或代承华胄，或在清途，私置质库楼店，与人争利"。[2]军将营利尤为突出。唐后期藩镇势力膨胀，军将经商日趋严重。王处存之父籍神策军，"善兴利，乘时贸易，由是富拟王者仕宦，因赀而贵"，其事载于《旧唐书》本传。《通鉴目录》载德宗时，"诸道节度使观察使，以广陵南北之要冲，百货所集，多以军储货贩，列置邸肆，名为军用，实私其利焉"。至唐末，节度使割据称雄，这种现象也就与魏晋南北朝时期相差无几了。

不过，官僚贵族在唐代商人队伍中已不占主导地位，职业商人成长起来，

[1] 《资治通鉴》卷226。
[2] 分见《唐会要》卷69、《文苑英华》卷429。

在市场上日趋活跃。姚合《庄居野行》描述道:"客行野田间,比屋皆闭户。借问屋中人,尽去作商贾。官家不税商,税农服作苦。居人尽东西,道路侵垅亩。采玉上山岭,采宝入水府。"大商人势力尤引人注目,《太平广记》所载不少,卷495有唐初长安富商邹凤炽,"其家巨富,金宝不可胜计,常与朝贵游。邸店园宅,遍满海内,四方物尽为所收,虽古之猗白,不是过也"。卷499有唐末江陵郭七郎,"其家资产甚殷,乃楚城富民之首。江淮、河朔间,悉有贾客仗其货贸易往来者"。卷187有裴先,"徙北庭,货殖五年,致资财数千万"。扬州家具商,一次运往建康的家具就达20万钱。白居易说:"商贾大族乘时射利者日以豪富,田垄疲人望岁勤力者日以贫困。劳逸既悬,利病相诱,则农夫之心,尽思释耒而倚市;织妇之手,皆欲投杼而刺文。"[1]

唐代的贩运商游走四方,居无定所,行无定方,唐代几位著名诗人的作品以此为内容:

> 元稹《估客乐》:"估客无住著,有利身则行。"
>
> 张载《贾客乐》:"年年逐利西复东,姓名不在县籍中。"
>
> 刘禹锡《贾客词》:"贾客无定游,所游唯利并。"
>
> 白居易《盐妇行》:"南北东西不失家,风水为乡船作宅。"

贩运商人游走不定,趋利而往的特征,正是唐代市场不稳定的产物。市场需求变动不居,商品流向随时变化,很少具有稳定需求与供给的大宗商品的远距离贸易,商人也只能随机应变,四处谋利。

> 张籍诗云:"金陵向西贾客多,船中生长乐风波。欲发移船近江口,船头祭神各浇酒。停杯共说远行期,入蜀经蛮远别离。"
>
> 元稹诗云:"求珠驾沧海,采玉上荆衡。北买党项马,西擒吐蕃鹦。炎洲布火浣,蜀地锦织成。越婢脂肉滑,奚僮眉眼明。通算衣食费,不计远

[1]《白居易集》卷63,策林二息游惰策。

近程。经游天下遍……"

商人们辗转奔波，一年四季闯荡东西南北，牺牲稳定的居家生活，风雨兼行，四处为家，以船作宅，以水为乡。唐代著名诗人还创作了不少以商人妻妾为题材的诗，从中亦反映出商人的艰辛不易。李白《江夏行》："……为言嫁夫婿，得免长相思。谁知嫁商贾，令人却愁苦。……去年下扬州，相送黄鹤楼。"白居易除《盐妇行》外，《琵琶行》更为人所熟知，此不赘引。刘得仁《贾妇怨》尤为深刻："嫁与商人头欲白，未曾一日得双行。任君逐利轻江海，莫把风涛似妾轻。"从贾妇爱怨交织的内心独白中，商人的艰辛跃然纸上。

面对纷繁复杂的市场，商人们绞尽脑汁，苦心经营，才能在不规范、欠发展的市场中谋利。刘禹锡《贾客词》所咏相当精彩：

……眩俗杂良苦，乘时取重轻。心计析秋毫，摇钩侔悬衡。锥刀既无弃，转化日已盈。邀福祷波神，施财游化城。……趋时鸷鸟思，藏镪盘龙形……

韩愈《论变盐法事宜状》也说，商人售卖，灵活多样，既可用现钱，也可用绢帛，还可以赊籴，见机行事。商人为利不以巨细，不辞劳苦，穷乡僻壤，乃至三五户散居之深山幽谷，也能肩挑背负而至。正是通过苦心经营，商人们才能实现"所费百钱本，已得十倍赢"，"子本频蕃息，货贩日兼并"。

在当时以农为价值取向的标准看来，商人自然被视为食利者。其实从诗中可见，他们不择地区，只要有利润他们就不顾路途远近前往，他们贩卖商品，细大不捐，锥刀不弃，转运贩售，求取盈利。他们必须随时观察市场行情与世俗差异，以乘时取利。一有商机，他们便会如鸷鸟一样迅捷。他们斤斤计较，不遗锱铢秋毫之利。诗人说他们"行止皆有乐"，个中的辛酸，诗人又怎能体会到呢？

2. 茶商

茶商在唐代已成为一支专业商人队伍。江淮一带，"茶熟之际，四远商人，皆将锦绣缯缬、金钗银钏，入山交易。妇人稚子，尽衣华服，吏见不问，人见不惊。”江淮茶叶成为劫贼觊觎的目标，“濠、亳、徐、泗、宋州贼，多劫江南、淮南、宣润等道，许、蔡、申、光州贼多劫荆、襄、鄂、岳等道。劫得财物，皆是博茶，北归本州货卖，循环往来，周而复始。更有江南士人，相为表里，校其多少，十居其半”。[1]唐后期藩镇各自为政，混乱状态下涌现的劫贼，或许是地方势力，或许是武装商人集团，总之都是通过抢劫财物获得资本来经营茶叶贸易。官府榷茶后，茶叶走私更盛，“凡千万辈，尽贩私茶”，或聚徒党颇众，而官府场铺人吏，皆与通连勾结，以致“正税茶商多被私贩茶入侵夺其利”。[2]上引张途一文还说，歙州茶，“色黄而香，贾客咸议，愈诸四方。每岁二三月，赍银缗缯素求市，将货他郡者，摩肩接迹而至”。商贩们或乘负、或肩荷、或小辙，先以轻舟寡载，然后就其巨舶，运销远方。北方，“其茶自江淮而来，舟车相继，所在山积，色额颇多”。[3]在另一大产茶区四川，茶商源源不断地将茶叶运往陕西等地，晚唐时成为当地一大财源，高骈《桂苑笔耕集》卷2说：“西川富强，只因北路商旅，托其茶利，赡彼军储。”湖南也是如此，茶利成为五代马殷政权财政收入的一大支柱，“于中原卖茶之利，岁百万计”。[4]中晚唐时，以贩茶而成为巨商者不乏其人。例如《广陵妖乱记》载，吕璜“以货茗为业，来往于淮浙间，时四方无事，广陵为歌钟之地，富商大贾，动逾百数。璜明敏善酒律，多与群商游”。《唐阙史》卷下载，洛阳商人王可久，“岁鬻茗于江湖间，常获丰利而归”。

各种类型的茶商便来回奔波于各个网结之间从事茶叶的贸易贩运。《太平广记》卷24记载，唐天宝年间，“有刘清真者，与其徒二十人于寿州作茶，人致一驮为货，至陈留遇贼”。[5]吕用之的父亲也是一个往来南北各地的茶商，“以货茗为业，来往于淮浙间”。[6]茶叶商品假商人之手运销到了各个地方，茶商也因此获取了厚利：“先是有估客王可久者，膏腴之室，岁鬻茗于江湖间，常

[1] 杜牧：《樊川文集》卷11，上李太尉论江贼书。
[2] 裴休：《请革横税私贩奏》，载《全唐文》卷743。
[3] 封演：《封氏闻见录》卷6。
[4]《旧五代史》卷133。
[5]〔宋〕李昉等：《太平广记》卷24，《刘清真》引《广异记》，中华书局点校本。
[6]〔宋〕李昉等：《太平广记》卷290，《吕用之》引《妖乱志》，中华书局点校本。

获丰利而归。”[1]在此种情况下，商人甘愿别妻离子，远离家乡，将主要精力用于茶叶贸易中去。浮梁在唐代即是一著名产茶区，白居易在其名作《琵琶行》中描述了商人别离妻子到浮梁买茶的情形：“老大嫁作商人妇，商人重利轻别离，前月浮梁买茶去，去来江口守空船。”[2]婺源方茶因制作精美，不杂木叶，前来贩买的茶商众多：“自梁、宋、幽、并间人皆尚之，赋税以入，商贾所赍，数千里不绝于道路。”[3]

茶商不辞劳苦地深入茶叶产区直接与茶园户进行茶叶交易。唐人张途曾生动地描述了咸通年间茶商到祁门县收购茶叶的热闹情景：“每岁二三月，赍银缗缯素求市（茶叶），将货他郡者，摩肩接迹而至。虽然其欲广市多载，不果遂也。或乘负，或肩荷，或小辙，而陆也如此。纵有多市，将泛大川，必先以轻舟寡载，就其巨艎。”[4]其中既有肩挑背负、做小本生意的小商小贩，也有财力雄厚，广市多载且用巨艎运输的大茶商。其他茶区的茶叶贸易也不逊色，每到春季新茶上市，富商大贾、中小商人便云集茶山向园户收购茶叶：“盖以茶熟之际，四远商人，皆将锦缯缬金钗银钏，入山交易，妇人稚子，尽衣华服，吏见不问，人见不惊。”[5]甚至一些劫江贼获异色财物后也入山博茶，贩运四方。深入茶山直接与园户交易的商人有不少是私贩商人，他们为逃避官府征收茶税，不惜违法冒禁，铤而走险。宣宗即位后，唐政府加强了对茶叶贸易的管制，“是时江吴群盗，以所剽物易茶盐，不受者焚其室庐，吏不敢枝梧”。[6]唐武宗开成五年，盐铁司奏文云：“伏以兴贩私茶，群党颇众，场铺人吏皆与通连，旧法虽严，终难行使，须别置法。”[7]

3. 面向官场的投资与放贷行为

市场秩序发育有限，尤其是官僚与衙门，既成为商人的“合作”对象，也成

[1]〔宋〕李昉等：《太平广记》卷172，《崔碣》出《唐阙史》，中华书局点校本。
[2]〔唐〕白居易：《琵琶行》，《全唐诗》卷435，中华书局排印本。
[3]〔唐〕杨华：《膳夫经手录》，碧琳郎馆丛书本。
[4]〔唐〕张途：《祁门县新修阊门溪记》，《全唐文》卷802，中华书局影印本。
[5]〔唐〕杜牧：《上李太尉论江贼书》，《全唐文》卷751，中华书局影印本。
[6]〔宋〕欧阳修等：《新唐书》卷54，《食货志》，中华书局点校本。
[7]〔宋〕王钦若等：《册府元龟》卷494，《邦计部·山泽二》，中华书局影印本。

为投资对象,还是其顾客群体。

商人交游权贵,打通关节,商人与官吏勾结,各得其所,元稹《估客乐》对此进行了细致的描述:

> 经游天下遍,却到长安城。城中东西市,闻客次第迎。迎客兼说客,多财为势倾。客心本明黠,闻语已先惊。先问十常侍,次求百公卿。侯家与主第,点缀无不精。归来与安坐,富与王者勍。市卒酒肉臭,县胥家舍成。

投靠军将是商人们寻求庇护扬长避短的又一手段。唐前期韩愈就揭露过军吏与商人勾结的事实:"坐坊市卖饼,又称军人,则谁非军人也?愚以为必奸人以钱财赂将吏,盗相公牒,窃注名姓于军籍中,以陵驾府县。"[1]天宝时,"六军诸卫之士,皆市人白徒。富者贩缯采、食粱肉,壮者角抵拔河、翘木扛铁,日以寝斗"。[2]建中年间,军籍由"市井富儿赂而补之,名在军籍受给赐,而身居市廛为贩鬻"。[3]京城"屠沽商贩多系名诸军,干犯府县法令,有罪即逃入军中,无由追捕"。[4]商贾以军籍而逃避赋税贡纳,以军将为靠山,免受他人欺压,并能获取有利的条件。有的富商还通过从军获得入仕的途径。

从商人社会地位的演变过程中,唐代市场的革命性发展得到突出的表现,这方面已有不少研究成果。[5]隋唐法律规定:"工商之家不得预于仕,食禄之人不得与下人争利。"又《旧唐书·职官志》:"凡官人身及同居大功已上亲,自执工商,家专其业",皆不得入仕。唐前期很难看到商贾任官的事例,而中唐以后,随着各方面形势的变化,唐政府对商人政策也做了相应的调整,从纯粹的抑商开始向保护经商过渡。例如,政府提倡、保护通商;禁止向商人征收杂税及摊派杂役;保护商人合法经营权,禁止侵犯商人经营的行为。甚至商人可

---

[1] 韩愈:《昌黎先生集》卷2,《上留守郑相公启》。
[2] 《唐会要》卷72,军杂录。
[3] 《资治通鉴》卷228。
[4] 《唐语林》卷1,政事上。
[5] 张剑光、邹国慰:《唐代商人社会地位的变化及其意义》,《上海师范大学学报》1989年第2期。林立平:《唐宋商人社会地位的演变》,《历史研究》1989年第1期。

以参加科举考试，入仕做官，或购买官职。国家对待商人与其他庶民百姓的政治待遇趋于平等，而商人的社会地位，从"四民分"至"四民不分"的转变中得到明显提高。尽管贱商观念与贱商政策仍在发生影响，但商业同其他行业的地位，及商人与编户齐民的身份都开始出现趋向平等的变化。商贾势力壮大，社会作用全面展现。

商人与士大夫密切交往乃至入仕，如《开元天宝遗事》载："长安富民王元宝、杨崇义，郭万全等，国中巨豪也。各以延纳四方多士，竞于供送。朝之名僚，往往出于门下，每科场文士集于数家，时人目为豪友。"

这些富商实际上是专门投资官场，以获取来自特权与政府资源的未来回报。吕不韦"奇货可居"的投资及回报，唐代一点也不逊色。向官场放贷，以满足求取功名的投资取向，这是唐代投资性借贷的形式之一。为求晋升而贿赂所需的费用，为赴考或候选而假贷旅宿的费用，干谒访求费用，为赴任、充使而举取行旅和排场费用，甚至长途旅行过程中的贸易资本，都可能来自借贷。[1]譬如唐后期的"债帅"，即通过借贷而贿赂得到节度使，带息债赴镇到任者：

> 自大历后，择帅悉出宦人中尉，所输货至巨万，贫者假贷富人，既得所欲，则椎断膏血，倍以酬息，十常六七。[2]

有的官员赴任也要借贷，"选人官成后，皆于城中举债，到任填还，致其贪求"。武宗二年李德裕由此上书加给俸料，"望许连状相保，户部各借两月加给料钱，至支给时除下。所冀初官到任，不带息债，衣食稍足，可责清廉"。[3]

面向官府的放贷，一方面是因为政府控制资源诱使商人投资，另一方面也是因为唐代民间借贷市场的存在。官方法定利率低，民间的利率则在两倍以上，居高不下，货币利率常在月息10%以上，谷物借贷利率则惯用倍称

[1] 罗彤华：《唐代民间借贷之研究》，台北：台湾商务印书馆，2005年。
[2] 《新唐书》卷171。《通鉴》卷243亦载此事："其禁军大将高资者，皆以倍称之息，贷钱于富室，以赂中尉，动逾亿万，然后得之。"
[3] 《李德裕文集校笺》卷12，《论河东等道比远官加给俸料状》。

之息。[1]

唐代职业商人队伍在成长,但主要是相对于魏晋南北朝时职业商人的长期缺乏,才显得格外引人注目。总的说来,唐代的商人活动的舞台仍不够宽广,商人资本集中的商品种类主要是:奢侈品,所谓“求珠驾沧海,采玉上荆衡”;盐,刘禹锡称“五方之贾,以财相雄,而盐贾尤炽”;及新起的茶等有限的几种商品。粮食、纺织品等流通不广,商人资本卷入无多。

商人资本在市场上的影响亦有限,一个明显的事实是,直到两税法后,唐政府才征收商税。为什么唐政府长期没有征收商税呢?其中一个重要原因,就是在均田制与坊市制市场体制下,商业的发展仍停留在较低的水平,否则,唐政府是不会坐视利源不顾的。刘晏这样高明的理财家,也断然不会视而不见,而只是从盐利入手增加财政收入。这至少说明,民间市场的低落,使利源征收远不及盐一项商品。盐一项商品在整个商品市场上占有异乎寻常的地位,正说明整个商品市场的欠发达。另一个重要原因,就是官营商业在市场上占有重要地位,通过回易、公廨钱、盐酒专卖等等,官府垄断巨额商业利润,限制了民间市场的发展,同时,唯因商业由政府所为,商税的征收在体制上也就不必要了。

三、政府卷入市场的活动

政府通过均田制控制土地,并通过与之配套的租庸调制来控制劳动者。均田制下的农民,从国家获得维生的土地,同时将生产物以租税的形式交纳给政府。此外农民还对国家承担种种义务,其中最主要的就是兵役,这就是与均田制、租庸调制互为表里的府兵制。农民必须充任府兵,自备马匹、武器与衣装。最初由政府给钱25 000文,到市场上购买,后来衍变为一种义务。为此他们不得不“卖舍贴田,以供王役”。在此过程中,常常“拆屋卖田,人不为售,内雇生计,四壁皆空”。[2]

[1] 罗彤华:《唐代民间借贷之研究》,台北:台湾商务印书馆,2005年,第89页。

[2] 《魏书·食货志》载有一段史实:地方税物雇车牛送京时,“略计华州一车,官酬绢八匹三丈九尺,别有私民雇价布六十匹。河东一车,官酬绢五匹二丈,别有私民雇价布五十匹。……又租一乘,官格四十斛成载,私民雇价,远者五斗布一匹,近者一石布一匹……”

和雇制度是唐朝官府借助于市场手段利用劳动力的体现。“和雇”，顾名思义，是彼此情愿的雇佣，这是一种重要的新现象。北朝均田制下就已有出现，并形成了和雇劳动力价格。[1]不过，唐代以前，官府手工业中的劳动人手，基本上是用番役制度征发而来的。虽然在南北朝中叶已出现了官府雇佣工匠的事实，但那只是萌芽性的偶发现象。到唐代才发展成为一种新的制度，作为番役制的一项重要补充。和雇以辇运、挖掘之类的工程为主，佣夫多为一般农门的“人夫”，其余技艺较高的工种，则雇佣专门手工业工人“丁匠”，如“绫匠”“巧儿”等等，都是以具有专门技艺的、以手工业为生的工人。开始时出资和雇，论日计价，但后来或不按时估给值，或蜕变为以和雇之名的强制性征发。

“和市”“和籴”，也是借助于市场手段的强制性征敛。和雇是为了剥削农民的劳动力，和市、和籴则是占有农民的生产物。和籴制度初创于北魏，多用于向民间购买粮食以充军需，唐代因袭，“凡曰和籴，则官出钱，人出谷，两和商量，然后交易也”。[2]虽然不时有所谓“加价和籴”，初期甚至出现“人皆悦慕，争趋厚利，不惮作劳，耕稼日滋，粟麦岁贱”。[3]但更多的则是强制性的配额，尤其是后期，如“京畿和籴，多被抑配，或物估逾于时价，或先使用而后给直，追集停拥，百姓苦之”[4]。卢开万结合敦煌和吐鲁番文书，对唐代和籴制度进行了考证。[5]安史之乱以前，和籴制度已逐渐成为带强制性的交易，和籴价格由政府单方面硬性规定，和籴估价低于五谷时价。安史之乱后，进一步改变，官府按各户所耕种的土地面积，分派和籴数额；同时以赊购为手段，不付报酬，或以质地差的匹段支付。

粮食的地区调节，基本上通过政府的调拨来进行，漕运就是其重要手段。唐朝还在各地设有常平仓，丰则收籴，歉则平售。武德元年(618)下诏设常平监官，“均天下之货，市肆腾涌，则减价而出，田穑丰羡则增价而收，……庶使公

---

[1]《魏书·食货志》载有一段史实：地方税物雇车牛送京时，“略计华州一车，官酬绢八匹三丈九尺，别有私民雇价布六十匹。河东一车，官酬绢五匹二丈，别有私民雇价布五十匹。……又租一乘，官格四十斛成载，私民雇价，远者五斗布一匹，近者一石布一匹……”。
[2] 白居易：《白氏长庆集》卷41。
[3] 陆贽：《陆宣公集》卷18。
[4]《唐会要》卷90。
[5] 卢开万：《唐代和籴制度新探》，载《唐史研究会论文集》，西安：陕西人民出版社，1983年。

使俱济,家给人足,抑止兼并,宣通壅滞。"[1]刘晏恢复了因安史之乱而破坏的这一制度,并对此进行了改进,使之能实现地区间的丰歉调剂。他还建立了一套各地粮食等物价的调查与传递制度,北宋沈括《梦溪笔谈》记载其法:地方政府根据数十年的粮价水准,"先具价申禀,然后视其贵贱,贵则寡取,贱则取盈。尽得郡县之价,方能契数行下",以高效率、低成本地进行地区间物资调拨。据《新唐书》本传:"诸道巡院皆募驶头,置驿相望。四方货殖低昂及它利害,虽甚远,不数日即知。是能权万货重轻,使天下无甚贵贱而常乎。"中唐刘晏的改革,使政府对粮食等物资的地区调剂、对物价的调查与调控,达到了均田制下政府利用和参与市场的最高水平。

官府对商品及其流通的控制最突出地体现于食盐。盐铁的产地有限,而生产比较集中,因此,一旦汉武帝发挥专制主义中央集权的威力,施行管榷均输政策,就能够把它夺而置诸国家控制之下,大大削弱商品经济发展的势头。唐王朝也企图尽笼天下之利。唐廷自第五琦变盐法开始,日益加征重税,同时还加强管榷。然而时移势异,除盐之外,其他商品生产已经难于管榷了。食盐在隋唐仍是最大宗的商品之一,巨商富贾以盐商为多。描述盐商的诗文不少。刘禹锡《估客词》就说:"五方之贾,以财相雄,而盐贾尤炽。"白居易专门作《盐商妇》一诗,诗中盐商和他的妻子极尽奢华富丽。从白居易的诗中还可看到,盐,是中央直属的专卖品,官与商分享利润。其诗有云:"婿作盐商十五年,不属州县属天子。每年盐利入官时,少入官家多入私。官家利薄私家厚,盐铁尚书远不知。"盐商依仗中央政府而获得的特权不小,而所受约束不多,因而获利甚巨。后来刘晏主持盐政,"国家榷盐,粜于商人;商人纳榷,粜于百姓"。商人售卖,灵活多样,而官府贩运销售则僵化呆滞。于是,国家权力与商人资本结合起来,共同瓜分超额利润。刘晏理财,年盐利达400多万缗,后来增至600多万,在整个政府财政收入1 000多万缗中占据突出地位,超过了国家在土地上的地租收入。这种财政收入结构,应该说是畸形的。

唐代公廨本钱是官府直接进行的市场营利活动,主要是高利放贷。最初

[1]《唐会要》卷88。

有专门的官员主持，后来委托“高户”代办。如果说食盐专卖是政府与商人资本的结合，那么公廨本钱则是“国家资本”与富室的结合。王仲荦《隋唐五代史》第3章引敦煌博物馆藏《唐天宝初年地志残卷》，一是淮南道贯放钱贯收取利息，一是岭南道（桂管）贯放银两收取利息，反映了公廨本钱这一官营高利贷形态在全国范围内推行。两税法实行后，一切苛捐杂税，大多并入两税，唯独内外诸司诸使公廨本钱，依旧存在。终唐之世，成为官府发放高利贷的主要手段。

以均田制为轴心，以租庸调制、府兵制等各项措施为手段，隋唐政府的触角几乎渗透到各个经济领域，建立了一套完整的制度和自成规范的统治秩序，市场也不例外地处于这种政治经济体系之中。均田制的主要精神，在于国家对土地和农民的控制，并由此实现物资的调拨和运转；而市场关系下商品、土地和农民则是趋向自由的。市场有了进步，官府自然无法使它消失，那么它唯有利用市场为自己的统治服务。因此，官府一方面不能不允许市场的存在，同时又通过种种措施将市场对统治秩序的分离作用化解到较小的限度，另一方面，官府的经济行为进入市场，并将相当大的一部分市场纳入自身的统治秩序之中，从而在很大程度上主导着市场的运作。在唐前期，许多方面唐政府有效地达到了自己的目的，使中国传统市场在均田制时期形成独有的特色。唐中期以后，市场力量的壮大，终于瓦解了均田制下的统治秩序和市场模式，市场本身也发生了革命性的变化。

第四节 魏晋至隋唐时期的对外贸易

一、魏晋南北朝时期的对外贸易

西北丝路在晋南北朝隋唐时期中国对外贸易路线占据主导地位。一是中国经济重心在北方，政治重心处于关中洛阳地区，南方沿海地区的经济尚不发达。对外贸易的商品供给在北方，以奇珍异宝为主的进口品的消费市场也在北方，其中京城是最大的市场。二是当时与中国贸易的主要国家是西域、中亚和西亚诸国,也是他们担负了中国与欧洲之间的中间商。两汉之时,大夏、大宛、康居、安息等是汉朝的主要贸易国。这些国家“贵汉财物”,重视商业,积极开展与汉朝的贸易。《史记·大宛列传》《汉书·西域传》《后汉书·西域传》称大夏“善贾市”,都城中“有市贩贾诸物”,康居遣质子至汉,目的并非政治臣服,而“欲贾市为好”。安息国“商贾舟车行旁国”,高附国“善贾贩”。西域和中亚西亚重视商业,善于经商的民族是当时中国与西方贸易的主要贸易力量。东汉班超所派的甘英欲往大秦时,安息人以计阻止了他的行动,原因是“安息欲以汉缯彩与之交市,故遮阂不得自达”,[1]安息想继续牟取汉朝和罗马中转贸易的利益。

南北朝时期,西北丝路的交通和贸易继续发展。曹魏和西晋是汉武帝和东汉班超经营西域后丝路贸易又一个较大发展的时期。曹魏恢复戊己校尉和西域长史,加强了与西域的联系,西晋时联系进一步得到巩固,使“西域人入贡,财货流动”。[2]《三国志》卷30《魏书》称:“魏兴,西域虽不能尽至,其大国龟兹、于阗、康居、乌孙、疏勒、月氏、鄯善、车师之属,无岁不奉朝贡,略如汉氏故事。”西域诸国与中原的交往仍然很频繁。而且此时,内地通往西域的道路进一步扩展,由汉代的南北两道发展为三道:“从敦煌玉门关入西域,前有二道,今有三道。从玉门关西出,经婼羌辅西,越葱岭,经悬度,入大月氏,为南道。从玉门关西出,发都护井,回三陇沙北头,经居卢仓,从沙西井转西北,过龙堆,到故楼兰,转西诣龟兹,至葱岭,为中道。从玉门关西北出,经横坑,辟三陇沙及龙堆,出五船北,到车师界戊己校尉所治高昌,转西与中道合龟兹,为新道。”[3]三道往西接天竺、大夏、条支、大秦等。即使在东晋十六国最纷乱的时期丝路贸易也未中断,不仅北方的政权与西域保持着经济文化交流,西域直达南方的商路也是畅通的。[4]而且远达罗马的中国丝绸有增无减:公元380年前后,罗马“服用丝绸,从前只限于贵族,现在已推广到各阶级,不分贵贱,甚

[1] 《后汉书》卷88,《西域传》,中华书局点校本,第2920页。
[2] 《晋书》卷26,《食货志》,中华书局点校本,第785页。
[3] 《三国志》卷30,《魏书》,中华书局点校本,第859页。
[4] 赵荣织:《纷乱时期中原封建王朝对西域的管理》,《西域研究》2002年第2期。朱雷:《东晋十六国时期姑臧、长安、襄阳的“互市”》,《古代长江中游的经济开发》,武汉:武汉出版社,1988年。

至于最低层”。[1]南北朝时期，北方战乱渐少，丝路贸易再次繁荣。《洛阳伽蓝记》卷3形容道：“自葱岭以西，至于大秦，百国千城莫不款附。商胡贩客日奔塞下。”因乐中国风土而定居于洛阳的万有余家，洛阳城中“天下难得之货咸悉在焉”。

《汉书·地理志》第一次明确记载了中国到东南亚和印度的航线：

自日南障塞、徐闻、合浦船行可五月，有都元国；又船行可四月，有邑卢没国；又船行可二十余日，有谌离国；步行可十余日，有夫甘都卢国。自夫都甘卢国船行可二月余，有黄支国，民俗略与珠厓相类。其州广大，户口多，多异物，自武帝以来皆献见。有译长，属黄门，与应募者俱入海市明珠、壁流离、奇石异物，赍黄金杂缯而往。所至国皆禀食为耦，蛮夷贾船，转送致之。亦利交易，剽杀人。又苦逢风波溺死，不者数年来还。大珠至围二寸以下。平帝元始中，王莽辅政，欲耀威德，厚遗黄支王，令遣使献生犀牛。自黄支船行可八月，到皮宗；船行可二月，到日南、象林界云。黄支之南，有已程不国，汉之译使自此还矣。

这条航线从雷州半岛，沿着东南亚中南半岛，抵达印度东海岸，回程时则取道锡兰和苏门答腊。[2]以上记载可见，这条航线自汉武帝到王莽时期一直畅通，从而通过海路将中国与西方的贸易圈联系起来。上文已论及，在这一时期，罗马商人也通过海路到达汉朝的交趾，“后汉桓帝世，大秦、天竺皆由此道遣使贡献”。[3]这条航线已展现出双向的交流。但是，这条航线充满了艰辛，首先，往还时间漫长，从徐闻到黄支，不计中途的耽误，单程需要12个月，“不者数年来还”，从其漫长可见航行主要是循岸而行，依靠地表目标和牵星术导航。其次，航程中充满蛮夷剽杀人、风波溺死等危险。第三，需要不断更换向

[1] ［英］G.F.赫德逊，王遵仲等译：《欧洲与中国》，北京：中华书局，2004年，第50页。

[2] 该记载所涉地名解释纷纭，李金明、廖大珂《中国古代海外贸易史》综合了各家之说，认为黄支为印度东海岸之建志，夫甘为缅甸的蒲甘，都元为越南南圻，邑卢没为暹罗的罗斛，即泰国的华富里，皮宗为苏门答腊，已程不为锡兰岛，见《中国古代海外贸易史》，南宁：广西人民出版社，1995年，第3页。

[3] 《南史》卷78，《海南诸国传》，中华书局点校本，第1947页。

导和船只,即“蛮夷贾船,转送致之”。这条航线上流动的商品主要是明珠、璧流离、奇石异物与黄金杂缯的交换,是以奢侈品为主的贸易。海路的贸易同样面临着陆路的旅程漫长、充满危险等等艰难,贸易的规模和效率与陆路相比未见任何优势,反而在僻处一隅、远离经济和政治中心的徐闻和交趾展开的贸易自然无法与长安、洛阳的贸易并论。

魏晋南北朝时期,海上交通成为南方政权对外交往的主要渠道,海上贸易有了较大发展。显著的变化表现在几个方面:一是贸易的港口从徐闻、合浦转移到经济条件更好的交州和广州,贸易条件得到改善,来华贸易的外国商人明显增长。孙吴黄武五年(226),“有大秦贾人字秦论来到交趾,交趾太守吴邈遣送诣权,权问方土谣俗,论具以事对”。而且称大秦国“国人行贾,往往至扶南、日南、交趾”。[1]南北朝时期交、广的贸易有更大发展:“商舶远届,委输南州,故交、广富实,牣积王府。”[2]当时的交州“舟舶继路,商使交属”,“外接南夷,宝货所出,山海珍怪,莫与为比”。[3]广州也“常有高凉生口及海舶,每岁数至,外国贾人以通货易”,“在任者常致巨富,世云‘广州刺史但经城门一过,便得三千万’也”,[4]可见贸易之繁盛。

二是出现了新的航线。《汉书·地理志》所载航线还是自海南岛以西循岸而行,航线曲折遥远,往还时间也很漫长。至迟在东晋时期已经出现从东南亚经过海南岛以东直达广州的航线。东晋法显《佛国记》记载:法显自苏门答腊乘商船回国,目的地是广州,“商人议言,常行时正可五十日便到广州尔”,故出发时每人“赍五十日粮”。从时间而言,已不是如汉代那样循岸而行,而是从深海直达广州。商人对航程的描述和所做准备说明这已是一条成熟的航线。隋朝常骏出使赤土出发时大约也是走这一航线,从广州出发,通过林邑以东的深海,大约五十余日达到赤土国国都。[5]法显是四月从东南亚北上,常骏

---

[1] 《梁书》卷54,《海南诸国传》,中华书局点校本,第798页。

[2] 《南齐书》卷58,《东南夷传》,中华书局点校本,第1018页。

[3] 《宋书》卷97,《夷蛮传》,中华书局点校本,第2399页;《南齐书》卷14,《州郡上》,中华书局点校本,第266页。

[4] 《梁书》卷33,《王僧孺传》,中华书局点校本,第470页;《南齐书》卷32,《王琨传》,中华书局点校本,第578页。

[5] 《隋书》卷82,《南蛮传》,中华书局点校本,第1831页。

是十月自广州南下,都是利用季风航行。

三是通过海路来华的外国商人和使节增加。《南史》卷78《夷貊上》记载的国家有林邑国、扶南国、诃罗陁国、天竺国、师子国等十余国,皆与中国有使节或商贸往来。这些国家推动了中国与海外的联系。如当时称雄东南亚的扶南国就很重视贸易。孙吴政权曾派遣宣化从事朱应、中郎康泰出使南海诸国,"其所经过及传闻,则有百数十国,因立记传",[1]写有《扶南记》等诸国见闻。扶南是当时东南亚的强国,"其国轮广三千余里","东界通交州,其西界接天竺、安息徼外诸国,往还交市",出产金、银、铜、锡、沉木香、象牙、孔翠、五色鹦鹉,"珍物宝货,无所不有","其市,东西交会,日有万余人"。[2]强盛的扶南国成为中国和东南亚及以西地区贸易的桥梁。法显《佛国记》载,他所搭乘来中国贸易的船只共有商人约200人,大致反映当时的贸易规模。

二、隋唐时期的陆路与海上的对外贸易

隋唐朝统一以后,西北丝路进入鼎盛时期。《隋书》卷67载裴矩《西域图记序》称当时"自敦煌至于西海,凡为三道,各有襟带"。即分别从伊吾(哈密)、高昌、鄯善达于西海(地中海)的三条商道。裴矩为隋炀帝筹办了在张掖接见西域二十七国首领的大朝会,和在洛阳市中大宴外国商人和使节的龙须宴,与会者数千人。这当然付出了极大的代价,但也推动了丝路贸易的发展。唐代丝路贸易更盛于往古。从陆路来到长安的西域胡人数以万计。向达先生《唐代长安与西域文明》一文已有叙述,下至街头卖胡饼的小贩,上至资产以亿万计的大商,通过丝路来华的商人们长期定居于长安。纪宗安先生论述了唐代丝路贸易的发展和路线的变化。她指出,由于西突厥兴起后积极介入丝绸贸易,控制了善于贸易的粟特人,并联合拜占庭打击波斯,与拜占庭展开直接贸易,贸易路线逐步北移到西突厥控制的中亚北部。贸易规模继续发展。西突厥本身是丝绸的巨大消费者,汗王和身边的人都服用丝绸,其帐篷也用丝绸装饰。西突厥还将大量丝绸远销西亚、南欧和北非,将丝绸贸易推向了高

[1]《南史》卷78,《海南诸国传》,中华书局点校本,第1947页。
[2]《梁书》卷54,《海南诸国传》,中华书局点校本,第787页。

峰。阿拉伯建立的大食帝国在8世纪初征服中亚，大力发展对外贸易，成为唐朝最重要的贸易对象。在西域地区，8世纪中叶，回鹘的绢马将丝路贸易再一次推向高潮。[1]而绢马贸易所代表的已是丝路贸易最后的辉煌，8世纪后期，海上贸易不断发展，已显示了后来居上的势头。

魏晋南北朝海路虽然不断发展，但还是远逊于西北丝路“百国千城莫不款附，商胡贩客日奔塞下”的盛况。唐代中后期和五代所见的海路贸易已经显示出超越西北丝路贸易的趋势。《韩愈集》卷21《送郑尚书序》描述海路贸易盛况道：“其海外杂国，若耽浮罗、流求、毛人、夷亶之州、林邑、扶南、真腊、于陀利之属，东南际天地以万数，或时候风潮朝贡，蛮胡贾人，舶交海中。若岭南帅得其人，则一边尽治，不相寇盗贼杀，无风鱼之灾，水旱疠毒之患。外国之货日至，珠香象犀玳瑁奇物，溢于中国，不可胜用。”这与唐朝前期所述西北丝路的繁荣景象并无二致。

贞元年间，宰相贾耽详考唐朝内地对外的七条重要交通路线，其中广州通海夷道记载了唐代中后期海上航路的新发展：

> 广州东南海行，二百里至屯门山，乃帆风西行，二日至九州岛岛石。又南二日至象石。又西南三日行，至占不劳山，山在环王国东二百里海中。又南二日行至陵山。又一日行，至门毒国。又一日行，至古笪国。又半日行，至奔陀浪州。又两日行，到军突弄山。又五日行至海硖，蕃人谓之“质”，南北百里，北岸则罗越国，南岸则佛逝国。佛逝国东水行四五日，至诃陵国，南中洲之最大者。又西出硖，三日至葛葛僧祇国，在佛逝西北隅之别岛，国人多钞暴，乘舶者畏惮之。其北岸则个罗国。个罗西则哥谷罗国。又从葛葛僧祇四五日行，至胜邓州。又西五日行，至婆露国。又六日行，至婆国伽蓝洲。又北四日行，至师子国，其北海岸距南天竺大岸百里。又西四日行，经没来国，南天竺之最南境。又西北经十余小国，至婆罗门西境。又西北二日行，至拔狱国。又

[1] 参见纪宗安：《9世纪前的中亚北部与中西交通》，北京：中华书局，2008年第4、6章。

十日行，经天竺西境小国五，至提狖国，其国有弥兰太河，一曰新头河，自北渤昆国来，西流至提狖国北，入于海。又自提狖国西二十日行，经小国二十余，至提罗卢和国，一曰罗和异国，国人于海中立华表，夜则置炬其上，使舶人夜行不迷。又西一日行，至乌剌国，乃大食国之弗利剌河，南入于海。小舟溯流，二日至末罗国，大食重镇也。又西北陆行千里，至茂门王所都缚达城。自婆罗门南境，从没来国至乌剌国，皆缘海东岸行。其西岸之西，皆大食国，其西最南谓之三兰国。自三兰国正北二十日行，经小国十余，至设国。又十日行，经小国六七，至萨伊瞿和竭国，当海西岸。又西六七日行，经小国六七，至没巽国。又西北十日行，经小国十余，至拔离谓磨难国。又一日行，至乌剌国，与东岸路合。[1]

这是一条从中国广州直达阿拉伯巴格达的贸易航线，从广州经南海，到近越南南部、苏门答腊（佛逝国），再到斯里兰卡（师子国）、印度故临（没来国），没来国以西有东西两线终点都是阿拉伯巴格达（缚达）。阿拉伯商人苏莱曼记录了从巴士拉到故临、爪哇、占婆到广州的航线，并叙述了这条航线上航程和征税情况。这条航线上不仅有中国船只，而且中国船只在各国船只中是最大的。[2]

唐代海上贸易港口有了显著的发展。西汉与海外的交往从徐闻、合浦出发。魏晋时期广州成为最主要的贸易港，交州也有一定的贸易。唐代出现交州、广州、泉州、扬州四大港并立的局面。广州是贾耽“广州通海夷道”的起点，是最主要的贸易港口。交州地位次于广州，但地近南海，仍是重要港口。《唐国史补》卷下载：“南海舶，外国船也，每岁至安南、广州。”每当广州地方官巧取豪夺，干扰贸易，海商往往该赴交州贸易。贞元八年（792）陆贽说：“近日舶船多往安南市易……广州地当要会，俗号殷繁。交易之徒素所奔凑。今忽舍近而趋远，弃中而就偏，若非侵刻过深，则必招怀失所。”[3]泉州也有外商来

[1] 《新唐书》卷43下，《地理七》下，中华书局点校本，第1153—1154页。
[2] 见《中国印度见闻录》，《马可·波罗行记》。
[3] 《陆宣公集》卷18，《论岭南请于安南置市舶中使状》，北京：世界书局，1936年印本，第110页。

贸易。何乔远在《闽书》卷7《方域志》中说：穆罕默德的门徒有“大贤四人。唐武德中来朝，遂传教中国。一贤传教广州，二贤传教扬州，三贤、四贤传教泉州。卒葬此山（指泉州灵山）。然则二人唐时人也”。传教活动往往尾随商人而至，说明唐代已有穆斯林商人来泉州贸易。唐代扬州还是直滨江岸的港口城市，也是海商云集，舶货辐辏的大港。

唐朝通过海路来华蕃商数量大为增长。广州和扬州的贸易突出反映了这一现象。《中国印度见闻录》称，黄巢攻陷广州后大肆屠杀，罹难的人中“仅寄居城中经商的伊斯兰教徒、犹太教徒、嫉妒教徒、拜火教徒就总共有十二万人被他杀害了”。[1]这些人当主要是来广州贸易的外国商人。这个数字难以作为定数，但可以反映当时在广州的外国商人数量可观的事实。《旧唐书》卷89《王方庆传》载：“广州地际南海，每岁有昆仑乘舶以珍物与中国交市。”《唐大和上东征传》称，广州“江中有婆罗门、波斯、昆仑等舶不知其数，并载香药珍宝，积载如山。其船深六七丈。师子国、大石国、骨唐国、白蛮、赤蛮等往来居住，种类极多”。[2]有大量的外国商人在广州居住下来，“蕃獠与华人错居，相婚嫁，多占田营第舍”。[3]

扬州的蕃客也很多。唐肃宗上元元年（760）田神功平定刘展之乱，洗劫扬州，扬州城中“商胡大食、波斯等商旅死者数千人”。[4]日僧圆仁着《入唐求法巡礼行记》卷1载，开成四年日本使团回国时在扬州有人“为买香药下船到市，为所由勘追”。鉴真东渡前曾在扬州购买了沉香、甲香、甘松香、龙脑、胆唐香、安息香、栈香、零陵香、青木香、熏陆香等600余斤，毕钵、诃黎勒、胡椒、阿魏等500余斤。可见扬州是蕃商和舶货集中的地方。

广州和扬州的对外贸易盛况在晚唐的长安也难以见到了。在海上贸易迅速上升的同时，唐朝在西域、中亚的影响和控制却在迅速下降。750年高仙芝在怛罗斯大败于大食，755年安史之乱唐朝军队基本退回关内，西域和中亚地区的政治格局发生了巨大变化，唐朝在这些地区的影响已是江河日下，就不再

[1] 见《中国印度见闻录》,《马可·波罗行纪》。
[2] ［日］真人元开著，汪向荣校注：《唐大和上东征传》，北京：中华书局，2000年，第74页。
[3] 《新唐书》卷182,《卢钧传》，第5367页。
[4] 《旧唐书》卷110,《邓景山传》，中华书局点校本，第3313页。

有唐朝前期长安外国商旅使节云集的盛况。《旧唐书》卷198《西戎传》史臣评论道："西方之国，绵亘山川，自张骞奉使已来，介子立功之后，通于中国者多矣。有唐拓境，远极安西，弱者德以怀之，强者力以制之。开元之前，贡输不绝。天宝之乱，边徼多虞，邠郊之西，即为戎狄，藁街之邸，来朝亦稀。"而海上交通的发展，不仅使贸易更多地转移到海上，唐后期前往印度求法的僧侣选择海路者更多。冯承钧先生分析了义净《大唐求法高僧传》所载60位西行求法僧人，其中有33位往来取道南海，超过了半数，加上《求法高僧传》《续高僧传》《宋高僧传》的记载，确知的经过南海的僧人有40位。[1]吐蕃占领河西走廊后，人们更愿意选择畅通而便利的海路。如唐代宗初年，河、陇没于吐蕃，历年被滞留于长安的使节达4 000余人，鸿胪寺每年的供给费用超过50万缗，唐政府计划"自海道各遣归国"。[2]

五代时期西北丝路交通相对于海上交通进一步衰退。西域地区与中原政权保持朝贡关系的只有回鹘和于阗，朝贡次数也比较有限。据《五代会要》统计，回鹘朝贡中原政权共七次，于阗朝贡五次。"晋汉以来回鹘每至京师禁民勿私相易，其所有宝货皆中卖入官，私下市易者罪之"，到后周太祖才"命除去旧法，每回鹘来者私下交易，官中更不禁诘"。当年京城玉价减了七八成。可知，西域各国与中原政权不仅朝贡往来次数少，而且在政府限制下，贸易规模十分有限。[3]《新五代史》卷74《四夷附录第三》总结道："五代四夷见中国者，远不过于阗、占城。史之所纪，其西北颇详而东南尤略。盖其远而罕至，且不为中国利害云。"

而另一方面，南方沿海吴越、闽、南汉等政权都十分重视海外贸易，贸易规模也十分可观。吴越政权的贸易仅从其给宋朝廷进贡的香药珠宝数量即可见一斑。《宋史》卷480《吴越世家》记载：乾德元年向宋朝朝贡犀牙各10株，香药15万斤，金银、真珠、瑇瑁器数百事。开宝九年朝贡，乳香7万斤、犀角象牙200株、香药300斤。宋太宗即位，贡通天犀带、玳瑁器百余事、涂金银香台、龙

[1] 冯承钧：《中国南洋交通史》，上海：上海古籍出版社，2005年，第42、44页。
[2] 《资治通鉴》卷232，贞元三年六月，中华书局点校本，第7493页。
[3] 《五代会要》卷28《回鹘》、卷29《于阗》，文渊阁《四库全书》影印本。

脑檀香床、水晶花凡数千计、犀角象牙30株、香药万斤,后又贡有乳香万斤、犀角象牙各100株,香药万斤、苏木万斤。如此规模的进贡必须有相应规模的贸易来保障。五代闽王政权也大力发展海外贸易,福建以多外国舶货而闻名国内,其舶货主要来自商人的贸易。[1]南汉刘氏政权也颇多宝货,刘铱宫中盛设珠宝。从宋朝灭南汉当年就置市舶司也可见南汉时期海外贸易不仅有可观的规模(至少值得设立一个专门的管理机构),而且已有比较制度化的管理。

三、唐代海外贸易政策与管理

1. 唐代贸易政策

两汉魏晋南北朝时期海外贸易皆由地方官兼管,尚未设专职官员和机构,对这一史实一般没有异议。唐代是否设置了管理海外贸易的专门机构存在着不同的看法。不少学者认为唐代已经设置了市舶司,这种观点在唐代经济史和海外贸易史研究的论著中比较普遍。黎虎和宁志新两位先生对唐代市舶使作了深入的探析,指出唐代市舶使是一种使职差遣,尚不是固定职官,也未设置专门的管理机构,同时也辨明了有关唐代设置了市舶司的观点的错误。[2]

正因为唐代市舶使的使职差遣性质,所以唐代市舶使设立后的很长时期内,海外贸易事务仍是由地方官兼理。天宝年间卢奂任南海太守,“中人之市舶者不敢干其法”。[3]市舶使并不能插手市舶事务的管理。韩愈在《送郑尚书序》中说广州“选帅常重于他镇”的原因是广州“蛮胡贾人舶交海中,若岭南帅的具人,则一边尽治”。广州刺史的贪廉直接关系到海外贸易的兴衰。大历中李勉任职广州由于廉洁奉公,积极招徕,来广贸易的蕃舶由原来的每年四五艘增至每年四十余艘。贞元初杜佑在广州任职期间“推以诚信,万船继至,百

[1] 参韩振华:《五代福建的对外贸易》,《中国社会经济史研究》1986年第3期。

[2] 关于唐代市舶使问题,可参阅黎虎:《唐代市舶使与市舶管理》,《历史研究》1998年第3期。宁志新:《唐代市舶制度若干问题研究》,《中国经济史研究》1997年第1期;《试论唐代市舶使的职能及其任职特点》,《中国社会经济史研究》1996年第1期;《唐代市舶使设置地区考辨》,《海交史研究》1996年第2期。

[3] 《新唐书》卷126,《卢奂传》,第4418页。

货错出”。[1]史书也记载了一些因苛征豪夺而导致贸易衰落的事实。市舶使与地方长官在海外贸易事务中是两个不同系统、不同职责的官员，地方长官负责海外贸易的管理和招徕，市舶使的主要职责是为宫中采办进奉物品。

王虔休出任市舶使后，市舶使的职责有所扩大。王虔休改变了在他以前市舶使“虽有命使之名，而无责成之实，但拱手监临大略而已，素无簿书，不恒其所”的状况，着手“革划前弊。御府珍贵，归臣有司，则郡国之外，职臣所理”。蕃舶到岸后，王虔休“临而存之。除供进备物外，并任蕃商列肆而市。交通夷夏，富庶于人，公私之间，一无所阙”。并选了“前临广江，大槛飞轩”的海阳旧馆做市舶使院。[2]市舶使开始直接管理海外贸易事务。宁志新先生推论，王虔休任市舶使的时间约在建中二年至贞元十年之间，即公元781年至794年之间。[3]此后市舶使管理海外贸易的职权进一步扩大。《唐国史补》卷下称市舶使职责是“籍其名物，纳舶脚，禁珍异”。市舶使的职权虽有所扩大，但并未改变其使职差遣的性质。市舶使主要的职责仍保持着原来的特点，即为宫中采办贡物。所以王虔休还是把进贡列为市舶使的头等大事。陆挚曾上言：“进奉事大，实惧阙供。”[4]正因为市舶使最重要的任务是供给宫廷进口品的消费需求，所以广州市舶使多由宦官充任。胡三省说：“唐置市舶使于广州，以收商舶之利，时以宦者为之。”[5]《中国印度见闻录》也说到“宦官是皇帝派遣来广府的，他的使命是要在阿拉伯的舶来品中首先挑选皇上所需的东西”。[6]唐代仅在广州和交州两地设立市舶使，常设之处只有广州。即使在市舶使参与贸易管理以后，地方官对招徕蕃商负主要之责。唐文宗太和八年德音中说：“其岭南、福建及扬州蕃客，宜委节度观察使常加存问。除舶脚、收市、进奉外，任其往来通流，自为交易，不得重加率税。”[7]

---

[1]《全唐文》卷496，《杜公淮南遗爱碑》，上海：上海古籍出版社，1990年印本。
[2]《全唐文》卷515，《进岭南王馆市舶使院图表》。
[3] 宁志新：《试论唐代市舶使的职能及其任职特点》，《中国社会经济史研究》1996年第1期。
[4]《全唐文》卷475，《论岭南请于安南置市舶中使状》。
[5]《资治通鉴》卷223，唐代宗广德元年七月，第4828页。
[6] 见《中国印度见闻录》，《马可·波罗行纪》。
[7]《全唐文》卷75，《太和八年疾愈德音》。

2. 唐代管理政策

唐代对海外贸易商人和商品有明确的管理政策,但尚未编定系统专门的法规。宋代管理政策不断细化,编定了专门管理海外贸易的法规"市舶条"。[1]

(1)唐宋对海商的管理

唐朝不见鼓励国内商人出海贸易的规定,也不见对本国海商的管理政策。对于为数众多的来华外商,唐朝政府制定了明确的管理政策。唐朝重视招徕外商来华贸易,认为广州是蕃舶辐辏之所,"若岭南帅得其人,则一边尽治……故选帅常重于他镇"。[2]招徕海商有功者都会受到赞扬。宋璟、李朝隐、卢奂、李勉、杜佑、王虔休、韦正贯等都因在广州任上招徕海商得法受到称赞。来华外商有充分的自由交易权,即使与官方的贸易也是如此。《中国印度见闻录》记载一位呼罗珊商人的故事:他和皇帝的宦官发生了一场纠纷……有一次在象牙和另一些货品的交易上他跟那个商人发生了争执,商人拒不出卖……宦官竟至采取强制手段,把商人带来的好货拿走了。该商人把状告到长安,宦官被革职查办。[3]唐政府在港口所在地设立了专门的坊市,供外商出售货物即王虔休的奏章所说:"任蕃商列肆而市。"扬州市中也有交易进口品的坊市。圆仁《入唐求法巡礼行记》卷1载,日本使团回国,其中四人"为买香药下船到市,为所由勘追"。

外商不仅可以在港口自由贸易,而且可以在内地的任何城市自由经销。国内很多城市都有外商的足迹。日僧圆仁在楚州、泗州、登州、莱州都遇到过来华的新罗商人,这些地方还有新罗坊和新罗馆。《太平广记》记载有大量唐代外商的活动状况,虽并非事事皆实,但大体反映唐代外商活动的概貌。该书记载了外商在洛阳、扶风、定州、陈留、睢阳、洪州建昌县等地的活动。唐代对蕃商在内地的贩易有相应的管理制度,即需要领取贸易的凭证。《中国印度见闻录》载外国人由港口进入内地需有分别由"地方王爷"和"太监"发的两个

[1] 《续资治通鉴长编》卷307,元丰三年八月丁巳,中华书局点校本,第2883页。
[2] 《韩昌黎集》卷21,《送郑尚书序》。
[3] 见《中国印度见闻录》,《马可·波罗行纪》。

凭证，前一个写明持证人的自然状况，有通行证的作用，后一个写有持证人随身携带的钱物。[1]该书所说地方王爷太监应指港口所在地主宰一方的节度使或主管一方外交的押蕃舶使，太监则显然是市舶使。而其所说的证明就是使节和商人都需领取的“过所”。《新唐书》卷48《鸿胪寺》载：海外诸蕃朝贺进贡使返程“鸿胪籍衣赍赐物多少以报主客，给过所”。

唐代允许外商在华居住，设置供蕃商居住的蕃坊。上文所论黄巢在广州杀蕃人12万及田神功在扬州杀蕃商数千，都说明在广州和扬州这样的港口城市中居住着大量外国商人，唐朝就是采取别设蕃坊的方法安置和管理。《中国印度见闻录》载：“在商人云集之地广州，中国官长委任一个穆斯林，授权他解决这个地区各穆斯林之间的纠纷”，“每逢节日，总是他带领全体穆斯林做祷告，宣讲教义，并为穆斯林的苏丹祈祷”。[2]这里所说即是设置蕃长管理蕃商的情形。蕃客犯法，可以用其本国法律处理。《唐律疏义》卷6说：“（蕃客）有同类自相犯者，须问本国之制，依其俗法断之。”蕃客在中国可以“与华人错居，相婚嫁，多占田营第舍”。[3]在华死去的外商，其家属可以继承财产。旧制是满三月仍无死者家属认领即行充公，后又改为“苟有验者，不为限”。[4]

（2）唐对商品贸易的管理

唐代对外贸易有了很大发展，进口品数量增加，政府制定了若干管理进口品的政策。上引《唐国史补》卷下载，市舶使有籍其名物，纳舶脚，禁珍异。唐文宗太和八年疾愈德音又增加收市、进奉。这些也就是唐朝对进口商品管理的具体措施。

“籍名物”就是登记蕃商货物名数，为征税、官买及对蕃商此后的运销管理提供基础。“纳舶脚”指征收下碇税。《新唐书·孔戣传》云：“蕃舶泊步有下碇税，始至有阅货宴。”即指纳舶脚、籍名物二事。“禁珍异”是指禁止贩易无实用价值的奇珍异宝。开元二年（714）岭南市舶使周庆立与“波斯僧广造奇

[1] 见《中国印度见闻录》,《马可·波罗行纪》。
[2] 同上。
[3]《新唐书》卷182,《卢钧传》,中华书局点校本,第5367页。
[4]《新唐书》卷163,《孔戣传》,中华书局点校本,第5009页。

巧,将以进内”,柳泽建议废止,受到唐玄宗嘉许。[1]开元四年有胡人上言:“海南多珠翠奇宝,可往营致。”唐玄宗命监察御史杨范臣与胡人偕往求之,杨范臣奏:“陛下前年焚珠玉锦绣,示不复用,今所求者何以异于所焚者乎?”唐玄宗遂“自引咎,慰谕而罢之”。[2]玄宗行于前,文宗效于后。可见唐政府禁止贩卖奇异之物是完全可能的。

“收市”即购买宫廷所需物品。不少学者认为收市就是抽税,相当于宋代的抽解。并有学者根据《中国印度见闻录》所说唐朝政府购买“十分之三的货物,把其余十分之七交还商人。这是政府所需的物品,用最高的价格现钱购买”。[3]这十分之三就是唐朝政府按官价收市。“官市物送少府监简择进内”,即收市所得物完全为了供给宫廷需要。官市之后的商品允许商人自由贩易,即“所司每年四月以前预支应须市物委本道长史,舶到十日内依数交付价值,市了,任百姓交易”。[4]前引文宗太和八年(834)德音也说到岭南、福建、扬州等地对蕃商“除舶脚、收市、进奉外,任其往来通流,自为交易,不得重加率税”。

“进奉”在太和八年的诏书中与舶脚、收市并提,并言除此不得重加率税,可见“进奉”也是对进口品的一项征求名目,所指应是蕃商须向唐政府贡献的部分。从以上政策可知,唐代尚未征收货物税。宋代至淳化二年(991)才创立十分之二的货物税率,也可看到唐无货物税的影子。

[1] 《册府元龟》卷101,《纳谏》。
[2] 《资治通鉴》卷211,唐玄宗开元四年正月,第6718页。
[3] 见《中国印度见闻录》,《马可·波罗行纪》。
[4] 《唐会要》卷66,《少府监》,北京:中华书局,1955年,第1156页。

第四章
宋代经济制度变革与政府角色

第一节　私有产权制度与制度经济体系

唐宋变革是近十年台海两岸历史学界[1]的一大研究热点，帕金斯、川胜守[2]等则称其为商业革命。黄纯艳论述唐宋经济制度变迁的主要特征如下：

一是私有产权制度在广度和深度的发展，[3]创造财富的激励机制，推动了生产要素流动与资源配置基础之上的经济效率得到强化。

二是人身依附关系的松弛，契约关系基础之上的租佃制成为主导。

三是政府逐渐退出直接经营的经济领域，民间获得更多的经济空间。如官营手工业从唐朝后期开始逐步通过买扑、实封投状[4]的方式转为民间经营，社会利益呈现多元分配格局。汉武帝以后的经济制度是为规定政府和农民两极的关系基础之上设立的，缺乏商税体系将商人的财富合理而有效地转化为财政，因此政府与商人处于对立和争利的关系，政府通过管榷、均输、平准等手

[1] 柳立言：《何谓"唐宋变革"》，《宋代的家庭与法律》，上海：上海古籍出版社，2008年。

[2] [日]川胜守：《中国史上的两次商业革命及中国社会经济的发展》，《基调与变奏：7—20世纪的中国》，"国立政治大学"，日本中国史学会，"中央研究院"，2008年。

[3] 郑学檬：《从土地产权的角度论述了制度变迁》（郑学檬：《唐宋制度变迁的视角之一：土地产权》，《李埏教授九十华诞纪念文集》，昆明：云南大学出版社，2003年。）在宋代妇女的奁产纠纷中，相当多的女性诉诸官府，而法律亦保障其权益。反映了宋代私有产权观念的深化与经济利益的多元化。（郭东旭、高楠：《宋代奁产纠纷透视》，《李埏教授九十华诞纪念文集》，昆明：云南大学出版社，2003年。）

[4] 郭东旭：《将实封投状视为宋代国有资产流转的竞争机制》，《中国经济史研究》2009年第3期。

段排斥商人来垄断和强占资源。宋朝政府制定了系统的商税征收条例,在专卖领域亦吸收商人参与,以间接专卖制使“富商大贾为国贸迁”,民间商业的空间日益广阔起来,在对外贸易中亦表现出国退民进的趋势。

四是政府实施管理时,更多地使用经济手段和借助市场的力量。原来一直由政府组织“纲运”完成的巨大物资调配更多地通过市场的手段来实现,如吸引商人“入中”、和买、和籴,以引榷茶来获取专卖利益,成本高昂的国营商业被民间商业所取代,效率的增强使政府和商人的利益双赢增长。

可以说,宋代的土地制度、商税与市场制度、榷茶引盐制、赋役制度、货币制度等,并非唐代制度连续演进的结果,而是产生过重大变革或创新。[1]宋代的发展趋势则一直延续至明清并有所强化。

在经济地理布局完成了空间转移。经济重心的地理转移,经历了从西向东、从北向南过程,与当代恰好相反:

从西向东:长安—洛阳—开封—杭州

从北向南:开封—杭州、南京

华北平原,唐代为全国经济最发达的区域,大概只有关中及成都平原足以与之可比,但宋代却已落后于成都平原和东南地区。以北宋的版图为参照,唐代的河南、河北地区在籍人口合计320余万,约占总人口的38.3%;[2]而北宋元丰年间,北方诸路仅占总人口的26%,相比唐代下降了12.3%。其面积大于东南四路,而垦田数、在籍户数、户口密度、二税额等各项经济指标、商税额的增长率都远低于东南四路。[3]淮河秦岭一线以北总户数只占全国的28%,而全国户口最密的五个一级行政区中,两浙路、成都府路每平方公里有16.1户,京畿路为15.3户,江南东路和西路分别为11.8户及12.6户。[4]这种差距在宋金对峙时期拉得更大,市场发展水平亦如之。不过,纵向比较来看,较唐代仍有进步,并且汴京这个商业城市因为辇毂所在而获得巨大的发展,并通过向四方辐射的水陆交通网络将华北平原整合为区域市场体系。

---

[1] 黄纯艳:《经济制度变迁与唐宋社会变革》,《唐宋政治经济史论稿》,兰州:甘肃人民出版社,2009年。
[2] 胡道修:《宋代人口的分布与变迁》,《宋辽金元史论丛》第2辑,北京:中华书局,1991年。
[3] 龙登高:《宋代东南市场研究》,昆明:云南大学出版社,1994年,绪论。
[4] 参见胡焕庸、张善余:《中国人口地理》,北京:科学出版社,2007年。

第二节　宋朝财政赋税制度变化中的市场因素

商税在宋朝的出现，是一个划时代的历史里程碑，既表明了市场与商业的经济重要性大大增强，也表明了政府与商业的关系发生重大变化。

宋朝的国家控制，留给历史的印象，一言以蔽之就是历代所谓之“积贫积弱”。是宋朝的财政收入太少了吗？不是，恰恰相反。北宋初的财政收入就已两倍唐室，岁入缗钱达1 600余万。天禧末年增至2 650余万缗，嘉祐年间至3 680余万，熙丰年间达到顶峰6 000余万。元祐初除其苛急岁入，减至4 800余万。南宋初不满千万，淳熙末增至6 530余万缗。[1]

如此巨额的财政收入仍称贫弱，不外乎是财政开支超过收入，宋朝的“三冗”——冗官、冗兵、冗费，确实是惊人的。冗兵：太祖时养兵22万，仁宗以后迅速超过100万，庆历125万，治平116万。所谓“养兵之费，在天下十居七八”。[2]冗官：景德年间内外官1万多，不到40年后，皇祐年间增至两万多。据李弘祺的专题考证，1004—1007年，逾1万人，1060年达到2万多，递增至1088年达3.4万，1196年创下纪录达4.3万。[3]冗费：庞大的军队、官僚队伍，都需要财政供给。百万募兵，悉仰朝廷。唐代以土地、粮食和劳动人手为偿的官僚制度，至宋转变为依品级折为“料钱”发放，这成为一大财政负担，造成“冗费”。

宋代以前和以后的政府，无不需要豢养军队和官僚，为什么宋朝会出现“三冗”，财政入不敷出为什么积重难返？难道是两宋300年的皇帝与臣僚无能吗？显然不是，宋朝的明君能臣与其他朝代相比至少不逊色，理财高人辈出。

造成三冗的深层原因是社会经济巨变尤其是市场的发展，导致政府财政支出途径的扩大与方式的改变，以及政府赋税敛取方式的变更。因为国家控

---

[1] 《朝野杂记》甲集卷14，国初至绍熙天下岁收数。
[2] 张载：《张子全书》卷13，《边议第六》。
[3] 李弘祺：《宋代官员数的统计》，《宋史研究集》1987年第18辑，第79—104页。

制由对民户人身控制更多地转向经济控制,财政支出更多地转向经济领域尤其是与市场相联系,货币支出增加。而赋税的敛取则自唐中后期以来发生了重大变化,更多地采取了与传统方式不同的新手段,其中突出地表现于与市场相联系。这种变化必然带来混乱,导致频繁变更。

唐代赋税征敛与财政支出,基本上是以均田制和租庸调法为本的。均田制由国家授田,以此国家取得对农民的人身控制与劳动成果的支配,得以租庸调征敛赋税。这使国家的财政支出能够无偿地获取,直接从受田农户那里征派。

宋代国家控制的变化,国家对民户的控制由人身依附关系的控制转向经济控制,转向市场手段化。也就是说,唐朝的赋税与财政收入及开支不体现于货币。唐宋的赋税结构与财政体制不同。宋代处于中国赋税与财政结构的转变时期,必然伴随混乱。

宋朝徭役制度的每一个方面——兵役、职役、夫役,较之前代都发生了重大变化。最明显的莫过于兵役。唐代府兵制“兵农合一”,寓兵于农,国家负担不重,连兵器后来都是由小农自备。正如欧阳修所云:“府兵始一寓之于农,其居处、教养、畜材、待事、动作、休息皆有节目”,“故兵虽多而无所损”。[1]宋朝的募兵制,则完全必须由政府负担。唐代后期开始,均田制破坏,府兵制赖以存在的基础不复,被募兵制代替;加之战事频仍,宋代职业兵迅速膨胀,养兵所耗巨大的军需开支长期困扰着统治者。

职役是宋朝徭役主要内容,根据乡户等第进行差充。雇人充役的现象,在北宋前期差役制度下就已在民间自发地出现,[2]这是农户人身依附减弱、商品经济发展导致劳动可以自由交换的结果。适应这种形象,王安石推行免役法。“凡当役人户,以等第出钱,名免役钱;其坊郭等第户及未成丁、单丁、女户、寺观、品官之家,旧无色役而出钱者,名助役钱。”这样,就把职役这种徭役转化为赋税。顾士敏考察宋代职役的演变后指出:封建社会后期赋税比重日

[1] 《新唐书》卷50《兵志》序、卷51《食货志》序。
[2] 《宋史·食货志》。

益大过徭役的发展趋势，职役在发展过程中必然赋税化，免役法即其开端。[1]（顾）徭役赋税化，赋役货币化。役钱是一笔不小的数目，《中书备对》[2]载役钱元敷年额：1 234万余贯，年支925万余贯，宽剩308万余贯。熙宁九年账：收1 041万贯石疋两，支648万，应在269万，见在887万。

夫役，即力役，也越来越多地采取"和雇夫役"的方式，由官府出钱募人服役，或者由应役人出钱募人从役。还有一种是"差雇"，一面实行强制差调，一面又日给雇钱。据考证，黄河、汴河、淮河流域几乎所有的河防夫役征发区，都通行纳钱免役新制。至徽宗大观年间，这一制度被固定下来："凡河堤合调春夫，尽输免夫之直，定为永法。"（《宋史·食货志》）河防夫役中普遍实行的纳钱免役，又渗透到辇运、筑城等役之中。[3]史载之"僦值"、雇值、脚钱等，就是官府支付雇夫运输之报酬。官物运输之地里脚钱，按100里100斤计，"陆路一百文，水路溯流三十文，顺流十文"。[4]支移，是官府指令纳税民记将税物运送至指定地点，可以说是依托于两税的一种力役，后来也向脚钱转化，"其支移非急期及军期，而人户愿支移物价者"。[5]实际上也是力役的货币承担。

宋朝官府直接经营的手工业规模较唐代小，更重要的是官府手工业中的劳动者有很大不同。唐代官府手工业劳作是一种劳役，工匠服役者都是从民间征集而来的，只有少数的"和雇"匠、"明资匠"是募役和雇而来。宋代的工匠几乎全部是招募而来，由官府"支给钱米"作为工资，没有工匠"应役""上蕃"的记载。岳珂《愧郯录·京师木工》："今世郡县官府，营缮创缔，募匠应役。"工匠应役，谓之"当行"。当行仍属强制性质，但建立于货币关系之上，有时甚至比民间的报酬还高。（《梦粱录》13，"团行"）当行"虽差役，如官司和雇支给钱米，反胜于民间雇请工钱，而工役之辈，则欢乐而往也"。采掘冶炼官府手工业的变化较慢，但北宋前期仍完成了从劳役制向召募制、从官营垄断向私人承买两个方面的发展变化。[6]

---

[1] 顾士敏：《北宋衙前考述》，载吴晓亮主编《宋代经济史研究》，昆明：云南大学出版社，1994年。
[2]《永乐大典》卷7507。
[3] 葛金芳：《两宋摊丁入亩趋势论析》，《中国经济史研究》1988年第3期。
[4]《庆元条法事类》卷37。
[5]《庆元条法事类》卷48，支移折变。
[6] 王菱菱：《宋代矿冶经营方式的变革与演进》，《中国经济史研究》1988年第1期。

在赋税征敛上，宋初承唐制，赋税应该说是不重的。因为同样的正税份额，宋、唐意义不同。唐代农户交纳赋税之外，还必须无偿地服兵役和劳役，而宋代没有。这样一来，宋初农民的负担就很轻了。因此宋廷不断在正税之上增加附加税，或新增赋税项目，不惜巧立名目，花样翻新。两税本额不重，但官府用各种名目加税，如沿纳、支移、折变、脚钱、加耗、预借、重催、义仓、大斗、大斛、斗面、斛面、呈样等等，不一而足。[1]这些名目大多是通过市场手段得以实现的。例如折变，本来赋税征收的应变之策，《宋史·食货志》谓："其入有常物，而一时所输，则变而取之，使其直轻重相当，谓之折变。"以钱折物，或以物折钱，或以一物折另一物。"使其值轻重相当"只是具文，官府人为地利用市场价格与官府估价的落差而获利。"郡县因米值之贱，用于输纳之时令民以苗米折钱，舍其所有，取其所无，民必又下其值以粜，所费何止一倍。"[2]后来竟成为变相的加税名。而税赋比之前代也就要复杂得多。后来，两税附加额的比重不断增加，至南宋超过了正税，居于主导地位。宋代赋税征纳的名目繁多、花样百出，这在赋役制度变更的时期，与其说赋税量的增加，不如说是新型赋税制度的确立，并且在转变过程中难以避免出现混乱与动荡。

宋代两税并不太重，却通过大量和籴、和买等手段向民间征购，它们后来衍变为强制性摊派，最后竟成为固定的赋税项目。和买，实行之初，官府在春季民困之时预贷库钱，民户至夏秋随税纳输由绢以偿。"和买"开始时只涉及上三等户，逐渐波及下户。最初全部预支现钱，后来变为"盐七钱三"预支。再后来钱也没有了，变成均敷和买摊派。"其始也则官给钱以买之，其后也则官不给钱而白取之。"[3]至两宋之交衍变一项重赋，折纳现钱。南宋后衍化为税收负担，即所谓折帛钱。四川、广西则有"布估钱""折布钱"。成都府路的"布估钱"与此相同，麻布，按照布的市场价，"春给以钱，而秋令纳布"。[4]和籴最初是官府向民户收购粮草，两宋之交开始成为强制性敷配科索。南宋时

[1] 王曾瑜:《宋朝的两税》,《文史》1982年第14辑，第117—144页。
[2] 《系年要录》卷162，绍兴二十一年二月壬寅，魏师逊言。
[3] 《通考·市籴考一》。
[4] 《东斋记事》卷3。

“量家业以定均敷之数，名和籴，实强取”。[1]

由于赋税征收复杂化，赋敛物品种类多样化，于是从均田制基础上的乡官里正逐渐分化出里正、户长、乡书手、耆长、弓手、壮丁、拣、掏等种种职名，以完成原有里正的职任。孔目官、押司、隶事、虞候、散从官等胥吏，逐渐成为享受优越俸禄的正式吏员。于是国家机器完密，由是带来“冗官”。[2]（顾）几乎每增加一种敛取项目，都必然随之增加一相应的机构和官吏。有的税场课额微小，甚至还不足以支付该税场官吏的薪金。北宋的痼疾“冗官”“冗费”进一步扩大。

宋朝的财政危机表现于三冗，因缘于财政赋税制度的变更，根本的原因则在于国家对农户控制手段的重大变化。而这一切，都是与社会经济的发展尤其是市场的发展紧密相关。商品货币关系的重新发展，劳动的相互换算、生产之彼此交换，逐渐反映到徭役、赋税制度上来。正是由于市场的发展，官府有可能通过市场从私营工商业中购买、获取部分物资，较之原来官府手工业制造来得更为简便、快捷、节省。尽管宋朝财政上左支右绌，但毕竟通过市场应付下来，这是市场发展的结果，也就是说，市场为政府的敛取创造了条件，提供了土壤。

市场发展对国家财政赋税制度产生了重要的影响。国家市场营利活动，其一是与民争利，直接进入流通领域，从事商业活动，这就是一向为传统士大夫们所诟病的“与民争利”，在宋代政府则堂而皇之地进行。其二可谓之“与民共利”，政府与商人资本结合，共同完成商品运销，瓜分利润。

第三节　与民争利：国营工商业活动逐渐减少

官府对农民的控制与赋税的征敛等方面都有一种市场手段化的趋向。这

[1] 洪咨夔：《平斋文集》卷9，知心堂记。
[2] 顾士敏：《北宋衙前考述》。

种趋向存在于各个方面。赈灾措施的市场手段化的转变就非常明显。宋朝各地救荒赈灾，不唯沿袭传统减免税额，施行赈贷，或以工代赈，而且利用市场网络，吸引商人贩运粮食以减缓饥荒。灾荒年景平抑市价，“或限胜（升），斗以粜，或抑方（市），井价值，适足以增其气焰，而终不能平其价”。文潞公在成都时，出官米“减价粜卖，仍不限其数，张榜通衢”，效果显著。熙宁中，两浙旱蝗，米价涌贵，（赵）“阅道独榜衢道，令有米者任其增价粜之，于是诸州米商辐辏诣越，米价更贱，民无饿死者”。[1]以市价利润吸引粮商。范仲淹治杭州时，两浙饥荒，“命多出榜沿江，具述杭饥及米价所增之数”，于是商贾晨夜争进。[2]苏轼治杭州时也曾采用过这种方法。南宋时，朱熹在福建建宁府、浙东明州、江东南康军任上，几乎将此作为不可缺少的救荒手段，一遇灾荒，便立即“多印文傍”，前往商路要冲和丰熟多米区张贴告示。[3]

市易务是王安石变法期间设立的国营商业机构，最初是针对京师及城市兼并之家的垄断行为。“天下商旅物货至京，多为兼并之家所困，往往折阅失业，至于行铺稗贩，亦为较固取利，致多穷窘。”于是设立市易务，使“商旅物货滞于民而不售者，官为收买，随抵当物力多少，均分赊请，立限纳钱出息”。或由市易务折博收买，随时估价出卖。所谓“召人抵当，借钱出息，乘时贸易，以通货财”。[4]宋廷设置市易务的本意，旨在通过兴置市易，遇贱则买，遇贵则卖，同时“令商贾自卖，则官已收二分之息，而又余利以资贩者，则商贾流通，货无壅滞，税额敷羡，物价常平”。[5]但即使是这种本意，实际上也是通过干预资本之集中，官府取代所谓兼并之家，而这种取代，只会有过之而无不及。市易务“多取息以干赏，商旅所有者尽收，市肆所无者必索，率贱市嚣，广裒赢余，是挟官府为兼并也”。[6]京师兼并之家固然造成恶劣影响，但他们实际上充当了京师商品批发商的角色，承担资本的集中和商品的集中与分散。苏辙

[1] 《宋朝事实类》卷23，《文潞公》《赵阅道》。
[2] 《能改斋漫录》卷2，《增谷价》。
[3] 《朱文公文集》卷25、卷11、卷21、卷31。
[4] 《宋会要辑稿·食货》37之14；55之31。
[5] 《长编》卷345，元丰七年五月甲子；《宋会要辑稿·食货》37之31。
[6] 《宋史·食货志》下8。《宋会要辑稿·食货》37之7、3、25则云：“……主者多收息以干赏，凡商旅所有，必卖于市易；或市肆所无，必买于市易。而本务率皆贱以买，贵以卖，广收赢余。”

认为商业要由商人来承担，“自今置市易，无物不买，无利不笼，命官遣人，贩卖南北……空取专利之名，实失商税之利”。[1]

市易这种官营商业活动，虽然也能满足官府的一时之需，但它始终不能克服致命的弱点。存在三点缺陷：其一，官营要设置专门机构和官吏，实际上增加了成本，并使本来已成为痼疾的“冗官”加剧；其二，官吏经营不善，而贪官污吏执掌市易务，使收入减少；[2]其三，商税额受损。不仅间接使商税额减损，而且市易本身的收入在实际过程也难以保证回收，“民间以物产抵当请贸钱米，久而不偿”，日久无法，不得不减放、蠲免，[3]因为市易往往都是大户，不像青苗多下户，可以强取。

更为严重的是，它干扰了正常的市场秩序。市易务细大不捐，果品买卖也要卷入。连神宗也觉得太烦细，应罢之。曾布言：“凡商旅所有，必卖于市易，或市肆所无，必买于市易。而本务率皆贱以买贵，广收赢余。”市易务吕嘉问“遣官往湖南贩茶，陕西贩盐，两浙贩纱”。[4]真正成为一个庞大的商业机构了。市易活动“使中下之民，如此失业”，大商人也不免其灾，“今大姓富家，昔日号为无比户者，皆为市易所破，十无一二矣”。[5]

政府取代职业商人经商营利存在的弊端和所带来的负面影响，不仅表现于市易，几乎在每一种国营商业活动中都不同程度地表现出来。

官营运输业。官运粮纲，不仅有“蠲重留滞之弊”，而且成本耗费大，又难免官吏中饱私囊的侵吞行为。朱熹比较官运与商运说：“诸道粮纲岁凡百数，用官舟者多负，而雇商船者不亏。盖商人自爱其舟，故不为奸。”[6]因此官物运输中常和雇商船与人力，而运河粮纲还允许私搭一定数量的商货。

均输也是如此。熙宁二年苏轼论：均输立法之初，“徒言徙贵就贱，用近易远，然而广置官属，多出缗钱。豪商大贾，皆疑而不敢动，以为虽不明言贩

[1] 《栾城集》，第775页。
[2] “市易拘拦商旅入务官买，以致商旅不行，税乃大亏也。”（《通考》卷14）“访闻诸路商贾，少愿中卖物货入官，本处官吏，或不晓法意，未免拘拦障固。”（《宋会要辑稿·食货》55之42；《长编》卷358，元丰九年八月己丑）
[3] 《长编》卷491，绍圣四年九月乙卯。
[4] 《宋史·食货志》下8。
[5] 《续资治通鉴长编》卷473，元祐七年五月壬子条。
[6] 《朱文公文集》卷93，左司张公墓志铭。

卖，然既已许之变易，变易既行，而不与商贾争利者，未之闻也”。商贾之事，曲折难行，官府不能代替商人履行其职；另一方面，官府买卖，“必先设置官吏，簿书廪禄，为费已厚”。得不偿失。“是官买之价比民必贵，及其卖也，弊复如前。商贾之利，何缘而得？朝廷不知虑此，乃捐五百万缗以予之，此钱一出，恐不可复。纵使其间薄有所获，而征商之额所损必多矣。”[1]

即使是良法，也会在官僚机构中扭曲变形，或受利益动机的驱使，久而久之失去其本来意义。如常平法，最初“凡物之贱者贵价以敛之，物之贵者贱价以发之”，旨在均平物价，后来则“抑配人民，务求羡息”。[2]

军队与沿边官府进行的回易活动以朝廷专拨钱物等经商、放以营利。官府和军队依仗强势，对商人或人户抑买强卖，或违法买卖，对市场秩序的干扰颇大。回易免税“近来诸官司处多以回易营缮之名，出给文引，沿路照免商税”。[3]两宋之交，营本钱有时是度牒。回易无利，有的将本钱放贷给商人经商，坐收其息。原来诸州设回易务，绍兴二年罢，盖因“其夺锥刀之利、牙侩之役，勾栏商贾投税之物，抑令强卖，计物以出息钱”。扰乱市场。因此官府不得不常加约束，或不时加以禁止，“所有本军回易，止许就屯驻营寨去处，开置铺席，典质贩卖，庶几不为商贾之害”。[4]南宋“宣抚司措置给钱，付都统司使自回易……缘本钱不多，军中营运不行。近来多是以钱放赏与合添支人，谓如每月借与钱引五千，即令出息一千……盖回易逐利，非止目下未能见效；而兼军贸迁，不无骚扰”。[5]

当然从历史的角度而言，官府从事商业活动，不能不说仍有其某些积极意义，尤其是在市场发育还非常不完善的时代。官府现钱进入市场，转化为资本。如果排除其他因素，只是孤立地就资本论资本，那么，从逻辑上而言，大量官钱转化为资本，国库物资转化为商品，对于市场尤其是官立市场的扩大仍然不无积极意义。

---

[1] 《苏东坡全集·续集》卷11，上神宗皇帝书；《长编拾补》卷6，熙宁二年十月二日；《宋史·食货志》下8。
[2] 《长编拾补》卷5，熙宁二年七月辛巳。
[3] 《宋会要辑稿·食货》17之37。
[4] 《宋会要辑稿·食货》49之39、67之2。
[5] 〔宋〕范成大：《范成大佚著辑存》，北京：中华书局，1983年，第35页。

第四节　与商分利：专卖品贸易的市场取向

政府与商人资本结合，共同完成禁榷商品的运销，瓜分超额利润。这种传统的专卖贸易，宋代更为复杂。宋朝专卖主要商品是盐、茶、酒等。榷酒以官监酒务占统治地位，从生产到销售全部由国家控制；买扑坊场；特许酒户经营，后二者不直接插手生产和流通领域，属于民酿民卖，政府以严密的管理制度保证酒利的征收。但在广大的乡村，允许酿酒自食。[1]茶、盐则不同。两宋时期，官府直接经营生产、运输、销售各环节的禁榷制仍然存在，但比重日渐下降。茶叶还实行过完全经商，即商人直接购买茶园户茶叶，自由贩卖，国家征算，但完全通商为期甚短。专卖制则贯穿于整个两宋时期，就其商品流通形式及商人营运方式而言，主要有三种。交引法：商人在边郡入中粮草，获取交引，至京师或指定地点凭引支领茶、盐、香、矾等专卖物质，然后转运规定地区住卖；现钱法：商人在京师入纳现钱，获取各类交引或盐钞，再凭证至官场支领定额专卖品运销贩卖；贴射法：商人贴纳官买官卖应得净利息钱，在官茶场选购商品，转而贩卖，官府给券为验。贴射法仅限于茶叶，不过酒、盐等商品的买扑法亦与此相类。

通过商品专卖，官府与商人共同瓜分超额利润。官府的专卖收入，扣除生产成本或收购价格（超经济强制使之极为低廉）之后，贴射法中明显地表现为净利息钱；现钱法中表现为各类交引或盐钞的批发价格；交引法中，通过虚估、加饶等优惠措施，官府似乎让出了部分利润，但间接地转化为商人沿边入中的实物，而沿边入中的运输成本非常高昂。剩余部分为商人所得，约相当于商业利润。

官府的专卖收入是经济外的特权取得的超额利润，部分由官府直接剥削生产者、运输者及消费者而得，部分则通过商人资本的运动而来，是商业利润基于特权的转化形态，但两部分最终都必须通过商人资本的运动才得以转化

[1] 李华瑞：《宋代酒的生产和征榷》中篇，保定：河北大学出版社，1995年。

为现实的、实物的或货币的收入。商人所得的份额，几乎完全是资本运动的纯粹的商业利润，和一般的商业利润没有两样。超额利润的实现，具体而言，“贱买”环节由官府通过经济外的强制手段剥削生产者来完成，茶叶专卖中也采用借贷官本的经济手段；“贵卖”环节由商人资本完成，一方面剥削雇佣劳动力，另一方面借助官府的价格规定剥削消费者——官定销售价远高于实际价格。走私者也得以高价贩卖禁榷，虽然走私价格远低于官价，但其利润之高仍足以诱使走私者不惜以身试法。私盐，政府严刑峻法不能禁，施仁政降盐价也不能禁绝。“自来浙中奸民，结为群党，兴贩私盐，急则为盗，近来朝廷痛减盐价，最为仁政。然结集兴贩，犹未甚衰。”[1]

官府与商人彼此依赖，相互补充，结成了长期的贸易伙伴。借助于商人资本，较之官府直接经营，专卖品的销售更为畅通，在许多情况下，官府无法有效地取代商人资本完成其经济职能，而商人显然必须仰仗官府转让的特权。对此欧阳修的认识可谓深刻。他说：“夫兴利广则上难专，必与下共之，然后通流而不滞。”他打个比方说：“夫欲十分之利皆归于公，至其亏少，十不得三，不若与商共之，常得其五也。”[2]共同瓜分利润的同时，官府与商人存在激烈的利益冲突。宋朝茶法、盐法的频繁变更，实际上就是这一矛盾演化的具体表现。官府总是寄望于专卖法的改变以增加财政收入，但无论如何，它又必须使其政策保持在商人有利可图的范围内，才能吸引资本的投入，否则，资本退出专卖品流通，官府就无法利用或只能有限利用商人资本，难以把超额利润变成现实的收入。商人也在这种政策变动中极力寻求有利的位置，甚至总结出一些经验，“商人每觉钞行略滞，则贮积以待改法，谓之趁新钞”。[3]商贾择时入中。“每年客人虽有斛斗，不肯便行入中，须待体探年岁丰俭，及伺候官中价例高低常至三四月间，方始猛来入中。”[4]

在这里暂且不论官府的营利目的及官营手段，由于商业资本的弱小，市场网络的不发达，民间商人对这些商品的营运受到局限，无论从资本的承载能

[1]《苏东坡全集·奏议集》卷6，乞赈济浙西七州状。
[2]《长编》卷129，康定元年十二月乙巳条。
[3]《长编拾补》卷38，重和元年润九月丙子注。
[4]《欧阳修文集·河北奉使奏草》卷上，乞展便籴斛（㪷）限。

力、容量，还是营销渠道等方面来看，民间商人的力量都有限，官府资本的投入，或为资本运动开创条件，或为这些商品贸易开拓了更广阔的空间。舍贸易方式和市场性质不论，有一点是可以肯定，像茶叶这种商品，如果没有官府的参与，商品市场也许难以达到那种规模。

官商共利、分利，两者各得其所。官府依仗政权力量规定超额利润，依靠行政手段扩大市场规模，增加营销渠道，并直接或间接地增加资本投入量。同时，官府有效地将商业资本纳入其轨道之中，尤其是利用商人资本的效率、灵活性承担种种商业环节，排除官僚机构的低效率与腐败，从而获得高额利润。同时，官府通过券的媒介控制商人与市场。也就是将超额利润赋予在券的身上，政府通过控制券的发放来控制商品与商人。

宋朝还直接设立了不少名目的官立市场，直接收购民间各类商品。机构膨胀、冗员增加，官府耗费的物资随之增加，而官营作坊及其产品在减少，通过赋役途径获取的实物也因赋役货币化而没有增多，这样，只得取给于市场。事实上，从市场上购买商品可能比官府自制造来得更为方便快捷。于是，针对工商业行会的“当行”“回买”，置场和买绢帛、和籴粮草，以及各种不时之需，便有相应的官立市场出现。

政府、军队、官吏经商，本质上是权力转化为某种形态的资本，来填补商人资本不足的空隙，或与商人资本争夺利润。或者可以说，通过权力催发商业资本。一方面增加了市场运行中的资本数量，增加了财政收入的渠道，另一方面造成不公平竞争，破坏了市场秩序，抑制了商业资本的发展。

第五章
宋代城乡市场网络

中唐以来中国城市市场发生的深刻革命，至宋代基本完成，从此开启了城市市场的新纪元。其空间布局发生根本改变，市场交易从固定的商业区“市”渗透到居民区“坊”，渗透到城墙内每一个角落，并扩展至城墙之外。由于城内商业的扩大和人口的增多，出现侵街占道的现象，形成一些新的热闹街市。市区扩展，便利了商人、市民、农民的交易。附郭草市的发育，使之与城内市场的区别逐渐消失，被纳入城市建置之中。不少草市，改变了乡、都、里为体系的乡村管辖制度，并入以坊、厢管辖的城市体系。在大中城市，卫星市镇得到较大发展。

城乡市场的经济交流成为市场发展的强劲推动力。唐以前，城市的壮大固然离不开农业基础，但城乡经济往来并不一定要通过市场渠道来维系，乡村物资可以通过政府赋税与地主地租的形式直接运抵城市，城乡对立，城市剥削农村的现象普遍存在。中晚唐至宋代，这种状况发生了根本变化，正如宋人孙升所云：“城郭乡村之民，交相生养，城郭财有余，则百货有所售，乡村力有余则百货无所乏。”城市对于维系日益扩大的城乡交流发挥了重要的作用，“城郭之民，日夜经营不息，流通财货，以售百货，以养乡村”。[1]

宋代东南地区形成了“府州市场”网络，州府城市的经济中心功能强，府

[1]《续资治通鉴长编》卷394，元祐二年正月辛巳。

州城市的人口比例、城郭规模与县治相差悬殊，府州城市具有足够的凝聚力与辐射力，将下属各级中心地组成一个有机联系的整体。[1]州城市之下是县镇。新兴的镇与县城的经济腹地各不相属，镇一般位于县治30里以远之处。县镇在政府的各项经济措施中往往并提。它们成为沟通城乡市场联系的中介。网络的底层，则由众多的集市、村市、墟市等构成，是农户生产物直接交换的场所。

第一节　农户家庭的市场取向与农村市场交易形态

宋代农村市场，农户的商品供给与消费需求有较明显的增加。个体性综合型生产力的进步，生产效率的提高，作物品种的增多，及人口的增加，使小农家庭经济体的产业结构发生重大变化，商品供给与市场活动增加，商品性生产比重上升，同时向市场提出更多的商品性消费需求。由于个体小农交易的细碎性与间隙性，流动商贩应运而生，他们肩挑货担，沿村叫卖，逐户交易。货郎的周期性流转，反映了农民不时的细碎交换需要，进而形成周期性交易形式——定期集市，作为农民群聚交易实现各自消费需求与商品供给的场所，逐渐兴起。农村市场的发育促进了乡村中心地的兴起，经济型市镇的初兴成为宋代异乎往代的重要历史现象。市镇成为城乡经济联系的中介，城市市场获得发展的新的动力。

一、农产品商品化的扩大

宋代小农家庭，在户等体制中就是指第三等以下的主户和客户，绝大多数是自耕农、半自耕农和租佃地主或官府土地的佃农。他们约占宋代总户数的90%。每户平均所能拥有或租佃的耕地，宋代各地不一。大致说来，第三等户

[1] 龙登高:《宋代东南市场研究》，昆明：云南大学出版社，1994年。

以百亩为上限，第四等户占田三五十亩，户数最多的第五等户占田一二十亩，只有几亩薄田者也不乏其人，其中不少家庭也需要佃耕，故史籍中或亦以佃户言之。客户，以分成或定额租的形式租佃土地进行独立经营，其个体经营受地主干预不多，除了夔州路等少数地区外，客户的人身依附关系较为松弛。宋代个体小农的数量与家庭产业结构较前代有了很大的发展和变化，与市场的关系更为突出。战国时期开始，流通已成为农民再生产的必要环节，两宋时期，市场关系的作用进一步强化，成为小农家庭解决其内在矛盾——具体劳动及生产环节的个体性与劳动对象及劳动范围的综合性之间的矛盾——的重要手段。

个体性综合型生产力至宋代已近成熟。曲辕犁耕作时深浅宽窄运用自如，在许多地区取代直辕犁，对于改造低洼地、垦辟荒田，可谓得心应手。尤其在南方，这种一牛一犁的犁耕方式运用于水田耕作，非常适宜于小规模的个体生产。缺乏耕牛的农户，则有踏犁、铁搭代替，虽然不如牛耕效率高，但毕竟比过去镢耕进步了不少，农民借此能因陋就简地独立完成个体经营。铁搭是一种钢刃熟铁农具，用于犁耕之外，同时可用于耙镢中耕，显然是一种多用途的综合性农具。人力水车多为踏车，可充分利用辅助劳动力操作汲水，家庭劳动力得到高度的综合利用。[1]生产工具的进步，使得江南圩田、山区梯田、沿海涂田不断开发，连同宋代引人注目的水利建设与农田

图5-1　南宋绍兴耕织图

[1] 踏车在江南等水乡地区使用普遍，王安石有诗描述其景象：“妇女喜秋凉，踏车多笑语。”陆游《入蜀记》载江南运河沿岸，“妇人儿童竭作，亦或用牛，妇人足踏水车，手犹绩麻不置”。宋人《农事图》则生动描绘出夫妇踩踏吸水龙骨车、孩子赶水转动的画面。

改造所带来的土地资源改善，精耕细作得到强化。

作物品种的增加，优良品种的引入，也是农业革命性发展的重要内容。自交趾引种的占城稻，开创了我国水稻种植的新局面。真宗时，占城稻，即籼稻，自岭南向岭北引种，迅速推广。《宋史·食货志》说，占城稻“不择地而生”，耐旱、高产、早熟，它的普遍推广，改变了“江淮两浙稍旱即水田不登”的状况。在两浙出现了再熟稻，虽然不是复种，却使“村民得此接济，所益非细”。[1]在福建，水稻复种则已出现，如福州“濒海之田岁两获”。[2]

淮河以北，水稻种植多呈点状、线状分布于低洼地区及河湖周围，尤以汴河两岸最为集中。[3]真宗诏令将北方粟、麦、黍、豆等旱粮作物向南方推广，以防水旱，《宋史·食货志》载，真宗“诏江南、两浙、荆湖、岭南、福建诸州长吏益种诸谷，民乏粟、麦、黍、豆种者，于淮北州郡给之”。南宋北人大量南迁，进一步刺激了旱作种植在南方的扩大，南宋的不少地区，稻麦复种的两熟制已经流行，庄绰《鸡肋编》说，江浙、湖湘、闽广，西、北流寓之人遍满，甚至出现一斛麦达1 200文的记录，于是有的地区种麦倍于种稻，江浙一带“竞种春稼，极目不减淮北”，北人南迁是小麦种植南移的重要促动因素，农民种植小麦也因此必然大量销入市场，故有“农获其利，倍于种稻”之说。

在此基础上，劳动生产效率提高，单位面积产量稳步上升。笔者在《宋代东南市场研究》中考证，在最发达的东南四路，每亩产量常为2—3石，其他地区普遍为1.5石左右。粮食亩产量提高，可供出售的剩余粮增加。湖南“民计种食之外，余米尽以贸易”，[4]《岭外代答》载，广西“田家自给之外，余悉粜去”。宋元之际的方回在《续古今考》中，记秀州五口之家的佃户，耕田30亩，以一半交租，自得30石，人日食1升，一年18石，则有剩余米12石，全部投入市场。商品粮数量增长之大，体现在宋代商品粮市场的较大发展变化之中。宋代商品粮的流通，冲破了战国秦汉以来“千里不贩籴”的古谚，具有一定规模的商品粮远距离贸易，突破了地区丰歉调剂的格局，而在一些稳定的商品粮供

[1] 朱熹：《朱文公文集》卷18。
[2] 卫泾：《后乐集》卷19。
[3] 韩茂莉：《宋代农业地理》，太原：山西古籍出版社，1993年，第205、207页。
[4] 叶适：《水心先生文集》卷1。

给地和消费市场之间持续展开。没有广大农户粮食商品化的扩大，就不可能形成宋代粮食市场这种前所未有的发展。

粮食亩产量的提高，使得农户可以将部分田地匀出来种植经济作物。种类和数量逐渐增多的农户产品，越来越多地转化为商品。宋代，异军突起的茶叶，桑麻纺织品，甘蔗、柑橘、荔枝等水果及其加工品，漆、楮、竹木、药材等各地特产，蔬菜、花卉等城郊作物，甚至鱼苗、果苗、生丝、生漆等原料或半成品，都广泛进入流通并卷入远距离贸易，有的产品还形成专业产区。

生产力与劳动效率提高，部分劳动力腾出来经营经济作物或家庭副业。一般农户，小小经济体内有限的资源得到反复利用，多次开发，并且环环紧扣，农副业彼此促进，家庭产业结构也因资源的多层次利用而紧凑化、综合化和多样化。在两浙路，陈旉《农书·六种之宜》载，各种作物"相继以生成，相资以利用"。太湖平原的农民，在新垦土地上，都能"种粳稻，又种菜、麦、麻、豆，耕无废圩，刈无遗垅"。[1]《嘉泰吴兴志·物产志》则记述了农户家庭喂猪、养奶牛、养鸡、养鸭等家禽家畜养殖业与家庭资源的高度合理利用。这种变化在时人的论述中屡屡可见，朱熹指出农户必须"别作营求"，各地皆然，陆九渊《与张元鼎》书分析金溪农民在农闲时从事制陶业之后总结说："今时农民多困穷，农业利薄，其来久矣，当借他业以相补助者，殆不止此。"

不少农户还直接进入市场谋生，有的经商作贾，多合伙从事买卖活动，更多的则是受人雇佣，步担贩运，《龙川别志》所谓"转客于市，佣力以食"。在蜀川，"邛州村民，日趋成都府小东郭桥上卖工"。[2]王柏明确指出这是宋代农民与以往农民的差异："今之农与古之农异。秋成之时，百逋从身，解偿之余，储积无几，往往负贩佣工以谋朝夕之赢者，比比皆是也。"[3]

以产品出售为目的的专门化商品生产，与农户副业商品生产具有阶段性的差异，这种高层次的商品生产在宋代呈现出新的气象。湖州安吉一带，蚕桑缫丝业成为相当多农户的主业。陈旉《农书》说，农户"唯借蚕办生事，十口

[1] 吴泳：《鹤林集》卷9。
[2] 洪迈：《夷坚续志》前集卷2，《幻术为盗》。
[3] 王柏：《鲁斋集》卷7，《社仓利害书》。

之家养蚕十箔”，可成丝25—50匹，换米35—70石，“以此岁计衣食之给，极有准的也”。

四川遂宁县是宋代最大的糖霜生产中心之一。王灼《糖霜谱》载，在遂州小溪县伞山一带，“前后为蔗田者十之四，糖霜户十之三”，总计有400余家糖霜户。蔗与稻轮种，“凡蔗田最困地力，不可杂他种；而今年为蔗田者，明年改种五谷，以休地力”。这些专业户面临市场竞争，“糖霜户治良田，种佳蔗、利器用、谨土作一也，而收功每异，自耕田至沥瓮始一年半，开瓮之日，或无铢两之获，或数十斤，或近百斤，有暴富者”。

四川彰明县的附子商品生产与销售，杨天惠《附子记》有详细记述。该县有4个乡，有20%的耕地约100余顷种植附子，年产附子16万斤以上。种植附子，“其用工力比它田十倍，然其获亦倍称之”。产品主要供给远地市场，“大率蜀人饵附子者少，惟陕辅、闽浙宜之。陕辅之贾才市其下者，闽浙之贾才市其中者，其上品则皆士大夫求之”。

果蔬花卉，面向城镇市场及高层消费，其专门化的商品生产有显著发展。太湖洞庭山的柑橘生产，不仅大量输出果品，而且出现柑皮加工；不仅食米供应尽仰商贩，而且连柑苗也从外地输入。福建荔枝种植普遍，专业规模较大，“一家之有，至于万株”。[1]镇江丹徒县大港镇孙氏兄弟，“竭力耕园，园之果蔬畅茂，他植者莫及，负贩者争趋之”。[2]江西路豫章郡东湖村，南宋初有一位从四川广汉来的移民，成为出色的蔬菜专业户，苏泂《苏云卿箴》载：“披荆畚砾为圃，艺植、耘芟、灌溉、培壅，皆有法度，虽隆暑极寒，土焦草冻，圃不绝蔬，滋郁畅茂，四时之品无缺者，味视他圃尤甚。又不二价，市鬻者利倍而速售，先期输直。”苏州的菊花，“城东西卖花者种植弥望”。[3]四川引种洛阳牡丹，胡元质《成都牡丹记》载，开始于后蜀之宫廷，后蜀亡于宋，花散落民间，谋利之民精心养植，“每本或获万钱”。陆游《天彭牡丹谱》载，北宋末年又从洛阳引植，“花户始盛，皆以接花为业。大家好事者，皆竭其力以花……花户连畛相望，莫

[1]《三山志》卷41。
[2] 刘宰：《漫塘文集》卷31，孙沂墓志铭。
[3] 范成大：《吴郡志》卷29。

得其姓氏也”。有种植达千本者。夔州路梁山军北十五里的高都山,“山中地黄壤而腴,其民以种姜为业,衣食取给焉”。[1]

江州鱼苗专门化生产与长途贩运尤具有特殊的意义,因为它是作为生产资料的形式出现于市场的。江州位于鄱阳湖注长江的入口处,适宜鱼苗养育,而淡水养鱼遍及东南各地,因此江州鱼苗具有广阔的市场。史乘[2]所见,有江东之歙州,江西之建昌,两浙之会稽、诸暨、衢州、婺州等地,地域极为广阔。周密《癸辛杂识》说:“江州等处水滨产鱼苗,地主至于夏取之出售,以此为利。”而据《东斋记事》,其岁入之得,“多者数千缗,其少者亦数十百千。”江州鱼苗的商品生产颇具规模,生产技术也至为精细。鱼苗养育的池塘,“插竹其间,以定分数,而为价值之高下。竹直而不倚者为十分,稍欹侧为九分,以至四五分”。江州鱼苗养殖规模之大,技术之高,无疑是在远地市场稳定而巨大的需求促动下,而得到持续发展的。同时,这个鱼苗基地商品生产专业化的加强,又从商品数量与质量上促进了各地鱼苗市场的长期稳定和进一步扩大。会稽、诸暨的池塘养鱼,春季购买鱼苗“辄以万计”,次年获利至数十百缗。

二、农户消费需求的增加

在消费需求方面,历代小农,盐、铁等都天然仰给市场,婚丧礼祭、宗教信仰等方面也存在消费需求,除了这些共同因素外,宋代小农家庭自给性消费中一些要素转化为商品性消费,突出地表现为以下两点。

其一,官府赋税制度尤其是货币征敛对小农的市场需求产生了不可忽视的影响。均田制崩溃,租庸调法为两税法代替之后,政府对农民的直接控制大大减弱,赋役制度进入一个历史新阶段。至宋代,兵役实行招募,与唐代府兵制迥异。国家劳役大多数也改为招募,赋税的征收由实物向货币转化。在这种情形下,政府对人户的控制,不少借助市场关系来实现。消费需求的增加,明显反映于政府的财政开支较前代异常增大,因此自唐后期刘晏开始,如何理财成为官府的一大症结,宋代的庆历新政、熙宁变法,都围绕着如何扩大财源

[1] 王象之:《舆地纪胜》卷19。
[2] 罗愿:《新安志》卷2; 周密:《癸辛杂识》别集上; 嘉泰《会稽志》卷17。

而展开。宋政府尽管财政岁入较唐代成倍增加，但赋役制度的变化所带来的巨大财政开支，仍使朝廷难以摆脱积贫积弱的形象。

除了各种形式的新旧货币税外，宋代和买、和籴等政府购买[1]无时不有，这事实上是农民以政府为市场出售产品，但在不少地区，农户实际上必须从异地购买官府所需物品，才能应付官差。例如，两浙路“每岁和预买细绢，并不行下出产州军计置，多是科于不系出产州军和买……人户不免用贵价于客人处收买”。江西路“洪、虔等九州年支布五万匹，自来并从福建路收买转般应付”。[2]宋代官府名类繁杂的货币政府购买，无形中增加了农民的货币需求，当时的官吏对此也感触不浅：“今民之输官与其所以自养者悉以钱为重。折帛以钱，茶盐以钱，刍豆以钱。向时给之钱而和买物帛者，今钱不复给而反责其钱。是犹可也，酒醋之买于官者，非钱不售；百物之征于官者，非钱不行；坊场河渡之买扑，门关务库之商税，无一不以钱得之。”[3]值得注意的是，新出现的赋税揽纳方式也刺激了农户的需求。揽人代理农户交纳赋税的方式，在宋代不为少见。小农赋税份额少，往往几家合零为整入纳县镇税场，农户为减少周折便折钱付揽人，由揽人就近购买粮绢等税物代为完纳，或者是因为农户自家不生产某种税物，亦由揽人到外地购买再入纳官府。

其二，更为重要的是，家庭经济体及其再生产过程的特点，尤其是小农家庭经济结构的变化诱发了农户消费需求的增加。田况有诗反映了农户消费与生产之间的矛盾：“蜀虽云乐土，民勤过四方。寸壤不容隙，仅能充岁粮，间或容堕孏，曷能备凶痒。所以农桑具，市易时相望。野氓集广鄽，众贾趋宝坊。”[4]个体农户家庭规模小，消费的多样性与产品种类的有限性，消费的常年性与生产的季节性，消费的稳定性与生产的波动性，都需要借助于市场才能得以满足。

精耕细作的深化、多种经营的展开、副业生产的扩大，使农户的生产资料

[1] 李晓论述了政府市场购买在宋朝官方消费供给体系中的地位，《宋朝政府购买制度研究》，上海：上海人民出版社，2007年。

[2] 《宋会要辑稿·食货》38之4、64之21—22。

[3] 《宋会要辑稿·食货》68之21。

[4] 《成都遨乐诗二十一首·八日太慈寺前区市》。

种类与劳动时间投入增加，细小经济体内无法完成自我满足，于是除了农具与耕牛外，仰求于市场者增多。苏辙《蚕市》诗典型地反映了这一点："柘桑舒芽叶渐青，新蚕可浴日清明，前年器用随手败，今冬衣着及春营。倾囷计口卖余粟，买箔还家待种生。"《作邑自箴·治家篇》说：灯芯皂角、茸线染丝之类，原来多家庭自制，不如购之于市场，则"不惟事简，兼更现用"。家庭纺织业尤为突出，纺织业在生产资料与生产环节上离不开市场，桑叶买卖的记载很多，郑獬《买桑》诗云："出持旧粟买桑叶，满斗才换几十钱。桑贵粟贱不相直，老蚕仰首将三眠。"甚至出现随市场的变动而杀蚕卖桑，临时改变家庭经营者。乾道八年，信州桑叶骤贵，每斤值100文。张六翁家有桑叶1 000斤，此仅够饲蚕所需之半，也就是说还必须拿出100贯去购买千斤桑叶。于是举箔投江，采叶出售，"不唯百千钱可立得，且经快省事"。[1]农忙季节，由邻里帮工互助，转为典钱雇工。典钱雇工的事例不少，如，金溪吴姓农民，雇工助获，需要支付工钱，只能借其母皂绨袍以资抵当；沈三四等为天旱雇觅人工车水，必须买酒食用。[2]经济条件较差的农户消费需求也不少，"下等农民之家，赁耕牛，买谷种，一切出于举债"。[3]专业户、半专业户在生产、生活资料方面需求于市场更多，其口粮的满足就离不开市场，赵蕃《淳熙稿·鬻菜者》诗反映了这种现象与传统农民的新异性："早禾未熟晚犹迟，卖菜归来始得炊。谷者本从田户出，禾滋反取市人嗤。"

凡此消费需求的增长，不仅直接促进了市场的扩大，而且深刻地影响了市场的运作。以商品粮市场为例，作为粮食生产者与出售者的小农，由于农户商品出售与需求满足之间存在一段时间差，收获季节为了满足各种需求而粜粮换钱，把部分日后的必要口粮也卖掉了，以致有一段时间青黄不接，反过来向市场提出需求，转变为粮食市场的购买者。这一方面改变了商品粮从乡村至城镇、从余粮区至缺粮区的流通格局，使相当一部分商品粮在地方市场内部周流，形成农户—粮商—农户的循环运动，另一方面加剧了商品粮供求格局与粮

[1] 《夷坚丁志》卷6，《张翁杀蚕》。
[2] 《夷坚支志》丁集卷4，吴廿九；《朱文公文集》卷19，《按唐仲友第四状》。
[3] 真德秀：《真文忠公文集》卷6，《奏乞捐夏税秋苗》。

价变动的季节性差异。

消费需求的扩大促进市场的发展，这在古代中国一直绝少人能有认识，抑制消费、崇尚节俭，长期成为占统治地位的思想。但在北宋，却有一位杰出的官员采取了刺激消费赈济贫民的措施，他就是范仲淹。1050年，范仲淹为杭州太守，时值吴中大饥，殍馑枕路。范仲淹根据“吴人善竞渡，好为佛事”之俗，一方面工价甚贱，鼓励佛寺大兴土木，一方面则纵民竞渡，自己带头出宴于湖上，于是自春至夏居民空巷出游。有人以“不恤荒政，嬉游不节，及公私兴造，伤耗民力”之名上奏弹劾，范仲淹解释道：“所以宴游兴造，皆欲以发有余之财，以惠贫者。贸易、饮食、工伎、服力之人，仰食于公私者，日无虑数万人。荒政之施，莫此为大。”果然，这一年，“两浙唯杭州宴然”。范仲淹的思想在当时无疑具有鲜明的创造性，对消费需求与市场的特征有所把握，因此沈括将此事记入其《梦溪笔谈》中。

地主家庭地多业大，通过收取地租、婢仆劳作或雇工劳动，在日用生活品上对外界市场仰赖不多，他对市场的需求多集中于奢侈品、享乐品方面，而这些商品很少流通至县镇以下的村落墟市，这使地主与农村基层市场的关系不甚密切。居住城镇的地主，其市场需求更高，与城镇市场的关系更为密切。小农日常生活都是节衣缩食，对许多商品尤其是高层商品没有需求欲望，而地主家庭不然，许多士大夫也反对崇奢尚侈，但他们主张的是丰俭有度，即《袁氏世范》所谓“丰俭随其财力，则不谓之费”。这样看来，只要财力许可，高消费是可以无止尽的。

地主家庭成员较多，并且资本较为充足，多进行具有一定规模的贩运活动，他们可以匀出部分子弟专门从事工商业，或委派干人经商，这些人事实上成为职业商人，而不是间或为之。地主大家庭中，成员子弟可以各尽所长，学有所成者致仕求取功名，而“令不学子弟经营”商业，谋求利润。或者让得力的干人外出经商，这种情况较为普遍存在。即使是家庭日常商品，也有专门的“市买”承担，他熟悉市场行情，了解行会、官务及自由市场的买卖规则、价格差别，及如何避重就轻。大家庭的市场经营，以谋利为要务，赵鼎《家训笔录》告诫子孙，经商谋利一定要从长计议，有计划地进行较大规模的营运，这样才能获得较大的长久之利，他说："今后生汲于谋利者，方务于东，又驰于西，所为欲速则不达。见小利则大事不成，人之以此破家者多矣。故必先定吾规模……久之则势我集、利我归矣。" 李元弼也在《作邑自箴治家》中强调："一户作营运，务要久长取利。"

三、农村市场交易形态

在自身消费需求与商品供给的内在需要驱动下，各类农户以其多种多样的交易形式，培育了农村市场及其经济中心地的成长，使自身获得不断发展的市场外部环境。农村市场交易形态主要有货郎贸易与集市交易。

货郎交易形式。个体小农交易的细碎性与间隙性，促使流动商贩应运而生，他们肩挑货担，沿村叫卖，逐户交易。[1]南宋画家李嵩于嘉定庚午、辛亥、壬申连续三年作了3幅《货郎图》(今分别藏于台北、北京、美国克利夫兰)，描绘同一个老年货郎不同季节在同一地点的活动。货担百货杂陈，满挂着小器皿、工具、玩具、食品及各色杂货，琳琅满目。从孩童之雀跃、妇人之快慰的情形看，货郎流动贩卖满足农民不时的细碎的交换需要，深受欢迎。画家深入细致的观察与描绘，给我们留下珍贵的历史画面。李嵩的《市担婴戏图》，商品丰富，有人观察其种类，农具类有斧头、锯子、锄头、木耙之属，日用品类则有扫帚、畚箕、瓦罐、杯盏、木桶、针线包、草帽、扇子、灯笼、号角、药材等，吃食类包括菜蔬、鱼肉、油盐酒醋，和各式果饼，更有大量的童玩，像风筝、葫芦、弓箭、小旗、鳄鱼玩偶，甚至连喜鹊、八哥、青蛙等活的动物也都在贩卖之列。有些货品还标记了名称，如"仙经、文字、神□、攻医牛马小儿、旦临淄形吼、莫瑶紊前呈、山东黄米酒、酸醋" 等。

负担小贩，走村串巷，是实现小农商品供给与需求的重要形式。陆游家居绍兴府镜湖畔梅市，有不少诗句以此为题材，据傅宗文所辑，[2]有："山童负担卖红果"；"买鱼日待携篮女"；"担头菰脆正堪烹"；"门前唤担买芳菲"；"门有卖朱樱"；"莼担未过门"；"小担过门尝冷粉……叩户村医送药方" 等。

---

[1] 时人称货郎为"常卖" 小商，朱勔的父亲就是一个常卖者，《长编拾补》卷29，引《云麓漫钞》载，"以微细物博易于乡市中，自唱曰：'常卖'"。

[2] 傅宗文：《宋代草市镇研究》，福州：福建人民出版社，1988年，第240页。

陆游所居，乡村市场较发达，不仅有密集的市镇分布，还有频繁的负担小贩，因此乡居能够实现各种必需的商品供给与需求，而可以很少进入州县城市。无怪乎陆游在《家训》中告诫子孙："从事农圃，足迹不到城市，弥是佳事。"这固然与陆游晚年意气消沉有关，但同时也反映了乡村市场能够完成小农再生产之所需这种客观条件。

图5-2　〔南宋〕李嵩：《市担婴戏图》

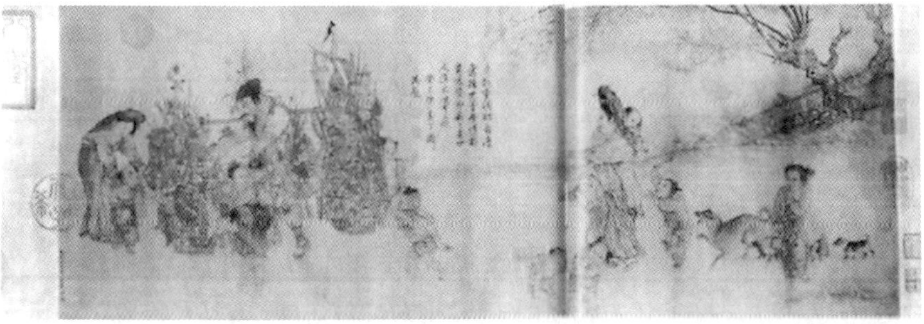

图5-3　〔南宋〕李嵩：《货郎图》

元曲中也有不少货郎的形象。据方龄贵所辑，[1]无名氏《黄花峪》剧第三折正末白："买来，买来，卖的是调搽宫粉麝香胭脂柏油灯草，破铁也换。"

[1]　方龄贵：《元曲中有关市井行业史料初探》，载《纪念李埏教授从事学术活动五十周年史学论文集》，昆明：云南大学出版社，1992年。

城乡货郎有的同时也兼收废品。汤式《风入松·题货郎担儿》:“何处蛇皮鼓，琅琅过金水桥东，闺阁唤回幽梦，街衢忙杀儿童。矍然一叟半龙钟，知是甚家风，担头无限□□物，希奇样簇簇丛丛。”货郎及其顾客的形象，跃然纸上。

货郎贸易是一种较为普遍的客观存在。朱熹说:“要买物只于门首，自有人担来卖。更是一日三次会合，亦通人情。”[1]事实上，直至20世纪前期，货郎仍在农村不少地区活动。

集市交易形式。定期集市作为农民群聚交易实现各自消费需求与商品供给的场所，战国秦汉时就已出现。农民交换集中于约定俗成的定期集日，使它明显区别于城镇常市。南宋陈郁《藏一话腴》指出:“城邑交易之地，通天下以市言，至村落则不然，约日以合，一哄而退，曰‘墟’。”小农家庭商品供给与消费需求的细小性、间隙性与偶然不定性等特征，是乡村集市形成的土壤，货郎的周期性流转，正反映了农民不时的细碎交换需要，反映了周期性集市的必然性。所谓“村落细民，间日而集，有无相易，苟营朝哺之费”。[2]

集日，时称“合墟”“趁墟”，一般以传统的干支纪时法来安排。荆吴一带，“俗有取寅、申；巳、亥日，集于市”。兴国军“俗以卯、酉日趁虚”。池州则有“子午会”。[3]不过明清及近代农村集市贸易体系，即各地集日交错、大小集错落有致，在宋代尚未出现。宋代集日交错的记载仅见于《龙泉志》:龙泉县治“南北两市，限以一市，春夏之间，溪流湍涨，则往来不通。里俗分日为市：一在溪北曰南门市（一、四、八日），二在溪南曰南市（二、五、九日），三曰新市（三、七、十日）”。[4]三个集市环县治而设，其原因也是由于溪流湍涨，往来不通，这一事例还难说是集市贸易体系，至多只能视为这一现象的萌芽。宋代农民对市场的商品供给与消费需求较之明清相对微弱，集市吸纳范围有限，卷入集市的职业商人也不活跃，还不具备形成集市贸易体系的市场基础，各地集市

[1]《朱子语类》卷86。

[2] 吕陶:《净德集》卷25,《佐郎李君墓志铭》。

[3] 陈元靓:《书林广记》新集卷3,引徐筠《修水志》、《平庵悔稿后编》卷3、《海录碎事》卷5。

[4]《永乐大典》8092引。

仍是个体的、分散的存在。如江西隆兴府与筠州高安县交界处，相隔五里有新义、云石两个集市，终南宋之世，此盈彼虚，迭为消长。[1]始终不能共同成长，更难以形成相互补充、配合的集市体系。这种状况，明代前期仍很普遍，“市期多相同而无相妨者，民各于附近交易故也”。[2]

尽管如此，两宋集市仍得到显著的发展。集市数量增加，集日频率更为密集，交易规模也扩大。乡村集市的主要功能仍然是农户之间的“有无相易”，交易商品主要是农民的生产剩余品和日用必需品，如各种粮食、丝麻及织品、食盐、农具、蔬菜水果、家禽家畜、山珍水产、地方土特产品，丰富多样，数不胜数。农村集市的诗文记载俯拾皆是，释道潜《归中道中》诗描绘江西鄱阳湖畔星子县农民前往归宗墟的热闹繁忙景象，生动详细：“朝日未出海，杖黎适松门，老树暗绝壁，萧条闻哀猿。迤逦转谷口，悠悠见前村。农夫争道来，聒聒更笑喧。数辰竞一墟，邸店如云屯。或携布与楮，或驱鸡与豚。纵横箕帚材，琐细难具论。”

集会贸易是特殊形态的集市，类似于西欧中古盛期的市集（fair），与一般集市不同，往往一年开市一次，间隔周期长，但阵容大，卷入的职业商人多，交易规模大，并波及较大的地域。源于宗教集会的庙会、道会，源于土地崇拜的“社会”，源于祖先崇拜的家族集会等，都属这一类型。四川青城山道会时，“会者万计，县民往往旋结屋山下，以鬻茶果”。[3]两浙路奉化每年二月八日的道场，“观者万计”，“百工之巧，百物之产，会于寺以售于远”。[4]四川阆州之岐平镇，“每五月初间，四方商贾辐辏，贸易以万汁，号为岐平会”。[5]有的地区这种集会贸易，甚至一直延续至今。

市镇常市也是农民活动的天地，在两宋的发展具有划时代的意义，试专门考察之。

---

[1] 《松垣文集》卷3，《云石市记》。
[2] 嘉靖《藁城县志》卷1。
[3] 《夷坚丙志》卷4，《饼店道人》。
[4] 陈著：《本堂集》卷28，奉文本心枢密书。
[5] 《蜀中广记》卷58。

第二节　城镇市场的发展

一、各类市镇的兴起

1. 市镇的形成

以草市为代表的乡村中心地，自唐代开始成为具有普遍意义的经济现象。有的集市所在地演进发展为墟市、集镇，成为乡村经济中心地。在市场最优原则、交通最优原则及政治最优原则等的共同作用下，中心地的形成类型有：城市附郭草市与卫星市镇，地处交通要道因商业发展而为商道市镇，因地方特产商品生产的扩大演进成为专业市镇，因军事、战略需要而设置的军镇。亦有因宗教因素而成长起来的市镇，如潭州衡山南岳市地处著名的佛教圣地衡山，范成大《骖鸾录》载："环皆市区，江、浙、川、广种货之所聚，生人所须无不有。"两浙路南翔镇，龚明之《吴中纪闻》载为宋元间创，以寺名。诸此中心地都或多或少与个体小农的交易相关，并且主要是由当地市场培育而成。

市镇之名，流行于明清。宋元文献中名类繁多的店(草店、道店、村店等)、步(埠)、市、墟等大体都属草市，指非官方的市场，即自发形成的民间市场。周藤吉之对诸此名称的地域分布及其特征作了详细的考证："店广泛存在于华北、华中，尤以华北、四川陆路交通发达的要冲之地居多；市在全国都存在，尤以江南地区发展更大；步因兴起于水路要冲而得名，意谓水边小镇，华中、华南居多。"[1]草市发展到一定规模，便出现官方建制，时人高承《事物纪原》说："民聚不成县而有税课者，则为镇。"官府委派监官管理镇内收税等一应事务。《宋史·职官志》："诸镇置于管下人烟繁盛处，设监官管火禁，或兼酒务之事。"宋代官方税收机构"务"(商税务、酒税务)、"场"(坊场、买扑坊场)，大多置于州府县镇及其附近，亦有单独的场、务，它们与市镇相类。因为场、务所在地，

[1] [日]周藤吉之："宋代の乡村における店·市·步の发展"，载《唐宋社会经济史研究》，东京：东京大学出版社，1965年，第785页。

必有足够的税收来源，亦即一定规模的人口与市场，纵或只是为了征收过税，势必也有为商人提供服务的种种设施和服务人员。在四川、贵州等地，宋代的"商务场、茶合同场、酒买扑坊场"等名称，明清时演变为市镇的专有名词，[1]凡有"场"为后缀的地名，大多就是市镇。与此相类，岭南亦有将市镇谓之"务"者，[2]这些显然是自宋以来发展的结果。

集市所在地成长为市镇，其中的集市贸易仍是重要内容。附郭草市与卫星市镇，将在下一章专述，军镇的市场意义不大，这里主要考察专业市镇和商道市镇。

图5–4 宋画：《江帆山市图》

专业市镇主要依靠自身特产及其专门化、集中化的商品生产而发展起来。茶叶销售范围广，"上自宫省，下迨邑里，外及戎夷蛮狄，宾祀预享陈于前"，因此"山泽以成市"。[3]制糖、烧瓷等专业市镇在宋代比较突出，此类制造业地域

[1] 参见民国《广安州新志》卷9。
[2] 施鸿保：《闽杂记》卷3。
[3] 陈师道：《后山居士集》卷36，茶经序。

限制性较强,必须在甘蔗产区、瓷土区就地进行,同时技术要求高,副业生产难以胜任,加之瓷器、糖霜国内外销地市场广阔,在远地市场批量需求的刺激下,集中性商品生产及由此带动的相关专业市镇得到发展。陶瓷类市镇南北都有分布,如陕西耀州黄堡镇、京东西路徐州白土镇、京西北路登封曲河镇、江西庐陵永和镇、福建泉州晋江磁市等。景德镇烧瓷历史已久,但其作为瓷都的辉煌历程则始自北宋。制糖专业市镇,在福建兴化军仙游县境内就有龙华、碧潭、枫亭三大市镇,其中枫亭镇蔗糖的产销之盛及镇内市场之繁华,傅宗文《宋代草市镇研究》有"枫亭富丽"的专题描述。江西凤台镇的糖产量亦颇为可观,《糖霜谱》说,此镇"大率近三百家,每家多者数十瓮,少者一二瓮"。

明清时江南繁盛的纺织业市镇,宋元已肇其端倪。湖州府双林镇,北宋时称东林镇,南宋时已是商贾聚集之地,又称商林。元时镇上有绢庄十所,收购四乡农家所产丝、绢。[1]南宋时的南浔镇,在设镇之前,"耕桑之富甲于浙右,土润而物丰,民信而俗阜,行商坐贾之所萃"。时称浔溪坊,有碑文云"商旅所聚,水陆要冲之地"。淳祐间设镇,"市井繁阜,商贾辐辏"。宋时在运河上建有大桥,曰浔溪桥,后为通津桥,后人有诗咏曰:"听道今年丝价好,通津桥口贩船多";"万户周遭见,千艘日夜通"。[2]从后世的这种情形,仍可一窥宋代建镇在当时的作用。元代名震天下的乌泥泾镇,则可能是中国第一个棉布业专门市镇。

宋元时期专业市镇,相对于明清之盛而言,还处于起步阶段。这是由市场发展水平,尤其是商品专门化生产和全国性社会分工的落后所决定的。与此相比,商道市镇则进入了初兴阶段。

市镇或作为乡村中心地,或作为城乡连接地,或商路中继地,都与交通条件紧密相关。梁山泊边的山口镇,陈师道《山口阻风》诗描述道:"菰鱼无凶年,末利犹不御。荷奥活万人,梨埒视千户。东方富桑麻,小市藏百贾。连樯白南北,行谈杂秦楚。"诗人的艺术语言,仍留下缕缕市场气息:山口镇周围资

[1] 同治《湖州府志》卷22。
[2] 咸丰《南浔镇志》卷25、卷5。

源丰富，从湖中的鱼虾、荷莲与菰米，到地上的丝、麻、梨，可谓鱼米之乡。这里人口稠密，吸引着南北众多的商贾，他们利用便利的交通条件，连樯驾舟而来。江东黄池镇，地据要冲，为舟车走集之会，商旅如云，居民逾千数，诸般百物，皆有行名，[1]蔚为城市规模。湖南湘潭县槠洲市，是临安经江西通湘江的水陆大干道枢纽点，是舍车就船的中转站，行旅络绎，“故交易甚伙，敌壮县”，南宋时酒课曾达20万缗。[2]江南水乡泽国中的市镇，苏轼以“春江围草市”艺术地概括其地理位置。两浙镇江丹徒县东南的了桥市，“虽非井邑，而水可舟，陆可车”，农工商汇聚。[3]另一方面，交通运输的发展，形成许多新的交通要冲，从中酝酿市镇的崛起。湖州新市镇的形成尤为典型。这里“四阻溪泽，足于渔稻莲蒲之利”，物产丰富。原有陆市，后为交通更为便利的水边新市所取代。“以其水陆环绕，舟车便利……岁久成聚。谓弃陆市而新徙于此，故曰新市。”交通优势促进新市迅速成长，加之宋廷南渡，靠近行在之利，衣冠鳞集，继而建镇。[4]

宋代桥梁的兴建较为突出，依桥开店，有的渐成市镇。两浙路台州黄岩县城不远的官河上，有座浮桥，“县东南车马担负，而客之途皆达于桥；西北樵采携挈，而民之市皆趋于桥”。于是浮桥一带成为当地居民及往来客旅的一个市场。由于行人众多，常有“奔渡争舟倾覆蹴蹋之患”，遂增设一座新桥，以“利涉桥”名之。果然其利不浅，很快，“井屋之富，廛肆烟火与桥相望不绝，甚可壮也”。[5]与桥梁类似，在运河、溪流上修筑的堤堰，为行旅羁留休憩之所，有的也成长为市镇。绍兴府山阴县与萧山县之间的钱清堰，行人舟客须在此待潮过堰，“官舟行旅，沿溯往来者如织”，嘉定时“丁堰旁各置屋以舍人牛”，并进行修缮改造。[6]羁留商客刺激了种种交换与消费，成为钱清镇持续发展的一个有力动因。杭州临平镇与秀州崇德县之间有座长河堰，行旅夜半从临平镇出发于午后至崇德，中途正值黎明抵堰，堰岸遂有小市，陆游《入蜀记》所见，

---

[1] 真德秀：《真文忠公文集》卷7。
[2] 转引自傅宗文：《宋代草市镇研究》，福州：福建人民出版社，1988年，第138页。
[3] 至顺《镇江志》卷10。
[4] 正德《新市镇志》卷1；嘉靖《德清县志》卷1。
[5] 叶适：《水心先生文集》卷10，《利涉桥记》。
[6] 嘉泰《会稽志》卷4，宝庆《会稽志》卷3。

“鱼蟹甚富”,以供早餐消费。在其附近,北宋有修川市,筑长安堰,朝廷迁临安后,位置显要,因堰易名。《宋史·河渠志》载:“长安闸,上彻临平,下接崇德,漕运往来,商旅络绎。”元代方回《过长安市诗》吟咏道:“算桔租菱小市哗,堰头桥尾约千家,人家已尽无人处,时见芙蓉一岸花。”

沿海则兴起一批海港市镇。京东路密州板桥镇,是华北重要的出海口。“广南、福建、淮浙商旅,乘海船贩到香药诸杂税物,乃至京东、河北、河东等路商客,搬运现钱、丝绵、绫绢,往来交易买卖,极为繁盛。”[1]1088年设立板桥镇市舶司,这是宋代北方唯一出现过的市舶司。“人烟市井,交易繁多。商贾所聚,东则二广、福建、淮浙之人,西则京东、河北三路之众,络绎往来。”[2]长江南岸的黄姚,嘉定年间因海商云集而设立税场:“黄姚税务场,系二广、福建、温州、台、明、越等郡大商海船辐辏之地,每月南货商税动以万计。”并因之建镇。[3]在苏州与秀州交界的松江上,先有秀州青龙镇,“蕃商舶船,辐辏停泊”,继而苏州江湾也因地当“商贾经由冲要去处”,而人烟繁盛,于南宋绍兴六年置场收税。[4]秀州还有著名的澉浦镇,《海盐澉浦志》载,此镇“惟招接海南诸货,贩运浙西诸郡。户口约五千余,主户少客户多,往来不定口尤难记”。秀州的上海先置务,不久又升为县。庆元府鲒鱼奇镇,南宋以“商船往来,聚而成市”,[5]嘉定间设镇,附近“数百里之人,凡有负贩皆趋焉”。[6]泉州石井镇,据《安平志》载:“于宋全盛时,东有新市,西有旧市,无非贸易之处,店肆千余座,盖四方射利者所趋。”

宋代市镇地理分布的密度,因资料缺乏,只能知其大概。如夔州路的梁山军,北宋元丰年间尚无一市,南宋则有了4个草市。[7]广南西路,横州较著名的墟市有3处,墟数较多的象州有11处。[8]宋末《临汀志》、曹叔阳《江阳谱》[9]

[1]《苏东坡全集·奏议集》卷8,“乞禁商旅过外国状”。
[2]《长编》卷341。
[3]《宋会要辑稿·食货》18之10。
[4]《宋会要辑稿·食货》17之36。
[5] 宝庆《四明志》卷4。
[6] 吴潜:《许国公奏议》卷3。
[7] 王象之:《舆地纪胜》卷179、卷113。
[8]《宋会要辑稿·食货》卷17。
[9] 分见《永乐大典》卷7890、卷2217。

为后世留下了珍贵的史料。福建汀州，理宗时有“坊市户”(包括坊郭户和墟市户)73 140户，居住于1个州城、4个县市、25个墟市中，时汀州总户数为223 624，坊市户占近1/3。在梓州路泸州，鉴于乡村距州县城市遥远，“取买食用、盐茶、农具”多有不便，于是神宗诏许“人户愿于本地分，兴置草市，招集人户住坐作业”。[1]《江阳谱》所载南宋中期泸州各县草市镇分布如表5–1。泸州的经济发展在全国范围看来，只能算是中下层次，而其下属三县草市分布密度较高，虽然有政府鼓励泸州兴置草市的因素，但亦足见市镇发展的水平。

表5–1　泸州草市镇分布

县　份	户　数	村　庄	草　市	市均聚落数	市均户数
泸州	22 480	71	37	2.9	607
合江	12 370	48	18	3.7	687
江安	11 986	186	12	16.5	998

市镇发挥着城乡市场媒介的作用，或者在远距离贸易中充当中继地。值得注意的是，不少镇已初具城市规模，它们在市场体系中的作用和地位与县城无异。

2. 市镇的演进态势

宋元江南市镇类型主要有：集镇，由集市所在地演进而来，是村落交易培育的乡村中心地；商道市镇，因地处交通要道而成长起来；城市附郭草市和卫星市镇，因城乡交换而兴起；专业市镇，以地方特色性商品生产而发展；军镇，因军事战略而设置并因军事需求而成长。此外还有因宗教等因素而成长起来的特殊市镇。宋代江南集镇的发展速度始终是缓慢的。商道市镇，在江南水乡的河道要冲、运河提堰、沿海港口一带普遍兴起，成为宋代

[1]《长编》卷281，熙宁十年四月乙丑。

市镇成长的突出表征。如湖州新市镇,周围物产丰富,原有陆市,后为交通更为便利的水边新市取代。"以其水陆环绕,舟车便利……岁久成聚。谓弃陆市而新徙于此,故曰新市。"宋廷南渡,更是衣冠鳞集,继而建镇。[1]杭州临平镇与秀州崇德县之间有座长河堰,为行旅羁留之所。在其附近,北宋有修川市,筑长安堰,南宋其位置显要,建镇因堰以名。沿海港镇,秀州就有著名的青龙镇、澉浦镇、上海镇,苏州有黄姚、江湾等税场。如镇江之江口镇,离城9里,人口逼近万数。有运河与州城相通,沿途"居民商肆,夹渠而列,渠岸狭不盈车"。[2]江口镇成为镇江在城的商品储运所。杭州的卫星市镇,为数更多,市场繁荣。明清时引人注目的专业市镇,在宋元时仅仅是初肇其端。湖州府双林镇,南宋时商贾聚集,元时镇上有绢庄十所,收购四乡农户丝绢。元代闻名的乌泥泾镇,则可能是江南第一个棉布业专门市镇。

两宋之交北方人大量迁移江南,相当多的人口进入市场谋生,市镇获得新的发展契机。在村落或市镇落脚后,开张或扩建交易设施,推动了市镇的建立与扩大。临安府的长安镇、汤村、临平等镇市,都因南渡人口的迁而繁荣。《梦粱录》说:临平、汤村等镇市,因南渡以来靠近为行都,"二百年户口蕃盛,商贾买卖十倍于昔,往来辐辏,非他郡比也"。濮院镇,北宋为一草市,高宗时,曲阜濮氏扈从南下卜居于此。南宋时农桑、机杼之利,日生万金,四方商贾云集,遂置镇。元大德间,濮氏在市中构屋开街,立四大牙行,收购四乡机户产品,招徕远近商贾从事丝绸贸易,"远方商贾旋至旋行,无羁泊之苦,因有永乐市之名"。明人陈邦献追述该镇成长历程则云:"元时有豪右濮氏,其富不资,雄干一郡。居民咸聚而依之,以贸成市。"[3]

宋元时期兴起的不少市镇,至明清继续发展,显示出市镇的市场基础具有经济合理性,表明市镇演进的历史连贯性和持久的生命力。《同里志》载,吴江县同里镇,"去县治东南十余里。宋元间民物丰阜,商贩骈集,百工之事咸具。

[1] 正德《新市镇志》卷1;嘉靖《德清县志》卷1。
[2] 嘉定《镇江志》卷6。
[3]《濮川所闻记》卷1、卷4。

园池亭榭，声伎歌舞，冠绝一时。明初民居千百家，室宇丛密，街巷逶迤，市物腾沸，可方州郡”。嘉靖、隆庆则稍不如昔。嘉兴府王泾镇，地处冲要，五代时闻人氏迁居于此，宋时设肆，因称闻川市。元时巨姓王氏、江氏建房贸易于此，又因姓氏改名为王江泾市。[1]嘉兴县白牛市，宋陈舜俞迁居于此，始为白牛市。宋置风泾驿，以通秀州。元朝至元十三年立镇，设白占务与巡检司，明为著名的枫泾镇。[2]明清时地据两省三府七县的乌青镇，南宋时渐由草市发展成市镇，“市逵纵横，尤称富丽”。[3]上海镇，南宋咸淳三年（1267）置镇，元时“蕃商云集”，成为华亭东北一巨镇，至元二十八年（1291）升为县治。[4]湖州府双林镇，是宋元以来的一个古老市镇。据民国《双林镇志》，明初有户数百，人口千余。成化时户口成倍增长。至明末，有户逾3 000，人口16 000多。清初“里居日集，侨民日增”，人口更增至21 000多。

上海，宋时为华亭县一镇。不过当时该地区对外贸易是通过青龙镇展开的。青龙镇熙宁十年商税额为1.58万贯，华亭县城1.06万贯。政和三年（1113）在华亭县设立市舶务，青龙镇驻专任监官，大观元年镇领市舶务。南宋后期青龙镇衰落后，贸易始转移至刘河港。刘河港在明代盛极一时，尤以郑和下西洋时臻于巅峰。元时上海贸易开始发达，“江南顽民率皆私造大船出海，交通琉球、日本、满剌、交趾诸蕃，往来贸易悉由上海出入，地方赖以富饶。”[5]设有市舶司，镇领户6.4万，两倍于“上县”标准。[6]至元二十九年（1292）设立上海县，领户7万余。据弘治《上海志》，洪武上海有户11万余，口53万余，为一壮县。由宋元时的6坊，增至明中叶的21坊。街巷10条，11镇，11市。

宋元时兴盛一时的市镇，亦有至明清时衰落下去。大多为自然地理的沧桑变化所致，或由天灾人祸造成，抑或是因为当地市场中道衰落，凡此都显示出市镇发展的曲折性与脆弱性。青浦县大蒸镇，“唐宋元时人烟稠密。明时遭

[1] 宣统《闻川志稿》卷3。
[2] 乾隆《娄县志》卷3。
[3] 乾隆《乌青镇志》卷2；《乌青文献》卷1。
[4] 弘治《上海县志》卷5。
[5] 嘉庆《松江府志》。
[6] 《元史·百官志》：江淮以南，3万户以上为上县。

倭寇，市遂衰落。”[1]钱门塘，嘉定十年设嘉定县后即为一大镇，人烟稠密，街巷纷歧，元明时两代规模渐小，改称市。[2]浙江澉浦镇，“自南宋以来，为吾国重要之海口”，南宋人口达5 000人，是当时屈指可数的大镇。明代，“人情事变与前代大异盖自禁筑城，官兵守御，利源既绝，往迹俱非，不见异物，也无外慕”。水道湮塞，缺少疏浚而淤浅。[3]乌泥泾镇，元代鼎盛一时，明以后乌泥泾河渐涸淤，船只不通，乾隆时只剩下一个叫华泾市的集市。

明清江南市镇数目不仅较之宋代大为增加，而且一直稳步增长。

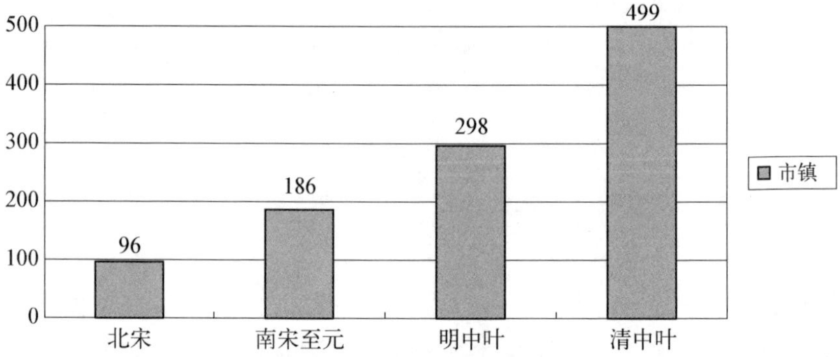

图5-5　宋至明清江南市镇数量

3. 镇的成长：突破行政等级

宋代有各级治所约1 200个左右，府、州治所多设于某一县治，或两县同治的县城。从治所规模和经济功能而言，这些治所并不能全部归入城镇之列。北宋建置，下县人口标准低于1 000户（北宋末期定为1 500户），全县人口数量尚如此小，县治人口之少可想而知，可以肯定，至少这些下县之治所，在规模上是不能归入城镇之列的。州军治所也不乏其例，如归州、昭州全境人户不足500户，其境内的州、县治所无论如何也够不上城镇资格。唐朝规定中县户满3 000以上准置市官，也可以说，低于这一人口限额的县份，难以培育一个够得

[1] 《蒸里志略》卷1。
[2] 民国《钱门塘乡志》卷1。
[3] 嘉靖《续澉浦志》卷1。

上城市资格的县治,两宋大致也差不多,这样看来,为数不少的县治及州治,还没有进入城市之列。两宋虽有不少治所成长起来,但城镇数量的增多,更主要表现为一批经济型大镇跃入城市行列。

镇,就其建置渊源流变而言,肇始于军镇;就其作为新兴中心地而言,常与草市并提;就其作为税收机构而言,则常与县治并称为县镇;在国家户口簿上,镇与州县治所居民都以坊郭户登记入册。显然,对市场中心地的层级区分,必须在诸此重叠交错的语言习惯与行政等级之外寻求答案,经济功能的分析是唯一的途径。

除了唐代军镇的遗留外,镇都是由市场所培育起来的。镇的地理分布说明了这一点。除了军镇遗留较多的沿边地区外,镇的地理分布与经济发展程度呈正比。从元丰年间统计中,撮录内地各路镇市的数目如下:[1]两浙路75;淮南东路62;京西北路61,京东路59;江南东路54;江南西路52;河北西路50;福建路25;荆湖南路23。

这种地理分布态势,与北宋各路经济发展水平惊人地吻合。拙著《宋代东南市场研究》第2章所作以州府为单元的地理分布的考察,其结论也相同。可见,镇的出现必须以一定程度的市场为基础,如果某一范围内的市场滞后,则无法培育出县城层次的中心地,而只能停留于草市层级。

蜀川四路的事例就是最好的说明。四路镇数居全国之最,梓州路以358个高居全国各路榜首,成都府路以165个次之,利州路以120个居第四位,夔州路亦达79个。但是,四路镇场的商税额,熙宁十年相当微小,在总额中的百分比远低于东南四路,这正是四路之镇乃军镇沿而未撤的有力说明。如汉州略坪镇,是唐五代的军镇,至南宋初仍市场凋零。宋高宗时李良臣反映,该镇"商贾贸易纤屑旷希,家须日用,非他市不给。比岁二三族姓,辄去之客于异县。闾巷萧寥,爨无盛烟,里人病之久矣"。[2]

---

[1] 引自漆侠:《宋代经济史》(下),上海:上海人民出版社,1988年,第937—938页。
[2] 嘉庆《四川通志》卷33引。

镇区街巷,居民列入坊郭户。史载普遍有“镇坊”“镇郭”之说。五代制度中即有“其京都及诸道州府县镇坊界”“州县城镇郭下人户”等分类规定。[1]据今人所辑[2],嘉兴府澉浦镇,《海盐澉水志》载有1街、2坊、6巷。同府上海镇有4巷,青龙镇则达36巷。湖州南浔镇划为7巷。吉州永和镇,钟彦祥《东昌图境记》载有“坊巷六街三市”。建康府清化乡索墅市,有“索墅坊”。上海镇、建康府下蜀镇还有当时先进的砌砖街道。镇市人口数量不少达到城市标准:

> 福州海口镇,有户逾2 000;潭州桥口镇,市户2 000余家;
> 镇江府江口镇1 600户;
> 广州府香山镇,由南海、东莞、新会三县共管,人口5 380;
> 吉州永和镇,附而居者数千家;
> 江陵府沙市镇,一次大火“燔数千家”;
> 福州连江镇,曾“寇作烧千余家”。

1 000—2 000多户约5 000—10 000人的城镇,至少是宋代中等县治的规模。

宋代不少镇的规模与市场发育,超过了所属县城。成都府路嘉州符文镇和苏稽镇,市井之繁华与壮县相类。范成大《吴船录》载,鄂州武昌县南草市,“人烟近四百户,市井比之本县,大段翕集”。湖州,“郡有乌墩、新市,虽曰镇务,然井邑之盛,赋入之多,县道所不及也”。[3]淮阴县洪泽镇,“人烟繁盛,倍于淮阴”,而且镇富县贫,以至洪泽人常欺侮淮阴人。[4]这一有趣的史实,正表明政治性治所与经济性城镇的分异,立足于市场基础而发展起来的经济型城

[1] 《五代会要》卷26、卷27。
[2] 参阅王曾瑜:《宋朝的坊郭户》,载《宋辽金史论丛》第1辑,北京:中华书局,1985年。傅宗文:《宋代草市镇研究》,福州:福建人民出版社,1988年。吴晓亮:《宋代城市化问题研究》,载《宋代经济史研究》,昆明:云南大学出版社,1994年。
[3] 薛季宣:《浪语集》卷18,《湖州与镇江守黄侍郎》。
[4] 徐梦莘:《三朝北盟会编》卷128,建炎三年四月二十日。

镇之生机，是政治隶属关系无法约束的。至于发达地区的镇超过落后地区的县，更是不计其数，如河北、京东的镇，“其逐镇居民人烟过于河东县分”。[1]一些市镇甚至超过了所属州城，下文将要述及的鄂州之南草市、宋州之河市，都超过川城。成都、简州、陵州之间的一些镇，据袁辉《通惠桥记》：“民间仅千室，而商贾轮蹄，往来憧憧，不减大郡。”

州、县、镇行政隶属关系与市场繁荣程度恰成反比的有趣现象亦可见之。在成都府路的怀安军，有两县九镇，县以金堂为大，镇以古城为富，《舆地纪胜》记当地有谚云：“军不如县，县不如镇。”太平州芜湖县之黄池镇，“商贾辐辏，市井繁盛”，以至当地有俗谚云：“太平州不如芜湖，芜湖不如黄池。”[2]元代仍是如此，芜湖县治，“民之受廛而居者，如星联壑聚，舟车之多，货殖之富，衣冠文物之盛，殆与州郡埒，他弗能比也”。[3]

再从商税额的角度分析镇场市场的规模。宋代商税则例规定，过税2%，住税3%。以此计之，1万贯的税额，至少必须有20万贯的商品流通量，以谷折算，约当北宋时的200万石，而产粮最多的苏州，范仲淹估计全境每年收获也仅700万石。这样看来，万贯商税额所代表的商品价格总量为数已相当可观。熙宁十年商税统计中，超过万贯的县镇，全国不过十余个。单凭本县镇的商品流通量，按照北宋的市场发展水平，似乎还难以形成20万贯商品价格总量的县镇，这些县镇往往都是处于交通要道者。

熙宁十年商税，华北四路中，镇超过县治者为数不少，而超过州治者亦有之。其中滨州，在城商税额被两个镇远远抛在后面。河北、京东以外，市镇商税额超过所属州城。

市镇商税额，南宋较之北宋有了巨大的增长，以上具体可参见表5-2至表5-6。

[1]《宋会要辑稿·刑法》1之32。
[2] 周必大：《文忠集》卷171。
[3] 康熙《太平府志》卷37引。

表5–2　宋代江南若干市镇商税的增长　（单位：贯）

镇　场	北宋熙宁商税额	南宋商税	增长指数
常州湖濮镇	2 814	10 800	284
张　渚	2 216	1 440	–48
万　岁	161	6 840	4 148
青　城	197	4 759	2 316
湖州乌墩镇*	2 104	20 484	873
新市镇	1 771	6 470	265
临安府浙江场	16 447	81 910	397
江涨桥镇	2 806	45 018	1 504
龙山场	2 992	36 969	1 136

引自：龙登高（1994）、梁庚尧（1997下：30）。

*湖州乌墩镇、嘉兴青墩镇毗邻，合称乌青镇。南宋商税祖额1.5万贯，绍兴三十一年4.2万贯，淳熙年间减放为3.0万贯。

表5–3　宋至明清江南市镇分府州数量

明清州府	明面积	北宋	南宋至元	明中叶（嘉靖—万历）	清中叶（乾隆—嘉庆）	清面积
杭州	7 774	14	27	44	104	7 318
嘉兴	3 276	11	24	28	40	3 209
湖州	6 219	13	19	23	24	6 194
镇江	3 616	4	8	15	16	4 619
江宁	9 183	14	16	32	38	7 781
常州	6 464	15	25	39	30	7 328
苏州	8 627	14	21	44	90	6 762
松江	4 244	10	34	44	107	4 157

（续表）

明清州府	明面积	北宋	南宋至元	明中叶（嘉靖—万历）	清中叶（乾隆—嘉庆）	清面积
太仓州	2 317	1	12	29	50	2 317
合计	49 403	96	186	298	499	49 685
市镇腹地面积		514.6	265.6	165.8	99.9	

注："北宋、南宋至元市镇数"据魏嵩山（1993：第11章）。江宁府市镇数据龙登高（1994：68）。明、清面积则据曹树基（2000、2001），宋亦依明。"明、清市镇数"据范金民（1998）。

表5-4　京东、河北东路商税额超过州、县治的镇市　（单位：百贯）

州　别	草市镇	税额	州城税额	被超过（%）	县在城	税额	被超过（%）
青　州	文家港	171			寿　光	538	217.6
淄　州	赵岩口镇	284	67	320.0	邹　平	33	753.0
齐　州	[illegible]	115			章　丘	66	74.8
郓　州	傅家岸镇	224			平　阴	35	532.1
郓　州	但欢镇	44			平　阴	35	24.1
济　州	山口镇	35			任　城	28	27.1
潍　州	园底	140	139	0.5			
莱　州	海仓镇	129	62	107.0			
密　州	涛洛镇	192			莒　县	59	226.3
单　州	黄队镇	48			鱼　台	26	84.2
淮阳军	鱼沟镇	31			宿　迁	27	11.8
沧　州	无棣镇	173			保顺军	143	20.9
滨　州	丁字河镇	181	89	204.1			

（续表）

州　别	草市镇	税额	州城税额	被超过（%）	县在城	税额	被超过（%）
滨　州	宁海镇	121	89	136			
博　州	刘家镇	42			高　唐	33	127.3

转引自傅宗文：《宋代草市镇研究》，福州：福建人民出版社，1989年，第102页。

表5-5　熙宁十年商税额超过所属州城的部分镇市　（单位：百贯）

镇名	蕲口	固镇	池口	沙市	固始	安邑	胥口
税额	265	248	133	98	92	87	85
所属州	蕲州	凤州	池州	江陵府	光州	解州	端州
在城税额	211	108	48	84	49	77	79

表5-6　两宋若干市镇商税　（单位：万贯）

镇　　场	熙宁商税额	南宋商税额
蕲州蕲口镇	2.6	15
池州池口镇	1.3	18（绍兴），26（乾道）
镇江府江口镇		13（嘉定），48（咸淳）
常州湖𣹢镇	0.3	1.1（咸淳）
平江府黄姚税场		12（嘉定）
安吉州乌青镇		1.5（嘉定）
临安府北郭镇		10（咸淳）
浙江场	1.6	8.2
江涨桥镇	0.3	4.5
龙山场	0.3	3.7

引自龙登高：《宋代东南市场研究》，昆明：云南大学出版社，1994年，第2章。吴晓亮：《宋代城市化问题研究》，载《宋代经济史研究》，昆明：云南大学出版社，1994年。

南宋时期，不少巨镇因为税收关系重大，监镇官衔级别提高，“凡监镇兼烟火公事，注知县”，升为准县级或州府直辖机构，这些巨镇商税收入，大多岁课在3万贯以上，据《吏部条法》[1]等所载就有：

商道市镇：海港镇——嘉兴府青龙镇，泉州石井镇，庆元府鲒锜镇，嘉兴府澉浦镇；沿江湖——太平州采石镇，长沙桥口镇，镇江府江口镇，怀宁府山口镇，安庆府枞阳镇，江陵府沙市镇，太平州黄池镇，蕲州蕲口镇；沿运河——临安府临平镇，常州奔牛镇，临安府浙江市、龙山市。

图5–6　〔南宋〕李嵩：《货郎图》

农村集镇：安吉州与嘉兴府

图5–7　〔北宋〕苏汉臣：《货郎图》

[1]《永乐大典》卷14620—14627引。

合领之乌青镇,安吉州梅溪镇,长兴县四安镇,华亭县魏塘镇,随州唐城镇,德庆府悦城镇,宁国府水阳镇。

专业市镇:瓷镇——饶州景德镇,吉州永和镇,镇江府延陵镇;盐镇——福清县海口镇,兴化军涵头镇;茶叶税场——汉州杨村镇,彭州棚口镇,永康军蒲村镇,青城县味江镇,建宁府麻沙镇,福州水口镇,无为军昆山镇,无为县襄安镇。

二、城市市场格局的变化发展

中唐以来中国城市市场发生的深刻革命,至宋代基本完成,从此开启了城市市场发展的新纪元。城市市场的演变发展,从如下几个方面得到充分的反映。

1. 城市新兴交易街市的形成

城市市场空间布局发生根本改变,市场交易从固定的商业区"市"渗透到居民区"坊",渗透到城墙内的每一个角落,并扩展至城墙之外。据杨宽考证,城市沿河近桥及城门口等交通便利处的各种新"行""市"勃兴,并在此基础上发展成繁华的街市。如汴京,后周、北宋时在沿汴河一带的空地上,增设大量邸店,日用必需品的新"行市"产生。这种新行市起初带有临时或定期集市的性质,逐渐固定成新行市。它们以及城内以酒楼、茶坊、日杂店铺为中心的街市的形成,逐渐取代了旧式封闭式的"市"区。如洛阳的南市、北市、西市都改为"坊"名。[1]

城市布局的变化不仅削弱了城市的封闭及城乡对立,为商人、市民、农民等的交易扩展了空间,而且使市区得以不断扩大,这是城内商业区扩大与人口不断增多造成的。换言之,城市建设的速度跟不上市场扩大的步伐。如开封自五代成为国都后,成长迅速,后周世宗时,展筑外城,拓宽街道。但仅过了几十年,开封城又显得"衢巷狭隘",北宋初政府再度整治市容,撤除权贵、富室之沿街邸舍及供租赁之屋室,此后又屡屡下诏"毁撤就城民舍之侵街者"。[2]

[1] 杨宽:《中国古代都城制度史研究》,北京:中华书局,1993年,第248—267页。
[2]《长编》卷51、卷72、卷79。

图5–8 勾栏（清院本《清明上河图》）

这种现象在在皆是，据吴晓亮等所辑如：两浙路明州，生齿浩繁，宝庆《四明志·郡志》载：子城内“岁久民居跨壕造浮棚，直抵城址”，以至塞水道，碍舟楫。嘉泰《吴兴志·城池》说，湖州城的子城城濠，为居民浮檐所蔽。温州城人口膨胀，叶适《水心先生文集》卷10说：“市里充满，至于桥水堤岸而为屋，其故河亦狭。”建康府著名的秦淮河，乾道年间已是“两岸居民填筑河岸，添造屋宇，日渐侵占其岸白地”。[1]潮州城中心的官街，“岁月侵久，居民遂侵官地以广其庐”。[2]

2. 附郭草市纳入城市

草市是城乡交换的产物，附郭草市受到农民和城里人的欢迎。在城市，买卖行为必须交纳交易税，农民的细小交换难以应付，即使离城不远的农民也

---

[1] 《宋会要辑稿·食货》8之29。
[2] 《永乐大典》卷5343引。

尽量避免入城买卖，宁愿在城门之外进行，正如陆游《鹊桥仙》词有云“卖鱼生怕近城门”。随着城市市场活动日益溢出城墙，附郭草市被纳入城市市场之中。因此宋代展筑外城的现象普遍出现。全国各地，“人多散在城外，谓之草市者甚众”。[1]在此交易者，除了郭外农户外，城内及外地的商人活跃其中，所谓“多是城里居民逐利去来之人”。[2]宿州，自唐以来，罗城狭小，民居多在城外。杭州,《清波杂志》载:“自六蜚驻跸，日益繁盛。湖上屋宇连接，不减城中。”故宋人有诗云:“一色楼台三十里，不知何处觅孤山。”建康府城内外，有东市、南市,“又有小市、牛马市、谷市、蚬市、纱市等约一十所，皆连淮列肆稗贩焉”。[3]汀州州治,《临汀志》载:“枕山临溪为城，周袤才五里。市廛居民多在关外，故城内方(坊)才三，而城外余二十。阛阓繁阜，不减江浙中州。但诸邑境山辽，聚落星散。”

各级治所附郭草市人口增加，市场发展迅速。汴京，都门之外，居民颇多，附郭交易繁忙，杨侃《皇畿赋》云:“十二市之环城，嚣然朝夕。”明州“四郭皆有市，草市朝朝合”。太原南草市关城内有居民2 000多户。秦州，据韩魏公《家传》，有东西草市，军民达万余家，皆附城而居。成都府新繁县城“负郭而渐家者益千数”,[4]也是从城郭周围发展起来的。真州更有明确的记载，嘉定时在城户口：州城内户1 094,丁1 346;城外户4 761,丁7 645。[5]汉阳军，城内外户口不下3 000家，其中郭内仅1 000家，郭外沿江之民几2 000家，江上还有船居者400家。[6]因而不少城市展筑外城。祁州蒲阴县城，展筑西北外城各3里并移州治入新城。寿州城西居民3 000室，筑外郭环入之。徐城,“廛肆列城外，公筑而广之”。[7]

草市市场的发育，使之与城内市场的区别逐渐消失，这体现于附郭被纳入城市建置之中。不少附郭草市，改变了以乡、都、里为体系的乡村管辖制度，并

[1]《苏东坡全集》卷62,“乞罢宿州修城状”。
[2]《长编》卷251,熙宁七年三月。
[3] 景定《建康志》卷16。
[4] 周表权:《新繁县新展门寨记》,载《宋代蜀文辑存》卷17。
[5] 隆庆《仪真县志》卷6引。
[6]《黄文肃公文集》卷8、卷31。
[7] 张方平:《乐全集》卷39。

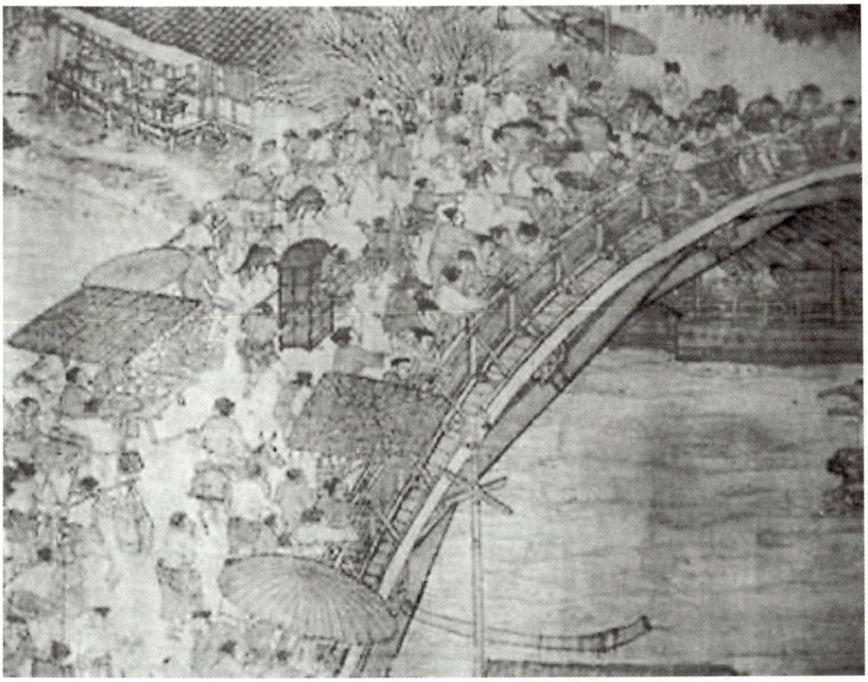

图5–9 〔北宋〕张择端:《清明上河图》(局部)

入以坊、厢管辖的城市体例。这在大城市尤为突出。开封,分为旧城、新城、新外城,其中新旧城10厢,新外城9厢。宋真宗时因城外居民数量颇多,于是在新城外置8厢,特置厢吏以统之。临安在城有9厢,城外设南北两厢、左右两厢,内外居民待遇无二。建康南门外之草市,设立城南厢,与草市周围的村落相别。饶州城外有和众坊,设厢官管辖。福州城外草市众多,共编为6厢47社。至此,附郭草市之名逐渐为厢所代替,从而,城乡分界线,不复以城垣、沟壕为标志,而代之以草市与村落的交界。

3. 卫星市镇

州府城市周围的卫星市镇,多位于交通要道。它一方面因紧临州府治所分享其政治优势,同时避免了在城官府的种种干预,另一方面又因地处要道而具有在城所缺乏的市场条件。唯其如此,许多卫星市镇在市场繁荣上超过本城,从而形成政治中心与商业中心相对独立而又合二为一的城市,相互促进,使之迈向新的发展高度。这与西欧中世纪市镇的兴起如出一辙。

鄂州南草市，在城外鹦鹉洲前，沿江数万家，列肆如栉，市场之繁荣超过州城。一次大火，焚万室，自北而南，凡五里。而鄂州本城，“因山附险，止开二门，周环不过三二里”。[1]潭州长沙附近的桥口镇，竟又分溢出一个新市镇。桥口镇“市户二千余家，地狭不足以居，则于夹江地名暴家歧者，又为一聚落，亦数百家。”[2]分溢出的暴家歧，“跨三邑之会，据众水之冲，商贾辐辏，舳舻相衔者无虚日”，成为财货之通阜。[3]镇江府江口镇，人口逼近万数，离城9里，有运河与城相通，沿途“居民商肆，夹渠而列”。江口镇是镇江府城的商品储运所，从事回易的军官刘宝在江口镇设置塌坊，来自荆湖、福建各地的商品络绎不绝汇集于此，然后运至府城的激赏库销售。[4]

宋州之河市，据王定国《闻见近录》：“南京去汴河五里，河次谓之河市。五代国初，官府罕至。舟车所取，四方商贾孔道也，其盛非宋州比。凡郡有宴设，必召河市乐人。”此“河市”，实际上成为宋州城新的商业区。它的成长，最主要的原因是临汴河，为交通运输要道，而宋州城则离河尚有五里之地。它的成长还有一个前提，那就是“官府罕至”，即与宋州相比，它没有官府的干预，因而成为四方商贾的自由贸易地。

北宋的汴京、南宋的临安，城外众星拱月般环立着市镇群，它们接纳、储存四方汇聚而来的物产，同时分销城内，或将城内外的本地、外地的商品中转运销四方，详见本篇第五章。临安府几个卫星镇，亦分溢出新的市。如府城30里外的汤村镇，又在距之11里处形成了汤村镇市；45里外的临平镇，又在距之12里处新形成临平镇市；府城2里外有范浦镇，4里外有范浦镇市；府城18里外有江涨桥镇市，府城8里外有江涨桥镇市，府城7里外还有江涨桥头市。后人据宋代方志解释说：江涨桥“镇市两载，其地相去者十有一里，端拱置镇，设有镇官，官署去府十八里。而市起自县北七里。由市至镇，列肆连络不断，故

[1]　张舜民：《画墁集》卷8，“郴行录”。
[2]　《宋会要辑稿·职官》48之140。
[3]　《永乐大典》卷5769引。
[4]　《建炎以来系年要录》卷188，绍兴三十一年正月壬辰。

虽相去远而同以桥名。”[1]

4. 城市人口

宋代的大城市，按照当时的标准应该是堪称“四方之所聚，百货之所交，物盛人众”[2]者。50万人以上的特大城市有二，北宋的开封，南宋的临安。开封，天禧五年，不包括城外9厢，城内（新旧城10厢）约有97 750户。[3]临安，宋宁宗时，都城居民以户计者112 000余。[4]这些数字还不包括为数众多的流动人口和军队。

10万人以上的大城市主要有：成都、鄂州、建康、苏州、泉州等。建康，是江南东路东部州军的中心城市，南宋时“军民憧憧，聚彼贸易，市廛日以繁盛，财力足以倍输。”“籍于坊郭”的固定人口逾17万，不包括众多的流寓、商贩、游手在内。[5]这些大城市，在市场的区域考察时都会述及。5万人口左右的中等城市，数量更多，但有确切人口记载的不多。大名府城，真宗初，城中居民“主客合户万家”，[6]约5万人，镇江府城6万多人，扬州府城约4万人，等等。

宋代的城市化水平，仍是相当有限，试看如下统计。[7]

（1）州城在治县中的户口比例：

真州。嘉定时在州城内户1 094，丁1 346；城外户4 761，丁7 645。州治所在扬子县有户12 711，丁45 140。州治占县境总户数的46%，占县境总丁数的19.7%，户、丁的比例相差悬殊，可能统计口径不同。

庆元府城。宝庆年间有户5 321，占府城所在鄞县总户数的12.8%。

---

[1] 乾隆《杭州府志》卷5。
[2] 《名公书判清明集》卷1，“谕州县官僚”。
[3] 《宋会要辑稿·兵》3之4。
[4] 杨万里：《诚斋集》卷124。
[5] 《真文忠公文集》卷6，“奏乞为江宁县城南厢居民代输和买状”；《石林居士建康集》卷4，“建康掩骼记”。
[6] 《长编》卷45，咸平二年十二月丙寅。
[7] 参考梁庚尧：《南宋的农村经济》，台北：联经出版事业公司，1985年，第1章。王曾瑜：《宋朝的坊郭户》，载《宋辽金史论丛》第1辑。龙登高：《宋代东南市场研究》，昆明：云南大学出版社，1994年，第83页表。

镇江府城。合江口镇1 600户,嘉定年间共有户15 900,占府治所在的丹徒县总户数42 900的37%。

徽州城。乾道年间有户1 931,占州治所在歙县总户数的6.9%。

(2)州城在全州的户口比例:

镇江府城,嘉定时占全府户数的14.7%。

扬州,在城户及其在全州所占比例分别为:绍熙时,在城户4 226,丁口19 138,分别占全州户35 951的11.8%,丁口140 440的13.6%;嘉泰时,在城户3 637,丁口20 117,占全州户36 160的10%,全州丁口201 849的10%;宝祐时,在城户7 975,丁口35 967,分别占全州户43 892的18%,全州丁口135 072的26.6%。

(3)县城在全县的户口比例:

绍兴嵊县城,嘉定年间有坊郭户1 194,占全县总户数的3.6%。严州淳安县,嘉定年间有坊郭户1 335,占全县总户数的7.1%。楚州盐城县,嘉定年间坊郭户约4 000,占全县总户数的11.7%。漳州漳浦县,嘉定年间坊郭户约5 000,占全县总户数的11.5%。

(4)州军全境的坊郭户比例:

荆门军,高宗末期,坊郭不满500家,两县乡村主户才及3 000,坊郭户比例14.3%。抚州,坊郭户30 588,占全州总户数的12.4%。汀州,坊郭户5 285,乡村户145 046,城市户口比例3.5%。徽州,宝庆年间全州坊郭户3 887,占全州户数的2.9%。

以上数据表明,宋代城市人口的百分比地域差异非常显著。上述州城,如真州、扬州、庆元府城、镇江府城,均属于宋代的大中城市,它们在治县的户口比例很高,在全州府中的百分比也超过10%。而普通县城在全县的户口比例则很低,约为5%左右。州军全境的坊郭户比例,在平原的镇江府、扬州、抚州、荆门军等都超过10%,而山区的汀州、徽州则远低于5%。这些数据仍只能给我们提供感观的印象,难以估测宋代的城镇人口比例。不过可以肯定的是,加上新兴镇的坊郭户,大小城镇平均下来,全国的城市人口在总人口中所占比例当低于10%。

图5–10　潮州湘子桥(广济桥)

5. 城镇市场的中心功能

城乡市场的交流成为市场发展的强劲推动力。唐以前,城市的壮大固然离不开农业基础,但城乡经济往来并不一定要通过市场纽带来维系,而可以通过政府赋税与地主地租的形式直接联系,供给城市的农产品相当数量并非通过市场营销渠道,因此城乡对立,城市剥削农村的现象普遍存在。中晚唐至宋代,这种状况发生了根本变化,正如宋人孙升所云:"城郭乡村之民,交相生养,城郭财有余,则百货有所售,乡村力有余,则百货无所乏。"而城市对于维系日益扩大的城乡交流发挥了重要的作用,"城郭之民,日夜经营不息,流通财货,以售百货,以养乡村"。[1]

城镇是周围农户实现交易的场所,"穷乡荒野,下户细民,冬至节腊,荷薪刍,入城市,往来数十里,得五七十钱,买葱茹盐醯,老稚以为甘美"。[2]近城居民,尤得近水楼台之便,城市的消费需求为他们从事工商业创造了条件。《夷坚志》所载实例很多,如有妇人磨面为生,"自骑驴入城鬻之,至晚负钱以归,率数日一出"。其经营渐成规模,磨驴达七八头,三年后,获利益多,并购买了田宅。屠夫童七,"累世以刺豕为业,每岁不啻千数,又转贩于城市中"。[3]这个磨面的女企业主,仅磨驴就达到了七八头,她肯定还得雇工经营,在短短几年来就具有了一定规模,根本的条件就在于城市的较大需求,使她每隔几天就

[1]《长编》卷394,元祐二年正月辛巳。
[2] 张方平:《乐全集》卷25,《论免役札子》。
[3]《夷坚乙志》卷1,侠妇人;《夷坚支志》景集卷5,童七屠。

能“骑驴入城鬻之”。童七经营屠宰业，每天杀猪约3头，以3 000千克计，假设每户五天一顿肉约半斤，他可以供给15 000人的城市居民需求。

各地城市还通过举办专业性的集会吸引周围农户，加强市场联系。永兴军路“同州以二月二日与八日为市，四远村民毕集。应蚕农所用以至车担、椽木、果树、器用、杂物皆至，其直千缗至万缗者”。[1]饶州安仁县城，原来负贩少有至者，被称为“冷邑”。南宋吴儆创立“会市”，会日期间，“官无征敛，市不二价，约束明肃，商贾四集，皆得所欲以归。于是井邑饶富，江东壮县或愧焉”。[2]阆州歧乎镇，“每五月初间，四方商贾辐辏，贸易以万计，号为歧平会”。[3]太原，元代时工商业发达，据马可·波罗所记，这里各种各样的物品都能制造，尤以武器和军需品出名。葡萄园数量多，产量高，种桑养蚕亦极发达。

蜀川州县城市举行蚕市、药市。如成都府蚕市，每年正月至三月，在州城及属县15处循环举行，眉州、夔州等城亦有之。[4]蚕市，顾名思义，最初主要是为蚕农提供农桑器具，故田况《成都遨乐诗》形容道:“所以农桑具，市易时相望”，后来演变成以蚕农器具为主包括各种物资交流的综合型大集市，不仅有蚕桑器具，还有“花、木、果、草药什物”之类，田况《五日南门蚕市》所谓“齐民聚百货，贸鬻贵及时。乘此耕桑前，以助农绩资。物品何其伙……”药市也与此相类，成为以药材为主的大型商品交易。其主要对象也是周围农民，他的《重阳日州南门药市》诗云:“草木瑰富百药具，山民采捋知辛甘。成都府门重阳市，远近凑集争赍檐。市人谲狯亦射利，颇觉良恶相追参。……但喜山民药货售，归助农业增耡芟”。在成都，蚕市、药市每年各举办三次，此外，大约每月有一次专门集市：正月灯市，二月花市，四月锦市，五月扇市，六月香市，七月七宝市，八月桂市，十月酒市，十一月梅市，十二月桃符市。成都等府县城市所举行的蚕市、药市，其主要功能是周围农民以产品交换农具，这正表明成都在城乡联系方面起着重要作用。

---

[1] 《岁时广记》卷1。
[2] 吴儆:《竹洲文集》附录，吴公行状。
[3] 王象之:《舆地纪胜》卷167。
[4] 林文勋:《宋代四川商品经济研究》，昆明：云南大学出版社，1994年，第56页。

"都会待百货而后盈"，一旦商贾不行，则市井随之萧然，[1]石介和苏轼对城市市场的特点已有深刻认识。但城市市场在沟通城乡联系上，其作用仍受到许多因素的制约。农民的商品供给与消费需求多在乡村集市、草市中即能得到满足，农民较少进城，甚至"山谷之民，耕桑乐业，有老死不识县邑者"，或"岩谷之民有老死不识城郭者"。[2]今浙江镇海和舟山岛上的这种现象，那时在全国并不鲜见。此外，城市市场运行还不很规范，垄断现象时有发生，城市游手常欺凌、盘剥非职业商人。南宋在处州、衢州任职的翁甫记录的一桩判案，便真实反映了城市市场秩序的缺陷：潘五十六在城以贩鱼为业，终岁专其利。耕夫黎七，偶尔入城卖鱼，受到潘的疾恶与殴打。这桩判案反映的是一种普遍现象，正如翁甫所云："所在城市，取鬻之利，尽为游手所专，而田里小民皆不得著手。遇有乡民鬻物于市，才不经由其手，则群起而攻之。"[3]吕南公《老樵》一诗亦可为佐证："街东少年殊傲岸，和袖高扉厉声唤。低眉索价退听言，移刻才蒙酬与半。纳樵收值不敢缓，病妇倚门待朝爨。"

耕夫黎七与老樵之类乡民，对城市市场的行情、价格变动的了解非常有限，他们的信息不充分，与城市职业商人之间信息不对称，交易过程中不能获得应有的利益，加上官府的税收，因此，商品供给逐渐增多的乡民，在城外交易就较为便利与自由。从而城外或郊区就成为联结城乡的结点而发展起来。

三、汴京市场的繁华与衰落

汴京，是五代宋金时北方的最大中心城市。开封为四战之地，同时又是北方交通枢纽与市场中心，隋唐大运河通航后开始崛起。与长安、洛阳等传统大都会的成长模式不同，它由商业肇始，继而成长为政治中心。自五代成为国都后，其成长更为迅速。政治中心对开封市场中心地位的影响，不仅在于它集中了人数众多、消费层次高的官僚贵族与军队——在冗官、冗兵、冗费长期成为政府赘疣的宋代，京师的消费量尤为巨大，而且在于政治中心所带来的市场辐

[1] 石介：《徂徕石先生文集》卷上；《苏东坡全集·续集》卷11。
[2] 《宝庆四明志》卷6。
[3] 《名公书判清明集》卷14，因争贩鱼而致斗殴。

射作用——宋代茶、盐、酒等商品都实行专卖，这些产品的地区转移多以汴京为枢纽，同时官府也在地区间调拨一些商品，东南八路的漕粮是其最大者，这些专卖或调拨行为，会引发和带动其他商品的地区周流，而凡此都是以汴京为中心的。

开封是华北的最高中心地，东有广济河至梁山泊与济水相连，与京东、河北相通。“致四方之货食，以会京邑，舳舻相接，赡给公私。”[1]汴河东南通江淮，是漕运干线，将财赋之区东南的物资源源运来，《宋史·河渠志》载，“漕引江湖，利尽南海，半天下之财富，并山泽之百货，悉由此路进”。汴河西北与黄河相连，可入陕西。南则有蔡河流入淮河，“蔡河贯京师，为都人所仰”。西南则有另一运河惠民河，柴薪燃料由此输入。金水河是京师的主要饮用水源，《王文正公笔录》说，经整治后，“得舟楫通利，无所壅遏”。汴京通襄阳入汉水的陆路干道，沿线大体均衡地分布着大小城镇，使沿路交通运输至为便利，据《三朝北盟会编》卷88所引，其里程与城镇依次为：

开封—45里尉氏县延嘉镇—45里尉氏县城—75里长社县许田镇—45里许州城—45里襄城县颍桥镇—36里襄城县城—45里叶县汝坟镇—45里叶县城—36里方城县新寨镇—45里方城县城—90里方城县许村市—50里方城县青台镇—50里唐州城—60里湖阳县城—65里湖阳县崔桥镇—79里襄阳县八叠镇—50里襄阳城。

汴京是北宋全国最大市场。以茶叶为例，汴京是消费量最大、消费层次最高的首善之区，城内茶坊茶肆鳞次栉比，装饰富丽堂皇，街心市井，至夜尤盛。据考察，南方茶叶，从六榷货务与十三山场沿东西两路运抵汴京；东路从真州、扬州入运河而至；西路沿淮河各支流入蔡河而至。城内十余家行头大户组成的茶行，悉数经手接纳和出售入京茶叶。[2]北方各路茶叶，亦由汴京中转分销，经广济河入京东、河北，沿汴河入黄河至陕西、河东。

[1] 《宋会要辑稿·食货》42之19。
[2] 李晓：《宋代的茶叶市场》，《中国经济史研究》1995年第1期。

汴京茶叶市场的运转，是其整个商品市场及其在华北的枢纽地位之缩影。所谓“中都聚四方商旅、万亿物货”，因此汴京“巾车错毂，蹄踵交道，舳舻衔尾，千里不绝”。消费水平高，各地商人，搬运各方物产，云集京师。[1]“四方之人，以趋京师为喜。盖士大夫用功名进取系心；商贾则贪舟车南北之利；后生嬉戏则以纷华盛丽而悦。”[2]同时这些商品又向北方各地分销，各地客商“尽将钱本，自来至阙下，于客人铺户处转贩四方物货”，[3]再转运各路。汴京城内的铺户大商，就是此类辐射范围及华北、陕西的批发商。相国寺除了其集市声震四海外，也是一个重要的商品集散中心，“四方趋京师，以货物求售、转售他物者，必由于此”。[4]相国寺交易活动日日不断，而以定期集日最为繁盛。每月五次开放，万姓交易，“技巧百工利肆，罔有不集；四方珍异之物，悉萃其间”。[5]

市场商品从日用杂货到金银珠宝，无所不有。据《东京梦华录》，猪羊作坊，每人挑担或车载肉食上市，动辄百数，宰猪“每日至晚，每群万数”；鲜鱼每日数千担入门；米粟、麦面以太平车或驴、骡、马装驮，从城外入城货卖，至天明不绝。奢侈品交易最为繁华，金银彩帛、珍珠香药，铺席集中，屋宇雄壮。

汴京城庞大的商品流通，与它周围的卫星市镇的功能分不开。据杨侃《皇畿赋》，宋楼、朱曲镇，沿河运输，中转货物；马栏桥、建雄镇，商贾汇聚，珍货麇集。此外还有朱仙镇、陈桥镇、万胜镇、赤仓镇及中牟县城、陈留县城，构成开封的卫星城镇。

城内外市场繁盛，街道上，官宇旁，甚至在御街，酒肆、茶楼、食店、名类繁多的商业店铺，都临街而设，幡旗招展。固定商业店铺外，流动小贩走街串巷，逐户叫卖。宋代名画家张择端《清明上河图》生动表现了汴京市场的繁华。城市居民构成中，贩夫贩妇之类的小市民占多数。开封城内，“杂贩破铁、小贩绳索”等贫下市民，仅加入行会者就有8 654人，他们每月向官府所纳免行钱

[1]　秦观:《淮海集》卷13。
[2]　洪迈:《容斋五笔》卷9,《欧公送慧勤诗》。
[3]《宋会要辑稿·食货》32之3。
[4]　王林:《燕翼诒谋录》卷2。
[5]　王得臣:《尘史》卷3。

都在100文以下,少者只有3文、2文,全年所纳免行钱为4 300余缗。[1]足见经营细小之至。《东京梦华录》还载:“早晨桥市街巷口,皆有木竹匠人,谓之杂货工匠,以至杂作人夫。”他们延颈驻立,盼雇主唤请。

不仅在空间上固定店铺当街交易,流动小贩渗透到街头巷尾每一个角落;而且时间上日市、夜市、早市相衔不断。夜市热闹非凡,“人物嘈杂,灯火照天”。[2]《东京梦华录》记其夜市直至三更,其尘嚣还未散尽,五更时早市又复开市,“点灯博易”。“大抵诸酒肆瓦市,不以风雨寒暑,白昼通夜,骈阗如此”,热闹去处的夜市,则通宵不绝。

北宋繁华富丽的开封,至金代荒凉寂寥。楼钥所见,载于其《北行日录》之中,开封只剩下雄伟的城楼壕堑之空壳,“城外人物极稀疏,城里亦凋残”。范成大亦将其亲历与感伤记于《揽辔录》,汴京自城破后,疮痍满目,空有依旧壮观的宫阙外壳。外廓城已成废墟,至有犁为田处;内城市肆,只是苟延残喘而已。蒙元铁蹄,使元气已伤的开封再遭洗劫,以至荆棘遗骸,“交午道路止存民居千余家,故宫及相国寺佛阁不动而已”。[3]元代虽有所复苏,但开封的黄金时代已一去不复返。

金元两朝建都今北京,从此华北政治经济中心北移。不过,金国中都的中心地位仍是不稳定的,金宣宗南迁汴京的原因,《大金国志·宣宗纪》说主要就是“燕京乏粮,不能应办”。直至元朝将大运河延至大都,才解决了都城的物资供给问题。元大量移民充实大都,自1264年到1281年,大都所辖户口由4万户增至21.95万户。[4]大都粮食消费巨大,“居民所用粮斛,全赖客旅兴贩供给”。[5]其中仅酿酒所耗粮食为数巨大,“京师列肆数百,日酿有多至三百石者,月已耗谷万石,百肆计之不可胜算”。[6]燃料消费则主要用煤,《析津志辑佚·风俗》载:“城中内外经纪之人,每至九月间买牛装车,往西山窑头载取煤炭。”元代大都,在马可·波罗的笔下,世界诸城无能与比。百物输入之众,有

[1] 《长编》卷308,元丰三年九月甲子。
[2] 蔡绦:《铁围山丛谈》卷5。
[3] 周密:《齐东野语》卷5。
[4] 韩光辉:《建都以来北京历代城市人口规模蠡测》,《人口与经济》1988年第1期。
[5] 《通制格条》卷27,杂令。
[6] 姚燧:《牧庵集》卷15。

如川流不息。仅丝一项，每日入城者计有千车。十二城门之外的各处附郭，人数较之城内更众。远近卫星市镇，都以此为枢纽。万方之珍怪货宝，江南吴越之漆器刻镂，荆楚之金锡，齐鲁之纤缟，无不汇聚于此。元人姚长者，“以为京师天下之都会也，东至于海，西逾于昆仑，南极交广，北极穷发，舟车所遇，货宝毕来”。遂以大都为经营据点。行之十年，累资巨万。[1]

第三节　城镇体系与区域市场网络：以江南为中心的考察

所谓区域，按照维特希的定义，就是具有不同于周围地区特征的一块同质性区域，这种差异产生于自然的、人为的、往往则是两者兼备的因素。维特希将区域分为两类：齐同区域（uniform regions），整个区域范围内拥有共同的特征；向心区域（focal regions），区域的属性在其核心带表现强烈而显明，周边地区则逐渐微弱。[2] 自然地理区域由水系山川构成，在相当长的时期内多是稳定的客观存在，除了河流改道、人工凿河等历史地理因素的强大作用外，一般变化不大。经济区域则以自然地域为前提，以经济开发为内在条件，辅之以历史传统因素，具有强烈的人文色彩，随着经济发展进程尤其是各地均衡与不平衡性之演变，不同历史时期的经济区域，无论地域范围还是内部结构都变动不居。

区域市场是区域内中心地体系发育与市场联系加强的产物。在唐以前，由于市场发展的局限，我们还难以清晰地描绘出自成一体的区域市场网络，宋代各地市场的进步，有机整体的区域市场至少可以述之笔端。北宋的华北，由于汴京的强大辐射力与吸纳力所产生的整合作用，区域市场已趋形成。两浙路，至南宋已形成以临安为核心的区域市场，这大概是传统时代最早出

---

[1] 陶宗仪：《南村辍耕录》卷7，“姚长者碑”。

[2] D. S. Whittlesey: “The Regional Concept and the Regional Method”, “American Geography: Inventory and Prospect”, New York, 1954.

现的一个典型而完整的区域市场。四川因其强烈的自成区域的自然地理因素,加之汉唐以来自成一体的不间断发展,至宋代也形成以成都平原为中心的明显的向心区域市场的轮廓。此外的经济区域,大多仍处于以州府市场网络为单位的区域整合过程之中,有的区域甚至还没有出现州府市场网络松散的联合体。

一、宋代江南府州城市与市场等级体系

宋代城镇出现革命性的发展。[1]第一,除了各级治所城市外,新兴经济型城市不断涌现,不少治所也随着贸易的扩大,经济功能强化。在大小城镇中,南宋杭州约80万人,建康、苏州等城市则超过10万人。大中城市多有卫星市镇或附郭市镇拱卫于四周,一道完成其强大的经济功能。第二,城市内部空间形态也继续中唐以来的革命性变化,“坊市”制城市体系走向终结。交易从专门的“市”区向大街小巷广为渗透,侵街占岸的现象日渐改变着城市空间景观,在沿河近桥及城门交通便利处,新兴的贸易街市形成。交易的时间限制亦渐松弛,夜市及早市逐渐兴盛。第三,与此同时,交易超过城墙、壕沟,附郭草市成为坊郭居民与乡村居民贸易的场所,进而形成街巷,被纳入城市管理体系,城区得以扩大。草市与村落的交界成为城乡的分界线,城墙、壕沟只不过保留作为政治统治的符号象征和必要的军事设施。

城镇革命带来江南城市化与城市市场的前所未有的发展。宋代城市人口的比例,几种估计差别很大,但这些印象性的推测都不足为据。根据现今收集到的南宋和元的数据,表5–6计算出相对准确的江南城市人口比例,府州城坊郭户合计占江南全境户数的15.4%。再加上未统计入的12个县城(同城合治之外),平均一县城以1 000户计,江南城市户的比例为16%。宋代户口统计中“口”数不是人口数,考虑到杭州、苏州、江宁三个大城市中家庭人均规模略小于乡村户,则估计南宋江南的城市人口比例约为15%。这一水平应该是当时生产力所能达到的极限。不难发现其中起决定性作用的是宋代首府临安的城

[1] Mark Elvin(1973)。杭州是中世城市革命的典型,斯波(2001)做了精辟的论述。

市人口，因此它不具有全国范围的代表性。

等级化结构是城镇体系发挥中心功能的重要条件，从而也是市场体系。城镇的等级化结构，宋代相对明清不够完备，华北相对江南不够完备。明清江西的滞后，原因之一就是中心城市的缺乏，南昌始终没有成为具有整合功能的中心城市，因此城市体系的配套、配合功能欠缺。

自宋开始，州府城市的市场发展突出，将全境作为腹地整合成为市场体系。宋代不少地区形成了笔者所谓"府州市场"体系，江南在这方面最为突出，发育程度最高。江南府州城市在宋代的突出发展体现为如下几个方面。

第一，北宋府州城市商税占全境商税额的55%，这显示其商业中心功能突出，具有足够的能力承担商品辐射与吸纳的作用，从而完成全境市场的一体化整合。在江南，所有州府在城商税都超过2.5万贯，高于江东、福建的第二位城市、江西的第三位城市，这从绝对量上显示江南府州城市的市场能量。

第二，南宋江南城市人口达到总人口的15%，一般府城规模都在3万多人口，苏州、江宁、镇江人口则至少倍之。由于府城的扩大，原来作为一个县的县治显得不相匹配了，于是一府州的治所析置两个负郭县，形成两县同治，宋代的苏州、常州、杭州、建康、湖州都是如此。

第三，城市的规模还可以从城郭规模反映出来，虽然不是绝对呈正比例，但城墙周长的记载非常准确，这是其他任何资料所无法相比的，因而作为比较数据十分可信。斯波义信《宋代江南经济史研究》统计了143座城市的城周（里）数值，大大超过宋代城市数量的10%，具有相当的统计学意义。尤其是江南7州府全有记载，为比较研究提供了可贵的数据。据此制成的表5–7显示，江南府州城市的城墙规模（城周26.2里）超出其他地区同等级城市城周的两三倍或以上，也超过其他地区最高等级城市（路治）城周的平均数，而且除了秀州城之外，其他每一个府州城市都在24里以上。江南与其他地区城郭规模的差距，与城市人口、商税的差距大体一致，说明江南府州城市的规模与市场发育程度高出其他地区同等级城市平均的两三倍，达到路治平均数。府州治所的城郭规模，江南、江西、长江中下游、华南依次减小，与经济发展和市场水平相对应，说明府州城市在市场整合中的作用大小，可以成为宋代市场体系发育的一个标志。江南府州治所城周超过其他任何地区的路治平均值,这与北宋江南府州在城商税额平均数超过或相当于其他路治,也是一致的。综合城周、商税、人口等数据,都显示出江南府州城市发展的水平之高。

县镇是同一层次的中心地,江南的县城市场发展相对逊色,在同一等级或较低等级上,受到市镇的挑战,在更高等级上则有府州城市的突出作用。商税、人口都可说明之,在常州与越州,县治的商税额,南宋较之北宋几乎停滞,甚至负增长,而府州与市镇则大幅度增长。[1]江南县治城周不到2里,不到北方和长江中下游的一半,大概基本上只作为象征意义了。这是因为,在其他地区,州府市场体系尚未形成,有的县城尚未整合其中,有的成为相对独立的地方市场体系的中心,因此需要较大的规模来承担其功能。而在北方和长江中游及下游山区,县城的地位突出,它们可能是作为独立中心城市而不是作为州府下属中心地而存在的,或者体系整合度不高。

以府州城市为中心,以县镇为次级中心地,以村市为基层市场,这就是宋代呈主导形态的府州市场体系。江南在各府州市场体系的基础上进一步整合形成区域市场,从图5-11—5-13所示城市户口、商税、城郭周长三项指标来看,杭州都遥遥领先,显示其最高中心地的地位,其次则是苏州,显示它在太湖平原的中心地位,其他府州城市(建康相对独立)则大体不分高低,形成鲜明的三个层次,构成江南城市等级体系及以此为枢纽的区域市场格局。

宋代城周里数据斯波义信(2001),户数据吴松弟《中国人口史·辽宋金元时期》(2000:616)编制。湖州全境户数据雍正《浙江通志》卷71,其州城人口为推测数以便统计平均数。南宋江宁因其重要性,户数当高于元代。松江成为府城始于元代,南宋城市人口当小于表中数字。由于本表所得平均比例数中临安城人口起决定性作用,而临安在元代已非都城,规模当大大缩小,因此不宜作为元代江南城市人口比例。

本表修正如下:

---

[1]　龙登高:《中国传统市场发展史》,北京:人民出版社,1997年,第214页。

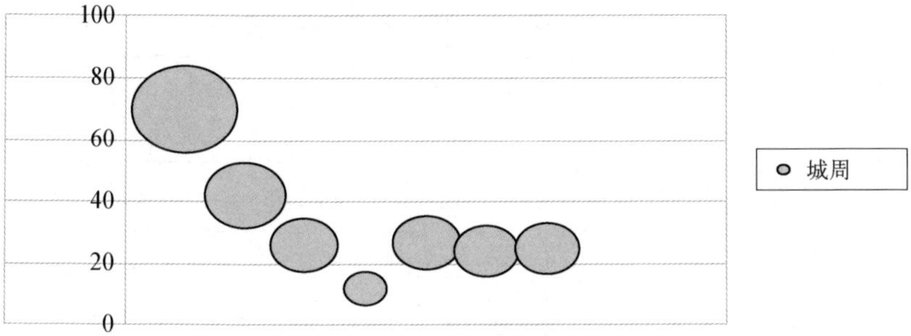

图 5–11　宋代江南府州城市城郭周长里数图示(依次为杭州、苏州、镇江、嘉兴、常州、湖州、建康)

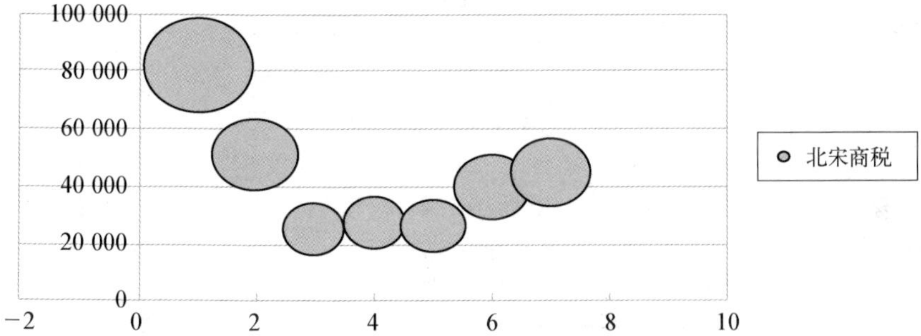

图 5–12　北宋府州城市商税图示(依次为杭州、苏州、镇江、嘉兴、常州、湖州、建康)

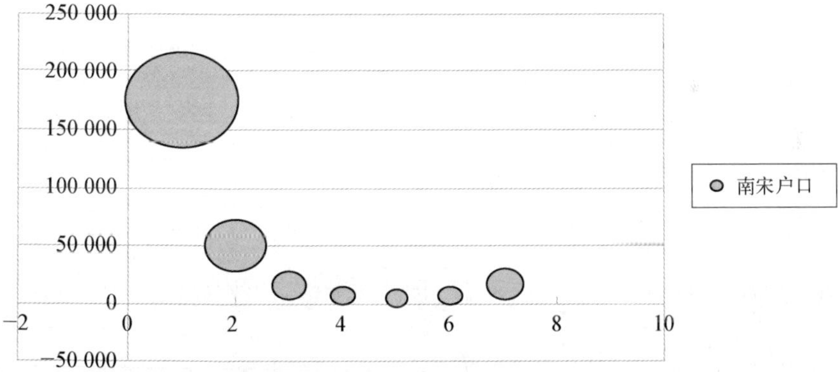

图 5–13　南宋江南府州城市户口数图示(依次为杭州、苏州、镇江、嘉兴、常州、湖州、建康)

(1)县城人口缺乏原始数据,扣除两县同治于府城(共10县),余下12个县城;从商税、城周看,县城规模都很小,平均约当1 000余户5 000人;大镇为数很少,不计。

表5-7 宋代城郭规模:城周数值平均 (单位:里)

	江 南	长江中下游	江西	北 方	华南(两广福建)	全国平均
1国都与路治	70	20.6	10.2	24.2	20.1	25.1
2府州治所	26.2	10.2	11.5	4.6*	8.0	11.5
3县治	1.9	4.9	3.7	4.1	1.5	3.6
1 : 2倍数 2 : 3倍数	2.7 13.8	2.0 2.1	 3.1		2.5 5.3	2.2 3.2

注:据斯波义信(2001)编制。"长江中下游"统计数不包括江南,但包括建康府城(江南东路治所),也已包括另外单列的江西统计数。

*北方的府州城市仅2座,不具备统计学意义。

表5-8 江南府州治所城市:宋代城周里数,宋元户数及其在总户口中的比例

城 市	城周里数	年代与城市户数		全境户数	比 重
临安府城	70	咸淳年间	174 330	378 259	46.1%
平江府城	42	南宋后期	50 000	329 600	15.2%
镇江府城	26.1	嘉定年间	15 900	108 400	14.7%
嘉兴路城	12	至元二十七年	6 580	224 927	2.9%
松江府城		至正中	7 060	177 348	4.0%
常州路城	27.1	至元二十七年	5 857	211 652	2.8%
集庆路城	25.1	至元二十七年	18 205	214 538	8.5%
湖州府城	24	淳熙九年	7 000	204 590	3.4%
合 计			284 932	1 849 314	15.4%
加上县城			296 932		16%
州县城市人口比例			1 371 593	9 133 503	15%

（2）临安府城人口对本表比例数起决定性作用，而史籍只有户口记录，因此户均人口至为关键。考虑到开封、临安皇亲贵戚和官僚多，周宝珠《宋代东京研究》（1992）、吴松弟（2000）按户均7口计。但是，官僚家庭因职守随时迁徙，家眷多在原籍，在都城户均人口并不大，只有贵族很大，但其户口数极少、比例极低，可忽略不计。由此而将都城户均人口以7口计显然不能成立。那么临安城户均人口是多少呢？坊郭户的平均人口一般比乡村户要小，无论是从住宅限制还是生计限制都是如此，[1]实际上，城市家庭户均人口略小于乡村，古今中外概莫能外。几组数据表明临安城家庭规模小于5口。第一，宋代白话小说所见，临安城一般都是二三四口之家而已。[2]第二，庆元六年临安府城火灾受灾人口，户均4口。[3]第三，咸淳《临安志》卷58所载临安户口三份数据，乾道年间口数为纳税口，负郭二县（计为城市人口）与其他县大体一致，户均1.4口。淳祐、咸淳的口数，非户郭县都达到约户均5口，唯负郭二县分别为户均2.9口、2.3口。这两个年份的统计口数，负郭县与非负郭县应该是一致的。并可以肯定与乾道的纳税人口不同，因此有可能就是实际户均口数。第四，考虑到南宋移民在临安居民中所占比重（吴松弟估计），而移民户因为迁移过程中的损失与迁居后生存困难所导致弱繁殖，平均规模更小。综合以上所论，临安城户均规模小于5口。

本表将临安、平江、集庆（今南京）三大城市按户均4.5口计，三城市共226 135户，合1 017 608口，余下其他城市70 797户，353 985口，江南城市合1 371 593口。全境则按户均5口计，得出全境人口（1 849 314−226 135）×5 + 1 017 608 = 9 133 503。

---

[1] 城市生活成本远高于乡村生活，张英《恒产所言》可资为证："子弟有二三千金之产方能城居，盖薪炭、鸡豚、鱼虾、醯醢之属，亲戚人情、应酬宴会之事，种种取办于钱。"乡居则自给自足，"可以课耕数亩，其租倍入，可以供八口"。

[2] 话本《冯玉梅团圆》《卖油郎独占花魁》《西湖三塔记》《错斩崔宁》《沈小官一鸟害七命》《金玉奴棒打薄情郎》《乐小舍拼生觅偶》等，主人公家庭，少则二三口，多则三四口。所引话本出自《宋人小说七种》《古今小说》等。

[3]《宋会要辑稿·食货》58之23。

表5-9 北宋江南府州城市商税及其在全境的比例 (单位:贯)

州 城	在城商税	全州商税	州城所占比例%	市镇税额%
杭 州	82 173	153 393	47.2	29.7
苏 州	51 035	77 076	66.6	15.8
湖 州	39 312	77 688	50.0	12.4
秀 州	27 452	69 114	39.7	30.0
常 州	26 266	64 963	40.4	15.4
润 州	25 062	39 506	63.4	15.9
江宁府	45 059	57 238	78.7	
合 计	296 359	538 978		

注:据龙登高(1994:93—96)。

二、杭州与江南区域市场格局

江南在宋元时期可以包括两浙路大部分地区,包括太湖流域和钱塘江流域,北抵长江岸,南及括苍山、仙霞岭,并延及瓯江流域,东临大海,西及天目山,涵盖两浙绝大部分地域。宋代,由于建康府作为江南东路的首府,与太湖平原的经济联系受到影响。同时,杭州作为超级城市的强大辐射力,使瓯江流域及江东之歙州也成为该区域的边缘附属地带。

在两浙经济区中,北部太湖平原为水乡泽国,西南部为山区,东南部为滨海丘陵。三部分自然地理差异不小,物产构成具相互补充之势。其间,东西走向的诸河道,纵贯南北的运河与东部广阔的近海,为区域内各地经济联系提供了有利条件。至南宋,以杭州为中心的两浙区域市场的整体性已趋明显。在江南的普遍开发与杭州的强大中心功能整合之下,宋元时期形成两浙区域市场体系。江宁府因作为江东路治所而相对独立,江南其他6府成为两浙区域市场的核心带。以杭州为中心,苏州、越州(绍兴府)为南北两翼次级中心城市。苏州为太湖平原的中心,宋元经济达到相当高的水平。其商税额,熙宁十年为5万贯，在江南仅次于杭州的8万贯，苏州楼店务所收租赁地钱一年达5.42万贯。[1]越州是浙东沿海的中心，这里开发较早，全州（府）的户数和户口密度，居两浙路前列。所产纺织品，数量在两浙路遥遥领先，质量上乘，尤以越绫闻名。商税额从熙宁十年的66 207贯增至南宋的105 767贯。[2]

江南市场联系渐趋紧密，大宗商品形成较为集中的商品生产基地和较稳定的运销商路。商品粮基地为太湖平原苏、湖、秀诸州，米谷或由运河水运至杭州，集中于城郊湖州市（该市因主要接湖州商品而得名）等米市，供给杭州居民消费；或转海搬运至越州、明州、台州等滨海诸州；或沿钱塘江而上分销至衢州、睦州等地。桑蚕丝织业以湖州、杭州、苏州为中心。杭州等地还大量吸纳睦州、衢州、徽州等地的林木产品，浙东滨海诸州的海产品，浙东诸州的茶叶，沿海地区的食盐。江南与各地之间及江南与外地之间的经济联系的扩大，在世俗社会所投影的神祇崇拜中也得到体现，韩森（1999）考察五个神祇的地域扩张说明了这一点。源于徽州婺源的五通（显）神、源于湖州的张王、源于福建的天妃、源于四川的梓童，1110年时前二者仅在镇江等少数运河沿线城镇

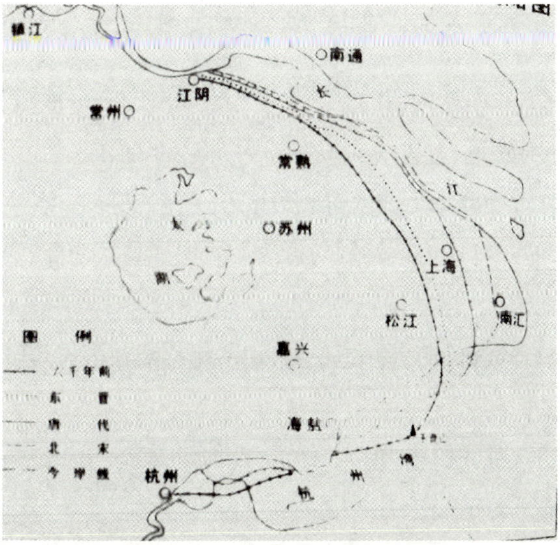

图5–14　长江三角洲海岸线变迁略图

[1] 正德《姑苏志》卷15，“房地赁钱”。
[2] 梁庚尧：《宋代社会经济史论集》，台北：允晨文化，1997年，第484页。

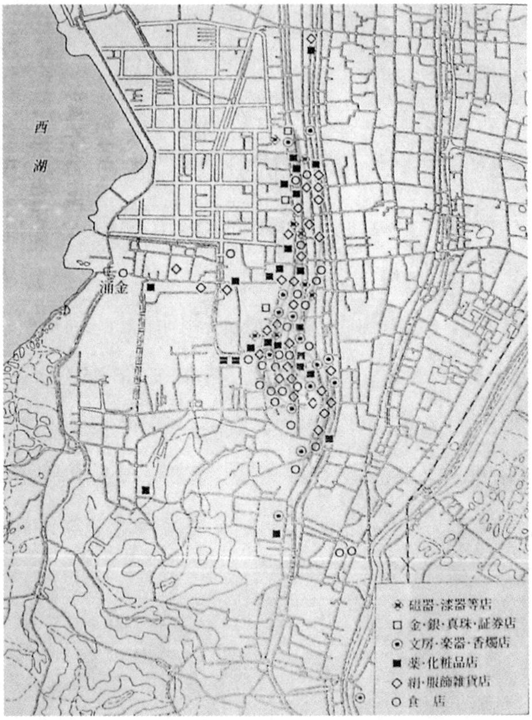

图5–15　临安中心商店街

出现，1275年这5个神祇祠庙的总数则在杭州和镇江——两个连接外地的输出入中心，都分别达到12个，苏州、常州、建康也都有好几个，与各地商业发展程度尤其是与外地的联系大体呈对应关系。

这种市场网络中，中心地格局与行政治所序列基本吻合，政治因素的影响仍然很强烈。在宋代，超过州府城市的市镇至为稀少，到明清，这种现象司空见惯，超过一级行政区治所者亦不稀见，中心地格局在很大程度上冲破了行政等级序列。

图5–17所示，以人口密度为指标，元明时期嘉兴、苏州已超过杭州，明初杭州还有所下降。

江南在宋代即已率先形成完整的区域市场体系，明清更为成熟，成为中国传统市场发育程度最高的区域市场。由于蚕桑丝织业和棉业专业生产的发展，江南市场内部商品流通与中心地格局较宋代有了很大的变化。又由于全

表 5–10　北宋、南宋江南州县商税　（单位：千贯）

地　　区	北　　宋	南　　宋	增长率
临安府	183	420	
镇江府	39	206 嘉定　336 咸淳	
常　州	65	136 旧额　110 咸淳	
江阴军	4	42	
秀州华亭县	11	62 旧额　48 绍兴以来	

注：梁庚尧（1997：483）。

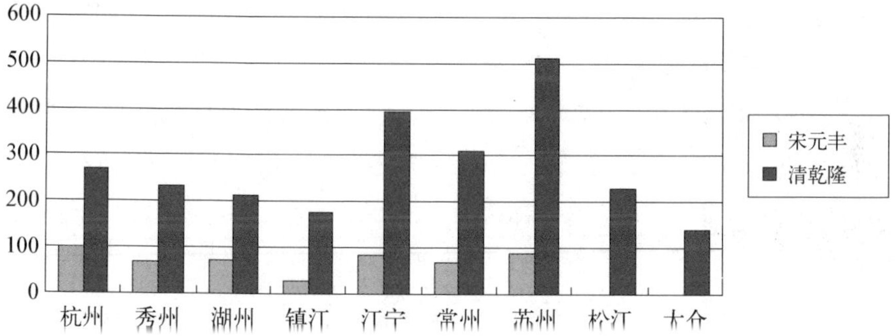

图 5–16　宋清间江南各府州人口增长

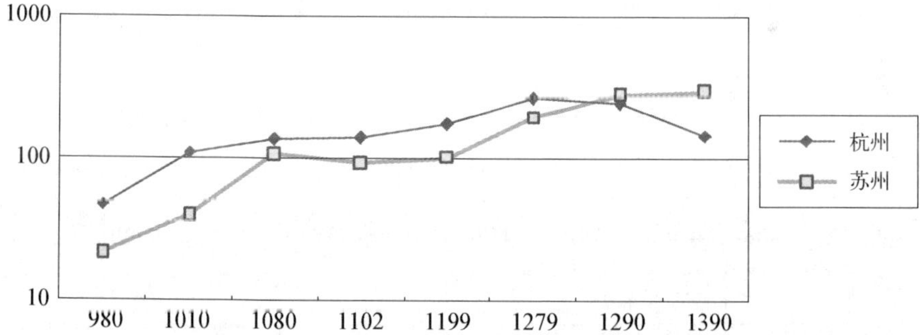

图 5–17　杭州、苏州人口密度（[日]斯波义信：155）

国各地市场的配合，明清江南较之宋代，与外界市场的联系不唯在商品种类上，而且在程度上已发生了飞跃性的进步。

宋元时期的杭州，是包括整个江南地区在内的一级行政区的首府，南宋还是整个南方的首都。在政治因素主导经济发展的时代，政治中心有力的推动使之成为经济地理中心，政治中心所带来的巨大消费需求带动了市场的发达。因此，当中国经济重心转移到江南后，不是苏州或其他城市，而是杭州成为区域中心城市。附郭卫星市镇如众星拱月，配合杭州实现市场辐射功能与吸纳功能。两翼则有苏州、绍兴次级中心地，江南及浙东地区被整合为一个有机的区域市场。

杭州的繁华，文人笔下吟咏不尽，13世纪后期马可·波罗称之为“天上之城”，极尽铺陈，“毫无疑问，该城世界上最优美和最高贵的城市”，“的确是世界其他城市无法比拟的”。苏州则被他称为“地上之城”。杭州在宋代是江南最大的海港，元明移至太仓与刘家港（成为苏州的出海口）。在宋代，杭州集海港、运河终点、内河航运于一身，成为区域市场中心城市，北宋城区人口、熙宁十年商税遥遥领先于苏州、绍兴等府城，占两浙路14%。宋廷行在驻杭州，规模迅速增加，临安城郭周长70里，远远超过北宋开封新城的50.5里，经济中心功能也得到强化。我们不妨从商品输入由远而近来考察杭州的中心功能。

两浙路之外，输入江南和杭州的主要是土特产品，名类繁多，但都是小额的或奢侈性的商品，没有大宗商品。譬如，杭州成为全国药材与香料的集散地。重量轻价值高的药材，近自绍兴药市、远自广东罗浮山药市、衡州药市、成都等药市，和南海舶来品香料，汇集杭州。[1]

两浙区域内的商品量则大得多。婺罗、湖绢、越绫等著名纺织品，浙西南地区的木材与林产品，浙东滨海诸州的海产品，都以杭州为最大市场，向杭州集聚，并通过杭州分销。最大商品就是来自太湖平原的米谷。“杭州即environment产米谷不多，全仰苏、湖、常、秀等州搬运斛（蚪）接济。”[2]由于杭州特大城市的经济中心功能，辐射范围所及超出本书所论之江南，同时，江南地区在宋元时代还不足以培育这么一个巨大规模的中心城市，因此宋代杭州的区域市场腹地

[1]［日］斯波义信著，何忠礼、方健译：《宋代江南经济史研究》，南京：江苏人民出版社，2001年，第337页。

[2] 苏轼：《东坡奏议》卷6，“论叶温叟分擘度牒不公状”。

还包括浙东。

杭州城外，迅速成长起来的附郭市镇、卫星市镇，众星拱月，辅助杭州城完成区域市场中心的辐射功能与吸纳功能。南宋杭州周围兴起15—20个市镇，由远而近愈益稠密，实际上都已成为城市的有机成分。湖州市（湖墅市）是宋代最大的米谷专门市场，太湖平原的米谷由此集散，其得名可能就与湖州地区的米谷输入相关。

杭州城内则形成井然有序的批发—零售网络，有效地组织着商品的流通。专卖品酒，有十余家官库与子库，是官府或官府委托经营的酿酒之所，兼营批零，向城内各脚店、拍户、角球店进行批发。酒因官榷，没有设立相应的行会组织，城内其他名类繁多的手工业与商业部门，都设有“团行”，名曰团、行、市、铺等，既是应付官府科差回买的行会组织，同时有的又是以行老为首的批发机构。批发商通过团行将同业零售商组织起来，形成一个个有机的批发销售网络，据《梦粱录》并结合其他史实，肉铺、鲞铺、米市等贸易中批发业清晰可见。

肉市在修义坊，每日宰猪不下数百头，集中宰杀，分铺货卖。“临安宰猪，但一大屠为之长，每五鼓击杀于作坊，须割裂既竟，众屠儿分挈以去。”[1]据《西湖老人繁胜录》，内有起店数家，与一般肉铺又有不同，还将皮骨等专门分类批发转售，每袋“起”价70，零售价90，批零差价为20。由于分类批发井井有条，因此凡遇婚庆华筵，“欲收腰肚，顷刻并皆办集，从不劳力。”鱼鲞等水产品来自温州、台州、明州等地，聚集于城南浑水闸，由行团接客商鲞鱼，批发给城内外一二百余家鲞铺，及散布小街狭巷的“盘街叫卖”。

食米，城内外消费每日不下一二千余石，多来自太湖平原等地，集中于湖州市米市桥、黑桥等米行，零售米铺则散布城内外。批发商“接客打发，分表铺家”。收购环节，有赁户执掌叉袋，甲头管领的肩驼脚夫搬运；分销环节，有小牙子服务上门，运至各零售铺户；批发价格则由行头规定，分品种定价，并约定日期由零售铺户支付米钱。食米分类很细，有早米、晚米、新陂砻……黄

[1]《夷坚丁志》卷9，“河东郑屠”。

米、陈米等十数种,满足了零售商与消费者多品种、全规格、小批量、持续不断的商品供应要求。临安庞大的商品粮销售渠道可谓精致细密,“米市搬运混杂,皆无争差,故铺家不劳余力而米径到铺家矣”。这种批发零售网络,吴自牧指出,与“诸山乡客贩卖”,大有径庭。

杭州城内外还有繁华的娱乐服务市场,满足居民娱乐享受层次的需求。

从杭州的输入品来看,城市巨大的消费需求,主要由两浙区域来满足,同时全国各地的商品来补充和提高。因此杭州首先是一个消费市场。外地商人输入各地特产,连同他们的神祇也带到杭州,而杭州本土的神祇向外传播却反而不突出。[1]这从另一个侧面可说明杭州城市的输入性特征。其次杭州是一个转运中心,像丝绸、香料、药材、书籍、文房四宝等高消费商品,全国各地汇集到此再分流开去。再其次杭州才是一个生产性城市。宋代杭州向外输出的商品不多,生产的主要是高附加价值的高档商品,斯波义信(2001:347)所列有:丝绸、装饰品、贵金属加工品、蜡烛等,其原料来自外地市场,如蜡烛所需油脂。像丝绸、蜡烛等成为杭州的名品,一直延续到明清长盛不衰,丝绸自不待言,蜡烛在宋代属奢侈品,明后期因为技术进步而成为日用品,但仍以苏杭所产为佳(李伯重2000:157)。明清苏杭则不同,生产性功能已经上升为最突出的特征,制品输出国内外,输入则主要是原材料、燃料。因此明清苏杭首先是生产型和输出型城市,尽管其高消费所引致的奢侈品输入也很突出。作为经济中心城市的商品集散与中转功能,则是宋代杭州与明清苏杭的共同点。

两浙市场与外界市场的联系,远不如内部资源分配与经济交往那样密切,但远距离商品运销的规模也逐渐增长。浙西食米,在北宋大量输往北方汴京市场,除官运每年100多万石上供米外,商品粮也通过官方和籴、私商贩运等流通渠道源源自运河北上。南宋浙西商品粮仍不时调剂淮南与福建市场。纺织品、瓷器、茶叶、文化用品向四方市场流布者亦不在少。上述各类商品都有一定数量卷入海外贸易。输入品数量则较输出品少。当浙西灾荒时,淮米沿

[1] 南宋神祇的传播与分布,参见韩森(1999),杭州的本土神祇与外来神祇。

江南运河南下，广米则由福建中转航海而至，间或亦有江西、湖南米流入。广州、泉州的香料等进口物资、福建铁器、荔枝及四川附子等商品则形成长年不断的流通，抚州纱、福建布及大多数商品则不够稳定。值得注意的是，除少量商品外，两浙商品的输入与输出，大多都是在本区域内部分配、调剂之余才向外地输出或从外地输入，商品粮的运动即充分显示了此特征，这表明两浙市场的内部依赖与整体性远强于它与外界市场的联系。

两浙与外界的联系，尽管是有限的，但商品输出入路线则较为集中。在其东部，主要通过杭州、明州等大港及温州港、秀州海港镇市与国内南北市场、海外市场发生经济往来。在区域边缘带，由于集中了两浙与外界市场的商品流通，也形成了超过当地市场水平的较大面品中转中心，这就是南部的衢州与北部的镇江府。

南部与西部，崇山峻岭阻隔了两浙与外部的交通，唯钱塘江上游谷地，西与信江谷地相通联系鄱阳湖流域，南距建溪不远联系八闽，“自衢、睦、处、婺、宣、歙、饶、信及福建路八州往来者，皆出入龙门，沿溯此江”。[1]衢州正位于上游两溪合流处，是两浙西通鄱阳湖流域，南达福建的重要陆路交通要道，地当东南两大陆路商道之交，所谓“衢为州，当东南孔道，闽越之交，舟车往来之都会”。[2]衢州亦因此而得名。所以衢州尽管深居内地山区而商业繁荣，在城商税熙宁十年高居两浙各大城市第三，远距离贸易在其中起了决定性的作用，或者说，正是两浙与外界的市场往来培育了衢州城。

与此遥相呼应，北端则有镇江府，这是江南运河入长江的重要口岸。南宋时，长江中游及上游沿线的官运物资和商品由此进入浙西转运杭州，同时，“自来闽广客船并海南蕃船，转海至镇江府买卖至多”，因此“商贾盛集，百货阜通”。[3]城内外坊郭户逾6万人。沿江岸兴起几个卫星港口，据嘉定《镇江志》等载，除了前述江口镇外，历史悠久的京口，南宋更具活力，“当南北之要冲，控长江之下流，自六飞驻跸吴会，夫蛮商蜀贾，荆湖、闽广、江淮之舟，凑江津，入

---

[1] 《苏东坡全集·奏议集》卷9，“乞相度开石门河状”。
[2] 祝穆:《方舆胜揽》卷7。
[3] 《宋会要辑稿·食货》50之11。

漕渠而径行至行在所”。归水澳,也是“萃江淮荆广蜀汉之漕,辐辏于此,过客往来,日夜如织”。海鲜界港,“埭下巨艘连樯,栉比江浒”。[1]此外,镇江府沿岸的私人港口达数十个之多,如石炭渚、柴墟镇等。镇江府城及其卫星港镇的发展,主要也是由两浙区域与外界的联系带动起来的。

通过衢州与镇江的分析,可以看到两浙市场与外界的联系不是分散的而是集中的。也就是说,两浙是作为一个区域性整体与外部市场发生往来,这是两浙区域市场形成的又一佐证。

概言之,两浙路南以衢州、北以镇江为界,至南宋已形成以杭州为中心、苏州(平江府)及越州(绍兴府)为北南两翼的展翅状区域市场体系。作为本区域最大城市的杭州,具备了强大的经济中心功能,并以此为枢纽,有效地组织着区域内的商品流通与资源配置,两浙各地城乡遂成为一个紧密联系的有机整体。该区域与外界市场的经济往来,也是以整体性的姿态出现的,并且是在本区域内部实现供求平衡与地区平衡基础上进行的。

作为区域市场的最高中心地,必须是一个综合性大城市,它不仅是一个商品集散中心,还应该是产品加工中心;不仅对本区域内地区具有强大的吸纳力,而且具有足够的辐射力将本区域产品引向外地和远方市场。区域中心城市对整个区域市场的整合与运转至关重要。江西就是由于最高中心地整合功能弱,使得区域市场体系发育迟缓。[2]

11—19世纪,江南最高中心地发生了两次转移,从宋元杭州,到明清苏州,到近代上海。[3]时人形容一个城镇的繁华,都相应以之为参照,如宋人形容海港青龙镇,称之为“小杭州”,明人形容上海称之为“小苏州”,[4]近代无锡则被

[1] 《宋会要辑稿·方域》13之13。
[2] 宋代江西的路治洪州城市规模位于吉州、赣州之后,城周规模次于府州治平均数,居于第三位,人口、商税序列亦然。这在政治因素主导的时代是不多见的。江西一直以来最高中心地的整合功能较弱,清代江西商业地理布局,竟是由吴城、樟树两镇为枢纽来组织的。语言上也有反映,至今在赣方言中,南昌话不像其他方言区一样成为主导性的中心土语。因此明中叶以后新一波的经济增长中,江西由南宋与明初的一流下降到清代的末流。分别参见龙登高:《宋代东南市场研究》,昆明:云南大学出版社,1994年;《中国传统市场发展史》,北京:人民出版社,1997年。吴承明:《中国的现代化:市场与社会》,北京:三联书店,2001年。
[3] 有学者认为明初南京曾成为江南区域市场的中心城市,亦不无道理。
[4] 弘治《上海县志》卷2,“市镇”引;陆楫:《蒹葭堂杂著摘抄》。

誉为“小上海”。有趣的是，这三个城市的行政级别愈来愈低，从都城到府城到县城，但在江南以至在全国的经济中心功能却不断强化，说明江南市场的发育越来越摆脱了政治的影响。另一个有趣的现象，则是这三个城市发生海港—内陆—海港的转移，表明江南区域中心恰与海外贸易的发展相适，宋元时期海外贸易兴盛，明清中国海外贸易时有反复，并主要集中于粤闽，近代上海的成长则建基于国际贸易之上。

宋元时期的杭州，是包括整个江南地区在内的一级行政区的首府，南宋还是整个南方的首都。在政治因素主导经济发展的时代，政治中心有力的推动使之成为经济地理中心，政治中心所带来的巨大消费需求带动了市场的发达。因此，当中国经济重心转移到江南后，不是苏州或其他城市，而是杭州成为区域中心城市。附郭卫星市镇如众星拱月，配合杭州实现市场辐射功能与吸纳功能。两翼则有苏州、绍兴次级中心地，江南及浙东地区被整合为一个有机的区域市场。

明清苏州，严格说来不是一级行政区的首府，但作为最高中心城市的经济

图5-18　奉化广济桥

注：位于浙东古驿道。北宋建隆二年（961）始建木桥，名“广济”。南宋绍兴元年（1131）改建成木石结构廊屋式桥。通长51.68米，面宽6.6米。用石柱四列作为桥墩，每列由6块条石陡立组成。柱头置锁石，锁石上凿槽，中置牵木，固定锁石，又排列梁木10根，其上铺板。桥上建廊屋15楹，中间跨空五架梁，两廊各宽1.8米。引桥两旁有小屋六间，现存元代建桥碑记、禁约碑等碑刻六通。

功能却得到强化。它是棉布、丝绸及其他各类手工业品的生产制造中心，又是江南各城镇半成品或成品的加工中心，还是布、丝、米及其他产品的集散转运中心。而杭州、南京等城市，虽然也足称繁华，某些手工业产品制作、或专业商品的吸纳力与辐射力甚至也不亚于苏州，但它们仍不具备综合性功能。江南的最高中心地，唯苏州足以任之。近代上海则继承了苏州的地位，并大大增强了在国际市场中的角色扮演。在此进程中，江南与全国各地市场的联系加强，不仅促进了江南市场的发展，而且促进了全国市场的整合。

第四节　移民与江南市场

商品与生产要素的流动形成市场并实现资源配置。历史时期人口流动与劳动力市场发育有限，既受到交通运输等技术条件的制约，也受到劳动分工、社会流动迟滞的影响，当然与其他相关市场的发展程度亦密切相关。两宋之际大规模移民进入江南，不仅形成劳动力流动，也带动了其他生产要素与资源的流动，从而促进了江南市场的发展。

中原文化与移民对南宋特别是临安的影响，所论越来越深入，如程民生（1997）、吴松弟（1997）、徐吉军（2008）等。本节侧重于北方与外地移民对江南市场的影响进行论述。分析江南移民进入市场的几种途径与作用方式，并以临安的事例具体分析这种作用的深度；在宏观层面上，则从南宋江南市镇兴起的移民动因进行考察。宋代史料有限，本文挖掘了宋史界鲜有涉及的明清方志中辑录和反映的宋元史实，并利用明清整理的宋元话本[1]的细节描述，以求在资料运用上也有所突破。

[1]　本文引用了不少宋元白话小说的材料。小说可以作为史料之参证，尤其是其细致描述有助于理解史书中语焉不详的史实。这些话本，多是元明刻本，在流传的过程中，不少有所改动，但基本上可视为主要反映宋元历史实际，今人从不同方面进行了鉴别，如程毅中：《宋元小说家话本集》，济南：齐鲁书社，2000年；欧阳健、萧相恺：《宋元小说话本集》，郑州：中州古籍出版社；路工、谭天编：《古本平话小说集》，北京：人民文学出版社，1984年；亚东图书馆辑：《宋人话本七种》，北京：中国书店，1988年；萧欣桥选注：《西湖古代白话小说选》，杭州：浙江文艺出版社，1984年。

一、人口流动、迁徙与市场

在古代社会，由于生产工具与劳动的简单化，人本身成为首要的生产力，人口数量的重要性超出现代人的想象，因此掳掠人口、贩卖人口从事生产屡见不鲜。宋代的人口，普遍认为已突破一亿大关，新近的考证进一步证实了这种观点。[1]而其中绝大多数属于个体小农。个体小农在人口数量上的空前增长也刺激小农卷入市场。随着劳动人手的增加，劳动效率的提高，农民的农闲时间相对延长，劳动力的数量剩余与季节性剩余增长，同时一些地区人多地少的矛盾迫使农民改变家庭经济结构，向市场寻求新的谋生手段。在宋代的两浙、福建、成都府路等地，营养密度（这里以户均耕地计算）、人口密度已接近甚至超过清前期的数字，据前引拙著的考证，元丰年间两浙营养密度为每户20.38亩，南宋更跌至16.1亩，福建元丰年间则仅为每户10.63亩，成都平原的户口密度接近每平方公里60户，即每平方公里近300人。这些地区人多地少的矛盾日益尖锐，所谓“闽浙之邦，土狭人稠，田无不耕”，所谓“蜀民见增，旷土尽阙”。[2]另一方面，人口数量实际上代表着潜在的需求量。当新增加的人口多多少少跨出自然经济的藩篱时，需求量的增长也就由潜在转化为现实。南宋两浙路，人口增加，消费增多，市场价格随之上升，叶适《水心先生文集》说，“四方流徙尽集于千里之内，而衣冠贵人不知其几。故以十五州之众，当今天下之半，计其地不足以居其半。而米粟布帛之直三倍于旧，鸡豚菜茹、樵薪之鬻五倍于旧，田宅之价十倍于旧，其便利上腴争取而不置者，数十倍于旧……十年之后将何以救之乎？”

人口增长的压力导致人口流移或季节性流动。南宋时两浙乃至江西、福建的人户转徙土沃多旷的淮南，其中浙西一带的农民，“每于秋熟，以舟载其家之淮上，为淮民获，田主仅收什五，他皆为浙人得之，以舟载所得而归。”[3]在绍兴府，山区农民在农忙季节下平原水乡助获，人谓之“上客”，陆游《秋日郊居》

[1] 葛剑雄：《宋代人口新证》，《历史研究》1993年第3期。
[2] 许应龙：《东涧集》，初到潮州劝农文；《续资治通鉴长编》卷168。
[3] 薛季宣：《浪语集》卷16；《宋会要辑稿·食货》41之11；李心传：《建炎以来朝野杂记》甲集卷8。

诗有反映。这种候鸟式的季节性人口流动,除了助获外,相当多的则直接从事市场活动。常年性流动人口也不少见。他们缺乏土地可以安生,同时也没有了土地的束缚,安土重迁、以农为本的古老信条在他们身上荡然无存。有的凭借一技之长从事手工业作,有的苦心经营着小爿客店,有的则为商雇佣、受人驱遣。苏轼说:"夫民之为农者,莫不重迁其坟墓、庐舍,桑麻、果蔬、牛羊、耒耜皆为子孙百年计。惟其百工技艺、游手浮食之民,然后可以怀轻资,则极其所往。"[1]流动人口似乎与工商业有着天然的联系。庆元府象山县市户胡三十太等,"各系经纪小民,赁屋居住开店。"他们显然是外来人口,有趣的是,房东也和房客一样不是本地人,"本县乡里屋主,皆系寄居官户。"[2]客寓他地的寄居官户,宋人文献中时可见之,他们不仅以其资本投入房地产,而且,由于远离故土,传统思想的约束大为减少,甚至肆无忌惮地投资各种工商业,从而,作为流动人口,他们又吸收、消化了其他缺乏资产的流动人口,为市场机会的增加创造了条件。

靖康之变,中国历史上又一次大规模的人口南迁爆发。《鸡肋编》称,南宋初期,"江浙、湖湘、闽广。西北流寓之人遍满"。两宋之际的人口南迁主要有三大流向。

从黄淮地区流向两浙、江西,少数进而南迁福建及岭南,这是规模最大的迁移路线。黄淮广大区域集聚着北宋约三分之一的人口,在金兵铁蹄之下,居民流亡者不计其数。两浙路经济最为发达,随着宋廷南迁临安,太湖平原和钱塘江下游成为最大的移民接收地,"四方之民云集两浙,百倍常时"。[3]叶适《水心先生文集》说,"四方流徙尽集于千里之内,而衣冠贵人不知其几。故以十五州之众,当今天下之半,计其地不足以居其半。"南宋建炎三年较之北宋崇宁元年净增14.5万户,这一数字远远低于实际人口南迁数,因为太湖平原一带本身遭受了严重战乱,本地人口已严重损耗,"自累经兵火后,户口所存裁十

[1] 转引自萧放:《明清江西四大镇的发展及其特点》,《平准学刊》第5辑下册,北京:光明日报出版社,1989年。
[2] 光绪《周庄镇志》卷4、卷1。
[3]《建炎以来系年要录》卷85。

之二三。而西北人以驻跸之地，辐辏骈集，数倍土著”。[1]因此两浙接受的南迁人口要远大于这一数字。鄱阳湖流域接收的南迁人口亦众，绍兴三十二年较之崇宁元年，60年间增长率高达21.8%，净增33.9万户，约170万人，显然大多数为南迁人口。不少移民继续南迁至闽广一带，赣、闽、粤山区成为此后客家人的主要聚居地，人口史学家们认为两宋时期的移民在客家人的形成过程产生了至关重要的影响。广东南雄则是移民迁往岭南各地的中转地，珠江三角洲一带不少族谱都称，祖先来自南雄珠玑巷。

从陕西流向川蜀的移民也不少。成都府路建炎三年较之崇宁元年净增近25万户，这可能接近南迁户口数字。潼川府路绍兴末年较崇宁元年增加24.3万户，增长率高达43.2%，无疑主要是由移民所引起的增长。

从荆襄流向湖南，如“西北士大夫遭靖康之难，多挈家寓武陵”。[2]一些北人进而迁移至广西，《铁围山丛谈》卷6说，博白一带，靖康之后“北方流寓者日益众”。不过，相对而言，这一路线的移民为数较少。

具体的人口迁移数字很难估计，吴松弟对南宋移民数量作了推测，[3]至绍兴三十二年，两浙路北方移民及其后裔约50.3万户，江南西路约44万户，江南东路约14.6万户，淮南与湖北一带约有36.4万户，上述各路共有移民及其后裔145.3万户，581.2万人，其中至少有一半即290万人为北方直接移民。再加上四川、湖南、福建、两广的移民，及26.4万左右的军人和家属，至绍兴和约签订前大约有500万左右的北方移民迁入并定居南方。

移民具有不同类型，在不同的历史条件与社会经济环境中移民的形态及其作用迥异。移民经济可能出现边缘化、主流化、或有机融合三种趋势。[4]在历史上，移民及其后裔容易形成自我封闭性群体，东晋的南迁家族与侨州郡县是其极至。客家人在闽粤赣地区，筑土楼自保，在语言、习俗等方面自我延

[1] 《建炎以来系年要录》卷173，绍兴二十六年七月丁巳。
[2] 《夷坚三志》辛集卷4。
[3] 葛剑雄等：《简明中国移民史》第5章，福州：福建人民出版社，1993年。
[4] 西方殖民者在美洲，将土著印第安人赶向山林，反客为主，移民经济主流化。欧美唐人街则是一种典型的边缘经济形态，海外华族作为少数民族相对独立于主流社会之中。泰国等地的华族则与当地居民有机融合，华族经济成为当地国民经济的有机组成部分，不可分割。详见龙登高：《跨越市场的障碍》，北京：科学出版社，2007年。

续。[1]两宋之际的两浙路成为最大的移民接收地,“四方之民云集两浙,百倍常时。”[2]南宋江南的北方移民为数之巨在历史上是少有的,移民的迁入不是一次性,而是源源不断的连续现象。这一基本特征已为学术成果所证实。本节要强调的是,与以往的移民潮相比,南宋移民的政府强制色彩较弱,家族共同体在移民中的作用也不强,由此形成自身的特色,进而发挥不同的作用。北方移民迁入江南后没有形成家族或政府控制下自我封闭的社群,数量之巨使移民没有边缘化,没有形成与原住民相对隔绝地或相对独立地发展,而是迅速融入当地社会与经济特别是市场之中。

政府强制性迁徙与家族举族而迁,定居后往往形成凝固性与封闭性的经济单位。历史上曾多次迁徙豪强,唐代长安尤为突出,这也是一种政府的制度性安排。两晋之交的移民南迁,则往往是举族而迁,筑坞堡自固,东晋政府实行侨州郡县制,以集中安置大部分北方移民。世家大族作为汉魏以来社会经济的基本单位,在迁徙过程中及定居后进一步加强。在朝廷的支持下,大面积开发,垦田与围田由此得到突出发展,宗主、豪族与所谓宗亲、乡党、部曲、门徒、义附等逐渐结成不可分割的牢固整体“乡族集团”。[3]

南宋江南的移民,虽然史载多称“扈从南迁”,但大多不是政府强制性的统一安排;虽然也有举族而迁,但不复为主流形态,移民多以个体与小家庭为单位。市场的发展也有利于移民的迁徙与定居谋生。水陆交通与运输工具,沿途市场补给,使小家庭能完成迁徙行为。白话小说中颠沛流离南迁者多是小家庭,常见者二三口而已,饱尝人世间的悲欢离合。[4]

不可忽视的是,除了北方移民之外,来自其他地区的商业移民、谋生移民,以及江南区域内的人口流动,为数也很可观。例如福建,“居今之人,自农转

[1] 在近代东南亚穆斯林社会,华侨华人相对独立地发展,强烈地表现于移民及其后裔的内部网络化联系。

[2] 李心传:《建炎以来系年要录》卷85。

[3] 胡阿祥:《东晋南朝侨州郡县的设置及地理分布》,《历史地理》第8、9辑,上海:上海人民出版社,1990年。曹树基:《中国移民史》(第2卷),福州:福建人民出版社,1997年,第10章第2节。

[4] 话本《冯玉梅团圆》《卖油郎独占花魁》《西湖三塔记》《错斩崔宁》《沈小官一鸟害七命》《金玉奴棒打薄情郎》《乐小舍拚生觅偶》等,主人公家庭,少则二三口,多则三四口。本文所引话本,出自《宋人小说七种》《古今小说》等,经考证多源出宋代。

而为士、为道、为释、为技艺者，在在有之，而唯闽为多。闽地褊，不足以衣食之也，于是散而之四方。故所在学有闽之士，所在浮屠老子宫有闽之道释，所在阛阓有闽之技艺”。[1]许多福建技艺人员与商人就来到了江南，特别是临安，发达的市场为他们谋生与营利提供了机会。明清时期引人注目的商业移民，实际上宋代就已开始。区域内的人口流动，同时与城市化进程相伴随，就是一个农村人口迁居城市的过程，所谓“自村疃而迁于邑，自邑而迁于郡者亦多矣”。[2]

北方移民及商业移民、城市化移民，通过市场寻求生存机会，同时其所带动的生产要素流动也推动了资源配置与市场发展，这是中国历史上此前少见的移民与市场相互促进的现象。

第一，个体移民形式推动土地交易与租佃市场。个体移民形式与小农家庭经济的成熟与独立性增强相关，同时也与市场的发展相关。个体小农家庭经济体至宋代已趋于成熟，对人口迁移的影响，一方面表现于小农家庭经济体在北方的成熟，家族与庄园的经济功能弱化，已经不是社会经济的基本单位，也不再成为移民单位。另一方面表现于个体小农家庭恢复和重建经济体的能力增强，江南现有的经济基础已足以容纳小家庭单位的经营，甚至可以说是如鱼得水，不像东晋时期必须以乡族集团为单位才足以进行经济开发。移民抵达后，通过租佃或购买小块土地，就能较快恢复个体农耕经营。移民在江南购买土地、房宅，促进了地权市场的发展；或者租佃土地从事农业生产，推动了劳动力与土地的租佃市场。租佃市场的发育程度，从宋代至明清，江南在全国都是最为突出。

第二，直接进入劳动力市场。在长途迁徙过程中，技能、工艺、知识等可携带的人力资本，较之铜钱、贵金属等形式的物质资本，更不用说土地、商品等实物，更容易随移民抵达江南。但它们必须与其他生产要素相结合才能创造财富。为数众多的移民，辗转来到江南后，一贫如洗，除了出卖劳动与技能之外，他们无以为生，从而为江南特别是临安等城镇市场提供了数量巨大的廉价劳

[1] 曾丰：《缘督集》卷17，《送缪帐干解任诣铨改秩序》。
[2] 《宋会要辑稿·食货》70之106。

动力,为外来的商业资本提供了充沛的雇佣对象,并降低经营成本。[1]移民少部分受雇于农场,少量成为富贵家庭的佣人,一部分受雇于城镇工业,相当部分则在服务业中充当雇工,江南劳动力市场的发育引人注目。劳动密集型的服务业之兴盛尤赖于此,在杭州,人力婢仆、歌童舞女都有专门的官私牙嫂中介雇买。

第三,在城镇中从事工商业,相当多的移民从事行业门槛低的小本生意,成为新的从业群体与资本来源。依靠江南市场的机会与潜力,在城镇内外或交通要冲处启店谋生,或做点小生意,像《夷坚志》中不少此类事例一样,以小本经营也能迅速在城镇市场获得谋生之资。宜黄人詹度,"业伶伦",在城外只能"行丐而前",到城市后,其吹笛技艺获人赏识,有了市场,"自是以技得名,渐亦温饱"。[2]小家庭移民容易为城市接纳,如果是举族而迁,大家族的众多成员统一在城中安插则要困难得多,生活成本高,因而他们往往选择市镇定居。

移民相当部分进入城乡市场,仰赖原有的市场体系为生,并扩大了市场规模。南方和区域内的流动人口与工商业移民更是如此。在江南,南北习俗与各地文化相互融会,商品生产与技术共同发展,市场获得进一步发育。流动人口和移民似乎与工商业有着天然的联系,侨居异地,唯求迅速谋生致富,不惧市场风险,善于捕捉市场机会。庆元府象山县市户胡三十太等,"各系经纪小民,赁屋居住开店"。他们显然是外来人口,有趣的是,房东也和房客一样不是本地人,"本县乡里屋主,皆系寄居官户"。[3]

世俗社会所投影的神祇崇拜,也随移民落户江南。源泉于婺源的五通神、湖州的张王、福建的大妃、四川的梓童,1110年前仅在镇江等少数运河沿线城镇出现,1275年则在杭州与镇江分别达到12个,苏州、常州、建康也都有好几个。[4]这与各地的移民与市场水平大体呈对应关系。江南的北门户镇江府,南宋嘉定时期的商税额达到20.6万贯,超过北宋熙宁年间杭州府的商税额(18.3

---

[1] 雇工稍有不慎,就会面临解雇。如面食店中的"行菜","或有差错,坐客白之店主,必致叱骂罚工,甚至逐之"。(《梦粱录》卷16,"面食店")

[2] 洪迈:《夷坚三志壬》卷4,"陶氏疫鬼条"。

[3] 《许国公奏议》卷4,"奏按象山宰不放民间钱"。客寓他地的寄居官户,宋人文献中时可见之。

[4] [美]韩森,包伟民译:《变迁之神——南宋时期的民间信仰》,杭州:浙江人民出版社,1999年。

万贯)，咸淳年间更高达33.6万贯。

第四，安顿家庭需要从市场购买家居器皿与生活用品，市场消费需求大增，随着城镇扩大，道路桥梁等基础设施，居民修建住宅等就会形成为数甚大的建材市场。同时北方移民与外地人口特有的生活习俗，也形成新的需求。建康府城“岁时礼节、饮食、市井负衒讴歌，尚传京城故事……习气大率有近中原”。[1]

需要着重指出的是，不同的人口构成与多样化的消费取向激发了市场需求，不同群体之间的交流又使之进一步扩大。没有这一移民因素，同样数量的人口不可能形成如此庞大的消费需求。

第五，最后还值得指出的是移民意识与网络。移民群体形成的人际网络，通常会成为信息传递、人员流动与资源组合配置的新渠道。移民脱离了原居地的人际氛围与文化环境，脱离了在一定程度上受制于这种环境的观念约束与人际约束，因而有可能自由开放一些，有可能突破传统的制约而形成开拓创新意识。话本《计押番金鳗产祸》有一则事例，庆奴和张彬逃亡至镇江，无以为生，庆奴道：“我会有一身本事，唱得好曲，到这里不怕羞，何不买个锣儿，出去诸处酒店内卖唱，趁百十文，把来使用。”移民容易突破旧有的框框，生存的压力使他们更具冒险意识与创新精神。

二、移民与城市市场

移民对南宋江南市场的影响，在临安市场表现最为突出。临安堪称一大移民城市，在中国历史上的大都会中，可能最具移民特性。这一重要因素推动了临安经济在战后的迅速恢复，城市市场与市民阶层的发展，并形成独有的特色。临安“建炎及绍兴间三经兵烬，城之内外所向墟落，不复井邑。继大驾巡幸，驻跸吴会，以临浙江之潮，于是士民稍稍来归，商旅复业，通衢舍屋，渐就伦序。”[2]有人甚至估计移民在临安总户口中的比例甚至高达六七成。[3]更重要

[1] 至正《金陵新志》卷8。
[2] 曹勋：《松隐集》卷31，“仙林寺记”。
[3] 吴松弟据《系年要录》“临安府自累经兵火之后，户口所存，裁十之二三”，推断十之六七为移民，恐难成立。一则史料显系夸张，一则战乱后有相当部分应为原居民回归。

的是，南宋临安移民与上文所论历史上建都或迁都的移民现象有所不同。北方移民之外，其他地区的工商业者与流民及周边农民都涌向这个中心市场来谋生。短期流动人口，包括官员升降，游走商贩，以至行僧道士等，为数亦不少。三年一次的会试，尤为壮观，“到省士人，不下万余人，骈集都城。铺席买卖如市，俗语云‘赶试官生活’，应一时之需耳”。混补年更多，据称达十万之众，还不包括几乎同等数量的随从。[1]《夷坚志》与话本中记录着不少应考秀才的趣闻韵事。数量巨大的移民迅速融入杭州市民社会，并且绝大多数都仰赖市场为生，促进了临安城市市场进一步发育。

其一，消费需求格局的变化。宋廷驻跸临安，吸引了南下移民汇聚，[2]移民的涌入，填补了战乱人口锐减形成的需求缺失，更重要的是，人口构成的变化形成需求格局的改变，表现于需求层次的提升与需求结构的多元化。一方面是为数众多的官僚贵族迁居临安，形成高水平消费需求。除了皇室之外，移民中“今之富室大贾，往往而是”，[3]周边地区迁入临安的一般也都是各地的富有家庭，这些富有阶层，具有较强的消费能力，尤其是高消费，从而推动奢侈品、高档商品和娱乐享受服务的市场需求。[4]如每逢岁时节庆，迎神赛会，都人不论贫富，倾城而出。“公子王孙，富室骄民，踏青游赏城西，店舍经纪，辐辏湖上，开张赶趁”。[5]

另一方面，各地不同消费习俗的人口，形成不同的消费需求结构。最为明显的就是，为数巨大的南迁北人，带动了面食消费的剧增。商品市场的多样化，除了原来稀见的面食类商品成为大宗商品之外，其他北方的风味产品与特色商品也为数不少。牛羊乳及制品出现，丝织品、服饰、陶瓷、肉、酒等品种都

[1]《梦粱录》卷2，“诸州府得解士人赴省闱”。

[2] 话本《单符郎全州佳偶》说，百姓从高宗南渡者，不计其数，皆散处吴下。闻临安建都，多有搬到杭州入籍安插。

[3] 李心传：《建炎以来系年要录》卷173，“绍兴二十六年七月巳条”。叶适亦谓“衣冠贵人不知其几族”（《叶适集·水心别集》卷2，“民事中”）。

[4] 龙登高：《南宋临安的娱乐市场》，《历史研究》2002年第1期。

[5]《西湖老人繁盛录》。“纪”字为笔者所校，涵芬楼秘笈本原作“营”，夹注云“营，原误绝”。原来的“绝”，系“纪”之误，“经纪”一词，在宋代是指代小生意者的流行语言。涵芬楼秘笈本错误地将“绝”改为“营”。

有所增加。[1]《清波别志》载,“自过江来,或有思京馔者,命效制造”,形成“临安所货节物,皆用东都遗风,各色自若”。临安娱乐市场有“学乡谈”的表演,学各地方言以取乐,如学萧山、绍兴、宁波及苏北等地方言,表明这些方言及其移民群体在临安为人熟知,从而丰富多彩。消费需求格局的这些变化,推动了商品市场、服务市场的发展,也吸引了商人资本的流入。

其二,服务业的多样化发展。

手工业因移民从业而扩大,服务市场的多样化表现更为明显,因南北文化的交融与碰撞而多姿多彩。大量的北方移民,使得北方尤其是东京的文化娱乐成果南传,成为移民带给杭州的文化大餐,大大丰富了文化娱乐与服务市场。[2]饮食业最为人津津乐道,开封的名食名店,各地的小吃名点,在临安随处可见。《都城经胜》说“都城食店,多是旧京师人开张”。其中不少成为美食品牌,如袁褧《枫窗小牍》所举“若南迁湖上鱼羹宋五嫂、羊肉李七儿、奶房王家、血肚羹宋小巴之类,皆当行不数者也”。宋元话本中,时有“老郎们传说”“京师老郎流传”等说法,娱乐市场中的说话人同行之间称“郎”,来自开封的资深者谓“京师老郎”。《东京梦华录》的作者孟元老,南渡至临安,就参加小人书会。街头吆喝,小贩叫卖,勾栏表演,瓦舍娱乐,汴京话声声入耳。北方移民传来的神祠庙宇,带动了相应的祭祀活动与庙会交易。临安东岳庙就有3处,东岳诞辰节庆热闹非凡;二郎祠就是东京的清源真君祠;惠应庙,在城中者4所,即东京显仁坊皮场土地神祠。[3]

除了北方风俗南传,移民在杭州也兴起一些新的文化习俗。如杭州中元节有接祖之举,就是因为移民无从到祖宗坟茔祭祀,逐渐相沿成习。移民本身的悲欢离合与谋生创业,成为临安瓦舍勾栏中说话等曲艺表演道不尽的题材。话本《冯玉梅团圆》中徐信与刘俊卿在战乱中的“交互因缘”的悲喜剧,《卖油郎独占花魁》中汴梁六陈铺主莘善父女曲折经历,等等,无不使人一洒同情之泪,与主人公共悲欢,尤其吸引众多的移民成为忠实的听众。北方移民之外,

[1]　参见徐吉军:《南都城临安》,杭州:杭州出版社,2008年。
[2]　前引徐吉军、龙登高等文。
[3]　咸淳《临安志》卷73,“外郡行祠”。东岳诞辰节庆还见于周密、吴自牧诸书。

其他地区的移民也带来了各自的社会风俗与文化服务。地方曲艺汇聚临安，如福建鲍老达三百人、四川鲍老亦有一百人。源自温州等地的南戏，也流传临安。深受杭州市民喜爱的济公和尚，就是一名来自天台山的外来和尚。[1]杭州成为其各地文化之集大成者，南北混杂，斑斓多姿，异彩纷呈，娱乐服务市场富有生机。

其三，商业移民与商人资本的注入。商业移民十分突出，北方移民中富商大贾不少，许多的汴京著名店铺，都以旧名在临安重新开业。[2]南方其他地区的商业移民与流动人口更为可观。临安凤凰山因客商云集，习称“客山”：“杭州富室多是外郡寄寓者，盖此郡凤凰山谓之客山，其山高木秀皆荫及寄寓者。其寄寓人多为江商海贾，穹桅巨舶，安行于烟涛渺莽之中，四方百货，不趾而集，自此成家立业者众矣。”[3]仰山二王庙，祀神出自江西袁州，它是随着江西至杭州的木材贸易传播而来的。徽州商人、福建商人是杭州人数最多的两大外地客商，徽州婺源灵祠，在杭州有7个行祠；福建自南宋流行的天后信仰很快传播杭州，并设有顺济圣妃庙及其行祠。[4]这位外来的海洋女神林氏，其影响后来似乎超过了本地的海洋（男）神冯氏（同样有顺济庙），反映了外来的福建商人在临安尤其是在海洋运输贸易中的影响之大。[5]商人资本伴随商业移民流入，促进了临安市场的兴盛，尤其是临安与外地的经济联系。

移民迅速融入杭州市民社会，并且绝大多数都仰赖市场为生。他们离乡背井，渴求文化娱乐生活，其旺盛的需求促进了杭州文化娱乐市场的发展。除了富豪显宦外，一大批工商业主（店主）和经纪（小生意人）等商业移民，为临安市场的繁荣提供了资金、技艺和从业人口，丰富了娱乐市场的消费需求与服务供给。杭州继承北方文化尤其是开封文化，兼容各地移民带来的文化成

[1] 许尚枢：《济公生平考略》，《东南文化》1997年第3期。
[2] 吴自牧、周密诸书均有记载，白话小说中亦有反映。其他城市亦然，如话本《碾玉观音》述，潭州有人挂上“行在崔待诏碾玉生活”的招牌。
[3] 吴自牧：《梦粱录》卷30。
[4] 咸淳《临安志》卷73，“外郡行祠”。《梦粱录》卷14亦录之。
[5] 祭祀冯氏的顺济庙，事见咸淳《临安志》卷71，“山川诸神”。

果，[1]成为其各地文化之集大成者，南北混杂，斑斓多姿，异彩纷呈，服务市场富有生机。可见，与移民相伴随，临安消费需求格局发生较大变化，商业资本流入，促进了城市工商业的活跃，廉价的劳动力降低营运成本，商品市场与服务市场都有显著的扩展。

三、移民与市镇——明清方志资料的回溯

移民对江南城镇市场的影响，论深刻以临安最为突出，论广泛则辐及相当多的市镇。以断代研究之所囿，两宋文献资料之不足，宋代市镇的时代特征与发展历程的研究仍不够清晰，遑论移民的作用。所幸明清江南地方志文献丰富，包含了不少今存宋代文献所佚的珍贵史料，对宋史研究而言值得深入挖掘，而且从宋代开始延续到明清的通贯性记载，有助于把握市镇演进的历史脉络与宋代市镇的历史地位。笔者翻检明清方志，特别是乡镇志，不惮繁复加以论列，或于同仁有益焉。

第一，移民在村落或市镇落脚后，利用原有的市场基础，个体经营迅速恢复，给市镇带来新的成长契机。濮院镇，北宋为一草市，高宗时，曲阜濮氏扈从南下卜居于此。南宋时农桑、机杼之利，日生万金，四方商贾云集，遂置镇。[2]湖州新市镇，周围物产丰富，原有陆市，后为交通更为便利的水边新市取代。宋廷南渡，衣冠鳞集，继而建镇。[3]明清时地据两省三府七县的乌青镇，其繁盛始于移民的经营，“青镇与湖郡之乌镇夹溪相对，民物蕃阜，第宅园池盛于他镇，宋南渡后士大夫多卜居其地”。南宋时渐由草市发展成市镇，“市逵纵横，尤称富丽”。[4]因“江淮流民避地，税物经过，偶有增羡”，额定商税由年1.57万贯，增至4.4万贯（后减额仍达3.1万贯），[5]成为南宋最大市镇之一。商业移民

[1] 吴松弟在《中国移民史》《中国人口史》的辽宋金元时期卷中全面论述了南宋北方移民及其对南方经济与文化的影响。程民生（《宋代地域经济》，郑州：河南大学出版社，1997年）则强调了北方文化尤其是开封文化向南方的传播。徐吉军前引书则有全面的论述。

[2] 《濮川所闻记》卷1、卷4。又据《桐乡濮院镇志》，濮院镇之成为丝绸名镇，肇始于高宗时驸马濮凤迁居于此，经营蚕织。

[3] 正德《新市镇志》卷1；嘉靖《德清县志》卷1。

[4] 乾隆《乌青镇志》卷2；《乌青文献》卷1。

[5] 《宋会要辑稿·食货》卷19，“商税”，“嘉定17年三月十四日臣僚言”。

对商道市镇的作用亦可见诸记载,港口澉浦镇在南宋盛极一时,就与福建商人的活动相关。[1]

第二,移民大量定居,人口增多,市场需求增加,开张或扩建交易设施,推动了新的市镇的建立。苏州元和县周庄,南宋时北人侨居,人烟渐密,元末沈氏自南镇徙入,始辟为镇。湖州更为突出,同治府志所载就有:菱湖,宋南渡后兴市廛,治桥梁,渐即稠密。双林,"宋南渡时聚商,名商林"。还有几个聚落也是在南宋开始了作为镇的阶段性发展,连市,又称练市或琏市,宋南渡设酒坊以课税。长兴县和平乡,宋设税务及犒赏酒库一所。该县四安镇,"宋设监镇一员,以京官为之。又犒赏酒库一所"。南浔,宋高宗时止称浔溪,理宗淳祐末立为镇。[2]设置税收机构,或派出官员,表明此类乡村都因移民的开发而开始或已经具备置镇要素。

尤其是一些大家族迁居后,在扩建市场设施、发展市场交易方面更具优势,更有效地利用江南发达的市场网络。马陆里自宋陆秀夫长子南大与马氏共居于此后,"市廛渐以稠密,元明以来由村成镇"。[3]杨行,宋时"有杨垕从高宗南渡,卜居于斯,工于会计,代客卖买,诚一无伪,商民共信而咸集,就成市焉"。[4]鄞县小溪镇,"宋绍兴中,北客多乐居之。魏文节公结圃墅,与大梁张武子为诗友,其他如安仪同、孙、王尚书相继卜筑"。[5]

第三,江南市场格局在宋廷驻跸临安后政府需求的刺激下有所变化,一些聚落获得新的发展契机,特别是运河的地位与功能加强,沿线一批交通运输型市镇成长起来。杭州临平镇与秀州崇德县之间有座长河堰,为行旅羁留之所,在其附近,北宋有修川市,筑长安堰,南宋其地理位置更为显要,遂置镇,因堰以名。常州奔牛镇,"自天子驻跸临安,牧贡戎贽,四方之赋输,与邮置往来,军旅征戍,商贾贸迁,途出于此者,居天下十七,其所系不愈重哉"。[6]奔牛镇和

---

[1] 澉浦镇有医灵祠,奉闽中吴真君,开禧三年"闽商绘像传塑,俱祈疗病者,甚验,四方咸集"。该镇另有广福庙,所祈之神,亦有泉州之风(海盐《澉水志》卷5,"寺庙门")。
[2] 同治《湖州府志》卷22之1,"舆地略村镇"。
[3] 嘉庆《马陆里志》卷1,"疆域"。
[4] 嘉庆《杨行志》卷4,"凡例"。
[5] 袁桷:《清容居士集》卷19,"鄞县小溪巡检司记"。
[6] 陆游:《渭南文集》卷20,"常州奔牛闸记"。

附近的吕城镇，仅“脚船、脚夫平生靠运米以谋食者”，就逾数百家。[1]临安府的长安镇、汤村、临平等镇市，都因南渡人口的迁入而繁荣。《梦粱录》说：“临平、汤村等镇市，因南渡以来杭为行都，二百年户口蕃盛，商贾买卖十倍于昔，往来辐辏，非他郡比也。”表5–11所示市镇商税额的在南宋的增长，南宋临安府浙江场的商税额，与北宋熙宁年间杭州全城相若。常州万岁镇、青城镇、临安府江涨桥镇、龙山场，相对于北宋熙宁商税额的增长指数，高达1 000—4 000多。常州湖濮镇、湖州乌墩镇、新市镇、临安府浙江场等，增长指数亦在200—900之间。只有张渚一镇减少。

表5–11　宋代江南若干市镇商税的增长　（单位：贯）

镇　　场	北宋熙宁商税额	南宋商税	增长指数
常州湖濮镇	2 814	10 800	284
张　渚	2 216	1 440	–48
万　岁	161	6 840	4 148
青　城	197	4 759	2 316
湖州乌墩镇*	2 104	20 484	873
新市镇	1 771	6 470	265
临安府浙江场	16 447	81 910	397
江涨桥镇	2 806	45 018	1 504
龙山场	2 992	36 969	1 136

引自：龙登高（1994）、梁庚尧（1997下：30）。

*湖州乌墩镇、嘉兴青墩镇毗邻，合称乌青镇。南宋商税额1.5万贯，绍兴三十一年4.2万贯，淳熙年间减放为3.0万贯。

江南市镇的数量，南宋较之北宋增加了80%，尤以松江及后来的太仓州地区为甚，如表5–12所示。这些市镇大多数至明清延续着南宋奠定的市场基础与发展势头，呈现出不可逆转的历史演进脉络，显示出经济地理布局上较强的

[1]　黄震：《黄氏日抄》卷72，“回申再据总所欲监钱状”。

表5–12　江南市镇数量的增加（北宋—南宋）

府州	杭州	嘉兴	湖州	镇江	江宁	常州	苏州	松江	太仓州	合计
北宋	14	11	13	4	14	15	14	10	1	106
南宋	27	24	19	8	16	25	21	34	12	186
增长率	93%	118%	46%	50%	14%	67%	50%	240%	1 100%	80%

注：据魏嵩山（1993：第11章）改制，太仓州非宋代建制，南宋数据包括元代记载。江宁府为“镇”的数量，据龙登高（1994：68）。

合理性，表明市镇演进的历史连贯性和持久的生命力。但也有不少明清时衰落下去，因为南宋时特殊的历史条件不再具备。大多为自然地理的沧桑变化所致，水陆变迁，抑或由天灾人祸造成，有的则是因为市场格局的变动，凡此都显示出市镇发展的曲折性与脆弱性。吴江县庵村市较典型，据村志载，宋时因移民定居而兴，明时则因居民移出而衰。该村市唐时即盛，宋“南渡寄居于此地者千余家”。明初居民迁徙，地多闲旷，乃易市为村，有前后两村。有的市镇则在竞争中被淘汰。厂头镇，“在宋元时代亦一巨镇。……父老传言，当时商埠之广袤较胜于真如。迄如今不过四五百年间，仅存二三店肆，无异村落”。明清时被附近的真如镇所代替。[1]有的宋代名镇，虽然不完全是因移民而兴，但显然不无关联，明以后亦趋于衰退。青浦大蒸镇“宋元时人烟稠密，明时遭倭寇，市遂衰落”。小蒸镇“自宋元以来人文蔚起，为一邑望。铺户毗接，商贩交通。国朝道咸以来，河道淤塞，市廛日衰。粤贼焚掠，更非昔比矣”。[2]月浦“相传建于宋，盛于明，衰于倭寇”。由于自然地理变迁，一些商道市镇特别是海港市镇凋敝。与月浦相隔六里有黄姚镇，为宋之名港，“已没入海，亦不知没于何时”。[3]嘉定县钱门塘，宋嘉定十年设嘉定县后即为一大镇，人烟稠密，街巷纷歧，元明时两代规模渐小，改称市。[4]澉浦镇，“自南宋以来，为吾国重要之

[1] 民国七年《真如里志》，“真如商业概况”。
[2] 宣统二年《蒸里志略》卷1，“镇市”。
[3] 《月浦志》序。
[4] 民国《钱门塘乡志》卷1，“市集”。又载：“钱大昕曰：俗所谓小钱门塘者，宋元以前，北水深通，居民鳞比，商贾辏集。宋时实税务于此。”今衰落。

海口”,明代,“人情事变与前代大异,盖自禁筑城,官兵守御,利源既绝,往迹俱非,不见异物,也无外慕”。水道湮塞,缺少疏浚而淤浅。[1]这些市镇的沧桑变化,显示出南宋移民作用与市场环境的特殊性,某些市场促进因素明清时期不复存在,或者格局发生了改变。

与两晋南北朝时期政府支持下的举族而迁聚居开发不同,两宋之际的北方个体散居移民,大多融会于江南市场中寻求生存机会。移民的技能、资本在城镇进入劳动力市场与工商服务业,在农村进入土地交易与租佃市场,移民的多样化消费需求与创新意识,都促进了江南各类市场的发展。不仅在临安大都会市场得到集中和深刻的体现,而且在江南各地市镇的成长进程中广泛地烙下移民的印迹。大规模移民与劳动力流动及其所带动的其他生产要素与商品的流动和组合,实现资源配置,推动了江南市场的发展与变化。

---

[1] 嘉靖《续澉浦志》卷1。

第六章
宋代文化娱乐市场与服务业

本章所论服务市场与现代服务业有所不同，也与现代服务业的界定有不同的内涵。广义上服务业就是农业和制造业以外的第三产业，但通常金融业已独立出来。服务市场，主要不是指文化娱乐活动所带动的商品消费，而是指人们娱乐享受层面需求的服务供给与消费。

文化娱乐市场与服务业的兴起，是消费需求逐渐提升的产物。消费需求的层次常被分为生存需求、享受需求和发展需求。服务市场在三个层次都有存在的空间。生存需求方面的内容增多，水平上升，原来可以自我满足，现在则需要通过专业化市场来满足。第一，原来自我满足的一些消费，转而通过服务市场实现，专业分工所提供的服务，能够提高消费质量。如理发，剃头匠比家人当然更娴熟快捷，价格也不高；如宴饮，在家中大摆筵席，哪有餐馆那样品种齐全、精美。这些自给性消费转化为服务。第二，服务业专业分工的扩大与竞争的加强，一些原来未曾有过的消费内容与形式涌现。第三，消费能力的提高，享受性与发展性需求越来越多。商品市场如此，服务市场亦循此扩大。"往时屦袜之属出女红，今率买诸市肆矣；往时茶坊酒肆无多家，贩脂胃脯者，恒虑不售，今则遍街巷，旦旦陈列，暮辄罄尽矣；往时非贵显不乘轩，今则肩舆塞路矣。歌酒之画舫日益增，倡优之伎日益众，婚聚摄盛之仪日益泰……"[1]与

[1] 陈祖范：《司业文集》卷2，"昭文县志未刻诸小序·风俗"。

女红从家庭到市场一样，茶坊酒肆等服务业取代了原来的家庭消费，肩舆、画舫、倡优之则是新涌现的服务。“其暴殄之最甚者，莫过吴门之戏馆。当开席时，哗然杂还，上下千百人，一时齐集，真所谓酒池肉林，饮食如流者也。”[1]戏馆与餐馆结合起来，满足顾客的多层次需求。

本章先从娱乐市场开始考察，主要通过宋代杭州的娱乐市场来考察服务市场的形态与特征，继之分析明清江南服务市场兴盛的原因，最后论述服务市场在市场体系中的作用。

各种文化与娱乐活动早已有之，通常主要是特权享受，或自娱自乐，或相互娱乐，而不是通过市场来开展的，不发生交易行为。中晚唐以后，娱乐作为一种消费服务，开始在市场上出现。在南宋江南，以谋生和营利为目的的文化娱乐活动已相当普遍，娱乐市场发育趋于成熟，这在经济史和文化史上都具有阶段性的意义。但以往人们所关注的只是宋代市民文化或大众娱乐及其时代的新异性，没有从市场发育与发展的角度进行考察，另一方面，传统市场的研究，则集中于商品市场及要素市场，基本上未涉及服务市场，从而使得这一重大的历史现象及其影响迟迟未曾被揭示出来。娱乐市场具有怎样的存在形态与特征，其兴起对市场体系的演进有何作用与影响，文化娱乐活动在市场上展开后将呈现怎样不同的走势，等等，这些重要问题的研究都付之阙如。本章试图作一尝试，侧重娱乐活动的经济内涵与意义，将服务市场作为城市市场的一个组成部分，以求更深刻地揭示江南传统市场的发展脉络与特征。

第一节　宋代都城的娱乐市场形态与商业化经营

一、文化货郎与瓦舍勾栏

开封与临安娱乐市场活动丰富多样，形态各异，如果与商品市场相对应，大体具有如下四种表现形态：货郎式流动市场、娱乐集市、娱乐常市、专业市场。

[1] 钱泳：《履园丛话》卷7，“臆论·骄奢”。

流动货郎是商品交易与市场的原始形态之一，宋代的“路岐（歧）人”可称为文化货郎，他们走街串巷，虽然不兜售商品，却提供大众所需的娱乐服务，或杂技，或说书，或歌舞。[1]路岐人卖艺，多选择能够吸引和汇聚观众之处“作场”表演。“每会聚之冲，阛阓之市，官府讼听之旁，画为场，资旁观者笑之，每一钱以上皆取之。”[2]南宋临安，路岐人活跃于街头巷尾，随时寻找文化服务的机会，作场卖艺，随处可见。路岐人作场卖艺是娱乐市场的最初形态之一，唐代时是娱乐市场的主要形式，还受到官府压制，[3]宋代时则作为娱乐市场的必要补充而广泛存在。流动娱乐市场主要是由娱乐需求的细碎性、间隙性所致，满足消费能力有限的市井细民的不时之需。

货郎的周期性流转满足农户不时的细碎交换的需要，进一步发展就会出现周期性集市，娱乐市场也一样。西欧中古盛期的市集、中国古代的集会贸易，是以一年为周期，交易日达数天或一个月的大型集市贸易，而娱乐集市大多与此相类，多表现为节庆、庙会等具有群众性的文化娱乐公共活动。节庆、庙会都是一年一次，期间多举行大规模的娱乐活动，形成一种娱乐“集市”。宋代70余个大大小小的时序性节日、宗教性节日、政治性节日，莫不以赏心乐事为主线。[4]每逢岁时节庆，迎神赛会，各社、各村组织的舞队，在游行中表演诸般伎艺。盛大者达数十百队，连绵十多里。如清明节热闹非凡，各种表演“纷然从集”，都人不论贫富，倾城而出。“公子王孙，富室骄民，踏青游赏城西，店舍经纪，辐辏湖上，开张赶趁。”[5]庙会亦然，如二月八日霍山行宫朝拜，三月三日殿司真武会，三月二十八日东岳生辰社会，都是“百戏竞集”，由各民间文艺社团组织。此外，类似庙会的还有，一些私家园苑也竟相择期开放，以娱游客。[6]艺人追逐集市与集会，称为“赶趁”。就像商贩在各地轮流赶集一样，街

[1] 王铚：《默记》卷下：颍州“一日有歧路人献杂手艺者，作踏索之伎。”洪迈：《夷坚支庚》卷7，“双港富民子”记，鄱阳有女自称路歧散乐子弟。

[2] 周南《山房集》卷4，“刘先生传”。

[3] “唐以前的优戏技艺，基本上是划地为场，就地演出。”见黄竹三：《戏曲文物研究散论》，北京：文化艺术出版社，1998年，第33页。

[4] 伊永文：《宋代市民生活》，北京：中国社会出版社，1999年，第260页。

[5] 《西湖老人繁盛录》。“纪”字为笔者所校，涵芬楼秘笈本原作“营”，夹注云“营，原误绝”。皆误。“经纪”一词，在宋代是指代小生意者的流行语言。

[6] 如蒋苑使小圃，春时开放，“立标竿射垛，及秋千、梭门、斗鸡、蹴鞠诸戏事，以娱游客。”（《武林旧事》卷3，“放春”，亦见《梦粱录》卷1，“元宵”；卷19，“园囿”。）

市艺人与乐队在城市各娱乐点赶趁，临安频密的节日庙会，各种形式的集会，各种场所的娱乐活动，使得“赶趁”者可以随之流动，逐日表演，甚至一天可以多处表演。[1]与货郎式市场相比，集市型市场已经摆脱了偶发性的原始形态，而成为了定期的、持续的、有组织的市场。

定期集市的集日间隔越来越短，集期越来越密，逐渐变成每天都进行交易的常市。杭州的茶肆、酒楼、妓院，以至整个西湖及其中的游船，就是固定的文化娱乐常市。茶肆酒楼通常也是娱乐活动场所。临安著名大茶坊中，清乐茶坊、黄尖嘴蹴球茶坊，顾名思义，以音乐欣赏、体育活动吸引顾客；王妈妈家茶肆号“一窟鬼茶坊”，当以同名说话表演得名，朱骷髅茶坊亦然。茶肆酒楼大造文化气氛，插花挂画，竹木掩映，装点店面。或鼓乐吹弹，或延艺人卖唱，还有“花茶坊”之类提供妓女服务，花样百出。茶肆成为人们聚会娱乐的场所，[2]市民的庆典宴席，多在酒店举办，“歌管欢笑之声，每夕达旦”。[3]西湖是游乐的理想去处，“西湖天下景，朝昏晴雨，四序总宜，杭人亦无时不游”，娱乐活动四季不断，[4]可以说西湖就是临安最大的娱乐市场。除了节日热闹非凡外，居民平时也常泛舟游乐。春天赏花，夏日舶舟避暑，中秋临湖赏月，冬天观湖山雪景。湖中画船满布，头尾相接，岸上游人栉比，店舍盈满。游船画舫也成为流动的娱乐常市，湖中大小船只，不下数百，形制多样，皆华丽雅靓，夸奇竞好，船中笙歌曼舞，欢笑不绝。

专业市场是文化娱乐市场的最高形态，这就是瓦舍勾栏。瓦市是固定的娱乐专门场所，专业艺人汇聚，不间断地表演各种文化娱乐活动。勾栏则是戏院、舞台或看场。宋代的勾栏有围墙，有门收费入场。包括戏台（乐棚或帐

[1] 如“街市有乐人三五为队，擎一二女童舞旋，唱小词，专沿街赶趁。元夕放灯、三春园馆赏玩，及游湖看潮之时，或于酒楼，或花衢柳巷妓馆家祗应。但犒钱亦不多”。（《梦粱录》卷20，“妓乐”。当是在《都城纪胜》所述之上扩展而来。）

[2] 《都城纪胜》云：“多有都人子弟占此会聚，习学乐器，或唱叫之类。”（《梦粱录》卷16“茶肆”更详。）白话小说《赵伯升茶肆遇仁宗》记，西川落第秀才赵旭，在东京每日上街与人作文写字，店小二道：“你今如此穷窘，何不去街市上茶坊酒店中吹笛，觅讨些钱物，也可度日。”陆九渊“少年时，常坐临安市肆观棋。如是者累日”。（罗大经：《鹤林玉露》丙编卷1，“象山棋”。）

[3] 《梦粱录》卷16，“分茶酒店”。《武林旧事》卷6“酒楼”亦述之。

[4] “都人凡缔姻、赛社、会亲、送葬、经会、献神，仕宦恩赏之经营，禁省台府之嘱托，贵珰要地，大贾豪民，买笑千金，呼卢百万，以至痴而呆子，密约幽期，无不在焉。日糜金钱，靡有纪极。”（《武林旧事·都人游赏》的这类描述可以找出很多。）

图6-1　〔宋〕李嵩:《骷髅幻戏图》(故宫博物院藏)

图6-2　〔宋〕苏汉臣:《杂技戏孩图》

幕高台)、戏房(后房)、观众席(看席)。观众席有"神楼"和"腰棚"等所设雅座,可供观众安坐欣赏节目,其间则是平地供观众站立观看。临安盛时,城内有5个瓦市,城外更多,合计达17个,南宋末的记载达23个。城内瓦市以北瓦为大，这里勾栏多达13座，各种文艺形式趋于专业化，如两座勾栏专说史书，甚至有的勾栏还因名艺人长期固定表演而得名。[1]临安北瓦可以说是一个规模宏大的专业文化娱乐市场。专门市场的出现，表演性的时空艺术与一般生活内容的分离，使竞争加剧，艺人必须迎合市民需求，努力提高技艺，创新艺术表演，否则就会被淘汰到路岐人的行列。技高一筹者则能长期占据勾栏，如小张四郎，甚至名扬四海，如汴京的丁都赛。众多艺人汇聚，各种伎艺杂陈，使艺人之间相互交流、观摩和学习，专业性、艺术性得到提升，各种初兴的曲艺形式，或在取长补短的过程中逐渐定型和发展，或产生新的表演形式。

南宋临安不仅形成了具有相当水平的娱乐专业市场，还有各种固定娱乐场所，并有流动市场与集市等形式相配合，来满足不同层次的娱乐消费需求，形形色色的艺人活跃其中。娱乐需求的旺盛，娱乐市场的发育，促进了娱乐活动的丰富多彩。娱乐业有利可图，同时竞争激烈，使得商业化、市场化经营不断深入，形式多样，推陈出新，形成前所未见的发展态势。

二、娱乐产业：资本、艺人与活动形式的市场化

一些竞技体育的资金筹集已形成市场化模式。相扑，通过打擂台的形式，以其激烈竞技吸引观众，筹得资金。以丰厚的奖金吸引相扑高手，奖金越高，竞技水平越高，观众就越多，获利越多。组织者预先挑选好高水平的选手，同时精心设计，如女相扑手先表演，制造气氛，吸引观众。护国寺南高台露台相扑，选手都是来自全国各地的高手，其奖金也最高的。《梦粱录·角觝》所述这种情形，在杭州以外，在其他体育武术项目中亦可见到类似的情形。[2]

大型群众娱乐活动，得到社会捐资而持续不衰。会社、庙会、大型娱乐活

---

[1] 如“小张四郎一世只在北瓦占一座勾栏说话，不曾去别瓦作场，人叫作小张四郎勾栏”。(《西湖老人繁胜录》“瓦市”)

[2] 话本《杨温拦路虎传》讲述“使棒擂台”，由东岳仙居市的“社”(可能是乡社)组织，在岳帝生辰日进行，“利物”有一千贯。小说可以作为史料之参证，尤其是其细致描述有助于理解史书中语焉不详的史实。这些话本，多是元明刻本，在流传的过程中，不少有所改动，但基本上可视为主要反映宋元历史实际，今人从不同方面进行了鉴别，如程毅中:《宋元小说家话本集》，济南：齐鲁书社，2000年；欧阳健、萧相恺:《宋元小说话本集》，郑州：中州古籍出版社，1987年；路工、谭天编:《古本平话小说集》，北京：人民文学出版社，1984年；亚东图书馆辑:《宋人话本七种》，北京：中国书店，1988年；萧欣桥选注:《西湖古代白话小说选》，杭州：浙江文艺出版社，1984年。

图6–3　大街路口的表演（清院本《清明上河图》）

动中，富豪之家、大街铺席进行捐献、犒赏，两宋杭州已成风气。观潮是杭州盛事，弄潮儿技艺高超，数百健儿手执彩旗，踏浪翻涛，腾跃白变，彩旗不湿。市民尽情欣赏之余，犒赏弄潮健儿，费用多由富民显宦担负。弄潮儿激烈惊险的搏击往往出没于生死之间，官府自北宋以来就多次颁布禁令，[1]但不能遏止。弄潮健儿不顾劝告，不畏生死苦学弄潮本领，原因之一在于"豪民贵宦，争赏银彩"，犒赏丰富，重赏之下必有勇夫。西湖龙舟竞渡，更是先将炫目的奖品挂

---

[1]　淳祐《临安志》卷10，"浙江"载有戒潮文与奏折。话本《乐小舍拼生觅偶》也说临安府尹"累次出榜禁谕，不能革其俗"。

在湖中标竿上,以此激励竞赛者。

临安盛行宠物豢养和宠物竞斗,时称“教虫蚁”,飞禽走兽,昆虫鳞龟,都在其中。驯鸽、擎鹰、架鹞、调鹁鸽、养鹌鹑、斗鸡、鹦鹉念诗等,无所不有。种类之多,花样之繁,令人惊讶。如斗蟋蟀之风大盛,蟋蟀迷贾似道编辑了专书《秋虫谱》,还有市面上蟋蟀笼式样繁多,争奇斗艳。由于市场需求量大,赢者还可以卖个好价钱,因此有不少人专门捕捉、豢养宠物供应市场,画眉、白鼠、鹰鹘,都可见记载,[1]有被称为“五放家”的喂养和教习宠物的专业户,[2]有专门训练宠物斗技者,甚至有专门传授此种技艺者。

与娱乐的商业化相对应,一些商业行为也增加了娱乐形式,以促销商品;或者在一些商业行为中产生出新的娱乐艺术形式。茶坊、酒肆、食店,都特别讲究娱乐化经营,以吸引顾客,已如前述。就连各官营酒库每年开沽呈样,也大张旗鼓,差雇社队鼓乐,揽官私妓女,游行前往州府教场一试高低。通过各种娱乐活动大造声势,旨在扩大知名度,宣传品牌。扑卖之风大盛,又称关扑,是宋代流行的通过赌博买卖物品的商业行为,含有很浓厚的娱乐游戏色彩。宋代文献与话本中随处可见,[3]扑卖的商品不过是一种“利物”,或是一个赌博道具,不同之处则是道具兼具使用价值。小额的赌博,有可能赢取丰厚的物品,充满诱惑,市民在商品买卖的同时,获得愉悦和满足。“预行朴卖,以为赏心乐事之需耳。”扑卖的商品各式各样,多是供人观赏玩耍或新奇物品,[4]扑卖名目繁多,四季花样翻新,日夜不绝。

一些文化娱乐活动,则直接源于商业行为,如吟叫、嘌唱、耍令等表演形式。吟叫流行于东京,杭州继承下来,又称叫声,“以市井诸色歌叫卖物之声,

[1] 《西湖老人繁盛录》载:“每日早晨,多于官巷南北作市,常有三五十伙斗者。乡民争捉入城货卖,斗赢三两个,便望卖一两贯钱。若生得大,更会斗,便有一两银卖。”话本《沈小官一鸟害七命》中,北宋时的沈秀养画眉过日,通过斗画眉“成百十贯赢得”,湖州墅客店有客人时常要买虫蚁,有一只画眉几次易手,从杭州辗转到了汴京市场。洪迈:《夷坚乙志》卷11,“涌金门白鼠”记,有人发现白鼠,马上就想到捕捉“得而货于禽戏者,必直数百钱”。

[2] 宋元说话人讲述唐故事的《崔衙内白鹞招妖》有谓:“借得新罗白鹞,令一个五放家架着。”

[3] “京师老郎流传”的话本《史弘肇龙虎君臣会》有一段具体翔实的记叙:扑鱼者“买这鱼来扑,指望赢几个钱去养老娘”。权贵李霸遇叫入酒店里去扑,李“扑不过,输了几文钱”。

[4] 《西湖老人繁盛录》“关扑”条列举了43种,包括:实物30种(如螺钿类玩物就有几种,杂彩旗儿之类,及合色凉伞等文化用品和实用品);现场制作的制品10种;游戏3种(打马图、闹竹竿、赶趁船)等。吴自牧《梦粱录·夜市》亦有所列。

采合宫调成其词也”，[1]并发展出嘌唱、耍令等新的形式。商业行为通过由俗到雅的加工，形成新的艺术形式。非商业的行业，也出现娱乐化的现象。讲经布道，本来是严肃庄重的行为，唐代出现“俗讲”，而宋代的讲经，由寺院到市井，进而走入专业勾栏，佛经教义通俗化，甚至庸俗化(如“说诨经”)，成为瓦舍表演的重要内容。

娱乐业的发展，从业者的增多，尤其是各门文艺活动的专门化，使艺人的行业性组织自北宋开始应运而生。蹴球之普遍开展，出现了专门研究和传授这种踢球技术的社团组织“圆社”或“齐云社”。说话、戏剧等曲艺的专业化与规模化，脚本的创作人员相对独立出来，形成专业组织书会，创作话本、戏文、商谜、歌词，今可考的有古杭书会、九山书会、武林书会、玉京书会等。[2]《东京梦华录》的作者孟元老，南渡至临安，不仕，参加才人书会。说话人同行之间称“郎”，资深者谓“老郎”，宋元话本中，时有“老郎们传说”“京师老郎流传”等说法。

娱乐业的组织，多称为“社”，与工匠行会之“作”，商业行会之“行”“市”“团”相别。临安的“社”名类繁多，如：

> 杂剧——绯绿社，影戏——绘革社，说话——雄辩社，清乐——清乐社，唱赚——遏云社，耍词——同文社，吟叫——律华社，撮弄——云机社，弩——锦标社，使棒——英略社，相扑——角牴社，傀儡戏——傀儡社，蹴球——圆社，此外还有香药社、川弩社、同声社、翠锦社、古童清音社、锦体社、台阁社、穷富赌钱社、打球社、射水弩社等。

这些民间文艺社团，相当于工商业行会，主要具备如下功能。(1)行内协调。出现了“社条”行规，制定行业规范，约束成员遵守职业道德。也有社首、班首等行会头领。[3](2)应付官府科差与和雇，为宫廷、官府、驻军提供娱乐服务。

[1] 《事物纪原》卷9;《梦粱录》卷20，妓乐。

[2] 宋代戏文《张协状元》题为“九山书会编”，《宦门子弟错立身》，题署“古杭才人新编”。皆《永乐大典》所收。见幺书仪(1997：105)。

[3] 如唱赚的社条规定:“如对圣案，但唱乐道、山居、水居、清雅之词，切不可风情花柳、艳冶之曲；如此则为渎圣，社条不赛。”(《事林广记》续集卷7，《文艺类》所载《遏云要诀》)钱塘寡妇黄可道，为杂剧班首、锦社首，唱赚、杂剧和清音皆精通。死后行会立碑云:“杂剧班首熊氏墓”，徐渭曾有诗悼之。转引自周峰主编前引书，第260页。

(3)参与和组织大型社会娱乐活动,如临安经常举行的大型歌舞活动,由这些社团各自组织舞队。[1]这些行会与社团组织的舞队与鼓乐,平时也应召提供娱乐服务,如前述酒库开沽就“差雇社队鼓乐”,招摇过市。一般行会对公共活动、庙会等,往往是献送财物,文艺社团则献送自己所长的服务。“社”,具有行会的一些特征,但可能没有工商业的“作”“行”等行会组织那样严密和持久。由于有大量游走不定的路岐人存在,加之娱乐业本身更具有不确定性,服务业较之工商业的非实物性,使行内规范与协调的约束力相对有限。有的社,很可能只是向“会”献送时的临时组合,或献送的一种具体形式。此外,有的“社”,可能并非行会组织,而只是一种松散的、或临时的同好合伙。[2]

由于民间艺人队伍的壮大,伎艺水平的提高,宫廷、官府、军队使用乐舞的手段逐渐改变,渐趋于市场化了,这和两宋政府干预经济手段的市场化趋势(见本书附论)是一致的。官府文化娱乐服务主要通过以下三条途径获得。(1)官营制:教坊(高宗改称教乐所)、诸军乐、官伎等,专为官方提供服务。(2)差役制:在官府专门的乐籍注册的民间乐工、官籍注册的伎女,每年必须义务为官府服役,相当于普通户籍中的上户服衙前役,因此乐籍乐工又称为衙前乐。(3)和雇制:官府出钱雇募民间艺人、伎人表演。

这三种途径在南宋发生了较明显的变化。(1)教坊几度废置,军乐少见记载,规模逐渐减小,官营制度日趋废弛。(2)作为官营乐工的替代,衙前乐与和雇艺人逐渐居于主导地位。民间歌妓中有部分系名官籍,须随时应付宫廷、官府和军队之召。[3]也有相当数量的艺人,被征发奉献给金朝。[4]但即使教坊的成员,也大量由衙前与和雇组成。[5](3)在衙前与和雇两种手段中,和雇越来

[1] 《梦粱录·元宵》记元宵节时舞队,“如清音、遏云、掉刀鲍老、胡女、刘衮、乔三教、乔迎酒、乔亲事、焦锤架儿、仕女、杵歌、诸国朝、竹马儿、村田乐、神鬼、十斋郎各社,不下数十。更有乔宅眷、汗龙舟、踢灯鲍老、驼象社”。

[2] 话本《郑节使立功神臂弓》述,开封府富豪张俊卿等“约十个朋友起社”。“团了社”后,同去东岳烧香还愿。此社,人数少、功能少、延续性弱,但有“团书”。应该说明,“社”并非宋代文化娱乐业组织的专称,在中国民间具有悠久的传统。

[3] 徐大焯《烬余录》载“军妓以勾栏妓输值之,岁各入值一月”。话本《单符郎全州佳偶》插话云:“原来宋朝有这个规矩,凡在籍娼户,谓之官妓,官府有公私筵宴,听凭点名唤来祗应。”

[4] 《三朝北盟会编》卷77、卷78。

[5] 《武林旧事》卷4“乾淳教坊乐部”中,明确指称衙前和雇的艺人,已占教坊乐部的大多数。

越多，这与免役替代差役的趋势相适应。[1]在文化娱乐市场中谋生的艺人，自然不如官府艺人那样纯粹，但人数众多，种类丰富，减缓了官府组织娱乐活动的压力。市场化的趋势，使得政府与民间实现了文化娱乐的资源共享，并在官府优先的条件下再由市场配置。

南宋庞大的文化娱乐队伍，仰赖市场为生，一旦市场受到干扰，他们就会无以为计，甚至铤而走险。元代关于民间娱乐的禁令，剥夺了许多民间艺人谋生的途径，以致杭州原"说话"艺人胡仲彬兄妹能聚众千人举义。[2]这反映了杭州娱乐市场具有相当的规模，市场发育达到相当成熟的水平，一旦市场受到超经济强制的干扰，就会引发社会动荡。

丰富多样、层次各异的娱乐市场形态，满足不同层次的娱乐消费需求，并相互配合，娱乐市场在成长之初就得以迅速发育。商业化、市场化的娱乐经营不断发展，其经营手段进而渗入其他商业活动中，有力地促进了城市市场的发展。娱乐业的行业性组织也开始形成，规范行业经营，整合市场力量，显示出前所未有的趋势。

第二节　市民文化的成长与娱乐市场的发育

处于成长初期的娱乐市场在南宋临安迅速发展，最重要的原因之一，就在于市民文化为娱乐市场提供了丰厚的土壤与广阔的舞台。市民文化的成长及其对娱乐市场的推动是南宋临安特定历史背景之下的产物，这主要表现于社会流动中市民社会的形成与扩大，市民文化在商品经济的浪潮中以其自身的特征作用于娱乐市场，都城临安所独有的移民特性则为这种发展态势注入了生机与活力。

---

[1] 《宋史》卷142，"乐"第17载，孝宗时"今虽有教坊之名，隶属修内司教乐所。然遇大宴等，每差衙前乐权充之，不足，则又和雇市人。近年衙前乐已无……"。

[2] 陶宗仪：《南村辍耕录》卷27载，"胡仲彬，乃杭州勾阑中演说野史者，其妹亦能之"。

一、市井与市民：文化娱乐市场的脉动

市民阶层，[1]大体由以下三个部分组成。市民上层，主要由富豪、食利阶层等组成。一般官吏也应属于市民，在临安，如果职衔达不到相当的层次，大体与市民是相融的。市民上层，富有资财，消费能力强、消费水平高。他们往往不具备高贵的身份，也因此就没有了身份的限制，较少传统的束缚。市民上层，与达官显贵一起构成杭州高消费群体，虽然人数不多，但购买力旺盛，穷侈极奢，带动了崇尚奢华的风气。市民中层，多为工商业主，包括娱乐业主，构成市民社会的中坚与主导。他们积极进取，辛勤业作，生活稳定富足，不愁生计，闲暇时追求赏心乐事。有的富有市民尤其是其家属，重游玩与享受，追求感观的刺激。[2]市民下层，人数最多，包括店员伙计、小本经营者、游民闲人、入城谋生的农民等，绝大多数伎艺人亦在其中[3]。杭州劳动力市场充沛而价廉，因而劳动力密集型的服务业发达。同时，下层市民也不乏娱乐消费，在中上层市民所掀起的游乐之风的影响下，尤其是节庆期间“虽贫乏之人亦且对时行乐”，甚至不惜债台高筑，借贷抵押，也要游乐一番。[4]

宋朝单列坊郭户对市民进行户籍管理，这与以往曾有过的作为身份管制的“市籍”是迥然不同的。适应市民社会成长的这一制度创新，在中国历史上是第一次，具有重要的标志性意义。市民社会在南宋临安的成长，在传统社会中注入了新的异质因素，以其迥异于传统社会的特征，改变了城市居民的构成，促进了市民文化的成长，娱乐市场具备迅速发展的条件。临安市民社会的

---

[1] 市民，本文的含义和近代西欧市民的概念不同，严格而言，独立发展、自主管理的市民社会在传统中国不曾存在。但宋代国家控制与经济干预远弱于唐代以前，因此，在某种程度而言，称之为市民社会在传统中国仍具有一定的意义。本文主要着眼于市民的经济文化生活与城市市场息息相关，实际上主要只有皇室、贵族、高官、军队等基本上可以不依赖城市市场，因此他们不在“市民”之列。但他们并非与市民社会毫无关联，他们仍与城市娱乐市场有所相关。

[2] 话本《裴秀娘夜游西湖记》讲道：“这临安府城内开铺店坊之人，日间无工夫去游西湖，每遇佳节之日……雇倩画舫或小划船，呼朋唤友，携子提孙……俱去夜游。”《东坡志林》载王彭尝语云：“涂巷小儿薄劣，其家所厌苦。辄与钱，令聚坐听说古话。”

[3] 参见梁庚尧：《宋代社会经济史论集》(下册)，台北：允晨文化，1997年。

[4] “至如贫者，亦解质借兑，带妻挟子，竟日嬉游，不醉不归。”(《梦粱录》卷3，“五月”)。白话小说中还有更夸张的事，《卖油郎独占花魁》中的主人公，爱羡一个名妓，为了一亲芳泽，竟积三年挑担卖油的血汗钱来实现梦想。

稳定和财富的积累,使他们具有一定的消费能力,能够支付娱乐服务,也有相应的社会闲暇来消化社会剩余,这种有利因素远非其他城市所能比拟。尤其是辇毂之下,获得官府种种优惠待遇和较好的社会福利与社会保障。[1]市民掌握了足够多的社会剩余,才有可能投资或投身于文化娱乐业。市民社会不同层次的需求,使临安形成不同层次、不同形式的娱乐市场。如中秋节的娱乐活动,市民上、中、下各层的娱乐消费各有所宜,差异分明。[2]

市民群体具有社会流动性,即社会阶层的升降沉浮,这在传统社会具有特别的意义。传统社会一般是社会等级与身份的固定不变。中国传统社会各阶层的升降变动,至宋代渐趋频繁,社会阶层的更替加强,等级界限松动,社会流动加强。市民的社会流动,主要是指财富拥有量的改变而导致的社会地位、社会评价的改变,也包括通过科举渠道实现身份的改变。加之社会剩余的增多,导致传统的士、农、工、商四民中,分离出专门的伎艺人员。在文化娱乐市场中,既有落第之士人,也有工商业者涉入娱乐业,有农民进城以伎艺谋生者。社会流动对文化娱乐市场的繁荣具有促进作用。在一个固定的封闭的社会中,人们的身份被固定,活动的空间与时间被固定而不能自由流动和相互交流,消费需求也就被人为地分隔为各不相通、彼此绝缘的部分,支离破碎,文化娱乐市场所必需的要素流动将受到阻碍。

市民阶层的成长壮大,为文化娱乐市场的发展提供了肥沃的土壤。上流社会(包括市民上层与达官贵族)带动的文化娱乐高消费,中层市民的稳定消费需求,人数众多的下层市民的不时之需,构成杭州娱乐市场庞大的消费需求。中下层市民在娱乐市场的投资与服务,充沛的劳动力资源,使杭州服务市场能以低成本扩张。市民,既是娱乐市场的主体,又是娱乐活动的客体。

文化娱乐市场的本质特征就在于其市民特性,它既是由市民创造的,也是为市民服务的,同时艺术主题又是以市民生活为内容。因此,文化娱乐市场的

[1] 见《武林旧事》卷6,"骄民";《梦粱录》卷18,"恩霈军民",介绍更为详细。

[2] "王孙公子,富豪巨室,莫不登危楼,临轩玩月,或开广榭,玳筵罗列,琴瑟铿锵,酌酒高歌,以卜竟夕之欢。至如铺席之家,亦登小小月台,安排家宴,团圆子女,以酬佳节。虽陋巷贫窭之人,解衣市酒,勉强迎欢,不肯虚度。"(《梦粱录》卷4,"八月")

形成与演进，以市民社会的成长为背景，以市民社会为舞台，以市民社会的特征为特征，随市民社会的发展而发展。

市民与市井生活，构成娱乐市场的主题。市场中的娱乐活动以市民及其生活为内容的，娱乐作品以市民生活为原型加工创作而成。作为市民成员的民间艺人，文艺创作来源于市民生活，反映市民的心态与性情，反映市井之世态炎凉。白话小说的黄金时期为宋代，多反映平民生活，有学者径称为市民小说，与唐代流行的以文人墨客、才子佳人生活相关的文言传奇小说相迥异。在反映杭州城市生活的白话小说中，中下层市民多成为主人公。[1]说话人对市井人物非常熟悉，富有感情。白话小说语言来自大众，平实自然，质朴无华，通俗易懂，琅琅上口。小说通过曲折的情节加以组织，通过逗乐加以烘托，反映市民的生活波折与情感世界。大多数小说通常是“无巧不成书”，极具戏剧性，看似偶然巧合，实则合乎生活情理，符合大众心态，生活气息浓烈。或喜，或悲，或讥世事，或讽朝政，可谓嬉笑怒骂皆成小说。能够打动受众，吸引受众，市民体验情感的宣泄，获得轻松和愉悦。这些白话小说，博取市民的共鸣，深受市民的喜爱，故能流传久远。杂剧也是一门植根于社会下层，拥有最广大观众的民间艺术。[2]戏剧形成于两宋之际，具有娱乐性，专门为寻求耍乐和消闲的观众而设。

迎合市民趣味，文娱活动丰富多彩，娱乐形式也层出不穷。《武林旧事》卷6列举的“诸色伎艺人”：共53种，554位艺人中，除3种“御前”服务外，其他说书、演唱、杂剧、杂技、体育、宠物游戏的表演者等多是活跃于娱乐市场的艺人与市民。这与市民阶层的欣赏趣味相关，是市场需求刺激下的产物。如相扑，除了竞技之外，还有小儿相扑、女子相扑，也有表演不内行、而引人发笑的“戾家相扑”，一人表演两偶相扑的“乔相扑”等，搞笑逗乐，花样翻新，迎合市民欣赏所需。临安的“学乡谈”，学各地方言以取乐，如学萧山、绍兴、宁波及

[1] 工商业店主，被称为员外、官人的中层市民是白话小说中分量最重的人物群体，店员、经纪等市民下层是小说中人数最多的人物。此外，还有其他形形色色的人物，落第秀才、妓女为数众多，媒婆、胥吏不少，还有杭州金老大是七代丐户团头金老大、算命人、小偷、和尚之类，无奇不有。

[2] 出土的宋金戏曲文物上表现的角色，多是市井细民，如两幅宋杂剧绢画，荥阳杂剧线刻图，稷山县杂剧砖雕等。

苏北等地方言。甚至出现取悦市民的低级趣味的现象，如取笑生理残障者，取笑农民，反映市民文化的轻薄浅浮与庸俗的一面。市民文化还具有离经叛道的倾向，也反映在娱乐活动之中。如不守妇道的女性，不遵儒家教条的士人，奋力抗争的下人，都是话本中的主人公。济颠和尚尤为代表，他不守清规戒律，藐视佛门礼教，自由自在，天马行空，玩世不恭。他不阿权贵，同情百姓，扶危济困。话本《济颠语录》中济公的形象，实际上也是不满制度束缚、渴望自由的市民心态的折射，因此南宋后流传不衰。有的优人，旁征博引，滑稽谐戏，把佛陀、老子、孔子都解说成是女流之辈。[1]

二、社会流动、大众文化与娱乐市场

新兴的市民文化具有自身的活力，并与上流文化交融渗透，不同消费者阶层从而能够得到有机的整合，有力地推动了娱乐市场的整合。临安娱乐市场的初兴，是宋代社会经济与文化变迁的历史产物。人类文化变迁史大体经历了巫术化（宗教化）—贵族化—平民化几次大的变迁。宋代正处于从特权（贵族）文化向大众（平民）文化过渡的初始阶段。有学者指出，宋代文化最为明显的特征，莫过于相对普及（张邦炜1991）。教育的平民化与知识的传播，知识阶层的人数不断增多，越来越多的读书人在激烈的科举竞争中被排斥到士大夫阶层之外，游离于官宦集团之外，成为新兴的市民阶层成员。他们所掌握的知识，也随之融入市民文化市场之中。他们或开学堂，或入市作文卖字，或参加书会编写文艺作品，或浪荡茶坊妓院。[2]临安的讲史艺人，有号称为解元、贡生、书生、宣教等当时流行的知识分子称谓，竟然还有进士。他们的真实身份极可能是潦倒失意而“下海”的文人；纵或只是艺名，也是因为他们达到了这种公认的水平。通俗文化从业人员的素养提高，提升了娱乐市场的水平。一些伎艺人具备较高的才学，如罗烨《新编醉翁谈录·小说开录篇》对说话表演者的知识水平评价甚高。即使路岐人，也能舞文弄墨，并杂以讥

[1]〔清〕馀叟辑：《宋人小说类编》卷3之5引，《避暑漫钞》“如来是妇人”。

[2] 话本《赵伯升茶肆遇仁宗》的主人公西川落第秀才赵旭，在东京每日上街与人作文写字，店小二道：“你今如此穷窘，何不去街市上茶坊酒店中吹笛，觅讨些钱物，也可度日。”

讽幽默。[1]知识和文人溢出旧制度的管道，走向城镇民间文化市场，为市民文化提供了源源不断的养分。大众文化的新兴及其向上流社会的渗透，成为宋代文化娱乐活动发展的强大动力。上流人士是瓦舍勾栏的常客，民间艺人与社团向宫廷、官府、贵人献艺，既有市场化手段，[2]也具制度化的渠道。文化服务市场形成，成为文化服务的资源配置的手段，将特权等级的需求纳入其中。这使得文化服务进一步摆脱贵族化，并使贵族文化与民间文化趋近，虽然还不是合流。如嘌唱，本来是街头叫卖声加工而成的歌曲形式，后来也由街市扩及士人宅院。甚至妓女所创服饰，也在上流社会中流行开来。[3]有的市民成为地方神灵的原型，受到建庙祭祀，下层市民也有成为土地神的，[4]信仰者不分贵贱贫富。

与此相应，上流文化也突破等级界限，向下层市民文化趋近，甚至转而成为大众文化。如，服饰、车马、住宅、乐等方面的等级规定屡受冲击，一些高消费从贵族扩及平民；宫廷的缠足之风也流向民间；达官显宦的花园不时向游人开放；南宋教坊几度兴废，废止时教坊乐人便拨差勾栏，流入娱乐市场。[5]

社会流动消融等级阻隔，促进各阶层的融合，各阶层的价值取向趋近，社会风尚趋近，文化娱乐趋近。几乎所有文化艺术形式，在宋代都出现了上层文化与下层文化交融的趋势，走向大众化和世俗化。宋诗从语言到题材，都出现了“以俗为雅”的文化景观，这是宋代士人文化性格的时代特色所致，士人的生活态度世俗化，审美态度世俗化。文言小说与通俗小说亦然，部分通俗小说

---

[1] “江浙间路歧伶女，有慧黠知文墨，能于席上指物题咏应命辄成者，谓之合生。其滑稽含玩讽者，谓之乔合生。”（洪迈：《夷坚支志》乙集卷6，“合生诗词”）

[2] 如“乘肩小女、鼓吹舞绾者数十队，以供贵邸豪家幕次之玩”。（《武林旧事》卷2，“元夕”）乘肩小女当即女童舞旋，见《梦粱录》卷20，“妓乐”。

[3] 妇人“制裙必前后开胜，以便乘驴。其风始于都下妓女，而士大夫家反慕之”。（休复《醴泉笔录》卷上）

[4] 里民冯俊，因预知祸福，惊涛显灵，而被封为英烈王，建顺济庙，商贾与环王畿千里之内，水旱之时祭平安。乐善好施的蒋氏兄弟，“里人相与祠其像以报，人心所趋，灵应如响，祈卜者相摩”。朝廷封神，建广福庙。岳氏为临安府吏，在建炎初金人犯杭州时，输家财募勇士，迎敌死战，立显功庙。（咸淳《临安志》卷71，“山川诸神”；卷73，“土俗诸祠”；卷72，“义节”）生药铺主管任珪，因为忠烈孝义，成为生前所在牛皮街土地，立庙祭祀，香火不绝。（话本《任孝子烈性为神》）

[5] 临安讲史书者有一位叫王六大夫的，原系御前供话。（《梦粱录》卷20，“小说讲经史”）

汲取了文人文化，水平得以提高；而文言小说也汲取了市人文化的某些成分，产生新的小说形式。传奇小说原本以上层人士为服务对象，作为晋见达官贵人的“行卷”，转向主要服务于普通市民，进行劝惩的一种文学形式。画院画家创作了反映市民生活的画卷，除了《清明上河图》这一空前绝后的伟大作品之外，《踏歌图》《货郎图》《卖浆图》《骷髅幻戏图》《钱塘观潮图》《西湖柳艇图》等都以市民生活与娱乐为题材。

在临安市民文化与娱乐市场的成长进程中，为数巨大的移民是一个独特的因素，这是其他历史时期与其他城市所不曾具备的重要力量，推动了临安娱乐市场异军突起，并形成独有的特色。移民迅速融入杭州市民社会，并且绝大多数都仰赖市场为生。他们离乡背井，渴求文化娱乐生活，其旺盛的需求促进了杭州文化娱乐市场的发展。除了富豪显宦外，一大批工商业主（店主）和经纪（小生意人）等商业移民，为临安市场的繁荣提供了资金、技艺和从业人口，丰富了娱乐市场的消费需求与服务供给。杭州继承北方文化尤其是开封文化，兼容各地移民带来的文化成果，成为其各地文化之集大成者，南北混杂，斑斓多姿，异彩纷呈，娱乐市场富有生机。

南宋临安娱乐市场在中国市民文化演进史上也产生了重要的影响。娱乐活动古已有之，但局限于宫廷贵族的享受或平民的自娱自乐，因而其发展受到较大限制。娱乐活动的市场化则为之提供了富有生机的运行机制，开辟了广阔的发展空间。第一，市场化的娱乐活动，使得广大的市民参与其中，庞大的市民社会为娱乐活动提供了肥沃的土壤，植根其中，花繁叶茂，素材取之不竭，形式丰富多样。第二，临安娱乐市场具有广大的消费者基础，市场化经营不仅能够获得民间资本的注入，而且形成源源不断的利润积累与自我扩张，娱乐产业得以实现扩大再生产，持续发展，具有旺盛的生命力。第三，市场化的娱乐活动，形成激烈竞争，竞争刺激着娱乐活动的不断创新，在竞争中还形成行业性组织，不仅实现行业自律与行为规范，而且促进从业者的合作与交流，产生规模效用，从而推动各行业的发展。第四，在服务市场中，等级与阶层的界限大大削弱，消费者群体得以整合，甚至宫廷和官府的娱乐活动也取给于市场，文化娱乐活动突破等级壁垒而实现基于市场的资源共享，获得前所未有的发展空间,并汇入市民文化这一新的历史潮流之中。

宋代社会变迁广泛而深刻,大众文化与娱乐市场的初兴是其必然产物。娱乐市场不是临安一地独有的现象,只不过南宋临安文化娱乐市场代表了当时的最高形态。南宋临安在中国文化娱乐和服务市场发展史上具有重要的地位,民间文化中流传久远的杭州市民人物群体可资为证。许宣与白娘子、牛郎织女、济颠和尚、十五贯等脍炙人口的故事,其中的主人公都出在两宋杭州,绝不是偶然的。三国演义、水浒传、西游记等也是由宋元话本奠定基础,元、明文人加工定型的。元代禁治“说话”,于是由口头表演转为文字表现,文人们埋头整理宋代市民娱乐市场的遗产与成果,形成元代通俗小说的繁荣。一个朝代、一个城市产生出这么多广为流传的市民形象,似乎很难在其他朝代、其他城市中找到如此集中的事例。究其原因,归根于杭州的市民社会及其娱乐市场,即本质上是杭州市民文化成长所引发的历史冲击波,形式上也是娱乐市场中“说话”等表演形式的传播之功。

娱乐市场的发展,丰富了宋代大众文化,在初兴的市民社会与市民文化的成长进程中打下了独特的烙印。新的大众化传播手段产生了有异于传统的文化传播渠道与社会效应。市井说话人在传播儒家学说与思想上,起到了经书示范与士人宣讲无法替代的作用。绿天馆主人《古今小说序》加以比较后,发出了“不通俗而能之乎”的慨叹:“试今[令]说话人当场描写,可喜可愕,可悲可泣,可歌可舞;再欲捉刀,再欲下拜,再欲决脰,再欲捐金;怯者勇,淫者贞,薄者敦,顽钝者汗下。虽日诵《孝经》《论语》,其感人未必如是者之捷且深也。噫,不通俗而能之乎!”娱乐市场自身的特征,也使市民文化形成一些有趣的现象。张仲文《白獭髓》的一段记载耐人寻味:“绍兴间,行都有三市井人好谈今古,谓戚彦、樊屠、尹昌也。戚彦乃皇城司快行,樊屠乃市肉,尹昌乃佣书。有无名人赋诗曰:‘戚快樊屠尹彦时,三人共坐说兵机,欲问此书出何典,昔时曾看王与之。’(原注:‘与之’,乃说书史人)”王与之的讲史表演,可能与历史的真实有一定的出入,但其本质是市民对历史的演绎与铺陈,它与士人和学者的历史研究不同;在某种程度上反映了一个时代对历史的理解与解释,具有不同其他时代的现实特征。历史观念与历史真实是两个不同的范畴,尤其是大众心中的历史与历史真实存在相当的差异，这是由大众的不断演绎与解释而形成的，各有存在的理由与价值。例如关羽、诸葛亮等历史人物的形象，在民间的观念中，在大众的心中，都与历史真实差距甚大，而且这些人物在民众观念中的形象影响更为深远。实际上，历史就是不同时代、不同群体的复原与解释，或者说，各个时代有各个时代的历史，不同社会群体有自己心中的历史。即如今日，历史影视片展现的历史场景在很大程度上形成了受众心中的历史，他们对历史人物、历史事件的评价与学者甚至大相径庭，影响了受众的历史观；媒体以其自身的特色形成媒体文化并影响社会生活与文化。从这个意义上来说，南宋临安娱乐市场，推动了市民参与文化创造与历史解释的进程。

娱乐市场构成南宋临安城市市场体系的组成部分，以其多样化的市场形态、迥异于商品市场的特征，在与商品市场的互动中促进了城市市场的发育与成长。娱乐业中商业化经营活跃，并形成了功能性的行业组织。初兴的市民群体成为娱乐市场的主体，其社会流动性与渗透力推动了娱乐市场的整合，市民文化成为贯穿娱乐市场的主线。

（1）江南消费水平上升，休闲享受性需求增加，并通过专业化分工得到实现和拓展。

“吴民家鲜盖藏，犹自浮费相尚”，[1]这种时常受到抨击的江南时尚，实际上反映了一种不同于传统的新型消费观念。短缺经济下，或自给自足经济下，收获的季节性与消费的常年性之间的矛盾，不可预见的灾荒，随时可能会出现物资供给的中断，使得家庭经济体强调储藏，以备不虞，而江南市场通过自我储备以时间调剂来应对供给与消费的断层。江南市场商品充足且价格稳定，居民能够随时获得可靠的物资供给，不需要自我储备，或者说稳定的市场供给替代了家庭储备。另一方面，江南市场反映了超前消费，这是基于生存能力与赚钱能力的信心，具有现代性。

商人带动高消费与奢侈消费。过去高消费主要集中于达官贵人，但他们

[1] 同治《苏州府志》卷3；汤斌：《抚吴告谕》。

始终受到等级制度的约束，逾矩有度，更为重要的是，在礼制的规定下，他们的高消费难以大众化。商人则不同，他们迫切希望获得社会承认，他们没有功名，唯有通过财富来显示和炫耀；他们与士大夫唱和往来，都是在高消费和服务市场中进行的；他们在礼制之外推出一些新的奢侈形式；"礼不下庶人"，他们的消费方式受礼制约束较小，而容易向大众普及开来，从而形成社会化的消费方式，带动了高消费与娱乐市场。苏州"金、阊商贾云集，宴会无时，戏馆数十处，每日演戏"。杭州百姓"半多商贾，耳目侈声色之好，口腹恣刍豢之味，峻宇雕墙，履丝电缟，冠婚丧祭，无不踵事增华"。[1]

（2）更多的社会盈余可投资娱乐服务业，尤其是商人资本大量卷入其中，商业化经营与市场化运作推动服务市场。戏曲表演、迎神赛会等娱乐活动，商人不仅赞助与投资，而且以其灵活的商业触角来策划与经营。明末戏曲表演清初限于家班，清前期演变扩充为戏馆戏园，商人是这一转变的重要推动力量。迎神赛会，商人是积极策划者和支持者，并把它们转化为商业机会。程先甲《金陵赋》述南京正月灯会云，徽州木商承办的灯会，"矜奇斗胜，每周游城市，观者盛称徽州灯"。庙会是轰动城乡、沟通八方的综合性集会，是行会与商家展示实力、赚取声望的好机会。因此他们不遗余力，力求使各自资助的庙会更为体面，借助神的风采来展示自身的实力。所谓迎神赛会，就暗含着行业竞赛的意味。

另一方面，劳动密集型服务业需要廉价劳动力来维持其低成本运转，江南与外地经济发展的落差，使得外地廉价劳动力源源涌入；江南谋生机会多，就业空间大，外地各种从业人员携技艺而至，他们都从事各种服务业，以劳动和技艺谋生。

资本和劳动汇集于服务业，在某种程度上，也是因为投资领域有限。这主要是生产领域的投资空间有限，一方面是生产能力在技术约束下难以扩张，另一方面则是工业经营方式难以突破小生产。商业资本投入土地，"以末致财，用本守之"的古老信条也不再为商人恪守不渝。投入服务业，既能博取声名，

[1] 顾公燮：《消夏闲记摘抄》卷上；《古今图书集成·职方典》卷946，"杭州府风俗考"。

又能获得实利，因此商人乐此不疲。

（3）其他有利因素亦促进娱乐服务市场的发展。第一，作为全国市场的中心，外地文化、宗教信仰、娱乐形式随着商品与商人涌入江南，多姿多彩的文艺与娱乐形式，大大促进了江南文娱业的多元化。乾隆中后期，苏州集中了70多个戏班，外地剧种戏班约30个，地域广达十多个省。苏州“杂要诸戏，来自四方，各献所长，以娱游客之目”。[1]

第二，江南宗教迷信流行，与之相伴生的迎神赛会等娱乐活动盛行。宗教活动，南方超过北方，宋代又有湖南不如两浙之说，明清相沿未变。“吴俗信鬼崇巫，好为迎神赛会。春时搭台演戏，遍及乡城；五六月间妄言五方神降灾禳或奉刘猛将以祈田事，广募金钱哄动闾虣。郡无赖推一人为会首，毕国经营，百戏罗列，声容竞异。”[2]外地商人与移民带来各地的地方神及其崇拜活动，使得江南的迎神赛会更为丰富多彩。明清庙会，华北的商品贸易色彩强烈，江南则以游神赛会、狂欢娱乐为突出。渊源于宗教功能的庙会，在华北突出地派生出商品市场，在江南则衍生娱乐市场。其他风俗习惯亦然。“三吴赌风甚盛”，[3]无奇不有，《嘉定县志·风俗》“博有斗牌，有摇宝，有斗蟋蟀，斗鹌鹑，千百输赢……乡镇茶坊大半赌场也”。

第三，江南歌舞演艺水平高，文娱活动丰富多样。这是在文娱形式多元化、竞争刺激创新、消费需求旺盛与投资增加的互动中实现的。且看迎神赛会。明代松江一带，“各镇赁马二三百匹”，组织戏剧表演和各种游乐活动，“种种精奇，不能悉述。街道桥梁，皆用布幔，以防阴雨。郡中士庶，争挈家往观，游船马船，拥塞河道。正所谓举国若狂也”。[4]清代江南各地神诞，“技巧百戏，清歌十番，轮流叠进……抬阁杂剧，极力装扮。今日某神出游，明日某庙胜会男女奔赴。数十百里之内，人人若狂”。[5]杭州“城中每日不是台戏，即是堂戏。每年中各庙之神圣诞无有间断，迎神会无奇不出”。

---

[1] 顾禄：《清嘉录》卷1。
[2] 《古今图书集成·职方典》卷676，“苏州府风俗考”。
[3] 陈宏谋：《培远堂文檄》卷45，“风俗条约”。
[4] 范濂：《云间据目抄》卷2，“记风俗”。
[5] 陈宏谋：《培远堂文檄》卷45，“风俗条约”。

第三节　文化娱乐市场的形态特征与观念冲击

一、市场体系中的娱乐市场与服务业

新兴的服务市场具有自身的特征。以娱乐市场言之，从市场构成来看迥异于商品市场，从娱乐内容来看不同于传统的娱乐活动，在城市市场体系产生了独特的作用。与商品市场相比较，服务市场具有如下突出特征。

其一，文化娱乐是一种服务，买卖双方交换的是一种效用，而不是货物实体。服务交易的效用与一般商品的使用价值不同，商品交易中，经过使用价值的让渡，卖方不再拥有使用价值。而服务交易中，不发生有形实体的让渡。这种差异，丰富了市场体系的多样性。娱乐业的商业化经营与市场化运作走向深入，传统商业也借鉴其方式，引入娱乐化经营，两者相互渗透，促进了市场经营方式的丰富多样与不断创新。

其二，文化服务的消费需求弹性大，文化娱乐需要位居生存需要之后，只有当生存需要基本满足后，才可能出现文化娱乐的需要。因此，必须具备较高的稳定的消费需求，这种服务市场才能维持和发展。城市文化娱乐市场的发展，在于其集中的消费需求与服务供给。作为江南市场中心的杭州，在北宋时高消费就已形成规模。由于行在驻地的高消费转化为娱乐市场的有效需求，由于对汴京文化成果的直接继承与发展，以及大量的移民所带动的各地文化的交融，南宋临安具有北宋杭州和南宋其他城市所缺少的有利条件，加之市民社会的进一步发展，从而使其娱乐市场吸纳了这些消费需求与文化成果，远非其他城市所能相比，并达到前所未有的水平。当这种消费需求提高到一定水平并趋于稳定时，作为生活服务的娱乐业就成为独立化的行业，娱乐市场成为城市市场的有机构成。原来与市场隔绝的服务活动被纳入市场之中，扩大了消费需求，加之在娱乐活动不断创新与延伸过程中娱乐市场的扩张，从而促进了城市市场的发展。明清江南继承和发展。

其三，服务与货物相比有一个重要的特点，这就是它的生产和消费是处于同一过程之中。服务在买方不能贮存，而且一般来说，对于已经购买的服务不能再出售（resell）。服务的消费是一次性的，而服务的生产则具有重复性，更具有创新性。如果没有不断的创新，娱乐服务的特性会使这种市场难以持续发展。宋代文化的特点是自由的思想与怀疑创新的开拓精神，独立精神、自由思想成为宋学的主旋律。尤其需要强调的是，自由思想获得制度的保障。宋朝实行宽松的知识分子政策，公平、平等的人才选择制度，教育平民化。这种政策，并不是偶然的，孤立的，而是与宋朝整体制度相一致、相融汇的，典型的就是“不立田制”“不抑兼并”，自由竞争的土地制度代替了等级分配的土地制度。思想文化的自由精神，促进了文化娱乐市场发展所特别需要的创新活动，文化娱乐服务离不开专业人员的创造，创新只有自由、宽松的社会环境下才会得到激发。

娱乐市场与商品市场，相互影响，彼此促进。商品市场是市场体系的基础，没有商品市场的繁荣，不可能形成娱乐市场的持续发展；同时娱乐市场也带动和刺激了商品消费。娱乐业从业人口的衣食住行都取给于商品市场。在西湖、画舫和瓦市中，娱乐消费者能随时获得饮食等相关商品，[1]这既是娱乐消费的物质支撑，也反映了娱乐消费所带动的相关商品消费。繁华的瓦市，以其大规模的消费需求，促进了周围的商品市场，“市肆名家驰誉者”（经营名特产品与服务的著名店铺），大多就位于城内五大瓦子附近。

娱乐活动的增加，出现了专门供应娱乐市场的文娱类商品，名类繁多，别出心裁，《梦粱录》卷13“诸色杂货”所列，如：仿戏剧人物角色物件（行娇惜、宜娘子等）；杂技玩具（线天戏耍孩儿、影戏线索、傀儡儿等）；鼓乐玩具（鼓儿、板儿、锣儿、刀儿、枪儿、旗儿、马儿、闹竿儿、花篮、龙船等）；仿生糖果（秋千稠糖、葫芦、火斋糖果子、吹糖麻婆子孩儿、糕粉孩儿、鸟兽象生、花朵等）。“文具物件”如砚子、笔墨、书架、书攀、簿子、连纸等，各式各样的花卉等等，都“沿街市吟叫朴卖”。又如，杂剧深受大众欢迎，成为宋代社会时尚，人们不仅欣赏艺人鲜活的表演，还把这种表演用雕刻等形式固定下来，随时欣赏。[2]一些地

[1]《都城纪胜》云：画舫“无论四时，常有游人赁假。舟中所须器物，一一毕备。但朝出登舟而饮，暮至径归，不劳余力，唯支费钱耳”。

[2] 如东京勾栏名星丁都赛，其表演雕像砖在河南偃师等地出土。

区出土的宋代文物中，戏雕、戏俑等，数量极多，相当一部分形制相同，可知是专业的批量生产。戏雕、戏俑、舞台、戏剧壁画等也用来装饰墓室，或作为随葬品。这表明文娱表演受到欢迎之深，以致人们生前欣赏还不够，还希望自己的来世随时欣赏。只有它们受到普遍的喜好，具有相当的市场需求量，工匠才可能制成工艺品，专门烧制，批量生产，由此获利。

服务业是劳动密集型部门，劳动力市场为娱乐服务业创造了前提。源源不断的移民，都城与周边地区的经济发展落差尤其是城乡差别所导致的农村大量剩余人口涌入，为娱乐服务业提供了廉价而丰富的劳动力供给，娱乐业因此能降低经营成本，提高经营效率，得以持续发展。娱乐业对劳动力的广泛需求，反过来也促进劳动力市场的扩大和发育。娱乐市场吸纳了大量就业人口。除了路岐人、瓦舍勾栏中的文艺表演者等外，被称为“闲人”的大量人口是仰赖娱乐市场谋生的群体。他们有点特殊，既不是专门的艺人，又不是专门的消费者，而是通过中介富人文化活动与娱乐消费谋取维生之资。《都城纪胜》列举的“闲人”，主要是以落第秀才为代表的群体，不能通过传统的渠道安身立命，转而进入文娱市场谋生。凭借棋、琴、书、画、乐等知识和技艺，“专陪涉富贵家子弟游宴，及相伴外方官员到都干事”，以觅薄酬。[1]像这种专事服侍富人游乐，或者在娱乐场所服务者，被分为多种类型，人数众多。他们都是市民中的下层，他们在文化娱乐市场中寻求糊口之资。值得注意的是，文化娱乐市场的谋生机会有可能引导人们以此为目标而进行专门技艺的培训。[2]娱乐从业人员买卖已形成一定的渠道，如歌童舞女，在杭州都有专门的官私牙嫂中介雇买。这是娱乐市场在人力资源配置中作用的具体表现。

娱乐市场的兴起，促进了临安城市市场体系的发展。南宋临安已形成三级市场圈沟通与周边及全国各地的联系，完成作为经济中心的辐射与吸纳功能，城内的批发—零售网络有效地组织商品的销售，完整的城市市场体系满足

[1] 话本《木绵庵郑虎臣报冤》说，贾似道到临安，行囊一空，“只在西湖帮闲趁食”。
[2] 洪巽《旸谷漫录》、廖莹中《江行杂录》卷中都说，京都中下之户，生女教艺，长大卖人。《清尊录》载，兴元甚至有民培养人妖（男扮女）售成都。据此或可类推临安。

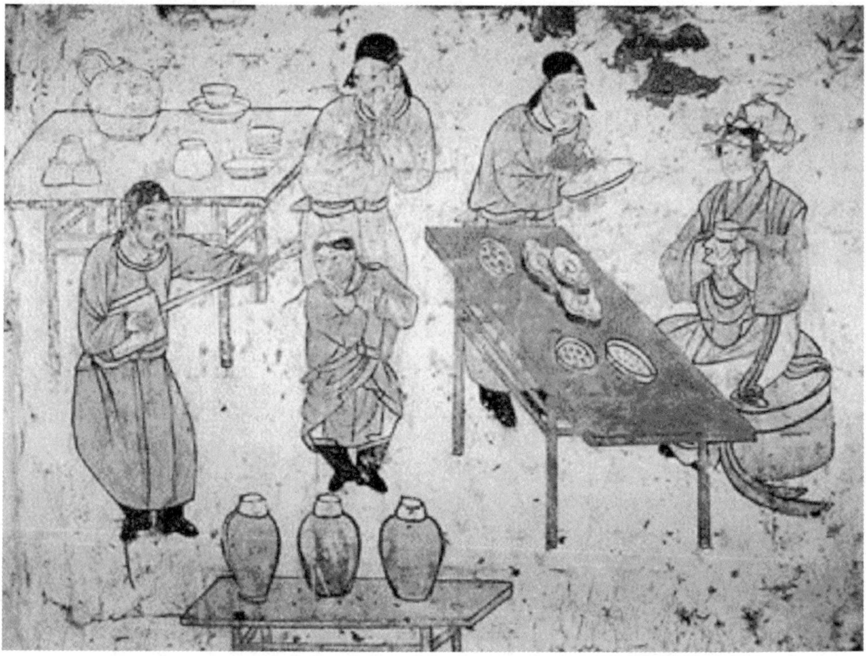

图6-4 〔辽〕《韩师训墓壁画——妇人饮茶听曲图》

注:河北宣化下八里韩师训墓出土。
壁画右侧一女人正端杯饮茶,桌上还有几盘茶点,左侧有人弹琴。

了近百万人口的消费需求。城市娱乐服务与商品交流一道在街头巷尾扩散开来。或者毋宁说,市民文化构成新兴的市场。南宋杭州娱乐市场形态多样,成为城市市场体系的有机组成部分。这个市场体系,在商品市场之外,也存在劳动力市场、资本市场的蛛丝马迹,服务市场又兴起,从而使市场构成更为完善,市场体系更为健全。尽管临安的娱乐活动基本上还属于消费者服务(也有迹象表明生产者服务在南宋临安已经出现),但娱乐服务市场在临安城市市场中仍具有一定地位和作用。

二、刺激消费以扩大市场:明清文化娱乐高消费的观念冲击

隋唐长安、洛阳,专门的商品市场才两二个"市",在100多个坊、市中比重极小,而南宋临安专门的娱乐服务市场数量就远过此数。可见宋代城市市场特别是娱乐市场的发展,是隋唐时期无法比拟的。应该指出,南宋临安娱乐市

场是唐代以前中国城市中所未曾出现的现象,虽然处于发展初期,但在特殊的背景下达到了相当的水平,也开启了此后城市文化娱乐市场的先河。南宋临安具有一定的特殊性,其娱乐市场仍处于自然发展的历史脉络之中,这种势头与方向在北宋已经显示出来,元代仍延续着南宋的趋势,明清杭州与苏州更臻于极盛。

消费水平的高低,与购买力水平相关,亦即与市场发育程度相关,奢侈性高消费方面,在明清江南服务市场的发育和争奢斗富的社会习俗刺激下上升,其消费水平尤其是奢靡之风也远高于其他地区。明清时期奢靡观念发生了变化(钞晓鸿2002),江南更甚。黜奢崇俭,是历代消费思想的主题(欧阳卫民1994)。明清时期市场最发达的江南地区,则出现了这一主题的异端之论。

明人陆楫认为富人的奢侈可以为穷人谋生创造机会,他专门写了《论崇奢黜俭》的惊世骇俗之作。他的观点是从苏杭之奢华与其他地区之俭朴的比较中产生的,苏杭之奢,其民最富,而外地之俭,并未见其繁华,可见俭朴未必能致富,奢侈未必导致衰败,相反会提供就业与致富机会:

> 盖俗奢而逐末者众也。只以苏杭之湖山言之,其居人按时而游,游必画舫肩舆,珍羞良酿,歌舞而行,可谓奢矣。而不知舆夫舟子,歌童舞伎仰湖山而待爨者,不知其几。故曰,彼有所损,则此有所益。若使倾财而委之沟壑,则奢可禁。不知所谓奢者,不过富商大贾、豪家巨族自侈其宫室、车马、饮食、衣服之奉而已,彼以粱肉奢,则耕者、庖者分其利;彼以纨绮奢,则鬻者、织者分其利。

富人奢侈形成高消费需求,同时刺激了商品供给的扩大,刺激商业与服务业人口的增多。陆楫还认为这是一种“均天下而富之”的途径,突破了传统所提倡的贫富相资的思路。明代能够出现这种极具“现代性”的观点,真是让人叹服!它只能产生于江南成熟的服务市场土壤之中。

清人法式善在《冷庐杂录》中也阐述了类似的观点:“富商大贾,豪家巨室,自多其宫室、车马、饮食、衣服之奉,正使以力食人者,得以分其力,得以均其不平,孟子所谓通功易事是也。上之人从而禁之,则富者益富,贫者益贫也。吴俗尚奢,而苏杭细民多易为生。”顾公燮的论述更为深刻,他在《消夏闲记摘抄》上篇中,对苏州的奢侈性消费及其在吸纳服务业从业者方面的作用的评价,达到了传统时代的最高认识水平,在今日看来仍然是非常符合市场运转实际的经济思想,他说:

> (在苏州)洋货、皮货、绸缎、衣饰、金玉、珠宝、参药诸铺,戏园、游船、酒肆、茶店,如山如林,不知几千万人。有千万人之奢华,即有千万人之生理。若欲变千万人之奢华而返于淳,必将使千万之生理亦几于绝。此天地间损益流通,不可转移之局也。

顾公燮关于消费促进市场发展的观点,与当代经济学理论如出一辙,在传统时代达到了较高境界,如果联想到20世纪80年代中国的种种现实,我们不能不为他的深刻论述叹为观止。这种观点的出现,非有深厚的社会土壤不可。高消费与服务市场已经成为市场体系中有机的成分。

魏世效则对比奢与吝产生的不同社会影响,其《奢吝说》云:“今夫奢者割文绣以衣壁柱,琢珠玉而饰其用器,倡优饮酒,日费百万。然必有得之者,其财未始不流于民间也。今夫吝者……惟以积财为务,有入而无出,甚则坎土穴墙以藏埋之。是故一人小积则受其贫者百家,一人大积则受其贫者万家。”奢者以其消费促进民间需求,吝者积财不发,而使市场需求萎缩。他指出奢者害身而利民,而吝者害财且害民,“吝者之积其财也,害在财。害在身者无损于天下之财;害在财,则财尽而民穷矣”。这里所谓的“积财”,不正是传统所推崇的节俭与储蓄的美德善行与理财观念吗?魏世效的所论,与崇俭黜奢的传统观念背道而驰,是对尚节俭与崇储蓄的道德观念的叛逆,也显示出人们因应服务市场的理财观念的变化。

这些论述,反映了江南服务市场的高度发育及其对市场体系和经济发展的促进作用。政府官员中的有识之士,据此采取相应的对策。早在北宋,范仲淹就不顾反对,实行纵游乐以赈灾。明清这类地方官不少,浙江“灯市绮靡,甲于天下，人情习为固然。当官者不闻禁止且有悦其侈丽，以炫耳目之观，纵宴游之乐者”。[1]王士性旗帜鲜明地反对禁奢之论。“游观虽非朴俗，然西湖业已为游地，则细民所借为利，日不止千金，有司时禁之，固以易俗，但渔者、舟者、戏者、市者、酤者咸失其本业，反不便于此辈也。”[2]实际情况正是如此，如果无视服务市场的积极作用，逆势而上，就会受到市场的惩罚。陈宏谋、胡文伯在苏州禁香市、封戏馆，不料数万人失去生计，怨声载道。[3]深受江南市场浸染的当地人则认识得很清楚，乾隆《吴县志》纂者针对“吴俗奢”所受指责，反驳道：“吴民之奢亦穷民之所借以生也。”吴民“挥金鱼以为宴乐游冶之费，而百工技能比可致其用，以取其财。即游民亦得沾其余润，以丐其生”。

通过刺激消费来扩大需求，与传统通过节俭与储备达到富裕，迥然相异。通过富人奢侈消费而使穷人获得就业摆脱贫困，从而达到“均富”，与传统上富人接济穷人的“贫富相资”截然不同。通过高消费与娱乐活动刺激消费与提供就业机会，也就是通过刺激市场来形成“以工代赈”，这种新思路，不仅超出了物资赈济，也超出了政府以行政手段通过公共活动向灾民提供工作机会。凡此，正是江南服务市场高度发育所带来的观念变更与对策变化。

---

[1] 张翰：《松窗梦语》卷4，“百工记”。
[2] 王士性：《广志绎》卷4，“江南诸省”。
[3] 顾公燮：《消夏闲记摘抄》卷上。

第七章
宋代大宗商品的远距离贸易

商品流通的范围，不仅受到社会需求程度与规模的影响，而且受到交通条件与物流设施的影响。交通运输条件的改善，开拓商品的远方市场，缩短了商品空间距离，同时降低商品交易成本；先进的仓储技术手段提高了商品养护能力，从而延长了作为使用价值的存在时间。最初的商业行为，集交易过程、运输、仓储等于一体，或者说，集价值运动、使用价值运动于一体。后来，储运与商业分离，形成独立的运输业、仓储业乃至专门的信息业，专门媒介交易而自己不介入商品所有权转移过程的经纪人、代理人也出现，从而促进商人资本的发展。宋代在这些方面的进步是比较明显的。

据张锦鹏估算，北宋时期按照货币计量的商品供给总额平均每年约为7 082万贯，最高年份达15 400万贯。纵向比较，她选择粮食作为计算宋代和明清货币购买力平价的商品，北宋7 082万贯的商品流通额的货币购买力相当于8 852.5万石大米，当时人口以5 687.16万人计，则平均每人有1.56石大米的货币购买力。[1]

[1] 张锦鹏:《宋代商品供给研究》，昆明：云南大学出版社，2003年，第312页。

第一节　交通运输条件的进步与商道城镇的兴起

一、交通运输与物流

市场关系的扩大，使承载使用价值时空转移的交通运输在社会经济中的作用加强，宋人的认识也随之深化。彭龟年的话尤为透彻，他说："邮传，天下之脉络也。人之脉络壅滞则必病，国之脉络壅滞则必危。故天下邮传，不可使壅。"又说，"路通，则虽乱易治也；路塞，则虽治易乱也"。[1]宋廷自立国之初，承五代十国交通路线的分割与中断之弊，重视交通运输建设，至有"建议修路以邀恩赏"者，全国性交通网络逐渐恢复和发展。

北宋北方形成以汴京为中心向四方辐射的水陆交通网。汴河北接黄河，南入江淮，是北宋的生命线，广济河东通京东、河北，蔡河南入淮南。其中汴河的运输量，仅官运漕米，常年即达五六百万石，高时达800万石。汴河正所谓"横亘中国，首承大河，利尽南海，半天下之财赋，并山泽百货，悉由此路而进"。[2]

元代疏浚宋金对峙时淤塞的运河，并新开会通河、惠民河。元代大运河北起大都，南至杭州，纵贯南北，沟通海河、黄河、淮河、长江、钱塘江五大水系。会通河的规定载容量限于150料（石）船，但商贾三四百料船乃至500料船亦能行驶。运河的贯通，不仅每年漕运江淮米500万石至大都，而且如《元史·河渠志》所云，"江淮、湖广、四川、海外诸番土贡粮运、商旅懋迁，毕达京师"。明清时期华北的著名城市临清即在此时兴起，杨效曾《临清小纪》描述道：临清每届漕运时期，帆樯林立，百货山集。当其盛时，绵亘数十里，市肆栉比。

长江运输的开发有了一定发展，东出长江在四川对外联系中的重要性加强，"顺流而下，委输之利，通西蜀之宝货，传南土之泉谷，建帆高挂则越万艘，连樯直进则倏逾千里"。[3]而长江中下游河面上，米谷、木材与食盐对流运动。

---

[1] 彭龟年：《止堂集》卷5、卷1。
[2] 《长编》卷38。
[3] 苏德祥：《新修江渎庙记》，载《全蜀艺文志》卷37。

在长江运输的带动下，四川东部的渝州、夔州、万州等地的落后局面有了起色，中游的荆川附近崛起了沙市，鄂州亦得益于长江贸易而崭露头角。珠江，上游北盘江能接通两广与黔蜀。

水运具有陆运无可比拟的优越性，航运迅速，运载量大，运输成本低。北宋运盐之法为，每斤100里，陆运4文，船运1文。南宋按每百斤100里计地里脚钱，陆运100文，水路溯流30文，顺流10文。[1]水运的运输成本仅当陆运的20%—25%。元代差别略小，据明人丘濬《大学衍义补》，“河漕视陆运之费，省计三四；海运视陆运之费，省计七八”。

海运，宋元时至为发达。国内沿海贸易，宋代主要在东南沿海，元代则因海漕的开拓北延至渤海湾。海外贸易，在19世纪以前的中国历史上，宋元时期可能是空前绝后的。航行时间缩短，《文昌杂录》卷3载，南宋往返高丽，只需去日五昼夜，回日七昼夜而已。元代自浙西至京师，不过旬日而已。

陆路交通，联系四川与关陕的千里栈道，以汉中为中点，北段有四条，即子午道、傥骆道、褒斜道、陈仓道；南段则有分至成都与梓州的南栈道和米仓道。[2]福建与内地的联系，由南平，过杉关，西行人洪州，达淮南舒州以入汴京；北行干线则过枫岭关，入浙东，至杭州。杭州越天目山至建康府的陆路官道，自于潜县经千秋岭，“通彻太平、宣州、广德军、建康府，正系冲要去处，东西两山上阔一千(十)余丈”。[3]大庾岭商道更是连接长江水系与珠江水系的要道。南通广州，北顺赣江而下入长江，或折而向东经信州入两浙衢州。大庾岭商道，由历代香料运输所开拓，经私贩盐商的努力，渐趋定型，运输量大增，作为此路中转站的虔州，遂成为整个鄱阳湖流域商税额最高的城市。

邮传驿路，两旁密植林木，沿路递铺驿舍相望，不唯官府政令信息顺畅无阻，商旅亦同享安全便利。据程民生的研究，宋代道路的营缮，既有驿递铺兵日常养路，也有定期的修桥补路和非常规的修缮。路面的硬化尤有很大进步，[4]改变了逢雨即泥泞难行的困窘。甚至大庾岭道的险绝处，也有了砌砖铺

[1]　沈括:《梦溪笔谈》卷12;《庆元条法事类》卷37。
[2]　林文勋:《宋代四川商品经济研究》,昆明:云南大学出版社,1994年,第5页。
[3]　《宋会要辑稿·方域》10之27。
[4]　张锦鹏:《南宋交通史》,上海:上海古籍出版社,2008年。

道。沿路修建亭舍以供客旅小憩，大庾岭官道每隔数里置一亭，人少的广西，也是每隔二三里置亭舍。同时有的人烟稀少的路段还迁徙居民临道居住，免其百役，以“具膳饮以利行者”。[1]元代疆域辽阔，修筑了以大都为中心四通八达的驿道网络，共设有1 500处“站赤”即驿站，及为数不少的急递铺，有另立户籍的“站户”专供其役。

水陆交通网的进步，使商业物流条件大为改善。陈仓道，“阁道平坦，驿舍马铺完备，道店稠密，行旅易得饮食，不为艰苦”。[2]江西吉州至杭州，沿路“长亭短堠如画”，衢信之间，“华堂逆旅，高屋盖道，憩车系马，不见晴雨”。[3]

运输工具，陆路有各式畜力和车辆。牛、马、驴、骡、骆驼，或驮货载人，或牵引货车客车。宋画《溪山行旅图》有三牛牵引式，《盘车图轴》有一牛牵引式、两驴两牛混合式。《雪溪行旅图》描绘三辆货车，均为三牛牵引，两人分坐前后驾驶，显然是一个商队在迎风斗雪，相继而行。人力推车种类也不少，如《独醒杂志》卷9所记之江州车，一人抡两臂，“几能胜三人之力，登高度险，亦觉稳便，虽羊肠之路可行”。

图7–1　〔宋〕朱□（按：当为“锐”）：《雪溪行旅图》（上海博物馆藏）

---

[1]　转引自程民生：《略述宋代陆路交通》，载《陈乐素教授（九十）诞辰纪念文集》，广州：广东人民出版社，1992年。

[2]　《宋会要辑稿·方域》10之3—4。

[3]　《须溪集》卷6，“送人入燕序”。

船舶,据《梦粱录》的记载,浙西、江东等地内河航运中,有舫船、航船、飞篷船等,种类繁多。专门装载米谷的铁头舟,可载五六百石。海船容量很大,大者载货五千料,载人五六百,中等船一千至两千料,可载人二三百。小船可载百余人。《宣和奉使高丽图经·客舟》所载前往高丽的商船,长十余丈,阔二丈五尺,可载两千斛,坚实平稳,可破浪而行。19世纪70年代出土的泉州宋船,残长达24.2米,宽9.15米。航海家们航海技术高超,据《文昌杂录》,他们不仅能够观日测星,娴熟运用指南针,而且有独特的方法测海水深度,观察海面水色,以确定行舟事宜。2009年开放参观的广东出水文物"南海一号"更为宏大,长30.4米,宽9.8米,高4米左右,船体为双甲板结构,甲板部分是由杉木或者马尾松建造,目前船体木质保存完好。[1]

广东出水文物"南海一号"沉船模型

泉州出土的远洋宋船外观复原图

图1-2

水陆交通线上,不仅有随时可供雇佣负担贩运的城乡廉价劳力,而且有专门从事运输业的车家船户。江浙一带铁头舟上,一家老小"悉居船中,往来兴贩"。长江上的大木筏更为奇特,据陆游《入蜀记》载,筏广十余丈,长五十余丈,"上有三四十家,妻子、鸡犬、臼碓皆具,中为阡陌相往来",甚至"大者铺土作蔬园,或作酒肆"。福建、广东的沿海州军,还有另编入籍的专门"船户",显

[1] 《广州日报》2009年9月27日。

然都是以海为生、以运输为业。

物流的仓储环节，唐宋邸店，多集存储与售卖于一身，既供商旅住宿，也有相应的存货、保管设施，专门化的仓储设施也已出现。在运河真、扬、楚、泗一带，有不少堆垛场，专供官运与商运物资长期存货。多为官营，亦有民营，寄存商货者交纳垛地官钱或垛地户钱。在东南地区，塌房存在于商业城镇周围。杭州的塌坊尤盛，据耐得翁《都城纪胜》和《梦粱录》的记载：

> 城中北关水门内，有水数十里，曰白洋湖。其富家于水次起迭塌坊十数所，每所为屋千余间，小者亦数百间，以寄藏都城店铺及客旅物货。四维皆水，亦可防避风烛，又免盗贼，甚为都城富室之便。
>
> 这些仓储设施规模之大，令人惊讶，而且管理有方，防护有术。《梦粱录》还说："盖置塌房家，月月取索假赁者，管巡廊钱会，顾养人力，遇夜巡警，不致疏虞。"这种大规模的仓储，大概只有杭州一地，不过，具体而微者，各地亦可见到。湖州乌青镇的铺户，其存货塌坊就集中于数里之外的琏市，朝夕旋取以归。[1]

杭州的这种物流设施，试与明初南京相比较，即可见其水平之高。明初京师辐辏，"商人货物至京者。或止于舟，或贮于城外民居。驵侩之徒，从而持其价，高低悉听于彼，商人病之。上知其然，遂命工部于三山门外濒水处，为屋数十间，名曰塌坊。商人至者，俾悉贮货其中，既纳税，从其自相贸易"。[2]明初京师的物流设施经朝廷修建后，仍不可与宋代杭州相匹。

二、商道城镇：长江与运河沿线

荆州位于江汉平原西部边缘，是汉唐时期长安贯通南海主干线上的一个重要城市，也是长江过峡入川的要塞，又是与荆湘联系的枢纽。宋代荆州仍是江汉地区最重要的政治经济中心。王安石有诗述云："游人出三峡，楚地尽

[1]《宋会要辑稿·食货》18之31。
[2]《明太祖实录》卷211，洪武二十四年八月辛巳。

平川,北客随南贾,吴樯间蜀船。”沙市,为入峡咽喉,商船入川,都必须在此换乘入峡峒船,成为长江中上游航运的中转站。仁宗时,政府在沙市建造布库,装贮川路布帛,以便转运入汴。熙宁十年沙市商税额9 800多贯,高于府城江陵的8 400余贯。[1]南宋时,“四方之商贾辐辏,舟车骈集”。[2]南宋陆游《荆州歌》称“沙头巷陌三千家”,“峡人住多楚人少”。其《入蜀记》还记载说,“沙市堤岸上尽皆蜀人,不然,则与蜀人为婚者”。距此三四里的新河口,是蜀商专用修船处。四川与长江中下游联系的加强,是荆沙繁荣的刺激因素。

自唐后期开始,江汉中部的鄂州崛起,11世纪后,鄂州渐有取代江陵之势。商贾米船,“溯江而上则聚于鄂渚;沿江而下则先经华容、巴陵”。[3]鄂州成为荆湖南北两路的最大米市,官府在此设有大型籴场。常德府、澧、潭、衡州商人兴贩粮食前往鄂州官场,“籴在岸常有万石”。[4]一旦这些地区不稳,或者水枯港汊绝流而舟楫不通,则鄂州米市陷入萧条。鄂州俨然成为荆湖南北路及淮南西路、京西南路部分州县的中心城市,所谓“鄂渚最为要地,盖南而潭、衡、永、邵,西而鼎、澧、江陵、安、复、襄阳,数路客旅兴贩,无不辐辏鄂渚”。[5]后世汉口之盛,在宋代鄂州可隐然见其渊源。陆游《入蜀记》述鄂州市况之盛云:出汉阳门江滨城上,居民市肆,数里不绝,其间复有巷陌往来,憧憧如织。盖四方商贾所集,而蜀人为多。贾船客舫,不可胜计,衔尾者数里,自京口以西皆不及。“市邑雄富,列肆繁错,城外南市亦数里,虽钱塘、建康不能过,隐然一大都会。”

南市,从草市发展起来,其市场之盛超过城内,范成大《吴船录》说:“南市在城外,沿江数万家,廛闬甚盛,列肆如栉,酒垆、楼栏尤壮丽,外郡未见其比。盖川、广、荆、襄、淮、浙贸迁之会,货物之至者无不售,且不问多少,一日可尽。其盛壮如此。”

鄂州城迅速崛起的根本原因在于,其地理位置的优越性,借长江流域市场交往的扩大而得到充分发挥。由于地处四川、西北、东南、北方几大区域之中

[1] 转引自傅宗文:《宋代草市镇研究》,福州:福建人民出版社,1988年,第114—115页。
[2] 王象之:《舆地纪胜》卷64。
[3] 苏籀:《双溪类稿》卷20,“上章岳州书”。
[4] 蔡戡:《定斋集》卷3,“乞免增籴二十万石桩管米札子”。
[5] 王炎:《双溪文集》卷16。

点，鄂州成为全国性的一个重要转运中心，市场辐射力强劲，流通渠道畅达。因此商品交易数量巨大，而且交易迅速。

运河沿线的商道城镇以淮南较突出。淮南，《宋史·地理志》概述道："土壤膏沃，有茶、盐、丝、帛之利。善商贾，廛里饶富，多高资之家。扬、寿皆为巨镇，而真州当运路之要，符离、谯、亳、临淮、朐山皆便水运。"南北交通的命脉运河，纵贯其境，以为重地。如果以运河经济区名之，那么运河正是带动淮南市场的一条舞动的彩带。这里又是淮盐总汇。遂崛起了以真、扬、楚、泗为代表的商业城市群。俱称繁盛，而以真州为首。真州在唐代为白沙镇，北宋升为州治，它位于长江之滨，与运河相通，江淮之要会，岁以千万计的江湖米由此漕运，转输京师，号为"万商之渊"。真州在元代商税额超过1万锭，在各大中城市商税额排位中，仅次于大都和杭州，居第3位。"行商舶贾，远近毕集，故为江壖一都会。"[1]扬州亦为南北之要冲，元代"达官显人往来无虚日，富商大贾居积货财之渊薮"。[2]

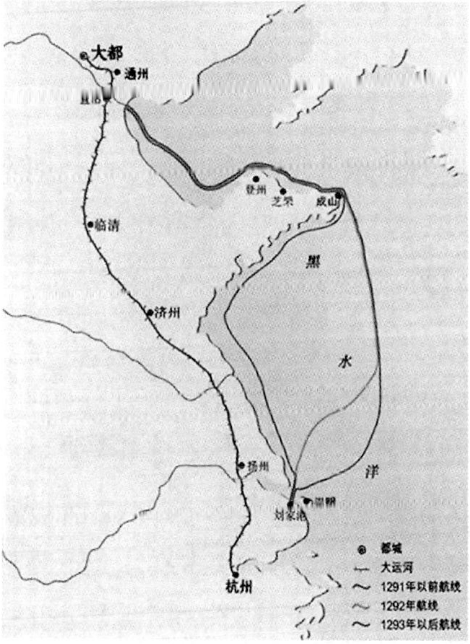

图7–3 元代运河与海运

[1] 转引自王颋:《元代商贸都会考》。
[2]《说学斋集》卷上,"扬州正胜寺记"。

第二节 商品粮市场:从丰歉调剂到稳定流向的大宗商品

自战国秦汉以来,虽然粮食作为商品早已进入市场,但商品粮的远距离贸易滞后。到了宋代,这种状况在南方发生了明显的改变。北方气候与地理环境,允许长时期的粮食储存,口粮有利的时间调剂条件,削弱了空间调剂,从而削弱了粮食地区流通的发展。如京西北路,《清尊录》说金州民间有积粟足支30年之久者,这在南方匪夷所思。[1]

一、北宋时的南粮北运

五代时,商人组织的南粮北运已形成一定规模。《玉壶清话》有谓“淮浙巨商,贸粮贾斛,万货临汴”。北宋统一后,主要由官府组织漕运,通过运河将浙西、江东、江西、淮南、荆湖南北等六路的粮食运抵汴京并供给北方其他地区。漕运粮常年在600万石以上。漕运虽然是官府主持,但并不意味着与市场脱节。一方面,相当一部分漕粮来自官立市场的收购,另一方面,漕粮运输除了官舟自运外,也雇募商船进行,而且商运自有其优势,官运粮纲有“蠲重留滞之弊”,又难免官吏中饱私囊的行为,商运的效率则较高,朱熹曾比较南宋的官运与商运说,“诸道粮纲岁凡百数,用官舟者多负,而雇商船者不亏。盖商人自爱其舟,故不为奸”。[2]

漕运仍不能满足北方需求,必须辅以民间市场流通的渠道,所谓“通江淮八路商贾大舶,以供京师之饶”。商人贩运粮食北上,利润丰厚,以致使官府为之眼红,曾有人建议从中瓜分商人利润,“富商大贾自江淮贱市粳稻,转至京师,坐邀厚利,请官粜之十之三”。但朝廷拒绝了这一建议,[3]为了保障京师的粮食来源,北宋政府保护粮商的利益。有的不法官吏也加入粮商队伍之列,如

[1] 如唐开元二年有诏就提到:“江岭、淮浙、剑南,地皆下湿,不堪贮积”粮食,见《册府元龟》卷502。
[2] 朱熹:《朱文公文集》卷93,“左司张公墓志铭”。
[3] 《长编》卷443,元祐四年十二月。

李彦挪用公款，一次就“发钱数万往淮买米，运至东京，以规厚利”。[1]

二、太湖平原的米谷输出

太湖平原是两宋最大的商品粮基地，宋代号称“国之仓庾”，有“苏湖熟，天下足”之美称。元代，长洲县的税粮数为30余万石，这一数字超过了云南、陕西、四川、辽阳等行省全境的税粮数。商品粮大规模输出，“湖、苏、秀三州号为产米去处，丰年大抵舟车四出”。[2]浙西商品粮主要供给杭州和浙东各州府，亦周济歉收年份的淮南及福建。太湖平原商品粮供给杭州，形成了一个有效的流通网络。一旦运河水浅，运输不继，杭州便会陷入困境。如隆兴元年，“临安府近缘河道浅涩，客旅兴贩未至，深虑民庶艰食”。[3]

浙东各州，山多田少，人众地寡，沿海则卤田不宜粮，加之商品经济从业者较多，因此即使丰年也不足自给。“田之连山者多干旱，近海者多斥卤，粳与糯皆不宜焉，则平土能有几何？故岁得上熟，仅可供州民数月之食，全借浙右客艘之米济焉。”[4]在史籍中，几乎每谈到诸州缺粮，同时都必言及输入浙西米斛，各州几无例外。沿海的越州、明州、台州、温州，都通过海运从浙西输入商品粮。如绍兴府（越州），“地狭人稠，所产不足充用，稔岁亦资邻郡，非若浙西米斛之多”。明州“小民率仰米浙西，浙西歉则上下皇皇”。台州、温州“自来每遇不稔，全籍转海般运浙西米斛，粗能赡给”。[5]西南山区数州，则通过钱塘江逆流而上，以桐庐县城为转运中心，分散至衢睦等州。

淮南荒歉年景，也仰给浙西粮食，史籍多言两浙，实际来自浙西。天禧二年，“淮南州军薄稔，商旅有自两浙转粟而贩鬻者，以给民食”。[6]这种粮食流通，导致浙西粮价常因淮南灾荒而上涨。而一旦浙西同时受灾，则淮南无从补给。大中祥符六年，杭、润等州米价上涨，其原因“盖淮泗薄稔，行商贩鬻，至

[1] 陈东：《少阳集》卷1，登闻检院上钦宗皇帝书。
[2] 王炎：《双溪文集》卷11，上赵丞相书。
[3] 《宋会要辑稿·食货》53之29。
[4] 《历代名臣奏议》卷271。
[5] 分见《朱文公文集》卷11、《宝庆四明志》卷4、《大德昌国图志》卷4“五谷”注文。
[6] 《宋会要辑稿·食货》39之9。

有增价”。[1]而在元祐某年,淮南连岁不稔,公私并竭,“重以浙右大荒,无所仰食”。[2]南宋时,淮南经济因战争频仍而严重衰退,粮食对浙西的仰赖更强,甚至不足以完成课额,只得由官府至浙西大量收购。如《许国公奏议》卷4载,淮西某郡为完成收籴额,在平江府(苏州)籴买达40 000石,嘉兴府15 000石,镇江府5 000石,此外又挪用公钱收籴10 000石,数额可观。

明清时期长三角地区商品性农作物的扩大与城镇的兴起,使宋代的浙西地域在明清不仅不再成为全国最大的商品粮输出地,反而从长江中上游输入米谷,从华北和东北输入豆类,一变而为全国最大的商品粮消费市场。

三、长江中游地区的粮食输出

江南东路与西路,荆湖南路与北路,即长江中游地区,商品粮主要产地为:湖南湘江中下游流域的潭州、衡州,湖北的鄂州等地,江西的洪州、吉州,江东的饶州等地。

江西、湖南为淮盐销售区,米商往往以盐作为回货运载而归,稻米素来“贩往下江取厚息”,饶州城下一客舟,一次就载米300石远航。[3]在上饶,“益以金钱致船粟,来者舳舻相衔,日籴千斛而犹不乏”。[4]湖南“民计种食之外,余米尽以贸易。大商则聚小商之所有,小舟亦附大舰而同营,展转贩粜,以获厚利。父子相袭,老于风波,以为常俗”。[5]因此湘中一带号称“舳舻相衔,竭九郡之产而北”。长沙三绝之一就是“巨舰漕米,一载万石”。[6]官府是粮食流通的主要组织力量。如《宋史·马亮传》载,真宗时,江州饥荒,官运湖南漕米数十舟而至。又如《宋史·食货志》载,南宋绍兴十三年,“荊湖岁稔,米斗六七钱,乃就籴以宽江浙之民”。湖南米输军事重地襄阳,《宋史·吴猎传》说曾有一次就达50万石。

这些地区粮食在北宋时主要通过运河漕运至北方,南宋则主要供给军事重地建康府及江东路其他缺粮州府,部分还扩及临安府、淮南。南宋政府在江

[1] 《长编》卷80。
[2] 《苏东坡全集·续集》卷12。
[3] 《夷坚志补》卷25
[4] 《朱文公文集》卷89。
[5] 叶适:《水心文集》卷1,上宁宗皇帝札子。
[6] 高斯得:《耻堂存稿》卷4,永州续惠仓记;李攸:《宋朝事实》卷62。

西之洪州、吉州，湖南之潭州、衡州，及湖北的鄂州米市，大量收籴运送中都，加上江西、湖南诸寄积米，常达200万石。荆湖米，偶尔亦有溯三峡至川东者，遇川东灾荒，而荆湖岁稔，“米船多上至归州、夔州”。[1]

建康，南宋为别都，“天下劲兵良马在焉，岁之入无虑数十万斛”。城内外官民“日食所须，仰给商贩，米舟一日不至，米价即倍腾涌”，万一上江岁歉，便狼狈日甚。[2]因此，“客人多自江西、湖南运斛斗竹木前来建康府”。以至“漕江而下者，舳舻数千里，方其流衍坌集，虽佛庐宾传为之充仞，而皂栈之供，有至于露积者”。[3]

江东路其他各州亦缺粮。徽州，山多田少，《新安志》卷1说“民以茗漆竹木行江西，仰其米自给”。池州虽临长江，但“地狭民贫，虽是丰熟年分，居民所仰食米，亦是上江客船米斛，到来江岸，迤逦近城出粜”。[4]

至明清，长江中游各地商品粮输出规模更大，每年源源运销长三角和其他市场，成为全国最主要的商品粮基地，“湖广熟，天下足”取代了“苏湖熟，天下足”。

四、两广米谷的输出

两广地旷人稀，粮价低贱，常年输出大批商品粮。《岭外代答》卷4载，广西粮食“田家自给之外，余悉粜去”。由广东商人运至广州，“富商以下价籴之，而舳舻衔尾，运之番禺以罔厚利”。这些广东商人，多舟载食盐等商品沿珠江逆流而上入广西，再运米东流，因为“广西米价常低小，东路盐船别无回货，其所得米如泥沙”。[5]双重利润促使广西米汇聚广州。珠江三角洲及潮州、惠州等地，也有商品粮输出。

两广米多运销福建。福建地狭人稠，经济作物种植较多，即使丰年也不能自给。沿海各州，“福、兴、漳、泉四州，全仰广米，以给衣食”。[6]内地山区各

---

[1] 汪应辰：《文定集》卷4，“御札再问蜀中旱歉”。
[2] 景定《建康志》卷23。
[3] 《宋会要辑稿·食货》17之34。
[4] 袁说友：《东塘集》卷9。
[5] 《历代名臣奏议》卷246。
[6] 真德秀：《真文忠公文集》卷15。

州，商品粮需求平常年景甚少，但遇荒歉也需输入，多在沿海各州收籴，沿闽江等河道运入。朱熹为建宁府筹措10万石粮食的计划，指出：“广南最系米多去处，常岁商贾转贩，舶交海中。今欲招邀，合从两司多印文榜发下福州沿海诸县，优立价值，自然辐辏，然后却用溪船节次津般，前来建宁府交卸。”同时还设立赏金，预付资本以给路费，招募富商前往邻近福建的广东潮州、惠州趁熟收籴。两广米亦有从福建转运两浙者。“二广之米，舻舳相接于四明之境。乘时收籴，不至甚贵。又颗匀净，不杂糠粃，干燥坚硕，可以久藏。”[1]

到了明清，珠江三角洲商品性农作物增加，不再成为主要商品粮输出地，但广西商品粮仍大量输出珠三角及外地。

第三节　茶叶市场：异军突起的时代性商品

茶叶产地在川蜀江淮，而销售却远及北国、吐蕃、塞外，没有商业的中介便无法流通。[2]茶园户生产出的茶叶进入消费者的手中要经历很长的商业环节，与之相应的是茶叶市场形成了多层次的市场网络。

茶叶成为商品的第一个环节便是茶园户把茶叶卖出，即茶叶进入初级市场，这是茶叶贸易的起点，有着重要意义。因为“初级市场是市场经济的基础和门槛。留在市场之外的一切产品只有使用价值，进入市场大门的一切产品具有交换价值。生产者个人是否进入交换或经济生活的范围，就看他站在初级市场的此岸或彼岸”。[3]茶叶进入市场一般而言有两种方式：其一，茶商到茶叶产区收购园户的茶叶。由于茶园户的茶叶生产带有小生产的性质，且茶叶生产遍及南方丘陵山地，带有分散的特点，单靠园户自己的力量是无法将茶叶运至远方的，因此茶商适时到茶山收购茶叶便成为茶叶进入市场的重要方

[1] 《朱文公文集》卷25,《与建宁诸司论赈济札子》，卷26,《上宰相书》。
[2] 李埏：《从钱帛兼行到钱楮并用》，《中国封建经济史论集》，昆明：云南教育出版社，1987年，第251—282页。
[3] ［法］费尔南·布罗代尔，顾良、张慧君译：《资本主义论丛》，北京：中央编译出版社，1997年，第71页。

式。宋代在茶叶通商的条件下，茶商可以到茶山收购茶叶。范成大曾在诗中记述了茶商到乡村购买茶叶的情况："鸡飞过篱犬吠窦，知有行商来买茶。"[1]江州、兴国军的茶园，每年都有许多商人分批前来采购茶叶，绍兴七年因天气干旱，茶芽不发，以致茶商们只好滞留在园户家中。[2]福建壑源盛产优质腊茶，是茶商采购的理想去处："春雷一惊，筠笼才起，售者已担簦挈橐于其门，或先期而散留金钱，或茶才入笪而争酬所直，故壑源之茶常不足客所求。"[3]出现了供不应求的情况。但宋代长期实行榷茶政策，一般情况下禁止园户与商人之间的直接交易，故与园户交易者多为私茶商贩。在卖引法下，私茶商仍可以撇开政府禁令行事。湖北常德府辖下的武陵、龙阳两县连接湖南产茶州府，"每到春时有江西、福建、湖南管下州军客人，聚在山间搬贩私茶"。[4]茶商与园户在茶山的贸易活动极大地促进了产茶区社会经济的发展，正如宋人陈师道所云："山泽以成市，商贾以起家。"[5]茶商的到来使茶山成为茶叶初级市场。其二，茶园户到周围草市镇出售茶叶。自唐代开始，南方的草市、墟市等农村集市逐渐增多，这为茶园户出售茶叶提供了便利。唐代蜀地所产蒙顶茶质优价高，"元和以前，束帛不能易一斤先春蒙顶"，茶园户在利益的驱动下大量栽茶采造，因此投放到周围农村集市的商品茶叶数量大增，史称"是以蒙顶前后之人，竞栽茶以规厚利，不数十年间，遂斯安草市岁出千万斤"。[6]宋代的市镇远比唐代发达，茶叶交易是其中的重要贸易之一。两浙路本是重要茶叶产区，而该地的草市镇分布也颇为密集，草市卖茶成为当地经济的一大特色。陆游曾描绘绍兴府镜湖流域的草市镇说："清明浆美村村卖，谷雨茶香院院夸"；[7]"短棹飘然信所之，茶园渔市到无时。"许多草市镇中都有茶叶商品，[8]负责到集市

[1]〔宋〕范成大：《右春日田园杂兴十二绝》，《宋诗钞》第2册，北京：中华书局1986年，第1800页。
[2]〔清〕徐松等辑：《宋会要辑稿·兵》五，《屯田》，中华书局影印本。
[3]〔宋〕黄儒：《品茶要录》，台湾影印文渊阁《四库全书》本。
[4]〔清〕徐松等辑：《宋会要辑稿·食货》31之30，中华书局影印本。
[5]〔宋〕陈师道：《后山先生集》卷16，《茶经序》，适园丛书第九集。
[6]〔唐〕杨华：《膳夫经手录》，碧琳郎馆丛书本。
[7]〔宋〕陆游：《剑南诗稿》卷57，《闲游》，钱仲联校注：《剑南诗稿校注》，上海：上海古籍出版社，1985年。
[8]〔宋〕陆游：《剑南诗稿》卷62，《石帆夏日》，钱仲联校注：《剑南诗稿校注》，上海：上海古籍出版社，1985年。

卖茶的除了男人外，还有妇女。陆游有诗云："邻父筑场收早稼，溪姑负笼卖秋茶。"[1]"园丁刘霜稻，村女卖秋茶"，[2]大约秋季因采茶旺季已过，秋茶产量较少，由村姑即可完成至附近集市卖茶的任务。除茶园户直接到草市中出售茶叶外，本小利微的小商贩也可以将买到的茶叶到农村集市出售。陆游《入蜀记》卷3云："二十一日过繁昌……晚泊荻港。……有赵先生，荻港市中人，父卖茗。荻港盖繁昌小墟市也。"[3]这位赵先生的父亲大约就是这样一位小茶商。因当地物产不同、地理位置状况各异，农村集市中的商品亦有较大差异。一般而言，大多数集市的商品包括了与民生日用密切相关的各种产品，成为小生产者互通有无的重要途径。宋人周密在《山市晴岚》一诗中描绘了柴米盐茶等各类商品在农村集市进行交易的情况："黄陵庙前湘竹春，鼓声坎坎迎送神。包茶裹盐入小市，鸡鸣犬吠东西邻。卖薪博米鱼换酒，几处青帘扶醉叟。趁墟人散渡船闲，一抹晴烟隔高柳。"[4]但唐宋时期，随着茶业经济的发展，出现了专门进行茶叶贸易的草市，这类草市镇多分布于茶叶产区，其发展状况与当地的茶叶生产休戚相关，在一定程度上可视为茶区生产情况的晴雨表。山阴县城南25里的兰亭因周围产茶而专门设立了茶市，"兰亭之北是茶市"。[5]两浙镜湖地区不少地方即因茶叶贸易而兴起了一批茶叶草市镇，正如陆游诗中所言："村墟卖茶已成市。"[6]宋代以茶业商品经济为基础的草市镇在数量上已初具规模，蜀地茶区的草市镇有永康军唐兴镇、新渠镇、味江镇、导江镇、蒲村镇，堋州堋口镇、木头镇，雅州百丈镇，汉州杨村镇，嘉州南村镇，洋州斯多店。东南茶区有寿州麻步镇、开顺口镇，舒州龙溪镇，光州子安镇、商城镇，蕲州石桥镇、王祺镇等。[7]

茶叶的消费之风渐广，市场日益扩大，李觏《富国策》第10说："君子小人靡不嗜也，富贵贫贱靡不用也。"唐时政府茶税年收入在40万贯左右，而宋景

[1] 陈祖槼、朱自振编：《中国茶叶历史资料选辑》，北京：农业出版社，1981年，第269页。
[2] 同上书。
[3] 〔宋〕陆游：《入蜀记》卷3，《陆放翁全集》，北京：中国书店，1986年。
[4] 〔宋〕周密：《草窗韵语》卷4，密韵楼景宋本七种。
[5] 〔宋〕陆游：《剑南诗稿》卷42，《湖上作》，钱仲联校注：《剑南诗稿校注》，上海：上海古籍出版社，1985年。
[6] 〔宋〕陆游：《剑南诗稿》卷12，钱仲联校注：《剑南诗稿校注》，上海：上海古籍出版社，1985年。
[7] 〔清〕徐松等辑：《宋会要辑稿·食货》29之7—15，中华书局影印本；〔宋〕王存等：《元丰九域志》卷7、8，中华书局1984年点校本。

德元年茶课年收入就高达569万贯，是唐代的14倍多。宋代产茶州郡达70多个，遍布南方各地。以四川为多，据林文勋的统计，蜀川产茶州军，多达25个，以成都府路为盛。产量常年在3 000万斤上下，成都府一路独占其半。"邛、蜀、彭、汉、绵、雅、洋等州、兴元府三泉县人户，多以种茶为生，有如五谷。"（当然不可能像五谷一样全部自食，而是主要供出售。）茶叶专业化生产已具规模，"雇召夫工，自上春以后，接续采取，乘时高下，相度货卖"，茶园户多者，岁出三五万斤。[1]四川茶叶"内以给公上，外以羁诸戎"，而以输往陕西最多。

鄱阳湖流域，据加藤繁考证，宋代茶产量已居全国第一。洞庭湖流域，唐代不见产茶记录，五代时，湖南的马楚政权，实行茶叶自由通商，官收其税，每年征收到巨额茶税，为国用之重要来源。宋代湖南茶叶集中于潭州，次为岳州。《元丰类稿》卷47载，天圣初，潭州茶课视"旧课岁增九百万斤"。荆湖南北、江西等路，茶叶，"皆系巨商兴贩"，[2]运销北方。

福建茶叶，每年产额约98万斤，官府买茶额35万斤，[3]余在民间流通。

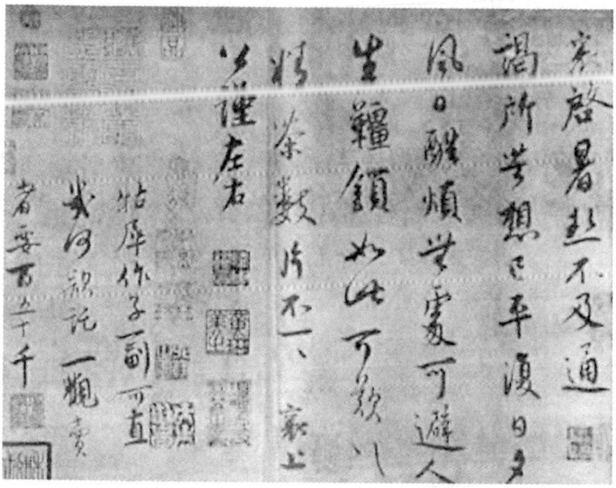

图 7–4　〔北宋〕蔡襄：《精茶帖》

注：《精茶帖》也称《暑热帖》《致公谨帖》，藏于故宫博物院，该帖亦入刻《三希堂法帖》。

文字："襄启，暑热不及通谒，所苦想已平复。日夕风日酷烦，无处可避。人生缰锁如此，可叹可叹。精茶数片，不一一，襄上。公谨左右……"

[1] 吕陶：《净德集》卷3、卷1。

[2] 《宋会要辑稿·食货》31之29。

[3] 转引自厦门大学历史研究所、中国社会经济史研究室：《福建经济发展简史》，厦门：厦门大学出版社，1989年，第248页。

有官私之焙1 336处，以质量取胜，声誉远播，所谓“出于闽中者，尤天下所嗜”。[1]

宋代往来各地的茶商贩运活动的活跃，即使在政府榷茶的情况下，也是如此。江西浮梁之民“富则为商，巧则为工。……士与工商，皆出四方以就利……其货之大者，摘叶为茗，伐楮为纸，坯土为器，自行就荆湖吴越间，为国家利。其余纺织布帛，负贩往来，盖其小者耳”。[2]浮梁商人贸易的主要商品中便有茶叶一项。而徽州祁门的情况大体类此：“祁门水入于鄱，民以茗、漆、纸、木行江西，仰其米自给。”[3]南宋复州地区“富商岁首以鹾茗贷民，秋取民米，大艑捆载而去”。[4]在非产茶区，茶商将外地的茶叶输入后通过农村集市将茶叶销售给周围居民，因此草市镇等农村集市又是茶叶商品的最终售销点。在草市稀疏的地方，居民的茶叶消费就十分不便。熙宁十年四月，宋政府因戎、泸州沿边地区的蕃汉人户离州县距离较远，购买食用盐、茶叶、农具困难而下诏鼓励在当地兴置草市：“人户愿于本地分兴置草市，招集人户坐作业者，并先于本州县投状保明，申转运司差官相度经久可行以闻，方许兴置，依例出纳酒税课利。”[5]

草市镇等茶叶农村市场的功能之一便是实现市场周围居民的调剂余缺，即满足茶园户之外其他农户的茶叶消费需求，同时满足茶园户的粮食、农具等生活、生产资料的需求，这在茶叶产区尤其明显。抚州农民“蔬圃莳茶为用，余者以易所乏，农家往往有之”。[6]在南方交通不便，地理位置较闭塞的地区，茶叶多是在本地草市镇出售，供当地消费，如江西路筠州“居溪山之间，四方舟车之所不由……其利粳稻、竹箭、梗楠、茶、楮，民富而无事”，[7]即与外界市场联系甚少，茶叶商品在当地基本上是自产自销。

宋代汴京地处水陆交通要道，且处于茶叶产区与消费区之间，成为最大

[1] 黄裳：《演山集》卷46。
[2] 乾隆《浮梁县志》卷1，引宋王肩吾《昌江风土记》语。
[3] 〔宋〕赵不悔、罗愿：《淳熙新安志》卷1，《风谷》，宋元方志丛刊。
[4] 〔宋〕楼钥：《攻愧集》卷104，《知复州张公墓志铭》，台湾影印文渊阁《四库全书》本。
[5] 〔宋〕李焘：《长编》卷281，熙宁十年四月，中华书局点校本。
[6] 〔宋〕陆九渊：《象山集》卷28，《葛致政墓志铭》，台湾影印文渊阁《四库全书》本。
[7] 〔宋〕苏辙：《栾城集》卷23，《筠州圣寿院法堂记》，台湾影印文渊阁《四库全书》本。

图7–5　〔元〕赵孟頫:《斗茶图》

的茶叶集散中心。茶商把在各个集散地收购的茶叶贩运到汴京出售，而当地的茶商铺户组成茶行，对来京的茶叶售价采取垄断的方法以谋利:“兼并之家，如茶一行，自来有十余户，若客人将茶到京，既先馈献设宴，乞为定价，此十余户所买茶更不敢取利，但得为定高价，即于下户倍取利以偿其费。”[1]故来京茶商对茶行主要负责人行贿以抬高定价获取较高商业利润。针对这种情况，王安石行市易法时，采取相应的反垄断措施，对大茶商及牙人进行打击。

投放到市场上的茶叶产品又有新的变化。从宏观上看，宋代的茶叶产地较之唐代是大大扩展了，原先在唐代并不产茶或产茶极少的一些地区入宋后一改过去默默无闻的状况，成为著名的茶叶产区，以浔阳最为典型。据白居易《琵琶行》一诗所述，唐代浔阳商人贩茶须到浮梁，到宋代时这种情况发生

[1]〔宋〕李焘:《长编》卷236，熙宁五年闰七月，中华书局点校本。

了很大变化。南宋赵与时《宾退录》云："是时此商留家浔阳，而远取茶于浮梁，始知浔阳之茶，唐未有也。今其行几遍天下，而浮梁所产反不著。"[1]因此，宋代茶叶市场商品数量大大超过了唐代。据我们考辨宋茶产量接近1亿斤，则商品茶的数量即可想而知了。每年有那么多茶叶投放市场，则市场容量之大由此可见一斑。伴随着宋代茶叶生产技术的提高，不仅极大地提高了茶叶产量，而且也提高了茶叶商品质量，从而使宋代茶叶名优佳品层出不穷，琳琅满目，茶叶品种比唐代丰富得多。唐代茶叶以蜀茶品质较好，入宋后建茶后来居上，名闻天下："唐以前茶，惟贵蜀中所产。……唐茶品虽多，亦以蜀茶为重。……自建茶出，天下所产，皆不复可数。"[2]甚至唐代一些名优茶在宋代反而失去了往日的光彩，降为普通的常品。南宋葛立方《韵语阳秋》云："唐陆羽《茶经》于建茶尚云未详，而当时独贵阳羡茶。……自建茶入贡，阳羡不复研膏，只谓之草茶而已。"[3]阳羡茶即因建茶崛起而不再为世人所重。宋人对建茶等优质名茶十分推崇，故宋代诗文每论及此充满了赞叹、自豪的情感而对唐代茶叶不加恭维。宋人梅尧臣诗云："陆羽旧茶经，一意重蒙顶。比来唯建溪，团片敌汤饼。顾渚及阳羡，又复下越茗。近来江国人，鹰爪夸双井。凡今天下品，非此不觉省。"[4]"自从陆羽生人间，人间相学事春茶。当时采摘未甚盛……近年建安所出胜，天下贵贱求呀呀。"[5]《南窗纪谈》云："唐人所饮不过草茶，但以旗枪为贵，多取之阳羡，犹未有所谓腊茶者。今建州制造，日新岁异，其品之精绝者，一饼直四十千，盖一时所尚，故豪贵竞市以相夸也。"[6]《画墁录》亦指出"有唐茶品，以阳羡为上供。建溪、北苑未著也。……适至本朝，建溪独盛，采焙制作前世所未有也。士大夫珍尚，鉴别亦过古"。[7]宋代建茶脱颖而出，但并非是一枝独秀，在名优茶这块园地里是百花争开，群芳争艳的。除了建茶之外，他处名茶亦令宋人津津乐道。有诗赞越茶曰："日铸山之英气兮，既发越

[1]〔宋〕赵与时：《宾退录》卷3，台湾影印文渊阁《四库全书》本。
[2]〔宋〕胡仔：《苕溪渔隐丛话》，北京：人民文学出版社，1962年。
[3]〔宋〕葛立方：《韵语阳秋》卷5，台湾影印文渊阁《四库全书》本。
[4]〔宋〕梅尧臣：《宛陵先生集》卷55，《四部丛刊》本。
[5]〔宋〕梅尧臣：《宛陵先生集》卷56，《四部丛刊》本。
[6]〔宋〕佚名：《南窗纪谈》，台湾影印文渊阁《四库全书》本。
[7]〔宋〕张舜民：《画漫录》卷1，台湾影印文渊阁《四库全书》本。

于镆铘。地灵洩而不尽兮，复薰蒸于草芽。虽名出之最晚兮，为江南之第一。视紫笋若奴台兮，又何论乎石花。”[1]的确，仅会稽一地即产名茶多种，颇给人以名优茶荟萃地之感。《嘉泰会稽志》卷17云：“日铸岭在会稽县东南五十五里……产茶奇绝，故谓之日铸。然茶之尤者，顾渚、蜀冈、蒙顶、皖山、宝云，皆见于唐以来记录或诗章中。日铸有名颇晚……日铸之出，殆在吴越国除之后。……今会稽产茶极多佳品，惟卧龙一种得名亦盛，几与日铸相亚。……然日铸芽纤而长，其绝品长至三二寸，不过十数株，余虽不逮，亦非他产所可望。味甘软而永，多啜宜人，无停滞酸噎之患。卧龙则芽差短，色微紫黑，类蒙顶、紫笋味颇森然，其涤烦破睡之功，则虽日铸有不能及，顾其品终在日铸下。”[2]除此两种茶之外，尚有天衣山的丁堄茶，陶宴岭的高坞茶，秦望山的小朵茶，东土乡的雁路茶，会稽山的茶山茶，兰亭的花坞茶，诸暨的石笕茶，余姚的化安瀑布茶等等，其他则不可能一一列举。宋代名茶辈出，各领风骚，不同的时期便会出现不同的名优产品。欧阳修对此有十分生动的描述：“腊茶盛于剑建，草茶盛于两浙。两浙之品，日注为第一。自景祐以后，洪州双井白芽渐盛，近岁制作尤精……其品远出日注上，遂为草茶第一。”[3]优质好茶后来居上，以往名牌被新的名牌产品所取代，体现了宋代茶业商品经济发展充满了勃勃生机。在市场调节下，茶叶资源在一定范围内得到了较为充分的开发应用。尽管蜀地茶叶在宋代已是今不如昔，但即以茶叶品质而论，仍不乏佳品。在众多品种中，蒙顶茶不失为佼佼者：“蒙顶为最佳也，其生最晚，常在春夏之交，其芽长二寸许。其色白，味甘美，而其性温暖，非他茶之比。……其次罗村茶，色绿而味亦甘美。”[4]即使在广南等产茶不甚著名地区，亦有具有地方特色的茶叶产品。《岭外代答》卷6云：“静江府修仁县产茶，土人制为方铸，方二寸许而差厚。有供神仙三字者，上也。方五六寸，而差薄者次也。大而粗且薄者下矣。……煮而饮之，其色惨黑，其味严重，能愈头风。”[5]同书卷8描述了当地

[1]〔宋〕张昊：《宝庆续会稽志》卷8，《越茶》，台湾影印文渊阁《四库全书》本。
[2]〔宋〕施宿：《嘉泰会稽志》卷17，《日铸茶》，宋元方志丛刊。
[3]〔宋〕欧阳修：《归田录》卷1，北京：中华书局，1981年。
[4]〔宋〕范镇：《东斋记事》卷4，北京：中华书局，1980年。
[5]〔宋〕周去非：《岭外代答》卷6，《茶》，台湾影印文渊阁《四库全书》本。

一种有特色的茶叶南山茶:“南山茶,葩萼大倍中州者,色微淡,叶柔薄有毛,结实如犁,大如拳,中有数子,如肥皂子大。别自有一种,叶厚硬,花深红,如中州所出者。”[1]

除了高档产品外,唐宋茶叶市场上尚有供不同层次的消费者需要的中低档产品,且这些普通茶叶商品所占比重是较大的,数量远远超过了名优茶。宋政府收购园户茶叶一般分等论价。建州、南剑州所产片茶分为龙凤、石乳、的乳、白乳、头金、蜡面、头骨、次骨、末骨、粗骨、山挺等十二个等级;虔、袁、饶、池、光、歙、潭、岳、辰、沣州、江陵府、兴国、临江军所产片茶则有三十六等;[2]而两浙及宣、江、鼎州则分为上、中、下或第一至第五为号。散茶的等级似较片茶简单,有十一个等级,江浙则又有以上、中、下或第一至第五为号的情况。[3]故中等茶所占数量居多,同时又有部分低档茶。宋子安《东溪试茶录》中把茶分为七类,其中丛茶“丛生,高不数尺,一岁之间发者数四,贫民取以为利”,[4]大约是茶叶品种不佳,生产出的茶叶品质只能属低档产品。一般春季所采茶叶品质较好,而秋茶则较差。宋代茶民多采秋茶,这类产品在市场上也只能属较差的产品。宋人李若谷做宜兴县的地方官时,负责收市湖洑茶,对收购办法略作调整:“茶恶者,旧没官。若谷使归之民,许转贸,以偿其数”,[5]使一部分质量不高的茶叶得以投放市场。

第四节 纺织品与其他商品

宋代的商品种类与地区多样性极为丰富,程民生《宋代物价研究》作了详尽的描绘。[6]为免重复,本节仅对大宗商品的产地与流通略加介绍。

---

[1] 〔宋〕周去非:《岭外代答》卷8,《南山茶》,台湾影印文渊阁《四库全书》本。
[2] 方健:《〈宋史·食货志·茶法〉校证》,《中国经济史研究》1990年第3期。
[3] 〔元〕脱脱等:《宋史》卷183,《食货志》,中华书局点校本。〔元〕马端临:《文献通考》卷18,《征榷五》,中华书局影印本。〔清〕徐松等辑:《宋会要辑稿·食货》29之1,中华书局影印本。
[4] 〔宋〕宋子安:《东溪试茶录》,台湾影印文渊阁《四库全书》本。
[5] 〔元〕脱脱等:《宋史·李若谷传》,北京:中华书局点校本。
[6] 程民生:《宋代物价研究》,北京:人民出版社,2008年。

一、丝织品

河北东、西路与京东东、西路，自先秦以来就是桑蚕丝织业的主要地区。宋代，这四路遍布桑柘，几乎所有的州府都有绢帛生产，故《鸡肋编》有“河朔、山东养蚕之利，逾于稼穑”之说。尤以河北东路和京东西路的中南部突出，为北方桑蚕丝织业的生产重心所在。产品种类很多，如绢、罗、绸、绫等，其最著名者为定州刻丝、单州薄缣。主要在北方各地流通，就连契丹、女真人迫使宋朝纳绢时也只要河北绢。[1]亦有运销南方者，如“广南、福建、江淮商旅，率海船贩到蕃药诸杂物，乃至河北、河东等路商客般运见钱、丝帛、绫绢，往往交易买卖，极为繁盛”。[2]元代，马可波罗所见，陕西西安，“田野桑树遍布”，太原“种桑养蚕，产丝甚多”，而山陕在明清时绝少蚕桑。

蜀川，《宋史·地理志五》说：“土植宜柘，茧丝织文纤丽者穷于天下。”章如愚称：“机巧之利，古称青齐，今称巴蜀。”[3]蜀锦质量尤称上乘，“擅名天下”。据林文勋统计，宋代四川丝织品出产州军达31个，比唐代的22州大有增加。[4]成都、彭、汉一带，“平原沃壤，桑麻满野”。梓州，机织户数千家。元代，成都城中，“千家万户夜灯起，机器轧轧满城市”。[5]都江堰两岸，《大元赐修堰碑》载，“碓硙纺绩之处以千万计，四时流转而无穷”。四川丝织品经水陆两路运销全国，吕大防《锦宫楼记》载，“负于陆则经青泥、大散、羊肠九折之坂；航于川则冒瞿塘、滟沉舟不测之险。日输月积，以衣被天下”。蜀锦贩运两广，并由钦州输出交州（今越南），《岭外代答》卷5称：“富商自蜀贩锦至钦，自钦贩香至蜀，岁一往返，每博易运数千缗。”

两浙路是宋代最大的丝织品产地，在北宋各路丝织品岁赋收入中，锦、罗、绫、绢、绸等织品的数额，两浙一路为190万匹，这一数字与京东东、西路与河北东、西路四路的总和不相上下，丝绵数额也以209万两遥遥领先于其他同级

[1] 邢铁：《宋代河北、京东地区的桑蚕丝织业》，载《纪念李埏教授从事学术活动五十周年史学论文集》，昆明：云南大学出版社，1992年。
[2] 《长编》卷409，元祐三年三月乙丑。
[3] 章如愚：《山堂群书考索·续集》卷46。
[4] 林文勋：《宋代四川商品经济研究》，昆明：云南大学出版社，1994年，第41页。
[5] 戴良：《九灵山房集》卷9。

行政区。[1]丝织品上供数，两浙一路独占全国的35.4%，超过河北东西路、京东东西路之总和，到南宋时竟占全国的48.2%。[2]李觏《富国策》第3描述道："平原沃土，桑柘甚盛，蚕女勤苦，罔畏饥渴，急采疾食，如避盗贼。茧簿山立，缫车之声，连甍相闻，非贵非骄，靡不务此，是丝非不多也。"元代仅丹徒一县从事丝织业者即达300余户。[3]

杭州，官营丝织业发达，民营亦不逊色。元徐一夔居于杭州相安里，那里不少富人组织手工作坊，"居工以织"，其《织工对》所记，织工们受值雇佣，以日之所入养家糊口，而技艺出众者，"求倍值者而为之佣"，而各坊主亦高价竞相雇请，"得一工胜十工，倍其值不吝也"。

越州，丝织品数量大，南宋时绍兴府绢帛岁赋额占整个浙东路的一半。产品质量也居上乘，嘉泰《会稽志》卷17所载诸暨县所产绢，"甚轻匀，最宜春服，邦人珍之"，以杭州为主要市场。宝庆《四明志》卷4载剡县机户所织"强口布"，销售范围则要远一些，达到太湖平原，"商人贩妇，往往竞取，以与吴人为市"。《鸡肋编》卷上所载奉化县的丝，"密而轻，如蝉翼"，销售市场更广，其中寺院尼姑所织"寺绫"者，质量高超，名著天下。

婺州，是著名的"婺罗"之故乡，下属各县都盛产各类精美的丝织品，如金华县以县城为盛，"县治城中，民以织作为生；号称衣被天下"。[4]义乌县则分散于山区村落中，"山谷之民，以织罗为生"，但以八乡牙人为媒介，形成了一个有机的收购—销售网络。[5]东阳县的花罗，《鸡肋编》称其产品质量"不减东北"，与河北、京东等传统最佳丝绸比肩齐名。邻近的严州也类似，"州土穷瘠，唯产蚕桑"。钱塘江上游的徽州，五代以前，素来拙于机织，所产绢类皆轻纰脆弱，南宋时已是另一番景象，"徽州民尽力蚕桑，所织绢帛不异他郡"。[6]

湖州，以绢名闻四方。这里桑蚕丝织业相当普遍，专业户以绢易米，较之衣耕生产更容易维持生计，有的规模还不小，嘉泰《吴兴志》卷17载，"本郡山

[1] 《宋会要辑稿·食货》卷64，"布帛"。
[2] 张学舒：《两宋民间丝织业的发展》，载《中国史研究》1983年第1期。
[3] 至顺《镇江志》卷6。
[4] 刘敞：《公是集》，先考益州府君状。
[5] 《宋会要辑稿·食货》卷18之4。
[6] 《宋会要辑稿·食货》卷68之13。

乡以蚕桑为生计，富室育蚕数百箔，兼工机织”。杭州部分地区与此类似。这一带的丝织品，除了正常的市场流通外，苏州秀州农户夏税物帛，也取给于此，由商人、揽人收购交纳官府。湖丝输出颇盛。温州是两浙另一个丝织业产地，将湖丝加工成高质量的克丝，精巧绝伦，价格昂贵。[1]

江南西路与东路，也是重要的纺织品产区，其中以抚州纱最为著名。临川、上饶一带的醒骨纱，《清异录》卷3称“夏月衣之，轻凉适体”。而抚州莲花纱，则畅销汴京，《萍洲可谈》卷2称“都人以为暑衣，甚珍重”。以抚州为中心的纱纺织业，商品生产已形成一定规模，商品销售也自成网络。《夷坚支志》癸集卷5载，抚州巨商陈泰，“每岁辄出捐本钱，贷崇仁、乐安、金溪诸绩户，达于吉之属邑，各有驵主其事”。这里，商品生产已有商人资本的渗入，而营销网络跨州连郡，足见产量之大。其中一个重要原因，就是拥有广阔的销售市场，北入京西，远达汴京，东至杭州，西及巴蜀。吴曾《能改斋漫录》卷18载，北宋初，一个临川人凭借其裁纱制帽的技艺，只身北上京师售纱帽为生。《夷坚志》补志卷10、三志补集，分别有携纱入西川经商、至襄阳贩售的记载。

图7-6　南宋纺织

二、麻布

在元明以后棉布成为中国最主要织物之前，麻布是百姓最主要的衣服原料，有着广阔的市场。福建是宋代最大的麻布商品基地，产品为两浙、江西等地民众所衣用，并远销淮南以远。在江西路，官府向民间征敛的布匹，实际上

[1] 康熙《温州府志·土产》引旧志。

大量收购于福建，“自来于福、泉、漳州、兴化军四处，置场收买”。天圣末年一次就达50 000匹。[1]浙东一带，嘉定《会稽志》卷17载有“越人衣葛，出自闽商”之谚，而福建商人在当地收买麻布，从海道或陆路运销两浙，此类事例屡见于史籍。《夷坚支志》戊集就有两则记载，一则是长乐巨商陈公任鸠合乡里众商合伙买布贩运，另一则是张世显兄弟为首的一群商人，合议买布自福清发船同往浙江。

广西，处处皆产麻，麻布织作者众，五代时产量较大，供过于求，但因市场发育程度低，以至销路不畅，《宋史·陈尧叟传》载，“每端止售百钱，盖织者众，市者少，故地有遗利，人无资金”。宋政府置官场收购，为交广苎麻打开销路。李攸《宋朝事实》卷8所谓“树艺之民，相率竞劝。轴杼之功，日以滋广”。

蜀川产布州军，据林文勋统计达25个，比唐代的11州郡增加了一倍多，品种有交梭布、高杼布等十余种。由商人贩运、官府和买或调拨的四川布匹大量运往陕西，天圣年间，程琳知益州时，“岁市布织缣数千万以给秦陇戍军”。[2]《宋史·食货志》载，熙宁年间，官府于彭、汉二州买布各十万匹，运入陕西贩卖，“以布息助茶利”。

南方多为苎麻、葛麻，北方则以大麻为主，河东为盛，“寡桑柘而富麻苎”，北宋中期河东输入朝廷的麻布达15万多匹，居全国第一位。[3]宋元时苎麻种植北移，元代河南引种苎麻，“滋茂繁盛，与本土无异”，居民已深荷其利。中原地区已使用水转大纺车，昼夜纺绩可达百斤。其质量亦不逊色，“比之南布，或有价高数倍者”。[4]

三、棉花与棉布

棉布北宋时在福建、广东率先行世，彭乘《墨客挥犀》说：“闽岭以南多木棉，土人竟植之，有至数千株者，採其花为布，号吉贝布。”南宋时期已逾岭峤而向江南西路、两浙路、江南东路逐步推广和扩展，从而到元代初年成为这些

---

[1]《宋会要辑稿·食货》64之21—22。
[2]《长编》卷188，嘉祐三年十二月条。
[3] 参见韩茂莉：《宋代农业地理》，太原：山西古籍出版社，1993年，第260页。
[4]《农桑辑要》卷2、卷22。

地区的一项重要物产。[1]马可·波罗说，福州“纺棉作线，染后织为布”，运销南方各地。

元代，棉花种植与棉布的功效逐渐得到认识，可谓“不麻而市，不茧而絮”，较之蚕桑丝织，棉布茸密轻暖，可抵缯帛，又“无采养之劳，有必收之效”，南北各地都适用。于是政府开始推广植棉，并向民间征收木棉布。江淮川蜀从棉花棉布中普遍获其刊，棉布之名开始出现，并商贩北方，“服被渐广”。[2]松江府开始崭露头角。陶宗仪《辍耕录》记元初这里棉花棉布生产时说：“松江府东去五十里许曰乌泥泾，其地土田硗瘠，民食不给，因谋树棉，世以资生业。”黄道婆从海南崖州来，借鉴改进，发明了捍弹纺织之具，“至于错纱、配色、综线、挈花，各有其法。以故织成被、褥、带、蜕，其上折枝、团凤、棋忆、字样，灿然若写”。仰食者千余家，从而使乌泥泾为中心的松江府迅速崛起成为我国棉布生产基地。

四、陶瓷

晚唐至两宋是我国陶瓷史上百花争艳的时代，名窑遍布全国，品种多样，各有市场。这和明清时期景德镇瓷窑一枝独秀的局面迥异。宋金时期，北方各类瓷器大部分可归属于定窑、磁州窑、钧窑、耀州窑四大窑系。南方更多，两浙、江东、江西、福建、广东及广西都有大量分布。

景德镇自汉代生产陶器，唐初已能烧造瓷器，时为昌南镇。唐武德年间，镇民陶玉者，载瓷入关中，称为假玉器，且贡于朝，于是昌南镇瓷名天下。宋代景德镇青白瓷以日用器皿为主，饮食用具有碟、盘、碗，酒具有注子、注碗、杯、托子，卫生用具、照明用具、香熏化妆用品等也不少。市场的扩大，推动商品生产，吸引着周围各县农民弃业冶陶，以致“临川、建阳、南丰他产有所夺”。[3]元人蒋祈《陶纪略》说，景德镇有窑300余座，“窑火既歇，商贾取售。而上者择焉，谓之拣窑。交易之际，牙侩主之。……运器入河，肩夫执券”。其销售

[1] 漆侠：《宋代经济史》上册，上海：上海人民出版社，1988年，第144页。
[2] 王祯：《农书·木棉序》。
[3] 蓝浦：《景德镇陶录》卷5、卷7。

地域非常广阔，并根据各地不同的风俗习尚制造相应的产品，浙之东西，器尚黑黄，荆湖川广器尚青白。至明清时期，景德镇瓷器在全国市场的地位更为突出。

南方陶窑，著名者还有处州龙泉的哥窑、弟窑，所产青瓷行销国内外。福建建窑、德化窑、广东潮州窑等，产品亦大量输出海外。2008年出水的“南海一号”宋代沉船所载主要是瓷器，有白瓷、青瓷、青白瓷、黑瓷、铅绿釉陶和酱黑釉陶等，器类以各种型式的碗、盘、罐、盒、瓶、壶为主。这批陶瓷器分别来自宋代南方地区著名窑系—景德镇青白瓷系、龙泉青瓷系及福建地区与外销瓷密切相关的诸多窑口。经专家鉴定这些瓷器基本上属于南宋时期；这些瓷器在烧制好后随即作为销售商品被运送到船上。[1]

图7–7　宋代沉船“南海一号”2007年出水的精美宋瓷

北方名窑中，河南曲河镇，是宋代登封三大镇之一，附近绅庙有碑记云：“宋时窑场环设，商贾云集，号邑巨镇。金元两代亦归淹没。”[2]陕西耀州，现存元丰七年所立《德应侯碑》载，“居人以陶器为利，赖之谋生”，为衣食之源。[3]耀州瓷耐久，市场广阔。黄堡镇，是耀州瓷产地，号称“十里窑场”。徐州萧县北白土镇，有“三十余窑，陶匠数百人”。[4]河北定窑则始于唐而终于元。

五、蔗糖、果品、花卉

甘蔗与蔗糖产区在南方各路都有分布，而以四川、福建、两浙为盛。太湖平原有“甘蔗盛于吴中”之说，四川以遂宁霜糖质量冠于全国，福建则在南宋得到突出发展。福建的蔗糖商品生产颇盛，在建宁郡，山多田少，而民间多费良田以植蔗。福州、兴化军也是如此。其产品外销江南及北方市场数量大，

[1] “南海一号”宋代沉船遗址前期科考成果展，CCTV.com，2008年5月12日。
[2] 转引自《中国陶瓷》，上海：上海古籍出版社，1994年，第390页。
[3] 转引自杨德泉、任鹏杰：《陕西在宋代的历史地位》，载《中日宋史研讨会中方论文选编》，保定：河北大学出版社，1991年。
[4] 《夷坚丙志》卷4。

仅仙游县,“岁入淮浙者,不知其几千万石”。[1]《螺江风物志》描述其盛况云:“万瓮竹络,于以奠之,千艘挂楫,顺风扬帆,不数日而达于江、浙、淮、湖都会之中。”

柑橘,广布于南方各路,以两浙的太湖洞庭山、温州、江西吉州等处最有名。元代王祯《农书》谓“江浙之间,种之甚广,利亦殊博”。韩彦直《桔录》说,温州四县俱种柑橘,“桔出温郡最多种”。柑橘及其加工品,市场遍及江浙,“岁当重阳,色未黄,有采之者,名曰摘青,舟载之江浙间。青柑固人所乐得,然采之不待其熟,巧为商者间或然耳”。在太湖洞庭山东西两岛上,《归田录》载:“地方共几百里,多种柑橘、桑麻,糊口之物,尽仰商贩。”甚至橘皮也加工远销,陈舜俞《山中咏桔》诗有云:“争晒已残皮,趁市商船急。”

江西金橘,唐代就是当地美食,张九龄曾赋诗歌咏之,其《感遇》诗云:“江南有丹橘,经冬犹绿林,岂伊地气暖,自有岁寒心。可以荐嘉宾,奈何阻重深。”可知销售不广,宋初仍是如此,后来逐渐价重京师。其金柑,“商贩小株,才高二三尺许,一舟可载千百株”。[2]吉州橘,《归田录》卷2所记,人们已掌握了储存方法,与豆合藏,“可经时不变”。其他地区种植亦多,在江东南康军,苏轼《舟次浮石》诗描写道:“幽人自种千树桔,远客来寻百合花。”在岭南,《鸡肋编》分载,“广南可耕地少,民多种柑橘以图利……惟树多蚁,则虫不能生。故园户之家,买蚁于人”。

荔枝,专业产地主要在福建、岭南和四川。据蔡襄《荔枝谱》,福建荔枝最为著名,市场最为广大,“名彻京师,外被夷狄,重于当世”。沿海州军各有特色,“福州最多,而兴化军最为奇特,泉、漳亦时有名”。专业生产形成规模,“一家之有,至于万株”。[3]其市场广布南北各地,并延及塞外和海外,“水浮陆转,以入京师,外至北戎、西夏,其东南舟行新罗、日本、流求、大食之属,莫不爱好,重利以酬之。故商人贩益广,而乡人种益多。一岁之出,不知其几千亿”。岭南的荔枝分布很广,范成大《桂海果志》说:“荔枝自湖南界入桂林,才

[1]　方大琮:《铁庵方公文集》卷21,项乡守博文。
[2]　张世南:《游宦纪闻》卷2。
[3]　《三山志》卷41。

百里便有之。”四川戎州(南宋叙州,今宜宾),“多以荔枝为业,园植万株,树收一百五十斛”。[1]王氏和廖氏,世代以种植荔枝为业,富甲一方。

洛阳牡丹,始见于唐代,但闻名天下则是宋代的事。宋代洛阳大兴栽种牡丹营利之风,品种多达90多种,其中“姚黄一接头,直钱五千。秋时立契买之,至春见花,乃归其直”。主要出售于城市。[2]

四川天彭引种洛阳牡丹,胡元质《成都牡丹记》说开始于后蜀之宫廷,后蜀亡于宋,花散落民间,谋利之民精心养植,“每本或获万钱”。陆游《天彭牡丹谱》载,北宋末年又从洛阳引植,“花户始盛,皆以接花为业。大家好事者,皆竭其力以养花……花户连畛相望,莫得其姓氏也”。有种植千本者。其价不菲,“双头红出时,一本花取直至三十千。祷云初出,亦直七八千”。由于市场需求的呼唤,“花户岁益培接,新特接出,将不特此而已”。

著名的扬州芍药,宋代进入极盛。种花之家,园舍相望,多者至数万根。而“四方之人,尽皆赍携金帛,市种以归者多矣”。[3]

六、竹木

大规模的城市建设与水利事业,使竹木耗用日多,许多地区资源已趋匮乏,正如沈括《梦溪笔谈》卷24所说:“今齐鲁间松林尽矣,渐至太行、京西、江南,松山太半皆童矣。”由此,竹木的远距离运销不断增多。

秦陇山区是北方最大的竹木产地,供给京师等地广大市场。京师官私建筑所用竹木,多来自陕西。如仁宗时,陕西供给京师等地的大料,每年79万余条,竹150万余竿。[4]

江东、两浙山区,则是南方最大的竹木商品供给地,杭州、太湖平原都仰给于此。江东之宣州、歙州木材东入两浙,源源不断,途经严州,过税成为严州的一大收入来源,楼锡为政,三个月即得杉木税钱10万缗,因此严州人

[1] 《蜀中广记》卷62,方物记。
[2] 欧阳修:《居士外集》卷22。
[3] 吴曾:《能改斋漫录》卷15。
[4] 《包拯集》卷7,请权罢陕西州军科率。

说:“吾州无利孔,微歙杉,不为州矣。”[1]歙杉外运之多,可见一斑。歙杉除东运两浙外,也销往于江西。歙州还出现木材的商品种植,《骖鸾录》载:“土人稀作田,多以种杉为业,杉易生之物,故取之难穷。”木材商人时称木客,其势力很大,他们竟然能勾结地方官吏,废罢五堰拦水坝,以利其木材运输畅通无阻。[2]两浙路之睦州,“民物繁庶,有漆楮竹木之饶,富商巨贾多往来江浙”。[3]

湖南雪峰山区、江西南部山区的商品竹木,顺江而下至淮南、建康府。所谓“客人多自江西、湖南贩运斛斗竹木前来建康府”。[4]湖南木材多运销淮南的真州、扬州等地,张耒《续明道杂志》载:“连、辰、邵等州,其山多大木,由中人售,板直甚贱,又多以缯布、鱼、牛、羊肉等相易,而至真州货获厚利。”郑獬自湖南罢官后,买巨杉数千枚,下淮扬,获息十倍。江西南部木材的流向与此类似,吉州永新、龙泉等地供官府造船的枋木,就由商人兴贩。信州是鄱阳湖流域东部的木材产地,供应平原地区,在饶州,信杉是仅次于香木的良材。

七、铁器

北方的铁冶中心集中于京东东路的兖州、徐州以及河北东路的磁州、邢州等地,它们多为官营。而南方,四川邛州的铁冶业自秦汉以来持续发展,其他几大新兴铁器铸造中心,民营色彩较强,常为人们忽视。

淮南东路的舒州,宿松县汪革烧炭冶铁,势大财雄,公然聚众与官府对抗,足见其规模庞大。望江县有富翁以铁冶起家,以钱三万购买炭窑以缓燃料之急,亦可见其规模不小。[5]邻近的无为军庐江县,元代时曾有刘宗海冶铁炉,“煽役者常千人”。[6]

福建路兴化军、福州一带铁冶日盛。莆田县“海滨有铁沙场,舟载陆运,

[1] 楼钥:《攻媿集》卷85。
[2] 《苏东坡全集·奏议集》卷9,录进单锷吴中水利书。
[3] 《长编拾补》卷42。
[4] 《宋会要辑稿·食货》17之34。
[5] 岳珂:《程史》卷6、卷2。
[6] 王礼:《麟原集·前集》卷3,刘宗海行状。

凡数十里,依山为炉,昼夜火不绝”。[1]淳熙《三山志》卷41载,永福、永德铁器通过泉、福等地“转海兴贩”,占领了两浙市场。元代江浙行省之庆元路,至正《四明新志》卷5说:“生铁出闽广,船贩常至,冶而器用。”

八、纸张与书籍

北方以桑皮为原料造纸,以汴京为中心。江浙一带纸张以嫩竹、藤、麦茎为原料,产地以江东之徽州、两浙之嵊县最为著名。杭州“以造纸为业,老幼勤作,昼夜不休”。[2]徽州竹纸,“麦光、白滑、冰翼、凝霜”,龙须纸为其代表。嵊县以剡溪藤制成剡纸,余杭的由拳纸、温州的蠲纸,产量较大,运销范围广。如徽纸运销另一造纸中心蜀川,元人费著《笺纸谱》说:“客贩至成都,每番视川笺价几三倍。”成都以造纸为业者“数十百家”,造纸多以麻为原料,如著名的薛涛彩笺。虽然路途遥远,川笺仍远销全国各地,其价贵重。

11世纪中叶毕昇发明胶泥活字印刷,元代王祯发明木刻活字,书籍印装业有了飞跃性的发展。宋元印书中心,北方宋为汴京,元为大都,南方更为发展,杭州、成都、福建等地各有所长。叶梦德比较各地异同优劣说:“今天下印书,以杭州为最,蜀本次之,福建最下。京师比岁印板,殆不减杭州,但纸不佳。蜀与福建多以柔木刻之,取其易成而速售,故不能工。福建本几遍天下,正以其易成故也。”[3]福建民间书籍印刷与销售很突出,虽然质量不属上佳,但市场广阔。福建长汀四堡,民间“皆以书籍为业,家有藏版,岁一刷印,贩行远近”。[4]由于雕刻印刷的扩大,一些朝政大事的印刷品也流入民间,引起朝廷的重视。在蜀川,“朝廷大臣之奏议,台谏之章疏,内外之封事,士子之程文,机谋密画,不可漏泄。今乃传播街市……流布四远”。[5]在两浙一带,这类书籍甚至大量流向高丽等地。

此外,砚以广东端州为最,歙砚则是后起之秀。墨则以徽墨为珍品,川墨

[1] 弘治《兴化府志》卷12,引绍熙志。
[2] 乾隆《杭州府志》卷80,引元代史实。
[3] 叶梦得:《石林燕语》卷8。
[4] 扬澜:《临汀汇考》卷4。
[5]《宋会要辑稿·刑法》2之125。

亦为东南士大夫所尚。

九、奢侈品

香料具有上好的药用价值，珠玉金银据传也有保健作用，更重要的是，奢侈品价格昂贵，它们是身份与地位的体现和象征。惟其如此，它们在大城市和上层社会具有可观的市场。陆游《老学庵笔记》卷1描述，京师贵族，“车驰过，香烟如云，数里不绝，尘土皆香”。犀象“为世所贵，其价不赀”；[1]香料如白笃䙜，曾糙《高斋漫录》载每两值钱20万；珠玉价格数十倍上涨，而富贵阶层为之一掷千金。由于价格高昂，数量亦庞大，因而奢侈品在宋代商品价格总额构成中仍居显著的位置。

各种奢侈品主要来源于海外诸藩，即东南亚、南亚乃至以远各国，珠玉在岭南有采制，但宋初加以禁止，使其数量受到很大限制。海外贸易的输入品，大多为香料等奢侈品，如南宋曾有一艘漂至福州甘棠港的商船，所载沉檀香即达数千斤。[2]奢侈品主要由广州、泉州等港口运销各大城市。五代时岭南的南汉王即借此立国，并能穷奢极侈。泉州多取海道至两浙、京东等港口，或穿越武夷山，在南平分道，西行至洪州，北行入浙东。广州则由传统的大庾岭商道转赣江，北宋时入淮南上汴京，南宋时入信江折而向东，经衢州至临安。此外，亦由钦州逆西江通黔、蜀。这几条香料运输道是宋代最重要的水陆联运路线，可以说是由历代以来的香料贸易所开拓的，从经济史的角度而言，这应该是香料贸易最大的贡献所在。

---

[1] 李攸：《宋朝事实》卷61。
[2] 《夷坚乙志》卷8，无缝船。

第八章
宋元货币与资本

第一节　钱楮并用的时代

10到14世纪，是中国货币史上飞跃性发展的时期，这就是世界最早纸币的产生和钱楮并用时代的展开，贵金属白银也开始成为货币流通舞台的主角。

一、币制的复杂性与割据性

五代两宋金元五百年间，既是中国货币史上的巨大飞跃阶段，也是币制最为复杂多样的时期，或者毋宁说，是在复杂多变的状态中实现了货币流通的大发展。币制的复杂性在币材与交易形式的多样化方面得到充分的体现。承唐代遗风，加之市场发展严重的地区不平衡，物物交易与绢帛等实物货币仍时可见之，尤其是乡村交易，所在多有。事实上，这种现象，终传统社会之世，都没有止绝。铜钱是流通最广的法币，在部分地区，则有另一种贱金属货币铁钱取代或部分取代铜钱的地位。同时，铸币符号——纸币超前产生，与铜钱并行不悖。而贵金属货币金银登上历史舞台，行用渐广，金国与元朝还出现贵金属铸币。像这种币材纷出，币制如此多样复杂，不唯在中国历史上，而且在世界货币史上可能都是少有的。

货币流通的割据性使本来复杂的币制更趋多样。五代十国时期，中原的梁、唐、晋、汉、周五个王朝，及与之并存的十个割据政权，如湖南的楚、岭南的南汉、江南的南唐、四川的前后蜀，都曾各自铸造过铜钱，币制纷繁错乱。同时由于全国范围内铜钱的普遍缺乏，各国竞相封锁，阻止铜钱出境，并各自铸造铁钱或铅锡钱，进一步加剧了货币流通的割据性。

宋朝削平诸侯，但与政治统一大异其趣，货币流通从未出现天下一统的局面。宋初听各地“仍用铁钱”，政治经济稳定后，铸币权收归中央，但币制割据依然。四川四路专行铁钱，陕西两路铜铁钱并行，其他十三路行使铜钱。

纸币产生后，其行用仍然呈现割据局面。交子最初局限于四川，后来逐渐扩及陕西、河东。钱引取代交子后，也没有通行全国，闽、浙、湖广广大区域内不行钱引。南宋楮币也是区域性的，会子、淮交、湖会，各有流通地域。金国的交钞，以一级行政区路为单位，各自印行流通，并多局限于黄河以南。

如果说五代十国是由于政治的分裂造成货币流通的割据，那么，宋金货币流通强烈的地域性，固然也与分裂的状况相关，但根本的原因则是铜钱的严重不足和市场发展的不平衡性与地区封闭性所造成的。

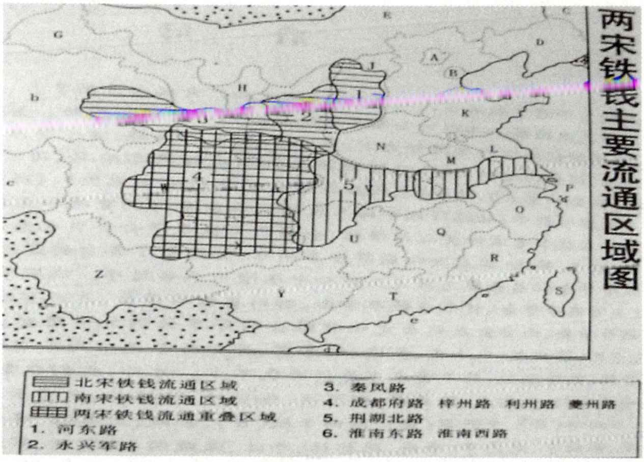

图8–1　两宋铁主要流通区域

图8–2　南宋临安府钱牌

二、钱荒的长期困扰

中晚唐以来的钱荒延至宋金始终仍是困扰市场的一大突出经济现象。钱荒就是通货紧缩，即货币流通量不足。宋金各地普遍存在，尤以江淮最为强烈。

人口的增加,市场的扩大,商品价格总额大幅度增长,市场对流通手段量的需求随之上升,而铜钱的供给与流通滞后,遂致钱荒。正如沈括庆历年间所说:“今天下生齿日蕃,公私之用日蔓。以日蔓之费,奉岁蕃之氓,钱币不足,此不足怪。”[1]熙宁变法之后,赋役制度的变更进一步扩大了市场商品供给与需求,加剧了铜钱的短缺。苏轼兄弟对此异口同声,苏辙说,熙宁以前,两税以谷帛折纳,“钱之入官者,惟有茶、盐、酒税而已。然方是时,东南诸郡尤苦乏钱……自熙宁以后,民间出钱免役,又常平息钱,官库之钱贯朽而不可较,民间官钱搜索殆尽”。苏轼也同时惊呼,“浙中自来号称钱荒,今者尤甚”。[2]

或问,北宋仁宗时年铸币量100余万贯,神宗熙宁末年300余万贯,元丰三年更高达500多万贯,远远超过唐代铸币额,如此巨额的铜钱还不能满足货币需求量吗?商品价格总额的增长速度超过了如此迅速的铸币增加速度么?姑且不论两者的增长速度是否一致,必须注意,铸钱额并不代表流通手段量。马歇尔在《货币、信用与商业》第1编第1章中指出:“恰恰在最需要货币来执行其职能的时候,它的实际数量反而有减少的危险。”对流通手段量迫切需求的宋代,这种潜在的危险变成了现实,并且日趋严重。虽然宋廷大幅度增加铜钱铸造额,但是进入市场中介流通的货币量并没有同步增长。一方面,铜钱绝对数量的增加受到诸多因素的阻遏,大量铜钱退出流通领域;另一方面,货币流通的滞缓,使得铜钱的相对数量的增加也大打折扣。

铜钱退出流通的渠道主要是外泄和私销。铜钱或者作为货币价值形态或者作为美学价值形态大量倾销到周围的“蛮夷之邦”,当时举朝上下对此议论不绝于耳,禁止铜钱出塞、出海的诏令日益严厉,但始终难以阻止铜钱外泄之势,现今东亚、东南亚远至东非各国都有不少宋钱出土。私销则是由于民间铜料市场供不应求,币材价格高于币面价格竟达5倍,《宋史·食货志》说:“销熔十两得精铜一两,造作器用,获利五倍。”如此高额利润,导致私销屡禁不绝。

货币流通速度在前资本主义社会一般都比较缓慢,宋金则因官私积藏不

[1]　沈括:《梦溪笔谈》卷12。又见《长编》卷238。
[2]　分见苏辙:《栾城集》卷38、苏轼:《苏东坡全集·奏议集》卷6。

发更为严重。中唐以来，钱癖之风已盛，这是简单商品经济下落后观念所致，币材价格与币面价格之差额进一步扩大，私蓄之风更烈，“豪猾兼并之家，居物逐利，多蓄缗钱至三五十万以上，少者不减三五万，滞钱货使不流通”。[1]考古发现也表明，宋钱窖藏数量极为惊人，动辄数十万。宋廷各级官府也积存着巨额货币没有及时投放市场，往往官府存量最多之际就是钱荒最烈之时。元祐元年，户部尚书李常建说：“伏见现今常平、坊场、免役积剩钱共五千余万贯，散在天下州县，贯朽不用，利不及物。”[2]5 000多万贯，相当于北宋政府铸钱高峰期约20年的总铸币量，钱荒之积重难返，此足以为证。金国铸币量极为有限，而官府积钱不亚于宋。连金世宗也发觉了财政体制对货币流通的阻碍，他为之无可奈何：“官钱积而不散，则民间钱重，贸易必艰。”[3]货币流通的滞缓，实际上就是市场流通手段量的相对减少，沈括对此已有清醒的认识，他在《梦溪笔谈》中说，如果法币“迁而不已，钱不可胜计……使流转于天下，何患钱之不多也”。

楮币行世后，应该对通货紧缩有缓和作用，不过，铜钱不足的现象仍没有消失。如果说北宋的钱荒与通货紧缩如影相随，那么，南宋的钱荒则与通货膨胀交相促发；前者出现钱重物轻，后者则是钱物皆重。《宋史·食货志》说：“夫钱贵则宜物轻，今物与钱俱重，此 世之所兴扰也。”兴扰之源，来自楮币。

南宋单是东南会子的年发行量就十倍甚至百倍于北宋铜钱年铸造额，货币流通量的不足已不复存在，为什么人们仍然觉得钱荒呢？更为重要的是，为什么铜钱的不足会成为货币流通领域的一大症结长期困扰着市场，并造成流通混乱及种种经济问题呢？如果会价稳定，人们都乐于使用，并且与铜钱无二，那么铜钱的不足就会为会子的顺畅流转所弥补，不致成为货币流通的一大症结而存在。事实则不然，会子仅仅具备有限法偿力，在市场行为人看来，它始终不如硬通货保值，不用说民间，即便会子的发行者，都以钱为重，而

[1] 宋祁：《景文集》卷28，乞损豪强优力农札子。
[2] 《长编》卷384，元祐元年八月丁亥。
[3] 《金史·食货志》。

且官府为了搜括铜钱，规定以“钱会中半”等比例强制性地交纳赋税，这又降低了会子的法偿力。《金史·食货志》载金国也强制性地规定使用交钞，承安三年，在部分地区诏令“一贯以上俱用银钞、宝货，不许用钱，一贯以下听民便”。会子的局限性还在于，其货币职能形态不完整。它虽然有效地充当了价值尺度和流通手段，但支付手段的职能有限，官府所规定的完纳赋税就只能有一半由会子支付。至于贮藏手段，会子则全然不具，且不说会价的贬值，只论界满回收以低价兑换新会一条，自然就使任何人也不会把它当作财富贮藏起来。

这种状态随着会子的泛滥与贬值而日益严重，法偿能力日趋下降，货币职能形态日趋残缺，并使会子进而成为信用不佳的劣币。此时格雷欣定律便产生作用，作为劣币的会子驱逐良币铜钱。叶适揭示这一现象道：“凡今之所谓钱者，反听令于楮，楮行而钱益少……大都市肆，四方所集，不复有金钱之用，尽以楮相贸易。”[1]铜钱则不然，作为主币它具有无限法偿特征，作为硬通货它具有完整的货币职能形态，而随会子的贬值它愈益坚挺，保值性愈强。可以说，正是会子的局限与贬值加强了铜钱的货币地位。诚如戴植《鼠璞》所云：“楮多而易得，则金钱贵重。”杨冠卿也说：“楮虚也，其弊又不可言也；钱实也，藏之而无弊也……吾何若以吾之实而易彼之虚哉？”

由此形成对立的两极：一极是官私市场对铜钱的大量需求，一极则是会子将铜钱驱逐出市场，钱荒复燃势所难免。由此可见，物重因于楮，钱重亦因于楮，会子的不完善性及其转化为劣币，正是南宋钱荒的根源。由于会子的驱动，大量的铜钱在流通领域之外沉淀下来。《宋史·食货志》一针见血地指出：“楮便于运转，故钱废于蛰藏。”叶适《财计》一文也说：“夫造楮之弊，驱天下之钱，内积于府库，外藏于富室。”富商权贵皆盈室以藏，数量相当大，“多者至累百巨万，而少者亦不下数万缗”。[2]

南宋钱荒随着会子的日渐贬值而日益严重，所谓“楮日轻，钱日重；楮日泛滥，钱日匮乏”。其程度较之北宋有过之而无不及，因为，导致钱荒的原因

[1]　叶适：《水心先生文集·别集》卷2，财计中。
[2]　李心传：《建炎以来系年要录》卷182，绍兴二十九年六月丙申。

中，会子的驱动为南宋所独有，而北宋时存在的因素此时则更严重。铜钱退出流通的重要渠道——外泄，随着海外贸易的日益增多和深入不断扩大。相反，遏止钱荒的一大因素——作为货币发行者的政府所发挥的制约与调节作用则减弱不少。

北宋政府通过增加铸钱额或多或少削弱了钱荒的危害，同时也减缓了物轻钱重与通货紧缩的趋势。南宋复杂得多，由于钱荒与通货膨胀交相并发，顾此则失彼，宋廷陷入难以自拔的两难处境：如果要减轻钱荒，则必须增加铸钱或造楮，而这样又会进一步促动通货膨胀，正如戴植《鼠璞》所云："如欲钱与楮俱多，则物益重矣"；相反，如果要抑制通货膨胀，则必须减少铸钱和造楮，而这样也难免加剧钱荒。面对两难困境，宋廷无所适从，相反，迫于财政压力，它做出的选择是置两者于不顾。一方面，大量增印楮币，这不仅继续拉大通货膨胀，而且会子的贬值又刺激了铜钱退出流通而加剧钱荒；另一方面，宋廷对铸钱日益忽视，或者说是无力重视。既然造楮简便而省事，钱监也随之管理松懈，日益荒废。钱监的荒废不仅使铸钱能力下降，而且使铸钱成本上升，"费尽二十文之本，方成得一文之利"，[1]在这种状况下增加铸钱是绝对不可能的。这样一来，号称治国之本的铸钱大事在南宋陷入恶性循环之中：重于造楮，必然轻于铸钱；轻于铸钱，又使成本上升，难于铸钱；既然如此唯有进一步增加造楮。这种状况将钱荒与通货膨胀也一并拖入恶性循环的泥淖之中。

钱荒的日益加剧，导致私铸之风盛行。李觏《富国策》第8说："重湖大江，穷山深谷，风涛所阻，猛兽所在，人不得见，吏不得呵。"因此出现"市井所用多私铸小钱"，伪钱、轻薄钱泛滥成灾。官府也设法增加新的流通手段，沈括曾建议将盐钞、金银等作为货币来使用。宋金时期纸币的迅速发展，金银转化为货币，与钱荒的作用有很大关联。

元代铜钱退居辅币位置，元钞面额虽为铜钱文贯，但实际只与银或金相权。至元十七年(1280)，废宋金铜钱，公私出纳贸易概以宝钞为准。

[1] 包恢：《敝帚略稿》，禁铜钱申省状。

三、两宋金元纸币的产生与发展

1. 北宋纸币的诞生：从民间创新到国家规范

唐代的商人发明“飞钱”，信用货币在市场发展的进程中诞生。北宋进一步形成一种制度，出现了便钱务的专门机构。《通考·钱币考》载，宋太祖时，“取唐代飞钱故事，许民入钱京师，于诸州便换”。令商人在开封入钱左藏库，交纳2%的手续费，领取特定的券证，至各州即可以券取钱。自开宝三年设便钱务，至道末年，商人便钱达170余万贯，天禧末年增至280余万贯。这一史实足证便钱这一信用手段便利了商人的市场活动。

与便钱相类者还有“交引”，这是围绕入中法或茶、盐等专卖产品而进行的。据《通考·征榷考》《宋史·食货志》等记载，商人在京师入纳铜钱或金帛，领取交引，即可在江淮六务十三场等地支领茶叶，转贩各地买卖。另外一种途径是，商人向沿边入中军用粮草，持券至京师，经交引铺为之保任(后来则直接至中央榷货务)，支领现钱。交引已经在京师等市场作为证券买卖流通，形成证券市场。开封的交引铺和各地茶商，就有从事交引买卖而获厚利者。

以开封为中心的便钱、交引等信用票据，是以政府信用为基础的，而四川则出现以大商人资本为信用依托的“交子”。成都平原是宋代最发达的区域之一，但行用铁钱，货币流通的矛盾较其他地区更为尖锐。“川界用铁钱，小钱每贯重六十五斤，折大钱一贯重十二斤。街市买卖至三五贯文，即难以携持。”[1]因此交子在民间自发产生，王小波、李顺起义后四川市场已出现交子，只是比较混乱，“民间钱益少，私以交子为市。奸弊百出，讼狱滋多”。李埏据此确认四川交子出现于10世纪后期，[2]至为精当。初期交子与交引无异，和飞钱一脉相承，所谓“楮之始行，非以为楮，以楮飞尔”。[3]仍是一种信用票据，尚未形成统一形制，手续费较开封便钱多1%。正如元人费著《楮币谱》所记：

[1] 李攸：《宋朝事实》卷15，财用。
[2] 李埏、林文勋：《宋金楮币史系年》，昆明：云南民族出版社，1996年。本段纸币之述，多有参考。
[3] 徐鹿卿：《清正存稿》卷1。

“蜀民以钱为重，难于转输，始制楮为券。表里印记，隐密题号，朱墨间错，私自参验，书缗钱之数，以便贸易，谓之交子。凡遇出纳，本一贯取三十钱为息。”

1004年前后，交子的发行权由官府授权富民16户主持，以缓解民间交子的混乱与奸弊诸问题。16富户连保作交子，定期聚会商量，于每年丝蚕米麦将熟之际，印造一两番交子。形制规范统一，“同用一色纸印造，印文用屋木人物，铺户押字”。交子信用提高，使用推广，“无远近行用，动及百万贯，街市交易皆用之”。整顿后的交子，完成了由信用票据向纸币过渡的决定性的一步。但它仍然是信用货币，“书填贯，不限多少”，[1]说明交子面额还没有统一印制，类似于支票。

由于16富户兴衰不定，交子弊端丛出。1023年，宋廷置益州交子务，次年正式发行官营交子。官营交子，规范严格，分届发行，每届行用期为两年，准备金为铁钱36万缗。票面额自1贯至10贯不等。至此，交子作为铁钱的符号和代表，成为完全意义上的纸币。

大观元年（1107），改四川交子为“钱引”，改称钱引，旨在突出其钱币凭证的意义，在整顿的基础上提高其信用。在此前后，交子流通地域已从四川扩及陕西，进而至淮南、河东和北方诸路，不过这种扩张与宋徽宗聚敛无度紧密相关，旋踵楮币贬值泛滥直至宋廷南渡。

图8-3

2. 南宋会子的行用

北宋楮币没有在长江中下游地区流通，但随着交换自身的矛盾尤其是远

[1]　李攸：《宋朝事实》卷15，财用。

距离贸易的发展，在邻区楮币的刺激下，其流通亦在指顾之间。南宋初期，临安等地民间会子已应运而生。临安出现了由豪右主持的“便钱会子”，极类似于四川的初期交子，或称“寄附会子”。[1]徽州亦有民间会子“往来兑使”。[2]临安与徽州的民间信用货币虽然语焉不详，但民间的创造力仍然通过有限的史料展现出来。

绍兴六年，宋廷在临安成立交子务，“仿四川法造交子，与见钱并行”，称为“和籴本钱交子”，始用于两浙、江东、江西官府和籴米谷。[3]后来，宋廷吸取民间私会的经验教训，“体访民间寄附会子，印造官会，论官置吏，论建渐广”。[4]这种官会试行于临安城内外，与铜钱并行。绍兴三十二年，置行在会子务，印造会子颁行东南诸路。乾道五年，会子开始立“界”发行，三年一界，每界行用六年，两界沓行。绍熙元年第七、第八两界会子相继展延三年，此后每界行用期为九年。

会子发行初期，宋廷以南渡前楮币泛滥造成恶性通货膨胀的历史教训为鉴，注意控制会子发行，保持会价稳定，孝宗皇帝自称为此十年夜不安寝。在他统治的二十多年间，每界会子发行量稳定在1 000余万贯，会价常在每贯700文左右，信用良好，流通状况颇佳。商贾尤称其便，所谓“商人往来贸易，竞用会子。一为免商税，二为省脚乘，三为不复折阅。以此观之，会子可谓通流”。[5]会子作为“轻赍”的种种便利，及面额多样可供多种用途，使其流通之普遍大有凌驾硬通货之势，《通考·钱币考》说：

> 会子则公私买卖支给，无往而不用。且自一贯造至二百，则是明以之代见钱矣。又况以尺楮代数斤之铜，赍轻用重，千里之远，数万之缗，一夫之力，克日可到。

[1] 李心传：《建炎以来朝野杂记》甲集卷15。
[2] 洪适：《盘洲集拾遗》，户部乞免发见钱札子。
[3] 李心传：《建炎以来系年要录》卷101，绍兴六年癸未。
[4] 卫泾：《后乐集》卷15。
[5] 《中兴两朝圣政》卷54，又载《鹤林集》卷15。

此时会子发行量没有超过流通领域的货币需求量，甚至民间有人抱怨发行数量太少。直到绍熙元年，一直是会子流通，胜于现钱。

南宋东南会子及其会价变动具有如下特征：其一，会子是以铜钱为本位币的辅币，本位币具有无限法偿特征，而辅币则为有限法偿。会子的有限法偿更甚，因为它基本上是不可兑换的，并且行用六年（后来为九年）之后即收回废止。其二，有限法偿特性与定期收回的规定，使每界会子的会价都形成由高而低的变动过程，愈临近收废期限，其价愈低。同时，由于两界沓行，形成新旧会价各异而并存的局面，新一界会子的行世对旧一界会子的会价造成较大冲击，使其骤然下跌。其三，同一时期，各地会价不一，距发行处行在会子务愈远，信用愈低，楮价愈贱，使用亦愈稀少。袁说友所观察的局面是，1 000官会，在临安相当于七百二三十文现钱；其周围的湖州、秀州及越州、婺州等地，只得六百七八十，远至衢州、信州、江东、福建，则止得六百以下，“愈远愈轻，愈轻则愈不用”。[1]

会子的这些特性充分反映了它作为初期纸币的不完善性与不稳定性，也注定了它必然走向衰落的历史命运。孝宗之后，会子的黄金时代结束，光宗继位发行当界会子即超过3 000万贯大关，自此一发不可收拾，据《鼠璞》，开禧年间的第十一界会子3 600多万，第十二界4 700多万，第十三界5 500多万，市面流通三界总额高达14 000多万，如此巨额的纸币涌入市场，必然导致“其价浸损”。货币流通规律表明，当商品价格总额与货币流通速度不变时，币值与货币数量成反比例变动。会子发行量不断增加，会价遂如江河而下，逐年下跌。拙著《宋代东南市场研究》第4章曾列表统计，每道会子的价格，1173年为800文，1185年为750文，1195年为620文，1210年300—400文，1233年跌至200文，会价下跌之势与会子的行用相始终，直至彻底丧失信用，会子取消。

3. 金朝交钞与元朝宝钞：突破时间与地域的分割

金国交钞，始发行于贞元二年（1154），以铜钱为本位，大、小钞面额各为

[1] 《历代名臣奏议》卷272。

五等,自100文至10贯,与辽宋旧钱并行。交钞最初仅行用于经济发达而又临近南宋的黄河以南地区,后来因币值稳定,信用甚佳,行用地域越过黄河而北。

金国的交钞,从制度创新而言,在中国纸币史上具有重要地位。据乔幼梅的研究,[1]交钞最初在河南一路发行流通,逐渐演变为中央与地方联合发行,称为合同交钞,三方联合则称为三合同交钞,这在金国较为流行,流通地区最广者至为五合同交钞。持钞者可在参加合同的所在地区流通或互换钱钞。各种合同交钞都可以到京师使用和兑换,各路之间也可以通过合同互相沟通,于是组成一个以京师为中心向各路辐射的交钞流通体系,呈现出全国流通的趋势,这是同时期南宋的淮交、湖会等地域性纸币无法比拟的。承安二年(1197)还发行小钞,规定"与它路通行",成为由中央统一印行流通金国全境的纸币,与合同交钞相比又有了明显进步。交钞开始时以七年为一界,纳旧易新,大定廿九年(1189),取消界期,"不限年月行用",从有界期发展到无界期,标志着纸币作为金属货币的符号又有了重大进展。

元朝统一全国之前,在北方沿用金国的地区性交钞,因而"诸路所行交钞,亦名诸路行用钞"。[2]1260年以丝为本发行"中统元宝交钞",三个月后,发行"中统元宝钞",以银为本,间亦用金,面额以铜钱文贯为识。中统钞发行之初,有十足的金银作为储备,发行数量严格控制,钞本不准亏欠和挪用,并准许民间以纸币兑换金银。由户部尚书专司钞法,下设宝钞总库、印造宝库和烧钞东西两库。因此中统宝钞币值相当稳定,信誉昭著,具有作为支付手段与金银同样的价值,公私出纳,皆以之为准,终元之世在全国通行,并流布海外,今朝鲜半岛、越南、泰国等地中统钞亦作为现金使用,与当地货币形成一定的比值。有的国家还仿效自印、发行纸币,如波斯、印度、高丽、日本都曾一度发行纸币。[3]

至元中统宝钞是中国楮币史上最稳定、最完善的纸币,是宋金以来楮币长

---

[1] 参见漆侠、乔幼梅:《辽夏金经济史》,保定:河北大学出版社,1994年,第357—368页。
[2]《经典大典序录·赋典》。
[3] 参见李幹:《元代社会经济史稿》,武汉:湖北人民出版社,1985年,第404—411页。

期演进的结果。不过这主要表现于行用之初的20余年间，此后逐渐贬值，甚至成为不可兑现的废币，伪钞亦日益风行，后来元朝又发行“至元宝钞”“至大银钞”等，但好景不再，到元末竟“每日印造不可数计”，恶性通货膨胀伴随至元朝的灭亡。

明代发行宝钞，取消了准备金制度。从现代纸币的趋势来看，这表明人类对信用的把握和控制，已经超越了对金属货币的依赖，是合乎货币的信用本质的。但由于对于信息与市场把握的有限，由于经济知识的有限，由于政府财政问题的干扰，明代脱离准备金的纸币发行制度过于超前而失败了。甚至形成了纸币发行与使用的恐慌，以至明清大部分时期都不再发行纸币，其角色由日益增多的白银所替代。

四、从商品货币到信用货币——中国货币的演进历程

首先综上所考，概览纸币的成长历程，可以简述如下：

（1）从民间创新到政府授权，进而政府规范与强制发行——北宋；

（2）从无面额到有面额——两宋；

（3）从有界期到无界期——金代；

（4）从地域性到全国性——元代；

（5）从有准备金到无准备金——明代；

（6）从年号纸币到一贯性纸币——明代。

其次，回顾并综合先秦汉唐的商品货币的进程，纵览中国货币演进的历史，可以对货币的源起、演变和本质有更深刻的理解。

兹以不同阶段货币的自我介绍作形象的说明：

（1）实物货币——刀、帛等：放心交换吧，这刀（帛）很有实用价值呢；

（2）标准化的实物货币：放心交换吧，小一点没关系，反正大家都愿意接受；

（3）称量铸币——五铢钱：放心用吧，我有足值的五铢重呢；

（4）面额铸币——通宝钱：放心用吧，不用管我有多重，反正我值一文；

（5）信用货币——民间交子：放心使用吧，我们有16家富豪作后盾。而且获得了政府授权；

（6）信用货币——政府楮币：放心使用。第一，其实铸钱与画钱，没什么区别的。铸出一贯钱，不足值，也没什么使用价值。“画”（印）出一贯钱，也挺像的，可以当作铜钱来用的。第二，而且每“画”（印制）一贯钱，国库里都有相应的准备金，不用担心我们的信用。第三，不用担心他人伪造，纸币上面所警示的“伪造者处死，告捕者赏”，政府是唯一合法使用武力的机构，谁敢以身试法！

（7）信用货币——无准备纸币。政府信用和强制可以替代金属货币为基准的信用。

最后可以总结，从实物货币到商品货币，再到信用货币，使用价值从唯一渐降至趋近于零，信用则从无到有并成唯一的交换信息，价值亦逐渐减小。在这一进程中，中国纸币历宋、金、元、明，完成了人类历史上最早的历程。

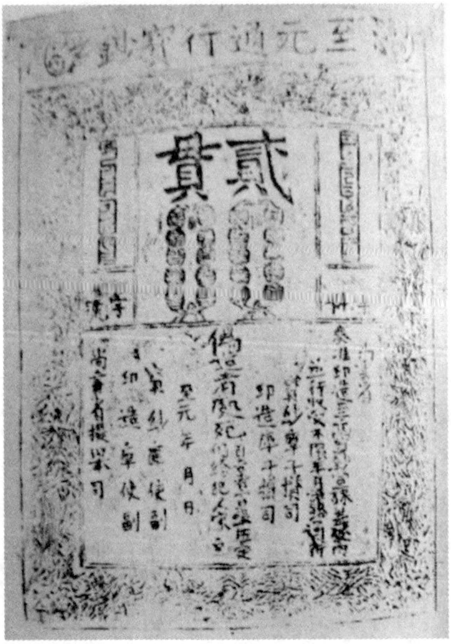

图8–4　至元通行宝钞：伪造者处死，告捕者赏

（1）物物交换，不依赖信用。

（2）实物货币之下：信用依赖于商品的使用价值。

（3）足值货币：信用依赖于商品货币的价值。

（4）不足值铸币：使用价值虚化的铸币，依靠发行者的信用，及商品货币的价值。

（5）纸币，依赖银行或政府的信用，政府的信用建立在贵金属基础之上。——纸币发行量要与金属货币储备呈一定的比例关系。

（6）纸币与金属货币脱钩，信用与

金属脱钩。——明代纸币不需要金属货币准备金；1973年美元与其他主要货币在布雷顿森林货币体系解体后与黄金脱钩。

人类信用脱离对贵金属的依赖，独立成长起来，控制经济的能力增强。

第二节 白银使用的扩大

贵金属货币在中国市场上步履蹒跚，顾炎武《日知录·银》说："唐宋以前，上下通行之货，一皆以钱而已，未尝用银。"此时的金银具有货币效用，而尚不具备货币职能。北宋前期仍是如此，所谓"百货所聚，必有一物主之，金玉重宝也，滞于流布；粟帛要用也，滥于湿薄，权轻重而利交易者，其唯钱乎！"[1]细绎此语，可见金银的价值贮藏职能之重，是影响它与钱帛的竞争力、发展其流通手段职能的原因之一。沈括《梦溪笔谈》也指出，当时通贵于天下者，"金银独以为器而不以币"。随着市场关系的发展，金银的货币效用愈来愈强化，并逐渐向货币形态转化。据马力研究，宋代白银已有限地具备了价值尺度和流通手段职能。在价值尺度方面，银价的作用，在于银作为货币与其他商品的交换中起折算作用，并在货币化过程中增添了汇价的性质；在流通手段方面，作为货币，虽然人们常常把银作为盘缠携带，作为钱物赠送、支付，但是通常不用银在市场上直接购买零售的商品，而是先在金银铺兑换成钱以后再使用，金银铺因而被赋予了最初民间货币兑换机构的性质。[2]

货币币材的选择，除了自然地理的因素外，主要与交换水平相关。铜钱之所以能够主导货币流通领域，正是因为它的"细小单位特征"与城乡小生产者的细碎交换水乳交融。贵金属单位价值大，它要成为货币，必须具有一定的交换基础。宋代远距离贸易扩大，交换水平提高，从而为金银向货币形态的转化提供了市场基础。

远距离贸易往往是批量交换，如果装运大数额铜钱重载远行，跨江过海，

---

[1] 王禹偁：《小畜集》卷17，江州广宁监记。
[2] 参见马力：《论宋代白银货币问题》，载《宋辽金元史论丛》第1辑，北京：中华书局，1985年。

翻山越岭，运输成本增加，风险亦随之增加。金银与罚钱恰好相反，李觏《富国策第八》谓“其价重大，不适小用”，却以赍轻价高便利大规模的长途贩运。北宋东南商贾北上汴京兴贩茶叶、钞盐者众，由于钱物重大，畏涉江湖，艰于搬运，因此常常从所在州县“赍带金银，前来都下”。四川与江南，不仅相隔遥远，而且分属铜钱区和铁钱区，铜铁钱比价变动不居，不利交换，行用金帛者更多，故李心传《建炎以来朝野杂记》卷16说：“吴蜀钱币不相通，舍银帛无以致远。”长途贩运商多以金银携行，《夷坚志》中有不少事例。如湖州人陈小八，从事缣帛的远距离贸易，他前往湖南邵阳买著名的“隔织”，动身之前即买金银携行。来自海外的黎生，其“道费”有：银44两，金5两，金钗一双。加藤繁对唐宋金银使用进行对比后指出，宋代，至少银已经不像唐代只限于上流阶级，而为社会的全体所行用了。银表示物价亦始见于此时代的文献中。[1]李槐的考察亦表明，南宋官俸的非实物部分，初期缗钱为主，以后白银份额渐增，到后期已是只提白银不及缗钱。[2]

值得注意的是，贵金属在成长过程中，受到与之大体同时发展的楮币的冲击。金银与楮币同属轻赍，“比之见钱，大段省便”，[3]都适宜于远距离贸易。但金银在某些方面不如楮币，“金银有税钱，费担擎，民间尤以会子为便”。[4]不过这种冲击因楮币的不断贬值而减少。楮币信用降低，金银的流转就会增多。南宋银价与会价的波动呈反比例变化，“官会与银价，常相为消长。会子轻则银价重，会子重则银价轻”，[5]从中足见白银已与楮币并行，而总的趋势是，会价日轻，银价日重。南末后期楮币信用尽失，末年取消会子，金银的行用更趋频繁。

金国白银使用较南宋还要突出，常以银挺和碎银的形态出现于货币流通领域，官兵俸给与边戍军需等支拨，曾出现“银钱相兼”。金国民间白银的使用更甚，有谓“民但以银论价”，有谓“民间但以银市易”，上引李槐一文称，宋

[1] ［日］加藤繁：《唐宋时代金银之研究》，北京：中华书局，2006年，第206页。
[2] 李槐：《宋金时期白银的生产与使用》，载《宋代经济史研究》，昆明：云南大学出版社，1994年。
[3] 《宋会要辑稿·食货》27之7。
[4] 《中兴两朝圣政》卷58，淳熙七年九月癸亥。
[5] 卫泾：《后乐集》卷15，知福州。

金末年，白银俨然呈现主币气象。承安二年(1107)，金国铸造银币，曰“承安宝货”，形制因袭银挺，“与钱兼用，以代钞本”。[1]尽管它仅流通了三年，但作为我国货币史上的最早的贵金属铸币，其意义不以其寿命之短而减弱。

一、宋金时期货币——银的流通范围

作为白银货币化的根本动因，交换的发展不仅循序渐进地推进白银货币化，而且交换的发展程度，特别是突破地域的程度，还直接决定着货币银流通的市场范围和地域范围。不仅如此，由于全国市场远非南宋政权辖区所能囊括，金朝统治下的北中国，也在交换发展的强劲推动下开始用白银作货币。金朝与南宋一道，共同揭开了中国白银货币史的第一章。

1. 南宋货币银流通的市场范围

在全国市场蕴含着明显的等级网络而批量商品流通没有也不可能覆盖南宋全境的情况下，货币流通也相应呈现出明显的层次性。初步实现货币化的白银，当然没有也不可能立即成为通行于各市场网络中的货币。它主要在区域市场间、区域市场内部的批量贸易领域履行货币的职能。铜钱在小农市场强有力的支持下，在细碎零星的交易中仍具有强大的生命力。楮币则与铜钱、白银密切关联，在区域市场内部广泛流通。

白银作为价值含量大而便于携带的货币，主要在商业都会间、府州中心地与商业都会间的批量贸易中充当货币。它适应了交换日益突破地域的限制、批量商品流通迅速发展的需要。因此，陈小八从湖州前往邵阳买隔织卜时，首先要将不适宜远距离批量贸易的铜钱换成白银，用它来实现近千匹绢帛的跨地区流通。[2]“舍银帛无以至远”[3]正是货币银广泛流通于跨地区批量贸易领域的真实写照。而禁榷物资专卖中用银比例的不断提高，则标志着货币银广泛而频繁地用于实现批量商品的交换。如两广绍兴间卖盐已“入纳皆是

[1]《金史·食货志》3。
[2] 洪迈:《夷坚志》,《夷坚三志》辛卷10,《陈小八子债》。
[3] 李心传:《建炎以来朝野杂记》甲集卷16,《金银坑冶》。

用银”。在东南三场务，乾道二年（1166）与禁榷物资交换的白银尚无明确的比例。乾道八年（1172）宋廷开始要求“算请茶盐六分轻赍内，须管用二分银两”。次年五月则规定：“六分轻赍许用关子三贯外，并用四分本色银两”，六分轻赍以外“听用银、会子从便入纳”。[1]综合两广及东南三场务的情况，禁榷物资专卖中用银的比例可能已突破了50%。

在这类跨地区的、大宗商品的流通中，虽仍有相当数量的铜钱和楮币充当货币。但铜钱已不再占主导地位，其作用日益向找零补余的方向转化。无为军矾场称量白银的“法物”最小的为一钱，说明一钱白银（330文）以下的小额计量和交换，方才需要铜钱。或者说，价值330文以上的交易虽可用铜钱，但却不如用银方便。尤其是在100—500文面额的会子发行后，批量贸易中的铜钱基本变成了辅助性的流通手段，其使用范围被压缩到了百文以下。而楮币则是一种区域性的货币，直至南宋灭亡，会子也没能真正伸到成都，成都的钱引也没顺流下江南。因此，在区域市场间的批量贸易中，除了不用货币的回货贸易外，白银扮演了主要货币的角色。在这一市场上，银楮间并无明显的替代关系。

但是，在小农细碎的交换仍占主导地位、辐射范围狭小的基层市场中，已经具备了货币这种社会属性的白银，却难以找到适宜于它演出的舞台。价值千文铜钱以下的交易，将使白银支离破碎，大大提高切割、重铸的费用，交易成本也将因此而成倍增加。因此，这里仍旧是小农的货币——铜钱的天堂。乾道六年（1170）官兵俸虽然用银支给，但宋廷仍规定“每月请到银并依变卖实数俵散”。[2]实际支给士兵时，须将白银兑成铜钱。士兵在市场上购买生活必需品所使用的货币，仍主要是铜钱。不仅如此，在部分地区的基层市场中，不唯很少使用白银，甚至铜钱也不一定使用。秀州（南宋嘉兴府）魏塘镇农民“携米或一斗，或五七三四升至其肆，易香烛纸马油盐酱醯、浆粉、麸面、椒、姜、药饵之属不一，皆以米准之。（商贾）整日得米数十石，每一百石舟运至杭、秀，

[1]《宋会要辑稿·食货》27之21、27之42。
[2]《宋会要辑稿·职官》32之43。

至南浔，至姑苏粜钱，复买物货，归售水乡佃户如此”。[1]这条材料中，交换水平及其与市场和货币的层次性昭然若揭。在魏塘镇市场上，履行价值尺度和流通手段的货币甚至是米。在上一级市场，曾经用作货币的米却变成了商品，实际履行货币职能的是铜钱。商人手中的米，已失去了直接换取其他“物货”的能力。而无论是魏塘镇内部的交换，还是魏塘与秀、杭、南浔、姑苏间的小批量贸易中，显然都无须白银参与。

最后，在区域市场内部的批量商品流通领域，我们同时看到了白银和楮币的流通。在白银供求矛盾不断加剧、银钱兑换价高居不下的情况下，尤其是在区域市场内部的整合、商业信用和政府信用不断恢复发展的情况下，楮币获得了新的发展。除四川钱引外，东南会子、淮交、湖会相继问世，在各自所属的区域市场范围内，成为替代白银和铜钱投入流通的重要货币。但是，在区域市场内部的批量贸易中，白银与会子却各有优势，[2]两者的流通范围互为消长。当楮币发行量不大、价值较为稳定之时，白银流通的市场范围缩小。反之，楮币的信用发生严重危机，白银的市场范围则随之扩大。也正是在一次又一次的楮币信用危机中，白银逐步被用来称提楮币，甚至四川出现了以银两单位计的“河池银会子”，东南出现了名之为“银关子”的楮币，出现了楮币以银为本的发展趋势。

因此，在南宋的市场等级网络中，货币银流通的市场范围是较为有限的。在四个等级、两个层次的市场上，白银的流通范围主要限于全国性市场和区域市场中的批量贸易领域。其中，区域市场间的贸易，主要用银作货币。而区域市场内部的批量贸易中，白银的流通范围则与楮币互为消长。只是在楮币信用面临危机的情况下，才开始出现了楮币以银为本的发展趋势。

2. 货币银流通的地域范围

正如市场等级网络依托于广袤的地理空间、而批量贸易没有也不可能涵盖整个南宋辖区一样，货币银的流通也存在一个空间分布的问题。从这一角

[1] 方回:《续古今考》卷18。
[2] 参见马力:《宋代白银货币化问题研究》，载《宋辽金史论集》第1辑，北京：中华书局，2017年。

度出发我们看到,货币银流通的地域范围同样并未遍及南宋全境,而是主要集中在全国性商业都会、府州市场中心地、批量商品转运地和几条繁忙的商路上。

由于南宋市场按批量贸易划分为两个层次,而白银主要在跨地区的批量贸易中使用。因此,批量贸易集中的商业都会、府州中心地、批量商品中转地,用银的频率也相对较高。其中商业都会杭州、鄂州、成都最为突出。尤其是杭州"自五间楼北至官巷南街"的金银铺[1]和出售禁榷物资的行在榷货务,货币银的流通、兑换十分频繁。三个商业都会之外,镇江、建康府、湖、广、泉、明、温、台、隆兴府、襄阳府等府州市场中心地次之。兴元府、大安军、河池、夔州、泸州、涪州、衡山寨、静江府、邕州、钦州、赣州、庐州、盱眙军、楚州、徽州等,作为批量贸易转运地,用银作货币的情况也较为突出。相应地,沿岷江—长江航线、东南运河、近海航线、从鄂州溯汉水出兴元府、自潭州过静江府出岭南、自湖口溯赣江过大庾岭至邕、广的批量贸易商路,同样构成了货币银的主要流通线。

除批量贸易中心、主要商路之外,宋境内较为偏僻的县镇、山村,货币银流通的机会则少得多。福建是宋朝的白银主产区和近海市场的重要依托之所,泉州等地货币银的流通已较为经常。但是,北宋末"七闽地狭人稠,为生艰难非他处比。深山穷谷,固有生而未尝识银者"。宋廷在福建各地科买白银,距城镇三五程至十数程"荒远"之地的民众当然"无所从得",无法完成宋廷科买的任务。[2]即使延至南宋,货币银显然仍旧无法在这里流通。又如前述魏塘镇,虽地处区域市场业已实现整合的东南地区,与运河边的重要府州市场中心地秀州相距不远,可也不用银作货币。不仅如此,由于商业都会中也存在大量小商品流通,这类小额交易通常也不用白银。因此,即使杭州可称为货币银的主要流通地,但实际用银的地点也主要限于榷货务、金银铺及各种商品批量交易之地。杭州较大的饮食店尽管"每日使猪十口",但"壮汉只吃得

[1] 吴自牧:《梦粱录》卷13,《铺席》。
[2] 寥刚:《高峰文集》卷1,《投省论和买银札子》。

三十八钱”,“两人入店买五十二钱酒,也用两只银盏,亦有数般菜”。[1]淳熙十年(1183)十一月,杭州城中“三十文买面一碗可饱终日”。[2]白银在这里似乎也无用武之地。从这一意义上说,把杭州作为货币银流通的空间范围或许也还嫌过大,其具体地点似乎只集中在部分场务店铺之中。

但有必要特别指出的是,货币银的流通,是交换突破地域限制的产物,是与跨地区批量商品流通相对应的货币流通。也就是说,与铜铁钱、楮币相比,白银不是区域性货币。白银的流通虽然没有在任何一个区域市场上取代钱楮并用的货币流通格局,但却突破了钱楮并用的区域限制。因此,货币银流通的地域范围并不严格,也不固定。不仅上述批量商品流通取得主导地位的城市中、商路上不用银的例子很多,而且这一区域以外又不乏用银的情况。因此,我们既不能因为杭州大量使用铜钱和会子而否定白银货币化的初步实现,也不能因为某些地区出现了一条用银的记载(如北宋时广西官俸支银),就断定白银货币化首先从这里展开。

更重要的是,不少与用银作货币有关的规定,超越了一路乃至几路的地域范围,甚至适用于整个宋境。如“诸州”上供经总制钱均可“计置轻赍起发”、[3]江浙四路折帛钱均可折银、[4]淮东、淮西、湖广三总领所出给公据关子均许银钱中半入纳、[5]商人入纳白银可兑支江浙荆湖福建纲钱、[6]江浙荆湖直接用银粜买米斛、[7]“诸州军”出卖度牒“以金银计直者听”、[8]卖“诸路营田”均可用银纽折、[9]“逐路”受纳折帛银均须“照依左藏库价与民户折纳”、[10]四川以白银称提钱引、东南以白银称提会子等等。也正是这些通行于各地的例子,才标志着交换开始持续并有力地突破了地域的限制,标志着交换价值开始较为稳定地与白银融为一体,标志着白银货币化初步实现。

---

[1]《西湖老人繁盛录》。
[2] 佚名:《皇宋中兴两朝圣政》卷60。
[3] 李心传:《建炎以来系年要录》卷166。
[4] 李心传:《建炎以来系年要录》卷182。
[5]《文献通考》卷9,《钱币考二》。
[6][7] 李心传:《建炎以来系年要录》卷182。
[8] 同上书,卷188。
[9]《宋会要辑稿·食货》61之30。
[10]《宋会要辑稿·食货》9之10。

3. 金国市场与金朝的白银货币化

更进一步,当我们细审两宋交换发展的空间范围时,却不难发现,南宋政权辖区没有也不可能囊括整个水墨画式的全国市场。不仅北中国也孕育形成着类似的市场等级网络,而且跨地区的批量商品流通,还跨过了宋金间的政权分界,使南北中国纳入了同一个全国市场。因此,在金朝辖区交换的发展、特别是跨越宋金分界线的全国市场发展的推动下,白银货币化同步在北中国初步实现,货币银同样在金朝辖区广为流通。

宋金间批量贸易的发展情况久为学界关注,1937年加藤繁曾发表了《宋金贸易论》,对榷场贸易进行了探讨。[1]全汉昇1939年进一步探讨了宋金间的走私贸易问题。[2]近年乔幼梅系统论述了金代中原地区主要手工业行业的分工和发展,并在此基础上阐述了金朝城镇恢复和兴盛、商业及管理机构的发展、商税成为财政收入的重要来源、宋金间贸易的繁荣等情况,进而精辟地指出:金朝统一北方后,"随着商品流通量的增加,流通区域的扩大,对货币的需求也就随之增加。尤其是金代的转运商业特别是长途贩运相当兴盛",对货币量的需求更大。但"恰恰在这个问题上,金国发生了一个极为尖锐的矛盾,这就是货币流通需要量大而货币短绌,造成通货的异常不足,即所谓'钱荒'"。[3]这充分说明,金朝的交换及宋金间的跨区域批量商品流通,以差不多同样的方式呼唤着、推动着白银货币化。也正因为如此,不仅金朝辖区的泗州榷场"广将北绢"易银,所导致的结果是南宋辖区的镇江缺银算请禁榷物资。[4]而金朝"国蹙财竭"时"省臣"提出的解决办法,也竟然是禁止用白银向宋境买茶。[5]于是,在12世纪交换突破地域限制,尤其是突破宋金间分界线的条件下,在至少涵盖宋金两朝政权辖区的全国市场中,南北中国基本同时实现了白银货币化。

就金朝白银货币化的情况来说,我们首先看到,金朝商品——货币关系的

[1] [日]加藤繁:《宋金贸易论》,《食货半月刊》,第5卷9期。原载《史学杂志》昭和十二年一月号。
[2] 全汉昇:《宋金间的走私贸易》,《"中央研究院"历史语言研究所集刊》,第11册。
[3] 乔幼梅:《辽夏金经济史》,第357页。
[4] 《宋会要辑稿·食货》38之43。
[5] 《金史》卷49,《食货志》4。

二元结构中，白银与铜钱间的界限也日益消失，逐步形成了较为稳定的兑换关系。在此基础上，白银开始担负起了履行价值尺度职能的重任，至迟在世宗大定年间（1161—1189）初步实现了货币化。

在银钱关系方面，世宗大定十二年（1172）正月，金廷"以铜少，命尚书省遣使诸路，规措铜货"时，世宗曾"与宰臣议鼓铸之术"。有宰臣称："有言所在金银坑冶，皆可采以铸钱。"世宗也认为："金银山泽之利，当与民。惟钱不当私铸。今国家财用丰盈，若流四方，与在官何异。所费虽多，俱在民间，而新钱日增尔。其遣能吏经营之。"左丞相石琚进曰："臣闻天子之富，藏在天下，钱货如泉，正欲流通。"世宗复问琚曰："古亦有民自铸钱者乎。"琚对曰："民若自铸，则小人图利，钱益薄恶。此古所以禁也。"[1]这条材料首先说明，为铸钱"规措铜货"时，已有人想到了白银，市场已在一定程度上认可了白银与铜钱的同等地位。[2]有言及金银者，并非环顾左右而言他。而是市场需要白银、认可并接纳白银的事实，已反映到了宰臣的观念中。次之，世宗在藏富于民、鼓励货币流通的思想指导下，不仅同意任民开采金银，投入流通，甚至对朝廷垄断铸币权的必要性也不无怀疑。似乎他试图放弃铸币权，使铜钱与白银一样，无须官府亏本鼓铸，即可直接进入流通。只是白银与铜钱分别作为称量货币和铸币的差异，才使民间自铸货币的设想未付诸实施。

在这样的情况下，白银与铜钱逐步形成了兑换价并稳定下来。在用银表现商品价值之时，出现了一个法定的兑换价，用以通约两种货币所代表的价值。章宗承安（1196—1200）以前，"所给官兵俸及边戍军须（需），皆以银钞相兼"。支付的标准是沿用已久的"旧例"："银每铤五十两，其直百贯。民间或有截凿之者，其价亦随低昂。"[3]至承安二年（1197）金廷铸"承安宝货"，同样明确规定："每两折钱二贯，公私同见钱用。"承安五年（1200），"宝货"因以铸币形式投放量过大、盗铸蜂起、夹入铅锡等原因被废止后，市场上白银与铜钱的兑换价一度降低到了每铤"八万"。但"官之所定"，仍旧是"每铤以

[1]《金史》卷48,《食货志》3。
[2] 甚至《金史》卷48《食货志》3载：大定通宝"字文肉好又胜正隆之制，世传其钱料微用银云"。
[3]《金史》卷48,《食货志》3。

十万”。[1]此后，每两银兑钱二贯的价格，一直保持到金末。兴定三年（1219）十月、兴定四年（1220）三月，省臣奏论犯赃计罪时均称：受赃“以银为则，每两为钱二贯”。[2]

更重要的是，由于金朝大定以后很少铸钱，铜钱窖藏、外流十分严重，楮币逐步成为投入流通的主要货币。可是，章宗以后滥发楮币，币制混乱，又把楮币推上了绝路。[3]因此，金朝的白银更广泛地直接用于表示物价，直接度量和表现商品的价值。如宣宗兴定元年（1217）“定民间收溃军亡马之法，及以马送官酬直之格”时，就明确规定以马送官者“上等马一匹银五十两，中下递减十两”。[4]金廷本身也直接用银表示马价。金末河北观、沧等州及汴京等地，也出现了用银表示粮价的记载。[5]兴定三年（1219）甚至因“兴定通宝”贬值幅度过大、速度过快，无法用于计赃定罪。兴定通宝与各种赃物一道，均按兑换价折成银后计赃。[6]甚至怀州“赎铜计赃”干脆“皆以银价为准”。[7]白银成为计量兴定通宝和铜的价值的尺度。而宣宗元光二年（1223）三月省臣奏称：“河南、陕西凡五十余郡，郡日食茶率二十袋，袋直银二两。是一岁之中妄费民银三十余万也。”[8]在“省臣”的观念中，白银的重量既是计量茶叶价值的工具，也是衡量一年食茶所费的尺度。不仅如此，省臣在这里专门阐述了一年耗费白银“三十万”的危害，请求禁止商人用银从宋境买茶。实际上是通过白银的计量，比较食茶所费白银与其他消费用银的得失。这意味着，形形色色的商品和劳务的价值，共同地表现在了一定量的白银身上，白银开始成为抽象价值、社会价值的物质表现形式。在它面前，其他商品失去了自己的各种物理特

---

[1] 《金史》卷48，《食货志》3。
[2] 《金史》卷15，《宣宗本纪》中、卷48，《食货志》3。
[3] 漆侠、乔幼梅：《辽夏金经济史》，保定：河北大学出版社，1998年，第356—370页。刘森：《宋金纸币史》，北京：中国金融出版社，1993年，第241—250页。王禹丰、王禹浪：《金代货币制度初探》，《学习与探索》1988年第3期。
[4] 《金史》卷44，《兵》。
[5] 《金史》卷50，《食货志》5、卷115，《完颜奴申传》。
[6] 《金史》卷48，《食货志》3。
[7] 同上书。
[8] 《金史》卷49《食货志》4。中华书局校注：“袋直银二两是一岁之中妄费民银三十余万也，按上文‘五十余郡，郡日食茶二十袋’，是每日千袋，袋直银二两则一岁妄费七十余万，如袋直银一两则一岁妄费三十余万，‘二’字或‘三’字必有一误。”

性，“在质上相等，在量上可以比较”。白银被赋予并切实成功地履行了价值尺度的职能。于是，当金朝的楮币走向崩溃之时，“银价日贵，宝泉日贱，民但以银论价”[1]的现象随之出现。

在白银履行价值尺度职能的同时，用银计价的商品，在两个不同的所有者间转手，而获得商品的人则付出了白银。于是，金朝的白银在交换中担负起了履行流通手段职能的重任。

与银钱兑换关系的建立相适应，金朝也出现了银与钱楮品搭行使的现象。明昌四年（1193）八月，为解决陕西交钞壅滞的问题，金廷令“榷税及诸名色钱折支交钞，官兵俸许钱绢银钞各半。若钱银数少，即全给交钞”。这其中已包含了钱银楮品搭行使的意义。此后，逐步形成了“官俸、军须皆以银、钞兼给”的定制。铸行“承安宝货”时，金廷明确规定承安宝货“公私同见钱用，仍定销铸及接受稽留罪赏格”。[2]赋予了承安宝货以法定的、与钞品搭并行但又能独立履行流通手段的资格。尽管承安宝货的铸币形式遭到了市场的拒绝，承安五年（1200）被迫终止流通。但次年六月又及时采取措施，回笼交钞，“重申银、钞品搭行用之制”。[3]延至元光二年（1223）五月“丁巳，始造‘元光珍货’，同银行用”。[4]银楮品搭行用总体上维持到了金末。

不仅如此，承安宝货发行后，白银以称量货币形式独立履行流通手段职能的情况逐步发展。前述用银表示价格的粮食、马匹、茶叶等，甚至食盐、油等商品，[5]也是可用银购买的商品。贞祐初，“中都围急，粮运道绝”，金廷“搜括民间积粟，存两月食用，悉令输官，酬以银钞或僧道戒牒”。[6]在粮食用白银计价的情况下，金廷也用银向民间购买粮食。同样，在洮州，买马官平凉府判官乌古论桓端“以银百铤”买到了数千匹马。而且陕右一带，金廷买马还“常患银

[1]《金史》卷48，《食货志》3。
[2] 同上书。
[3] 李埏、林文勋：《宋金楮币史系年》，昆明：云南民族出版社，1996年，第284—288页。
[4]《金史》卷16，《宣宗本纪》下。
[5]《金史》卷48，《食货志》3载：承安四年金廷令“榷货所鬻盐引，收纳宝货与钞相半，银每两止折钞两贯”。泰和七年户部颁行钞法条约亦规定：“榷盐许用银绢。”
[6]《金史》卷104，《奥屯忠孝牙哥传》。

少”，卖马人在收成不好之际，又“鬻马得银辄以易粟”。[1]这说明用白银买马并非偶然。而在马匹、白银、粮食的交换中，白银显然不是交换双方直接用于消费的商品，而是实现交换的手段。延至金末，在楮币走向崩溃的情况下，不仅“民间但以银市易”，[2]而且金廷也被迫“除市易用银及银与宝泉私相易之禁”。[3]白银似乎已经成为主要的流通手段了。

值得注意的是，自铸行承安宝货开始，金廷逐步通过有关法令，将白银推向楮币之本的特殊地位。《续文献通考》记承安宝货铸行时即称：“公私同见钱用，以代钞本”。[4]贞祐四年（1216）三月赵秉文提出复置回易务，“令近上职官通市道者掌之，给以银、钞、粟、麦、缣帛之类，权其低昂而出纳”的建议。金宣宗“诏议行之”。白银开始成为回易务用于收兑楮币的手段之一。在把白银作为楮币的发行准备金的道路上迈出了新的一步。至元光二年（1223）五月，宣宗发行元光珍货，在明确规定元光珍货“同银行用”的同时，于“京师及州郡置平准务，以宝泉、银相易”。[5]白银初步取得了楮币之本的地位。金亡之际，哀宗在蔡州发行的天兴宝会，则在规定“同见银流转”的同时，直接将面额改用银两为单位，分为“一钱、二钱、三钱、五钱凡四等”。[6]金朝在行将灭亡的最后几个月里，创行了一种新的以银两为单位的楮币。

至此我们看到，金朝的白银，不仅同样获得了价值尺度和流通手段的职能，完成了从商品向货币的演变。而且在一定程度上还更多地表现出了单独履行货币职能、甚至成为主要流通手段楮币之本的倾向。在交换的发展突破地域限制的强劲推动下，白银货币化突破了宋金两朝的政区分界，在北中国同步展开。相应地，货币银流通的地域范围也超越了南宋的政区，与涵盖宋金两朝辖区的水墨画式全国市场相适应。宋金两朝，共同揭开了古代中国白银货币史的第一章。

金朝海陵王贞元二年（1153）始发行交钞，正隆二年（1157）始铸行铜钱，

[1] 《金史》卷107，《张行信传》。
[2] 《金史》卷48，《食货志》3。
[3] 《金史》卷16，《宣宗本纪》下。
[4] 《续文献通考》卷8，《钱币》2。
[5] 《金史》卷110，《赵秉文传》。
[6] 王鄂：《汝南遗事》卷3。

章宗以前保持着钱楮并用的货币流通格局。但金朝铜钱危机日益加深，流通中的铜钱不断减少，至宣宗时甚至一度禁用见钱，专行交钞，钱楮并用格局渐趋终结。与铜钱流通互为消长的是，金朝白银使用迅速发展。章宗明昌二年（1191）金朝“天下见在……银五十五万二千余铤”，成为财政收入中不可忽视的重要组成部分。[1]明昌四年（1193）又令陕西“官兵俸许钱绢银钞各半之”。承安二年（1197）在取消小钞流通的地域限制的同时，正式铸承安宝货银锭，明确规定承安宝货与钱钞的兑换价格，要求“公私同见钱用”，并在财政收支中实行银钞品搭。承安五年（1200）虽罢铸承安宝货，但官定银钞兑换价及银钞品搭并用之制却保留了下来。此后，金朝相继改行贞祐宝券、贞祐通宝、兴定泉宝、元光珍货，其中除贞祐宝券外，均规定了与白银的兑换价，[2]货币流通格局完成了从钱楮兼行向银钞并用的转变。同时，在金朝政府不断改行钞法的过程中，“民益眩惑”，“民疑日深”，[3]至元光二年（1223）已是“民但以银论价”，哀宗“正大间，民间但以银市易”，白银在市场上履行了货币的价值尺度和流通手段职能。而天兴二年（1233）十月，哀宗逃亡蔡州时发行的天兴宝会，面额更直接以银计，分一钱至四钱四等，“同见银流转”，[4]白银在获得价值尺度和流通手段职能后，进一步向主要货币迈进。

二、蒙元白银

正当金朝白银取得货币资格并进而向主要货币迈进之时，蒙古高原各部经济社会发生了急剧的变革。金朝铸行承安宝货后8年，成吉思汗已正式建立蒙古帝国。以市场的不断发展为动力，蒙古帝国与外界的交换中，也开始出现了白银的身影。“花剌子模王在位的晚年……一群群商人到可能获取利润的任何边陲地区去。由于蒙古部落是游牧民，远离城市，他们十分珍视各种织物和垫子，关于同他们通商可以赚钱的消息便远播开去了。为此，有三个不花剌商人带着货物，包括巴甫场、曾答纳赤、客额巴思等织物及蒙古人需用的其

[1] 《金史》卷50,《食货志》5。
[2] 参见李埏、林文勋撰:《宋金楮币史系年》,昆明: 云南民族出版社,1996年,第314—322页。
[3] 《金史》卷46,《食货志》1。
[4] 《金史》卷48,《食货志》3。

他物品来到了那里。”成吉思汗召见了商人并“下令每匹‘咱儿巴甫场’给一个金巴里失，每匹‘客额巴思’或‘曾答纳赤’给一个银巴里失”。“他们回去时，(成吉思汗)吩咐后妃宗王们和每个异密(各)派两三名亲信带着金银巴里失跟随他们前去，到算端国内去进行贸易”换取当地珍品和织物。[1]蒙古与金的战争中，也开始仿效宋与辽、夏、金之间给予岁币的成例，出现了金向蒙古支付金帛以求和的情况。太祖九年(1214)三月“辛未，(金)使(完颜)承晖来军前乞和亲。许之。仍使阿剌浅入中都议和款。庚寅，金人奉卫绍王女歧国公主来归，是为公主可敦。所媵童男女五百人，马三千匹，金帛称是”。[2]

更重要的是，随着灭金战争的步步推进和远距离批量贸易的发展，蒙古帝国不仅从金朝统治者手中接收了土地和人民，同样从金人手中接过了白银货币化的接力棒。不断扩大的蒙军辖区中，白银继续作为社会财富的主要代表，在批量贸易中发挥价值尺度和流通手段的职能。这在蒙古帝国的财政收支和大宗商品交易中得到了集中体现。

在太宗元年(1229)十一月，窝阔台“遣使亲王察阿歹处与议行六事”时，“置仓库，贮金帛器械以备赏赐”，“令各当处各派人来典守”被列为六事之一。[3]说明帝国获得一定量的金银并用金银赏赐蒙古贵族，已是一种经常性的事。窝阔台准备南下灭金，耶律楚材称：“陛下将南伐，军需宜有所资，诚均定中原地税、商税、盐、酒、铁冶、山泽之利，岁可得银五十万两，帛八万匹，粟四十余万石。足以供给。”[4]建议对工商业者征收以白银为主要内容的课税，首开蒙古在中原的商税征银的记录，白银不仅仍旧是社会财富的主要代表，而且在更大程度上取得了货币的支付手段职能。窝阔台采用了耶律楚材的建议，令立燕京等十路征收课税使，并于次年正月，“定诸路税法，酒课验实息什取一，集税三十取一。始行盐法，定每引四百斤，价银十两”。[5]至太宗三年(1231)秋，窝阔台至云中，“十路咸进廪籍及金帛于庭中，帝笑谓楚材曰：‘汝不去朕左右，而能使

[1]《史集》第1卷第2分册，第258—259页。
[2] 屠寄：《蒙兀儿史记》卷3，“成吉思汗纪”。
[3] 屠寄：《蒙兀儿史记》卷4，“斡歌歹汗纪”。
[4]《元史》卷146，《耶律楚材传》。
[5] 屠寄：《蒙兀儿史记》卷4，“斡歌歹汗纪”。

国用充足，南国之臣，复有如卿者乎’”。[1]在中原地区商税直接征银取得了明显的成效。此后蒙古从中原地区工商业征收到的白银数量不断增加，“耶律楚材定蒙古课税银额，每岁五十万两，及河南降，户口滋息，增至一百十万两”。

窝阔台时期，中原商税征银，主要采取了由资产雄厚的商人包税买扑的征收方式。最初有燕京刘忽笃马，以银五十万两买扑天下差发。涉猎发丁以银二十五万两买扑天下系官廊房地基、水利猪鸡，刘庭玉以银五万两买扑燕京酒课。又有回鹘以银一百万两买扑天下盐课。[2]太宗十一年（1239）十二月，窝阔台又同意西域商人奥都拉合马以2倍的数量，买扑课税，“回回部人温都尔哈玛尔请以二百二十万两扑买之，楚材持不可。曰：‘虽取五百万两亦可得，不过严设法禁，阴夺民利耳。反复争论，声色俱厉，言与涕俱。’蒙古主曰：‘尔欲搏斗耶。’又曰：‘尔欲为百姓哭耶。姑令试行之。’楚材力不能止，乃太息曰：‘民之困穷，将自此始矣。’”[3]耶律楚材不仅未能阻止奥都拉合马的买扑，而且奥都拉合马以此被授予了提领诸路课税所的权力，直接成为蒙古帝国的财政主管官员。这一办法一直沿用到乃马真后以后，“奥都剌合蛮提领诸路课税所扑买中原银课如故，诸所建白，专事聚敛”。[4]至定宗元年（1246），奥都拉合马被杀，这一办法才有所改变。而奥都拉合马以每年220万两白银的数量买扑课税，以7年计，其所上交的税银累积即达1 500余万两，蒙古帝国财政收入中的白银大大增加。

除来自商业领域的课税外，蒙古帝国财政中白银的另一个来源是差发。1233年出使蒙古的南宋使臣彭大雅所见是：“其赋敛，谓之差发。”“近汉民除工匠外，不以男女，岁课城市丁丝二十五两，牛羊丝五十两［原注：谓借过回回银买给往来使臣食过之数。］，乡农身丝百两。”徐霆也作了如下记载：“至若汉地差发，每户每丁以银折丝绵之外，每使臣经从、调遣军马、粮食、器械及一切公上之用，又逐时计其合用之数，科率民户。”[5]这里，直接从民户手中征收的差发，早期一般不是白银，而以丝为多，但所征丝却不是归政府使用，而是偿还

[1]《元史》卷146，《耶律楚材传》。
[2]《元朝名臣事略》卷5，《中书耶律文正——楚材》，引平章宋以撰：《神道碑》。
[3] 毕沅：《续资治通鉴》卷169。
[4] 屠寄：《蒙兀儿史记》卷4，“斡歌歹汗纪”。
[5]《黑鞑事略》。

政府向回回借贷的白银，也就是说，蒙古帝国首先向回回借银使用，然后向民间征丝，用丝偿还回回。而这种情况持续的时间不长，政府也直接从民户手中取得白银，其方式之一就是“以银折丝绵”缴纳。1251年，宪宗蒙哥又用燕京行尚书省断事官牙剌瓦赤的建议，将各地征收的差发丝银正式立为全国性赋税项目，统一按民户为单位，每户征银六两。宪宗五年（1255）春“征逋欠钱谷”时，重“定汉民科差包银额征四两，半输银，半折丝绢颜料等物”。[1]

蒙古帝国通过上述途径，在财政收入中获得了大量白银，同样，财政支出中，也广泛使用白银。由于帝国早期的财政以满足贵族消费为主，其财政支出中，赏赐用银的比重较大。甚至太宗时“置仓库”的主要原因就是“贮金帛器械以备赏赐”。也正是以税收广泛征收白银、置仓库贮金帛以备赏赐为基础，太宗朝赐予诸王等白银成为定制。据《元史》《食货志》记载，太宗时的赏赐用银达到1 130锭，计有：太祖叔答里真赐银三十锭；太祖诸弟4人及3子各赐银100锭；太宗6子每人16锭33两；太祖四大斡耳朵每人赐银50锭。定宗元年（1246）七月，定宗贵由继位，进行了一次空前的白银赏赐。当时“汗（定宗）即位于汪吉宿灭秃里之地，边远属国……其主或自来朝，或遣子弟入贺。……数月之内，王会衣冠之盛，前古未有也。汗遍赐妃主诸王大臣，下及其子弟，诸翼将士赐及其家。朝贡之国，犒及从者，莫不优渥”。[2]据拉施特记载，这次准备用于赏赐的金银一共达七万巴立施（锭），计350万两，相当于奥都剌合马年买扑课税的1.6倍。此后，蒙古帝国的白银赏赐还有所增加，宪宗六年（1256）春，“会诸王百官于月儿灭宏土，设宴六十余日，赐金帛有差”。其具体数目虽无从查考，但由于同时“定亲贵功臣岁赐银帛丝钞之数”，其数达1 630锭，比太宗时增加44%，因此，会诸王时的赏赐也当不比定宗时少。[3]此外，用白银购买商品，满足贵族消费，也是蒙古帝国财政支出中用银的主要组成部分之一。如前述成吉思汗时用银向中亚商人购买纺织品、宪宗时诸王拔都乞银买珠等。宪宗七年（1257）九月，有“回鹘献水晶盆、珍珠伞等物，可直银三万余锭”，宪

[1]　屠寄：《蒙兀儿史记》卷6，“蒙格汗纪”。
[2]　屠寄：《蒙兀儿史记》卷5，“古余克汗纪”。
[3]　屠寄：《蒙兀儿史记》卷6，“蒙格汗纪”。

宗虽不太情愿，但还是“稍偿其直”，买下了所献之物。[1]

蒙元白银的使用，使宋金以来的白银货币化的进程得以持续进行并有所发展，白银继续履行了货币的职能，尤其是价值尺度和流通手段这两个最基本而又最关键的货币职能。白银同样广泛地在批量远距离贸易中行使。如果说成吉思汗用银与西域商人交换织物时，在一定程度上还有以物易物的残余的话，那么太祖末年张荣知济南府“时贸易用银”，则说明白银已具备了流通手段职能。[2]在前述使用白银的例子中，蒙哥时“始行盐法，定每引四百斤，价银十两”。[3]说明在政府与商人间的盐引买卖中，白银履行了价值尺度的职能。宪宗时回鹘献水晶盆等值银三万余锭，宪宗稍偿其值，则表明这次交易中白银首先发挥了价值尺度职能，度量了水晶盆等商品的价值，并以银的货币单位“锭”标明了商品价格。继而在交易实现之时，白银被用来代表水晶盆等商品的价值，在回鹘商人出售水晶盆等商品时，商品的价值跳进了白银之中，回鹘商人通过得到白银收回了商品的价值，白银发挥了流通手段职能。也就是说，在这次实现了的交易中，白银先后发挥了价值尺度和流通手段两种职能，已经不折不扣地实现了价值尺度和流通手段的统一，成功地扮演了十足的货币的角色。

三、白银供给不足与银钞关系的演变

中国是一个银产较为缺乏的国家，在宋代白银货币化进程中，白银不足就在一定程度上制约着白银货币化的进程。金代白银货币化虽有较大发展，但也同样受到了白银不足的制约。由于白银供给量受到限制，金朝白银与铜钱的比价一直保持在每银一两值钱二贯左右。如铸行承安宝货银锭时，官定银钱比价即为一两值二贯铜钱。而元光元年（1222）发行的兴定泉宝，同样两贯值白银一两。这在一定程度上也正是白银长期不适小用，只能在大宗批量贸易中使用的原因之一。蒙古帝国历史地继承了金代的遗产，在赋予白银一般社会财富地位、赋予白银货币职能的同时，同样难以避免白银存量相形不足的

[1]《元史》卷3，《宪宗本纪》。
[2]《元史》卷150，《张荣传》。
[3] 屠寄：《蒙兀儿史记》卷4，“斡歌歹汗纪”。

问题。从蒙古帝国财政征银中，也可窥见当时白银短缺之一斑。

早在太宗窝阔台时白银不足的问题就已初现端倪，窝阔台时定赋税，主要是征牛羊，但中原差发则以征银为主。可是，中原地区由于白银存量不足，差发无法悉数征银，“若至汉地差发，每户、每丁以银折丝绵之外，每使臣经从、调遣军马、粮食、器械及一切公上之用，又逐时计其合用之数，科率民户。诸亡国之人，甚以为苦，怨愤彻天，然终无如之何。鞑主不时自草地差官出汉地定差发。（徐）霆在燕京，见差胡丞相（胡土虎）来，黩货更可畏。下至教学行及乞儿行，亦出银作差发。燕京教学行有诗云：‘教学行中要纳银，生徒寥落太清贫’……”[1]至蒙哥时，类似问题并未得到解决，当时虽规定每户岁纳包银六两，但百姓无法交足，史楫称：“兵后生意未苏，民恐不堪，如银与物折，各减二数，庶民力稍宽，且无逋负。”[2]于是宪宗“五年乙卯春，征逋欠钱谷。定汉民科差包银额征四两，半输银，半折丝绢颜料等物。”[3]这样，在实际上直接向民户征银的地区，科差征银已从原定每户每年征六两被迫减少为二两。

蒙古帝国财政征银受到限制，必然使帝国财政支出中也时常感到白银不足。前述定宗贵由继位，曾大量赏赐白银，似乎当时帝国掌握的白银数量不少。可是，在贵由赐银7万锭的同时，却欠下了商人五十万锭的白银，最后由蒙哥偿还。贵由在位期间，“当商人们从四境来到贵由汗处，与他的大臣们做成了一些确实的交易，并拿到了地方上的支票。由于某种事故，延迟了向他们［指商人们］付钱，他们没有拿到（现钱）。他（贵由）的妻子们、儿子们和侄儿们也同样地做成交易并签发了各地的支票，商人们成群地络绎前来很快地做了不少交易，拿到了支票，（但没有拿到现钱）。”所以，蒙哥继位后，不得不“降旨从他的各地区拨付所有这些款子，结果总共花费了五十多万金银巴里失。”[4]蒙哥虽然偿还了贵由欠下的白银，可同样感受到了白银不足的压力。因此，蒙哥三年（1253）六月“宗王巴秃遣脱必察诣行在，乞买珠银万锭”。蒙哥不得不大减其数，“以千锭给之”。并强调白银难得，应当珍惜。蒙哥七年（1257）九月，当蒙哥得知回鹘商人向他本人“献”水晶盆、珍珠伞等物值银

---

[1]　见《黑鞑事略》。
[2]　王恽：《秋涧先生大全文集》卷54，《史楫神道碑》。
[3]　屠寄：《蒙兀儿史记》卷6，“蒙格汗纪”。
[4]　《史集》第2卷，第262—263页。

三万锭时，他自己也称："方今百姓疲弊，所急者钱尔，朕独此何为。" 拒绝用银购买，并下令"禁其勿复有所献"。[1]

不仅如此，由于蒙古帝国实行高压政策，不少地区被迫按原定数量交银，纳税户在白银得之不易的情况下，不得不向回鹘商人借银以纳税。太宗五年(1233)"时政繁赋重，贷钱于西北贾人以代输，累倍其息，谓之'羊羔利'，民不能给。(史)天泽奏请官为偿，一本息而止。继以岁饥，假贷充贡赋，积银至一万三千锭，天泽倾家资，率族属官吏代偿之"。[2]不少地区由于民间无银，地方政府或州县官吏也不得不向回鹘贷银纳税，如太宗时王珍"言于帝曰：大名困于赋调，贷借西域贾人银八十锭及逋粮五万斛"。[3]磁州因无银交纳，官吏被迫向商人贷银，而高利贷者则借此机会"为券出母钱代输，岁责倍偿。不足，则易子为母。不能十年，郡委积，数盈百万。令长逃债，多委印去"。[4]在"州县长吏，负借贾人银以偿官，息累数倍，曰羊羔儿利，至奴其妻子犹不足偿"的情况下，耶律楚材曾"令本利相侔而止，永为定制。民间所多者，官为代偿之"。[5]至太宗十二年(1240)，诸路官民积欠回鹘银"凡七万六千锭"，窝阔台不得不令以官物代还，并"仍命凡假贷岁久，惟子本相侔而止，著为令"。[6]

值得注意的是，蒙古帝国在接过金代白银货币化的接力棒而又面临白银存量不足的同时，开始仿效金人以商业信用和政府信用为依托，发行楮币。早在太祖丁亥(1227)，何实就已在博州印置会子，[7]太宗元年戊子(1228)，王楫领中都，曾"自为券，假之贾人，而不敛及民"。[8]太宗八年(1236)则由蒙古帝国中央正式"诏印造交钞行之"。[9]十二年(1240)刘肃又在邢州发行的楮币。[10]但是，成吉思汗和窝阔台时期发行的交钞、楮币，却不一定与白银相联

[1] 《元史》卷3,《宪宗本纪》。
[2] 《元史》卷155,《史天泽传》。
[3] 《元史》卷152,《王珍传》。
[4] 姚遂:《高泽神道碑》,《牧庵集》卷25。
[5] 《元史》卷146,《耶律楚材传》。
[6] 《元史》卷2,《太宗本纪》。
[7] 《元史》卷150,《何实传》。
[8] 《元史》卷153,《王楫传》。
[9] 《元史》卷2,《太宗本纪》。
[10]《元史》卷160,《刘肃传》。

系。何实发行的会子，是以丝为本位，而其余一般“限于本地流通，不得出境，三年换发一次，没有金属保证”。[1]

蒙哥在蒙古灭金17年后继承汗位，这年开始出现了楮币与白银相联系的记载。《史公神道碑》称：“辛亥岁，……各道发楮币贸迁，例不越境，所司较固取息，二三岁一更易，致虚耗元胎，商旅不通。（史楫）公奏皇太后，立银钞相权法，度低昂而重轻，变涩滞为通便。”[2]无独有偶，前述《史集》中记载蒙哥用金银收兑贵由付给商人们的“支票”也发生在这一年。而商人们在贵由汗时拿到的“支票”，当是在太宗时印造交钞的基础上，贵由面临白银不足而发行的楮币。这些“支票”在蒙哥继位的当年，由蒙哥“降旨从他的各地区拨付所有这些款子，结果总共花费了五十多万金银巴里失”。[3]1251年蒙古银楮间联系的建立，首先稳定了楮币的币值，解决了楮币因无本可恃而导致的“虚耗元胎，商旅不通”等问题，蒙哥以五十多万金银巴里失的代价，收到了巩固楮币信誉、“变涩滞为通便”的效果。更重要的是，银钞相权法的确立和以银成功地收兑了一次楮币，使楮成为银的价值符号，成为银在流通过程中的代表。这样，政府掌握的白银不必以其本身直接投入流通，而是主要用来作楮币的准备金。也就是说，政府持有一两白银并以之为准备金，至少可发行值一两白银的楮币，并保证楮币正常流通。蒙古帝国在拥有一两白银的同时，又拥有了与一两白银等值、数量上可多于一两白银的楮币，货币总量变为一两白银与值一两白银的楮币之和，与白银相联系的货币总量顿增一倍以上。因此，不仅政府由此获利不浅，而且在很大程度上缓解了流通中白银不足的问题。

更进一步，我们从“银楮相权法”的实行中还不难发现，银楮相权法不是金朝承安至天兴年间银楮并行关系的简单再现，而是楮币以银为本的开端，是从金代银楮并行向元代专用钞而钞主要以银为本演进的转折点。金代银楮关系中，只有哀宗被围于蔡州时发行的、仅仅存在了不到3个月的天兴宝会具有“银楮相权”的意义。史楫行银楮相权法，首先强调的是银与楮的“相权”，这

[1]　彭信威：《中国货币史》，上海：上海人民出版社，1965年，第557页。
[2]　王恽：《秋涧先生大全文集》卷54，《史公神道碑》。
[3]　《史集》第2卷，第262—263页。

种相权，不是将银和楮视为同等重要的货币，简单地规定白银和楮币的兑换价格，而是“度低昂而重轻”，是在银与楮间建立“轻重”关系。古代货币史上的“权”字，所体现的正是一种“子母”关系、“轻重”关系、“本末”关系。也正是通过银与楮的相“权”，史楫才未蹈金代强制规定银楮兑换价格、实行银楮并行的覆辙，才可能收到“变涩滞为通便”的效果。至此，银与楮开始走向统一，而在这种统一的进程中，白银开始取得了本位货币的资格，在货币领域中占据了主导地位。

此后，忽必烈于1260年统一蒙古境内的货币，发行中统钞，并在中统钞的发行中全面推广了“银钞相权法”。中统宝钞“虽然是以钱贯为单位，实际上也曾铸造中统元宝铜钱，但宝钞却以金银为保证，而以白银为主，几乎可以说是一种银块本位制度”。[1]中统钞流通过程中，“稍有壅滞，出银收钞，恐民疑惑，随路桩积元本金银，分文不动”。[2]主要以银为钞本的货币流通格局在全国全面推开。至元八年（1271）忽必烈正式建立元朝，中统钞法及其所包含的“银钞相权”原则并未因建元而有所更改。至元十九年（1282）颁行的《整治钞法条贯》进一步明确了专行中统钞、禁止民间买卖金银、将金银集中于国库的政策。至元二十四年（1287）新行至元钞时颁行的《至元宝钞通行条划》，全面阐述了“元代纸币制度的各项基本原则与重要规定”，“确定了以银为本以及纸币的法偿性质”，规定了“设置发行准备金、买卖金银的具体制度与办法，对私易金银、伪造宝钞的惩处等。由于这一条例筹划至为周详，因而大致终元之世皆一直有效”。[3]相应地，有元一代，货币流通总体上始终保持着专用钞而钞主要以银为本的格局。

从上述分析中可以看出，蒙古帝国的兴起及其对周边地区的大举进攻，虽一度对经济发展造成了严重破坏，但是，蒙古帝国畜牧经济的单一性和社会财赋的高度集中，与蒙古兴起于丝绸之路附近的地缘因素一道，决定了远距离批量贸易的存在和发展。以此为基础，蒙古帝国继承了金代使用白银、发行楮币

[1] 彭信威：《中国货币史》，上海：上海人民出版社，1965年，第560页。
[2] 《元史新编》卷87，《食货志》。
[3] 萧清：《中国古代货币史》，北京：人民出版社，1984年，第270页。《整治钞法条贯》《至元宝钞通行条划》，见《元典章》卷20，《户部》6，《钞法》。

的传统，在白银供给不足的情况下，于1251年实行了银钞相权法，把白银和楮币联系起来，钞主要以银为本，银借助钞在流通中发挥价值尺度和流通手段的职能，同时解决了钞本混乱和白银不足的问题。从白银货币化的意义上看，这意味着白银在借助楮币行使货币职能的同时，在货币领域中取得了本位币的主导地位，成为元代的主要货币，货币化进程向前推进了一步。此后中统、至元钞法的施行，进一步在全国范围内形成了专用钞而钞主要以银为本的货币流通格局，这一格局总体上与元代相始终。

元代铜钱退居辅币位置，纸币皆以白银作钞本，元中统钞"以银为母，以中统为子"，"以银为本，虚实相权"，足见白银在元代正式成为本位币。明代，白银逐渐将纸钞排挤出货币流通领域，朱元璋欲行钞法，至禁止民间行使金银，最终失败，顾炎武在《日知录》中评论说："银日盛而钞日微，势不两行，灼然易见。"交换的发展，使白银的主币地位愈益巩固。有人比较各种流通手段的优劣说："凡贸易，金太贵而不便小用，且耗日多而产日少；米与钱贱而不便大用，钱近实而易伪易杂，米不久；钞太虚，亦复有浥烂。是以白金之为币长也。"[1]这段议论，与秦汉至唐宋人们关于流通手段的种种议论相对照，交换水平的提高是灼然易见的。不过铜钱在小生产者之间交换中的作用始终是不可替代的，明人谢淛《五杂俎》谓"钱便于贫民"；鞠冠玉《定鼓铸疏》谓"究之零星分厘、秤使琐屑，是用银终不若用钱之便也"。因此，以银为主币、银钱并行的货币体系终明清之世而不易。

第三节　融资与营销

随着商品流通与货币流通的扩大、各地市场联系的加强，商人资本在宋元时期得到长足的发展，傅衣凌考察2 000多年传统经济的演进历程，发现宋代市场的进步"确曾把中国商业资本带到一个新的阶段"。[2]可见法律条文效用

[1]《弇州史料后集》卷37。
[2]　参见傅衣凌：《明清时代商人及商业资本》，北京：人民出版社，1956年。

强，成为商人寻求自我保护的依据。范仲淹在《四民诗·商》中站在商人的立场，公开替商人申辩：

> 尝闻商者云，转货赖斯民。远近日中合，有无天下均。上以利吾国，下以藩吾身。周官有常籍，岂云逐末人。天意亦何事，狼虎生贪秦。经界变阡陌，吾商苦悲辛。四民无常籍，茫茫伪与真。游者窃吾利，堕者乱吾伦。淳源一以荡，颓波浩无津。可堪贵与富，侈态日日新。万里奉绮罗，九陌资埃尘。穷山无遗宝，竭海无遗珍。鬼神为之劳，天地为之贫。此弊已千载，千载犹因循。桑柘不成林，荆棘有余春。吾商则何罪，君子耻为邻。[1]

一、融资工具：合伙、合会与合股

商业机会的刺激，商业利润的增多，势必吸引社会各种资金进入流通领域。大量的贮藏货币，改变了以往通常的硬化形态，即钱癖引起的钱币窖藏，转化为商业资本寻求价值增值。所谓“人家有钱本，多是停塌解质，舟行往来兴贩，岂闲着钱在家顿放？”[2] 货币持有者或者直接经商，或者委托代理商经营，纷纷将贮藏货币转化为资本。商人的传统资本来源有所拓展，同时，前代少见或没有的融资途径也新兴起来。

1. 合会与集资经商

集资，将闲散的社会资金汇总进入流通领域，这是拓展资本来源渠道的重要途径，缺乏资金市场与银行信贷的古代社会尤其如此。合伙，则分散单个商人的风险度，共同承担市场风险，并能全面详细地掌握市场行情及其变化。集腋成裘，对于本小力微的广大小民，尤不啻为进入流通领域的有效途径。合伙集资经商，通常以地缘、血缘纽带来维系。

[1] 《宋会要辑稿·食货》18之4；《通考》卷14。
[2] 徐梦莘：《三朝北盟会编》卷29，靖康六年正月八日。

合伙集资的形式多种多样。[1]有的一无所依,全凭经商的便利与利润的媒介相鸠合。江西赣州、吉州农民,遇冬农闲即相约南下贩布买牛,百十人列队而行。临安有一伙茶商,“伴侣三十辈”。这些是以地缘相鸠合者,以血缘关系联合者也不少。江西乐平县金伯虎,“与所亲余晖携纱如襄阳贩售”。[2]徽州王平与堂弟以财物共同营运。[3]福建汀州四堡地区从事印书业的族商,在明清时期非常兴旺,此地印书业兴起于宋代,族商当可直溯其源。

“合会”的出现。合会是一种传统的草根金融,在民国时期大量存在,海外的华人社会亦非常普遍。宋代就已见记载。有的富人“合力同则”,集资经商或放高利贷,形成一种流传至今的规则,当时名曰关纽,具体规则如下:

> 结十人以为局,高下资本,自五十万至十万大约以十年为期。每岁之穷,轮流出局,通所得之利,不啻倍蓰而本则仍在。[4]

这是一种类似于投资基金的合会形式。这种“因缘射利之谋”,其出资、经营、分成各个环节,都开始形成一套较为齐备的规范则例,加入者获得更大的商业利润。集资为本,轮流出局的联合方式,就是所谓“合会”的滥觞。在20世纪前期仍大量存在,华侨华人出国之后,也普遍采用这种方法在异国他乡经商谋生。

2. 合股

海外贸易风险大,投资多,因此,海洋贸易除了资本雄厚的国王或政府行为[5]之外,通常需要广泛融资,分散风险。由此,最早的规模化融资工具就出现在海外贸易中。如威尼斯,如在荷兰与英国的海外贸易中出现的合股公司,并迅速演进为股份公司。宋朝的海洋贸易不像葡萄牙与西班牙一样由政府组织,而更类似于威尼斯、荷兰及英国,沿海亦催生出金融工具与渠道。

[1] 刘秋根(2008)对此做了研究。
[2] 《夷坚三补》,梦前妻相责。
[3] 《名公书判清明集》卷13。
[4] 《宋会要辑稿·食货》70之6。
[5] 如葡萄牙、西班牙国王组织的航海壮举,明朝组织的郑和下西洋等。

福建中下人户常与海商联合，这些海商，或是同乡，或享有名望，海上之民无不与之相熟，“乃以钱附搭其船，转相结托，以买蕃货而归，少或十贯，多或百贯，常获数倍之货”。[1]这类似于荷兰与英国的合股公司。泉州晋江人林昭庆，曾“与乡里数人，相结为贾”，从海道北上山东贩运。[2]张世显、何仲立、仲济等十几个商人，交流市场信息，得知福清东墙有人治船准备前往浙江，于是商议“共买布同发”，遂如期而行。[3]

二、有息贷款：高利贷的反思

利润动机既驱动着资金缺乏者，也驱动虽有资金而无力经商者，遂有资金通过借贷的形式转化为商业资本。永嘉何子平，成年后“即多就举贷，行贾江湖间”。[4]新淦富人皮氏，两个青年第一次向他假贷300缗，买货经商，半年而归，财利数倍。又半年后再向皮氏及其他富厚之家借贷，这次达2 000缗。[5]皮氏放贷，300贯的资本，半年后两个青年商人给他带来数倍的盈利，可能达2 000贯。青年商人的信用由此产生，不仅皮氏乐意继续贷款，而且吸引了其他富人的资本。在东南各海港中，有的外国商人成为了批发商，“蕃人以厚资停塌，而贵商贾以数倍之息”。[6]

高利贷在古今中外普遍受到道德谴责、宗教约束乃至法律制约。伊斯兰教允许经商，却反对有息贷款，基督教在宗教改革以前也高调反对，儒家亦然。然而，借贷是人们生活、生产与工商业经营中难以避免的需求，放贷行为也就不会随道德抨击而减少，而放贷的利率有高有低，利率高时就被称为高利贷。那么，为什么利率长期居高不下呢？

高利贷的原因，一是由于高风险，短缺经济下人们创造财富的能力有限，偿还能力较低，故风险很大，赖账、欠账不还的现象相当普遍，[7]以至死而偿

[1] 包恢：《敝帚略稿》卷1，奏铜钱申状。
[2] 秦观：《淮海集》卷3，庆禅师塔铭。
[3]《夷坚支志》戊集卷1。
[4] 周行已：《浮沚集》卷7，何子平墓志铭。
[5]《湖海新闻夷坚续志》前集卷1。
[6]《历代名臣奏议》卷349。
[7] 高楠：《宋代民间财产纠纷与诉讼问题研究》，昆明：云南大学出版社，2009年。

债、死后托生还账的道德惩罚在《夷坚志》等笔记小说中频频出现。在这种情况下，投资者因各种交易风险及由此所要求的风险溢价将会拉高利率水平。二是由于金融工具供给不足。三是小额借贷的单次交易成本高。因此民间借贷利息居高不下，通常是所谓倍称之息，即使信用基础良好，“民间出举财物其心从好相识之人，月所取息不过一分半至二分”。[1]

袁采说，“凡人之敢于举债者，必谓他日之宽余可以偿也”，实际上“求目前宽余而挪积在后者”，只会新债旧债日积月累地增加，始终无法还债。借钱时“礼甚恭，言甚逊”，赖账时则截然相反。由于借贷风险大，袁采在其家训《袁氏世范》中设了几条相关的警示：“债不可轻举”“亲戚不宜频假贷”“钱谷不可多借人”，告诫子孙务须谨慎。对于亲戚故旧有所假贷，宁愿随力周给一点，而不可借贷。

如果融资渠道没有增加，风险不能降低，那么放贷的利率就难以下降，道德抨击不会产生任何作用，法律强制禁止高利贷只会适得其反。袁采这样的儒家士大夫所采取的措施只能是以少量的赠送替借贷。

不仅中国是如此，欧洲也一样。有息放贷受到基督教的反对，许多地区都是犹太人及意大利人在放贷。《圣经》严格规定贷款必须是无息的，收回贷款时超过本金，就犯了高利贷罪。天主教与新教皆然。宗教改革家路德对于高利贷并未作出妥协，仍然坚持传统观点。宗教革命后，教会承认任何人如果因为借钱给他人而失去了从别处获取合法利润的机会，那么他也有权要求借款人给予补偿。容忍低息贷款，但仍反对高利。允许之后，贷款供给不断增大，利率全面下调：尼德兰和安特卫普的公共贷款利率，从1500年的25%降至1550年的9%，16世纪60年代更降至4%。到16世纪中期，英国议会允许最高可达10%，1571年解除高利贷禁忌，1624年利率降至8%，1714年达到了5%的低水平。利率实现了由资金供求决定的市场机制。

陈志武对近代中国各省的各种借款利率水平比较发现，宁夏最高，在样本中没有一笔低于30%，平均则达49.6%。浙江最低，只有1.1%的样本超过

[1] 张淏《会稽续志》卷7。

30%，更远则为21%。这其中的重要原因，宁夏受伊斯兰教反对有息贷款等因素的影响而金融发展水平最低，浙江、福建等沿海地区市场与金融发展水平较高。[1]

袁采所述南宋的利率水平，“若以中制论之，质库月息，自二分至四分；贷钱月息，自三分至五分；贷谷以一熟论，自三分至五分。取之亦不为虐，还者亦无可词”。[2]也就是说，无抵押的贷款年利率为30%—50%。政府对高利的上限作了规定：北宋“诸公私以财物出举者……每月取利不得过六分。积日虽多，不得过一倍”。[3]南宋则“取息无过五分”。[4]实际上倍称之息可能是常态。

高利贷款虽然受到政府的限制，受到士大夫的严词谴责，受到民间的咒诅，仍然居高不下，因为高风险、高成本与供不应求的格局没有改变。

此外，政府出资、招商与金融活动，在宋代有不少尝试。宋政府曾经营青苗钱以期满足市场需求，尤其是王安石变法更大张旗鼓地进行。

政府出资招商。宋代的许多官运物资借助于商人资本的力量或通过流通领域来实现其地区转移，同时出自特殊的需要，官府也拨划财本，招募私人贩运物资。乾道四年（1168），温州、台州风水交灾，地方政府劝募上户，“官借其资，就浙西诸州丰熟去处，般贩米粮”。[5]朱熹在建宁府，也曾“募土豪，给与在路钱粮”，前往广东趁熟收籴米谷。[6]这样的史实不乏其例，官府出资招商，实质上是财政收入转化为商人资本。

赊卖货物最大的风险是赊买人到期不还价钱，因此宋代对赊卖立法比一般现钱交易规定的更严格。宋真宗乾兴元年（1022）六月诏：“如有大段行货须至赊卖与人者，即买主量行货多少，召有家活物力人户三五人以上递相委保，写立期限文字交还。”南宋孝宗淳熙十一年（1184）七月亦诏：“今后应赊买客人茶，其人见有父母兄长，并要同共书押文契，即仰监勒牙保均摊

[1] 参见［美］陈志武：《金融的逻辑》，北京：国际文化出版公司，2009年。
[2] 《袁氏世范》卷3，“假贷取息贵得中”。
[3] 《宋刑统》卷26，“受寄财物辄费用公私债负”。
[4] 卫泾《后乐集》卷10。
[5] 《宋会要辑稿·食货》58之6。
[6] 《朱文公文集》卷25。

图8–5　〔宋〕朱锐：《溪山行旅图》

偿还，其余买盐货之人，亦一体施行。”可见宋代赊卖赊买货物，不仅要订立契约，而且要以财产作抵押，并要有物力的三五人乃至父母兄长共同书押担保。如果赊买人违契不还价钱，赊卖人可以依契经官府向赊买人及其父兄、牙保人索要货款；如果赊买人、连保人、牙人共同欺诈商客物货，则要严行决配。[1]

三、商人资本三个领域中的不同类型

利润是刺激商业发展和维持商业的前提，它是商业资本成长的根本动因。由于利润是隐藏在资本运转背后的牵引力，无疑，商人的兴趣不在商品类别，而在其交换价值。但是，在传统社会，不同种类的商品贸易中，生成商业利润的基本因素——买卖差价与市场需求及两者的形成条件，都各不相同，尤其是官府在不同商品贸易中的干预和作用不同，因而商人资本在不同的商品贸易中呈现出不同的特性和发展状貌。据此，并依照商品消费状况与流通状态，主要以宋代为例，将商品贸易划分为三种类型，对处于其中的商人资本进行逐类

[1]　郭东旭：《宋代买卖契约制度的发展》，《河北大学学报》1997年第3期。

考察。

1. 奢侈品与海外贸易中的商人资本

在传统社会，由于社会分工的落后，地域差异成为商人资本实现贱买贵卖的最初的也可以说是最主要的因素，不同国家不同民族的差异造成商品种类与价格的不同乃至天壤之别。唯其如此，国际贸易，成为早期商人资本发展的重要途径。古代西欧如此，中世纪俄罗斯也不例外，在商人资本独立发展时期，资本增值的主要领域是对外贸易。[1]这一结论虽然不能套用于中国传统时代，但毋庸置疑，宋元时期海外贸易的巨大发展，其中的商人资本令人瞩目，并且集中了当时个别资本之数额最巨者。海外贸易中，香料等奢侈品的进口，以其高需求、高价格带来巨额利润。商人，尤其是资本雄厚者，不畏“鲸波之险”，倾力而为，甚至世代乐此不疲。《夷坚支志》丁集所载，温州巨商张愿，“世为海贾”；临安富人华彦太，“航南海，营舶货”。达贵官人也不顾禁令，以巨资投入其中，他们以公侯之贵，《宋史》卷388载“发舶舟，招募蕃贾，易宝货，糜费金钱”。奢侈品海外贸易利润之高为其他商品贸易中的商人资本所不可企及。《夷坚丁志》卷6说，泉州扬客，为海贾十年，致资20万，后来更增至40万；《夷坚志补》卷21“鬼国毋”说建康巨商扬二郎，航海十余年，累资千万；外国商人被称为蕃户、蕃商，《宋史》卷183说“富者往往蓄钱二三万”；泉州某蕃商，苏辙《龙川略志》卷3说家资数百万缗。绍圣元年，宋廷对前往高丽的海商实行限制，其中规定“财本必及三千万贯”，[2]三千万贯疑为三十万贯之误，即便是三十万贯，也足以反映海外贸易中商人资本之雄厚。

2. 专卖品贸易中的商人资本

专卖品贸易中的商人资本因官府严密的控制而形成不同于一般资本形态

[1] ［苏］雅可夫柴夫斯基，敖文初译：《封建农奴制时期俄国的商人资本》，北京：科学出版社，1956年，第4页。
[2] 《宋会要辑稿·食货》38之35。

的特征。其一,资本的不稳定性。专卖法经常因官府的财政状况及军事形势发生变化,商人利润也随之起伏不定。如果边境爆发战争亟须粮草,官府就会抬高虚估或适当减少自己的利润份额,商人利润和投入专卖品贸易的资本就相应增加。如果出现财政危机,官府就会以变更茶法、盐法为名扩大应占份额,商人利润减少,资本大量退出流通。政和年间这种局面达到登峰造极的地步,政府在茶引、盐钞上大做文章,屡次变更,推行对带法、循环法,巧立名目"以笼商贾之利",在循环法下,盐钞一夜之间变成废纸,商人"朝为豪商,夕侪流丐"。[1]商人资本受到重创。

其二,特权商人的资本膨胀。宋朝长期推行交引法与现钱法,商人入中实物或入纳现钱换取盐、茶等凭证时,需要由政府授予特权的交引铺户富豪作保。交引铺户趁机敲诈中小商人。《文献通考·征榷考》载,在交引法中,许多入中粮草的行商与土人,获得茶交引后,"既不知茶利厚薄,且急于售钱,得券则转售于茶商或京师坐贾号交引铺者,获利无几。茶商及交引铺或以券取茶,或收蓄贸易以射厚利,由是虚估之利皆入豪商巨贾"。信息灵通、资本雄厚的大商人坐获交引,从而占有了交引内所包含的加饶与虚估之利,并获得了交引更换之时进行投机买卖的机会,即所谓"收蓄贸易以获厚利"。如果说专卖品贸易中的个别资本并不突出,那么,其中特权商人的资本则惊人地膨胀,尤其是京师"兼并豪猾之徒,居物逐利,多蓄缗钱,至三五十万以上,少者不下三五万"。[2]

其三,专卖品贸易中的商人资本,从兑钞支物到贩卖的价格与地点,无不受到官府的约束,商人资本被有机地纳入国家财政经济的轨道中,不能充分地以资本自身运行的规律自由发展,这在专卖制度遏止商人资本渗入生产领域的影响尤为突出。

3. 民生用品贸易中的商人资本

"商于海者,不宝珠玉,则宝犀瑁;商于陆者,不宝盐铁,则宝茶茗。持筹

[1]《通考》卷16。翟汝文《忠惠集》所录《翟氏殿埋铭》记此事则云:"富商巨贾朝为猗顿,夕为殍丐。"
[2] 宋祁:《景文集》卷28,乞损豪强优力农札子。

权,衡斗筲,间累千金之得。”[1]这里的海商、陆商之分,实际上就是上面两类商人资本,因为商业利润极高,所谓“间累千金之得”,资本额雄厚,因而在商人资本中占有显著的位置。李新此语,结合时人的其他说法,可知上述两类之外的商品贸易中的商人资本,个别资本的利润率与资本额都要逊色。这些商品,我们称为民生用品,从消费的角度而言,它与奢侈品相对,指大众日常消费的生产资料与生活资料;从其流通角度而言,与专卖品相对,在市场上基本自由流通。无疑,处于民生用品贸易中的商人资本,具有更为普遍性的经济意义和历史意义。凡此商品市场,本时期已有了相当大的扩展。虽然个别资本的利润率与资本额仍不显著,但为数之众则远过于前两类。

商业利润,主要出自买卖价格的差额。现实的买卖差价,在奢侈品贸易中主要是由上层社会的高需求与商品的稀少及产地遥远之间的矛盾所致。在专卖品贸易中则几乎是由官府以超经济强制低价收购、超价出售而形成。那么,民生用品贸易中是什么因素促成的呢?其途径多样,来自商品的季节差价、地区差价、批零差价及市场波动带来的价格差。

商品粮的季节差率,笔者曾计算过,在正常年景下达50%—60%;地区差价,淮南西路与浙西相比达500%,南宋福建与广东相比为100%,与广西相比更相差500%。[2]扣除运输成本,这种差价便转化为现实的商人利润率。于是商人在市场价格的季节差与地区差上费尽心机,以图获取利润。“聚钱运本,乘粒米狼戾之时贱价以籴;翘首企足,俟青黄不接之时贵价以粜。”或者以“物之废兴而上下其价,权时轻重而操其奇赢”。[3]粮食市场中官立市场占有一席之地,这就是粮草的“和籴”与“入中”。商人们在低价时至各地大量收购粮食,价格高昂时才向官场输运。官府和籴夏秋粮草,商人于收获季节“添钱收卖,候过时,乘官中急市”,趁机向官场抛售。[4]入中也是如此,“每年客人虽有斛斗,不肯便行入中,须待体探年岁丰俭,及伺候官中价例高低,常至三四

[1] 李新:《跨鳌集》卷12,上王提刑书。
[2] 龙登高:《宋代粮价分析》,《中国经济史研究》1993年第1期。
[3]《欧阳修全集·居士外集》卷13,湘潭县修药师院佛殿记。
[4]《宋会要辑稿·食货》39之10。

月间,方始猛来入中”。[1]

商品种类与流通地域的扩大,市场的复杂多样与风云变幻,为商人们施展商战之术提供了越来越广阔的舞台。他们根据市场信息与价格变化,随机应变,获取可观的商业利润。永嘉何子平是一弄商机权变于股掌的杰出商人,初经商时他屡受挫折,但他没有退却,而是“愈苦志经度,尽知四方物色良窳多寡,与其价上下,用是子钱稍稍登本,乃益罗众贾所弃,时其钝利,为之出入人家缓急,须索百物无不有,物直常数倍,遂致累资千万”。[2]《夷坚志再补》所记临安一位裴姓商客,面对市场的遽变,运筹果断,以锐利和超前的意识抓住了商机。绍兴十年临安的一场大火,延烧城内外屋宇数万区,裴氏的质库及金珠肆亦在其中。裴氏处惊不乱,没有只顾眼前的损失与危险,而是着眼于灾后的市场机会。他立即派遣属下分往江下及徐村,自己身出杭州北关,“遇竹木、砖瓦、芦苇、椽桷之属,无论多寡大小,尽评价买之。明日有旨,竹木材料免征税。抽解城中,人作屋皆取之。裴获利数倍,过于所焚”。这位裴氏,真不愧为商场中一员骁勇善战的大将!

总体而言,虽然市场商品种类与数量逐渐增加,但民生用品市场的开拓仍然有限,可以容纳的商人资本数额仍不大,加之市场发育尚不充分,流通渠道还不完善,如本篇第一章所述,乡村基层市场之下,商人资本施展空间很小,因此,民生用品贸易个别资本的利润率与资本额仍普遍低于奢侈品、盐茶之利。《夷坚志》中所载此类商人资本不过数千缗。如江东歙县李生西留汉川县经营粮食买卖,渐成富室,“贸运积数千缗”;上饶王三客,买贱贸贵,“锱铢收拾,私所蓄藏亦过千缗”。这大概可代表民生用品贸易中商人资本的普遍水平。

大多数商人本小利微,在市场中艰难谋生。宋代不少诗词反映了商人的艰辛。范成大诗题为《墙外卖药者九年无一日不过,吟唱之声甚适。雪中呼问之,家有十口,一日不出即饥寒矣》:“十口啼号责望深,宁容安稳坐毡针。长鸣大咤欺风雪,不是甘心是苦心!”《雪中闻墙外鬻鱼菜者求售之声甚苦有感》:“岂是不能扃户坐?忍寒犹可忍饥难!”王炎诗题为《会稽六月初五日,新

[1] 《欧阳修全集》卷17,乞展延籴斛斗限。
[2] 周行己:《浮沚集》卷7,何子平墓志铭。

米入市。价减旧，以升计之，几十二三。闻海商米船方集，亦损其直》："大侵难宿饱，小熟有晨炊。岁事早如此，人情喜可知。田家甘粜贱，海贾恨来迟。粒粒皆珠玉，无忘饿殍时。"[1]

四、批发商贸易

商人资本的发展，促使商人内部出现分工，以完成日趋扩大和复杂的商品流通。宋代批发商、经纪商、零售商各司其职的格局已相当分明，市场营销手段的进步引人注目。笔者曾有专文论述宋代经纪人交易，[2]这里专述批发商交易的状貌，以观市场营销技术、销售渠道的发展。

批发交易是指商人之间供转卖或生产加工之用的大宗商品买卖方式，即收购并集中、储存商品，进行分类整理、编配加工和运输，再转售给分散的零售商。批发商的诸此职能，是市场发展到一定程度的产物，"因为它要以最大量的资本、最高级的技能和最广阔的市场为前提，而且它会引起最大的风险"。[3]消费需求的有限性与地域性，商品生产的低下性，限定了交易活动基本上以零售、小批量的形式进行。中国古代批发商出现于何时，已难以确定，但如果只是一种偶发的现象而不足以构成必然的趋势，那也会失去其存在的价值和研究的意义。随着市场关系的发展，商品的行销范围与流通规模愈益扩大，生产与消费在时间、空间、品种、数量等方面的矛盾，呼唤着商业内部形式的革命。批量交易规模的大小与交易成本成反比，规模越大，单位商品的交易成本越低，越可能直接运销远方市场，能够解决日益尖锐的产销矛盾。

宋代，大宗商品远距离运销扩大；商人资本成长能经受供求与价格的波动，承担较大的风险，维持稳定的业务；商品行销渠道进步，赊欠买卖、契约买卖等交易方式逐渐走向有序化，一批活跃的经纪人能有效地协助完成商品集中与分销的批发职能；此外，交通运输和仓储设施等物流条件的改善为商品运动和储存等批发职能的实现提供了保障。可见，至迟到了宋代，上述条件的

[1] 如陆游的《重午》诗写会稽"街头初卖苑池冰"，并在诗后作注解释说："会稽不藏冰，卖者皆自行在来。"
[2] 龙登高：《论宋代的掮客》，《思想战线》1990年第5期。
[3] ［德］威廉·罗雪尔著，朱绍文译：《历史方法的国民经济学讲义大纲》，北京：商务印书馆，1981年。

具备足以推动批发商的应运而生，历史文献记录的批发商的蛛丝马迹使我们能够勾勒出清晰的线索。

茶、盐两种大宗商品，产地分别集中于南方山区、东部沿海等地，而消费市场则遍布全国各地，消费量大，流通范围广，应该是最有可能产生批发业务的商品流通。尽管各环节都受到政府的管制，但仍然在超经济强制的缝隙中萌生了形式独特的批发业务。

茶叶贸易，在两宋的大部分时期，商人必须向沿边与京师入中粮草或入纳现钱金帛之后，才能获取政府发放的茶引，以此作为贸易许可证到六务十三场等地支领茶叶，然后转赴指定地区贩卖。茶引实际上类似于有价证券，一方面它已经包含着政府给予入中者的"虚估之利"，同时作为贸易许可证它还潜藏着贩茶将实现的超额利润。有的入中者并非商人，遂在求保时将茶引出售给交引铺，收蓄茶引的铺户，有的又把茶引转卖给茶商。[1]这样，京师铺户又附带经营茶引批发业务，交引铺在某种程度上成为茶引批发市场。宋代的茶引，又曾分为长引和短引。政和茶法规定："客贩茶并于茶务请长短二引，各指定所诣县住卖。长引许往他路，短引止于本路兴贩。"长引、短引每引钱分别为100贯、20贯，许贩茶额分别为120贯、25贯。[2]长引为长距离贩运，运输耗费大，只有资本雄厚的大商人才有力量领取凭证进行营业，即使短引，许多小商人也无力支领，加之官定茶价波动频繁，他们难以承受市场风险。[3]于是大商人开始从事茶引批发，政府规定，短引也"许大商带买，前去产茶路分，转卖与本路小客，仍别给公凭"。[4]可见，为了获取贸易许可证，商人必须长途奔波，小商无力为之，只能成为大商人茶引批发网络之下的零售商。

[1]《文献通考·征榷考》载，入中者若非行商，"既不知其茶利厚薄，且急于售钱，得券则转售于茶商或京师坐贾号交引铺者，获利无几。茶商及交引铺或以券取茶，或收蓄贸易以射厚利，由是虚估之利皆入于豪商巨贾"。《宋史·食货志》也说："其输边粟者，持交引诣京师，有坐贾置铺，隶名榷货务，怀交引者凑之……若非行商，则铺贾自售之，转鬻与茶贾。"

[2]《宋会要辑稿·食货》30之40、30之2。

[3] 嘉祐时，因为茶法改变，茶价上涨，导致"小商不能多贩，又不暇远行，故近茶之处，顿食贵茶；远茶之方，向去更无茶食"。事见《欧阳修全集·奏议集》卷16，论茶法奏状。政和年间亦有臣僚云，短引"每道价钱二十贯，窃虑尚有本小商旅不能兴贩之人"。见《宋会要辑稿·食货》32之4。

[4]《宋会要辑稿·食货》32之2。

大商与小商的这种关系，在另一专卖品贸易的盐商中也存在。如果说茶叶批发业务寓于茶引批发之中，那么，食盐批发业务中则出现了直接的商品实物批发。在通商地分的京东、河北路，除“长引大客外”，不少孤贫无业的小民从事贩盐，“贫民贩盐，不过一两贯钱本”。针对这种状况，苏轼建议对300斤以内的贩盐小客权免收税，官府发放“印本空头关子”给长引大客，小客填写姓名后，从大客处分买食盐贩售。苏轼进一步分析道：

> 凡小客本小力微，不过行得三两程。若三两程外，须借大商兴贩，决非三百斤以下小客所能行运，无缘大段走失。且平时大商所苦，以盐迟而无人买；小民之病，以僻远而难得盐。今小商不出税钱，则所在争来分买。大商既不积滞，则轮流贩卖，收税必多。而乡镇僻远无不食盐，所卖亦广。[1]

在食盐销售上，小商与大商各具短长，本小力微者，经营数量在300斤以下，运销范围在100—150里（即三两程）以内，过此则无力支付运输成本之所耗。大商则没有此类顾虑，其所虑者，因为经营数量大，流通面广，销售时间较长，商品易于积滞，就会耽搁进一步的贩运，影响资本周转。而大商之所虑，恰恰又是小商之所长。一旦大小商人分工合作，扬其长，避其短，食盐销售状况就会大为改观。大商人以其巨额资本专事长途贩盐，将食盐分配给小商，则大商无所积滞，资金周转加快，而小商就近得盐，避免了难以胜任的长途贩运之苦，又能将食盐迅速销售出去并将销售网络范围扩展到僻远之域。这样，销售渠道畅通，销售地域扩大，大小商人两得其利，乡村无不食盐，政府也因此增加税收。苏轼的方案是否被采纳不得而知，但其中所反映的食盐批发贸易则应该是客观存在。

酒与茶盐不同，不存在远距离运销，但在大城市，其销售量巨大，也出现具有专卖品特色的批发贸易。在汴京，由都曲院造曲，政府特许的酒户领曲酿

---

[1]《苏东坡全集·奏议集》卷2，论河北京东盗贼状。

酒发售。这些酒户即72家正店,负责开封府酒的酿造、沽卖和批发,其下则有"不能遍数"的脚店分散经营。著名正店如白矾楼(后改为丰乐楼)酒店,其批发网络下的脚店达3 000户之多,"每月于本店取酒沽卖"。[1]南宋临安,不唯脚店相承沿袭,还有兼卖酒食的"拍户",零沽卖酒不卖食的"角球店",虽然不见正店之名,却有十余家官库和子库,并设"开煮迎酒候所",有十三库、十马、上马,每库有行首二人……[2]估计它们类似于汴京的正店,是官府经营或官府特许的酿酒之所,并兼营批发,不仅有华丽楼店吸引酒客,而且向脚店、拍户、角球店等进行批发。

茶、盐、酒等专卖商品中的批发商,多属于特权商人。其他商品贸易中,虽然超经济强制的色彩不浓,但因为批发业务规模庞大,批发商多与官府及官僚有着千丝万缕的联系,有的军政官吏直接成为批发商。京师的一个卸任官吏张殿直便是其中之一。他曾任职于青州资政学士王安礼属下,后来,王安礼违法在任买丝,"勒机户织造龙隔织等匹物",令手下将匹帛运至京师张殿直,委托他销售。张殿直通过张牙人,将青州生花白隔织320匹,分销于京城孙师颜、郑孝孙、赵良祐三人铺内。[3]南宋镇江府驻军头目刘宝,商品收购西及荆湖,南达福建,络绎不绝,在江口镇置壕坊储存商品,在市中心开激赏库批发南货,"分布钱物"。刘宝不是称职的将军,却是出色的批发商。

宋代史籍所载,临安的批发商最为活跃。上述临安酒业中的批发商是其中之一,酒因官榷,没有设立相应的行会组织,城内其他名类繁多的手工业与商业部门,都设有"团行",名曰团、行、市、铺等,既是应付官府科差回买的行会组织,同时有的又是以行老为首的批发机构。批发商通过团、行将同业零售商组织起来,形成一个个有机的批发销售网络。

肉市在修义坊,每日宰猪不下数百头,集中宰杀。分铺货卖。"临安宰猪,但一大屠为之长,每五鼓击杀于作坊,须割裂既竟,众屠儿分挈以去。"[4]据《西湖老人繁胜录》,内有起店数家,与一般肉铺又有不同,还将皮骨等专门分类批

[1]　孟元老:《东京梦华录》卷2;《宋会要辑稿·食货》20之7。
[2]　吴自牧:《梦粱录》卷16、卷2。
[3]　《长编》卷449,元祐五年十月戊戌。
[4]　《夷坚丁志》卷9,河东郑屠。

图8–6　闹市中的正店(《清明上河图》)

发转售,每袋"起"价70,零售价90,批零差价为20。由于分类批发井井有条,因此凡遇婚庆华筵,"欲收腰肚,顷刻并皆办集,从不劳力"。

鱼鲞等水产品来自温州、台州、明州等地,在城南浑水闸,"有团招客旅,鲞鱼聚集于此。城内外鲞铺,不下一二百余家,皆就此上行合摭……又有盘街叫卖,以便小街狭巷主顾,尤为快便耳"。有一位陈翁,"专为货鳅主人,凡自余杭门入者,悉经其手乃敢售"。[1]显然也是鳅批发商。

食米,城内外消费每日不下一二千余石,多来自太湖平原等地,集中于湖州市米市桥、黑桥等米行,零售米铺则散布城内外。批发商"接客打发,分表

[1]《夷坚甲志》卷2,货鳅陈翁。

铺家”: 收购环节,有赁户执掌叉袋,甲头管领的肩驼脚夫搬运; 分销环节,有小牙子服务上门,运至各零售铺户; 批发价格则由行头规定,分品种定价,并约定日期由零售铺户支付米钱。食米分类很细,有早米、晚米、新陂砻……黄米、陈米等十数种,满足了零售商与消费者多品种、全规格、小批量、持续不断的商品供应要求。临安庞大的商品粮销售渠道可谓精致细密,“米市搬运混杂,皆无争差,故铺家不劳余力而米径到铺家矣”。这种批发零售网络,吴自牧指出,与“诸山乡客贩卖”,大有径庭。

苏轼指陈大小商人的区别:“千金之家,日出其财以罔市利。而饭(贩)夫小民,终莫能与之竞者,非智不若,其财少也。是故贩夫小民,虽有桀黠之才、过人之智,而其势不得不折而入于千金之家。何则? 所长者不可与较也。”[1] 罗大经《鹤林玉语》卷16也有类似的议论:“富商豪贾,若恶贩夫贩妇之分其利而靳靳自守,则亦无大利矣。”欧阳修更为明确地指出批发商与零售商经营方式的相互关系:

> 夫大商之能蕃其货者,岂其锱铢躬自鬻于市哉? 必有贩夫小贾就而分之,贩夫小贾无利则不为。故大商不妒贩夫分其利者,恃其货博,虽取利少,货行流速,则积少而为多也。[2]

欧阳修在此敏锐地揭示了批发商利润的来源。他们虽然将部分利润(即批零差价)让渡给小商,但因为销售数量大,利润非但没有减少,而是更为可观。并且因为商品流通速度加快,资金周转加速,利润倍增。还有一点是欧阳修所没有指出的,那就是规模效益的递增。大批量商品买进卖出,经营者增加了资金的投入和劳动的投入,流通总费用扩大,但单位商品的成本下降,而某些相对不变的投入提高了利用强度,整体效益提高。

批发商与零售商,宋政府的征税方式也区别对待,《宋史·职官志》载:“凡商贾之赋,小商则门征,大商则输于务。”批发业与零售业紧密相连,大商

---

[1] 《苏东坡全集·应诏集》卷5,策断二十四。
[2] 《长编》卷129,康定六年十二月乙巳。

人与小商人不可分离。如果失去批发网络之中的零售商，批发商就会孤掌难鸣，因此时人有云："若设法禁小商，大商亦不行矣。"[1]同样，宋廷在专卖品贸易中曾实行抑制豪商巨贾的政策，结果也使小商小贩随之不振。

商业内部出现的批发与零售分工，因减少交换次数而加快商品流通的速度，因简化商品销售业务而加强了商人资本的周转。作为商品流通的蓄水池，批发业保证商品供给在时空上的均衡性，缓解了季节性与地区性的供求矛盾，减少了生产的专业性、单一性与消费综合性、多变性之间的矛盾。作为新兴销售渠道，批发商的成长产生了不可忽视的影响，表明市场的长足进步。然而，市场的种种落后性使批发商在成长之初即举步维艰，甚至自身的形态受到扭曲。钱荒长期困扰着市场，赊欠买卖的流行与此紧密相关，本小力微的零售商常常只能赊购商品，批发商的资金周转因此受到阻滞。苏辙曾感慨"商贾之事，曲折难行。其买也，先期而预钱，其卖也，后期而取值。多方相济，委曲相通"。[2]专卖品贸易，由于政府对贸易许可条件、运输环节、贩售地区等加以诸多苛严的限制，批发业只能曲折进行，甚至只能寄附于一纸交引之中。特权商人排斥民间批发商，干扰了市场的正常运作。以行老为代表的批发商具有较强的垄断性，他们操纵商品价格与流通规模，甚至欺行霸市。

[1]《宋会要辑稿·职官》44之23。
[2] 苏辙：《栾城集》卷35，制置三司条例论事状。

第九章
宋元对外贸易

第一节　宋代对外贸易重心转移

宋代已经完全实现了对外贸易重心由西北陆路向东南海路的转移。宋代西北的陆路贸易相对于五代有很大发展，但与海上贸易相比已经居于绝对次要地位。

西域诸国仍通过陆路与宋朝保持着贸易，“西若天竺、于阗、回鹘、大食、高昌、龟兹、拂林等国虽介辽夏之间，筐篚亦至”。[1]其中于阗和回鹘与宋朝的贸易最为频繁。于阗国（包括其后的喀喇汗国）向宋朝的朝贡活动较为频繁。仅据《宋史》“本纪”统计，北宋时期于阗朝贡宋朝共29次。[2]特别是“熙宁以来远不逾一二岁，近则岁再至”，元祐中其使更是“至无时”，宋朝乃“令熙河间岁一听至阙”。[3]不仅朝贡次数多，而且规模常常很大，如熙宁十年（1077）于阗国贡使携带的贡品仅乳香就有31 000余斤，市价44 000余贯。元丰三年（1080）于阗国进奉物品有乳香、杂物等十万余斤，数量之多，使熙州不敢解发。元祐七年（1092）于阗共派遣了三番使节，熙河兰岷路经略安抚司只解发一番，另两番进奉人“只令熙、秦州买卖讫，纳回本番”。宋朝明白于阗的交往目的全在

[1] 《宋史》卷485,《夏国》上，中华书局点校本，第13981页。
[2] 《宋史》卷2、7、9、13、15—22。
[3] 《宋史》卷490,《于阗传》，第14109页。

贸易，所以曾规定：“于阗国入贡，如实惟赍国王表及方物，听发赴阙，仍毋得过五十人，驴马头数准此，余勿解发，止令熙州安泊，差人管勾，依条许令卖买，仍婉顺开谕，除乳香以无用不许进奉及挟带上京并诸处货易外，其余物并依常进贡博卖。”对回赐也作了规定：“于阗国黑罕王贡方物，回赐外，余不以有无进奉，悉加赐钱三十万。”[1]

回纥、卢甘等西域诸国与于阗国一样，“赍蕃货，以中国交易为利，来称入贡”，“所赍物货上者有至十余万缗，下者亦不减五七万”，“朝廷察知其情，故限之以年，依到本路先后之次发遣赴阙，而来者不已，守待发遣，有留滞在本路十余年者。其所赍蕃货散入诸路，多是禁物，民间私相交易”。[2]甘青一带的唃厮啰等吐蕃和羌诸族也积极发展与宋朝的贸易，在西夏控制河西走廊后，于阗、回鹘等通过唃厮啰等吐蕃控制的青唐一带前往宋朝贸易。西夏政权成立后也存在与宋朝的贸易需求，其经济在很大程度上也依赖与宋朝的朝贡和互市贸易。庆历战争期间，延州官员曾说：“虏自背叛以来，虽屡得胜，然丧和市之利，民甚愁困。”[3]而此前的赵德明时期已经很重视过境的贸易：“大食国每入贡，路由沙州界以抵秦亭。乾兴初，赵德明请道其国中。”[4]西夏对这些过境贸易商人征收过境税：“夏人率十而指一。”[5]西夏从自身利益出发，并不成为隔绝内地与西域贸易的根本障碍，但是不论贸易规模还是市场环境，海上贸易都已远远超过了陆上贸易。

陆上贸易在汉唐时期虽十分繁荣，但尚未具有财政意义。这一方面与汉唐时期征商制度有关，另一方面也说明贸易规模还比较有限。宋朝已把市舶收入作为财政收入之一，从政府的市舶收入可以概见海上贸易的规模。宋高宗曾说：“市舶之利颇助国用”、“市舶之利最厚，若措置合宜，所得动以百万计”。[6]宋高宗所说反映了宋徽宗朝以后的基本状况。崇宁大观时期市舶每年平均收入约为110万单位，史籍有载的绍兴元年（1131）、绍兴七年、绍兴十年

[1] 《续资治通鉴长编》卷285，熙宁十年十月庚辰，中华书局点校本，第2688页；卷309，元丰三年十月丁卯，第2897页；卷470，元祐七年二月辛巳，第4404页；卷295，元丰元年十二月乙丑，第2768页；卷394，元祐二年正月乙丑，第3721页。
[2] 〔宋〕李复：《潏水集》卷1，《乞置榷场》，文渊阁《四库全书》影印本。
[3] 《续资治通鉴长编》卷139，庆历三年正月癸巳，第3344页。
[4] 《续资治通鉴长编》卷101，天圣元年十一月癸卯，第899页。
[5] 〔宋〕洪皓《松漠纪闻》卷1，文渊阁《四库全书》影印本。
[6] 《宋会要辑稿·职官》44之24、20，中华书局影印本。

都为100余万单位，绍兴二十九年达到200万缗。北宋前期所见收入在30万—80万（单位有时以缗计，有时为“斤条片颗”等复合单位）。[1]市舶收入主要来自对进口商品的抽解和博买。抽解为无偿税收，博买收入则来自政府经营利润。抽解和博买的比例时有变化，抽解一般为十分之一，博买限于部分商品，比例早期一般为十分之三，博买种类和数量在逐步减少。亦即市舶收入反映了进口贸易总量的一定比例，而进出口贸易的总体规模当然要远大于此。即使仅市舶收入所反映的贸易规模，已非宋代西北陆上贸易所能企及。

同时，宋代沿海贸易港口数量和管理方式的发展、进出口商品种类和数量的增长，以及国家专门的市舶机构和制度的设立，都表明不论贸易自身规模还是国家管理，对外贸易的发展重心都已经完全转移到东南海上。来华贸易主要力量的阿拉伯商人在宋代基本上都从海路来宋朝贸易。宋朝政府也鼓励来华商旅使节选择海路。宋太宗曾“诏西域若大食诸使是后可由海道来”。宋仁宗又令各国进奉“今取海路由广州至京师”。[2]广州和泉州蕃坊中蕃商云集的景象在宋代的西北陆路贸易中已可再现了。这些无疑都表明对外贸易重心已转移到海路。

宋代对外贸易重心向东南海上的转移是以南方经济发展和经济重心南移，以及造船技术和航海技术进步为基础的。南方经济发展和经济重心南移使出口商品供给和进口商品消费的中心都转移到南方，特别是东南。造船技术和航海技术进步使海上贸易在商业运输成本、运输规模、贸易周期等方面与陆上贸易相比，具有显著的优势。在传统贸易中，香药珠宝是中国最大宗的进口品，特别在宋代进口商品规模巨大增长以后，香药成为最大宗的商品，而这些商品中大部分主要产地在东南亚和印度洋沿岸地区。这些因素决定对外贸易重心在宋代不可逆转地转移到海上。不论是元朝和清朝大统一下西北陆路的畅通，还是明朝实行严厉海禁，海上贸易的重心地位都已不可动摇。

经济重心南移的过程至北宋后期已接近完成，至南宋则全面实现了。[3]在这样的背景下，东南沿海地区成为出口商品主要供给地。如宋代最大宗的出

[1]　参黄纯艳：《宋代海外贸易》之《两宋市舶收入表》，北京：社会科学文献出版社，2003年，第176页。
[2]〔宋〕蔡攸：《铁围山丛谈》卷5，《续资治通鉴长编》卷101，天圣元年十一月癸卯，第2342页。
[3]　郑学檬：《中国古代经济重心南移和唐宋江南经济研究》，长沙：岳麓书社，1996年，第11、17页。

口品瓷器主要产自福建和广东。三上次男在《陶瓷之路》中谈到中国古代外销瓷的产地时说:“东南亚出土的陶瓷大半是福建和广东省的窑口生产的。”[1]冯先铭主编的《中国陶瓷》也指出:“宋代由于适应瓷器对外输出的需要,东南沿海几省涌现了数以百计的瓷窑……以泉州、同安、潮安、广州、佛山等窑数量较多。”[2]《广东唐宋窑址出土陶瓷》分析了唐宋两代广东地区瓷窑数量的变化,推算宋代广东全路瓷窑每年可产瓷器13 000万件,是唐代的20多倍。迄今发现广东80余处宋代窑址主要分布在通往广州港的水陆交通线路上,说明宋代广东瓷器主要是供给海外市场的。[3]许清泉的研究表明,在宋代福建沿海的泉州、兴化范围内,发现唐五代窑18处,宋元窑137处。海外贸易得到较大发展的宋元时期,福建沿海晋江、南安窑址分别占所发现的历代窑址的50%和80%,而山区的安溪和德化,宋元的窑址只占10.5%和10.8%。说明海外贸易发展时,沿海瓷器生产随之兴盛,相反,瓷器生产则退回盛产瓷土的北部山区。[4]东南沿海地区其他出口商品,如丝织品、书籍,以及蔗糖、荔枝等的生产也有很大的发展。[5]宋代进口商品的销售市场主要是京城、以两浙路为主的东南地区、四川,[6]而两浙路是主要的进口品集散地。

造船技术和航海技术的进步体现了海上贸易相对于陆上贸易的比较优势。《中国印度见闻录》说到唐代中国船只已是广州到巴格达航线上最大的船只。未知其详情。《梦粱录》卷12载宋代海船的载重量:“海商之舰大小不等,大者五千料,可载五六百人,中者二千料至一千料,亦可载二三百人。”五千料约合三百吨。这些是常见海船的规模。更大的船可载万斛至数万斛。元丰元年和宣和五年宋朝政府两次在明州修造载重万斛的“神舟”作为出使高丽使者的座船。泉州出土的南宋古船载重为200多吨,属于中等海船。这样的载

---

[1] [日]三上次男著,李锡经译:《陶瓷之路》,北京:文物出版社,1984年,第118页。
[2] 冯先铭主编:《中国陶瓷》,上海:上海古籍出版社,2001年,第401页。
[3] 参古运泉:《广东唐宋陶瓷生产发展原因初探》;杨少祥:《广东唐宋陶瓷对外贸易初探》,《广东唐宋窑址出土陶瓷》,香港大学冯平山博物馆,1985年10月。
[4] 许清泉:《宋元泉州陶瓷的生产》,《海交史研究》1986年第1期。
[5] 参见黄纯艳:《海外贸易与东南沿海地区社会经济的发展》,《宋代海外贸易》,北京:社会科学文献出版社,2003年。
[6] 参见黄纯艳:《宋代进口品的运销》,《宋代海外贸易》,北京:社会科学文献出版社,2003年。

重量超过了一千头骆驼的商队运载货物的总量。

宋代海船在制造技术上有不少创新。宋船设置了水密隔舱，增强了抗沉性和横向强度。泉州出土的宋代海船横舱壁是由底部和两舷肋骨以及甲板下的横梁环圈着，构成一幅水密隔舱壁，使船舷与舱壁紧密结合，牢固地支撑着两舷。宋船改革了以前使用木锚的传统而使用了铁锚。《癸辛杂识》载："其铁锚，大者数百斤，尝有舟遇风下碇，而风甚怒，铁锚四爪皆折。"宋代航海技术的最大进步是指南针运用于航海。《萍洲可谈》和《宣和奉使高丽图经》直接记载了指南针用于航海的情况。《萍洲可谈》卷2载："舟师识地理，夜则观星，昼则观日，阴晦观指南针。"《宣和奉使高丽图经》卷34载："若晦冥则用指南浮针以揆南北。"南宋时指南针在航海中的使用则更加熟练和普遍。海船中设置了专掌指南针的"火长"。《梦粱录》卷12说得很明确："风雨晦冥时，惟凭针盘而行，仍火长掌之。毫厘不敢差误，盖一舟人命所系也。"《诸蕃志》卷下载："渺茫无际，天水一色，舟舶来往，惟以指南针为则，昼夜守视惟谨，毫厘之差，生死系矣。"宋代人们对南海、印度洋和日本航线的季风已有了明确的认识。这些因素增加了海上贸易的安全性，也使海上航行更为便捷。

第二节　南海贸易体系的形成

海运贸易相对于陆运贸易的优势，在宋代有了变革性发展的造船技术和航海技术的推动下，突出地表现出来。宋代经济重心的南移，使中国出口商品供给和进口商品消费的中心都转移到南方。中国的进口品主要是香药珠宝，海运贸易更接近出产这些商品的东南亚和印度洋沿岸地区。这些物质因素保障了海运贸易发展的规模，提高了海运贸易的效率。宋朝政府鼓励中外商人从事海上贸易，为中国海外贸易的发展提供了积极的政策保障。宋代海外贸易的发展使南海和印度洋的海上贸易出现新的格局。

滨下武志等学者的研究已经揭示了15世纪以后以东北亚、南海到印度洋区域内经济体系或贸易网络的存在及其运行状况，都特别强调了中国在其中的中心和主导地位。[1]但是,这一贸易体系是一个发展过程,在15世纪以前早已存在。珍妮·阿布-卢格霍特(Janet Abu-Lughod)曾提出13世纪的欧亚世界包含着一个巨大的贸易系统,其中包括海运连接的东亚、东南亚、西南亚等以发达的远距离贸易联系起来的"世界体系"。她认为这个经济体系中最主要的发动机就是中国,因为中国既是陶瓷等大宗热销商品的出口者,也是东南亚和南亚生产的燃香、香料的主要消费者。[2]实际上,这一贸易体系的形成更早于13世纪,在其形成中,中国贸易重心的转移和宋朝海外贸易的发展是最为重要的影响因素。在宋朝贸易发展的推动下,南海贸易体系的构成或支撑要素,维持体系运行的机制都已明确地出现了。

一、作为一个整体的市场区域

唐代贾耽的"广州通海夷道"反映了广州经过马六甲海峡、印度直达巴格达的航线,这一条航线以北的地区及苏门答腊岛、爪哇岛已有了密切的贸易关系。宋代以这条基本航线为基础联系起来的贸易区域大大地充实了。一是贸易联系更加密切,二是这条航线以东的东南亚海岛地区和航线以南的非洲沿海地区与中国有了明确的贸易关系。

表9–1　宋代史籍所见主要贸易国家和地区[3]

区　域	宋代名称	对　应　今　地	所据资料
北非	木兰皮	非洲北部诸国总称,亦包括欧洲西部	张589

[1] [日]滨下武志著,朱荫贵译:《近代中国的国际契机:朝贡贸易体系与近代亚洲经济圈》,北京:中国社会科学出版社,1999年。[德]弗兰克,刘北成译:《白银资本:重视经济全球化中的东方》,北京:中央编译出版社,2000年。李露晔:《当中国称霸海上》,桂林:广西师范大学出版社,2004年。

[2] Janet Abu-Lughod, *Before European Hegemony: The World System A. D. 1250–1350*, Oxford: Oxford University Press, 1991. 引自[美]贾志扬(John Chaffee):《宋代与东亚的多国体系及贸易世界》(中国宋史研究会第14届年会会议论文,2008年,昆明)。

[3] 古代南海史地,张星烺、冯承钧、藤田丰八、桑原骘藏、夏德(F. Hirth)、柔克义(W. Rockhill)、韩振华等人皆有考证,相对而言,张星烺《中西交通史料汇编》、夏德、柔克义合注、韩振华补注《诸蕃志注补》综合了多家观点,本表所取古今地名主要参考张星烺《中西交通史料汇编》、夏德、柔克义合注、韩振华补注《诸蕃志注补》及冯承钧《中国南洋交通史》,分别以张*、夏*、冯*表示页码。

(续表)

区 域	宋代名称	对 应 今 地	所据资料
北非	勿厮离,又称勿斯里	埃及	张825
	遏根陀	埃及亚历山大港	夏240
东非沿海	弼琶罗	索马里海岸	夏201
	中理国	索马里海岸	夏206
	层拔	东非沿海	张815
	昆仑层期	即桑给巴尔,古代非洲东岸之通称	张588
	弼琶罗	非洲东北,亚丁湾之柏倍拉	张583
中亚西亚	大食	阿拉伯诸国	夏175
	层檀	大食属国,即西亚之Sultan	张817
	勿巡	阿拉伯半岛阿曼索哈尔地方	张817
	勿拔	乌刺(张:乌刺即麻素提之俄波拉)	夏205
	麻嘉	麦加	张821
	白达	巴格达	张821
	瓮蛮	阿曼阿拉伯半岛东北,波斯湾口南岸	张831
	记施	波斯湾口小岛	张831
	弼斯罗	巴斯拉港	张832
	麻罗抹	阿拉伯Hadramaut海岸	夏179
	施曷	阿拉伯Hadramaut海岸	夏180
	奴发	阿拉伯Hadramaut海岸	夏180
	芦眉	地在小亚细亚	夏231
	吉慈尼	阿富汗迦布罗城之西南	张822

（续表）

区域	宋代名称	对应今地	所据资料
印度及孟加拉湾	注辇	南印度之绰，又称珠利耶	张2193
	故临	南印度半岛之西海岸	张2200
	古罗，即古逻	槟榔屿之南	张2195
	南毗	印度半岛西海岸麻罗拔等地	张2203
	麻离拔，即麻罗拔	在印度半岛西岸	张819
	胡茶辣	西印度境内	张2204
	细兰	锡兰岛	夏82
	晏陀蛮	孟加拉湾中之Andaman群岛	夏243
东南亚中南半岛	交趾	越南中圻	夏3
	占城	越南南部	冯50
	真腊	柬埔寨	夏27、冯50
	罗斛	湄南河下游之华富里	夏31
	真里富	腊之一部，在暹罗湾东岸之尖竹汶	夏31
	三泺	华富里之北	夏31
	窊里	老挝，或Karen沿岸	夏32
	蒲甘	伊洛瓦底江之Pagan	夏44
	宾瞳龙	中南半岛之潘郎	夏23
	宾同陇	眉公河口	张810
	波斯兰	在尖竹汶附近	夏31
	登流眉	马来半岛东岸	夏41
	单马令	马来半岛东岸	夏66
	蓬丰	马来半岛之彭亨	夏53
	登牙侬	马来半岛之Trengganu	夏53

(续表)

区 域	宋代名称	对 应 今 地	所据资料
东南亚中南半岛	凌牙斯加	马来半岛西岸	夏54
	吉兰丹	马来半岛之Kaleten	夏54
	佛罗安	马来半岛西岸	夏54
	加罗希	马来半岛东岸之六坤	夏55
印度尼西亚群岛	蓝里即蓝无里	苏门答腊岛之西北角	张810
	三佛齐	苏门答腊岛东北	夏47
	巴林冯	三佛齐都城旧港	夏58
	拔沓	苏门答腊岛北部	夏55
	日罗亭	苏门答腊岛	夏62
	监篦	苏门答腊东岸	夏56
	阇婆	爪哇岛	张819、夏89
	新拖	爪哇岛西部	夏55、冯53
	戎牙路	爪哇岛西部	夏57
	苏吉丹	爪哇岛	夏102
菲律宾群岛	麻逸	民都洛岛	夏273
	三屿	为加麻延、巴姥酉、巴吉弄等岛屿总称	夏276
	加麻延	卡拉棉群岛	夏276
	巴姥酉	巴拉望岛	夏276
	巴吉弄	布桑加岛	夏276
	渤泥	婆罗洲	夏266
	白蒲延	巴布延群岛,在吕宋岛北	夏276

（续表）

区 域	宋代名称	对 应 今 地	所据资料
菲律宾群岛	蒲里噜	波利略岛，在吕宋岛东	夏276
	里银	位于菲律宾群岛	夏276
	东流	位于菲律宾群岛	夏276
	新里汉	位于菲律宾群岛	夏276
台湾岛	流球国	台湾岛	夏276
	谈马颜	台湾岛东岸外之红头屿	夏283
	毗舍耶	台湾岛西南部	夏283
东北亚	新罗	今韩国、朝鲜	夏292
	倭国	日本	夏300

以上范围来自赵汝适《诸蕃志》的记载。《诸蕃志》按其自序所说，是他在提举福建市舶任上"询诸贾胡，俾列其国名，道其风土，与夫道里之联属、山泽之畜产，译以华言，删其秽渫，存其事实"编写而成。事实上，我们看到，有不少内容是抄自周去非的《岭外代答》，有的关于海外蕃国历年朝贡等记载则显然是参考了自市舶司等官方记录及前人著述。不论是赵汝适亲自"询诸贾胡"所得部分，还是其中传抄自周去非《岭外代答》的内容，最基本的信息来自往来海上贸易的商人，所反映的都是当时商人的活动世界。

这个活动区域中，距中国最远的是非洲北部的木兰皮、勿斯离、遏根陀等地。这些地区是阿拉伯商人传统贸易范围。周去非和赵汝适关于这些地区最详细信息应该是来自阿拉伯商人。宋朝的商品也显然到达了这一区域。三上次男的研究表明，宋元时期，中国的瓷器从红海沿岸苏丹国的爱扎布港起港，运至埃及境内尼罗河上游的福斯塔特，经尼罗河运至亚历山大港等地，亚历山大发现有宋元时期的中国陶瓷。他在爱扎布亲自考察发现："（爱扎布遗址上）到处都是中国的陶瓷……无论我们走到哪里，脚底下都是中国的陶瓷片。”[1]秦大树《埃及福斯塔特遗址中发现的中国陶瓷》谈到该遗址发现的六七十万片陶瓷中中国陶瓷超过两万片,其余大部分是中国陶瓷的仿制品。[2]虽然是否有宋朝的商人远航到北非已无可知晓,中国的史籍也不见这些地区商人来华的记载,但这一地区显然已经与中国有了贸易往来。就其与南海和印度洋贸易区域内部的联系而言,不论是贸易商人还是商品供给,北非显然处于这一贸易区域的边缘。

从维持整个海上贸易运行的贸易力量构成来说,西亚地区无疑是十分重要的一极。阿拉伯商人自唐代以来就是印度洋和南海贸易中最重要的力量。宋代阿拉伯商人仍然是最为重要的贸易力量,仅从广州和泉州的蕃坊中居住的外商主要是信仰伊斯兰教的阿拉伯商人就可见其数量和重要性。希提在《阿拉伯简史》中描写这一时期巴格达的贸易情形道:“巴格达的码头长好几英里,经常停泊着几百艘各式各样的船只,其中也有中国的大船……市场上除各省的货物外,还有中国的瓷器和丝绸、印度和马来群岛的香料。”[3]而另一极则是中国。宋代中国在当时的南海贸易区域内,不论是商品的供给和消费,还是商人的数量,抑或造船技术,都处于无与伦比的主导地位。

东南亚地区不仅是香药珠宝等商品的重要供给地,更是联系印度洋和南海商品流动和人员流动主要枢纽。其中三佛齐“扼诸番舟车往来之咽喉”,是印度洋和南海中转的最大中心。《岭外代答》称:“三佛齐者,诸国海道往来之要冲也”,“东自阇婆,西自大食、故临诸国,无不由其境而入中国者”。[4]各国的商品都云集在这里:“真珠、乳香、蔷薇水、栀子花、腽肭脐、没药、芦荟、阿魏、木香、苏合油、象牙、珊瑚树、猫儿睛、琥珀、番布、番剑等,皆大食诸番所产,萃于本国。”由于三佛齐招徕商人的政策,“故国之舟辐辏焉”。大食国所产商品多集中到三佛齐转销:“本国(指大食国)所产多运载与三佛齐贸易,商贾转贩以至中国。”宋朝商人贩易大食商品也多到三佛齐:“番商兴贩系就三佛齐、佛啰安等国转易。”位于印度半岛西海岸的南毗国的商品也集中到三佛齐等东

[1] [日]三上次男,李锡经译:《陶瓷之路》,北京:文物出版社,1984年,第19页。
[2] 秦大树:《埃及福斯塔特遗址中发现的中国陶瓷》,《海交史研究》1995年第1期。
[3] [美]希提,马坚译:《阿拉伯简史》,北京:商务印书馆,1973年,第136页。
[4] 《岭外代答》卷2,《三佛齐国》,中华书局杨武泉点校本,第86页;卷3,《航海外夷》,第126页。

南亚地区："其国最远，番舶罕到……土产之物本国运至吉罗达弄、三佛齐。用荷池、缬绢、瓷器、樟脑、大黄、黄连、丁香、脑子、檀香、荳蔻、沉香为货，商人就博易焉。"[1]《陈氏香谱》卷1"金颜香"条也载："出大食及真腊国，所谓三佛齐出者，盖自二国贩至三佛齐。三佛齐乃贩入中国焉。"东南亚其他国家要购买印度洋地区及大食等国商品也需要到三佛齐，如祥符四年，占城向宋朝进贡狮子就是购自三佛齐："于三佛齐国得金毛狮子一"，该狮子产于天竺，从大食转贩至三佛齐。[2]

东南亚还是商船往来于印度洋和南海之间等候季风的中间站。位于苏门答腊岛之西北角的蓝里是商船理想的候风之地。自中国泉州前往印度半岛西海岸的故临国，"泉舶四十余日到蓝里，住冬，至次年再发，一月始达"。(《岭外代答》卷2所记为"广舶四十日到蓝里，住冬，次年再发舶，约一月始达"。)从中国前往大食国的番舶更是"艰于直达。自泉发船四十余日至蓝里，博易、住冬，次年再发。顺风六十余日方至其国"。在东南亚的商品集散地三佛齐住冬候风应该也是理想的选择。《岭外代答》卷3《大食诸国》载："广州自中冬以后发船，乘北风去，约四十日到地名蓝里，博买苏木、白锡、长白藤，住至次冬，再乘东北风，六十日顺风方到此国。"看来住冬既是为了等候季风，也是一次贸易活动。

印度半岛自唐代就是往来阿拉伯地区的中转站。《中国印度见闻录》说道："从马斯喀特抢路往印度，先开往故临"，"在故临我们加足淡水，然后开船驶往海尔肯德海"。[3]在宋代它仍然是维持印度洋和南海贸易的重要环节。故临依然是重要的中转港。"中国舶商欲往大食，必自故临易小舟而往，虽以一月南风至之，然往返经二年矣。"从大食来中国贸易也如此："大食国之来也，以小舟运而南行，至故临国易大舟而东行，至三佛齐国……诸蕃国之入中国一岁可以往返，唯大食必二年而后可。"[4]印度半岛诸国不仅故临是中国和大食商船往来必到之地，即使"其国最远，番舶罕到"的南毗国，也有商人罗巴

[1] 《诸蕃志》卷上，《南毗国》，香港大学亚洲研究中心夏德、柔克义合注，韩振华补注本，第113页。
[2] 《宋会要辑稿·蕃夷》4之68。
[3] ［阿拉伯］苏莱曼著，穆根来等译：《中国印度见闻录》，第8页。
[4] 《岭外代答》卷2，《故临国》；《岭外代答》卷3，《航海外夷》。

智力干父子居住在"泉之城南"。[1]

当时与中国等国贸易联系最多的是印度南部的朱罗及注辇。R.塔帕尔《印度古代文明》说:"远洋贸易是朱罗人的实力所在",为了保障朱罗与中国的贸易不受侵扰,朱罗远征三佛齐,确保"印度的船只和商业往来在通过室利佛逝境内的航道上是安全的","在这几个世纪中与中国的贸易达到了史无前例的数量","十二世纪,随着宋朝的扩张,中国人在印度南部的一些贸易点中占有稳定的地位"。[2]《宋史》卷489《注辇传》记载:注辇国曾于大中祥符八年(1015)、天禧四年(1020)、明道二年(1033)、熙宁十年(1077)四次赴宋朝朝贡。特别是大中祥符八年和熙宁十年朝贡的规模都很大,大中祥符八年注辇国进贡有真珠衫帽各一、真珠27 700两、象牙60株、乳香60斤、香药3 300斤,熙宁十年进贡数量不详,而宋朝给予的回赐除了使节赐予外赐其王钱81 800缗、银52 000两,两次显然都是大规模的官方贸易。其国致宋朝的表书中还说到"舸舶船商人到本国,告称巨宋之有天下也"。《宋史》传又说到"初罗茶罗乍既闻商船言:且曰十年来海无风涛,古老传云如此则中国有圣人"。罗茶罗乍遣使朝贡事值宋真宗东封西祀之际,表书显然是迎合宋朝政治需要而作了修改,马端临已质疑其出自"中土操觚文士之笔"。[3]商人至其国中招徕之事大概实有其事。

宋代印度洋和南海贸易空间上新的扩展就是东非和东南亚的海岛地区,特别是菲律宾群岛,都成为这个贸易区域十分活跃的组成部分。7世纪末到975年,大批阿拉伯人迁移到东非,在东非建立很多居民点,逐渐发展为城市。从975年到1498年,阿拉伯人的城市获得独立发展。这些城市以基尔瓦为中心,统称为"僧祇帝国"。[4]这里的阿拉伯人"都以出海经商作为营生",推动了东非与印度和中国等地的贸易联系,"中国的绸缎、印度的棉布、中国的大黄、宝石、胡椒、肉豆蔻、生姜、丁香都由海路运到这里"。[5]巴兹尔·戴维

[1] 《诸蕃志》卷上,《南毗国》,第113页。
[2] [印]R.塔帕尔著,林太译:《印度古代文明》,杭州:浙江人民出版社,1990年,第201—202页。
[3] 《文献通考》卷332,《四裔考九》。
[4] 参[英]佐伊·马什、[英]G.W.金斯诺思著,伍彤之译:《东非史简编》,上海:上海人民出版社,1974年。
[5] 同上书,第17、19页。

逊《古老非洲的再发现》也写道：在中世纪东非众多城市的“街道和仓库中到处都有整个东方世界的那种文明的商业活动”，“越来越多的满载货物的船只从中国来到非洲，重又回去，从一个港口走到另一个港口，船上货物从一批买卖人手中传到另一批买卖人手中，直到整个广阔的海洋都被一种错综复杂的运输和交换的体系联系起来”。[1]1888年英国人在桑西巴岛发掘到宋代铜钱，1898年德国人在索马里发掘到宋代铜钱，以实物说明宋朝商人曾到东非贸易。[2]

唐代时与中国交往的东南亚岛屿国家主要是苏门答腊岛之室利佛逝和爪哇岛之诃陵，即宋代的三佛齐和阇婆。到宋代，海岛地区兴起一批积极参与贸易的国家和地区。渤泥是与宋朝有比较密切贸易关系的重要国家。渤泥早见唐樊绰《蛮书》卷6，称其与婆罗门、波斯、阇婆等为“交易之处，多诸珍宝，以黄金麝香为贵货”。宋朝见其于太平兴国二年（977）和元丰五年（1082）两次朝贡。在太平兴国二年朝贡中，请求宋朝告诫占城不要留难渤泥到宋朝贸易的船只。中国也有商人至其国贸易。[3]麻逸是菲律宾群岛上最大的国家，“三屿、白蒲延、蒲里噜、里银、东流、新里汉等皆其属也”，贸易很为繁荣，“商舶入港，驻于官场前。官场者，其国阛阓之所也。登舟与之杂处”。三屿是加麻延、巴姥酉、巴吉弄等诸岛的总称，中国等商人常往贸易，“舶舟至则出而贸易”。[4]

《萍洲可谈》卷2载：“高丽人泛海而至明州，则由二浙溯汴至都下，谓之南路。或至密州，则由京东陆行至京师，谓之东路。二路亭传一新，常由南路，未有由东路者，高丽人便于舟楫，多赍辎重故尔。”明州是与高丽最重要的港口，“商舶之往来于日本、高丽，蕃舟之出没于山东、淮北，撑表拓里，此（明州）为重镇”。[5]台州也有往高丽的航线。嘉定《赤城志》卷19《山水门一·临海》、卷20《山水门二·黄岩》载：“（高丽头山）自此山下分路入高丽国，

[1] ［英］巴兹尔·戴维逊，屠尔康译：《古老非洲的再发现》，北京：三联书店，1973年，第261、264页。
[2] 参前引《中西交通史料汇编》转引夏德《从汉籍中所见之回教国》《关于东非之古代华文记载》，第585、587页。
[3] 《诸蕃志》卷上，《渤泥国》《麻逸国》《三屿》。
[4] 《诸蕃志》卷上，《麻逸国》，第273页；《三屿》，第276页。
[5] 开庆《四明续志》卷6，《三郡隘船》，中华书局《宋元方志丛刊》本。

其峰突立,宛如人首,故名。”“(东镇山)山上望海中,突出一石,舟之往高丽者必视以为准焉。”泉州和福州与高丽也有贸易往来。《云麓漫抄》卷5还记载了输送到福建的高丽商品:“高丽国则有人参、铜、银、水银、绫布等。大抵诸国产香略同以上,舶船候南风则回,惟高丽北风方回。”日本与宋朝也有贸易,南宋更为频繁。《开庆四明续志》卷8《蠲免抽博倭金》记载,当时“倭人冒鲸波之险,舳舻相衔,以其物来售”。不少日本商人为本国富豪来明州,主要贩运木板和硫黄,随身也贩易小额黄金。通过中国与高丽、日本的贸易,在商品流动上将东北亚和南海及印度洋的贸易连接起来。如高丽显宗十三年“广南商人陈文遂来献香药”。高丽文宗三十年宋朝赐给高丽的百余品药物中有来自广州的沉香、木香、丁香、血竭、安息香、肉豆蔻、没药、余甘子、荜发、蓬莪茂、藿香、龙脑、麝香。[1]这些药材都是来自南海和印度洋地区的进口品。

二、商品结构与市场关系

宋朝时,中国是海上贸易市场中最大的商品进口国和出口国,我们可以以宋朝贸易为基础看到当时南海贸易区域中的商品结构和市场关系。

据《宋会要辑稿》职官44记载的绍兴三年(1133)和绍兴十一年(1141)所定起发行在及就地出卖进口品的名录及《宝庆四明志》《云麓漫抄》等可对宋代进口品作出基本统计。以绍兴三年进口品224种为基数,补以其他记载可以略见宋朝进口商品的构成。绍兴十一年公布的就地发卖商品共约330种。《宝庆四明志》卷6载高丽、日本和南海进口品共170种。绍兴三年的223种商品中象牙、犀角、琉璃、琥珀、川芎、川椒、石钟乳、指环脑、扶律膏、潮脑及镔铁、牛皮、筋角等堪造军器之物至少十余种未收入绍兴十一年商品名录。而绍兴十一年的商品中又有150余种是绍兴三年所列商品名录中没有的。绍兴三年和绍兴十一年所列商品合计已超过380种。且《宝庆四明志》所列170种商品中有山西香、鞋面香、黄芦、琼菜、京皮、石兰皮、驴鞭、蚜螺、葫芦瓢、红花、卢甘石、茶

[1]《高丽史》卷4,《显宗一》,奎章阁藏本;卷9,《文宗三》。

木、紫菜、翎毛、虎皮、青器、双瞰刀、蓆、合蕈、栗等20种左右不见于《宋会要辑稿》职官44，而宋代史籍常见的进贡品猛火油、水晶、鍮、猫儿睛、千年枣、山得鸡、犀牛、狮子、驯象及乘象用具等，以及《云麓漫抄》所列脑版也不见于《宋会要辑稿》职官44及《宝庆四明志》商品名录。所以，宋朝的进口品总计远超过400种。

表9–2 宋朝绍兴三年进口商品名录

珍 宝	香 药	手工业品	其 他
金、银、玉、象牙、犀角、珊瑚、夹杂银、水银、石碌、琉璃、琥珀	乳香、脑子、麝香、沉香、笺香(上、中、下)、檀香、乌文木、鹏砂、朱砂、木香、丁香、青木香、人参、苏合油、白豆蔻、牛黄、腽肭脐、龙涎香、藤黄、血竭、荜澄茄、安息香、缩砂、降真香、肉豆蔻、诃子、舶上茴香、茯苓、菩萨香、鹿茸、黑附子、油脑、苁蓉、螺犀(上、中、下等)、药犀(上、中、下等)、鹿速香、赤仓脑、米脑、脑泥、木扎脑、白附子、木苛子、南蕃苏木、随风子、高州苏木、干姜、川芎、红花、雄黄、川椒、石钟乳、硫黄、白木、夹杂黄熟头、生香、茴香、海南苏木、熟速香、画黄、蕃小花、瓶香(上、中、下二色)、拣香、袋香(上、中、下三色)、乳香、塌香、黑塌香、水湿黑塌香、生速香、松子、榛子、杂黄熟香头、白芜荑、山茱萸、茅术、防风、杏仁、五苓脂、黄耆、占城速香、生孰香、夹煎香、黄熟香(上、中、下)、石斛、蔷薇水、御碌香、土牛膝、芦荟、阿魏、荜拨、史君子、豆蔻花、肉柱、桂花、指环脑、丁香母、扶律膏、大风油、加路香、火丹子、紫藤、香笃、芹子、豆蔻、黑笃耨、龟童、没药、天南星、青桂头、秦皮、橘皮、莳萝、官桂、榆甘子、益智、高良姜、甲香、天竺黄、草豆蔻、藿香、红豆、草果、大腹子肉、破故纸、苓苓香、蓬莪术、木鳖子、石决明、木兰皮、丁香皮、壳豆蔻、乌药、柳桂、桂皮、檀香皮、姜黄、相思子、苍术、青椿香、幽香、桂心、大片香、姜、黄熟缠末、潮脑、三赖子、龟头枝、实密木、檀香缠、丁香枝、白胶香、椿香头、鸡骨香、龟筒、白芷、亚湿香、木兰茸、乌黑香、粗熟香、下等丁香、下等胃头香、下等粗香头、下等青桂、片香、麝香木、蕃槟榔肉、连皮槟榔、旧香、连皮大腹、粗熟香头、海桐皮、松搭子、犀蹄、土半夏、常山蕤仁、远志、暂香、下速香	铜器、蕃显布、海南棋盘布、海南吉贝布、海南青花棋盘皮单、海南白布、海南白布皮单、青棋盘布、绸、毛绝布、高丽小布、狭簟、菱牙簟、椰心簟	牛皮、筋角、乌牛角、白牛角、鲨鱼皮、上等鹿皮、鱼胶、鳖甲龟皮、鱼鳔

(续表)

珍　宝	香　药	手工业品	其他
11种	176种,若一些香药上、中、下三色分计,则为189种	14种	10种

这400种以上的进口品来自日本和高丽的商品有数十种。《宝庆四明志》卷6记载了51种日本和高丽的商品。《宋会要辑稿》职官44有《宝庆四明志》未载的高丽和日本商品20种余种,但大类不外乎《宝庆四明志》卷6所载。宋代进口品绝大部分来自南海。

史籍所载进口品中可以确知产于东南亚的商品100余种(见表9–3)。这约100种商品中,不少是一个大类,包含了若干种商品。如沉水香:"(一树)出六种香:曰沉香、曰鸡骨香、曰桂香、曰笺香、曰黄熟香、曰马蹄香。六香同出

表9–3 宋朝进口品中东南亚出产商品表[1]

珍　宝	香　药	手工业品	其　他
金、银、龟筒、珊瑚、琅玕、玳瑁、真珠、象牙、犀角、翠毛、砗磲	笺香、鹧鸪斑香、沉香、生香、黄熟香、肉豆蔻、麝香、排草香、豆蔻、豆蔻花、占城速香、乌里香、亚湿香、木密香、雀头香、麝香木、益智子、粗速香、槟榔、黄蜡、紫铆、暂速细香、粗熟香、檀香、茴香、胡椒、红花、金颜香、笃耨脑、笃耨瓢(葫芦瓢)、番油、姜皮、白豆蔻、紫矿、安息香、腽肭脐、降真香、速暂香、丁香、毕澄茄、红花、细香、脑子、画黄、紫梗、大风子油、罗斛香、鹤顶、芎蕉、香珠、思劳香、槟榔苔、蕃香(蕃沉)、涂肌拂手香、白茅香、榄子香、藿香、奇蓝香、苏木	椰心簟、花簟、藤簟、贝多叶簟、薄绢、丝绞、绫布、于达布、吉贝布、丝绞布、白氎布、古贝、花布、番剑、铁、白锡、花竹布、乘象用具	鹦鹉、乌構木、白藤、红藤、生丝、莲、甘蔗、蕉子、椰子、硫黄、熊豹鹿麂皮、牛皮筋角、朱砂、犀牛、驯象、山得鸡

[1] 据《宋会要辑稿·蕃夷》《宋史·外国传》《诸蕃志》《岭外代答》《陈氏香谱》《香谱》《岛夷志略》《文献通考·四裔考》《宝庆四明志》《桂海虞衡志》《真腊风土记》《香乘》等书统计,包括交趾、占城、三佛齐、真腊、阇婆、渤泥、登流眉、单马令、凌加斯、佛罗安、监篦、新拖、苏吉丹、麻逸、蒲哩噜、黄麻驻、牛岑等国家和地区。

一树，有精粗之异。”沉香之中又有生结、熟结、生速、熟速等品种。笺香又称煎香，有胃刺香、叶子香、蓬莱香、光香等五类。[1]脑子即龙脑，包括梅花脑、金脚脑、米脑、苍脑、脑札、聚脑、脑油。[2]吉贝布作为一大类，也包含了白布、棋盘布、吉贝纱等多种商品。还有不少产于东南亚的商品在不同的史籍中以不同的名称出现。如青桂香“即沉香同树细枝紧实未烂者”，“白眼香亦黄熟之别名也”，雀头香“即香附子也”。沉水香“自枯死者谓之水盘香”，“鸡舌香，丁香之大者。今所谓丁香母是也”。“蜜香即木香，一名没香，一名木蜜”。另如槟榔“大而扁者为大腹子”。[3]此外，商品的不同等级和形状也常有不同的名称。香药常按形状和等级分为片、缠、头和上、中、下等。如水盘香有水盘头、小片水盘头、大片水盘头、中水盘香；丁香有丁香、丁香母、丁香皮、丁香枝、下等丁香等，上、中、下等的分类在黄熟、沉香、笺香、生香等很多香药中都常见。[4]另如槟榔、苏木、豆蔻等或因品种不同、或连皮、或为根、或为肉、或分大小，各有数种商品。东南亚商品也因名称、等级和形状分为更多名目。还有不少商品史籍未言产地，但可以推知东南亚有出产，如糖霜、药犀（分上、中、下）、螺犀（分上、中、下）、铅、鱼鳔、鱼皮、鱼胶、鳖甲、鲨鱼皮、鹿茸、红豆、夹杂金、夹杂银、夹杂黄熟香等。而《宋会要辑稿》绍兴三年和绍兴十一年即按以上述方式统计。实际商品数量要大于表中所示。

见于记载的中国进口印度洋沿岸和阿拉伯地区的商品也很多。仅据《诸蕃志》所见，有真珠、猫儿睛、象牙、犀角、珊瑚、玻璃、琉璃、玛瑙、瑇瑁、生银、摩娑石、砗磲、火浣布、乳香、龙涎、丁香、肉豆蔻、安息香、芦荟、没药、血碣、阿魏、膃肭脐、鹏砂、栀子花、蔷薇水、没石子、黄蜡、紫矿、苛子、槟榔、豆蔻、木香、脑子、朱砂、紫草、黄檀香、苏合香油、金颜香、千年枣、诸色番布、兜罗绵、色丝布、细白花蕊布、花锦、缦布、吉贝布、锡织金软锦、驼毛布兜、罗锦异缎、细布、白越诺布、绞绡、宝剑、金、铜、铁等。其商品构成与东南亚有很大的相似性，也是以珍宝、香药为主，手工业品主要是纺织品和金属品。但也有不少商品是东

[1]〔清〕檀萃：《滇海虞衡志》卷3，北京：中华书局，1985年，第21页。
[2]《诸藩志》卷下，《脑子》，第313页。
[3] 见《香谱》卷上，《香之品》；《陈氏香谱》卷1，《香品》；《香乘》卷4，《香品》；《岭外代答》卷8，《槟榔》。
[4]《宋会要辑稿·职官》44之22、23。

南亚所无的,如猫儿睛、玻璃、琉璃、摩娑石、火浣布、乳香、芦荟、没药、血碣、阿魏、栀子花、蔷薇水、千年枣等。象牙也较东南亚所产更重。[1]

《诸藩志》卷上列举了15处(一处或为一国,或为贸易情况相同的若干国,涉及占城、三佛齐、单马令、凌牙斯国、佛罗安国、蓝无里、阇婆、南毗、真腊、渤泥、西龙宫、什庙、日丽、胡芦、蔓头、苏勿里、马胆逾、马喏、麻逸、三屿、层拔等数十个国家和地区),商人前往贸易时所贩售商品,其构成如下:

瓷器15处。

丝织品(绢扇、假锦、锦绫、荷池、缬绢、丝帛、五色缬绢、皂绫、建阳锦、五色绢、白绢、五色茸、皂绫)12处。

金8处、酒7处、银6处、铁及铁器(铁、铁鼎、铁针)5处、米5处、糖5处。

漆器4处、铅4处、锡3处、伞(凉伞、雨伞、绢伞)3处、琉璃(琉璃珠、琉璃瓶子、色琉璃珠、五色烧珠)3处、檀香3处、盐2处、网坠2处、樟脑2处、丁香2处、脑子2处、大黄2处、醯醢1处、皮鼓1处、盆钵1处、麦1处、臂环1处、胭脂1处、矾(绿矾、白矾)1处、草席1处、白布1处、赤铜1处、红吉贝1处、朱砂1处、鹏砂1处、砒霜1处、脑麝1处、干良姜1处、黄连1处、川芎1处、白芷1处、豆蔻1处、沉香1处、马1处、象1处。

瓷器所有15处皆有销售,丝织品为12处,仅居其后。这基本上反映了中国出口商品和转贩商品的构成。此外,还有铜钱、书籍、纸笔、荔枝、铜器等。[2]其中最大宗、最重要的商品是瓷器。《萍洲可谈》卷2称,商人出海"货多陶器,大小相套,无少隙地"。2008年出水的"南海一号"宋代沉船所载主要商品就是福建德化、景德镇的瓷器。《诸蕃志》卷上还说到三屿人不善交易却喜欢中国瓷器"或三五为群,跧伏榛莽,以暗箭射,人多罹其害",商人知道"投

[1] 《诸蕃志》卷下《象牙》称:大食象牙重五十斤至百斤,真腊、占城所产重不过十几斤至二三十斤,第425页。

[2] 黄纯艳:《宋代海外贸易》,北京:社会科学文献出版社,2003年,第243—254页。

以瓷碗，则俯拾忻然跳呼而去”。三上次男《陶瓷之路》论及了宋代陶瓷在东南亚、锡兰、印度、巴基斯坦、伊拉克、伊朗、叙利亚、东非和北非等地的发现情况，文中一再用到“无论哪个遗址都有发现”，“出土中国陶瓷的遗址实在多得惊人”，“无论我们走到哪里，脚底下都是中国陶瓷”，“中国陶瓷自9至10世纪起，就像水的渗透似的扩散到美索不达米亚的各个城市”等语句形容古代中国陶瓷在东南亚和印度洋沿岸地区销售的盛况。佐伊·马什等《东非史简编》引用一位考古学家的话说：“中世纪的东非史可以说是用中国的瓷器写成的。”[1]巴兹尔·戴维逊分析宋瓷器在东非的销售道，“宋瓷的大量出口可以找到几个方面的原因”，一是宋朝制瓷业的发展，二是东非阿拉伯人开拓贸易，三是中国航海业的发展。[2]环中国海宋元沉船的发掘都说明瓷器是最主要的出口品。[3]

中国进口商品显然是以珍宝、香药和其他资源性商品为主，手工业品占少数。以《宋会要辑稿》职官44绍兴三年进口品来看，珍宝、香药和其他资源性商品共209种，手工业品14种，分别占总数的93.7%和6.3%。中国出口品则主要是以瓷器为主的手工业品。总体而言，这是手工业商品与自然资源性商品相互交换的贸易。史籍记载也反映了这两类商品的交换关系。《宋史》卷186《食货下》8称：“凡大食、古逻、阇婆、占城、勃泥、麻逸、三佛齐诸蕃，并通货易，以金、银、缗钱、铅、锡、杂色帛、瓷器，市香药、犀象、珊瑚、琥珀、珠琲、镔铁、鼊皮、瑇瑁、玛瑙、车渠、水精、蕃布、乌樠、苏木等物。”

《诸蕃志》卷上所记载的土产物和商人兴贩所用商品也反映了这一结构，如三佛齐：“土地所产瑇瑁、脑子、沉速暂香、粗熟香、降真香、丁香、檀香、豆蔻……番商兴贩用金、银、瓷器、锦绫、缬绢、糖、铁、酒、米、干良姜、大黄、樟脑等物博易。”阇婆国：“出象牙、犀角、真珠、龙脑、瑇瑁、檀香、茴香、丁香、荳蔻、荜澄茄、降真香、花簟、番剑、胡椒、槟榔、硫黄、红花、苏木、白鹦鹉，亦务蚕织，有杂色绣丝、吉贝绫布。”“番商兴贩用夹杂金银及金银器皿、五色缬绢、皂绫、川芎、白芷、朱砂、绿矾、白矾、鹏砂、砒霜、漆器、铁鼎、青白瓷器交易。”麻逸国

[1] ［英］佐伊·马什、［英］G.W.金斯诺思著，伍彤之译：《东非史简编》，上海：上海人民出版社，1974年，第9页。
[2] ［英］巴兹尔·戴维逊，屠尔康译：《古老非洲的再发现》，北京：三联书店，1973年，第275页。
[3] 参见吴春明：《环中国海沉船》，南昌：江西高校出版社，2003年，第311—312页。

"土产黄蜡、吉贝、真珠、瑇瑁、药槟榔、于达布"。"商人用瓷器、货金、铁鼎、乌铅、五色琉璃珠、铁针等博易"。三屿当地商人"持吉贝、黄蜡、番布、椰心簟等至与之（宋商）贸易"。宋商在此"博易用瓷器、皂绫、缬绢、五色烧珠、铅网坠、白锡为货"，用来馈送当地贾豪的是绢伞、瓷器、藤笼。真腊"土产象牙、暂速细香、粗熟香、黄蜡、翠毛、笃耨脑、笃耨瓢、番油、姜皮、金颜香、苏木、生丝、绵布等物。番商兴贩用金、银、瓷器、假锦、凉伞、皮鼓、酒糖、醯醢之属博易"。其他如单马令国、凌牙斯国、佛啰安国、蓝无里国、层拔国等国都是如此。

中国由于自然环境的限制不能大量出产东南亚和印度洋沿岸地区提供的珍宝和香药，而其他地区也由于技术条件的限制无法大量生产中国出口的瓷器、丝绸等手工业品，技术差异和自然环境差异明显决定了互补性贸易，构成了相互依赖的稳定的市场关系。

茶叶是宋朝海外贸易输出的主要商品，销售较多的是福建腊茶："客贩腊茶，辄装上海船，经由海道贩卖。"[1]嘉定十五年（1221）十月，臣僚言："国家置舶官于泉、广，招徕岛夷，阜通货贿。彼之所缺者，如瓷器、茗、醴之属，皆所愿得。故以吾无用之物，易彼有用之货，犹未见其害也。"[2]因而宋政府允许商人进行海外贸易，并制定了具体地管理规章。元祐五年（1090）十一月，刑部言："商贾许由海道往外蕃兴贩，并具入船物货名数，所诣去处，申所在州，仍召本土有物力户三人委保不夹带兵器……若违禁以堪充造军器物，并不越过所禁地分。"[3]宋代"海港而不是古老陆地的陆路，首次成为中国同外界联系的主要媒介"，[4]随着海外贸易的发展，茶叶海外市场也随之扩展。但唐宋时期，茶叶通过陆路途径输出到周边国家的情况也较多。在阿拉伯伊斯兰文献中，《中国印度见闻录》（851）最早提到中国有茶，但未记茶已西传到阿拉伯伊斯兰世界。[5]宋元丰元年（1078），于阗派人到宋朝买茶，宋政府给以特殊照顾，免其

[1] 〔清〕徐松等辑：《宋会要辑稿·食货》31之6，中华书局影印本。
[2] 〔清〕徐松等辑：《宋会要辑稿·刑法》2之144，中华书局影印本。
[3] 〔宋〕李焘：《长编》卷451，元祐五年十一月己丑，中华书局点校本。
[4] 〔美〕斯塔夫里阿诺斯，吴象婴等译：《全球通史》，上海：上海社会科学出版社，1988年，第438页。
[5] 黄时鉴：《关于茶在北亚和西域的早期传播》，《历史研究》1993年第1期。

商税。[1]建炎三年(1129)三月七日，张浚上奏大食国遣使进奉珠玉宝贝等物品，已到达熙州，宋高宗宣谕曰："大观、宣和间茶马之政废，川茶不以博马，惟市珠玉，故马政废缺，武备不修，致胡虏乱华，危弱之甚。今若指(捐)数十万缗，曷若惜财以养战士？"[2]川茶似贩运到了大食。宋代大食大体是中亚河中或其以西某个国家。[3]

三、贸易力量构成

阿拉伯商人在宋代仍然是南海和印度洋贸易区域内的重要贸易力量。在来华的外商中，阿拉伯商人数量最多。广州和泉州的蕃坊里住有大量阿拉伯人。《萍洲可谈》卷2记载广州蕃坊："蕃人但不食猪肉而已。又曰汝必欲食，当自杀自食，意谓使其割己肉自啖。至今蕃人非手刃六畜则不食，若鱼鳖则不问生死皆食。"所述显然是信仰伊斯兰教的商人的饮食习惯。泉州留下阿拉伯人的遗迹，反映了宋代大量阿拉伯人在泉州的活动情况，如泉州城内外有阿拉伯人石墓的发现。[4]《诸蕃志》卷上《大食国》记载大食商人施那帏"侨寓泉南，轻财乐施，有西土气习，作丛冢于城外之东南隅，以掩舶贾之遗骸"，与现今发现的阿拉伯蕃客墓相印证。另如至今由有完整拱门的宋代阿拉伯人清净寺，及大量伊斯兰教宗教碑刻等都是阿拉伯人在泉州活动的见证。

《宋史·大食传》记载了26次朝贡记录，反映了大食与宋朝联系的密切，但其中有舶主蒲希密、蒲押陀黎、李亚勿等身份似乎就是商人。蒲希密开宝九年(976)以贡使身份至开封，后一直留居广州，淳化四年(933)李亚勿进贡时附贡物及表，表称自己是因为在本国使"得广州蕃长寄书招谕"，闻宋朝廷"诏下广南，宠绥蕃商，阜通远物，臣遂乘海船"，才来宋朝，已表明非受大食国官方派遣。至道元年(995)其子舶主蒲押陁黎来朝贡，表称其父蒲希密"因缘射利，泛舶至广州，迨今五稔未归"。更清楚地说明其父子都是商人。大中祥符

[1]〔清〕徐松等辑:《宋会要辑稿·蕃夷》4之16，中华书局影印本。
[2]〔清〕徐松等辑:《宋会要辑稿·蕃夷》4之93，中华书局影印本。
[3] 黄时鉴:《关于茶在北亚和西域的早期传播》，《历史研究》1993年第1期。
[4]《美山宋元时代阿拉伯人的墓地》《云麓宋迹调查及阿拉伯人墓地的发现》，载前引《泉州海外交通史料汇编》第73—81页。

元年（1008）有“大食蕃客李麻勿献玉圭”。[1]《名臣碑传琬琰之集（中）》卷1《马忠肃公亮墓志铭》载有“大食商酋陁婆离蒲含沙等共执方物贡于岳趾”。《龙川略志》卷5《辨人告户绝事》记载，在广州居住了数十年的蕃商辛押陁罗“家赀数百万缗”，死后养子派人来华索讨遗产。《宋会要辑稿》蕃夷4也记载了大食舶主陀婆离银、蕃客麻思利等的朝贡活动。又，上文述及大食商人蒲罗辛因贩运乳香计抽解价值达30万缗而授承信郎。可见阿拉伯商人来华之一斑。来华阿拉伯商人最有影响的当数蒲寿庚，南宋末期他累官福建安抚沿海制置使、闽广招抚使、提举泉州海舶司，掌控福建海外贸易达三十年，以其在泉州的实力对宋元最后较量和交替产生了重大影响。[2]

东南亚也有大量阿拉伯商人居留，尤其是三佛齐“其国居人多蒲姓”。[3]《桯史》卷11《番禺海獠》称：“番禺有海獠杂居，其最豪者蒲姓，号白番人，本占城之贵人也。”这些蒲姓者大概也是阿拉伯商人。他们因为对航路和中国情况的熟悉，常被东南亚国家聘为来华使节。三佛齐赴宋的使节中仅《宋史·三佛齐》所见的蒲姓就有蒲诃栗立、蒲蔑、蒲陁汉、蒲押陁罗、蒲押陀黎、蒲婆蓝、蒲谋西、蒲押陀罗歇等。《建炎以来系年要录》卷175绍兴二十六年（1156）十二月壬戌、癸亥又记载三佛齐国进奉使蒲晋和副使蒲遐贡“乳香八万升、胡椒万升、象牙四十斤，名香宝器甚众。又以明珠琉璃金酒器上宰相”。这本身已是一次大宗贸易。阿拉伯商人也在印度和东非、北非有广泛的贸易活动。

阿拉伯商人还通过在东南亚国家的贸易活动，促进这些国家与中国的交往。如勃泥国的国书中说道：“昨有商人蒲卢歇船泊水口，差人迎到州，言自中朝来……闻自中国来，国人皆大喜，即造舶船，令蒲卢歇导达入朝贡。”[4]庆元六年（1200）真里富使节来宋，一位有中国航海经验并通汉语的阿拉伯商人“纲首”蒲德修被聘为向导兼翻译。虽不担任正、副使，但由他向中国官员汇报航程，并翻译国书。国书中有“恐大朝难辨识金表字文，本国又令南早国人

[1] 《续资治通鉴长编》卷70，大中祥符元年十月丁未，第1570页。
[2] 蒲寿庚事迹可参桑原骘藏：《蒲寿庚考》。
[3] 《宋史》卷489，《三佛齐》，德国学者希尔德提出汉籍中蒲姓即阿拉伯，桑原骘藏先生也是其说（《蒲寿庚考》，第123页）。
[4] 《宋史》卷489，《勃泥传》，第14095页。

书写番字，参后辩照”。[1]

大食商人在印度洋沿岸的印度、波斯湾、东非、北非之间的贸易联系中也发挥十分重要的作用。《诸蕃志》卷上“故临国”条载：“大食人多寓其国中。”《岭外代答》卷2《故临国》：“监篦国递年贩象牛，大食贩马前来此国货卖。”《诸蕃志》卷上“胡茶辣国”条称其国物产“每岁转运就大食国货卖”。“层拔国”条载：“每岁胡茶辣国及大食边海等处发船贩易，以白布、瓷器、赤铜、红吉贝为货。”“记施国”条载：“大食岁遣骆驼负蔷薇水、栀子花、水银、白铜、生银、朱砂、紫草、细布等下船至本国，贩于他国。”“木兰皮国”条载：“大食巨舰所可至者，木兰皮国尔。自大食之陁盘地国发舟，正西涉海百余日方至其国。”

宋朝允许民间商人经营海外贸易，中国商人遂成为海上贸易的重要力量。宋朝关于出海贸易办理公凭和担保的规定所针对的就是国内商人。沿海一带出海贸易的人数极多。《宋史》卷268《张逊传》称：岭南平后，“并海商人遂浮舶贩易外国物”。包恢在《敝帚稿略》卷1中称：“贩海之商无非豪富之民，江淮闽浙处处有之。”广西濒海之民出海经商者也不少：“或舍农而为工匠，或泛海而逐商贩。”[2]甚至不少官员也经营海外贸易，如知雷州郑公明“三次搬运铜钱下海，博易番货”。绍兴二十八年二月，知钦州戴万言：“邕、钦、廉州与交趾接，自守倅以下所积俸余，悉皆博易。”[3]海商之中有如泉州杨客“为海贾十余年，致赀二万万”，一次贸易就携带20万缗珠宝香药的富商，或如王元懋这样大户自已不亲自出海，只是雇佣“吴大作纲首，凡火长之属，一图帐者三十八人同舟泛洋”。[4]也有在大船中租得一席之地小商，如《萍洲可谈》卷2所说“舶船深阔各数十丈，商人分占贮货，人得数尺许，下以贮物，夜卧其上”。还有泉州商客7人“同乘一舟浮海”。[5]

福建一路经营海外贸易者尤多。他们的行踪也反映了宋朝商人贸易的

[1]《宋会要辑稿·蕃夷》4之100。
[2]《宋会要辑稿·食货》66之16。
[3]《宋会要辑稿·职官》74之43、食货38之37。
[4]《夷坚丁志》卷6,《泉州杨客》,中华书局1985年何卓点校本、《夷坚丙志》卷6。
[5]《夷坚丙志》卷2。

状况。苏轼曾说："福建一路多以海商为业。"[1]史籍又载：福建"漳、泉、福、兴化滨海之民所造船乃自备财力，兴贩牟利"。[2]熙宁年间，广西人徐伯祥致书交趾国王称"大王先世本闽人，闻今交趾公卿贵人多闽人也"。宋神宗也说到"福建、广南人因商贾至交趾，或闻有留于彼用事者"。[3]这些人最初都是商人。南宋末，蒙古人入侵交趾，宋朝高度戒备，但苦于无法准确了解交趾的战事，于是下令"选择三山仕于湖广者，遣之往安南觇探近事"。最后选得南剑人廖扬孙，一番面授机宜后派往了交趾。"福建士人在彼间者"不仅为廖扬孙提供了诸多情报，而且还向宋朝提出处理交趾问题的意见。这也印证了宋神宗所言不虚。[4]

前往高丽贸易的福建商人也很多。前往高丽的宋朝商人见于《高丽史》多以"宋商""宋都纲"记之，明确籍贯的有明州、台州、广南、江南、福建等地商人，其中福建商人最多。北宋时期，可见高丽显宗八年泉州商人40人，显宗十年泉州商人100人、福州商人100余人，显宗十九年泉州商人30人，德宗二年泉州商人55人，文宗三年泉州商人62人，文宗十三年泉州商人2人，另显宗十一年、十三年、十四年、二十一年有泉州商人数量不详。[5]《宋史》卷487《高丽传》也载："王城有华人数百，多闽人因贾舶至者。密试其所能，诱以禄仕，或强留之终身。"

在东南亚的贸易中，中国商人十分活跃。从《诸蕃志》所载东南亚各国"番商兴贩"所列货物基本上为中国商品看，"番商"指的就是中国入番之商人。《宋会要》蕃夷4之99所载真里富"其所用绯红罗绢、瓦器之类皆本朝商舶赍到彼博易"，可作《诸蕃志》"番商"身份的补注。中国商人具有了在东南亚经商的丰富经验，诸如渤泥国王爱好中国饮食，所以"既泊舟登岸，皆未及博易之事，商贾日以中国饮食献其王。故舟往佛泥，必挟善庖者一二辈与俱"，而不善交易却喜欢中国瓷器的三屿人"或三五为群，跧伏榛莽，以暗箭射，人

[1] 《东坡全集》卷56,《论高丽进奉状》。
[2] 《宋会要辑稿·刑法》2之137。
[3] 《续资治通鉴长编》卷273，熙宁九年三月壬申、丁丑，第6692、6693页。
[4] 〔宋〕李曾伯:《可斋杂稿·续稿》，后卷5《缴印经略书安南奏》、后卷6《回宣谕奏》，文渊阁《四库全书》影印本。
[5] 见《高丽史》相关"世家"。

多罹其害”，商人知道“投以瓷碗，则俯拾忻然跳呼而去”。[1]

东南亚各国也十分欢迎中国商人。阇婆、苏吉丹等国都很优待中国商人，“贾人至者，馆之宾舍，饮食丰洁”，“厚遇商贾，无宿泊饮食之费”。在渤泥国，商人回国时“其王亦釃酒，椎牛祖席，酢以脑子番布等”。占城国规定“唐人被土人杀害，追杀偿死”。[2]“凡文移诡乱，多自游客出”是说中国人为移居国代写致宋朝的国书。占城国皇祐二年和乾道三年进奉表章都有蕃字和唐字两种文本。[3]三佛齐“亦有中国文字，上章表即用焉”。[4]《宋会要辑稿·蕃夷》7之27、28、51所载涂泥国、占城、交趾的三通国书说明这三国对中国文化和礼仪乃至行文用句的习惯都有很深理解，其中尤以承袭儒家文明的交趾为最。《宋会要辑稿·蕃夷》4之101所载真里富国的国书则全无中国文化的气息。这其中透露了中国商人或移民作用程度的不同。针对“押贩海船人时有附带曾经赴试士人及过犯停替胥吏过海入蕃，或名为住冬，留在彼国数年不回”的现象，政和二年（1112）宋政府下令：“曾预贡解及州县有学籍之士人不得过海。”[5]这些留下来的中国商人不少在留居国被委以官职，如交趾对于“闽人附海舶往者，必厚遇之，因命之官，咨以决事。凡文移诡乱，多自游客出”。[6]

在与印度洋沿岸、大食，以及高丽和日本的贸易中中国商人也发挥了重要作用。《萍洲可谈》卷2载：“华人诣大食，至三佛齐修船，转易货物。”张星烺《中西交通史料汇编》综述爱德利奚《地理书》记载道：“中国商船常至印度巴罗赫、印度斯河口、亚丁及幼发拉底河口诸处。自中国贩来铁、刀剑、鲛革、丝绸、天鹅绒以及各种植物纺织品。阿拉伯商船往中国者，大抵皆自亚丁或瓮蛮之苏哈儿港放洋。”[7]前引崇宁四年赴日本贸易的公凭中纲首李充就是泉州商人，同船商人共有70人。日僧成寻《参天台五台山记》“第一”记载成寻来宋朝搭乘的是宋朝商人船只，其中三位“船头”分别是南雄人曾聚、福州人吴铸、

[1]《诸蕃志》卷上，《渤泥国》，第265页；《三屿》，第276页。
[2]《诸蕃志》卷上，《阇婆国》《苏吉丹》《渤泥》《占城国》，分见第88、101、265、8页。
[3]《宋会要辑稿·蕃夷》7之28、50。
[4]《宋史》卷489，《三佛齐》，第14088页。
[5]《宋会要辑稿·刑法》2之57。
[6]《文献通考》卷330，《交趾》。
[7] 前引张星烺《中西交通史料汇编》，第798页。

泉州人郑庆。苌岚在《7—14世纪中日文化交流的考古学研究》中论述了留居博多的宋朝人，大多为宋朝商人及其后代。[1]见于记载的宋朝商人前往高丽贸易的人数最多。朴真奭先生据《高丽史》统计，1012—1192年的180年间，宋朝商人到高丽活动的共有117次，其中确知次数的有77次，共计4 548名。[2]笔者据《高丽史》补充了1192年以后宋朝商人的记载，共得5例，分别为1205年、1221年、1229年、1260年和1278年，确知人数两例，共117人。宋朝贸易的主要方向在南海和印度洋地区，前往这些地区的宋朝商人当然会远远超过前往高丽的商人，只是史籍中不能见其具体的数字。从《高丽史》所载前往高丽贸易的宋朝商人我们也可概见宋代中国出海贸易商人数量之大。

东南亚诸国商人也越来越多地参与南海和印度洋的贸易。其中三佛齐是至宋朝贸易最多的东南亚国家。林之奇在《拙斋文集》卷15《泉州东坂葬蕃商记》中说："三佛齐之海贾以富豪宅，生于泉者，其人以十数。"《宋史·三佛齐》所载其朝贡宋朝次数有22次（北宋20次、南宋2次）。其国来华商人也不少。《宋史·三佛齐传》载：太平兴国五年三佛齐国蕃商李甫诲乘舶船载香药象牙等漂之潮州、雍熙二年舶主金花茶以方物来献、元丰五年其国纲首以其主管国事国王之女唐字书及龙脑及布等与提举市舶孙迥。《萍洲可谈》卷2载："三佛齐舶赍乳香至中国。"同卷又载作者在广州犒设蕃人时，"蕃长引一三佛齐人来，云善诵《孔雀明王经》"。另有《攻媿集》卷86《皇伯祖太师崇宪靖王行状》所载一个死于明州的真里富国大商。而《岭外代答》"钦州博易场"条所载来钦州贸易的交趾商人更是从巨贾到小贩无所不有。东南亚商人也成为国际贸易中的活跃力量。

从东南亚地区各级市场我们可以看到东南亚本地商人与其他国家商人共同构建一个贸易的网络，将东南亚本地市场与国际贸易市场联系起来。《岭外代答》卷2《外国门上》称："正南诸国三佛齐其都会也；东南诸国阇婆其都会也；西南诸国浩乎不可穷，近则占城、真腊为窊里诸国之都会"，"（诸蕃）国有

---

[1] 苌岚：《7—14世纪中日文化交流的考古学研究》，北京：中国社会科学出版社，2001年，第291—298页。

[2] 朴真爽：《中朝经济文化交流史研究》，沈阳：辽宁人民出版社，1984年，第51页。

物宜，各从都会以阜通”。三佛齐、阇婆、占城、真腊成为东南亚地区以国际贸易为主的中心市场。各大中心市场联系着若干国家，如单马令国“本国以所得金银器，纠集日啰亭等国类聚献入三佛齐国”，凌牙斯国、蓝无里国、佛啰安国、蓬丰、登牙侬加、吉兰丹皆“岁贡三佛齐国”。[1]苏吉丹及“百花园、麻东、打板、禧宁、戎牙路、东峙、打纲、黄麻驻、麻篱、牛论、丹戎武啰、底勿、平牙夷、勿奴孤皆阇婆之属国也”。[2]又，《岭外代答》卷2载：真腊国“其旁有窊里国、西棚国、三泊国、麻兰国、登流眉国、第辣挞国，真腊为之都”。而宾瞳胧国、宾陁陵国则是占城的属国。麻逸则是菲律宾群岛各国的中心市场，“三屿、白蒲延、蒲里噜、里银、东流、新里汉等皆其属也”。流求国的物产也“往售于三屿”。[3]

三佛齐、阇婆、占城、真腊和麻逸这些市场是国际贸易商人各地商品的汇聚之地。而东南亚本地更下一级市场商品向这些大中心市场集中，以及外来商品进入其国内市场，则主要依靠东南亚本地的商人。如麻逸国，“商舶入港驻于官场前”，“交易之例，蛮贾丛至，随簸篱搬取物货而去……蛮贾乃以其货转入他岛屿贸易，率至八九月始归，以其所得准偿舶商”。商人到渤泥国，“鸣鼓以召远近之人，听其贸易”。而到三屿等国的中国商人则“先驻舟中流，鸣鼓以招之，蛮贾争棹小舟，持吉贝、黄蜡、番布、椰心簟等至，与之贸易”。[4]当时东南亚香药主要是通过居民入山采集，家至户到地收购的细碎交易只能由本地商人才能完成。如，“生于深山穷谷中”的脑子就是土人数十为群地入三采集而来的。苏木也是“听民采取”。用椰心草织的椰心簟是“番之妇女采而丝破，织以为簟”。白豆蔻也“听民从便（于山谷中）采取”。占城国百姓“入山斫香输官，谓之身丁香……纳足听民贸易”。[5]

往来于中国的还有高丽和日本商人。《攻媿集》卷3《题高丽行看子》曾记载“高丽贾人有以韩干马十二匹质于乡人者”。《淮海集》卷36《鲜于子骏行状》称，鲜于侁奏表说道：“高丽朝贡，可令濒海州郡为礼，不烦朝廷。若其

[1]《诸蕃志》卷上，凌牙斯等国条。
[2]《诸蕃志》卷上，《苏吉丹》，第101页。
[3]《诸蕃志》卷上，《麻逸国》，第273页；《流求国》，第281页。
[4]《诸蕃志》卷上，《麻逸国》《渤泥》《三屿》，分见第273、265、276页。
[5]《诸蕃志》卷下，分见《脑子》，第313页；《苏木》，第384页；《椰心簟》，第395页；《白豆蔻》，第399页；《占城国》，第8页。

自欲商贾，听往闽、越州。”《诚斋集》卷120《虞公(允文)神道碑》和《建炎以来系年要录》卷183“绍兴二十有九年八月戊午”条又载:“一日有报国门外海舶数百艘将及岸者，中外恍骇，上召问公。公对：当是外夷贾舟风飘至此。果高丽贾胡也”，“两浙市舶司言：高丽贾人贩到铜器，乞收税出卖。诏付铸钱司”。《开庆四明续志》卷8《蠲免抽博倭金》记载了日本商人来泉州贸易的情况，说到“倭商每岁大项博易惟是倭板、硫黄，颇为国计之助。外此则有倭金，商人携带各不能数两”。因为日本商人和高丽商人主要到明州贸易，他们的抽解(也包括赴高丽和日本贸易的宋商)也另有规定。宝庆《四明志》卷6《市舶》载:“高丽、日本船纲首、杂事，十九分抽一分，余船客十五分抽一分，起发上供”，开庆《四明续志》卷4《市舶务对兑钱》亦有“旧支军券多阙见钱。市舶务高丽、日本及蕃南贩舶遇抽解，拘到一半五分见钱内许本司将十八界会子对兑见钱五分之二”的记载。

在宋朝海外贸易的推动下，南海、印度洋沿岸地区、东北亚之间有了稳定而密切的贸易联系。这一区域的贸易形成了以中国出口品为主的手工业商品与东南亚和印度洋沿岸生产的香药珍宝为主的资源性商品相互交换的互补性贸易的市场关系。阿拉伯商人和中国商人成为这一区域并驾齐驱的最重要的贸易力量，东南亚、日本、高丽等地的商人也积极参与贸易，共同维持这一区域的贸易运行。可以说，这一区域贸易已经具备了独立运行的稳定的基本要素，形成了一个明确的贸易体系。在这个贸易体系中，南海地区是最重要的中心，其中的中国是推动贸易发展最主要的力量，东南亚是联系这一区域贸易的最重要枢纽，因此我们可以称这一贸易体系为南海贸易体系。

第三节　宋代对外贸易管理

宋代第一次设立了管理海外贸易的专门机构——市舶司。宋代先后在广州、杭州、明州、泉州、密州等港口设立了市舶司。广州市舶司设立时间最早，宋朝政府南汉的当年，即开宝四年(971)设立广州市舶司。宋太宗朝又在杭州设司。杭州市舶司设立的具体时间不详，史籍提到杭州司的最早时间是端拱二年（989），至迟此时杭州已经设立了市舶司。明州市舶司经过淳化三年（992）、四年（993）的置废，于咸平二年（999）正式设立了市舶司。直到元祐年间泉州和密州设立市舶司以前，广州、杭州、明州并称“三舶司”。元祐二年（1087）泉州设立市舶司。次年，密州也设立了市舶司。政和四年（1114）密州港被关闭，规定“海南州县船到密州界同（入登州莱州界例）徒二年，往大辽者加二等。已买卖取与者徒三年，私相交易者仍奏载船物给赏外，仍没官”。[1]密州市舶司也随之而废。南宋时杭州成为都城，为了保障首都安全，绍兴二年（1132）杭州市舶司移驻华亭，后又与明州市舶司合并。

宋代除了设立市舶司外，还设有市舶务和市舶场。政和三年（1113）“秀州华亭县兴置市舶务”。绍兴元年（1131）温州也设立市舶务。绍兴十五年（1145）“江阴依温州例置市舶务，以现任官一员兼管”。淳祐六年（1246）澉浦“创市舶官，十年置（市舶）场”。[2]宋代的市舶机构多层次设置是与贸易港口的大小及其贸易功能相适应的，根据贸易港口地位的不同设立市舶司、市舶务、市舶场等各级机构。就地区而言，两浙路市舶机构设置最多，层次最分明，福建和广南又稍逊，这又是由个别地区经济发展程度及其对海外贸易的供给能力和消化能力决定的。

宋代市舶司的职责是“掌蕃货海舶征榷之事，以来远人，通远物”。[3]具体言之，石文济先生把它概括为八个方面：贡使的接待与蕃商的招徕；蕃舶入港的检查；舶货的抽解与博买；抽博货物的送纳与出售；舶货贩易的管理；华商汛海贸易的管制；海禁的执行与私贩的缉防；蕃坊的监督与管理。[4]与唐代相比，其职责范围有了显著的扩大。最大的区别就是，宋代市舶司已经是国家官僚体制中管理海外贸易的正式机构。但是，宋代的市舶司长官，即市舶使也有一个由地方官兼任到提举专任的转变过程。最初在广州设市舶机构时是以同知广州潘美、尹崇珂并兼领市舶事，通判广州谢处玭为市舶判官。宝元元年

[1]《宋会要辑稿·刑法》2之62。
[2]《宋会要辑稿·职官》44之11、25，〔宋〕常棠：《（绍定）澉水志》。
[3]《宋史》卷167，《职官志》7，第3971页。
[4] 石文济：《宋代市舶司的职权》，《宋史研究集》第7辑，台北：中华丛书编审委员会，1974年。

(1038),自任中师任为市舶使开始,专置市舶使,只有少卿监以上的知州才能兼任:"知广州任中师言,州有市舶使印,而知州及通判、使臣结衔,并带勾当市舶司事。庚子,诏知州少卿监以上,自合并兼市舶使。"[1]崇宁初又设置专任提举官:"崇宁初,三路各置提举市舶官。"[2]《文献通考·提举市舶》叙述了这一变化过程:"蕃制虽有舶司,多州郡兼领,元丰中始令转运司兼提举,而州郡不复预矣,后专置提举,而转运亦不复预矣。"这是中央不断加强对市舶事务控制的过程。但直到南宋,转运司兼领市舶仍时时出现。

宋代允许本国商人出海贸易,指定了管理本国海商和来华外商的政策,这些政策就是市舶条法。一是发放公凭、禁止私贩。端拱二年(989)宋朝廷就下令"自今商旅出海外蕃国贩易者须于两浙市舶司陈牒,请官给券以行,违者没入其宝货"。[3]此后的庆历编敕、嘉祐编敕、熙宁编敕、元丰三年和元丰八年、元祐编敕都有关于商人出海贸易的规定,主要内容即投状申报所载货物,领取贸易公凭,不能不请公凭擅行贸易,需物力居民三名担保,不得夹带违禁物等内容。如元祐编敕规定:"商贾许由海道往外蕃兴贩,并具人船物货名数,所诣出处申所在州,仍诏本土有物力户三人委保。"日本史籍《朝野群载》卷20收存"崇宁四年六月提举两浙路市舶司给泉州商人李充公凭"可见宋朝公凭所录一是全体在船人员姓名,除纲首、艄公、杂事、部领外,其他人员分为甲编管,二是货物清单,三是防船物件,四是三位保人姓名,五是抄载市舶编敕。

一是只有设立市舶司的港口才能发放贸易公凭。元丰间曾规定:"诸非广州市船司辄发过南蕃纲舶船,非明州市舶司而发过日本高丽者,以违制论";"诸非杭、明、广州而辄发海商舶船者,以违制论"。[4]广西的官员曾建议,免除商舶绕行至广州请引的手续:"(雷、化等州)下广州约五千里,请引不便,欲乞广西沿海一带州县如土人、客人以船米谷牛酒黄鱼及非市舶司抽解之物,并依旧不下广州请引。诏孙迥相度于市舶法有无妨碍,既而不行。"[5]没有得到批准。

[1] 《续资治通鉴长编》卷122,宝元元年九月丁酉,第1103页。
[2] 《萍洲可谈》卷2,中华书局点校本,第132页。
[3] 《宋会要辑稿·职官》44之2。
[4] 《东坡全集》卷58,《乞禁商旅过外国状》,文渊阁《四库全书》影印本(以下同)。
[5] 《续资治通鉴长编》卷331,元丰五年十二丁卯。

二是关于商人回舶的规定。海商贸易归来，只能在申请公凭的港口接受抽买，缴纳公凭："许于合发舶司住舶，公据纳市舶司。"违者以重罚。[1]为了缩短贸易周期，增加税收，宋政府规定："商贾由海道兴贩诸蕃及海南州县，近立限回舶"，除中途遇阻外，"自给公凭日为始，若三月内回舶与优饶抽税，如满一年不在饶税之限，满一年以上，许从本司根究责罚施行"。[2]此外还有对海商往高丽、交趾等地贸易的限制。此不一一列举。

三是编定船户户籍。出海贸易的海商人数最多的是沿海船户，北宋后期和南宋，为便于控制和征税，对这些船户另编户籍。元祐六年（1091）首先在广南沿海实行。"船户每二十户为甲，选有家业行止，众所推服者二人，充大小甲头，具置籍，录姓名年甲并船橹棹数，其不入籍并橹棹过数及将堪以害人之物，并载外人在船，同甲人及甲头知而不纠与同罪。"绍兴五年（1135）又推行全国。"诸路沿海州县应有海船人户，以五家为保。不许透漏出界，犯者籍其赀。"[3]通过保甲连坐使海商的贸易活动控制在政府手中。

四是设置蕃坊，管理来华外商。宋代广州和泉州都有蕃坊设置。桑原骘藏认为，广州的蕃坊就在《桯史》和《萍洲可谈》所记的海山楼处："在广州府城之南，珠江之北岸，蕃坊亦在此。"[4]"蕃坊海外诸国人聚居，置蕃长一人，管勾蕃坊公事，专切招邀蕃商入贡，用蕃官为之，巾袍履笏如华人。"蕃商们"久定居城中，屋室稍侈靡逾禁。使者方务招徕，以阜国计，且以其非吾国人，不之问。故其宏丽奇伟，益张而大，富盛甲一时"。蕃坊中"有楼高百余尺，下瞰通流"。[5]以至于宋郭祥正诗中称站在城北的越王台就能看到城南高入云表的蕃坊翠塔："番禺城北越王台，登临下瞰何壮哉。三城连环铁为瓮，睥睨百世无倾摧。蕃坊翠塔卓椽笔，欲蘸河汉濡烟煤。"[6]

泉州的蕃坊又称蕃人巷。《方舆胜览》载："诸蕃有黑白二种，皆居泉州，

[1]《续资治通鉴长编》卷451，元祐五年十一月乙丑，第4235页。

[2]《宋会要辑稿·职官》44之26。

[3]《续资治通鉴长编》卷461，元祐六年七月戊辰，第4318页；《建炎以来系年要录》卷89，绍兴五年五月壬辰。

[4] 桑原骘藏：《蒲寿庚考》，北京：中华书局，1954年，第55页。

[5]《萍洲可谈》卷2；《桯史》卷11，《番禺海獠》，西安：三秦出版社点校本，第87页。

[6]〔宋〕郭祥正：《青山集》卷8，《广州越王台呈蒋帅待制》，文渊阁《四库全书》影印本。

号‘蕃人巷’。”[1]据泉州海外交通史调查组实地查考，泉州宋元时期的蕃坊在今泉州南门附近地区，东起青龙聚宝，经东桥市，西至富美与风炉埕，北从横巷起，南抵聚宝街以南的宝庵寺止的范围之内。[2]蕃坊中蕃人保持着自己的生活习惯和宗教信仰，由蕃长按照本国习惯治理。[3]

五是对贸易规模大商人授予官职。如连南夫知泉州时，建议“诸市舶纲首能招诱舶舟、抽解物货、累价及五万贯十万贯者，补官有差”，当时有“大食蕃客啰辛贩乳香直三十万缗，纲首蔡景芳招诱舶货，收息钱九十八万缗，各补承信郎”。并规定“闽、广舶务监官抽买乳香每及一百万两，转一官；又诏商入蕃兴贩，舟还在罢任后，亦依此推赏”。在这一政策激励下“海商入蕃，以兴贩为招秀”，[4]即一方面从事贸易，另一方面积极招徕蕃商来华贸易。宋朝对外商的政策还包括对每年发舶之时犒设外商、保护外商的贸易利益和财产权、抚恤遇难外商等，[5]总体上反映了宋朝对来华外商欢迎和优待。

六是由政府主持祈风祭海活动。祈风与祭海起于民间，是航海者为乞求神灵保佑，希望人船平安而举行的重要祭祀活动。从明州到泉州、潮州直至海南岛沿海地区都有祈风祭海习俗。祭祀的海神各地不一，有天后、广福王、通远王、广利王等。在海商看来，“神灵烜赫，凡航海之人赖以为司命”。[6]祭海祈风是关系财运兴衰、生命攸关的大事。宋政府一方面将海商祭祀的各种海神加以封号，另一方面由市舶司主持祈风祭海活动。泉州现存祈风石刻文表明，参加祈风典礼的市舶官员有：提举市舶、提舶寺丞、舶巾莫权舶干、监舶、提举杂事等；地方官有：郡守、司马、典宗、宗正、统军等。[7]当然还有海商参加。政府祈风活动的意义如真德秀所说：“惟泉为州，所恃以足公私之用者，蕃舶也。舶之至时与不时，风也，而能使风之从律而不愆者，神也，足以国有典

[1]〔宋〕祝穆：《方舆胜览》卷12，泉州。
[2]《泉州蕃坊遗址的调查》，载《泉州海外交通史料汇编》，中国海交史研究会及泉州海交史博物馆合编，1983年，第91—95页。
[3] 参《萍洲可谈》卷2；《桯史》卷11，《番禺海獠》。
[4]《宋史》卷185，《食货志》下7，第4538页。
[5] 黄纯艳：《宋代来华外商述论》，《云南社会科学》1995年第5期。
[6]《西山文集》卷54、《圣妃祝文》，文渊阁《四库全书》影印本。
[7]《宋代九日山祈风石刻十处》，见前引《泉州海外交通史料汇编》，第24—27页。

祀，俾守土之臣一岁而再祷焉。”[1]通过主持祈风祭海活动既使宋朝政府控制了海外贸易活动，也表明宋朝政府鼓励商人从事海外贸易的政策。

宋朝与唐朝政府进口商品管理有了显著不同，其最大区别就是宋朝政府获取进口品不再主要为满足宫廷消费，而是为了获取贸易利益。赵汝适在《诸蕃志》“序”中说：“国朝列圣相传，以仁俭为宝，声教所暨，累译奉琛，于是置官于泉广，以司互市，盖欲宽民力而助国朝，其与贵异物穷侈心者乌可同日而语。”倒并非全然是为宋朝统治者粉饰之辞。宋朝政府直接参与了进口品的营销，获取贸易利益。宋朝对进口商品实行了抽解和博买制度。

抽解和博买是宋政府获取进口品的主要途径。抽解和博买的商品都是进口品中的精良部分，而比例不断变化。抽解就是以实物形式征收进口关税，宋人说：“凡舶至，帅漕与市舶监官莅阅其货而征之，谓之抽解。”宋朝虽于开宝四年(971)即在广州置市舶司，但抽解制度未同时设立。征税的办法可能仍沿袭唐代的旧制。据记载：“淳化二年始立抽解二分。”“未经抽解，敢私取物货，虽一毫，皆没其余货。”抽解和博买的比例变化不定。淳化二年是抽解二分，博买优良商品的一半，其余不博买。抽解和博买占进口品总数的十分之七。宋仁宗时“海舶至者视所载，算其一而市其三”。[2]抽、买比例合计占十分之四。此后抽解和博买的比例仍多次变化。南宋时抽解的比例最低者有十五分之一、十九分之一，特殊商品有二十五分抽一的，高者也有十分抽四。[3]尽管抽解波动的幅度有时很大，但基本上在十分抽一的标准上下变动。这个比例是宋代一般情况下的进口税率。因而《宋会要辑稿》《宋史·食货志》等都说：“大抵海舶至，十先征其一。”博买的比例时高时低，最甚者博买十分之六，轻者又不予博买。抽解和博买比例不断波动的原因，最根本的就是宋政府与海商争夺贸易利益的斗争，而其中也有贪官污吏的盘剥等因素的影响。宋政府为增加财政收入，总希望提高进口商品税率，但同时又不得不考虑税率太

[1]《西山文集》卷54,《祈风祝文》。
[2]《萍洲可谈》卷2;《文献通考》卷26,《市舶互市》。
[3]《宝庆四明志》卷6,《市舶》,中华书局《宋元方志丛刊》本。

高，挫伤海商的贸易积极性，导致海外贸易的衰落，从而失去了税收的基础。海商则希望税率低下，以保障其贸易利润，为此他们往往运用各种斗争手段。绍兴十四年（1144），抽解增加为十分之四，蕃商提出抗议，“诉其太重”。宋政府只好将税率降为十分之一。[1]

宋政府博买商品都是取精良者，从淳化二年宋太宗令“择良者止市其半”，“粗恶者恣其卖勿禁”开始，历代都遵奉这一原则。范仲淹曾说：“凡蕃货之来，十税其一，必择诸精者。”[2]南宋仍是“择其良者，售以低价”。[3]宋政府不仅择优收买，而且对市场需求大，销路良好的商品大部分由政府收买。绍兴三年令云：“将中国有用之物如乳香、药物及民间常使香货并多数博买。”[4]有些商品全部由官府博买，但全部博买种类总体上不断减少。太平兴国初规定：“诸国香药宝货至广州、交趾、泉州、两浙，非出官库者，无得私相市易。”并令商人手中持有的进口商品须“限令取便货卖，如限满破货未尽，并令于本处州府中卖入官，限满不中卖即逐处收提勘罪”。[5]太平兴国八年规定了乳香、玳瑁、象牙、犀角、镔铁等八种商品由政府全部博买，其他商品“官市之余，听市于民”。[6]到宋哲宗时，只全部博买“象牙重及三十斤，并乳香，抽外尽官市，盖榷货也”。[7]到南宋绍兴三年只有乳香一色全部博买：“三路市舶除依条抽解外，蕃商贩到乳香一色及牛皮筋角堪造军器之物，自当尽行博买。”隆兴二年（1164）已明确规定：“象齿、珠犀比他货至重，乞十分抽一，更不博买。”[8]《庆元条法事类》卷28《榷货总类》中列举的榷货属进口商品的也只有乳香一项。因乳香在宗教、医药、饮食、建筑等方面都有广泛的应用，消费需求大，利入多，如时人所说，“乳香一色，客算尤广”。[9]

宋朝贸易规模已非唐朝所能比拟，官府掌握的进口品已远远超过宫廷自身消费需求。开宝三年宋太祖就说：“香药、毛翎、箭可、皮革、筋角等，所在约

[1]《文献通考》卷26，《市舶互市》。
[2]《范文正集》卷14，《王君（丝）墓表》，文渊阁《四库全书》影印本。
[3]《宋史》卷186，《食货志》下8。
[4]《宋会要辑稿·职官》44之17。
[5]《续资治通鉴长编》卷18，太平兴国二年三月壬申，第401页；《宋会要辑稿·职官》44之2。
[6]《宋会要辑稿·职官》44之2、《宋史》卷186，《食货志》下8，第4559页。
[7]《萍洲可谈》卷2。
[8]《宋会要辑稿·职官》44之16、《宋史》卷186，《食货志》下8，第4566页。
[9]《宋会要辑稿·职官》44之17。

支二年之用。”[1]太平兴国以后官府掌握的进口品更是急剧增长，“外国犀象香药充仞京师”，于是“置榷易局，大出官库香药宝货，稍增其价，许商人入金帛买之……外国物有所泄”。[2]宋政府已经作为进口商品的经营者，参与市场牟利。宋政府经营抽买所得进口品的途径一是由榷货务直接销售及分配给各转运司均分于部下州军出卖，二是与辽、夏、金榷场贸易，三是直接以钱帛发卖或用香药折中的方式批发给商人。进口品最后主要还是通过商人贩易，进入市场，宋朝本国商人经营进口品与其他商品相比，并无特别的管理政策。[3]外商也可以在宋朝境内贩易：崇宁三年诏令说到“蕃商欲往他郡者，从舶司给券”。[4]这是该年应大食商人请求而设的条令，此前的情况则不明确。

第四节　边疆贸易：以茶马贸易为例

唐宋时期，因边疆少数民族大量消费茶叶，南方茶叶也以各种途径运销边疆地区，茶叶市场便延伸到了周边国家和地区。据《太平御览》记载，寿州、舒川、顾渚、蕲门、昌明、灉湖等地所产的茶叶已进入吐蕃人的生活中。[5]陆羽著《茶经》，“其后尚茶成风，时回纥入朝，始驱马市茶”。[6]入宋以后，少数民族所处的边疆地区成为茶叶的重要消费市场，《文献通考》云：“凡茶入官以轻估，其出以重估，县官之利甚博，而商贾转致于西北以致散于夷狄，其利又特厚。”[7]但边疆地区因地理位置的特殊性自与内地不同，宋政府从国家安全、以茶驭边的政治考虑出发，对边疆茶叶市场采取了与内地不同的经济政策，除了一部分地区依靠茶商正常贩运外，在重要的周边地区采取了茶马贸易、榷场互市贸易的茶叶市场组织形式，两者都由官府出面组织，但前者旨在获取战马以

[1] 《续资治通鉴长编》卷11，开宝三年四月己卯，第45页。
[2] 《宋会要辑稿·职官》44之2、《宋会要辑稿·食货》36之3。
[3] 参黄纯艳：《宋代海外贸易》，第148—162页。
[4] 《宋史》卷186，《食货志》下8，第4561页。
[5] 〔宋〕李昉等：《太平御览》卷867，中华书局影印本。
[6] 〔宋〕欧阳修等：《新唐书》卷196，《隐逸》，中华书局点校本。
[7] 〔元〕马端临：《文献通考》卷18，《征榷五》，中华书局影印本。

充实武力，贸易多在宋朝境内；后者旨在以经济贸易的方式协调与辽、西夏、金的双边关系，是宋政府与少数民族政权之间的重要贸易方式。

一、茶马贸易

宋政府与西北、西南少数民族之间的茶马贸易是茶叶边疆市场的重要构成部分。宋自立国以来，先后与辽、西夏、金、蒙古等少数民族政权鼎足而立，民族间时常处于矛盾和战争状态。宋政府为加强国防力量，抵御少数民族军队的进攻，十分重视组织力量强大的骑兵队伍。因此，如何获取足够数量、高大健壮的马匹一直是宋政府长期努力解决的问题。而辽、夏、金等既与宋处于对峙状态，自然禁止马匹一类军用物资外流。宋朝本土出产良马甚少，故向西北、西南少数民族购买战马便成为政府的最佳选择。而西北等地即为畜牧业区，生活多饮奶食肉，对具有消食去腻功效的宋朝茶叶有迫切需求，其产品却以马匹为大宗。双方经济存在很强的互补性，茶马贸易应运而生。

宋初，政府每年运五千贯铜钱购买战马，“戎人得铜钱，悉销铸为器，郡国岁铸钱不能充其用”。[1]造成铜钱流失，加剧了宋朝的钱荒。太平兴国八年以后，因盐铁使王明建议而改用茶、布帛及其他物品市马。真宗年间，宋政府在河东的府州、岢岚军，陕西的秦、渭、泾、原、仪、环、庆、阶、文等州，镇戎军，川峡的益、黎、戎、茂、雅、夔州，永康军置务以茶叶、布帛购买马匹，每年约可买五千匹。提供马匹的少数民族主要有秦、渭、阶、文等州的吐蕃、回纥族，麟、府的党项族，丰州的藏才族，环州的白马、鼻家、保家、名市族，以及泾仪、延麟，火山保德、保安军、唐龙镇制胜关等地的其他少数民族。[2]为确保此项贸易的顺利进行，宋政府对少数民族采取了一些优惠政策。真宗景德二年八月，规定运输至泾、原、仪、渭等州的马价茶“缘路免其算”。[3]

北宋前期，茶叶除批发给茶商贩运外，大部分用来支付商人入中粮草的价格，加之当时马价较低，“一驮茶易一上驷，陕西诸州，岁市马二万匹，故于名山

---

[1]〔宋〕李焘:《长编》卷24，太平兴国八年十一月壬申。
[2]〔宋〕李焘:《长编》卷43，咸平元年十一月戊辰。
[3]〔宋〕李焘:《长编》卷61，景德二年八月乙巳。

岁运二万驮”，[1]用于博马的茶叶数量估计不大。宋神宗熙丰年间，茶马贸易得到了较快发展，政府成立了专门的贸易机构，主要是都大提举茶马司，“掌收摘山之利，以佐调度。凡市马于蕃夷者，率以茶易之。凡产茶及市马州郡官属，得自辟置，视其数之登耗，以诏赏罚”。[2]熙宁七年，宋政府命三司干当公事李杞运川茶至熙河，“置卖马场六……于是杞言，卖茶买马一事也，乞同提举买马。杞遂兼马政，然分合不常”。[3]其后茶司、马司时分时合。因蜀地距西北、西南较近，故宋政府在放任东南茶通商之后反在四川榷买茶叶用于博马，榷茶的目的在于保证茶马贸易按宋政府的意图发展，获取大批战马。如宋人所云：“川陕榷茶之法，本以市骏实边，使茶无滞货，则马来数多，边备充足”，[4]“蜀茶总入诸蕃市，胡马常从万里来。”[5]买马之地，陕西有阶、文、西和等州；四川有黎、叙、南平等处，“每处置务，每务置官”，[6]负责市马。宋政府用于支付马价的商品主要是茶叶，“博马之利，实仰于茶”，[7]另外也兼用银、绢、绸、纸币、[8]银币、[9]盐钞、[10]锦彩等商品，[11]往往因不同时期、不同地区而有所差异。如陕西用茶较多用锦较少，四川则用锦较多，用茶较少，“随其所需、有无相济，是宜良驷来者接踵”。[12]否则，买马所用钱物“不如蕃部所欲，致收买数目不多”。[13]

在茶马贸易发展过程中，宋政府为买到足数马匹，采取了各种措施。其中之一便是不断调整茶马比价。因为“茶价高大，国马遏绝”，[14]但如果茶价过低，宋政府要蒙受较大的经济损失，且从长远来看不利于贸易的正常发展。元丰元年四月，李稷建议出卖官茶令提举司“立定中价，仍随市色增减”，[15]被宋

---

[1]〔宋〕留正等：《皇宋中兴两朝圣政》卷55，宛委别藏本。
[2]〔清〕徐松等辑：《宋会要辑稿·职官》43之47，中华书局影印本。
[3]〔元〕脱脱等：《宋史》卷167，职官，中华书局点校本。
[4]〔清〕徐松等辑：《宋会要辑稿·职官》43之100，中华书局影印本。
[5]〔宋〕吴曾：《能改斋漫录》卷7，《蜀运茶马利害》，上海古籍出版社1984年点校本。
[6]〔宋〕员兴宗：《九华集》卷7，《议国马疏》，台湾影印文渊阁《四库全书》本。
[7]〔清〕徐松等辑：《宋会要辑稿·职官》43之66，中华书局影印本。
[8]〔宋〕留正等：《皇宋中兴两朝圣政》卷55，宛委别藏本。
[9]〔清〕徐松等辑：《宋会要辑稿·兵》23之9，中华书局影印本。
[10]〔清〕徐松等辑：《宋会要辑稿·职官》43之66，中华书局影印本。
[11]〔清〕徐松等辑：《宋会要辑稿·职官》43之11，中华书局影印本。
[12]〔宋〕员兴宗：《九华集》卷7，《议国马疏》，台湾影印文渊阁《四库全书》本。
[13]〔清〕徐松等辑：《宋公要辑稿·职官》43之53，中华书局影印本。
[14]〔清〕徐松等辑：《宋会要辑稿·职官》43之50，中华书局影印本。
[15]〔清〕徐松等辑：《宋会要辑稿·职官》43之58—59，中华书局影印本。

政府采纳并在以后的贸易中作为指导原则。由于尊重了价值规律的作用，茶马比价趋向合理。另外，垄断茶叶货源，限制乃至取缔茶叶商品流通至少数民族地区的其他贸易渠道，迫使少数民族用马匹博买茶货也是宋政府经常采取的措施。“蕃部所欲，大柢惟茶为急”，[1]茶叶成为他们生活的必需品，但少数民族与汉族的商品交易除了马匹之外，还用金、银、麝香、茸香、牛羊等“博买茶货转贩入蕃”。[2]深受少数民族欢迎的茶叶名品名山茶也被官府及商人用来“与蕃商以杂货贸易，规取厚利”，[3]在蕃部茶叶消费得到基本满足的情况下，他们卖马的迫切性大大减少，致使宋政府买马发生困难。正如茶马司所指出“其茶入蕃，既已充足，缘此遂不将马入汉中卖，有言（害）马政”。[4]针对此问题，宋政府采取各种措施严格控制茶叶商品进入少数民族地区。熙宁八年四月，茶场司提出，发往秦、熙州的名山茶全部由官场收买，不许商人兴贩。[5]元丰四年七月又下诏规定名山茶专用博马，“候年额马数足，方许杂卖”，[6]其后又一再重申“将名山茶立为永法，专用博马”。[7]元符三年十二月下令熙河、兰会路之入蕃茶“惟博易马方许交易，即不得将茶折博蕃中杂货，务要茶马懋迁渐通”。[8]宋政府还严禁商人私贩茶叶进入少数民族地区。[9]这些措施实施后收到了一定的效果：“若稍重茶禁，不急于马，则马自至。”[10]“禁沿边鬻茶，专以蜀茶易上乘。”[11]

茶马贸易是官府统制的茶叶边疆市场，具有浓郁的政治色彩。宋政府除了借此加强军队武装力量外，还以此来协调与少数民族的关系，成为羁縻少数民族的重要手段。宋代，随着商品经济的发展，社会分工也较以前明显，少

[1]〔清〕徐松等辑：《宋会要辑稿·职官》43之53，中华书局影印本。
[2]〔清〕徐松等辑：《宋会要辑稿·职官》43之58—59，中华书局影印本。
[3]〔清〕徐松等辑：《宋会要辑稿·职官》43之75，中华书局影印本。
[4] 同上书。
[5]〔宋〕李焘：《长编》卷262，熙宁八年夏四月，中华书局点校本。
[6]〔清〕徐松等辑：《宋会要辑稿·职官》43之56，中华书局影印本。
[7]〔清〕徐松等辑：《宋会要辑稿·职官》43之75，中华书局影印本。
[8] 同上书。
[9]〔清〕徐松等辑：《宋会要辑稿·食货》31之3、31之28—29；〔元〕脱脱等：《宋史》卷34，《孝宗本纪》，中华书局点校本。
[10]〔宋〕赵不悔、罗愿：《新安志》卷7，《洪尚书》，宋元方志丛刊。
[11]〔元〕脱脱等：《宋史》卷301，《袁抗》，中华书局点校本。

数民族地区亦深受影响，在边疆地区有一些少数民族专门以卖马为生。“黎州南蛮及土蕃部落，惟仰卖马为生”，[1]“今（黎州）山前五部落仰此（卖马）为衣食”；[2]而宋政府则利用其经济发达的优势，通过茶马贸易，给卖马的蕃部一定的经济优惠，以此来加强对少数民族的笼络、控制。对此，宋人并不隐讳。乾道四年（1168）八月，兵部侍郎陈弥作云：“祖宗设互市之法，本以羁縻远人，初不籍马之为用”；[3]崇宁三年（1104），户部云：“黎州所买马，类多不勘披挂，自来止为羁縻远人”。[4]绍兴二十六年（1156）六月，秘书丞正字张震指出：“四川产茶，内以给公上，外以羁诸戎，国之所资，民恃为命。”，[5]以茶制边一直是官府所坚持并付诸实践的指导思想。故宋政府所市之马，也包括了一批驽劣、不能用于战阵、不能武装骑兵队伍的马匹，“大抵蜀马不耐寒苦，劣于西北远甚”。[6]事实也的确如此。黎、叙、南平等州军是政府买马较多之地，每五十匹纲马中，良马不过有三四匹，仅占8%；中等马不超过二十匹，占40%；其余皆下等马，占了一半多，“不可服骑，发以充数，则必倒毙”。[7]买马官吏营私舞弊，大量购买劣马：“公吏旁缘为奸，宁取下乘，以敷纲额，不鬻上驷，以亏茶绵”，[8]“市马之初，虽曰羁縻远人，见马支物而不至如近时监马不职，以病为壮，以短为长，以齿多为齿弱，如黎雅等州至马司未满千里，每遇送纲，不乘不骑，道死相望”。[9]对此，宋政府为减少经济损失，采取了一些限制措施，减少劣马的购买数量。崇宁三年二月，提举陕西等路买马监牧司规定黎州买马限定时间，从八月一日开务，至次年三月一日停止收市。[10]对不能用于征战的马匹，宋政府则尽可能少买。绍圣年间，都大茶马程之邵“始精拣汰，仍以八月至四月为限”。[11]

---

[1]〔清〕徐松等辑：《宋会要辑稿·职官》43之81，中华书局影印本。
[2]〔元〕脱脱等：《宋史》卷301，袁抗，中华书局点校本。
[3]〔清〕徐松等辑：《宋会要辑稿·兵》23之3，中华书局影印本。
[4]〔清〕徐松等辑：《宋会要辑稿·职官》43之79，中华书局影印本。
[5]〔清〕徐松等辑：《宋会要辑稿·食货》31之11，中华书局影印本。
[6]〔宋〕陈均编：《皇朝编年纲目备要》卷19，日本昭和十一年东京静嘉堂文库影印本。
[7]〔清〕徐松等辑：《宋会要辑稿·兵》23之3，中华书局影印本。
[8] 同上书。
[9]〔宋〕员兴宗：《九华集》卷7，《议国马疏》，台湾影印文渊阁《四库全书》本。
[10]〔清〕徐松等辑：《宋会要辑稿·职官》43之79，中华书局影印本。
[11]〔元〕脱脱等：《宋史》卷167，职官，中华书局点校本。

以茶马贸易羁縻少数民族的政策取得了一定成效。宋政府与少数民族之间减少了战争、纠纷，有利于边疆地区和平、稳定，有利于汉族和其他少数民族安居乐业，发展经济。少数民族在茶马贸易中享受到宋政府给予的经济上的优惠，不仅有利于他们改善自己的生活，也为他们发展民族经济、推动民族地区社会发展创造了条件，而宋政府虽然蒙受了一定的经济损失，却因此获得了政治上的主动权，因而也乐意为之。《宋史·食货志》云："其他诸蕃马多驽，大率皆以互市为利，宋朝曲示怀远之恩，亦以是羁縻之。"[1]

但以茶马贸易为主要内容的茶叶边疆市场既受官府统制，且依靠官府组织来具体实施，同时又有很强的政治色彩，故与其他茶叶市场相比，又有其不同之处。官府在贸易的过程中一直发挥着重要作用，始终参与且控制着贸易的发展。但宋政府所依靠的官吏在具体实践中又往往违背官府意志，出现了官吏行为与政府意志脱节的情况。因此，在整个贸易过程中，宋政府不断随经济状况调整政策，约束官吏，从而推动茶马贸易健康发展。在茶马贸易中宋政府不可避免地与少数民族发生矛盾和纠纷，在处理这些矛盾时，宋政府以大局为重，以保持稳定，维护民族团结为指导原则，从而避免了矛盾的激化。从宋代文献记载来看，茶马贸易中宋政府与少数民族一直围绕着经济利益而产生矛盾，为妥善处理纠纷，宋政府不断调整政策。首先，因茶马比价不合理而引发的矛盾。尤其是马价较低时，少数民族不愿甚至停止卖马。有时他们为获取更大经济利益，也经常以此手段迫使宋政府作出让步以提高马价。这种情况屡见不鲜，而宋朝官吏的不法行为又加剧了矛盾的复杂性。政和元年（1111），宋朝依元丰旧法博马，降低支与茶数，结果"蕃商故生邀勒，尚未肯多将马出汉"。[2]绍兴二十六年（1156），枢密院指出，黎、文、叙州，长宁军、南平军等地以银、绢、锦彩互市买马，"买马官不法，又借那支用，或巧作从物等，或贱买所博马银绢关子，以致蕃客不肯将马出卖"。[3]宋政府为买到马匹，不断调整茶马比价，使之趋于合理。对中马蕃部及商人给予额外优惠。对于每月

[1]〔元〕脱脱等：《宋史》卷184，《食货志》，中华书局点校本。
[2]〔清〕徐松等辑：《宋会要辑稿·职官》43之93，中华书局影印本。
[3]〔清〕徐松等辑：《宋会要辑稿·职官》43之108，中华书局影印本。

卖马最多的少数民族，官府额外支给一匹彩、一只重半两的银碗。元丰五年（1082）二月，因郭茂恂建议略有更改，凡每月卖马达到一百匹以上者，不拘人数，皆可以得到上述奖品。如果每月卖马蕃部皆不足百匹，则取卖马数最多者奖励一匹彩，一片重两钱的银碟子。政府还指示各州官吏，每旬收买战马较多之日，供给蕃部酒食，犒赏卖马蕃户，“使远人知朝廷之意，乐于致马入塞”。[1]其次，买马官吏拖欠蕃部马价引发的矛盾。茶马贸易中，宋政府用以支付马值的主要商品是茶叶。当官府收市茶叶数量不足，或不能及时运输到买马场时，便会发生拖欠马价的现象。有时也因收市战马过多，茶叶相对不足而拖欠马价。川茶虽由官府榷买，但由于茶马司分合不常，川茶亦出卖获利，也导致了不能按期支与马价。加上买马官吏营私舞弊，将买马茶物挪作他用，从而使拖欠蕃部马价的情况时有发生。建中元年（780）十二月，黎州所用的博马茶在雅州在城、名山、百丈、庐山县茶场收买，“虽严加督责收市，常是不足”，因而发生了“递有积欠蕃人马价”[2]的情况。南宋时赵开指出，买马官吏“旁缘为奸，不时归货，以空券给夷人，使待资次”。[3]拖欠马价不仅影响了宋政府的买马计划，而且对民族关系的发展也有严重的危害，少数民族对此十分不满，宋廷亦怕因此而生边患，不断寻找解决问题的途径。主要是督促各级官吏大力收市川茶，运输到买马之地，必要时兼用锦帛收市，对任意拖欠马价的官吏给予处罚等。再次，因商品质量欠佳而产生的矛盾。宋政府虽以茶马羁縻少数民族，收市了一批劣马，但茶马贸易的根本目的仍是收购合格战马以加强军队力量。因此，严格挑选、按质论价也是必要的。元丰五年之前，宋政府制定买马的标准，从四尺七寸至四尺一寸分为七等，每差一寸即差一个等级，而马价最高者32贯，最低者仅16贯，等级之间差价多者达到五贯一二百文，少者也有一贯三百文。蕃部为了卖高价钱，“以争较等第分寸，不肯中卖”。[4]后来对此作了修正，使等级之间的差距不致太大，易于收市。宋政府与卖马蕃部因茶叶质量问题亦不免时有纠纷。宋代园户采造伪茶、以次充好的现象较为普遍；官

[1]〔清〕徐松等辑：《宋会要辑稿·职官》43之60—61，中华书局影印本。
[2]〔清〕徐松等辑：《宋会要辑稿·职官》43之76，中华书局影印本。
[3]〔元〕脱脱等：《宋史》卷374，《赵开》，中华书局点校本。
[4]〔清〕徐松等辑：《宋会要辑稿·职官》43之60，中华书局影印本。

府收购的茶叶质量难以保证；在茶叶运输过程中，运茶士兵以他物代茶亦不鲜见："茶自蜀中出关，经兴、利等州，然后渐至岩昌，盖近二千余里。铺兵沿路摘叶代茶，虽有明禁，无由遏止，以至博马之际，蕃部多方退难。"[1]博马茶叶质量低劣，损害了卖马蕃部利益，自然引起了他们的反对。另外，有些买马官吏在茶马贸易中态度蛮横骄慢无礼，不仅引起了少数民族的不满，也是宋政府购马数量不足的原因。元丰四年（1081）四月，同管勾陕西买马司高士反映"凡与蕃部交易，动以恶言谩骂之，其侪类每有怨色，亦是阻其来马一途"。[2]宋政府对此加以制止。为保证边境安全，宋政府严禁沿边州军私自与蕃部博易，"不唯寖久有害马政，兼恐引惹踏开生路，于边防不便"。[3]

二、榷场互市贸易

与茶马贸易不同，榷场互市贸易是宋代茶叶边疆市场的另一种组织形式。因南方与北方经济结构不同，出产物品各异，尤其茶叶商品受自然条件限制仅产于宋朝南方地区，故宋与辽、夏、金等在经济上具有很强的互补性，互市贸易成为必需，正如《续通典》所云："宋、金疆域分错，敌国所产，各居其有，物滞而不流，人艰于所匮，于是特重互市之法。"为了便于商品交流，宋政府在周边设置榷场与少数民族政权进行互市贸易，主要是在宋辽、宋夏、宋金之间展开。与一般商品贸易不同，榷场贸易由双方官府出面组织，贸易的商品种类、数量受官府严格控制，受政治因素影响较大，榷场之外的民间交易一般皆加以禁止。而茶叶则是宋政府输出的主要商品之一。

早在宋太祖时，宋与契丹之间便不断有贸易往来。《长编》云："契丹在太祖朝，虽听沿边互市，而未有官司。"[4]太宗太平兴国二年正月，宋政府便在镇、易、雄、霸、沧州等地设置榷场，"辇香药、犀象及茶与交易"。[5]真宗景德二年，宋方改置雄、霸州及安肃军、广信军四场与辽贸易。在众多商品中，茶叶

[1]〔宋〕员兴宗：《九华集》卷7，《议国马疏》，台湾影印文渊阁《四库全书》本。
[2]〔宋〕李焘：《长编》卷312，元丰四年夏四月乙亥。
[3]〔清〕徐松等辑：《宋会要辑稿·职官》43之107，中华书局影印本。
[4]〔宋〕李焘：《长编》卷18，太平兴国二年三月庚寅。
[5]〔元〕脱脱等：《宋史》卷186，《食货志》下。

处于比较重要的地位。《宋史·何承矩传》云:“去岁以臣上言,于雄州置场卖茶……”,[1]雄州榷场把茶叶输出作为贸易的重要举措。在宋辽双方人员互访中,宋政府常以茶叶作为答谢之物。真宗景德二年正月,“令河北、河东缘边州军,自今北界赍牒送生口者,给以茶彩,部送出境,答其牒”。[2]而辽方禁止其国中粮食出境,仍有人犯禁运粮至榷场“转运司以茶博易”,[3]即用茶叶博买对方的粮食。

辽朝境内人民喜欢饮用茶叶。宋人朱彧说:“今世俗客至则啜茶,去则啜汤……此俗遍天下。先公使辽,辽人相见,其俗先点汤,后点茶。至饮会亦先水饮,然后品味以进。”[4]在辽代契丹宫廷举行的各种“礼仪”中,品茶与饮酒同等重要,是不可缺少的“仪项”。[5]地处河北省北部的宣化郊外下八里村,1971年在此相继出土了数座辽代时期的墓葬,墓室中的彩色壁画和出土器物十分丰富,其中许多壁画是反映了不同场面的茶道图,出土器物中茶具也占有一定的比例。[6]考古材料也证明了茶叶在辽朝有广阔的市场,因此宋辽双方对榷场贸易均十分重视。景德二年(1005)十月,宋使臣向朝廷上奏,“言榷场商旅,贸易于北境,契丹国主弟曰隆庆者,受其馈献,必还其直,又设酒馔犒劳之,且言今与中朝结好,事同一家,道路永无虞矣”。[7]宋方也派官吏平抑榷场物价,“以和好之初,务立永制也”。[8]

宋辽之间榷场茶叶贸易额是很大的。开始时宋政府组织人力从京师运茶至榷场,其间官吏办事效率低下,茶叶在运输过程中多有损败,损失较重。后经索湘建议加以改革,借助商人的力量来解决茶叶运输问题,“请诸商旅缘江载茶诣边郡入中,既免道途之耗,复有征算之益”。[9]不仅减少了茶叶在运输中的损失,还提高了运输效率,这对宋辽榷场的茶叶贸易是有益的。

---

[1] 〔元〕脱脱等:《宋史》卷273,《何承矩》,中华书局点校本。
[2] 〔宋〕李焘:《长编》卷59,景德二年,中华书局点校本。
[3] 同上书。
[4] 〔宋〕朱彧:《萍洲可谈》卷1,台湾影印文渊阁《四库全书》本。
[5] 张国庆:《辽代契丹人饮食考述》,《中国社会经济史研究》1990年第1期。
[6] 刘海文:《试述河北宣化下八里辽代壁画墓中的茶道图及茶具》,《农业考古》1996第2期。
[7] 〔宋〕李焘:《长编》卷61,景德二年十月,中华书局点校本。
[8] 同上书。
[9] 〔宋〕李焘:《长编》卷44,咸平二年闰三月,中华书局点校本。

宋夏之间的互市贸易亦较为频繁。太宗雍熙元年（984），宋政府“令赍茶于夏州蕃部中贸易”，[1]以此解决当地驻军的粮食供应问题。其后双方在保安军、镇戎军等设置榷场进行互市贸易。然因宋夏之间时战时和，榷场贸易也兴罢无常。由于西夏地处西北，经济以畜牧业为主，与宋朝互通有无、相互交流十分必要。司马光即指出西夏“所产者不过羊马毡毯，其国中用之不尽，其势必推其余与他国贸易。其三面皆敌人，鬻之不售，惟中国者，羊马毡毯之所输，而茶彩百货之所自来也。故其人如婴儿，而中国乳哺之”。[2]茶叶是宋政府输出商品中的大宗。仁守庆历年间，宋廷商量岁赐西夏茶叶问题时，许多大臣反对赐茶过多。田况指出：“今既许于保安、镇戎军置榷场，惟茶最为所欲之物。彼若岁得二十余万斤，则榷场更无以博易。”[3]欧阳修亦指出：“计元昊境土人民，岁得三十万茶，其用已足。然则两榷场舍茶之外，须至别将好物博易贼中无用之物。”[4]由此足见茶叶在宋夏榷场贸易中扮演着重要角色。宋廷长期推行对西夏和市驭边政策，利用经济制裁配合政治、军事斗争，取得了较好效果，[5]茶叶在其中发挥了重要作用。

宋朝茶叶以岁赐和榷场贸易两条途径进入西夏境内，不仅满足了西夏茶叶消费需求，还是西夏转口贸易的重要商品。仁宗时西夏使者云：“本界西北接连诸蕃，以茶数斤，可以博羊一口。”[6]大中祥符六年，根据勾当丰州蕃汉公事刘文玉的报告，西夏周围蕃部用茶、绢作过路税金。[7]故法国学者谢和耐指出，茶叶等商品是西夏和西域、中东之间贸易的主要物品。[8]

宋金之间的榷场贸易受到双方的重视。绍兴元年后，宋金便在淮南陆路通商。绍兴五年，宋政府在泗、楚、濠、庐州、寿春府置市易务，进行官方贸易。绍兴十一年宋金议和后便商讨开设榷场以加强双方的贸易往来。此后宋金双

---

[1] 〔宋〕李焘：《长编》卷25，雍熙元年三月丁巳。
[2] 〔宋〕李焘：《长编》卷365，元祐元年二月寅申。
[3] 〔宋〕李焘：《长编》卷149，庆历四年五月甲申。
[4] 同上书。
[5] 廖隆盛：《北宋对西夏的和市驭边政策》，台北：“国立编译馆”中华丛书编审委员会：《宋史研究集》1983年，第14辑。
[6] 〔宋〕李焘：《长编》卷149，庆历四年五月甲申。
[7] 〔清〕徐松等辑：《宋会要辑稿·兵》24之12，中华书局影印本。
[8] ［法］谢和耐，耿升译：《中国社会史》，南京：江苏人民出版社，1995年，第280页。

方分别在边境设置榷场。宋朝设置榷场之地有：盱眙军、楚州、淮阴县、安丰军、霍丘县、信阳军、枣阳军、光州。金朝设置榷场数目亦不少；泗州、寿州、颍州、蔡州、唐州、邓州、凤翔府、秦州、巩州、洮州、密州。[1]在宋金榷场贸易中，茶叶是宋朝输出的重要商品之一，也是备受金人青睐的畅销货。金国的茶叶商品绝大部分来自宋朝榷场。史称"(茶)自宋人岁贡之外，皆贸易于宋界之榷场"。[2]由于金国境内茶叶消费量大、市场广阔："比岁上下竞啜，农民尤甚，市井茶肆相属"，[3]因而宋金之间茶叶贸易额巨大，金朝商人热衷于茶叶贸易：商旅多以丝绢易茶，岁费不下百万。[4]茶叶大量输入，对金朝经济冲击较大，金朝每年用于支付茶叶的费用十分巨大，仅河南、陕西两地每年用于茶叶贸易的白银多达72万两之多。[5]为此，金朝采取了一系列限制茶叶进口的措施，如提倡用盐、其他杂物博易茶叶；禁止普通百姓饮茶，禁止私贩茶叶等，但收效甚微。而宋朝则由官方垄断茶叶贸易，禁止商人运腊茶到江北；草茶可以运到江北，但课以翻引钱、通货钱等租税，以此加以抑制。[6]在厚利的驱使下，宋金商人的茶叶走私贸易盛行。绍兴二十七年(1157)，给事中王师心言："鼎、沣、归、峡茶产，民私贩入北境，利数倍。"[7]私茶贸易既盛，极大地冲击了宋朝的官方贸易。绍兴三十年(1160)九月，右正言王淮指出："两淮间多私相贸易之弊，如茶、牛及钱宝三者，国家利源所在，而皆巧立收税，肆行莫禁。茶于蒋州私渡，货与北客者既多，而榷场通货之茶少矣。"[8]不仅如此，茶商走私茶叶逃避官府税收，对宋政府而言也损失颇大。乾道六年(1168)四月，户部侍郎江浙荆湖淮广福建等路都大转运使史正志言："访闻贩茶客人，避纳翻引钱，往往私过淮折博，暗失课入。"[9]因此，宋朝官员面对茶叶走私贸易日盛一日的情

[1]〔日〕加藤繁，吴杰译：《宋代和金国的贸易》，《中国经济史考证》第2卷，北京：商务印书馆，1963年，第202—230页。
[2][3][4]〔元〕脱脱等：《金史》卷49，《食货志》4，中华书局点校本。
[5]〔元〕脱脱等：《金史·食货志》，云："今河南、陕西凡五十余郡，郡日食茶率二十袋，袋直银二两，是一岁之中妄费民银三十余万也。"疑《金史·食货志》计算有误，正确结果应为七十二万余两。
[6]〔日〕加藤繁，吴杰译：《宋金贸易中的茶、钱和绢》，《中国经济史考证》(第2卷)，北京：商务印书馆，1963年，第231—246页。
[7]〔宋〕李心传：《建炎以来系年要录》卷177，绍兴二十七年七月庚午。
[8]〔宋〕李心传：《建炎以来系年要录》卷186，绍兴三十年九月壬午。
[9]〔清〕徐松等辑：《宋会要辑稿·食货》31之19，中华书局影印本。

况一再呼吁政府采取有力措施予以制止。淳熙五年(1178)十二月,有人反映"沿淮州军多有透漏钱、银、茶货及违禁等物,其最甚者,莫若正阳之水寨……乞严行禁止"。[1]日益严重的茶叶走私活动引起了宋政府的高度重视,于淳熙五年六月制定了处罚办法,对直接从事走私贩运的人处以极刑,对其他有关人员也给予不同的处罚。对告发茶叶走私案件者则给予各种奖赏。《宋史·孝宗本纪》云:"京西、湖北商人,以牛马负茶出境者,罪死。"[2]《庆元条法事类》的记述则更为详细:"今后客人辄以耕牛并以马负茶过北界者,并从军法。其知情引领停藏乘之人及透漏州县、吏、官、公人、兵级并依兴贩军须物断罪,许诸色人告捕,赏钱贰仟贯。仍补进义校尉,命官转两官。其知情停藏同船同行艄工、水手能告捕及人力女使告首者,并与免罪,与依诸色人告捕支赏。知通伍内,能捕获,与转两官。"[3]尽管宋政府注意打击茶叶走私活动,茶商违禁冒犯者仍大有人在:"今东南茶皆自榷场转入北界,亦有私渡淮者,虽严为稽禁,而终不免于透漏焉。"[4]宋政府以榷场贸易的方式垄断了与金的茶叶贸易,旨在独占茶叶贸易的高额利润,由此与茶商产生了尖锐的矛盾斗争,而茶叶的走私活动便是这种矛盾斗争的产物。

在宋金榷场贸易中,双方展开了争夺铜钱的斗争,金朝采取了许多吸引宋朝铜钱的措施,致使南宋铜钱滚滚北流,加剧了钱荒问题的严重性。[5]在这场铜钱争夺战中,宋朝的茶叶在一定程度上发挥了它独特的作用。范成大在《论铜钱入北》中提出:"乞聚茶榷场,专以见钱出卖,而轻其价,则钱之在北者必来。"[6]茶叶消耗了金方大量钱币,在一定程度上减轻了宋方铜钱外流的巨大压力。

---

[1] 〔清〕徐松等辑:《宋会要辑稿辑搞·刑法》2之120,中华书局影印本。
[2] 〔元〕脱脱等:《宋史》卷35,《孝宗本纪》,中华书局点校本。
[3] 《庆元条法事类》卷79,《畜产门总法》,北京图书馆清抄本。
[4] 〔宋〕李心传:《建炎以来朝野杂记》卷14,《江茶》,丛书集成·初编。
[5] 乔幼梅:《宋金贸易中争夺铜币的斗争》,《历史研究》1982年第4期。
[6] 〔宋〕范成大:《范成大佚著辑存》,北京:中华书局,1983年,第49页。

第五节　蒙古帝国市场

蒙古帝国建立之前，内部社会分工不够发达，经济单一，交换处于萌芽状态。但是，蒙古内部分工和交换的落后，并不意味着蒙古帝国与市场无缘，反之，由于蒙古草原以畜牧为主，产业单一，蒙古部落与外界进行交换的要求却十分强烈。成吉思汗统一蒙古诸部之前，就和辽、金、西夏、回鹘等发生了贸易关系。早在辽代蒙古诸部已与契丹间有贸易关系，契丹建国前后，漠北的于厥、达打、蒙古里等部常以牛羊驼马等畜产品“与契丹交易”。[1]除市场交易外，蒙古与契丹之间还进行贡赐贸易，1052年5月，“阻卜酋长兀里得遣使（至西夏）请附，不纳。阻卜久臣契丹，其王屯秃古斯及酋长豁得刺、喘只葛拨里思常以马、驼、毡、玉贡献，兀里得与豁得刺弟斡得构隙，虑其侵掠，遣使至夏国请附，没藏氏惧契丹兵威，不敢受”。[2]金代与蒙古诸部的贸易进一步发展，建立了较为稳定的榷场贸易关系，金代在庆州、抚州、净州、东胜州等地设立榷场，“以易北方牧畜”。[3]在蒙古与北方及西域贸易方面，1203年成吉思汗与王罕所部发生战事时，就有回回阿三从汪古部带来羯羊、白驼易貂鼠、青鼠。[4]但是，此时蒙古与外界的“贸易交往过程中没有货币，即使在与辽、金的贸易中能换取一些铜钱或铁质钱，也不作货币使用，而是熔为金属原料”。[5]交换水平仍然较低。

蒙古帝国建立之后，成吉思汗把通往中亚的商路视为“黄金绳索”，并颁布札撒：“凡进入他的国土内的商人，应一律发给凭照，而值得汗受纳的财物，应连同物主一起遣送给汗。”[6]对于长期从事东西方贸易的西域及中亚地区的商人来说，蒙古帝国的需求，正是他们扩大贸易的绝好时机。“花剌子模王在位的晚年……一群群商人到可能获取利润的任何边陲地区去。由于蒙古部落

[1]《契丹国志》卷22，《四至邻国地里远近》。
[2]《西夏书事》卷19。
[3]《金史》卷24，《地理志》。
[4]《蒙古秘史》，第182节。
[5]　江应樑主编：《中国民族史》（下册），北京：民族出版社，1990年，第8页。
[6]［伊朗］志费尼著，何高济、陆峻岭译：《世界征服者史》上册，北京：中国人民大学出版社，2012年，第90页。

是游牧民,远离城市,他们十分珍视各种织物和垫子,关于同他们通商可以赚钱的消息便远播开去了。"[1]大量商人相继来到了蒙古帝国。更进一步,西域及中亚商人还穿过蒙古帝国,在中原和蒙古帝国间进行贸易。所以,尽管蒙古"其俗既朴,则有回鹘为邻,每于两河博易贩卖于其国,迄今文书中自用于他国者皆用回鹘字,如中国笛谱字也"。[2]甚至《蒙鞑备录》认为,成吉思汗南征也与回鹘人从事的贸易有关,因为"回鹘有田姓者饶于财,商贩巨万,往来于山东、河北,具言民物繁庶,与纟乣同说鞑人治兵入寇"。[3]这虽不一定是成吉思汗南征的真正原因,但从一个侧面说明蒙古帝国与西域及中原地区贸易关系有了进一步的发展,在蒙古及西域商人经济生活中已占据了较为重要的位置。

不仅如此,蒙古灭金前后,随着征服地区的扩大,蒙古帝国境内包含了更多的农牧区和工商业较为发达的地区,蒙古帝国的交换迅速发展。成吉思汗占领黄河以北地区后,黄河流域的米麦、布帛、金银等大量流向蒙古高原。如《长春真人西游记》记载,麦虽"出阴山之后二千余里",但却可通过"西域贾胡以橐驼负至也"。太宗时宋臣彭大雅出使蒙古,所见已是"其贸易以羊马金银缣帛","大率鞑人止欲纻铁鼎色木,动使不过衣食之需,汉儿及回回等人贩入草地,鞑人以羊马博易之"。虽然"鞑人只是撒花(贡献、送礼——引者注),无一人理会得贾贩",但是"自鞑主以下",却普遍"以银与回回,令其自去贾贩以纳息"。[4]1235年,窝阔台正式修筑哈剌和林,蒙古草原上出现了具有相当规模的城市,该城除宫殿、蒙古贵族的府第外,专门有西域商人居住的回回街和汉族工匠居住的汉人街。窝阔台同样对商人给予优惠政策,对商人"运来的货物,不管好坏,他会下令一律全价收买","不管价钱多少,他的官吏应把它增加百分之十,把这笔钱付给商人"。即使是在贵由时期,蒙古帝国内部皇权争夺激烈,政局不稳,但优待商人的政策却并未改变,"当商人从世界上远近各地集中,并且携来奇珍异宝时,他(贵由)下令依照其父在位时所采用的办法估价"。[5]

---

[1] [波斯]拉施特主编:《史集》第1卷,第2分册,北京:商务印书馆,1986年,第258页。
[2] 《蒙鞑备录》,第4页。
[3] 《蒙鞑备录》,第14页。
[4] 《黑鞑事略》。
[5] [伊朗]志费尼著,何高济、陆峻岭译:《世界征服者史》上册,北京:中国人民大学出版社,2012年,第294、302页。

毋庸讳言，由于蒙古帝国建立之初，对外战争频繁，以战争方式获取所需物资，一度成为满足需求的重要方式，蒙古草原的对外交换受到了战争的制约。如成吉思汗六年（1211）誓师伐金，“所过无不残灭，两河山东数千里，人民杀戮几尽，金帛子女牛羊马畜皆席卷而去，屋庐焚毁，城廓丘墟”。[1]但是，太宗以后，西征结束，灭金、灭西夏相继完成，只有一时难以征服的南宋依然存在，通过战争满足需要的方式逐步难以为继，而和平条件下的商业相应得到了恢复和发展。如1227年张柔治保州，“立市井，通商贩，招流亡”，使该地不久就成为“燕南一大都会”。[2]1255年周德辅治淇州，“设驿站，立市廛”，使当地“商通工易，货委阛阓，余粮畜栖，烟火连甍”。[3]而有悠久贸易传统、早在成吉思汗时就与蒙古发生贸易关系的回鹘商人，当然地成为蒙古帝国商业活动的主力军，甚至回鹘商人的活动直接渗透到帝国的财政、税收乃至行政领域，他们成为蒙古帝国理财的得力助手。太宗元年（1229），“富人刘忽笃马、涉猎发丁、刘庭玉以银一百四十万两买扑天下课税”，后因耶律楚材劾奏，方才罢去。[4]但至太宗十一年（1239）十二月，“西域商人奥都剌合蛮请扑买中原银课二万二千锭，以四万四千锭为额。从之”。次年“春正月，汗以奥都剌合蛮提领诸路课税所官”。[5]此后，阿合马更于中统三年（1262）领中书右部，兼诸路都转运使，世祖“专以财赋之任委之”。至元元年（1264）以理财有成升仟中书平章政事。右丞相安童曾劾之“挟宰相权，为商贾，以网罗天下大利”。但忽必烈认为，“回回人中，阿合马才任宰相”。[6]

这样，蒙古灭金前后的市场以农牧区经济交流及传统的丝路贸易为基础，在继承宋金市场发展的基础上，具有了突出的远距离批量贸易的特点。蒙古帝国时期，与蒙古族进入阶级社会的发展阶段相适应，在规模空前的征服战争的作用下，蒙古帝国内部的财富占有高度集中，蒙古贵族和西域商人成为最大的所有者。蒙古帝国的建立，是以蒙古族内部的阶级分化为基础的，或者说，

[1] 《建炎以来朝野杂记》卷19,《鞑靼款塞》。
[2] 《元名臣事略》卷6,《万户张忠武王》。
[3] 王恽:《秋涧先生大全文集》卷54,《周德辅祠堂碑》。
[4] 《元史》卷146,《耶律楚材传》。
[5] 屠寄:《蒙兀儿史记》卷4,“斡歌歹汗纪”。
[6] 《元史》卷205,《奸臣》。

正是蒙古族内部逐步完成从原始社会向奴隶制的过渡，才出现了蒙古诸部间的统一战争，导致了蒙古帝国的诞生。而在奴隶制条件下，社会财富占有的高度集中，奴隶本身也成为奴隶主财产的一部分。蒙古诸王不仅拥有本部臣民，而且在征服战争中，获取了大量战俘奴隶，获得了新占领地区的封赐，蒙古贵族成为十分富有的消费集团。同样，中原地区在战争的影响下，普通民众流离失所，而豪强地主借机集中财富，成为另一个高资集团。诸如蒙古帝国的重臣史天泽、董文炳等，均属该集团的成员之一。太宗时，真定岁饥，民间假贷回鹘银充贡赋，“积银至一万三千锭”，可史天泽“倾家资，率族属官吏”即可“代偿之”，可见其家资之富。[1]董文炳为藁城令时，因“县贫，重以旱蝗，而征敛日暴，民不聊生”，董文炳竟能“以私谷数千石与县，县得以宽民”。该县以军兴称贷于民，“县以民蚕麦偿之”，可董文炳则称：“‘民困矣，吾为令，义不忍视也，吾当为代偿。’乃以田庐若干亩计直与贷家。”[2]又如宪宗丙辰（1256），“征京兆军需布万匹、米三千石、帛三千段，械器称是”。郡人大恐，宣抚副使商挺也认为“他易集也，运米千里，妨我蚕麦”。可平凉人王某却可为商挺解忧，称：“不烦官运，仆家有积谷，请以代输。”最终商挺“载价与之，他输亦如期”。[3]事实证明王某不仅富藏谷，而且布帛亦当称是，其财产之多足以想见。因此，在一段时期内，中原地区出现了“官吏多聚敛自私，资至巨万”的局面。[4]与中原地区的传统小农消费相比，他们的资产和消费水平、规模都达到了一个新的高度，形成了批量商品供给源和庞大的消费市场。这决定了与他们进行的交换，已非细碎的、零星的交换，而是批量贸易。如宪宗三年（1253）六月“诸王拔都遣脱必察诣行在，乞买珠银万锭”。仅一次所需就达万锭之多。宪宗尽管以不宜浪费为由，大减其数，但也一次性给予了买珠银千锭。[5]而前述助商挺供军需的王某，实际上也是和蒙古政权进行了一次批量贸易。而蒙古帝国广阔的地域范围和日益扩大的农牧区交流，则决定了这种批量贸易具有远距离贸易的特点。

---

[1] 《元史》卷155,《史天泽传》。
[2] 《元史》卷156,《董文炳传》。
[3] 《元史》卷159,《商挺传》。
[4] 《元史》卷146,《耶律楚材传》。
[5] 《元史》卷3,《宪宗本纪》。

第十章
余论：传统市场的特征与演进趋势

第一节 朴素的经济自由主义倾向与市场秩序

一、政府对民间经济的自由主义倾向的主要表现

朴素的经济自由主义倾向，是大一统的中国王朝对民间基层的经济活动的基本取向，宋代以后大致定型。宋代的不立田制，不抑兼并成为典型。虽然有盐酒等商品的专卖制度，[1]虽然桑弘羊、王安石、贾似道等为解决政府财政困难而采取国有国营等措施，但这不是历代王朝经济政策的主流。给予民间基层自由的经济空间，正是大一统王朝长治久安的高明之道，这可能就是所谓无为而治。

第一，最重要的社会资源土地，战国时期"使黔首自实田"，至宋代不立田制、不抑兼并，自由的地权市场形成历史的主线。宋代不再实行政府授受的田制，同时不限制民间的土地交易，同时也是因为民间已经形成有效的交易规则。

第二，民间的契约精神从根本上体现了平等与自由，政府认可民间的惯例。

---

[1] 林文勋、黄纯艳认为，专卖制度在一定的背景下也促进商品经济的发展，而且唐宋由直接专卖制度转向了间接专卖制，政府与商分利，明清则全面走向式微。（林文勋、黄纯艳：《中国古代专卖制度与商品经济》，昆明：云南大学出版社，2003年）。

唐朝对计息借贷行为的认可采“任依私契”态度,即官府对民间计息借贷契约的订立不予干涉。“诸公私财物出举者(有息借贷),任依私契,官不为理。……若违法积利,契外掣夺,及非出息之债者,官为理。”[1]

计息借贷契约的订立,从内容到形式,完全依民间习惯。与唐律令对借贷契约订立取放任态度形成对比的是,民间在进行计息借贷时,为确保计息债权的实现,当事人双方对契约的订立,从形式到内容都关注到了其严谨性。借贷双方当事人的权利义务,尤其是债务人应尽的履约期日义务、还本纳息义务、借贷担保、风险分担等,均在契约中有明确约定。[2]

就契约而言,虽然国家权力强大,但在民事交易领域,人们并不缺乏自由、平等的契约观念。平等、自由是契约的内在要求。私契可以排斥政令,如唐代敦煌契约中“或有恩敕赦书行下,亦不在论理之限”,抵赦条款防止自己的债权被国家法令免除。契约原件中还出现“官有政法,人从私契”的条款,这是中国的一个传统,汉谚就有“人从私契,官从正典”。这表达了人们对私人自治的渴望,不希望国家过多地干预私人生活。国家公共领域由政令法律来规范,人与人之间则按照私契约的约定来行事。[3]甚至还可以暗示抵赦条款一样的含义,即如果契约与政府规定出现冲突,仍将按照私契的约定来处理。

第三,劳动力具有基本的自由选择。租佃制度成为贯穿中国传统社会的基本制度。虽然有明代匠籍制度,但大多数的农民能够自由租佃土地,并具有退出机制。劳动力也能够自由流动与迁徙。

第四,官不下县。县是最低一级政府机构,县衙人数很少,仅县官和几个吏。县官管理所及,大概就是县城及其周围地区。县以下基本上是乡民自治,由家族、邻里村社、乡绅进行协调,万不得已才最后至县衙寻求仲裁。因此,民间经济是一种自组织形态。

第五,藏富于民,而不是与民争利。政府专卖有限,并且在宋以后采取市

[1] 唐《杂令》公私以财物出举;《宋刑统》卷26。
[2] 梁凤荣:《唐代借贷契约论析》,《郑州大学学报》2005年第1期。
[3] 张姗姗:《古中国的契约概念与契约观》,吉林大学法学硕士论文,2006年。

场取向。商贾坐而权国利，其故非他，由兴利广也。夫兴利广则上难专，必与下而共之，然后通流而不滞。然为今议者，方欲夺商之利，一归欲上而专之，故夺商之谋益深，则为国之利益损。前日有司屡变其法，法每一变，则一岁之间，所损数百万。议者不知利不可专，欲专而反损。但云变法之未当，变而不已。其损愈多。夫欲十分之利皆归于公，至其亏少，使不得三，不若与商共之，常得其五也。

汉代的文景之治，唐代对民间借贷的“任依私契”，清代的“滋生人丁，永不加赋”，显示出对民间的经济自由主义倾向。虽然有汉武帝、桑弘羊及后来的王莽推行国营工商业，宋代王安石、贾似道的国营化改革，但这些基于财政困难的变革举措，越来越受到抨击，宋代以后没有成为主导。

二、政府为什么允许民间自由，没有对基层进行全面控制？

追求自由是人类的天性，政府如果与这种天性背道而驰，必不可长治久安。

第一，如果王朝要对基层事无巨细地进行控制，那么其管理成本过于巨大，需要庞大的官僚体系来维持，经费来自税收，来自于老百姓，可以短期维系，不可长治久安。重税之下，民不堪命，何来稳定？

强制性管制对于短期的小型的经济体可能一时奏效，但范围越大、人数越多、时期越长，强制性管制越困难，因为它所面临的多样性越丰富，面对的民众的利益与选择越多，它所需要协调与妥协就越困难，可一时而不可长久。苏联就是突出的事例。与之相对的就是美国，它的50个州及各个地域，几乎都是基层自治的，首先，不需要联邦去进行管理，所以中央的负担较轻，相应的中央的风险也就较小。其次，对于各州与各地方来说，它们已经具备了自由选择与自治，也就无所谓离心力或违命不从了。相反，它们在联邦中可以获得统一大市场所带来的诸多益处。所以，何需要来自联邦的强制？再次，各州与各地方在竞争中会出现一些利益冲突，大量存在不一致的政策与法规，但是，通过协调，通过磨合，它会形成一种秩序。

中央政府的集权，达到县一级层次，但“官不下县”。县以下基层自治，通过家族、通过乡绅、通过邻里,来解决纠纷与冲突。基层不能协调解决,最后才到县官那里仲裁。

宋代可以说是这种朴素自由主义的高峰,甚至士大夫也获得了“不杀士人”的历朝唯一的宽容政策。明清有所强化,但基本精神仍保持不变。对于边疆,设土司与自治。对于基层,“兹生人丁,永不加赋”,这无异于对民众与基层的自由放任。同时,沿用民间的习俗和惯例,或者说,法律条文根据民间的习俗和惯例来进行规范。

由于人口的增多,政府对基层的控制开始渗入。由于城市化的发展,作为协调因素的乡绅入城,新的民间力量还没有成长起来替之,在转型过程中出现权力真空,政府迅速地填补进去。

在20世纪相当时期强化政府控制的世界性潮流之下,民国时期我们可以看到政府向基层渗透加强的趋势,也提出了一些有悖于传统习俗和惯例的政策,如书生和政客出于好心,出于对弱势群体的同情,对自由租佃的各项制度进行干预,禁止押租,禁止转佃。

第二,让人民自由地去进行各种经济活动,轻徭薄赋,人民安居乐业,愿意甚至乐于接受统治,反叛与离心力最小化。《论语·颜渊》所谓“百姓足,君孰与不足?百姓不足,君孰与足?”清朝这个少数民族政权之所以很快获得汉族人民的认可,就在于“滋生人丁,永不加赋”的自由放任取向,除初期与末期之外,清朝的税收相对于宋明时期,相对于同期的欧洲各国,都是较轻的。

事实上,基层与民间的经济活动活跃了,政府的税收也就会水涨船高了。虽然滋生的人丁没有加赋,但清朝的商税大增。

第三,历史上集权的有限性:交通运输与金融工具的约束。

专制与集权,是传统中国的政体,这是没错的,但通常它被渲染为无所不在,无所不能。其实,在传统社会,专制与集权是有限的。

首先是交通运输和信息传递的限制。皇帝与中央从地方敛取财物的工具与能力限制,使得财富向中央集中的范围和程度都不高。对南方的财富,隋炀帝举全国之力才修了南北大运河,将沿线与南方的物资运输到中央,但沿线之外的广大地域,仍然无能为力。更可怕的是,大运河修通了,隋朝皇帝却享受不到运河运来的南方物资，因为修筑运河劳民伤财，以致正常的社会再生产被打断了。对岭南的荔枝，唐代皇帝原来就享受不到，特殊情况下为了博取贵妃的欢心才大动邮传体系，通常情况下皇帝大概不会为了美味去伤害自己的国体。

其次，金融工具的限制。传统时期缺乏国有国营的金融工具，社会剩余只能通过赋税的渠道流向政府。当代的富有效率的金融机构则使民众的钱财都流向银行等金融机构，也就意味着社会剩余以金融机构为中介流向了政府控制。例如，农村与城市居民的剩余资金通常存入银行，银行贷款的取向当然偏好规模大并被视为风险小的国有企业，这就形成了资源配置于政府及其关联企业的格局，其效力不亚于财税。

第四，是税收财政能力的限制。由于创造财富的能力不足，平均一个生产者或从业人员提供的社会剩余相当有限，税收注定不高，否则民众交税稍多就无以维持人口再生产和社会再生产，从而使政府也不具有可持续性。而且，赋税征发的条件和工具有限，实施成本太大，所以宋朝对草市和农村市场就听之任之，如果要设立税务官，可能这个草市的税收还不足以养活一个税务官呢。

宋朝对乡村农户的细小交易常予免税。淳化五年（994）诏："自今除商旅货币外，其贩夫贩妇细碎交易，并不得收其算。当算之物，令有司件析，颁行天下，揭于板榜，置官宇之屋壁以遵守焉。"[1]耕牛、农具等生产资料，其商税的蠲免更为常见。真宗曾诏令"诸路州军农器并免税"，[2]灾荒之时尤其如此。农村集市、草市也是不征税的。草市之名，就是指非官立市场。隆兴初诏："乡落墟市贸易皆从民便，不许人买扑收税。"[3]虽然，"墟市有税"，"贫民贸易琐细于村落，指为漏税"[4]这种腐败现象虽时有发生，却是违法的。

政府对于市场立法也逐渐重视，维护市场秩序，保障小农的正常市场活动。在政治清明时期，商税则例、税务管理等方面都以"通商惠工"为宗旨。

---

[1]《宋会要辑稿·食货》17之31；又见《宋史》,《食货志》下8;《通考·征榷》。
[2]《宋会要辑稿·食货》17之16。
[3]《文献通考》卷14,《征榷》考1。
[4]《宋史》,《食货志》下8。

宋太宗下诏，商税"征算之条，当从宽简。宜令诸路转运司以部内州军商税名品参酌裁减，以利细民"。元祐年间，在江东江西等地进行税务整顿，"务令商贾通快，不致邀阻"。[1]

宋朝法律赋予了商贾一定的权力，当受到非法盘剥时，允许商人越级申诉。如南宋初规定："沿江诸郡税场，今后商贾所载物货，如系茶、盐、米、麦、面、铜钱，敢有违法税者，许商贾越诉。"曾有一名客商就曾向官吏据理力争："我官钱十文纳了，你却问我要甚事例钱，必须取条贯分明详谕，方肯纳而去。"[2]可见法律条文效用强，成为商人寻求自我保护的依据。

程序公正。"实封投状"是宋代官田宅买卖、租赁及官营工商业经营权转移中出现的一种法定竞争形式，是类似于现代招标、投标的竞争机制。此项法制虽然是以实现国家利益最大化为宗旨，但其展现了追求公开、公平、机会均等的法定形式和创新精神。[3]

作为市场秩序的维护者，市场规则的制定者与守护者，宋代政府的作用加强，这是市场发展的必然结果。而市场立法条文的增加，立法范围的扩大，也是市场扩大并趋于成熟的表现。

政府的角色，当然更重要的是作为市场秩序的维护者，市场规则的制定者与守护者。政府也是市场主体之一，表现于政府与官吏经商，表现于政府成为市场的一大消费单位。从本质而言，市场这一开放和运动的系统是其异己力量，总是希望把它控制在最小限度之内。然而，市场关系渗透力广，不以政治意志为转移。如果政府相机调整政策，市场就无法有效地服从于统治秩序。利用市场因素调整国家控制的手段，宋代以后比较突出。

三、中国传统的自由主义思想：朴素而振聋发聩

老子无为而治的思想，与哈耶克自生自发秩序其实有相通之处的。中国历代的政府，虽然不能称为无为而治的统治，但这种朴素的自由主义倾向，是

[1] 《宋会要辑稿·食货》17之12；17之36。
[2] 《宋会要辑稿·食货》18之4；《通考》卷14。
[3] 郭东旭：《实封投状法：宋代国有资产流转中的竞争机制》，《中国经济史研究》2009年第3期。

政府对待民间与基层经济的基本取向。司马迁《货殖列传》论述为国之道，至今令人震撼：

> 故善者因之，其次利导之，其次教诲之，其次整齐之，最下者与之争。

“善者因之”，即顺应人性的自然特性，让民众能够自由地选择和发展，秩序在这种框架之下或脉络之中形成。此乃治国最善之道。也就是哈耶克所谓“自生自发的秩序”，老子所谓“无为而治”。《论语·尧曰》“因民之所利而利之，斯不亦惠而不费乎？”顺应民众的追求因势利导，这样就能以最小的成本（不费）来惠泽国民，达到国家与人民的利益最大化。“利导之”也可归入这一类。文景之治达到了司马迁的理想境界，“汉兴，海内为一，开关梁，弛山泽之禁，是以富商大贾周流天下，交易之物莫不通，得其所欲”。这种境界，可以达到无为而无不为。

“教诲之”即道德教化，可以起到润滑剂的作用，但不会起到根本性的影响。如果把制度体系建立在政治思想教育的效果之上，那是缘木求鱼。制度只能顺应人的天性，在此基础上来确立制度体系，而不能希望通过教化而改变民众来建立一个理想的制度。至于“整齐之”，即强制整治来达到统治，那更是不可能长久实现的。《道德经》中所谓“治大国若烹小鲜”，就是反对不断的教化与整治。

与民争利，是要受到严厉抨击的，国营经济制度就是与民争利，汉代桑弘羊、宋代王安石推行国营政策时，最大的道德与理论阻力就是“与民争利”。藏富于民才是道德与理想所在。

表 10–1　司马迁治国之道的释义与解读

司马迁论述	释　　义	解　　读
故善者因之	顺其自然地	即顺应人性的自然特性，让民众能够自由地选择和发展，秩序在这种框架之下或脉络之中形成。哈耶克“自生自发的秩序”

（续表）

司马迁论述	释　义	解　读
其次利导之	利益诱导	通过使民众获取各种利益来进行引导
其次教诲之	道德教化	通过政治思想教育来教导
其次整齐之	强制整治	强迫民众接受安排
最下者与之争	与民争利是最糟糕的选择	国有国营经济，与民争利

司马迁和老子的这些言论，一方面反映他们思想的深邃；另一方面，这些言论之所以成为经典，流传千古而不朽，也就在于他们揭示了传统时代的真谛，为士人、民众和政府所信奉。

四、自组织体系：中国民间经济与市场

中国民间经济可以说是一个自组织体系。它主要不是靠外部指令来运行，而是系统按照相互默契的某种规则，各尽其责而又协调地自动地形成有序结构。从历史长河来看，其规则是自动地由无序走向有序，由低级有序走向高级有序。土地交易契约所体现的规则，逐渐形成一些为民众所约定俗成的习俗与惯例，为使纠纷的损失最小化，各方不断磨合形成规则。它们都不是政府先天规定的，而是认可民间的惯例，进而从国家法律上进行规定。从秦汉到唐宋，再到明清，逐渐形成和完善，形成有序的土地市场秩序。纸币最先在中国出现，也是一种民间创新，随后成为国家制度。

中国市场，从根本上来说，也是一种自组织体系，也是如哈耶克所说的一种自生自发的秩序。

第二节　全国性市场的整合进程与区域差异

一、宋代至明清时期全国性市场的整合

中国传统市场自宋代以来开始了一个新的发展历程，即由分散趋向整合，

由封闭趋向开放，由割据趋向统一。唐代以前，全国农作物与手工业分布呈现强烈的自然均衡状态，各地的作物构成都具有较强的自给自足特征，远距离的物资交流很大一部分通过政府调拨手段来实现。商品流通在品种上多局限于名特产品，在时间上局限于丰歉调剂，在空间上地域延展度不大，尤其是大宗商品的远距离贸易稀疏。“百里不贩樵，千里不贩籴”，《史记·货殖列传》所载民谚，直到唐代仍为商人恪守不逾，因为运输成本的巨大耗费会抵销商品地区差价所带来的商业利润。

宋代多种商品的远距离贸易有了长足发展，几个地区之间的商品粮流通突破了丰歉调剂的模式就是其显著的表征。最大的商品粮基地太湖平原米谷供给杭州、浙东以至福建，长江中游各地的商品粮顺江而下销江淮，两广米谷供给福建及浙东，北宋时南方米谷通过官府及私商运至汴京。同时，与全国市场相配合的专业化商品生产在一些局部崭露头角。如纺织品有，河北东路、京东西路一带蚕丝传统产区，成都平原的蜀锦，两浙路的湖州、杭州、越州、婺州的绢与罗，江西抚州的纱，福建、蜀川等地的麻布，都开始跨区域流通。此外，洞庭山等地的柑橘、福建的荔枝、四川遂宁的糖霜、江州的鱼苗等各地的特产，都形成专门化的商品生产，远销四方。但总体而言，市场作用下的资源配置及其对全国范围内经济地理布局的影响相当微弱。

各阶段的大宗商品反映了时代性特征与水平：

奢侈品——先秦

盐铁——战国秦汉

茶叶——唐宋

棉布——明清

宋元时期各地形成了府州范围内的市场等级体系，江南和华北平原、成都平原率先形成了有机整合的区域市场体系。明清时期区域市场在各大自然地域中逐渐形成，如以广州—佛山为中心的岭南区域市场、以汉口为中心的湖广区域市场等，江南区域市场走向成熟，并与全国各地市场在互动中发展，形成以江南为核心的全国统一市场。在这一进程中，各大区域市场格局通过重组，配合并融入全国市场之中使之形成有机运转的统一市场体系，内河航运与海运的发展也有力促进了全国范围内的市场整合[1]。李伯重从商品流动、劳力流动、资金流动、信息流动在明清时期的巨大增长，论证它们成为全国市场形成的主要标志。[2]本节再补充几个标志性要素：一是市场机制作用下的全国经济地理布局整合，二是从价格机制显示出的全国统一市场运行，三是货币流通在全国市场整合中的重要作用，四是区域市场的发展。

1. 市场资源配置下全国经济地理布局的整合

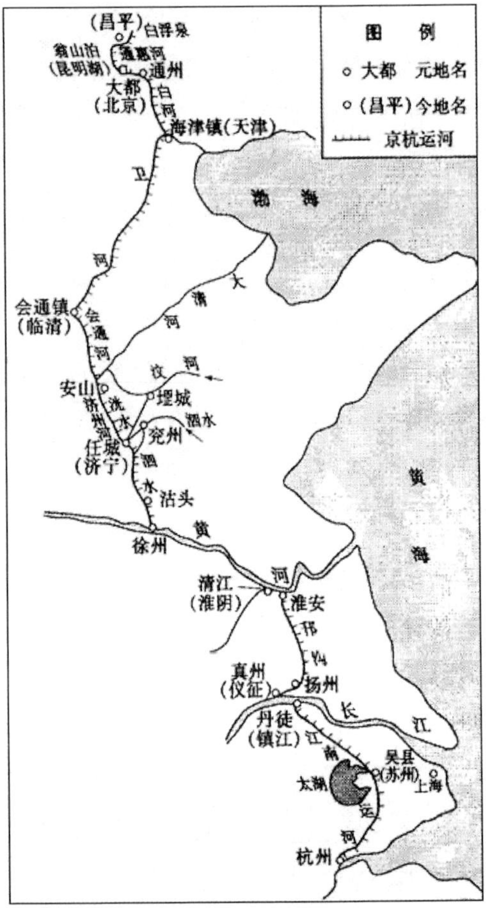

图10–1

自宋代萌生，明中叶以后继续深化和扩大，在作物引种推广、产区重组优化的过程中，各地农作物的商品生产、手工业品的加工制作，经过优胜劣汰的市场竞争的作用，自然均衡分布状况被打破，全国范围内的区域性商品基地出现。这种变化以蚕桑丝织业、陶瓷业、稻米业等最为突出。以稻谷为代表的粮食作物，虽然各大区域都有生产，但有的已不成为主业，同时几大商品粮基地形成。长江中上游的四川、湖南、江西及安徽大部分地区，珠江中上游的广西，华北的河南、山东等地，都成为重要的商品粮基地，河套、台湾、东北等新兴的商品粮基地崛起。与此同

[1] 龙登高:《中国传统市场发展史》,北京：人民出版社，1997年。
[2] 李伯重:《中国全国市场的形成，1500—1840》,《清华大学学报》1999年第4期。

时，江南太湖平原，由宋代的最大商品粮基地一变而为明清全国最大的商品粮市场，珠江三角洲亦由商品粮的输出地转变为输入地。

其他作物与产品大都发生了类似的产地集中与布局优化过程。棉花种植集中于江南、华北、湖北三大产地，明代华北棉花南运江南，清代江南棉花部分海运福建等地，湖北棉花西入四川。棉布织作以江南最盛，其市场明代广布南北各地，清代有所缩小，但高质量棉布仍畅销全国。清代华北棉布在当地及西北占据优势，并辐及东北市场，湖北、四川棉布则占领西南市场。苎麻与麻布产地局限于南方的江西、湖南、广西及闽粤部分州县，市场化不显著。此外，蔗糖以台湾、广东、四川及福建为集中产区；果品基地以闽粤的亚热带水果和华北的温带水果为主，市场除本区域外，均以江南最大；铁器以广东佛山、山西泽潞的产品市场最广，两者分别占领了南方和北方销地市场；造纸以赣闽浙皖山区为最大基地，产品运销四方。

经济地理布局的变动在很大程度上是市场资源配置的结果。在有限的土地上，如果以原有自然状态下的低效率生产，那么社会总产量无疑不能养活日益增多的人口，必须借助于市场手段进行全国范围内的资源配置与重组。根据各地的自然条件，优先发展能够充分利用地力与自然资源的农作物与手工业，从而使各自的生产效率提高，社会总产量相应增加。例如，湖南地宜水稻种植，劳动生产率大大高于江南，生产成本较低；而江南种棉植桑，则能获得较之水稻生产更好的经济效益。这样就形成湖南水稻种植区、江南桑棉种植区的地域分工，而这种分工促进了各地劳动生产率与经济效益的共同提高。

作为传统市场的龙头，江南市场在全国市场中具有特殊的重要地位，它与其他各地市场的互动关系，促进了中国传统市场的整合。经济地理布局的优化，又促进了全国范围内的商品流通和资源配置。龙头江南地区在这种交换中获利最大。如嘉靖《高唐州志》载，河北高唐州有“水陆之便，故缯绮自苏杭应天至，铅铁自山陕至，竹木自湖广至，瓷漆诸器自饶、徽至……”。乾隆《安邑县运城盐志·风俗》所记，也典型地反映了全国市场对各地方市场的影响。山西解州运城，唯产食盐，然“商贾聚处，百货骈集，珍馐罗列，几于无物不有,是合五方物产,即为运城物产"。商品在全国范围内的周流,以苏杭等地棉布、丝绸及日用杂货等各种手工业制品最为显著,可谓无远弗届。在明清各地方志中,苏杭杂货的记载,俯拾皆是,山东、四川、江西、广东,远至塞北,亦不例外。唯其如此,苏杭各类手工业产品的生产具备有利的市场刺激。"吴制服而华,以为非是弗文也;吴制器而美,以为非是弗珍也。四方重吴服,而吴益工于服;四方贵吴器,而吴益工于器。"[1]显然,市场是江南商品生产持续发展和进步的动力,推而广之也是全国经济地理布局的诱因。商品粮产地、经济作物种植区、经济作物加工区、手工业品产区之间的商品对流,互为产品市场,彼此依赖,相互促进。当然,至传统作物市场时代末期,市场机制在社会经济中作用的局限性仍然是显而易见的,在此基础上的资源配置也没有成为全国经济地理布局的主导因素。

2. 价格机制的作用显示出的全国统一市场的有机运行

回顾一下宋代江南与长江中游米价的情形。北宋杭州米价的季节差价一个正常年份的记载达60%[2],杭州市场基本上靠太湖平原供给,粮价随收成丰歉而波动。南宋荆湖南路与北路的稻谷,在江南歉收年景也流入以资调剂,建康府则基本上常年都需要长江中上游的米谷补给。斯波义信估计从湖南到两浙水运里程达1 000英里,其运费相当于货物原价。[3]南宋大部分时期湖南粮价仅相当于江南粮的1/3,这种价格差下,扣除运输成本仍是可以获利的。但价格差之大,表明两地市场整合度相当低。清代两地之间价格差大大缩小了,湖南米价相当于苏州米价的72%,但凭借运输技术水平的提高、运输量的增加形成规模经济,运输成本大大下降,获利空间不小。价格差小,表明两地市场关联度高。同时江南与湖南的米价变动,具有高度的相关联动性,清代江南与湖南两地粮食市场的整合程度相当高。

[1] 张翰:《松窗梦语》卷4。
[2] 龙登高:《宋代粮价分析》,《中国经济史研究》1993年第1期。
[3] [日]斯波义信著,方健、何忠礼译:《宋代江南经济史研究》,南京:江苏人民出版社,2001年。

表10–2　南宋和清代江南与两湖米粮价格差

	江南粮价（文/斗）	两湖粮价（文/斗）	指数（江南为100）
绍兴前期	（1132）270		
	（1136）300	（1141）100以上	100：33
		（1142）100	
绍兴后期	（1156）200	（1158）60—70	100：30–35
乾道年间	（1168）250	（1166）100—200	100：40
	（1169）303		100：33–66
	（1170）300		
	（1173）250	（1172）140	100：56
理宗前期	（1224）375	（1128—1132）200	100：53
清代1723—1735年	苏州与长沙		100：72
	苏州与汉口		100：78

注：据龙登高（1993）表2、表4。由于价格数据太少，只能以相近年份的价格进行比较。清代据全汉昇（1976）。

清代的粮食贸易可以说形成稳定而成熟的商品市场，粮食贸易已成为各地市场价格变动的决定因素，[1]并因为粮食贸易的稳定而使价格变动呈有规律平缓起伏状态。或者说，价格机制有效地调节着全国米谷的地区平衡，长江流域尤其如此。康熙五十五年（1716）的一个奏折说："苏州八月初旬，湖广、江西客米未到，米价一时偶贵，后即陆续运至，价值复平。"[2]李煦此语表明，湖南、江西米谷运至苏州，是稳定的不是偶然的，与此相关，万一上江米不到，米价便上涨，而随后运至，价格即平。乾隆曾说："浙西一带地方所产之米，不足供本地食米之半，全借江西、湖广客贩米船，由苏州一路接济。向来米船到浙，行户接贮栈房，陆续发粜，乡市借以转输。即客贩偶稀，而栈贮乘

[1]　关于清代粮价与市场的研究，成果颇多，两位青年贤俊的成果尤值得关注。彭凯翔：《清代粮价研究》，上海：上海人民出版社，2006年。谢美娥：《清代台湾米价研究》，台北：稻乡出版社，2008年。
[2]　《李煦奏折》，康熙五十五年九月十六日，苏州米价并进晴雨折。

时出售，有恃无恐。是以非遇甚歉之岁，米价不致腾涌。向来情形如此。”[1]乾隆的这段话，也可以看出，苏州米运至浙西，无论在城市还是乡村，都形成了一个有机的销售网络，完成向最终消费者分散的功能。米商大体常年恒定，稀落只是偶然的现象。唯其稳定，货源充足，因此行户能够“有恃无恐”。即使在偶然稀落的情况下，也不至造成价格的大变动。苏州粮食市场价格季节性波动不大，1738—1739年间，米价变动指数在97.37—102.77，麦价稍大，也不过93.29—106.18。这说明市场稳定，外地粮食输入形成稳定的供给路径，市场调节基本上弥平了生产的季节性与消费所导致的价格差。

3. 货币流通与中国市场整合

虽然自秦汉以来中国就由中央政府铸造并流通统一的铜钱，但这种贱金属货币主要是小商品生产者性质的货币[2]难以适应并担当全国市场整合的角色，大规模的商品远距离贸易在宋代遇到了货币制约。宋代币制比唐代钱帛兼行——贱金属货币与实物货币——有所进步，但宋代币制是割据的、分裂的而又非常复杂，分为铜钱区、铁钱区、铜铁并用区，纸币行世，开始仅限于四川，后来扩及陕西，南宋各地发行不同的纸币，东南行用会子，淮南行用淮交，荆湖行用湖会等等。币制之复杂已经如此，更为复杂多变的是各种币制之间的兑换，铜铁钱的比率是随时变动的，纸币的货币性还不完全，其流通有时限，每届会子六年或九年后将回收，会子的价值逐年递减，会子与铜钱的兑换与时不同。这种状况，严重阻碍了商品流通，尤其是区域之间的远距离贸易，受到割据币制的极大约束，因此区域之间的币制障碍阻滞着全国统一市场的形成。

白银用于交换媒介在宋代的远距离贸易与大宗交易中替代体重不便携带与交换的铜钱，在交易中使用逐渐增多，[3]元代成为与纸币并行的通货，元交钞的货币性能也健全起来，从钱楮并用——分裂割据的贱金属货币与尚不健全的纸币，走向银楮并行——统一的贵金属货币与健全的纸币，同时贱金属仍

---

[1] 《清高宗实录》卷304，乾隆十三年五月乙酉。
[2] 李埏：《不自小斋文存》，昆明：云南人民出版社，2001年，第236—272页。
[3] 参见王文成：《宋代白银货币化研究》，昆明：云南大学出版社，2001年。

流通于世。三种货币并行毕竟混乱，明朝不久取代纸币，走向银钱并用，自此一直延续到清末。

白银对全国统一市场的形成产生了关键作用。岸本美绪形象地将其喻为血液，而市场网络就是遍布周身的血管，[1]全国经济体就是一个生命体。虽然它的数量较之商品流通量很小，但举重若轻，至关重要。它随着血管流向各地城镇以至神经末梢的乡村市场，市场有机体才能有效运转，才能富有生机。如果缺乏血液，血管和生命体就会枯萎。但这一点很少人能意识到，当时的统治者更缺乏认识。因此，在禁海期间，银荒就会加剧，血液缺乏使市场机体出现动荡，但这一关联未被发现过或意识到。例如，康熙时代不景气就是因为市场缺银，尤其是当时最大的白银输入地日本1867年禁止白银出口，使中国每年少了50余万两白银输入。[2]

4. 区域市场的整合

宋代的多数地区，已形成以府、州、军等治所城市为核心的“州府市场”网络，它的地理范围往往以一个州府行政区或其部分地区为主体，也可以包括邻近州府的辖区，有的则由两三个州府组成。在州府治所（少数也以大县巨镇）之下，有县镇沟通城乡市场联系，网络的底层则是由集市、墟市、村市等构成的基层市场。

宋代的等级市场体系中，各级中心地多与行政治所吻合，这是因为，政治因素对市场的影响，在传统市场时代愈往前期愈强烈，同时经济的封闭性与地方性也很严重，宋代开始出现松动，但仍有限。这种突破至明清加强，中心地等级与行政治所等级分离。明清市镇的发展更为迅速，尤其是在工矿业的刺激下，宋代还很稀疏的专业市镇日趋普遍和壮大，商道市镇也在各地商品周流扩大的过程中强化和膨胀。新兴市镇的突出发展使之在市场规模与功能上出现等级分化，不再只是与县治同级的中心地，超过县城、超过州府治所的市镇

---

[1] 2002年12月，笔者在东京大学与岸本美绪先生的交流。

[2] 康熙时代萧条由岸本美绪（1984）提出，吴承明（2001）认为此论恰当并做了分析。参见吴承明：《中国的现代化：市场与社会》，北京：三联书店，2001年。

比比皆是。还有十多个巨镇，甚至超越省府治所或与之并驾齐驱，成长为省级乃至更大范围的经济中心地。清人述岭南、华中、中原等地巨镇在商品流通中的作用，有一段话非常典型："食货富于南而输于北，由广东佛山镇到湖广汉口镇，则不止广东一路矣。由湖广汉口镇到河南朱仙镇，又不止湖广一路矣。"[1]

区域市场是一个自然地域内中心地体系发育和市场联系加强的产物。在唐以前，还很难清晰地描绘出自成一体的区域市场网络。宋代的发达地区，由一定数量的州府市场网络整合而成的区域市场已开始形成。以成都为中心、川西平原为区域核心带的蜀川区域市场，北宋时以汴京为中心的华北区域市场，南宋时以杭州为中心的两浙区域市场，都已形成了这种自成一体的内部有机联系的网络格局。作为区域市场的最高中心地，它必须是一个综合性大城市，它不仅是一个商品集散中心，还应该是初级产品加工中心；它不仅对本区域内部具有强大的吸纳力，而且具有足够的辐射力将本区域产品引向外地和远方市场。在价格机制上，其价格波动足以牵动区域内各地的价格变化，成为全区域价格机制作用的核心。如广州，"会城为一省根本之地，省会之价既平，而各属亦不至于昂贵也"。[2]如汉口，晏斯盛《请设商社疏》载，这里的米价波动，"尤通省市价之所视为消长，而人心之所因为动静者"。仅从这一点而言，广州和汉口足以带动岭南和湖广区域粮食市场的整合。明清时期全国主要农业经济区大都形成有机的区域市场，并出现耐人寻味的现象，各区域市场和省级市场的最高中心地，往往不是省会，或不为省会独任之。

以上清晰地显示出11—19世纪中国市场体系的发育与有效运行，但19世纪中期以后，鸦片贸易使白银大量流失，导致了经济的长期失衡，诱发社会动荡；中央政权在外战与内战中走向虚弱，政治上的统一瓦解；中国成为外国资本主义的势力范围，各地形成割据政权。在西方的关键性作用下，全国市场逐渐瓦解。全国市场开始了一个并非自然历史演进过程的痛苦裂变，这一过程长达一个半世纪，以至当历史进入21世纪时，仍然可以感受到这种痛苦的冲

[1]　乾隆《祥符县志》卷6。
[2]　《宫中档雍正朝奏折》第19册，雍正十年广东按察使黄文炜奏。

击余波。

二、城市化及其阶段性特征的商榷

中国城市的演进，明清以前突出地表现为大城市的发展，明清则表现为小城镇的发展，施坚雅（Skinner 1977）等的这种观点基本上被认同。但存在相当大的问题，包括一些似是而非的错误，有必要加以澄清。这种观点的一个支柱是明清市镇引人注目的发展，笔者曾专门考察。[1]另一个主要支柱是：宋代的开封、临安都是百万以上人口的城市，多数学者的估计是150万，个别估计为500万—600万，但明清时期未曾达到过这样的城市规模，这些估计是错误的。

首先，所谓唐宋时代大城市的发展，只有都城达到巨大规模，除此之外没有第二个城市达到一定规模，都城以下就只有十几万人口的城市了，显然不能概括为大城市的发展。因此严格说来，所谓“唐宋时代大城市的发展”的命题，只能称之为“唐宋时代都城的发展”。明清时期“大城市发展”的命题则名副其实。北京、南京、苏州都曾达到或超过百万人口的水平，因此大都会的发展至少不逊于唐宋。再加上其他大城市，如杭州大城市，其平均规模远远超过宋代，这是在江南而不是都城所在地的自然发展状态下达到的。

其次，置之不论，唐宋都城百万人口只是印象性推测，甚至只能说是汉语所习惯的“号称”。南宋杭州人口500万，那意味着占江南人口的一半或以上，当然是不可设想的。杭州人口达到150万，那么，仅此一城就占江南人口的15%，这以当时的生产力水平来说是无法实现的，粮食供给就成问题，尤其是南宋长期处于战争或备战状态之下。此其一。其二，估算开封、杭州人口150万，是基于城市户均人口超过乡村户达到7口的假定。临安的人口，按五口算也只有87万，按4.5口算则不足70万。这显然是政治因素的影响。有一点则可以肯定，唐宋城市的物资供给，主要或一定程度上不是通过市场实现的，政治管道培育出来的大城市有限度，也是中国中央集权体制的产物，明清时期中

[1]　龙登高：《江南市场史——十到十九世纪的变迁》，北京：清华大学出版社，2003年。

央集权体制较之唐宋有过之而无不及，都城的规模不会缩小。但只有在市场发育的基础上，大城市才能得到稳定持续的发展与扩大，明清时期江南市场体系的完善，能够培育大城市。而这种发展路径通过市场来实现，必须得到体系化的中小城市的支撑，事实也的确如此。

再次，明清以后的发展也不限于市镇和小城市，而是大、中、小城市的共同发展，是整个城镇体系的加强。州府城市在宋代的发展明显超过县镇，以至明清时逐渐培育出一批大中城市，大者如江宁、苏州、杭州，中者如松江、镇江、常州等，然后才是市镇，无论是时间序列上，还是程度序列上。

把明清城市发展的时代特征简单地归结为小城市尤其是市镇，在逻辑上意味着小城镇的发展源出其乡土性，即农村市场推动下的市镇扩张。这种发展路径其实似是而非。从下节的分析中可以看到，宋元明清市镇的兴起，在发展模式上是多元化的——集镇型、商道型、专业市镇型等。只有集镇型市镇才是农村市场“土生土长”的。从规模而言，集镇型市镇有其限度，商道型市镇、专业市镇才更具广阔空间。基层集市，如果只是局限于当地十几个或数十个村落范围，其市场容量和规模始终是非常有限的。小范围内的农户的互补性有限，交换空间有限，所谓“有无相易”，主要限于农户之间的剩余产品交换，或生产作物的互补。实际上，农民主要交换的恰恰是农户都不生产的盐、铁、工具及外地特产之类产品，这些商品来自城市和外地市场。集市的扩大并形成集市体系，得益于城市工业品和外地商品尤其是农民家庭不能生产的商品，源源流入其中，由此刺激农民的消费需求与交换。如果没有它们的介入，集市交易是没有生命力的。可见，在集市中，农户之间“有无相易”的空间有限，而农产品收购与工业品交换的功能是第一位的。正像原始交易最初不是在部落内部，而是在部落之间发生一样。因此，施坚雅集市成长模式存在问题。集市的起源可能是农户之间的“有无相易”，但它有限度，难以培育并分溢出更多更大的集市，更难以形成集市体系。宋代的市镇，以集镇型居多，但规模不大，商道型市镇的规模才引人注目。青龙镇商税额是北宋江南唯一超过万贯的镇，南宋镇区达36坊，因为它是江南的仅次于杭州的重要出海口。另一个海港镇澉浦也达到了5 000

余户的规模。

市镇的普遍和大规模发展，如果只是建立在地方性农村交换的培育上，很难有大规模的市镇出现，也不可能有超过州县城市的大量涌现，更不可能在一个地域中有那么多规模市镇涌现。市镇的发展，必须建立在市场联系范围的扩大和程度的加深，才能在互动的优化配置中实现经济总量的大增。可以看到，商道型市镇以其地理位置而联系广大的市场，专业型市镇则以其产品联系区域和全国市场，才不断成长起来，明清时期江南市镇的兴盛就是如此。大范围市场的联系，首先要有“点”意义上的城镇带动，其次才是“面”意义上的市镇铺开。

以上所论可以发现，唐宋与明清间城市发展的差异，第一，不是路径的不同，而是程度的差异，即呈现出从宋代城市革命后开始的发展路径，延续到明清的自然进程。第二，宋代城镇的特征，不是大城市的发展，而是政治城市模式转向经济型城镇，是基于市场的城市等级体系的开始发展。第三，明清城镇的特点，不限于小城镇的兴盛，而是城镇等级体系的继续，是大、中、小城镇的互动基础上的共同发展。

明清江南城市化更具有自然进程特性，尤其是深深烙下市场带动的印迹，政治因素的影响已大大减弱，更没有宋代有临安那样的政治决定性作用。但明清江南城市化水平仍不输宋代。明后期江南城市人口比例约为15%，1620年城市人口约300万，1850年约720万。清中叶江苏的江南府州城市人口比例达19.2%，江南各地水平大致相当。江南城市人口比例高的重要原因，一是苏州等大城市作为全国中心城市和区域中心的成长，另一个原因则是中小城镇的普遍兴盛。

1860年江南城市人口比例超过20%。19世纪末江苏和浙江两省的城市人口比例又有上升，1893年分别由1776年的13.6%、10%上升为14.2%、13.7%。这一上升幅度在一定程度上也能反映江南的城市化。尽管江南总人口在太平天国运动时期大大减少，但还是有两种因素促进了江南人口向城市的集中。一是上海人口的增加，特别是租界的避乱人口、外国侨民和工业人口，上海取代苏州成为全国经济中心；二是在近代工业化的影响下一批新型市镇兴起，甲午战争之后更为突出。

明清和近代江南城市化发展的共同原因，都在于全国经济核心带与中心城市的扩大；另一个原因就是市镇在不同时期的成长。市镇的成长是宋以来引人注目的经济现象，但由于断代研究之所囿，尤其是宋代市镇资料之不足，对其时代特征与发展历程的研究仍不够清晰。明清江南地方志文献丰富，有助于深化市镇研究。从宋代开始延续到明清的通贯性研究，有助于把握市镇发展的历史趋势，进一步把握市镇的历史地位。

表10–3　江南城市人口及其比例变化

时　　代	南宋后期	明后期	清乾隆	清晚期
江南总人口（万）	913.3	2 000	2 482.5	3 416
城市人口（万）	137.2	300	476.2	720
城市人口比例	15%	15%	19.2%	21%

三、区域市场的变迁：以四川区域市场的兴衰为例

四川独特的自然地理条件使之构成一个天然的向心区域。其地四塞，山川重阻，与外界联系困难，故李白有“蜀道难，难于上青天”的千古咏叹。从自然经济的角度而言，它更是一个得天独厚的经济地域，这里盐、铁兼备，使蜀川经济可以自给自足。独有的地理条件加之强烈的内向型经济特征，使四川在中国历史上，尤其是北方的历次大动荡中幸免于难，并能够不间断地以自身的轨道演进，这种自我发展的连续性，在全国各大区域中是绝无仅有的。

四川盆地以成都平原为代表，资源富饶，都江堰使得成都平原基本上千年来水旱无虞。因此，汉时四川就有“天府之国”的美誉，唐代“扬一益二”之谚显示了它在全国经济中的地位，宋代则“吴蜀”并称代表全国最发达的经济水平。

成都平原为区域核心带，市场发育程度远高于其他地区。这里是宋代全国人口密度最高之域，成都府路每平方公里户数元丰年间为17户，嘉定年间增至22.5户，而同期发达的两浙路低于此数。在核心带成都平原，户口密度在全国的位置更是遥遥领先。北宋崇宁时全国有四个州府人口密度每平方公里在35户以上，全部都集中于此，平均密度为44户，而第五位的两浙路越州为30.2户。其中成都府每平方公里户数高达58.96户，即接近300人。南宋时成都府、蜀州、彭州的人口密度每平方公里户数更分别高达67.5、77.2、77.5，即每平方公里人数约为337.7、386.2、387.7。这是一个相当高的水平，试比较极盛时的临安府，咸淳年间每平方公里户数为49.5户。[1]从人口的角度而言，成都平原毫无疑问是全国最发达的地区。

成都府下辖县治之间，相距不过百二三十里之远，而"聚落市镇，相为映带"。成都、梓州以锦为代表的丝织品、彭州的茶叶、阆中的生丝等，在全国都居重要地位。如梓州城内，仅机户就有数千家。[2]熙宁十年（1077）商税额的州府与城市地理分布，也清晰地反映了这一点。人口密度居前四位的成都府、彭州、汉州、蜀州，其商税额同样也居前四位。仅成都府一路，就占四路商税总额的44%。除了汉中地区的兴元府外，今四川内州府在城商税额的前几位均集中于成都平原。

表10–4　川西平原等地商税额（单位：千贯）分布及其在今四川内的序位

成都府	彭　州	汉　州	蜀　州	绵　州	梓　州	遂　州
州府总额 171（一）	96（二）	78（三）	74（四）	69（五）	64（六）	50（七）
在城税额 67（一）	30（六）	48（五）	18（七）	54（三）	55（二）	48（四）

[1]　参考胡道修：《宋代人口的分布与变迁》，载《宋辽金史论丛》第2辑，北京：中华书局，1991年。韩茂莉：《宋代农业地理》，太原：山西古籍出版社，1993年，第159页。
[2]《蜀中广记》卷81，引苏恽：《灵泉县圣母堂记》；强至：《强祠部集》卷33。

成都平原城镇的壮大，商品市场的发展，至宋代被整合为以成都为核心的有机市场体系，以平原为主体的四川区域市场，也在萌生和形成之中。

依托富饶的平原，古城成都市场进一步发展，不仅成为平原的中心地，而且成为全川以至陕西、长江中游广大地域内的最大城市。成都市场，在文学家的笔下是："成都西南大都会，素号繁丽，万井云错，百货川委。高车大马，决骤于通逵，层楼复阁，荡摩乎半空……列肆而班市，黄尘涨天。"[1]

成都是名震中外的蜀锦的产地，又是重要的造纸和印刷业基地。据费著《蜀笺谱》，府城南五里的百花潭，"以纸为业者家其旁"，达数百家，他们还建造了一座供奉蔡伦的庙宇。成都在区域的主体川西平原，其中心性功能非常强劲。所谓"西蜀之会府，舟车所通，富商巨贾，四方鳞集，征入之伙，独甲他郡"。[2]成都西南的邛州，"村民日趋成都府小东郭桥上卖工，凡有钱者，皆可雇其充使分担负也"。[3]成都的市场辐射力与吸纳力，可能还不足以覆盖范围

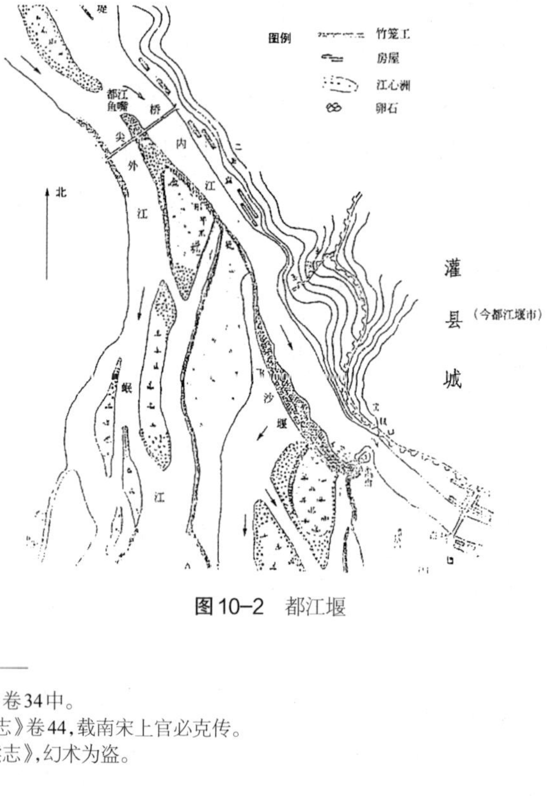

图10–2　都江堰

[1] 《全蜀艺文志》卷34中。
[2] 万历《温州府志》卷44，载南宋上官必克传。
[3] 洪迈：《夷坚续志》，幻术为盗。

广大的四川，但以之为核心的川西平原，则足以整合四川区域市场，带动北部的利州，东部的渝州、夔州等城市的成长，也为区域市场的发展提供了支撑点。

成都还是四川与外部联系的枢纽，既是川陕商道的起讫点，西南丝路的起点，同时也是长江贸易的起点。成都城外万里桥，是通过长江干支流商船与中下游市场联系的起始点。

蜀川与外地交通不便，但市场联系仍有较大进步，林文勋对此进行了卓有成效的考察。[1]蜀川与关中向为对外联系的主要通道，汉唐时长安均为全国政治经济中心，蜀川与之联系密切。五代时前蜀与秦仍通贸易，《鉴诫录》卷4载，前蜀“与秦王和亲，稍稍以麻布、茗草给之……秦王大喜，率强丁及驴马，悉遣入蜀搬取。其来也载青盐、紫草，蜀得其厚利焉；其去也载白布、黄茶，秦得其粗货焉”。北宋关中虽非政治中心，但仍是军事重地，并且关中经济衰落，商品贸易不减以往，主要表现为单向流通，张行成《刍尧书略》有谓：“关中虚竭，方赖蜀以给。”蜀川输出品以茶叶、食盐、布帛为大宗，其他如药物、金银、铜钱、文化用品、果品等。商道沿线的利州（今广元）、剑门关等为出蜀重镇，“水陆所凑，货殖所萃”，均为都会，利州更被称为“小益”，稍逊于“大益”成都。汉中地区在宋代行政上归属蜀川，得益于秦蜀贸易，并能顺汉水流入长江，而兴盛起来。兴元府（治今陕西汉中市东）为一级行政区利州路治所，号为“巴蜀外蔽，实赖汉川之雄”。洋州，“旦夕骡辇，道路不绝。闾巷井邑，百货填委，实四方商贾贸易毕至之地。衣被秦蜀，有足仰者”。[2]

蜀川向长江中下游地区输出以蜀锦为代表的纺织品，及药材、食盐等特产。输入品主要是香药、珠玉、金银等奢侈品及陶瓷等。在这种贸易的带动下，长江上游干流沿线兴起一批城镇，如万州，“北环梁山，南带长江，控束巴楚，有舟车之会”。泸州，“商贾辐辏，五方杂处”。[3]渝州和夔州，更是蜀川与长江中下游地区联系的门户，《舆地纪胜》载，渝州，“二江之商贩，舟车旁午”。夔州亦“借商贾以为国”。荆湖北路的江陵是川汉重要的中转站。但长江干

[1]　林文勋：《宋代四川商品经济研究》，昆明：云南大学出版社，1994年，第4章及第6章。
[2]　楼钥：《攻媿集》卷35；文同：《丹渊集》卷34。
[3]　《舆地纪胜》卷177；《长编》卷160，庆历七年二月条。

流的商业城市，仍远逊于川西平原，渝州就被陆游称为“峡路天下最穷处”。此外，蜀川与两广亦有水陆两路相通，水路沿北盘江入西江，陆路自重庆经贵州贞丰通广西，其中蜀锦与钦香的交易居首位。

通过荆南与陕西的中转，四川与汴京的贸易也逐渐展开，不过几乎全部是四川商品向汴京的单向输出。

蜀川与周边吐蕃、云南、贵州等少数民族地区的贸易在宋代有较大发展，市马贸易在其中占有异乎寻常的地位，但以官营为主，并多以物物交易的方式进行。

蜀川与外界的联系，仍以关中为重。欧阳修所云，四川“贡赋商旅之往来者，陆辇秦凤，水道岷江……而其羡余不急之物，乃下于江，若弃之然”。[1]长江运输居次要地位。渝州和夔州的商税额远低于兴元府、利州，就是明证。金国占据陕西，传统的川陕商道中断，这对四川区域市场的影响至深。

四川区域市场，自南宋中期以后开始衰退。其中一个重要原因，就是宋金在川陕交界处对峙，川陕商道不复存在，四川与外界市场联系的最主要的途径中断，区域市场开始凋零。12世纪末年袁说友在《成都志序》中就提到这种衰落的迹象：昔也风土阜繁，民生富庶，“今闾阎无巨室，田野无饶民，商者多乏绝，耕者半转徙”。

13世纪30年代至70年代，蒙古铁蹄几度洗劫四川，第一次就使“四川之人十丧七八”，随后宋蒙军队在此展开旷日持久的拉锯战，直至元灭宋。四川历史上空前的战争，使得社会经济“根本尽绝”，市场为之崩溃。自此之后，历元、明、清初，“天府之国”成为历史，四川退居落后地区之列。《元史·食货志》所载各省商税额，在北宋疆域内的各行省中，四川以1.6万锭殿后。而南方江浙行省近27万锭，湖广6.9万锭，江西6.2万锭。四川税粮数为11.6万石，仅占全国总数的不足1%，在各行省中仅高于辽阳、甘肃两个边远省份，而长江中下游湖广为84万石，江西115.7万石，江浙449.4万石。

元代四川户口，较之宋代大幅度下跌。据《元史·世祖纪》，元收降南宋四

[1]《居士集》卷39。

川12万户。南宋每平方公里的人丁数四路为27.2，人口密度至少倍之，即超过每平方公里至少为54.4。而元代，据梁方仲《中国历代户口、田地、田赋统计》甲表50，仅为每平方公里2.17人，因为《元史·地理志》统计不全，还有几个行政区未统计在内，但即使扩大一倍计之，也不到每平方公里5人，而同期江浙数为91，江西数为42，湖广数为14。“地荒民散”“民无孑遗”“残民几尽”，四川后世地方志中记录着天府之国这一段历史。四川元气大伤，终元之世，人口增长步履缓慢，明代仍未复宋代之盛。

四川经济发展具有自身的延续性，独有的地理位置使它有幸摆脱了中国历史上尤其是北方的历次大动荡，从而能够不间断地以自身的轨道发展，这在全国各大区域中是绝无仅有的，也使得它自秦汉一直成为中国的先进地区。但这一发展态势骤然中止于南宋末年近半个世纪异常惨烈与元拉锯战。它遭受史无前例的浩劫，大伤元气，“天府之国”从此退出全国最先进区域的行列，跌入全国最落后地区之列。明初政府组织数十万人移民入川，缓慢恢复至万历六年（1578），四川户数据官府统计数字仍只有26万户，仅及宋崇宁年间户数198万的13%。明末清初旷日持久的战争，再一次使恢复中的四川雪上加霜，成都人口，《鹿樵纪闻》称“竟无遗种”。[1]康熙时，重庆城中“不过数百家，此外州县，非数十家或十数家，更有止一二家者”。清前期，湖广、陕西、江西等地大规模的入川移民，形成当时最大的移民潮，四川经济才逐渐回升。四川蔗糖业的兴衰代表性地反映了该经济区在宋元明清的曲折演进历程。四川是宋代著名的蔗糖产地，但清代四川蔗糖业则是由广东移民引种推广的。同治《南溪县志》卷4载：这里地宜种蔗，“父老相传，明代无有。清初粤人迁来者众，始由故乡携种来蜀。百年递衍，遂为大宗”。据统计，从康熙二十四年（1685）至嘉庆十七年（1812），四川人口由98.7万增至2 070.9万人，其中移民或移民后裔至少占85%。[2]移民的大量涌入，不仅为四川提供了合格劳动力，而且为四川带来了各方物产与劳动技术，为经济开发注入了生机。四川重新

[1] 康熙《四川总志》卷10。
[2] 王笛：《跨出封闭的世界——长江上游区域社会研究（1644—1911）》，北京：中华书局，1993年，第61页。

成为天府之国,区域市场再次恢复发展。

四、江南市场与华北市场的比较研究论纲

华北与江南,基于自然条件与发展水平的不同,产生较明显的特色性差异和阶段性差异。这一问题研究尚为空白,本节进行论纲性的探讨。

1. 自然特性之下的南北差异

华北冬季气温较低,气候和土壤较干燥,物资储存期较长,宋代金州有人“积粟支三十年”![1]这在江南自然条件下是不可思议的,一个家庭储藏如此多的粮食,自然无求于市场。也就是说,可以通过不同年份的调剂,解决丰歉年份之间的调剂。时间上充分的自我调剂,减少了空间调剂的必要性,从而减少商品流通量。在主要依赖当地自然资源(而不是外地市场与制造业产品)供给的北方,冬季的商品交易是非常有限的。据李明珠考察,清代北方粮价季节差小于南方,这不是因为北方市场整合度高于南方,而是因为小麦与杂粮收获期交错的缘故。[2]储备的便利强化了自给自足,在一定条件下能降低市场调节的需求,也是一个重要因素。可以说,北方粮食的自给自足得到收获期交错与便利的储备而加强。在短缺经济下,北方人特别重视储备,程民生把重储蓄总结为宋代北方消费的一大特点。[3]

与华北相比,江南气候湿润,土壤潮湿,物资不易久藏,更不用说北方所较少的鲜活产品了。宋代江南“虽富家亦日治米为食,积久者不过两岁而转”。[4]长时期的保存需要一定的设施、技术和资金,通常不是一般家庭所能具备的。因此,交换的必要性与可能性更强,更需要以空间换时间,通过空间上的流动即地区调剂,形成商品流通。物资储藏通常由专业商人来完成,他们正是利用较大的商品季节差价,借助储藏的高门槛与高成本,投入运营资本来获利。商人仓储经营,实际上成为商品流通的物流环节,促进了市场的发育。据《都城

[1] 《说郛》卷11,《清尊录》。
[2] Lillan M. Li, “Grain Prices in Zhili Province 1376-1911”, in T. G., Rawski and L. M. Li ed., Ibid.
[3] 参见程民生:《宋代地域经济》,郑州:河南大学出版社,1999年。
[4] 庄季裕:《鸡肋编》卷上。

纪胜》，宋代杭州白洋湖，就有十几所规模庞大的“塌房”寄藏都城店铺及客旅货物，获得厚利。

华北平原的自然地理差异较小，加上开发比较早，因此语言、宗教、民俗等方面的地域差异较小，与此相似，地区间的物产、经济结构的地域差异也较小。而南方的土壤、地貌等自然地理差异大，经济发展的不同步性强，十里不同音，宗教信仰等方面地域差异大，同样，物产的地域差异较大，因此这种差异性与多样化带来各地之间较强的经济互补性与交换的可能性强。因此江南与邻近地区之间的交流较多，同时江南内部，物产的差异化也影响了内部的经济地理布局。

江南还具有北方所缺乏的得天独厚的优势——水运。同批货物宋代水运费用约陆运费用的25%；[1]明清长江水运谷物的运费，只有河北、山西运费的1/4—1/3。江南市场的运输成本仅相当于北方的1/4，大大降低了交易费用。水运开拓了比陆运广大得多的市场。江南内有河汊纵横，有利于区域市场的整合，外有长江、海运，有利于沟通外部市场联系。

2 个体农户与商品市场、地权市场

江南的人口密度，自宋至清都高于北方，户均耕地面积少于北方。与此相关，南方家庭规模小于北方。宋金时期南北户均人口，吴松弟《中国人口史·辽宋金元时期》统计，北方户均6.36—6.71口之间，不计入猛安谋克户也达6.2口，而南方则为户均5.34口。咸淳《临安志》卷58所载临安府非负郭的6县户均人口，淳祐年间为5.2口，咸淳年间为4.96口。北方家庭规模明显大于南方。除了户均田亩少之外，江南小农家庭经营能力强，能够以较小的经济体维持再生产的延续。“东南之俗，土狭而赋俭，民啬于财，故父祖在，多俾子孙自营其业，或未老而标析其产。”[2]

宋代江南主户比例达到80%，即拥有小块土地的农户的比例高，发达的秀

[1] 龙登高：《宋代东南市场研究》，昆明：云南大学出版社，1994年，第102页。
[2] 楼钥：《南涧甲乙稿》卷16，铅山周氏义居记。

州、湖州、苏州等地尤甚。而华北主户比例仅为67%。[1]这与宋代江南个体小农家庭经营能力强有关。江南小农家庭经营，是通过依托市场为外部条件实现的，江南拥有较发达的市场能够帮助小农家庭完成再生产过程。[2]此外，家族纽带，南方也强于北方，能够帮助实现个体小家庭无法完成的生产环节。如通过家族互济，收获季节帮工互助，灾荒时期共渡难关。家族所组织的祭祀、娱乐等活动，则为分散的小农提供精神寄托与共同组织庆典活动，共度农闲时光。江南的家族在经济功能上强化，宋代范仲淹在苏州首创义田，即后来的族田，明清时期江南的族田仅此次于闽粤。与此类似，宗教信仰方面，江南亦盛于北方。秦晖认为，关中少有活跃的宗族组织和强大的族权，也从来没有过宗教狂热。[3]

地权市场及其作用的南北差异也不小。由于人均耕地少，独立经营能力强，江南农户必须也能够比较容易地通过租佃关系建立个体家庭经营，因此江南的租佃关系及与之相关的地权市场远比北方发达。明清时期的押租制、永佃制流行于南方，江南尤其盛行永佃制。[4]在这些租佃制下形成的多层次的地权市场，有赖于单位土地的高收益率。如果土地收益很低，地权是很难分解的。江南单位土地的收益较高，地权价值含量较高，土地收益因而能够多次分配，地权能够多层次分解。江南地权分解为田底权、田面权、使用（耕种）权和相应的市场。这也使小农家庭只要占有田面权乃至于耕种权，就能从事家庭独立经营。地权市场的发展，又为个体小农家庭再生产创造了新的外部依托条件。因为土地，实际上是农户再生产环节中积累与消费的调节器，小家庭经济体再生产总是在波动起伏中进行的，在生活与生产遇到困难之时，小农通过抵押、典当田产来渡过危机，丰年与收获季节则将地权赎买回来，或尽量购买土地。田底权、田面权等多层次的地权市场，使农户比较容易实现抵押、典当、赎买等行为。可见，小农家庭再生产的周期性运动，发达的地权市场提供了条

[1] 龙登高：《宋代东南市场研究》，昆明：云南大学出版社，1994年，第15页。
[2] 龙登高：《论个体小农与传统市场——以宋代为中心》，《中国经济史研究》1996年第2期。
[3] 秦晖：《封建社会的“关中模式”——土改前关中农村经济研析之一》，《中国经济史研究》1993年第1期。
[4] 方行：《中国封建社会的土地市场》，《中国经济史研究》2001年第2期。

件。通过较频繁地进出地权市场，调剂再生产过程中的周期性波动，不致中断之虞。这一特征，必然促进农户更多的交易活动，围绕地权积累与支出所进行的市场活动。多元化的地权市场，在北方似乎很少见到。秦晖所论关中，宋元以后大地产与无地农民都减少。

南北消费各具特点。程民生(《宋代地域经济》)考察宋代情形发现，北方克勤克俭，重储蓄，如河东人"善治生，多藏蓄，其靳啬尤甚"。[1]江南则大不一样，以奢侈和高消费为尚。我们可以看到，这其中的差别，主要体现于市场在家庭生产生活和人们观念中作用不同。北方节俭与自我储备，是因为市场供给不足。江南不重家庭储蓄，而是通过市场来满足消费需求，并且追求奢侈性高消费，城镇尤甚，如"行都人多易贫乏者，以其无常产。借夫借钱造屋，弃产作亲，此浙西人之常情。而行都人尤甚，其或借债等得钱，首先充饰门户，则有漆器装折，却逐日籴米而食"。[2]这种差异至明清有增无减，"至于民间风俗，大都江南侈于江北，而江南之侈尤莫过于三吴，自昔吴俗奢华，乐奇异，人情皆赴焉……"[3]明清江南奢侈消费，并出现奢侈性高消费带动需求与就业的传统异端之论，这是北方所未曾出现过的。至今南北学者的评价亦形成有趣的对比。[4]

3. 市场体系的阶段性差异：集市贸易与城镇等级构成

明清时期华北集市发育显著，开市日期一般为每旬一二日，最多为三四日，这是与农民周期性消费需求和商品供给相适应的。由于消费需求小，需求时间间隔长，通过长时限、集中化的交易即可满足。庙会众多，经济功能强。即使大中城市，庙会的功能仍较突出。集市所在地为较大村落，固定的常态性的中心地形态，华北市镇相对较少。

江南在宋代时农村集市贸易也兴盛，但至明清，周期性的集市贸易已基本为市镇常市所取代。集市开市周期缩短，频率增加，进而日日开市，周期性集

[1] 《宋史》卷86，"地理二"。
[2] 《说郛》卷25，"白獭髓·杭州流俗"。
[3] 张瀚：《松窗梦语》卷4。
[4] 如开封学者程民生(1999)强调积累促进生产，苏州学者王卫平(1999)强调消费带动产出。

市便发展为常市,集市所在地也发展为固定的中心地。加之江南有利的水运系统,形成密布的市镇网络。江南庙会,则以娱乐性功能较突出。

华北集市贸易体系,直隶称"插花集",流动小贩轮流赶集,逐期贸易,完成农产品收购功能,将农户剩余品向上输入高层中心,同时出售农民需求而不自产的城市与外地工业品。在江南,远距离贸易商人直接深入市镇,一些大市镇甚至有大商人直接进入,设庄收买丝棉手工业品,许多市镇还出现固定的商人会馆。

华北多专业性集市与庙会,如农具、牲畜等专业集市;江南则专业市镇兴盛。这同时反映出二地农村专业化商品生产的阶段性差异。由于个体家庭独立经营能力强,尤其是发展商品生产具有的优势,以及他们与市场的关联程度高,江南的专业商品生产不断发展。蚕桑丝织业、棉花棉布业的生产日益领先于华北,小农家庭在专业生产过程中,生产技术与生产能力不断提高。华北手工业,蚕丝业日益落后于江南,棉布业因与小农家庭自给自足、耕织结合较强而有所发展,但没有形成江南这样高的专业化、集中化程度。

庙会的经济功能,明清时期南北差异较大。赵世瑜《明清以来的庙会与民间社会》认为,宋代南北庙会经济功能都很强烈。到了明清,华北的庙会除了游神赛会之外,几乎必定是商业贸易场所,构成定期集市的补充,至现代则演变为物资交流大会,或者带有很强烈的商品贸易色彩。江南庙会则商业色彩逊于游神活动。其原因在于市场网络的发育,江南比华北强,江南发达的市场体系足以完成商品交换。另一方面,当与江南宗教之盛于北方相关。再者,生活水平较高,基本生存需求满足之后,娱乐享受层次的需求就会增加,江南居民更需要娱乐活动。因此,渊源于宗教功能的庙会,在华北突出地派生出商品市场,在江南则衍生娱乐市场。

城镇的等级化结构,宋代相对明清不够完备,华北相对江南不够完备。等级化结构是城镇体系发挥中心功能与整合市场的重要条件。自宋开始,江南府州城市市场发展突出,市镇兴起,至明清,府州城市成长为大中城市,市镇网络密布,在苏州、南京、杭州等大城市的作用下,形成等级层次分明、功能整合强化的有机市场体系。在宋代,华北除开封以外几乎没有大城市,明清时期北京及后来的天津等大城市的整合功能弱于江南大城市，又缺乏中等城市与市镇的有力支撑，城市体系的配套、配合功能远逊于江南。

运输条件对城市中心地体系的发育至关重要。水运是传统运输时代最主要的运输手段，河道与水运作为物流必要条件对于促进市场发育的重要性是无可比拟的。华北河道稀疏，通航条件差。若河道分布的中心地数量少，市场网络难以细密化。河流改道、淤塞频繁，因此，沿河分布的城镇盛衰无常，开封、朱仙镇、临清的盛衰就是显著的事例。大中城市的一蹶不振，在江南则很少见到。

港口条件，在传统市场时代也必须与内河航运相联接才具有开发价值。宋代两浙有杭州、明州两个市舶司，秀州等地不少海港市镇如青龙镇都设立了市舶务。清代四海关中，江海关、浙海关都位于或毗邻江南。明代江南的浏河港、清代上海港、乍浦港等都曾繁荣。在华北，宋代仅有密州板桥镇一度设立了市舶司，明清时期则远离对外贸易，很难分享对外贸易的利益。因此，对外贸易，江南受外部市场的刺激远甚于华北。

此外，政治因素对市场的影响也有明显差异。华北城市的政治驱动型更强。开封在北宋为都城，明清为省府，北京为明清都城，华北两大城市可以说单纯的政治型、消费性城市（这种大城市常需要江南物资供给来支撑）。军事性城镇，主要集中于北部塞边，华北直接面临漠北草原游牧民族的威胁。在江南，南宋的杭州、明初的南京具有政治性特征，但不如开封、北京那样单一。明清苏州、上海则分别是由国内市场与国际贸易所推动的工商业大都会。

施坚雅认为，长江中下游地区南宋时的商业化水平，其他地区的中心区要到明清时期才能达到。[1]长江中下游显然过于宽泛，如果用于江南则可能适合。从我们所计算的城市人口比率来看，南宋江南城市人口比例15%的城市化水平，其他任何中心区至明清都未能达到，遑论清代江南的高度城市化。

[1] ［美］施坚雅著，王旭等译：《中国封建社会晚期城市研究》，长春：吉林教育出版社，1991年，第48页。

第三节　市场中的各类农户：小农家庭与地主大户的比较

市场运行主体，就是作为消费者或投资者在市场中“实现自我价值”——或者实现对消费品的选择，或者实现利润追求——的经济单位。在中国封建社会，市场运行主体以个体小农家庭占主导地位，同时存在地主大家庭及其在部分历史时期的庄园，还存在为数不多的手工工场，政府也不时以运行主体出现于市场，以谋取财利及实现某种社会效益。这里主要就个体小农家庭和地主大家庭进行分析和比较，考察它们在市场发展中的作用与角色。

传统时代的经济体，自给自足是它们的主要表现形态，经君健论述地主和小农的自给自足有两种形态：“使用价值形态的自给自足”和“价值形态的自给自足”，由于经济体内不能解决自身存在的生产单一性与消费多样性之间的矛盾，从其经营方式看，不但不排斥商品经济，而且以商品经济为自身繁荣的条件。[1]事实上，中西庄园经济体也具有同样的特征。

一、作为市场主体的农户

个体小农家庭经营，是指以社会学所谓核心家庭形式出现的个体农户小家庭独立经营，大体形成于春秋战国时代，汉末以后经历长期的曲折演进，至中晚唐两宋时期趋于定型后不复逆转，明清时期其生存能力进一步增强，自有经济形态更为成熟。它是中国传统经济中占主导地位的经营方式，也是传统市场中占主导地位的市场运行主体。我们已对战国、秦汉、两宋、明清的个体小农家庭与市场的关系分别做过考察，这里引入边际效用原理进一步分析个体小农家庭经营的特征，尤其是那些与市场相关联的特征。因为边际效用原理的一个重要前提是稀少性原理，这在前资本主义社会匮乏经济下尤为突出。

同一商品的边际效用，对不同收入阶层的人来说是不一样的，穷人比富人

[1] 参见经君健：《试论地主制经济与商品经济的本质特征》，载《孙冶方经济科学基金获奖论文集》，北京：中国社会科学出版社，1991年。

为大。“一个人越富有，货币的边际效用对他就越小；他的资产每有增加，他对任何一定利益所愿付的价格就随之增加。同样地，他的资产每有减少，货币对他的边际效用就随之增大，他对任何利益所愿付的价格就随之减少。”[1]同时需求弹性与需要强度反向变化，消费者对生活必需品的需求强度大且比较稳定，因而其需求弹性很小，边际效用较高。

因此，对贫困的小农而言，几乎所有物品，其边际效用都不低，并且随季节的不同而改变。根据意大利经济学家帕累托的效用序数论，人们通过各种商品不同的主观选择优先程度并以此来确定它们的边际效用序列。帕累托的效用序数论，熊彼特认为“可当之无愧地称为现代价值理论的基础”。[2]或者根据朗菲尔德的观点，人们按各种物品需求强度的大小依次实现对它们的满足。这对贫困小农更为明显，他们首先必须（而且往往只能）满足能够维持最起码生存条件的物品，即效用序列中第一位的物品，或需求强度最大者，为此，他们常常不得不依次牺牲序列中位居其次的物品的满足。

农忙季节，劳动力、农具、种子等劳动资料的边际效用最大，为了维持劳动能力、购买生产资料以完成再生产，农户往往东拼西凑，常常不惜债台高筑。农闲季节则恰恰相反，主要劳动力常常闲置起来，在效用序列中的位置后移，因而，只要能找到谋生途径，即使收益甚微，也会努力为之。此时如果从事农耕之外的生产活动，则很少考虑劳动投入的多少，甚至不计成本。如果为人雇佣，那么佣金可以相当低廉。地主、商人正是利用这种状况，低价购买农副产品，廉价雇佣劳动力从事商品生产与贩运，从中获取厚利；政府也常在此时招募农民从事各种公共建设和差役。

收成季节与青黄不接季节的差异也很明显。粮食的稀少性程度在收获季节暂时得到缓和，在效用序列中的位置后移，而农户无法制造的生产生活必需品、大多在此时到偿还期限的债务等，则效用序列上升。此时小农多出售剩余粮食乃至日后的必需品，即使价格较低也别无选择。青黄不接季节或饥荒之时，口粮的边际效用便至高无上。为了换取口粮，他们常常不得不依次牺牲序

[1] ［英］马歇尔著，朱志泰、陈良壁译：《经济学原理》，北京：商务印书馆，1983年，第115页。
[2] ［美］熊彼特著，朱泱等译：《经济分析史》第3卷，北京：商务印书馆，1996年，第450页。

位较低的物品，或借贷，或变卖其他生活资料、生产资料，及至房宅田地，而很少能考虑其真正的价值与市场价格。

尽管小农家庭卷入市场是其经济体运作的内在必然，市场以其有效的调节功能——时间上的季节调节、空间上的地区调节、品种上的有无调节，成为小农家庭再生产过程不可缺少的环节和外部依存条件，也是他们日常生活中不可缺少的内容之一。处于市场中的小农给人以身不由己的印象，他们零碎琐细的具体交易行为时断时续，存在着强烈的季节性、偶然性及不稳定性，并且其商品性消费始终是自给性消费的补充，剩余品的商品化在生产物支出中居于次要地位，其商品生产仍然微弱且有限。价值规律在家庭经济运行中的作用不突显，而效用原则既与其使用价值的生产消费目的、手段相一致，也与匮乏经济状态下市场手段有限相关。

一般农户的商品生产，不仅是小规模的，而且是以副业形式出现的非专业化生产，很少是以利润为动机。即使明清江南专业性、商品性很强的丝业、棉业农户，究其实仍不过是“价值形态的自给自足”。正如德国学者汉斯·麦迪克所说：“甚至当农户商品生产和商品交换卷入市场与货币关系之中并为商业

图10–3　〔宋〕杨威：《耕获图》

资本生产‘剩余品’时，其商品生产与商品交换仍不过是一个使用价值生产者的行为。这是其消费利益所赋予的特征，并就整体而言，其生产耗费与保障家庭人口的生存相适应。”小农的商品性消费从属于自给性消费，或者为自给性消费服务，并随时可以转化为自给性消费，其商品性生产之于自给性生产也是如此。在很大程度上，市场只是自给自足的家庭外延伸，只不过它比地缘、血缘关系所延展的范围更广了些，手段更灵活了些。

二、市场角色：个体小农家庭与地主大户的差异

在自身消费需求与商品供给的内在需要驱动下，个体小农家庭以其多种多样的交易形式，培育了农村市场及其经济中心地的成长，从而使自身获得不断发展的市场外部环境。而由此形成的城乡市场网络，深深地烙下了个体小农活动的印迹。个体小农以其自身的市场活动，推动了农村市场的成长，并塑造了农村市场的基本特征。农户大多聚村而居，村落规模不大而分布广泛，农村市场密度稀疏，但地域延展度高；农村集市、墟市及场镇，既然是农民的市场，也就受到个体小农消费需求与商品供给的特征的深刻影响，它们随着农户买卖活动的变动，而兴衰无常、升降不定，因而呈现较强的不稳定性与分布疏阔状态。同时，农民通过培育市镇市场，促进了城乡市场网络的形成，于是出现“城郭、乡村之民，交相生养”的局面，农户的市场作用，也通过这种市场网络，沿各级中心地向城市、向远地市场扩散。可以说，中国传统市场，尤其是村落基层市场与县镇市场的基本特征，正是个体小农所赋予的。

传统市场中的个体小农，不是唯一的市场主体，而是与城乡其他市场行为人相互作用而存在、相互影响而成长于市场网络之中。历代所谓的“中产之家”，常指富裕自耕农及中小地主，其家庭人数常为十口，壮者六人，幼者四人。[1] 乡村下户与客户，不可能达到十口之家，没有足够多的土地来养活这些人口。而中上地主则是几代同堂的大家庭，多为主干家庭、复合家庭形式。这种大家庭经营，往往有多个劳动力共同从事生产，期间即可实行生产协作；而

[1] 参见曾巩：《元丰类稿》卷9，救灾议；司马光：《传家集》卷12，论赈济札子。《汉书·食货志》等许多史籍都有“十口之家”的记载。

经济条件更好的，则有雇工经营；多数家庭则将土地出租给佃农，自己不直接从事生产。凡此都和个体小农家庭经营明显不同。

地主大家庭通过代际血缘关系与总摄产权的双重纽带，地主家长取得远过于农户家长的至尊地位，并全面控制和管理家业，各项事务如地租征收、宅库管理、产品分配、高利放贷、市场买卖等由直系成员或“干仆”承担，直接向家长负责。大家庭下有相对独立的核心家庭形式的子家庭。但他们对家庭田产、地租没有直接的最终支配权。[1]有的大家族，更是世代同居，规模庞大。所谓“义居”的大家庭，[2]和一般所见的同族聚居或“一姓村”等不一样，它不仅是形式上的居住在一起，而且是确确实实地以家族共同体组织生产与生活，其生产、分配、消费都是统一的，是一个完整的大型经济单位。

为数众多的地主，居住在城市、镇市，尤其是县镇，所谓“富人必居四通五达之都，使其财布于天下”。[3]宋代把“民有物力在乡村而居城郭”的地主，称为“遥佃户”。他们在乡下田产，时人常称为别业、田庄、庄园等。明清时期则有为数更多的城居地主，苏州一带的地主大户，“聚居城郭者什之四五，聚居市镇者十之三四，散处乡村者十之一二”。[4]

农户与地主家庭的消费需求和商品供给模式各不相同，他们买卖的商品种类与层次、数量的多寡都有很大差异。个体小农生产规模小，产品种类相对单一，因而在日用生活品方面不时提出细碎需求，而对必需品之外的商品则大体阙如；地主家庭地多业大，通过收取地租、婢仆劳作或雇工劳动，在日用生活品上对外界无所仰给，对市场的需求多集中于奢侈品、享乐品方面，而这些商品很少流通至县镇以下的村落墟市，这使地主与农村基层市场的关系不甚密切。居住城镇的地主，其市场需求更高，与城镇市场的关系更为密切。明代张英《恒产琐言》比较城居地主与乡村地主的消费结构很有代表性，他说：“子

[1] 龙登高：《宋代士大夫家庭的经济生活》，《史学月刊》1991年第4期。

[2] 例如嘉泰《会稽志》卷13载，裘氏，自南朝齐、梁以来至南宋七百余年无异爨，族长聚族而居。《宋史·方纲传》载，池州青阳方氏，“八世同爨，家属七百口，居室六百区”。《宋史·姚宗明传》载，河中永乐姚氏，“有田数十顷，聚族百余人，子孙躬事农桑，仅给衣食”。柳立言（2006）表列了宋代义居的家庭名单。

[3] 《双溪类稿》卷21，上赵丞相书。

[4] 道光《苏州府志》卷10。

弟有二三千金之产方能城居，盖薪炭、蔬菜、鸡豚、鱼虾、醯醢之属，亲戚人情应酬宴会之事，种种皆取办于钱。”而乡居地主的市场需求则很少，可以“经旬累月，不用数钱”。小农日常生活都是节衣缩食，对许多商品尤其是高档商品没有需求欲望。而地主家庭不然，许多士大夫也反对崇奢尚侈，但他们主张的是丰俭有度，即《袁氏世范》所谓“丰俭随其财力，则不谓之费”。这样看来，只要财力许可，高消费是可以无止尽的。明清江南奢侈成风，这种风气刺激了商品生产的发展，因而他们高唱黜奢崇俭传统的反调，为地主富人的高消费寻找理论根据。这种状况既决定了小农与地主在市场网络中的不同区位，也决定了他们在市场中的角色与地位的不同。

粮食是小农与地主家庭都可供出售的主要商品，而销售方式与渠道迥异，从对比中可以窥探二者在市场网络中的不同作用。以宋代为例，大多数地主，其地租粮自食比例少，相当部分通过市场出售。诚如朱熹所说：“夫富人之多粟者，非能独饮而自食之，其势必粜而取钱以给家人之用。”[1]这就使大量地租转化为商品粮，并成为市场粮食的主要来源。地主豪户自己拥有运输能力，并且身居城镇，熟悉市场行情，因此往往直接将商品粮大批运往城镇或销售地，不需要过多的中间环节。在宋代最大的商品粮产地浙西地区，豪右地主将为数可观的地租粮大量船载外运。王炎《上赵丞相》书说：“若大两浙之地，苏湖秀三州，号为产米去处，丰年大抵舟车四出。其豪右之家，占田广，收租多，而仓庾富实者，县邑之吏、邻里之民，固能指数其人。”江西抚州几个大户在州、县、乡的赈粜情况也间接反映了大户商品粮的销售状况，他们的赈粜多是“县粜、乡粜、城粜并近城上下粜”，其中一人粜过米共34 617石，另一人达31 217石。有的地主则由其庄田管理者，即所谓“庄干”“干人”等直接经销。江西永丰县一罗姓大族，有大规模的寄庄远在乐安县云盖乡，约占乐安田亩的六分之一，他的庄干，在未经主人的许可下，乘时射利。[2]在江西吉州，有的地主委托城市铺户商人出售租米，铺户成为其代理商，粮食价格都由这些地主操纵，欧阳守道《巽斋文集》卷4述其事云：城市铺户，“彼本浮民，初非家自有米，米

[1]《朱文公文集》卷25，与建宁传守札子。
[2]　黄震：《黄氏日抄》卷75，乞推赏赈粜上户申省状；卷78，四月十九日劝乐安县税户发粜榜。

所从来盖富家，实主其价，铺户听命焉”。明代江南织户，大小家庭丝绸出售的方式也不同，冯梦龙说：“温饱之家积下绸匹，必积至十来匹，最少也有五六匹，方才上市。大户人家积得多的便不上市，都是牙行引客商上门来买。”[1]地主富室出售粮食，与小农还有一个根本的不同，那就是，他们出粜是为了逐利，而不是仅仅是为了谋生求活。囤积居奇，待价而沽，是地主富户常用的手段。王炎另一则《上赵丞相》书说：“大家温户藏粟既多，必待凶歉而后粜，其所求者，亦利也。”范浚《议钱》也说：“且谷所储积，皆豪民大家，乘时徼利，闭廪索价，价脱不高，廪终不发，则谷不得不甚贵。”他们的买卖活动与农民是逆向的，当价格低贱小农卖粮之时，他们则可以大肆收购；当价格升涨小农求购时他们才出售，从中获取厚利。南宋江西某年旱歉，仅得半收。“承积年饥馑之余，无终岁仓箱之积。富商巨室，乐于兴贩，利于高价，多方禁遏，人免艰食。忽闻其将有远行，乡落米价为之顿增。”[2]地主富室自己从事粮食贩运贸易，这进一步说明他实际上已成为长途贩运商了。巨室与富商并举，都是为了追求利润而乐于兴贩，并深刻地影响当地及销地的市场价格。

小农居住分散，远离城镇，自己缺乏足够的运输手段，因此往往难以直接进入销地市场，而是肩挑背扛至附近村市城镇出卖。宋代大多数农户步担入市，由米牙人收购，朱熹反映浙东“诸县乡村人户搬米入市出粜，多被米牙人兜揽，拘截在店……”[3]又如两浙路秀州魏塘镇，宋元之际的方回在《续古今考》中说：“佃户携米或一斗，或五七三四升，至其肆，易香烛、纸马、油、盐、酱、醯、浆、粉、麸面、椒、姜、药饵之属不一，皆以米准之。[商人]整日得数十石，每一百石舟运至杭、至秀、至南浔、至姑苏粜钱，复买物归售。”有的是商人在基层市场星星点点地收购而来，积少成多，向城镇或外地市场贩运。在湖南，叶适细察其粮食购销渠道：“江湖连接，无地不通，一舟出门，万事惟意，无有碍隔。民计每岁种食之外，余米尽以贸易。大商则聚小商之所有，小舟亦附大舰而同营，展转贩粜，以规厚利。”[4]细绎之，众多小农的余米，正是先由小商人收

[1] 冯梦龙：《醒世恒言》卷18。
[2] 黄榦：《勉斋集》卷27，申江西提刑司辞差兼节干。
[3] 《朱文公文集别集》卷9，约束米牙不得兜揽搬米入市等事。
[4] 叶适：《水心先生文集》卷1。

集，继而汇聚于大商人，并通过这些大小商人“展转贩粜”，流向城市，流向远地市场。这种状况，各地皆然。

不难发现，活跃在基层市场的大多数商人，一般都与向市场提供商品与需求的众多小农相联系，或者走村串户，或者参加集市、收购小农商品，或者在市镇设铺收买，并同时出售小农所需的商品，有的干脆与农民进行物物交换。由此可见，基层市场网络是顺应小农的交换需要而兴起的，或者毋宁说，遍布乡村的基层市场，都是小农的市场。基层市场网络是由小农造就的，宋时没有培育出足够的商人资本来承担地主地租物转化来的商品，因而地主富家的市场活动多在县镇以上中心地进行，他们与城镇市场相互关联更强。这种状况延续至明清，地主富户自己经营粮食运销者仍比比皆是，如湖南醴陵县，是该县的商品粮最大集散地，大户与粮商都以此作为米谷加工、储运的据点。[1]不过，商品数量的增加、商人资本的成长，使市场网络进一步发育，承载商品流通的能力增强，因此城乡地主将其地租粮的运销环节交付给职业商人去完成。周之夔的议论反映了这种新变化：“其田主及有力家城居者，仓廒既设外乡，或设他县，每年不过计家口所食谷几何，量运入城，余尽就庄所变粜。即乡居大户亦然。”[2]这里，城乡地主的地租粮是就地变粜，而不是自己搬运贩卖。这种变化是市场发育的结果，同时也说明，在发展后的市场网络中，由于职业商人的成长，个体小农的作用与地位逐渐下降。

个体小农与地主从事工商业的不同也显而易见。小农多在农闲时从事手工业小本经营，或零细贩卖，乃至长途贸易，规模细小，多合伙为之。地主家庭，成员较多，并且资本较为充足，多进行具有一定规模的贩运活动，他们可以匀出部分子弟专门从事工商业，或委派干人经商，这些人事实上成为职业商人，而不是间或为之。地主大家庭中，成员子弟可以各尽所长，令学有所成者致仕求取功名，而令不学子弟经营商业，谋求利润，又或者让得力的干人外出经商，这种情况较为普遍存在。即使是家庭日常商品，也有专门的“市买”承担，“市买”熟悉市场行情，了解行会、官务及自由市场的买卖规则、价格差

[1] 嘉庆《醴陵县志》卷24。
[2] 周之夔：《弃草文集》卷5，广积谷以固闽圉议。

别,懂得如何避重就轻。大家庭的市场经营,以谋利为要务,赵鼎《家训笔录》告诫子孙,经商谋利一定要从长计议,有计划地进行较大规模的营运,这样才能获得较大的长久之利,他说:"今后生逐于谋利者,方务于东,又驰于西,所为谓欲速则不达。见小利则大事不成,人之以此破家者多矣。故必先定吾规模……久之则势我集,利我归矣。"李元弼也在《作邑自箴·治家》中强调:"一户作营运,务要久长取利。"追逐利润的目的昭然。对小农而言,农隙时的富余劳力能获取口食维生,才是第一位的目的,能否求利则无足轻重。谋生与营利之别有一则典型的事例:"鄂之人有乐生者,鬻于市,得百钱,即罢休……其邻人有刘氏者,饶于财而多营,身劳而心不足。"[1]

[1] 周行己:《浮沚集》卷9,乐生传。

主 编　吴承明　陈争平

中国市场通史

第③卷

主编　陈争平

晚清至民国

中国出版集团　東方出版中心

国家社会科学基金重点项目
（编号05AJL004）

主　　编　吴承明　**陈争平**

第3卷主编　**陈争平**

主要撰稿人：

吴承明　中国社会科学院经济研究所学部委员、研究员
　　第五章（与张洪云合作），结语（与陈争平合作）

陈争平　山东大学特聘教授、清华大学退休教授
　　撰写本卷提纲，绪论（与云妍、常旭合作），第一章（与常旭合作），第二章（与云妍合作），第三、四、六章（与彭波合作），结语（与吴承明合作）

云　妍　中国社会科学院近代史研究所副研究员
　　绪论（与陈争平、常旭合作），第二章（与陈争平合作）

常　旭　中国社会科学院经济研究所副研究员
　　绪论（与陈争平、云妍合作），第一章（与陈争平合作）

张洪云　民生智库政策与战略研究中心主任
　　第五章（与吴承明合作）

彭　波　商务部国际贸易经济合作研究院副研究员
　　第六章（与陈争平合作）

目　录

绪论

一、背景

至清代前期，商品流通品种增多，商品量扩大，粮、布等日常生活消费品已取代奢侈品成为长途贩运的主要内容，各地市镇更加繁荣，中国市场处于不断发展的过程中。但是这时也开始出现晚清重臣李鸿章所指出的“千古变局”。[1]这一“千古变局”实质上是指西方资本主义列强在全球的势力扩张，是指近代西方工业文明对古老中国的冲击。资本主义世界的兴起以及它在全球的扩张，是近代中国所面临的重要国际环境，对近代中国城乡市场的发展也产生了深刻的影响。而研究这一方面的影响以及近代中国城乡市场的发展变化实情，是深入认识中国经济近代化历史过程的关键。

市场的变化总是比经济的变化快，且走在前面，所以一个时期经济的发展或衰退，首先就表现在市场上，市场的信息最为灵敏。自中国建设社会主义市场经济以来，国内学者关于近代中国市场史的研究成果越来越多，但是总的来讲关于中国近代市场史研究不但需要整合以往零散的研究，而且需要进行比较深入系统的研究。

[1] 李鸿章提出的“千古变局”“三千余年一大变局”“数千年来未有之变局”等观点，见李鸿章:《复朱久香学使》，同治四年七月十三日，《李文忠公全集·朋僚函稿》卷6第37页；李鸿章:《复议制造轮船未可裁撤折》，同治十一年五月十五日，转引自梁启超《李鸿章传》第六章，北京：东方出版社，2009年；李鸿章:《筹议海防折》，同治十三年十一月初二日，《李文忠公全集·奏稿》卷24第11页。

二、近20年研究综述

关于近代中国市场史的近20年研究成果,我们可从中外市场联系与中国市场发展、市场制度、区域市场、专业市场四个方面择要加以概括:

(一)关于中外市场联系与中国市场发展的研究

中国近代经济史的研究者普遍肯定中外市场联系的加强对近代中国市场发展的影响。例如,汪敬虞主编的《中国近代经济史(1895—1927)》(北京:人民出版社,2000年)一书从物流、商流等方面进行较为系统的分析,论述了清末民初中外贸易增长及其对中国市场发展与市场结构变化的多方面影响。2004年6月在南开大学举行的"世界经济体制下的民国时期经济(1912—1937)"国际学术讨论会上,一些学者在这方面有了新的探讨。其中,樊卫国从进出口商品结构的视角来考察不同国家外贸对中国工业化的影响,认为20世纪以来中国外贸分化成中英、中美、中日及中国与南洋四种中外贸易格局。前三个贸易形态占据支配地位,构成中外贸易的主体框架。南洋贸易数值比重不大,却是中国工业品输入的一块难得的海外市场,形成了工业化的另一类外部条件;刘兰兮认为,国与国的竞争和国家间的产业同构化有关系。外国产业对中国近代产业的替代是中国商品出口结构变动的重要因素;刘巍利用1905—1936年的宏观经济数据,分析论证了近代中国的银价、汇率和进出口之间的数量关系。根据数量分析结果表明:近代中国的国币汇率是由世界市场的银价决定的,近代中国的进出口不只是受汇率一个变量的影响,近代中国和世界的GDP、进出口价格指数与汇率同时影响进出口;[1]蒋霞探讨了1898年后自开商埠对中国近代市场的补充,同时指出,无论在商品流通、资源配置、市场管理,还是地理环境方面,都相对约开商埠处于劣势;[2]刘建生、吴丽敏从清代前后期国际茶叶市场环境变化的纵向比较着手,认为在鸦片战争前,晋籍茶商

[1] 仝群旺:《"世界经济体制下的民国时期经济(1912—1937)"国际学术讨论会综述》,《中国经济史研究》2004年第4期。

[2] 蒋霞:《论自开商埠对中国近代市场的补充及其不成熟性》,《广西师范大学学报(哲学社会科学版)》2000年第3期。

通过内部制度改革，降低成本，提高经济绩效，促进了国内茶叶生产和国际贸易的发展，但后来外部环境发生变化，晋商在经营中的绝对成本大大高于与之竞争的俄国商人，加之内部制度缺陷，导致晋籍茶商走向衰亡。[1]

商品交易的发展，是经济走向近代化的前提，因此对于商品量的估计是中国近代市场史研究的必要内容。吴承明先生在1994年《近代国内市场商品量的估计》一文中，结合以往的研究成果，按1870年、1890年、1908年、1920年、1936年五个基期汇总，对中国近代国内市场商品量进行了总的估计，并探讨了19世纪70年代开始创建近代化产业以来市场扩大的过程和速度，认为在创建近代产业的初期，市场扩大是非常缓慢的，进入20世纪之后，市场扩大加速了，但20世纪30年代因经济危机商品年增长率又下降了。[2]另外，吴承明先生还研究了洋务运动时期的国内市场，通过对洋务运动时期市场商品量的估计，一方面指出当时期国内市场商品增长量十分有限，另一方面指出不能把国内市场的发展只看作洋货泛滥，或把全部进口都看作消极因素，外贸可以引起内贸的发展，进而带动近代化工业的发展。[3]

王相钦认为，中国近代市场变化主要表现为：生产形态从自然经济向商品经济过渡；商业城市从"天下四聚"转向通商口岸；流通商品的内容从土货到洋货；商人主体从官商、私商到洋行大班、买办和民族商业资本家；商业思想从重农轻商到振兴商务；[4]另外，他在《对中国近代市场和市场经济的思考》一文中，列举了中国近代市场在商品流通数量、商品流通结构、与此相关的其他市场要素及市场运行机制等方面发生的巨大变化，但同时指出，这种变化仍是半殖民地半封建性质的，发展有限且极不平衡。[5]

突破区域范围的大市场和形成这种市场的长距离贩运贸易，是促进资本和资本主义产生的最重要的历史前提，因此研究长距离贩运贸易具有重要意义。近代以后，长距离贩运贸易在新的交通运输条件下有了很大发展，且商品

[1] 钞晓鸿：《中国商业史的研究进展与走向——中国商业史学术讨论会侧记》，《中国经济史研究》2000年第2期。
[2] 吴承明：《近代国内市场商品量的估计》，《中国经济史研究》1994年第4期。
[3] 吴承明：《洋务运动与国内市场》，《文史哲》1994年第6期。
[4] 王相钦：《市场、市场经济与近代市场》，《商业经济与管理》1995年第1期。
[5] 王相钦：《对中国近代市场和市场经济的思考》，《北京商学院学报》1997年第5期。

结构发生变化。刘兰兮通过对埠际贸易和铁路运输量的考察，探讨了1927—1936年间国内远程贩运贸易的发展，指出从1927年以降，在大宗商品的远程贩运中，农产品所占比重下降，工业品比重上升，表明该时期国内工业有较大发展。但外资企业和进口商品在其中起着重要作用，因此不能高估该时期民族工业的发展程度。同时，内地广大农村的大部分农产品并不进入流通，即或进入流通，也是以地方小市场或小区域市场为限，用以满足当地或小区域内的消费需求。[1]

除上述传统的对市场规模的研究外，近20年来还出现了对市场发展其他方面的研究。

陈明太分析了洋务运动时期有远见的官绅的市场意识。他指出，19世纪60—90年代，洋务派官员和幕僚开始关注国内外市场变化，积极创办新式企业，并采取了在当时较为先进的市场经营方式，包括重视市场预测与拓展、引进西方先进科技、延聘管理人才与科技人才、强化市场营销等。近代化的市场意识的萌生，有力地推动了中国早期工业化的进程。[2]

单强简述了近代江南丝绸、棉花、粮食等商品交易中经纪人的发展和规范化过程，认为经纪人在官府与行商之间、商人与小生产者之间起着中介作用，对于促进江南市场繁荣，沟通商品流转起到积极作用。[3]

樊树志利用方志和档案，以吴江县盛泽镇的丝绸业为案例，对江南市镇的市场机制进行了细致的描述，考察了机户、绸行、绸领头在市场中的不同角色，金融业乃至茶馆业、航船业在市场运行当中的作用。[4]虽是微观分析，但涉及面广，视野开阔，给人以启发。

（二）关于市场制度及组织的研究

以往的中国近代市场史研究比较侧重市场扩大化和商品贸易的研究，近

---

[1] 刘兰兮：《1927—1936年国内远程贩运贸易的发展》，《李埏教授九十华诞纪念文集》，昆明：云南大学出版社，2003年，第398页。

[2] 陈明太：《中国近代早期市场意识初探》，《苏州大学学报（哲学社会科学版）》1997年第3期。

[3] 单强：《略论近代江南市场经纪人》，《苏州大学学报》1997年第3期。

[4] 樊树志：《江南市镇的市场机制——吴江个案再分析》，《中国经济史研究》1997年第2期。

20年来，关于市场制度的研究受到广泛重视，并逐渐成为中国近代市场史研究的一大重心。

杜恂诚的《市场经济需要“三条腿”支撑——近代中国市场经济的发育何以延缓》是较早的一篇从制度方面探讨近代中国市场经济不发展问题的文章，认为根据近代中国社会的实际情况，法治、伦理和金融相互独立是中国的市场经济秩序建立和完善的基本条件，但由于近代中国法治的极不完善、伦理标准的混乱、传统政治谋求直接控制经济和垄断金融业，延缓了近代市场经济的发育成熟。[1]赵津认为，制度方面的问题范围很宽，非正式制度特别是文化的影响更值得重视。[2]

自诺斯的《西方世界的兴起》和《经济史中的结构与变迁》传译到国内后，制度在资本主义经济发展中的作用及其与市场发育的关系受到广泛注意，以制度经济学理论应用于经济史的研究，产生了一系列成果。

刘佛丁、王玉茹合著的《中国近代的市场发育与经济增长》，即以制度变迁与有效率的市场形成为研究主线，运用了数理经济学、统计学和比较研究的方法，吸收了当代西方经济学理论中的制度理论、企业组织理论和产权经济学理论的最新研究成果，是一部运用现代经济学理论对中国近代经济史进行重新梳理的创新之作。主要观点有：(1) 近代中国由传统经济向近代经济转变最本质的特征是自然经济转变为市场经济；(2) 近代中国的市场发育极不平衡；(3) 近代中国市场基本上是自由竞争的市场，但由于市场主体分散，市场组织和协调机能低下，导致交易费用很高，而效率较低；(4) 近代中国统一的市场要素市场还在形成过程中。[3]该书视角新颖，在理论上颇具创新，是近年来市场史研究的一部力作。

王玉茹在《世界市场的扩展与中国市场制度的变迁》一文中还分析了中国近代市场制度的变迁，指出，“不平等条约中有关中外市场关系的制度安排”

[1] 杜恂诚：《市场经济需要“三条腿”支撑：近代中国市场经济的发育何以延缓》，《探索与争鸣》1994年第4期。

[2] 仝群旺：《“世界经济体制下的民国时期经济（1912—1937）”国际学术讨论会综述》，《中国经济史研究》2004年第4期。

[3] 刘佛丁、王玉茹：《中国近代的市场发育与经济增长》，北京：高等教育出版社，1996年。

为西方资本主义的市场扩张提供了制度保证；就中国自身而言，中国传统市场的特点是国家对流通领域的控制远胜于西方，而鸦片战争后中国的转变和近代商业发端的首要标志是一种新型自由贸易体制的确立，尤其是沿海城市市场成为竞争性市场，基本不受政府干预，也没有任何个人和集团进行垄断。同时指出，中国近代市场发育呈现出明显的不平衡性，沿海经济发达地区与内地偏远地区差距很大。[1]

樊如森考察了清末民初京津粮食供应体制的变革，指出清末特别是进入民国以后，京津粮食供应由国家控制全部转变为依靠市场调节，而后逐步形成了一个以天津的粮食批发市场为中心的粮食供销体系。他还认为，市场调节具有很大的灵活性和生命力，促进了京津粮食市场的繁荣，但在当时的历史条件下，单纯依靠完全的市场调节，也不能保障粮食供应。[2]

刘兰兮通过对民国时期定货契约习惯及违约裁处的考察，揭示了商事习惯在维系交易秩序中的作用。她认为，尽管当时国家已经制定了独立的商法，商事习惯仍在维系交易秩序中发挥着至关重要的作用。商事习惯通过不同形式的社会力量约束商业行为，而不同的社会力量则构成对交易行为的多层管理体系。这是保证民国时期商务正常开展、商业渠道畅通的重要因素之一。[3]

也有学者分析了近代中国市场发展的主要障碍。李金铮指出，现（近）代农村金融制度的不足既有经济的原因，也有政治、军事、文化以及社会环境等方面的原因。不综合治理和解决这些问题，现代农村金融制度就不可能得到顺利发展。[4]侯建新通过对民国年间冀中农业成本、农户负担与剩余的计量分析后指出，20世纪上半叶冀中农村经济进步的重要标志是小生产中的一部分已与大市场联系在一起，农户经济的性质逐步发生变化，但由于耕地上劳动生产率始终没有走出低水平重复的格局，从而根本上限制了农村市场的发展规模和质量，即使外部市场条件的改善给农民带来一些生计，但不足以改变个体农户世世代代积贫积弱的状态。他认为，众多农户的普遍贫困或者说内需极

[1] 王玉茹：《世界市场的扩展与中国市场制度的变迁》，《中国社会经济史研究》2002年第2期。
[2] 樊如森：《清末至民国时期京、津的粮食供应》，《中国农史》2003年第2期。
[3] 刘兰兮：《民国时期的定货契约习惯及违约纠纷的裁处》，《中国社会经济史研究》2003年第3期。
[4] 李金铮：《绩效不足：民国时期现代农业金融与农村社会之关系》，《中国农史》2003年第1期。

度疲软，是旧中国农村市场乃至全国市场发展的瓶颈。[1]

刘兰兮考察了南京国民政府颁行的一系列商事法规和统制经济政策，认为这样初步建立了现代商法体系，加速了商品流通，开拓了国货市场；这些市场调控政策措施，标志着近代中国市场制度的变迁，既有规范市场、便利商品流通的一面，也存在自相矛盾之处。[2]单强简述了近代江南丝绸、棉花、粮食等商品交易中经纪人的发展和规范化过程，认为经纪人在官府与行商之间、商人与小生产者中间起着中介作用，对于促进江南市场繁荣，沟通商品流转起到积极作用。[3]樊树志利用方志和档案，以吴江县盛泽镇的丝绸业为案例，对江南市镇的市场机制进行了细致的描述，考察了机户、绸行、绸领头在市场中的不同角色，金融业乃至茶馆业、航船业在市场运行当中的作用，[4]虽是微观分析，但涉及面广，视野开阔，给人以启发。樊如森考察了清末民初京津粮食供应体制的变革，指出清末特别是进入民国之后，京津粮食供应由国家控制全部转变为依靠市场调节，并逐步形成了一个以天津的粮食批发市场为中心的粮食供销体系。同时认为，市场调节具有很大灵活性和生命力，促进了京津粮食市场的繁荣，但在当时的历史条件下，单纯完全依靠市场调节，也不能保障粮食供应。[5]任云兰认为民国时期政府和商会在管理和协调京津两地的粮食供应和粮食市场方面起着重要作用。国际粮食市场的变动对京津粮食市场有一定的冲击，但不起主要作用。京津粮食市场整合平抑了粮价，稳定了市场和社会秩序，国家在其中起了宏观调控的作用。[6]霍新宾认为抗战前广东的米粮业已有较为完备的市场和交易制度，而1936年米荒风潮态势的严峻，逼使政府对以市场机制为主导的米业自由运销政策重新审视，以行政方式或强制手段介入米粮市场管理便成当局应谋时艰的主要路径。从广东米粮市场管理主体角色

---

[1] 侯建新：《民国年间冀中农业成本、农户负担与剩余：来自11村的一项计量分析》，《理论与现代化》2001年第5期。

[2] 钞晓鸿：《中国商业史的研究进展与走向——中国商业史学术讨论会侧记》，《中国经济史研究》2004年第2期。

[3] 单强：《略论近代江南市场经纪人》，《苏州大学学报》1997年第3期。

[4] 樊树志：《江南市镇的市场机制——吴江个案再分析》，《中国经济史研究》1997年第2期。

[5] 樊如森：《清末至民国时期京、津的粮食供应》，《中国农史》2003年第2期。

[6] 仝群旺：《“世界经济体制下的民国时期经济（1912—1937）”国际学术讨论会综述》，《中国经济史研究》2004年第4期。

的时空转换，可以窥视自由市场经济向战时统制经济转型的某些端倪。[1]

我国近代的商会及各种工商同业组织，曾作为近代中国重要的市场中介组织，发挥着重要作用。近年来关于商会及各种工商同业组织在近代市场制度中作用的研究出现高潮，论著较丰。例如，胡光明认为，在20世纪初20年间津京和华北的四大中外金融商务风潮中，商会和同业公会同外国银行团、领事团百般周旋，维护国家主权和商权，发挥了国家政权难以发挥的作用。丁长清认为对于市场而言，第一调控是国家政权，第二调控就是商会、同业公会等，在其诸多作用中，数缓解经济危机方面的作用更加明显。宋美云分析了近代天津商会在规范工商业市场行为，调解与仲裁各种商事纠纷等方面的功能，认为商会在市场经济中发挥了其他任何市场中介组织所无法替代的重要作用。[2]宋美云、刘文智分析了20世纪前20年，由于金融业发展滞后、货币制度混乱以及信用制度变迁迟缓等原因，在天津爆发的多次金融风潮中，天津商会通过设立专门机构、采取一系列处置措施、整顿外部环境，化解、缓解了金融危机，维持金融稳定，将商人的损失减少到最低程度，故其有利于天津工商业的顺利发展；认为商会已成为国家调节经济过程的重要信息渠道和社会控制的有效中介，不过其狭隘的地区排他性，不利于提高社会的整合度，从而减缓了现代化的历史进程。[3]应莉雅把天津商会组织网络分为内部的组织网络和外部的组织网络，认为由于天津商会具有较为完善的网络化组织系统，使天津商会能够发挥减少区域市场交易成本的功能：（1）天津商会组织网络具有畅通的信息流通渠道，可以及时得到来自政府的财政、金融、税收等政策信息，来自各地商会的外省乃至海外华商聚居地的商务信息，来自领事馆的洋行经营信息和国外市场信息，各行同业公会则能够提供各行业生产、销售、消费、价格等市场行情，所有这些信息对商人制定决策、抓住机遇、规避风险都具有决定意义。（2）天津商会承担着信息集散中心的角色。天津商会设立了专门负责收集和

[1] 霍新宾：《抗战前夕广东的米粮市场及其管理》，《中国社会经济史研究》2003年第1期。
[2] 本节有关商会问题的各种意见，均见《首届"商会与近代中国"国际学术讨论会论文》（1998年7月）。
[3] 钞晓鸿：《中国商业史的研究进展与走向——中国商业史学术讨论会侧记》，《中国经济史研究》2004年第2期。

整理信息的考察处,为信息的可靠性和及时性提供了组织保障。(3)天津商会所属各商务分会既是区域市场信息的供给者也是需求者。商务分会在信息的供给和需求上都带有鲜明的地方性产品专业化特色,天津商会能够减少区域市场交易的契约实施成本也是无可置疑的。首先,天津商会致力于倡导和建立一种良好的信用机制;其次,天津商会初步建立了一种具有一定强制性的信用保障和监督制度。对商人来说,区域市场信用机制的建立和天津商会组织网络的存在,大大减少了交易中为实施契约所必需的开支。交易双方首先不必花费精力去考察和了解对方的信用,如果契约的实施过程或结果出现问题,还有多种解决问题的方式供商人选择。如果在行业公所或商务分会能解决的,就不必上诉至商务总会;如果商务总会能解决的,就不必上诉至政府。如此低成本选择带来的收益是不可估量的。[1]

(三)关于区域市场

近年来的市场史研究特别重视市场的区域性研究。的确,中国幅员辽阔,地区差异极大,近代开埠通商以来,发展不平衡更是显著,很难以整个中国为一个单位进行研究,但在这方面的努力亦产生不少成果。

上海作为近代中国最繁华的地区,一向是研究的热点。继张仲礼、沈祖炜对近代上海市场的发育情况以及在全国市场系统中的地位作用做了全面总结后,[2]樊卫国又论述了近代上海的市场竞争与工业企业的生存与发展,指出开埠后的上海是中国最大的对外通商口岸和国内埠际贸易港口,也是最大的市场;同时指出,近代上海中外企业的发展水平一般要高于外地,其主要原因就是企业相对充分的市场竞争。他指出,由于口岸城市在市场定价中具有制导权,口岸便获得了大量的货币"血液",上海在各项市场条件上具有相对优越性,形成了一股强劲的投资引力,产生了一种聚集效应,从而使企业的素质不断提高。口岸在内外市场传动运作中迈向近代化,同时也造成经济发展的颇

[1] 应莉雅:《网络化组织与区域市场交易成本——以天津商会为个案(1903—1928)》,《南开经济研究》2004年第5期。
[2] 张仲礼、沈祖炜:《近代上海市场发育的若干特点》,《上海社会科学院学术季刊》1994年第2期。

大局限性。[1]

在江南地区的研究中，单强对江南地区乡镇市场的规模与结构，乡镇专业化市场及其功能进行了详尽的考察。[2]

徐木兴截取杭州地区作为个案，从商品流通量的增加、商品结构的变化及商业资本构成的变化几项具体指标，描绘出杭州地区如何在传统市场内在潜质的基础上以及“外部冲击”提供“历史前提”的条件下，向近代市场嬗变，并指出其仍具有很浓厚的殖民性和封建性，仅仅是进入近代商品市场的初级阶段。[3]

此外，薛长顺对近代扬州沿江小城镇市场作了研究，认为这些小城镇市场是开放的区域性专业市场，也是多种生产要素市场和以农民为主体的市场。[4]汤可可、李明则对近代苏南地区的商品流通和市场发育做了回顾。[5]

关于华北地区，慈鸿飞论述了20世纪前半期华北地区农村商品的长距离贸易、地方市场贸易、农村集镇和农村资本市场的发展，并据此对以往有关学术观点提出质疑。他认为，20世纪前期华北农村经济发展的根本原因，在于自由市场经济制度的逐步形成和农民私有产权的建立。通过对华北地区农产品长距离贸易、地方农村市场贸易和资本市场的研究，可以充分证明20世纪前期华北地区的农村市场有很大发展，其扩大程度远远超过前人已做出的论断。[6]王庆成的《晚清华北的集市和集市圈》[7]一文，主要依据晚清华北的若干方志资料，显示了不同地区、不同州县集市数量的悬殊及其与人口、地域、经济的联系，并根据所研究的华北若干州县的集村比率、人口密度、市场面积、市场人口的实际数字，与施氏“基层市场社区平均面积和人口”表中的基本相关数字相比较，认为，施坚雅关于“基层市场社区的平均面积和人口”理论，基本

[1] 樊卫国：《近代上海的市场竞争与工业企业的生存发展》，《档案与史料》1998年第3期；樊卫国：《近代上海的市场特点与口岸经济的形成》，《上海社会科学院学术季刊》1994年第2期。
[2] 单强：《近代江南乡镇市场研究》，《近代史研究》1998年第6期。
[3] 徐木兴：《从杭州地区看市场的近代嬗变》，《贵州文史丛刊》2003年第1期。
[4] 薛长顺：《近代扬州沿江小城镇市场的发展与探求》，《江苏商论》1994年第9期。
[5] 汤可可、李明：《近代苏南地区的商品流通与市场发育》，《江苏商论》1994年第7期。
[6] 慈鸿飞：《二十世纪前期华北地区的农村商品市场与资本市场》，《中国社会科学》1998年第1期。
[7] 王庆成：《晚清华北的集市和集市圈》，《近代史研究》2004年第4期。

上不符合实际。王庆成认为，晚清农民贫困度增加，农民为维生会更多地卷入商品经济，这对集市贸易量和集市数增长都起着作用，故贫困是晚清北方农村商品流通量扩大的原因之一。他指出施坚雅的集市圈是基本社区之说，除了与集市圈规模大小悬殊的情况互相不容以外，正面说来，它没有任何周密的调查资料作为根基，是其基本的弱点。村庄对每一个农民的重大关系，几乎是一目了然的。在晚清的华北，差徭、看青、义学甚至保甲等等，都是在一个村庄的范围内与农民利害相关的事。半个多世纪前中国社会学家费孝通指出："中国乡土社区的单位是村落，从三家村起可以到几千户的大村。"而集市是农民的基本社区之说还缺少确切的根据。王庆成此文被誉为"极少数能够站在同等高度与施坚雅对话的论文之一"。[1]任放认为，施坚雅的三级市场理论尽管有诸多缺陷，但在探寻农村社会发展的相关变量之间关系时，仍是具有普遍意义的解释模式，对于中国学者从事农村社会史研究，无疑是一个值得借鉴的思维方式和研究模式。从近代市场史、城市史、人口史角度对施坚雅模式提出的各种批评，只能证明施坚雅模式是一个有缺陷的分析模式，而不能将其推翻。施坚雅模式仍是我们从事中国近代史研究可以借鉴的有效资源。可以预见的是，随着研究的日益深入，中国学者将对施坚雅模式不断做出修正，并提出更为科学的分析模式。[2]

龚关对近代华北集市的发展状况做了研究，指出清末至民国前期是华北集市的一个重大发展时期，这既是华北地区在近代尤其是清末民初商品化快速发展的一个侧面反映，也是华北区域市场发展迥异于江南地区的一个特点。[3]

郭锦超从市场功能的进一步深化，农产品商品化程度提高、商品种类增多、商品流通规模扩大，与海外市场联系日趋紧密，市场经营主体变化、市场经营方式的变化，市场发育的不平衡性五个方面论述了近代华北商品市场发育的特点。[4]

庄维民的《近代山东市场经济的变迁》是一部区域市场研究的著作。该

[1] 史建云：《对施坚雅市场理论的若干思考》，《近代史研究》2004年第4期。
[2] 任放：《施坚雅模式与中国近代史研究》，《近代史研究》2004年第4期。
[3] 龚关：《近代华北集市的发展》，《近代史研究》2001年第1期。
[4] 郭锦超：《近代华北商品市场的发育特点》，《江海学刊》2003年第5期。

书系统考察了近代山东地区的市场结构嬗变、商人资本兴替、产业改进、农业经济变迁,并以山东作为典型,就近代市场经济变迁的趋势、结构和特点做出了新的解释,提出了一些新的观点和论证。如作者认为,从清末到抗日战争爆发前,社会经济领域内的变迁有两个特征:一是口岸市场和海外贸易改变了传统的市场流通结构,造就了新的市场联系机制,这种联系后来发展成近代商品市场体系;一是产业改进改变了传统的产业结构,产生了近代工业和商品性农业,形成新的商品生产体系。这两种特征代表着两种历史进程,前一进程是由商品流通的变化来改变经济内部供需的陈旧状态,促使新的消费和新的消费者出现,来推动近代商业资本主义的发展;后一进程则是由工业化来改变以商品为目的的制造业,并经由农业改进,提高农业集约化、专门化和商品化的程度,为自给自足型的小农经济向小商品生产者转变提供条件。[1]

除上述传统研究地区外,近20年的研究还涉及了其他次发达和不发达地区,特别是西南地区。

黄少英对贵州地区的市场发育情况做了专门而系统的研究。《试论贵州传统市场向近代市场的转变》一文对贵州近代市场的形成和发展做了描述;[2]《贵州近代市场发育研究》对科技市场、信息市场和土地市场又进行了重点考察;[3]《试论贵州近代土地市场的出现》一文论述了贵州近代土地市场,认为其在20世纪20—40年代已经出现或者说萌芽。[4]

赵铨在《近代大理市场的商品结构》和《云南大理地区的近代集市》中对云南大理地区的近代集市的数量、街期、类型、功能以及它与城市市场的关系进行一些分析。[5]

宾长初对广西的农村圩市做了专门研究,[6]论述了民国时期在三个方面的

[1] 庄维民:《近代山东市场经济的变迁》,北京:中华书局,2000年。
[2] 黄少英:《试论贵州传统市场向近代市场的转变》,《贵州师范大学学报(社会科学版)》1999年第1期。
[3] 黄少英:《贵州近代市场发育研究》,《贵州民族研究》2000年第1期。
[4] 黄少英:《试论贵州近代土地市场的出现》,《贵州教育学院学报(社会科学版)》2000年第1期。
[5] 赵铨:《近代大理市场的商品结构》,《云南民族学院学报(哲学社会科学版)》1996年第3期;《云南大理地区的近代集市》,《中国经济史研究》1998年第4期。
[6] 宾长初:《论民国时期广西农村圩市的发展》,《中国社会经济史研究》2003年第2期;《论广西近代圩市的变迁》,《中国边疆史地研究》2003年第4期。

发展。

陈炜对西江流域做了考察,认为西江下游地区近代以来受广东经济的辐射和通商口岸开辟的影响,依托发达的水运条件,频繁的转口贸易,成为广西经济较为繁华的地区,具有明显的市场网络型商品经济的特点;而西江上游地区则发展起来一种“特产型”经济,但很大程度上依赖于商人和商路。[1]

刘方健考察了近代重庆的金融市场,认为重庆金融市场在近代已经形成,并发挥了调剂资金和传播经济信息的作用,但是就内部体系看发展程度不平衡,短期资金市场由于商品市场的繁荣而较活跃,作用显著;而长期资金市场由于证券市场基本上是出于政府的财政目的人为制造出来,而重庆工矿企业发展落后于沿海,企业通过证券市场向社会直接融资的作用尚未充分发挥。[2]

近20年来的区域市场的研究,不仅重视了以往研究中忽略的地区,而且对近代变迁过程中传统因素在其中的作用和影响予以了充分注意。

谢庐明的《赣南农村市场中的非正式制度与近代社会变迁》不仅是一篇研究区域市场的文章,而且通过对赣南农村市场的研究,探究了长期以来被学术界忽略的有关山区农村市场的近代变迁。文章通过大量的实证研究,对赣南农村墟市进行了描述和分析,指出赣南农村市场的发展历史,往往是宗族组织与市场活动的互动过程,而宗族组织的发展和宗族势力的强大是赣南客家传统社会结构的一个基本特色,由此,施坚雅在涉及中国传统农村基层市场并用西方理性经济人和规范经济地理学的模式来解释时,就不能不面临挑战。此外,庙会也构成了赣南区域基层社会中一个独特的经济文化网络;而赣南农村墟市交易受到风俗习惯等社会文化环境的影响也是明显的。文中特别重视考察非正式制度在近代社会变迁中的适应性与制约性,以及如何影响市场近代化过程,提出在赣南农村市场发展过程中,农村墟市中的宗族、宗教信仰和风俗习惯等非正式制度,有的因社会变迁而淘汰或受到限制,有的则演变或延伸,表现出较强的历史延续性,而闭塞与顽固的非正式制度正是制约赣南农

[1] 陈炜:《试论近代西江流域区域市场发展的特点》,《广西教育学院学报》2002年第2期。
[2] 刘方健:《近代重庆金融市场的特征与作用》,《经济史研究》1995年第3期。

村市场近代化的一个重要因素。[1]

(四)关于专业市场

1.农产品市场

粮食是农产品市场的大宗,粮食的商品化程度从某种程度上可以反映地区分工的发展程度,从粮价的变动亦可研究粮食市场的整合程度,同时,在近代特殊的历史条件下,市场供求、市场价格又不完全依照市场规律,而有浓厚的半殖民地色彩。

侯杨方研究了1912—1937年长江中下游地区(湖南、江西、安徽、湖北、江苏、浙江)的各大米谷市场,并以此来分析这一特定区域的米谷长途贸易,认为此一时期该地区存在着一个整合的米谷市场,它由稳定的商品供给市场、集散中转市场、消费市场,迅速可靠的近代交通所构成。该文运用了数学分析的方法,利用14个米谷市场1932—1937年间逐月的米价进行了相关分析,给文字论证以有力支持和补充。[2]

徐正元研究了上海近代稻米市场价格的变动,认为近代上海稻米价格的总趋势是持续上涨的,还阐释了上海米价与各地米价、外米进口与国内米价变动的关系,分析了稻米价格构成及其特点,并对普遍认为的米价问题症结所在——运销费用做了估计。[3]

另外,徐正元还考察了中国近代农产品商品化的发展与米市的形成,认为近代农产品商品化的国内市场具有明显的殖民地性质、浓厚的地方性,而且不是以遵循价值规律为基础,而是以掠夺农民的不等价交换为特征的。[4]

顾希佳考察了近代江南米市的市场功能、从事粮食贸易的经商者不同的经营特征和米行内部的经营管理方式。[5]

唐文起研究了抗战前江苏粮食的流通,指出初级市场遍布产粮区,聚散市

---

[1] 谢庐明:《赣南农村市场中的非正式制度与近代社会变迁》,《史学月刊》2003年第2期。
[2] 侯杨方:《长江中下游地区米谷长途贸易》,《中国经济史研究》1996年第2期。
[3] 徐正元:《上海近代稻米市场价格变动之分析》,《中国经济史研究》1996年第2期。
[4] 徐正元:《中国近代农产商品化的发展与米市的形成》,《安徽史学》1997年第1期。
[5] 顾希佳:《近代江南米市的经营格局》,《杭州师范学院学报(社会科学版)》1995年第4期。

场多集中在交通便利、堆栈业发达的中小城市；各地的粮行大多为中小型，主要是代客买卖；当时江苏的粮食市场缺乏平等竞争的市场环境、市场机制和法规，农民处于不利地位。[1]

霍新宾介绍了抗战前广东的米粮市场，认为抗战前夕，广东的米粮业已有较为完备的市场和交易制度，而1936年米荒风潮态势的严峻，逼使政府对以市场机制为主导的米业自由运销政策重新审视，以行政方式或强制手段介入米粮市场管理便成当局应谋时艰的主要路径。从广东米粮市场管理主体角色的时空转换，可以窥见自由市场经济向战时统制经济转型的某些端倪。[2]

关于北方地区粮食市场的研究，任吉东通过利用《退想斋日记》中所记录的近代山西太原地区粮食价格数据，分析了近代太原粮价的长期变动趋势，并在此基础上考察了该地区的粮食流通市场状况。本文认为：清代太原地区的粮食流通体系已经形成，并有一定程度的发展，它所具有的两级粮食流通体系——外部省际与内部县际流通渠道，使太原地区的粮价能够保持一种长期相对稳定的局面。[3]

以上是关于粮食市场的研究。对于茶叶、花生等经济作物市场的研究，也取得了一些成果。

作为中国传统出口贸易产品，茶叶在近代经历了出口扩大而后逐渐衰落的历程。唐文起考察了各大产茶区的具体交易方式和交易过程，分析了茶叶初级市场上茶叶难实现其价值以及后来日趋萧条的原因。[4]陶德臣对中国茶叶市场做过大量细致研究，在《近代中国茶叶市场结构与功能》一文中，他具体考察了散布产区的初级市场、以茶埠为中心的周转中级市场及海外茶叶承销市场，分析了中国茶叶市场的结构、功能及不同市场主体人们的活动，认为无论是外销还是内销，各级各类市场分工明确，相互衔接，最终实现了茶叶从产品到商品，再到消费品的转化。[5]

---

[1] 唐文起：《抗战前江苏粮食的流通》，《江苏社会科学》1997年第2期。

[2] 霍新宾：《抗战前夕广东的米粮市场及其管理》，《中国社会经济史研究》2003年第1期。

[3] 任吉东：《近代太原地区的粮价动向与粮食市场——以〈退想斋日记〉为中心》，《中国农史》2003年第4期。

[4] 唐文起：《中国近代茶叶初级市场浅析》，《农业考古》1995年第4期。

[5] 陶德臣：《近代中国茶叶市场结构与功能》，《中国社会经济史研究》2001年第1期。

花生是近代以后开始大规模种植的经济作物。陈为忠认为近代华北的花生商品进入国际市场后，巨大的需求刺激了花生种植和贸易的发展，逐渐形成了烟台、青岛、天津和上海四个以内地中小市场为依托、以港口为龙头的外向型运销体系，进而推动了近代港口城市与腹地之间的商品交流，加速了农业产业化进程。[1]

2. 手工产品市场

赵文榜《近代中国蚕丝市场和贸易》一文在概述鸦片战争前后蚕丝生产的商品化发展和市场面貌的基础上讨论了两个问题：一是，近代中国蚕业生产商品化的进程、商品市场的形式与发展；二是，近代中国蚕丝的出口贸易和国际市场。文中综合了近代中国蚕业生产量、国内销售量、产区分布、出口量、出口口岸、国际市场与竞争等重要资料，分析了其中某些带有规律性的发展趋势。[2]

单强利用方志、档案及海关史料，对19世纪末20世纪初江南丝茧市场进行了系统研究。作者首先以翔实的资料描绘了19世纪90年代以后江南土货市场的繁荣，并认为这是丝蚕市场繁荣的基础；继而又具体分析了生丝市场、蚕茧市场的发展情况，指出前者的发育自明清时代就已开始，近代后由于国际市场的吸收和太平天国战后丝织业的恢复，规模扩大；而后者的发育较为迟缓，且不平衡。作者还具体论述了江南丝茧市场内部多层次的购销系统。最后指出，在江南丝茧市场的发育过程中，形成了许多重要特征，主要表现为市场性质的买办化、丝茧交易的垄断化和丝茧流通中的投机性。[3]

3. 资本市场

资本市场的繁荣发展是现代经济的标志。近代以来，在中国首先开放的口岸城市中逐渐产生了资本市场，但学者们普遍认为，受特殊的历史条件的限

---

[1] 陈为忠：《近代华北花生的运销体系（1908—1937）》，《中国历史地理论丛》2003年第1期。
[2] 赵文榜：《近代中国蚕丝市场和贸易》，《东华大学学报（自然科学版）》1994年第3期。
[3] 单强：《近代江南丝茧市场研究》，《中国农史》1997年第2期。

制，近代资本市场在融通资金、促进经济发展方面并没有发挥应有的作用。

朱荫贵对近代上海证券市场上股票买卖的三次高潮进行了详尽的分析。他认为，19世纪80年代至20世纪20年代上海证券领域中曾经出现过的三次股票买卖的高潮不仅反映了中国近代金融市场特别是早期市场演变的轨迹，而且从中可以反映出中国社会固有的某些特点。他认为，股票在近代中国的出现是股份制这种现代企业组织方式在中国出现后的产物，是与中国几千年延续下来的独资和合伙组织企业的方式不同的新事物，是机器大工业时代、市场经济和信用制度有了相应发展高度后的产物，其规模以及在社会中涉及的范围和层面不仅远远超过旧式的中国企业，而且需要有一套市场经济规则与之相配套，它能否顺利成长和发展，要看中国社会是否能为之顺利扎根和生长发展创造相应的条件。[1]

郑振东等编著的《中国证券发展简史》(北京：经济科学出版社，2000年)一书在勾勒中国近代以来证券(包括公债、企业债券、金融债券)发展轨迹的同时，重点阐述了股票和证券交易所、证券交易市场、证券立法与监管。李玉开创性地从“官利”制度的视角，分析了中国近代股票的债券性。[2]郑仁木总结了民国证券业三起三落的基本特征，深入剖析了几度兴衰的复杂缘由，客观分析了证券市场对发展现代经济的利弊，肯定了民国时期证券业的兴起与发展对中国近代经济发展所起的作用。[3]宋士云对近代的证券市场也做了大量考察。《清朝末年中国的证券市场》一文记述了从18世纪后半期至清亡中国证券市场萌芽、动荡、发展的历史过程。认为此一时期股票交易发展慢、不规范，且带有殖民地色彩；[4]《抗日战争时期我国的股票市场》一文指出抗战时期股票市场出现了近代中国证券市场发展的第三次高潮只是一种畸形繁荣，并不意味着我国证券市场的健全与发达。[5]

白丽健对1937—1949年上海证券市场的变动过程做了考察，认为1937—

[1] 朱荫贵：《近代上海证券市场上股票买卖的三次高潮》，《中国经济史研究》1998年第3期。
[2] 李玉：《中国近代股票的债券性——再论“官利”制度》，《南京大学学报(哲社版)》2003年第3期。
[3] 郑仁木：《民国时期证券业的历史考察》，《史学月刊》1998年第3期。
[4] 宋士云：《清朝末年中国的证券市场》，《山东师范大学学报》1997年第6期。
[5] 宋士云：《抗日战争时期我国的股票市场》，《齐鲁学刊》1998年第5期。

1941年的证券市场由外商控制和操纵，反映出近代中国殖民地半殖民地经济的特点，且近代中国政府对证券市场的干预关系到证券市场的兴衰；提出1937—1949年上海证券市场虽然在当时被认为形成了完善的资本市场，但从整体看仍然是局部市场，就整个经济发展而言，作用有限。[1]此外，白丽健还对债券市场做了一些研究，通过对相关历史资料的分析，揭示影响近代中国证券市场债券价格变动的主要原因（其中包括担保基金的确定、债券的收益率、投机以及自然灾害、政治局势等非经济因素），认为政府的债信程度成为影响近代中国证券市场债券价格的主要因素。[2]

刘志英的《近代上海的外商证券市场》通过对史料的梳理，对外商证券市场的兴起、发展进行了初步总结。该文认为，相对于华商证券市场，外商证券市场具有形成早、资本市场性质突出等显著特征。关于其作用和影响，作者指出，外商证券市场的产生、发展与兴盛对华商证券固然具有某种示范与刺激的积极作用，但另一方面，外商证券市场的发达与华商证券市场的不完善不无关系，正是由于中国人大量投资购买洋股，使流向民族企业的资金大为减少，增加了他们筹集资金的难度。因此，外商证券市场的存在，其实是外商企业在中国特别是在上海得以迅速发展壮大的必要条件和重要原因。[3]

杜恂诚剖析了1883年、1910年、1921年上海三次金融风潮和稳定的上海标金期货市场形成的原因，认为金融市场的发展必须适应当时当地金融业的基本状况。提出资本市场要以资金市场为基础，金融发展必须经历资金市场、资本市场和金融自由化三个阶段不可超越等四点启示；[4]此外，杜恂诚还研究了中国近代票据贴现市场的产生。[5]

关于民间资本筹集市场也有一些研究，如徐畅对"合会"这种近代中国农村的民间信用借贷组织在20世纪二三十年代的运行机制、类型、功能和特点，在农村借贷中的地位及其发展趋势做了初步探讨。[6]

[1] 白丽健：《1937—1949年上海证券市场的历史考察》，《南开学报》2000年第4期。
[2] 白丽健：《近代中国债券市场价格变动的原因分析》，《南开经济研究》2000年第2期。
[3] 刘志英：《近代上海的外商证券市场》，《上海金融》2002年第4期。
[4] 杜恂诚：《中国近代的三次金融风潮及其启示》，《改革》1997年第2期。
[5] 杜恂诚：《中国近代票据贴现市场的产生》，《中国金融》2003年第11期。
[6] 徐畅：《"合会"述论》，《近代史研究》1998年第2期。

张天政指出，20世纪20年代初上海银行公会成立汇兑经纪员公会并制定该会章程、设立公共准备金制度，促进了中国金融制度的现代化，也有益于上海乃至国内的金融市场。[1]郑成林认为上海银行公会推动了商业信用向银行信用转化与近代中国信用制度的发展，促进了中国金融业的现代化。[2]宋佩玉对近代上海外汇市场从萌芽到形成、发展过程进行了具体刻画。[3]贾秀慧论述了1872—1927年间近代中国股票市场的股票交易和股市行情的有关情况。[4]钟声、张建平叙述了民国长沙米市的盛衰，并分析其原因和历史贡献。[5]李云分析了中国近代商品市场的演变及特点。[6]万艳丽以《中国银行会计内规》为例，研究了南京国民政府时期中国银行的会计制度改革，认为《内规》内容全面，适应性强，不仅为中国银行一直沿用，而且被其他银行所仿效。[7]万立明对从清末到抗战时期银行监理官制度的形成与演变进行了梳理，并总结出其发展特点。[8]巫云仙具体论证了汇丰银行在近代中国100多年金融制度的变革中产生的影响，并认为既要看到汇丰唯利是图的本性，也要具体分析其客观作用。[9]程霖评述了近代国人引进西方银行理论，改造传统金融思想，建立银行制度的过程。[10]齐大之论述了中国近代的信用交易。[11]庄志龄考察了中国第一家官办征信机构联合征信所的成立、发展及其消亡的过程。[12]孙建国、彭善民考辨了中国征信所的性质。[13]

王红曼认为抗日战争时期为了把西南建成大后方基地，国民政府力图开拓西南内地的银行资本和金融资本，努力使各个金融网点对内地的金融和信

[1] 张天政：《略论上海银行公会与20世纪20年代华商银行业务制度建设》，《中国经济史研究》2005年第2期。
[2] 郑成林：《上海银行公会与近代中国票据市场的发展》，《江西社会科学》2005年第10期。
[3] 宋佩玉：《近代上海外汇市场发展述略（1843—1937）》，《安徽史学》2005年第3期。
[4] 贾秀慧：《近代中国股票市场述评》，《统计教育》2005年第7期。
[5] 钟声、张建平：《论民国长沙米市的盛衰》，《求索》2005年第5期。
[6] 李云：《中国近代商品市场的演变及特点》，《玉溪师范学院学报》2005年第11期。
[7] 万艳丽：《南京政府时期中国银行的会计制度改革》，《上海经济研究》2005年第6期。
[8] 万立明：《中国近代银行监理官制度的发展轨迹及其启示》，《上海经济研究》2005年第6期。
[9] 巫云仙：《论汇丰银行与近代中国金融制度的变革》，《南开经济研究》2005年第2期。
[10] 程霖：《西方银行理论在近代中国的传播及影响》，《上海财经大学学报》2005年第4期。
[11] 齐大之：《中国近代的信用交易》，《新理财》2005年第3期。
[12] 庄志龄：《中国第一家官办征信机构联合征信所的兴衰》，《民国档案》2005年第2期。
[13] 孙建国、彭善民：《从中国征信所两次公司登记看其属性之辨》，《史林》2005年第2期。

用机能与其相结合;西南区域金融网络以国家四行二局为核心,以省市县银行为卫星,以简易储蓄所、邮汇局网点为最基层的战时金融网络体系已初步形成,对活跃着区域内的金融业务、金融市场以及推动和制约着区域内的社会经济发挥着特有的功能。[1]

李金铮将近代中国农村的高利贷分为加大利、先扣利等六类,他认为在农民没有其他融资办法的情况下,高利贷在一定程度上可以调剂农村经济生活中的资金或实物不足。[2]杨勇评述了近代江西地方货币与乡村金融转型,指出江西地方货币的推广困难与传统乡村金融体系的势力强大和新式金融组织缺失密切相关。[3]徐畅研究了近代长江中下游地区的农村典当,认为典当不仅是农民重要的融资机构,而且还是连接都市金融与农村金融的桥梁。[4]

4. 其他市场

继史融对近代上海黄金市场的形成发展做了考察后,[5]戴建兵、史红霞又进一步研究了1921年到1935年上海的黄金市场。文中具体介绍了黄金交易的品种,指出外国势力对上海金业交易有十分强大的影响力,同时指出上海金市不仅是中外商人避免银价波动所采用的避险工具,同时也是世界范围内黄金流通的重要市场,还是世界上唯一的可利用金银比价进行投机的市场。认为上海金市实际上是由于列强实行金本位,中国以银为币,而金银比价日变,人们为了削弱汇兑风险而依附于白银市场的一个次级金融市场,但每当金银比价剧烈变动特别是金价急速上升时,其市场作用短期内会强烈影响白银价值,从而影响市场的白银供求,并扩大到整个宏观经济。[6]

何英、翟海涛认为,19世纪后半期外商保险业抢占中国保险市场,为了支持民族企业以及追求利润,中国民族保险业应运而生。以保险招商局为代表的中国民族保险业学习和借鉴西方的保险制度和具体办法,并结合自身实际自办保

[1] 王红曼:《四联总处与西南区域金融网络》,《中国社会经济史研究》2004年第4期。
[2] 李金铮:《内生与延续:近代中国乡村高利贷习俗的重新解读》,《学海》2005年第5期。
[3] 杨勇:《近代江西地方货币与乡村金融转型》,《中国农史》2005年第4期。
[4] 徐畅:《近代长江中下游地区农村典当三题》,《安徽史学》2005年第3期。
[5] 史融:《近代上海黄金市场的形成与发展》,《上海金融》1994年第4期。
[6] 戴建兵、史红霞:《近代上海黄金市场研究(1921—1935)》,《黄金》2003年第3期。

险,取得了很大成效。[1]此外,石丽敏介绍了抗战时期四川的人寿保险业;[2]王晚英考察了抗日战争时期国民政府先后举办的战时运输兵险和陆地兵险。[3]

赵津通过对沿海沿江十几座城市的实地考察,总结了近代房地产之所以能够迅速实现商品化的前提条件。[4]邓庆坦、邓庆尧通过分析房地产业与中国近代建筑演变之间的关系,揭示了市场经济在建筑技术进步和现代建筑风格兴起过程中的巨大作用。[5]

朱立芸介绍了近代西北的名贵药材与四个主要市场和东西两条出口路线;[6]樊如森、姬天舒认为进入近代以后,北方药品的供销在种类、规模、运营方式、运销路线等方面,都发生了一系列新的变化,从而使近代北方的药品供销体系得以逐步构建起来。[7]

唐凌研究了抗战时期的中国煤矿市场的分布、销售方式、销售价格、煤的运输以及煤炭市场的多极化。[8]朱立芸对近代西北金属矿业做了考察,简要论述了近代西北甘、宁、青、新四省金属矿业资源蕴藏的情况和开发的历史过程,并从其生产技术水平与管理方式等方面揭示出近代西北金属矿业开发的时代与地域特征。[9]

近20年的研究还对以往不大涉及的领域进行了考察。如汪朝光对电影市场进行了研究,在《战后上海美国电影市场研究》一文中认为1947年以后,美国电影在上海电影放映市场所占份额在逐年下降。[10]

三、研究主旨

本卷旨在研究近代中国的城乡市场变化。近代时期,欧美资本主义列强

[1] 何英、翟海涛:《中国民族保险业的发轫——试析保险招商局的创立背景及经过》,《山东省农业管理干部学院学报》2003年第1期。
[2] 石丽敏:《浅析抗战时期四川的人寿保险业》,《文史杂志》2003年第1期。
[3] 王晚英:《抗日战争时期的兵险业》,《株洲师范高等专科学校学报》2003年第4期。
[4] 赵津:《不动产走向市场》,《中国经济史研究》2005年第4期。
[5] 邓庆坦、邓庆尧:《中国近代建筑在房地产业主导下的发展演变》,《天津大学学报》2005年第6期。
[6] 朱立芸:《论近代西北的药材与市场》,《开发研究》1997年第6期。
[7] 樊如森、姬天舒:《近代北方药品供销体系的构建》,《中国历史地理论丛》2003年第2期。
[8] 唐凌:《抗战时期的中国煤矿市场》,《近代史研究》1996年第5期。
[9] 朱立芸:《近代西北金属矿业开发简论》,《开发研究》2000年第5期。
[10] 汪朝光:《战后上海美国电影市场研究》,《近代史研究》2001年第1期。

携工业文明利器在全球进行更大范围扩张，世界市场发生了深刻的变化，从而对中国城乡市场也产生深刻的影响。鸦片战争以后，中国被迫与西方列强签订一系列不平等条约，中外贸易制度发生了质变，进而使得中国进出口商品数量及商品结构发生重要变化，并由此对中国的货币与金融、物流方式、大宗商品流转模式等都产生深刻影响。这些是本卷研究的重心。

采取的主要研究方法有：

1. 坚持马克思主义“实事求是”的科学态度。史料是史学的根本，尊重史料，言必有证。但由于史料并非史实，必须经过考据、整理，因此需通过考证分析，才能弄清历史记载的真伪和可靠程度。在进行本课题研究时，要广泛收集史料，缜密考订，去粗取精，去伪存真，以此作为本课题研究编纂的基础。

2. 坚持继承与创新相结合。本课题研究力求创新，但是创新必须建立在以往学界研究成果的基础之上。因此在编写中，要充分消化吸纳近半个世纪来中外学界的研究成果，以集众智之大成。在此基础上，针对前人研究中的不足和从第一手材料得出的新认识，开展原创性的研究。本卷尊重各位作者的学术探索精神，采用剑桥经济史的方法，保留各位作者的学术观点。

3. 坚持全面与重点相结合。主编吴承明先生要求本专著写作以专题形式为主，兼顾一般性描述。本卷主要进行以下专题研究：中外贸易的发展及其对中国市场的影响，进出口商品结构的变化及其对城乡市场的影响，国内市场的扩大与大宗商品流转模式，中国物流方式的近代变革及其对市场的影响，近代农村集市的发展及地权交易的演变，近代中国市场发育的局限性，等等。

4. 坚持定性与定量相结合。传统史学注重定性式的描述，通过对史料的归纳来描述中国市场的历史。这种方法固然十分重要，但对于市场史研究来说远远不够。近代经济史学研究的一大特点就是引入社会科学（特别是经济学、统计学）的方法，对研究对象进行计量研究。因此将定性与定量分析相结合，作为本课题的主要研究方法之一。

第一章
中外贸易的发展及其对中国市场的影响

明清时代中国社会经济沿着传统方式发展之时，在地球表面的另一片土地上发生了人类历史上划时代的大变革。“美洲的发现，绕过非洲的航行，给新兴的资产阶级开辟了新的活动场所。东印度和中国的市场、美洲的殖民化、对殖民地的贸易、交换手段和一般商品的增加，使商业、航海业和工业空前高涨，因而使正在崩溃的封建社会内部的革命因素迅速发展。”[1]从西欧开始的资本主义生产方式逐步取代了封建主义生产方式，新的工业文明取代了旧的农牧业文明。西方资本主义列强开始在全球范围内扩张势力。它们在中国的势力扩张首先表现在国际贸易领域。近代中外贸易制度的变化及贸易的发展对中国城乡市场产生了深刻的影响。

第一节　鸦片战争前西方列强在中国市场的势力扩张

一、工业革命前西方列强在中国市场的势力扩张

地理大发现首先使得世界市场骤然扩大，进入世界贸易的商品种类和商

[1]　马克思、恩格斯：《共产党宣言》，成仿吾译，北京：人民出版社，1978年，第26页。

品总量急剧增加,垄断海外贸易的大商业公司纷纷建立,引起了16世纪西欧的“商业革命”。地理大发现还引起了16世纪西欧的“价格革命”。美洲金银大量流入欧洲后,引起西欧物价成倍上涨,商人、工场主和经营地主、富裕农民在价格革命中获利丰厚,而收取固定货币地租的封建贵族和贫苦农民、雇佣工人等受到损害。“价格革命”加速了西欧封建主义的解体和资本主义的产生。新的资本主义生产方式从西欧开始逐步取代了旧的封建主义生产方式,新的工业文明取代了旧的农牧业文明。地理大发现所直接引起的残酷的海外殖民掠夺,则更是西欧资本原始积累的重要来源。[1]

新兴的西方资产阶级为了打破封建主义旧制度的桎梏,相继发动了16世纪的荷兰独立战争和17世纪的英国资产阶级革命,夺取了国家政权,以推行有利于资本主义进一步发展的新制度。英国资产阶级革命和资产阶级政权的建立,为18世纪的工业革命创造了必要的政治前提,被许多史学家认为是人类社会从封建主义历史时期进入新的资本主义时代的重要标志。

随着18世纪西方资本主义的迅速发展,各国资本家日益看重世界市场的需求,尽力扩大海外市场。他们需要中国的茶叶、丝绸和黄金,到中国来开展贸易的西方国家商人越来越多。1757年英商通译员洪任辉(James Flint)乘武装商船擅闯宁波、定海和天津港口,并提出种种无理要求。乾隆皇帝为防微杜渐,下令从此对中西贸易实行严格限制,只许欧美国家商人到广州一个口岸通商,并实行“公行”制度,即规定西方商人在中国的一切贸易和其他事务均须通过清廷特许的“公行”来进行,不得和中国其他商人直接进行买卖,但并不禁止欧美各国商人到厦门、宁波等口岸贸易。在广州一口贸易时期,与中国进行贸易的西方国家不断增多,进出口商品量和价值也都在不断增加。从表1-1关于1650—1759年白银流入的估算可以折射出这一时期中国海路三大方向贸易顺差变化大致情况。[2]

---

[1] 参见宋则行、樊亢主编:《世界经济史》上卷,北京:经济科学出版社,1994年,第一章。

[2] 这一时期中国与越南、暹罗(泰国)及南洋其他国家贸易活跃,与法国、瑞典及欧洲其他国家也有贸易,均苦无有关统计。

表1-1　1650—1759年中国白银流入估计[1]

年　份	中非贸易		中日贸易		中英贸易		中荷贸易	
	船数	万两	船数	万两	船数	万两	船数	万两
1650—1659	67	256.9	406	512.5	0	0		
1660—1669	45	172.5	184	544.4	1	0.4		
1670—1679	30	115.0	27	10.1	3	6.6		
1680—1689	77	295.2			12	29.2		
1690—1699	168	644.1			5	27.6		
1700—1709	191	732.3			33	274.0		
1710—1719	110	421.7			17	163.8		
1720—1729	116	444.7			30	262.6		
1730—1739	127	486.9			38	312.0	28	152.4
1740—1749	131	502.3			49	455.4	38	164.3
1750—1759	139	532.9			71	503.5	39	212.0

从表1-1大致可以看出，中日贸易的萎缩和中英贸易的强劲增长。在欧洲，英国资本主义发展较快，中英贸易在18世纪中叶后已占了广州海上贸易总值的一半以上。18世纪20年代以前，丝绸曾经是中国的首要出口商品，此后茶叶出口开始超过丝绸。英商运来中国的商品以毛织品和棉花为大宗。毛织品主要来自英国本土，其输入中国的价值每年在150万—200万两之间。英商自认为是王牌货物的毛织品在中国却“非常难卖”，常常被迫忍痛亏本抛售；英国已开始逐步把南亚大国印度变为其殖民地，印度棉花成为英商输华的主要商品，其输华值年均约在400万两以上。

[1]　据吴承明：《中国的现代化：市场与社会》，北京：三联书店，2001年，第279、281页表格改编。

二、英国工业革命及其在中国市场的势力扩张

18世纪60年代以后,英国工匠先后发明了珍妮纺纱机、水力纺纱机、多轴走锭精纺机等纺纱新技术,大大降低了生产成本,提高了生产效率,并使得纺纱不再分散在农户家庭内进行了,集中大量工人进行生产的纺纱工厂沿着河道纷纷建立起来。不久,瓦特发明的蒸汽机又使工厂可以摆脱河道的限制,建立在城市里及其他任何地方;织布、冶铁、采煤等方面的新机器新技术也相继出现,大大推动了英国工矿业的发展,而且使得英国工业人口逐渐集中于城市,工厂制度完全确立起来。蒸汽的利用和机器的推广,又促成了轮船和火车的诞生,促进了交通运输方式的变革。18世纪后半叶从英国开始的工业大革命,既是蒸汽和机器取代手工方式的技术革命,又是工厂制度取代手工工场制的生产关系重大变革。正如恩格斯所说,"分工、水力,特别是蒸汽力的利用,机器的应用,这就是18世纪中叶起工业用来摇撼旧世界基础的三个伟大的杠杆"。[1]从18世纪60年代到19世纪40年代,英国在世界上最先从工场手工业占统治地位的国家变成了机器大工业占优势的国家,它已经建立了强大的纺织工业、冶金工业、煤炭工业和机器制造业,在1820年时它已占了世界工业总产值的一半,以后长期占据世界工业生产的垄断地位。工业的发展,大大增强了英国对外竞争能力,其工业品大量输出国外,英国成为"世界工厂",同时也占据了世界贸易的垄断地位。

18、19世纪在西方其他国家也先后发生了美国独立战争、法国大革命等资产阶级政治革命,德国、俄国等则进行了资产阶级改革,革命和改革为这些国家资本主义的发展创造了政治条件。美、法、德、俄等国先后利用英国的技术成就和经验,进行了本国的工业革命,资本主义生产方式很快在这些国家也占据了优势地位。西方国家相继走上了资本主义现代化道路,国际经济技术文化的联系也日益紧密。

开展工业革命以后不到100年的时间里所创造的生产力,比过去一切世

[1]《马克思恩格斯全集》第2卷,北京:人民出版社,1957年,第300页。

代所创造的全部生产力还要多，还要大。而在西方世界取得了统治地位的资产阶级，利用这一强大的生产力在世界各地到处扩张，并“迫使一切民族——如果它们不想灭亡的话——采用资产阶级的生产方式”。[1]西方资本主义文明兴起后不久，就以其强权扩张和文明示范等多种方式，对亚洲、非洲、美洲、大洋洲的政治、经济、文化及社会生活等各方面产生了深刻的影响。

由于已较早地完成了工业革命，英国成为当时世界上实力最强大的资本主义国家；英国政府还顺应新兴工业资产阶级的要求，于1833年取消了东印度公司垄断中国贸易的特权，采取了“自由贸易”政策，因此英国占中西贸易的比重迅速上升，到19世纪初期更进一步达到80%左右。当时虽然英国工业革命正在进行，英国社会生产力有所发展，但是英商多次将本国的棉纺织品运到中国来试销，都因成本太高，售价太贵，卖不出去。19世纪初，中国紫花土布（外商称作“南京布”）在南洋、英、美、法等地十分流行，成为仅次于茶丝的重要出口商品。茶、丝、土布这三项商品约占中国出口商品值的80%以上。19世纪20—30年代，仅英国东印度公司从中国运出的茶叶一项，每年就值550多万两，最高年份（1932年）将近1 000万两。仅此一项价值就远远超过从英国输入中国的商品。在正当的中英贸易方面，中国一直处于有利的出超地位，英国每年要支付数以百万两银计的贸易差额。[2]这与英国资产阶级扩大海外市场，进行殖民掠夺的要求大相径庭。

因此，在英国政府支持下，英国资产阶级在印度大量生产鸦片，将其运销中国，企图通过罪恶的毒品走私活动实现其掠取暴利的愿望。英国奸商采用贿赂清廷官吏等手段，不断扩大向中国走私输入的鸦片数量。从1760年到1839年，鸦片在中国的销售量直线上升。18世纪60年代以前，每年不过200箱（每箱100斤），1786年已超过2 000箱，1790年又突破4 000箱。19世纪20年代以后，年销量恶性膨胀，到了鸦片战争前夕，已达35 000多箱，价值近2 000万两，大大超过了当时中国丝茶的出口总值。因为贩卖鸦片获利丰厚，

[1]　马克思、恩格斯：《共产党宣言》，成仿吾译，北京：人民出版社，1978年，第29页。
[2]　严中平等：《中国近代经济史统计资料选辑》，北京：科学出版社，1955年，第4—5页。

美国的一些奸商也从19世纪初开始参与在中国贩卖鸦片的罪恶活动。[1]

英国通过贩卖鸦片从中国所得白银，不仅抵偿了它进口大量中国茶叶丝绸等所造成的贸易差额，而且还使中国白银大量流往印度和英国。因为大量白银是通过走私途径流往国外的，其数量难以精确计算，仅根据英属印度海关的统计，中国对印度的白银出超在1814—1815年度已达130万两左右，而到了1833—1834年至1838—1839年这几年年均出超达428万两，1838—1839年度则超过600万两。加上中国对欧美或亚洲其他地区的白银出超，鸦片战争前夕中国每年的白银流出量估计有1 000万两左右。[2]

鸦片走私给西方国家带来巨额财富，却给中国造成极大的损害。吸食鸦片的中国人越来越多，他们的身心遭到严重摧残。而白银大量外流所产生的灾难则波及中国社会各阶级。约占当时社会白银货币量20%—25%的白银流往国外，加剧了中国的银贵钱贱程度。这就使得“劳作收入皆以钱计，交纳赋税皆以银计”的广大农民和手工业者成为直接受害者；那些卖货收钱，纳税缴银的中小商人和地主等也深受其害。大量白银外流也使得清廷国库存银日渐减少，财政危机日重。

19世纪30年代，中国许多有识之士痛感鸦片泛滥对中华民族之危害，要求政府采取措施严禁鸦片。在社会舆论的强烈压力下，在日益严重的财政危机面前，道光皇帝采纳了“严禁派”的主张，派林则徐为钦差大臣到广东禁烟。林则徐在广东人民群众的协助下，迫使英商交出鸦片20 283箱，于1839年6月3日在广东虎门当众销毁。

到19世纪三四十年代，英国已基本上完成了产业革命。英国资产阶级早就希望闯进中国的大门，在中国扩张它们的势力。英国鸦片贩子在1830年就曾组织对英国议院的“请愿”活动，一再攻击中国“排外”，宣扬要和中国“算账”，制造发动侵华战争的舆论。当虎门销烟的消息传到英国后，英国资产阶级立即掀起了狂热的战争叫嚣。1939年10月，英国内阁正式决定向中国出兵。1840年6月，第一次鸦片战争爆发。

---

[1]　汪敬虞：《十九世纪西方资本主义对中国的经济侵略》，北京：人民出版社，1983年，第53—54页。
[2]　严中平等：《中国近代经济史统计资料选辑》，北京：科学出版社，1955年，第28—29页。

第二节　条约制度的建立及中国市场的扩大开放

一、条约制度的建立

鸦片战争中腐朽的清军败于船坚炮利的英军，清廷被迫于1842年8月与英国签订《江宁条约》，[1]使之成为中国近代不平等条约的开端。《江宁条约》第二款规定“自今以后，大皇帝恩准英国人民带同所属家眷，寄居大清沿海之广州、福州、厦门、宁波、上海等五处港口，贸易通商无碍；且大英国君主派设领事、管事等官驻该五处城邑，专理商贾事宜，与各该地方官公文往来；令英人按照下条开叙之例，清楚交纳货税、钞饷等费”，使得中英贸易从此由原来的广州一口通商变为广州、福州、厦门、宁波、上海五口通商；并准英国派领事、管事等官驻扎通商五口，专理英人贸易通商事宜，令英商按照议定则例，“清楚交纳货税、钞饷等费”，由此奠定外国领事报关特权制度基础。中英《江宁条约》第三款提出“大皇帝准将香港一岛给予大英国君主暨嗣后世袭主位者常远据守主掌，任便立法治理”。中国香港岛从此便为英国殖民统治，成为英国对华鸦片贸易的中心。香港一度成为与澳门齐名的苦力贸易大本营，后又成为东方最大的国际贸易转口港。[2]

道光二十三年八月（1843年10月），清钦差大臣耆英、英全权公使璞鼎查又分别代表中、英两国，于广东虎门签订《善后事宜清册附粘和约》（又称《五口通商附粘善后条款》或《虎门附约》）、[3]《议定广州、福州、厦门、宁波、上海五港通商章程：海关税则》（或称《五口通商章程》），[4]作为《江宁条约》的补充。这两个条约使英方享有更多的特权，使中外贸易制度变化增添新的内容。

[1] 又称《南京条约》或《白门条约》，详见《筹办夷务始末（道光朝）》卷59，北京：中华书局，1964年。又见王铁崖编：《中外旧约章汇编》第1册，北京：三联书店，1957年，第30—33页。

[2] 余绳武、刘存宽主编：《十九世纪的香港》“前言”，北京：中华书局，1994年，第3页。

[3] 详见《筹办夷务始末（道光朝）》卷59，北京：中华书局，1964年。又见王铁崖编：《中外旧约章汇编》第1册，北京：三联书店，1957年，第34—39页。

[4] 详见《筹办夷务始末（道光朝）》卷59，北京：中华书局，1964年。又见王铁崖编：《中外旧约章汇编》第1册，北京：三联书店，1957年，第40—51页。另据（美）马士著、张汇文等译：《中华帝国对外关系史》（北京：三联书店，1958年）第一卷第361—362页记载，该条约于1843年7月22日在香港公布。又见（英）莱特著、姚曾廙译：《中国关税沿革史》第5页。

例如,道光二十三年(1843)中英《虎门附约》第八款规定:“设将来大皇帝有新恩施及各国,亦应准英人一体均沾,用示平允”,使英国获得片面最惠国待遇;中英《虎门附约》第十款规定英国“官船”可在通商口岸停泊,“中国兵船不得拦阻”,“英国官船既不载货,又不贸易,自可免纳船钞”,使得英国军舰可自由进入中国口岸;中英《五口通商章程》第十三款规定中英两国商民如果“交涉词讼,管事官不能劝息,又不能将就,即移诸华官公同查明其事,既得实情,即为秉公定断,免滋讼端。其英人如何科罪,由英国议定章程、法律,发给管事官照办”,即英国人如果在中国犯了法,中国方面无权判决,应由英国领事根据英国法律来判决,英国人因此享有领事裁判权(亦称“治外法权”)。

中英《江宁条约》的签订,对其他西方国家产生了很大影响,激起了它们染指对华贸易利益之心。首先采取行动的是美国。[1]美国政府委派顾盛(C. Cushing)为专员、特使及全权公使,并派一艘巡洋舰及一艘单桅炮舰护送来华。[2]道光二十四年五月(1844年7月),清钦差大臣耆英与美全权公使顾盛分别代表中美两国签订《五口贸易章程:海关税则》(通常称为《望厦条约》)。[3]法国政府也派遣拉萼尼(Theodore de Lagrené)为专使来华谈判订约事宜。道光二十四年九月(1844年10月),清钦差大臣耆英与法国专使拉萼尼分别代表中法两国签订《五口贸易章程:海关税则》(通常称为《黄埔条约》)。[4]

香港岛被割让于英国后,葡萄牙当局深恐澳门这一著名国际贸易中心的地位受到影响,也和清廷谈判,希望澳门能获得香港所享有的全部自由。但是葡萄牙人的这一要求当时未能得到满足。关于通商事项,“中国允许五口应对葡萄牙船只同对别国船只一样的开放;但在澳门的船只应照黄埔例缴纳船钞,中国商人应照新税则向澳门中国海关缴纳关税,自中国各港口运至澳门的一切货物均须纳税”。当时澳门的地位“很像一个通商口岸”,中国官员在澳

[1] (美)马士、宓亨利著、姚曾廙译:《远东国际关系史》上册,北京:商务印书馆,1975年,第129页。
[2] 同上书,第364页。
[3] 详见《筹办夷务始末(道光朝)》卷72,北京:中华书局,1964年。又见王铁崖编:《中外旧约章汇编》第1册,北京:三联书店,1957年,第51—57页。
[4] 同上书,第57—65页。

门掌握着财政和领土管辖权。[1]在香港作为国际贸易自由港的政策完全确定以后，葡萄牙人“发现它夺去了澳门的利益……葡政府现在决定也要把澳门做成一个自由港”，道光二十九年二月十一日（1849年3月5日）葡萄牙的澳门“总管”阿马勒（Amaral, Toao Maria Ferreira d'）自行宣布澳门为自由港，下令封闭粤海关办公处，停止在澳门境内征收关税。中国“粤省当局不去勇敢地抵抗这种侵略行为，也不求助于外交的运用和别的友邦的干涉，竟去鼓励，或至少是默许使用地下工作的方法以挫败葡人的企图”。[2]中国海关迁离澳门，改设在黄埔。澳门主权实际上被葡萄牙当局篡夺，但是清廷并不承认，一直到1887年签订中葡条约时才加以“允准”。[3]

道光二十四年（1845）比利时政府派该国驻印度支那总领事兰哪（Lannoy）为专使到广州谈判订约事宜。清廷由两广总督兼钦差大臣耆英与广东巡抚黄恩彤于道光二十四年六月二十一日（1845年7月25日）致正式公文给比利时专使，传达上谕，准许比利时在中国按现行各条约规定办法通商。[4]后来，瑞典挪威国王派李利华（C. F. Liljevalch）为驻中国公使。李利华到广东后，得到美国人的帮助，以中美《望厦条约》为蓝本，另将钢铁税银减低一半，拟定税则，要求清钦差大臣耆英照此签约。耆英迟迟未复。李利华将钢铁税银减低一半等新加内容删去，完全按照中美《望厦条约》重拟约稿税则，遂得耆英同意。道光二十七年二月初四（1847年3月20日），清钦差大臣耆英与瑞典挪威驻中国公使李利华分别代表中国与瑞典、挪威，在广州签订《五口通商章程：海关税则》。[5]

中美《望厦条约》等使美、法等国在中国既得到协定关税特权，又获得片面最惠国待遇。在此之后十余年间，“其他国家从事于对华贸易的船舶和商人与比利时处于同样地位，无形中享有英、美、法各条约所许的权利”，[6]中国由

[1]（美）马士著、张汇文等译：《中华帝国对外关系史》第1卷，北京：三联书店，1957年，第362页。
[2] 同上书，第379—381页。
[3]（美）马士、宓亨利著、姚曾廙译：《远东国际关系史》上册，北京：商务印书馆，1975年，第134页。
[4]（美）马士著、张汇文等译：《中华帝国对外关系史》第1卷，北京：三联书店，1958年，第373—374页。
[5] 王铁崖编：《中外旧约章汇编》第1册，北京：三联书店，1957年，第71—77页。
[6]（美）马士著、张汇文等译：《中华帝国对外关系史》第1卷，北京：三联书店，1958年，第374页。

向一个资本主义国家开放，扩大为向整个资本主义世界开放了。

中美《望厦条约》使不平等条约制度在深度上亦有发展。例如中美《望厦条约》第二十一款规定中美两国民人如有“争斗、词讼、交涉事件，中国民人由中国地方官捉拿审讯，照中国例治罪；合众国民人由领事等官捉拿审讯，照本国例治罪”，使得美国领事在“审讯”之外又增加“捉拿”之权，扩大了外人在华的治外法权。中法《黄埔条约》第二十七款也有类似的规定。这两个条约的签订，使得中国官府对于在中国犯法的外国人不仅丧失了审判权，也丧失了“捉拿”之权。中美《望厦条约》第二十五款、中法《黄埔条约》第二十八款都规定美国（法国）人与其他外国人之间在中国发生诉讼，“中国官员均不得过问”，这包括一切刑事和民事案件，地区也不仅限于通商口岸，使中国的司法主权遭受更大破坏。中法《黄埔条约》基本上是以中美《望厦条约》为蓝本，但是它有一项重要增补：由于当时法国对外扩张过程中天主教起着重要作用，因此中法《黄埔条约》第二十二款除了规定法国人可以在中国通商口岸建造礼拜堂、坟地等之外，还规定“倘有中国人将法兰西礼拜堂、坟地触犯毁坏，地方官照例严拘重惩”，这就把保护法国教堂的条约义务强加给中国政府，成为外国势力利用传教权利加深侵华活动的开端。继璞鼎查而任英国驻华公使兼商务监督的德庇时（J. Davis）认为顾盛签订的中美《望厦条约》使美商享有新增的利益主要有：（1）商船如不卸货，得在五口中的任何一口停留两天，毋庸缴税；（2）既经缴纳吨税，船舶得前往另一口岸，毋庸重纳；（3）货物既经起岸并已完纳关税，得转装另一口岸，并于进口时得凭海关证件免税通关；（4）准聘用中国人充任外国人的教习和采购书籍；（5）据规定，自美国条约签订之日起十二年后，得重新考虑条约。依据中英《虎门附约》第八款规定，英国人也随之享有这些新增的利益及载货150吨以下船只减纳船钞的优惠。[1]

咸丰元年（1851）沙俄派使臣到中国逼签有关中俄在新疆通商事宜之条约。是年七月初十（1851年8月6日）清伊犁将军奕山、参赞大臣布彦泰“除喀什噶尔通商案外”，“接受了俄国的所有提议”，与俄国使臣科瓦列夫斯基（E. P.

[1] 姚贤镐编：《中国近代对外贸易史资料》第1册，北京：中华书局，1962年，第373—374页。

Kovalevsky)在伊犁签订第一个中俄不平等条约——中俄《伊犁、塔尔巴哈台通商章程》,[1]使沙俄打开了中国西北地区的大门。

为了在保持和增加鸦片贸易利益的同时,进一步扩大西方工业品的中国市场,英国又联合法国(实际上,在英法背后还有美国和沙俄的支持和怂恿)于咸丰七年(1857)发动了新的侵华战争。英国发动这次战争的根本原因和目的与1840年鸦片战争相同,所以这次战争被称为第二次鸦片战争。由于这次战争是英国和法国联合出兵侵华,所以又被称作"英法联军之役"。1857年12月,英法联军进攻广州,不久俘获两广总督叶名琛。俄、美两国公使一面以"调人"身份进行活动,一面代表本国政府提出要求,俄使普提雅廷要求首先满足俄国所开分界(以黑龙江为界)、通商等事,美使列卫廉提出的使臣驻京、增开口岸、内河航行等十一款要求。咸丰八年三月(1858年4月),英法美俄四国兵船集聚天津海口。四月八日(5月20日),英法联军攻占大沽炮台,并进军天津城外。[2]俄国一方面派军队在黑龙江"施放枪炮"实行赤裸裸的武力威胁,一方面"借英国人来进行恫吓"。[3]咸丰八年四月十六日(1858年5月28日),清黑龙江将军奕山与俄东西伯利亚总督穆拉维约夫签订中俄《瑷珲城和约》(又称《瑷珲条约》),[4]黑龙江以北外兴安岭以南60多万平方公里的中国领土被沙俄割占。战争中清军一败再败,清廷被迫与俄、美、英、法等国分别签订了咸丰八年(1858)《天津条约》,与英、法、俄等国分别签订了咸丰十年(1860)《北京条约》等不平等条约。

西方列强通过《天津条约》和《北京条约》获得的新权益,除了中国向英法两国各赔款800万两、中国割让九龙司给英国、沙俄又割占中国乌苏里江以东约40万平方公里土地以外,主要有:(1)开放牛庄(营口)、天津、登州(烟台)、台南、淡水、潮州(汕头)、琼州、汉口、九江、南京、镇江等为通商口岸;(2)外国公使可以进驻北京;(3)外商船只可在中国最大内河——长江航行;

[1] 详见《筹办夷务始末(咸丰朝)》卷5,北京:中华书局,1979年。及王铁崖编:《中外旧约章汇编》第1册,北京:三联书店,1957年,第78—80页。
[2] 详见沈渭滨主编:《中国历史大事年表》,上海:上海辞书出版社,1999年,第138—142页。及《筹办夷务始末(咸丰朝)》卷17—卷23,北京:中华书局,1979年。
[3] 详见丁名楠等:《帝国主义侵华史》第1卷,北京:人民出版社,1972年,第144—145页。
[4] 王铁崖编:《中外旧约章汇编》第1册,北京:三联书店,1957年,第85—86页。

（4）外国人可在中国办理邮政；（5）外人可在中国内地游历通商和传教；（6）贩卖鸦片合法化；（7）掠卖华工合法化；（8）确立了“子口税”制度，即外国商品只需交纳一次子口税（税率为2.5%）就可遍运中国内地。中国的海关行政大权也被英国人夺取。至此，不平等条约制度的结构已基本形成，其后历史阶段主要“是使条约制度在中国的政治和社会中变为越来越重要的因素”。[1]

二、中国市场的扩大开放

19世纪70年代以后，西方列强加紧了在中国边疆的侵略活动。1871年，俄国沙皇乘新疆阿古柏的骚乱，出兵占领中国伊犁。为收回伊犁，1879年清廷派崇厚赴俄交涉。崇厚竟在沙俄胁迫下，擅自与俄国签订了使中国丧失大量权利和大片土地的《伊犁条约》和《陆路通商章程》。清廷只得派曾纪泽与沙俄再做交涉，于1881年签订了中俄《改订条约》和《改订陆路通商章程》，清廷以偿付500万两银的代价，收回《伊犁条约》所签订割让的部分领土，但伊犁西边大片土地仍被沙俄吞并，中俄边界贸易基本上也全线开放。

1870—1894年间，清廷和外国签订了近100个条约，其绝大多数是在外国强权逼迫下签订的不平等条约。其中，1876年中英《烟台条约》是较为重要的一个条约。当时英国资产阶级迫切要求从缅甸进入云南这一中国“后门”，由此闯入中国西部这片他们眼中的“最大的未开辟市场”。1872年9月，英国各地商会联合会向英国政府指出，“和中国疆土之辽阔，人口之众多相比，英国货对这个帝国的输出是极其有限的，因为这些货物只能通过中国极为遥远的海岸通商口岸输入”，所以要求政府拟定和中国西南各省建立商务关系的“最好办法”。[2]为此，英国组织了一次又一次在中国边境的“探险活动”。1874年，英国驻北京使馆派译员马嘉理（A. R. Margary）参加“探险队”活动，这支“探险队”与中国边民发生冲突，以致马嘉理在云南边境被杀。英国人抓住马嘉理被杀一案，大肆敲诈勒索，当时英国驻华公使威妥玛在谈判一开始，就扯上

[1] （美）费正清（John K. Fairbank）主编：《剑桥中国晚清史》，北京：中国社会科学出版社，1983年，第230页。
[2] 严中平主编：《中国近代经济史（1840—1894）》，北京：人民出版社，2001年，第1047页。

和滇案不相干的中英贸易问题，后又不断提出损害中国主权的要求。清廷被迫妥协，于1876年9月签订了中英《烟台条约》，清廷除赔款20万两银外；还承认英国有权代表缅甸与中国谈判边界和通商问题；英国可“由英国选派官员于滇省大理府或他处相宜地方一区驻寓，察看通商情形”；英国可派员驻寓四川重庆府，查看川省英商事宜；英国可以派员“遍历甘肃、青海一带地方，或由内地四川等处入藏”，清廷必须提供方便。中国增开湖北宜昌、安徽芜湖、浙江温州、广东北海4处为通商口岸，英国可以派驻领事；长江沿岸的“安徽之大通、安庆，江西之湖口，湖广之武穴、陆溪口、沙市等处”，“今议通融办法，轮船准暂停泊，上下客商货物”。这是继1858年中英《天津条约》后，中国又一次大规模对外开放腹地口岸，其数量远大于《天津条约》。《烟台条约》还规定各地租界内外国商品免收厘金；外国商品运往中国内地，不论是外国商人或中国商人，都只要交纳2.5%的子口税，各项内地税全免。这一来大大便利了洋货在中国内地市场的销售。《烟台条约》中另外两项条款对于中外贸易也有重要意义：一项是在3年以内，已付关税的进口货可以要求退税；另一项是要设立一个委员会处理广州海关缉私艇“干涉”香港帆船“贸易”的案件。[1]条约还进一步扩大了外国列强在中国的领事裁判权。总之，《烟台条约》大大扩展了外国资本主义在中国西南、西北和长江流域的活动范围，给予外商进入中国腹地市场的许多新特权。

英国侵略势力还阴谋从印度入侵西藏，进行了多方面的试探，并于1888年派军队占领亚东等地。清廷被迫于1893年签订了《藏印条款》，辟亚东为商埠，允许英商等在此自由贸易及租赁和修造房屋等。

在英国从陆路向中国伸手的同时，法国侵略势力也在东南亚加紧活动，法国军队侵犯越南的中部和北部，并企图从越南入侵中国。1879年，法国驻海防领事说，法国占领越南北部这个理想的军事基地，“一旦欧洲各强国企图瓜分中国时，我们将是一些先在中国腹地的人”。[2]1883年12月法国增兵越南，并

[1] 姚贤镐：《中国近代对外贸易史资料》第2册，第685页。
[2] 伊罗神甫：《法国—东京回忆录》，转引自严中平主编：《中国近代经济史（1840—1894）》，北京：人民出版社，2001年，第1045页。

向援越的清军发动进攻。1984年法军把战火引向中国本土。在中法战争中，中国军队连打胜仗，法国当届政府因战争失败而垮台。正在此时，腐朽的清廷却与法国签订了和约，承认法国侵略者对越南的占领，还将谅山和老街划给法国，开放云南、广西的边境口岸贸易，使得战败的侵略者反而获得新的侵略特权，造成了世界史上罕见的战胜国屈膝丧权的奇耻大辱。从此，法国不仅使越南成为其殖民地，其侵略势力还伸入中国西南地区，力图控制中国西南市场。

19世纪后期西方发达资本主义国家发生的第二次技术革命，大大加快了1870—1913年间西方工业的发展，这一期间世界工业生产指数增长了约4倍，其中美国工业生产增长了近7倍，德国工业生产增长了近5倍。[1]到19世纪末，美、德、英等先进国家已成为以重工业为主导的工业国。交通运输业也发生了很大变化，全世界铁路长度由1870年的21万公里增至1913年的110.4万公里；同期全世界商船吨位增长了1倍多，一般轮船航速从每小时14海里提高到23海里，运费则降低了一半以上。[2]这一切必然促进世界市场的扩大和国际贸易的发展。

这一时期的产业发展，为资本主义列强过渡到垄断资本主义阶段创造了物质基础。西方国家生产和资本的集中程度迅速提高，垄断在社会经济生活中取得了统治地位。19世纪末20世纪初，各主要资本主义国家先后过渡到垄断资本主义即帝国主义阶段。在这一过程中，资本主义银行由过去简单的金融中介人变成了万能的垄断者。银行资本与工业资本逐渐融合，形成金融资本，并出现了一些掌握巨大资本的金融寡头。金融资本和金融寡头的形成及其对国家的政治经济生活的统治，成为帝国主义的一个基本特征。这一时期，资本输出成为金融资本对外扩张的重要手段，成为资本主义向广阔世界发展的决定性因素，同时也有力地带动了国际贸易的发展。外国对华贸易在这一时期有了较快的增长。到了20世纪初，包括中国在内的亚、非、拉

[1] 宫崎犀一等编、陈小洪等译：《近代国际经济要览》，北京：中国财政经济出版社，1990年，第148、149页。
[2] 姚曾荫主编：《国际贸易概论》，北京：人民出版社，1987年，第383页。

美许多国家都已卷入到资本主义世界市场的漩涡之中，统一的世界市场已经形成。

在帝国主义列强抢夺市场、瓜分殖民地和势力范围的争斗中，幅员广大的中国成为它们抢夺的一个主要目标。中国在甲午战争中惨败于日本，更加暴露了清廷的腐朽。这种形势导致甲午战争后列强对中国的侵略和掠夺迅速扩大，英、法、俄、德、日等国在中国抢夺路矿等权益、争夺势力范围的斗争不断加剧，美国则于1899年提出所谓“门户开放”政策，要求在各国既得的势力范围内，相互开放，使美国能按“利益均沾”的原则，获得相应权益。在八国联军侵略中国以后，帝国主义列强更进一步地控制了中国的政治与经济。从而中国一方面成为帝国主义列强共同支配的半殖民地，另一方面也有若干帝国主义国家的势力范围的存在。在这种形势下，中国市场进一步向资本主义世界开放。

第三节　协定关税制度与中外贸易增长

协定关税制度是近代不平等条约制度的核心内容之一。西方国家一向把关税政策当作自由贸易抑或保护本国产业的主要手段，它们强迫中国接受不平等条约制度时也把片面协定关税制与“子口税”制度强加给中国，以便于中国市场对它们的开放。片面协定关税制与“子口税”制度实行结果是中国市场与世界市场联系加强，中外贸易出现明显增长。

一、片面协定关税制与“子口税”制

中英《江宁条约》第十款规定英国商民“应纳进口、出口货税、饷费，均宜秉公议定则例”，这一款内容后来发展成为片面协定关税制度。这一关税制度是清后期贸易制度的重要内容之一。道光二十三年中英《五口通商章程》公布了广州、福州、厦门、宁波、上海五海关对英国出进口货物所征关税税则。在讨论该项条约时，中方提出的税率表被英方拒绝，英国全权公使璞鼎查强调

“不论税捐的数额多寡，不论是属于进口、出口或子口税，都必须明确厘定，不得留有些许余地，听由地方官吏专擅或任意处理”。[1]该项条约初步实现了璞鼎查提出的防范中国地方官吏利用税则疏漏“专擅”的要求，所规定的税率表是按照英方的意见制定的。[2]

该税则重要特点有：（1）在结构上比过去的税则有所改进，主要是废除了比例税。“这种比例税是不科学的，因为比例的标准难于制定，易滋弊端和纠纷。”[3]（2）改变原先各口税则“互不一致”的状况，[4]为五口税则一致。（3）改变了船钞的征收办法：“向来系丈量船身，按丈输钞，今议改查照船牌所开此船可以载货若干，每吨（积方计算以一百二十二斗为一吨）输钞银五钱；其丈量旧例及出口、进口日月等规，全行删免。”（4）规定：“各口秤货之大秤，兑银之砝码，量物之丈尺，均须按粤海关向用之式制造数副，镌刻图印为凭，每口每件发交二副，以一副交海关，以一副交英国管事官查收，以便按查轻重、长短，计货计银，遵例输税。倘验货人役与英商理论长短，较量轻重，悉凭此秤码、丈尺为准，以杜争端”，为便于进出口货物纳税而统一计量工具。（5）分出口税则和进口税则两大表，出口货分为12大类，68个税目，基本上是从量税；进口税分为14大类，104个税目，亦多为从量税，唯“进口镜钟表玩”类是从价值百抽五。该税则规定，凡进出口货“例未赅载者”多为从价值百抽五，进口香料、铜、铁、铅、锡等从价值百抽十，但进口大呢的税率实际上低到值百抽四，“以便鼓励这类货物的贸易”；[5]并规定出口金银、砖瓦，进口洋米、洋麦、五谷等皆免税。此税则是中国关税自主权被破坏后的第一个税则。从表1–2可以看出，1843年税则发布后无论进口货，还是出口货，新定税率都比旧征税率大为降低，只有出口丝织品略有提高，“这显然是为保护英国丝织工业”。[6]

---

[1]（英）S. F. 莱特著、姚曾廙译：《中国关税沿革史》，北京：商务印书馆，1963年，第6页。
[2] 同上书，第10页。
[3] 陈诗启：《中国近代海关史》（晚清部分），北京：人民出版社，1993年，第211页。
[4]（英）莱特著、姚曾廙译：《中国关税沿革史》，北京：商务印书馆，1963年，第6页。
[5]（英）S. F. 莱特著、姚曾廙译：《中国关税沿革史》，北京：商务印书馆，1963年，第12页。
[6] 严中平主编：《中国近代经济史（1840—1894）》，北京：人民出版社，1989年，第219页。

表1-2　第一次鸦片战争前后进出口关税负担示例[1]

	旧 税 率 （%）	新 税 率 （%）	新税率较旧税率 增（+）减（-）
进口货			
棉　花	24.19	5.56	−18.63
棉　纱	13.38	5.56	−7.82
头等白洋布	29.93	6.95	−22.98
二等白洋布	32.53	6.95	−25.58
本色洋布	20.74	5.56	−15.18
斜纹布	14.92	5.56	−9.36
六种毛织品平均	45.93	6.95	−38.98
出口货			
各种茶叶平均	30.89	12.87	−18.02
湖　丝	9.43	3.97	−5.46
丝织品	3.11	4.17	+1.06
土　布	7.37	2.74	−4.63

中美《望厦条约》第二款规定："合众国来中国贸易之民人所纳出口、入口货物之税饷，俱照现定例册，不得多于各国"；"倘中国日后欲将税例更变，须与合众国领事等官议允（中英《江宁条约》第十款规定'秉公议定则例'英文本为'A fair and regular Tariff of Export and Import Customs and other Dues'），字面上不含有须经对方同意之义，《望厦条约》中的这些文字首次明确了协定关税的原则"。[2]中法《黄埔条约》第六款规定："佛兰西人在五口贸易，凡入口、出口均照税则及章程所定，系两国钦差印押者，输纳钞饷。其税银将来并不得

[1]　摘自严中平主编：《中国近代经济史（1840—1894）》，北京：人民出版社，1989年，第218页。部分数据错误已改正。

[2]　参见严中平主编：《中国近代经济史（1840—1894）》，北京：人民出版社，1989年，第220页。

加增，亦不得有别项规费。……如将来改变则例，应与佛兰西会同议允后，方可酌改。”这样再次把协定关税的原则在条约中固定下来。

《望厦条约》第六款对船钞征收办法做了新的规定：将道光二十三年中英《五口通商章程》规定船钞为每吨缴纳钞银五钱，改为“所载货物在一百五十吨以上者，每吨纳钞银五钱，不及一百五十吨者，每吨纳钞银一钱”，使得载货在150吨以下的外国船只所纳船钞大大减轻。中法《黄埔条约》第十五款也有类似的规定；中美《望厦条约》第十款规定：“倘有进口并未开舱即欲他往者，限二日之内即行出口，不得停留，亦不征收税饷、船钞，均俟到别口发售，再行照例纳税。倘进口货船已逾二日之限，即须输纳船钞，仍由海关填发红牌，知照别口，以免重征”；第二十款规定：“合众国民人运货进口，既经纳清税饷，倘有欲将已卸之货运往别口售卖者”，“免其重纳税饷”，使得洋商享有转口贸易免税的特权。这些规定“显然为新辟各口之间的那一部分对外贸易留了较大的回旋余地，特别是在早期各口的贸易机会还在探索中的时候”，这些规定“也为通商各口间外国船的沿岸贸易打开了半扇门”。[1]这也成为顾盛向美国官方报功时所述《望厦条约》的“优点”之一。[2]中法《黄埔条约》第十五款、第十七款也有类似的规定。

中美、中法两个海关税则中，一些进口货税率相继比前一年中英两国订立的有所降低，而凭着最惠国条款，“这些减低了的税率，也都适用于有关品目的英国货”。[3]由于片面最惠国条款的普遍推行，中国不能取得每个国家的同意，就不能修改任何税则，这使得中国人的手脚进一步被束缚。

中英《天津条约》全部条款内容是英方拟订的。英方谎报《江宁条约》中已经确定了值百抽五的原则，由于货价降低，而从量课税的税额未减，因此在中英《天津条约》中进一步要求降低税率，并规定中英两国派员在上海举行会议修改关税税则。咸丰八年（1858）修正税则草案也是由是英方拟订的。它作为一项草案，是“对于广州和上海的（外国）商人及领事们过去所提出的一

[1] （美）泰勒·丹涅特著、姚曾廙译：《美国人在东亚》，北京：商务印书馆，1962年，第142页。
[2] （美）赖德烈著、陈郁译：《早期中美关系史》，北京：商务印书馆，1964年，第134页。
[3] （英）莱特著、姚曾廙译：《中国关税沿革史》，北京：商务印书馆，1958年，第29页。

切事实与意见充分考虑后的产物”，并事先征求了法、美两国全权公使的意见，还根据外国商人及法国方面意见对中国丝茶出口货税是否也按值百抽五从价标准计另行做了规定。咸丰八年十月初三（1858年11月8日）中英两国代表以这一修正税则草案为基础，在上海签订了中英《通商章程善后条约：海关税则》。其中第一款明确规定：“此次新定税则，凡有货物仅载进口税则未载出口税则者，遇有出口，皆应照进口税则纳税；或有仅载出口税则者，遇有进口，亦皆照出口税则纳税，倘有货物名目，进出口税则均未赅载，又不在免税之列者，应核估时价照值百抽五例征税”；第九款规定“向例英商完纳税饷，每百两另交银壹两贰钱，作为倾镕之费，嗣后裁撤，英商毋庸另交镕银两”。美国全权公使代表美国方面无保留地接受了税则和章程，于同日在上海依式签订中美《通商章程善后条约：海关税则》。法国全权公使同样地接受了税则，但指出，“就法国而论，在关税章程方面，些微的口头修正将是必要的，因为其中有些是根据中法《天津条约》中所未备载的条款”。中法《通商章程善后条约：海关税则》以增订条款的方式，制定了一项重要的增补，据该款规定，税则修订期限应为十年，以代替中法《天津条约》第二十七款中所规定的7年。法国全权公使修正过的税则和章程是在同年十月十九日（11月24日）由中、法两国在上海签订。从此，值百抽五成为西方侵略者攫取的一项新特权，进口货税“依据值百抽五从价标准计算”，出口货税除丝茶外“也依据同样的标准”。[1]

免税商品的范围也大大增加了。1843年中英《五口通商章程·海关税则》规定进口洋米、洋麦、五谷等皆免税，而1858年中英《通商章程善后条约·海关税则》第二款规定“凡有金银、外国各等银钱、面、粟、米粉、砂谷、米面饼、熟肉、熟菜、牛奶酥、牛油、蜜饯、外国衣服、金银首饰、搀银器、香水、硷、炭、柴薪、外国蜡烛、外国烟丝、烟叶、外国酒、家用杂物、船用杂物、行李、纸张、笔墨、毡毯、铁刀利器、外国自用药料、玻璃器皿，以上各物进出口，通商各口皆准免税”。在实施过程中，所谓“家用”“船用”“自用”一类品名可以做较广泛的解释。郑观应于光绪年间评论曰：“如洋酒、烟卷等物，外洋征税极重，在国

[1]（英）莱特著、姚曾廙译：《中国关税沿革史》，北京：商务印书馆，1963年，第53—64页。

中列肆卖烟酒者,尚需纳规领牌”,而在中国上述各物进口皆准免税,“查泰西俱无此例,尤属不公”。[1]汤震论曰:“雪茄烟、啤酒,西人税至值百抽六十。抑末之意,彼且知之。其入中国,则以为食物也,例得免税。比来内地嗜茄者日多一日,西人贩运者亦年广一年。”[2]

咸丰八年(1858),船钞亦按中英《天津条约》第二十九款规定,改为:英国商船“一百五十吨以上,每吨纳钞银四钱,一百五十吨正及一百五十吨以下,每吨纳钞银一钱。凡船只出口,欲往通商他口并香港地方,该船主禀明海关监督,发给专照,自是日起以四个月为期,如系前赴通商各口,俱无庸另纳船钞,以免重输”。第三十款规定:“英国货船进口并未开舱欲行他往者,限二日之内出口,即不征收船钞,倘逾二日之限,即须全数输纳。此外船只出、进口时,并无应支费项。”从此船钞税率比《望厦条约》有关税率进一步下降。

上述不平等条约地相继签订,使中国关税主权被破坏的程度不断加深,片面协定关税制度基本形成,中国进出口实际税率随之发生了一系列有利于西方国家利益的变化。为了便于西方工业品打入中国,西方列强利用协定关税权,一再将中国进口税率压低,以致当时英国驻华公使都不禁问道:“哪个国家有像中国这样低的对外贸易税则呢?”[3]光绪年间又有人对比中外税则曰:“(中国)进口之货,洋布为大宗,乃其税重者,缎布每匹不过纳税银二钱,色布每匹不过一钱五分,花布每匹不过一钱。其余每匹有不及钱仅纳数分者,如扣布每匹不过纳税银四分是也。虽曰值百抽五,实不及抽五。乃进观法国西贡进口重税,有值百抽四十者,如扣布每匹值洋一元一角五者,须纳四角五分;有值百抽三十七者,如漂布每匹值洋二元半者,须纳税一元三角。曾有一船自新加坡运布至西贡,布值二千四百元,竟纳税洋九百元,是值百抽三十七五矣。”[4]当时即使是标榜自由贸易的西方资本主义国家,它们的进口税率往往比中国高得多。例如1859年英法签订了互惠关税协定,英国以减低法国酒的

[1] 郑观应:《盛世危言》卷3,税则,第2页。
[2] 汤震:《危言》卷2,第23页。
[3] 《阿礼国备忘录》,转引自严中平主编:《中国近代经济史(1840—1894)》,北京:人民出版社,2001年,第222页。
[4] 华国盛:《中国整顿商务策》,载《皇朝经世文三编》卷32,第9页。

进口税为条件，换取法国减低英国各种麻、棉、毛织品的进口税，但平均税率仍达15%，比当时中国对同类货物所征的进口税率高出3倍。1864年对廉价棉布所征的进口税，美国约为中国的25倍。一般说来，当时中国进口税率水准只及美国的1/6。[1]西方国家一般对于有损本国产业发展的进口商品，重征进口税，对本国制成品不征或轻征出口税。而当时中国出口税率水平却比进口税率水平高很多，起了反保护的作用。根据咸丰八年协定关税税则，中国煤出口税率是洋煤进口税率的13倍；[2]对于每担茶叶，中国只征出口税2.5关两，而英国则征进口税10关两，美国更高至21关两；美国对中国植物油征进口税25%，而中国对美国的煤油只征进口税5%；美国从中国进口的药材、衣服无不课税，而中国对自美国进口的药剂、衣服，却给予免税待遇。[3]这种关税税率的对比，反映了西方列强在华协定关税特权对中国的危害，反映了当时中国关税税率不由自主的半殖民地性质。

这一协定关税制度的片面性主要表现为两点：(1)非互惠性。中国对英、美、法等国输入的货物，降低税率，为其输入提供方便，而英、美、法等国并未以降低税率回报；(2)非自主性。包括两层含义：其一，被迫接受。中英《江宁条约》、中美《望厦条约》、中法《黄埔条约》等不平等条约中所谓税则的制定须待"议定"，税则的修改须待"议允"，这种"议定""议允"实质是单方面的强制；其二，不得单方面修改或废止。中英《天津条约》曾规定以十年为期，届满双方可以提出修约。[4]实际上，列强可以以武力提出和达到其修约要求，例如第二次鸦片战争前列强提出"修约"要求，并在咸丰八年(1858)和咸丰十年(1860)强迫清廷订立中外《天津条约》与《北京条约》以达到目的。而中国由于积贫积弱，实际上就连要求合理修约的权利都被剥夺，所谓"十年一改"的修约权利对中国而言实际并不存在。[5]

西方资本主义列强不仅要打开中国大门，还要进一步深入中国广大内地

[1] 严中平主编：《中国近代经济史(1840—1894)》，北京：人民出版社，2001年，第223页。
[2] Trade Reports，1866，上海；1867年，天津；又见《李文忠公全书》奏稿卷40，第44—45页。
[3] 严中平主编：《中国近代经济史(1840—1894)》，北京：人民出版社，2001年，第224页。
[4] 1858年中法《天津条约》第27款规定税则"每七年校订一次"，实际上19世纪后40年税则基本上未修订。
[5] 参见王国平：《论近代中国的协定税则》，《江海学刊》2003年第3期。

市场。咸丰八年中英《天津条约》第九款规定，“英国人民准持执照前往内地各处游历、通商，执照由领事官司发给，由地方官盖印。经过地方，如饬交出执照，应可随时呈验，无讹放行；雇船、雇人、装运行李货物，不得拦阻”，使外国人享有在中国内地游历通商特权。仅此还不够，西方列强还要破坏中国内地税权以利于其势力伸入中国内地城乡。

1840年4月，英国首相巴麦尊（H. J. T. Palmerston）应格拉斯哥印度协会的请求，曾命令英国在华特命全权代表在未来与清廷签约时要加上有关规定中国内地税的条款。[1]道光二十二年（1842）中英《江宁条约》第十款规定：“英国货物自在某港按例纳税后，即准由中国商人遍运天下，而路所经过税关不得加重税例。”为英国货在中国内地市场销售享受轻税特权提供了条约依据。但是在中国大商业中心和国内通商大道重要地点上的那些内地常关，却已经执行职务达几世纪之久，在这些关卡上，一切货物都必须完纳通过税。由于英方在决定什么税率应该同意作为向英国商货抽收的内地通过税这一点上，遇到严重困难。实际上当时英方能得到的这些内地常关实际施行税率唯一可靠材料，就是中国掌管税收的户部颁行的官方税则译本，其中列举出江西梅岭关关口的赣州关、广东的太平关和杭州附近的北星关这三个内地常关核定的税率。把1843年协定税则所确定的海关税率和这三个内地常关核定的税率比较一下，可以发现：在这三个机构的出口表上所开列的72种商品从量税率中，只有5种是在协定税则为同样品目所定率的半数以上，有4种是实际上高出协定税则的相应税率全数以上的；在这三个机构的进口表上所开列的89种商品从量税率中，13种是在协定税则率的一半以上，24种是高出协定税则的相应税率全数以上的；其余商品的税率都是在协定关税率的半数以下。中英双方代表在道光二十三年（1843）协定关税税率时，认为当时中国“国内关税定例本轻”，所以只规定了内地各关收税，“洋货各税，一切照旧输纳，不得加征”的征税原则，尚未确定具体实施方法。道光二十四年（1844）中美《五

[1] Private and Confidential, Correspondence, Relative to the Affairs of China, 1839－1841, Printed Solely for the use of the Cabinet, pp.24–26. 转引自严中平：《英国资产阶级纺织利益集团与两次鸦片战争的史料》,《经济研究》1955年第2期。

口贸易章程·海关税则》第十三款也规定:“其进口货物由中国商人转贩内地者,经过各关均照旧例纳税,不得另有加增。”同年中法《五口贸易章程·海关税则》第七款规定:“佛兰西货物,在五口已按例输税,中国商人即便带进内地,经过税关只照现例输税,不得复索规费,按今税则是有准绳,以后毋庸加增。倘有海关书役人等不守例,诈取规费、增收税饷者,照中国例究治。”在当时,强调的是“照旧例纳税,不得加征”的征税原则,而把子口税确定在值百抽二点五基础上,甚至确定在业经采纳的协定关税率的半数基础上的观念,并不是这类课征的指导原则。[1]

太平天国起义后,清廷为筹措镇压太平军的作战经费而增加了厘金和其他内地税课,其中厘金以行厘等商品通过税为主,各省厘卡遍地林立,层层报关盘查敲诈,严重阻碍了国内商品流通,也一度影响了进出口贸易的发展。英国政府就一再要求清廷对进出口商品的内地税给予优惠。通过发动第二次鸦片战争,英国政府达到了这一目的。咸丰八年中英《天津条约》第二十八款规定:“英商已在内地买货,欲运赴口下载,或在口有洋货欲进售内地,倘愿一次纳税,免各子口征收纷繁,则准照行此一次之课。其内地货,则在路上首经之子口输交,洋货则在海口完纳,给票为他子口毫不另征之据。所征若干,综算货价为率,每百两征银二两五钱,俟在上海彼此派员商酌重修税则时,亦可将各货分别种式应纳之数议定。此仅免各子口零星抽课之法,海口关税仍照例完纳,两例并无交碍。”同年中英《通商章程善后条约:海关税则》第七款规定:“《天津条约》第二十八条所载内地税饷之议,现定出入税则总以照例一半为断,惟第二款所载免税各货,除金银、外国银钱、行李三项毋庸议外,其余海口免税各物,若进内地,仍照每值百两完税银贰两伍钱。此外运入内地各货,该商应将该货名目、若干、原装何船进口、应往内地何处各缘由,报关查验确实,照纳内地税项,该关发给内地税单。该商应向沿途各子口呈单照验,盖戳放行,无论远近,均不重征。至运货出口之例,凡英商在内地置货,到第一子口验货,由送货之人开单,注明货物若干,应在何口卸货,呈交该子口存留,发给

[1] (英)S. F. 莱特著、姚曾廙译:《中国关税沿革史》,北京:商务印书馆,1963年,第15—16页。

执照,准其前往路上各子口查验盖戳。至最后子口,先赴出口海关报完内地税项,方许过卡。俟下船出口时,再完出口之税。若进出有违此例,及业经报明指赴何口沿途私卖者,各货均罚入官。倘有匿单少报等情,将单内同类之货全数入官。所运各货,如无内地纳税实据,应由海关饬令完清内地关税,始行发单下货出口,以杜隐漏。内地税则经此次议定,即准一次纳税,概不重征。”至此,西方列强把协定税则扩大到内地子口税上,出现了有关子口税的具体规定,其要点如下:(1)子口税率固定为进出口关税税率的一半,在通商口岸海关交纳,之后无论进口洋货或出口土货,无论远近,一律免征其他内地税;(2)只有洋商才能享受子口税特权;(3)洋商在内地税和子口税之间,有自由选择的权利。[1]

这种子口税制度(亦称“子口半税制”)在实施的时候,出现了一个重要的问题:中英《江宁条约》第十款明白规定区分的正确原则,是进口货的来源,而不是进口货的所有权谁属。而《天津条约》签订后的许多年中,有关子口税制实施的官员对于《江宁条约》的明确规定似乎都未注意,而是以《天津条约》第二十八条为根据,都认为这一特别规定是为了保护英国人持有的外国进口货,并豁免这种货物的内地税课,但是对于持有英国制造品的中国货主,在转运其持有的进口货时,就不能享受同等的特权。根据《天津条约》的规定,凡洋商运洋货入内地,在进口地海关缴纳进口税和子口税后,随即由海关发给“运洋货入内地之税单”(Transit Pass Inwards);凡是洋商往内地购买土货出口,可以先通过本国领事向海关监督处领取“购买土货报单”(Transit Pass Memorandum,又称“三联单”),等土货运至最靠近指定装船口岸的子口时,商人才报关验货缴纳子口税等,待装船出口时再完纳出口税。子口税制在实施中产生了非法买卖税单弊端。在进口子口税方面,因绝大部分洋货的内销由华商经营,洋商常以自己名义领取子口税单再高价出售给华商;在出口子口税方面,因外国领事签发三联单较为随意,华商也可借三联单逃避许多地方税课,洋商请领三联单再高价卖给华商的情况更为普遍,竟出现了专以出售子口税单为业的洋行,这种洋行仅在汉口就有6家。1871年底,两江总督曾国

[1] 王铁崖编:《中外旧约章汇编》第1册,北京:三联书店,1957年,第99、100页。

藩公布解释《天津条约》第二十八条，与《江宁条约》第十款所载一样，发给子口税单所根据的正确原则是进口货的来源，而不是货主谁属，中国人也可以根据这条规定，自行贩运进口货品。[1]1896年，总理衙门根据总税务司的申报，奏请三联单的请领也扩及华商，得到朝廷批准。但据1897年总税务司报告，这一年三联单的申领权仍为洋商专有。[2]

子口税制度严重侵犯了中国内地征税的主权，但是它被英国官员称为是“发展对华贸易的关键”，它大大便利了外商对西方工业品的在华推销和对中国内地土货的掠取。子口税制度实施不久，在海关报告中就记载了镇江、宁波、福州、九江、芜湖、汉口等口岸洋货内销在子口税制保障下迅速增长的情况。例如在镇江，“洋布的惊人销量主要是因推广子口税制所提供的便利而获得的”。糖和市布可以称为内地贸易的前驱，这两种生活必需品，在子口税保障之下，几乎已经深入安徽及其邻省的每一角落。这种贸易的增长要大大地归功于这个税单，它使得运至内地市场的洋糖价格远低于土糖的价格。因为土糖要完纳31%的税课。[3]在出口子口税方面，可以宁波棉花出口为例，当地“子口税单的买卖，其重要性几乎达到足够使它本身成为一种交易；外商每月为几千件棉花请领子口单，每件棉花取费5角，华商向求之不得，因为他们能够籍以逃避许多地方税课”。[4]子口税单的买卖引起许多弊端，以致研究中国关税史的西方学者认为：“因子口税制度而滋生的不正当行为和违法行为，真是多如牛毛。”[5]

子口税制使“洋商入内地，执半税之运照，连樯满载，卡闸悉予放行。而华商候关卡之稽查，倒箧翻箱，负累不堪言状”；[6]“洋商以半税而免内地厘金，其利本优于华商。华商之巧者，不免与洋商狼狈相倚”；[7]华商“倚洋人则生，否则生，否则死；冒洋人则安，否则危。从雀渊鱼，不至尽驱为洋人不止。而

[1] Trade Reports，1875，pp.35–40。
[2] 陈诗启：《中国近代海关史》（晚清部分），北京：人民出版社，1993年，第216、217页。
[3] Trade Reports，1869年，镇江，第42、79页。
[4] Trade Reports，1866年，宁波，第18页。
[5] （英）S. F. 莱特著、姚曾廙译：《中国关税沿革史》，北京：商务印书馆，1963年，第182页。
[6] 马建忠：《覆李伯相札议中外官交涉仪式洋货入内地免厘禀》，《适可斋记言》卷4。
[7] 薛福成：《筹洋刍议》利权四，见《自强学斋治平十议》，第15页。

且洋货日贱,土货日贵,川流海溢,识者寒心。”[1]子口税制增强了进出口贸易相对于国内贸易的优势地位,并促使越来越多的华商依附于洋商,促进了华商买办化的发展。

二、中外贸易的增长

(一)1840—1870年

19世纪60年代以前,在中国对外贸易对象国中,英国占据首要地位,其次是美国,其他西方国家几乎完全无足轻重,[2]因此我们可以抓住重点,就中英贸易和中美贸易的情况进行分析。请看表1–3和表1–4:

表1–3　A　1845—1859年中英贸易统计[3]　　单位:万英镑

年　份	A　中国向英国出口		B　中国(含香港)进口	A–B
	茶叶价值	生丝价值	英货价值	
1845—1849年均	5 200	182	173	+5 209
1850—1854年均	6 700	286	180	+6 806
1855—1859年均	7 400	441	265	+7 776

表1–3　B　1845—1860年美国对华贸易统计[4]　　单位:万美元

年　份	A自华输入商品	B对华输出美货	A–B
1845	728.6	207.9	+521.6
1850	659.3	148.6	+510.7
1855	1 104.9	153.3	+951.6
1860	1 356.7	717.1	+639.6

[1] 陈炽:《庸书》内篇,卷上厘金,第34—35页。
[2] 汪敬虞:《十九世纪西方资本主义对中国的经济侵略》,第75—76页。
[3] 据姚贤镐:《中国近代对外贸易史资料》(北京:中华书局,1962年)第1册,第629页表改编。
[4] 同上书,第654页表改编。

表1-4　1864—1871年中国对英（本土）、对美贸易统计[1]　单位：万关两

年　份	A 对英出口	B 自英进口	A–B	A 对美出口	B 自美进口	A–B
1864	3 273	1 050	+2 223	404	287	+117
1865	3 334	1 114	+2 220	528	43	+485
1866	3 072	1 412	+1 660	569	26	+543
1867	3 006	1 696	+1 310	675	63	+612
1868	3 818	2 178	+1 640	589	74	+515
1869	3 186	2 483	+703	817	138	+679
1870	2 903	2 418	+485	760	37	+723
1871	3 585	2 614	+971	1 036	45	+991

从上述统计表可以看出，19世纪40—70年代中国对英、对美贸易，出口都有明显增长。

（二）1870—1894年

大致从19世纪70年代初开始，世界资本主义由自由竞争阶段向垄断阶段过渡。这一时期国际资本主义发展的重要基础，是自19世纪中期以来陆续进展，在19世纪末20世纪初形成高潮的以能源动力为主要内容的第二次技术革命，以及由技术革命引起的社会生产力的新发展。19世纪70年代至19世纪末，世界工业生产指数增长了2倍多。在19世纪上半叶，世界上工业占国民收入的比重超过了农业只有英国，其他西方国家基本上仍然是农业国。经过19世纪下半叶的工业的迅速发展，到19世纪末时，法国、德国、美国、瑞典等工业较发达的国家产业结构发生了变化，已基本上完成了由农业国向工业国的转变。

新技术革命增强了资本主义列强向外扩张的力量，新的交通通讯手段使

[1]　据姚贤镐：《中国近代对外贸易史资料》（北京：中华书局，1962年）第3册，第1594、1598页表改编。

中国市场更进一步地被卷入资本主义世界市场的旋涡;外国工业品价格更低,质量更高,品种更加丰富多样,在中国市场上的竞争力更强。中国进口贸易增长速度比以前加快了。从表1–5可以明显看出,这一时期中国进口贸易的增长速度快于出口贸易的增长。至1894年时,中国进口净值已经从1873年6 663.7万关两增至16 210.3万关两,增长了近一倍半。如果考虑汇率波动的影响,中国进口增长幅度有所改变,以1873年为指数100,则1891年该项指数达到201.1,1894年为243.3。

表1–5 进出口贸易货值及其指数:1870—1894年[1]

货值单位:千海关两　　指数:1873年＝100

年份	净进口		出口		外贸总额	
	货值	指数	货值	指数	货值	指数
1870	63 693	95.6	55 295	79.6	118 988	87.4
1871	70 103	105.2	66 853	96.3	136 956	100.6
1872	67 317	101.0	75 288	108.4	142 605	104.8
1873	66 637	100.0	69 451	100.0	136 088	100.0
1874	64 361	96.6	66 713	96.1	131 074	96.3
1875	67 803	101.7	68 913	99.2	136 716	100.5
1876	70 270	105.5	80 851	116.4	151 120	111.0
1877	73 234	109.9	67 445	97.1	140 679	103.4
1878	70 804	106.3	67 172	96.7	137 976	101.4
1879	82 227	123.4	72 281	104.1	154 509	113.5
1880	79 293	119.0	77 884	112.1	157 177	115.5
1881	91 911	137.9	71 453	102.9	163 364	120.0

[1] 据姚贤镐:《中国近代对外贸易史资料》(北京:中华书局,1962年)第3册附录表一改编。

（续表）

年　份	净　进　口		出　口		外贸总额	
	货　值	指　数	货　值	指　数	货　值	指　数
1882	77 715	116.6	67 337	97.0	145 052	106.6
1883	73 568	110.4	70 198	101.1	143 765	105.6
1884	72 761	109.2	67 148	96.7	139 908	102.8
1885	88 200	132.4	65 006	93.6	153 206	112.6
1886	87 479	131.3	77 207	111.2	164 686	121.0
1887	102 264	153.5	85 860	123.6	188 124	138.2
1888	124 783	187.3	92 401	133.0	217 184	159.6
1889	110 884	166.4	96 948	139.6	207 832	152.7
1890	127 093	190.7	87 144	125.5	214 238	157.4
1891	134 004	201.1	100 948	145.4	234 952	172.6
1892	135 101	202.7	102 584	147.7	237 685	174.7
1893	151 363	227.1	116 632	167.9	267 995	196.9
1894	162 103	243.3	128 105	184.5	290 207	213.2

（三）1895—1929年

19世纪末至20世纪初，世界资本主义进入垄断资本主义阶段，中外贸易有了新的发展。从表1–6可以看出，1895—1929年间中国进口贸易与出口贸易都有较大的增长，1894—1928年间全国进口和出口年均增长速度分别为6.0%和6.2%，均大大高于甲午战争前20年（甲午战争前20年的中国进口、出口贸易年均增长速度分别为2.95%、2.54%[1]）。

[1]　刘克祥主编：《清代全史》第10卷，沈阳：辽宁人民出版社，1993年，第304页。

表1–6　中国各大商业区对外直接贸易值的增长[1]

地　区	进口贸易			出口贸易		
	1894年进口值千关两	1928年进口值千关两	1894—1928年年均增长率（%）	1894年出口值千关两	1928年出口值千关两	1894—1928年年均增长率（%）
华南区	57 697	214 846	3.9	54 140	153 450	3.1
其中广州	13 742	40 085	3.2	15 778	73 337	4.6
华中区	96 887	621 095	5.6	63 398	395 253	5.5
其中上海	96 662	548 608	5.2	58 422	362 220	5.5
华北区	6 235	160 339	10.0	7 239	123 020	8.7
其中天津	4 551	112 634	9.9	6 606	81 996	7.7
东北区	864	213 721	17.6	1 535	319 633	17.0
全　国	165 646	1 210 002	6.0	128 105	991 355	6.2

1895—1929年间中国进出口贸易增长又受到第一次世界大战很大的影响，所以可分为大战前、大战期间、大战后三个阶段来考察。如果以1890—1894年的5年平均数为100，按照当时中国的货币本位，以银两计算，则出口方面1895—1899年年均为142，1910—1914年年均达到315，比甲午战前增长了2倍多，年均增长率为5.9%；进口方面，1895—1899年年均为153，1910—1914年年均达到417，这就是说20年间进口贸易增长了3倍多，年均增长率为7.4%。第一次世界大战期间，来自欧洲的洋货进口值大幅度降低，日货进口不断增长，相抵之后全国洋货进口值比战前略有增长；而由于欧洲战争对中国棉花、皮毛等原料需求增加，全国土货出口比世界大战前有了较大幅度的增长，年均增长率为6.1%，比以前提高。第一次世界大战后西方列强卷土

[1]　根据《关册》编制。华南区包括三都澳、福州、厦门、广州、汕头、九龙、拱北、江门、三水、梧州、南宁、琼州、北海、龙州、蒙自、思茅和腾越等口岸；华中区包括温州、宁波、杭州、上海、苏州、镇江、南京、芜湖、九江、汉口、岳州、长沙、沙市、宜昌、万县和重庆等口岸；华北区包括胶州、威海卫、烟台、龙口、天津和秦皇岛等口岸；东北区包括牛庄、大连、大东沟、安东、龙井村、珲春、绥芬河、哈尔滨、满洲里、三姓和瑷珲等口岸。

重来，日、美也力图保持和扩大它们在中国的贸易份额，中国进出口贸易大幅度增长，1917—1927年10年间，进口增长了7.0%，出口增长了6.4%（参见表1–7）。

表1–7　中国进出口贸易值统计（5年平均数，以关两计）

基准指数：1890—1894＝100

年　份	进口净值		出口净值		贸易总值	
	百万关两	指　数	百万关两	指　数	百万关两	指　数
1890—1894	126.7	100	132.7	100	259.4	100
1895—1899	194.3	153	189.0	142	383.3	148
1900—1904	288.7	228	242.7	183	531.4	205
1905—1909	433.7	342	304.9	230	738.6	285
1910—1914	527.8	417	417.7	315	945.5	364
1915—1919	572.0	451	562.1	424	1 134.1	437
1920—1924	927.2	732	758.3	571	1 685.7	650
1925—1929	1 128.2	890	1 046.9	789	2 175.1	839

关于近代贸易增长，我们还必须参考有关进出口物量指数的统计（参见表1–8），否则“对于贸易的涨落，殊难得一准确之测视”。[1]

表1–8　中国进出口物量指数表（1913年＝100）[2]

年 份	进 口	出 口	年 份	进 口	出 口	年 份	进 口	出 口
1892	59.9	49.8	1904	69.2	64.0	1916	73.7	102.3
1893	59.4	57.2	1905	96.6	62.5	1917	73.4	108.3
1894	45.3	60.1	1906	95.3	64.6	1918	66.1	105.5

[1]　孔敏：《南开经济指数资料汇编》，北京：中国社会科学出版社，1988年，第359页。
[2]　同上书，第375、376页。

（续表）

年 份	进 口	出 口	年 份	进 口	出 口	年 份	进 口	出 口
1895	45.8	66.3	1907	88.7	67.1	1919	75.4	140.0
1896	53.2	56.4	1908	72.7	73.0	1920	75.9	119.3
1897	49.7	61.6	1909	77.1	92.9	1921	94.7	126.9
1898	51.3	63.4	1910	79.2	102.9	1922	112.6	130.5
1899	69.2	62.5	1911	80.9	102.1	1923	108.5	137.3
1900	49.5	54.9	1912	82.8	103.8	1924	119.6	136.6
1901	62.5	59.8	1913	100.0	100.0	1925	109.9	132.9
1902	70.9	65.1	1914	91.6	83.8	1926	130.5	141.1
1903	65.1	59.8	1915	70.3	96.5	1927	109.8	154.1

根据上表有关数据计算，1895—1913年间，进口、出口物量指数年均增长率分别为4.4%、2.3%（甲午战前20年间进、出口物量年均增长率都在2%左右）；1913—1918年间因世界大战，进口物量出现较大的负增长，出口物量略有增长；1918—1927年间，进口、出口物量年均增长率分别为5.4%、4.2%，均高于大战前的水平。1895—1927年间，除去大战期间的年份，进口物量指数增长快于出口物量。

综合上述进出口统计，1895—1927年中外贸易增长态势如下：甲午战争后进出口贸易比甲午战前都有了较大的增长；这一时期又可分为第一次世界大战前、大战期间和大战后三个阶段，在大战期间进口物量有所下降，而进口值略有增长，在大战前和大战后这两个阶段，进口增长快于出口。

（四）1930—1937年

20世纪30年代初，尽管国民党政府努力发展对外贸易，但由于世界经济大危机的冲击、日军侵占中国东北及国际国内其他因素的影响，中国对外贸易仍然出现了严重衰退。1927—1936年10年间，中国的对外贸易增长及贸易平衡情况可见表1–9：

表1–9 中国进出口贸易收支 单位：百万关两

年份	出口						进口					
	A	B	C	D	E	F	G	H	I	L	L	K = F–J
	关册出口值	本文离岸价	低估与差数	边贸民船	内地运费	修正后出口值	关册进口值	本文起岸价	走私进口	民船边贸	修正后进口值	贸易平衡
1927	918.6	918.6	110.2	3.6	14.6	1 047.0	1 012.9	1 012.9	15.4	0.9	1 029.2	17.8
1928	991.4	991.4	119.0	3.6	15.0	1 129.0	1 196.0	1 196.0	15.4	0.5	1 211.9	−82.9
1929	1 015.7	1 015.7	152.3	1.5	23.2*	1 192.7	1 265.8	1 265.8	29.8	0.3	1 295.9	−103.2
1930	894.8	894.8	196.9	1.4	40.0*	1 133.1	1 309.8	1 309.8	26.0	0.2	1 336.0	−202.9
1931	909.5	913.5	154.6		55.4*	1 123.5	1 433.5	1 433.5	25.9	19.3	1 478.7	−355.2
1932	492.6	511.4	69.0		81.0*	661.4	1 049.2	1 049.2	28.5	19.3	1 097.0	−435.6
1933	392.7	408.1	55.4		19.6*	482.7	863.6	863.6	59.3	19.3	942.3	−459.6
1934	343.5	357.5	55.0		21.8*	434.3	660.9	660.9	65.7	19.3	745.9	−311.6
1935	369.6	384.0	51.7		18.9*	454.6	590.9	590.9	80.8	4.5	675.3	−229.7
1936	453.0	470.6	63.4		23.7*	557.7	604.3	604.3	231.1	12.8	848.2	−290.5

说明：1932年以后不包括东北的贸易统计数。

B、H栏详见陈争平：《1895—1936年中国国际收支研究》，北京：中国社会科学出版社，1996年，第二章有关论述。

D、L栏为关册未计入的边贸出入超及民船出入口值。见杨端六等：《六十五年来中国国际贸易统计》，“中央研究院”社会科学研究所刊行，1931年。

E栏为货物从长江及珠江口岸到边境口岸的运杂费。

* 包括相关出口税。见郑友揆：《我国近十年贸易平衡之研究》，《社会科学杂志》6卷3期。

资料来源：历年海关关册及Hsiao, Liang-Lin, China's Foreign Trade Statistics, 1864–1949, 1974年，第268页。

从表1–9可以看出：1927—1936年10年间的对外贸易大致可分为3个阶段：1927—1931年为平稳发展阶段；1932—1935年底为衰落阶段；1936年（以及1937年上半年）进入复苏阶段。

1927—1931年4年间的对外贸易，无论就进口贸易，还是出口贸易，都可称之为平稳发展。1927年进口额为10.29亿关两，此后逐年上升，至1931年进口额达到14.79亿关两；1927年全年出口额为10.47亿关两，此后逐年上升，至1930年为11.33亿关两。另有材料以海关关册所载数据为基础，计算得出：若以1927年进口额为100，则1928年为118，1929年为124.9，1930年为129.3，1931年为141.5；以1927年出口额为100，则1928—1931年依次为117.9、110.5、97.4和99。[1]这样也大致反映了这4年贸易平稳发展趋势。

1931年以后，我国的对外贸易进入明显衰落时期。1932年进口值猛跌至10.92亿关两，1933年又跌至9.42亿关两，此后两年仍然逐年下跌，1935年仅为6.75亿关两；1932年出口值猛跌至6.61亿关两，1933年又跌至4.83亿关两，1934年仅为4.34亿关两，1935年略有回升。有材料以海关关册所载数据为基础，计算得出：1932—1935年平均每年进口价值79 094.5万关两，仅为1927—1931年平均额的63%；1932—1935年间，每年平均出口值为39 961.2万关两，仅及1927—1931年平均额的42%。[2]

由于这段时间的汇价和物价变动剧烈，观察贸易增长趋势，还要参考表1–10中有关指标：

表1–10 中国进出口贸易及物量指数表（1913年＝100）

年　份	贸易总值		物量指数		贸易率指数（进口物价/出口物价）
	（百万美元）	指　数	进　口	出　口	
1927	1 332.8	187.5	109.8	154.1	108.6
1928	1 553.0	218.7	131.5	156.1	100.4
1929	1 460.1	205.5	139.9	149.2	93.1
1930	1 014.1	142.7	131.0	131.1	102.5
1931	796.6	112.1	129.9	136.5	116.0
1932	524.2	73.8	106.0	100.8	128.6
1933	515.1	72.5	97.5	124.7	142.7
1934	528.3	74.3	85.1	118.6	136.1

[1][2]《十年来我国对外贸易价值表》，《十年来之中国经济建设（1927—1937）》上编，第二章第99页。

（续表）

年　份	贸易总值		物量指数		贸易率指数（进口物价/出口物价）
	（百万美元）	指　数	进　口	出　口	
1935	542.2	76.3	83.6	126.7	122.9
1936	490.0	68.9	77.9	125.6	109.4

说明：1932年以后不包括东北的贸易统计数。

资料来源：郑友揆：《中国的对外贸易和工业发展》，上海：上海社会科学院出版社，1984年，第337页表。

虽然因这段时间汇价和物价变动的作用，表1–10有关数据波峰、波谷和波幅等与表1–9不大一致，但是仍然可以看出20世纪30年代初贸易严重衰退的迹象。1936年，世界经济危机已经过去并出现短期的繁荣，中国各地农业又获丰收，国内市场松动，产销出现转机。同时，国民党政府的法币政策顺利实施，汇率趋于稳定，对国际贸易的发展起到一定的促进作用。1936年后，中国的对外贸易无论就贸易数值或入超情形，都开始恢复发展。总的来看，这段时间中外贸易呈现出“马鞍型”增长势态。

第四节　口岸租界制度的发展及其对中国城市市场的影响

条约制度的形成促进了近代中外贸易增长，客观上加强了近代国际、国内两个市场的联系。口岸租界制度就是条约制度体系中一个重要组成部分。近代口岸租界制度的发展，不仅促进了近代中外贸易增长，并对中国城市市场产生了深刻的影响。

一、口岸租界制度的发展

（一）19世纪40年代新口岸制度主要内容

第一次鸦片战争中中国战败后，中英两国于道光二十二年（1842）签订

《江宁条约》,中国开放广州、福州、厦门、宁波、上海等5处港口,并准英国派领事、管事等官驻扎通商五口,专理英人贸易通商事宜。这种口岸是在外国武力胁迫之下开放并且记入条约之中的,因此通称条约口岸(Treaty Ports)。随着中美《望厦条约》、中法《黄埔条约》等条约的签订,广州、上海等五口向整个西方世界开放通商。外国侵略势力并不满足于此,通过发动第二次鸦片战争等手段,强迫中国增开镇江、牛庄(营口)、天津等其他条约口岸,使之成为清后期贸易制度的重要内容之一。这些条约口岸被西方历史学家称为"西方海上政治势力向中国沿海的扩张","成了国际商业发展的中心",为"现代形式的中国贸易和实业"提供了"温床"。[1]

19世纪40年代,新口岸制度主要内容除增设口岸、清廷在各口设置海关分支机构管理进出口贸易外,还有:

1. 规定外国派设领事、管事等官驻各条约口岸"专理商贾事宜,与各该地方官公文往来","清楚交纳货税、钞饷等费"(中英《江宁条约》第二款)。

2. 确立外国驻华各口岸领事报关办法。中英《江宁条约》第二款规定"大英国君主派设领事、管事等官驻该五处城邑(广州、福州、厦门、宁波、上海等),专理商贾事宜,与各该地方官公文往来;令英人按照下条开叙之例,清楚交纳货税、钞饷等费",由此奠定外国领事报关特权制度基础。中英《五口通商章程》第三条规定:"货船进口报关一款,英国商船一经到口停泊,其船主限一日之内,赴英国管事官署中,将船牌、舱口单、报单各件交与管事官查阅收贮……管事官既得船牌及舱口报单等件,即行文通知该口海关,将该船大小可载若干吨,运来系何宗货物,逐一声明,以凭抽验明确,准予开舱卸货,按例输税";第八条规定:"英国商船运货进口及贩货出口,均须按照则例,将船钞、税银扫数输纳全完,由海关给发完税红单,该商呈送英国管事官验明,方准发还船牌,令行出口";第十五条进一步明确:"英国货船担保一款,向例英国商船进口,投行认保,所有出入口货税均由保商代纳。现经裁撤保商,则进口货船,即由英官担保。"这个章程对领事报关办法作了极其细致的具体规定,由此建

[1] (美)费正清(John K. Fairbank)主编:《剑桥中华民国史》,章建刚译,上海:上海人民出版社,1991年,第23、24页。

立外国驻华领事报关制度，开始破坏中国海关行政权。在领事报关制度下，若不通过英国领事，中国海关官员根本无权和进口英商直接接触，无权向英商查看船只、检验装载、计算货量、估定货值、防止走漏、课征罚款、没收赃物。甚至连计量的度量衡和银元折合银两的升水贴水，都无权单方面决定。外商船只从进口的那一天起，直到出口的那一天止，所有报关纳税的一切手续，没有一项不是通过外国领事经手或者得到外国领事同意的，中国海关除非得到外国领事的合作否则寸步难行。领事报关制的实施，不能保证中国海关的税收，反而被外国驻华领事用作讹诈中国政府的手段。以拒绝报关纳税相要挟，在19世纪50年代以后，成为一个普遍的现象。[1]

3. 西方列强通过签订不平等条约，不仅规定外国商民可以“挈带家眷”在东南五口“居住贸易”，还连带规定外国商船亦可在五口之间“装载货物，互相往来”，获得在中国通商口岸之间的沿海航运贸易权（中美《望厦条约》第三款），由此推动转口贸易。

（二）19世纪50年代后口岸制度纵深发展

19世纪50年代后，外国侵略势力并不满足于在东南和西北开辟新口岸，又通过发动第二次鸦片战争等手段，强迫中国增开东北的牛庄（营口），蒙古的库伦，西北的喀什噶尔（疏勒），华北的天津、芝罘（登州），长江沿岸的镇江、九江、汉口，华南的潮州（汕头）、琼州（筹设期较长，涵盖整个同治朝）等（参见表1–11），使条约口岸制度外延上扩展到新开口岸。

表1–11　1843—1894年开放的条约口岸（商埠）一览

商埠名	所在省份	设埠时间	备　　注
广　州	广　东	1843年7月27日	依据中英《江宁条约》
厦　门	福　建	1843年11月1日	同上
上　海	江　苏	1843年11月17日	同上

[1] 详见汪敬虞：《资本、帝国主义国家在近代中国的特权》，载于《近代中外经济关系史论集》，北京：方志出版社，2006年。

（续表）

商埠名	所在省份	设埠时间	备　　注
宁　波	浙　江	1844年1月1日	同上
福　州	福　建	1844年7月3日	同上
伊　犁	新　疆	1852年4月4日	依据中俄《伊犁塔尔巴哈台通商章程》
塔尔巴哈台（塔城）	新　疆	1852年4月4日	同上
潮州（汕头）	广　东	1860年1月1日	依据中美《天津条约》
天　津	直　隶	1861年1月20日	依据中英《北京续增条约》等
牛庄（营口）	奉　天	1861年4月3日	中英《天津条约》
喀什噶尔（疏勒）	新　疆	1861年4月5日	依据中俄《北京续增条约》
镇　江	江　苏	1861年5月10日	依据中英《天津条约》
库　伦	今属蒙古国	1861年7月11日	中俄《北京续增条约》
汉　口	湖　北	1862年1月1日	依据中英《天津条约》
九　江	江　西	1862年1月	同上
芝罘（登州）	山　东	1862年1月16日	同上
淡水（台北）	台　湾	1862年7月28日	依据中法《天津条约》
台湾（台南）	台　湾	1863年10月1日	依据中英《天津条约》
琼　州	广　东	1876年4月1日	同上
宜　昌	湖　北	1876年4月	依据中英《烟台条约》
芜　湖	安　徽	1876年4月	同上
温　州	浙　江	1876年4月	同上
北　海	广　东	1876年4月	同上
肃　州	甘　肃	1881年4月	依据中俄《改订伊犁条约》
吐鲁番	新　疆	1881年4月	同上
乌里雅苏台	今属蒙古国	1881年4月	同上

（续表）

商埠名	所在省份	设埠时间	备　　注
哈　密	新　疆	1881年4月	同上
乌鲁木齐	新　疆	1881年4月	同上
古　城	新　疆	1881年4月	同上
拱　北	广　东	1887年4月	依据中葡《会议草约》
龙　州	广　西	1889年6月1日	依据中法《续议商约》
蒙　自	云　南	1889年8月24日	同上
重　庆	四　川	1891年3月	依据中英《烟台条约》
亚　东	西　藏	1894年5月	依据中英《会议印藏条款》

注：本表据严中平等编：《中国近代经济史统计资料选辑》，北京：科学出版社，1955年，第41—44页表改编；各商埠按设埠日期先后排列，依据条约仅列主要不平等条约，省略其他国家因最惠国条款而取得同样权利者。

这一时期条约口岸制度纵深发展更为重要。咸丰八年（1858）中英《通商章程善后条约·海关税则》第十款订明"邀请英人帮办税务"，规定中国海关"各口划一办理"，以把上海外国侵略势力利用协助清廷扑灭咸丰三年（1853）小刀会起义之时成立的洋委员管理海关制度扩大到中国其他口岸。次年，英人李泰国（H. W. Lay）受命"帮同总理各口级差关税事务"，开始在各口岸设立新海关，创建一整套由外国势力控制中国海关的具体规章制度。咸丰十一年（1861）清廷正式委任英人李泰国（H. N. Lay）为海关总税务司，为中国海关的最高主管，各口岸的税务司由总税务司选任洋人担任。英人赫德（S. R. Hart）1863年接任总税务司后，任时达半个世纪之久。赫德掌握了有关中外贸易的一切捐税制度的创制和管理，一切有关航运的水道测量，灯塔、浮标设置，引水管理等等，其中最值得重视的是1864年成立的海关会审制度。这一会审制度使得外国领事们和各口洋税务司以参加海关会审公堂的办法，主宰了对中国海关法规的实际执行。赫德利用总税务司这一要职，控制了中国关税收入，操纵清廷财政，并把手伸入中国政治、经济、军事、外交和文化等各个方面。[1]

在各通商口岸,洋商不仅“可任意与任何人买卖,船货随时往来”,有“听便居住、赁房、买屋、租地起造礼拜堂、医院、坟茔等”的权利,而且发展到享有划分租界、建立独立市政的权利。近代外国资本主义在中国的侵略活动并不受条约的限制,他们往往通过对原有条约的曲解和滥用,进行新的侵略活动,扩大在华特权,以后在订新条约时再对原来无条约依据的新特权予以确认。外国在华通商口岸租界的形成,就是一个例证。

第一次鸦片战争后,英国驻华公使德庇时(J. Davis)于1844年巡视了新开辟的商埠,认为:“凡商务成功之要素,上海、厦门两埠皆具而有之……而以上海尤善。”西方侵略者选中了上海作为他们扩大侵华的主要基地。英国驻上海首任领事巴富尔(G. Balfour)以“华洋分居”既可给中国当局管理上的方便,又可保证英国人的安全为借口,讹诈清廷的苏松太道,要求在苏州河一带划定一块专给英人占用的居留地。清苏松太道道台宫慕久在侵略者的欺诈和威胁下,为减少所谓中外纠纷,竟把这件涉及国家主权的大事当作单纯的地方事务来自行处理,于道光二十五年(1845)11月与巴富尔签订了《上海租地章程》。《上海租地章程》粗看起来只是一些事务性的内容,但是狡诈的英国侵略者却利用清朝地方官的昏庸,在条文里埋下种种伏笔,并根据需要对条文内容滥加歪曲,使其成为以后上海租界制度的奠基石。例如,《章程》第十二条规定,“租地租屋洋商应会商修建木石桥梁,保持道路清洁,树立路灯,设立灭火机,植树护路,挖沟排水,雇用更夫。领事官经各租主请求,召集会议,公同商议,摊派以上各项所需经费”;《章程》第二十条又规定,“道路、码头及修建闸门原价及其后修理费用,应由先来及附近居住租主分担。分担者应请领事官选派正直商人三名,商定应派款数。倘仍有缺款,分担者亦可共同决定征收卸货、上货一部税款,以资弥补。一切应报明领事,听候决定遵办”。这些条文粗看起来只是有关修桥铺路等公共事务的内容,在糊涂的清朝地方官看来,让洋人花钱去修桥铺路,可以省去一笔开支,减少一些麻烦。但是西方侵略者正是

[1] 严中平主编:《中国近代经济史(1840—1894)》,北京:人民出版社,2001年,第213—215页。

利用这些条文，掌握了桥梁、道路等市政管理权和捐税收支权；其中的“更夫”一词，英文本为“警察”，这为以后外国人在租界组建武装部队埋下了伏笔；根据《章程》规定，租界洋人于道光二十六年（1846）成立了三人道路码头委员会，这是以后租界行政机构的雏形。尽管美、法两国在19世纪40年代来上海的商人不多，但是这两国领事经过一番软硬兼施的活动，分别在苏州河畔圈占了大片的租界。1845年《上海租地章程》第十五条规定：“今后英商租地，应定明亩数，每户不得超过十亩，以免先来者所占地基广阔，后至者则地基狭小”，然而当时上海全体外国人口不超过50人，上海英租界初建之时却占地830亩。上海法国租界成立之次年（1850），在上海的法国人，统共只有10个，却占了五六百亩土地。[1]

咸丰四年六月（1854年7月），外国侵略者利用太平军占领南京，并向长江下游进军，上海小刀会也发动起义，“当清朝官吏软弱无能而地方势力尚未巩固的时候”，宣布把英、美、法三国租界合而为一，自行公布《上海英法美租界租地章程》。新章程规定领事每年召集会议，讨论租界公共事务，建立警察队伍，以及课税事宜等，“这样就创建了一个贸易商的共和国，它有权在外国领事根据条约进行管辖的规定下进行征税和警察治安活动”。当时不少清朝官吏和江浙一带地主富商等逃入租界避难，这一度给借口“华洋分居，避免纠纷”为由建立租界的西方侵略者带来不安，担心这样会导致中国收回租界的管理权。后来他们发现清地方政府根本没有，也不敢有收回租界的打算，所以他们在订立《上海英法美租界租地章程》时也加上附件《上海华民居住租界内条例》，规定中国人只要有“地方官盖印凭据，并经有和约之三国领事允准”，便可在租界租地建屋居住。让中国官僚地主富商等进入租界居住，对外国侵略者来说利大于弊：他们可以借口人满为患，不断要求扩大地界；他们可以借口“华洋杂居”，治安需要维持，设立警察和法庭，进一步攫取中国在租界的司法主权；他们可以将土地等转租给中国富人，从中赚取高额地租，“以最短时间发财致富”。

---

[1] 汪敬虞：《资本、帝国主义国家在近代中国的特权》，载于《近代中外经济关系史论集》，北京：方志出版社，2006年。

《上海英法美租界租地章程》将1845年《章程》中有关三人委员会的规定，进一步改为“选派三名或多名经收”捐税等。根据这一规定，由英法美三国领事选派的7名董事组成的新机构取代了原来的三人委员会。新机构英文名为Municipal Committee，直译为“市政委员会”，但为了掩人耳目，外国侵略者并没有直译其名，而用了“工部局”这个意义含混的中文译名。工部局成立后所办的第一件事，就是通过决议请求英法美三国继续在租界驻兵。接着，便分设各种委员会，分掌租界一切事务。除了“义勇队”外，工部局还有直辖武装警察队伍——巡捕房。到后来，工部局已发展成为一个拥有军队、警察、监狱和法庭等专政工具，有征税、审判、管理市政设施及教育卫生等各项权力的名副其实的政府。

上海租界的一套制度也被推广到厦门、广州、福州、天津、镇江、汉口等其他口岸。截至1870年，外国侵略者已经在中国各口岸划定了13个外国人居留地，其中有10个划出了由外国人掌握一切管理大权的租界。1876年中英《烟台条约》的签订，使“租界”一词第一次出现在正式条约里，把在此以前西方各国在中国口岸霸占的居留地合法化为“完全脱离中国管辖”的租界，赋予各国以继续霸占租界的条约特权。此后，租界的数目和面积都在不断扩张，外国侵略者在租界的特权也在不断加大，租界越来越成为外国人在华“国中之国”。通商口岸的外国租界日益成为外国冒险家的“乐园”，成为外商聚集的中外贸易活动重要据点。各口岸海关行政权被洋人掌控，以及租界制度合法化，使得西方资本主义列强对中国通商口岸的控制权进一步加强，口岸制度在内容方面进一步扩大。这些通商口岸由此成为国际商业活动中心，成为西方势力在中国扩张的基地。

清代康乾盛世过后，大一统的封建集权统治已经百孔千疮，官场腐败积弊相沿，到清后期已经积重难返；再加上社会动乱加剧，清王朝统治已在加速衰败化。这时候外国资本主义在利用租界扩大对华侵略的同时，也“按照自己的面貌”改造租界。他们把租界变成由外国势力实际控制的“国中之国”，把西方资本主义文明移植到租界里来。租界对上海近代发展的影响可包括“缝隙效应”“示范效应”“孤岛效应”“局部有序和全局无序”

等。[1]租界不受腐败的清廷官吏束缚，不大受社会动乱侵扰，成为一个在乱世中相对稳定的“孤岛”，为人口和资金的集中“提供了安全保障”。再加上租界比华界较为开明的税制和法制，以及租界本身发展所形成的外部经济效益，使它成为一个“安定的优越的投资环境”，吸引了越来越多的中外资本。租界引入西方资本主义国家先进的市政管理方式和公用事业建设等，为上海城市工商业的发展提供了较好的基础设施条件。这些，都促进了租界的近代化。租界展示的西方文明，刺激清末民初上海人加快学习西方的步伐。“上海绅商设立的煤气公司、电力公司、马路工程局，发起的地方自治运动、华人参政运动，上海市民日趋健全的市民意识、法制意识、公共秩序意识，这些都与租界的示范效应有着密不可分的关系。”[2]后来随着中国城市近代化向更高层次发展，租界的“示范效应”已呈“边际效用递减”趋势；而由于租界存在而造成的社会控制“缝隙效应”，则使得地方当局不能有效地维持治安和管理城市，盗匪不法活动往往在两界交接处更为猖獗，城市的进一步建设也受租界阻碍，租界对口岸城市近代化的消极作用更为突出。[3]总的来讲，近代口岸租界制度对当时中国城市市场发展，对中国城市近代化发展的影响极大。

（三）甲午战后通商口岸的大量增设及海关权力的扩张

甲午战后中国市场进一步开放主要表现为通商口岸的大量增设。通商口岸是近代外国资本主义对华侵略的据点，是中国被迫对外开放的门户。西方资本主义列强在中日甲午战争前已迫使中国开放了广州、上海、天津等34处通商口岸。清廷在甲午战败以后，被迫与日本签订了《马关条约》。按照该条约第六款规定，中国增设江苏苏州、浙江杭州、湖北沙市为新的通商口岸。光绪二十四年（1898）光绪帝下达“推广口岸”的谕旨，认为“现当海禁洞开，强邻环伺，欲图商务流通，隐杜觊觎，惟有广开口岸之一法”，谕令沿江沿边各将军督抚“迅速就各省地方悉心筹度，如有形势扼要商贾辐辏之区，可以推广口岸拓展商埠者，即行咨商总理衙门办理。惟须详定节目，不准划作租界，以均

[1][2]　张仲礼主编：《东南沿海城市与中国近代化》，上海：上海人民出版社，1996年，第48—49、41—46页。
[3]　陈争平：《长江口两港城经济史发展之比较》，《中国经济史研究》1998年第3期。

利益而保事权”。[1]中国自开吴淞、三都澳、岳阳等口岸。此后，或根据中外约章增设，或应外国公使、领事和海关洋员等要求开放，或在当时“海禁洞开，强邻环伺”的形势下由中国当局自开；还有先被沙俄“租借”，宣布开港，后又被日军占领，1906年由日本政府宣布自该年9月1日起开放的大连港，总计在1896—1914年的18年间新设通商口岸54处，[2]是甲午战争前54年所开口岸数目的一倍半还多。

从地域分布看，甲午战争后新设口岸有两个显著特点：一是新口岸半数以上在东北地区，这奠定了此后中国对外贸易一个较大变化的地理格局：东北成为中国农产品出口的重要基地，大连港逐渐成为中国对外贸易中仅次于上海的第二大港；二是新口岸多在内地，反映了中国内地市场的进一步开放。

1915—1925年间中国又开放了龙口、锦县、张家口、赤峰、包头等16处口岸，其中20世纪20年代开放的11处口岸基本上是由中国当局自开，其地域分布多向内陆腹地延伸。用当时海关报告中的话来说，这一时期新设口岸“在把外国商品带到中国内地广大和富饶的人口的面前以及在便利外国人所需要的中国产品的收购和运输方面的共同作用，对这些年贸易的迅速扩展而言”，是“重要的影响因素”。[3]

当时英国人赫德长期占据中国海关总税务司之职，掌握了海关的行政和用人大权，在海关实行他个人的独裁统治。各关税务司及其他高级职员都由外国人担任，他们只是直接对总税务司赫德负责，“不容许（与中国官员）有任何伙伴关系，不容许有任何（中国方面的）建议或干预”，[4]这就使中国海关成为一个受洋人控制、独立于中国行政管辖之外的特权机构。

在19世纪后半叶资本主义列强不断扩大对华侵略的背景下，赫德把持的海关权力已越出了一般国家海关业务的范围，从整个海务的管理扩大到办理新式邮政、同文馆等，使当时的海关成为外国资本主义控制中国对外贸易、支配中国财政和政治、外交的重要工具。

---

[1] 朱寿朋：《光绪朝东华录》（四），北京：中华书局，1958年，第4158页。
[2] 严中平等：《中国近代经济史统计资料选辑》，1955年，第44—47页中原载53处，缺大连港。
[3]《海关十年报告（1922—1931）》，第152—153页。
[4] 汪敬虞：《赫德与近代中西关系》，北京：人民出版社，1987年，第66页。

由于海关在控制中国经济和政治方面的重要性，甲午战争后资本主义列强争夺中国市场的斗争，直接反映到对海关权力的争夺上。战后不久俄、法等国在与英、德争夺对华贷款权时，就一再威逼清廷，要求与英国共同分享管理中国海关的权利。英国则在英德借款合同中专门对海关总税务司一职聘用英人做了规定，[1]使得英国在借款归还期限内占据海关总税务司职位这一特权有了正式的条约保证。

列强在中国争夺势力范围的斗争，对各地海关税务司等官员的任命也起了重要的影响，例如，当1898年日本把福建划为自己的势力范围后，就立即向总税务司赫德要求厦门海关税务司的席位。[2]在1899年赫德与德国公使谈判签订的《青岛设关征税办法》中，规定青岛海关必须由"德国人派充该关税务司"；1907年赫德与日本公使谈判签订《大连海关试办章程》中，也规定大连海关的税务司必须由日本人担任。[3]因为这时青岛和大连已分别被德国和日本划入自己的势力范围。

甲午战后不仅在条约中正式规定了由英国人占据总税务司职权的海关制度可以长期延续，而且海关的其他权势也进一步增强：

1. 邮政的扩展。1896年在海关管辖下的邮政官局成立。之后，官局不断排挤民办的信局，到1901年时邮政官局在各地的分支机构已有300处，1903年时各地分支局等已有700多处，除甘肃兰州外其他各省省城都已通邮。[4]1907年时，全国各省州县所设大小邮递局所已达2 800处。随着邮政由口岸向内地的伸延，海关总税务司的权力扩大到更广大范围，正如赫德自己说的那样："邮政将要成为比海关大得多的机构。"[5]邮政的扩展，促进了口岸与内地的商业联系。

2. 对常关的控制。1901年《辛丑条约》规定，通商口岸50里以内的内地常关税收也归海关管辖，这使得海关的权力又扩展到口岸附近24个常关和

[1] 王铁崖：《中外旧约章汇编》第1册，北京：三联书店，1957年，第642—643页。
[2] 汪敬虞：《赫德与近代中西关系》，北京：人民出版社，1987年，第274页。
[3] 王铁崖：《中外旧约章汇编》，第1册，第884页；第2册，第395页。
[4] 中国近代经济史资料丛刊编辑委员会编：《中国海关与邮政》，北京：中华书局，1983年，第115—116页；"North China Herald" 1905年9月25日，第640页。
[5] 汪敬虞：《赫德与近代中西关系》，北京：人民出版社，1987年，第327页。

121个常关的分关分卡。

3. 关税保管权的夺取。在1911年辛亥革命期间,海关总税务司以关税抵押债款及赔款为理由,利用统一的海关行政权力,趁局势的混乱将全国海关税收保管权夺取在自己手中。

这样,甲午战后外国侵略势力控制下的海关权势一步步增强,到20世纪初叶时已登峰造极。[1]海关所控制的邮政网络向全国各省州县发展,海关对常关的控制、对关税保管权的夺取等等,加深了外国资本主义势力对中国市场的渗透。

二、对近代中国城市市场的影响

近代口岸租界制度有力促进了中国对外贸易的发展,并对中国城市市场产生了极大的影响,使得中国通商口岸城市作为国际国内两大市场连接枢纽的作用增强。随着国际、国内两大市场联系的加强,中国城市市场出现了由传统向近代转型的质的变化。这种城市市场的质变从近代中国最早开放通商的五口市场开始,继而向汉口、天津、大连等口岸扩展,一直影响到全国的城市市场。

(一)上海

中国城市市场由传统向近代转型,以上海城市市场变化最为明显。五口通商后最初几年,中国对外贸易的重心仍然在广州。但是不久上海优越的地理区位使上海口岸外贸发展很快,具地位渐渐赶上了广州。由于上海地处中国黄金水道——长江的入海口,是江海水运枢纽,又是南北沿海交通的中心,位于国内外市场两个扇面结合部的中点,水陆交通便利,腹地广阔而富饶,开埠通商后上海进出口贸易迅速发展。上海租界在上海外贸发展过程中起到了重要的据点作用。

就19世纪重要的进口商品而言,40年代中期广州进口的英国粗哔叽布

[1] 陈诗启:《中国近代海关史问题初探》,北京:中国展望出版社,1987年,第224页。

为上海进口的3倍多；50年代中期时已经倒过来，广州不及上海的一半；60年代中期则几乎全部集中于上海。上海开埠后，鸦片进口增长更快，1847年时，上海一港进口的鸦片已近全国鸦片进口量的一半；到1871年时，上海鸦片进口量已占到全国的71%。在上海进口的鸦片中，有相当数量是转口到其他地方去的，减去这些转口数量后上海本地消费量仍然很大，上海已成为鸦片最大的进口口岸，最大的转运口岸和最大的消费口岸。到60年代终了（1869年）时，将报关进口的全部商品值合计在内，上海的已相当于广州的9倍。[1]

就19世纪重要出口商品而言，上海超过广州的情况也非常明显。中国两大出口商品中，生丝主要产于太湖地区，紧邻上海；出口茶叶的产区也大多接近上海，江西、安徽、浙江所产茶叶运到上海一水可通，就是福建武夷山的茶叶，运到广州需要花费6周或2个月，而运至上海一般只需28天左右，"次等红茶，上海收购成本要比广州低百分之十至十五；绿茶低百分之十至二十"。[2]因而在1845—1850年间，上海的茶叶输出由380万镑上升至2 236万镑，生丝出口，由6 433包上升至17 245包；同期广州的茶叶输出，由7 639万镑下降至5 507万镑，生丝由6 787包下降至4 305包。1852年上海出口的茶叶已超过全国出口的一半，1853年又进一步达到69%，1855年上海一处出口的茶叶已几乎是广州、福州两地出口茶叶总和的2.5倍。生丝这一大宗商品，到19世纪50年代中期已几乎全部由上海出口。60年代以后，随着广东桑蚕事业的发展，广州生丝出口又逐渐回升，但其占全国的比重仍远远不及上海。到1867年，包括丝茶在内的全部出口值，上海已差不多相当于广州的4倍。[3]

总之，到19世纪50年代以后，全国的贸易重心已经引人注目地由广州北移上海；在19世纪60年代长江口岸和华北口岸开放后，上海地理位置的优越

[1] 汪敬虞：《十九世纪西方资本主义对中国的经济侵略》，北京：人民出版社，1983年，第70页；及《上海对外贸易》，上海：上海社会科学出版社，1989年，第43页。
[2] 《上海对外贸易》，上海：上海社会科学出版社，1989年，第27—28页。
[3] （美）马士著、张汇文等译：《中华帝国对外关系史》卷1，北京：三联书店，1958年，第413页；汪敬虞：《十九世纪西方资本主义对中国的经济侵略》，北京：人民出版社，1983年，第68—69页。

性就更为明显了,上海已取代广州,牢牢地占据了全国对外贸易首要地位,其贸易额占全国进出口贸易额的比重,19世纪后半叶约一半多,20世纪上半叶约40%以上(参见表1-12)。

表1-12 五大口岸在全国对外贸易中的比重[1] 全国各关总计＝100

年 份	广 州	上 海	汉 口	天 津	大 连	其 他
1871—1873	12.7	64.1	2.7	1.8		18.7
1881—1883	11.8	57.1	4.2	3.1		23.8
1891—1893	11.6	49.9	2.3	3.1		33.1
1901—1903	10.4	53.1	1.8	3.6		31.1
1909—1911	9.7	44.2	4.4	4.5	4.9	32.3
1919—1921	7.2	41.4	3.9	7.4	13.1	27.0
1929—1931	5.0	44.8	2.4	8.4	15.0	24.4

列强要打开中国市场进行产品输出,需要营造一个依赖于它的经销体系,以执行其实现产品价值市场利润的职能。作为洋货输入的最大口岸,上海市场必然受到洋货经销的巨大冲击,并在洋行的制导作用下不断地被改构重塑,服务于外国资本主义的市场扩张需要。建立在机器生产基础上的商品流通的内在法则也使城市商业逐步进化,“使之适合于新兴商品市场的发展要求,从而羽化发育成了近代化的流通渠道和营销体系”。[2]

上海开埠初期,英、美洋行采用送货上门,寄售赊销等方式向宝善街、大英马路上的一些广货店、京货店等铺家推销洋布。随着洋布销路的逐渐打开,1850年上海大东门城外出现了第一家清洋布店——同春洋货号,专营洋布的内庄批发和零售。19世纪50年代沪地出现了洋布拍卖的销货方式。1858年振华堂洋布公所成立时,已有清洋布店十五六家。进销洋布行业内部也有批

[1] 严中平等:《中国近代经济史统计资料选辑》,第69页。
[2] 樊卫国:《近代上海的市场特点与口岸经济的形成》,《上海社会科学院学术季刊》1994年第2期。

发、零售或批零兼营不同的分工。19世纪60年代起，一些大的洋布店如大丰、时和等商号改作专营原件批发和零售批发。1879年，洋布业出现了向洋行定货交易，各家自打商标的销售方式。1894年后双方逐渐实现了外汇结算，洋行根据银行信征调查，将洋布字号划为不同的等级实行不同的定货标准。至此，洋布店被纳入了资本主义的商务体系。民国年间上海洋布批发方式由现款交易向半现半赊等多样化形式发展，批发的地区由原来的郊区和江浙等地发展到全国南北各地。上海客帮派系繁多，主要有天津、汉口、四川、广东、湖南、九江、福建、青岛、芜湖、大连等十大帮，还有更多的小帮。他们纷纷在沪设立申庄，向原件字号采购棉布，运销本地城乡。上海已成为全国的洋布批发基地。随着城市发展和人口激增，上海的洋布零售业也发展很快。1891年南京路上的怡盛洋布店一改传统的暗码标价、“三收三放”的讨价还价，首开明码标价不二价的先例。1912年大型棉布门市店协大祥成立，以后又成立了宝大祥、叶大祥，开展了著名的“三大祥”竞争，推涌出了繁荣的销售局面。1918—1920年棉布零售店为142户，大都聚集闹市。上海棉布商业已具有大型原件批发字号，零匹批发字号，叫庄拍卖字号、料货店（主要出售零码、副次品布等）、捐客字号、棉布交易所和大中小各类零售字号及其联号集团等不同类型层次的商业企业，形成了上海批发、客帮、大中城市批发、中间商、小城镇批发零售等向各地辐射伸展的销售网络和级差市场。建立在近代工业基础上的专业商品营销体系大致形成，棉布功能市场各司其职，蔚为大观。机制棉布商业网络的发育构成比较典型，是开埠后上海商品流通近代化的一个缩影。其他如五金商业、西药商业、染料商业、钟表商业、电器商业、百货商业等发展概况大致与机制棉布商业相似，只是规模和程度各有区别。[1]

上海内外贸易的发展为上海工业的持续成长提供了广阔的腹地市场、海外市场，提供了较好的资金营运环境以及充足、廉价的原料来源。上海开埠通商后，为外贸航运服务的外资船舶修造业首先发展起来，是为上海近代工业制发端。口岸租界制度为上海近代工业发展提供了良好的条件。1865年洋务派

[1] 樊卫国：《近代上海的市场特点与口岸经济的形成》，《上海社会科学院学术季刊》1994年第2期。

官僚李鸿章买下设立在上海虹口租界的美商旗记铁厂，在此基础上成立洋务工业企业江南制造局，其后上海机器织布局等洋务工业企业也相继建立。外资在华船舶修造业的兴办，也刺激了发昌机器厂、建昌铜铁机器厂等华资船舶修造业的创设。1881年外商在上海创办机器缫丝厂。不久公和洋行买办黄佐卿开设了公和永丝厂，这是上海第一家中国人开办的机器缫丝厂。此后，上海华商丝厂不断增设，一些原由外商开设的丝厂也被华商买下。随着中国棉花出口量的增加，棉利、源记、礼和永等上海民族资本机器轧花厂相继建立，此外上海还存在20多家轧花手工工场。[1]1895年中日《马关条约》签订后，清廷被迫同意外国列强在通商口岸开设工厂。上海的外资工业，特别是棉纺织业首先得到发展。1895—1913年，全国开办资本在10万元以上的外商工厂共有91家，其中上海占了43家，占总数的45.1%。1913年，上海英商怡和纱厂、英美烟公司、上海自来水公司、耶松船厂、日商上海纺织株式会社、内外棉株式会社等35家主要外商工业企业资本总额达5 436万元，加上其他规模较小的工厂，资本总额达6 346万元。上海的民族资本工业在1895年以后发展也很快。1895—1911年，上海先后开办的华资民营工厂至少已有112家，开办资本2 799万元。1911年，上海已有规模较大的民族资本工厂90余家。第一次世界大战期间，各国列强忙于战争，减少了对中国的商品及资本输出，上海的民族工业更是进入了一个被称为“黄金时期”的发展阶段。1912—1928年，上海形成了以轻纺为主、较为齐全的工业门类，以及较具规模的杨树浦、闸北、沪南、沪西四大工业区。1928年，上海工业已有纺织、化学、印刷、机器、食品、器具、日用品以及其他8大类54个行业，各类工厂1 781家。在上海市社会局调查的1 500家工厂中，资本总额2.03亿元，工人总数22.26万人。其中外商工厂资本1.9亿元，华商工厂资本1.03亿元。20世纪30年代后，上海工业进一步发展，大企业和大企业集团在工业经济中的地位不断上升。至抗战前夕，上海全市已有近代工厂5 500余家，手工工场16 851家，手艺作坊35 615家。上海的近代工厂、产业工人数量，以及工业产值大致已占到全国近代工业的50%左

[1] 孙毓棠:《中国近代工业史资料》第1辑，第978—979页；及彭泽益:《中国近代手工业史资料》第2卷，第237页。

右。[1]一些工业企业在上海设立发行所、分销处、外庄等销售机构，这是一种新式商业。近代工业的发展深化了上海市场的近代转型，市场化与工业化两者在近代上海形成了一种良性互动。

近代上海租界的长期存在，“客观上为近代上海经济中心地位的形成提供了一种旧中国其他地方难以具有的、特殊的制度条件。近代西方政治、经济制度在上海的引进、繁衍，无意之中为上海经济的成长提供了某种制度保障，上海成为动荡不安的近代中国少有的经济成长的绿洲”。[2]上海城市市场发展成为引领全中国城市市场近代转型的火车头。

（二）广州

广州位于华南最大的内河运输体系终点，西江、北江与东江汇成珠江，穿过广州直下南中国海。珠江三角洲物产丰盛，支撑广州成为岭南政治经济中心。清代广州曾是中国最大的通商口岸，鸦片战争后其贸易地位被上海所取代，但广州仍然是中国的南大门，是香港与内地联系的最邻近最重要的渠道，由前列表1–12可以看出，直到清末广州还长期维持着中国第二大口岸的贸易地位。

受清前期贸易制度制约，广州市场原为公行（又称“十三行”）所垄断。1842年中英《江宁条约》签订以后，原先的“公行”制度被废除，外国洋行先前所受清廷的一些限制被取消，它们转而可以倚仗不平等条约所赋予的种种特权，加紧在中国的经济侵略活动。原先的“公行”商人则转为买办，成为洋商的附庸。1861年广州的沙面岛租借给英法两国。外国洋行聚集沙面，成为西方资本主义入侵中国的急先锋，其势力增长迅速。在广州的外国洋行当时多经营鸦片贸易和“苦力”贸易。鸦片战争后香港已成为鸦片主要集散地，当地主要洋行“都经营鸦片生意，因为香港作为一个鸦片仓库，比较安全。他们也曾坦白地承认过，鸦片贸易将会成为香港今后唯一的贸易”。[3]在广州，“鸦

[1][2]　张忠民：《近代上海经济中心地位的形成和确立》，《上海经济研究》1996年第10期。

[3]　R. M. Martin: China, Political, Commercial and Social, Vol. II. p.337，见姚贤镐编：《中国近代对外贸易史资料》第1册，北京：中华书局，1962年，第429页。

片公开在大街上搬运,没有任何人加以阻止”。[1]外国洋行在广州等地公开诱拐中国人到海外做苦力。他们还雇用中国拐匪,使用诱骗、药酒迷昏以及打闷棍、套麻袋绑架等手段,把许多中国人掠走。1859年英国驻广州领事阿礼国曾经报告说:“本口(广州)苦力贸易的欺诈横暴行为,最近已经达到残忍的绝顶……就在光天化日之下,只要人们离开自己的住宅,哪怕是通衢大街,谁也免不了有被人假借债务纠纷或私人嫌隙推架而去的危险。这些人被绑匪带去,就成为囚徒,按每头若干价钱被卖给苦力承包人,运出海面以后,就再也听不到他们的消息了。广州城和邻近各地的全体人民中,已经掀起一种塌天大祸的感觉。”[2]

第二次鸦片战争后,广州对外贸易在全国的比重逐步下降,但广州一般商品进出口贸易持续增长。即使在香港变成了华南的“外贸部”后,广州仍然是中国出口产品的“采购收集部”和外国进口产品的“分配散播部”。“香港代表广州与国外市场做生意,是一个中间人,而广州才是真正的出口产品的供应者和进口货物的采买者。因此,广州与香港在对外贸易中实际是保持一种极为密切,甚至是近乎不可分割的合作关系。”[3]从1868—1898年经广州海关的进口货值由1 833.65万海关两上升至3 257.88万海关两,增长77.67%,30年间平均每年增长2%;到1928年已达到11 342.2万海关两,比1898年再增长近2.5倍,30年间平均每年增长6.44%。换言之,从1868—1928年这60年间,广州的对外贸易增长5倍多,平均每10年增长35.5%左右,即每年平均递增3.1%左右。[4]

广东亦是著名侨乡,华侨对广州进出口贸易发展做出了重要贡献。广州最早的侨办出口商是1862年秘鲁华侨黎某创办的万隆兴出口商,该商号主要是把广东的土产运销到南洋各地。华侨陈启沅于1873年创办继昌隆机器缫丝厂之后,所生产的机制丝“全部都是出口的,销于英、法、美等各国,尤以美

[1]　N. C. H.,1855年8月18日,p.11,见姚贤镐编:《中国近代对外贸易史资料》第1册,北京:中华书局,1962年,第421页。
[2]　《严中平文集》,北京:中国社会科学出版社,1996年,第126—127页。
[3]　陈明銶:《近代香港与广州的比较研究》,《学术研究》1988年第3期。
[4]　左正:《论广州港口与对外贸易的历史发展》,《暨南学报》(哲学社会科学)2002年第24卷第5期。

国为多”。陈启沅后来自设一间昌栈丝庄于广州杨仁南街，由其第二子蒲轩主持，专营继昌隆的生丝外销。还有其他一些华侨也在广州城里经营各自的贸易商号。[1]

广州进出口贸易带动了城市商业的发展。鸦片战争后，广州有不少商人主要经营进口五金、棉布和百货等。随后，广州城进出口商业网络中出现了许多中间商、转运商、内地集散商和零售商。这些商家并向专业化方向发展，例如出现专营洋布和洋货匹头店及专营洋杂货的百货批发店（当地称之为“灯色店”）等。长寿里、同兴街一带逐渐形成了百货批发市场。也有一些广州商家主营或专营某国商品。广州的百货公司出现于1907年，在时间上也要早于上海。到1918年，广州已有光商、真光、先施、大新等四大百货公司。这些新式商业行业的发展，促进了广州城市商业走向现代化。[2]

（三）厦门和福州

厦门和福州位于福建省，都是近代中国第一批开放的通商口岸城市。开埠以后，鸦片走私贸易很快从较偏僻的邵安、泉州一带转移厦门和福州。近代早期来福建的外商多为冒险家，他们依仗不平等条约制度，在厦门和福州贩卖毒品，操纵金融，垄断海运，控制福建进出口贸易。

厦门位于福建东南，靠近龙江口，1843年开埠前已是中外贸易的重要港口城市。1843年厦门开埠后，外国人在这里设立洋行开展贸易活动。“1845年英国人首先创立德记、和记两家洋行，随后又陆续开设了汇丰、怡记、宝顺、水陆、协隆、台湾记、广顺、德建、新钦兴、利记、丰记、福昌、成记、麦南美、福斯特、嘉士等20家洋行。同时，英属印度也设立裕记、安记、庆记3家。1850年，德国先后设立宝记洋行、新利记洋行。美国开设旗昌洋行和美时洋行，西班牙开设瑞记洋行，这一时期，厦门各国洋行有30多家，其中英国占2/3”。[3]

近代早期，厦门的鸦片趸船皆属于英商洋行。1849年，厦门输入鸦片

---

[1] 黄碧琴：《华侨与近代广州对外贸易》，《东南亚研究》1991年第3期。
[2] 张仲礼主编：《东南沿海城市与中国近代化》，上海：上海人民出版社，1996年，第256—257页。
[3] 林仁川：《福建对外贸易与海关史》，厦门：鹭江出版社，1991年，第197页。

3 200箱，占全国第2位，1854年输入3 860箱，占全国第3位。“在厦门的鸦片贩子猖獗之至，鸦片被直接存放在外商仓库，距离海关十分近。”[1]1886年，厦门输入鸦片“达9 000多担，比鸦片输入合法之前的四五十年代几乎增加了3倍”。[2]

在厦门，外国洋行除了输入大量鸦片之外，也输入多种工业品，如棉纱、棉织品、棉线、袜子和毛织品，还有煤油、美国加利福尼亚面粉、五金制品、颜料、染料、香水、炼乳、针、钟、镜子、酒类和钢琴等。外国人还输入棉花、豆饼、鸟粪、大米、小麦、大豆、豌豆等。“1844年英货进口总值为8.065万英镑，1845年上升为14.7494万英镑，1846年，增加到16.7935万英镑，1847年达17.9758万英镑。”[3]1845年进口总值约为1844年的1.83倍，1847年约为1844年的2.23倍。到1848年，原本蓬勃发展的贸易局势突然下转，跌至8.2755万英镑，不过仍旧比1844年多。1850年，“大批的美国床单、衬衣布、斜纹布，发生积压，卖不出合适的价格”[4]，此后厦门进口的外国工业品价值增加缓慢。至19世纪70年代，西方世界出现第二次工业革命，西方工业品生产成本和运输成本大大下降，品种增多，西方资本借此加快全球扩张的步伐，厦门进口的外国工业品价值有明显增加，厦门洋货净进口值由1871年的344万关两增至1881年的560万关两、1893年的635万关两。[5]

外商从厦门输出的农副产品主要有：茶叶、桶装糖、冰糖、红糖、烟草、兰花米、供建筑用的普通松木、水仙花、樟脑、药材、陶器、鞋子、麻袋布、南京布、纸张、纸伞、神纸、神香、铁器、烟丝、面线、金箔及一些华侨使用的杂货。近代早期厦门的出口贸易主要由外商垄断，如德记洋行曾垄断漳州特产水仙花出口，早期由厦门输往欧洲，主要市场是比利时；[6]美国旗昌洋行在1853年到武夷山大量采购红茶，一举成功，主要生意皆被其垄断；厦门还出口安溪乌龙茶和龙岩宁洋茶。1869年，厦门对美国输出台湾产的乌龙茶，自此，成为乌龙茶

[1] 林仁川：《福建对外贸易与海关史》，厦门：鹭江出版社，1991年，第225页。
[2] 同上书，第226页。
[3] 同上书，第200页。
[4] 同上书，第201—202页。
[5] 姚贤镐编：《中国近代对外贸易史资料》第3册，北京：中华书局，1962年，第1625页。
[6] 林仁川：《福建对外贸易与海关史》，厦门：鹭江出版社，1991年，第197—198页。

出口的主要口岸。[1]1878年左右,外国商人多在漳州和泉州一带采办土产,泉州和厦门出产的糖基本被外商采购殆尽,大部分糖被输往印度孟买。直到19世纪90年代,糖仍是厦门出口中的大宗货物。19世纪70年代以后,由于从厦门输出的茶叶品质参差不齐,受到印度和锡兰低价高质茶叶的冲击,厦门茶叶出口量下降。厦门土货出口值曾达到1874年的375万关两,此后则长期在220万关两至300万关两之间徘徊。[2]

福州位于闽江入海口,有内外水道与江海相通。第一次鸦片战争以后,福州作为首批开放口岸之一进入了城市近代化发展历程。这里经营木材及木制品贸易的工商业者也很多,福州广大人民以工匠及技工为业,制造桌、椅、床、柜等家具和各种衣箱、漂亮的玻璃宫灯等,从海路运往各地。福州因靠近茶山,尤其是与茶山有水道交通,使它在茶叶贸易上享有很大的优势,进入19世纪60年代后福州茶叶出口贸易蒸蒸日上,茶叶出口常占各年出口总值的一半以上。19世纪70年代至80年代中期,福州超过广州、上海,成为全国最大的茶叶出口地,每年茶的出口量占全国的1/3以上。其中1880年,福州的茶叶出口量高达10 692亿余磅,折合802 113担,创下最高纪录。福州茶叶出口市场扩大到英国、美国、澳大利亚、新西兰、欧洲大陆各国、俄国及南非等地,其中尤以英国为多。福州每年输往英国的茶叶占福州出口量的2/3以上,成为伦敦茶叶市场的主要供应者。[3]依靠闽江水运,福州将本省丰富的木材、茶叶、纸张等土特产转运出门。近代早期"鸦片贸易吸干了这里即令在繁荣时期也并不十分充裕的资金,购买鸦片用掉了大量的金钱并使购买者陷于贫困的境地,如果不购买鸦片,这些金钱本来是可以投入比较正当而能够获利的商业中去的"。[4]福州往内地多为山路,交通不便,转销内地的货物一般不从福州进口。[5]

随着进出口贸易的发展,福建沿海的海运也迅速发展起来,但是近代早期这一带的海运完全被外国人垄断。1896年英商增设太古洋行,"专营轮船运输

[1] 林仁川:《福建对外贸易与海关史》,厦门:鹭江出版社,1991年,第185、236页。
[2] 姚贤镐编:《中国近代对外贸易史资料》第3册,北京:中华书局,1962年,第1625页。
[3] 廖大珂著:《福建海外交通史》,福州:福建人民出版社,2002年,第425页。
[4] 姚贤镐编:《中国近代对外贸易史资料》第1册,北京:中华书局,1962年,第600页。
[5] 张仲礼主编:《东南沿海城市与中国近代化》,上海:上海人民出版社,1996年,第129页。

业，拥有成百艘的船只，分行南北两线，南线由厦门航线到汕头、香港及东南亚各大商埠，北线由厦门往返上海、天津、牛庄、烟台各地。他们不仅建筑专业码头，而且还盖起1万平方米的大型仓库”。[1]甲午中日战争以后，“日本开始在厦门设立洋行。1901年设三井洋行，专营进出口贸易，设大阪洋行专营海上运输”。[2]“大阪洋行主要经营日、台商人的客货运输，一线航行于厦门、台湾和日本，一线航行于厦门和香港”。[3]福州则从1866年开始创办洋务企业福州船政局，推动了福州城市的近代化。外国金融势力也进入厦门、福州，19世纪60年代后汇隆银行、丽如银行、汇丰银行等相继在福州、厦门开设分支机构，推动了两个城市金融的近代化。

厦门、福州的对外贸易带动了当地国内贸易的发展。这里每年出口大量的茶、米、樟脑和糖，同时运出很多中国金条，以支付进口外国棉花和鸦片的货款。[4]19世纪70年代，在福州船政局的带动下，闽江内河轮运业得以兴起，加强了福州口岸与腹地之间的市场联系。福州商业除了供应本地的零售消费，批发行业主要针对闽江上游等城乡市场。商业的兴旺，使得福州商业行业组织众多，民国年间旧式工商行会会馆等仍保有较大势力。厦门“地处闽西南要冲，华侨进出必经之地，内陆与南洋、沪、港各埠贸易归此集散，市井繁华，商业兴盛，为闽省之冠”。[5]甲午战前厦门与台湾的贸易常年占厦门国内贸易总值的40%以上，与上海的贸易常年占厦门国内贸易总值的20%—30%；甲午战后厦门与台湾的贸易迅速衰落，厦门与上海、牛庄、烟台、天津的埠际贸易则迅速发展起来，并带动厦门国内贸易值的较快增长，厦门国内贸易值1900年已达741.3万关两，1915年增至1 241.7万关两，1930年更达2 773.2万关两；到20世纪30年代，厦门与上海的埠际贸易在厦门输出货值上占60%以上，在厦门输入货值上占60%左右。[6]厦门城市商业在国内外贸易发展的过程中，规

---

[1] 林仁川：《福建对外贸易与海关史》，厦门：鹭江出版社，1991年，第198—199页。
[2] 同上书，第197页。
[3] 姚贤镐编：《中国近代对外贸易史资料（1840—1895）》第2册，北京：中华书局，1962年，第735页。
[4] 姚贤镐编：《中国近代对外贸易史资料（1840—1895）》第1册，北京：中华书局，1962年，第584—586页。
[5] 吴雅纯辑：《厦门大观》，厦门新绿书店，1947年，第24页。
[6] 张仲礼主编：《东南沿海城市与中国近代化》，上海：上海人民出版社，1996年，第182—183页。

模日益增大。据厦门海关税务司1881年报告，当时厦门已有大量商店及183家中国人经营的批发商行。而据20世纪30年代调查，其时厦门已有各类商号5 202家，总资本达4 200余万元。随着甲午战后日本割占台湾，厦门城市商业出现了两个突出特点：一是日本在厦门的洋行数量猛增，日本商人急剧地在厦门扩展势力；二是中国商行挂洋牌者日众。[1]

（四）宁波

宁波，古称庆元、明州，简称“甬”，位于钱塘江出海口，旧称其为“鱼盐粮食码头”，是我国古代对东洋、南洋贸易的最重要的商港之一，“有鱼盐市舶之利，实东南之要会也”。到了近代，宁波是最早开放的五口之一。宁波因为“密迩上海，上海既日有发展，所有往来腹地之货物，自以出入沪埠较为便利”，本口直接对外贸易很大程度上被上海所夺，但是在宁波“洋商始从事转口货物运输，所用船只，初为小号快帆船及划船，继为美国式江轮”，[2]间接对外贸易仍然有所发展。美国旗昌轮船公司于19世纪60年代在宁波设立分支机构，控制沪甬之间的航运业务。法国资本也于1869年在宁波开设永兴洋行，经营草编织物贸易。其后，丹麦、英、德、日等国资本也相继在宁波开设洋行。1871年美孚石油公司开始在宁波推销煤油，接着德士古公司也来到宁波推销石油制品。1877年，美国油在宁波的销量已达10.4万加仑，价值3万关两；至1891年，美国油在宁波的销量迅速上升至187.9万加仑。19世纪80年代俄国石油也来到宁波市场与美国油展开激烈竞争，1891年俄国油在宁波的进口量达到57.9万加仑。其他洋货也在宁波市场上展开国际竞争。日本、吕宋、新加坡、苏门答腊、锡兰等地与宁波之间的贸易也有所发展。从1865年到1894年，宁波年洋货净进口贸易额从394.7万银两上升到714.1万银两。[3]宁波对外出口贸易则推动了当地通久源轧花厂等近代工业的产生与发展。

宁波对外贸易带动了国内贸易的发展。宁波与国内各地的贸易在传统内

[1] 张仲礼主编：《东南沿海城市与中国近代化》，上海：上海人民出版社，1996年，第187—189页。
[2] [3] 姚贤镐编：《中国近代对外贸易史资料（1840—1895）》第1册，北京：中华书局，1962年，第618页。

容继续发展的同时又增添了新的因素。外来粮食、杂货等主要分两路,一路从长江中下游经长江水系、大运河水系再通过钱塘江到达宁波,另一路是从闽广和东南亚经海路到达宁波。当地药材、茶叶、宁式木器、鱼货等则基本上沿着反方向输出。这方面的贸易可属于传统内容,近代仍然在继续发展。晚清时期宁波与杭州、绍兴、苏州、镇江、汉口诸路贸易更加频繁,每年有成千上万只木船沿着河道来到宁波;晚清宁波与上海来往的糖、米、明矾、茶、丝等沿海贸易绝大部分是用本地的小木船和外国轮船来装载;而与山东和辽东的布、棉、冰糖、豆油、白干酒、梨、栗子、毡帽、土布、各种绳索、火腿、咸肉、蔬菜、鹿茸、药材、小麦、面粉等海路贸易早期则多用帆船装载,后期使用轮船者越来越多。在19世纪后期为扩大棉花出口服务的轧花工业兴起基础上,1908年宁波开设通利源榨油厂,用余姚、绍兴及三北等地的棉籽生产棉油和棉饼,行销本埠和外地。宁波兴办的火柴厂,采用德、英等国及上海产的原料,每年生产大量火柴行销沪、杭、芜、福州、宜昌、温州、台州等埠。外贸促进近代工业发展,而本地工业的发展也带动了国内贸易的发展。新的运输方式,新的工厂产品,可以说是国内贸易中不断增长的新因素。

近代国内外贸易的发展,促进宁波区域市场网日益发展、日趋完善。宁波城市市场是区域市场网的中心。宁波市“及西国通商,百货咸备,银钱市直之商下呼吸与苏、杭、上海相通,转运既灵,市易愈广,滨江列屋,大都皆廛肆矣”。[1]晚清时期宁波商业近代化即有明显发展,新式商业的崛起是其中主要内容之一,“至19、20世纪之交,宁波市内新式商业门类至少已达80余种”。[2]

(五)汉口

汉口位于长江与汉水交汇处,素称“九省通衢”,清前期这里因工商业繁荣,曾与景德镇、朱仙镇、佛山镇并称“天下四大镇”。但是旧时汉口镇基本上是一个沿河(汉水,当地人称为小河)市镇,古汉口木船时代土码头多集合在汉水之旁,街道狭小、拥挤。汉口开埠之后,以英国为代表的西方列强纷至沓

[1] 姚贤镐编:《中国近代对外贸易史资料》第1册,北京:中华书局,1962年,第614页。
[2] 张仲礼主编:《东南沿海城市与中国近代化》,上海:上海人民出版社,1996年,第87页。

来，在汉口滨长江西北一带（今江汉路至黄埔路范围内）建立洋人租界，设立领事馆，开办洋行，开设银行，构筑临江码头、仓库，开拓街道，营造高楼等，使得汉口市区发展的走向从沿河折回沿江。一个外国人曾经这样描述当时汉口的租界状况："在汉口，其变化之大，更是令人惊叹。……新近设立了俄、法、德租界，几年前还是稻田和肮脏小屋杂处之地，现在铺设了马路，竖起了高大的住宅。这些新租界与英国租界一起使汉口有了长达两英里，联成一气的河街。"[1]此后随着宜昌（1876）、沙市（1894）、重庆（1894）相继开埠，长江干线成为对外开放的走廊，汉口居其中的优越位置，促成其长江干线商路地位的急剧上升，进而占据汉口商业交通网的支配地位。

外国洋行主要从事进出口贸易，他们在汉口收购湖北、湖南、四川等地土特产输往国外，又进口西方各国洋货通过汉口向中国内地倾销。他们依仗轮船驰骋于长江之上，利用长江黄金水道发展航运和商贸。外国洋行还在武汉兴建了20多个出口商品加工厂，涉及制茶、肉禽蛋、面粉、皮革、棉花、苎麻、榨油等加工业务。这一切使汉口迅速崛起为万商云集的国际化城市，由一个内贸型商业中心发展为一个外贸型的国际商埠。铁路通车后汉口贸易地位更加重要。

汉口对外贸易多为通过上海等口岸的转口贸易，进入20世纪后其对外直接贸易有了一定的发展。1867年，汉口间接外贸额（包括经它埠转进口的洋货和经它埠转出口的土货）达3 000万关两，而同年汉口直接贸易额（经江汉关直接进出口）仅为52万关两，两者相差近60倍。1867年，汉口直接进口额为1.23万关两，直接出口额为51.0万关两；1868年直接进口额下降为0.69万关两，直接出口额则上升为124.38万关两。其后两年直接进口额为零，1871年又陡升为11.30万关两，1875年又降为0.42万关两，直至1891年才达到30.23万关两；直接出口额基本上持续上升，1871年为316.97万关两，1875年为575.71万关两，1883年为768.06万关两。[2]汉口开埠后不久，因其位于中国产

[1] 皮明庥主编：《近代武汉城市史》，北京：中国社会科学出版社，1993年，第59页。
[2] 姚贤镐编：《中国近代对外贸易史资料（1840—1895）》第3册，北京：中华书局，1962年，第1610、1614页。

茶区中心而跃居中国第一大茶叶出口和交易商埠。19世纪六七十年代，汉口茶叶输出稳步上升，成为该埠第一大出口商品，其输出额一般占全国出口总量的一半多。其时汉口被称为茶叶港，每到茶季汉口便呈现出一派空前的茶市盛况。汉口茶市以出口为导向，其中又以输往俄国占绝大多数。汉口茶叶输俄主要通过两条路径：一条从汉口顺长江而下经上海海运至天津，再转陆路经恰克图转输西伯利亚；一条是由汉口溯汉水而上，在樊城起岸驼运至张家口再北运蒙古及俄国。俄国商人将俄国纺织品运入汉口市场，在汉口设立商行，开办制造砖茶的工厂，购买茶叶，制造砖茶。在1865年有半数以上的经由天津发往恰克图的砖茶，是俄国人自己在湖北内地加工制造的。这种茶叶的质量比当地的好，因此自从1866年以后，所有运到天津以便转往西伯利亚的砖茶，都是俄国人加工的，或是在他们的监督下加工的。而且自从取消了俄人的内地税以后，俄商用轮船运载茶叶下长江转天津，要比走旧路便宜些。俄商利用《北京条约》及《陆路通商章程》所享有的特权，改变运茶途径，“先由水路由沪而津，再由天津循陆经由张家口运至恰克图”。在转运恰克图的过程中，俄国人持有的茶叶上税少，中国人持有的茶叶上税多，中国人不能和俄国人竞争。[1]俄商每年从汉口运出的砖茶数，1863年共有1.05万箱，1866年有4.3万箱，1869年已达7.7万箱，1872年已超过10万箱。[2]苏伊士运河开通后，俄罗斯轮船贸易公司立即开始经海路到中国运茶，1871年5月俄国商船《乞哈乔夫号》驶抵汉口贸易，成为俄中海路贸易的开端。当时，茶叶运往欧俄的费用，由海路经地中海至敖得萨，要比陆路便宜7—8倍。但是，19世纪80年代以后，主要是受国际市场的影响，汉口茶市很快进入裹足不前的疲软发展阶段，并极大地影响到汉口直接出口贸易额。这一方面是因为19世纪中叶以后日本、印度、锡兰等国家和地区植茶成功，在国际市场上形成对华茶强有力的竞争；另一方面，独占汉口茶市的俄国经历一段调整需求增长期后逐渐达到饱和状态。1917年俄国发生十月革命，中俄交通一度中断，汉口正常的茶叶出口

[1] 姚贤镐编：《中国近代对外贸易史资料（1840—1895）》第2册，北京：中华书局，1962年，第1296、1300、1313页。
[2]（俄）K.斯卡里科夫斯基：《俄国在太平洋的贸易》（俄文版），圣彼得堡：圣彼得堡科学院出版社，1893年，第271页。

陷入混乱。十月革命后，苏联对华茶进口采取关税壁垒政策，同时鼓励本国植茶，汉口茶市迅速转入萧条阶段。从汉口进出口额在全国所处的地位看，汉口间接贸易额除个别年份外，在全国外贸大埠中均高居第二位，仅次于上海。同时期汉口的直接外贸额大多数年份却落居全国外贸大埠的第四位。不仅与上海无法比照，而且经常远远落后于广州和天津。1910年时有记者论道："上海者，为外国贸易之总汇；汉口者，为内地贸易之中枢。扬子江流域其他各港，皆不过为此两地之附庸而已。"[1]民国时期，输入汉口的洋货中，生活消费品一直占据重要地位。其中，布匹一直高居榜首，洋布又以日本货为主；洋糖常居第二位，以英国货及日本货为主；汉口市场煤油销售则被美孚、亚细亚、德士古这三大公司垄断。输入汉口的洋货中，生产消费品以洋纱居第一位，其他还有染料、马口铁等。民国时期，自汉口输出的土货，茶叶已退居第二位，棉花上升为第一位。[2]

汉口开埠后不久，走"富国强兵"之路，推进中国近代化的洋务运动兴起。张之洞任湖广总督后，建造丝麻四局（湖北织布局、纺纱局、缫丝局和制麻局）、湖北兵工厂和湖北炼铁厂，以及跨省经营的汉冶萍公司，这些新型企业的兴办促进了武汉地区近代化进程，促进了汉口城市市场的发展。

汉口城市商业在18世纪中叶时以"盐、当、米、木、花布、药材"六行为最大，到晚清时已经改以盐行、茶行、药材行、广东福州杂货行、油行、粮食行、棉花行、皮行为"八大行帮"，其中茶行、棉花行、皮行等是新起的以国际市场为导向的重要商业行帮。汉口皮行的兴起可视为以国际市场为导向的重要行帮发展的一个缩影。汉口开埠以前并无皮行，"盖因我国产业落后，国内鲜有大规模之制革工厂"。该行业是在牛皮出口贸易发展的刺激下，由原业经营龟板、小羊皮、狗皮等杂店铺转化而来。随着国际市场对牛皮的大量需求，汉口牛皮商号迅速发展，出口量猛增。1911年，汉口牛皮号发展到19家，牛皮铺31家，当年出口值达数百万关两，一跃跻身八大行之列。皮行是以出口为导向的新兴商行，它的兴衰涨跌受制于国际市场。如1877年因俄国、土耳其交战，办

[1] 《国风报》1910年，23号，第4页。
[2] 皮明庥主编：《近代武汉城市史》，北京：中国社会科学出版社，1993年，第394—396页。

理军需而增加了对牛皮的需求，该年度汉口牛皮出口比上年猛增3倍，达创纪录的5.6万多担。3年后，因国际市场对牛皮需求不旺，汉口牛皮出口顿跌至2万担。剧烈的增跌，清楚地说明晚清汉口牛皮业对国际市场的依赖。其他诸如棉花业、猪鬃业、肠衣业等，大都走过了与皮业一样的兴衰荣枯历程。茶行、皮行、棉花行等的兴衰，在相当大的程度上左右着汉口的出口贸易。晚清时，销售洋纱、洋布、五金等进口货的商业行业也在汉口逐渐兴起。汉口一批传统行业在这一时期获得了生机和新的活力，杂货行就是其中的突出例证。杂货，亦称百货，它与人们日常生活密切相关。鸦片战争以前，汉口经营各种日杂用品的店铺已经不少，这些店铺一般规模很小，资金只有十余吊钱，最大也不过八九百吊钱。其经营方式多为夫妻店、父子店，极少雇佣伙计。经营的主要商品为各种手工业品，如各类针线、灯具、雨具及京苏鞋帽、手帕头巾、胭脂花粉、刀剪梳篦。这些店铺一般被称为京货什货业。鸦片战争以后，汉口广货铺日渐增多，到同治年间发展到10余家，它们主要经营广东手工业品和少量洋货，因此，这一时期的京货什货业和广货业又被称为京广什货业。19世纪70年代以后，西方日用消费品大量涌入汉口市场。皮鞋、五金电料、洋颜料、钟表、眼镜、火柴、肥皂、假珠宝、化妆品、儿童玩具、西服、针织袜等洋货充斥市面，汉口市民的生活方式在欧风美雨的熏染下亦日益趋新、趋洋，传统的杂货行不得不转而兼销洋货。到20世纪初，这类货铺的经营重点都已改变，大都以洋货为主，京广什货为辅。1911年，汉口百货店所经营的商品中，洋货约占80%。民国时期，汉口的商业分工更加细密，经营纺织品的就有大布行、色布行、花布行、大匹头批发、蒲包匹头（小批发）、绸缎庄、呢绒号等；经营服装的有内衣店、西服店、时装店等；染料业从洋广杂货业中分离出来，成为新的业体；电料电器业、无线电行、化工原料行、仪器行等新型商业行业也相继出现。

汉口城市商业经营和商峰的变化，反映在企业组织形态上，就是新兴的公司有了很大的发展。公司的组织形式有股份有限、无限、两合等，绝大部分是经营日用工业品的新型商业，打破了当地商业长期独资、合伙经营一统天下的格局。到20世纪30年代初，武汉工商业公司已达457家，其中商业公司约占60%。在企业内部管理制度上，新兴的股份制企业从聘任经理、雇用职员到分配形式，都比较全面地实行了资本主义方式；在商品经营上，订购、预购、到外埠甚至国外设庄采购等，已成为主要进货方式，经销、运销、展销等新的销售方式进一步发展；在经营设备、售货技术上，商店建筑和门面装饰更加讲究西洋格调；电报、电话的使用更加广泛，商标和商品销售的广告宣传得到普遍重视，凡此种种，“无不染上近代文明的色彩”。[1]

（六）天津

天津位于海河入海口，“地当河海之要冲，为京师之门户”，明清时期逐步发展为华北最大商港城市，被人称为“京南花月无双地，蓟北繁华第一城”。1858年中美《天津条约》第十四款规定美商可在已定口岸并“嗣后与大合众国或他国订立条约准开各港口市镇”居住贸易，“任其船只装载货物，于以上所立各港互相往来”，使沿海航运贸易权实行区域扩大到更多的口岸，西方列强逐步获得了在中国沿海航运贸易全权。1860年天津被辟为通商口岸后，英、法、美三国在沿海河的紫竹林一带建立了各自的租界。为发展海上航运及贸易，英、法、美、德等国洋行和航运企业，都争相在紫竹林租界河段建造了码头及仓库。1872年，由李鸿章等洋务派官僚创办的中国第一家轮运企业——轮船招商局成立，并在天津紫竹林租界南面的沿河地带，建设了自己的码头仓栈，从事华北与华中、华南及日本、东南亚各港间的航运业务。外国商人利用天津日益改善的投资环境，纷纷创建与进出口贸易有关的轮船驳运业和羊毛打包业等。19世纪80年代以后，他们又开始在天津租界经营近代城市公用事业和小型轻工业，如印刷、煤气、自来水、卷烟等公司。这些为近代天津内外贸易的发展提供了比以前更好的基础条件。而北方广阔腹地的存在，也使得天津口岸对外贸易很快发展。天津口岸进出口贸易总额由1865年的942万关两增至1913年的10 258万关两，增长了近10倍；天津进口贸易值自开埠以来一直居华北诸港前列；天津土货出口值初期次于烟台港，19世纪90年代以后跃居华北首位；天津在全国进出口贸易中的地位也在不断提高，全国外贸总

[1] 皮明庥主编：《近代武汉城市史》，北京：中国社会科学出版社，1993年，第141—144、388—389、398—400页。

额从1870年至1913年增长了近7.6倍，然而同期天津占全国外贸总额比重仍由1.5%上升至6%。[1]其后，第一次世界大战期间，天津进出口贸易受到战争影响有所下降，战后又很快恢复与发展，从1918年至1926年，天津进口贸易值由10 295.9万关两增至18 194.5万关两，出口贸易值由5 118.0万关两增至9 563.0万关两，外贸总额由15 313.9万关两增至27 757.5万关两。[2]

清末民初天津的进出口商业迅速发展，并成为天津商业的主导。随着进出口商业的发展，批发成为天津商业的主要业务。许多商号都改为经营向内地市场批发棉纱、棉布或五金、颜料等洋货。进口棉纱畅销利大，很快就吸引了不少中国杂货商和布商等参与洋纱贩运经营，及至民国初年天津专营棉纱批发的商号已有10家左右，形成一种新的商业行业——天津棉纱批发业；并在天津口岸与华北内地市场之间出现了一种新的中间商——各地外帮“老客”。天津棉纱批发业还分化出以经营日本纱为主的字号。1900年以后，天津出现了粮食批发业的大米庄，它们从上海等地采购大米、面粉和杂粮等，由轮船公司运至天津，批发给天津粮食零售商和外地客商。1904年，美孚石油公司为了更好地在华推销其石油产品，在天津开设分公司，其经营范围南起黄河两岸，北至长城以外，又下设北京、保定、太原、西安等10个分区，共委托120多家商号做代理店，包销美孚煤油等产品；美孚石油的劲敌亚细亚火油公司在天津的业务原由德商世昌洋行代理，1911年亚细亚火油在天津成立分公司，下设北京、太原、徐州等12个段，代理店共有170多家商号。这些代理店多为粮栈和大杂货店。因为粮栈在乡村有人做庄收粮，又与各地城镇粮店往来频繁；大杂货店则与城乡小杂货店普遍有着业务联系。利用他们的商业网，能把洋油推销到广大城乡市场。这些代理店除自身销售之外，再转手分发到下一层分销店，有些分销店之下还有分支（小粮店、小杂货店、小贩等）。美英石油产品通过“分公司→分区（段）→粮栈（大杂货店）→分销店→小贩等”这些环节，流向中国广大城乡消费者手里。[3]天津的行栈、起卸行、报关行等更加专业化的商业组织在清末也有了很大的发展。后来在民国时期又逐渐形成

[1][3]　陈争平：《天津口岸贸易与华北市场（1861—1913）》，《中国社会科学院经济研究所集刊》第11辑，北京：中国社会科学出版社，1988年。

[2]　见历年海关关册。

各类代客买卖的专业性货栈，其中较著名的有经营粮食类的同和兴货栈、启泰栈、怡和斗店等；经营山干货的交通货栈、文记货栈等；经营鲜货类的锦记栈、锦泰栈等；经营皮毛类的美丰厚行栈、鲁麟东栈、晋丰栈等；经营棉花类的宝兴恒、大通、德源公、通城货栈等等。天津也出现了一些大百货商场，如设在北马路的北海楼、北洋第一商场，1926年设在法租界的天祥商场等。[1]

天津成为华北的最大口岸，在很大程度上带动了天津外向型经济的发展。仅从近代工业来看，据1928年天津社会局的调查，在天津的中国城区（不包括租界区），共有中国人开办的工厂2 186家，资本总额约3 300万元，其中制盐、碱、棉纱、面粉、火柴等17家大型工厂资本额合计为2 900余万元，占资本总额的93%。另外，各国租界内还有中外工厂3 000多家。从而共同构筑起天津以轻工业为主的近代工业格局。天津已经形成了“以轻工业和出口加工业为主的工业体系，基本上改变了传统天津仅仅是商业和手工业繁荣的商品集散转运中心的面貌，改变了传统城市以政治职能为主、经济职能为辅的格局，使天津成为以工业为基础，金融业和商业发达的具有先进的交通通讯的近代开放型城市”。[2]

（七）大连

大连位于辽东半岛南端，东、南两面临海，原不过是个渔村，但大连港水深港阔，不淤不冻，具有建成国际港口的优良条件，其北面与东北内陆连接，有较广阔富庶腹地，可以建成东北水陆交通枢纽，成为东北与内蒙古东部进出口重要门户。晚清洋务派官员曾将旅顺作为海军基地建设，1887年清廷曾在大连湾建港设防。1898年沙俄强行租借旅大后，即大力建设大连港，使得大连作为一座新城市初具规模起来。沙俄并宣称在大连实行自由港制度。日俄战争发生后日本强占大连。1907年5月中日两国签订了《会订大连海关试办章程》18款，又附件《内港行轮章程》7款，同年7月复订《大连海关试办章程》26款，

[1]　孙德常、周祖常等：《天津近代经济史》，天津：天津社会科学院出版社，1990年，第208—209页。
[2]　罗澎伟主编：《近代天津城市史》，北京：中国社会科学出版社，1993年，第418、433—435页。

依前订办法规定解释较为详明，大连开埠通商。[1]此后，日本利用所控制的大连海关和租借地进出口贸易享受的优惠特权，在这里实行贸易垄断，把旅大租借地建成其进一步控制中国东北市场，在东北掠夺经济资源的工商业基地。[2]

大连港的自由港制度，使各国商船都可以无税或减税在旅大租借地贸易，从而把大连变成了有着巨大吸引力和辐射力的商品集散地。东北铁路的发展，又加强了大连口岸与腹地的相互联系，扩大了大连港的腹地范围。1910年，大连港的贸易量便超过营口而跃居为东北第一大口岸；1917年大连港超过广州港，1919年又超过汉口、天津港，成为仅次于上海的全国第二大港。大连的进出口贸易增长非常快：1907—1913年6年间，进口增长了183%，年均增长率为19%，同时由于对日输出迅速增加，出口增长了12.5倍，年均增长率为54.5%；1913—1919年间，尽管发生了第一次世界大战，中国南方口岸的贸易受到影响，但是作为对日贸易枢纽的大连，进出口贸易仍然保持较高的增长速度，1919年与1913年相比，进口增长了211.5%，年增长率为20.8%，出口增长了261.7%，年增长率为23.9%，大连已跃升为仅次于上海的中国第二大口岸；第一次世界大战后，大连贸易仍有所增长，只是速度有所减慢，1919—1927年间进口增长了14.1%，年增长率为1.7%，出口增长了44.4%，年增长率为4.7%。大连港进口商品多为工业品，出口商品多为农矿产品及农产品的初级加工品。1930年输出的大豆、小豆、高粱、玉米、豆油、豆饼及煤炭计16 599万元，占全部输出品的73.3%，而当年输入的纸、油脂、药品、建材、石油、钢铁、机械、化妆品、棉麻织品、砂糖、面粉等计9 658万元，占进口总值的57.2%。1921年日本占大连港进出口总货值的49.4%，1936年升至61.4%。[3]总的看来大连的进出口贸易具有起步迟、增长快、出口增长快于进口、对日贸易占最大比重等特点，这些也是整个东北地区贸易的特点。[4]

大连港进出口贸易的发展，沟通了东北传统商品市场与国际商品市场的

[1] 王铁崖：《中外旧约章汇编》第2册，北京：三联书店，1982年，第395—396、402—405页。
[2] 详见顾明义等：《日本侵占旅大四十年史》，沈阳：辽宁人民出版社，1991年，第247页。
[3] 沈毅：《近代大连城市商业研究》，《北京商学院学报》1993年第6期。
[4] 参见郑友揆：《中国的对外贸易和工业发展（1840—1948）》，上海：上海社会科学院出版社，1984年，第60—63页。

联系，促进了大连转口贸易的日益活跃。1910年，民船从关东、奉天、安东、牛庄、直隶、天津、山东、芝罘、威海卫、胶州、江苏、上海、朝鲜进口船只3 845只，进口货物236 859担；往上述各地出口船只3 307只，出口货物321 947担。而到了1913年，进口船只已达到5 995只，进口货物616 251担；出口船只共计5 787只，出口货物574 906担。到1916年时，进口船只又达到9 332只，货物791 839担；出口船只达9 127只，货物784 981担。大连与国内各通商口岸间的贸易日趋增大，同时由外洋及通商口岸进口再由铁路运进、运出内地的货物种类和数量也呈日益增加的态势。[1]

开埠通商前，大连的近代工业发展基本上处于空白状态。大连开埠后，受优惠的关税政策的吸引，大量的日本商人及其外国资本开始涌入并投资设厂。1908—1912年仅四五年间，大连的工厂从77家增加到204家；期间的资本额由1908年的不足420万日元，增加到2 242万日元；生产总额由271万日元，增加到1 899万日元。至1932年，大连共有487家工厂，投资额达到6 323万日元，生产总值为1 049亿日元；到1937年时，工厂数激增到1 021家，投资额为2.47亿日元，生产总值达到2.66亿日元；到1941年，工厂数又增加到1 372家，投资额高达5.58亿日元，生产总值达到4.89亿日元。大连的开埠通商和自由港政策的实施，对大连的近代工业的发展产生了较大的影响，推动了大连地区迅速走上工业化。[2]

大连港进出口贸易之增长，促进了大连城市商业的迅速发展，再加上大连是山东移民进出东北的海路必经地，流动人口扩大了消费需求，也推动商业的发展。在开埠通商不久的1908年，大连市小岗子一带就形成了国人经营商业的中心街区。据1918年、1934年对从事“物品贩卖业”人数的统计，大连分别为6 317人、29 937人，增长率为373%。各种商店也明显增多。1900年大连市日人店铺为1 170家，中国人店铺仅318家；到了1924年，中国人开办的店铺已增至4 310家，特别是浪速町一带，为“夜市小店所布满，无插足余地”。除了大山一带为综合性的商业中心外，大连商业在发展过程中还形成了

[1][2]　吕绍坤:《近代大连自由港制度的实施及其对城市经济的影响》,《社会科学辑刊》2004年第3期。

若干不同地域、不同经营范围的商业中心。1924年，山县一带为输出商转运事业中心，浪速町为和服、西服小买品中心，旧荫町为古物、衣类中心，伊势町为药店中心，山县街、倍农街成为食品中心。1913年，专为方便和管理东北重要物产交易和出口业务的大连重要物产交易所设立。之前买卖间常有“不正行为，或扰乱价格，或不交货物”，当局为加以杜绝，特设此交易所，结果“商民称便”。[1]

大连开埠后，日本的工商企业者、各大财团纷纷涌进大连地区，日本各家银行和欧美银行也随之相继进入，近代的银行、保险、证券、期货等金融活动和交易模式随着对外贸易的快速发展而日趋活跃，初步形成近代金融体系。据1918年和1934年对大连市的职业调查显示，金融与保险业、仓库业、旅馆业与饭店业的从业人员在这两个年份之间增长率分别为327%、89%和602%，城市商贸业的发展与货币流通的调节及信用活动密不可分，大连商贸业与金融业互为推动表现出大连城市市场的良好发展。[2]

（八）其他城市

国内其他一些城市的商业，也在通商口岸资本主义工商业的带动下，出现了新的变化。这些变化主要表现在与推销洋货及收购土产有关的商业行业的繁荣。例如，远离通商口岸的包头、银川、石嘴山、兰州、西宁等地的皮毛收购商业，由于中国皮毛出口贸易的增长而繁荣起来；又如，北京城内为推销洋货服务的商业行业在清末民初时大大发展，民国初年北京绸缎洋货商会已有瑞蚨祥等109家商号，煤油洋货广货商会有荣丰恒等40家，颜料行商会有永裕东等55家，钟表行商会有德秀斋等139家……其中著名的老字号瑞蚨祥本是靠贩运土布起家，但是自1900年后土布在它的经营中逐渐消失，它经销的商品逐渐以外国货为主，棉毛织品中洋货占80%，绸缎中洋货也不少。宁夏银川的敬义泰、天成西等八大商号中销售的百货中，洋货在甲午战争前占30%，到民国初年时已占70%多。其他一些城市过去兼营洋货的商号，已逐渐把经销洋

---

[1] 沈毅：《近代大连城市商业研究》，《北京商学院学报》1993年第6期。
[2] 吕绍坤：《近代大连自由港制度的实施及其对城市经济的影响》，《社会科学辑刊》2004年第3期。

货作为主要业务，有的干脆改称洋货店；有的城市也出现了专营洋布、洋烟或其他某种洋货的商号。[1]

民国时期，通商口岸出现的民族资本主义工业企业自设销售机构或与商业字号联营的新商业形式也扩散到其他城市。例如，无锡茂新面粉厂就曾于1917年与嘉兴、湖州增华公司联营，在两地推销茂新面粉。总之，清末民初各地城市新式商业都有了不同程度的发展，各地城市市场也随之发展起来。

[1] 详见陈争平：《天津口岸贸易与华北市场（1861—1913）》，《中国社会科学院经济研究所集刊》第11辑，北京：中国社会科学出版社，1988年。

第二章
进出口商品结构的变化及其对城乡市场的影响

由于19世纪后期开始的新的工业革命使西方工业品生产成本降低，品种更加丰富多样；同时也由于清末民初中国生产和流通的发展，以及城乡社会消费时尚在商品经济发展的大潮和欧风美雨的侵蚀下发生的变化，从而对外国商品产生了种种新的需求，中国进口贸易呈现出商品多样化的发展趋势，主要进口商品及进口商品结构也随之发生很大的变化。

从19世纪后期开始，生产发展迟缓、技术水平较低的中国传统出口商品如生丝、茶叶等，在国际市场竞争中越来越处于不利地位；同时由于世界资本主义生产的发展，对中国的棉花、豆类、芝麻、植物油、牛皮、羊毛、烟叶等农产品和原料的需求大大增加，从而导致了近代中国主要出口商品及出口商品结构的变化。

进出口商品结构的变化，对近代中国城乡商品市场格局及相关商路等产生着重大的影响。

第一节　进口商品结构变化及城乡市场竞争

一、大宗舶来品进口量值消长及进口商品结构变化

从19世纪后期开始，中国进口商品品种大大增加。仅从海关统计表上所

列的进口商品品种来看，1874年时上海进口洋货约180种，天津口岸进口的洋货品种更少，约100种；而到了1911年，上海进口洋货品种已达850多种，天津进口的洋货也达到800多种。新增品种中虽然有一部分是由于分类比以前明细了，但更多的还是新货种的增加。在这三十几年间，从西方驻华领事的《商务报告》和中国《海关报告》中，或从中外人士的文论中，常常可以看到关于洋油、火柴、洋伞、肥皂等等洋货新品种打入中国市场的消息。[1]西方驻华领事的《商务报告》中就曾经强调："贸易的重大发展必须在新品种中去寻求。"[2]新品种的不断增加，从一侧面反映出外贸领域和市场的不断扩大。

伴随着洋货新品种的增加，原先的大宗舶来品进口量、值各有消长（参见表2–1）。

表2–1　主要进口商品量（值）变化[3]

	1881—1883年	1891—1893年	1901—1903年	1909—1911年	1919—1921年	1929—1931年
鸦片（公担）	42 777	43 558	32 003	22 596	126	478
棉布（千元）	28 494	44 912	92 945	116 532	221 208	208 586
棉纱（公担）	118 020	704 877	1 503 766	1 320 197	807 249	89 611
棉花（公担）	106 373	54 567	113 482	72 571	524 116	2 141 764
糖（公担）	43 683	477 975	2 064 549	2 843 572	3 606 169	7 829 876
米（公担）	137 940	3 650 399	3 415 885	3 731 575	2 739 849	8 357 131
小麦（公担）				1 388	17 497	6 289 726
面粉（公担）			463 465	709 753	309 455	4 437 695

[1] 例见姚贤镐：《中国近代对外贸易史资料》第2册，北京：中华书局，1962年，第1092—1109页。
[2] 转引自姚贤镐：《中国近代对外贸易史资料》第2册，北京：中华书局，1962年，第1095页。
[3] 据严中平等：《中国近代经济史统计资料选辑》，北京：科学出版社，1955年，表16改编。

（续表）

	1881—1883年	1891—1893年	1901—1903年	1909—1911年	1919—1921年	1929—1931年
钢与铁（公担）	273 717	887 337	958 829	2 264 257	3 525 261	5 817 537
煤油（千升）	176 514	176 538	386 178	685 173	717 287	752 055
染料等*（千元）	728	2 959	6 455	15 789	34 752	51 102
机器等**（千元）		1 259	2 271	12 565	53 734	72 138

* 染料等，包括染料、颜料、油漆类。
** 机器等，包括机器及工具。

各主要进口商品所占比重及进口商品结构也在发生变化，特别是在19世纪80年代以后，这种变化更为迅速（参见表2–2），这与前述进口贸易货值增长的趋势是相符合的。

表2–2　中国主要进口商品所占比重变化（%）[1]

	1877年	1894年	1913年	1921年	1928年
鸦　片	41.3	20.6	8.1	0.0	0.0
棉制品	25.7	32.2	19.3	23.6	14.2
棉　纱	3.9	13.1	12.7	7.4	1.6
杂项纺织品	6.8	2.5	2.1	2.1	6.8
煤　油		4.9	4.3	6.3	5.2
米	2.2	6.0	3.1	4.4	5.4
面　粉		0.7	1.8	0.4	2.6
机　器		0.7	1.5	6.3	1.8

[1]　据《上海对外贸易》（上）有关年份《关册》编制表及第195页。

（续表）

	1877年	1894年	1913年	1921年	1928年
车　辆			0.6	2.5	0.9
染料颜料类	0.6	1.5	3.1	3.3	2.2
金属及矿砂	5.9	4.6	5.2	6.7	5.4
煤	1.5	2.0	1.7	1.5	1.9
棉　花	2.0	0.3	0.5	3.9	5.7
糖	2.2	5.9	6.2	7.7	8.3
纸　张			1.3	1.7	2.4
纸　烟		0.1	2.2	2.8	2.1
烟　叶			0.6	1.6	5.1
木　材		0.8	1.1	1.2	1.6
合计占总进口值	92.1	95.9	75.4	83.4	73.2

罪恶的鸦片贸易，对于西方国家来华的贸易商来讲，仍然是利润丰厚而又受到侵略特权保护的贸易，所以直至19世纪七八十年代，鸦片始终占据中国进口商品的第一位，每年进口值在3 000万至4 000万关两之间，占商品进口总额的1/3至1/2。到90年代时每年鸦片进口值仍有所上升，但是由于其他商品进口的迅速增加，鸦片所占商品进口总额的比重下降为1/4左右。鸦片贸易的厚利引起中国国内罂粟种植的扩大，这又反过来促进国产鸦片对进口鸦片的替代，成为使以后鸦片进口量逐渐减少的一个主要因素。19世纪末20世纪初鸦片进口量已在减少，1907年中英两国又签订协定，规定如果中国禁绝种植罂粟，英方可减少印度鸦片的输入量，之后鸦片报关进口量继续下降，但因协定签署后鸦片价格上涨，1910年鸦片报关进口值5 541万多关两，达历史最高峰。1911年中英又订约提高鸦片“综合税”（关税和厘金合并之税），1912年海牙“国际禁烟会议”要求各国应会同防止鸦片、吗啡等“运入或运

出中国”。[1]此后鸦片报关进口量、值都在减少，但走私进口仍然不断。

世界各主要资本主义国家的工业革命几乎都是从纺织业，特别是棉纺织业起步的。棉纺织业成为19世纪资本主义工业生产的主要产业，棉纺织品也就成为资本主义国家占领海外市场的主要商品。在19世纪后半叶中国市场上，棉纺织品始终是进口商品中的重要项目，它在19世纪80年代以前占进口总额的比重仅次于鸦片。1886年以后棉纺织品取代鸦片，占据了进口商品的首位。在19世纪70年代时，棉纺织品占进口商品总额的1/4左右，到90年代时已占到总额的1/3，一度近2/5。

这一时期西方各国在中国棉纺织品市场上的竞争也开始激烈起来。英国作为19世纪世界上棉纺织业最发达的国家，曾经长期垄断中国洋布市场。但是从19世纪70年代后期开始，英国这一地位首先遭到了美国的挑战。美国作为产棉大国，有着比英国原料低廉的优势，可以价格较低的粗棉布挤入中国市场。很快，到80年代中期时，中国洋布市场上将近60%的粗斜纹布和85%的粗市布已经是美国货了。[2]此时，荷兰棉布也挤入中国市场，加入竞争行列。

19世纪最后20年间，中国棉纺织品市场上洋纱进口增长速度又超过洋布。从海关公布的全国进口统计来看，1874—1894年20年间，洋布进口值增长了88.4%，而洋纱进口值则增长了986.7%。棉纱进口值曾经在1900年前后两度超过棉布进口值。这是由于一般纺机比织机进步速率更高，在中国洋（机）纱排挤土纱的进程比洋（机）布排挤土布的进程更快，洋纱条干均匀，不易断头，价格又廉，中国原有手工织户在残酷的市场竞争中为了得以生存，纷纷改用价廉质优的洋纱织布，以此增强对洋布的抵抗力。[3]进入20世纪后，棉纱进口增长速度减慢，海关报告多次指出，其原因是中国国内棉纺织业的发展。第一次世界大战期间，棉纱进口量不断下降，并随着中国国内棉纺织业（包括外资在华工厂）的发展，棉纱出口量跳跃性地上升。战后，棉纱这种进口

[1] （美）西·甫·里默著、卿汝楫译：《中国对外贸易》，北京：三联书店，1958年，第116；马士等著、姚曾廙译：《远东国际关系史》，上海：上海书店，1975年，第526页。
[2] 严中平：《中国棉纺织史稿》，北京：科学出版社，1963年，第90页。
[3] 严中平：《中国棉纺织史稿》，第267—269；许涤新、吴承明主编：《中国资本主义发展史》第2卷，北京：人民出版社，1990年，第952—964页。

下降、出口上升的趋势继续发展，到1927年已由入超变成出超。

鸦片、棉布和棉纱这三项在19世纪最后30年间构成了中国进口商品的绝大部分，在进口总额中所占比重高达50%—75%。[1]

毛、麻、丝等杂项纺织品在中国进口贸易中也占有重要地位。毛织品的进口在中国有着较长的历史，其进口值长期在300万—600万关两之间徘徊，到第一次世界大战后其进口值迅速增长，从1920年的479万关两猛增至1926年的2 936万关两，1928年更达3 651万多关两。毛线、毛棉合制品、人造丝织物等的进口，在20世纪20年代也出现了迅速增长的势头。毛制品和毛棉合制品原先主要是英国货，后来也遭到日本货、美国货的竞争。

20世纪20年代后期，日本等国人造丝生产猛增，其输出对象“首当其冲的当然是实际上失掉关税自主能力的中国”，中国在1924年时人造丝的进口约1万担，1928年时已有12万担多，4年间激增了约10倍。因人造丝价格比蚕丝低两倍，外观“亦颇精美”，在“穿着和洗涤方面还有其他令人满意的特点”，很快侵入丝织业而逐步夺走天然丝的市场，令中国蚕丝业“谈虎色变”。[2]到20世纪30年代时人造丝成为日本对华走私贸易的重要商品。

煤油是19世纪60年代新增加的进口商品，到1901年煤油输入量已超过1亿3千万加仑，金额已逾1 700万关两，已占商品进口净值的6.4%以上。1907年开始，汽油的进口也在逐年增加。1920年时，煤油进口值约5 432万关两，汽油进口值也达134万关两。到1928年，两项合计已逾7 000多万关两。染料、机器、火柴等商品进口也在持续增加。

粮食进口的增长也成为清末民初中国对外贸易中“令人震惊”的问题。中国进口粮食原以稻米为主，数量不大。1885年后粮食进口迅速增加，1885年时其进口值不到67万关两，1894年时已达1 083万多关两，1907年、1908年两年平均进口值超过4 160万关两，净进口值也达3 349万关两，粮食进口值占商品进口净值的比重一度上升到10%以上。粮食进口品种也扩大到面粉、小麦及其他杂粮，其中面粉进口值占粮食进口值的比重在1895—1915年间达到

[1] 姚贤镐：《中国近代对外贸易史资料》第3册，北京：中华书局，第1608页。
[2] 彭泽益：《中国近代手工业资料（1840—1949）》第3卷，北京：三联书店，1957年，第4、5页。

20%以上。第一次世界大战期间及战后初年，中国粮食进口虽然仍有一定的规模，但由于出口大大增加，每年粮食有大量出超。其中面粉于1915年已有4万5 743担的出超量，其后出超量逐年增加，1917年出超量14万2 259担，1918年出超量增至239万担以上。[1]但由于面粉进出口单价的差别，直到1917年面粉仍有50多万关两的入超值，1918年面粉价值上才转为出超。1922年开始，外粮大量进入中国，面粉及粮食总的贸易，都由出超转为入超，1923—1927年粮食进口净值年均约12 239万关两，其占商品进口净值的比重达到12%左右，这五年间粮食入超量年均3 842万担，[2]入超额也常在2 000万关两上下，有时几近3 000万关两。1929年后中国粮食入超常在1亿关两以上。作为一个农业大国，粮食入超如此之大，反映了中国粮食问题的严重性。

1895年以后，随着外国对华资本输出的扩大，以及中国新式工业、交通业的发展，机器、车辆、化学产品、电器材料、染料、钢铁及其他金属等生产资料成倍或数倍增长。这六项商品进口值1913年为6 799万关两，占商品进口净值的11.6%，[3]1921年时因进口纺织机器价值比以前增加了2 000多万关两，其他几项商品也有较大增长，六项合计进口值近2亿关两，接近1913年的3倍。

随着国内某些轻工业的发展，棉花、烟叶等农产原料的进口数量大幅度增长。1919年前中国棉花每年有数十万担，乃至上百万担的出口，而进口多则不过三四十万担，少则仅数担。1920年后棉花进口猛增，开始由出超转为入超。1921年棉花进口量已增至168万担，价值3 586万关两。1926年棉花进口量已增至274万多担，价值几近1亿关两，入超值达6 435万关两。烟草的情况与棉花有些相似，在20年代一方面有较大的出口，另一方面进口比以前大大增加，每年入超值也有数十万关两。[4]

其他如食糖、西药、火柴、肥皂等生活消费品进口增长也很迅速。糖曾是中国出口之第三、四位的大宗商品，但19世纪90年代以后中国糖出口逐渐减

[1] 许道夫：《中国近代农业生产及贸易统计资料》，上海：上海人民出版社，1983年，第140页。

[2] 据许道夫：《中国近代农业生产及贸易统计资料》，上海：上海人民出版社，1983年，第146页有关数据计算。

[3] 上海社会科学院经济研究所：《上海对外贸易》上卷，上海：上海社会科学院出版社，1989年，第193页。

[4] 杨端六等：《六十五年来中国国际贸易统计》，1931年，第36、45、28页。

少，台湾割让给日本这一事件又加速了中国糖出口的衰退过程。进入20世纪后，洋糖进口大大增加，从1900年的129万担增至1905年的462万担，同期糖的入超量也由46万担增至410万担。其后，糖的进口在波动中略有上升，已成为中国进口名列前茅的大宗商品。到20年代糖的进口又出现了新的加速增长，1925年洋糖进口超过1 200万担，价值近9 000万关两。

前列表2–2反映了1877—1928年中国主要进口商品价值所占总进口值比重的变化。从中可以看出，过去占进口总值比重最大的鸦片，在这一期间占进口总值的比重越来越小，到20世纪20年代时，虽然仍有鸦片报关进口，但其所占比重已经微不足道了；棉纺织品自19世纪80年代以来，一直占据进口商品的首位，但是到了第一次世界大战以后，其所占比重已呈明显下降趋势。如果将棉布与棉纱分开考察，则棉纱所占比重下降更快。20世纪初棉纱所占比重曾一度在20%以上，高据进口商品榜首，20年以后其比重已从1921年的7.4%，迅速下降到1928年的1.6%，只排在第十几位；煤油、汽油等液体燃料所占商品进口值的比重，一直处于第三、四位；砂糖、粮食、棉花及烟叶等农产原料在商品进口值中所占比重呈上升趋势，其中棉花等农产品的比重在20年代里上升尤为迅速。机器、车辆、化学产品、电器材料、染料、钢铁及其他金属等生产资料进口值1913年合计占商品进口净值的11.6%，1921年时占商品进口净值的比重提高到21.1%。进口商品结构的上述变化在一定程度上反映了这一时期中国境内资本主义经济的发展。

总之，这一时期中国进口商品呈现出多样化发展趋势，商品结构也发生了一些变化，鸦片占进口总额比重下降，棉纺织品及其他工业品比重迅速上升；生产资料所占进口总额的比重也有所提高。但是中国进口商品结构以机制消费品为主的基本格局仍未改变。[1]

二、洋布进口与中国市场变化

近代中国老百姓把进口棉布称为“洋布”，在上海等城市专营洋布交易的商人称作“洋布商”。鸦片战争前进口棉毛织品的交易是在广州一口由行

[1] 陈争平：《试析1895—1930年中国进出口商品结构的变化》，《中国经济史研究》1997年第3期。

商垄断的。到1819年,广州已有一批布商“小贩”,参加英国洋行棉布的拍卖。[1]1837年,广州棉布商组成“南海布商会馆”,集中进行棉布交易。[2]当时的棉布交易,大约是以土布为主,兼有少量洋布。鸦片战争后,对外贸易中心转移到上海。怡和、宝顺、仁记、泰业、泰和等洋行相继在上海设行,出售英国洋布。当时大宗品种包括哆罗呢、哈喇呢、哔叽绒、羽毛缎等毛织品,及市布、斜纹、漂布、花布等棉织品。由于这些洋布是机器生产,幅宽色白布匀,逐渐得到上海等城市居民的认可,逐渐挤入中国城市棉布市场。洋行在把外国机制棉布输入到中国市场销售渠道中“处于主导地位”。较早在中国市场经营棉纺织品进口贸易的外国洋行有英商怡和、仁记、老宝顺、泰和、义记、老沙逊,美商老旗昌、丰裕、协隆等,还有法商、德商、瑞士商、荷兰商、意大利商洋行,日商约在1910年开始有在华经营棉布的洋行,但是其后日商洋行势力发展较快,据调查1932年上海的匹头洋行数,日商已超过英、美,居第一位。在近代中国市场上外商洋行通过控制进口棉纺织品的货源和运销网络,进而达到对棉纺织品进口贸易的控制。

19世40年代洋行推销洋布等主要是通过买办与华商用易货方式销售,或向上海等口岸的京广杂货店(早期主要是广东人北来开设的广货店)兜售,也有一些零星残次洋布等由洋行在门市拍卖。从19世纪50年代开始,在上海等口岸出现了一些推销洋布呢绒的“洋布店”。在上海,最早开设的洋布店是1850年开设的同春洋货号,经营洋布门市零售和内庄批发。次年又有一绅士开办了义泰洋布店,并开始正式打出了“洋布店”的招牌。1853年,上海一城又接连开办了协丰、恒兴、大丰等8家洋布店。初期洋布店销售的洋布呢绒等,都是洋行从英国进口,然后派遣买办、跑街持样本到洋布店推销。洋布店的资本家为了追逐利润,也常到洋行去看货样,争取货源等,并通过买办向洋商出谋划策,使进口洋布的品种更为适合中国市场的需要,从而扩大了洋布的销售。洋布店为了进一步排挤土布,争夺销售市场,还委托染坊、踏坊等,将一

[1] 英国商人函件,剑桥大学藏怡和公司档案。转见严中平:《英国资产阶级纺织利益集团与两次鸦片战争史料》,《经济研究》1955年第1期。

[2] 广州市纺织品公司等:《广州市私营棉布商业的社会主义改造》1960年油印本。

些白布、漂布等洋布染色或整理加工，使洋布越来越能适应中国市场的需要。1858年，上海十多家洋布店为了加强同业之间的协调和联络，还成立了名为“振华堂洋布公所”的同业组织，一个新兴的行业正式宣告形成。南京路上的怡盛洋布庄首先挂出“真不二价，童叟无欺”的招牌，对经营的各种布匹实行明码标价，不允许顾客还价，由于定价合理，顾客也能接受，还省去了讨价还价的许多麻烦。这一做法不久便被同业所接受，于是大家都成了“不二价”。广州在鸦片战争后也出现了专营洋布的洋货匹头店。汉口的洋布商，是在开埠之后从京货店分化出来的，当时称作“大布业”（相对于经营窄面土布的小布业而言）。早期洋布店商人的出身，据上海的资料可以看出，有不少原来是绅士地主，也有一些是从药商、钱商、茶商等其他商业中转业而来，少数是买办兼营。洋布商在中国城市棉布市场上的地位不断提高。

19世纪70年代以后新技术革命使得西方棉纺织工业生产力提高，生产成本降低；第二次鸦片战争以后西方列强在华侵略特权的扩大，苏伊士运河的开通及欧洲至上海海底电缆的敷设，外国银行对中国通商口岸金融市场的控制以及买办商业剥削网的形成等因素，又加强了外国工业品在中国市场的竞争力。1867—1877年这10年间，输入中国的英国本色市布价格由每匹2.47两降至1.26两（到岸价格，下同），标布由每匹2.17两降至0.96两，斜纹布由每匹3.49两降至0.96两。[1]其他洋布售价也大大降低。洋布不仅在中国沿海城市棉布市场上对土布占据了优势，并开始挤入到中国内地乡镇棉布市场。

洋行与中国批发商的交易，最早是买方打5天期庄票，称为买现货，货价按银洋计算，1860年以后，因银洋缺乏，改以上海九八规元（两）为计价单位。以后华商对畅销货为便于添购，就向洋行预定若干箱，一月内陆续出清，称为写货。而后因棉布畅销，洋行现货不足，对货商兜售在途之货，称为卖路货。路货仍不敷需用，从1879年，华商就开始向洋行定货，各家还自打商标，作为本号包牌。定货有契约作保，洋行利润更有保证。定货形式通行之后，洋行就很少自办现货。后来它们为避免定货因汇价变动造成的损失，从19世纪80年

[1]　姚贤镐：《中国近代对外贸易史资料》第3册，北京：中华书局，1962年，第1642页。

代初又推行“先令保价”办法。定货时仍以规元计价，并注明当日外汇牌价，货到时，如先令牌价长、缩不超过1便士，仍按原定价出货，超过1便士部分，作为调整规元定价幅度。此办法大约实行了10年左右，从1894年起，又改为外汇计价，即定货时就按先令计价。这样，就使华商在价格、币值上更加从属于国际市场。[1]

上海进一步成为包括长江和北方各省在内的全国进出口货物集散中心，上海洋布市场国际竞争也开始激化起来。在19世纪70年代以前上海洋布市场呈英国一统天下的局面，但自70年代开始美国粗布的进口量大增。外商在这里经销洋布品种除了从英国进口的本色市布、标布、十二磅原布、粗斜纹布和细斜纹布之外，还有美国的花旗粗布、铁路绒布，荷兰的清水漂布等，后来俄国和日本所产机制棉布也打入中国市场。进入20世纪后，日本输华棉制品迅速增加。

由于外地商帮采购频繁，上海洋布店的经营方式也有所改变。原来以门市零售为主的洋布店，其中较大者都向着原件批发业务发展，例如大丰、时和等字号，已经放弃门市零售，专营原件批发；恒兴、增泰等字号，也改为以原件批发为主，零售为辅。这些华商字号为了掌握货源，往往与洋行结成较为密切的关系，成为某一家洋行的基本客户。各家洋行也都因此掌握了一批联系较紧、业务较大的华商客户。例如，进口洋布较多的英商泰和洋行，其洋布基本上为大丰所经销；英商祥泰洋行进口的金洋钱牌漂布和花布则为增泰（后改为仁德）独家经销。原件批发业务的发展，使得这些华商字号的营业额和盈利都大大增加，其中业务较大的大丰商号，每年营业额已达两三百万两，年盈利三四万两；一般经营原件批发的字号营业额亦达百万两以上，盈利有一两万两，在同行业中获利较多。[2]上海在20世纪80年代已形成几种类型的字号：

（1）原件批发字号。销售量约占进口棉布量的90%，销售对象为外埠常驻上海采购的申庄。这类字号专营批发业务，与洋行关系密切，有的是包牌独家

[1]　许涤新、吴承明主编：《中国资本主义发展史》第2卷，北京：人民出版社，1990年，第193页。
[2]　上海工商行政管理局、上海纺织品公司编：《上海市棉布商业》，北京：中华书局，1979年，第23—25页。

经销。它们以样本向客帮兜售，手续额很大，大型字号全年可达三四百万两，净利有三四万两。

（2）零匹批发字号。亦称拆货字号，销售对象是邻近上海的江浙城镇同业及本市中小零售店。这些店号资金少，无力购买原件只能零批购进，甚至赊购，零匹批发字号从洋行买进原件，拆零批发给它们。这类字号也兼营门市零售。全年营业额约三四十万两，盈利在5 000—10 000之间。

（3）零售店。销售对象为本市消费者，从门市现销扩展到门市赊销（如向大户人家分送折子，按三节付款结算），全年营业额约三四万两，盈利在一两千两之间。

此外，所谓叫庄字号（代客帮于洋行拍卖时叫货，成交取佣。1887年英商在上海开设元芳洋行，雇佣华人陈德培做买办，每星期一次将紧俏棉布做不限价拍卖，人称“叫庄”，个别华商为获取某种布匹往往高价争购，元芳洋行则坐收渔人之利。）、掮客字号（多为掮客开设，代办转账、开发票等手续）之类，户数不多。[1]

中国许多城市的商人纷纷来到上海设立申庄，采购洋布。随着进口纺织品销路的扩大，各地在上海的申庄也日益增多，并按地区形成各自的帮别，其中，较大的有：天津帮、祥帮（实为北京帮，因其店名均有一“祥”字，如瑞蚨祥、谦祥益、庆祥、隆祥等而得名）、北帮（亦称东北帮，包括安东、大连、牛庄、哈尔滨、长春、沈阳、烟台等，商人基本上为山东籍）、汉口帮、长沙帮、川帮（包括重庆、成都、万县等地）、江西帮、福建帮、广东帮、宁波帮；较小的有：山西帮、洛阳帮、南京帮、镇江帮、绍兴帮、云南帮、皮货帮（为甘肃、新疆等地客商，运来皮货在上海出售，再买进洋布运销该地）等等。这些外地商帮所设申庄，经营特点是大额办货（一家申庄一次买进白布一两百包，花色货二三十箱，不足为奇）、现款交易。也有一些洋行和买办直接与内地华商挂钩，推销洋货，例如著名的大进口商仁记洋行进口的各种牌号的洋布，单在芜湖一地就有7家华商字号与其挂钩经销，其中一部分洋布还转运到汉口的4家华商字号向内地

[1] 许涤新、吴承明主编：《中国资本主义发展史》第2卷，北京：人民出版社，1990年，第188页。

贩卖。在镇江、宁波、汉口、九江、福州、厦门、芜湖等口岸，洋商、买办及与之联系紧密的华商，利用子口税制度来大量贩销洋货。例如镇江，1869年的海关《关册》曾经记载说，由镇江利用子口税单向内地运销的洋糖和布匹，已经深入到安徽及其邻近地区的“每一个角落”；稍后的记载透露说，这项贸易更越过安徽扩散到河南全省各地；1886年经由镇江运销内地的洋货品目有800多种，其中仅洋布一项运销开封者达13万匹，运销济宁、徐州和海州者各有10万匹。[1]口岸洋布商及外帮洋布商的实力不断增强，构成由洋行买办—口岸洋布商—外帮批发商—各地布商的洋布销售网络，促进洋布不断扩大占领中国棉布市场，并促进了洋行买办及洋布商在中国市场上的地位进一步提高。

棉布在清末民初长期位于进口商品的首位，但由于其他商品的进口增长，其所占比重逐渐下降。棉布进口值在20世纪20年代以前仍有所增长，到了20年代里在中国国内棉纺织业发展的影响下，棉布也出现了进口下降，出口上升的趋势，入超值也在逐渐减少。不过，由于日本棉布在中国的大力推销，以及英国等棉布的竞争，到1928年中国仍有价值1亿7千多万关两的棉布入超。[2]

20世纪20年代以后，上海原件批发布号从洋行处购买的洋布一般情况下90%销售给外埠客邦，其余售给上海的拆货布号和大型零售店，拆货布号主要售给江浙两省的中小城镇的棉布零售店。洋布到达客帮、布店及拆货字号后，再通过较低层次的市场贸易流通到乡村的集市，通过这样的商业网络进口棉纺织品得以深入农村进入众多农民家庭。

作为中国市场上洋布源头的洋行，此时却展开了日英两方的激烈竞争。日本棉布在与英美棉布竞争中逐渐占了上风，美国棉布则自欧战后几乎绝迹于中国市场。中国与日本只有一海之隔，地理上的便利是欧美国家无法比拟的，在运输上占有绝对的优势。运输既然便利，定货的交割期自

[1] 详见严中平主编：《中国近代经济史（1840—1894）》，北京：人民出版社，2001年，第1143—1150页。
[2] Liang-lin Hsiao, *China's Foreign Trade Statistics, 1864–1949*, Harvard: Harvard University Asia Center, 1974, pp.39, 86.

然较短，所以中国商人们自然乐意与日本人交易。第一次世界大战后正是汇兑率涨落最不稳定的时期，商人定货唯恐在汇兑方面遭受损失，愿意在最短时期中交割，日商遂因时势的推助而成为中国进口商家最满意的对手。在销售组织上日本棉业界创行的是所谓纵断的组织，其特点是在能使原料供给机关、制造生产机关和运输销售机关联络为一直线，在制造者和贩运者之间又有大资本家或财团在背后为之联络提携，从而把原料、制造和贩卖打成一片。土布坚实耐用是中国百姓乐于使用的主要原因，日商于是乃用机器生产仿制土布，加宽了尺码，结果颇受欢迎。根据海关记载的资料，日本的仿制土布在中国市场的销量最好，每年输入量大抵占该种布总输入量的99%以上。日本“所织布匹最能投东方人的所好，这一点也是兰开夏商人所不能及的。日本输出的棉货大半是粗质品，所用原棉以印度棉和中国棉为大宗，这些廉价的原料因运输便利之故源源输入，而这个利益在英国也是享受不到的”。对于棉布价格，日商不仅按货物的实有成本，而且多按市况决定。当物价增高，货物流转不能自如之时，日商则将其货价略为减低以广招徕，而使其营业不致停滞。中国本身就是一个广大的市场，有庞大的消费棉制品的能力，商人又多贪图利益，日本商人鉴于此，调节销售方法以求适应。据1932年上海商业储蓄银行所做的调查，“东洋棉货的现货价格，最不规则，供给一少，立即涨价，需要一淡，立即低价以诱之。例如某货共存三百箱，卖去第一百箱时，价每匹十两，卖去第二百箱时，价则涨为每匹十两半，卖去第三百箱时，价或涨为十一两，以图厚利。如果遇到抵制日货之时，则又以低价售与奸商，偷运内地，甚至冒充国货牌子，刻上‘勿忘国耻’、‘完全国货’等字样，秘密售于奸商”。第一次世界大战后英国经济一有恢复就倾其全力向中国推销西洋货（参见表2–3），但是东洋棉布仍然能够在中国市场占有棉制品进口份额的大多数。[1]

[1] 详见于新娟：《长江三角洲棉业外贸及其影响（1912—1936）》第三章，华东师范大学2007届博士学位论文。

表2-3　A　上海的清洋布店[1]

1850—1854年

店　名	开设年份	资本额（两）	经　理	主要投资人	
				姓　名	身　份
同　春	1850年左右	约2 000	郑锦云	不　详	上海绅董
义　泰	1851年左右	2 000	凌西塘	凌西塘	上海绅董
协　丰	1853年左右	2 000	孟明甫	孟明甫	上海绅董
恒　兴	1853年左右	2 000	江辅卿	蔡　某	蔡同德药号老板
大　丰	1853年左右	3 000	许春荣	翁　某	宁波封建世家
增　泰	1853年后	10 000	孙增来	孙增来	浙江慈溪人
萃昌顺	1853年后		王藕塘	王藕塘	海宁人
协　泰	1853年后		李荣山 孙加伦	李荣山	镇海人
成德丰	1853年后		李珍珊	陈春芝	绍兴人，宝丰等五家钱庄老板
时　和	1853年后		王和厚（后） 林汉文	王和厚	宁波人
鼎　丰	1854年左右		陈幼亭	孟明甫	上海绅董，协丰分店
泰　源	1854年左右				
复源镛	1854年左右				
史丰顺					
恒丰信			姚少青	不　详	徽州茶商

[1]　许涤新、吴承明主编：《中国资本主义发展史》第2卷，北京：人民出版社，1990年，第184页。

表2–3　B　上海进口的东西洋棉布[1]　单位：匹

年　　份	西洋货	东洋货
1920	9 520 906	3 154 802
1921	5 052 181	3 033 280
1922	7 619 094	2 832 647
1923	5 323 486	3 133 267
1924	6 434 838	5 064 723
1925	4 212 381	5 707 418
1926	5 014 513	7 603 925

日英两方的激烈竞争对上海棉布商业也产生了很大影响。当时上海棉布商业中将从英国的兰开夏、利物浦二口岸装运来沪的洋布通称为西洋货，将日本商人进口的洋布通称为东洋货。西洋货自选择式样之日起至货物运到之日止要经过较长时间，东洋布能投东方人的所好，日商经营方式又比英商灵活，华商多不愿意向英商定货而转向日商定购。清末专营东洋布的华商字号很少，民初逐渐增多，至1920年上海棉布商业已有王祖记、豫昶、和泰昌等28家专营东洋货字号，另有通裕、日新盛、合昌等12家由西洋定货字号改营东洋货者。[2]

洋商通过控制操纵棉业的进口贸易，并运用灵活的经营手段，便利了棉制品的进口，尤其是20世纪初日本棉制品迅速充斥并占据了长江三角洲市场，对长江三角洲传统棉业市场产生极大冲击。这一时期手工织造的土布由于成本较重，售价无法与进口的机制布相竞争。洋布往往削价倾销，1930年日本货斜纹布每尺只售六七分，松江各布店大减价时，以日货斜纹作“牺牲品”，每尺只售五分。这时织土布不仅无利可图，即使不计工资亦须亏本，因此农村中除自用者尚有少数生产外，已绝少出售。洋布的竞相输入，实为土

[1]　上海工商行政管理局、上海纺织品公司编：《上海市棉布商业》，北京：中华书局，1979年，第97页。
[2]　同上书，第57页。

布的致命伤。国人以洋布价廉物美,故乐于采用,洋布销路愈广,即土布销路愈窄。[1]

东北沦陷等大事变促使东北市场上洋布加快排挤土布的进程。南通土布以东北为重要销售市场,最盛时年销2 600万元以上,东北沦陷后在日本布的角逐之下,南通土布销售锐减,1933年全年销数,达1 700万元,到1936年亦仅1 000万元。[2]浙江硖石所产土布,"本能远销东三省、淮、扬、齐、鲁、皖、赣、闽、粤等地,至民二十年前后,江北方面,受日货竞争,本省且又洋货充斥,销路乃仅能在皖南闽北及本省偏僻之地,维持原状。至二十二年顷,远路销场固已消失"。[3]

三、石油产品进口与中国市场变化[4]

中国市场上最先出现的石油产品是煤油(Kerosene Oil,中国俗称"火油""洋油")。1863年美国煤油开始输入中国,供在华外国人点灯。[5]1867年,火油进口量为29 842加仑。由于煤油比中国旧时照明用的豆、茶、棉、麻等植物油(土油)点灯亮度高,价格又仅为植物油的五至七成,因此先被通商口岸城市华人店铺和住户使用,后又迅速进入中国内地,为中国所有社会阶层所接受。煤油逐渐取代了照明用土油,很快在各地城乡推广开来,成为一种生活必需品。1882年"在各条约口岸周围,相当大的区域内已普遍使用煤油了。……每个村庄都有廉价的煤油灯,最穷的人都买得起"。[6]后来,市民们多用美孚石油公司开发的带有玻璃灯罩的罐式煤油灯;乡民们所用火油灯多是自制,例如广西北海一带用"瓦制或洋铁制的小茶壶,灯芯插在壶嘴上,毋须灯罩,即能发出很好的亮光"。[7]

---

[1] 详见于新娟:《长江三角洲棉业外贸及其影响(1912—1936)》第3章,华东师范大学2007届博士学位论文。
[2] 童润夫:《南通土布业及其改革方案》,《棉业月刊》1937年第1卷第2期。
[3] 严中平:《手工纺织业问题》,《中山文化教育馆季刊》1937年第4卷第3期。
[4] 本目是在陈争平以往有关研究基础上,又吸收了其博士生常旭学位论文《中国近代石油进口贸易研究》初稿缩改而成,特此说明。
[5] 申力生主编:《中国石油工业发展史》第2卷,北京:石油工业出版社,1988年,第227页。
[6] 姚贤镐编:《中国近代对外贸易史资料》第3册,北京:中华书局,1962年,第1388页。
[7] 同上书,第1173页。

19世纪中叶中国内河航运中，由于轮船惧怕煤油起火而通常不愿意运载，帆船运载煤油是这一时期内河运载煤油的主体方式。“西式中国三桅帆船贸易增长非常显著。这些船载粗笨廉价的货物，它们支付不起高昂的运费。煤油在它们运往内地的运货单上是重要的一类。在贸易册中煤油的迅速发展是值得注意的一点，不但港口本地的消费增加了，内地的需求也增长了。”[1]

煤油进口总量不断增加，光绪三年（1878），入口有多至4兆加仑之多。光绪三十年（1905）几至157兆加仑。从前所有火油均来自美国，唯光绪十四年（1889）俄油始行销用；光绪十九年（1894）苏门答腊火油，即兰格（英文Langkat的音译，是苏门答腊产煤油的品牌名称）火油，用油船初装至上海；般鸟（婆罗洲）火油于光绪二十六年（1901）始销行市面。19世纪后半叶中国进口的石油产品主要是煤油，并有少量的润滑油（Engine Oil）等其他产品。火油原由洋行代理经销，1893年上海德商瑞记洋行在上海浦东仿照香港建立煤油池的条例，设计煤油池、装箱厂和公事房，占地34亩，共修建了3座大小相同的油池，每池可储油2 500吨。[2]光裕机器油行于光绪十五年（1890）分设支行于上海。[3]纽约美孚石油公司于光绪十九年（1894）在上海设立其在中国的第一家分支机构，在华推销煤油。

煤油的进口俄国虽然比美国晚了20多年，但它很快在中国市场上成为“美国石油的一个可怕的劲敌”。它的价格每箱“比美国石油大约少纹银一钱，而油质显然同样的好”。[4]陈炽在《续富国策》中曾比较在清末中国市场上美俄两国石油产品经销方式的差异：“石油即煤油……美人取之，复加提炼，盛以洋铁之匣，护以松木之箱，万舳千艘，行销海外。华人贪其价廉，争相购买，每岁入口千余万金。俄国煤油矿在黑海之东岸，质稍清洁，矿质尤多。俄人以铁管引之，盛以巨舶，运销各国，不用箱匣，故取值更廉，颇夺美洲之利。贩俄油者，多系德人，此近年各口所以广设洋油池栈也”；他也指出：美俄两国石油产品“销入中国，不胫而走，各埠风行”，认为煤油是鸦片、洋布之

[1] 茅家琦主编：《中国旧海关史料》第9册，汉口贸易报告，北京：京华出版社，2001年。
[2] 申力生主编：《中国石油工业发展史》第2卷，北京：石油工业出版社，1988年，第248—249页。
[3] 徐润著：《上海杂记》，珠海：珠海出版社，2006年，第12页。
[4] 姚贤镐编：《中国近代对外贸易史资料》第2册，北京：中华书局，1962年，第1169页。

外使得中国资金外流的又一“无穷之罅漏”,煤油大量进口使得中国“民贫”“国困”。[1]

1905—1931年间煤油净进口数量非常庞大,年均1.89亿加仑;20世纪30年代后,煤油进口呈现了下降的趋势,其主要原因在于煤油以海关两计价格的上升,“一战”前煤油价格约为0.136海关两/加仑,1931年上升到了0.377海关两/加仑;与此同时,在中国的通商口岸和城市,电灯照明方式逐渐兴起,煤油价格的上升也刺激了电灯公司在城市的发展,电灯对煤油存在替代作用。清末民初在实业救国的热潮下,中国新式工矿交通业有所发展,对汽油、燃料油和润滑油等其他石油产品的需求也必然增长。据中国海关统计,中国在1903年开始有少量汽油进口,至20世纪20年代汽油进口大增,1921年达到470万加仑,此后有增无减,1931年达到2 980万加仑,10年时间增长了5.38倍,年均增长率为20.4%。从表2–4可以看出柴油进口在20世纪不断增长,特别是进入20世纪20年代,进口大增。汽油和柴油进口增长之迅猛,与民国时期大力新建交通运输业密切相关。自清朝末年,润滑油进口就具有一定规模,反映出中国新式工业的发展。到20世纪20年代,润滑油进口又有大幅增长,从初期约5百万加仑增加到1929年的13.9百万加仑。1929年以后润滑油进口下降。

进入20世纪后,纽约美孚石油公司(Standard Oil Company of New York,中国一般称为“美孚行”)、亚细亚石油公司(英荷壳牌石油公司的子公司)和德士古石油公司(加利福尼亚–得克萨斯石油公司前身)逐步垄断了中国石油市场。各大石油公司先前主要通过洋行代理经营,19世纪末开设在华设立洋行,依靠买办制度的办法在中国推销石油。为了更好地控制销售,各大石油公司自20世纪初纷纷在中国设立分公司,建立直接控制的经销制。美孚石油公司将此作为一项长期的工程,它甚至在纽约建立学校,培训员工关于中国市场的各种知识。美孚石油公司挑选赴中国经销石油产品的员工,比美国政府驻外事务处还要严格。

[1] 转引自姚贤镐编:《中国近代对外贸易史资料》第2册,北京:中华书局,1962年,第1167页。

表2–4　1904—1931年四大油品净进口量值统计

年份	煤油		汽油		柴油		润滑油	
	量	值	量	值	量	值	量	值
1904	156 901 215	27 909 904	13 632	4 907	1 058	9 416	436 960	152 019
1905	153 470 831	20 287 089	47 063	8 002	3 286	27 767	1 230 756	316 440
1906	128 353 690	12 547 752	126 958	41 586	1 307	10 259	297 005	81 112
1907	161 284 355	19 999 038	143 743	50 425	731	5 362	856 925	223 783
1908	186 084 950	27 326 001	195 503	69 928	1 757	15 649	1 301 840	382 037
1909	145 719 886	23 027 872	164 327	42 620	4 195	39 517	1 761 176	504 343
1910	161 389 583	21 743 290	224 931	59 774	3 681	36 003	2 139 552	617 240
1911	235 898 240	34 812 383	280 125	72 867	6 320	60 687	2 250 062	652 441
1912	197 902 362	24 845 801	399 703	88 760	4 546	44 655	2 391 041	629 078
1913	183 984 052	25 402 845	465 577	107 796	12 065	125 104	2 449 586	708 467
1914	230 200 708	35 094 240	819 556	214 150	9 203	147 910	3 242 118	1 085 985
1915	185 070 111	28 031 444	693 129	252 479	9 094	157 453	4 408 912	1 416 998
1916	147 390 253	31 816 373	685 906	335 925	5 183	109 094	4 358 000	1 833 007
1917	157 910 941	33 354 656	1 183 895	551 118	18 261	303 168	3 287 494	1 139 600
1918	110 202 234	28 240 026	1 194 290	560 344	18 204	338 225	5 360 028	1 827 491

(续表)

年份	煤油		汽油		柴油		润滑油	
	量	值	量	值	量	值	量	值
1919	199 309 753	46 671 373	2 174 748	1 342 295	37 148	585 660	5 915 435	2 172 246
1920	189 588 540	54 318 290	2 604 634	1 674 374	75 447	1 073 211	5 776 532	2 468 946
1921	175 110 125	58 077 438	4 664 455	2 728 407	40 561	1 705 759	4 349 588	2 916 815
1922	209 192 102	53 441 902	4 818 271	3 212 674	62 764	1 396 028	6 306 790	2 806 311
1923	214 835 669	58 291 716	6 307 815	3 848 531	57 267	1 469 036	7 186 443	3 077 028
1924	223 207 104	57 811 062	7 265 093	4 068 401	104 025	2 306 438	8 788 847	3 360 437
1925	258 570 591	66 117 023	8 823 511	4 515 920	95 823	2 258 069	7 080 593	2 421 798
1926	232 991 961	56 595 342	12 797 291	6 145 011	133 728	3 322 528	9 025 798	3 231 122
1927	163 969 137	43 292 609	13 203 446	6 202 959	156 546	4 561 286	8 099 514	3 215 044
1928	262 792 609	62 385 835	20 041 590	8 348 154	221 668	5 424 298	12 384 563	4 592 915
1929	239 263 293	55 177 498	28 644 358	9 144 198	183 909	4 023 415	13 767 104	5 578 381
1930	185 608 596	54 864 546	29 725 052	12 407 230	151 093	3 877 252	13 029 535	6 300 702
1931	171 140 380	64 549 371	29 754 655	14 672 374	227 336	9 215 235	10 394 293	5 992 451

资料来源：根据《中国旧海关史料》制作。
说明：煤油、汽油和润滑油的数量单位为美制加仑，柴油的数量单位为吨。价值单位均为海关两。

美孚石油公司1901年在上海购买油栈地基，1903年建立油栈。此后，又向内地扩张其营业，陆续在大连、营口、天津、烟台、青岛、重庆、宜昌、沙市、长沙、汉口、九江、芜湖、镇江、宁波和杭州等地设立支行办事处。1906年以后美孚公司逐渐开始与华商建立经销关系。美孚石油公司改组三达油公司，首先在上海建立"总行"，并在上海、南京、天津、青岛、汉口和广州设立6个"区行"，其下又设"分行""支行"。在支行以下即为各级华商作为经销商，首先是地区总代理商，主要由与外国人、军阀、官僚等有关系的富商充任。据说，孔祥熙曾"包销美孚火油为华北经理，设立了祥记公司"。[1]其次是县城、集镇代销商，它们主要是比较有本钱，拥有栈房厂地的酱园、米行、杂货店或洋纱号等。这些店铺一般为地方乡绅开设，比较可靠，也具有推销能力。总代理商实际是"二批发"，自身经销很少，主要是批发给下一级的代销商。县、镇代销商与农村的小杂货店、粮店、小商贩等也有着非常密切的关系，由此与之订立零售业务的关系。由此，美孚利用了中国原有的城乡商业网络，将美孚油深入到全国城乡各地。

美孚公司定有严密的规章制度。据张毅回忆：美孚的内部制度环环相扣，各司其职。分行、支行的人事任用统由区行负责，分行、支行无权过问。分、支行经理每天要将营业部的情况向上级报告，每月还要报告各大类货品（如汽油、煤油等）的销售情况，特别是增减及其原因；会计部也要按时呈送各种日报和月报。美孚总公司经常注意搜集各地市场情况，雇用若干调查员，深入基层，调查经销机构的信用、资产、推销能力、业务发展状况、经销账目、报单日期、存货数量、同业竞争、当地市场各种商品供需情况，催收欠款，并写出扩展业务及改进推销方法的报告。通过调查员的工作，洋经理对经销机构的业务便了如指掌，有助于加强控制。[2]

此外，美孚公司为了运销石油的便利，在上海、天津和汉口等重要的通商口岸都设有大型油池和油栈，以及制造煤油桶（50加仑）和煤油罐（5加仑）的

[1]　谭光：《我所知道的孔祥熙》，全国政协编：《文史资料选辑》第25辑，北京：中国文史出版社，第214页。

[2]　苗利华：《美孚石油公司》，载《旧上海的外商与买办》，上海：上海人民出版社，1987年，第48页。

附属工厂,其他口岸一般也有储油池和制罐厂。它还备有专门的油轮和油驳艇等组成的运输船队,在铁路沿线也备有油罐车,铁路站点有油栈。美孚公司还有制造煤油灯、玻璃灯罩等工厂。美孚在中国市场建立了完备的运销体系。

亚细亚石油公司的前身壳牌运输贸易公司和皇家荷兰石油公司在19世纪90年代进入中国市场。1907年亚细亚石油公司成立,在上海设立机构,自行推销;1908年其在华机构分为华南和华北两个总公司,华南总公司设于香港,管理华南各地包括两广、贵州与福建地区的石油储存和运销。华北总公司设立于上海,营业范围为华南公司辖区以外的中国其他地方,以及朝鲜。亚细亚石油公司也在中国划区经营。主要有10大区:天津区,下辖天津、北京、营口、郑州;青岛区,下辖青岛、济南;重庆区;汉口区,下辖汉口、长沙、九江、宜昌;南京区,下辖南京、镇江、芜湖;上海区,下辖上海、杭州、宁波、苏州;厦门区;广州区,下辖广州、九龙、梧州、南宁、昆明;汕头区;福州区。各区均设有油池、油栈和加油站等。[1]为了扩大营业,亚细亚石油公司也组建了"总公司—分公司—支公司—代理处—代销处"的经销网络。与美孚不同的是,亚细亚对代理人的经销范围不加限制,一人可兼数地的代理人。它还特别注意稳定代理处,对各地的代理不大变动,因为"代理人老仆事主,不存二心;老马识途,精通业务"。[2]

据韩清平回忆:华南区公司设在香港,管辖广州、梧州等地的分公司,也直接管辖琼州、广州湾等地的支公司。区公司与分、支公司的隶属关系,主要是根据运输和汇兑的情况来确定的。"亚细亚公司的各种油类,就这样通过它的区、分、支公司和代理商,像水银泻地,无孔不入第推销到我国各地去,即穷乡僻壤也都有它的油类推销。"[3]

德士古石油公司进入中国比较晚,最初委托日本三井洋行在中国经销煤油。1915年在上海设立德士古石油分公司,取消三井洋行的代理,直接在中

[1] 曹曾祥:《亚细亚火油公司概况》,载《旧上海的外商与买办》,上海:上海人民出版社,1987年,第54—55页。
[2] 同上书,第58—59页。
[3] 韩清平:《亚细亚火油公司在桂、粤活动见闻》,载《广州文史资料》第16辑,1965年12月,第30—31页。

国推销石油；据海关贸易报告，1917年已经开始大规模设立代理机构，扩张业务；至1929年上海的分公司扩大为德士古（中国）股份有限公司。德士古中国公司是德士古石油公司在远东的总公司，其全胜时（1927—1941年）共辖有大连、天津、青岛、汉口、南京、上海、香港及越南西贡、朝鲜汉城9个分公司，分公司下设支公司，支公司之下按地区设立代理店和代销店。德士古公司在中国分公司和支公司的情况是：[1]大连分公司下辖沈阳、哈尔滨等支公司，天津分公司下辖北京、太原等支公司，青岛分公司下辖济南、烟台等支公司，汉口分公司下辖重庆、长沙等支公司，南京分公司下辖镇江、芜湖、九江等支公司，上海分公司下辖杭州、宁波等支公司，香港分公司下辖广州、厦门、福州等支公司。

德士古总公司设有营业部、储运部和会计部等部门。营业部下辖精制油、机器油、柴油、航空油、统计部和采购部6个单位；储运部下辖油栈、运输、工程和机场油站4个单位。而其会计部直接对纽约总公司负责，不受中国公司最高领导人的管辖。分公司也有与之类似的组织体系。

德士古在推销煤油时也是设立"总公司—分公司—支公司—经销行—经销支行—经销处"的销售网络。至于汽油、机器油、柴油等则较少委托华商经销，一般是直接向用户批销。

美孚、亚细亚和德士古这三大石油公司通过遍及全中国的销售网络，完全垄断了中国的石油进口和销售市场，三家公司在中国石油市场上的竞争异常激烈，经常掀起价格大战；而越到后来越采取联合瓜分市场的策略，以及共同排挤其他的石油公司。

美孚石油公司在中国建立油灯厂，通过赠送桅灯、台灯、灯罩等方式首先打开中国内地和农村的市场。亚细亚为了夺取市场，则将自己的煤油半卖半送。1905年中国掀起抵制美货运动，亚细亚石油公司更是趁机以低价争夺石油市场。"一战"前美孚逐渐缩小买办佣金，将之分散给推销员，希望逐步建立直接控制的销售网络，而亚细亚则针锋相对地采取重用买办的制度，夺取市场。德士古初入中国市场时，美孚和亚细亚曾联合用低价倾销的手段加以

---

[1] 李丁丰：《我所知道的德士古石油公司》，载《旧上海的外商与买办》，上海：上海人民出版社，1987年，第61页。

排挤；德士古则“以牙还牙”，制定更低的价格，经过一两年奋战才站稳脚跟。这一期间，三大公司的利润大大缩减，而营业费用却相对提高很多，因为它们“既想用压价的竞争手段制服对方，就需要扩大机构、增加人手和付出作战的费用”。[1]德士古还展开宣传攻势，在中国各大城市的报纸和刊物上刊登大幅广告，邮寄宣传材料，赠送日历等纪念品。三大公司经常使用联合其中一家以打击另一家的策略。这种三虎相争的局面持续到1928年才宣告结束。明显的价格战虽然停止，但石油公司之间别出心裁的“暗战”却层出不穷，如对经销商的加意笼络、争取大客户和收买对方工作人员。

对经销商的笼络，如上文提到的油价涨跌时，各代销店可以低价报销的手段获取高利。此外，各个公司还设有“经理机动金”，作为经理“奖给”经销商的特别奖金，鼓励他们争取多销以及拉拢大生意，不过这种奖金不常有，也不是经销商的主要收入来源。对于大客户如机关团体、汽车公司，则公然以虚开发票来抢拉生意，还暗中给买方的经办人员回扣，以“特种服务工资”的名义从“经理机动金”里支出。[2]至于收买对方工作人员，以获取业务机密，更属平常。美孚广州分公司甚至出现这样的情况：亚细亚收买了美孚的管仓，管仓则在美孚经理的授意下用伪造的材料蒙骗亚细亚石油公司。

三大石油公司为了共同瓜分中国市场，采取合作的方式，商定在各地区每年的销售比例，如在华北市场上，历年平均销售额大约为：美孚40%，亚细亚25%，德士古35%。三大石油公司还商定保持这一比例的具体措施：[3]

为了贯彻其市场份额和协议价格的执行，三大公司还各自雇佣调查员，在各码头、车站、仓库和重要行销地区，秘密调查其他两公司的进口和销售数据，进行相互监督。[4]

三大石油公司在面对竞争对手时，总是协同作战，不遗余力地彻底将之打

---

[1] 郑炳华口述、邱庆镛笔录：《广州美商德士古公司内幕简介》，载《广州文史资料》第22辑，第123页。

[2] 参见张毅：《美孚火油公司广州分公司》，“列强在中国的租界”编辑委员会编：《列强在中国的租界》，北京：中国文史出版社，1992年，第285—286页。

[3] 参见闵文：《英美三大油行侵入天津概述》，载《天津文史资料选辑》第28辑，第123页。

[4] 郭幼丹等：《美商天津德士古火油公司三十年掠夺纪实》，载《天津文史资料选辑》第28辑，第138页。

垮。如1925年美国大明火油公司在天津设立，准备推销“银箱”牌煤油，立即遭到三大公司联合抵制，并由德士古出资兼并。同年美孚广州分行一个英籍员工在香港组建胡氏兄弟公司，向美国独立石油商订购美国，创建“蝴蝶”牌煤油，与美孚相比，价格便宜而质量相近，因此风行一时。三大石油公司又联合降价，导致其破产。至于对付华商经营的光华火油公司，更是极尽跌价倾轧之能事。光华火油公司开设于1926年，属于官商合办企业，1927年与美国一家小石油公司建立贸易关系，次年自建油池、油栈，将进口散装煤油在上海装罐销售，随即遭到三大石油公司的排挤，断绝进口来源。1930年苏联油遍地石油公司（U.P.T.）在上海成立后，光华火油公司与之签订合同，经销苏联石油。三大公司极为恐慌，以亚细亚石油公司为主，组织联合阵线，采取跌价办法与光华火油公司竞争。在持续三年的跌价竞争之后，每箱煤油价格由10元跌至5元左右，售价甚至低于成本；苏联油遍地石油公司亏损约1 200万美元，光华火油公司也亏损500万元；光华火油公司不得不将全部油池、油栈售于三大公司，其市场则由美孚和亚细亚瓜分，光华火油公司变成三大公司的经销商。[1]

又如1926年国民政府在广东宣布实行煤油附加税，三大石油公司即联合抗缴，其各香港区行联同时封仓停售，中断煤油供应，以迫使国民政府取消附加税。而此时市场上出现一种华商自制的土制煤油，一时取代了三大石油公司的销售市场。[2]在此情况下，美孚广州分行的副经理开始与国民政府洽商解决办法，以实行煤油专卖为条件，向国民政府贷款。[3]国民政府则在获得预借税款后规定，三大石油公司出售的煤油贴上国民政府的专卖印花，畅销无阻。凡

---

[1] 上海社会科学院经济研究所、上海市国际贸易学会学术委员会编著：《上海对外贸易（1840—1949）》上册，上海：上海社会科学院出版社，1989年，第363—364页。

[2] 这种土制煤油，是从轻质柴油中加工提炼出来的。大概从1927年开始广州兴起这种小型工业，到1930年以后逐渐增加，最多时有160家，原料购自三大石油公司。华南地区之外，“似甚少出现”。土制煤油，其色泽和质量比三大公司的成品稍差，但售价低廉。三大公司曾采取低价倾销的办法，排挤土制煤油，又采取措施限制柴油流入这些小工厂手中，但是广州邻近港澳，柴油从港澳走私入口的机会非常多，三大公司防不胜防。此外，据说广东茂名当时已经开采了少量的可供提炼煤油的油页岩，规模很小。参见郑炳华口述、邱庆镛笔录：《广州美商德士古公司内幕简介》，载《广州文史资料》第22辑，第126页。又据陈醒吾回忆：1吨轻质柴油（习惯上计作2 240磅）经过简单蒸馏，可以甑出接近美孚进口质量的一级煤油52罐（每罐5加仑），共约2 158磅，损耗很少，而价格相差很大，煤油比柴油贵得多。由于质优价廉，因此销路遍及本省各市县，别省也到广州采购。参见陈醒吾：《抗日战争胜利后代理美孚火油回忆》，载《广州文史资料》第16辑，第23页。

[3] 其实质是三大石油公司承认煤油附加税，国民政府所借款从三大公司应缴的税款中逐年抵扣偿还。

未贴印花者则一概没收,从而确保了三大公司的市场垄断。美孚、亚细亚和德士古在缴纳了煤油附加税后,又联合争取降低石油进口税率。按海关关税的规定,煤油的税率远高于柴油,而优质柴油可以仿照柴油关税进口,于是三大公司利用该规定,将质量比较低劣的煤油掺杂化学物质,避开肉眼和普通检测工具,伪装成优质柴油进口,这样就避开了较高的煤油进口税。这种煤油进口以后再加入"酸性黏土"(Acid Clay)可以便捷地加以提清,还原为劣质煤油。由此,美孚新出了桃花牌、亚细亚新出了经济牌、德士古新出了新月牌,价格很低,打垮了土制煤油。[1]此后三公司不再出售劣质煤油,重新高价出售老牌子的煤油。

四、洋货与中国工业品市场

马克思曾把商品价值的实现,即在市场上售出,比作是商品的"惊险的跳跃",并指出:"这个跳跃如果不成功,摔坏的不是商品,但一定是商品所有者。"[2]这个跳跃,对于近代中国实业家来说更为惊险。因为他们不仅要面对来自本国的市场竞争,更要面对实力强大的外国资本主义的市场竞争。

外国资本不但拥有工业和商业上的优势,而且享有不平等条约所规定的种种特权,他们的产品在中国市场上到处排挤着中国本国产品。以清末棉纱市场为例,在洋货泛滥下,"福建、广东、广西、贵州、云南这南中国五省之广大棉纱市场,简直没有国产纱的插足地……东北且成为日纱倾销最力的市场之一,结果国纱在东北四省的每年销量始终不曾超过一万担,而那里每年的全销量却几达二十万担。东北市场也无国产纱的插足余地",[3]国产纱的销路便挤向华中与华北,而这两个地区国产纱销售情况也处于绝对的劣势。参阅表2-5及表2-6。

---

[1] 1930年前后广州主要的土制煤油工厂有兴亚厂,日产达5 500罐;其次有亚孚厂、宝兴厂、南华厂、福星远记厂、哑光厂、大德厂等。全市各厂日产量高达4万多罐。1933年土制煤油业最盛时,进口煤油约减少了25%。三大石油公司除了采取降价倾销的办法以排挤土制煤油外,当时还通过地方政府打击土制煤油业,新立煤油贩卖营业税,并以安全的名义勒令土制煤油厂迁离市区。至1934年下半年,160家土制煤油和贩卖柴油的厂商,勉强生存的仅有1/10左右。陈允耀:《煤油洋商勾结陈济棠扼杀土制煤油业》,载《广州文史资料》第16辑,第37—41页。

[2] 《资本论》第一卷,北京:人民出版社,1975年,第124页。

[3] 严中平:《中国棉纺织史稿》,北京:科学出版社,1963年,第130页。

表2–5　棉纱输入净量比较（五年平均）[1]

年　份	长江中上游七口岸			华北四口岸		
	共计（担）	洋纱（%）	国纱（%）	共计（担）	洋纱（%）	国纱（%）
1894—1898	245 359	86.4	13.6	336 531	93.7	6.3
1899—1903	628 608	77.4	22.4	480 821	92.1	7.9
1904—1908	645 777	83.2	16.8	596 926	89.4	10.6
1909—1913	692 582	72.0	28.0	726 190	80.1	19.9

表2–6　煤、棉、纱、面粉市场比例[2]

	煤		棉		纱		面粉	
	1913年		1903年		1908年		1913年	
	实数（千吨）	%	实数（包）	%	实数（包）	%	实数（万包）	%
中国	5 743	39.41	129 500	11.31	223 500	23.93	2 036	37.87
外国	8 828	60.59	1 015 400	88.69	710 510	76.07	3 340	62.13

不仅如此，外资在华工厂制品也涌入这一市场。舶来品和外厂制品给中国工业品市场造成了极大的压力。

表2–6反映了四种主要工业品市场上外国资本主义产品占据优势地位的情况。其他如毛纺织品、火柴、卷烟、水泥等商品市场都是这样。[3]而在煤、铁矿行业，帝国主义不满足于一般的市场竞争，而是通过强占（如开平煤矿）、兼并（如门头沟煤矿）、贷款控制（如汉冶萍公司）等手段控制着中国绝大部分煤铁矿的生产和销售。

清末民初中国棉纺织业等进口替代产业的发展，需要保护关税等一定条

[1]　严中平：《中国棉纺织史稿》，北京：科学出版社，1963年，第131页。

[2]　“煤”“棉”“纱”见汪敬虞：《中国近代工业史资料》第2辑下第1157页；“面粉”见上海市粮食局：《中国近代面粉工业史》，北京：中华书局，1987年，第32页。

[3]　参见汪敬虞：《中国近代工业史资料》第二辑，1957年，第1157—1169页。

件、措施相配合。因为后起国的进口替代产业,相对于先进国同类商品的出口产业来说,还是一种"幼年产业"(infant industries)。幼年产业一般都很脆弱,缺少经验丰富以及训练有素的熟练工人,市场不发达,很少能在最初阶段达到正常的生产效率、生产能力和赢利水平,需要国家采取特殊措施加以保护、扶持,例如实行保护关税,在资金、劳动力、技术、价格等方面给予特殊的优惠等等,使其逐步成熟,形成适度规模。德国产业革命的理论奠基人弗里德里希·李斯特就曾极力主张德国实行保护关税政策,否则德国幼年产业容易被从英国进口的廉价工业品摧毁。他也承认,实行保护关税会使国内工业品价格有所提高,但是他指出:"保护关税如果使价值有所牺牲的话,它却使生产力有了增长,足以抵偿损失而有余";[1]"价值的这种损耗只能看成是国家进行工业教育所付出的代价"。[2]德国、美国、日本等在产业革命初期都对本国幼年产业实行了关税保护。德国建立了"关税同盟"。美国1807年实行"禁运法案",1816年、1824年接连提高关税税率,1828年平均税率已提到45%。[3]日本在1894年前关税尚不能自主,它通过向比它更为落后的中国、朝鲜等国发动侵略战争,帮助本国新兴工业寻找出路,摆脱市场危机。1897年日本恢复部分关税自主权以后,就将关税平均税率大幅度提高,以后又一再提高税率,对本国工业实行保护。

江苏南通近代经济的发展,为我们提供了一个很好的个案分析材料。实业救国道路的探索者、"棉铁主义"的倡导者张謇,在南通创办大生纱厂。南通大生纱厂的创办成功,促进了当地手织业及植棉业的发展,继而在南通地区初步形成包括棉纺织、垦牧、冶金、机械、面粉、榨油、制盐、电力、航运、金融、贸易等门类较为齐全,相互有机联系的近代区域经济体系,并促进了当地文化教育、社会福利等事业发展。这是近代中国以进口替代工业带动各业发展的典型例子。其时江海关税务司洛德(E. G. Lowder)认为,"通州是一个不

[1] (德)弗里德里希·李斯特著、陈万煦译:《政治经济学的国民体系》,北京:商务印书馆,1961年,第118页。
[2] 转引自(德)京特·法比翁克著、吴薇芳译:《弗里德里希·李斯特》,北京:商务印书馆,1983年,第41页。
[3] 樊亢等:《外国经济史》第1册,1982年,第194页。

靠外国人帮助，全靠中国人自力建设的城市，这是耐人寻味的典型。所有愿对中国人民和他们的将来做公正、准确估计的外国人，理应到那里去参观游览一下”。[1]南通后来发展迟滞乃至中衰，虽有其内部原因，但是与帝国主义的侵略、洋货对旧中国工业品市场的影响有极大关系。20世纪20年代上海市场日纱压力加重，华商棉纱被挤，连同日纱一齐涌往南通；同时，因日商棉布大举侵入东北、华北市场，南通土布的北方销售量锐减。北方市场是南通土布的主要市场，由于这一市场被占，南通土布生产大受影响。这又使得大生棉纱在本地销售量大减，尽管厂方在营销方式上做了改进，并大力开拓其他市场，但是仍然陷于困境，以致整个地区经济发展都受影响。日军侵占东北以后，南通经济发展更受到极大打击。南通进口替代工业的发展，在外国资本竞争暂时还没有很深触及情况下，带动了“整个近代经济的层面”发展。而在外国资本主义侵略加深之时，由于缺乏市场保护，从而使区域经济发展停滞。

中国幼稚的进口替代产业需要保护，而在清末民初旧中国政府为调整国际收支所做的唯一值得重视的努力，就是曾多次试图提高关税税率，进而争取关税自主。

早在清代，实业家及政论家郑观应鼓吹“商战”来反对帝国主义经济侵略时，就曾一再呼吁清政府废除“困商之政”，实行“护商之法”。他在《易言・税则》中比较了中外关税制度，提出保护关税主张：“凡我国所有者，轻税以广去路；我国所无者，重税以遏来源。收我利权，富我商民。”其他一些实业家也都希望能得到政府的保护和扶持。

但鸦片战争以后西方资本主义列强用暴力强迫清政府签订了《中英南京条约》等一系列不平等条约，构成了“协定关税制度”“进出口货关税值百抽五的税率规定”“子口半税制度”等一套有利于洋货向中国市场倾销的制度，连英国侵华主要代表人物、海关总税务司赫德也认为这是一种“优待外人，抑制华人”的制度。[2]甲午战争后按照《马关条约》的规定，进口洋货享受的这

[1] “江海关1912—1921年十年报告”，转引自裴式楷等著、徐雪筠等译编：《上海近代社会经济发展概况》，上海：上海社会科学院出版社，1985年，第249—250页。

[2] 汪敬虞：《资本、帝国主义国家在近代中国的特权》，《中国社科院经济研究所集刊》第10集，及彭雨新：《清代关税制度》，武汉：湖北人民出版社，1956年，第22、42页。

项权益又扩大到外资在华设厂制造的商品上。这类优待外人抑制华人的税制，成为束缚中国民族工业发展的绳索。

清末政府为挽救其统治，也宣称要"恤商惠工"，但是它对外投降卖国，同时又因支付债赔款等加强对内盘剥，不但不能抵制外来经济侵略，保护华商利益，反而使"困商之政"加重。在基本上无保护的状态下，中国的幼年产业与实力强大的外国资本在市场竞争中处于极为不利的地位。

民国时期在中国民族主义运动促进下，同时也出于增加财政收入，缓解财政危机的考虑，中国政府曾几次要求提高关税税率，并试图实现关税自主。而帝国主义列强对此一再阻挠、破坏。第一次世界大战中帝国主义列强相互残杀，才给中国提供了修改税则、提高税率的有利时机。1918年修改税则，虽然使平均税率有所提高，但也未超过"值百抽五"的水平。中国利用对德宣战之机，也曾进行过一次部分关税自主的尝试，即对交战国及无条约国提高关税。这并未触及英、美、法、日、意等帝国主义列强的利益，但是它们仍然寻找借口抵制，使得中国这次关税自主尝试，"简直就像一个发育不全的半死婴儿一样，不受北京外交保育院的欢迎"。[1]后来在1925年"五卅"运动和1927年中国大革命浪潮冲击下，中国才于1929年争回一部分关税自主权。日本帝国主义对此不甘心，于是大规模日货走私进口活动猖獗起来，大量走私日货冲击着中国国内工业品市场，以致在20世纪30年代里成为严重的国际问题。

第二节　出口商品结构变化及其对城乡市场的影响

一、出口商品结构的变化

19世纪70年代初中国出口贸易值约90%集中在丝、茶两项商品上，到19

[1] （英）S.莱特著、姚会翼译：《中国关税沿革史》，北京：商务印书馆，1958年，第431页。

世纪90年代中期时丝、茶虽然仍为出口大宗商品，但是它们所占出口比重已经大大下降。棉花、毛皮、豆类、植物油、矿产等新品种出口贸易的比重则有显著提高。19世纪末至20世纪初，是世界资本主义向帝国主义阶段过渡时期，也是资本主义世界经济体系和统一的世界市场形成时期。此时世界市场上的国际竞争日益加剧，中国已不由自主地卷入资本主义世界市场体系之中，中国传统的出口商品如生丝、茶叶等，生产发展迟缓，技术水平低下，在国际市场竞争中越来越处于不利的地位。同时，由于世界资本主义生产的发展，对中国的豆类、棉花、芝麻、植物油、牛皮、羊毛、猪鬃等农产品及原料的需求大大增加，导致中国出口商品结构产生了相当大的变化。参见表2–7。

表2–7　中国主要出口商品所占总出口值比重变化（%）[1]

	1877年	1894年	1913年	1921年	1928年
丝	26.9	33.3	20.7	20.2	16.2
绸　缎	6.6	6.6	5.2	5.0	2.4
茶	49.4	24.9	8.4	2.1	3.7
豆及豆饼		1.9	12.0	13.9	20.5
皮及皮制品	0.8	2.7	6.0	2.9	5.4
毛　类	0.4	1.8	1.7	2.2	2.6
猪　鬃		0.4	1.1	0.7	1.0
蛋　品			0.9	2.2	4.4
籽仁及油	0.4	1.2	7.8	6.3	5.8
煤			1.6	1.9	2.9
矿砂及金属	0.2		3.3	2.9	2.1

[1] 据《关册》及郑友揆：《1840—1948中国的对外贸易和工业发展》，上海：上海社会科学院出版社，1984年，第43—44页计算编制。

(续表)

	1877年	1894年	1913年	1921年	1928年
棉　花	0.5	5.7	4.0	2.7	3.4
棉纱及棉制品	0.1	0.1	0.6	1.2	3.8
合计占总出口值	85.3	78.6	73.3	64.2	74.2

表2-7反映了1877—1928年中国主要出口商品各自占出口总值比重的变化:

(1)原先丝、茶两项合计占出口总值比重的一半以上(19世纪70年代时占3/4以上),甲午战争以后所占比重越来越小,到1928年两项合计已不到20%。其中,茶叶出口的比重下跌更快,从1877年代接近50%,降至1921年的2%多一点,以后虽然有所回升,也很有限,反映出这项中国传统出口大宗商品由于产销方式的落后保守,在国际市场激烈的竞争中接连败北的情况;

(2)与此同时,随着资本主义世界经济的发展,对中国农牧矿产品需求的扩大,过去的一些小商品,如皮类、毛类、猪鬃、豆类、豆饼、籽仁及植物油等,逐渐发展成为大宗出口商品。豆及豆饼在1894年时比重只有1.9%,到1928年时比重已增至20.5%,增加了10倍多;

(3)还有一些新的出口资源,例如蛋粉、猪羊肠类、锑、钨一类的特种矿产等,被不断发掘出来,出口日益扩大;

(4)随着中国境内资本主义经济的发展,一些原来要从国外大量进口的商品,如棉纱、机制棉布等,出口不断扩大。在甲午战争前,棉制品一项,只有一些土布出口,所占比重极小,至20世纪20年代后,它们所占出口总值的比重逐渐增大,但是与其他商品进行横向比较,它们的比重仍然很小;

(5)原先出口值集中于少数几项商品的情况已有很大改变,出口值已分散在更多的品种上,反映了出口贸易也呈多样化发展的趋势。

表2-8反映了1883—1928年中国主要出口商品量的大致变化,可以与表2-7做参照。

表2-8　主要出口商品量变化[1]　　单位：千担

	1883年	1893年	1903年	1913年	1917年	1921年	1928年
茶	2 017	1 821	1 519	1 442	45	430	926
生丝	96	161	211	317	302	276	435
豆类	128	1 967	2 615	10 326	10 433	11 836	40 391
豆饼			3 404	11 818	15 513	22 282	21 352
花生			157	1 115	361	1 214	1 465
牛皮	64	96	242	498	477	217	420
羊毛	34	130	193	280	339	463	486
棉花	22	576	760	739	832	609	1 112
棉纱				1	28	26	350
植物油	4	152	421	1 213	2 756	2 030	2 368
猪鬃			40	53	64	44	67
锡			42	139	196	103	118

二、茶叶出口与近代市场变化

受18、19世纪国际市场需求拉动影响，茶叶成为中国最主要的出口商品，其外销量不断增加，出口值常年占据出口总值的一半以上。茶叶外销市场又分为产区初级市场、以茶埠为中心的周转中级市场及国际承销市场。鸦片战争前中国茶叶除了南方由广州海路出口主要销往欧美市场贸易渠道以外，还有一条经恰克图主要销往俄国市场的陆路贸易渠道。鸦片战争后外销茶叶海

[1] 据萧梁林：《中国对外贸易统计》，(China's Foreign Trade Statistics, 1864–1949)哈佛大学出版社1974年版及杨端六等：《六十五年来中国国际贸易统计》(中央研究院社会调查所1931年印行)有关数据改编。出口花生分有壳、无壳两种，本处按1∶0.7的比值将前者折算，与后者合计。

陆两路贸易渠道都发生了较大变化,带动近代茶叶外销市场也有相应的变化。

我国产茶之地,唯江苏、安徽、江西、浙江、福建、四川、两湖、云贵为最,其中苏南、皖南、江西、浙江、福建、湖广均是中国最著名的外销茶产区。第一次鸦片战争后新开放的福州、厦门、宁波与上海等口岸,距屯溪绿茶区、平水绿茶区、温州红茶区、祁门红茶区、武夷茶区、宁州茶区、河玉茶区等著名茶区比广州更“近便”,茶叶运往上海出口仅需数日至十余日,运广州则要数十天。所有绿茶和大部分红茶运到上海都远较运到广州省钱。武夷茶和浙江、安徽茶都以上海为较近的市场,甚至部分湖广、江西茶也转运上海出口,南下广州的茶路则日益衰落。茶路变迁是开埠的结果,又反过来促成了茶埠的形成。购茶洋行纷纷来到上海,仅1872年5月21日至6月19日《申报》所载购茶洋行名单就有52家。它们依仗条约特权垄断了上海茶市,并建立“内地采购制”,派买办深入茶区采购,成为茶叶外销市场主导。[1]第二次鸦片战争后又开放镇江、九江、汉口等口岸,这些口岸“洋商茶栈林立,轮船信息最速”,成为联系茶叶初级市场和承销市场的周转中级市场。各地初级市场的茶叶汇集到汉口、广州、上海、福州、厦门等著名茶埠。茶埠(中级市场)的主角是茶栈、洋行。茶商将茶由产区运至茶埠后,一般都是人地生疏,昧于商情,不能直接与洋行交易,要由茶栈代为售茶。茶栈是设在通商口岸联系茶商与洋行的中介组织,其主要业务是为茶号存放箱茶,并通过通事替茶号向出口商洋行联系售茶事宜。19世纪60年代,茶栈的出现大大方便了茶商。[2]当时福州等地洋商在购茶时,“在许多情况下货款可以记账,茶商还允许有大笔结欠可拖延几个月甚至跨季节付款。年成好时,这些欠款得以清偿;年成不好时,就转到下一年付”。茶叶外销市场实行的这种内地采买制度和往来赊欠账户制度对近代早期茶叶贸易起到了促进作用。[3]汉口开埠之后的近半个世纪里最重要的出口货就是茶叶。在福建,“闽茶必专恃洋商,而洋商不专恃闽茶”;在安徽,“皖南茶悉销外洋”,[4]中国茶叶的国内市场越来越受到国际市场的制约。

---

[1] 陶德臣:《上海开埠与近代上海茶市》,《古今农业》1999年2期。

[2] 陶德臣:《近代中国茶叶市场结构与功能》,《中国社会经济史研究》2001年第1期。

[3] 姜修宪:《制度变迁与中国近代茶叶对外贸易》,《中国社会经济史研究》2008年第2期。

[4] 姚贤镐编:《中国近代对外贸易史资料(1840—1895)》第2册,北京:中华书局,1992年,第973、974页。

中国茶叶海路出口量迅速增长，由1843年的1 772.7万磅，很快增至1845年的8 019.4万磅，1860年达到了12 138.8万磅。[1]按照海关统计，中国茶叶出口量在1871年时为167.8万担，是鸦片战争前的4倍。

19世纪60年代以后，茶业在印度得到迅速的发展，印度茶开始大规模出口到英国；70年代时资本主义的大茶园已成为印度的一项“有利的企业”；1880—1887年，锡兰（今斯里兰卡）的茶园由13个增加到900个。就在这个时候，中国工夫茶对英输出的重要口岸福州的海关报告说：“目前印度和锡兰茶在价格及质量上不仅已打垮福州的低级茶，而且还打垮一些高级茶，并很快地使福州茶日益丧失其最好的销场——英国及其殖民地。”1886年中国工夫茶对英国的出口为9 800多万磅，而印度、锡兰茶不过5 900多万磅。到了1889年，印度、锡兰茶对英国的出口上升到10 660多万磅，中国工夫茶却下降为5 816多万磅。与此同时，在美国市场上华茶也受到日本绿茶和印度、锡兰茶叶的排挤。印度和锡兰红茶之所以成为华茶的劲敌，是因为它们以资本主义方式生产，成本低，品质划一；而华茶仍由小农分散种植和采制，质量难以保证。[2]英国曾是华茶最大市场，1892年以前华茶输英年达2亿磅以上，而1908—1912年间华茶输英年仅4 000万磅，相比19世纪末减少了约1.6亿磅；同期印茶输英则增加了1.5亿磅。一消一长，十分明显。此外，还有爪哇、锡兰茶叶也加入英国市场的竞争。英国饮用之茶从前曾经几乎全来自中国，但到1913年时来自印度和锡兰者已占95%。华茶转以销往俄国为主。由于印度、锡兰及日本茶叶的竞争，华茶出口量自1886年达到顶峰后即螺旋式下降。茶叶占中国出口商品第一的位置，也有一些年份被生丝所取代。由于印度、锡兰等国茶叶的竞争，中国茶叶在国际市场上的优势地位丧失，再加上海底电缆敷设后电讯便利等因素加强了外国资本操纵国际市场的地位，中国茶叶价格决定权转移到了伦敦。

---

[1] 姚贤镐编：《中国近代对外贸易史资料（1840—1895）》第1册，北京：中华书局，1992年，第527页。

[2] 英驻汉口领事曾从11个方面总结了印度茶叶对华茶竞争的有利条件，详见姚贤镐：《中国近代对外贸易史资料》第2册，第1215页。关于中印茶叶产销的对比，亦见严中平等：《中国近代经济史（1840—1894）》，第1203—1209页；汪敬虞：《中国近代茶叶的对外贸易和茶业的现代化问题》，《近代史研究》1987年第6期。

在陆路,1862年、1869年中俄两国签订《陆路通商章程》和《改订陆路通商章程》,规定俄商在沿海各口岸贩卖土货运天津由陆路回国时不再交纳复进口税等。恰克图市场上茶叶以往主要由山西商人供应,中俄《北京条约》及《陆路通商章程》相继签订后,俄商自行由汉口、天津等地贩运中国茶叶等土货陆路经恰克图返俄。华商利为所夺,大半歇业。[1]俄国人将俄国纺织品运入汉口市场,在汉口设立商行,开办制造砖茶的工厂,购买茶叶,制造砖茶。在1865年有半数以上的经由天津发往恰克图的砖茶,是俄国人自己在湖北内地加工制造的。这种茶叶的质量比当地的好,因此自从同治五年(1866)以后,所有运来天津以便转往西伯利亚的砖茶,都是俄国人加工的,或是在他们的监督下加工的。而且自从取消了俄人的内地税以后,俄商用轮船运载茶叶下长江转天津,要比走旧路便宜些。原先经营砖茶之山西商人,多取道汉水由老河口循陆运往蒙古,俄商则利用《北京条约》及《陆路通商章程》所享有的特权,改变运茶途径,“先由水路由沪而津,再由天津循陆经由张家口运至恰克图”。在转运恰克图的过程中,俄国人持有的茶叶上税少,中国人持有的茶叶上税多,中国人不能和俄国人竞争。[2]俄商每年从汉口运出的砖茶数,1863年共有1.05万箱,1866年有4.3万箱,1869年已达7.7万箱,1872年已超过10万箱。[3]俄商也在九江、福州及福州附近产茶区设厂制造砖茶,大部分砖茶经由天津运往俄国。[4]他们在汉口、九江、福州等地用机器研制之砖茶,“较用旧法所制者,坚固异常,而难于碎裂,以之权作货币,流通能力更大,蒙古及西伯利亚之人极为欢迎。砖茶贸易,遂为俄商所垄断也”。[5]“俄商贩茶回国,止纳正税一项,而华商贩茶出口,交纳正税之外,到恰克图后复交票规每张50两”,“华商厘税既重,获利无多,是以生计日穷,渐行萧索”。[6]恰克图

---

[1] (美)威廉·乌克斯:《茶叶全书》下册,中国茶叶研究社,1949年中译本,第15页。

[2] 姚贤镐编:《中国近代对外贸易史资料(1840—1895)》第2册,北京:中华书局,1992年,第1296、1300、1313页。

[3] (俄)K.斯卡里科夫斯基:《俄国在太平洋的贸易》,圣彼得堡,1883年俄文版,第271页。

[4] (俄)托尔舍加夫:《中国是俄国的茶叶供应者》,载《满洲公报》1925年第5—7期,第168页。

[5] 姚贤镐编:《中国近代对外贸易史资料(1840—1895)》第2册,北京:中华书局,1992年,第1313—1314页。

[6] 《筹办夷务始末》,同治朝卷57,第2页。

的山西行庄数由原先的100个缩减为六七十个。[1]再加海路贸易的开通，销往俄国欧洲境内的茶叶多改走海路，恰克图贸易受到很大影响，恰克图贸易额同治五年至九年5年间比10年前减少了一半。[2]1881年中俄两国签订《圣彼得堡条约》并再次修订《陆路通商章程》，清廷承诺“酌减”茶叶出口税。[3]恰克图茶叶出口有所回升，但贸易额始终难以超过19世纪中叶海路贸易开通前的水平（见表2–9）。

表2–9　1882—1894年经恰克图对俄出口贸易统计

年　份	输出茶叶（千担）	出口值（千关两）
1882	274.6	3 286
1883	290.2	3 665
1884	314.6	3 739
1885	345.4	3 438
1886	445.1	4 948
1887	444.6	5 704
1888	463.3	4 699
1889	360.7	3 901
1890	371.0	4 527
1891	379.9	4 433
1892	367.7	4 062
1893	446.6	5 095
1894	500.6	6 257

资料来源：姚贤镐编：《中国近代对外贸易史资料（1840　1895）》第2册，北京：中华书局，1992年，第1316—1317页。

[1] 姚贤镐编：《中国近代对外贸易史资料（1840—1895）》第2册，北京：中华书局，1992年，第1300页。
[2] 姚贤镐编：《中国近代对外贸易史资料（1840—1895）》第2册，北京：中华书局，1992年，第1295页；刘选民：《中俄早期贸易考》，《燕京学报》1939年第25期。
[3] 王铁崖编：《中外旧约章汇编》第1册，北京：三联书店，1957年，第271—273、381—391页。

三、丝绸出口与近代市场变化

中国自古以来就以出口丝绸而闻名于世界,到19世纪末年时中国仍然是世界市场上最大的生丝供应国,主要为英、法、意等欧洲国家丝织业提供原料。随着19世纪后期及20世纪初期世界经济的发展,绸缎消费量日增,促进了欧美丝织业的发展,特别是美国,丝织业发展尤为迅速。这使欧美资本主义国家对生丝的需求不断增加。市场的扩大,对于中国生丝出口是个有利条件,因之中国生丝出口量基本上呈持续增长趋势(见表2–8)。1926年中国生丝出口38万担多,价值在15 786万关两,占当年出口总值的18.3%,为当年商品进口净值的14%。

中国丝绸出口贸易的增长,对国内生产及市场影响很大。江南地区在全国丝茧市场中占有举足轻重的地位。以生丝市场为例,19世纪中叶以后,生丝出口中心向上海转移。在丝绸出口贸易带动下植桑养蚕的收益高于种植粮食收益。无锡县民国初年植桑养蚕收茧收入每亩65元,稻麦收入仅15.45元,约为4.2∶1,也就是说,养蚕的经济效益比农业高出3倍多。故而,有史料说:"桑园之利厚,收入可三倍于他田。"江南农民有"养好花蚕发洋财"之说,称桑树为"黄金树"。[1]江南蚕桑种植区渐由杭、嘉、湖、苏等传统产区向太湖西北及北部,向整个江南地区扩展,蚕桑种植面积大大增加。江南生丝市场的发育早在明清时代就开始了。及至近代,随着丝织业生产的兴盛以及国际市场生丝需求量的增加,江南生丝产量和商品量都大大提高了。近代江南地区出口生丝以辑里丝(七里丝)最为著名,数量也最大。辑里原为湖州南浔镇的一村名,所产丝洁白柔韧,拉力强,南浔一带的丝遂通称辑里丝。历史上即行销各埠,"每当新丝告成,商贾辐辏,而苏杭织造者皆至此收焉"。[2]从丝产区到口岸之间贩运的丝行,以及通商口岸的丝栈、丝号都有较大发展。鸦片战争后上海丝栈、丝号以湖州帮实力称雄,至19世纪末上海丝商中又有无锡帮兴起。1861—1910年,江南地区已设立外资、中外合资和华资机器缫丝厂共47家,资本总额为1 116.7万元,其中上海地区31家,苏州4家,无锡6家,镇江3家,杭

[1] 单强:《近代江南丝茧市场研究》,《中国农史》1997年第2期。
[2] 咸丰《南浔志》卷24。

州2家，湖州1家，这些厂家多就地收购蚕茧。[1]宁、镇、常等太湖西北部新兴蚕桑种植区，由于手工缫丝技术落后，土丝质劣价廉，经受不住机器缫丝业的打击，19世纪末期基本停产，而专心致力于植桑养蚕，出售蚕茧，新兴蚕桑区的蚕茧基本上都商品化了。可见，江南蚕茧市场的发育是不平衡的。

蚕茧的商品化，使原来农民植桑养蚕、收茧缫丝织绸的农家经济系统瓦解，形成了农民植桑养蚕、出售蚕茧、工厂缫丝、农民买厂丝织绸的行业内社会分工。社会分工的发展，必然导致市场的扩大。江南苏州土货市场1919年比19世纪末最高年份1898年扩张了25倍，并有三次大幅度扩展。第一次是在1906年，概因沪宁铁路通车以及抵制美货运动的影响，这一年的土货商品交易量比1898年增加了近3.5倍；第二次是在1913年，因受辛亥革命的刺激，市场比1906年又扩张了近3.5倍；第三次是在1919年，趁第一次世界大战的间隙，市场再度扩大，约为1913年的1.3倍。苏州土货市场19世纪末20世纪初的发展，可以反映近代江南市场经济繁荣的景象，也正是在这种市场繁荣的大背景下，江南丝蚕市场逐渐发育成熟起来，形成了以广大农村为腹地，以市镇为依托，通过中心城市，以达通商口岸的多层次市场营销体系。[2]

---

[1] 李文治：《中国近代农业史资料》第1辑，北京：三联书店，1957年，第407—408页；汪敬虞：《中国近代工业史资料》第2辑（下），北京：科学出版社，1957年，第896—902页。

[2] 单强：《近代江南丝茧市场研究》，《中国农史》1997年第2期。

第三章
货币与金融市场的变化

在中国传统经济文化与外来工业文明碰撞与交流中，近代中国土地市场、劳动力市场和资金市场这三大生产要素市场都得到不同程度的发展，其中资金市场在外国金融势力的强势扩张影响下发展尤为引人注目。但是，近代中国生产要素市场的发展又受制于当时社会经济环境，充满着曲折与坎坷。

第一节　近代货币体系的变化

资金市场一般是指调节资金需求与资金供给的机制，也指各种金融工具的交易场所。在清代，资金市场还带有很大程度的货币市场性格，因此我们要从清后期货币体系的变化开始论述。

一、清后期货币体系主要变化

清代的货币制度实行白银与铜钱平行流通，而银、铜这两种币材之间并没有一定的法定价值相联系。白银用作政府的收支和商业上的大宗交易的通货，但是清政府没有按照货币管理的原则来管理白银，长期没有广泛流通的银铸币，一直停留在称量货币（银两）的阶段；对银锭、银块的铸造采取放任态度，银的成色和单位重量可以随时随地而异。铜钱用作民间的零星支付的通货，而清政府却对铜钱的铸造却有严格的规定，不许民间私铸，只能由官府铸造。清朝称本朝官铸的铜钱为“制钱”，以区别于古钱。清政府对制钱的规格有法定标准。

实际流通的货币种类繁多芜杂。从银两来看，要区别是实银还是虚银。实银常铸造成锭，称作“宝银”。按其形状大小可以分为：(1)元宝——每只约五十两重，因形似马蹄，又称马蹄银；(2)中锭——重约十两，多为锤形，也有作马蹄形的，也称小元宝；(3)小锭，又称锞子或小锞子——一般重一二两到三五两，状如馒头；(4)滴珠、福珠——零星碎银子，重量在一两以下。银两的称量标准及成色，更为复杂。称银两的标准秤叫作“平”，但是这种作为标准的“平”本身却是五光十色：清政府征收各项租税用的叫“库平”，征收漕粮折银用的是“漕平”，海关征收进出口税用的是“关平”，对外贸易用“广平”(又称司马平)，市场交易用“公砝平”(或公法平)，各地的库平、漕平、“公砝平”(或公法平)等亦各不相同，全国各种“平”有上百种之多，令人头晕目眩。各地所铸宝银的成色也是高低不齐。这些平色繁杂的银两，折算起来非常麻烦，这阻碍了商品经济的发展，却为官吏敲诈百姓提供了一种借口，为钱商盘剥客户提供了一种手段。因银两平色不同，各地均设有专营铸造宝银的银炉(或称炉房，清代有官营和民营之分)，设有专门鉴定宝银成色和重量的公估局。每个地方的银炉要将外地流通进来的宝银回炉重铸成当地的宝银，经当地公估局批定后才能在当地流通。经过银炉的铸造和公估局的批定，使得在当地市场交易时白银可按锭数授受，不必每次都经过秤量和成色鉴定，为地方市场的交易提供了一定的便利。但是这些宝银如果流到其他地方去，又得回炉重铸，这样仍然给较大范围内商品经济的发展带来了不便。

虚银是清后期虚设的银两计值单位，有其名，无其物，为政府或民间所共认。虚银种类也很多，其中最重要者有：(1)纹银——清政府法定的一种银两标准成色，始于康熙年间，每百两纹银须升水六两才等于足银。各地实际使用的宝银多半比纹银成色高，所以折合纹银要有升水，例如上海通用的元宝每锭(五十两)合纹银五十二两七钱，须升水二两七钱，称作“二七宝”。其他如武汉的“二四宝”、天津的“二八宝”等均如此类推；(2)上海规元——上海通行的一种虚银两，只作记账用，其成色又比纹银低2%，亦称九八规元。其约来源于道光年间来沪经营豆类的东北商人，年终时急欲得现银北返，不惜以九八折算，相沿之得名为九八豆规元。后来上海商业日繁，为了适应交易需要，1858年上海外国银行与商界公议将往来账目改为以规元计算；（3）海关银——亦称关平银、海关两，为近代中国海关征收关税时所用的银两计值单位。清后期所借外债及赔款等多以海关两计算。每100海关两折合上海规元111.4两。虚银中其他较重要者还有天津行化银、汉口洋例银等等。

因为各地银两平色繁杂，即使是专门从事银钱业者，也需花很大功夫去记忆和辨别它们，所以银钱业流传着一些平码歌和口诀。例如，过去山西票号就有这样一首口诀：

天津化宝松江京，纹银出在广朝城，上海豆规诚别致，公估纹银西安行，
票色重贵足纹厚，云南票锭莫忘情，川白锭出成都省，荆沙老银沙市倾，
二四估宝属武汉，桂梧化银记分明，常纹周在湘潭县，长沙用项银出名，
……

银钱业者只有牢记这些口诀等，才能在金融界混口饭。

随着清代对外贸易的发展，流入中国的外国银元也逐渐增多。它们的种类先后有几十种，其中重要者有西班牙本洋、墨西哥鹰洋、香港英属银元和日本龙洋等。由于中国所铸元宝等形状不一，成色和平砝千差万别，给市场交易带来了种种不便，而外国银元重量和成色都有一定标准，制作也精美，因此它们很快受到人们的欢迎。外国银元使用方便，人们乐于接受，所以银元虽然成色较低，但它们对白银的作价却被越抬越高。有人计算，中国白银兑换外国银元要吃亏11%以上。洋商本来是用银元来买中国的茶叶、丝绸和瓷器等，后来见到银元价格被抬高，就运来大量低成色的银元用以来“买”中国白银，运回去铸成更多的银元再行运到中国，辗转往复，获利丰厚。中国却因清政府货币制度的落后而白白损失了数以千万两计的银子。

外国银元大量流入中国，既助长了外国资本主义对中国的经济侵略与掠

夺，又使旧中国本已繁杂的通货变得更加复杂。但是在另一方面，外国银元的流入，也促进了中国的币制改革。早在道光、咸丰年间，林则徐等就曾经一再向清政府提议自铸银元，但都遭到当权的守旧势力反对，被拒而不用。后来由于外国银元的流通越来越广，对中国金融的损害越来越大，清政府不能再漠视了，终于在1887年批准两广总督张之洞的提议，在广东设造币厂用机器铸造银元。广东造的银元每枚重七钱二分，与当时在中国广泛流通的墨西哥银元相仿，因其背面铸有蟠龙纹，俗称“龙洋”。清政府下令所有捐税钱粮的征收等均得使用这种银币。民间交易也将其与墨西哥银元同样看待，所以它的流通较为顺利。它是中国正式铸造新式银币的开端。

清朝在京师设有宝泉局、宝源局，分别归属户部和工部，在各省设置了数十个铸造局，专铸铜钱。每文铜钱重量，清初时法定为一钱，后来又或增或减，屡经变化。这主要是因为铜钱本身所含金属量与其价值不可分离，量过轻易引起民间私铸，量过重则易引起销毁，需要摸索出一个适中的量，而市场上铜材价格又在不断波动。清前期制钱分量较重，每文一度重达一钱四分，市场上铜斤又稀贵，民间私毁制钱改铸器物之风很盛，虽严禁而不止。咸丰以后，每文制钱法定重量减至八分，其中铜的成分也降低，杂质成分增大，这又招致民间私铸成风。而且各地的铸造局所铸制钱的重量成色，多不按清政府的统一规定，即使是设在京师的宝泉和宝源两局，也有所谓“局私”，公然以降低制钱的成色重量来牟利，外省各地方局所铸制钱成色等难免参差不齐。再加上各地私铸充斥，清代制钱品质极为纷乱。总的来讲，如按先后年代将清代各种制钱实物进行比较，品质是一代不如一代，这导致了当时物价不断上升，而使用制钱较多的贫民受害也较大。

经过鸦片战争，清廷耗去巨额战费和赔款，财力衰减。接着太平天国运动爆发，清政府军费支出浩繁，而因战区扩大使得财政收入锐减，清朝财政十分困难，在咸丰三年（1853）开始采取通货膨胀政策，铸造大钱。起初铸造当十、当五十、当百大钱，后来又进一步铸造发行当五百、当千大钱，并加铸当十铁大钱。为铸大钱，各省纷纷增设铸造局，民间私铸者风起云涌，市面上大钱迅速贬值。商民们用种种办法，包括关门闭市等，来拒收大钱，特别是铁大钱，清政府的大钱制度迅速失败。

在大钱出笼不久,清政府又开始发行纸币。咸丰三年(1853)发行了以银两为单位,面额为一两、三两……五十两的官票(亦称银票),和面额为二百五十文、五百文、一千文、……百千文的钱票(即大清宝钞)。这种纸币的滥发,加剧了物价上涨,同治初年(1862)清政府下令地方政府收税时停止收纸币,改收实银,不久纸币几乎成为废纸,咸丰年间清政府的纸币政策也失败了。

太平天国定都南京后,也铸造了名曰"天国圣宝"的铜钱。这些铜钱用料较好,铸造得法,刻工精良,与当时清政府在北京滥铸的大钱成为鲜明的对照。太平天国后期天王还批准颁行干王洪仁玕所拟的《资政新篇》。在这部发展资本主义的施政纲领中明确提出了兴办银行、发行纸币等主张。这在中国近代金融思想史上是很可贵的一页。

清代初期,民间钱业和当铺等发行的银票就已经在社会上流通,后来又出现了流通性更大的钱票。咸丰以后,民间发行的私票在市面上流通更广,种类也更多,其中有些相当于定期本票,有些是即期票(相当于真正的钞票),发行者有各地钱庄、银号、票号、当铺、银炉等,甚至还有一些是商店发行的。由于民间这些银票和钱票等信用较好,便于流通,所以当咸丰年间政府发行的纸币被清理时,民间的私票仍然在各地流行着。

清道光年间洋商向中国大量倾销鸦片,他们常在鸦片船到达中国之前,预先向中国人出售鸦片订货单,等鸦片船到岸后再由持单人凭单提货。鸦片战争后由于鸦片贸易的盛行,这种鸦片订货单居然在中国沿海一些地方成为类似于过去日本"米券"一样的流通媒介,充当起了某种"纸币"的角色。

咸丰年间沿海地区已经出现了外商发行的真正意义上的纸币。后来英商麦加利银行、汇丰银行,德商德华银行,法商东方汇理银行等纷纷把发行纸币作为它们吸收中国资金、扩张它们的金融势力的一个重要手段,外钞在中国流通量不断增大。到19世纪80年代时,仅汇丰银行在厦门一地发行的钞票就有六七十万,正如近代一洋务官僚所感叹的那样:外国银行"以数寸花纹之券,抵盈千累万之金"。随着中外贸易网的扩大,外钞不仅广泛流通于中国沿海口岸市场上，而且已经深入到汉口等内地城市，到19世纪90年代时外钞已成为中国通货种类中一个重要的组成部分。外商银行钞票的广泛发行，加重了外国资本对中国人民财富的掠夺程度，也加重了近代中国通货杂乱的程度。

二、北洋政府颁布《国币条例》及国民党政府废两改元

清后期通货的繁杂给市场交易、人民生活及社会经济的运行都带来极大的不便，国内有识之士一再提出废除银两制，改用银元制度的主张。1910年清政府曾颁布《币制则例》，规定以银元为主币；1914年北洋政府也颁布《国币条例》，规定银元为本位币，并统一铸造新银元（因币面铸有袁世凯头像，俗称“袁头币”或“袁大头”），但由于钱庄业惯于从银两兑换中牟利，因而对此拼命反对，外国银行团也借口过去债款都是以银两计算而阻挠，废两改元根本无法实行，所以直到20世纪30年代初，中国仍然实行银两、银元并用制度。

国民党获得全国政权后，着手统一货币发行。在1928年全国财经会议上，国民党政府提出了废两改元问题进行讨论，引起剧烈的争执：一派意见代表钱庄业的利益，借口银元来源恐有不敷等，仍然反对废两改元；而代表新式银行家的一派赞同废两改元。当时三大金融势力之一的外商银行因掌握着进口生银大条，可以控制白银的供求盈亏，加之若废除银两，对其自行挂牌的外汇行市估价权也有影响，所以多主张延缓废两改元。

1932年上半年，内地银元大量涌入上海，数额达5 446万元。赞同废两改元者认为这是一极好的时机。1932年7月，宋子文代表国民党政府明确了废两改元的原则。一个由银行家和商业界代表组成的“废两改元研究会”成立，该会大力宣传废两改元，并就有关具体问题进行探讨。在社会舆论压力下，上海钱庄业也不得不表示原则上同意废两改元，但希望不要操之过急。1933年3月1日财政部发布《废两改元令》，宣布从3月10日起，先在上海实施废两，以上海规元7钱1分5厘合银币1元为换算率，市场交易一律改用银币计算，各种行市改标银元单位。同时由中央造币厂铸造新银币，其正面为孙中山半身像，背面为帆船图案，俗称“孙头”或“船洋”，自发行之日起通行全国。4月6日，财政部又通令全国废两改元，规定从当天起，所有公私款项收付和一切交

易,一律改用银币,不得再用银两。上海、汉口、天津等地的银行公会、钱业公会等纷纷做出了相应的遵行决议,这一改革基本上获得了成功。

废两改元,使中国币制开始走向统一,走向近代化,有利于商品经济的发展,具有积极的改革意义。这一改革有利于中国金融业新旧势力的消长,钱庄等旧势力受到打击,新式银行业进一步占了上风。这一改革也加强了国民党政府对全国货币发行权的控制。

三、白银风潮和法币改革

在20世纪30年代资本主义世界经济大危机中,主要资本主义国家竞相转嫁危机,相互之间展开了激烈的贸易战、货币战,把世界划分为美元集团、英镑集团、法郎集团等。在激烈的角逐中,美国政府先后于1933年12月及1934年5月颁布《银购入法》和《白银法案》,要在4年内每年收购白银2 442万盎司,以抬高白银价格。美国政府之所以采取提高银价的政策,一方面是由于美国国内代表南方银矿主利益的白银集团不断向政府施加压力;另一方面要操纵世界白银市场,迫使当时仍然实行银本位的国家,特别是中国,投靠美元集团;提高银价,也能刺激银本位国的购买能力,以利于美国推销剩余产品,转嫁经济危机。

世界市场银价猛涨,作为用银大国的中国首当其冲,白银潮水般地向外流出,1934年中国白银净流出1.80亿两,1935年又净流出1.86亿两。作为货币本位金属的白银大量外流,使得中国银根骤紧,利率高昂,一向靠银行贷款维持生产和流通的民族工商业顿时资金周转不灵,只得停业或倒闭,仅上海一地,就有不少纱厂、丝厂、面粉厂等停工,而商店倒闭者有500多家。工商企业停闭者一多,一些资力薄弱的银行和钱庄的呆账随之增多,也面临停闭的命运,1935年上海一市民族资本银行倒闭了12家,占当时上海民族资本银行总数的17.9%。一年之中倒闭者如此之多,是旧中国自产生银行以来历史上未曾有过的。一些未倒闭的银行,如中国通商、四明等,也不得不接受官股,成为官商合办银行。至于钱庄,倒闭、停业者则更多。这次风潮加重了中国的经济危机,其程度之严重,影响之广泛,超过了以往历次风潮。人们称这次风潮为

“白银风潮”。

为了阻止白银大量外流，国民党政府于1934年10月下令增收白银出口税，并采取了一些其他措施。但是外资银行利用领事裁判权等特权将中国白银大量偷运出境，有的甚至在上海公开用兵舰装运白银出口，国民党政府对此无可奈何。在华北，日本人白银走私活动也十分猖獗。

在世界银价大幅度变动的一再冲击下，旧中国原有的银本位制已难以维持下去，进一步改革币制已是势在必行。英国财政部首席顾问李滋·罗斯来中国考察，建议国民党政府采用纸币流通的“法币政策”，并提出把中国货币纳入英镑集团的方案。国民党政府接受了用纸币的方案，于1935年11月3日公布了《法币实施办法》，其主要内容是：（一）自次日（1935年11月4日）起，以中央、中国、交通三银行所发行的钞票定为法币。所有完粮纳税及一切公私款项之收付，概以法币为限，不得使用现金，违者全部没收，以防白银之偷漏；（二）中央、中国、交通三银行以外，曾经财政部核准发行之银行钞票，现在流通者，准其照常行使。其发行数额不得增加，并由财政部规定限期，逐渐以中央银行钞票换回；（三）法币准备金之保管及其发行收回事宜，设发行准备管理委员会办理；（四）凡银钱行号商店及其他公私机关或个人，持有银本位币或其他银币、生银等银类者，自11月4日起，交由发行准备管理委员会或其指定之银行兑换法币；（五）旧有以银币单位订立契约，应各照原定数额于到期日，概以法币结算收付；（六）为使法币对外汇价稳定起见，应由中央、中国、交通三银行无限制买卖外汇。国民党政府还于同月15日公布了《兑换法币办法》及《银制品用银管理办法》等，限定各商号、公私团体及个人在三个月内将持有的银币或银块兑换成法币，以保证法币政策的实施。

这些政策实施的结果之一，是国民党政府一下子集中了3亿多元的白银。法币政策的实施，在国内某些省份，如陕西、山西、两广等省，遇到了一些阻力。主要是这些地方的政府希望用自己发行的钞票作为法币。不过，这些阻力后来被一一克服，从全国来看，法币得到了推行，基本上收到了统一币制之效，实现了自清末以来历届政府为克服币制紊乱屡经拟议而未能实现的币制改革，有助于商品经济的发展。它也使得国民党政府得以加强了对国内金融的控制。

法币的价值基础已不再是银本位，它也没有规定含金量，而是规定法币1元等于英镑1先令2便士半，以对英镑的汇率来表示法币的价值。这样，使得法币与英镑紧密地联系在一起，中国成为英镑集团的成员之一。国民党政府把集中来的大量白银运至伦敦抛售，换成英镑存放在英国作准备，以维持法币的稳定。

国民党政府的法币政策一公布，英国驻华公使立即发出英皇敕令，要求在华英商和英国侨民遵守国民党政府法令，接受法币，不再使用白银。汇丰、麦加利等英资银行也率先答应交兑库存白银给国民党的中央银行。

美国一方面对中国法币改革予以好评，另一方面又对中英金融联系加强感到非常嫉妒。1935年12月初美国政府决定暂停在伦敦收购白银。此时中国已将大量白银运至伦敦，而美国这一购银的大主顾一停止购银就使银价猛跌，20天左右下跌了约30%。国民党政府因而遭受了更大损失。再这样下去，在国际市场上将无人购银，中国将无力继续购买英镑作为外汇准备，法币基础就会发生动摇。这不仅打击了中国政府，连英国也感到了一定的压力。国民党政府不得不转向美国求情。经过谈判，在英国退让的情况下，中美两国政府于1936年5月签订了《白银协定》，美国同意继续购买中国白银，但中国出售白银所得外汇和黄金必须存放在纽约，中国将法币原与英镑挂钩的做法改为同时与美元挂钩，1元法币等于0.2975美元，使法币成为英镑和美元的共同附庸。

法币改革使日本不法分子在中国走私出口白银的活动受到了阻碍，而使日本帝国主义者更为恼火的是国民党政府进一步投靠了英美势力。日商在华银行带头反对交出白银，并竭力阻止其他外资银行将它们在华北的存银南运。日本侵略势力借口华北人民反对白银国有，大搞华北币制独立运动，阴谋使华北五省从中国分裂出去。日本军部则气势汹汹地表示中国的法币改革是对日本的“公开挑战”。[1]

---

[1] （美）阿瑟·恩·杨格著、陈泽宪等译：《一九二七至一九三七年中国财政经济情况》，北京：中国社会科学出版社，1981年，第276页。

四、抗战时期紊乱的币制

在整个抗战期间国民党政府的财政赤字基本上靠银行垫款弥补。银行垫款不断增加，于是国民党政府就实行通货膨胀政策，不断增加法币的发行。法币发行量在1937年时为16.4亿元，到1942年时已达343.6亿元，1945年更达10 319.3亿元，比1937年增长了628倍多。通货膨胀政策必然带动物价上涨。1940年农业歉收更使物价上涨速度超过法币发行量增长速度。至1945年8月，重庆批发物价指数比1937年增长了1 792倍，比1941年增长了90多倍。发钞与物价赛跑的局面一直困扰着抗战期间大后方社会经济生活，使社会经济混乱，国民经济几乎崩溃。[1]

日本帝国主义侵占中国东北后，立即用武力强行侵夺了中国在东北的官银号、边业银行等财产，继而于1932年6月，以日军所掠夺的原“四行号”财产为基础，建立了“满洲中央银行”，发行“中银券”（又称“满币”），垄断东北货币发行。在收兑旧币时，日伪设法压低旧币币值，以此掠夺东北人民财富，例如日伪规定吉林永衡官银钱号发行的“吉林官帖”每360吊兑换满币1元，不久又改为每500吊才兑换满币1元，仅此一项，东北人民就被盘剥了800多万元满币。[2]满洲中央银行还利用其垄断东北货币发行的地位不断滥发纸币，它在1935年底的发行额为1.98亿元，到1941年底已达13.17亿元，增长了5倍多，比1932年增长了8倍；及至1945年日本战败投降前夕，其发行额竟达136亿元，比1932年增加96倍。[3]

1937年7月以后，日军在华北、华东及华南地区攻城略地，破坏和侵占了中国东部富庶地区的工矿交通设施，占领了大片土地。在这同时，沦陷区的中国银行、中央银行、交通银行等50多家公私银行机构被日寇夺占，损失高达数亿元。日军还用刺刀强行在华中、华南大量发行军用券，以掠夺中国战略物资，把战争负担转嫁给中国人民。

---

[1] 许涤新、吴承明主编:《中国资本主义发展史》第3卷，北京：人民出版社，1993年，第473—474页。
[2] 参见《中国近代金融史》，北京：中国金融出版社，1985年，第187—188页。
[3] 洪葭管主编:《中国金融史》，成都：西南财经大学出版社，1993年，第333—334页。

日寇将抢夺中国金融业的金银外汇等大部分掠往日本，少数留作成立伪银行。日本侵略者先后成立了“蒙疆银行”“中国联合准备银行”“中央储备银行”，以作为日本侵略者在内蒙、华北、华东和华南占领区实行金融统制的工具。这些伪银行分别发行了“蒙疆券”“联银券”“中储券”等。至抗战后期，各伪政权都竭力扩大伪币发行额，用通货膨胀政策加紧搜刮沦陷区的老百姓。1945年8月日伪政权垮台前夕，“联银券”的发行额高达1 423亿元，与1938年3月的发行额相比增加了7 000倍。“中储券”从其发行起到垮台止的4年零8个月间，共发行了46 000余亿元，为刚发行时的10 300倍。[1]日本帝国主义又大量掠夺粮食及其他物资充作军用或运往日本，通货恶性膨胀加上粮食等必需物品的缺乏，造成沦陷区物价飞涨。如果以1936年批年物价指数为100，到1941年上海涨至1 099.3，华北涨至450.2；到1945年8月，上海已涨至9 740 247.1，华北也涨至305 170。[2]

抗战时期，为适应财政经济发展和对敌经济斗争需要，抗日根据地金融事业也建立起来。陕甘宁边区银行、晋西北农民银行、晋察冀边区银行、北海银行、冀南银行、晋西北农民银行、江淮银行、盐阜银行等相继成立。它们发行“边币”“北海币”“冀南币”“西农币”“江淮币”“盐阜币”等根据地货币（也称“抗币”），在战时艰苦复杂的条件下坚持金融阵地的斗争。[3]“边币”“抗币”等一经发行，立即对敌人开展了短兵相接的货币战。敌伪以大量“联银券”等伪币和杂钞向边区进攻，并利用其对根据地军事进攻之际，强行行使伪币。各根据地银行则采用政治力量与经济力量相结合的策略，灵活采用“禁止流通”和“比价斗争”方式，打击、驱逐伪币和各种杂钞，边币在对敌货币斗争中信用日益巩固。根据地银行还与法币进行了复杂艰巨的斗争。在山东根据地，因1942年后法币币值猛跌，敌伪利用大批法币向根据地掠夺物资，山东根据地经历了三次“排法”斗争到1944年才取得在全区范围内排除法币的胜利。日本侵略者还在中国大量伪造边币、抗币等，并通过各种渠道投放到根据地，以破

[1] 洪葭管主编：《中国金融史》，成都：西南财经大学出版社，1993年，第337、343页。
[2]《上海解放前后物价资料汇编》，1955年，第28、94页。
[3]《中国近代金融史》，北京：中国金融出版社，1985年，第260—262页。

坏根据地的经济。根据地政府编制了大量的真假币对照表，揭露假币，提高人民的鉴别能力，利用政权力量和人民的抗日激情严禁用假币。通过对假币的斗争，提高了根据地的货币的信誉。[1]

五、国统区币制的崩溃

抗战胜利后，尽管有巨额美援，而且东部富庶地区的大片国土得以收复，使国民党政府的税源激增，国民党政府通过接收敌伪物资也得到了一大笔财政收入，但是蒋介石政权急于发动全面内战，使国民党政府的财政危机不仅没有因抗战胜利而减轻，反而更加严重了。

为了增加财政收入，减少财政赤字，国民党政府一再提高税率，不断增加赋税搜刮。加征苛捐杂税，使得民怨沸腾，社会动荡；恢复田赋征实和征借，使农民们对国民党政府越来越反感，民心越来越转向共产党。而所增税收经层层截留，并不能弥补庞大的财政赤字。国民党政府又实行通货膨胀政策，不断增发法币。法币的发行总量，1937年6月时为14亿元，经过八年抗战，到1945年8月时达到5 567亿元；而战后才三年，到1948年8月时，已达6 636 946亿元！是战前的470 705倍，简直成了天文数字。[2]

在严重的财政金融危机面前，蒋介石于1948年8月19日以总统名义发布《财政经济紧急处分令》，以金圆券为本位币，废止法币。金圆券与法币相比，1元等于300万元，面值大大提高，100元面值的金圆券等于过去3亿元的法币。因此所谓金圆券"币制改革"，说穿了就是变相发行大钞，进一步实行通货膨胀政策。

金圆券的发行总额在1948年11月时就已经超过了原定20亿元的限额，此后有如决堤之水，一泻千里，到1949年1月已达200多亿元，1949年3月时已近2 000亿元，4月时高达51 612亿元，5月时更达679 458亿元，比原定20亿元的限额高出了33 970多倍！金圆券的面额也越发越大，1949年3月发行5千元券和1万元券，4月发行5万元券和10万元券，5月发行50万元券和100万元券（中央银

[1] 《中国近代金融史》，北京：中国金融出版社，1985年，第262—276页。
[2] 同上书，第298页。

行还印制了500万元券,但来不及发行,上海就被中国人民解放军解放了)。[1]

随着金圆券不断滥发,物价也如同脱缰野马一样疾飞。例如,白米每石限价时为23元,取消限价后才一个多月就涨到1 800元,再过五个月已飞涨到440 000 000元,如果每石米以320万粒计,则买一粒米就要金圆券137元。所以在老百姓中间流传着这样一首"顺口溜":"粒米一百元,寸布十五万,呜呼蒋介石,哪得不完蛋!"[2]

由于金圆券声誉扫地,连一些国民党的地方政府也公开拒用,台湾、广东、四川、云南等地明令限制金圆券入境,国民党军队发饷也直接使用黄金或外币。原始的以物易物的交换方式在越来越多的地方盛行起来。

1949年4月,解放军百万雄师过大江,原国民党政府首都南京宣告解放。国民党政府仓皇出逃广州。为了作垂死挣扎,广州国民党政府于1949年7月4日宣布改行银圆券,规定每1元银圆券兑换5亿元金圆券,也可以兑现银元1元,兑现地点被限定在广州、重庆、福州、成都、昆明、桂林、衡阳、兰州、贵阳9处,其他各地则只能以平汇或委托代兑等办法处理。由于银圆券不能保证随时随地兑现,更难以取信于民,群众的挤兑风潮不断发生。由于各地群众普遍拒用,国民党政府原来发行1亿元银圆券,但实际流通的只有广东、重庆两地各1 000万元。银圆券才出生不多久,其寿命的终结已是指日可待的事了。1949年10月,广州解放,银圆券随即崩溃。[3]

第二节　外国在华金融势力的扩张与中国通商口岸金融市场主权的变化

一、19世纪70年代前外国银行在华扩张

19世纪30年代前,西方商人就已经向中国大量输入鸦片,毒害中国人民,

[1] 洪葭管主编:《中国金融史》,成都:西南财经大学出版社,1985年,第389—390页。
[2] 桑润生:《简明近代金融史》,上海:立信会计出版社,1995年,第188页。
[3]《中华民国货币史资料》第2辑,第657—683页。

从中牟取暴利。从事鸦片走私的洋商，将在中国出售鸦片所得的大部分款额，交给英国东印度公司在广州的代理处，换取该公司签发的汇票，在伦敦或加尔各答兑现。东印度公司则利用这些款额在广州购买中国茶叶、生丝等商品。

与东印度公司分享对华贸易金融周转业务的还有一些洋行的银行业务部，其中最著名的是英国的怡和、宝顺和美国的旗昌三大洋行。随着东印度公司垄断权的取消，中国对外贸易的金融周转业务基本上落入上述洋行手中。鸦片战争以后，这些洋行从广州向中国其他通商口岸推进。怡和、宝顺、旗昌等洋行巨头，被称为是在中国的“商业大王”，这些“商业大王”是外国资本在近代中国金融活动中的急先锋。在很长一段时期内，作为银行主要业务之一的汇兑（国际）一直掌握在这些“商业大王”手里。不仅如此，这些“商业大王”还在中国进行商业放款活动，并不失时机地向中国政府贷款，从中牟利。

急先锋在前面开道，主将随之登场。外国在华金融活动的主角——外国银行——开始出现在中国经济乃至外交、政治的舞台上。1842年，英国资本在孟买成立丽如银行（Oriental Banking Corporation），同年即在香港和广州两地设立丽如银行分支机构。[1]不久它就在香港发行钞票，这是流通于中国市场的第一批外国纸币。1847年，英商丽如银行率先在上海设立代理处，这是在上海设立的第一家外商银行。丽如银行的实收资本不到5年，便从60万英镑增加到120万英镑，因此人们认为它有一个时期在远东的地位如同“英格兰银行在英国的地位一样”。[2]

其后，一些大英商银行，如汇隆银行（Commercial Bank of India，1851年在广州成立分行，1854年在上海设立代理处）、阿加剌银行（Agra and United Service Bank，1854年在上海设立分行）、有利银行（Chartered Mercantile Bank of Indian London & China，其前身之一为印度·伦敦·中国商业银行，1854年在上海设立代理处，1857年印度·伦敦·中国商业银行与亚细亚特许银行合并改组为有利银行，总行设在伦敦，1860年原上海代理处改为分行）、麦加利银

[1] 也有金融史专家认为丽如银行是1845年在香港和广州两地设立丽如银行分支机构的，例见洪葭管：《在金融史园地里漫步》，北京：中国金融出版社，1990年，第63页。我们采用汪敬虞先生的观点，见汪敬虞：《外国资本在近代中国的金融活动》，北京：人民出版社，1999年，第17—18页。
[2] 汪敬虞：《十九世纪西方资本主义对中国的经济侵略》，北京：人民出版社，1983年，第146页。

行（Chartered Bank of Indian, Australia & China，1858年在上海设立分行）等，陆续在中国建立分支机构。据麦加利银行发起书称，其成立目的在于扩充“银行的正当业务，以适应澳洲殖民地、英属印度、中国和希腊与小亚细亚以东地区之间日益扩大的贸易需要”。[1]在19世纪60年代，还有4家英商银行进入上海。它们是：1861年设立的汇川银行、1864年设立的利生银行、利华银行和利升银行。这4家银行资本额较小，都在50万—100万磅之间，都是随着资本主义世界棉业投机狂潮来到上海的。当时美国南北战争引起世界棉花价格大涨，中国的棉花也成为外国投机商人追逐的对象。受棉业投机的影响，上海金融市场外汇投机炽热，市场利率高昂，从事外汇业务的外商银行获得了高额利润。这4家小银行正是在这个时期来沪设行，并也获得了高额利润。然而好景不长，随着棉花投机贸易的消退，1866年伦敦发生金融恐慌，这4家小银行在华分行和汇隆银行皆倒闭，阿加剌银行停业。首家进入上海的非英资银行是法国的法兰西银行（Compotoir d' Escompte de Paris）。这家银行按其法文名称应译为巴黎贴现银行，但因为它是当时唯一代表法国的金融机构，人们习惯称之为法兰西银行，但它并不是法国的国家银行——法兰西银行（Bank de' France）。法兰西银行于1848年在巴黎成立，1860年在上海设立分行，1863年在香港设立分行，以后又陆续在天津、福州、汉口、厦门、北京等地设立分支机构。它的目的之一是企图打开中国与欧洲大陆之间生丝的直接贸易之路，并为这种贸易提供金融周转和国际汇兑业务，从而成为法国资本在远东市场与英国竞争的重要工具。[2]

1865年，第一家总行设在中国的外国银行——汇丰银行（Hongkong & Shanghai Banking Co. Ltd.，其中文名有“汇款丰富”之意）成立。汇丰银行的主要投资者和创办人是那些在远东经商多年、富有经验的英籍大商行，包括三大洋行之一的宝顺洋行、其他12家洋行及大英轮船公司。[3]后来，英商最大的洋行——怡和洋行也走上与汇丰合作的道路。可以说汇丰的后台大部分都是

[1]　汪敬虞：《外国资本在近代中国的金融活动》，北京：人民出版社，1999年，第21页。
[2]　王垂芳主编：《洋商史——上海：1843—1956》，上海：上海社科院出版社，2007年，第221页。
[3]　同上书，第224—225页。

在中国有长期侵略历史、进行多方面活动的英国资本家，中国的经济权益是他们的利益的焦点。汇丰的发起书上写道："目前在中国的银行，只是总行在英国或印度的分支机构，它们的目的，局限于本国和中国之间的汇兑活动，很难满足本地贸易的需要。……汇丰银行就是要弥补这个缺陷。它在这个殖民地上所要取得的地位，实际上犹之乎印度管区银行在印度或者澳大利亚银行在澳洲所处的地位。"[1]在这些英国资本家心目中，中国似乎已如同印度或者澳大利亚那样成为英国的殖民地了。

1864年8月汇丰银行临时委员会举行了首次会议，会议确定汇丰银行不仅是一个办理汇兑业务的银行，而且要办成一家为英国在华资本服务并能协助英国驻香港殖民当局实行所谓货币改革和向公共实业提供资金的银行，以加强英国对香港的殖民统治。汇丰总行设在香港，但它成立仅一个月就在上海设立分行，对中国大陆积极开展金融活动。[2]

二、19世纪70年代后中国通商口岸金融市场主权的变化

在汇丰成立5年后苏伊士运河开通，使得东西方的航程缩短了一半，从而使贸易周转的速度增加了一倍。同样贸易额所需要的资本垫付，也只需要以前的一半。1871年伦敦至上海间敷设了海底电缆，欧洲与中国之间的电讯交通从此正式建立。当电讯定货和电讯汇款普遍使用时，商人手中的资本流转速度，已经不是成倍而是十倍、百倍的增加。就在这一时期，随着东西方电讯交通的建立，上海金融市场的脉搏，也紧随着世界金融中心伦敦而跳动了。作为银行资金两个最大出路的抵押放款和票据贴现业务也发展起来。连一向以"保守"著称、只经营汇兑的丽如银行，在其他银行的攻势面前，也积极开展起押汇和贴现业务，成为这两个市场上的"激烈竞争者"。现在，上海和伦敦一样，风行预约订货，只要订货合同一成立，便可以立刻从银行获得洋行所需要的下一步交易的周转资金。19世纪70年代中西贸易方式和金融周转方式的改变，为大批小洋行进入中国提供了有利条件。由于小洋行的增设，外国在

[1] 汪敬虞：《外国资本在近代中国的金融活动》，北京：人民出版社，1999年，第62页。
[2] 王垂芳主编：《洋商史——上海：1843—1956》，上海：上海社科院出版社，2007年，第225—226页。

华洋行数量迅速增加，从鸦片战争刚结束不久时的不到40家，增至300多家；1872年以后尽管有些小洋行倒闭，有些被合并，但全国洋行数目仍然从343家增加到1892年的579家。众多的小洋行由于资本不足，不得不更多地依赖银行资本的扶持。小洋行的大量增设，打破了昔日少数大洋行的垄断，也促进了外国在华银行势力的扩大，帮助外国在华银行资本取代了少数大洋行过去在中国的金融地位。[1]

由于汇丰银行基础稳固，经营有方，注重与在华外商企业特别是英商企业紧密结合，能充分适应外商企业扩大对华贸易的需要，而且它不论是在申请注册、扩大发行钞票权利等方面，还是在允许它推迟缴足资本等方面，都能得到香港殖民当局的支持。再加上汇丰总行设在香港，可以就近指挥它在中国各地的分行，这对它的资金有效运用是一个极为有利的条件。所以在1866年的金融风暴中新生的汇丰"几乎完全躲过席卷欧洲和印度的危机的影响"，其后10年汇丰在当时在华的10多家外国银行中盈利最多，发展最快。1866年金融风潮后幸存下来的外商银行在经营中采取稳重的方针，丽如、有利、麦加利和法兰西银行等一起协议，把过去习惯使用的六个月期汇票缩短为四个月期，以减少银行承担的风险。这个同业协议，却遭到汇丰银行的抵制。当其他银行不收购六个月期的汇票时，汇丰银行却大量收进，赢得众多商号的好评。当时在华外商银行以经营汇兑业务为主，中外贸易中的款项调拨绝大部分又要通过上海，而汇丰买入和卖出的外汇总值常占上海外汇市场成交量的百分之六七十。汇丰实力的增长，在速度上"超过了其他在中国的殖民地银行"。[2]

19世纪70年代后外国在华银行势力网的扩大，包括新银行的增设和原有银行分支机构的扩张两个方面。

在新设的银行中，一方面是英国各系金融资本之间继续在中国竞争。一些新的银行组织，例如德丰（National Bank of India）、大东惠通（The Trust and Loan Co. of China, Japan & the Straits）和中华汇理（National Bank of China），

[1]　汪敬虞：《十九世纪外国在华金融活动中的银行与洋行》，《历史研究》1994年第1期。
[2]　汪敬虞：《外国资本在近代中国的金融活动》，北京：人民出版社，1999年，第76页。

分别于1875年、1890年、1891年挤进中国，它们都力图“扩大在中国的活动场所”。在激烈的竞争中，老一辈的英资银行丽如和阿加剌的地位被削弱，在19世纪90年代先后停闭。另一方面，英国以外的其他资本主义国家金融势力在中国的扩张，特别引人注目。它们对英国在华的优势地位提出了新的挑战。1872年，以国家权力为后盾的德意志银行（Deutsche Bank Aktien Gesellsehaft）在中国建立了侵略据点，为1890年德华银行的入侵做了开路先锋。与此同时，法兰西银行也加强了它在中国的地位，并把触须由上海伸向内地，从而在中法直接贸易的金融周转方面发挥了显著的作用。到了19世纪90年代，德华银行取代了德意志银行；与此相呼应，在法国殖民地越南起着中央银行作用的东方汇理银行（Bangue de L’Inde Chine），也取代了法兰西银行而进入中国。这使德、法两国银行资本，在中国换了一个更有效的工具。[1]日本，这个当时本国资本主义发展还处于“初级阶段”的国家，也瞄准了中国这个广大的市场。就在中日甲午战争爆发前一年，“作为执行政府政策的工具”“对外贸易的责任银行”的日本横滨正金银行在上海设立了办事处。

在19世纪70年代以后的20多年中，原有外国银行在华的分支机构也有很大增加。以汇丰为例，19世纪70年代以前，它的分支机构已经分布在上海、福州、宁波、汉口、汕头等重要商埠；1873年以后的20多年中，它又先后在厦门、烟台、九江、广州、北海、天津、澳门、打狗（台湾省高雄市旧名）、北京、牛庄、基隆等处，设立了分支行或代理机构，建立了一个北起牛庄、京津，南临海口，从沿海的上海、广州到内地的汉口、九江的金融网。

外国银行在中国的巨额资本并非完全是从国外输入的，其中相当大的部分是通过吸收中国人的资金得来的。在华发行纸币，就是它们吸收中国人资金的一个主要途径。尽管近代外国银行在中国发行纸币的权利未见于任何中外条约，没有任何条约根据，但是麦加利银行、汇丰银行、德华银行、东方汇理银行等纷纷把发行纸币作为它们吸收中国资金、扩张它们金融势力的一个重要手段。汇丰银行、德华银行等为了利于普通中国人接受，所发纸币多采用中

[1] 汪敬虞：《十九世纪西方资本主义对中国的经济侵略》，北京：人民出版社，1983年，第160页。

国的银本位计值单位，即采用银两券、银圆券等方式。由于当时中国实际流通的货币种类繁多芜杂，仅银两的称量标准及成色就令人头晕目眩，给较大范围内商品交易带来了种种不便。而外钞携带与计算较为方便，被越来越多的中国人接受。到19世纪90年代时外钞已成为中国通货种类中“一个重要的部分”。[1]外国银行在中国发行纸币的数量，往往超出西方有关银行发行制度的成例。例如，汇丰银行1870年时纸币发行额合1 714 000港元，已相当于其实收资本额的1/3以上；1890年，其纸币发行额已增至6 478 000港元；到了1900年，其纸币发行额又增至12 513 408港元，大大超出了其实收资本额。[2]外商银行钞票的广泛发行，破坏了中国的货币主权，加重了外国资本对中国人民财富的掠夺程度，也加重了近代中国通货杂乱的程度。

随着清代对外贸易的发展，流入中国的外国银元也逐渐增多。它们的种类先后有几十种，其中重要者有西班牙本洋、墨西哥鹰洋等。由于中国所铸元宝等形状不一，成色和平砝千差万别，给市场交易带来了种种不便，而外国银元重量和成色都有一定标准，制作也精美，因此它们很快受到人们的欢迎。外国银元使用方便，人们乐于接受，所以银元虽然成色较低，但它们对白银的作价却被越抬越高。有人计算，中国白银兑换外国银元要吃亏11%以上。洋商本来是用银元来买中国的茶叶、丝绸和瓷器等等，后来见到银元价格被抬高，就运来大量低成色的银元用以来“买”中国白银，运回去铸成更多的银元再行运到中国，辗转往复，获利丰厚。19世纪70年代以后，美国贸易银元和日本银元也相继进入中国货币市场，英国商人则努力在中国推行香港英属银元。外国银元的泛滥，很有利于外国银行对中国金融市场的操纵。[3]

在19世纪后期中外商人交易中，外国商人一般只接受资本力量雄厚的钱庄庄票作为结算工具。外国洋行利用钱庄庄票，促进了洋货的销售，而钱庄的业务也随之扩大，外国洋行与上海钱庄的联系越来越紧密。19世纪60年代

---

[1] （美）郝延平著、陈潮等译：《中国近代商业革命》，上海：上海人民出版社，1991年，第59页。
[2] 献可：《近百年来帝国主义在华银行发行纸币概况》，上海：上海人民出版社，1958年，第74、77页。
[3] 汪敬虞：《外国资本在近代中国的金融活动》，北京：人民出版社，1999年，第156—157页。

末，外国银行为了进一步控制上海等口岸的金融市场，开始贷款给钱庄，这种贷款的利息比市场上的一般利息要低一些，担保品便是钱庄所开的庄票。由于钱庄与外国银行拆借款项关系的建立，洋行就可以把销售洋货收到的钱庄庄票存入外国银行往来账上，委托银行代收；中国土产商人出口土产所收外商的支票也可以送存自己的开户钱庄，委托钱庄代为收款。外国银行和钱庄之间通过相互轧抵，减少了现金的搬运。这样，既便于外国银行控制上海等地金融市场，又促进了进出口贸易的发展。随着贸易的发展，钱庄信贷日益扩大，而钱庄本身资金不多，往往需要借入资本，因而钱庄得自外国银行的贷款迅速增加，钱庄对外国银行的依赖越来越深。外国银行只要紧缩一下信贷，上海钱庄就会周转失灵，发生金融恐慌。外商对中国对外贸易市场控制权和进出口商品价格决定权的掌握，也有利于外国银行资本对中国金融市场的控制。到19世纪90年代，外国银行“通过上海金融市场的控制以左右广大的内地城市的金融市场”，“已经是人们不难察觉的现象了”。[1]

生根于中国的汇丰银行，资本已一再增殖，而利润也一再增长，实力大为增强，到19世纪末已被人看作是一家在全世界具有影响的银行了。到20世纪初期汇丰银行已经实际成为中国外汇市场上白银汇率的独裁者。进入20世纪以后，中国每年按期偿付的外债本息及战争赔款达4 000多万两，“几占清政府财政支出的半数”，所以，每年到外债还本付息时节，金融市场便不可避免地出现不同程度的波动。此时，汇丰等外资银行就利用其对国际汇兑的垄断地位，“缩小”外汇牌价。到1937年，汇丰银行仅用这种手段所盘剥的收益就有约1 500万元。[2] 其他国家的金融资本则对汇丰的霸权地位不断进行挑战。

三、外资银行与中国外债

外资银行积极向旧中国政府贷款，以获取高额利息，并谋取更大的在华权益。这种贷放关系在19世纪70年代以前就已经建立，但那时贷款数额小，一般不超过数十万两，还款期限也短，基本上属于临时周转性质。70年代以后至

---

[1]　汪敬虞：《外国资本在近代中国的金融活动》，北京：人民出版社，1999年，第133、146页。
[2]　洪葭管：《从汇丰银行看帝国主义对旧中国的金融统治》，《学术月刊》1964年第4期。

甲午战争前，清政府的外债较重要的可分为西征借款、福建台防借款、中法战争借款和实业借款四类，这些外债数额开始达到数百万两，还款期限放长，汇丰银行等外资银行逐渐成为清政府的主要债权人。甲午战争后较著名的案例有1895—1898年的甲午战争赔款外债和1913年善后大借款。

甲午战败后，中国被迫要向日本支付白银2亿两的巨额战争赔款和赎辽费3 000万两，当时清政府全年财政收入不到9 000万两，支付巨额赔款显然有困难，于是被迫举借空前规模的巨额外债。对华贷款成为列强激烈争夺的对象。1895年7月由俄、法两国等10家银行组成的财团向中国贷款4亿法郎（约合银9 896.8万两），折扣为94.125%（中国实收银9 051.7万两），史称其为“俄法借款”。俄国趁机提出要与英国共同分享管理中国海关的权利。俄、法合资组建了华俄道胜银行，并强迫清政府在俄法借款中划出500万两银来“入股”。清政府所入华俄道胜的“股银”相当于俄法投资总额的70%左右，但连一个董事席位都没有，华俄道胜的实权被俄国人所控制。华俄道胜在中国获得了广泛的权利，不仅从事一般商业的资金融通，而且扩大到仓储、保险以至不动产的经营买卖；不仅从事财政贷款和企业投资，可以参与中国境内铁路的修建、电线的架设和矿山的开采，还可以为中国政府承包税收、代理国库、购买军火、发行货币。它的一个地方代理处就可以直接向清政府要求设立俄国驻当地的领事官。外文报纸称它为俄国“在中国的中央政府”。

英国与德国合作，抢夺第二次大借款权益。俄、法、英、德诸国为抢夺借款权，争斗异常激烈，甚至宣称“将不惜诉诸武力”；各国驻华公使几乎每天都要到清总理衙门“咆哮恣肆”，强迫清政府向他们借款，如果中国不能向他们借款，他们就要求清政府进行“补偿”。最后在海关总税务司赫德撮合下，1896年3月英国汇丰银行与德国德华银行向清政府贷款1 600万英镑，约合9 762.2万两，折扣后为94%（中国实收9 142.5万两），史称其为“英德借款”。英德借款合同还专门对海关总税务司一职聘用英人做了规定。1898年经赫德的再次撮合，成立“英德续借款”，其折扣之大，期限之长，都是前所未有的。

为了支付对日赔款，清政府不得不举借俄法借款、英德借款、英德续借款三大笔外债。西方列强趁机要挟清政府，提出非常苛刻的借款条件。从而，中国财政经济命脉便为帝国主义列强所控制，而经手贷款的外资银行势力成为实际的操纵者。

北洋军阀政府成立初期，财政极为困窘，袁世凯为了巩固其统治，急需大借外债来维持军政开支，就派人与外国银行资本进行善后借款谈判。英、法、德、美等国合组银行团加强它们对中国贷款权的垄断，利用善后借款加强对中国财政的控制。四国银行团的垄断活动引起了其他财团的反对。银行团为了防止俄、日两国破坏它们的垄断，就以保留日、俄对满洲、蒙古的特权为附加条件，拉入俄、日两国的垄断组织，扩大为六国银行团。它们联合向袁世凯政权提出种种苛刻的贷款条件，要对中国财政实行全面监督并插手中国盐政。以克利斯浦为代表的英国财团，在1912年8月与袁政府签订借款合同，这一借款也以中国盐税为担保，但没有管理中国盐政等条款。它打破了银行团的垄断，引起六国银行团及六国政府的反对。银行团通过各国政府向袁世凯施加压力，英国公使一再向袁世凯政府表示抗议，并开单逼债，追索拖欠的庚子赔款等债务；法国政府更是无理要求赔偿辛亥革命时外侨所受的“损失”；日本公使提出要“抓住足以充分刺入中国的要害的问题和机会”；银行团通电在华各地分行，阻止金融汇兑，并相约不准买卖参加克利斯浦借款的银行汇票。在帝国主义列强的压力下，袁世凯政权以对克利斯浦财团赔偿15万英镑的代价，废止了克利斯浦借款。这样一来，国际银行团独占对华贷款的企图得逞，更是一再提高借款条件。袁世凯急于要用大笔军费扩大自己实力以镇压孙中山发动的“二次革命”，所以不通过国会批准，于1913年4月与五国银行团[1]签订了《善后借款合同》。善后大借款名义上为2 500万英镑，除去折扣及手续费、汇费等，中国实收只有2 022万英镑，而日后还本付息再加手续费等共要付出6 899万英镑，“几为实借款数的3.5倍”。帝国主义列强不仅获得4 877万多英镑的巨额利润，还获得在数十年借款期限内中国盐税收入保管权、借款用途控制权、中国盐政管理及财政监督等等侵略特权。通过“善后大借款”合同的签

[1] 在银行团内部，六个帝国主义国家在对于中国财政和借款用途的监督问题上，尤其在中国财政、币制、银行、审计院、国债局、盐税稽核所等机构外国顾问人选的分配问题上，发生了激烈的争夺。在争夺过程中美国财团对于英国在对华借款上的优先地位非常不满，终于在1913年3月宣布退出银行团，于是六国银行团又变成五国银行团。

订,帝国主义进一步控制了中国的财政经济命脉。

五国银行团虽然通过“善后大借款”获得了对中国贷款权益的垄断,但是由于银行团内部矛盾尖锐,不能始终维持它们对华侵略的统一步调。第一次世界大战期间,欧洲帝国主义列强暂时放松了对华资本输出。北洋军阀政府财政困窘,滥求外债,日、美两国乘机在中国扩张侵略势力,所以这一段时期中国所借外债多向日、美举借。日本在第一次世界大战爆发不久,就对德宣战,借此派兵占领了中国济南、青岛等地,取代了德国在山东的侵略地位。然后日本于1915年1月向袁世凯提出阴谋灭亡中国的“二十一条”,作为支持袁世凯称帝的条件;并向袁世凯政府贷放了5笔款项,又指使三井洋行、正金银行等贷出小额借款,接济反袁的南方护国军政府。

美国受到日本逼迫袁世凯政权订立“二十一条”的刺激,也极力向中国扩张侵略势力。1916年,美国李·希金逊公司与北洋政府财政部签订了一个500万美元的借款合同,为袁世凯提供军政费用;美商裕中公司与中国交通部签订了数达1 000万美元的株钦周襄铁路借款,计划在中国境内建造1 500英里的铁路;美商广益公司与中国方面签订了整理山东南运河借款和导淮工程整理运河借款,数额共有600万美元;美国芝加哥大陆商业信托储蓄银行借给中国财政部500万美元,以中国烟酒公卖收入及河南、安徽、福建、陕西四省货物税为担保。北洋政府财政部还与美国花旗银行、美国精炼公司签订了从美国每月运送150万盎司银条的被称为“财政部白银借款”的合同。这些美国借款使其他列强“大为震动”,日本人将1916年称为“美国贷款年”。

袁世凯只当了80多天的“中华帝国皇帝”,后来就在全国声讨下被迫取消帝制。1916年6月袁世凯在全国人民唾骂声中死去。袁一死,以前他手下的北洋军阀公开分裂,中国陷入了军阀割据和军阀混战的局面。各派军阀在财政上仍然要依赖帝国主义各国所借给的外债来蓄养军队,进行内战和镇压人民。继承袁世凯控制了北京政府的皖系军阀段祺瑞,首先向日本帝国主义寻求支持。寺内正毅于1916年10月任日本首相以后,对最近成立的美中借款一事感到很不高兴,立即派高级顾问西原龟三来华活动。西原穿梭往来于日中两国之间,结果不到两年时间就向段祺瑞的北洋军阀政府提供了1亿4 500万日元的巨额借款，史称“西原借款”。按照寺内内阁的决定，横滨正金银行是国际银行团成员，分工负责对华政治贷款；兴业、朝鲜、台湾这三大银行所组成的银行团负责对华经济借款，在对中国金融、铁路、铁厂等借款交涉中享有优先权。这样，利用国家金融资本垄断对华贷款，可以在较短时间控制中国要害部门，可以使这一过程“秘密敏速”，使日本政府能更有效地控制对华贷款。段祺瑞等对日本的“慷慨援助”也做出了积极反应，北洋政府财政部正式批准日中合办的中华汇业银行设立，并给予该行纸币发行权，段本人及其他北洋政府要人、地方督军等都作为股东，段祺瑞等还强令中国银行和交通银行加入股份5 000股。中华汇业银行成立后，也成为日本对华贷款的一个工具。

1917年9月段祺瑞政府在日本授意下，向国际银行团提出2 000万英镑的币制改革借款并招聘日本人为币制改革顾问的请求。当时德国已脱离五国银行团，其余四国中只有日本有能力承借。英国不愿让日本独揽此项权益，其外交大臣恳求美国承受一部分借款，由英国银行团代理发行，但被美国拒绝。10月份，美国通告中国政府：“美国是币制改革计划的最初推进者”，保留加入目前交涉的币制改革借款的权利。俄国十月革命后，四国银行团实际上只剩下三国。日本趁机独占的野心更大。1918年2月日本先后向英、法政府递交了备忘录，要求由日本人担任中国币制改革顾问，英法在有所保留的情况下表示同意。美国也只好表示原则上不反对。尽管在顾问人选上，英、法、美做了让步，但并未许诺日本可以一手操纵中国币制改革及其借款。但西原对此毫不顾及，他为曹汝霖起草了改革币制方案，并着手交涉关于8 000万日元的币制改革（发行金券）借款。1918年8月段政府公布了《金券条例》，企图依赖日本借款建立金汇兑本位制，使中国币制完全变为日本的附庸。《金券条例》公布后，遭到英、法、美强烈抗议。日本正金银行因不能参与日本许多重大的对华贷款活动而久怀不满，此时也以国际银行团成员的身份连同英、法向中国抗议。在寺内内阁倒台以后，后继的原敬内阁修正了日美政策，对美国刺激性较大的国营制铁厂借款和币制改革（发行金券）借款都被停止。

日、美在华的激烈争夺，曾一度把两国关系推向战争边缘，但双方都不愿破裂，于是有1917年11月签订的《兰辛—石井协定》，企图两国“合作”侵略中国。但是这种合作不久就因为双方争夺对华币制借款而告破裂。1918年时美国经济实力已有了很大的增长，逐渐成为世界第一经济强国。这时第一次世界大战已见分晓，美国不能容忍战后日本在远东攫取到最大的战利品，美国垄断资本集团便发动组织“新国际银行团”来限制日本在华势力的扩张，争夺对华借款的领导权。1918年6月美国政府对国内各银行家发出邀请，商讨成立新国际银行团中的美国银团。10月8日美国正式向英、法、日发出组建国际新银行团的提议，并声称：“美国已拟定组织银团之纲要如下：（1）由美英日法四国资本家组织对中国之借款团；（2）凡是中国的政治借款和经济借款，一概承受；（3）旧银行团各员，既得借款之优先权，让与中国或新银行团。”按照美国的这一提议，新银行团将包揽对华贷款，而美国将成为新国际银行团的领袖，取得对华扩张的优势地位，日本将丧失过去的威势。美国在有关远东政策的其他一些方面，对日本的态度也越来越强硬。

第一次世界大战结束以后，帝国主义列强在华争夺投资市场的斗争复杂化，英、法都希望改变日本在中国的特殊地位，对美国关于组织“新国际银行团”的建议做出了积极响应。在新银行团发起组织过程中，日美两国财团之间的斗争十分激烈。面临美、英、法三国一致的外交压力，日本提出它可以参加新银行团，但要附加“满蒙除外”的条件，企图保持它在中国东北及蒙古的垄断地位。这一条件遭到美、英等国拒绝。美国还压日本交出热洮线及其中一些到海港的铁路权益给新银行团。由于日本经济在许多方面不如美国，甚至还要依赖美国，特别是后来日本国内经济危机时，还有求于美资援助；而且日本也得罪不起美、英、法三国的联合势力，所以日本终于妥协，以交出热洮两线的铁路权益为代价，勉强参加了新银行团，忍痛地接受美国的约束。1920年10月15日正式签订了国际新银行团协定。

“新银行团”形式上是美、英、法、日四国垄断资本合组的国际银行团，宣称统一承担对华各项借款，实际上是在美国财团支配之下。所有四国业已攫得而尚未着手举办的各项特权和借款优先权，一律让渡给新银行团。日本已经吞入的济顺、高徐两线铁路权益也被迫吐出，让给国际新银行团。新银行团不仅对于借款的用途具有监督稽核特权，从而使中国财政受它严格的控制和支配，还要求中国抵押的税款，从关税、盐税、烟酒税、印花税等，扩展到田赋租课。可是在当时中国军阀割据局势下，田赋成为各省军阀的禁脔，因此，把田赋作为借款抵押品，不仅受到全国人民的反对，也为各省军阀所拒绝。新银行团事实上并没有得到中国的承认，而新银行团也对北洋政府怀疑、失望，对南方军政府却逐日重视，所以未曾和北洋军阀公开谈成一项巨额借款。由于新国际银行团的垄断，同时也因北洋政府财政日趋恶化，所借外债，除关税、盐税抵押的以外，其余不能按期偿还本息，借债信用江河日下。这一时期除1920年陇海铁路荷比借款、1922年收回胶济路借款、1925年中法五厘美金债款外，超过1 000万元以上的较大借款已不多见。这一时期帝国主义对中国的借款活动再次表明，它们对旧中国政府的借款，远远超出资本输出的一般经济性质范畴，而是成为一种特殊的政治权利和经济权利，成为帝国主义列强“争夺中国统治权的工具”。

第三节　华资金融业的新旧更替

伴随近代国内外贸易发展，中国金融业在资本加速增长的同时，内部运营方式及组织结构等也出现了新旧更替。这里着重考察与资金市场关系密切的钱庄、票号与新式银行这三类金融机构的发展变化。

一、钱庄业的变迁

近代外商来到中国通商口岸进行贸易活动时，要遇到不同货币的兑换及财务清算问题，他们只能依赖当地的中国钱庄来协助解决这类问题。例如在上海，钱庄成为外国洋行与内地商人之间的“联结器”，它们帮助鉴定金银、兑换货币、融通资金和清算财务等。有时华商向洋行进货时，没有足够的现金，洋行又不了解中国商人的资信，不能赊销，华商就通过钱庄开出5—20天期的庄票付给外商，外商届时向钱庄收款。而华商须待洋货出售后再付本息给钱庄。钱庄的庄票特别是远期庄票，被洋行接受，对买卖双方都提供了便利。随着贸易的发展，通商口岸钱庄业务扩大，往往需要外国银行的贷款，对外国银行的依赖加深。

清后期钱庄多为合伙制，也有一些是独资经营。它们的规模不大，一般无分支机构，但是有些股东往往同时在多家钱庄入股，使得这些钱庄形成一种连枝关系，业务经营上互相配合。上海钱庄因资力大小不同，有汇划庄（或称“大同行”）和非汇划庄（“小同行”）的区别。汇划庄在开业前，必须加入“内圆钱业总公所”，并交纳会费，即所谓“入圆钱庄”。它们享有发行银票、钱票和代售票据的权利，办理存放款、贴现以及汇划签发庄票、汇票等业务。非汇划庄因资力小，不得参加钱业总公所，但它们一度也纷纷签发庄票，以致发生了倒闭后无法收款之事。1863年，上海钱业同行为了维护庄票的信用，公议规定对非汇划庄的庄票“概不收用”，[1]这样就排除了非汇划钱庄庄票的流通。

清末民初，由于社会动荡、金融投机盛行、外商金融诈骗及政府举措失当等原因，大大小小的金融风潮频繁发生，给社会经济造成了一次次的冲击和破坏。钱庄业因其对外国银行势力的依赖性强，投机性强，受金融风潮影响较大。以上海为例，清末对上海钱庄业的破坏较重的，要数1897年的“贴票风潮”和1910年的“橡皮股票风潮”。

1897年，上海市面现款紧缺。上海协和钱庄首创以“贴票”吸引存款的方法，即凡以现金90元存入钱庄者，钱庄当即开给一纸面额为100元的半月期庄票，半月后可持票换取现金100元。由于这种办法吸收现金容易，很快推广开来，有些投机商还专门开设了经营贴票的钱庄。当时仅法租界公馆马路一带就开设了50多家这类贴票钱庄，其他地方的贴票钱庄也不少，甚至有在弄堂口粘贴一张牌号就经营贴票者。经营贴票的钱庄不按常规经营，竞相以高出市场上一般水准的利率为诱饵来吸引居民持币购票。各钱庄起初因贴票数额小，移东补西，尚可如期兑付。后因贴票数额越来越大，利率越来越高，终于发生了到期不能照付现款的情况。消息一传开，大家纷纷要求提款，投机商们的

---

[1] 中国人民银行上海市分行编：《上海钱庄史料》，上海：上海人民出版社，1960年，第21页。

破绽马上暴露，市面越加恐慌，形成金融风潮，人们称它为“贴票风潮”。在这次风潮中，贴票钱庄相继倒闭，几乎全部倾覆。购买贴票的居民们叫苦连天。不少没做贴票生意的钱庄也有受提款浪潮的冲击而搁浅的。

“贴票风潮”过后几年，由于中国被迫支付“庚子赔款”给列强，每年各省要将巨额赔款集中于上海的外国银行，外国银行可周转的资金增加，因而对钱庄的拆款也增加，上海钱庄的实力逐渐恢复起来。1908年，英商麦边等在上海成立公司，乘世界橡胶价格猛涨之机，鼓吹经营橡皮可获巨利。在他们的欺骗下，投机者风起云涌，人们争相向钱庄借钱购买橡皮股票，钱庄本身也受诱惑，在该项股票上投入巨资。汇丰、麦加利、花旗等外商银行亦破例做该项股票的押款，十足兑现，橡皮股票越炒越热。至1910年蓝格志股票市价被炒到超出面值的20多倍。麦边等外国骗子乘机抛出股票，携款卷逃。同时，外商银行也停止受押，并追索贷款。顿时橡皮股票价格一落千丈，成为废纸，持票人纷纷破产。1910年7月，购入和受押橡皮股票为数巨大的上海正元、兆康等钱庄倒闭，引起连锁反应，酿成巨大风潮。这是一次由外国骗子的诈骗行为而造成的金融投机风潮，史称“橡皮股票风潮”。

“橡皮股票风潮”中，约占半数的上海钱庄接连倒闭，当时外商银行还握有倒闭钱庄签发的庄票，它们纷纷持票向清政府要求索赔。清政府的上海道只得向汇丰、麦加利、德华、道胜、正金、东方汇理、花旗等外商银行借外款350万两，来清偿外商银行所持倒闭钱庄庄票。上海道另拨道库官款300万两，借给源丰润等几家主要的银号和钱庄，以稳定市面。这一措施暂时缓和了上海金融市场的颠簸程度。[1]但是到了9月，正是每年缴付“庚子赔款”之期，上海道库竟然“库空如洗”，清中央政府严令上海道缴款，上海道只得向贷用官款的源丰润等庄号火速催还官款。源丰润周转失灵，于10月8日宣告清理，它设在北京、天津、广州、杭州、宁波、厦门等地17处分号也都同时闭歇。因源丰润一向以资力雄厚、信誉卓著见称，它的倒闭引起上海、北京、天津、苏州、杭州、宁波、广州等地金融市场再度恐慌，仅北京就有16家钱庄受牵累而关门，上海

[1] 中国人民银行上海市分行编:《上海钱庄史料》，上海：上海人民出版社，1960年，第74—79页；张国辉:《晚清钱庄和票号研究》，北京：中华书局，1989年，第173—174页。

则“庄汇不通,竟如罢市”。延至次年3月,又有大票号义善源因受源丰润倒闭的牵累,虽经各方罗掘,尽力支撑,终于破产,其各地19家分号也随之闭歇。与之相往来的各地商号和钱庄等又一次受到不同程度的牵累和损失,钱庄业出现暂时的中落景象。[1]

民国初年,特别是第一次世界大战爆发后,民族工商业有了进一步的发展,钱庄业也在新的历史条件下再度繁荣。以上海为例,在1912—1926年间上海钱庄数目由28家上升到87家,而资本增加了11倍多,每家平均资本额也由3.8万两增至15.4万两,可以说,这一时期是钱庄业的“黄金时代”。[2]原来和产业界联系甚少的钱庄,这时也开始面向民族资本的工业企业。这个时期的钱庄欠款,大多改变过去单凭个人信用的旧习,趋向实物抵押放款的新规。这对借贷双方关系的巩固和资金投放的有效运用,都起了促进的作用。

其他地方的钱庄也有所变化,如济南的钱庄中创设于清朝的一般资本小,经营上较为守旧,而民国期间创立的钱庄数量较多,已占当地钱庄的60%;规模较大,资本一般达5万元,甚至有达30万元的;在经营上也“多有种种新气象”,“其所经营之事业,多只限于普通之银行业务,如借款、存款等,鲜有从事于投机事业者”。在内地及在一些中小城市,如长沙、芜湖、绍兴等,钱庄的势力仍然很大,当地的金融机关仍以钱庄为中心。

二、票号的盛衰

19世纪中叶时,有些票号除了经营商业汇兑外已开始经营存放款,逐步发展为全面承担借贷和汇兑业务的金融组织。这时票号与清政府的关系进入新阶段。清政府过去财政制度规定,各地运往北京的“京饷”和拨交邻省的“协饷”,都必须由官兵押运现金,严禁商人参与其事。即使在国内汇兑事业已普遍开展的情况下,也不准交商汇兑,违者要受惩处。在太平天国运动刚开始时,这种官府运现制度仍被严格地执行着。到19世纪60年代清军与太平军进入决战阶段时,长江流域不断发生激战,北方又有捻军在打击清军,交通阻塞,

[1] 张国辉:《晚清钱庄和票号研究》,北京:中华书局,1989年,第174—176页。
[2] 中国人民银行上海市分行编:《上海钱庄史料》,上海:上海人民出版社,1960年,第6页。

各省无法按照旧例运送现金，清政府不得不于1862年准许户部请求，改变旧法，利用票号的资金和汇兑网来解决饷银调度问题。

太平天国运动以后，票号与清政府的关系由于京、协饷的汇兑而逐渐加深。据不完全统计，自1862年到1893年这31年间，各省通过票号汇兑到北京的京饷累计有6 158万两以上，交由票号汇兑到陕西、甘肃、新疆的协饷约有460多万两。票号与清政府其他方面的金融往来也不断加深。19世纪70年代清政府发动的洋务运动进入了全面开展阶段，各省协济洋务的经费汇兑、洋务企业之间的资金往来等等，也往往通过票号来周转。在协助清政府汇兑京、协各饷过程中，票号每年都要经手一笔笔为数巨大的流动资金，这对于票号业务发展和运营能力的增长，起着难以估量的作用。[1]

票号的势力不断增强，而清政府因为连年战争及筹办洋务和宫廷靡费，财政状况不断恶化。渐渐地，清政府不仅要依靠票号进行金融汇兑，而且常常还要向票号借贷了。19世纪六七十年代清政府派左宗棠率领大军西征时，军饷协济常常接济不上，左宗棠就曾经多次依赖票号的贷款来应急。左宗棠对票号的贷款总是尽量做到“有借有还”，极力保持信用。他曾经明确表示，他之所以“不肯爽约失信于华商票号者，止欲留此生路，为将来商借地步耳”。[2]票号被左宗棠视为缓急之间的“生路”，足以说明了它对西征军的重要作用了。各地清军征讨、调遣时，类似依赖票号调剂军饷的事例有很多。[3]

平时清地方政府也常依赖票号的贷款以过难关。由于当时社会和经济的各种原因，清政府的地方税收常常收不足额，但是清朝廷对地方政府却严格规定了京饷上解期限，不准拖延，因此各地方政府常不得不依靠票号垫款汇解。有时票号还替清政府代办其他金融事务，逐渐获得了一种半官方的地位。票号与清政府的金融往来，都是通过当权的清政府官员和票号商的联系开展起来的。有的票号商与清朝地方官僚交往从密，甚至官僚调任也随行。晚清吏

[1] 张国辉：《晚清钱庄和票号研究》，北京：中华书局，1989年，第84—87页。
[2] 《左文襄公全集》书牍，卷16，转引自张国辉：《晚清钱庄和票号研究》，北京：中华书局，1989年，第85页。
[3] 张国辉：《晚清钱庄和票号研究》，北京：中国金融出版社，1985年，第99页；《中国近代金融史》，北京：中国金融出版社，1985年，第60页。

制败坏，票号商与地方当权官僚在互相利用的基础上相互勾结，官恃特权，将可以动用的公款免息或低息存入票号，使票号得以极低的代价运用巨额资金，而官吏将贪污所得存入票号，票号既付与优厚利息，又严守秘密。所以各家票号往往都与某一个或一批清朝官僚结成密切的私人关系。

总之，在清朝同治、光绪年间，票号的经营业务不断扩大，它们与清政府的关系日益紧密。票号业的经营原以商汇为主，到这一时期日益以官款为多了，票号的发展也随之进入鼎盛时期。从营业机构来看，到19世纪末20世纪初有30多家票号在北京设庄，分布在各地的票号分号约有四五百家。其中较大的票号如日升昌、天成亨、蔚泰厚等都有分号30多处。这一时期票号的盈利情况也很突出。山西祁县、太谷、平遥三帮票号每年营业资本一般都是十几万两，而每年盈利却在二三十万两之间。票号之所以能获得这样高额的利润，主要因为票号对官款存储大都不给利息，私人在票号的存款利息也很低，不过两三厘。票号常常以无息之存款转放，得利七八厘，甚至一分，由此获利甚厚。[1]

这一时期票号在各地贸易周转中的作用也日益重要。据1875年英国驻上海领事报告所说：上海“与内地各省的汇兑业务，以及中国人与通商口岸做交易开出的票据全部通过山西票号，这些票号多数在上海设有机构。他们的信用极高，他们还宣称可购入或售出国内任何地方的汇票”。[2]

上海当时内外贸易额不断增长，对金融流通的需求也在不断增加。上海钱庄在进出口贸易的金融调度上虽然发挥着重要的作用，但是钱庄的资力并不雄厚，19世纪70年代时大钱庄的资本也不过数万两。而票号的资本一般都是数十万两，远比钱庄雄厚，一些钱庄和商号常常需要票号的信贷支持。再加上票号采用分号往来制，在全国各主要商业城市都设有票号分号，可以直接通汇，从事进出口贸易的华商必须利用票号的汇兑网，在内地和通商口岸之间进行货款的收解。因此在19世纪60年代以后，上海洋货的内销及内地土特产向上海集中输出的过程中，常常需要钱庄和票号合作进行金融调度，票号在进出

[1]《中国近代金融史》，北京：中国金融出版社，1985年，第112、113页。
[2]《1854—1898年英国驻上海领事贸易报告汇编》，1993年中译本，第384页。

口贸易中的作用大大加强。

一位外国金融专家曾以上海洋货销往开封的金融调度过程为例，描述了内地商人采购洋货时依靠钱庄和票号合作进行资金融通的实际情况："开封商人当得悉他所购买的货物须于某日付款若干之后，马上向他往来的钱庄开一张地方性的期票，交与当地山西票号的分号，向该分号买一张汇票寄与他的上海代理人。代理人把汇票送与山西票号在上海的分号，换取该分号的限于当地流通的期票，交与他的掮客。就开封商人的代理人而言，这一交易到此就结束了。代理人收到了货物，用通常的办法运往开封。至于向外国商人接洽并负责交货的掮客，当货物尚在洋行手中时，是不能从开封商人处得到货款的。他就要求和他往来的钱庄开出一张期票，用以支付洋行；洋行接到期票后就交出货物。然后他得到开封商人的期票，把它偿还给他的往来钱庄。此时交易对有关方面才算完全清结。"[1]

进入20世纪以后，由于清政府每年必须偿付大量的外债和庚子赔款，各省、各关每年必须因此按期上交一大笔一大笔的款项，这些巨额款项往往都要依靠票号汇兑，使得20世纪初票号业有了更大的发展。这种发展首先表现为票号汇兑的款额有了明显的增加。1906年日升昌票号的14个分号办理汇兑银两达3 222.5万多两，平均每家分号收汇银两在231万两以上；1907年蔚长厚汉口分号收交汇兑银两为338.5万两，其中商业汇兑占93%以上。一家票号的分号一年所经手的汇兑款额已远远超过10多年前总号的全年经营额。这个事实有力地反映了票号力量的增强。票号业手中掌握了大量的运营资本，也开始向近代工商企业放款，显示出票号经营业务发展的新动向。

票号的经营区域也有了进一步的扩大。在19世纪后半期，票号的业务网络曾伴随国内外贸易的发展，在沿海和沿江口岸及其他经济较发达城市有了较大的扩展；进入20世纪后又进一步扩充到西北边陲以及东北一带，如西藏、宁夏、热河、黑龙江、吉林、锦州、长春等地创立了新的据点，而且还在香港和国外的朝鲜仁川，日本大阪、神户、东京设立经营地点，国内外设庄的地点达到

[1] S. R. Wagel, "Finance in China"，转引自张国辉：《晚清钱庄和票号研究》，北京：中华书局，1989年，第107—108页。

100个左右。

但是在另一方面,当票号业处在鼎盛时,其潜伏的危机已经逐步形成。票号在经营方针上带有较为浓厚的对封建王朝的依赖性和保守性。另外,票号业一向以经营国内汇兑为主,但是在这一时期,外国在华银行在垄断国际汇兑之余,已开始插手中国国内汇兑业务。中国新式银行业的兴起,也逐渐成为票号业有力的竞争对手,中国通商银行、户部银行、交通银行等已逐步将原来由票号把持的官款汇兑业务夺走。

面对这些新情况,一些头脑清醒的票号经理人向票号业主提出了警告,建议实行变革票号经营方式。但是这种改革倡议却遭到票号内部守旧势力的强烈反对,始终不得实现。

守旧的票号业在1910年上海橡皮股票投机和1911年源丰润银号破产所引发的金融风潮中,也受到牵累,遭到重大损失。而1911年辛亥革命,推翻了作为票号业靠山和最大客户的清政府。在随之而来的社会大动荡中,许多票号的银物被抢,据票号业向北洋政府提交的请愿报告所称,平均每家票号被抢现银11余万两,约占每家平均资本的一半,使得票号业损失异常惨重。另外,票号业过去放款大于存款,遇到战乱时放款难收而存款又被逼提,也使得一些票号搁浅倒闭。在这一连串的打击下,票号业由鼎盛迅速转为衰落。辛亥革命前票号总号有26家,到1921年时只剩下4家。此后尽管仍存有少数几家票号在极力支撑,但已经很难扭转整个票号业的衰落局势。

三、中国新式银行业的兴起

甲午战后,要求自办银行以挽回利权的呼声很高,外商银行的高额利润对清政府也有很大刺激,因此经光绪皇帝批准,由盛宣怀招商集股,于1897年在上海设立了第一家华资新式银行——中国通商银行。其250万两开办资本中,盛宣怀等官僚股份及洋务企业招商局、电报局的股份占了大半。这一银行的存款也主要来源于官款,它刚一成立,户部就拨存100万两银以示支持,以后陆续有官款存入。清政府并授予该行发行纸币特权,发行银元券和银两券。盛宣怀还一再奏请清政府尽可能将官款汇兑业务交给通商银行办理,在他的努力争取下，通商银行的官款汇兑业务逐渐开展起来。清政府所借的铁路外债也都由它经手办理存汇业务。同时，它与盛宣怀控制的招商局、电报局及其他一些洋务企业有着较多的业务关联。盛宣怀同清政府的种种联系，成为中国通商银行初期得以立足的根本。

进入20世纪以后，新的华资银行不断设立。据统计，截至1911年，共有30家华资银行设立，其中官办和官商合办的有13家。甲午战争后清政府在各省普遍设立官银号、官钱局等，20世纪有不少地方官办和官商合办的银行就是由这些官银号、官钱局改组而成的。清末设立的商办银行多数成立不久就停歇了，所以官办和官商合办的银行占据了主体地位。其中最重要的银行是户部银行和交通银行。

户部银行于1905年8月在北京成立，不久又在天津、上海、汉口、济南、张家口等地设分行。它以股份有限公司形式组建，开办资本400万两，其中一半为清政府户部的官股，另一半由私人（外国人除外）自由认购。该行名义上是官商合办，实权操于官府手中，其正副总办均由户部派任。不过，该行在用人方面也注重聘请一些知名商人担任总行和各地分行的经、协理，利用这些商人逐渐开拓了业务。按照该行章程，它的营业项目为"专作收存出放款项，折收未满限期票及代人收存紧要物件"等。清政府还给予它铸造硬币、发行纸币、代理国库等特权，使其相当于国家银行。1908年，户部改为度支部，户部银行亦改称"大清银行"。该行自成立后，业务发展较快，到1911年上半年它吸收的存款已达6 339万两，比中国通商银行同期吸收的存款高出30多倍。截至清政府垮台，大清银行在全国各地设立35家分号，成为清末最大的一家华资新式银行。

交通银行于1908年由邮传部在北京设立，它名义上也是一家官商合办银行。其开办资本250万两，邮传部官股占4成，其余6成"无论官民，均可认购"。但是该行总理和协理均由邮传部派官吏充任。按照交通银行的章程，该行设立的宗旨是"利便交通"，振兴轮船、铁路、邮政、电讯这"四政"，而实际经营业务则"多局促于官款之调拨一途"。它在上海、天津、汉口等地设立了20多个分行。吸收的存款主要以政府机关为主，至1910年时达2 370万两，虽不及大清银行,但比中国通商银行要大得多。

辛亥革命爆发后,大清银行曾一度宣告停业。但是不久,原大清银行部分商股股东联合上书南京临时政府,建议将大清银行改组为中国银行,承担中央银行的职能,这一建议获临时政府批准。在对原大清银行清理的基础上,1912年2月中国银行开业。后来它成为北洋政府的中央银行,资本初定为6 000万元,官商各半。该行设总裁、副总裁各1人,由财政部报政府任命。由于民国初年财政总长更迭频繁,所以中国银行总裁和副总裁也不断更换,曾在4年间换了9个总裁。该行的业务主要是代理国库、承汇公款、发行钞票等。交通银行也于1914年修改了章程,改股本总额为1 000万两,继续经营轮、路、电、邮"四政"的收支,同时分理国家金库,国内外汇兑,发行钞票等业务。中国银行和交通银行成为北洋政府的两大财政金融支柱。

进入民国以后,促进华资新式银行业发展的有利条件增多。首先是民初新政府对建立新经济制度做了较多的努力,在一定程度上促进了国内工商业和金融业的发展。1914年又爆发了帝国主义列强争夺世界霸权的第一次世界大战,大战期间及战后最初几年恢复时期欧洲列强无暇东顾,放松了对华经济侵略,中国民族工商业进入了发展的"黄金时代";此时,一向控制中国金融市场的外商银行势力,因在战时受各自母国经济支援减少,感到资金周转拮据,放松了对中国金融市场的压力,有些外商银行还不时向华资银钱业拆借款项;北洋政府财政困窘,经常需要向银行借贷,并通过国内金融机构大肆发行公债,这也在某种程度上促进了一些华资银行的发展。

这一时期,华资银行业,特别是商办银行业发展较快,1912—1927年间新设华资银行共302家,其中商办银行有247家,占新设银行总数的八成多。1919—1923年是商办银行设立最兴旺的时期,平均每年新设近30家商办银行。一些银行以与实业挂钩为标榜,如由农业促进会主办的中华农业银行公司、由垦殖协会主办的垦殖银行、由工业建设会主办的劝业银行和由铁路协会主办的铁路银行,以及各省地方举办的实业银行、矿业银行乃至渔业银行等等。在20年代以后,一些华资银行加大了对本国工商业的放款。边远地区,也传来设立银行的讯息,西藏有设立银行的传闻,蒙古也有设立银行的试探。

华资银行业出现了“向来未有如此之盛”的局面。[1]

但是这一时期也有约一半的银行停歇，这些银行多以投机为其经营主旨，寿命不长。经过优胜劣汰，一些经营较好的银行生存下来，实力也有了较大的增长。以实收资本、公积金和存款三项合计，主要华资银行的总实力在1918—1926年八年间增长了2.5倍。这时的华资银行已经具有了与外资银行和钱庄相抗衡的实力（参见表3–1）。

表3–1　中外银行和钱庄资力比较（1925年）[2]

	实收资本与公积金金额（百万元）	比重（%）	资力（百万元）	比重（%）
外资银行	193.8	35.4	1 141.2	32.1
中外合办银行	48.2	8.8	162.7	4.6
华资银行	205.5	37.5	1 453.7	40.8
钱　庄	100.0	18.3	800.0	22.5
合　计	547.5	100.0	3 557.6	100.0

注：资力包括实收资本、公积金、盈利滚存、存款和发行兑换券之和。

这一时期除中国银行和交通银行外，发展较好的华资银行有“南三行”和“北四行”。“北四行”是金城银行、盐业银行、中南银行、大陆银行这四家银行的通称。它们的大股东多为北洋政府的军阀与官僚，能得到北洋政府的支持，发展较为迅速。“北四行”于1922年成立了“四行联营事务所”，初期做些联合放款业务，后又建立四行联合准备库，共同发行中南银行的钞票，由于准备充足，信誉卓著，1923年又开办四行储蓄会，吸引了社会上的大量存款。

“南三行”是上海商业储蓄银行、浙江兴业银行、浙江实业银行的通称。这三家商办银行以上海为基地，在经营业务上相互声援、相互支持，它们之间

[1] 杜恂诚：《民族资本主义与旧中国政府（1840—1937）》，上海：上海社会科学出版社，1991年，第504—505页。

[2] 根据唐传泗、黄汉民：《试论1927年以前的中国银行业》[载《中国近代经济史研究资料》(4)]表7缩编。

的一些董事、监事也互相兼任,它们之间虽然没有联营事务所一类的组织形式,但实际上受到了联营互助的成效。上海商业储蓄银行是“南三行”中的后起之秀。它成立于1915年,开办时资本不足10万元,比“南三行”和“北四行”中其他银行要小得多,甚至连一家大钱庄也不及,所以人称其为“小小银行”。该行总经理陈光甫[1]制定了“服务社会、辅助工商,抵制国际经济侵略”的行训。为了和在华的外国银行竞争,他甚至派出牛车,带上宣传上海银行的影片,深入外国银行势力还达不到的农村,吸收农民的零星小额存款,使得当时外国在华势力最大的汇丰银行也“望洋兴叹”。陈光甫善于用人,经营富于创造性,开创了一元储蓄等多种零星储蓄以吸收存款,业务发展很快,到1926年时其资本已增至250万元,资产总额超过4 700万元,其分支机构已遍布全国,成为华资银行中的佼佼者,被人视为奇迹。

国民党政府统治全国后,利用政权力量通过胁迫、改组等手段,削弱民间金融资本地位,建立了“四行两局”[2]官僚资本金融体系,为国民党政府进一步垄断全国金融和经济奠定了基础。

1927年10月国民党政府颁布了《中央银行条例》,决定成立中央银行,规定该行为国家银行。用当时财政部长宋子文的话来说,中央银行的成立,“一为统一国家之币制,二为统一全国之金库,三为调剂国内之金融”。经过一年筹备,中央银行于1928年11月在上海正式开业,宋子文兼该行首任总裁。中央银行开办资本2 000万元,全部以国民党政府发行的金融公债抵充,并无一元现金。国民党政府授予中央银行经理国库、发行兑换券、铸造和发行国币、经办国内外公债和还本付息,以及外汇业务等特权,使中央银行成为官僚资本金融体系的指挥中心。为了增加中央银行实力,国民党政府又于1935年用增发金融公债及银行垫支等办法将中央银行资本扩充到1亿元,使它成为当时全国最大的银行。可以说,中央银行是国民党政府运用政权力量一手造就的。在中央银行成立后的8年间,利用其特权地位,使资产增加了约25倍,

---

[1] 陈光甫,著名银行家、旅游业创始人。原名辉祖,后易名辉德,字光甫,江苏镇江人。

[2] 国民政府1928—1935年间为垄断全国金融和经济而建的中央银行、中国银行、交通银行、中国农民银行这四行和邮政储金汇业局、中央信托局这两局的官僚资本金融体系的简称。

存款增加约48倍，纸币发行额增加约28倍，纯利增加了70倍，为“四行”中的“老大”。

中国银行和交通银行在国民党政府刚建立时都已具有了相当大的规模，实力居华资银行之冠。国民党要想垄断全国金融，就必须加强对中、交两行的控制。国民党政府1928年曾以拨给公债预约券等方式强行加入官股，对中、交两行进行了初步改组。1935年3月蒋介石与孔祥熙、宋子文密谋，操纵了国民党政府立法院通过1亿元公债发行案，用几纸公债券强行将两行的官股分别增加到50%、55%，并逼迫不大听话的中国银行总经理张公权辞职，派宋子文任中国银行董事长，宋的亲信胡笔江任交行的董事长，夺得了两大银行的主宰权力。从此中、交两行成为国民党政府垄断全国金融和经济的重要工具。

中国农民银行前身是1933年成立的“豫鄂皖赣四省农民银行”。这家银行是蒋介石等为了进行对中央红军的军事围剿，在经济上配合国民党的农村工作及筹集“剿共”经费而建立的。中央红军实行战略大转移，开始长征后，蒋介石等对红军围追堵截，军事活动范围扩大，军费开支增加，因此于1935年6月国民党政府将四省农民银行改组为中国农民银行，资本总额增为1 000万元，由财政部和各省市政府分别认股。该行除经营一般银行业务外，着重为国民党筹措军费，购置军粮，并发放农贷以控制农村经济，还享有发行“兑换券”“农业债券”和“土地债券”等特权，从而跻身于国民党官僚资本四大银行之一。

中国自1896年创办邮政局，同时开办汇兑业务以来，至1929年时通汇的邮政局所共有2 374处，全年开发汇票总额达1.3亿元，邮局的储蓄业务也已经开展起来，邮政部门兼办的汇兑储蓄业务可以伸展到全国各地。对于分布如此广泛的信用机构，国民党政府自然不会放过，1930年3月国民党政府通过法令，在上海成立邮政储金汇业总局，直属国民党政府交通部，负责邮政局所兼办的储金汇兑业务。到1935年时通汇局所已经增至9 500处，储金总额也成倍增长。这年3月又将总局改组为邮政储金汇业局，改隶属于邮政总局。邮政储金汇业局的业务主要是举办活期和定期储蓄、邮政汇票、电报汇款等，它是国民党政府吸收大量存款和汇兑资金的有力工具。

中央信托局成立于1935年10月，总局设在上海，各地设有分局或代理处。其资本总额1 000万元，全部由中央银行拨发，首任董事长亦由当时的中央银行总裁孔祥熙兼任。该局的主要业务是为国民党军队采购军火，垄断出口物资的收购，经营“公有”财物及政府机关重要文件契约的保险及保管事项，经理国营事业或公用事业债券股票的募集和发行，经收公共机关或团体的信托存款并代理运用等。它一成立，就因拥有特权和资本雄厚，成为国内最大的信托机构，并使其他信托公司和各银行信托部的信托业务都受到影响和排挤，当时人们将其喻为“信托之霸王”。

“四行两局”是国民党政府运用政权力量，或新设或改组而建立起来的官僚资本金融体系，这一体系的建立加速了资金的集中，为国民党政府进一步垄断全国金融和经济奠定了基础。到1936年时，“四行”在全国164家银行中，实收资本占42%，资产总额占59%，存款占59%，发行钞票占78%，纯益占44%，在众多的银行中“四行”已既享有政治特权，又在资力上占有绝对的优势，基本上控制了全国的金融命脉。

第四节　资金市场的曲折发展

在近代中国，资金市场的发展还是初步的，但其地区分布也不平衡：资金市场的发展变化主要集中在工商业比较发达的地区，特别是上海等通商口岸城市；而广大农村仍然主要延续前近代状态。随着工商业的发展，上海等城市金融市场出现了明显的质变，到民国时期上海已发展成为国际著名的金融中心，但是即使在上海这样的大城市，资金市场的发展仍然受制于当时全国社会曲折坎坷的经济环境。在中国近代各类资金市场中，证券市场的发展历程较具典型意义。

一、清后期证券市场的起伏

证券市场，是指包括公债、股票等各种有价证券发行和交换的市场，是一种重要的长期资金市场。1840年鸦片战争后，西方资本主义国家商人纷纷来到中国通商口岸经商，他们将西方国家已经广泛流行的股份制带来中国，发行股票，招集商股。1862—1873年外商在中国创办了旗昌轮船公司、东方银行、汇丰银行、上海船坞公司、港澳轮船公司、公正轮船公司、中日（沿海和长江）轮船公司、北清轮船公司、华海轮船公司、中国太平洋轮船公司、太古轮船公司、扬子保险公司、保宁保险公司、香港火烛保险公司、宝裕保险公司等主要股份制企业。外商在上海等地报纸上刊登招股广告，指引购买者直接到股票发行公司或其主管洋行的办事处认购。随着外商在中国创办的股份制企业逐渐增多，外商股票发行数额逐渐增大，1869年上海出现了中国第一家专营有价证券的英商长利公司（J. P. Bisset & Co.），“该业始发达”。[1]19世纪80年代前后，外资又开始进入租界公用事业和其他实业，市面上又出现了上海自来水公司、上海电灯公司等十几种新股票。西商各证券掮客为谋本业前途的发展，于1891年联络同业，组织上海证券掮客公会即上海股份公所，以买卖外商在华所设各事业公司的股票。上海股份公所已具证券交易所雏形，外商在华组织的证券市场初步形成。[2]

1872年，北洋通商大臣李鸿章以股份制公司形式筹建上海轮船招商局，中国第一家近代意义的股份制企业和中国人自己发行的第一张股票诞生。此后，股份制公司形式又在矿业、保险业、纺织业等方面得到运用，又增添了一批华商股票。华商证券交易，起初既没有固定的场所，又没有相应的交易规则，证券转让、买卖一般在亲朋好友、熟人中“以亲带友、以友及友”进行。成交的价格却视外商证券行情和证券本身的市场供求而定。后来，轮船招商局、开平矿务局等近代洋务企业经营成功，获利很高，股票价格成倍增长，如轮船招商局面值100两的股票，1882年却涨到了200两以上；1881年底，开平煤矿正式投产前夕，其面值100两的股票在上海市场上的价格就涨至150两左右，到1882年6月，竟还有人愿以每股237两的价格收进。受此影响，人们争相购买荆门煤铁矿、长乐铜矿及鹤峰铜矿等十几种刚上市不久的矿业股票，这些股票

[1]《上海西商证券交易所之略史》，《银行周报》第3卷总第116期，1919年。
[2] 张春廷：《中国证券市场发展简史》，《证券市场导报》2001年第4期。

的价格很快超过其面值。受矿业股票上涨行情影响,其他上市的洋务企业股票价格也随之全线上涨。如上海电报局100两面额的股票,1882年曾突破了200两大关。而上海机器织布局的股票价格也溢出原价15%左右。随着证券发行量的扩大,持有证券的人增多,手中持有证券的品种和数量也越大,证券买卖变成了经常的需要。于是1882年9月成立了上海平准股票公司。该公司内部组织分明,还订有章程,为股票交易提供了便利。它的设立首开中国有组织的证券市场的先河,成为中国自设证券交易所的权舆。[1]

1883年10月,由于对矿业股票的过分投机,加之红顶商人胡光墉投机丝业失败和中法关系趋紧等其他原因,引发了倒账金融风潮。各种华商股票即行下跌,矿业股票几乎形同废纸。介入股票投机和承做股票质押的钱庄等金融机构受累倒闭,破产者不计其数。刚刚兴起不久的中国证券市场随即跌落至极点,此后10多年低迷不兴。

19世纪末20世纪初,随着国外资本投资的银行、工矿企业和铁路公司在华的设立,以及铁路借款、矿业借款与政府借款的签订,外国在华发行的外资证券规模迅速扩大,西商上海股份公所业务发展出现较大转机。1898年,该所修订了章程,但仍无固定交易场所,证券的交易买卖,多在旧西商总会内或在汇丰银行门前阶沿进行。到1900年,英商趁八国联军入侵的混乱之际,攫取了中国的开平煤矿,由于这一产权的中外转移,原持有该矿股份的华人纷纷将股票出售或转让,给原来不甚景气的股票交易市场带来了新的刺激。同年,上海股份公所在旧西商总会租定了部分房屋作为固定的所址。1903年,上海股份公所酝酿改组为上海证券交易所。1904年,按香港《股份有限公司条例》在香港注册,定名为上海众业公所。该所采取会员制,只有会员才能参与证券交易,公所成立不久,会员即扩充为100人,其中西商会员87名,华商会员13名。其经营范围包括:中国和远东各地的外商公司股票和公司债券、南洋各地的橡皮股票以及中国政府金币公债,后来又增加市政公债。当时进入这个市场开拍的股票有:公和祥码头、耶松船厂、公益纱厂、上海纱厂、汇丰银行、远东

[1] 张春廷:《中国证券市场发展简史》,《证券市场导报》2001年第4期。

保险、业广地产、电车、会德丰拖驳、蓝格志煤油和一些橡皮股票。[1]

1897年，中国通商银行在上海成立。20世纪初清政府又设立了户部银行（1908年改称大清银行）和交通银行。还有一些地方性省银行和私营商业银行也纷纷设立。这些新兴的银行发行了大量的股票，在市场上十分受人青睐。1903年，清政府提倡商人设立铁路公司，集股筹资承办铁路。于是，全国15个省份先后成立了“官商合办”和“商办”铁路公司，发行了大量的铁路股票。这类股票也成为市场亮点。1904年，梁启超提出了组织证券交易所的倡议。1907年又有上海买办商人袁子壮、周舜卿、周金箴等提出仿日本取引所组织公司的要求，但清政府未予重视和采纳。光绪末年，上海买办商人王一亨、郁屏翰等在南市关桥开设了专营证券的“公平易”公司，不久，买办商人孙静山在上海九江路渭水坊又开设了另一家专营证券的“信通公司”，但规模和功能远不能与原先的上海平准股票公司相比。除上述专营的证券公司外，许多茶商、钱商、皮货商、古董商和杂货商以及买办也兼做股票买卖。这些股票掮客经常出入茶馆，在经营本业的同时，还洽谈股票生意。[2]

1909年，国际市场橡胶涨价，国外经营橡胶园种植业和投资橡胶工业的人获利丰厚。英国投机商人麦边借此机会大造舆论，宣扬经营橡胶行业可获巨利，并谎称其所在蓝格志公司在澳大利亚拥有大片的橡胶园，编造该公司的经营发展计划，诱骗人们购买其公司股票。人们不明真相，竞相购买。麦边暗中掀抬股价，橡皮股票价格暴涨。麦加利、汇丰和花旗等外商银行见有利可图，便与麦边勾结，承做橡皮股票的抵押放款。此举又造成了该公司信誉可靠、实力雄厚、盈利可观的假象。橡皮股票的价格不断上涨，争购者更加踊跃，连山西票号、上海钱庄和许多官员也都介入其中。1910年3月末，蓝格志公司股价已超过其面额十六七倍，麦边暗地里趁高脱手，卷款潜逃。其他外商亦步麦边后尘，纷纷抛售手中的橡皮股票。4月初，许多外资银行一律宣布停办此项股票的押款。人们又争相抛售橡皮股票，但无人购进，橡皮股票价格一落千丈，最后成为废纸。持票者纷纷破产，市面极度恐慌，酿成了橡皮

[1]　洪葭管、张继凤：《近代上海金融市场》，上海：上海人民出版社，1989年，第138、139页。
[2]　张春廷：《中国证券市场发展简史》，《证券市场导报》2001年第4期。

股票金融风潮。[1]这次风潮使中国证券市场再次遭受沉重打击，又一次跌入低谷。

二、民国年间证券市场的曲折发展

民国初年，民族工商经济的发展，造就了越来越多的产业证券。在当时发展最快的纺织、面粉、卷烟、火柴四大工业中出现了数百家股份制企业，其中有的企业资本迅速扩大，发展为拥有数家企业的企业集团。由于这些公司经营状况良好，利润丰厚，特别是给股东发放优厚的股息和红利，使得其发行的股票为人乐于接受，反过来又促进了这些公司在更大的范围内提高股票的发行数量。民国初年，北京政府大量发行公债。这些公债中，有一部分是由外国势力控制的海关总税务司保管还本付息基金，北京政府未经该机构的同意，不能动用，因而信用较有保证。北京政府采用高息、大折扣的发行吸引银行承销。银行承办公债发行，不仅使证券市场的有价证券数量迅速增加，而且还使得公债借助银行金融机构网络和银行信用在全国范围内广泛发行，中国公债发行市场正式形成。不少投资者把投资公债当作“生财之大道”。随着中国近代工商经济的发展和政府公债的大量发行，推动了中国证券交易市场的发展，上市交易的证券数量和品种迅速增加。原先只把股票买卖当副业的各色商人逐渐转为证券掮客，并逐渐发展成为专营股票买卖的股票公司。在上海福州路、汉口路和九江路一带，股票公司林立，形成了十分热闹的证券交易市场。1914年秋，经北京政府农商部批准，上海股票商业公会成立。公会在会址内附设有证券交易市场，经营现期和定期买卖。公会对交易时间和不同证券的交易佣金都做了具体规定。实业家张謇担任农商部长后，积极推动设立证券交易所。1914年12月，北京政府颁布实施中国第一个证券交易法规《证券交易所法》。次年5月，又颁布《证券交易所法实施细则》26条，附属规则13条。中国证券市场步入有组织的证券交易所时代，证券交易形式也由现期交易的单一形式，发展为现期、定期和便期等多种交易形式。

[1]　洪葭管、张继凤：《近代上海金融市场》，上海：上海人民出版社，1989年，第140、141页。

银行等金融机构的广泛建立，对于当时证券市场有着双重意义。一方面，银行等金融股票大量涌现，如北京政府设立的中国实业银行等7家专业银行，招股集资达7 000万元；私营银行发展更快，尤其像“北四行”和“南三行”这样实力强大的银行的股票，备受市场青睐；此外还出现了很多保险公司、交易所和信托公司等新兴金融机构，其发行的股票也十分抢手。另一方面，银行信用制度随着金融机构网络的延伸得到普遍运用，有效地克服了股份公司在股票、债票融资过程中的信用局限，扩大了股票、债券发行的范围，缩短了股份公司筹资时间。

1918年，在沪日商为了与欧美资本争夺中国市场，筹资设立上海取引所，以棉纱和有价证券交易为主。日本取引所为逃避中国法律的约束，名义上将总所设在日本大阪，上海为其分所，但实际交易都在上海进行，并拉拢上海有声望的华商充当董事。（次年“五四运动”爆发，中国抵制日货，取引所营业并不理想，亏损严重，拖到1927年1月，自动停业清理，从此退出上海证券市场。）日本取引所的成立，刺激了华商交易所发起人，开始积极争取中国人自己交易所早日开业的活动。1918年，中国人自己开办的最早的证券交易所——北京证券交易所成立，该交易所开业后以政府所发行的公债为经营大宗。1919年、1920年上海证券物品交易所和上海华商证券交易所先后获准开设。两家交易所成立后，赢利丰厚，投机者认定交易所有暴利可图，工商业者则认为交易所是集资融资的合适场所，于是社会游资趋之若鹜，其他商人群起仿效。1921年春，通泰盐垦五公司委托上海24家银行和钱业组成的银行团，发行年息八厘的公司债券500万元，[1]首开中国企业发行公司债券的先河。随后，上海纱厂联合会及各纱厂组织棉业银公司，拟在国内外资本市场发行公司债券3 000万两（但未付诸实施），社会反响很大。后来，又有几家企业公司委托银团发行公司债券获得成功。至此，中国产业证券中又增加了公司债券。

自1921年5月起，上海出现了中国人开办交易所的热潮，交易所数量逐日增多，各行各业竞相设立本行业的交易所，大至金、棉、丝、粮、油、酒、皮毛等，

[1]《银行周报》第211号。

小至竹、木、纸、瓦、烛、皂等,有的行业竟连开数家交易所,有的行业甚至还别出心裁地设立什么星期日交易所、夜市交易所,真是五花八门,应有尽有。由于缺乏有效监管,据统计,自1921年5月至12月,交易所在上海一地竟然设立了136家之多,仅11月一个月就新设了38家。这些形形色色的交易所,有的专门从事证券买卖,有的兼做物品买卖,但绝大多数都将股票债券投机作为主要业务。[1]信托公司是接受顾客委托代为理财投资的非银行金融机构,有的信托公司也兼办银行、保险、物流等业务。1921年5月至7月之间,随着交易所数量大增,对投资代理机构的需求也变得迫切,于是上海一下子出现了中易、上海、大中华、中央、中国商业、通易、上海通商、上海运驳、华盛、中外、神州等12家华商信托公司。但是物极必反,过多的交易所和证券投机扰乱了市场经济秩序,造成交易所经营风险和证券交易风险越来越大,社会各界有识之士纷纷质疑,中国政府和上海租界当局也着手整治,于是狂热终于导致崩溃,自当年11月起,各交易所股价大跌,交易停滞。到12月,新设立的交易所仅有1家。岁末年初,大批交易所不得不停业清理,或解散,或归并。至次年4月时,上海的华商交易所只剩上海证券物品交易所、上海华商证券交易所、上海华商纱布交易所、上海金业交易所、中国机制面粉上海交易所、杂粮油饼交易所6家。信托公司受其影响,纷纷停业或转业。至1922年春,上海的华商信托公司只剩中央信托公司和通易信托公司两家。其他百余家交易所和信托公司均已烟消云散,广大中国股民所受的损失更是难以估量,史称这次风潮为"信交风潮"。

1921年"信交风潮"的爆发,使产业证券市场再次跌入低谷,1922年后尽管一些大公司如中国银行、招商局、商务印书馆等企业股票仍在交易所内挂牌,但实际成交很少。证券交易所为维持生存,逐渐把政府发行的公债作为交易的主要对象,公债市场后来居上。

1929年10月,国民党政府把《证券交易所法》和《物品交易所条例》两法并为《交易所法》,规定每一区域每一交易所以经营一种为限,经营同类者限

---

[1] 上海市档案馆:《旧上海的证券交易所》,上海:上海古籍出版社,1998年,第305—307页。

期合并。据此，上海证券物品交易所将物品部分分别归并于有关交易所，1933年5月证券部分并入上海华商证券交易所；1934年金业交易部分并入上海金业交易所。1937年"八·一三"事变发生后，上海华商证券交易所奉令停业。

1940年，上海信托业同人设立了中国股票推进会，其宗旨是推进中国股票流通，便利投资，提倡实业，为会员买卖股票提供便利。当时在该会挂牌开拍的华商股票有85种。中国股票推进会实际上部分填补了当时无华商证券交易所的空白。外资企业倚仗在租界中的优越地位，获得空前的发展。西商上海众业公所也因此出现从未有过的繁荣局面。抗战爆发后，该所曾停业4个月，很快又于1937年12月复业。由于租界人口大增，消费品供给不足，物价上涨，货币贬值。为了保持币值，购买外资股票是最好的选择之一，尤其是1938年3月外汇升水，社会游资更是涌向外资股票市场。西商上海众业公所上市的证券品种达162种之多，其中股票96种，公司债10种，其他各类金币公债56种。进入1940年以后，外资股票的投机活动更为突出，各种股票价格屡创新高，有的竟超过票面价值的十几倍乃至几十倍。如会德丰股票面值为白银十两，而市价竟涨到271两。上海众业公所1937年的成交量为1 800万元，到1940年上半年扩大为5 682万元，仅1940年1月8日这一天，就成交了132.2万股。[1]1941年12月，太平洋战争爆发，日军占领租界，西商上海众业公所关闭，并从此在中国消失。

证券市场的兴起，引起日伪当局的恐慌。日伪当局先是查禁，继而改为限制。为了避免游资冲击市场物资，影响日伪军需物资的收购与存贮，日伪当局后改为对证券市场加以控制利用，强令上海华商证券交易所于1943年9月29日复业，并着手在北平、天津等地筹建证券交易所。1943年，上海证券交易所奉汪伪政府令复业，11月正式开拍营业，专营本国公司股票交易，经纪人名额为200人，第一批上市的股票达108种，后又陆续增加至199种。开业的一年多时间里，由于通货膨胀、物价上涨和实行"便交"（改隔日交割为每周交割，实即变相的期货交易）等因素的刺激，股市交易经常处于旺盛投机状态，直到

[1] 朱斯煌：《民国经济史》，郑州：河南人民出版社，2016年，第153页。

日本宣布无条件投降,1945年8月18日停止营业。上海沦陷后出现和发展的股票市场,不是产业经济发展的产物,而是社会游资投机需要的结果,与产业经济联系很少。天津沦陷后,证券交易同样也遭日伪限制打击。但由于通货膨胀下股票有保本保值作用,因此股票买卖交易仍很旺盛。1943年,日伪决定在天津设立证券交易所,由伪华北政务委员会以训令方式,指定天津银行业公会负责组织华北有价证券交易所。该所直至1945年8月27日才正式开业。[1]

1945年8月上海华商证券交易所查封停业后,证券交易转入黑市,又恢复到过去的无组织状态。国民政府虽严格查禁,但证券投机者采取化整为零的方法,分散活动,更有股票公司还开设股票期货交易,股票交易黑市经久不衰。国民政府见证券交易难以取缔,转而实行控制和利用政策。1946年5月,行政院指定杜月笙牵头筹建上海证券交易所,9月16日营业,这是全国唯一的证券交易所。资本额定为10亿元,原上海华商证券交易所股东认购六成,另四成由中国银行、交通银行、农民银行及中央信托局、邮政储金汇业局认购。它继承了原上海华商证券交易所业务,兼容原外商上海众业公所营业。上市股票有永安纱厂、美亚绸厂、新亚药厂、华丰搪瓷等20只。起先只做现期交易,但交易十分清淡。为了刺激股市,1946年11月开办"递延交割"(变相期货交易),并于12月试办套利交易。证券交易迅速扩大,日成交量猛增到80 000多万股,股票价格一路飙升。1947年3月,政府宣布实施"经济紧急措施",禁止黄金及外汇买卖,社会游资都涌向证券市场,股票买卖更加兴旺。到1947年底,上市股票增加到32只,总市值达70 783亿元。除上海证券交易所场内交易外,证券场外交易仍然存在。交易的证券主要有政府统一公债、未上市的华商股票和外资股票三大类。统一公债之所以仍有市场,是因为投机者预期政府将有合理的偿还。至于像华商电气、中国银行等未上市股票交易活跃,则是因为这些银行和企业久负盛名,一直为人所熟知。因为原西商上海众业公所关闭,新成立的上海证券交易所又只开做华商股票,所以外资股票只能在场外市场进行交易。像怡和纱厂、业广地产、会德丰等

[1] 张春廷:《中国证券市场发展简史》(二),《证券市场导报》2001年第5期。

外资股票在场外交易还相当活跃。在天津，华北有价证券交易所1945年11月被南京政府接收，并于1946年3月改组为天津有价证券交易所，资本增至10亿元，几经周折于1948年2月才正式开业。上市股票只有启新、滦州等13种。1948年1月，南京政府命令上海证券交易所经纪人限期增加资本和保证金。4月4日，行政院命令取缔期货交易和经纪人场外交易，致使上海证券交易所18只股票价格全面暴跌。1948年8月，政府推行金圆券币制改革，命令上海、天津两地证券交易所停业待命。直至1949年1月天津解放，天津有价证券交易所停业后便再未恢复。1949年3月上海证券交易所在"疏导游资、稳定经济"的幌子下复业，但股票交易清淡，成交稀落。1949年5月上海解放，上海证券交易所停业。[1]中国近代证券市场曲折坎坷的发展历程从此结束。

[1] 中国人民银行总行金融研究所：《近代中国的金融市场》，北京：中国金融出版社，1989年，第463页。

第四章
中国物流方式的近代变革及其对市场的影响

市场流通一般依赖于商流和物流这两大体系。近代中国市场物流体系仍以交通运输业为主体，美国经济史学家费维恺曾经指出，“束缚中国本国商业发展的市场结构主要不是沉重的官方勒索，而是近代以前的交通运输的各种限制”，[1]所幸的是，中国交通运输方式在近代经历了较大的变革，至抗战前已形成以水运（轮船为主）、铁路运输、公路运输、空运、邮电通讯5大方式为主的体系，基本上取代了传统的“南船北马”方式。物流方式的近代变革对中国市场流通体制产生了深远的影响。

第一节　物流方式的近代变革

一、水运方式的变革

19世纪中叶，外资轮船航运业依仗特权开始入侵，中国沙船（中国沿海的一种帆船，以身大底平、便于在沙滩上停泊而得名）行业迅速衰落，漕粮北运成为迫切需要解决的问题。李鸿章等洋务派官僚于1872年11月在上海成立了轮船招商局，开启了中国交通运输业的变革。甲午战争后，民族资本的轮船业

---

[1] （美）费正清（Fairbank, John King）、（美）刘广京编：《剑桥中国晚清史（1800—1911）》下卷，中国社会科学院历史研究所编译室译，北京：中国社会科学出版社，1985年，第57页。

有了较大发展,原来的木帆船大量为轮船和拖驳船所代替。

1. 中国新型水运方式的开端

中国水运向以木船为主,至19世纪上半叶外国轮船进入中国,50年代时广州地区已有华商投资于轮运的尝试。最初华商轮船都打着外国旗帜,依附于外国势力。1867年10月清政府公布施行《华商买用夹板等项船只章程》,对华商造买洋船,或租或雇,悉听自便,官不禁阻,准赴外国贸易,并准在中国通商各口来往。[1]民间购置轮船的活动,也日益增多。

1873年李鸿章等创办轮船招商局,是中国的航运史上一个新的起点。该局采取官督商办组织形式,到1876年时已有轮船11艘,相继开辟了沿海航线、长江航线和行驶日本及东南亚的远洋航线,初步打开了局面。1877年,招商局收买美商旗昌轮船公司以后,实力更为增加。

至甲午战争前,中国轮船公司主要有官督商办的洋务企业轮船招商局和几家商办的小轮船公司。轮船招商局在1894年时有江海轮船26艘,总吨位35 457吨,在国内沿江沿海各通商口岸均设有码头、趸船、栈房等,[2]实力较为雄厚。

甲午战争失败后,招商局发展速度减缓。1909年长期独揽招商局大权的盛宣怀利用该局由官督商办改为商办的机会,将该局转化为其私人控制的资产。该局转为商办后经营并不善,其在长江航运中原来占有优势地位,也逐渐被日本半官方企业日清轮船公司取代。与此同时,民族资本的轮船业却有了较大发展,原来的木帆船大量为轮船和拖驳船所代替。到1911年全国有大小近600个轮船企业,资本约2 100万元,各种轮船1 100艘,总吨位14.7万吨。[3]另据海关的船舶登记计算,1912年与1894年相比,中国轮船只数增长了541%,吨位增长了225%,增长速度很快。吨位的增长逊于轮船只数的增长,表明这一时期华商购置的多属小轮。[4]

---

[1] 《海防档》,购买船炮,第866、879页。
[2] 许涤新、吴承明主编:《中国资本主义发展史》第2卷,北京:人民出版社,1990年,第610页。
[3] 樊百川:《中国轮船航运业的兴起》,成都:四川人民出版社,1985年,第457页。
[4] 许涤新、吴承明主编:《中国资本主义发展史》第2卷,北京:人民出版社,1990年,第675页。

2. 战前中国轮运业的发展

民国成立以后，华商航运业取得了进一步发展。由于外国轮船公司在远洋和江海大中型轮船航运方面占有优势，华商航运业发展重点主要在内河小轮航运方面。华商内河航运最发达的是上海附近，其次是长江干支流和珠江流域。东北松花江航运业则主要由地方政府控制。

当时中国最大的航运企业轮船招商局名义上已为商办，但其管理混乱，积弊重重，亏损严重。

清后期至北洋政府时期，中国航政长期由海关监管。1928年，国民党政府交通部设立了航政司，管理航运行政、船舶海事及海员等各项事务。这使得中国航政开始有了正式的管理机关，不再由海关兼管。不过，当时海关仍然兼管航路标帜、引水等事项。

1928年国民党政府开始对招商局进行整顿，1930年将招商局正式收归国营，委火柴大王刘鸿生任总经理，实行改革，经营管理状况改善。该局的船只行驶于以上海为中心的沿海、沿江及远洋航线上，仍然是中国航运业的中坚。到1936年，该局拥有的海轮、江轮连同小轮拖轮共达8.6万余吨，占全国公私营船舶576 000吨的15%，占当时中国远洋、沿海、长江中外船舶150多万吨的5.7%。

1914年虞洽卿在上海创办的三北轮埠公司，至1933年已拥有轮船33艘，开辟上海至宁波、天津、福州及长江航运等航线。该公司和虞洽卿经营的宁波轮船公司等在航运业中自成一系，已形成一个实力仅次于招商局的航运集团，有各类船舶65艘，9万余吨，行驶宁波—上海、长江和沿海航线，并不定期航行南洋、日本。

1925年卢作孚集资创办的民生实业公司发展最快，其初创时实收资本仅8 000元，靠借贷订购70吨小轮船一艘，航行于嘉陵江合川—重庆线。由于卢作孚等经营有道，实行船员招考录取、专业培训、考工考绩、奖惩并用等制度，并革除当时沿袭外轮“买办”包办的陈规陋习，船上各项业务由公司统一管理，表现出企业进取精神，增强了在中外同业竞争中的地位。1930—1935年，公司先后收买并入中外各家航业的船舶近40艘，经营航线由川江一隅逐步延伸到长江中下游，在竞争中挤垮了美商的捷江公司，并迫使怡和、太古等外国公司退出川江，基本垄断了川江航运。到抗日战争爆发前，该公司船只已增至46只，资本增至350万元，承担了长江上游70%的运输任务。[1]

当时帆船在内河航运，特别是短途水运中仍有一定地位。据估算，20世纪30年代时全国有木帆船98.8万只，收入4.88亿元，木帆船的收入是轮船的2.5倍多。[2]

表4-1　战前华资轮船业概况[3]

	全部轮船		其中千吨以上大船	
	只　数	吨　位	只　数	吨　位
招商局轮船	28	71 177	28	71 177
其他公营轮船	437	78 023		
民营商船	3 430	525 972	180	390 635
合　计	3 895	675 172	208	461 812

这一时期国民党政府在港口建设方面也做了一些工作，主要是修建连云港、青岛第三码头、上海虬江码头和黄埔港。其中，连云港和青岛第三码头的修建成就较大。连云港是陇海铁路的出海口，其修建工程难度较大，海港于1936年筑成，可停靠3 000吨左右的海轮。青岛第三码头是中国接受青岛后的第一大工程，1932年开工，1935年底全部竣工，可同时停靠8艘6 000吨级船只。[4]

抗日战争爆发后，外轮陆续撤离，华资船舶损失十分严重。国民党政府对于抗战缺乏准备忽视整修江防工事，临战时为防止日舰侵入乃大量征用轮船沉于港口阻塞航道，先后沉船计11.7万吨，占战前本国轮船总吨位的20%；

[1] 许涤新、吴承明主编：《中国资本主义发展史》第3卷，北京：人民出版社，1993年，第171、172页。
[2] 同上书，第792页。
[3] 同上书，第767页表改编。
[4] 陆仰渊、方庆秋主编：《民国社会经济史》，北京：中国经济出版社，1991年，第466—468页。

还有大量船舶被敌机炸沉或来不及撤离而自凿沉没；另有一部分船舶未能撤离至内河，为保存计而移转中立国籍，其数共130艘，吨位总计14.5万吨。及至1937年底，国统区的轮船艘数只有战前的1/2，吨位仅11.8万吨，相当于战前吨位的20%；1938年底后方轮船的总吨位降到8.7万吨，以后更是逐年减少。

抗战开始后，华商自营航运业努力抢运上海数百家工厂的内迁器材及军用物资，其后又投入后方水陆交通，在维护战时交通上起到很大作用。其中，民生轮船公司依据川江，保全了大部分船舶，成为后方水上运输的主力。战争初期招商局总局先迁香港、后移重庆。此期间损失船舶总计约为5万吨。由于广大海员努力，将“江安”等6大河船驶抵重庆，才得以保存了部分财产。这时招商局的航运范围限于川江、湘江一带。战时招商局的轮船吨位减少的幅度较民船要小得多，因此其轮船吨位占总吨位的比重较战前反而提高了。

战时撤退到后方的轮船，大致吃水较深，不能完全适用于流急滩多的长江上游航道，特别是招商局的一些吨位较大的江海大轮更不能在川江行驶。国民党政府为解决轮船运力不足的问题，设立了川江和西江两个造船处。两处设计了一些吃水浅、吨位较小(一般在200吨左右)的浅水轮船，先后制造20余艘，吨位约4 000吨；因原材料供应紧张，新增轮船数量太少，国民党政府扩大水运能力主要依靠大量制造木船，两江造船处在战时制造载重6—60吨级的各类木船共2 671艘，计42 914吨。战时，国民党政府由航政机构对木船运输加以统制，据统计，在后方1941—1942年帆船运输的高峰时期，其航线里程近4万公里，是轮船航线里程的三倍多，由船政机构登记和管制的帆船总吨位达36万吨，其运力是轮船的5—7倍，其他年份也都在3—4倍间。[1]

抗战开始以后，随着沿海和长江中下游区的沦陷，轮船航线也日趋缩短，国民党政府为维持水运，陆续开辟了一些新的航线，抗战期间国民党政府新辟轮船航线3 500余公里，主要有：(1)沅江线。湖南常德至沅陵段，水程203公

[1] 交通部档案二十(2)289,《交通统计概况》(1943);《交通部统计年报》(1946)。

里，一向只驶木船，1938年交通部会同西南运输处开辟和试航该线成功，随后又增辟了沅陵至辰谿段航线，进一步发展了湘西的水运业。(2)湘宜线。武汉沦陷后，交通部开辟长沙径安乡、公安、松滋至宜昌航线，沟通了湘鄂水运。至宜昌失陷前，该线极为繁忙，运送物资器材数万吨，并承担了大量客运。(3)嘉陵江线。战前嘉陵江轮船航线止于合川，1939年该航线延至南充，除枯水季节外，重庆至南充间轮船可全线通航。该线的开辟有利于沟通西南与西北间的运输。(4)金沙江线。金沙江水位不浅，只是滩险流急，轮船航行极为困难。交通部等组织勘探队勘测了全线，随即成立金沙江工程处修浚航道，宜宾至安边一段首先通航，嗣后航线又延至屏山。

抗战期间国民党政府在航运建设方面的另一项主要活动是创设绞滩事业。川江险滩最多，船舶上行也最艰难，如宜昌至重庆水程350海里，而著名险滩就有50处以上，流急之处时速竟达24公里，可见航行之难。1938年秋交通部组织绞滩管理委员会，开始设立绞滩站，至1941年，在川江、嘉陵江、沅江的急险处共设绞滩56站，后经裁撤，1944年各航道共有绞滩38站，这些绞滩最大绞运能力为4 000吨级，多数绞滩站的绞运能力在500吨上下，这些绞滩站对于扩大后方水运能力起到了积极的作用。

抗战胜利后，招商局总局迁回上海。当时残存大小船舶28艘，合2.5万余吨。以后又从敌伪手中接收和向美国购置了大批船舶，并在全国设20个分局、13个办事处，国外设8个代理处，内外员工达12 500多人，先后派船开航印度加尔各答、关岛、狄宁岛、曼纳斯岛、中国香港、新加坡、马尼拉、日本、古巴和阿根廷等地。解放战争期间，招商局将大批船舶投入军运，从1945年9月到1949年5月，为国民党政府运输军队342.4万人、军用品154.2万吨。民生轮船公司利用战时外汇积累和国外贷款，大量购进新型客货船，除恢复长江航线外，陆续开辟沿海航线和南北洋航线，并与金城银行合资创办太平洋轮船公司，经营远洋运输，航线伸展到越南、泰国、菲律宾和日本，职工人数达8 000多人，船舶增至146艘、6.3万多吨。其他各航业公司努力恢复水运交通，但据1947年6月交通部统计，当时全国轮船共1 501艘，约18万吨，内河航运终未恢复到战前水平。

二、铁路的兴建

近代中国铁路、公路(汽车)两大陆运方式中,铁路出现较早,运输费用较低,[1]对国内市场影响较大。

1. 晚清中国铁路的兴修

中国自办的铁路运输,自唐胥铁路始。1880年洋务企业开平煤矿从唐山到胥各庄修建一条小铁路,标志着中国铁路运输业的开端。这条铁路自开平矿务局之唐山煤井至距井20里之胥各庄,专供矿局运煤之用。1887年,成立中国铁路公司,筹集股本100万两,将这条铁路接修至芦台、北塘、大沽以至天津,计长175里,于1888年10月建成通车,[2]称为唐津铁路。1890年铁路又自唐山展筑至山海关,又称为关内外铁路。

台湾巡抚刘铭传也开始修造台湾铁路。这条铁路原定由基隆修至台南,全长600余里。1887年由刘铭传先后委派台湾商务局的李彤恩、杨宗瀚招商承办。资本定为100万两,然始终未能招足,筑路经费不得不依靠官款。1888年终于改归官办,原有商股30万两,则改做商务局购置轮船的经费。[3]这条铁路于1887年由基隆开始兴修,至1893年底修至新竹,长78.1公里。

1889年清政府成立中国铁路总公司,向比利时银公司借款兴建卢汉铁路(北京卢沟桥至汉口)。这条铁路主要由湖广总督张之洞主持修建。1895年12月,清政府颁发上谕强调"铁路为通商惠工要务",并准各省商人招集股本,设立铁路公司。1903年12月,清政府又颁布《铁路简明章程》,是为中国第一个有关铁路建设的法规,在《章程》中明确宣布了开放铁路修筑权。

甲午战争后,作为对中国领土要求的先导,资本—帝国主义列强在中国很快掀起了抢夺铁路权益的狂潮。经过列强对清政府的威逼利诱,到清政府倒

---

[1] 据1934年国民政府铁道部关于货物每吨公里运输费用的调查,铁路一等货为0.17元,二等货为0.11元;汽车一等货为0.521元,二等货为0.384元。转引自宓汝成:《帝国主义与中国铁路》,上海:上海人民出版社,1980年,第594页。

[2] 《海防档》,戊,铁路(一),第39页;《申报》,1887年4月26日。

[3] 《刘壮肃公奏议》卷5,第19—25页。

台时，英国先后夺取了津浦、浦口—信阳、苏州—杭州—宁波、广州—九龙、北京—新民屯、上海—南京以及湖广铁路的建筑权、管理和用人权；法国获取了北海—南宁、广州湾—安浦等铁路的建筑权；德国获取了胶济、开封—兖州、正定—德州等铁路的建筑权和在山东的投资优先权；俄国获取了中东铁路、南满铁路、正定—太原等铁路的建筑权；日本获取了安东—沈阳、新民屯—沈阳、南昌—九江、吉林—朝鲜会宁等铁路的建筑权、投资和顾问权；美国获取了粤汉铁路的投资承建权；比利时获取了卢沟桥—汉口、开封—洛阳等铁路的代理经营权和承办权。

清末由外国人筑成和直接经营的铁路共3 700多公里，主要有：俄国修筑的东清铁路暨北满支路，长1 700多公里；日本修筑的南满铁路，长1 100多公里；德国修筑的胶济铁路，长446公里；法国修筑的滇越铁路，长464公里，另有广九铁路英国段36公里。

由清中央政府主持筑成的国有铁路共4 300多公里。其中，只有京张铁路（北京至张家口，1909年修成，长199公里）完全由中国工程师主持修筑，而且未借外债。其他各路均是借用外债，聘用外国工程师筑成的，主要有：

（1）京汉铁路（北京到汉口），1906年全线通车，干线长1 214公里，支线长153公里；

（2）京奉铁路（北京至沈阳），1907年全线通车，干线长843公里，支线长572公里；

（3）正太铁路（河北正定至山西太原），1907年初步竣工，干线长250公里；

（4）沪宁铁路（上海到南京），1908年通车，连吴淞支线在内，共长327公里；

（5）广九铁路（广州到九龙），1911年完工，终点在深圳，长143公里；

（6）津浦铁路（天津至浦口），1912年全线通车，干线长1 013公里，支线95公里；

（7）沪杭甬铁路（上海经杭州至宁波），1912年完工，全长353公里；

（8）吉长铁路（吉林到长春），1912年完工，干线长128公里，岔道长32公里。

此外,尚有陇海铁路的汴洛段(开封至洛阳)、粤汉铁路的广三段(广州至三水)等。

这些铁路中,由于借用外债,主要管理权和重要技术职务操于债权国之手,路务规章、铁路运价等由控制各路的各国资本制定,因而常常发生优待外商、歧视华商的现象。[1]

在20世纪初中国"收回利权"运动推动下,至1907年有15个省份先后创设了18个铁路公司,开始了兴办铁路的高潮。清末筑成的商办铁路主要有广东省的潮汕铁路和新宁铁路,江西省的南浔铁路,粤汉铁路的广东段(1911年完成广州到黎洞)和湖南段(1911年修成长沙到株洲),福建省的漳厦铁路等。其他省份铁路公司自办铁路仍在建筑或筹备中。清末全国共修筑9 000多公里铁路,其中商办铁路只有900多公里。1911年初,清政府将商办铁路强行收归国有,从而激起民愤。

2. 北洋政府时期的铁路建设

1912年,南京临时政府设立交通部,主管全国路政。孙中山提出10年内筑路10万公里的宏大设想,因政权很快被袁世凯窃取,未能付诸实施。北洋政府取缔了清末设立的绝大多数省级商办铁路公司。1913年日本人从北洋政府手中得到了修建满蒙五条铁路的特权,即四洮、开海、长洮三条铁路的借款权及洮承、吉海两条铁路的借款优先权。1918年第一次世界大战结束后,日本开始侵入中国整个东北地区,强占东北铁路。其中,属于有借款权的有吉长、四洮、洮昂、吉敦等线;属于有委托营业权的有沈海、呼海、吉海、齐克、洮索及沈山等线;属于委托承建和经营的有敦图、拉哈、秦海等线。1912年中国政府与比利时签订陇秦豫海铁路借款合同,将已建成的汴洛铁路向东展延至海州,向西展延至兰州,成为一条横贯东西的铁路干线,称为陇海铁路。这条铁路的开封至徐州段及洛阳至观音堂段于1915年完成。1921年起由荷兰、比利时两国分别担任东西段的展筑工程。

[1] 宓汝成:《帝国主义与中国铁路(1847—1949)》,上海:上海人民出版社,1980年,第447—450页。

1912年到1927年北洋政府统治年间，东北由日本人和奉系军阀修建了一些铁路，关内修建的大半是延续前一时期的未完工程，如粤汉路的湘鄂段；汴洛路从开封和洛阳分别向东、西延展；京张路展筑到归绥（今内蒙古呼和浩特），改名京绥铁路；新设的线路只有云南锡务局以官商合办方式修建的碧石铁路。全国合计新增铁路只有3 400多公里，铁路的建设速度远低于清末。原因在于军阀混战，北洋政府财政困难和国家政令不统一等。

北洋军阀混战期间，由于财产破坏、设备受损、运送免费的军人乘客和铁路收益移作军事用途等，使中国铁路遭受了极大损失。不过，这一时期铁路的载运能力增长较快，机车由1912年的600台增至1925年的1 131台；机车牵引力由5 340吨增至11 966吨；客车由1 067辆增至1 803辆，客车容量（座位）则由45 177个增至101 101个；货车由8 335辆增至16 718辆，载重量则由183 224吨增至452 272吨。1917年全国铁路运输量为489 517万吨公里，1925年增至787 244万吨公里，增长幅度为60.8%，发展也是比较快的。[1]

3. 20世纪30年代铁路建设的新高潮

1928年11月，国民党中央政治会议通过的《建设大纲草案》规定铁路等"悉由国家经营之"。国民党政府于1928年分设交通、铁道两部，铁道部主管铁道和公路，采取国家资本与外国资本联合投资的方式新建铁路。国民党政府在1929年1月做出了限期完成粤汉、陇海等铁路的计划。与国民党政府建都南京相适应，国民党政府把铁路建设的重点放在长江以南，准备建成一个以南京为中心的铁路线网。为了在资金、设备、技术等方面得到外国资本主义的支持，国民党政府较为注重对铁路外债的整理。1929年南京政府铁道部也成立了铁路债务整理委员会，对过去的铁路外债进行整理。在债务整理过程中，通过"削减利率、免除复利、减付本金及展期偿付"等方法，到1937年6月底中国政府减少外债负担30 380万元。在偿还外债本息方面，1935年南京政府铁道部偿还已整理的各路债款本息达2 500余万元，约占当年全国国有铁道营业

[1] 严中平等：《中国近代经济史统计资料选辑》，北京：科学出版社，1955年，第198页。

现金收入总额的16.7%。据统计，1931—1933年间中国政府铁路外债有近20笔，但是其中除了1933年3月铁道部向法国巴黎工业电机厂举借的5 000万法郎的购料借款以外，数额都不大。1934年以后，随着铁路外债的整理，各铁路债券在国外市价逐渐上涨，铁路债券也大大增加。从世界经济大危机中逐渐恢复过来的西方各国资本，对于“参加中国铁路建设深感兴趣，极愿投资”，于是出现了各国投资中国铁路的新高潮。

德国过去在中国山东等地的侵略权益，被日本趁第一次世界大战爆发德国无暇顾及之机夺取。到了20年代中期以后，德国已经迅速恢复了实力，又开始图谋在中国复活它的势力。在1929年开始的世界经济危机中，德国生产资料的生产剧烈下降，德国垄断资本为了谋求出路，刺激生产，曾经于1930年派出经济考察团到中国东北考察。经过考察，德国主动表示愿意以借款名义投资4 000万元，“协助”东北地方当局修建通辽—洮南—齐齐哈尔—黑河、吉林—穆棱—依兰、葫芦岛—赤峰—多伦这三大干线铁路系统。但是由于“九・一八事变”，德国不得在东北继续活动，就把活动重点地区转到长江流域。1934年3月德国奥托・华尔夫公司在与南京政府商定合作举办铅、钨等采矿业的同时，又与中国银行和铁道部签订了《玉山南昌铁路合同》，由奥托・华尔夫公司向中国铁道部提供修建浙赣铁路的车头、车辆、路轨、桥梁等铁路材料，价值800万元，作为奥托・华尔夫公司对南京政府提供的借款，年息7厘，以玉山—南昌铁路的车辆、材料及盈余等为担保品。1936年2月德国奥托・华尔夫公司又按照同样办法与中国铁道部签订了《浙赣路南萍段借款协定》，由德方提供1 000万元法币的材料垫款，年息7厘，用于中国完成南昌—萍乡段铁路。南京政府还与德方初步商妥，等浙赣铁路修成，再接着商议赣闽铁路（江西上饶经南平至福州）的借款。日本认为南京政府此举侵犯了它的势力范围，一再施加外交压力，德国对日本做出让步，使赣闽铁路计划流产。德国垄断资产阶级另一组织——西门子公司所代表的联合钢铁出口公司，也与南京政府铁道部进行了整理平汉线借款和关于开筑湘黔铁路的材料借款的谈判，结果于1936年11月，南京政府与德国奥托・华尔夫公司、联合钢铁出口公司、爱森钢铁公司和克虏伯钢铁厂等达成总价值为4 000万元法币、年息6厘的材料借款。该借款合同规定，其中1 000万元用于修理平汉铁路黄河铁桥，3 000万元用于开筑湘黔铁路（预定从湖南株洲经湘潭、新化到贵阳，后因抗战发生，工程半途而废）。总计从1934—1936年间，德国资本在中国得到的铁路权益，就长度计，有2 000公里，路线从中国东海岸的杭州，向西横穿浙、赣、湘、黔等省，直达内地重镇贵阳。

德国在华势力的急剧膨胀，引起了其他列强的嫉妒，特别是因为它所攫取投资利益的铁路线路通过长江流域，更引起英国的不安。英国除了因德国投资的浙赣线穿过英国势力范围而向南京政府提出抗议外，也加紧部署资本攻势。当时粤汉铁路的南北两端早已筑成，中间株洲—韶关段却一直没有动工，南京政府决定完成粤汉线，中英双方商定，用尚余庚子赔款英国部分的三分之二充作建筑粤汉铁路的费用。英国还要求在此路全线接通（1937年）前，粤汉与广九两路接轨。1934年6月南京政府铁道部与中英庚款董事会签订了150万英镑、年息5厘的完成粤汉铁路借款合同。1936年，英国中英银公司主动提供了110万英镑、年息6厘的完成沪杭甬铁路借款。5月，该公司、中国建设银公司和铁道部签订了这项借款合同，合同中规定中国政府照借款票面价额八八实收，年息6厘，每半年付息一次，并规定如果“以此项所借之款向外洋订购建筑材料，应尽先向银团所荐之投标商家采购”。同年12月，英国怡和洋行、汇丰银行及中英庚款董事会与中国铁道部达成了90万英镑的京赣铁路（南京—江西贵溪）借款协议。汇丰银行董事长还代表英国政府，通知南京政府：英国愿意提供1 000万英镑的借款给中国建筑铁路。英国想通过巨额贷款与德国在华势力抗衡。国民党政府随之与中国建设银公司、中英银公司签订了广州—梅县、梅县—贵溪、浦口—襄阳、三水—梧州等铁路借款合同。

法国在20世纪初曾从俄国手中取得正太铁路的投资权益，但根据借款合同，1932年债款偿清后，法国势力必须从该路退出。法国为了继续保持这一既得权益，在中国即将偿清此项借款前不久，便主动要求提供大同—潼关、太原—大沽这两条铁路的建筑贷款，条件是要以正太铁路的财产和收入作抵押；另外正太铁路继续任用法国人为车务长，原来正太路上的法国代表改为总稽核，仍然留在铁路上。南京政府在法国的利诱下，力图与之达成借约，但是由于受到山西地方军阀阎锡山的阻挠和日本人的反对，未能成为事实。尽管如此，南京政府仍然允许法国人续任已偿清法国债款的正太铁路的车务长，并任命一法国人为总稽核。这样，正太铁路“名为接收，大权仍操诸法人之手”。南京政府铁道部部长顾孟余因此而受到监察院的弹劾。

随着日本侵占中国东北及德、英等国加紧在华获取铁路权益的活动，法国也用种种口实企图谋求中国西部地区的铁路投资权益。1935年法国巴黎工业公司向中国铁道部贷放了1 000万元的完成陇海路西宝段借款。同年，以中法工商银行为代表的法国“欧洲企业银团”与中国建设银公司签订了合作合同。中国建设银公司为了它自己和法国银团的利益，力图垄断西南地区的铁路权益，提议组织川黔铁路公司，先建筑成渝铁路，然后再确定其他线路。中国建设银公司凭借政治权势，左右铁道部的决策，于1936年初由铁道部为一方，中国建设银公司与法国银团为另一方，签订了有关草约，到年底签署了正式合同，由法国银团提供3 450万元法币、年息7厘的成渝铁路工程贷款。根据合同规定，法国银团不仅取得了成渝铁路的投资权益，还得到投资贵阳—昆明线的优先特权。此后，出现了“川黔铁路公司”这样一种“国家资本”“公司组织”“商业化经营”的新型铁路经营方式。法国银团还无力实现贵昆线的优先权益，而由东方汇理银行、法国滇越铁路公司和巴黎工业公司组成的法国另一资本集团也投入竞争，要求承办贵昆铁路，得到南京政府同意。两个法国资本集团为了争夺中国贵昆铁路的权益发生了纠纷，后来在法国政府干预下，达成妥协：法国银团扩大组织，让东方汇理银行加入。新法国银团与南京政府签订了草约，由法国银团承包贵昆铁路工程，并享有关于工程稽核、会计稽核方面的用人特权。

美国垄断资本也一再宣传“中国的最大需要是铁路”，并派遣由国际贸易巨头和铁路技术专家等组成的“中国经济调查团”到中国考察市场情况和修建铁路的前景。南京政府对美国调查团提出，希望先修建下述铁路：（1）从粤汉线某地“通往物产丰饶、人口众多的四川成都的铁路”；（2）“横贯贵州，通往以产锡著名的云南的铁路”；（3）由此路“向南分歧，修筑一条穿过广西到达海口的铁路”；（4）从广西南宁“通往一个能够成为深水良港的地点”的铁路。南京政府一再表示，所有这些铁路，“欢迎外国的援助”，尤其希望美国“务必给予援助”。后来美国华盛顿进出口银行（美国政府金融机构之一）与南京政府商定，美国先向中国出售机车、车辆等，如进展顺利，再对中国铁路做进一步投资。

西方其他国家资本也加紧对华铁路投资活动。1936年8月，铁道部通过中国建设银公司，与比利时铁路电车公司签订了展筑陇海路材料合同，比利时方面为宝成线工程提供4.5亿比利时法郎、年息6厘的材料贷款。同月，铁道部就浙赣铁路换轨工程与捷克钢铁公司达成协议，由捷克方面提供600万元法币、年息6厘的材料贷款。荷兰资本也对中国铁路进行了一些投资。

日本在1937年前，除了设法阻挠德、美等国势力在中国东北、福建等地的铁路投资活动外，还以“开发华北经济”为名，策划由日本提供资金和材料，中国提供劳力和土地，在华北“合办”铁路等。国民党政府采取“拖”和“推”的策略来应付日本。

这一时期铁路借款高潮为中国铁路建设提供了资金，中国铁路建设迎来了一个新的高潮。虽然粤汉铁路的株洲至韶关段工程艰巨，但1929年中国政府派凌鸿勋主持修建，于1936年完工。从此，粤汉铁路全线通车，并与广九线接轨。1930年浙江省地方政府开始修建杭州至江山的杭江铁路，于1933年完成，并建成金华至兰溪支线。以后向西展延至江西省，改称浙赣铁路，于1936年通至南昌，1937年通至萍乡，与株萍铁路连接。1932年政府决定修建芜湖至孙家埠铁路，后又建筑芜湖至南京段，1935年自南京至孙家埠全线建成通车。1934年中国政府为将淮南煤矿所产煤炭运至长江边，决定修建从田家庵至裕溪口铁路，称为淮南铁路，于1935年完成通车。沪杭甬铁路的萧山至曹娥江段，于1936年继续开工，同时修建曹娥江桥，于1937年11月完成。1933年浙江省地方政府为沟通钱塘江两岸交通拨款兴建钱塘江桥，桥址在杭州闸口，为公路、铁路两用桥。于1935年开工，1937年9月完成（不久又因日军侵犯浙江而被拆毁）。至此，上海经杭州至宁波的沪杭甬铁路全线通车。在抗战开始以前不久，中国政府修建的铁路还有苏州至嘉兴的铁路以减少绕经上海的运输量，于1936年建成通车（后于1944年拆除）。1936年开始修建重庆至成都的成渝铁路,仅完成一部分路基工程和个别隧道和桥墩即停工。

20世纪二三十年代中国修建铁路有了一定的自主权,有自己的技术力量,也有一些统一的技术标准,并开始有了制造机车车辆的能力。

这6年中新建的铁路超过了前20年的总和。除去日本在东北修筑的铁路4 200余公里外,关内铁路每年新增590.5公里,高于清末的速度。

这一时期修建的铁路主要有浙赣路(杭州到萍乡)1 004公里;粤汉铁路的株洲—韶关段450公里;陇海铁路的灵宝—西安—宝鸡段400余公里;淮南铁路,长215公里。还有一些地方政府所修铁路,如东北的齐齐哈尔—克山线、洮南—索伦线,山西的同蒲线等。经此筑路高潮,到抗日战争爆发前夕,中国几条最重要的铁路大干线京沈、京包、京广、津浦、沪宁、陇海、浙赣、正太等路基本完成,东部地区初步形成了一个铁路网络。其中尤属东北地区铁路密度大,但东北的国营铁路在“九·一八”事变后,全部沦入日本侵略者手中。

以这一高潮与清末筑路高潮相比较,有几个值得注意的特点:

第一是所有新线路(东北除外)的建设都在铁道部的直接间接主持下,在与省政府和中国新式银行密切合作中进行。有些情况下专为修筑铁路和运营而组织一个半官方的公司,如南京—江西铁路的江南铁路公司、重庆—成都线的川黔公司,这样就使铁路的修建和管理通过企业经营方式进行。

第二,与铁路建设的初期阶段相反,中国的工程技术人才和管理人才在这一阶段起着相当突出的作用。

第三是筑路所用资金以中国资本为主,从1934年到1937年初,中国政府发行了五期利率6%、总额1.05亿元国币的铁路债券。这些债券中有4 000万属于由行政院批准的一笔总发行量1.2亿元铁路建设债券的一部分,其余的部分计划在1937年和1938年发行。这笔债券将分20年均摊归还,除以全国铁路收益担保外,没有其他指定款项作担保。此外,由中国银行和中国建设银公司提供了总数至少570万元的贷款用于铁路建设。

第四,在使用本国资本的同时,向国外寻求贷款。与清末情形相反,这一阶段由中国占据主动。铁道部在大部分新铁路计划中都是首要的建议人,同时,计划的实施大部分掌握在铁道部手中,或在由它主持下组织起来的中国公司手中。外国贷款是中国去寻求的，以实现自己的计划，而不是外国人用来压迫中国的计划。中国资本与外国资本共同参与为新铁路提供资金。

第五，外国贷款的方式与清末比发生了质的变化。一是贷款条件更为有利，这一时期一系列债券都为9.8折，利率6%，长期商业信贷利率低至5%，不要求以盐税或海关税收作为有扣押权的附属担保品。二是以外国控制为目的的条款明显少于清末。三是外国资本对铁路的直接投资较少，外资大部分由商业信贷组成，限于从借出国购买铁路材料，说明借出国的原始动机主要是出售商品。在此时期的新线路中，没有由外国对中国铁路直接投资引起的外国政府或企业实际拥有并控制铁路，没有特许权，没有铁路警卫，没有中国领土上的外国行政机构以及诸如此类的侵犯中国主权的安排。当然，这些情况并不意味着外国向中国铁路贷款全无政治动机。

这一时期铁路运载能力继续扩大。1925年到1935年的10年间，机车由1 131辆增至1 243辆，牵引力由11 966吨增至13 535吨；客车由1 803辆增至2 047辆，客车座位由101 101个增至108 602个；货车则由16 718辆减至了15 482辆，载重量也由452 272吨降到443 667吨。货车载重量虽然有所下降，实际运输量却有较大增长。1925年全国铁路运输总量为787 244万吨公里，1935年达到1 083 765万吨公里，增长了37.7%。其中客运增长15.62%，货运增长了57.83%。在货车车辆数和载重量减少的情况下，货物运输量却增加，说明货车利用率有了一定的提高。[1]

4. 战前中国铁路运营管理

中国铁路初建时，各线路各自为政，规章制度、票价、运费以及货物分等的标准都不统一，乘火车旅行经过两条铁路线或两条以上的，每改一条路线，即需买一回票，换一次车，长途旅行经过三四条路线的旅客，要买三四次车票，换三四次车。货物经两路以上的，每路都需重新托运，另起货票，而且每换一条路线，必须把货物卸下，再装到另一路的货车上，既增加了装卸费用，又拖延运

[1]　宁可主编：《中国经济发展史》第4册，北京：中国经济出版社，1999年，第2256—2258页。

输时间。

民国以后,在铁路国有化的基础上,开始发展铁路联运。1913年10月,京汉、京绥、北宁、津浦、沪宁五路在天津召开第一次国内联运会议,决定于次年4月开始实行这五路之间的旅客行李包裹联运。1923年实现华北旅客联运,主要是东北各路与关内铁路的联运,1931年"九·一八"事变后中止。1920年开始创办国内货物联运,1928—1931年间由于国内战争的关系,货物联运处于停顿状态。

1932年南京政府铁道部欲图恢复并发展铁路联运,由于过去长时期的各自为政,加上内战造成的混乱,立即实行全国联运的困难极大,所以先行局部改革。主要内容有:津浦、沪宁和沪杭甬三路恢复货物联运;陇海、津浦两路实行盐斤联运;陇海、平汉两路负责特种货物联运,规定的特种货物有盐、卷烟、烟叶、煤油、药材、石棉、面粉、洋靛、布匹、茶叶等;平汉、湘鄂与津浦、陇海实行粮食联运;正太、平汉、北宁三路晋煤联运;湘鄂、平汉、平绥三路进行蒙茶联运。旅客联运亦继续发展,原来的联运只是旅客可在较大车站购买联运车票,不必每换一次车购一回票,1932年后开通了一些跨线的客运车次,如北京到青岛原需在济南换车,后开通北京直达青岛的客车。南京轮渡建成后,1933年10月开通北京到上海的车次。此外还进行了水陆联运,开行定期联运直达货车,上海汉口间包裹联运等工作。1932年,全国铁路货运收入为80 321 289元,其中联运收入的比重仅为0.84%,到1934年,铁路货运收入为99 294 533元,联运收入占到了货运收入的17.28%。同时期客运收入中,联运收入的比重也从9.82%上升到了14.19%。显然,铁路联运能够有效地提高铁路的运输效率。

铁路国有化虽然有助于统一规划,发展联运等,但也使得近代中国官僚资本企业的许多弊病被带入铁路运营管理中。管理机构臃肿,人浮于事,效率低下,造成铁路运输成本昂贵。此外,政府提款和沉重的外债负担都使铁路财务经常处于困难境地。政府提款主要是用铁路运输军需、物资和军队时不付运费,有时铁路还要拨给地方军队协款。据报道,1928年到1935年南京政府向铁路的提款占到了铁路营业净收入的30%以上,其中1933年、1934年两年分别占到了59.5%和59.2%。此前北洋政府时期，军阀对铁路的勒索更甚。至于外债，清政府时期，中国为修铁路所借外债达4.6亿元，北洋政府时期为3.9亿元，南京政府时期只有1.9亿元，但自清末以来，新老债务相加，每年仅付借款利息就用掉了铁路盈余的一半左右。所以，尽管铁路收益在账面上一直是盈利的，而且利润率相当高，成本收益率最高的1918年达到105.9%，最低的1932年也有30.8%，多数年份都在60%以上，但实际上，中国国有铁路的综合平衡表显示出有多年的赤字，只是在1934—1935年才出现每公里640元的赢利，1935—1936年每公里的赢利增长到1 971元。[1]

5."七七事变"以后的铁路建设

日本帝国主义发动全面侵华战争后首先抢占交通战略要道，东中部各主要铁路线相继陷于敌手。至1938年武汉、广州沦陷，陷落和拆除的铁路线里程为8 810公里（不包括"九·一八事变"后东北沦陷的6 173公里铁路线），国民党统治区原有铁路线仅存滇越路、浙赣线、粤汉线株洲至曲江一段以及陇海线洛阳以西一段，里程为2 609公里。国民党政府迁都重庆后，"为使战时首都与色战场所在各省交通便利"，并"得一国际路线与国外沟通起见"，决定赶筑西部新铁路。[2]

国民党政府把重点放在国际线上。先以日筑1公里的速度抢筑湘桂铁路，以接通越南海口及西江水运。原计划从衡阳开始经桂林、柳州、南宁至友谊关（当时称为镇南关）。衡阳至桂林段于1938年10月1日通车，全长361公里。这对于当时东南前线重要器材和伤兵、难民后撤起了很大作用。至1939年12月，桂林至柳州段贯通。柳州至南宁段因日军入侵南宁而停工，改筑黔桂铁路（贵阳至柳州），以贯通湘、粤、桂、黔等省。黔桂路段要穿越约500公里的山岳地带，工程非常艰巨，工人们仍努力将其筑至贵州都匀，后因爆发湘粤赣会战，全路沦入日军之手。

中国沿海口岸相继沦陷后，一些国外物资通过越南经由云南至越南的窄

[1]　宁可主编：《中国经济发展史》第4册，北京：中国经济出版社，1999年，第2258—2261页。
[2]　张嘉璈著、杨湘年译：《中国铁道建设》，上海：商务印书馆，1945年，第178页。

轨铁路运到昆明。1938年11月，为寻求新的国际交通线，国民党政府决定兴筑滇缅铁路（昆明至缅甸）和叙昆铁路（叙府至昆明）。滇缅铁路采用1 000毫米轨距，1940年从昆明至安宁段建成通车，后因1942年初日军侵占缅甸而报废。叙昆铁路也采用1 000毫米轨距，于1941年筑成昆明至曲靖段，后因法国不能履约供料而停止。

湘黔铁路是从柳州至贵阳的标准轨距铁路，线路横越云贵大山脉，工程艰巨，1939年开工，1944年从柳州至都匀段建成通车后即停工。陇海铁路宝鸡至天水段于1939年开工，1945年建成通车。当时陇海西段未被日军侵占，铁路仍维持运营，为运营需要用煤，于1941年建成咸阳至同官煤矿的咸同支线。

西北铁路建设主要是加筑陇海铁路西段，由于其中宝鸡至天水段工程难度极大，须筑120余座隧道，经7年努力，于1945年底完工通车。

为了西部矿产运输便利，国民党政府还修建了一些铁路支线，如陇海路咸铜支线，由咸阳接铜官煤矿；粤汉路白杨支线，由白石渡至杨梅山矿场；湘桂路之黄阳司支线，通达窑冲煤矿。还有合江铁矿运输支线，以及柳州至来宾、大湾的联络水运的支线等。

总的来讲，抗战时期国统区铁路建设虽然有所成就，对于西部交通运输业的发展起了一定的作用。但是由于国民党政府对欧美援助希望过高，对西南国际交通线看得过重，加上对这一地带未来战局估计不够，在抗战期间把大量资金耗费在修建西南铁路上（比工矿业投资高得多），还用去大量人力物力，结果效益极差，修筑之路大半沦敌或拆除。[1]

1937—1945年，日本在侵占中国东北和华北等地区修建新线如下：在华北地区有北京至古北口铁路、石家庄至德州铁路、新乡至开封铁路、东观至潞安铁路等，共长608公里；在东北地区有图佳、拉滨、长白等线，共长4 752公里；在海南岛有榆林港—北黎铁路及八所—石碌铁路等，共长254公里。均为1 067毫米轨距的窄轨铁路。1945年日本投降后，这些铁路均由中国政府接收。

在台湾省，1907—1947年先后修建了台北至淡水、新竹至彰化等铁路，共

[1]　参见许涤新、吴承明主编：《中国资本主义发展史》第3卷，北京：人民出版社，1993年，第524—526页。

长645公里；基隆至台北等复线109公里。轨距均为1 067毫米。

抗日战争胜利后，国民党政府发动全面内战，在铁路上只对旧有线路作某些添建。

在中华人民共和国成立之前，全国铁路还不到22 000公里，无论按国土面积或按人口平均，都远低于欧、美，也低于亚洲的平均数。这些铁路集中在东半部中国，而且偏于东北和华北。两个地区的铁路约占当时全国铁路60%，而西南、西北地区不到6%。

三、公路运输的发展

1. 近代公路的初兴

中国最初的公路是1908年兴建的广西龙州至鸭水滩一段公路（原计划修至那堪，因工程艰巨未果），长17公里。民国建立后，南北各地都有公路新建。例如，南方有1915年两广巡阅使陆荣廷指挥工兵修筑的邕（宁）武（鸣）公路，长42公里，1919年通车；1917年谭浩明用军饷招工修筑龙州至水口公路，长33公里，1919年通车；还有广东省惠（州）平（山）公路，长33.2公里，1913年开工，1921年5月1日通车。北方有1917年中国参加第一次世界大战，为军用对原有官道进行修整而开辟的张家口至库伦（今蒙古乌兰巴托）运输线，全长1 930华里，于同年10月11日开始客运；1919年，河北省德南长途汽车公司集资修建了德县到南宫的汽车路，这可以说是中国较早的商办公路；1920年华北五省遭受旱灾，北洋政府交通部以工代赈招集灾民修筑了山东省的烟（台）潍（坊）公路，1922年8月试车通行；美国红十字会和华洋义赈会于山东、山西、河北、河南等省举办了筑路工赈。中部地区有民国初年张謇倡建的江苏省南通唐闸至天生港公路（长6公里）、南通至狼山公路（长10.37公里）开始修建，并于1916年修通；上海等地亦有商人集资修路；1913年湖南省兴修长沙至湘潭公路长50公里，1921年竣工。其他一些地方修筑了一些距离较短的公路。当时东南沿海各省处于军阀割据和混战情况下，大都各自为政，互不联系，修建的公路既无规划，又无标准。到1922年，全国只有公路1 185公里，除华北有一些商办汽车公司外，其他地区的公路主要行驶军车和公用车。

2. 20世纪二三十年代的大规模筑路

1923年起,进入各省大规模筑路阶段。到1928年,全国有公路29 127公里,均系各省自筑,1930年又发展到4.5万公里。

1927年,国民党政府交通部草拟了全国道路规划及公路工程标准。1931年,全国经济委员会成立,开始由中央政府组织修筑公路,对国道、省道以及各省的支道做了总体规划,要求各省的公路互相连接,在经委会监督下修筑"联络公路",自此正式进入国家规划筑路阶段。1932年,全国经济委员会筹备处奉命督造苏、浙、皖3省联络公路,仿照国外中央贷款筑路办法,筹集基金,贷给各省作为补助筑路之用;并组织3省道路专门委员会统筹规划工作。1932年冬,在督造苏、浙、皖3省联络公路的基础上,在浙江溪口召开了苏、浙、皖、赣、鄂、湘、豫7省公路会议,除确定7省的督造路线外,还将陕、甘、青等省和赣、粤、闽边界的重要公路纳入督造之列,经委会直接主持修筑西北公路。在西北地区,修筑西(安)兰(州)公路和西(安)汉(中)公路,使陕、甘、川3省交通得以连贯。据统计,截至1936年6月中国公路通车里程达到12.13万公里。

表4–2 全国公路统计(1936年6月)[1] 单位:公里

省别	路总长度	通车长度	已兴工长度	未兴工长度
江苏	11 436	7 291	3 256	889
浙江	7 218	5 497	552	1 169
安徽	10 915	8 437	426	2 052
福建	9 435	5 305	1 294	2 836
广东	17 587	11 288	144	6 155
广西	5 336	4 125	498	713

[1] 宁可主编:《中国经济发展史》第4册,北京:中国经济出版社,1999年,第2263页。

（续表）

省　别	路总长度	通车长度	已兴工长度	未兴工长度
河　北	4 364	2 352		2 012
山　东	6 491	5 569	462	460
辽　宁	5 060	3 191	1 011	858
吉　林	3 818	2 852	748	218
黑龙江	3 699	2 514		1 158
小　计	85 359	58 421	8 391	18 520
江　西	14 235	9 349	1 900	2 986
湖　北	9 912	6 640	1 216	2 056
湖　南	11 387	5 037	312	6 038
山　西	3 410	2 056		1 354
河　南	9 156	6 458	1 165	1 533
小　计	48 100	29 540	4 593	13 967
四　川	5 021	3 430	398	1 193
西　康	2 116	760		1 356
贵　州	5 681	1 382	1 475	2 824
云　南	5 634	2 137	1 203	2 294
小　计	18 452	7 709	3 076	7 667
陕　西	3 308	1 948	893	467
甘　肃	7 136	2 879	763	3 494
青　海	4 685	1 482	207	2 996
热　河	2 966	2 330	257	379
察哈尔	2 167	2 167		
绥　远	2 569	1 617	641	311
宁　夏	2 502	2 502		

(续表)

省　别	路总长度	通车长度	已兴工长度	未兴工长度
内蒙古	5 032	3 779		1 253
新　疆	3 929	3 929		
西　藏	4 798	1 050		3 748
西　北	2 856	1 906	600	350
小　计	41 948	25 589	3 361	12 998
合　计	193 859	121 259	16 793	53 152

表中的数字只包括国道和省道,县级公路没有统计在内,如果能够把县级公路统计进去,公路里程还应该更多。从表中可见,1936年全国12.13万公里公路通车里程中,江苏、浙江、安徽、广东、广西、福建、河北、山东、辽宁、吉林、黑龙江11个东部沿海省份有5.84万公里,占48.1%,西部10省有2.56万公里,占21.1%,西南4省合计还不到8 000公里,只占6.3%。就公路工程技术而言,虽然20世纪30年代已开始在南京等地进行了水泥混凝土等路面的实验,但是当时修建的公路大多为泥结碎石路面,维修很差。尽管公路密度明显呈现东密西疏,不过与铁路比较,公路的分布无疑要均匀得多,抗日战争爆发前,可以说中国已无一省没有公路。[1]

3. 战前公路运输

战前中国公路运输所需的燃油和汽车均靠进口。1927—1936年客货汽车平均每年进口四五千辆。尽管看起来汽车数字增加不少,但与中国的面积和人口相比,这一时期公路客货运的水平都是相当低的;而且已有的汽车在各省之间分布极不均衡,东部地区较多,仅上海一地所拥有的汽车常占全国汽车总数的三分之一到一半,中部地区汽车较少,西部地区则更少。

[1] 宁可主编:《中国经济发展史》第4册,北京:中国经济出版社,1999年,第2265页。

与其他交通运输部门不同的是，无论是公路建设还是公路运输，基本上没有外国资本的入侵。但“九·一八事变”后，东北的公路全部落入敌手，由满铁“代管”。1933年日军侵占热河，冀东察北落入日军势力范围，满铁组建了华北汽车公司，以东北为依托，开辟了一批由东北向华北和内蒙辐射的汽车路线，为日军扩大侵华战争作准备。

北洋政府时期，商业性公路运输业主要在北方发展。1917年在张家口创办的张库汽车运输公司，是全国第一家公路运输公司，经营张家口至库伦的运输业务。当时自张家口至库伦，乘骆驼需走一个月，旅费30两银子，用牛车费用可节省一半，但时间要50天左右。乘汽车则只需5天。这条汽车路线的开辟，对商业有着巨大的意义，所以虽然汽车客票初期每人次120元，到1927年涨到了600元，客流量仍无衰减。由于利润可观，河北各地汽车运输业很快继之而起，到1922年，北洋政府交通部批准立案的全国10家汽车公司中，河北占了一半。

1923年进入各省大规模筑路阶段后，公路运输也有很大发展。公路运输除军车外，大致有三种经营形式：一是官办，由省市公路局和公用机构经营；二是商办汽车公司；三是官督商办。早期公路修筑和运输往往一体化：省市政府主持修筑的公路由公路局经营，商办汽车公司所行的路线由自己修筑。在这种情况下，商办汽车运输企业常要把投资的80%以上用来筑路，路筑成后的维修费用，也要从企业流动资金中出，所以企业常身负沉重债务，很难赢利。

1930年行政院公布的长途汽车运输公司条例里，还保留筑路和运输一体化的影响，例如规定长途汽车运输公司申请注册时，需提交实测的路线平面图、断面图、桥梁涵洞设计图等。但这一条例同时也规定，如公司所行路线为已筑好的国道、省道或县道，不必提交图纸。开始营业后，要向公路管理当局按规定交纳租税。可见当时私营公司已可以使用政府修筑的公路。

此后，一些省份改变了筑路运输一体化的做法，把两者分开，规定路由官筑，车由民营。至于私营汽车公司使用官筑公路的方式，有的是整条路线承租；有的是汽车经过时纳税；有的省在拟定路线后，即与有关商办汽车公司签订协议，由汽车公司提供一笔信贷和保证金，用来筑路，通车后由该公司承包该路，可将每年应付租金抵作信贷和保证金的利息；有些官办公路机构以客车运输为主，凡公路局没有货车业务的路线，即允许成立私营货物运输公司。不过，当时公路运输以客运为主，无论是南方还是北方，客运收入都要占公路运输总收入的八成以上，所以这些私营货运公司业务仍然受到很大限制。

由于各省公路的建筑条件建筑方式不同，加以一些具体的规章制度不相一致，形成了不同的经营环境。如南方的江苏、浙江等省，尽管公路运输既有公营亦有民营，官筑的公路也允许民营公司使用，但实际上却没有形成竞争。一条路线通常只有一家企业经营，无论其为官办还是私营。同时，这些省份由省政府主持修筑的公路较多，因而官办的公路运输事业也占主要地位。如1935年浙江全省公路局所属共有35条路线，私营公司9家，有9条路线，这44条路线无一重复。江苏省15家私营公司，行驶的15条路线均为属该公司所有的商办公路。所以，公路运输存在着事实上的垄断。

但在华北，如前所述，无论官筑公路还是商筑公路，一般都以原有的官道为基础，所以只有少数较大的公司取得了对所筑公路的专利权，而这种专利权也只是要求其他公司使用该路线时要向主权公司交纳租金，并不保证垄断，因而华北的商业性公路运输竞争比较激烈。据河北省20世纪30年代调查，张家口有61家民营汽车行、100多辆汽车，多数行驶于张库路。天津至保定的津保线上，集中了天津、保定、高阳等地车行20余家，汽车50辆。北平至天津的平津线上，有平津两地的汽车行17家，汽车43辆。截至1933年，当时的河北、热河和察哈尔3省(今均为河北省)民营汽车行共有136家，路线52条，营业里程6 587公里。除一些客货流量较小的路线，只有一两家车行，没有竞争外，大部分路线上都有多家公司或车行经营。河北的另一个特点是，汽车公司基本上是商办或官督商办，省公路局的工作只是行政上的监督管理。河南与河北相似，初期的公路都是利用原有的官道和黄河及沁河的河堤，汽车公司对路线无垄断权。如1924年由归德县朱集(今商丘市)至安徽亳县的线路开通，由于这两地分别是豫东淮北的物资集散点，这条路线成为两省物资交流的捷径，几十公里的路线上有十几家公司、40多辆汽车争夺货源。[1]

公路运输中公营企业一般规模较大，容易形成规模效益。如浙江省公路局在杭州建了修车厂，在一些重要路线上建了修车点、停车场和加油站，既对公路局运营车辆进行保养和大修，也对外营业，所以省公路局的汽车状况较好，运输效率高而成本低，且租税负担也较轻，这些都是商办汽车公司无法比拟的。公营企业利润不比私营企业低。以江苏省为例，1935年1—6月，省办的9条线路月平均营业收入为67 097元，支出为48 345元，利润率38.7%；商办的15家公司中，6家有完整统计数字，这6家公司合计月平均营业收入69 340元，支出64 470元，利润率只有7.56%。

公路的发展对沿途的经济，特别是对农村经济，有着相当大的影响。抗战前，在河北、山东、江苏、浙江等公路比较发达的省份，大部分县城及相当一部分重要集镇都通了公路。浙江、江西、湖南等省一些交通极为不便的山区也修了公路。这些公路便利了农产品和林产品的输出，加速了农业生产的商品化。如浙江省的余（杭）临（安）公路，沿途盛产丝、茶、竹、木、桐油、药材，多循公路运输，余临汽车公司1935年的货运收入占到了总收入的61%。常山至江西玉山的常玉公路，为浙赣两省的重要通道，常玉汽车公司的业务几乎全为货运。此外，还要指出的是，公路的意义不仅在于可以通行汽车，牲畜拉的大车、人力车以至肩挑背驮的挑夫，一旦从雨季泥泞不堪，旱季车辙形成深沟的乡间土路或蜿蜒崎岖的小路上转到一年四季平整宽直的公路上行走，都会明显的提高运输效率。特别是畜力车和人力车，是北方农村最重要的运输工具，路况的改善对提高这类工具的效率有相当大的作用。[2]

4.“七七事变”以后的公路建筑与运输

战前西部各省公路较少，等级也差，这种状况在抗战时期有了很大改观。抗战初期，几条主要铁路（如平汉、粤汉等）运输干线，几乎全被日本侵略军切断，上海、广州等口岸也被封锁，为沟通大后方交通和打通国际道路，公路成为

[1]　宁可主编：《中国经济发展史》第4册，北京：中国经济出版社，1999年，第2268页。
[2]　同上书，第2270页。

陆上交通的主要通道。

公路建设是战时国民党政府在交通运输业投资最多的部门，所占比重达55.9%。

上海失陷后，为维持国际运输通道，国民党政府首先对广九、湘粤、湘桂等公路施以改善工程，以扩大香港与内地之间的运输能力。西北方面则对西（安）兰（州）、甘新两路进行改善，以便衔接苏联铁路承运物资。在西南方面国民党政府于1938年修筑了桂越、滇缅两条公路，沟通了经过越南和缅甸的进出口物资运输线路，汉广沦陷后这两条公路对于维持进出口贸易发挥了重要的作用，为接通国际线路之联络线，国民党以滇缅公路为主体，修筑了西南公路的三条主要干线：一为由昆明经贵阳至重庆之昆渝线，二为由昆明经曲靖、毕节至泸州之川滇东路，三为由滇缅路之祥云附近转北经兆安、西昌至乐山之川滇西路。昆渝线最为繁忙，贵阳北通重庆，西接昆明，东至沅陵、南下柳州、桂林，成为西南地区公路运输的中心。川滇东路虽系辅线，但其路程较短，物资运至泸州后可顺水而下重庆，因此兵工设备及重要工矿器材、航空油料等多数取道川滇东路。川滇西路全长1 073公里，沟通了川康和云南之间的交通，可接近由滇缅路而来的物资直达川省腹地。滇缅路失陷以前这段时期，除上述主要干线外，国民党政府进行的公路建设工程还有：（1）修筑衡阳至宝庆、洞口至榆树湾两条公路，两路共长248公里，缩短了东南各省与西南之间的运输线路；（2）修筑贺县至连县公路，全长150公里，为粤桂间要道；（3）修筑安康至白河、安康至南郑两条公路，两路并长525公里，是沟通陕南鄂北间交通的重要公路；（4）修筑天水至双石铺公路，长231公里，为西兰路通川陕路之要道；（5）对贵阳为中心的西南公路，以兰州为中心的甘新、西兰、川陕各路进行改善路面工程。

滇北缅西战役之后，西南国际陆路交通已经完全断绝，国民党政府为开辟西北国际运输通道，乃将公路建设的重点移至西北地区，修建了青藏、康青、南疆三条公路。青藏路自青海西宁至玉树，全长797公里，该路穿越青海草原，平均海拔在4 000公尺以上，气候高寒，冬春冰雪载道，每年施工期仅5个月，给养均须由西宁内运，该路1943年春动工，1944年9月底竣工通车。康青路自康定至青海之歇武，与青藏线相接，全长792公里，该路穿越折多、海子等高山，甘孜以北一段平均海拔也在4 000米以上，施工环境的困难与青藏路相似，给养由雅安供应，运程平均达600公里，这项工程1942年底开始，1944年10月完成通车。南疆路自甘肃敦煌至新疆婼羌，全长739公里，道经荒漠，人烟稀少，1945年初由甘、新两公路工程处负责同时动工，11月底甘肃境内路段完成，次年一月新疆境内路段方完工。在西南地区，为适应中印缅战场军事运输需要，1943年初中美开始合修自列多经新平阳至密支那的中印公路，是年12月完成了列多至新平阳最困难的一段工程，1944年秋新平阳至密支那段亦通车。这条公路的建成不仅有利于中缅战场的对日作战，而且为后方进出口物资的运输提供了新的陆上交通线，当时后方进出口物资运输主要依靠中印航空交通线，由美国输入的物资大量积存印度港口加尔各答，因此该公路通车可以稍为缓解后方进出口物资运输的困难。为使中印公路与国内交通线路相衔接，国民党政府同时开始修筑保山经腾冲至密支那的公路，该路所属的保山经龙陵至腾冲的支线先行完成，干线腾冲至密支那段1944年10月动工，次年一月打通，保山直达腾冲的干线1945年1月开工，4月下旬完成，这样由保山经腾冲、密支那至列多的时人所谓的"史迪威公路"始告全线通车。该公路穿越原始森林和蛮荒地带，人迹罕至，瘴疠为患，工程之艰巨和给养供应之困难较其他公路建设工程更甚。滇缅路失陷至抗战结束这段时期，国民党政府进行的公路工程还有：（1）修筑云南省东南区公路支线以及绿葱坡至资邱公路等；（2）为扩大运输能力，继续对各公路干线进行改善工程；（3）修复湘桂两省收复地区的公路，如南宁至百色线，南宁至柳州线，宾阳至廉江线，南宁至钦州线，金城江至大塘线等。抗战期间，国民党政府在后方共新修公路14 331公里，修复公路12 576公里，对公路进行改善工程的总里程约为10万公里，这些公路建设工程，对于西南和西北地区公路交通网的形成，对于公路运输业的发展以及对于后方经济的维持所起的作用是明显的。

抗战期间，国民党统治区的公路通车里程较战前全国里程大为减少，1937年抗战前夕，国民党政府统治地区公路通车里程为109 500公里，到1942年滇缅路失守后公路里程仅为53 000公里，尚不及战前的1/2。战时后方公路都是仓促建成,交通环境一般也比较恶劣,尽管进行了大量的改善工程,多数公路路面状况还是较差,加上敌机对交通线的轰炸骚扰,车辆损毁很快,而新车辆和交通器材的进口、补充又很困难,汽车登记辆数较战前也大幅度减少了。民用车辆由1936年底的62 000辆下降到1944年底的32 484辆,仅及抗战前的52.4%。在上述登记车辆中,自用客车占了很大的比例,货车很多也为政府机构和国营企业所有(如资委会等都辖有庞大的汽车运输队),据有关资料记载,1944年后方营业性车辆共7 321辆,只占后方登记车辆总数的22.6%,其中国营公路运输机构(交通部公路总局各直辖运输处)拥有车辆4 498辆,占营业性车辆的61.4%,私人营业性车2 823辆,所占比重为38.6%。[1]这些营业用车辆的完好率也很低,如1944—1945年,营业用车辆的完好率只在40%—60%之间(客车完好率稍高一些),因此战时后方公路运输量难以提高,而且很不稳定。

汉广沦陷后,汽车运输十分紧张,国民党政府在1938年10月的交通会议上决定利用人力和畜力扩大运输能力,以弥补汽车运力的不足;交通部遂设立驮运管理所负责这项活动,陆续开辟驮运线路,经运进出口物资,此为驿运之开端。1940年9月交通部成立驿运管理总处,代替原来的驮运管理组织,并在后方各省也都设立了省驿运管理处。交通部驿运管理总处负责经营干线和国际路线的营运,管辖有川黔、川滇、川陕、甘新、新疆5条干线,共辟主要驿线6 689公里,其中陆路占87%,水运占13%;国际路线有:新苏线——星星峡经迪化至苏境之霍尔果斯,驿线长2 013公里;新印线——即叶列线,由新疆叶城至印度列城,该驿线分东西两线,里程分别为1 005公里和1 160公里;康藏印线——自康定经拉萨至印境葛伦堡,全长2 510公里。各省驿运管理处负责经营支线运输,川、滇等12省辟有主要驿线21 319公里,其中陆路占55%,水路占45%。为发展驿运,1940—1944年间国民党政府拨用于驿运的建设经费总计1.8亿元,略低于对水运业的投资,占同期交通事业建设经费的2%。[2]抗战期间,国民党政府的驿运机构共承运货物136万吨,总运量为1.96亿吨公

[1] 交通部编:《公路统计年报》,1944—1945年合订本。
[2] 俞飞鹏:《十五年来之交通概况》1936年本。

里，[1]相当于同期汽车货运量的28%；客运共三千万余人，总运量约为3.6亿人公里，[2]相当同期汽车客运量的50%。这在一定程度上缓和了后方交通运输的紧张状况。

战争初期，国民党政府因急需先抢修了一些公路。在北战场抢修了以石家庄为中心的石德（州）、石保（定）、石沧（州）等军用公路，抢修了环绕北战场外围的太原至大同和晋南、豫中等公路，总长达3 600余公里。在南战场主要抢修了苏、浙、皖3省被破坏了的桥梁。此后，随着战场的转移，赶筑或改善汴（开封）洛（阳）、广（州）韶（关）、武（昌）长（沙）、汉（口）宜（昌）公路以及鄂省东北、东南通达皖赣各地的干线和支线，疏畅以武汉为中心的辐射线交通网。国民党政府为了战时运输需要，制定了“新筑与改善并举”的公路建设方针，重点放在国际公路线上。新筑国际公路线主要有桂越（南宁至越南同登）、滇缅（昆明经畹町入缅甸）、中印（保山至印度雷多）、甘新（经甘肃、新疆通往苏联）等。其中，在滇缅公路上修筑了157公里的双层沥青表面处治路面和100公里的弹石路面；筑路机械也在滇缅公路等修筑中开始引进，然而机械配件和燃料供应困难，也难以推广使用。中印公路（又称“史迪威公路”）是与英美合作修建。中国负责保山经腾冲至缅甸密支那路段，这一带是高山密林，气候恶劣，经努力，于1945年4月完工。同时还修建与公路平行的中印输油管道，同年2月完成。

这一时期新建公路共14 431公里，其中多数是远在地理与自然条件均较恶劣的边陲地区，不论勘测设计或施工，工程都是十分艰巨的，其使用多服务于军事，且因战事发展而时兴时废，往往修筑和破坏交替发生。

国民党政府还新建和改善了许多国内公路，在西北改善了西（安）兰（州）公路、兰（州）新（疆）公路，在西南修筑和改善了川陕公路、滇缅公路，整修了川湘公路和湘黔、黔桂、川黔、黔滇以及湘桂公路。

这些公路建设是由中央拨款和提供技术，各省募集民工修建，所以耗费较少，见效快。据统计，1937—1945年间修建公路14 331公里，改善公路

[1]　交通部编：《公路统计年报》，1944—1945年合订本。
[2]　《十五年来之交通概况》仅有干线客运量的统计，支线运量系笔者据里程估算。

108 246公里,超过战前全国公路里程13.3%。[1]到战争结束时全国公路总里程达13万多公里。抗战时期的公路建设,为改善西南、西北交通落后状况,起了极大的作用。

抗战时期,公路运输成为后方运输的主力。几条国际公路干线对于运送盟国援华物资及中国出口物资,做出了重大贡献。国内公路纵横西南、西北,并联结成网,有力地支持了前方抗战和后方生产。

抗战时期,通过公路运输的物资中,军工物资和统制物资占全部货运量的90%强。国民党政府成立西北、西南物资运输处、中国运输公司、复兴公司等庞大的官僚资本运输机构,军方和各省官僚资本的企业公司也都经营汽车运输,垄断了大宗汽车运输业务。加以燃油的缺乏,民间的汽车运输业和个体经营者陷于十分困难的境地。这时候,为数众多的畜力车、人力车,是公路运输的重要力量。

抗战胜利后,由于国民党政府发动全面内战,公路交通仍以军用为主。1946—1949年公路建设进展不大,反而因内战使公路遭到严重破坏。至1949年,全国公路能通车的只剩下7.5万公里。

四、航空事业的发展

1. 中国航空事业的开端

1909年,旅美华侨冯如制造成功中国第一架飞机,亲自试飞取得良好成效,是为中国航空事业之萌芽。辛亥革命后,有不少华侨飞行家从海外带飞机回国进行飞行表演和仿制飞机。中国航空事业的正式建立是从筹建空军开始的。民国政府在南京成立交通团飞行营,1913年3月飞行营调到北京,9月正式成立南苑航空学校,这是中国第一所正规的航空学校。

1918年3月,北洋政府交通部成立筹办航空事宜处,筹办民用航空运输,这是中国最早的民用航空管理机构。翌年从英国购买爱弗罗小飞机2架和汉

[1] 许涤新、吴承明主编:《中国资本主义发展史》第3卷,北京:人民出版社,1993年,第526—527页。

德利·佩奇(24座位飞机)6架,筹办京津、京沪、京汉和张家口至库伦(现乌兰巴托)之间的民用航线。1920年4月24日筹办航空事宜处曾组织北京—上海航线的北京—天津段试航,载运了邮件和报纸;5月8日正式开航,载运了旅客和邮件。这是中国最早的民航飞行。1921年北洋政府设航空署,掌管全国航空事务。同年4月27日航空署与邮政总局订立邮运合同,6月27日北京—上海航线的北京—济南段试飞成功,7月1日正式开航(后因济南机场土质松软、设备无保证,经费困难而停航)。

2. 国民党政府时期航空事业的发展

国民党定都南京后,由交通部开始筹办民用航空,于1929年5月先成立沪蓉航空线管理处,在上海、南京、汉口等地修建5个飞行场,在上海设立修理厂,买到美国史汀生飞机公司地踹特式上单翼小旅客机4架。1929年7月开辟了上海—南京航段,一年内飞行15万公里,载客1 200人和很多邮件。

1929年,交通部还成立了中国航空公司(简称“中航”),与美国航空发展公司合作经营。1930年8月,改组为中美合资的中国航空公司,已有资本1 000万元,交通部占55%,美方占45%。同时,交通部撤销了沪蓉航空线管理处,将其业务并入中航。该公司开辟的主要航线有:沪蓉线(上海—成都,1933年11月全线通航)、沪平线(上海—北平,1933年1月开航)、沪粤线(上海—广州,1933年10月开航)。后又开辟渝昆线,1935年5月全线通航;从广州到越南河内的航线,于1936年通航,航线总长6 721公里,是当时中国的第一条国际航线。到1936年底,中航拥有各型飞机12架,营业收入达到500万元。

表4–3　1931—1937年中航运量统计[1]

年　份	旅客运量(人次)	货物运量(吨)	邮件运量(吨)
1931	2 784	—	43.71
1932	2 699	—	48.95

[1] 摘自《当代中国的民航事业》,第6页表1。

（续表）

年　份	旅客运量（人次）	货物运量（吨）	邮件运量（吨）
1933	4 215	—	57.57
1934	6 729	12.78	70.26
1935	14 812	42.08	73.79
1936	20 198	48.84	102.28
1937	11 610	56.19	93.48
累　计	63 047	159.89	490.04

1930年，国民党政府交通部为发展欧亚国际航空事业，与德国汉莎航空公司签订合资经营航空公司的合同，后于1931年2月成立了欧亚航空公司，资本300万元，同年5月开航。1933年4月上海—兰州—迪化（现乌鲁木齐）段开航，1934年4月迪化—塔城段也试飞成功。1933—1936年先后开办北平—广州、兰州—包头和西安—昆明航线。1935年资本增至750万元，1936年又增到900万元，中资占三分之二。欧亚航空公司拟定开辟飞往德国柏林的航线，但是终于未能飞到欧洲。到1936年底，欧亚航空公司经营的航线里程共7 600公里。

表4-4　1931—1937年欧亚航空公司运量统计[1]

年　份	旅客运量（人次）	货物运量（吨）	邮件运量（吨）
1931	911	4.15	0.41
1932	652	16.39	2.85
1933	1 072	43.19	4.17
1934	2 109	58.88	8.79
1935	3 597	114.38	19.42
1936	7 775	201.25	16.33

[1] 摘自《当代中国的民航事业》，第8页表2。

（续表）

年　份	旅客运量（人次）	货物运量（吨）	邮件运量（吨）
1937	11 600	189.07	101.01
累　计	27 746	627.31	152.98

1933年，广东、广西、云南、贵州和福建5省政府筹集资金200万元，合组西南航空公司。该公司规模较小，只有客机三架，游览机一架，1934年5月正式营业。其开辟的航线主要是连接5省，1934年5月广州—梧州—南宁—龙州线开航，9月广州—海口线开航。两条航线共长1 338公里。该公司并与法国航空公司合作，开辟了广州—河内国际航线，与法航的欧洲航线衔接起来。

抗战爆发后，以上海、南京、北京、郑州等为中心的航空线相继停航，日军在粤省空袭频繁乃至全部停业。中国、欧亚两航空公司基地和航线都西移，中国航空公司主要经营南飞中国香港、缅甸、印度等航线；欧亚飞香港和西北航线。国民党政府经营的中国和欧亚两航空公司遂在重庆、昆明设置新的总基地，将总事务所及技术设备中心分别移至这两个城市。中国和欧亚两航空公司遂筹设新的航线，在汉口、广州沦陷前先后开辟的航线有：重庆—桂林、汉口—长沙、重庆—泸县—叙府—嘉定、重庆—桂林—广州—香港、汉口—西安、昆明—成都、昆明—河内等。汉口、广州沦陷后，国民党政府以重庆为中心将航线进一步西移，至缅北滇西战役前开辟的航线有：重庆—昆明—腊戍—仰光、南雄—香港、重庆—昆明—腊戍（缅甸沦陷后改为丁江）—加尔各答、重庆—西安—兰州—武威—张掖—哈密、重庆—兰州、昆明—桂林。[1]1939年9月，为便于接受苏联对中国抗日战争的援助，民国政府交通部和苏联民用航空总管理局订立中苏航运合约，合资组建中苏航空公司（亦称哈阿航空公司），经营哈密—迪化—伊犁—阿拉木图航线，在哈密与中国航空公司航线连接。航线于1939年12月5日通航，从重庆到莫斯科行程4—5天。公司有道格拉斯

[1] 参见《十五年来之交通概况》航空章。

DC–3式民航机3架。1941年8月中德断交,中国政府收回了欧亚航空公司的德方股权。1943年3月,原中德合资的欧亚航空公司改为国营中央航空公司,简称“央航”。

1942年5月,日军进攻缅甸,滇缅公路被切断。中印航空线成为国统区运输外援物资的唯一国际通道。中美英三方合作,以印度丁江为中转,以加尔各答为机组基地,辟丁江飞昆明、宜宾、泸县航线。这一通道又分南、北两线,南线距缅甸日军空军基地近而常受日机袭击,北线因其航路弯曲形似驼峰而被称为“驼峰航线”。飞“驼峰航线”要翻越喜马拉雅山脉,沿线多高山峻岭,为当时飞机升限所不及,而且气候多变,自然条件恶劣,给空运造成极大的危险。尽管如此,数以千计的盟军飞机在“驼峰航线”上夜以继日地运送战争物资,有力地支援了中国对日作战。

抗战前期,国民党政府民航飞机数量较战前略有减少,1943年以后飞机数量又大增,各年平均与战前大体持平。战时因其他交通工具缺乏,特别是海陆进出口线路阻断以后,空运显得更为重要,运输任务极为繁重,因此中国、中央两航空公司的运输量增加非常迅速,单机运输效率较战前有了很大的提高。1938—1945年间,中国、中央两航空公司共运客28万人,总运量近2.3亿人公里,相当于同期国营公路客运量的16%;共运送货物(包括邮运)9万吨,总运量约7 500万吨公里,相当于同期国营公路货运量的8.3%。抗战期间民航运输在后方交通运输业的地位和作用是相当重要的。

抗日战争胜利后,西南航空公司复航,1947年停业。中航和央航共有飞机百余架,各自拥有国内外航线20多条。1946年10月,美国人陈纳德取得在中国领空载客运货经营的权利。陈纳德空运队最初有各型军用运输机25架和小客机数架。通航城市最初只有广州、桂林、汉口、上海、衡阳、柳州、南昌7处,没有固定航线。后来扩张到东北和西北并设立了几条固定航线。1948年,南京政府通知苏联政府,撤销中苏航空公司。

1949年中航和央航总部迁到香港。同年11月9日,中国航空公司总经理刘敬宜、中央航空公司总经理陈卓林代表两个航空公司4 000名员工在港宣告起义,刘敬宜、陈卓林等随同12架起义飞机飞回大陆。

五、邮电

中国的新式邮电始于清末。民国时期，与其他各项事业相比，邮电事业基本上可谓稳步发展。以下分邮政、电报（有线、无线）、电话（长途、市内）三个方面叙述。

1. 民信局、侨批局和客邮

中国古代承担邮政功能的机构主要是官办的驿站。明代开始出现传递民间书信、物品和办理汇款的私营商业组织——民信局（又名民局）。从明朝后期起随着城乡商品经济的发展，由此而来的民间通信尤其是商人通信需要的增长，为民信局的发展提供了有利条件。清朝道光至光绪年间，大小民信局已多达数千家。有的还在当时商业中心的上海、宁波等地设立总店，在各地设立分店或代办店，并与其他民信局联营，构成了民间的通信网。中国近代邮政建立后，虽法律规定邮政由国家专营，但这种民信局直到1935年才被全部取消。随着往海外谋生的华人增多，民间专门经营华侨与其亲属之间的通信、汇款业务的侨批局（又称批郊、批局、批信局等）在闽粤一带也发展起来的。侨批局详细登记一些华侨的家乡地址、亲属姓名，并编列专用号码作为他们通信、汇款之用。有的侨批局在南洋一带设有总店或联店，几乎垄断了华侨寄信、汇款业务。近代邮政出现后，因国外寄来的华侨信函地址、姓名往往不详，邮局无法投递，只得仍交侨批局按“专用编号”查明投送。这种侨批局直到中华人民共和国成立后逐步取消。

1834年，英国在中国广州开办了第一个英国邮局。对这种外国在中国领土上强行设立的邮局，清政府称为“客邮”。1840年鸦片战争以后，英国进一步在中国的通商口岸广设邮局。法国于1861年、美国于1867年、俄国于1870年、日本于1876年、德国于1886年，都借口“利益均沾，机会均等”，先后在中国设立各自的邮局。在第二次鸦片战争、甲午战争、八国联军侵华战争中，以及在中国境内交战的日俄战争中，各国以种种借口，不断扩大“客邮”范围，不仅在中国沿海沿江大中城市，甚至深入到中国边疆如新疆、云南、黑龙江、西藏等地任意设立邮局。第一次世界大战中,日本入侵中国山东省,并在胶济铁路沿线要地设置日本野战邮局。“客邮”不受中国政府管辖,各执行其本国邮章,使用其本国邮票,却加盖中国地名邮戳;不仅邮寄其侨民的邮件,也收寄中国人在中国境内互寄的邮件。甚至凭借客邮邮袋不受海关检查的特权,贩运毒品、珍宝等,进行走私活动。此外,各国驻华领事馆、租界当局以及洋行、投机商也任意开设“书信馆”“本地邮局”。其中不少是打着传递书信招牌,实际进行投机诈骗等非法活动。

1903年,清政府照会各国要求撤销在华客邮。此后,中国政府为此多次交涉均无结果。第一次世界大战后,中国在巴黎和会上再度提出“撤去客邮”议案,遭大会拒绝。只有苏联于1919年7月发表声明放弃帝俄与中国订立的一切不平等条约和因缔约而享受的一切非法特权,自动撤销了帝俄的“客邮”。1921年11月至1922年2月在美国召开的九国太平洋会议上,终于通过“撤销在华客邮案”。会后,英、法、美三国的客邮于1922年12月底撤销,但日本一直拒不撤销设在中国的日本“客邮”。直到抗日战争胜利后,这种日本客邮才被迫取消。此外,英国在中国西藏设立的邮局、电报局、电话局,在印度脱离英国独立后,由印度继承下来。1955年4月1日,始由印度政府交还中国。“客邮”在中国存在121年之久的历史,至此结束。

2. 中国近代邮政的开端

中国近代邮政的开端是以海关兼办邮政的方式出现。1866年,清政府在海关税务司下设邮务办事处,从此中国有了新式邮政。起初,海关邮政主要办理华洋官方往来信函等。1878年,海关总税务司赫德在北洋大臣李鸿章支持下,委派天津海关税务司德国人G. 德璀琳以天津为中心,在北京、天津、牛庄(营口)、烟台、上海五地试办收寄华洋公众邮件的近代邮政,随后开始发行中国最早的大龙邮票。1880年1月11日正式公布《海关拨驷达局告白》,规定了各路邮运班期和各种邮件资费。到1884年,凡设有海关的地方基本上都开办了海关邮政。

1876年,清政府在驿站之外又设立文报局,以后各省也在省会和通商口岸设立文报局，利用船舶、列车寄送公文，并可代递私人信件。

1888年3月12日起，台湾巡抚刘铭传将台湾驿站改为邮政，设立台湾邮政总局，并发行官用的“台湾邮票”和民用的“邮政商票”两种邮票。1894年甲午战争后，台湾被日本侵占，中国在台湾的邮权同时丧失。

1896年，清政府决定正式成立“大清邮政”，将海关拨驷达局改称大清邮政官局，并委派赫德为“总邮政司”。在大清邮政开办不久，法国照会清政府称：“将来中国邮政陆续推广，招募外国人员，其法国人员，亦应公平令其同办。”1898年4月9日，法国公使又要求中国正式声明：“中国国家将来设立总理邮政局专派大臣之时，拟聘请外员相助，所请外国官员，声明愿照法国国家请嘱之意酌办。”法国政府不等中国设立邮政专派大臣，就推荐T. 帛黎掌管中国邮政。清政府屈从，于是在“总邮政司”赫德之下，另设“邮政总办”一职，由帛黎充任。

大清邮政成立后，实际仍由海关兼办，其发展较以前更快。到1901年时它在各地的分支机构已有300处，1903年时各地分支局等已有700多处，除甘肃兰州外其他各省省城都已通邮。1907年时，全国各省州县所设大小邮递局所已达2 800处。它经办的邮件也迅速增长，1902年收2 000万件，1903年上升至4 200万件，1904年达6 600万件。1899年以前，大清邮政的业务以收寄信函、明信片、印刷品、汇兑、包裹等为主，20世纪初，中国民办报纸勃兴，大清邮政与多家报纸签订协议，邮局窗口代理销售，初期并给一些报纸免费邮运的优惠。大清邮政建立之初，即与外商轮船建立合同，规定外商轮船只能收运大清邮政的邮件。1903年，大清邮政又与铁路当局拟定章程，规定铁路只为官办邮局运送邮件，不准运送民信局的邮件，使大批报刊的运寄由民信局转到大清邮政手中。此外，大清邮政还通过开展快递信函业务，开发昼夜兼程邮班，增加开取信箱和投递班次，降低平信邮费等方法，与民信局展开竞争。到1909年，除邮局没有触及的地方和邮局不愿做的业务外，在其他邮政业务方面民信局已丧失了用武之地。

1906年清政府成立邮传部，要求接管邮政，但总税务司署迟迟不肯交出。直到1911年才由邮传部尚书盛宣怀与代理总税务司英人F. A. 安格联议定

《移交邮政事宜要义》,由邮传部保证"在事之华洋邮政人员,凡经总税务司派定者,现在均仍定用"。邮传部于1911年5月28日接管大清邮政。自此,关邮分开,邮政才自成系统。

邮传部接管大清邮政后,除任命邮传部左侍郎、铁路总局局长李经芳兼任邮政总局局长外,一切原封未动,邮政大权仍操在邮政总办帛黎之手。此时,全国共有邮政局所6 201处,邮路19.05万公里,该年度收寄函件4.21亿件,包裹432.7万件,开发汇票393.6万两。[1]

3. 中华邮政的发展

民国建立后,大清邮政改为中华邮政。外国人把持邮政的局面并没有立刻改变,据1926年的一个统计,当时中华邮政中有洋员119人,均占据较高级的职位。然而也正因如此,在北洋政府执政的军阀混战时期,邮政事业没有受到太大干扰。但是外人把持中国邮政,也出现一些问题。例如,1912年元旦中华民国临时政府成立时,邮政总办帛黎敌视辛亥革命,竟然搞起"临时中立",在大清邮票上加印"临时中立"字样。在临时政府提出异议后,他又再加印"中华民国"四字,这种邮票遂成为"中华民国临时中立"不伦不类的怪票,并专在汉口、南京、长沙三地出售;临时政府认为有辱国体,再次制止,帛黎才将这一怪票取消。1917年帛黎去职,法国人H. P. 铁士兰接任邮政总办后,1918年在其通谕中规定"邮政总办有权做最后之决定"。在1927年北伐战争期间,他利用他的"最后决定权",竭力阻挠革命当局接管邮政,下令各外籍邮务长"能抗拒多久就抗拒多久"。当时,北洋政府的邮政总局设在北京,铁士兰是邮政总办。不久,南京国民党政府成立,另设邮政总局,担任邮政总办的也是铁士兰。这样就一度形成南北两个总局一个邮政总办的局面。

南京政府成立后,采取了逐步从外国人手中收回邮权的措施。南北两总局合并后,铁士兰迫于中国邮政工人的压力而引退。南京政府改派挪威人E. 多福森任邮政会办,并规定以后凡有高级洋员出缺,不再添用洋员。直到抗日

---

[1] 邮电史编辑室编:《中国近代邮电史》,北京:人民邮电出版社,1984年,第84页。

战争胜利后，中国邮权才逐步收回。

1931年“九·一八事变”发生后，日本侵占了中国东北三省。在东北的中华邮政拒绝使用伪满邮票、邮戳并拒绝悬挂伪满国旗，终于在1932年7月全部撤进关内。

民国建立后，中华邮政业务一直稳步发展。1912年邮政局所即增加到6 816处，邮路里程增加到22.98万公里；1920年全国邮政局所超过1万处，邮路近40万公里；1927年邮政局所又增至12 126处，邮路增至46.22万公里，该年度收寄涵件5.8亿件，包裹554.9万件，汇兑约8 670万元；到1936年，不计东北地区，共有邮政局所12 619处，职工2.8万余人，邮路58.48万公里。1920—1929年，平均每年递送邮件5.36亿件，1930—1936年增至7.83亿件，同时期邮政系统平均年收入由2 400万元增至4 070万元。[1]

中华邮政在业务量扩大的同时，业务范围也不断扩大，在原有的普通邮件基础上，1912年开办了收寄商务传单、保险信函业务；1913年开办了代售印花税票业务；1914年创设了火车行动邮局；1918年开办兑换国际回信邮票券业务；1919年开办邮政储金和邮转电报业务；1920年开办国际保险信函和箱匣业务；1921年开办航空邮务；1922年开办邮政认知证；1927年在沈阳和北京之间开办摄影电报业务（仅一年）；1934年开办代订刊物、代购书籍、平快邮件业务；1935年开办简易人寿保险和小包邮件业务，等等。[2]1914年中国虽正式加入万国邮政联盟。与世界各国建立了通邮关系，但国际邮电数量少速度低。

中华邮政有较严密的规章制度，机构精炼，职工队伍稳定，是民国时期唯一效率较高的国营事业，在邮政汇兑储蓄业务基础上建立起来的邮政储金汇业局成为金融垄断资本的台柱四行二局之一。

抗战爆发后，因沿海、沿江重要商埠以及铁路干线相继沦陷，于是邮政总局开辟公路作为运输干线，并抽调汽车于铁路、轮船阻断地段联络运邮。同

---

[1] 金家凤：《中国交通之发展及其趋向》，南京：正中书局，1936年，第317页；许涤新、吴承明主编：《中国资本主义发展史》第3卷，北京：人民出版社，1993年，第99页。

[2] 邮电史编辑室编：《中国近代邮电史》，北京：人民邮电出版社，1984年，第101页。

时，进一步发展了航空邮路。

抗战前期，原有邮政局所1/4停闭，邮路里程减少了1/3，国民党政府在前方各个战区重新组织邮政机构，竭力维持邮政业务，同时着重在西南、西北地区扩展邮政业务网，开办新的邮政局所和开辟新的邮路，至1942年底，国民党政府共新设邮政局所16 440个，新辟邮路20万公里，[1]这样国民党统治区的邮政局所较战前只减少千余个，邮路里程还略有增加，邮政职工也增加到4.1万余人。香港沦陷之前，后方与沦陷区间的邮运仍通过桂越公路、滇缅公路和渝港航空线得以维持，滇缅战役后，后方与沦陷区间的邮运经先后组成的浙东、湘北、鄂中、鄂东等邮路维持，1943年以后各线停闭，除一些新组织的秘密邮路勉强维持外，后方与沦陷区间的邮运基本断绝。抗战期间，铁路线短少，公路运输极为繁忙，邮政机构为扩展业务乃自组邮政汽车运输队，1942年高峰时邮政汽车达到560多辆，经营有滇黔、川黔、川陕、桂黔、浙赣、粤汉、湘桂等邮路干线及滇缅国际邮路。由于邮政局所和邮路里程无显著减少，职工续有增加，尽管后方交通困难、运输紧张，1942年底以前国民党政府的邮政业务除包裹一项有较大幅度减少外，各类信函的收寄数量与战前相去不远，1940—1942年间的信函邮递数量都达到8.7亿件左右，均高于战前最高年份。

4. 赤色邮政的发展

中国共产党建立革命根据地后，国民党政府对革命根据地除进行军事“围剿”外，同时对邮政通信也施行“封锁”“检查”“扣留”等办法，以致使国共两区通邮遭到严重破坏。1930年3月，赣西南苏维埃政府成立，不久在原有地方交通站的基础上建立赣西南赤色邮政总局，并开始发行邮票。1930年5月闽西根据地的龙岩、上杭等地也建立了赤色邮政。赤色邮政对现役红军本人及其家属往来的信件、包裹免费寄递。各根据地相继建立赤色邮政。在闽西战争时期，曾由红四军军长朱德、政治委员毛泽东签发了“保护邮局，照常转递”的命令，对未撤退的中华邮政加以保护，对中华邮政发来的邮件均负责

[1] 交通部档案二十（2）289,《抗战前后之交通统计概况》。

代收代投。

1931年11月7日，中华苏维埃共和国临时中央政府宣告成立。在各地赤色邮政的基础上，1932年5月1日建立“中华苏维埃共和国邮政总局”，由中华苏维埃共和国临时中央政府内务部领导，并在粤赣、江西、湘赣、福建、闽赣、闽浙赣、鄂豫皖等革命根据地设立邮务管理局。苏维埃邮政总局成立，发行了四种邮票，并配合苏区报刊发行部门开展报刊发行工作。

抗日战争开始后，中国共产党领导下的各抗日根据地，先后成立了交通总局或战时邮政，并发行解放区邮票。1942年2月7日，中共中央山东分局将各级党委的交通科、政府的战时邮局、报刊社的发行部门合并，成立邮、交、发三位一体的“战时邮政”，创造了“邮发合一”制度。党的报刊不仅可以普及到各个村庄，还能广泛地散发到敌占区。后来其他解放区也大多实行“邮发合一”的制度。

抗日战争期间，为沟通国共两区邮政联系，使人民通信不受阻挠，第十八集团军总部曾发布通令，号召各地军政机关对中华邮政予以支持和保护。但国民党政府对两区通邮，依然多方阻挠。

抗日战争胜利后，1946年国共双方签订《停战协定》。按协定组成的“北平军事调处执行部”提出了“整理恢复邮政谈判”。在谈判中，中共代表一再表示“全国邮政业务、人事管理、邮票发行可以统一”。但因国民党方面的干扰，谈判未能达成协议。1947年1月17日，南京国民党政府下令强迫各地中华邮政员工，只要当地失守，应即撤退，否则即予停职停薪。接着又规定“被中共攻占各地，暂停交换邮件”，但仍有不少中华邮政员工暗中与解放区通邮并拒绝撤退。1949年4月，中华邮政总局代表团随同南京国民党政府和平谈判代表团到达北平，进行“南北通邮谈判”，虽然于4月27日正式签署了全面正常通邮协议，但却被逃至广州的国民党政府行政院拒绝，并作出“对中共通邮通汇兑一律停止”的决定。

在解放战争中，解放区邮政提出了“一切为了前线，解放军打到哪里，邮政通到哪里”的战斗口号，并建立了军邮总局，随军前进。随着革命战争的胜利，在新解放区开始设立新型人民邮政机构。

5. 有线电报、电话（长途、市内）

1871年丹麦大北电报公司私自在中国敷设水线（海底电缆），并在上海租界设立电报局，开办电报业务。这样，在中国领土上开始出现电报。

1877年，清政府在台湾台南至高雄兴建了军用电报线。1879年北洋大臣李鸿章从防务需要出发，在天津与大沽口、北塘海口炮台之间架通了一条长仅40英里的电线，于当年5月建成通报。[1]所有这些活动的经费，都是“官为筹给”。又在天津1881年在李鸿章主持之下建成沿大运河的天津至上海电报线，全长3 075华里，设电报总局于天津，并在沿途设立7个电报分局，自1881年12月28日开始办理公众电报业务，是为中国自办的第一家电报企业。1882年清政府招集商股，收回政府投资，把电报局改为官督商办。电报总局在其成立以后的10年中，一共修建了5条主要干线。即在津沪线之外，还在1883年兴建了苏、浙、闽、粤线及江宁、汉口线，1885年兴建了川、鄂、云、贵线，1888年兴建了粤、赣线，1889年兴建了陕、甘线，[2]加上各省自办的电线，基本上形成了一个全国范围的电线网。电报局营业的增长十分迅速。开办不到三年，所收官报信资，即足以全部偿还所欠官款。[3]到甲午战争结束的1895年，营业收入上升到114万余元的高峰。[4]它的赢利也显著，在最初10年中，每年股息都维持在7%的水平以上，[5]这在当时是比较少见的。到20世纪初，已连通了全国绝大多数州府以上城市，并在这些城市开办了公众电报业务。

外国资本也在中国扩展电信业务。1897年德国强占中国山东胶州湾的同时，在青岛设立邮电局，经营邮政、电报、市内电话业务。1900年，丹麦人C. O. P. 濮尔生乘八国联军入侵中国之际，在天津装设电话，通达塘沽、北塘，1901年又把电话线延伸到北京。从1905年起，中国政府陆续收回了京津、津沽电话，淞沪岸线、上海—烟台、大沽及烟台—威海卫（今威海市）的水线，上海、青岛、

---

[1] Herald，1879年3月31日，第413页；5月24日，第543页；《李文忠公全书》奏稿，卷38，第16页。
[2] 《海防档》丁，电线，第432、731、1221—1222页；《李文忠公全书》奏稿，卷62，第28页；《洋务运动》第6册，第417页。
[3] 《李文忠公全书》奏稿，卷53，第21页。
[4] 经元善：《居易初集》卷1，第44页。
[5] Herald，1893年8月18日，第247—248页。

济南、哈尔滨的无线电台，以及大东、大北、太平洋三家电报公司在上海设立的电报收发处等。

清政府设立邮传部后，于1908年将商办和省办的电报线路均收归国有。到1912年，全国有电报线路6.2万公里，电信局所565处，发报190万件。

中国最早的电话由外国公司在上海、厦门、武汉等城市的租界中创办，1881年上海英商瑞记洋行在英租界内创立华洋德律风公司装设电话。中国自办电话始于1900年，由江苏省在省会南京各衙署之间装设。1904年电报局开始经营电话事业，先后在全国各大城市及部分中等城市装设了市内电话，全部采用磁石电话交换机。至清末，长途电话只有北京天津间的一条线路。

辛亥革命以后，有线电报继续发展，到1922年有线路9万公里，局所928处，发报250万件。此后有线电报发展甚少，到1936年，电报线路仅维持9.4万公里，局所1 272处。[1]

北洋政府时期，除京津外，在上海到无锡、天津至沈阳、北京至绥远间架设了长途电话线路，另有省办的太原包头间和长沙湘潭间的线路，到1925年，共有长途电话线路4 000多公里。

南京国民政府时期，长途电话发展较快，至1934年陆续建成近距离长途电话线路2.7万多公里。1935年开始在河北、河南、湖北、湖南、山东、江苏、浙江、江西、福建九省间建设铜线线路3 000多公里，装用话音增音机和单路载波电话机，开通远距离长途电话。1937年后扩大到其他各省并使用三路载波电话机。1937年全国长途电话线路达到5.3万公里。全国各省市基本上都有了长途电话。

民国时期，市内电话由交通部统一设局经营。1925年起，在有些城市已将磁石电话交换机改建为自动电话交换机。1934年交通部下辖市内电话局19个，分布在北京、天津、青岛、烟台、威海卫、武汉、南京、上海、苏州、镇江、扬州、保定、太原、郑州、洛阳、芜湖、蚌埠、九江、沙市等地，市内电话线总长度4 100公里。此外，尚有地方公营及民营电话局。地方公营有浙江省局及其下属的

[1]　许涤新、吴承明主编：《中国资本主义发展史》第3卷，北京：人民出版社，1993年，第99—100页。

13个县市支局；陕西、安徽省省会电话局；湖南省电话局和电话管理局。民营电话事业在交通部登记的有43个电话公司，未登记的据调查有16个。这些公司分布在内蒙、安徽、浙江、察哈尔、江苏、福建、河北、河南、山东湖北等省的一些重要市镇。交通部下属的19个市内电话局共有44 000多个用户，按职业区分，以商号排在第一位，有22 700个，占一半以上；其次是住宅，8 000多个；再次是公署和警局，共3 400多个，然后是工厂、银行、会所、学校、饭店、旅社等。可知市内电话是以商用和民用为主。到1937年，市内电话较完备者有25个城市，电话交换机总容量为104 404门，市内电话用户达到7.3万多户。[1]

表4–5 1936年电信资产估值[2]

	线路（万公里）	电报机、电话交换机等	设备维持费*（万元）	资产（万元）
有线电报	9.3	1 788部	150.8	3 770.0
无线电报		137部	21.7	542.5
市内电话	34.2	74 404门	49.7	1 242.5
长途电话	16.9	317部	1.2	30.0
合　计			223.4	5 585.0

* 设备维持费为1933年数。

抗战初期国统区电报线路损失共计3.9万公里，长途电话线路损失累计达5.8万公里，市内电话损失在98%以上。抗战期间，后方电信业务剧增，国民党政府为维持后方通信联络，开始修建新的通信线路，大量增加各类电信机械，主要电信机械的数量和质量较战前都有所提高，到1945年底，已拥有长途电话机1 006部，市内电话交换机容量达到11.85万门，分别比1936年增加了1.7倍、2.2倍和0.59倍。战时国民党政府在后方共架设电报线路4.5万余公里，架设电话线路4万余公里，并在后方各城市陆续修建市内电话设施。因此，除市

[1] 宁可主编：《中国经济发展史》第4册，北京：中国经济出版社，1999年，第2285—2286页。
[2] 转引自许涤新、吴承明主编：《中国资本主义发展史》第3卷，第755页甲表七。

内电话容量仍远远低于战前外，长途电话线路有了增加，而且先后完成了筑桂、桂衡（阳）、衡长（安）三条载波电路，增设了载波机件，电话通话能力较战前有显著提高；电报线路虽略低于战前，但由于采用了新式电报机件，通报能力也有较大提高。抗战前期，后方电信局所较战前有所减少，后期数量逐渐超过战前，因业务繁忙，职工人数较战前有较大幅度增长，1945年底，职工人数达到4.9万人，比1936年增加了1.4倍。各种电信业务除市内电话用户数大大少于战前外，电报和长途电话的业务量较战前均有大幅度的提高。

6. 无线电报

中国的无线电台建设也是从军用开始的，初期主要用于海军舰艇之间及舰艇与岸上的通讯。1899年两广总督在广州总督公署、马口、前山等要塞及较大军舰上架设无线电台。北洋舰队于1905年在南苑、保定、天津行营和4艘军舰上分别装设无线电台。1907年为解决崇淞之间的直达通信，在江苏省吴淞、崇明装设无线电台。

民国成立之后，无线电归交通部管理。自1912年至1915年，陆续在北京、张家口、武昌、吴淞、福州、广州架设电台，成立无线电局。武昌和张家口两局仅收官报，吴淞、福州、广州三局均收发船舶商报。1918年至1923年间，交通部致力于在西北建立电台，兰州、迪化（乌鲁木齐）、喀什等地先后都通上了无线电。1924年，在张学良支持下，东北沈阳建立了国际无线电台，可与欧美直接通讯。[1]

1927年北伐军到达上海后，设厂制造短波无线电收发报机，并陆续在全国各大城市设立短波电台。1928年南京政府建立后，先由建设委员会主管无线电，接收全国军政机关的各种电台，从1928年6月起，经过8个月时间，在各地安装了27个短波无线电台。1929年6月，无线电转归交通部管理，此后在上海建设国际收发信台，装置大功率发报机。1930年起，该台陆续与旧金山、柏林、巴黎、日内瓦、西贡、伦敦、莫斯科、东京等地建立了无线电直达电报电路。这

[1] 张心征：《中国现代交通史》，上海：上海良友图书公司，1931年，第525—527页。

时,中国的国际电报通信已初具规模。此外,东北三省、云南、广东、江苏、山东、浙江、山西、甘肃、宁夏、广西、江西、绥远等省都有自设的电台,但只能用于军事和政务,而实际上这些地方电台常用减价优惠的方式私自收发商电。到1936年,交通部所办的电台在全国已有63处,包括西康西藏等边远省份都设有无线电台。[1]

中国共产党中央1928年在上海建立了秘密无线电台。为便于中共中央在上海与南方局、长江局、北方局等党组织联系,1930年陆续组建九龙、天津、赣东南、鄂豫皖、湘鄂西(洪湖)等无线电台,同年开始建立红军无线电大队。

抗战期间,大后方无线电通信业务发展迅速。原设上海的国际无线电台在战争开始后先移至武汉和广州,汉广沦陷后又移至成都,抗战后期为方便国际通信又移至重庆。湘桂战役后,东南各省与后方的有线通信遭受断绝,则完全依靠无线电报维持通信联络。战时后方无线电台由战前的70余座增加到170余座,[2]无线电机械的数量较战前成倍增长,质量和功率也大为提高。

第二节　物流方式变革对市场的影响

市场流通依赖于商流和物流这两大体系,近代中国市场物流体系仍以交通运输业为主体。中国交通运输方式在近代经历了较大的变革,至抗战前已形成以水运(轮船为主)、铁路运输、公路运输、空运等四大方式为主的近代体系,基本上取代了传统的"南船北马"方式。近代中国铁路、公路(汽车)两大陆运方式中,铁路出现较早,运输费用较低,[3]对国内市场影响较大,本节以铁路运输对于中国市场影响为主要案例,通过进一步研究可见,铁路运输对于北方市场的影响比对南方市场更大。

---

[1] 张心征:《中国现代交通史》,上海:上海良友图书公司,1931年,第542—550页;金家凤:《中国交通之发展及其趋向》,南京:正中书局,1936年,第308页。

[2]《十五年来之交通概况》。

[3] 据1934年国民政府铁道部关于货物每吨公里运输费用的调查,铁路一等货为0.17元,二等货为0.11元;汽车一等货为0.521元,二等货为0.384元。转见宓汝成:《帝国主义与中国铁路》,上海:上海人民出版社,1980年,第594页。

一、铁路使中国旧有陆路运输方式发生质变

铁路这一近代先进交通工具出现在中国，使中国旧有陆路运输方式发生了质的变革。以北方外贸物流为例，过去西北羊毛出口要先花几天至几十天从各路集中到归化（今呼和浩特）或张家口，在那里抖沙，重新包装，再运至通州，然后水运至天津。通州以上陆运主要靠骆驼，往往因缺骆驼，货物停留归化候运长达半年之久。在这期间，市场供求、物价涨落等情况可能会发生很大变化，而且存放日久，货物也易受损。铁路由天津向西逐渐延伸以后，西北各路的皮毛、药材等大宗土产用骆驼等运至最近的火车站即可，这使过去驼运紧张状况得以缓解。华北的棉花、皮毛、煤炭、草帽缏等土产也多改从铁路运往沿海口岸。同样，从口岸进口的各色洋货也通过铁路运往内地城乡市场。铁路运输安全、迅速、量大、价廉、受气候影响小，比起畜运、水运等旧运输方式来有明显的优越性，因此铁路发展以后，很快就成为天津等通商口岸至内地货运的主要承担者。表4–6显示，1906年铁路占天津口岸至内地货运比重为48%，民国初年这一比重已达55%，至1924年这一比重已上升为74%；1914年（四郑铁路通车前）郑家屯货运主要靠水运，其次是马车，1919年（四郑铁路通车后第二年）郑家屯货运已主要靠铁路，水运所占比重已很小，马车所占比重则更是微不足道。

表4–6　A　天津—内地货运比重（%）[1]

年　份	铁　路	水　路	土　路	合　计
1906	48	45	7	100
1913	55	41	4	100
1916	60	36	4	100
1920	71	25	4	100
1924	74	23	3	100

[1] 数据来自历年《关册》。

表4-6 B 四郑铁路通车前后郑家屯货运概况[1] 单位:吨

年 份	外运总量	水运	铁路	马车	运入总量	水运	铁路	马车
1914	70 000	50 000	—	20 000	17 100	9 600	—	7 500
1919	91 500	3 300	88 200	—	24 284	1 971	22 313	—

表4-7用计量方式显示了1920年、1936年全国交通运输业产值结构及增长情况。从表中可以看出,1920—1936年全国交通运输业产值成倍增长,其中汽车运输、航空运输可谓从无到有,表明民国年间近代交通运输结构进一步完善。在1920年、1936年全国交通运输业产值结构中,铁路运输都约占1/3,仅次于木帆船运输;1936年铁路运输产值与木帆船运输产值相对差距比1920年缩小;在陆运三类方式中,铁路始终高居首位,1936年铁路运输产值是汽车运输与人畜力运输之和的2.7倍。这一系列统计数据反映了抗战前铁路在陆路运输方式中的重要地位。

二、铁路运输发展对农产品市场的影响

著名经济学家约翰·希克斯(John R. Hicks)提出,在由习俗经济、指令经济向市场经济转型过程中,"市场渗透"起着关键性作用,农产品商品化是"市场渗透"中的主要内容之一。[2]直到20世纪30年代,中国基本上还是个农业国,并正处于希克斯所说的这种转型过程中,农产品商品化对于当时中国市场经济发展起着重要作用,而铁路运输的发展则极大地推动了中国农产品的商品化。

首先,铁路运输的发展大大缩短了内地农村到港口及通商口岸的运输距离和时间,降低了运输费用,在一定程度上减少了因旧式驼运等陆路货运带来的种种限制,扩大了农产品市场。量大价贱的农产品难以进入长途贩运,过去有一种说法:"十里不贩樵,百里不贩粜。"近代铁路运输使得那些量大价贱,

[1] 据宓汝成:《帝国主义与中国铁路》(上海:上海人民出版社,1980年)第596页表格改制。
[2] 详见(英)约翰·希克斯(John R. Hicks):《经济史理论》第七章,北京:商务印书馆,1987年。

表 4–7 全国交通运输业产值估计[1] 单位：万元

	1920 年	1936 年
铁路运输	22 374	48 342
汽车运输		7 102
轮船运输	6 003	19 140
木帆船运输	25 594	48 800
人畜力运输*	4 332	10 822
航空运输		514
邮 政	1 523	4 278
电 信	1 111	2 661
合 计	60 937	141 659

* 含车站码头搬运。

易于破损腐烂的农牧渔产品之长途运输和大规模集散成为可能，许多过去无法远销和出口的农产品获得了有利的发展机遇，例如河北唐山、昌黎一带捕捞的鱼鲜直到19世纪80年代末时都难以运销到天津出售，自津榆铁路通车后那里的鱼鲜即可迅速进入天津销售；[2]张绥铁路延长至山西北部后，天津“遂一跃而为亚麻之重要输出港”；[3]昌黎一带特产水果“在铁路未通之前，果价极贱，多任其自行脱落，自通车以后销路大畅，山间农家恒于农地之内竞植果树”；[4]河南新乡的西瓜，自“火车通行，销路益远”，奉天北镇“昔年多种菜蔬，仅销境内，近年交通便利，远销外县者甚多”。[5]

[1] 据许涤新、吴承明主编：《中国资本主义发展史》第2卷第1088页表、第3卷第791页表改编。
[2] 《申报》光绪十四年九月十四日。
[3] 李文治编：《中国近代农业史资料》第1辑，北京：三联书店，1957年，第415页。
[4] 章有义编：《中国近代农业史资料》第2辑，北京：三联书店，1957年，第134页。
[5] 刘克祥：《1895—1927年通商口岸附近和铁路沿线地区的农产品商品化》，载于《中国社会科学院经济研究所集刊》第11辑。

铁路运输也使得原已进入长途贩运的豆麦、芝麻、棉花等农产商品交换范围更广,流通更加便捷。例如东北在铁路未建筑之时大豆及豆制品之输出"为数极微",随着"铁路之建筑逐年增加,豆及豆制品之输出亦逐年增加",1890年至1920年仅30年间"豆及豆制品之输出剧增至一百八十七倍有奇";河南芝麻"由于京汉铁路运输的方便,输出大增"。[1]表4–8反映了近代中国铁路运输推动农产商品流转幅度扩大的情况。[2]

表4–8 A 全国铁路运输中农产品平均运输距离统计

年　　份	吨　　数	延吨公里	平均每吨行程(公里)
1916	3 110 000	809 240 000	260
1919	4 010 000	1 094 520 000	273
1920	5 180 000	1 649 950 000	319

表4–8 B 中东铁路粮食运输统计

年　　份	年均运粮总量(万吨)	年均输往境外量(万吨)	输出占总量(%)
1903—1905	70.3	10.3	14.7
1911—1915	661.0	561.8	85.0
1921—1925	1 769.6	1 585.6	89.6

其次,经济作物和园艺作物的产品大多为商品,其推广种植是农产品商品化发展的重要标志之一,铁路运输的发展促进了近代中国经济作物和园艺作物的推广。以棉花为例,河南安阳的棉花在火车未通时,仅由小车或马车运销到邻近的卫辉、怀庆以及开封、许昌一带,此后由于铁路的修建和机器棉纺织

[1] 章有义编:《中国近代农业史资料》第2辑,北京:三联书店,1957年,第133、134页。
[2] 资料来源见章有义编:《中国近代农业史资料》第2辑,北京:三联书店,1957年,第233、234页。

业的发展，安阳棉花除部分供应该地广益纱厂外，其余北销天津、石家庄，东至青岛、济南，南运郑州、汉口，转销上海。其流通范围之广，“已非往昔之局促于本省者可比”。20世纪初以汉口、沙市为中心的京汉、粤汉路沿线和长江、汉水流域地区，棉花种植的推广是十分明显的。湖北棉花从1902年开始，除自给外，已有相当数量的棉花出口。20年代以后，植棉面积进一步扩大。京汉路沿线的黄陂、孝感，汉水两岸的汉川、天门、潜江等地，大量的稻田改种棉花，并由东向西不断扩展。1924年前后，鄂西农民也将相当一部分土地用于种棉。沙市—宜昌间的长江两岸地区发展为湖北重要的产棉中心。湖北成为仅次于江苏的第二大产棉省份。[1]正定一带棉花在京汉铁路未通之前“每斤价格不过七分之谱，迨京汉铁路告成以后，不特生花价格之腾高，即产棉之额数亦随之而增加”。[2]另一重要经济作物花生的种植在19世纪时为数不多。“自京汉、汴洛两铁道开通后，外国花生种子纷纷输入，产数顿增。(河南花生)主要集散地在开封、中牟、郑州等处”；[3]胶济、津浦铁路通车后，山东花生种植有明显推广，铁路沿线的寿光、博山、德县、泰安、高密等花生种植面积都有不同程度的扩大，至1924年铁路沿线的章丘、济阳花生种植面积已占到耕地的40%—50%。在通商口岸和铁路沿线的农村，水果、蔬菜等园艺作物的种植，也有了明显的发展，例如山东福山等地所产白菜，素胜于他省，“近日业此者甚多”；奉天辽阳，城厢市镇中专以种蔬菜为业者，“不可胜计”；滦县大白菜，被加工腌作冬菜后，“分销全国各省”；察哈尔万全县，所产蔬菜除售卖各乡外，并行销张家口、宣化、怀安等地。[4]

近代铁路运输的发展也有助于开拓农村手工业市场。例如，1899年，京汉铁路修到定县，此后定县的土布输出年年上升，1911年与1900年比，11年中增加175万匹，价值增加143.3万元。地理位置与京汉铁路和原料产地天津均靠近的高阳县，土布业也迅速发展，很快成为凌驾定县之上的土布织造中心，还出现了专业化分工的明显趋势。显然，定县与高阳土布业迅速增长，“与京汉

[1][4]　刘克祥：《1895—1927年通商口岸附近和铁路沿线地区的农产品商品化》，载《中国社会科学院经济研究所集刊》第11辑。

[2][3]　章有义编：《中国近代农业史资料》第2辑，北京：三联书店，1957年，第133页。

铁路通车后原料输入和产品输出更方便,市场更加扩大分不开”。[1]

近代铁路运输的发展还促进了沿线商业性农业区的形成。民国年间,这些商业性农业区主要是:华南:以广州为中心的珠江三角洲和广三、广九两路以及粤汉路南段沿线地区,以汕头为中心的沿海和韩江中下游地区;华东:以上海、苏州、无锡、镇江、南京等为中心的长江下游三角洲和沪宁路、沪杭路北段沿线地区,以杭州、宁波为中心的钱塘江三角洲和沪杭路南段以及杭甬沿线地区,温州、福州、厦门等口岸附近地区,以芜湖为中心的长江两岸地区,皖北津浦沿线部分地区;华中:以汉口为中心的江汉平原和京汉路南段、粤汉路北段沿线,以岳阳、长沙为中心的洞庭湖流域和粤汉沿线地区,九江附近的鄱阳湖和南浔铁路沿线地区;中原、华北:以郑州为中心的京汉铁路沿线地区,陇海铁路中段沿线地区,以石家庄为中心的京汉路北段和正太路沿线地区,以天津、秦皇岛为中心的津浦路北段和京奉路线地区,以济南为中心的津浦路和胶济路西段沿线地区,青岛附近和胶济东段沿线地区,烟台附近地区,以张家口为中心的京绥路沿线地区;东北:营口、大连、安东附近和沈大、安沈铁路沿线地区,京奉路沿线地区,沈海、吉海铁沿线地区,南满支路北段、四洮铁路沿线地区,中东铁路沿线地区,爱晖附近地区;西南:万县、重庆、成都附近地区,云南滇越铁路沿线地区。这些商业性农业区明显不同于自给自足的农业区,大部分农民的生产主要是面向市场,对市场的联系和依赖明显加深。[2]

三、近代铁路运输与新式工矿业市场联系

在物流理论中,铁路运输可以为煤、铁矿及其他矿产品提供的是最低廉的运输成本。[3]因此,几乎所有中国近代大矿都位于中国主要的铁路干线(京奉路、京汉路、京绥路、津浦路、陇海路)及其支线附近,再用矿山铁路将二者联结

[1] 朱荫贵:《近代交通运输与晚清商业的演变》,载《近代史学刊》第1辑。

[2] 刘克祥:《1895—1927年通商口岸附近和铁路沿线地区的农产品商品化》,载《中国社会科学院经济研究所集刊》第11辑。

[3] Ann M. Brewer, Kenneth J. Button and David A. Hensher, *Handbook of Logistics and Supply-chain management* (Elsevier Science, 2001), p. 445.

起来。[1]采煤业既是近代中国矿业的重要部分，又为新式工业发展提供必要的能源，在此以采煤业为主要案例加以叙说。

因为煤炭体积大，单位重量价值又低，除了煤矿附近市场之外，运费在决定煤的最终价格时占有很大的比重。一个名叫格那士的英国工程师曾报告：近代山西煤矿"浅井所出之煤每吨成本不足六便士"，而运价无论是牲驮、手车或骡车，"每吨每英里，约需二便士半"，若道路不便"每吨每英里银五便士"，不出三英里煤价便倍增。[2]

中国的煤矿藏大都集中在以陆运为主的北方地区，近代以前陆路运输费用昂贵，例如在山东，用大车运煤的运费大约是6分/每吨公里，用独轮车运煤一般约为10分/每吨公里，用牲畜驮运则高达15—20分/每吨公里。[3]这一状况极大地限制了采煤业市场拓展。铁路的引进将煤炭运输费用减低至原先陆上运输的1/5。尽管铁路运价因路线、运煤数量以及季节等各不相同，但大多数情况下每吨公里的运费均小于1分。[4]开平煤矿离天津较近，但是过去用畜力拉大车运煤至天津运费是采煤成本的十几倍，所以1880年前津海关每年要进口大量洋煤。唐胥铁路通车后第二年，因运输条件改善，津海关出口开平煤8 000吨，津唐线通车后1889年津海关出口煤已达50 000多吨，[5]此后至秦皇岛开关前天津开平煤出口不断上升。又如，在胶济铁路连接济南和博山煤田的一段完成之后，济南的煤价前后降低了60%。[6]20世纪20年代东北地区的煤出口海外几乎占一半，"是与铁路运输紧密相关的"。[7]

铁路运输大大降低了煤炭运费，使煤炭市场在地域上有较大拓展，并增加了原有市场对煤炭的需求。从1912—1936年中国新式煤矿业的年平均增

[1] 张伟保：《华北煤炭运输体系的建立，1870—1937》，《新亚学报》第18卷，香港：香港新亚研究所图书馆，1997年，第151、152页。
[2] 同上书，第154页。
[3] Albert Feuerwerker, *The Chinese economy, 1870-1949*, (Ann Arbor, 1977), p. 68.
[4] （澳）蒂姆·赖特（Tim Wright）：《中国经济和社会中的煤矿业（1895—1937）》，丁长清译，北京：东方出版社，1991年，第58页。
[5] 见历年关册。
[6] （澳）蒂姆·赖特（Tim Wright）：《中国经济和社会中的煤矿业（1895—1937）》，丁长清译，北京：东方出版社，1991年，第60—62页。
[7] 宓汝成：《帝国主义与中国铁路》，上海：上海人民出版社，1980年，第628页。

长率达到5.6%，煤产量由1912年的900万吨增加到1936年的4 000万吨。中国这一时期的煤产量增长率超过了英国、法国迅速工业化时期的煤产量增长率。[1]

铁矿及冶铁业情况也与此相似。表4–9显示了1920—1929年鞍山铁厂出铁量及其输往日本量。著名经济学家宓汝成教授曾总结说："鞍山铁厂所以能够投入生产，没有铁路为之准备条件，是不可能的。它出产的铁，如果缺乏铁路运输，也将难以运往港口。"[2]

表4–9　1920—1929年鞍山铁厂出铁量及输日量　　单位：万吨

年　份	出铁量	输日量	输日量占出铁量(%)
1920	75.3	47.4	63.0
1923	73.4	57.1	77.7
1925	89.7	87.0	96.9
1927	192.9	175.4	85.7
1929	217.8	159.9	73.4

四、铁路运输对于中国北方市场的影响更大

传统中国长途贩运以"南船北马"方式为主，近代铁路运输发展后对全国陆运方式都有极大改善，对向以畜运为主的北方市场影响更为明显。对此，我们除了进行上述案例分析外，还可以结合回归与相关分析方法试行定量分析。我们选用1901—1912年铁路建成里程累积作自变量，用次年进（出）口物量变动作因变量（因缺乏华北进出口物量资料，而自1902年修订税则后至1913年税率基本上无变化，且绝大多数商品实际上采用从量税，税额的变率可以近似地代表进出口物量变率，我们选择1902—1913年实收进出口税额来代用），将

[1] （澳）蒂姆·赖特（Tim Wright）：《中国经济和社会中的煤矿业（1895—1937）》，丁长清译，北京：东方出版社，1991年，第15—17页。

[2] 宓汝成：《帝国主义与中国铁路》，上海：上海人民出版社，1980年，第628页。

相关数据用二元线性回归分析方法计算，得出表4-10。

表4-10　清末铁路与进出口贸易相关分析表

		二元线性回归方程式	复相关系数	检验统计量
华北	进口	Ya=112.7976+0.0563Xa−0.0252T	Ra1=0.8448	Fa1=9.9696
	出口	Ya=14.9272+0.0417Xa+0.0002T	Ra2=0.9611	Fa2=48.3900
全国	进口	Yb=646.0873+0.0978Xb+0.0448T	Rb1=0.7868	Fb1=6.4908
	出口	Yb=652.2385+0.0879Xb−0.0404T	Rb2=0.9252	Fb2=23.7715

审视表4-10，检验统计量F在分子自由度为8，分母自由度为2，显著性水准为0.05时，临界值为4.46，Fa1、Fa2、Fb1、Fb2的值均大于4.46，说明铁路与进出口贸易的关系是显著的（Fa1、Fa2、Fb2的值均大于显著性水准为0.01时的临界值8.65）。再进一步，从Ra1小于Ra2，从Rb1小于Rb2的比较中，可以说明铁路运输与出口贸易的关系比与进口贸易更密切，这是由于当时中国出口以农矿产品为主，大多是笨重而价低，且大部分产地距口岸较远，出口贸易比进口贸易更依赖于运输条件的改善，与铁路关系更为密切。近代中国铁路“凡发往沿海沿江港埠的车辆，每每要比反向行驶的车辆拥挤”等现象[1]也证实出口贸易对铁路运输的需求更强。而从Ra1大于Rb1，从Ra2大于Rb2的比较中，可以说明华北铁路与进出口贸易密切程度高于全国平均水平。由此，可以证明近代铁路运输对于中国北方市场的影响更大。

[1] 宓汝成：《帝国主义与中国铁路》，上海：上海人民出版社，1980年，第481页。

第五章
国内市场的扩大及近代商流机制的发展

第一节　自然经济的加速分解与国内市场的扩大

随着明清时期商品经济的发展，在鸦片战争前，中国的自然经济已经有了某种程度的分解。但是从整个国民经济状况来看，中国的进出口贸易受到清政府对外政策的限制，国内市场也很狭小，农村“男耕女织”的小农经济并无多少变化，自然经济分解程度仍然很低。鸦片战争以后，这种分解过程开始加速进行。19世纪70年代以后，由于进出口贸易的扩大及国内工商业的发展等因素的作用，自然经济分解的速度更为加快。

19世纪后半叶中国自然经济的分解，可从两个方面来考察：一是耕织分离，农民家庭手工业被破坏；二是农产品的商品化。

一、农民家庭手工业逐步被破坏

以农民家庭成员自然分工为基础的“男耕女织”是中国自然经济的核心，因此农民家庭手工棉纺织业被破坏，耕织逐步分离，便是中国自然经济解体的主要标志。鸦片战争后洋纱、洋布的进口，已开始对中国农村的“男耕女织”形态发动了冲击。但是在最初二三十年间，由于农民家庭手工纺织业的顽强抵抗，“男耕女织”形态只是在沿海少数地区遭到轻微的冲击。19世纪70年代以后，西方工业劳动生产率有了很大提高，流通费用也大大降低，使得输入中国的西方工业品价格的大幅度下降。这一切,加强了洋货对中国手工业的冲击力。

手工棉纺业首当其冲。这一时期外国机制棉纱如狂潮一般,从各个通商口岸滚滚涌入中国,19世纪90年代初中国年均洋纱进口量比70年代初增长了约20倍;进口洋纱价格指数如以1873年为100,则1883年为43.96,1893年为34.44,价格下降幅度很大。[1]另一方面,由于日本、英国等对中国棉花需要的增加,华棉大量出超,引起国内棉花价格上涨。两方面结合,形成了对中国手工棉纺业的"钳形攻势",购棉纺纱或植棉纺纱,都不如购买进口机纱来织布合算了。因此,在中国城乡洋(机)纱排挤土纱,纺与织分离的过程加速。结果使得原来自已植棉、自纺、自织、自用(也有部分供应市场)的农户,现在不得不从市场上购买洋(机)纱,农村耕织结合体中的"手纺"这一环节在很大程度上被破坏。

在甲午战争前,洋布排挤土布,耕与织分离的过程也已开始。但是由于机器织布的劳动生产率与土布的对比,远不如机纱与土纱的对比那样悬殊,又由于土布织户采用洋纱织布来抵抗洋布,所以洋布排挤土布的过程还远不如洋纱排挤土纱那样显著。

洋油(煤油)、洋火(火柴)、洋铁等外国工业品的输入增加,对中国同类手工业生产也起着与手工棉纺织业一样的破坏作用。榨油业原是中国自然经济中广泛存在的一项农民家庭副业,或者是适应村落自然经济的需要而建立的手工小作坊。由于外国煤油输入的迅速增长,使中国各地榨油业受到极大打击,原来用于照明的华南花生油、华东的菜油,"销路日滞";华北一些州县棉籽油、蓖麻油等行业,"因煤油盛行,多已歇业";远在内地的四川,也因煤油的输入,当地原有的白蜡业销路"大大地下降了"。火柴的大量进口,摧毁了中国原有的火石、火镰制造业。洋铁五金的输入,也使中国土铁业等深受打击。[2]这些旧有手工行业的没落,也加速了自然经济的分解过程。

[1] 姚贤镐:《中国近代对外贸易史资料》第3册,北京:中华书局,1962年,第1046页。
[2] 详见彭泽益:《中国近代手工业资料》第2卷,北京:三联书店,1957年,第164—180页。

二、农产品商品化加速

这一时期中国农产品商品化的过程，也由于对外贸易的发展而加快。鸦片战争前，农产品的出口占整个国内农产品市场的比重很小，它们都是以内销为主。鸦片战争后，出口增长较快，而内销增长则很有限，茶叶和生丝的出口值已反过来超过内销。

农产品商品化的发展，主要表现为经济作物种植的扩大和粮食商品率的提高。

这一时期经济作物中，棉花种植的扩大较为突出。由于国外棉纺织业发展的需要，棉花出口迅速增加，棉花价格也有所提高，这刺激了国内棉花种植区的扩展。过去产棉地区，棉花种植面积更为扩大，如江南的上海、南汇等县“均栽种棉花，禾稻仅十中之二”；江北的如皋、通州、海门等县“一望皆种棉花”；山东、河北等省棉田也有所扩大。过去不种棉的地区，如江苏华亭县到了19世纪70年代，农民已开始“改禾种花”了；“江西、浙江、湖北等处，向只专事蚕桑者，今皆兼植棉花”；北方的陕西、河南等省到80年代以后已开始大规模种植棉花。[1]

花生是重要的油料作物，中国于明朝末年开始引种。鸦片战争前，花生的生产限于福建、广东的少数地区，品种为小粒种，产量低且收获费工。19世纪80年代从美国引入大粒种花生，在山东一带种植，产量高，效果好，于是在华北诸省及江苏、安徽、江西、湖南等地推广种植。至20世纪时花生已经成为中国重要的出口商品。

烟叶，也是自明代传入中国，但那时因朝廷严禁，吸者很少，种植甚微。鸦片战争以后，随着外烟输入，吸者日多，种烟者也日多。外国商人又随之增加了对中国烟叶的收购，制成卷烟后再转销中国，以致烟叶出口增长很快，出口量由1868年的737担增至1894年的113 000担。烟草种植也迅速扩大，遍及各省。如江西省“属邑遍植之，甚改善良田为烟畲。致妨谷收以获厚利”；安

[1] 例见《申报》，1880年6月2日、1876年7月28日、1884年6月22日。《重修华亭县志》卷23，1878年，第4页。

徽“宿松、桐城、凤阳产烟最旺”；湖南善化县1878年记载，“四十年前，男子吃烟者十之一，女子吃烟者百之一，近日则男女内外，老少长幼，行止坐卧，视同珍膳而不可离”，“种烟几成美利或至废田与园而为之”。[1]

这一时期农作物中种植增长最快的还是要算罂粟。罂粟的种植，完全是西方侵略者在中国贩毒所引起的一个后果。鸦片战争后，随着进口鸦片的增加，西南云、贵、川三省已经在大面积种植罂粟。到第二次鸦片战争后，甘肃、陕西、山西，以及东北、山东、河南等省均已大量种植；安徽北部、江苏徐州地区、浙江温州地区及福建北部亦有不少人家种植。由于罂粟种植的迅速扩大，到19世纪80年代时国产鸦片数量已经远超进口量。1891年，清政府公然解禁，听任种植，罂粟种植面积就更大了。[2]

这一时期豆类、芝麻及桑树等种植面积，也有不同程度的增长。而茶叶、甘蔗等种植已开始受资本主义世界市场需求的影响而起伏。

随着经济作物的发展，粮食生产商品化的程度也提高了。粮食一向是农产品市场上最大宗的商品，清代时其商品值占全部农产品商品值的2/3以上。据经济史专家根据多方面计算，1840年全中国商品粮约为233亿斤，占粮食总产量的10%。由于鸦片战争以后经济作物种植面积的扩大，特别是罂粟、棉花、烟草的种植，占据了大片耕地，某些地区形成了专业性农业区域，粮食不能自给，要靠外地供应，这促使粮食生产商品化迅速扩大。另外，随着通商口岸的不断增加及城市经济的发展，人口逐渐向城市，特别是向上海等商埠集中，也使得城市对商品粮的需求增加。商品粮需求的增加，又通过粮价的调节作用，反过来刺激粮食生产。但因经济作物的收入较高，粮价的刺激作用不可能在经济作物专业化区域引起粮食种植面积的扩大，它主要是刺激原来商品经济发展迟缓的地区发展粮食生产。这样，就出现了近代农业经济史上一个引人注目的现象，即主要产稻区由原先江苏、浙江、广东等沿海省份内移至湖南、湖北、安徽、江西、四川等省。过去流传的民谚“苏湖熟，天下足”，也已经改为

[1]　详见李文治：《中国近代农业史资料》第1辑，北京：三联书店，1957年，第390—442页。
[2]　同上书，第456—464页；许涤新、吴承明主编：《中国资本主义发展史》第2卷，北京：人民出版社，1990年，第295、296页。

"两湖熟,天下足"。安徽的芜湖、湖南的长沙、江西的九江,逐渐成为米谷贩运中心,与清前期就已形成的江苏无锡米市并称全国"四大米市"。[1]到1894年时,全国商品粮已增至372.5亿斤,占当时粮食总产量的15.8%。[2]粮食的商品率有了很大提高。

关于这一时期农产品商品值增长概况,我们根据一些中国经济史专家的研究成果,选取最重要的五种农产品商品值,制成表5–1,以供参考。

表5–1　五种农产品商品值估计[3]　　单位:万两(银)

农产品	1840年前		1894年		1894年比1840年增加	
	商品值	其中国内销售	商品值	其中国内销售	商品值	其中国内销售
茶　叶	2 433	1 575	5 330	1 634	2 897	59
蚕　茧			1 276	1 276	1 276	1 276
棉　花	1 278	1 278	2 715	1 895	1 437	617
罂　粟			9 413	9 413	9 413	9 413
粮　食	15 533	15 533	37 250	37 054	21 717	21 521
合　计	19 244	18 386	55 984	51 272	36 740	32 886

从表5–1看,自鸦片战争至甲午战争前,五种农产品的商品值从1.9亿两增加到5.6亿两,增长了191%,净增近3.7亿两,这在当时是相当大的一笔购买力。这是在长达半个多世纪的时间里实现的,如果计算年均增长率,还不到2%;如果按不变价格计,则年均增长率不到1.3%。由此可见鸦片战争后半个多世纪中国农产品商品化的过程还是很慢的,但比起鸦片战争前已经是大大加速了。[4]

[1] 详见徐正元著:《中国近代四大米市考》,合肥:黄山书社,1995年,第3—6页。
[2] 许涤新、吴承明主编:《中国资本主义发展史》第2卷,北京:人民出版社,1990年,第298—301页。
[3] 据许涤新、吴承明主编:《中国资本主义发展史》第2卷表2—64改编。
[4] 许涤新、吴承明主编:《中国资本主义发展史》第2卷,北京:人民出版社,1990年,第302—303页。

三、国内市场的扩大

国内市场的扩大，是传统经济向市场经济过渡的必然表征。甲午战争以后，随着中国的进一步对外开放，交通条件的改善，近代工业的发展，农产品的进一步商品化，中国国内市场也有明显扩大。

农产品一直占据旧中国市场的最大份额，它的市场变动对国内市场交易量有极大的影响。吴承明等在广泛考证了各种历史资料后指出，中国粮食商品率在1840年为10%，1894年为15.8%，1920年为21.6%，呈不断提高趋势；粮食商品量的增长速度落后于经济作物；粮食、茶叶、蚕茧、棉花等主要农产品的商品值按不变价格计，1840—1894年年均增长率不足1.3%，但比起鸦片战争前已大大加速，1895—1920年年均增长率为1.6%，1920—1936年间约为1.8%，这表明近代农产品商品化虽呈加速度发展，但是总的进展速度还很慢，不能与工业的发展相适应。此外，这一时期国内各地农产品商品化的程度也极不平衡，一般来说通商口岸附近和铁路沿线地区的农产品商品化程度明显高于全国平均水平。

吴承明等认为这一时期埠际贸易额不仅包括全部进口商品和出口商品，也包括绝大部分内地贸易，由此他们算出中国埠际贸易额从1840年至1894年50多年间由5.6亿元增至14亿元，增长了1.5倍，年增长率为1.8%；而从1894年至1920年这26年间由14亿元增至70亿元，增长了4倍，年增长率约6.4%。从前后两期年增长率的比较可以看出，进入20世纪后中国国内市场确实有了明显的扩大。他们还对1920年、1936年国内市场商品值进行了估算，见表5–2。

表5–2显示，1920—1936年间国内市场商品值增长了82.1%，年增长率为3.8%；剔除物价上涨因素，实际增长54%，年增长率为2.7%。相对20世纪初的情况，20年代以后增长率不高，主要是由于这一期间世界经济大危机也波及中国，造成中国国内自1931年起长达数年的经济萧条；从1931年起日本帝国主义侵占中国东北，使国内市场交易量丧失15%—20%；官府的财政搜刮加重，内战连年不息，水旱灾害频仍，农村破产等，也限制了市场交易的扩大。

表5–2　国内市场商品值估计[1]

	1920年		1936年			
	当年价格（亿元）	比重（%）	当年价格（亿元）	比重（%）	可比价格（亿元）	比重（%）
农业产品	39.08	42.3	75.33	44.8	61.14	43.0
手工制造业产品	29.75	32.2	43.86	26.1	36.34	25.5
近代制造业产品	8.83	9.6	28.31	16.8	23.45	16.5
矿冶业产品	2.91	3.1	4.96	3.0	4.11	2.9
国内生产商品合计	80.58		152.46		125.04	
进口洋货	11.88	12.8	15.61	9.3	17.15	12.1
全部商品总计	92.46	100	168.07	100	142.19	100

这一期间近代化制造业产品所占国内市场商品值的比重，从1920年的9.6%增至1936年的16.5%，增幅颇大。（但是，它包括了外资在华工业在内，外资厂约占中国境内工厂产值的35%）同期，手工制造业产品所占的比重由32.2%降为25.5%，降低幅度与近代化产品增长的幅度大致相符。这也许从一个侧面反映出中国工业化的进程。然而，值得注意的是，农产品所占市场商品值的比重不但没降，反而从1920年的42.3%增至1936年的43.0%。也就是说，整个市场（包括东北）上农产品与工矿业品的比率反而恶化了，如不计进口货物，1920年是100∶106，1936年是100∶102，其趋势难以令人

[1] 据许涤新、吴承明主编：《中国资本主义发展史》第3卷第224页表改编。说明：（1）近代制造业产品，原表为“近代化工厂产品”，因有读者把“化工厂”连读，造成误解，故而改之。（2）1936年数仍包括东北在内；1936年可比价格是将当年价格用1921—1936年的物价指数修正而成，其中农产品指数为123.3，工矿产品指数为120.7，进口商品指数为0.91。

乐观。[1]

第二节　新式商业的崛起与近代商流机制的发展

国内市场进一步扩大，各个通商口岸城市及沿海至内地商路沿线城镇的商业进一步繁荣，引起中国商业行业与商人组织发生了较大的变化。

由于中国许多旧有的手工业制品敌不过外国同类机制品而日趋衰落，经营这些手工制品的商业行业也随之衰落。与此同时，因进出口贸易发展而产生的一些新商业行业逐渐壮大起来。例如，洋铁、洋针、火柴等洋货的进口，击垮了中国的土铁、土针、火石等，原来经营这些土产的商业迅速衰落，而经营洋铁、洋针、火柴等洋货的商业迅速发展起来；随着洋纱洋布输入的增加，经营土纱土布的商业逐渐被经营洋纱洋布的商业所取代；从事收购羊毛、牛皮、烟叶、豆类等新出口土货的商业组织也逐渐发展起来。[2]这种商业行业的变化一般先是在通商口岸发生，然后又逐渐向内地城镇推广。

一、新式商业的崛起

随着近代国内外市场的扩大，市场上流通的商品数量和种类增多，中国资本主义新式商业也从沿海到内地，从城市到农村，在全国各地迅速发展起来。

上海是近代中国新式商业发展最快的城市。上海的新式商业发展有其有利条件。上海已成为全国近代化程度最高的城市，成为全国近代工业中心。它有全国最大的海港，有全国最先进的城市设施；铁路和公路使它从陆路通往江浙以及更远的内地，内河、长江、沿海和外洋四大航线使它从水路与国内外相连；20世纪20年代龙华机场和虹桥机场的修建，又使它进一步跨入到水、陆、空立体交通的时代。北洋政府统治时期，上海是全国南北两大金融中心之一。国民党政府在南京成立后，上海成为全国重要金融单位首脑机关的集中

[1]　许涤新、吴承明主编：《中国资本主义发展史》第3卷，北京：人民出版社，1993年，第225页。
[2]　王相钦主编：《中国民族工商业发展史》，石家庄：河北人民出版社，1997年，第261—262页。

地，上海已不仅是全中国最大的金融中心，而且在远东也是数一数二的国际金融重镇。它不仅是全国最大的外贸口岸，同时也是全国最大的内贸中心，市场流通的商品品种也大大增加。随之而来的是上海万商云集，商业更为繁荣，竞争更为激烈，商业的资本主义化更为明显。

19世纪末到20世纪初，上海一批原有的洋广杂货铺开始逐渐向现代的百货商店方向发展，百货、西药、五金等更加纯粹的资本主义商业行业已经形成，并逐步向各地扩散。1917年旅澳华侨马应龙等在上海创办了先施百货公司。它设有40多个商品部，销售10 000多种商品，其规模和营业状况使先期开设的几家外国百货公司望尘莫及。1918年旅澳华侨郭乐等也在上海开设了永安百货公司。永安的经营规模与先施差不多，其经营方针是要“选办环球物品，搜罗改良国货”，以“振兴中国商业，挽回外溢利权”为宗旨。以后相继又有新新、大新等大型百货公司在上海开设。先施、永安、新新、大新等都是股份公司，以集股方式筹集零散资金，成为上海百货商业的巨头。它们内部管理组织严密，经营方式灵活，商店设施先进，成为上海百货业的样板。与此同时，一些中小百货商店也不断增设，在1925年时上海百货行业的户数已达400家左右，比1894年以前增加两倍以上。上海的棉布布业也由于内地棉布商号纷纷来沪设庄购布，有了更大的扩展，总户数由1900年时的130多家发展为1925年时的450多家。西药、五金、饮食业等行业的商号户数、资本额、营业额和从业人数等也都大大增加。

随着民族资本主义工业的发展，一些工业企业在上海设立发行所、分销处、外庄等销售机构，这也是一种新式商业。

据1928年版的《上海商业名录》所记，当时上海商业字号约有6 000户，可分成数百种商业行业。从总体上看，它们的集资方式、经营方式等都更加现代化了。

民国时期，上海又较早地产生了被人们称作“市场之市场”的物品交易所，如上海华商棉布交易所、上海面粉交易所、上海杂粮油饼交易所等，它们使物品交易集中一地，价格得以平衡，使流通更为灵活，市场更为活跃。物品交易所的产生，是上海商业进一步现代化的重要标志。

广州商业以进出口贸易为主，由外贸带动内贸的发展。值得注意的是，一些新型的商业服务行业，如饮食业中的西餐馆、服装业中的西服业等，在国内出现的时间较早。广州的百货公司出现于1907年，在时间上也要早于上海。到1918年，广州已有光商、真光、先施、大新等四大百货公司。这些新式商业的发展，促进了广州商业走向现代化。[1]

天津的进出口商业在这一时期迅速发展，并成为天津商业的主导。随着进出口商业的发展，批发业务成为天津商业的主要业务。许多商号经营都改为向内地市场批发棉纱、棉布或五金、颜料等洋货的业务。至民国初年，天津专营棉纱批发的商号已有10家左右，并开始分化出以经营日本纱为主的字号。1900年以后，天津出现了粮食批发业的大米庄，它们从上海等地采购大米、面粉和杂粮等，交由英商怡和、太古等轮船公司运至天津，批发给天津粮食零售商和外地客商。天津的行栈、起卸行、报关行等更加专业化的商业组织在清末也有了很大的发展。后来在民国时期又逐渐形成各类代客买卖的专业性货栈，其中较著名的有经营粮食类的同和兴货栈、启泰栈、怡和斗店等；经营山干货的交通货栈、文记货栈等；经营鲜货类的锦记栈、锦泰栈等；经营皮毛类的美丰厚行栈、鲁麟东栈、晋丰栈等；经营棉花类的玉兴恒、大通、德源公、通城货栈。天津也出现了一些大百货商场，如设在北马路的北海楼、北洋第一商场，1926年设在法租界的天祥商场等。[2]

汉口商业在18世纪时以"盐、当、米、木、花布、药材六行"为最大，到晚清时已经改以盐行、茶行、药材行、广东福州杂货行、油行、粮食行、棉花行、皮行为"八大行帮"，其中茶行、皮行、棉花行等是新起的以国际市场为导向的重要商业行帮。晚清时，销售洋纱、洋布、五金等进口货的商业行业也在汉口逐渐兴起。民国时期，汉口的商业分工更加细密，经营纺织品的就有大布行、色布行、花布行、大匹头批发、蒲包匹头（小批发）、绸缎庄、呢绒号等；经营服装的有内衣店、西服店、时装店等；染料业从洋广杂货业中分离出来，成为新的业种；电料电器业、无线电行、化工原料行、仪器行等新型商业行业也相继

[1] 张仲礼主编：《东南沿海城市与中国近代化》，上海：上海人民出版社，1996年，第256—257页。
[2] 孙德常、周祖常等：《天津近代经济史》，1990年，第208—209页。

出现。[1]

国内其他一些城市的商业,也在通商口岸资本主义工商业的带动下,出现了新的变化。这些变化主要表现在与推销洋货及收购土产有关的商业行业的繁荣。例如,远离通商口岸的包头、银川、石嘴山、兰州、西宁等地的皮毛收购商业,由于皮毛出口贸易的增长而繁荣起来;又如,北京城内为推销洋货服务的商业行业在清末民初时大大发展,民国初年北京绸缎洋货商会已有瑞蚨祥等109家商号,煤油洋货广货商会有荣丰恒等40家,颜料行商会有永裕东等55家,钟表行商会有德秀斋等139家……其中著名的老字号瑞蚨祥本是靠贩运土布起家,但是自1900年后土布在它的经营中逐渐消失,经销的商品逐渐以外国货为主,棉毛织品中洋货占80%,绸缎中洋货也不少。宁夏银川的敬义泰、天成西等八大商号销售的百货中,洋货在甲午战争前占30%,到民国初年时已占70%多。其他一些城市过去兼营洋货的商号,已逐渐把经销洋货作为主要业务,有的干脆改称洋货店;有的城市也出现了专营洋布、洋烟或其他某种洋货的商号。[2]民国时期,通商口岸那种民族资本主义工业企业自设销售机构或与商业字号联营的新商业形式也扩散到其他城市。例如,无锡茂新面粉厂就曾于1917年与嘉兴、湖州增华公司联营,在两地推销茂新面粉。总之,清末民初各地新式商业都有了不同程度的发展。

二、主要商业行业概况

商业资本的发展也体现在一些主要商业行业[3]的发展壮大,以及中心商业城市商业面貌的改变上。这一时期大城市作为商业中心的作用发挥的更为突出。在埠际贸易中,1936年上海、汉口、天津、青岛、广州五埠占全国埠际贸易总额的70%左右,表明了中心城市在流通领域中的巨大作用。[4]到1935年,北京、上海等八大城市的人口达到了1 038万,比1919年增加了77%。城市化进

[1] 皮明庥主编:《近代武汉城市史》,北京:中国社会出版社,1993年,第141—144、388—389页。
[2] 详见陈争平:《天津口岸贸易与华北市场》,载《中国社会科学院经济研究所集刊》第11集。
[3] 本部分主要商业行业的内容,除特别注明出处外,资料来自许涤新、吴承明主编:《中国资本主义发展史》第3卷,北京:人民出版社,1993年,第248—262页。
[4] 陆仰渊、方庆秋主编:《民国社会经济史》,北京:中国经济出版社,1991年,第412页。

程的加快，是商业发展的重要基础。[1]

1. 百货商业

在1920—1932年间，国内日用品有了较快的发展，针织、棉织、毛织、搪瓷、钢精、热水瓶、玻璃器皿、橡胶制品、化妆品、制皂、纽扣、鞋帽、牙刷、阳伞等工业都有不同程度的增长，并出现一批优质名牌，在社会上享有信誉的商品，这些商品深受消费者欢迎，行销全国，足可与进口商品竞争，日用工业品国货商品市场日益发展。[2]

日用百货对抵制外货运动最为敏感，对推动货源转向颇有作用。按海关统计，1936年比之1919年，进口价值减少90%以上者有袜、毛巾、伞、针等项，减少80%以上者有香皂肥皂，减少75%以上者有香水脂粉、文具、搪瓷制品。唯钟表增长30%，毛绒增长56%，均为高档商品；橡胶制品增长143%，不过胶鞋已为本国产品替代。

这一时期，各地百货商业都有一定的发展。在上海，百货商业习惯上分为小百货（零售）、华洋杂货（批发）、环球百货三个自然行业。小百货业1925年估计有400家左右，1926—1936年在同业公会登记新设157家。期间，20世纪30年代危机中百货业极为敏感，一时不少歇闭，但又兴起数以百计的以鼓号吹打的“叫卖店”。估计1936年连同非会员店约有700余家，资本总额300万元，营业额2 000万元。华洋杂货业1931年成立同业公会时约有33家，估计1936年近100家，营业额3 000万元。环球百货业原有先施、永安2家，本时期新设5家。

在广州、上海、天津、青岛、武汉等城市出现了一批新式的大型百货商店，其经营内容已经从传统商品发展到以进口以及国产工业品为主。这一时期内，国产日用工业品逐渐替代进口货，百货商的经营也进一步国产化。有的城市出现了新式商店一条街的热闹市，如上海的南京路、浙江路口成为几家大百货商店集中之地；广州的西堤、天津的滨江道也都形成了繁华的商业街。[3]

---

[1] 吴承明、江泰新主编：《中国企业史（近代卷）》，北京：企业管理出版社，2002年，第642页。
[2] 王相钦、吴太昌主编：《中国近代商业史论》，北京：中国财政经济出版社，1999年，第560页。
[3] 吴承明、江泰新主编：《中国企业史（近代卷）》，北京：企业管理出版社，2002年，第643页。

有学者根据1930年发行的《上海指南》一书，分门别类，统计归纳，以此研究20世纪30年代上海的商业发展概况。《上海指南》上记录的共7 001个店铺，按照住所划分的话，分散在大概572条道路上，平均每条道路有12.2家。按照地域划分的话，公共租界的4 954家商店分布在185条道路上，平均每条道路上有26.7家，闸北的78条道路上分布着307家商店，法租界的70条道路上座落着692家商店，城内的75条道路上散布着293家商店，还有南市的134条道路上分布着689家商店，另有除此以外的外围部分及无法考察到的地方；按照计算平均数的话，公共租界就是26.7家，法租界是9.9家，南市是5.1家，闸北和城内各3.9家。[1]

表5–3 A 1930年上海公馆马路的商店构成

业种	商店	业种	商店	业种	商店	业种	商店	业种	商店	业种	商店
菜馆	3	纸	4	洗染	1	珠宝	1	腌腊	1	烟	3
宵夜馆	4	古玩	1	颜料	1	外国首饰	2	火腿	2	纸烟雪茄	2
酒店	6	照相	4	布	3	钟表	1	南北货	4	烟纸	1
茶馆	1	五金	2	洋布	15	水烟袋	1	酱园	4	橡皮	1
旅馆	4	铜锡	2	毛冷	3	席	2	酱菜	2	药	4
钱庄	2	机器	1	毛巾	1	眼镜	1	罐头食物	1	药房	1

[1] 李丙仁:《20世纪30年代上海的区域商业圈和消费生活》,《档案与史学》2003年第6期。

（续表）

业种	商店	业种	商店	业种	商店	业种	商店	业种	商店	业种	商店
典质	3	自来水	1	丝线	2	电料	2	茶食蜜饯	4		
储蓄	1	地产	1	西服	1	香烛爆	1	糖	1		
进出口类	14	玻璃	2	鞋帽	1	水果	1	糖果	1		
洋杂货	14	木行	1	袜	1	粮食	2	茶	4		
印刷	1	棉纱	1	银楼	4	外国食物	1	酒行	1		

表5-3　B　1930年上海南京路上各业种商店、事务所的开设数

业种	商店	业种	商店	业种	商店	业种	商店	业种	商店	业种	商店
菜馆	2	金	7	纸	7	颜料	1	秤	1	南北货	3
宵夜馆	1	信托	1	笺扇	2	绸缎	14	毡	2	罐头食物	5
西餐馆	3	银行	6	音乐	4	钟	1	刷	1	茶食蜜饯	4

(续表)

业种	商店	业种	商店	业种	商店	业种	商店	业种	商店	业种	商店
点心店	4	汇兑	3	照相	10	顾绣	2	发网	1	糖果	3
酒店	2	钱庄	1	五金	2	布	4	眼镜	8	茶	3
茶馆	3	典质	1	铜锡	1	洋布	19	瓷器	3	酒行	1
咖啡	1	保险	5	自来水	1	毛巾	2	外国木器	3	外国酒	1
米店	2	广告	2	营造	3	绒西服	17	电料	7	纸烟雪茄	7
旅馆	4	外国掮客	1	地产	4	花边	7	煤油	1	皮毛皮革	1
外国公寓	1	进出口类	19	经祖	1	鞋帽	5	香烛爆	1	橡皮	1
浴堂	2	白货	7	丝厂	1	袜	2	煤炭	1	药	3
理发店	1	杂货	1	丝茧	1	皮货	1	锡箔	1	参	2
修指	1	洋杂货	10	棉花	1	银楼	8	水果	2	药房	9
园林	1	书	2	棉纱	7	珠宝	5	面粉	1		

（续表）

业种	商店	业种	商店	业种	商店	业种	商店	业种	商店	业种	商店
游戏场	2	外国书	4	纱厂	1	外国首饰	8	牛油猪油	1		
外国戏园	1	印刷	2	染织	1	化妆品	2	外国食物	1		

表5–4　1930年上海福建路的商店构成

业种	商店	业种	商店	业种	商店	业种	商店	业种	商店	业种	商店
菜馆	11	银行	1	仪器文具	2	漆	1	花边	1	外国酒	1
宵夜馆	2	典质	1	纸	2	玻璃	4	鞋帽	1	烟纸	1
西餐馆	8	保险	1	笺扇	1	棉花	3	钟表	1	橡皮	2
点心店	3	广告	1	音乐	4	棉纱	1	电料	7	药	3
酒店	7	外国掮客	1	镌刻	3	颜料	2	粮食	1	药房	7
茶馆	4	拍卖	1	照相	2	绸缎	4	酱菜	1	香粉	1

（续表）

业种	商店	业种	商店	业种	商店	业种	商店	业种	商店	业种	商店
旅馆	19	进出口类	22	矿	1	府绸	1	罐头食物	1		
浴堂	1	洋杂货	2	五金	1	顾绣	1	茶食蜜饯	2		
本国戏园	2	书	28	营造	1	洋布	4	荷兰水	1		
金	2	印刷	3	地产	4	绒西服	4	茶	1		

上海之外，各地百货商业也都颇有发展。广州百货商业，1920年批零合计605家，从业人员3 644人，资本339万元；1929年增为765家左右，资本约470万元。百货业受20世纪30年代危机影响亦大，1935年全业有628家，但从业人员3 579人、资本219万元，较1920年均有减少。[1]

武汉三镇，1919年批零合计210家，1929—1930年增至335家，资本340万元。1932年长江水灾，歇业者2/5。1936年恢复增至350家，资本330万元。[2]

青岛百货店在第一次世界大战后有8家，绸布兼营百货者2家。1928—1932年新开百货店16家，绸布兼营者9家，土杂兼营百货者7家。到1937年，又新开百货店21家，绸布兼营者5家，土杂兼营者15家，共80家左右。[3]

[1] 广州市对贸改造资料整理研究组：《广州市私营百货商业社会主义改造资料》（1959年手稿）；不包括4家环球百货公司。

[2] 武汉市地方志办公室：《商业考·百货行业志》（1985年油印本）。

[3] 青岛市工商局：《青岛市百货商业资料汇编》（1960年打印稿）。

西安百货商业1914年有坐商30家，摊商30家，从业人员190人，资本2万两。20世纪30年代初陇海路通车，西北货物在西安集散，1937年有百货商150家，850人，资本41万元。[1]

重庆百货商1914年前后约100余家，20世纪20年代颇有增加。唯受军阀战争及苛捐杂税影响，20世纪30年代前后市场不景气。百货贩运商资本280万元，年营业额约500万元，税款达189万元，常致亏损。抗战前夕，方始见好转。[2]

哈尔滨百货商1914年约60家，第一次世界大战后旅俄华侨回国，相继投资百货业，"九·一八事变"前增至100余家，1934年有140家，批发店和兼营批发者60家。[3]

这一时期内百货商业发展最引人注目的还是大型百货公司的进一步增加。上海除原有先施、永安外，增设新新、大新、丽华3家环球百货公司。新新公司资本352万元，半属侨资，建有7层大楼，1926年开业，实力逊于永安、先施，营业颇为兴隆；大新原有香港、广东公司，1932年其创办人蔡昌先生来沪筹建分公司，共投资600万港元，建有10层大楼，1936年1月营业，大新公司豪华新颖，设有电梯及冷气，轰动一时。这些公司都是广东人创建经营，与原有的先施、永安，并称"四大公司"。"四大公司"连同丽华公司，原始资本约1 350万元，实力雄厚，营业额稳步上升，20世纪30年代危机中也同样下降。1936年，以上5家公司的营业额达2 647万元，超过全市700多家零售百货店的营业额（约2 000万元）。这些大型的环球百货公司原以经营进口商品为主，此时亦以经销国货为主了。如永安公司，20世纪20年代国货比重不过25%，主要是土特产品和工艺品，到1936年、1937年，进货额中国货的比重已达到65%。百货商业货源的变化，是这一时期多次抵制洋货运动的促进而致。[4]

---

[1] 西安市工商局：《西安市私营百货业社会主义改造历史资料》（1959年油印本）。
[2] 重庆市工商局：《重庆市私营百货商业历史资料汇编》（1960年油印本）。
[3] 哈尔滨市工商业联合会：《哈尔滨市百货业史料》（1962年油印本）。
[4] 王相钦、吴太昌主编：《中国近代商业史论》，北京：中国财政经济出版社，1999年，第560页。

表5–5 上海五大百货公司开幕时与1936年营业额比较 单位:法币万元

	开幕初期①营业额	1936年营业额②	增长速度(%)
合　计	1 375	2 674	94
先施公司	360(1918年)	600	66
永安公司	455(1919年)	869	93
新新公司	300(1926年)	540	80
丽华公司	150(1927年)	240	60
大新公司	110(1935年)③	425	285

数据说明:① 开幕初期营业额,除新新公司为当年一月份开幕外,其余均已开业后第二年的全年营业额计算。② 1936年营业额与各公司开幕初期的营业额的比较,并未按一定时期物价指数统一换算。③ 大新公司在1935年尚未正式开幕,故是年营业额仅有同业拆货数字,因此与1936年开幕后相比增长比重较大。

资料来源:《上海近代百货商业史》,上海:上海社会科学院出版社,1988年,第112—113页,表3–1。

这一时期专营国货的百货商店和商场大量增加,如上海国货维持会筹设的国货商场(1923)、上海华商工厂联合创设的中华国产联合大商场(1928)等。20世纪30年代这类商场在上海增加到十几家,其中以中国国货公司和中国国货联营公司为最。中国国货公司,是由上海民族资本家在危机期间集资10万元于1933年设立,主要销售国产绸缎布匹、针棉织品、化妆品、鞋帽、五金、搪瓷制品等,它以"中国人应用中国货"为号召,受到消费者和中小工厂的支持。1937年增资至40万元,其后,各地纷纷设立国货公司。1937年5月,在各地合作下设立中国国货联营公司,资本200万元,以批发为主。上述两个公司也都是大型百货公司。[1]

除上海外,广州原有先施、大新、光商、真光4家大型百货公司,这一时期大新公司又增设惠爱分店。其他如武汉的国货公司、大陆商场,青岛的国货公司、华德泰,西安的西京国货公司,哈尔滨的大罗新、同记商场,重庆的宝元通等,都是这种大型百货公司。这类公司一般都是股份公司组织,有高层建筑,

[1] 王相钦、吴太昌主编:《中国近代商业史论》,北京:中国财政经济出版社,1999年,第560—561页。

店内分部门出售商品，并常兼营饮食、服务业。

在华北地区影响最大的百货公司是1928年1月1日正式开幕的天津中原股份有限公司。公司大楼坐落于和平路与多伦道交口处，占地1 131平方米，楼高7层，建筑面积9 146平方米，钢筋混凝土框架结构，采用逐渐上收的古典式样的塔式建筑，造型挺拔端庄。一至四层为商场，五层有电影院，七层设有“七重天”舞厅和号称可容纳万人的屋顶花园。楼内备有升降电梯。[1]

2. 棉布商业

据《中国资本主义发展史》所言，这里所称棉布商，指专营机制布者，土布则另由土布商业经营。近代在上海等沿海口岸不仅早已出现了专营洋布的洋布店，而且洋布店又进一步分化为以原件批发为主或以门市零售为主的不同类型。广州在鸦片战争以后出现了专营洋布的洋货匹头店。早期布商资本额并不太大，一般为两三千两，多的不过一万两。棉布商的出身有绅董、钱商、茶商、药商等。因棉布商业利润优厚，特别是专营或兼营批发业的，往往能在不太长的时间内，积累起雄厚的资本。19世纪60年代以后买办兼为棉布商的越来越多。甲午战争以前有名的大买办，如礼和实行虞芗山（虞乡记字号）、华记洋行郁屏翰（屏记棉布店），也都出身于洋布业。进入20世纪，这种买办与洋布商互兼的情况就更加普遍了。在经营洋布的华商中，还有的为了经营上的方便和逃避清政府的苛捐杂税，向外国领事馆申请加入外籍，挂起洋商招牌。这在厦门最为突出：早期情况未详；1906年报载，厦门中国商家挂洋牌的，包括英、美、荷兰、德、法、日、西班牙等国，共有340家；1914年厦门棉布商共有48家，其中参加外国国籍、挂洋牌的有21家。[2]

各地客帮在上海采购贩运，推动了棉布商业的转批分销业务。如川帮中的重庆商人，在19世纪50年代由苏货铺（百货店）从上海进货时顺便带回少量洋布试销，因受市场欢迎，才由几家集资共同到上海进货。到1896年，川帮在上海驻人设庄的，已有重庆棉布商27家，成都3家，上海嘉定1家。在一些

---

[1]　吴承明、江泰新主编：《中国企业史（近代卷）》，北京：企业管理出版社，2002年，第659页。
[2]　许涤新、吴承明主编：《中国资本主义发展史》第2卷，北京：人民出版社，1990年，第184—185页。

中转城市也形成棉布商业的不同层次结构和专业分工。例如重庆在咸、同年间布匹字号约10家，这些店号业务经营范围不尽相同，有的专营洋布，有的兼营绸缎、呢绒，甚至土布；重庆的棉布商分为走水字号（经营上海、汉口及重庆之间的贩运）、广货铺（本市的中间批发商）、大水客、小水客（经营重庆和毗邻地区的贩运）、大布店（二批发）、小布店、零剪铺（零售商）等。汉口的棉布商，是在海禁大开以后从京货中分化出来的，当时称作大布业（相对于经营窄面土布的小布业而言）；汉口棉布商逐步划分出布匹贩运商、批发商、零售商三大类商人，其中批发商又分为大匹头（大型批发）、小匹头（亦称蒲包匹头，资力较弱，具有二批发性质），零售商中资金雄厚的称"一言堂"（言不二价之意）。内地口岸的棉布商不少是由地主、官僚开设的。重庆川原通字号，是遂宁双江镇一个杨姓大地主所设。瑞福隆字号资本号称10万，东家陈子钧，四川中江人，是一个卸任的道台。有些棉布字号，资力不足，从农村亲友中寻求地主、乡绅入股。

然而，在内地口岸棉布商中，也可看出商人资本的日趋重要。重庆开设较早的布匹字号谢亿泰，投资人兼经理谢易堂，最初仅有资金50两，开设棉布零剪店，后来逐步扩大，经营批发、走水（贩运），资本增至40万—50万两。号称"汤百万"的汤子敬，曾在谢亿泰布店当过学徒、帮账先生，后来吃股分取利润，在职期间兼做"袖筒生意"，暗地搭股贩卖鸦片，离开谢亿泰时，已积蓄有8万两银子，后独资经营大昌祥京缎字号、聚福厚广货铺，成为巨富。此外，还有些经营四川土产出口贩运的商人，从下江回程常贩棉布，最后开设起洋布字号。汉口的谦祥益是由山东章邱县旧军镇孟家出资开设的，道光年间孟家就在山东周村、北京、河北莫州相继开设了3家谦祥益绸布店，主要经营山东周村、潍县一带的土布，加染印花后，畅销农村；从1851年至1894年，谦祥益已在北京、汉口、山东、河北等地开设分店8家，并附设有织布染布工厂；为组织货源，在上海、苏州、杭州、广州设有办庄，汉口谦祥益共有3家，分别于1861年、1894年、1904年开业，第一家专营批发，资本6万两，另有股东借款9万两，其余两家为零售，资本分别为6万、4万两，也各有几万两的股东借款。汉口谦祥益开业时，洋布大量行销，但它并没有放弃赖以起家的土布染整业务，还在汉口设立了保记染厂。批发业务遍及汉口、襄樊地区及河南、山西客帮。门市零售声誉更隆，在武汉三镇及邻近市县，传说有的姑娘没有谦祥益的嫁妆就不出嫁。1894年开业的谦祥益衡记年营业额上百万元，职工最多时有200人，到抗战前，资本已增至53万两。[1]

北京"布店由来已久，附售洋货始于清光绪中叶（1894年前后——编者注），仅附售英美布匹，品类无多，附售之家数亦少。自庚子年后，外货风行，土布渐归淘汰，布商之兼营洋货者，遂十有八九"。北京所称绸布店是绸缎、布匹、呢绒、百货综合经营的，"其大者称洋货布店，且标明绸缎洋货呢绒布店，其小者称布店、布庄"。[2]北京瑞蚨祥是北京布业企业典型，老板也姓孟，也是山东章丘旧军镇的富商。济南瑞蚨祥在同治以前就已开设，后又在天津、烟台、北京、青岛等地设立分号。北京瑞蚨祥创设于1893年，由资方代理人孟觐侯主持，早在光绪初年，孟家就已在北京开设有鸿记布庄。北京瑞蚨祥资本8万两，经营山东青寨子土布起家，庚子以前兼营洋货，但品类无多。以后外国织物大量涌进中国市场，洋货成为最大利润的商品，瑞蚨祥才以经营绸缎、洋布、呢绒、哔叽为主，并兼及百货、皮货、茶叶等商品。据1926年前的调查，瑞蚨祥经营的商品中西洋货约占80%，东洋货占10%，国产货占10%（1927年以后国货比重逐步增加）。每年营业额几十万两，纯利两三万两，另开有茶叶、皮货专店。瑞蚨祥最盛时，在北京、天津、山东各地共有企业24家，雇用职工1 000人。[3]

江苏无锡1879年开设的时和、1891年开设的世泰盛，也都是先以经营土布、绸缎为主，再扩大进口洋布、呢绒的经营，逐步发展起来的（世泰盛后期还兼营批发业务）；以后随着民族纺织工业的发展和反帝爱国运动的深入，又扩大国产机织绸、布的进货。世泰盛股东钱保稚、经理张孟肃还投资创设了丽新纺织厂、协新毛纺厂、华丰染织厂等，把一部分商业资本转为工业资本。[4]

进入20世纪，才有专营国产布的布商字号出现。华商棉纺织厂在销售

[1] 许涤新、吴承明主编：《中国资本主义发展史》第2卷，北京：人民出版社，1990年，第187—191页。
[2] 北平市社会局：《北平市工商业概况》（1932年版）第193—194页。
[3] 中国科学院经济研究所、中央工商行政管理局资本主义经济改造研究室：《北京瑞蚨祥》（1959年版），转引自许涤新、吴承明主编：《中国资本主义发展史》第2卷，北京：人民出版社，1990年，第190—191页。
[4] 许涤新、吴承明主编：《中国资本主义发展史》第2卷，北京：人民出版社，1990年，第192页。

中,常以低于市价的价格吸引布商字号预付货款;成批卖出期货,则另付1%的佣金。棉布货源的变化如下:[1]

表5–6　棉布货源变化　1894—1920年　　单位:千匹

	1894	1913	1920
进口机制布	13 343	30 754	24 737
占比重(%)	94.5	93.5	84.8
国内机制布	784	2 129	4 443
占比重(%)	5.5	6.5	15.2
机制布合计	14 127	32 883	29 180

表5–7　1920年手工制造业的商品值估计

	总产值(万元)	设定商品率(%)	商品值(万元)
棉织业	42 162		18 988
棉纺业	14 056		
轧棉业	35 925		24 680
榨油业	40 605	68.7	27 205
酿造业	50 051	67	35 036
磨粉业	27 697	70	5 539
碾米业	21 668	20	4 334
服用品业*	21 231	20	16 985
丝织业	11 323	80	10 191
缫丝业	6 195	90	5 576
制烟业	19 350	90	19 350
制茶业	16 658	100	16 658

[1]《中国资本主义发展史》第二章第六节附录乙表三、乙表四。

（续表）

	总产值(万元)	设定商品率(%)	商品值(万元)
锯木业	13 440	100	13 440
制革业	12 850	100	12 850
交通用具业	12 904	100	12 904
造纸业	6 283	100	6 283
砖瓦业	5 814	100	5 814
制糖业	5 602	100	5 602
其他行业	62 243	90	56 019
合　计	426 059		297 454

* 其中包括制鞋,但不包括成衣。

资料来源:总产值见《中国资本主义发展史》第六章附录乙表二;棉织、棉纺、轧棉商品值参见该章。

表见这一期棉布总量增加一倍余,按价值计增长约5倍,这是棉布商业发展的基础。期间第一次世界大战时进口减少,棉布商的总货源也减少10%,但这期间布价猛涨,故棉布商营业额反而大增。[1]

下面再具体考察一下这一时期棉布商业的发展。

(1)棉布商户数的增长

1894—1920年间,各地棉布商户数都有不同程度的增长。

贸易中心城市上海,洋布进口额经常占到全国的40%—50%。1894年前,棉布商不到100家(1884年棉布公所石碑刻名者62家),1900年估计增为一百三四十家,1913年再增为两三百家,其中批发商已超过零售店数。大战期间,棉布商获利优厚,特别是西货定货批发字号,因汇价变动,获利更丰,新开有200多家。据《上海商业名集》载,到1919年,棉布商业会员户数为514家,1920年因先令风潮倒闭不少,1921年实有451家。[2]

上海的棉布批发商,由于前述货源的变动,其组成情况亦发生变化。第

[1] 棉布的进口值1895年为2 563万关两,1913年为10 988万关两,1920年为16 151万关两。

[2] 前引《上海市棉布商业》第26、56、135页。

一次世界大战前参加洋布公所的100多家批发商中,多数是从英美等洋行进货的西货字号。大战前后,日本洋行增多,除三井、阿部市、伊藤、日信、东棉、铃木等大洋行外,还有许多小洋行。它们不用买办,又多谙华语,雇华人为学徒、跑街;经营灵活,对华商不论是否熟悉,均批给现货。更因日货价格较廉,棉布批发商中的东货字号增加,原来的西货字号也兼营东货,甚至改为东货字号。1920年前,较有实力的字号改营东货的有东裕、日新盛等一二十家。到1925年,上海共有东货批发字号约200家。另一方面,上海纱厂生产的机制布,也有专业的批发字号经营;因当时所产多为本色布,称白货字号。1920年前后,上海经营民族纺织厂产品的白货字号已有丰大、可大、永达等十几家。

上海是棉布进口和转输内地的枢纽,进口总额中80%以上销往外埠,原件定货批发商销货额中外埠客帮占90%左右。上海棉布批发商的兴旺,意味着棉布更加深入内地,外埠棉布商业得到了发展。

号称"九省通衢"的汉口和西南商业中心重庆,这个时期棉布进销数量显著增长。据海关统计,1894年,汉口净进口棉布137.6万匹,1917年净进口242.9万匹。[1]汉口进口的棉布,约三分之一转销湖北、湖南、四川、[2]贵州、陕西、广西等7个省的39个商埠、城镇。1894年,重庆进口棉布54.2万匹,1917年增至122.2万匹。[3]与此相适应,两地棉布商也都有了相当发展。汉口匹头贩运商(主要从上海进货转销本市和附近地区的棉布批发商),1894—1911年不过9家,到1920年前后已增至30余家。[4]此外,据1919年《夏口县志》记载,汉口的匹头绸缎铺(零售店)共188户。[5]19世纪70年代末(光绪初年)重庆棉布商有30家左右,1894年前后(光绪中叶)增至60家左右,1910年前后(光宣年间)再增至90家左右。

---

[1] 《海关贸易册》,江汉关,1894年、1917年。

[2] 甘祠森:《最近四十五年来四川省进出口贸易统计》(1936年版)第21页。1917年进口洋布另有11.7万码。

[3] 《汉口商业月刊》1935年6月,转引自武汉市工商局:《武汉市私营绸布商业解放前历史资料汇编》(1961年油印本)。

[4] 武汉市第一商业局:《武汉商业志、纺织品行业志》(1985年油印本)。

[5] 卓德全等:《洋布倾销和重庆布疋业的形成》,重庆市工商联合会文史资料工作委员会编:《重庆工商史料》1982年第1辑。

其他城市，也都有所增加。1911年，西安棉布商约100户，1918年增至160户。[1]1912年，厦门有棉布商45户，从业人员383人，1919年增至53户、431人。[2]广州缺早期资料，到1914年估计，全行业棉布批零商共192户，从业人员1 466人，资金274.3万元。[3]

随着棉布行业的发展，在商业组织上，上海还出现了棉布交易市场。1908—1917年间，上海有些棉布掮客，分别成立洋布公会、洋布商会、洋布集益会等组织，租赁房屋，作为联系购销、介绍成交的固定场所。其中洋布公会组织健全，信用较好，逐渐吸引了棉布店、号参加。该会最初最有会员20余人，大战后逐渐扩大到300多人（户），成为全行业性的正式交易市场。

（2）棉布价格上涨和棉布商的盈利

棉布商业的发展，同这一时期布价上涨、经营有利可图有着直接的关系。甲午战争后，进口棉布价格逐步上涨，其情况如下：[4]

表5–8 单位：平均每匹关两

年　份	本色粗市布	漂白粗市布	本色洋标布
1892—1896	1.21	2.50	1.18
1912—1916	1.17	4.20	2.43
1917—1921	2.97	6.54	3.42

可见进口布价格上涨最快是在大战期间，上涨幅度约50%—150%。这一时期不仅布价上涨，并且白银的对外汇价增高。如1914—1916年规元每两合英金最高为2先令7便士余，以后逐年增长，至1920年2月最高达9先令3便士。西货定货字号按先令价定购棉布，半年后到货结汇，所付银两已减少，就可得到额外利益。兹将上海8家较大的定货字号历年盈余情况列入表5–9，表见其1919年盈余有比1913年高10倍，多达20余万两者，其中相当部分是结汇

[1] 西安市工商局：《西安市私营棉布商业的社会主义改造历史资料》（油印本）第8页。
[2] 厦门市委对资改造办公室等：《厦门市私营棉布商业的社会主义改造》（1959年油印本）。
[3] 广州市纺织品公司等：《广州市私营棉布商业的社会主义改造》（1960年油印本）。
[4] （英）班思德：《最近百年中国对外贸易史》中英文本，1931年，第264页。

投机利益。唯1920年以后汇价暴跌，由每两9先令3便士的高峰跌至12月的3先令11便士，下跌60%，即成本增加1.5倍。[1]定货字号由此亏损累累，其盲目定货、从事买空者尤甚，大量倒闭。不过受损以向英商洋行定货的批发字号为主，美货、日货字号关系不大，拆货字号和零售店仍有发展。

表5-9　A　20世纪初上海中型棉布零售店的营业估计[2]

项　目	金额或比率	备　注
自有资金	30 000元	向批发商赊销及某些借款，外来存款
借入资金	15 000元	
实际运营资金	45 000元	
年营业额	200 000元	
运营资金周转率	4.4次	资金周转期为90天左右
自有资金周转率	6.7次	
毛利额	28 000元	白布毛利8%，花色布18%—20%，绸缎呢绒20%—25%，全年统计13%—14%
毛利率	14%	
费用额	18 000元	以每天50元计
营业纯利润额	10 000元	包括库存商品盈利
销货纯正利润率	5%	
自有资金利润率	33.3%	
运营资金利润率	22.2%	

[1] 如洋布一件，按9先令3便士结价，约合银500两，到结汇时，按3先令11便士则需付银1 250余两。这时上海棉布市价亦由每件500两跌至400两，故亏损850余两。

[2] 上海市工商行政管理局等：《上海市棉布商业》，北京：中华书局，1979年，第233、243页。

表5-9　B　1913—1919年上海棉布定货字号盈余示例[1]　单位：万两

年份	大丰	通裕	李柏记	同盛	成德丰	日新盛	日新增	同丰泰
1913	2	2	1.5	6	4			
1914	2		2					
1915	8	2	2	5	4	5	5	0.3
1917	10	10	10	10	5	5		3
1918	12	4	5	4	5	5	3	4
1919	25	6	20	15	25	10	7	10

除定货字号之外，拆货批发字号和零售店这一时期也有可观的盈利。上海棉布“零售之冠”协大祥，1912年创立，设立资本12 000两，开业不久业务即蒸蒸日上，连年盈余。到1922年的10年半时间，共获纯利165 896两，为原始资本的13.8倍。[2]以北京为中心、分支机构遍及华北、汉口的山东帮“祥字号”绸布店，这个时期营业也有了进一步扩展。北京瑞蚨祥于1901年复业后，陆续开设西鸿记绸布店、鸿记皮店、茶店。1912—1920年，西鸿记共盈余157 146两，合1912年划定资本6万两的2.6倍。[3]谦祥益绸布店，1894年前已在山东、北京、河北、汉口开设总分店8家，1895—1919年又在北京、汉口、青岛、天津开设了分店5家，资本约20万两，另银元30万元。[4]至于一般布店，盈余虽无名商大店之多，也还是处于发达时代。

至1920年代以后，棉布商最大的变化是货源的变化。进口棉布由1920年的约2 005万匹减为1930年的1 497万匹，再锐减为1936年的102万匹。同期，国内纱厂生产的棉布由约444万匹增为1 618万匹，再增为3 048万匹，但

[1] 资料来源于上海市工商行政管理局等：《上海市棉布商业》，北京：中华书局，1979年，第68页。原据《新闻报》《银行周报》等。
[2] 同上书，第88页。
[3] 中央工商行政管理局等：《北京瑞蚨祥》，北京：三联书店，1959年，第123页。
[4] 武汉市工商行政管理局：《武汉谦祥益衡记绸布店历史资料》(1958年油印本)。

其中约60%是日本在华纱厂年产。[1]全部货源1920—1930年约增长27%,其后则无增长;总计年增长率仅1.6%,与1894—1920年的年增长率2.8%不可比拟。

本时期,棉布价格波动甚大,上海棉布价格,1921—1924年是上升的,唯无逐年记录,按纱价计约上升15%。1925—1927年下降约10%。1928—1930年上长约15%。1931年以后进入20世纪30年代危机,到1935年10月猛降40%。币制改革后回升,1935年12月至1936年12月陡升36%。但到1937年抗战前尚未恢复到20年代末的最高水平。[2]

在上海,原件批发字号成交量大,成本毛利一般在3%—5%之间。零匹拆货字号资金周转较慢,成本毛利一般为5%—6%;因常做赊销,销售利润中包含放账利息。叫庄字号是收佣金,开始时白布每匹加佣5分,色布加佣1钱。后由于同业竞争,佣金减半,但另收佣费。地区贩运商主要是赚取地区差价,从通商口岸到内地白市布差价率最低为2.7%,最高为22.7%,一般在5%—10%之间。差价不同,主要因地区远近,运输、利息等费用不同。参见表5-10。

表5-10 1936年棉布由上海运重庆的费用[3]

项目	单位	金额(元)	说　　明
进价	匹	10.00	假定向原件批发字号的进价。
运费	匹	0.30	在宜昌拆改小件用小火轮或帆船运重庆,宜昌重庆段为0.18元。
利息	匹	0.24	按2个月,月息1分2厘计。
其他	匹	0.20	保险、报关、上下力等。
合计	匹	10.74	上海、宜昌设庄费用列入开支。

[1] 进口各类布的计量方法不同,这里依据严中平:《中国棉纺织史稿》,北京:科学出版社,1955年,第382页数折算,其余依据严中平等:《中国近代经济史统计资料选辑》,北京:科学出版社,1955年,第130页折算,1匹=40平方码。

[2] 均用12磅本色细布。1925—1927年据上海社会科学院经济研究所:《上海解放前后物价资料汇编》,上海:上海人民出版社,1958年,第237页;1921—1937年据上海市工商行政管理局等:《上海市棉布商业》,北京:中华书局,1979年,第124、141、142、143、151页。

[3] 上海市工商行政管理局等:《上海市棉布商业》,北京:中华书局,1979年,第196页。

零售商与批发商比较，资金周转较慢，费用开支较大。零售商中因规模大小、进货方式及经营品种的不同，营业和利润悬殊很大。

从货源（销售量）和价格变动看，这一时期棉布商业可说并不景气。不过，棉布商业的户数却颇有增加。上海1921年约有451家，1932年573家，1937年该业中的人士估计有七八百家；1932年统计，有从业人员5 856人，资本额689万元。[1]广州1914年有192家，从业人员1 466人，资本274万元；1936年有324家，2 427人，资本336万元。[2]汉口1919年有188家，武汉三镇1933年共523家。[3]西安1918年有160家，1936年有230家。[4]厦门1919年有53家，从业人员431人，资本84万元；1933年有57家，476人，资本102万元。[5]20世纪20年代初，天津大型棉布批发商店有近30家，到20世纪20年代后半期，大、中型棉布商店达117家之多。[6]1920年以后接连几次抵货运动，对华商棉布业颇有促进，但20世纪30年代经济危机对棉布商业的冲击也大。1932—1935年上海棉布商大约有300家闭歇。天津棉布商改以门市维持营业，有30年历史的锦庄绸缎庄竟然倒闭。北京300年老字号瑞蚨祥，其西号（东号无账存留）1925年时营业额达60余万，以后则因政局变动衰退，1929年仅27万两，其后力谋复兴。1931年营业额达47万两，此后又降，1935年仅为31万元（约合22万两）。[7]

表5-11 上海棉布商店数的变化[8]

年　份	总　数	批　发	兼　营	零　售
1858	15—16	—	—	—
1884	62	—	—	—

[1] 上海市工商行政管理局等：《上海市棉布商业》，北京：中华书局，1979年，第135—137页。
[2] 广州市纺织公司等：《广州市私营棉布商业的社会主义改造》（1960年油印本）。
[3] 武汉市第一商业局：《武汉市贸易志。纺织品贸易行业志》（1985年油印本）。
[4] 西安市工商局：《西安市私营棉布商业的社会主义改造》（油印本，约1960年）。
[5] 中共厦门市委资改室等：《厦门市私营棉布商业的社会主义改造》（1959年油印本）。
[6] 《津门纪略》卷10，第84、85页，转引自庞玉洁著：《开埠通商与近代天津商人》，天津：天津古籍出版社，2004年，第103页。
[7] 许涤新、吴承明主编：《中国资本主义发展史》第3卷，北京，人民出版社，1993年，第249—250页。
[8] 资料来源（日）久保亨：《中国経済100年のあゆみ——统计资料で见る中国近现代経済史》，创研出版，1995年，第92页。

(续表)

年　　份	总　　数	批　　发	兼　　营	零　　售
1900	130—140	—	—	—
1920	200—300	100	—	142
1932	573	237	46	290
1937	700—800	—	—	—

在激烈的竞争中,棉布商业也出现一些大户和集团活动,这主要在零售市场。1912年成立的协大祥是上海最大的棉布商,1924年宝大祥开业之后,开始掀起激烈的竞争。协大祥的营业额由1924年的51.5万两增至1936年的567.2万两;这一时期,宝大祥的营业额则由7万两增至465.3万两,几与协大祥齐驱。1928年又有信大祥参与竞争,成鼎立大势。同时,小户则组织十八家联号、十九家联号等以求自保。[1]北京的300年老字号瑞蚨祥,1925年其西号(东号无账存留)营业额达60余万两,以后则因政局变动衰退,1929年仅27万两,以后力谋复兴,1931年达47万两,此后再降,1935年仅31万元。[2]

3. 五金商业

甲午战争后,国内新式工业兴起,铁路建设有所发展,加以大城市基建规模扩大,对钢铁五金器材的需求日多。1895—1913年,金属品的进口除八国联军侵华之役一度减少外,呈直线上升之势。第一次世界大战爆发后,进口量锐减,而价格猛涨,其情况如下:[3]

---

[1] 上海市工商行政管理局等:《上海市棉布商业》,北京:中华书局,1979年,第201—212页。
[2] 中国科学院经济研究所:《北京瑞蚨祥》,北京:三联书店,1959年,第16—17页。
[3] 上海社会科学院经济研究所:《上海近代五金钢铁商业史》(待刊稿),原据海关报告,关两折算为两。

表5-12　1895—1918年金属进口情况

	金属进口量(吨)	金属进口值(两)
1895	93 785	8 009 003
1913	297 893	32 275 751
1915	168 912	20 117 448
1918	193 987	41 640 378

第一次世界大战时钢铁五金紧缺，价格猛涨，给五金商业带来大好机会。依上表可算进口金属品平均价格由1913年的每吨108.3两增为1918年的214.7两，约增一倍；实际市场价格视品种而异，主要商品上涨不止一倍。如1915—1918年，上海市场上生铁由每吨36.5两增至160两，上涨3倍多；钢板由每老担4两增至40余两，上涨10倍；旧马口铁由每担2两增至10两左右，上涨约5倍。1917年，“日本在华多方求铁，青岛德国炮台亦毁作铁用”；铁价波动亦以这年最烈，上海铁价由8月前的每老担4元到春节时涨至8元，后猛涨至20元。[1]

在这种情况下，五金商业普遍繁荣起来。上海的五金字号一般盈余都以10万计，多的达几十万。大型五金店如老顺记、慎记，钢铁业中的可炽、源昌、怡大等，由于定货多，货源足，获利更丰。慎记买进一批炉子钢板，一笔交易赚了25万两。源昌铁号大战期间每年营业80万—100万元，共积累资金七八十万两。永泰成大战前不久开业，资本只有两三千两，大战结束时，积累资金已达40万两。1918年与1914年比较，上海整个五金行业年营业额由1 062万两增至5 076万两，资金由不到300万两增至3 349万两。[2]这期间，汉口五金商也是“同业商户无一家不盈利累累”，如晋和铁号战前资金8万两，战

[1] 生铁据上海市工商行政管理局等:《上海民族机器工业》上册，北京：中华书局，1979年，第284—285页；引语据海关1917年《华洋贸易总册》第15页；钢板、马口铁据前引《上海近代五金钢铁商业史》(待刊稿)。老担16.8担合1吨。

[2] 上海社会科学院经济研究所:《上海近代五金钢铁商业史》(待刊稿)。

后积累至40万两,从业人员由8人至30多人。[1]

1919年大战结束,金属进口迅速回升。到1920年,市场渐趋饱和,特别是1920年3月以后,汇率暴跌,已定货者无不受损。加之外商压价倾销,改"国中售价不及新货成本",华商定货多违约不取,1920年底上海一地货栈积存五金钢铁即有15万吨。因汇率变动和价格下跌,上海五金业损失在1 000万两以上,闭歇者有几十户。[2]汉口也有韩福祥、永泰裕等10多户收歇或改组。不过,据说这只是少数盲目定货、周转失灵造成的暂时萎缩,因战时获利而巩固发展起来的仍占多数。现将上海、汉口、青岛五金商业的变化情况,列表5-13。

表5-13　1900—1921年上海、汉口、青岛五金商业的发展

	户　数	从业人数	资　本	营业额
上海				
1900前后	58	710	1 141千两	3 110千两
1914	141	1 894	2 799千两	10 626千两
1918	253	3 317	33 492千两	50 768千两
汉口				
1900前后	18			
1914	35	214	520千元	
1918	66	840	2 700千元	
青岛				
1905	1			
1913	6	124	83千元	980千元
1921	17	276	437千元	2 500千元

资料来源:上海社会科学院经济研究所:《上海近代五金钢铁商业史》(待刊稿);武汉市五金交电公司:《武汉市私营五金商业的发生发展和改造》(1959年油印本);青岛市工商局:《青岛市五金商业资料汇编》(1962年手稿)。

[1]　武汉市五金交电公司:《武汉市私营五金商业的发生发展和改造》初稿(1959年油印本)。
[2]　上海社会科学院经济研究所:《上海近代五金钢铁商业史》(待刊稿)。

上海是五金材料进口和国内贸易的中心，金属进口量19世纪占全国的70%—80%，20世纪初仍占60%。上海五金业华商的营业额中，钢铁70%—80%，五金器材50%—60%行销外埠，各地客帮在上海设庄采购者多达几百家。表见1900—1921年间，上海五金商资金增长28倍，营业额增长16倍。汉口五金商在甲午战争前几乎全是从上海进货，大战期间不惜以高达25%的保险费投保兵险，直接向国外定货，至1919年直接进口已超过从上海进口额。该地五金号除表列者外，尚有五金业高级店员自设的“内字号”（不向同业公会登记）。青岛于1898年被德国侵占后，五金业开始发展，初由外商经营，1905年有烟台商人来设义昌仁铁器行，以后陆续发展，仍多为烟台商人，1921年达到17家。此外广州1913年有大五金号十余家，第一次世界大战中增设12家，平均资金亦在万元以上。[1]

五金商业在甲午战争前统称五金洋杂货号，经营商品除钢铁五金外，还包括石油、罐头、肥皂等日用洋货。20世纪初，美孚等石油洋行自设销售机构，石油遂与五金号分离。日用洋货利润不及五金丰厚，五金商多放弃经营。在上海原来煤炭与钢铁统一经营，称煤铁行，后来煤炭商脱离五金独立成行。1900年后，因废旧钢铁交易日多，原主要经营者摊商扩大资本开设门市，从而在上海形成了废旧五金专业。上海五金商业进一步专业化，逐渐出现了专营纺织机械零件、船舶五金、工具五金、管子绳索等专业。

20世纪二三十年代，中国钢铁五金工业发展缓慢。1919年钢铁产量44.2万吨，1931年增至48.6万吨，其中97%为生铁，而且钢铁生产基本上为日本帝国主义所控制。金属品制造业有所发展，1933年产值达8 446万元，但其中28%仍系手工制造，且相当部分以农村和日用消费为市场，并不经过五金商业售出。因此，20世纪二三十年代五金商业的货源主要依赖进口。1920年金属品进口46.5万吨，价值9 571.5万元，以后则以大小年的方式隔年降升，1928年、1929年进口数量达于高峰，分别为67.2万吨、67.3万吨，价值分别为10 516万元、11 018万元，其后受到西方经济危机影响进口有所下降，1933年

---

[1] 广州市五金机械公司：《广州市大五金业经营发展历史情况》（1954年打印稿）。

进口55.2万吨，价值9 771万元。1936年、1937年进口回升，分别达66.8万吨、66.7万吨，价值分别为20 856万元、13 232万元。进口金属品一般质量较高，特别适于近代工业及城市建筑业、公用事业的需要。直至抗战前，国内钢铁五金市场特别是城市市场，基本上是由洋货所垄断。如上海五金商业货源中洋货所占比重约为85%—90%，其中钢铁业80%—90%、五金业90%以上、铜锡业50%，金属零件业50%。[1]

上海是全国五金商品最主要的商品集散地，各地五金商的货源大部分依靠上海供应。1919—1937年间，上海钢铁五金商业的总销售额中，外埠销售比重为：五全器材占60%、钢铁占70%、五金零件和玻璃占40%。天津、汉口、烟台、山西等地客帮、同业在上海设庄采购的多达几百户。此外，上海五金钢铁商业中的一些大户，如南顺记五金号、唐晋记铁行、征昌铁行、庆昌铁行、升昌铁行、永同昌五金号、元泰五金号等，均在外埠设有分支机构和联号，以推广商品。这一时期，五金商业户数骤增，由1918年的253户增至1937年的897户，从业人员由3 317人增至7 042人，资本反由3 349万两降至2 762万两（若非统计差误则可能是歇大开小，抑或两个原因都有），营业额由5 077万两增至10 652万两，增加1倍多（由此看来，资本额降低恐怕是统计有误所致），上海五金商业的发展是很可观的。其他地区的五金商业也有发展。如汉口的五金钢铁商业，1919年有66户，从业人员840人，资本270万元；1932—1937年增至91户，从业人员944人，资本615万元。青岛1921年五金商业户数17户，从业人员276人，资本473万元，营业额2 500万元；至1937年，商户18户，从业人员258人，资本505万元，营业额3 206万元。广州1934年五金商店更多达1 023家。[2]

关于五金商业的价格和经营状况，以上海为例，1921—1931年，上海五金市场的价格基本上是稳步上升，约增32%，这时期工业发展，城市繁荣，五金商品需求较旺，五金商业经营状况普遍较好，利润甚丰。20世纪30年代世界经济危机期间，金属品价格受到的影响虽然不大，但价格回升亦慢，因危机中建设投资缩小之故，五金商业也呈现萎缩状态。1934年上海一些大的五金商号

[1]　王相钦、吴太昌主编：《中国近代商业史论》，北京：中国财政经济出版社，1999年，第556—557页。
[2]　同上书，第557—558页。

也告闭歇，其中包括有几十年历史的源昌、唐晋记等。1935年初，上海五金商因营业不振，决定暂停向外国订货3个月，从下半年起，情况逐渐好转，价格缓缓回升，再加上1936年农村形势好转，工业生产发展，市场对五金商品需求转旺，五金商业又趋发展。但直到1936年，除锡、铝价格一直上升外，生铁、钢等均尚未恢复到1931年水平，铜、铁钉尤甚。[1]1937年与1935年相比，很多五金商品价格上升1倍左右，如1分钢板每市担1935年为6.3元，1936年为7.4元，1937年升至15.5元，各商号年平均营业额四五十万元，大户在百万元以上，五金商业获利倍增。1936年底《申报》记载："沪市钢铁业整个获利极厚，几家规模巨大的铁行，有些赚到两三百万以上，是从欧战停止后15年来所罕见现象。"[2]

上海、汉口、青岛三大城市五金商业的情况如下：

表5-14 1918—1937年上海、汉口、青岛的五金商业[3]

	户 数	从业人数	资 本	营业额
上海				
1918	253	3 317	3 349万两	5 077万两
1937	897	7 042	2 762万两	10 652万两
汉口				
1918	66	840	270万元	
1932—1937	91	944	615万元	
青岛				
1921	17	276	473万元	2 500万元
1937	18	258	505万元	3 200万元

资料来源：许涤新、吴承明主编：《中国资本主义发展史》第3卷，北京：人民出版社，2003年，第252页。

[1] 《上海解放前后物价资料汇编》，上海：上海人民出版社，1958年，第54、245、253页。
[2] 王相钦、吴太昌主编：《中国近代商业史论》，北京：中国财政经济出版社，1999年，第558—558页。
[3] 上海社会科学院经济研究所：《上海近代五金钢铁商业史》；武汉市交电公司：《武汉市私营五金商业的发生发展和改造》（1959年油印本）；青岛市工商局：《青岛市五金商业资料汇编》（1926年手稿）。

表内上海统计包括五金、钢铁、五金零件、铜锡、玻璃、旧五金、杂铁六个自然行业。1918—1937年，户数虽增加两倍半，但实际是歇大开小，总资本反而减少21%。这19年间，营业额增长了1倍余，所以行业还是有发展的，但比之前的18年间营业额增长15倍、资本额增加28倍的盛况，是不可同日而语了。汉口的五金商业，似比上海还发展快些，但比之前一时期，也相差甚远。青岛因1921年时五金已跌价，按物价指数修正，其1937年营业额实比1921年减少21%，行业是衰退的，资本的增加实际也是虚值。

总之，五金商业虽所受20世纪30年代世界经济危机影响不是太大，但这一时期的发展实际有限，昔日"五金魁首"的威风已不存在。值得注意的是：五金商业昔日利润甚丰，业主大都将积累投于房地产或纺织、火柴等工业，鲜有投入五金生产者。20世纪30年代后期，上海才有些五金商投资开设拉丝、制钉、工具和利用旧钢铁轧钢等小工厂，不过数额不大，经营也少有成效。

4. 西药商业

早期西药进口，限于上海、广州等少数口岸。20世纪以来，西医西药的疗效为社会更多的人所承认，西药行销内地城市渐多。1894年，西药进口值53万余关两，1912年增至293万关两，1920年更增至699万关两。20多年增长12倍。而这一期间，汉口西药进口增长20.5倍，重庆增15.7倍，超过全国增长速度。西药原系来自欧洲，德国药信誉尤著。第一次世界大战期间，德药停止进口，而美国、日本药骤增。1913—1918年，美药所占进口比重由1.6%增至5.1%，而日本药由18.6%增至26.6%；日本成药仁丹、胃活、中将汤、大学眼药水等更深入农村。大战期间欧洲药短缺，价格暴涨。在上海市场，苯酚由每磅0.75元上涨到14元，非那西丁由每磅3元上涨到60元，一般西药都上涨10倍上下。[1]国产西药成药采用进口原料，亦随之涨价。西药进口的增加和价格暴涨，给西药商业的发展提供了大好时机。

上海的华商西药商，1894年有6家，1913年增至29家，1920年更增至85

---

[1]　上海社会科学院经济研究所：《上海近代西药行业史》（待刊稿）。

家。开设较早的中西、中法、五洲、中英等药房，此时都成为大户，拥资巨万，并广设机构。五洲药房1913—1920年间就在济南、杭州、扬州、天津、九江、芜湖、汉口、北京、蚌埠设立分店9处。[1]汉口的郑大有参茸庄最早兼营西药，1900年前后遂改为西药房。1908年后，上海中法、中西、中英、五洲等相继来汉口设分店，1920年前后，汉口华商西药已有十一二家，批零兼营，大批成药转销西南、西北。[2]重庆在辛亥革命前后出现美华、华西等西药房五六家，到1926年增至26家。[3]1915年前，西安只有德记一家，还是主营洋杂货，兼营西药；1920年时，专业西药房的已有广济、长安、竞爽、华美等多家。[4]

我国西药市场长期存在外商和华商两个系统。外商药房开设早，实力强，以上海为中心，在外埠广设分销机构或委托华商“领牌”。如最早设立的屈臣氏药房在全国有20个分店，老德记药房有17个分店。上海华商药房如中西、华英、中法、中英等，开业资本不过数千元，难与外商竞争，早期主要靠配制滋补药、假戒烟药谋取利润。20世纪以后，西药市场扩大，它们也在内地开设分店，渐成系统。到1913年，这些药房已分别增资至5万—15万元，是年上海全行业29家药房共盈余105万元，利润率达164.7%。[5]第一次世界大战期间，得以进一步发展，渐渐获得与外商竞争的能力。

中法药房1890年由黄楚九创设，1907年改为合资公司，1912年虞洽卿、周金箴、席子佩、祝大椿等大商人加入股份，改为有限公司，资本6.8万元。第一次世界大战期间盈利甚丰，1915年增资为10万元，不久又增资为20万元。1915年以2万元盘进中华制药公司，业务日见开拓。黄楚九以此获利，先后开设楼外楼和大世界游乐场、日夜银行，并投资房地产和其他商业，形成一个资本集团。

辛亥革命前，五洲药房还是一家普通小药店，1911年项松茂接任经理，增资为1.5万两，1913年与夏粹芳等共同发起组织股份有限公司。第一次世界大

[1] 上海社会科学院经济研究所：《上海近代西药行业史》(待刊稿)。
[2] 前引《武汉商业志・西药行业志》(油印稿)。
[3] 重庆市工商局：《重庆市私营制药工业历史资料汇编》(1962年油印本)。
[4] 剧位亭：《解放前西安市西药业简介》，陕西省政协《文史资料》(未刊稿)。
[5] 上海市工商局等：《上海私营新药商业的发生发展及其社会主义改造》上编(1962年油印本)，第2—21页。

战期间,1915年盈利1.7万元,1918年激增至7.3万元。1916年,公司资本增至5万两,1919年再增为8.25万两。1919年以1.1万元盘进太和药房,1921年再从张云江手中以12.5万元购买了原德商固本皂药厂。嗣后又增添分厂、分店多家,逐步发展为生产多种药品、皂类、药棉等产销合一的联合企业。

我国民族资本制药工业,是在西药商业发展到一定阶段,逐步从商业中分化、独立出来的。它的发展主要是在20世纪20年代以后,但第一次世界大战期间药商的盈利,又成为制药工业发展的基础。加之当时欧洲货源短缺,市场上国产西药得以代替进口西药。如国产人造自来血代替进口有机铁质补血剂,国产鱼肝油精丸和麦精鱼肝油代替英国的乳白鱼肝油和麦精鱼肝油,使自制药有了扩大销路的机会。中法、五洲、唐拾义等自制本牌成药在此期间有了可观的发展。五洲药房的人造自来血,1913年的产量只有22 013公升,1916年增至46 557公升,1920年再增至53 625公升,并且运销香港、南洋、檀香山等地,外销占产量的20%。[1]

1913年前,上海除西药房附设的制药部外,只有中华制药公司一家。到了1921年,据《医药月刊》列名统计,已有以药厂、制药社命名的制药工业19家。[2]广州在第一次世界大战前已有梁培基、唐拾义、永泰、必得胜等小药厂,大战期间又新创了张世安、郭芝良等五六家。[3]重庆在第一次世界大战期间,华洋、葵德等药房,也都相继将原来的配方间扩大,制成品药销售。[4]这些资料说明,第一次世界大战期间,我国制药工业确已开始萌动和有了初步发展。

随着卫生医疗事业及教育的发展,西药市场扩大,并深入内地,西药进口由1920年的699万关两增至1931年的1 841万关两,1936年略降为1 612万关两。同时,国内制药工业发展迅速,并且集中在上海。1920年前上海已有47家制药厂社,但都设备简陋,主要是欧战时期药价飞涨,为配制某一种药品而设立的小厂,战后多被淘汰。1922—1924年,上海新开药厂46家,其中有一些

[1] 上海工商行政管理局等编著:《上海私营新药商业的发生发展及其社会主义改造》(初稿)上编,第3—5页。

[2] 上海慈善医院:《西药月刊》1921年第1期。

[3] 广州市对资改造资料整理研究组等:《广州市私营制药工业社会主义改造资料》(1959年油印本)。

[4] 重庆市工商行政管理局:《重庆私营制药工业历史资料汇编》初稿(1962年油印本)。

后来成为著名药厂，如1922年五洲药房设立的五洲固本药皂厂，1923年黄楚九创办的九福制药公司，1924年设立的唐拾义父子药厂等。上海制药业发展主要在1925—1936年间，1933年在提高药品进口税后发展尤快。1936年，上海共有药厂58家，资本289万元，职工1 500余人，年产值856万余元。其中中法药房1925年设立的中法药厂、1926年许冠群创办的新亚药厂、1930年鲍国昌等创办的信谊药厂，都较具规模，拥有较强的技术力量，产品在市场上受到欢迎，社会信誉较好。由于以上两个方面的因素，西药货源增加显著，当然其中2/3左右还是依靠进口。[1]

西药市场以上海为中心，其他大城市多有上海药房的分号，又有领牌联号制度，1912—1936年全国21省有112个县镇的商人向上海中西、中法、五洲、华美等药房领牌。上海西药市场原为外商垄断，1921—1936年间又新设有经营西药及器材的洋行74家，新开外商药房42家。但20世纪30年代外商药房大都衰落，华商药房和西药行、药社等则一直发展，到1936年已远超过外商药房，其情况见表5–15。

表5–15　1920—1936年上海西药商业

A　户数变动				
	1920	1921—1936		1936年实存
		开　业	歇　业	
药　房	64	124	91	97
药行药社等	22	106	59	69
合　计	86	230	150	166
B　经营概况（1936）				
	户　数	资本（万元）	营业额（万元）	职工人数
药　房	97	545.0	2 902.5	1 565
药行药社等	69	209.4	1 248.4	447
合　计	166	754.4	4 150.9	2 012

[1] 王相钦、吴太昌主编：《中国近代商业史论》，北京：中国财政经济出版社，1999年，第564页。

（续表）

C　各项比较（1936）				
上海华商西药业	166	755	4 151	2 012
上海外商药房	75	200	410	1 000
华商占比（%）	69	79	91	67
上海中药商业	498	1 353	4 188	5 400
华商西药占比（%）	25	36	50	27
其他12省市西药业	1 852	600	1 600	5 000
上海华商占比（%）	8	56	72	29

资料来源：上海市医药公司等：《上海近代西药行业史》，上海：上海社会科学院出版社，1988年，第62、70、76、79、80、120页。转引自许涤新、吴承明主编：《中国资本主义发展史》第3卷，北京：人民出版社，2003年，第257页。

表中值得注意的是，20世纪30年代世界经济危机对华商西药业影响不是很大。1932—1935年间，上海新开的药房反较前几年增多，中西、中法、五洲、华美4大户仍保持每年共40余万元的盈余，1936年达83.8万元，而全业盈余达到266.4万元。其次，上海西药业迅速发展，但资本仍只有中药业的一半强，职工仅有中药业的37%，而营业额相当，此乃西药价格较高之故。又表中中药业营业额包括加工和制药产值，西药生产则多已独立成药厂，连同58家药厂计，西药业1936年营业额为5 007.6万元，超过中药业。

表5–15显示，上海占全国药房户数的8%，而资本占56%，营业额占72%。上海平均每家资本4.5万元，职工12人；其他地区平均每家仅3 000余元，2.7人。唯上海以外的估计并不完整，全国数字当不止于此。

5. 茶商业

1894—1920年间，我国茶叶出口日衰，1920年仅30万担，成为鸦片战争以来的最低点。内销虽有增加，但不足以抵补出口所减。种茶面积和产量也有减少。在这种情况下，茶商业颇不景气。汉口茶商在茶山的号数可作一例。[1]

不过，这一时期茶叶产销的衰落并非直线下降。如第一次世界大战前曾一度复苏；1917年前红茶出口下降，绿茶、砖茶则有所上升。茶商的经营，总的说是衰落的，但也有如下一些情况：

第一，外销茶减少后改营内销茶，开拓了国内市场。如福建茶商中的粤东商人（原都是经营外销的），当出口锐减时，"幸其犹能由福州直运北省，销流转获，日增月盛，借得以收桑榆之补"，因而仍能"坐厚利"。[2]同样，在湖南、湖北的茶商，也多是"改制墨茶，转销西北"。汉口垄断输俄茶叶贸易的几家俄国洋行因国内革命停业时，华商兴商茶砖公司却"得以乘机惨澹经营"，"年获盈利颇丰"，也是由于改为代山西茶客压制茶砖，运往察、绥，或自做蒙古及西边一带生意。兴商茶砖公司（厂）是创设于1906年的较大茶商，由粤商唐文山等人合办。唐为麦加利银行买办，在汉口开设惠昌花香栈和厚生茶庄，兴商公司初有资本25万两，后扩充至50万元，有机器4台，职工700人，年生产能力约9万担。[3]

如果说，19世纪50年代后茶商经营方向是内销转外销，那么到了20世纪20年代初，就是反其道而行之，由外销转内销。这种状况一方面是反映了我国茶叶受国际市场的支配；同时也说明中国地域辽阔，人口众多，为茶商经营提供一定的回旋余地。原来输俄华茶，并非全供该国消费，有相当一部分是返销新疆、蒙古（据稍晚资料，输俄砖茶约40%能上能下返销新、蒙）。[4]中俄贸易中断后，西北市场留下了大片空白，华商是可有大作为的。

第二，以优质产品供应市场，在同业竞争立于不败之地。1915年的《农商公报》中曾提到："茶商经济，则浮梁璠村之汪某，祁门闪里之陈某，历口之汪某，贵溪之胡某，建德之王某、胡某为较裕，且多自行种茶，以茶商而兼园户，烘制尤极适宜，故售价较高而岁获赢利焉。"[5]所提富裕茶商，有两点值得注意：

[1] 据胡焕宗《楚产一隅录》（1920年）资料整理，转引自曾兆祥：《湖北近代经济贸易史料选辑》第2辑，1984年，第15页，原注：各号资本多者两万两，少者数千两、一万两不等。

[2] 光绪三十一年福州华洋贸易情形论略，《通商各关华洋贸易全年总册》下卷，1925年，第72页。

[3] 前引《湖北近代经济贸易史料选辑》第1辑，第28—31页。

[4] 吴觉农：《中国茶叶复兴计划》，上海：商务印书馆，1935年，第105页。

[5] 谢恩隆等：《调查祁、浮、建红茶报告书》，《农商公报》1915年第13期。

一是“茶商而兼园户”,产销合一,比之个体小生产自是一个进步;二是“烘制尤极适宜”,也就是讲求加工工艺,提高质量,以至在竞争中获利。文中所提诸姓茶商,未说事迹。惟其中贵溪胡某,当指胡元龙。“安徽改制红茶,权舆于祁、建,而祁、建有红茶,实肇始于胡元龙。胡元龙为祁门南乡之贵溪人,于前清咸丰年间,即在贵溪开辟荒山五千余亩,兴植茶树。光绪元、二年间,因绿茶销场不旺,特考察制造红茶之法,首先筹集资本六万元,建设日顺茶厂,改制红茶,亲往各乡教导园户,至今四十余年,孜孜不倦。”[1]

从生产上打开销路的还可举粤商唐吉轩之例。驰誉中外的江西修水茶,销路已不及之前三分之一。1915年,唐吉轩约本地绅富卢凤逸等,在修水创建种茶公司,初定资本20万元。购地播种,并往粤、汉等地调查各种改良办法。据说唐“在沪、汉各地开有谦顺安钱庄,资本一项原芯易易,所欠惟人力与机器两种,制造法应行研究耳”。到1917年,“因入股者众,拟将资本扩充至50万元”。[2]

1920年后,茶叶内外贸易的市场都不太景气,出口起伏不振,内销停滞缩减,茶叶产销长期处于困境。第一次世界大战前,中国茶叶出口已以输俄为主(占出口总数60%—70%)。受十月革命的影响,1920年茶出口达到最低点,仅30.6万担。后渐渐增长,1929年达最高水平94.7万担。这一年发生中东路事件,中苏绝交,继之又有资本主义世界经济危机,出口陡降,1936年仅61.6万担,为1929年的65%。同样,20年代内销茶约200万担。继之30年代危机,关内茶市场亦缩小。1921—1931年,出口茶价上升62.5%,内销价上升相仿;1931—1936年,出口价跌32.6%,内销价跌42.6%(上海绿茶)。故30年代商业衰落甚为严重。

安徽祁门,盛年运出红茶约6万箱,1930年尚有4万余箱,1935年仅2.6万箱。该地向有茶号180家,1933年仅存4/10。[3]屯溪20世纪20年代运出绿茶10万箱,有茶号109家,20世纪30年代出茶大减,茶号减至六七十

[1]《农商公报》第20期,1916年3月。

[2]《江西修水县茶业》,《农商公报》1917年第31期。又此文记载的“奥东巨商唐吉轩”疑即为上海茶商唐翘卿(或其家人),唐在沪开有谦顺安茶栈。

[3]《皖祁红茶产销现状》,《中行月刊》1935年11卷2期。

家。[1]1933年调查，安徽5个茶区，祁门每箱售价仅抵成本一半，屯溪售价可达成本69%，歙县亦有亏折，秋浦持平，婺源有盈。同年，江西4个茶区，宁武、浮梁、玉山每箱茶均亏损20余两，惟湖口持平（每箱售价50—70两）。[2]

浙江平水茶区5县40多家茶厂，1932年有77%亏损，惟1933年有75%盈余。[3]杭州龙井及温州低级红茶销路不衰，茶商均有盈利。湖北羊楼洞茶区，20世纪20年代不少新设茶厂规模不小，义兴资本10万元，聚兴顺资本8万元。惟茶庄盛时有20余家，20世纪30年代大量倒闭，1936年仅余5家，有百余年历史的著名晋帮大商三玉川也于1933年破产。[4]湖南安化茶盛时有80余家，到1935年只存在30余家。[5]

上海是我国最重要的茶叶贸易中心。1933年由上海直接出口的茶叶32.6万关担，占当年全国出口总量69.3万关担的47%，加上汉口报关经上海出口的27.5万关担，则占出口量的85%。上海茶商业20世纪20年代初尚属盛期，1925年有制茶厂118家，1929年减为58家，1934年只有40家了。上海茶厂向产地采购茶叶，焙制后售与洋庄茶业出口。茶厂的衰减，反映了出口的不振。上海的洋庄茶业即出口业，1934年占有全市茶商业70%以上的资本和80%以上的营业额，其中最大的华茶公司系高超卿于1915年创办，资本20万元，茶叶直接出口美国，在出口不景气的1932—1934年，该公司年营业额分别为181.5万元、221.8万元、225.1万元，仍见增长。其他18家茶栈1934年时资本额为85.8万元，他们的茶叶仍是经外商洋行出口，1932—1934年营业额分别为1 931.9万元、1 855.9万元、1 549.8万元，销售逐年减少。专做内销批发的毛茶业和门市零售的茶叶店，1929年以后户数减少一半以上，但在危机期间营业仍能维持，营业额变化不大，二者均在七八十万元间。1934年，上海茶商业大小户共有131家，资本总额146.7万元，1932—1934年的营业总额分别为2 336.8万元、2 313.8万元、2 002.5万元，减少的主要是出口。至于制造业茶厂，与出口关系

[1] 吴觉农、傅玄镇：《皖浙新安镇流域之茶叶》，出版年未详，第5—6页。
[2] 1933年7月7日天津《大公报》。
[3] 《中国茶业的出口》，《商业月报》15卷1—2号，平水茶的维持与华茶公司活动有关，见《浙东茶业剥削简史》，浙江省政协《文史资料选辑》1978年第11辑。
[4] 1937年《湖北年鉴》第306页；湖北省烟麻公司贸易志编写组1987年提供资料。
[5] 1935年4月7日《新闻报》。

较大,惟营业减少有限。[1]

表5–16 上海茶商业[2]

	户数		资本(万元)	营业额(万元)		
	1929	1934	1934	1932	1933	1934
华茶公司	1	1	20.0	181.5	221.8	225.1
茶 栈	18	18	85.8	1 931.9	1 855.9	1 549.8
茶厂业	58	40	14.9	72.4	79.4	68.5
毛茶业	24	17	10.7	75.1	77.9	83.7
茶叶店	99	55	15.3	75.9	78.8	75.4
合 计	200	131	146.7	2 336.8	2 313.8	2 002.5

资料来源:许涤新、吴承明主编:《中国资本主义发展史》第3卷,北京:人民出版社,2003年,第259页。

6. 丝商业

1894—1920年间,生丝出口继续增长,成为我国第一位的出口商品,新桑蚕已出现,国内的消费也有增加;同时,丝厂增多,出口渐以厂丝为主,茧市场扩展尤速。因而这一时期的丝商业总的说是发展的,而各地情况有所不同。

广东的缫丝业较早工厂化,1900年以后厂丝已占出口丝90%以上。丝厂集中在顺德,各地蚕茧源源送来,顺德的容奇、桂州、勒流等乡镇共同形成了最大的茧市场。此项贸易以20世纪初为盛,第一次世界大战中转衰,1919年后又有大发展。1922年调查,顺德有茧栈18家,年贸易额1 270万—1 340万元,其中大户盛年丰达300万元,桂州丝业、厚记各200余万元;南海、香山、新会

[1] 王相钦、吴太昌主编:《中国近代商业史论》,北京:中国财政经济出版社,1999年,第568—569页。
[2] 1929年据何景元:《上海茶业的现状》,《社会半月刊》1935年1卷15期;1934年据上海市商会商业统计丛书《茶业》内茶厂缺7家资本及营业额,毛茶业缺6家资本额。

等县有茧栈23家，年贸易额600万—650万元，大都是贩茧到顺德。[1]

浙江湖州、江苏震泽老丝区仍以手缫丝的贸易为主。湖州的金麒麟、白象、蓝象等名牌手缫丝长期享有国际声誉，经营此业的丝经行（洋经行）营业仍盛，其中南浔梅峨卿开设的梅恒裕丝行（加工金麒麟牌）年销出口4 000余包。不过第一次世界大战以后，上海出口从手缫丝为多转向以厂丝为主。湖州经营内销丝的苏经行、广经行则仍能维持。1919年调查，震泽镇有丝号七八十家，内洋经行20余家，年产洋经5 000—10 000担，以徐世兴为最大；苏经行50余家，年产洋经800—1 000担，以龚泰丰为最大；广经行5家，年产200—600担，以庄姓丝行为最大，它们自浙江菱湖、乌镇、双林、南浔等地购进手缫丝，发交附近农户摇成丝经。据称沿镇30里有摇户一万数千户，男女工当在10万人左右。[2]

江浙地区的茧市场发展较广东为晚，到1895年不过有茧行四五十家，唯1897年即增至110多家。[3]到1910年，江苏无锡、江阴、常州有茧行250家，浙江诸暨、嘉兴、湖州、塘栖、嵊县、海宁、余杭、萧山有茧行92家。[4]1918年，报载江苏39县有茧582家，浙江31县有26家，安徽15县有48家，三省共有茧行866家。[5]其中发展最快的是新兴丝厂区无锡。无锡第一家茧行仁昌（一说其昌）行，于1887年设于洛社镇，1900年已遍布各乡，1910年有茧行140家，1919年增至223家，茧灶4 812副。其中，薛溟拥有茧行14家，茧灶532副。[6]

茧行属牙行性质，向牙厘局领有行帖。江浙茧行均设茧灶，每家20—40副，烘制干茧运销上海华洋丝厂，他人不得烘制，有独占性。1914年，牙厘总局修改规则，限设茧行；1917年，江苏省制定《取缔茧行条例》，除江宁、句容、溧水等6县外，每县开设茧行达20所者，即停止发照。茧商为垄断茧市，从1900

[1] 《广东省茧业调查报告书》，引见广东史学会编：《明清广东社会经济形态研究》，1985年，第255—256页。
[2] 《江苏省实业视察报告书》吴江县，引见彭泽益：《中国近代手工业史资料》第2卷，1959年，第641—642页。
[3] （日）曾田三郎：《江浙地方における茧取引について》，广岛史学会：《史学研究》1982年156号。
[4] 高景岳等：《近代无锡蚕丝业资料选辑》，南京：江苏人民出版社，1987年，第23页。
[5] 《茧业公所请维持丝业》，《新闻报》1918年4月11日。
[6] 高景岳等：《近代无锡蚕丝业资料选辑》，南京：江苏人民出版社，1987年，第21、23页。

年起,在无锡、绍兴等地成立茧业公所,议定收茧价格。1909年,上海、无锡等地丝厂厂主和茧商联合筹组上海丝厂茧业总公所,1915年再扩大为苏浙皖丝茧总公所。总公所的总理为杨兆鳌(信之),湖州人,上海泰康祥丝栈主,又为无锡茧业公所总董,并兼延昌恒丝厂经理。

公所协议价格目的在于压低收购价,扩大对蚕农的剥削。1915年,无锡鲜茧市价初上市为每担42元,最高时为55元,公所协议价为40元。每三担鲜茧烘制一担干茧,这年无锡干茧市价最低为每担130元,最高为170元。[1]烘制费每担约11元,连同其他费用,每担可获利一二十元。但干茧运往上海,除付厘金及子口半税外,复受上海市价支配,致亏损者亦常有之。

生丝出口一如茶,从1920年最低水平10.4万担逐渐增长,1929年达19万担,创历史最高纪录。而20世纪30年代的跌落则远甚于茶,1934年仅5.5万担,1936年亦只6.3万担,仅及1929年的33%;价格也跌落,按出口值计仅及1929年的27%,1921年的40%。出口衰退除受到日丝竞争外,一大原因是人造丝的兴起。国内市场亦受人造丝影响,20世纪30年代人造丝走私颇为猖獗,1936年海关进口人造丝410万公斤、价值734万元,而当年仅从冀东一带运抵天津再经铁路运输的走私人造丝即达400万公斤,加上山东等地的走私货,为数不小。[2]但这一时期丝织业颇有发展,故国内丝市场缩减并不很多。

据估计,20世纪30年代丝的内销已占全部丝产量的70%左右。20世纪20年代上海丝价,除1922年、1923年两年陡升外,其余年份变化不大,上等厂经常维持在每磅担(121斤)1 700—1 800元;1931年开始猛跌,1934年为624.6元,为1930年的36.5%,1936年亦仅为808.7元。茧价下跌尤甚,无锡改良种茧价1934年仅为1930年的35%,嘉兴土种茧价1934年仅为1930年的31.6%。[3]这种跌价,对丝商茧商的影响甚烈。

生丝出口原为上海洋行垄断。这一时期内已陆续有华通、纬成、虎林等十来家直接出口,但在30年代世界经济危机中先后停顿。惟薛寿萱创办的永泰

[1] 《农商公报》1920年6卷10期。
[2] 王相钦、吴太昌主编:《中国近代商业史论》,北京:中国财政经济出版社,1999年,第569—570页。
[3] 丝价据《上海解放前后物价资料汇编》第237页;茧价据《上海之丝业》《社会半月刊》1935年1卷19期。

公司设有国外机构，经营一直顺利，1936年出口量占上海出口的1/4。出口生丝的洋行，在危机中亦有10余家停业。上海经营厂丝之丝号有六七十家，30年代交易旺盛者不过五六家，大多仅挂招牌而已。经营土丝之丝栈一般尚能维持，1935年仍有20余家，有名大栈泰康祥、同康泰、宝元祥等，但营业状况已大逊往昔。

广东丝商的衰落甚于上海。广东之丝庄，实力地位都很强，执丝业之牛耳，盛时有30多家，1932年只余19家。著名大户锦经纶、荣发纶、永隆等丝庄，原都拥有多家丝厂，20世纪30年代亦相继停业。[1]

湖州土丝产区，经营出口丝之洋经丝行随着土丝出口减少而衰。内销丝行20年代仍盛，有100余家，至1935年开业者仅40余家。又原有收购生丝的绸庄50余家，1935年继续营业者不及10家。[2]至于早期名噪一时的南浔“四象”“八牛”等丝业巨商，这时都已转业，仍营丝业者仅梅峨卿一家了。[3]

茧行系因丝厂而兴，发展较晚。1918年江苏有茧行582家，浙江236家，安徽48家，3省共866家。[4]

20世纪20年代后期，据日本人调查，江苏有782家，浙江有230家，安徽有116家，共1 128家。[5]蚕行系领贴经营，一行常有数灶，资本须两三万元，但收茧只在每年五六月份，是否开灶视当年市况而定。如湖州1929年有茧行106家，1930年减为95家，1931年再减为41家，1932年仅1家开灶，1933年茧价回升，又增至35家。[6]无锡为茧行最多之地，1926年有223家，1929年增至500余家，又有存储干茧之茧栈10余家。世界经济危机中开停无常，如1932年到6月初报开者仅15家，然亦有不报开私收者。1934年实行茧行统制，灶贴不符者均加取缔，限制开灶数，并提倡改用烘茧机。这时无锡有茧行559家，茧灶5 459乘，其中本年开秤收茧者210家，茧灶3 448乘。[7]统制有利于具有垄断

[1]《顺德蚕丝业的历史概况》，广东政协《文史资料选辑》第15辑，1964年见该选辑未刊稿《锦经纶》。
[2]《湖州丝绸业日渐衰落》，《中国实业》1935年1卷9期。
[3] 中国经济统计研究所：《吴兴农村经济》上海：文瑞印书馆，1939年，第125—126页。
[4]《茧业公所请维持茧业》1918年4月11日上海《新闻报》。
[5] 蚕丝业同业组合中央会：《支那蚕丝业大观》1929年东京版，第170页。
[6] 中国经济统计研究所：《吴兴农村经济》，1939年，第11页。
[7] 高景岳、严学熙：《近代无锡蚕丝业资料选辑》南京：江苏人民出版社，1987年，第115、144、205、274页。

势力的大户。据说无锡茧行有2/3实际已入薛寿萱之手,加上他在丝厂和出口贸易中的巨大优势,平均每担丝可获2倍利益,1935年共获利200余万元,1936年获利180万元。[1]1934年,江苏全省1 296家茧行开秤者498家,占38.4%,足见危机之深,只是比之浙江丝业要好得多。至于广东,这一时期整个丝业处于衰减状态,世界经济危机中,茧价由1932年的每担20元跌至1934年的3元。茧商之营业状况由此可知。

三、近代中国商业的三重结构

清代后期,中国商业组织中已形成了楔入中国国内市场的外资商业、在通商口岸及其他城市的华资新式商业、中国广大内地乡镇和农村的传统商业这三重结构。这种结构在民国时期又有较大发展。

外资商业的扩张情况,前面已有介绍。在这里,我们应当指出,清末民初中国商业的三重结构里,外资商业在作为近代商业主导的进出口贸易领域占据优势地位。在进出口贸易中,与华商相比,洋商除了在国际市场上的经验、与西方厂商之间联系较密切以外,他们还据有以下三方面的优势:

首先,洋商享有不平等条约给予他们的政治特权。为了更多地利用华商为口岸与内地市场之间的进出口贸易服务,外国侵略势力迫使清政府于1896年又准许华商请领土货外销三联单。这样,子口税特权及经营外贸商品的利润使越来越多的华商卷入进出口贸易的旋涡,而由于中国官员对领取单照的华商常常阻滞留难,子口半税单照大半是由买办通过洋商获取的,卷入子口税单贸易的华商因而受洋商、买办的控制。

洋商在与华商交易时也常常利用他们的政治特权欺压华商。例如,天津法商立兴洋行1909年通过清政府逼迫华商提取成色低于货样的洋货;上海的华商字号在与洋商发生商务纠纷时,也常在外国领事裁判权制度下受洋商的欺压。[2]

[1] 苦农:《蚕丝统制下的无锡蚕农》、《养蚕合作运动在无锡》分载《中国农村》二卷9期,1936年3卷6期,1937年。

[2] 第一历史档案馆藏:《外务部档案》第1073号;上海市工商局:《上海的洋行买办调查初稿》,第82页。

其次，洋行、买办势力在资金方面的地位也往往比华商优越。洋行、买办的资本相对较大。特别是一些大洋行以及后来进入中国的国际垄断资本，他们所拥有的资本力量使一般华商望尘莫及，从而可以凭借雄厚的资本力量加强对华商的控制。例如，在茶叶贸易中，中国茶商往往要以茶叶为担保向洋行借款，周转经营。在贷款来源少、利息高、期限短的条件下，中国茶商手中的茶叶，往往等不到茶市行情于其有利的时刻，就不得不压价出售以偿债。在湖广产茶区做过总督的张之洞曾说：中国茶商“由于资本不足，重息借款。更有全无资本，俟茶卖出以偿借债者。洋商渐知其弊，于是买茶率多挑剔，故抑其价。茶商债期既迫，只求速销偿债，而成本之轻重，不能复计”。洋商则可以利用外国银行系统为其融通资金。各国银行通过国际汇兑、进出口押汇、打包放款、信用透支及外汇结算等多种方式给外商以资金周转方面的支持，使之得以在中国顺利地扩大商品推销及原料搜购。外国银行还用发放贷款的方式资助外商。其发放贷款的原则是“三个为主”，即以外商企业为主、各该国在华企业为主、进出口业为主，这样就直接加强了洋行对中国贸易的控制。

另外，由于海关、商检、航运、保险等诸多与进出口贸易有关的环节都被外人把持，把持这些环节的洋员在验货、估价、课税等方面往往对华商百般留难，而对洋商极力给予方便。[1]铁路运价、路务规章等由控制各路的各国资本制定，也常发生优待外商、歧视华商的现象。这些重要环节被外人所把持的结果，也加强了洋商对中国进出口贸易的控制。

在广大内地乡镇市场上，传统的商业渠道和交易方式仍然存在。全国各地农村定期集市有70 000多个，它们在20世纪初仍然是农村市场的骨架。中国广大农民因为资金短缺，运输手段落后，并缺乏相应的市场营销知识等，他们同外界的经济联系仍然主要依靠传统商业进行。

洋商及通商口岸等城市的华商收购农村土产，需要依靠中国乡镇的传统商业组织；洋货及国产机制工业品渗入农村市场，同样也要依靠传统商

[1]　武育干：《中国国际贸易史》，上海：商务印书馆，1928年，第146页。

业。由于在中国内地和农村，原有的商业流通网几乎不加改变就可以适应新的商品流通的需要，因此只要改善交通条件，贸易量就会大增。19世纪末20世纪初，随着中国市场的进一步开放，中国交通条件的逐步改善，中国内地乡镇和农村市场已经在不同层次上同进出口贸易相关联，传统商业已经同楔入中国国内市场的外资商业、华资新式商业形成环环相扣、彼此呼应、互相制约的关系。这种关系反映了半殖民地半封建条件下中国商业的复杂性和过渡性。[1]

第三节　近代商人资本的发展

一、定量研究：商业资本相关数值估算

近代中国的商业资本整体规模向无翔实准确之统计，只是偶见一些零星资料。据1930年全国商业公司统计，全国设立商业公司共计68所，资本总额为3 190.338 5万元；全国累计共有商业公司944所，资本总额为52 273.097 8万元。[2]及至20世纪30年代后，有学者对国民所得、国民生产总值、产业资本等多项重要经济指标进行调查、估算，其中涉及商业资本的部分，则可借鉴。然而，由于各学者所用方法不同、统计口径各异、统计年限有别等原因，其结果相互之间多有差距。这里仅简单梳理几种重要的研究成果，以资参考。

1. 商业净增值

此十年间有关商业资本净增值的统计估算中，存在两种主要的方法，分别由刘大中、叶孔嘉和巫宝三做出，二者相互独立，且都仅仅是针对1933年的估计。两种方法对于1933年中国国民收入的测算差别颇大（1933年国内生产总值，以当年货币指数为基础，刘—叶的数据为298.8亿元，而巫的数据

---

[1]　沈祖炜：《中国近代商业市场的三重结构（1895—1927）》，《中国经济史研究》1994年增刊。

[2]　龚育之主编：《中国二十世纪通鉴》第2册第6卷（1926—1930），北京：线装书局，2002年，第1943页。

为217.7亿元，[1]前者比后者多出37%)，但对于商业净增值，二者颇为相近，相差仅为6.7%，可作为参考。巫宝三的估算结果为，1933年国内商业净增值为25.4亿元，刘—叶的数据为27.1亿元，其中商店和饭馆为17.5亿元，行商9.6亿元。[2]据后者统计，在1933年国内生产总值中，商业资本占据第三位，比重为9.4%，由此可得出，该年商业资本值约为28.1亿元(以1933年为货币基础)。

2. 商业资本量估值

商业资本量并无具体统计，专家学者曾对其进行估算。根据海关埠际贸易的统计，有学者推算出全国市场交易额和所需资本额。[3]巫宝三等在《中国国民所得，1933》中，按平均每家商店资本2 203元计，1933年全国商店资本为36亿元，加之行商资本3亿元，估值总为39亿元。[4]

王相钦、吴太昌等学者根据市场商品总值和商业资本的周转率估计1920年的商业流通资金为26.6亿元，但这一数值是根据商品生产者价格一次交易所值计算的，如按消费市场的批发价计算，则国内市场商品一次交易所需的商业资本为32.5亿元。仍采用此方法来计算1936年的商业资本。1936年国内市场商品值按生产者价格计，总额为1 830 833万元，一次交易所需的商业资本应为457 708万元。按消费市场的批发价计算，国内生产的商品一次交易价值应为2 093 473万元，加上进口商品值，国内市场商品一次交易价值为2 249 528万元，所需商业资本则为562 382万元。另外，据其所采用资料，1936年外国在华投资总额中商业资本为338 227万元。这样，如按生产价格计，中国国内商业资本总额应为595 935万元；如按批发价格计，中国国内商业资本总额则为700 609万元。总之，这几位学者估计1936年中国商业资本在六七十亿元间，当属低限，因为以上两个数额都不是按商品市场值计算的，也

[1] 费正清编:《剑桥中华民国史》，北京：中国社会科学出版社，1998年，第44页。
[2] 数据来源及测算方法参见：TA-CHUNG LIU, KUNG-CHIA YEH: *The Economy of the Chinese Mainland: National Income and Economic Development (1933–1959)*. PRINCETON: NEW JERSEY PRINCENTON UNIVERSITY PRESS, 1965, p.167表49; p.200表61。
[3] 吴承明:《中国的现代化：市场与社会》，北京：三联书店，2001年，第101页。
[4] 巫宝三主编:《中国国民所得》上册，北京：中华书局，1947年，第104、107页。

没有考虑某些商品的多次流通和零售商业的费用。[1]

据《中国资本主义发展史》第2卷载,自1894—1920年,市场和交易量扩大较快,第一次世界大战期间商业利润优厚,商业资本也必然有显著增长。而商业资本增长到何种规模,则需要做一估计。

估计商业资本十分困难。商业行业多达一两百个,遍布城乡两千个市县,由坐商到小贩大小悬殊,我们不能像估计近代工业企业那样逐一进行考察。前人的研究,有两种方法:(1)根据20世纪30年代各地零星材料,估算全国商店数和平均每家资本额,求得全部商业资本。[2](2)根据解放后比较全面的统计,按生产指数估计抗战前国内市场商品交易额,再按一定比例估计商业资本额。[3]在1920年左右,我们还没有足够的资料来估算全国商店数。而我们已估计1920年的市场交易为90亿元,我们就采取由交易额估计商业资本的办法。这就首先要从一些典型材料中,找出商业资本与市场交易额的比例。

表5–17 1923—1928年东北大豆贸易中各级市场价格 元/普特

年份	十二月份大豆平均值	输出商买原值		华商买入原值	
		金额	为12月值的%	金额	为12月值的%
1923	1.126	0.844	74.9	0.694	61.6
1924	1.112	0.873	78.5	0.685	61.6
1925	1.154	0.906	78.5	0.711	61.6
1926	1.512	1.108	73.3	0.870	57.9

[1] 王相钦、吴太昌主编:《中国近代商业史论》,北京:中国财政经济出版社,1999年,第553页。

[2] 巫宝三等:《中国国民所得》上册,上海:商务印书馆,1947年,第104、107页。该书估计1933年全国有商店164万家,平均每家资本2 203元,共有资本36.08亿元;又行商311.7万人,共有资本3.12亿元。

[3] 吴承明:《中国资本主义与国内市场》(1985年版)第64页及第84页以下有关处。据其估计,抗日战争前国内市场的商品交易额约为150亿元,商业资本约为30亿元。

（续表）

年 份	十二月份大豆平均值	输出商买原值		华商买入原值	
		金 额	为12月值的%	金 额	为12月值的%
1927	1.462	1.148	78.5	0.901	61.6
1928	1.655	1.299	78.4	1.020	61.6
	1.337	1.029	77.0	0.814	60.9

资料来源：（日）天野原之助：《满洲农村之借贷制度》引俄国雪加纳夫报告资料，转引自冯和法：《中国农村经济资料》，上海：黎明书局，1933年，第1042页，原资料某些计算错误已予改正。

在计算这个比例时，又遇到资本的含义问题。我们在考察工业资本时，主要采用企业实有资本的概念，即包括企业股本、公积、盈余滚存等，约略相当于资产净值的数字。在商业方面，很少企业提供资产负债表之类，只是在访问该行业一些老业主时，他们回忆的资本数与此相近。因此，我们不得不从资料比较多的登记资本中来推算。据一些有账册可查的商店，主要是上海的棉布店，它们登记资本与实有资本的比例从1∶1至1∶3.8不等，我们一律按1∶2估算。这样，我们收集上海、广州、汉口、青岛、西安五市以及江苏等13省市的五个行业、企业的资本额和营业额的比例材料，列入表5–18。由于早期材料缺乏，表中一部分是用20世纪30年代的资料，当时币值还比较稳定，这种比例关系不会相差很大。

表5–18 1900—1939年商业资本与营业额比例

	行 业	户 数	资本额①（千元）	营业额（千元）	资本与营业额比例
上海					
1900	五金②	58	1 141	3 110	1∶2.7
1914	五金	141	2 977	10 626	1∶3.6

(续表)

	行　　业	户　数	资本额(千元)	营业额(千元)	资本与营业额比例
1918	五金	253	33 492	50 768	1 : 1.5
1937	五金	897	27 620	106 520	1 : 3.9
1932	棉布批发	237	5 096 (2 548)	32 110	1 : 6.3 1 : 1.2
1932	棉布零售	290	6 832 (3 416)	24 057	1 : 3.5 1 : 7
1932	棉布批零兼	46	1 854 (927)	14 462	1 : 7.8 1 : 15.6
1935—1937	棉布协大祥等	4	844	7 862	1 : 9.3
1934	茶叶[3]	107	2 724 (1 362)	19 098	1 : 7 1 : 14
1934	小百货	700	2 500	15 000	1 : 6
1936	小百货	700	3 000	20 000	1 : 6.7
1936	永安等百货公司	5	13 500	26 740	1 : 2
1911	西药	28	566	4 390	1 : 7.8
1936	西药	165	7.550	41 510	1 : 5.5
广州					
1920	华洋杂货[4]	605	6 778 (3 389)	48 137	1 : 7.1 1 : 14.2
1928	华洋杂货	765	10 892 (5 446)	83 216	1 : 7.6 1 : 15.3
1933	华洋杂货	686	7 390 (3 695)	66 433	1 : 9.1 1 : 18.1
汉口					
1933	大五金	9	476	930	1 : 2

（续表）

	行　业	户　数	资本额（千元）	营业额（千元）	资本与营业额比例
1932—1937	五金	91	6 150	13 000	1∶2.1
青岛					
1921	五金	17	473⑤	2 500	1∶5.3
1937	五金	18	505	3 200	1∶6.3
西安					
1934	中南百货店	1	10	45	1∶4.5
江苏等13省市					
1930—1939	西药	1 582	6 000	16 000	1∶2.7
合计23项比例平均		7 405	148 366	609 714	1∶4.1 1∶5.2

说明：① 表列均为实有资本。原载明为登记资本者，按2倍折成实有资本，仍列登记资本于括号内。② 包括五金、钢铁等6个自然行业。③ 包括洋庄茶业、制茶业、零售店。④ 不包括先施、永安等大百货公司。⑤ 原以两计，兹折为元。

资料来源：上海社会科学院经济研究所：《上海近代五金钢铁商业史》《上海近代百货商业史》《上海近代西药商业史》（均待刊稿）；上海市工商行政管理局等：《上海市棉布商业》1979年版；上海市商会：商业统计丛书《棉布业》1934年版、《茶业》1935年版。广州对资改造资料整理研究办公室：《广州市私营百货商业社会主义改造资料》（1959年油印本）。武汉市五金交电公司：《武汉市私营五金商业的发生发展和改造》（1959年油印本）。青岛市工商局：《青岛市百货商业社会主义改造历史资料》（1959年油印本）。

这五个行业7 405家商店实有资本14 836.6万元，年营业额为60 971.4万元，资本与营业额比例为1∶4.1。如果将表中最后一栏所列各项资本与营业额比例平均计算，则为1∶5.2。两种计算法各有利弊。前者有自然加权作用，后者能反映行业、地区特点。如果将这两种计算结果再加平均，则资本与营业额的比例为1∶4.65。

这个比例是按企业自有资金计算的，没有包括借入资金，这样在计算社会总资本时不会重复。但商业的借入资金同样参加流转，在计算流动资金与营业额的比例时，应该包括在内。根据20世纪30年代一些材料，在全部营运资金中，借入资金占15%—45%，平均占30%左右。其情况见表5–19。表中材料不多，借入资金比例还难肯定。但可提供一个概念，即商业资本与营业额的比例在1∶3.6和1∶4.6之间，或可简化为1∶4左右。

表5–19　1933—1937年商业自有资金与借入资金比重　单位：1 000元

	统计单位	营运资金		自有资金		借入资金	
		金额	比重（%）	金额	比重（%）	金额	比重（%）
1935	上海五金商22户	9 354	100	6 058	64.8	3 296	35.2
1935—1937	上海棉布商协大祥等4户	1 527	100	844	55.3	683	44.7
1933	浙江建德等9县商户	6 021	100	5 118	85.0	903	15.0
合计		16 902	100	12 020	71.1	4 882	28.9
三项比重平均					68.4		31.6

资料来源：上海社会科学院经济研究所：《上海近代五金钢铁商业史》(待刊稿)；上海市工商行政管理局等：《上海市棉布商业》，北京：中华书局，1979年，第242页；巫宝三等：《中国国民所得》上册，上海：商务印书馆，1947年，第103页。

商业资本与营业额的比例为1∶4左右，也就是商业流动资金的年周转次数为4次左右。这一估算是否符合实际呢？我们还可用其他资料来验证。

《上海市棉布商业》载有对业内人士访问座谈会纪要中的一段话：“棉布行业的资金周转速度……不仅大中小户不同，即同一类型户的各个企业之间亦有不同。但根据分析，也可发现一个行业的平均指标。如果以中型户为行业代表（当时中型户户数最多），企业的资金周转（包括自有资金与借入资金）在1937年抗战前的一个时期每年约周转四次。即资金周转期为九十天左右。”

我们还可用解放初期的情况做些对比。据统计，1952—1954年，全国国营商业和供销合作社的流动资金周转次数平均为3.96次（其中国营缺1952年，为4年平均）。[1]这是比较可靠的统计。

我们曾估计1920年全国市场商品交易额为92.32亿元，如果按照周转四次或1∶4的比例推算，则应有流通资金23亿元，此数可视作对商业资本量的估计。但实际上商业资本不止此数。因为上述市场交易额是按各项商品值计算，而各项商品都不只交易一次，如批发与零售即常有两套资本。但也不能按照交易次数或流通环节来计算流动资金，因为这些交易并非同步进行的。我们只能说，实际商业资本会大于23亿元。另外，鸦片商品值估计有5.45亿元，因属走私，未计入商品交易总额，但当时确有鸦片交易，也确有鸦片商人，如果他们的资本也是周转四次，即至少有1.36亿元了。

据估计，1920年左右我国约有近代工业资本7亿元，而商业资本至少有23亿元，为工业资本的3倍多。在前人的论述中，有一种观点认为中国近代商业是畸形发展的，并常认为是洋货泛滥的结果。如果说在大商埠存在着商业投机资本，中间商太多，洋货深入内地，这些都是事实；但上述23亿元资本的估计并未包括这些，因为它是各项商品一次交易的估计。这23亿元资本，近五成用于农产品的流通，近三成用于手工业品的流通，近一成用于近代工业和矿冶产品的流通，另一成用于口岸进口洋货交易。以此看来，商业资本大于工业资本是理所当然的，因为中国还是个农业国，商业资本的最大份额，是用在农副产品的运销上。

鸦片战争以来，由于经商有利，会有一部分地主投资于商业；不过，上述23亿元的资本，恐怕主要还是商人本身积累起来的，主要来自对农民和手工业者的剥削。我们曾在前文论及迄1894年买办资本的积累，约有2.2亿元，在当时是很大的一笔金额。到了1920年，23亿元的商人资本是更大的一笔积累了，是工业资本家望尘莫及的。我们曾分析过，买办的资本积累中，有56%是交存于洋行或附股于外商企业，42%是投资于商业、银钱业和房地产，只有极

[1]　商业部经济研究所：《新中国商业史稿》，北京：中国财政经济出版社，1984年，第513、523页。

少量是投资于近代企业，但这已经是当时官督商办企业的重要资本来源之一了。商业资本的性格也是保守的，商人留恋商业的高额利润，很少向工业资本转移。不过，到第一次世界大战以后，商业积累达到一定程度，情况也有所变化。表5–20是能查明身份的一些工业和轮船业资本家的来源。从表中可见，在1913年以前，202个企业创办人或主要投资人中，地主占一半以上，其次是买办，而商人只占18%。1914—1922年，投资于工业和轮船业者，商人占54%左右，地主占22%，买办已微不足道了。工业资本主要来自商业积累，商业利润主要来自对小生产者的剥削，这恐怕是我国资本主义经济发展的一般规律。

表5–20　1872—1922年中国产业资本家的来源

	户　数	创办人或主要投资人					
		总　数	地主	商　人	买　办	华　侨	其　他
1872—1913年							
棉纺业	25	41	26	5	10		
面粉业	28	43	11	15	15	2	
轮船业	12	15	9	2	4		
其　他	80	103	67	15	21		
合　计	145	202	113	37	50	2	
百分比		100	55.9	18.3	24.8	1.0	
1914—1922年							
棉纺业	36	59	17	35	1		6
面粉业	42	53	8	26	7	8	6
轮船业	8	9	2	4	3		
合　计	86	121	27	65	11	8	10
百分比		100	22.3	53.7	9.1	6.6	8.3

资料来源：旧中国资本主义生产关系编写组：《旧中国的资本主义生产关系》，北京：人民出版社，1977年，第23—24页。

吴承明的方法是，先估计出1920年和1936年进入市场的农工业及进口的商品量和商品值，再将这些商品一次交易（实即批发交易）所需的垫支资本（一般说周转率一年四次），作为商业资本额。其他年份，另行推算。这种方法，排除了众多的个体交易，即不把零售业和个体交易作为现代化或资本主义商业看待。由于所估计的不是全部市场交易，并且在计算商品值时是采用生产者价格（比消费市场价格低10%—25%），所估商业资本额可能偏低。[1]

其估计结果为，1920年的流通资金为23亿元，用以代表当时的商业资本（包括借入资本）总量。1936年的市场交易额（即市场商品总值）为168.1亿元，按同样资本周转率即每年四次估计，应有流通资金42亿元，即1936年商业资本的总量。这一数值，与前人早些时候的估计39亿元或45亿元，相差不大。商业资本总量42亿元的这个估计，比1920年的估计增长82.6%。但其中部分是物价变动因素，如按可比价格计，1936年的商业资本应为35.5亿元，即比1920年增长54.3%，年增长率仅2.7%，增长有限。[2]由此方法得出1920年及1936年各经济部门商品值估计如表5-21所示：

表5-21 产业总产值和商品值估计 单位：万元

	1920			1936		
	生产总值	商品值	比重(%)	生产总值	商品值	比重(%)
农　业	1 094 494	390 883	35.7	1 450 506	753 320	51.9
粮食作物	652 980	147 365	22.6	867 476	272 128	31.4
经济作物	165 530	85 835	51.9	263 786	223 443	84.7
园艺及林牧渔业	230 984	157 683	68.3	319 244	257 749	80.7
工　业	916 957	504 833	55.1	1 333 748	876 772	65.7
手工业制造	799 620	387 496	48.5	1 001 030	544 054	54.3

[1] 吴承明：《中国的现代化：市场与社会》，北京：三联书店，2001年，第101—102页。
[2] 许涤新、吴承明主编：《中国资本主义发展史》第3卷，北京：人民出版社，2003年，第247—248页。

(续表)

	1920			1936		
	生产总值	商品值	比重(%)	生产总值	商品值	比重(%)
现代化工厂制造业	88 287	88 287	100	283 073	283 073	100
矿冶业	29 050	29 050	100	49 645	49 645	100
工农业合计	1 996 451	895 716	44.9	2 784 254	1 630 092	58.5

数据说明：比重为商业值占生产总值的比例。资料来源：根据吴承明《中国的现代化：市场与社会》，北京：三联书店，2001年，第109—110页的图表整理、计算所得。因原表中交通运输业的商品值估计从缺，此表即略去该业数据。

若以此表中商品值估计作为商业资本的参考，则或可窥见此16年间中国经济发展商业化程度的提高。

吴承明在进行近代中国经济现代化水平的估计测算时，涉及全部资本，并按其性质加以分类，其中商业资本的具体数额如表5–22所示：

表5–22 中国近代商业资本额估值 单位：万元

	1894	1911/1914	1920	1936	
				关 内	东 北
资本总额	113 719	483 845	719 882	2 014 543	565 844
商业资本	74 844	234 168	317 000	500 295	60 932
比重(%)	65.8	48.4	44.0	24.8	10.8
外国在华企业资本	21 370	184 608	239 000	501 174	426 667
外国在华商业资本	9 284	67 968	87 000	119 295	18 932
比重(%)	43.4	36.8	36.4	23.8	4.4
官营资本	4 757	52 296	90 205	765 625	47 674
官营商业资本	—	—	—	3 000	—

（续表）

	1894	1911/1914	1920	1936	
				关　内	东　北
比重(%)	—	—	—	0.4	—
民营资本	87 592	246 941	390 677	747 744	91 530
民营商业资本	65 600	166 200	230 000	378 000	42 000
比重(%)	74.9	67.3	58.9	50.6	45.9

数据说明：比重皆为商业资本占各自资本总数之比值，其中数据，外国资本为1914年，官营资本为1911年，民营资本为1913年。资料来源：根据吴承明《中国的现代化：市场与社会》，北京：三联书店，2001年，第108—109页的图表整理、计算所得。

由上表不难看出，自1894—1936年，中国经济发展中的商业资本总量虽不断增加，但其所占比重呈下降趋势，由1894年的65.8%下降为1936年的不足25%。若分析不同资本类别，则官营商业资本几可从略；外国在华企业的商业资本下降幅度最为平缓；民营资本中以商业资本为主体，即使在1936年的最低比例中，商业资本也占据其半壁江山。

3.商业资本的平均增长率

商业资本的测算本已为粗略结果，但因采用同一种方法计算，则取其经年测其平均，或可概观近代中国商业资本的发展趋势以及与国民经济其他部门相较商业资本的变动状况。

表5–23　各类资本的平均年增长率(%)

	1894—1911/1914（18.7年）	1911/1914—1920（7.3年）	1920—1936 包括东北(16年)
资本总额	8.05	5.59	8.31
产业资本	15.46	5.16	8.83
商业资本	6.29	4.24	3.63
金融业资本	5.37	10.27	12.80

资料来源：吴承明：《中国的现代化：市场与社会》，北京：三联书店，2001年，第109页。

上表显示,截至1936年,各类资本均有所发展,但其增长幅度不同,金融业资本发展最为迅速,尤其是民国成立之后;产业资本发展波动较大;商业资本的增长速度最为缓慢,且不断呈下降趋势。

二、定性分析:商业资本的波动发展

1. 商业资本的来源

第一,旧有资本来源方式仍占有一定地位。

宝元通的兴起与发展即为一个典型案例。宝元通从1920年9月开始在四川宜宾林家巷口开张经营,当时实际上是一家没有招牌的小铁锅铺,由萧则可、萧雨生兄弟及熊荫村、王镜初创办,第二年熊荫村之兄熊郁村加入,从而成为5人合伙经营,原始资本600银两。在5位主要合伙人中,萧则可当过宜宾一家锅厂的学徒,熊郁村是某洋行会计,熊荫村是做匹头生意的小商人,王镜初是宜宾的地主,五人为姑表兄弟,除王镜初外,其他四人都有从商经历。[1]

宝元通初期业务主要是运销川南合江等地所产铁锅和土铁,后来业务扩大,兼营五金器材,渐扩充至百货。1929年正式设立宝元通百货商店。该店利用地主存款补充经营资金,又经销美孚、德士古煤油获利,1935年迁重庆,已积累资金100余万元,分店遍及重庆、成都、江安、南溪等地,并投资于纺织、印染、茶叶、皮鞋等厂,在昆明、上海、南京亦有机构,成为四川最大的经营百货为主商工一体的综合性企业之一(后又改组为股份公司)。[2]

第二,华侨资本为商业资本来源的重要组成部分。

在新式商业的投资经营者中,除了地主、官僚、买办以外,这一时期比较明显的是华侨和一部分从传统商业转化而来的商人。[3]华侨投资在中国近代经济发展中作用卓著,1934年有人估计"上海国人资本经营之重要工厂、

[1] 张守广:《宝元通公司的兴起、发展及其企业文化》,《重庆社会科学》2004年第2期(总第119期)。
[2] 王相钦、吴太昌主编:《中国近代商业史论》,北京:中国财政经济出版社,1999年,第563—564页。
[3] 吴承明、江泰新主编:《中国企业史(近代卷)》,北京:企业管理出版社,2002年,第644页。

商社、银行250所，其中资本约为三亿两，则至少有1/10为华侨投资”。[1]这一数字，与林金枝等学者的调查相差不远。由此可见华侨资本重要性之一端倪。

商业资本投入在整个华侨投资中居于第二位，比重为15.6%，其中尤以上海最为突出，占上海全部投资总额的30.18%，[2]上海四大百货公司——永安、先施、新新、大新，均由华侨投资，其创立与发展对上海乃至对近代中国的新式商业影响深远。除百货商业外，华侨资本也触及其他商业领域，如国际贸易、西药、呢绒、五金、化学原料等。据调查所得，1927—1937年间，华侨投资商业企业数446家，投资金额（折人民币元）为30 648 455元，这十年间商业投资占投资总额的12.22%。[3]

表5–24　华侨投资上海商业分类结构比较表

	投资企业数	折资金额（单位：折人民币元）	占投资总额（%）
进口商	63	7 598 700	23.46
百货商（包括棉布）	44	23 690 500	73.13
其　他	6	1 106 000	3.41
合　计	113	32 394 200	100.00

资料来源：林金枝：《近代华侨投资国内企业概论》（厦门：厦门大学出版社，1988年）第45页。

第三，商业资本与工业资本的相互转化。[4]

1927—1937年间，中国资本主义工商业获得了一定程度的发展，但也由于外国资本对华经济侵入的加深，使民族工商业的发展受到了极大的阻碍，特别是“九·一八事变”后，民族工商业陷于萧条。为了挽救危机，加上全国人民爱国热情的推动，工业资本与商业资本之间的关系出现了新的变化。

[1] 《中国经济年鉴》1934年，转引自林金枝：《近代华侨投资国内企业概论》，厦门：厦门大学出版社，1988年，第59页。
[2] 林金枝：《近代华侨投资国内企业概论》，厦门：厦门大学出版社，1988年，第40、41页。
[3] 同上书，第24页。
[4] 该部分内容来自陆仰渊、方庆秋主编：《民国社会经济史》，北京：中国经济出版社，1991年，第419—421页。

首先,这一时期加大了商业资本与工业资本互相转化,出现了商业资本向工业资本转化的迹象。1927—1937年间,上海开设的主要民族资本工业企业约有87家,其中由商业资本家单独投资或参与投资的计有21家。同时也出现了许多先店后厂、自产自销的联号企业。上海永安公司为著名商业企业,在经营百货积累了一定的资金后,即开始投资工业,创办了永安纺织印染公司,下属5个纺织厂和1个印染厂。天津同升和鞋帽店,除有5个分店外,还附设制帽、制鞋2个工厂,并有专门技工负责生产和管理。上海冠生园食品公司也于1934年在杭州超山创设工厂。

工业资本拿出一定的资金开办商店,以扩大自己产品的销售市场。在外国商品倾销下,洋货充斥国内市场,商店多经营洋货,国货产品受到排挤。据业内人士回忆:“自世界经济危机爆发以后,百货行业经营比重除毛巾、袜子等针棉织品国货占80%以上外,其他百货商店,洋货一般要占60%—70%,玻璃制品、玩具、香皂、梳子、皂盒等等几乎全为日货所独占。”于是国内许多纱厂、面粉厂、卷烟厂都纷纷设立商业机构,自采原料和推销产品,并出现了规模较大的国货商场,如上海中国国货公司等。这些国货公司无论是资金还是产销、营运,都体现着工商的结合。

其次,国货产品在商店中所占比重越来越大,特别是1931年以后,商业资本与工业资本的联系进一步加强,商店中销售的国货产品也越来越大,许多商店都设有专门的国货营业部。1931年前,上海永安公司与国货工厂有产销关系的不过10余家,其国货商品营业额仅为全部营业额的25%,到1932年以后,有产销关系的国货工厂增加到70余家,其中不少国货工厂还同永安公司长期保持着产销关系,使得这家历来洋货充斥、国货几无立足之地的环球百货公司的面貌大为改观。

2. 商业的专业化和行业、商户的发展

商业发展必趋于专业化,行业必增多。据1928年版的《上海商业名录》所记,当时上海商业字号约有6 000户,可分成数百种商业行业。20世纪30年代初的调查,各地都达一两百类。

20世纪二三十年代行会已经十分衰落，民间同业公会迅速增加，到抗战前夕，上海工商各业同业公会达到了236个，其中工业40个，商业（含银行保险业、航运业在内）196个。[1]天津1903年成立商业公会，有36个行业（包括金融业）；1913年改组为总商会，隶60多个行业；1931年增为130多个。广州商会，1928年有同业公会66个，1937年增至108个（包括工业行业十几个）。1931年，杭州有同业公会103个。1933年，南京有96个。[2]

商业经营趋向专业化，城市商业已不再限于传统的粮、油、盐、米、木材、中药等行业，出现了专门经营洋布呢绒、五金钢铁、颜料、西药、纸烟、环球百货等多种新式商业。随着行业的增多，经营更趋于专业化。[3]

行业的增加，有的是新的商品交易的出现而致，如20世纪二三十年代出现的橡胶制品商、以酸碱为主的化工原料商、汽车材料商、汽车出租商、以桐油为主的植物油商等。其中尤以进出口商业的专业化最为明显。而更多的是从原有商业中独立出来的。如百货或京广杂货业，在19世纪已分离出不少行业，20世纪后又陆续分离出钟表、眼镜、热水瓶、无线电、毛线等多种行业。五金商业也是分化较多的商业，这一时期分离出来的有脚踏车、缝纫机、汽灯、度量衡器等行业。[4]

行业发展，商业户数自然也增多了。旧中国商业统计落后，从未进行过全国性调查。巫宝三先生等在《中国国民所得》一书中，根据关内22省的88个市县和沈阳、库伦的材料统计，约有商店694 928户，另据14省15万多个商店的从业人数统计，算出平均每个商店的从业人员为5.24个，按人口比例推算，1933年全国应有商店164万户，从业人员859.4万人（此数包括饮食业、服务业）。该书又以江苏省和6个市县的材料，推算全国有行商311.7万人。这个估计的准确程度难以确定。据《中国统计年鉴（1985）》载，1952年底全国有商业机构550万个，从业人员952.9万人，一般认为1952年社会经济已恢复到解放前最高水平。以巫著的估计与1952年统计相比，商店数

[1]　沈祖炜主编：《近代中国企业：制度和发展》，上海：上海社会科学出版社，1999年，第123页。
[2]　许涤新、吴承明主编：《中国资本主义发展史》第3卷，北京：人民出版社，2003年，第242—247页。
[3]　陆仰渊、方庆秋主编：《民国社会经济史》，北京：中国经济出版社，1991年，第412页。
[4]　许涤新、吴承明主编：《中国资本主义发展史》第3卷，北京：人民出版社，2003年，第242—247页。

的估计差距较大，而从业人员的估计相差不大（1952年的从业人员不包括行商）。看来巫著对商店数量是低估了，而对每个商店的平均从业人员却估得太高。在全国商店中，商店从业人员一两人的个体商店应该占绝大多数，这是与当时的生产力水平和商品流通结构相适应的。不管上述估计有何偏差，这一时期商业户数和从业人员有了增长是肯定的，特别是20世纪20年代，这一增长可能更为明显。[1]

总体而言，这一时期的商业仍是集中在城市，尤其是较大城市，其增长较快。而该时期农村的流通格局基本没有变化，仍是传统商业网的天下。当然，农村市场已逐渐更深地卷入了全国乃至世界市场，更易受到世界经济变化的冲击。1929—1933年的世界经济危机，造成中国农业20世纪30年代的深刻危机，造成农村金融枯竭，农村和农民破产，在这种情况下，农村商业的发展必然会受到影响，只因缺乏系统统计，这一影响难以估计。不过，根据零星资料看，未必会对商业户数和从业人员造成太大的影响，如据1933年、1934年的一些调查，大的商店倒闭后，商人多数仍经营商业，他们或者从大城市、大商店出来，到较小城市或集镇做小本营生，或者停了店铺而做流动商贩。破产农民和失业工人转入小商贩的也很多。因此，在20世纪30年代经济危机中，市场缩小，商业衰落，但小商贩的队伍扩大了，总的从业人员并未减少。这一时期农村商业的另一个变化是，不仅地主兼营商业者继续发展，军人政客特别是官吏从商的大量增加，一些乡镇长和村长也都参与经商，从而加剧了农村地方市场的商业垄断和对农民的封建性剥削，对农村和农民的破产起到了推波助澜的作用。[2]

3. 商店业务经营的起伏[3]

这一时期商店业务的经营，因内战和政局变动、市场和金融波动等影响，颇多起伏，各地情况不一。总的看来，在1920年至1930年前后，是处于

---

[1] 王相钦、吴太昌主编：《中国近代商业史论》，北京：中国财政经济出版社，1999年，第547—548页。
[2] 同上书，第548—549页。
[3] 许涤新、吴承明主编：《中国资本主义发展史》第3卷，北京：人民出版社，2003年，第242—247页。

发展时期，虽有波动，但一般货源充裕，价格平稳上升，多数有利可图。上海永安百货公司1920—1930年自有资本由340万元增至1 170万元，年营业额由532万元增至1 427万元。四川的宝元通百货店，即在此时建立，并由几百元的资金发展到近百万元。1919—1921年的抵制日货，尤其是1925—1926年的抵制英日货，以及1927—1929年的抵制英日货运动，对国内商业有很大推动力量。一时以国货号召的商店兴起，一些新的商业行业也多在这时出现。

1931年以后，市场进入20世纪30年代经济危机时期，加以爆发"九·一八事变"和"一·二八"战役，给工农业生产造成不利的影响，物价连年下跌，农村凋敝，购买力下降，以致市场萧条，商号倒闭累累。武汉市更因长江水灾，2万多家商户收歇者达4 000多户，贸易额减少60%—70%，亏损户占70%—80%。上海永安公司营业额1935年仅为1931年的62%。据22省的828个市县的农业定点报告，1930—1935年，商店营业额增加的仅有2省，减少的有20个省，平均减少27.5%。其间1930—1932年各省升降互见，1932—1935年几乎是以10%的年速递减。

在20世纪30年代的市场危机中，各行业所受影响不尽相同，农产品尤其是农产品出口所受危害较大，工业品尤其新工业品的经营影响较轻。这次危机在1935年后半期逐渐好转，这年11月实行币制改革后，物价回升，再加上1936年农业丰收，农村购买力有所恢复，商品流通转趋活跃，商店营业好转。到1937年上半年，有些地区或行业的户数、资金、营业额等已恢复到20世纪30年代初的水平。附下例表5–25、表5–26两表以供参考。

4. 商业竞争加剧

这一时期的商业竞争一方面表现为商店之间的竞争，包括华洋商店之间、大小商店之间以及综合商店与专业商店之间的竞争。商店为了自身的生存发展，都不惜采用折价赊销、薄利多销、增加花色品种、调整营业时间、改善服务态度等各种手段招揽顾客。竞争的结果，一些善于经营、资本雄厚者胜利了，一些不善于经营或资本短缺者失败了，导致商业不断的重新

表5–25　广州市商店新张歇业统计表

年　份	间　数			资本(毫券:元)			商店平均规模	
	新张A	歇业B	比率(B/A,%)	新张A	歇业B	比率(B/A,%)	新张(毫券:元)	歇业(毫券:元)
1933	4 264	3 362	78.8	4 282 992	3 934 688	91.9	1 004.5	1 170.3
1934	4 197	4 004	95.4	6 072 890	3 951 230	65.1	1 447.0	986.8
1935	4 442	4 196	94.5	3 115 949	5 203 924	167.0	701.5	1 240.2
1936	5 609	5 341	95.2	11 138 173	5 146 724	46.2	1 985.8	963.6
1937年								
1月	386	360	93.3	291 560	278 990	95.7	755.3	775.0
2月	347	468	134.9	273 335	452 314	165.5	787.7	966.5
3月	491	525	106.9	340 580	531 927	156.2	693.6	1 013.2
4月	441	380	86.2	279 245	323 102	115.7	633.2	850.3
5月	422	395	93.6	428 959	324 440	75.6	1 016.5	821.4

资料来源:根据黄增章著:《民国广东商业史》,广州:广东人民出版社,2006年,第81页,"广州市商店新张歇业表"计算所得。

表5–26 1930—1935年各省商店营业状况

占平常年份的百分比(%)*

	有报告之次数	1930	1931	1932	1933	1934	1935
察哈尔	17	53	51	55	48	49	49
绥 远	18	54	59	59	58	56	49
宁 夏	7	35	60	63	49	43	28
青 海	14	66	61	51	44	38	39
甘 肃	37	40	38	41	45	48	54
陕 西	120	44	47	49	55	63	60
山 西	197	63	58	54	54	56	52
河 北	498	65	64	59	53	52	47
山 东	263	60	61	57	58	54	47
江 苏	209	78	68	65	61	55	61
安 徽	106	79	61	59	60	52	48
河 南	232	57	57	60	63	63	51
湖 北	59	57	49	48	51	46	46
四 川	112	67	63	60	54	46	38
云 南	17	58	56	54	49	49	41
贵 州	22	62	61	50	42	32	35
湖 南	73	74	77	70	63	55	45
江 西	54	61	62	76	61	50	41
浙 江	115	73	73	67	69	48	37
福 建	51	79	76	65	59	49	41

(续表)

	有报告之次数	1930	1931	1932	1933	1934	1935
广东	88	76	75	69	60	51	43
广西	68	62	61	59	65	50	45
合计(平均)	2 377	62	61	59	55	50	45

* 平常年的具体年份原资料未予说明。

资料来源:实业部中央农业实验所:《农情况报告》1937年第5卷第7期。转引自许涤新、吴承明主编:《中国资本主义发展史》第3卷,北京:人民出版社,2003年,第246页。

组合。[1]

另一方面,商业同业竞争颇为突出的表现是国货与洋货的激烈竞争。由民众自发组织的抵制外货运动,由政府出面颁发的"提倡国货令",这些都对国产商品的发展起到了推动作用。

吴承明在关于近代中国国内市场商品量的统计中,曾将国内市场商品分为国内生产与进口洋货两类。这两类商品的消长变化或可佐证,在整个国内市场中,20世纪20年代之后,进口货物的比重渐趋低落,国货商品得以迅猛发展。[2]

表5-27 国内市场商品量估计 单位:亿两(规元)

	1870	1890	1908	1920	1936
A国内生产品	9.68	10.32	18.02	57.61	109.01
B进口洋货	0.71	1.42	4.97	8.49	11.16
C市场商品量(A+B)	10.39	11.74	22.98	66.10	120.17
洋货所占比重(B/C,%)	6.83	12.09	21.62	12.84	9.29

[1] 陆仰渊、方庆秋主编:《民国社会经济史》,北京:中国经济出版社,1991年,第413页。

[2] 参见吴承明:《中国的现代化:市场与社会》,北京:三联书店,2001年。

平均年增长率(%)

	1870—1890	1890—1908	1908—1920	1920—1936
按当年价格				
A国内生产品	0.32	3.15	10.17	4.07
B进口洋货	3.53	7.21	4.56	1.72
C市场商品量(A+B)	0.61	3.80	9.20	3.81
按可比价格				
A国内生产品	0.89	0.97	7.54	2.93
B进口洋货	4.24	2.25	−0.63	2.63
C市场商品量(A+B)	1.20	1.14	6.28	2.89

数据说明及资料来源参见吴承明:《市场·近代化·经济史论》,昆明:云南大学出版社,1996年,第287页。

二、牙商的变化

关于近代商人资本的考察,既要从量的方面进行,也要从质的方面展开分析。关于质的分析,亦可分新式商人的崛起与旧式商人的变化两个主要方面进行。新式商人的崛起,本章第二节已述,这里我们主要考察旧式商人的重要类型——牙商——在近代的变化。

牙商是中国旧时商业活动中为买卖双方说合交易并抽取佣金的居间商人。这种居间商人,秦汉时叫"驵侩",魏晋南北朝时期又有了"市侩"这一新的称呼,唐朝时各种买卖中间人已有"牙侩""牙郎""牙人"等名称,还有女性牙人被称为"牙嫂"。[1]近世这种居间商人亦称为经纪、掮客,买办亦是近代这种居

[1] 关于"牙商"一词中"牙"的来历,一说是"牙"为"衙"的正名,古代官署称"衙门",其实是"牙门"的讹称。另一说是"牙"为"互"字的俗字,"牙人"即"互人",意思是互通有无货物的人。孔平仲在其《谈苑》一书中曰:(牙人)本谓之互郎,主互市事也,唐人书互作牙,牙似牙字,因转为牙。如在安史之乱中扮演主角的安禄山和史思明,就曾在营州(今辽宁朝阳)充当过互市牙郎。见吴少珉:《我国历史上的经纪人及行业组织考略》,《史学月刊》1997年第5期。

间商人的特殊变种。[1]“牙人”“牙商”这种称谓自唐代到民国,在中国市场上有1 200年以上历史。牙人开办的经营中介业务的商行,被称作“牙行”,其资本组织形式有独资、合资与合伙(主要特点是资本的所有权与经营权相分离)。牙商又分为“官牙”和“私牙”两大类。明清时期,领有户部所发“牙帖”(官府批准营业的正式凭证)者称为“官牙”,领有司帖、厅帖、县谕或仅有县给腰牌的牙商则称为“私牙”。民国时期,牙帖统一由各省财政厅颁发,凡领有牙帖者为“官牙”、未领有牙帖私自“跑合”者称为“私牙”。[2]各地“私牙”往往有地方势力的庇护,才能得以生存发展。

以往无论是文学作品还是史学论文对牙商的评论多是“欺行霸市”、“敲诈勒索”、仗势强买强卖、“欺压商贩乡农”等负面评语,民间亦有“车、船、店、脚、牙,无罪也该杀”的咒骂。其实牙商在中国传统经济中亦有不可或缺的作用,可概括为两点:一是在封建官府与行商之间起着中介作用。官府利用牙商熟悉商情的长处,委托其对市场进行管理,校定度量衡、平定物价,防止偷漏税款等。行商等人也借助牙商与官方的关系得以及时向官府交涉有关事务,取得官府的保护,以便在正常的市场秩序下从事贸易活动;二是在商人与小生产者之间起着中介作用。牙商可谓中国传统市场体制内部解决“大宗转运贸易与个体分散小生产之间矛盾的产物”,其熟悉商情和乡情,可以迎合各地小生产者企求免受市场影响及客商欺诈和公平出卖产品的心理,又因为其对本地生产者及生产活动熟悉,能够组织到质量可靠的货源,能较迅速调动运输手段,购集所需产品,为客商节省了时间和费用,可以适应外地客商在陌生市场迅速购集对路产品及销售大宗商品的要求,有的牙人还扮演了包买主的角色。[3]但是在另一方面,无论“官牙”还是“私牙”,“欺行霸市”的恶行也是屡见不鲜,并从恶行变成恶习,以往那些关于牙商的负面评语也并非空穴来风。

在中国传统市场向近代转型过程中,牙商的变化主要有以下三个方面:

第一,随着近代商品经济发展,牙商经营商品种类增加,业务范围扩大,牙

[1] 吴少珉:《我国历史上的经纪人及行业组织考略》,《史学月刊》1997年第5期。
[2] 张彦台:《民国时期华北牙商研究》,河北师范大学博士学位论文,2010年。
[3] 参见单强:《略论近代江南市场经纪人》,《苏州大学学报(哲学社会科学版)》1997年第3期。

商队伍在扩大。近代中国政府由以往执行传统的重农抑商政策到高唱提倡实业、鼓励商战的口号，改变了压抑商业、歧视商贾的态度，对商业的封建束缚随之放松。在此背景下，以往官府对牙行控制逐渐松懈，牙商，特别是私牙，得到了空前的发展。清末“私牙人数越来越多，不仅州县地方官随意增加，而且地方上的流氓无赖也私充牙行，从中牟利”。[1]

在江南市场上，随着丝绸、棉布、粮食等商品交易发展，牙人与牙行也非常活跃，队伍有明显扩充，并把经营范围扩大到产业链其他环节。近代江南丝绸业牙商，仅吴江盛泽一镇，“业此者凡百数十户，户伙三数人，徒四、五人，食宿皆自办，统计几达千人”。江南市场上同时出现了专营桑叶的牙人与牙行，这是牙商把经营范围扩大到产业链上游了。近代江南市场可谓“花布紫米纱僚下及粪田之属，皆有牙行，类皆领贴开张。悉照市价，主其交易”。此类“领贴开张”者号称“官牙”，受到政府的保护。另外，“其杂卖鸡鹅豆麦业物者谓之‘小行’；经营糖糟者谓之‘糟食行’；招揽柴船及每早率乡人向各家以油易肥者谓之‘骊油卖柴主人’。总称曰‘白赖’，谓其不当官也。这些牙人与牙行都是未经官府批准，未曾领取牙帖的私牙”。[2]

进入民国以后，华北各县的牙商在粮食、棉花、皮毛、牲畜等主要土特产品中得到发展。其突出的表现便是由游行介绍生意改为普遍开设以代客买卖货物为主的粮行、花行、皮行、牲畜行等，牙商创设的各行栈、货栈或行店（统称牙行）如雨后春笋般的诞生。牙商在大中城市也获得快速发展。例如在天津，“牙商的行栈暴增”。天津牙商开设的较大行栈骤然增至“30余家”，且已经形成了专业经营的分工，主要集中在粮食、棉花、皮毛、山货和鲜货业等行业，尤其是牙商从事粮食、棉花和山货业居多。当时《益世报》称“华北方面，以天津牙商为最多”；民国以来，牙商在北京发展很快，到1934年的时候，北京有牙商开设的牙行涵盖了大部分种类，至少“48行”中有牙商的经营活动。据档案记载：1934年北平（北京）领帖的牙行种类有：“茶叶行、干鲜果行、黑炭行、丝麻行、白

[1]　龚关：《官府、牙行与集市——明清至民国时期华北集市的市场制度分析》，《天津商学院学报》2001年第1期。

[2]　单强：《略论近代江南市场经纪人》，《苏州大学学报（哲学社会科学版）》1997年第3期。

炭行、鸭蛋行、南鲜行、南苑斗行、南苑大牙行、药材行、木植行、东北路小车行、槐子蜜行、干羊皮行、南路小车行、麻绳行、二三套轿车行、东坝斗行、东坝大牙行、红果行、东南城柴把行、西北城柴把行、羊毛行、鲜姜行、鸡鹅行、清河桥南斗行、永货行、香末行、榆面行、虾米海蜇行、皮硝行、竹货行、骡马皮行、广渠门外斗行、麝香行、荣麻行、西直门外斗行、杂粮斗行。”而每牙行领取牙帖的行店又多少不一。如1934年干鲜果牙行店有“30余家”。1935年,北平干鲜果行(牙行店可以领有某种干鲜果行牙帖一张或数张不同种类的干鲜果行牙帖)领有牙帖55张。1935年,猪业行店(猪店)共有“48家”。1928年,经房山县(现北京市房山区)商业调查,当时全县拥有粮油牙行店已经由民国初年的五六家增至46家。分布在县城、石楼、灰厂、长沟、张坊等地。其中县城内有粮行24家,油酒行5家石楼有粮行1家灰厂有杂粮行6家长沟有粮行5家张坊有杂粮行5家;直隶省的省会保定城粮食贸易活跃。当时,大宗粮油贸易多以牙商开设为主的粮栈业(即斗商业)为主;民国初年,牙商在张家口开设皮革、毛绒贸易行栈30多家。其从蒙古等地进口大量的皮革、毛绒,经过加工后再转运内地及出口。随着京汉铁路、正太铁路的通车,从1912—1920年间,石家庄商贾云集,牙商也在这里普设行栈,石家庄遂变而成繁盛之商品市场。据日本东亚同文会调查,1918年石家庄的牙行包括油行、花行、炭行、粮行等,其中较大的粮行有“丰通和、义全成、德裕隆、德裕书、万福同、庆义成、万义泰、义合、福泉、长元泰、长丰”等,油行有“义聚公司”,花行有“义重栈、义合栈、公益栈”,炭行有“大成栈、义盛通、聚成国、刘万顺”等;1928—1935年间,河北省各县的牙商已经由最初的粮食、棉花、皮毛、牲畜等主要土特产品扩展到牲畜行、猪鬃行、斗行、秤行、皮毛行、药材行、土布行、草帽辫行、牛羊行、烁行、车船行、山货行、铁器行、木材行、柳条行、棉行、棉籽行、猪羊小肠行、磁行、菜行、菜籽行、鱼行、油行、杂货行、作衣行、人金行(粪便行)等;在烟台,资本实力最雄厚的牙商多投资在豆油、茧绸、粮食、棉纱、木材、砂糖、水产、杂货等行业。其中资本额5万银两以上的行栈就有26家,资本总额达600余万银两,牙商成为“当地最有势力的商人”;在青岛,随着进出口贸易的扩大,其发展速度与规模却超过烟台。由于当时政府规定了“外人‘不得轻入’内地”等限制政策,故洋货由通商口岸—内地,土货由内地—通商口岸，必经货商之手。同时，青岛的买办商人有限，且根基缺乏，因此洋行购销货物所依靠的华商以牙商为主；在1928年前，山东济宁牙商得到较大的发展。牙商开设各种牙行的户数均比数年前有大幅度增加，已经发展到“行栈林立”的程度。例如皮毛栈有30多家，药材行栈有44家；1928年前，济南20个行业中能够确认的牙商户数约在300家，其中发展最快的粮行、炭行、火柴行、木材行、海产行、洋杂货行和砂糖行。1909年，牙商才在济南才开设了第一家花行（阜成信花行），此后花行接踵成立。1913年，济南已有9家花行，1934年增至18家，每年由各地到济南的花客约500户。当时济南市场花行的年交易量已达120万担，交易额达4 512万元；河南许昌是著名的烟草商品市场。自从烟草在引进美种烤烟后，种植规模迅速扩大，牙商们纷纷来许昌经销烤烟，名目繁多的烟行像雨后春笋般涌现出来。从民国初年到1917年，牙商在许昌开设的烟行有18家。这些烟行体现了资本雄厚，规模大的特点，其雇员人数达100人以上。1937年前，许昌城区大小烟行达到百余家，许昌已有“烟都”之称。[1]

第二，牙商组织复杂化，出现了层级网络组织，出现了商业资本与金融资本的结合。例如，在江南丝绸业除了“茧行”、[2]“丝行”等牙商以外，为了解决外地客商的大宗购买与江南机户的零星出售间矛盾，产生了名叫“绸领头（亦称绸领投）”的中间营业商。外地客商需要向本地绸庄、绸行购进之货，绸庄委托“绸领头”即可，“绸领头”便成为绸庄与机户间的“仲卖人”，即经纪人。“绸领头”的经营，开始是到各村坊收绸。后来，由于业务量激增，他不再直接下村坊零星收购，而是坐守镇上，由机户将绸委托“载船人”，运至镇上交“绸领头”。“绸领头”经营的重点各有不同，分生货、熟货、花货、圆卷、扁折、串绸等，佣金也视织物情况和销售情况而有所不同。“绸领头”的主要功能在于按不同的丝绸品种归类分档，评比货物，介绍买卖，促成交易，从中赚取佣金，是地道的市场“经纪人”。晚清时期，绸庄随市场需要不得不积办存货，尤其是资本稍轻的“下县庄”常感资金不足，经常在购进绸匹而尚未发售之际，无力付出现款，只好向“领头”

[1]　详见张彦台：《民国时期华北牙商研究》，河北师范大学博士学位论文，2010年。
[2]　茧行是19世纪后期出现后在丝产区蚕茧交易中的牙行。

欠账或借款，这样绸庄与领头间还常常发生借贷关系。[1]据新编《吴江县志》记载，近代盛泽镇上的绸行达百余家，丝行有近百家，领头有近200家，绸、丝、领三行构成盛泽镇绸市支柱。距离盛泽不到10里的黄溪市，不仅有“绸领头”，还有专门经营蚕丝买卖的牙行商人丝领头。由此，我们可以清晰地看出一个层级性的牙业网络：在对绫绸进行收购与销售的过程中，盛泽镇的绸行充当了这个网络中最高层级的大主人角色，负责客商的大宗货物流通、中转，代客出售商品等业务；绸行下的部分出庄收丝的牙行商人（交易对象主要是机户），处于网络体系中的第二层级；最后一层，便是规模较小的“绸领头”行。机户的产品通过“绸领头”集中到更高一级的市镇市场进行流通买卖。[2]

在抗日战争前，牙商的繁盛也体现在很多牙行业有跑合者的出现。所谓跑合者，指的是除了领有牙帖，有固定行栈的牙商外，在天津商业各行业中均存在着一些并不向政府领取牙帖的牙纪和跑合者，也在市面交易中居媒介地位。此处的牙纪指的是开设行店但并不领取牙帖的牙商，而跑合者多为本行业商号的失业人员，略晓门道，无固定薪金，依托于二三家牙行行栈，往来于行栈与买家之间，常受雇代洽商货，同行栈说合谈买卖。[3]

江南丝绸业绸领投、丝行多是小本经营，没有大量资金现钞，必须仰赖钱庄。而一些实力雄厚的绸行商人也插手金融行业。晚清时期盛泽镇上李晋记绸行的老板李璞山，以5万元收购正大钱庄，更名为晋大钱庄。民国初年升记绸行老板胡季良开设升大银庄，兼营绸、钱二业。此后不少绸业的业主，均投资于钱庄业，商业资本与金融资本的结合更加密切。[4]

第三，牙商同业组织广泛成立，已经发挥积极作用。清代牙商行业组织已经出现，外贸活动中著名的广州“十三行”可视为其中重要的一类。民国时期，工商各业的行业意识得到前所未有的增强，传统行会组织受到激烈挑战，新的行业组织同业公会开始逐渐产生发展。例如“1912年前后，烟台12家粉行商人发起成立粉干公所，会员商共46户。1914年，烟台花生行商人成立花生公所，会

[1]　单强：《略论近代江南市场经纪人》，《苏州大学学报（哲学社会科学版）》1997年第3期。
[2]　赵雯雯：《牙人、市镇与社会变迁——明清江南盛泽镇研究》，青海师范大学硕士学位论文，2016年。
[3]　张彦台：《民国时期华北牙商研究》，河北师范大学博士学位论文，2010年。
[4]　参见郑晓文：《试论明清时期的牙行》，郑州大学硕士学位论文，2002年。

员有花生行栈90户，其中大行栈16户”。1918年北京政府农商部颁行《工商同业公会规则》和《工商同业公会规则施行办法》之后，烟台等地纷纷正式成立牙商同业公会。

近代牙商的同业公会突破了血缘和地缘关系，而由业缘关系为基础，由牙行共同组织起来的经济联合体，是一种牙行业的自律性机构，也是牙行业的新式工商行业组织。牙商同业公会组织是一种正式的行业组织，其组织结构有繁有简。最简单的组织结构由会长、董事和监事组成，例如山东济南建立了粮业、棉业这两个同业公会受会长领导，由董事、监事负责各公会的业务工作。还有的牙商同业组织较复杂包括会长、总管、事务员、稽查员、办事人员等，例如太原米粟业同业公会既是如此。[1]

牙商同业公会在不断加强内外部联系，提升行业经营水平，维护牙商利益的过程中，发挥了重要作用，主要有：

1. 制定各项行业规定维护行业秩序，矫正牙商营业中的各种弊端，使牙行业的自律性不断得到提高，行业经营活动得以顺畅进行。例如，涿鹿县米粟牙行同业公会公议的20条行规对牙行在集市、米铺以及向商号抽取佣金的比例、方法、范围、币制等进行了规范，第6、7条规定了为防止私牙、牙伙偷漏捐用而由村长佐社首管理联单监督交易并适当给予村长补助的方法，第9、10、11、12条规定了牙伙的轮班制度、使用斗只制度、登账制度、向牙行汇报制度等，第8、10、13、15、16、17条规定了本县牙伙或外县牙伙违反相关规定的处罚制度，第15条规定罚金的分配制度，其他还有牙行禁约等等。

牙商同业公会在各业牙商在行业竞争中相互协调等加以规范，维持市场秩序。例如天津斗店公会商议了8条维持期粮市场的办法，斗店公会通过协商，对期粮的时限、收取客户佣金、利息的方式和比例、期粮的交易手续等相关内容讲行了统一规定，这对稳固期粮市场秩序起到了重要的作用。

2. 为维持其社会地位，为更好地开展经营业务，许多牙商同业公会都与官方建立各种关系，协助官方收税。在不损害工商业者重大利益的情况下，组织

[1]　详见张彦台：《民国时期华北牙商研究》，河北师范大学博士学位论文，2010年。

会员贯彻政府意图，承办官方交办的事项。例如，1931年太原米粟业同业公会《管理条例》就规定了同业公会承办官方交办的事项包括："公会应将其所属会员工资、资金数目，开设年月日，信用状况，运销能力，及经营者之品行状况，详细填明，报告粮食管委会"；"公会应将其各地生产情况，消费情况，存货数量，市面情形与米业有关信息，每周列表报告呈送粮食管理委员会"；"公会负责人有传达粮食管理委员会所公布的政策。方针于所属会员，及监督并密报所属会员有无违背粮食管理条例情事之责任"；"公会对粮食运销事宜，须直接向粮管会作任何合理化建议"；"公会需按受粮管会指示，联合会员向指定地区收费"；等等。[1]

3. 反对官方名目繁多的苛捐杂税和各种社会摊派。"明清时期(到19世纪末)官府更注重市场的稳定，而清末至民国时期则更注重税收的增加，并导致牙行制度及税收制度的较大变化。"[2]争取同业经营的优惠税赋、纠正税收弊端就成了牙商同业公会的一项重要任务。如中华全国商会联合会呈请政府事："牙税稽征局及牙税专行、牙货公司之类，皆属前清所无，其所定税则，亦较前清极为加重。违法病商，至于此极。应呈请政府将牙纪专行、稽征牙税局等种种名目，一律撤销，实行商业注册，以符法理"。至1934年全国财政会议议决颁发整理牙税办法，最终确定牙行实施营业税章程。面对民国年间工商业的繁重税务，依靠某个商号的力量是无力与拥有强权的旧中国政府进行讨价还价的，而通过同业公会组织，则促成了与当时政府的沟通与协调，达到维护牙商利益的目的。[3]

牙商同业公会在抵制外国商品的倾销和外国客商的剥削也起到了一定作用。

总之，在近代中国市场上，伴随新式商人势力迅速发展，并不仅是传统商人的没落，牙商这一传统商人的重要类型也发生了上述引人注目的变化。由此反映出近代中国社会经济转型过程的复杂性。

---

[1][3] 详见张彦台：《民国时期华北牙商研究》，河北师范大学博士学位论文，2010年。

[2] 龚关：《官府、牙行与集市——明清至民国时期华北集市的市场制度分析》，《天津商学院学报》2001年第1期。

第六章
近代农村市场的变迁

关于中国传统市场体系如何分级，本书第2卷已经讨论过。[1]中国学术界多数认为，中国传统农村商品市场大致分为两级：初级是由农村交换剩余产品而形成的定期集市，其上是介于县城与乡村之间的市镇。市镇之上的县城市场属于城市市场。中国至近代仍然是个农业国，广大农村市场仍然是全国市场体系必不可少的基础。近代中国农村市场仍然是以数量众多的定期聚会交易的集市[2]为主体，而随着近代商品经济迅速发展，城乡物资交流更加频繁；实行专业分工，分散经营、有固定商业网的集镇专业市场也在不断发展。近代农村土地市场及相应租佃关系在近代也是继承中有所变化。

有学者认为20世纪前期华北地区的农村市场有很大发展，其扩大程度远远超过前人的论断。20世纪前期华北农村经济发展的根本原因，在于自由市场经济制度的逐步形成和农民私有产权的建立。[3]该学者指出："在整个中国近代历史上，集镇经济是介于传统经济部分与现代经济部分之间的二元经济混合体。只有研究集镇经济才能看清中国由传统的封建经济向现代经济转型的轨迹。"[4]这个观点应引起人们的注意。

---

[1] 其中美国学者施坚雅关于中国的市场体系的理论影响较大。施坚雅把中国近世市场体系分成6个层次，其中最低的三级分别是标准市场、中介市场、中心市场。

[2] 集市，亦称市集，一般指的是进行产品交易的固定场所，"是在一个指定的地点每隔一定的时间买者和卖者会聚在一起进行商品交易等活动，是一个有组织的公共场所"。

[3] 慈鸿飞：《二十世纪前期华北地区的农村商品市场与资本市场》，《中国社会科学》1998年第1期。

[4] 慈鸿飞：《近代中国镇、集发展的数量分析》，《中国社会科学》1996年第2期。

第一节 农村商品市场的发展

有学者指出:农村集镇只有在农民需求扩大和农村市场发展的基础上才会产生,而作为其各自地区农村市场之龙头的集镇会带动农村市场的进一步发展。这也就是为什么只有在商品经济发达的地区如长江三角洲、珠江三角洲才有大量市镇涌现,而经济发展缓慢的地区则长期停留在"日中为市"的阶段。[1]我们在这节分别讨论近代农村集市和市镇的发展,再专门论述农副产品专业市场的发展。

一、集市的发展

乡村集市在近代属于基层商品交易市场。近代中国农村市场仍以定期聚会交易的集市为主体。集市在中国不同地区有不同的名称,山东、山西、河北、河南、安徽、陕西、苏北等地区取"约时群集"之意称为"集",当地人们把到集日的活动称为"赶集",历来有"三乡五里赶大集"的民谣;川陕等地的集市称"场",陕西关中一带则称集市为"会",取集市的会聚之义,华北的"赶集"在这里称为"赶会";江西、福建、广东、广西等地称为"墟",则取"以市之所在,有人则满,无人则虚"之意;而江南的苏、浙地区则称为"市";其他如广西有些地区称为"圩",云南有些地区称为"街子"。古代集市为一般在乡村交通方便之处设立,往往让四方乡民步行半日能够到达,以便其交易后回村。[2]

集市散落在乡间,主要服务对象为农民。作为农民之间余缺调剂的场所,乡村集市千百年来交换的内容主要为:(1)粮食的季节性卖出和买进及品种的交换;(2)为完纳国家税收和向地主缴纳地租出卖其产品以换取所需的货币收入;(3)以多余的农产品交换自己生活和生产所需的手工业品(如盐、布等)和

[1] 慈鸿飞:《近代中国镇、集发展的数量分析》,《中国社会科学》1996年第2期。
[2] 从村庄到集市的距离大概在10里到30里。见韩茂莉:《近代山西乡村集市的地理空间与社会环境》,《中国经济史研究》2017年第1期。

牲畜(如牛、马等)。[1]传统农业社会中村民无论作为买者还是卖者,始终是乡村集市的主角。村民不仅在集市上完成交易,且将这里作为进行娱乐、社交的重要场合。因此集市对于村民而言意义远远超出交易本身。近代集市设立越来越密集,许多农民的"交换半径"[2]里已经不局限于一个集市了。

1. 华北集市

关于华北[3]地区近代农村市场的研究成果较多。其中,李景汉在20世纪30年代的定县社会概况调查中曾经提到当地80多个乡村集市。这些乡村集市在21世纪初"依然如故,每旬两集的'插花集'传统没有任何变化"。[4]

华北农业生产有悠久的历史,及至晚清棉花、烟草等重要经济作物的种植生产在很多州县已有相当规模的发展,农业经济作物的种植面积有明显增加,如河北的冀州、赵州、深州、定州,"栽培棉花者十之八九",农副产品加工业也获得极大发展。例如,河北栾城县位于华北平原之中部略偏西,面积约320平方公里,全县在晚清时不到10万人,共151个村镇。栾城县富于井灌水利,耕地4 000余顷,棉花地占六成,谷物耕地只占四成,不足以供民食,须从县境外贩运;而棉花则多售与晋、豫商贾,村民售棉以易粟。栾城男女勤纺,共操作,冬日妇女同巷夜织。乡民以棉布交易谋朝夕。可见栾城是一个有不小的商品流通需要的地区,但同治《栾城县志》卷2记全县村镇市集只有3处:在城集,集期为旬之一、三、六、八日;[5]冶河铺集,在县城之西北20里,集期为四、九日;西马营房集,在县城西南20里,集期为二、七日。栾城县集市的数量远低于晚清直隶州县集市的数量,每个集市圈的平均面积在100平方

[1] 刘佛丁、王玉茹、于建玮:《近代中国的经济发展》,济南:山东人民出版社,1997年,第229页。
[2] 李埏教授提出"耕作半径"与"交换半径"的概念分析农村社会空间结构,其中"交换半径"则可以分为两种形态:一种是以农民居住地为圆心辐射出去的半日程,以这个半径所作的圆,就是这一居住地的农户交换的地理范围,凡在这个圆中的集市,他们都能去;另一种表现形态则是以集市为圆心,以半日程的行进时间为半径,画一个圆,圆内农民就是能到这个集市上来交易的居民。见龙登高:《商品经济、土地制度与中国经济发展史——李埏教授治学专访》,《中国经济史研究》2000年第1期。
[3] 新中国成立后华北大行政区包括北京市、天津市,河北省、山西省,内蒙古自治区。在龚关、王庆成等学者看来,山东也属于华北。我们亦采用如此观点。
[4] 奂平清:《华北乡村集市变迁与社会结构转型》,中国人民大学博士学位论文,2005年。
[5] 农历,下同。

公里以上。正定县曾经是清直隶巡抚驻地，面积约580平方公里，除县城外，有210个村镇，连县城共10万多人。正定凿井水利十分发达，农产以小麦、棉花为著。据光绪《正定县志》卷3，全县的集市数共17处，为栾城县集市数的近6倍。较之它面积上比栾城县广81%，人口多26%。正定县西北相邻的灵寿县，同属正定府，面积达990余平方公里，为栾城县的3倍，但约占县境近一半的西北部地区是山区，中部为丘陵，东南部为冲积平原。同治十三年（1874）《灵寿县志》记，全县有民户16 643，人口数估计应有八九万，卷1“地理”记，村镇数共145，集市连在城集共有6处。获鹿县也属正定府，在栾城的西北，西部属太行山的丘陵地区，东部是洪积平原，面积约630平方公里，较栾城县约大1倍，人口亦约为栾城之1倍。粮食作物有小麦、玉米、谷子、高粱等，经济作物主要也是棉花。获鹿还是各种砂铸炊具器皿的中心。但它并不生产铁，铁器来源是山西平定州、潞安府及盂县等地，获鹿只是商业中心，其店铺里摆有许多平底锅、水壶等器皿。获鹿县的农产品和煤、铁器具还有营销，使其商业呈现一定的繁盛。该县集市在清中期原有8处，咸丰、同治时期新增集市9处，均每旬2集，集市数大大超过栾城；即便以人口、地域平均，其密度亦超过栾城1倍有余。光绪《获鹿县志》“市集”篇论曰：“获鹿地当孔道，百货齐集，尤盛于他邑。”获鹿县之西为井陉县。井陉虽是山区，亦有相当之农作，但山田薄壤，生计艰窘，仍须依靠多种途径以谋生。所谓“士苦于贫乏者多，故耕读兼营”。井陉地下藏煤颇富，乡民“向靠驮煤营生，家畜驴头，每日出里巷，无论老弱，背负大煤一块，赶驴一头，约可驮煤百斤内外……每站三四十里，每头每站脚钱不过四五十文……雇驴贩煤亦属贫民……自关门贩至获鹿落行，每百斤煤不过值钱五百内外，驴头已换四次，山路已逾百里”。贫民驮煤入市，多为正定县所需。又山石绵亘之处所生杂木，“民之业兹土者，无以供粮差，给衣食，各自采取杂植，磨成香面，变易钱米，以办粮差，给衣食”。井陉之民谋生较艰苦，如“入土掏煤，一二月始一上；去获鹿发卖煤炭香木磁器，一日往返，夜不能寝”；入山采香木，每有被虎伤害者。但这些艰苦劳动的成果，是井陉必须有集市的基础之一。井陉粮食须由山西补充供给，所需棉花、布匹则仰给于栾城、正定等处，尤有赖于市场。正定县北与新乐县相邻，新乐之东南为无极县，均属正定府。新乐县，光绪初年14 720户，70 957口，全县面积506平方公里，集市4处，约125个村。无极县全境平原，广2 851平方公里，共181个村镇，光绪年（未记具体年份）户23 024，口122 693，有集市9处。《新乐县志》“艺文编”刊有竹枝词多首，其中有：“半种棉花半种田，农家计算亦周全，但期秋暖频开放，多卖耕耘本分钱”；“晴日西风缀白棉，采花结队到南阡”；“女工辛苦胜锄禾”等句，具见棉花生产采摘和纺纱之景象。又有句咏集市：“集市由来五日期，买花卖线各奔驰。自然获得辛勤利，聊补春耕不足时。”可为栽种棉花和买花纺线的家庭手工业及与集市有密切关系之具体写照。定州集市贸易的品种，大致只是一般民生和农用物品。[1]据光绪《直隶定州志》，19世纪下半叶时定州有11集，其中镇集9个，村集2个。根据《定县社会概况调查》，1930年时定县集市猛增到了83集，与清末相比增加7.5倍。这与定县无论在清末还是在民国时期都是河北省商品经济最发达的地区有关，也可能与定县在民国时被作为“实验县”“模范县”有关。[2]

又如山东潍县县志载：潍县“行商坐贾日有增加，故山会市集之设立亦与人口而俱繁矣。……清康熙志市二，一在城内大街十字口，一在东关大街十字口；集场在城内者革，在东关者四，在南关、西关、北关者各一，在乡者十七。……乾隆志与康熙志同。光绪乡土志集场七十有三，在城内南门者一，在东关沙滩者一，其余七十一皆在乡”。[3]可见随着华北的人口增长和农业手工业发展，乡村集市数量也颇有增长。晚清时期直隶省每州县的集市数平均为15—16处，较清前期增加60%—80%；山东省每州县集市数平均为28—29处，为清前期之195%—215%。[4]

随着商品经济发展，近代华北农村乡民赶集不仅仅限于最近之集，附近各集都是人们进行交易的场所，“商人更是频繁来往于各集市之间，因此，为了便

[1] 据同治《栾城县志》、光绪《正定县志》、光绪《获鹿县志》等，转引自王庆成：《晚清华北的集市和集市圈》，《近代史研究》2004年第4期。
[2] 奂平清：《华北乡村集市变迁与社会结构转型》，中国人民大学博士学位论文，2005年；慈鸿飞：《近代中国镇、集发展的数量分析》，《中国社会科学》1996年第2期。
[3] 《潍县志稿》卷7，会集，民国三十年铅印本。
[4] 王庆成：《晚清华北的集市和集市圈》，《近代史研究》2004年第4期。

于人们赶集，临近各集在集期的安排上往往是相互错开的”。在河北新河，农村交易“均有定期以通有无，各市日期交错，概皆五日一市，如甲村之市每逢月之三、八日，乙市则二、七日，丙市则为五、十日”；20世纪30年代在山东邹平也是“临近各集的集期是各不相同的，以免冲突”。一些地方把这一现象称为“插花集”。同样道理，相邻的大集之间集期往往也是错开的，但也不排除有相同的，河北深州相距约5公里的玉章市集和王家井集都是二、七日开集。[1]

表6–1　清末至民国年间华北各地集市开市日期统计表[2]

地　　区	集市数	平均每天开集数
河北宁津	30	6.0
河北满城	20	5.0
山东茌平	31	6.6
山东掖县	69	13.8
山东潍县	93	22.2

华北各地集市开市频率大致可分两种情况：（1）山东、河北两省以五日一集为主，其中山东90%以上都是五日一集；（2）山西以隔日集为最多，占近一半，其次是每旬三集、二集，共占近一半（参见表6–2）。也就是说，在集市的开市频率上，山西要比河北、山东高。一般认为集市的开市频率与商品经济发展程度是成正比的，但就华北地区来看，这二者之间并不必然表现为正比的关系。[3]随着农村商品经济发展，山西高平县马村镇集期由清代间隔三天改为民国年间的两天。[4]

[1][3]　龚关：《近代华北集市的发展》，《近代史研究》2001年第1期。
[2]　据龚关：《近代华北集市的发展》，《近代史研究》2001年第1期表1改编。
[4]　韩茂莉：《近代山西乡村集市的地理空间与社会环境》，《中国经济史研究》2017年第1期。

表6–2　清末至民国年间华北各省集市开市频率统计表[1]

省　份	山　东	河　北	山　西
常日集	6（占比0.93%）	5（占比0.64%）	7（占比3.38%）
每旬五集	3	45	89（占比43.0%）
每旬四集	40（占比6.2%）	82（占比10.51%）	5
每旬三集	4	28	48
每旬二集	592（占比91.78%）	620（占比79.49%）	50（占比24.15%）
每旬一集	—	—	8

表6–3　河北省各历史时期集市密度对照[2]

时　　期	清前期	清后期	民国时期
集市密度	1.44	1.71	2.50
相比前期集市增长度		18.8%	46.2%

2. 其他地区集市

中国其他地区传统农村经济社会也以集市作为物质流通的集散场地，为农村的土特产品、手工产品和城市工业制成品等提供了流通的平台，满足了各个地区之间不同种类、层次的物质交流需要，刺激了农村地区乃至城市经济的繁荣。随着商品经济发展，华东地区农村集市在近代集期和集市密集程度也在增加。例如，慈溪县在康熙年间一般是每旬两集，如上横街市，逢一、六有市集；下横街市，逢四、八有市集；此时还出现了以集期命名的集市——三七市等；到光绪年间，慈溪县大部分集市都发展成为每旬四集或者是隔日市，如罗江市，逢二五七九日有市集；三七市，逢三五七十日有市集；河头市，逢二四六八十日有

[1]　据龚关：《近代华北集市的发展》，《近代史研究》2001年第1期表2改编。

[2]　据宾长初：《近代中国镇、集的发展和变迁》，《中国社会科学院研究生院学报》2002年第5期表1改编。

市集；文溪市，逢二四六八十日有市集；洪塘市，逢一三五七九日有市集。民国时期，宁波地区集市数量达到了280多个，较民国以前有了大幅度增长。其集市数量鄞县由之前的70个增加到92个，象山达到了48个、镇海49个、慈溪39个、奉化为45个左右。[1]江西农村集市近代继续发展，到光绪年间全省共有1 700多个墟市。以1887年人口24 559千人估算，每个墟市平均覆盖约14 446人；同一时期江西的面积约为16万平方千米，则每个墟市平均覆盖为94平方千米、活动半径为5.81公里，由此可见，光绪年间，江西已形成了一个具有相当规模的农村墟市网。然而因为近代全国贸易中心由广州转移到上海，穿过江西境内的赣江—大庾岭商道日趋萧条，江西墟市大受影响，也出现墟市贸易萧条直至被废的情况。这种情况尤以赣南地区表现最明显，如零都废24个，瑞金减6个，石城减8个，赣县减11个。新式交通路线的兴起，也导致原有交通不便的集市消失或被邻近公路的集市所兼并。在一些墟市消失的同时，也有一些新的墟市不断兴起。即新的交通沿线兴起了一些新的墟市，如瑞金的武阳、谢坊、日东等墟镇也是现代公路的修建并通车后兴起的。另外，农村商品经济的进一步发展，促使了一些地方墟市增加，如庐陵墟市由同治时32个发展到民国时43个，丰城墟市由同治时20个发展到民国时48个，东乡墟市由同治时11个发展到民国时18个。这一减一增使得江西农村墟市从总体来说数量变化不大，直到解放前，全省共有集市1 746个。近代江西农村集市布局日趋合理，交通便利，服务功能增强，赴集人数增多，商品流量增加，使农村集市网络更趋有效。[2]

珠江三角洲近世墟市的蜂起，无疑是商品经济发展的结果。广东南海县九江堡墟市，道光十五年（1835）有17个，同治十八年（1874）增加了4个，宣统二年（1910）又增加了8个。但是，墟市的创建和发展过程中，始终没有逃脱封建宗族势力的影响。墟市由某一士绅富户所独建，或由他们首倡建置，但更多的是由一个或数个巨姓大族所创立，也有由寺庙创建的。有的墟市名为一乡或数乡合建，实际上是由该墟市贸易范围内的士绅或各巨族的族绅所操纵。随着墟市的发展，征得的墟场税等也日渐增多。因利薮之所在，墟市成为各宗族或势豪间

[1]　陈吉光：《民国时期宁波集市研究》，宁波大学硕士学位论文，2010年。
[2]　孙桂珍：《近代江西农村市场研究》，江西师范大学硕士学位论文，2003年。

争夺的对象。[1]

伴随近世商品经济发展，西南民族地区的墟市也有明显发展。西南民族地区多有冠以十二干支和十二支兽名称的定期市场，如龙街、狗街、鸡场、鼠场等。十二干支的集贸市场周期性可谓“西南地区传统集贸市场的整体性特征”。[2]

3. 集市的“经济含量”等

近代各州县有不同数量的集市，而每个集市的“经济含量”是不同的。近代农村集市也有大集与小集之分。民国《周至县志》“市集志”言明：“集分大小，粮食蔬菜者为小集，市牲畜及诸物者为大集。”民初《盐山县志》则将本县集市分为3级，以酒肉蔬菜、粮食、牲畜、木植、棉布、柴草、鱼、鸡鸭8类货物为准，8类俱全的市场为大集，不备牲畜、木植者为中集，只有酒肉蔬菜、粮食者为小集。民国《青县志》亦记载：“大集鱼肉、鸡鸭、菜蔬、柴草、估衣用品俱全，小集稍逊。”归纳以上数说，集之大小系以交易物品区分：只有米、粮、蔬菜交易者为小集，除米、粮、蔬菜外有“杂货”“诸物”“牲畜”“木植”等交易者为大集。这种以交易品种区分的大小集，其中自亦有货币量多少的因素，牲畜、木植诸物货币价值较大。[3]定州“大集日有牲口和猪的买卖，小集日无此两项，其他略同”。[4]还有除交易品种外又以赴市人数多少相区分者，民国山东《牟平县志》记载：大集，凡当地产品如食粮、柴薪、果品、牲畜、鸡鸭、海鲜、杂品，莫不聚集，小贩且有来自外地者，聚会恒达数万人；小集，各物品数量较大集少，比例当在百分之二三十。又有学者认为：大集竟日成市，小集过午即散。综合以上各种情况，可以认为大集商品较丰富，贸易较繁盛，市场圈较大，赴集人数较多，交易时间较长，小集则反之。这些差别，归结起来最重要的，实际上也就是商品量多少和贸

[1] 叶显恩、谭棣华：《明清珠江三角洲农业商业化与墟市的发展》，《广东社会科学》1984年第2期；又见《中国人民大学报刊复印资料（经济史）》1985年第2期。

[2] 万红：《中国西南民族地区市场的起源与历史形成》，中国社会科学院研究生院博士学位论文，2002年。该文没有明确点出，既然是“十二干支的集贸市场周期性”，意即每12日一集。当代则有6天一轮回。例如，贵州省平塘县平湖（县城所在地）赶龙、狗，摆茹赶蛇、猪，马场赶鼠、马，西凉赶牛、羊，牙舟赶虎、猴，兔场赶兔、鸡等，全县基本上每天总有地方在赶场。流动商则是肩挑货物，一天一个地方，赶“转转场”。

[3] 王庆成：《晚清华北的集市和集市圈》，《近代史研究》2004年第4期。

[4] 奂平清：《华北乡村集市变迁与社会结构转型》，中国人民大学博士学位论文，2005年。

易量大小的不同，也就是大小集在商业上的地位和重要性的不同。[1]

王庆成主要依据晚清华北的若干地方志资料，显示了不同地区、不同州县集市数量的悬殊及其与人口、地域、经济的联系，并根据所研究的华北若干州县的集村比率、人口密度、市场面积、市场人口的实际数字，他认为施坚雅关于"基层市场社区的平均面积和人口"理论，基本上不符合实际。他指出：定兴物产以小麦为主，且质量较佳。在晚清时期，农民生活贫苦，生产小麦都以之出售，换取粗粮并掺野菜以果腹，故出产小麦即意味着需要依赖市场；巨鹿人多质实，地肥瘠不等，五谷皆宜，兼种棉花，并多果实；又说，妇女专以织绩为业，男子无事亦佐理之，每值冬令，机杼之声彻夜不断，虽土瘠民贫，而抱布贸丝皆足自给；县民生齿繁盛，贫约者多，谋生者艰。经济作物和家庭纺织之盛，可能是巨鹿县集市较密集之一因，亦可见当时的商品经济与糊口生活之关系。王庆成认为，晚清农民贫困加剧，农民为维生而会更多地卷入商品经济，这对集市贸易量和集市数增长都起着作用，故贫困是晚清北方农村商品流通量扩大的原因之一。[2]

王庆成还提出了"集市圈"这一概念，例如他指出"青县8集中有3个大集：县城集，赶集村98，集市圈南北的远点约20公里，东西的远点约18公里，围绕县城而略成椭圆形；兴济镇集，赶集村91，集市圈东西远点约22公里，南北远点约24公里，略呈菱形；县南境的杜林镇，赶集者58村，居第三，集市圈东西远点约10公里，南北远点约12公里，略呈圆形。中等的3集，集市圈各有20余或30余村；最小的两集，各数村，本身还去赶杜林集"；"杜林镇集市圈内有百户以上村庄10处，镇东北及西南有两村各有客店，其中之一即山呼庄的客店，另一处是37户的小村而有一家客店。圈内59村镇共民田49 524亩，约占全县民田之6.8%，人均2.28亩，仅为全县平均4.93亩的46.2%；旗地约占全县14%，人均0.66亩，也略少于全县人均0.69亩"；"杜林集市圈土地不足，而织布手工业和畜牧牛羊应不少，集市里粮石、牲畜、菜蔬、果品、棉花用品俱有，土产棉布尤为特色，回

[1] [2] 王庆成：《晚清华北的集市和集市圈》，《近代史研究》2004年第4期。

民售牛羊肉者颇众”。[1]

龚关对近代华北集市的发展状况做了研究，指出清末到民国前期是华北集市的一个重大发展时期，这既是华北地区在近代尤其是清末民初商品化快速发展的一个侧面反映，也是华北区域市场发展迥异于江南地区的一个特点。[2]

4.“庙市”

近代中国农村定期集市还存在着另外一种形式，我们可以称为“庙市”（或庙会）。这是在我国传统社会中普遍存在的一种交易形式。庙市首先是依托庙会、社火等传统社会的宗教节庆、祭祀等活动而逐渐形成的。它对庙宇、道观、一些神祇以及各行各业祖师爷的供奉场所，有着先天的依附性，是在宗教信仰、神祇祭奠活动等形势下的集市贸易行为。这种集市同样具有定期性，一般是在宗教节庆、各神祇诞辰或祭祀之日等。庙会与普通集市不同的地方就是，它一般每年一度或者每年几次定期举行；在庙会中一般会有以祭拜活动为主题的迎神赛会活动；比一般的集市更具社交和娱乐性。在传统农业社会中，缺少娱乐，庙会成为人们难得的娱乐机会。在华北乡村，各地庙宇增多，求神拜佛的活动和集会增多，庙前往往搭台唱戏，民间的戏曲、杂技、歌舞往往在此举行，游玩看戏的人也增多，商贩也汇聚，利用庙会做买卖。这样，庙会就变成求神、娱乐、买卖的综合性场地。及至近代，庙会宗教迷信色彩已经大大减弱，成为物资交流大会。有的庙会甚至变成了单纯的商品交易场所。例如翟城的庙会，名为庙会，其实在立会之时就没有庙，只不过是把一年中一个集日——十月初四（翟城集期为四、九日）办成了一个规模更大的集市而已。从定州庙会举办的时间来看，在农历三月举办的庙会最多，占庙会总数的22%，然后依次是十月（占21%）、四月（18%）、二月（17%）、九月（8%）、正月（4%），这六个月份举行的庙

[1]　王庆成：《晚清华北的集市和集市圈》，《近代史研究》2004年第4期。王庆成的“集市圈”含义与李埏的“交换半径”第二种表现形态、韩茂莉的集市“客源区”相近，不同处主要有两方面：一是“交换半径”是理论推论，以集市为圆心，乡民步行半日程为半径，大小既定；而“集市圈”是根据实证资料划定，各集市大小不一，需要逐一考订；二是华北村民赶集时的运输方法除肩挑背负之外，还有用大小车拉、牲口驮等方式，“半径”比乡民步行半日程似乎要大一些。“集市圈”与“交换半径”“客源区”都值得进一步讨论。

[2]　龚关：《近代华北集市的发展》，《近代史研究》2001年第1期。

会，占了定州庙会总数的90%。庙会是宗教、迷信风俗与经济交易完美结合的产物。大多数传统庙会的起源都与宗教迷信有密切的联系，逐步融宗教、娱乐和商贸功能为一体。[1]山西太原小店镇凭借交通便利的地理条件及以求子拜佛为目的的庙会逐渐发展为购置农具、籽种、牲口的春季备耕会以及"三夏""三秋"筹备会所有这些不定期的交易活动，逢双为集期的定期市就在此基础上出现了。[2]庙会期间，人山人海，摩肩接踵，四方客商，八方游贩，齐聚庙前，一日之间，往往交易数万人次。[3]

华东宁波农村每逢庙会之时，有大量的文艺活动，如迎神、迎旗、彩灯、狮灯、龙灯、踩高跷、甩彩瓶等。四方摊贩也云集于此，交易的商品琳琅满目，当然一些跑江湖的医药郎中、相面算卦的也都来此来兜揽生意。庙会之时人山人海，人们穿上新装，呼朋唤友一起游玩，来享受这难得的娱乐机会。民国时期，鄞县主要庙市中，三月三因为插秧在即，商品以犁耙、锄头、蓑衣、斗笠等为主；六月六因早稻收割前，以镰刀、扫帚、竹箩、畚斗等为主；十月十天气开始转冷，庙市则以冬令商品、衣着类为主。每逢庙会之时，各地商贾汇聚于此，市场规模宏大，交易也十分兴旺，享誉于百里之外。[4]

西南少数民族存在着各种交游节日，如苗族的"跳场"、壮族的"歌好"、壮侗等族盛行的"三月三"、傣族的开门节、哈尼族的"仰阿纳"、彝族的"三月会"和"插花会"、白族的"石宝山歌会"和"绕三灵"等。这些节日兼有年节、祭天、祭祖、祭祀本民族英雄，又有男女交游、庆贺、歌舞、集市贸易等内容。西南各民族还依据其农事生产、节令的需要创造了一些单纯主题的集贸节日，如"丽江骡马会""鹤庆骡马会""白沙农具会"等，形成了西南民族具有特色的另一类节日型集市。[5]

近代中国战乱较多，一些镇、集难免会毁于战火，但是总的来讲农村集市还

---

[1] 奂平清：《华北乡村集市变迁与社会结构转型》，中国人民大学博士学位论文，2005年。
[2] 韩茂莉：《近代山西乡村集市的地理空间与社会环境》，《中国经济史研究》2017年第1期。
[3] 慈鸿飞：《近代中国镇、集发展的数量分析》，《中国社会科学》1996年第2期。
[4] 陈吉光：《民国时期宁波集市研究》，宁波大学硕士学位论文，2010年。
[5] 万红：《中国西南民族地区市场的起源与历史形成》，中国社会科学院研究生院博士学位论文，2002年。

是在迅速增多。[1]集市增多及庙会的市场化，可谓近代中国农村市场的一个重要变化。

二、市镇的发展

1. 从集市到市镇

据近代李景汉等人在河北定县调查的资料，当时定县的买卖都集中在集日，但“到了不集之日，农村中亦有一种很方便的交易”，既常日开设的店铺交易。有集市村庄的店铺，其交易量在集日要比平日大。在集日，店铺主会将物品摆放到集市上，也有在自己的店铺前形成一个摊位。平民教育会于1930年在定县组织了乡城及乡村铺店调查，全县有大小商店2 228家，其中城内467家，三城关（南、东、西关）187家，453个村镇1 574家。而城内467家中，以资本500元以下的小杂货铺为最多，计41家；其次为钱铺，计39家；再次为小饭铺、栈房、茶馆、烧饼铺、洋布庄、药铺、大杂货铺、酒栈、粮局、大饭铺等。500元以上1 000元以下的57家，1万元以上的20家。从业人数共计1 985人，其中女子仅31人。从业人员中学徒392人。定县453村镇中，无商店的小村有155个村；而有商店的，以1—4户的村为最多，计215村；5—9户的村有54个，10—20户的又次之，有19个村；超过20户的最少，计10个村。店铺主要商业活动，输出以棉、土布、梨、眼药、粮食、花生为大宗，输入以碱、火柴、煤油、纸烟为大宗。[2]

集市的特点是其物品新鲜、价格低廉和交易直接且相对公正，但是集市的局限性在于它不适合于可长期储藏的复杂物品的售卖，而且物品的价格越高，讨价还价越困难，集市交易的不确定（如交易断断续续，交易关系也游离不定），使得赊账买卖不易进行。可以说，简单的交易规则保证了集市这一简单的市场交易形式的存在，同时也限制了市场贸易的扩展。店铺则较少受时间限制，假日和夜晚也可以营业，店铺的发展使贸易和劳动分工合作在时空上有了大的扩

[1] 参见慈鸿飞：《近代中国镇、集发展的数量分析》，《中国社会科学》1996年第2期；宾长初：《近代中国镇、集的发展和变迁》，《中国社会科学院研究生院学报》2002年第5期。

[2] 奂平清：《华北乡村集市变迁与社会结构转型》，中国人民大学博士学位论文，2005年。

展。因此随着农村市场的发展，较为高级的市场形式——店铺必将与集市展开竞争。集市与店铺之间既是一种竞争，店铺也往往借助于集市而生存和发展。办在集市街面上的店铺，集市日也是其交易的最佳时机。“集市使一切加快节奏，甚至也合乎情理地使店铺的生意兴旺。”[1]

集市中固定店铺的出现和增长，说明此时期的乡村经济已经足以维持一些固定店铺，是基层市场对乡村市场需求刺激的反应。这些店铺基本上涉及居民生活的方方面面，有钱庄、药店、布店、砖瓦以及柴米油盐等各色杂货。在经济较发达和交通便利的地区集市固定店铺也较多，在经济欠发达、交通不便的地区集市发展程度低，没有或少有固定商铺。例如广西边远山区的一些圩镇由于经济欠发达，及至近代仍然没有固定商铺。[2]而在近代浙江农村营业店铺明显增加，以黄古林市、凤岙市、鄞江桥市为例，集日店铺数量会达到81家、98家和160余家。这些店铺形成了一个初级的商业体系，乡区居民在这些市场中基本上可以获得所有的生产生活所需，并可以将自己生产的农业产品、手工业制品拿到这里来销售，以换取家用。这些固定店铺的出现和增加是一次不小的突破。在之前的集市中固定店铺很少，甚至没有，附近居民只是在逢集之时汇集于集市，货贩设摊于斯。人们从水路或者陆路赶到这里，购买自己生产、生活所需，出卖自己的农业剩余产品或手工业品。在逢集的时候这里熙熙攘攘一派繁荣景象，但集市过后平时交易的街道、河道等就没了当时的喧嚣。而固定店铺的出现，使得周边居民不再仅仅局限于逢集之时前来购买自己所需要的产品，而是根据自己的时间可以自由决定。他们可以根据自己的需要自由决定购买所需商品。这就大大方便了居民生活，同时也促进了这些集市的繁荣和城镇化的发展。[3]

河北定县农村中除了开设杂货铺以外，还有货郎挑担或推车走村串巷去卖，所卖的物品有煤油、香油、棉花子油、豆腐、豆芽、韭菜小葱、洋布、黄瓜、甜瓜、西瓜、桃梨、杏柿、葡萄、瓦盆、琉璃盆、香纸、榆面、粉条、凉粉、蒸饼、烧饼、瓜

[1] 奂平清：《华北乡村集市变迁与社会结构转型》，中国人民大学博士学位论文，2005年。
[2] 宾长初：《近代中国镇、集的发展和变迁》，《中国社会科学院研究生院学报》2002年第5期。
[3] 陈吉光：《民国时期宁波集市研究》，宁波大学硕士学位论文，2010年。

子、煎饼、猪牛羊肉、席子、首饰、颜料、小鸡等等，可以用铜元买，也可以用农家一些物品换取，如棉花籽换煤油、芝麻换香油，以及用鸡蛋换取其他物品等等。除以上种种以物到乡间易钱之外，还有许多的东西不到集市上去买，而是商贩走村串巷，或挑担、或推车，或套大车去够购，所收购之物，如树木、肥猪、鸡、鸡蛋、棉花、碎铁碎铜、骨头等。另外，还有以手艺去乡间换钱的，如打铁的、锯盆的、打锡壶、钉瓮、磨剪刀、补箩筐、修扎花轴等等，不一而足。[1]

集市中固定店铺的增多为集市发展成更高一级的市镇（Market Town）奠定了物质基础，常日市的发展在习俗上为形成新的市镇创造了条件，而市镇的发展又成为近代中国农村市场的又一个重要变化。市镇是介于县城与村落之间的具有相对独立性的商业聚集地，[2]关于市镇的性质，即市镇属于城市、还是属于农村？学界对此看法不一。本书第二卷对此已经讨论过，第二卷编写者认为市镇属于农村经济范畴。第三卷这里有必要指出，近世以来中国城市化不断发展，市镇的性质也在城市化渐进过程中发生变化，而且各个市镇情况不一，但是总体来看中国至近代多数市镇仍然植根于农村，仍然具有对“自然经济补充的性质”，仍然属于农村经济范畴。

2. 华北市镇

近代华北市镇有明显发展。例如，河北1930年定县已有10个“集镇”；[3]又如，青县兴济镇位于县城东南30里，本镇人口数超过青县县城，有861户，4 468人，客店9座，一、六有集，权量为每斗卫斛20升，秤16两，尺10寸，与在城集同。连本镇，集市圈共92村镇，兴济镇位于县境中间略偏东。92村镇共6 788户，35 475人，超过县城集集市圈。集市圈内，除本镇，还有百户以上较大村庄13处；周围10村有客店12座，也约略与县城相当或稍超过。土地状况则较优于县城集市圈：民田共312 297亩，旗地17 049亩。民田约占全县民田43%，人均8.8亩，较全县人均民田4.93亩高出78.6%，而旗地人均仅0.48亩，为全县人均旗地

[1] 奂平清：《华北乡村集市变迁与社会结构转型》，中国人民大学博士学位论文，2005年。
[2] 按照百度解释，市镇是“县级以下，有一定区域经济、文化和生活服务中心的镇，商业活动较为发达，由集镇发展而来”。
[3] 在中文资料中，常把“市镇”和“集镇”混同使用。

0.69亩的69.6%。这意味着兴济镇集市圈内居民比较丰裕，集市的经济商业活动有较好的基础。晚清时期兴济集的活动已难以具体得知，民国《青县志》记兴济集的情况说："粮石、牲畜、菜蔬、鱼肉、鸡鸭、柴草、木植、杂货等日用品无不具备；秋间上市粮石车辆动达数千，为卫河上下游集市所仅见。"[1]

在传统经济中，"高一级的集镇的贸易总量大于它下属的任何一个基层集镇，集期往往随着一个市场由低层次向高层次的发展而增加，19世纪时每日集在中心市场相当常见。市场交换中供给一方的坐商对行商的比例如同镇上店铺与商号的绝对数量一样也持续增长"；"自己兼行推销的生产者通常出现在基层市场上，在中心市场上则极为少见。中心市场的专业化商店代替了基层市场上的杂货店；土特产商人成为专营花生或稻米的商人。经济职能的更细的分工既是传统市场向现代市镇转化的特征，也是传统中心地等级提高的特征"。[2]

3. 江南市镇

近代江南水乡市镇的发展另具有水乡的特色。江南农村水网四通八达，水路交通便利，市镇多位于水路要冲。例如，吴江县的市镇基本上分布在水运沿线；苏州府娄塘镇介于刘河与练祁塘两大干流的中间地带，黄渡与南翔二镇位于吴淞江两岸，罗店镇周围河道交错，这些河道使罗店镇与四乡村庄及邻近市镇连为一体。樊树志将水乡市镇与河流的空间关系概括为"十字港型""丁字港型"和"一河二街型"三种。[3]

江南密如蛛网的水道因而深刻地影响着城乡之间的联络。乡民平日运肥料、买柴米，均离不开船只，所以，他们往往"以舟楫为艺，出入江湖，动必以舟……老稚皆善操舟"。农船是江南农民生产所不可或缺的运输工具，体积小，构造简洁，几乎每家都有。没有船的农户，如需用船，要向邻近的农户租赁。除了农船还有运载乘客的专门的客船，亦称"航船"。航船有夜航船、快班船之分。夜航船穿越县境达邻近城镇，航途较远，"小者近在百里之内，大者直通江河，千

[1] 王庆成：《晚清华北的集市和集市圈》，《近代史研究》2004年第4期。
[2] （美）G. W. 施坚雅：《中国农村的市场和社会结构》，史建云、徐秀丽译，北京：中国社会科学出版社，1998年，第93页。
[3] 详见樊树志：《明清江南市镇探微》，上海：复旦大学出版社，1990年，第109—111页。

里而遥”，夜航船一般速度较慢，为解旅途寂寞，乘客往往相互攀谈，因此成为传播社会新闻、民间传说的场所。快班船是指乡村到县境内主要城镇的航船，方便农民进城赶集早出夜归。更多的江南船只要担任运货任务，使城乡物流得以畅达。主要的货船有满江红、无锡快等，“往来江浙间也”。吴江有一种米商专用的“荐集船”贩卖稻粱；嘉定西门乡市内船共有五种，为快船、货船、网船、江北船、摊船。后四者均为运货船，对于西门乡“商业上有莫大之影响”。另外，西门乡市河内，多停泊竹木行户的竹木排筏，“漫无限制，以致河面狭窄”。[1]

江南水乡农民们去市场往往离不开船只，市场边上的河流又往往容纳不了太多的船只，定期集市逐渐成为多余，农村副业比较发达的乡村对常日市镇更为依赖，以市镇为中心的市场圈逐渐成为江南农民重要的生活圈。崔晓黎通过近代华北清苑县与江南无锡县农村比较研究指出：“清苑县的农村产品交易多是通过定期的集市贸易得以完成，而无锡县的农业手工业产品交易多是通过集镇，农民随去随卖的形式完成”，他又说明“无锡的集镇有的也存在定期举行的集市贸易，主要是农民生产中应季的一些大宗产品交易，比如苗猪、苗禽、牛市等”。[2]

江南特有的交通格局和运载方式不仅不能根除水乡“治安不良”的积习，而且还会刺激其进一步地滋长、蔓延。除了客商与农民在前往市镇的途中，会遇到强盗袭击这样的偶然事件之外，治安不良更体现在市镇内部抢劫案件的增多。因此，设置以市镇为中心的防卫网成为必然。江南市镇多在周围河道“置水栅所以备寇盗也”。为方便计，很多水栅均设立在桥洞里，在栅栏中间开门一扇或两扇，以通船只。水栅成为市镇与农村之间一道明显的分界线，手工作坊、行庄店肆大多密布于栅内。水栅以内为市镇居民，水栅之外为四乡之民。但是随着市镇规模的拓展，在栅外另开市场的现象愈来愈多。这是因为市河狭窄，载重船只驶进镇内多有不便。商业活动突破水栅，不仅意味着镇市机能向四周

[1]　吴滔：《流动的空间：清代江南的市镇和农村关系研究——以苏州地区为中心》，复旦大学博士学位论文，2003年。

[2]　崔晓黎：《家庭·市场·社区——无锡清苑农村社会经济变迁的比较研究（1929—1949）》，《中国经济史研究》1990年第1期。

辐射,而且体现出市乡界限的模糊性。[1]

表6-4　江南各县各历史时期市镇数统计[2]

县　　别	清　前　期	清　后　期	民国时期
吴　县	25	54	133
昆　山	15	34	15
吴　江	16	19	28
常　熟	38	80	152
奉　贤	10	58	51
金　山	13	16	7
上　海	11	9	353
青　浦	33	44	13
南　汇	17	48	232
川　沙	6	13	13
武　进	8	87	33
江　阴	33	12	73
宜　兴	5	47	42
靖　江	—	17	92
太　仓	—	28	26
崇　明	—	116	118
宝　山	12	13	28
丹　徒	8	8	—
丹　阳	—	5	52

[1] 吴滔:《流动的空间:清代江南的市镇和农村关系研究——以苏州地区为中心》,复旦大学博士学位论文,2003年。

[2] 据宾长初:《近代中国镇、集的发展和变迁》,《中国社会科学院研究生院学报》2002年第5期表2改编。

（续表）

县　别	清　前　期	清　后　期	民国时期
金　坛	—	3	36
江　宁	3	6	77
溧　水	4	12	63
江　浦	3	17	27
高　淳	1	11	27
总　计	261	757	1 684

从表6–4看，虽然有的县市镇数民国时期比清后期有所减少，但是总的看来江南市镇数增长明显，清后期比清前期增长129%，县均增18个；民国时期比清后期增长122%，县均增39个。[1]

江南农民常往某一固定市镇进行交易，这一市镇成为四乡农村的“中心地”。费孝通把镇上的商品所能销售到的范围称作“乡脚”，它包括市镇本身以及市镇的周边地区，即包裹市镇的农村。费孝通提出“乡脚”一词时有着特定的语境，它是指在以吴江县震泽镇为代表的江南水乡，通过航船把市镇与其周围一定区域的农村连成一体的适合于水乡交通体系的有效商业网络，所有买卖关系都是通过航船这个中介建立的。在江南水乡，无法想象没有航船的城乡沟通。“航船提供免费的日常服务，从城里购买日常必需品，同时充当村民的销售代理人，从中赚得一些收入。”近代震泽镇的市河里，每天停靠的航船有二三百条，据说都是来自镇周围十余里的几十个村庄各村。每条航线的一头都落在震泽镇这一点上，另一头则牵着周围一片农村。这表明震泽镇的“乡脚”相当大，有几十甚至上百的农村，日常的消费品和各个季节的农副产品都在镇上流动。[2]1934年震泽镇有562家店铺，市镇人口约8 700人，而其贸易圈乡民

[1]　宾长初：《近代中国镇、集的发展和变迁》，《中国社会科学院研究生院学报》2002年第5期。
[2]　吴滔：《流动的空间：清代江南的市镇和农村关系研究——以苏州地区为中心》，复旦大学博士学位论文，2003年。

有63 000多人，贸易圈面积约119平方公里，贸易半径约6.9公里；可比较的是，同县的松陵镇有224家店铺，市镇人口近5 000人，其贸易圈乡民有1万多人，贸易圈面积38平方公里，贸易半径约3.5公里。[1]有学者认为，民国时期若就乡镇的贸易区域而言，华北是江南的5倍；若就乡镇的密度而论，江南则是华北的5.3倍。[2]

4. 其他地区市镇

其他地区的近代市镇数增长情况可以参见表6–5、表6–6和表6–7。

表6–5　四川各府各历史时期场镇数统计[3]

府　别	清前期	清后期	民国时期
成　都	189	214	289
嘉　定	153	30	139
叙　州	228	308	116
眉　州	64	22	76
邛　州	56	46	95
绵　州	74	45	49
龙　安	60	39	10
保　宁	223	128	391
潼　川	191	133	146
顺　庆	92	195	75
重　庆	393	598	328
绥　定	224	161	136

[1] 游欢孙:《近代苏州地区市镇经济研究——以吴江县为中心》,复旦大学博士学位论文,2005年。
[2] 单强:《近代江南乡镇市场研究》,《近代史研究》1998年第6期。
[3] 据宾长初:《近代中国镇、集的发展和变迁》,《中国社会科学院研究生院学报》2002年第5期表3改编。

（续表）

府　　别	清　前　期	清　后　期	民国时期
忠　州	60	209	75
夔　州	6	95	47
资　州	130	150	107
泸　州	135	117	161

长江上游地区将农村贸易点称为场镇，近代场镇发展较快。但是该地区清后期及民国时期资料较少[1]，表6–5仅供参考。不过，从成都等府已有统计看，近代场镇数增长是比较明显的。

珠江三角洲市镇规模比一般墟市大，货物品种繁多，商品流通量亦大，货源广泛而充足，既有一定区域范围内商品集散的功能，又有满足周围小生产者经常性对市场要求的作用。清后期市镇常日开市，但又保持原有的墟期不变。例如南海九江大墟，在光绪年间，“万货丛集，百工填委”，内有行市七个，常日营业，但依然保持三六九为墟期。中山县的小榄，番禺的市桥，东莞的石龙，顺德的陈村，四会的隆庆，高明的三洲市等，均属这一类型。墟市一旦发展成市镇，封建政府便在其建置官署，派军驻防，加强控制。[2]

表6–6　珠江三角洲地区各县各历史时期圩镇数统计[3]

县　　别	清　前　期	清　后　期	民国时期
番　禺	82	107	124
南　海	46	244	—
顺　德	42	88	—

[1] 宾长初：《近代中国镇、集的发展和变迁》，《中国社会科学院研究生院学报》2002年第5期。
[2] 叶显恩、谭棣华：《明清珠江三角洲农业商业化与墟市的发展》，《广东社会科学》1984年第2期。
[3] 据宾长初：《近代中国镇、集的发展和变迁》，《中国社会科学院研究生院学报》2002年第5期表4改编。

（续表）

县　　别	清　前　期	清　后　期	民国时期
新　会	45	70	—
花　县	8	22	30
从　化	13	20	—
增　城	26	29	52
中　山	12	37	—
三　水	20	22	—
高　明	29	30	—
台　山	22	72	—
开　平	15	—	47
鹤　山	26	—	63
四　会	11	29	—
清　远	15	40	—

珠江三角洲地区清后期及民国时期资料较少[1]，表6–6仅供参考。不过，从番禺、南海、顺德等地有关统计看，近代珠江三角洲地区圩镇数增长是比较明显的。

表6-7　广西各府各历史时期圩镇数统计[2]

府　　别	清　前　期	清　后　期	民国时期
南　宁	105	11	111
思　恩	87	180	174

[1] 宾长初：《近代中国镇、集的发展和变迁》，《中国社会科学院研究生院学报》2002年第5期。
[2] 据宾长初：《近代中国镇、集的发展和变迁》，《中国社会科学院研究生院学报》2002年第5期表4改编。

（续表）

府　　别	清　前　期	清　后　期	民国时期
泗　城	22	—	40
镇　安	47	81	58
太　平	54	12	74
庆　远	164	—	207
柳　州	80	7	99
桂　林	81	72	74
平　乐	37	53	91
梧　州	63	29	43
浔　州	59	118	130
郁　林	100	46	12
合　计	899	609	1 113

从表6–7看，近代广西圩镇数增长明显，清后期比清前期增长21.3%，民国时期比清后期增长24.8%。[1]

随着近世商品经济发展，经济较发达地区市镇的发展出现了多样化，包括多层次化，出现了中心市镇，出现不同的专业市镇等。范毅军把明清时期苏、松、太地区市镇分为一、二、三级。[2]宾长初认为，中心市镇的兴起和发展是近代镇、集发展的重要标志。中心市镇由一般集镇发展而来，它的规模比一般集镇大，常住人口较多，商品流通量大、流通范围广，如江南地区的盛泽镇、震泽镇、南得镇、江湾镇、七宝镇、长安镇、淮院镇、乌青镇、双林镇等。从职能上看，中心市镇与一般集镇一样是周围农村的交易中心，但同时它又是邻近各县的贸易中

[1]　宾长初：《近代中国镇、集的发展和变迁》，《中国社会科学院研究生院学报》2002年第5期。
[2]　范毅军：《明中叶以来江南市镇的成长趋势与扩张性质》，中研院历史语言研究所集刊，第七十三本，第三分册，2002年。

心和货物集散或转运中心。后一项功能是一般集镇所不具有的。[1]樊树志较详细论述了江南棉布业、丝绸业、粮食业及交通业、盐业、渔业,编织业、竹木山货业、窑业、冶铸业、刺绣业、烟叶业、制笔业、制车业、榨油业等专业市镇情况。[2]近代其他专业市镇的发展,也有学者进行研究,因篇幅有限,不一一介绍了。

三、农副产品专业化市场的发展

近代中国农村市场发展中一个值得注意的现象是农副产品专业化市场的出现。这种专业市场,可以说源于传统集市中市场区域的分工。例如,江南鹤王市南控浏河,北抵沙溪,为水陆交通要道。其地属沙壤,适于生长棉花,所产棉花"比之他乡,柔韧而加白,每朵有朱砂斑一点"。因此鹤王市棉花成为优质棉花的代名词,各地商人都闻名前来贩买。"闽广人贩归其乡者,市题必曰太仓鹤王市棉花,每秋航海来贾于市,无虑数十万金,为邑首产。"棉花市场把棉纺织个体生产者、手工业作坊、棉布行庄与各地客商、各地市场紧密联系了起来。[3]江西修水县的西摆乡,由于盛产茶叶,至民国年间发展成茶叶集散市场和茶叶加工专业市场,茶庄近50家。这些茶庄,一方面在本庄直接收买茶农送来的毛茶,同时雇佣茶贩"上山采买,转售于茶庄",另一方面进行茶叶加工做成成品,出售南昌等地或本地茶叶店。[4]华北平原的山东、河南及河北部分州县是小麦、棉花、豆类、桑蚕、水果的重要产区,因此,棉花市、粮食市、水果市,或者在传统集市的某一处,或者开始分化出去,成为与集市相依存的专业市场,或者定期开市,或者成为常市。专业市场一般位于某种农副产品或手工业品的专业生产地,其货源直接来自市场所在地。如大汶口花生专业市场位于山东中部花生生产地,其他的专业市场还有山东东部沙河镇的草帽辫专业市场,河北辛集的皮毛专业市场和安国的中药材专业市场等。[5]草席是鄞县的重要手工业产品,

---

[1] 宾长初:《近代中国镇、集的发展和变迁》,《中国社会科学院研究生院学报》2002年第5期。
[2] 详见樊树志:《明清江南市镇探微》,上海:复旦大学出版社,1990年,第三、四、五章。
[3] 单强:《近代江南乡镇市场研究》,《近代史研究》1998年第6期。
[4] 万红:《中国西南民族地区市场的起源与历史形成》,中国社会科学院研究生院博士学位论文,2002年。
[5] 奂平清:《华北乡村集市变迁与社会结构转型》,中国人民大学博士学位论文,2005年;郭锦超:《近代华北商品市场的发育特点》,《江海学刊》2003年第5期。

也是非常普遍的家庭手工业。草席系灯芯草所织，全县以西乡、西南乡为最盛。鄞县产草席在外埠皆称为“宁席”，尤其畅销于东南沿海及南洋各地。海外市场的扩大，为宁波草席编织业的发展带来了契机，并促进了民国时期席草专业市场的发展，以黄古林市为例，民国时期有席行20余家，是鄞县乡区最重要的草席市场。[1]广东农村专业墟市有桑市、蚕市、丝市、鱼种市、塘鱼市、海鲜市、猪墟、牛墟、布墟、鸡鸭市等等名称。南海县在道光十五年（1835）前，专业墟市只有17个，到同治十三年（1874）增加了15个，宣统二年（1910），又增加了24个，共为56个。专业墟市增加的速度远比非专业墟市的增加速度快。《南海县志》卷13“墟市”条记载：“南海城乡，商货所聚，墟市之外，有行、有栏、有埠头，有马头。……省河旁，客舟所泊曰马头；货舟所泊曰埠头，又曰马头。有谷埠、鱼埠、糖步（珍）、炭步、均琐不备志。”这里所说的行、栏、埠头，很值得注意。所谓行，即由牙行控制的，经营某一商品的专业性交易场所，如丝行、布行，等等。所谓栏，据光绪《九江儒林乡志》卷21记载：“凡食物所聚，皆日栏。贩者从栏中买取，乃胃诸城内外。”可见栏是指经营某一食物产品的批发部，如果栏、菜栏等。所谓埠头，本是指船只停泊之区。正如前引的资料中所说的，“货舟所泊曰埠头”。大凡载运同一产品的船只都按习惯集中于某一埠头。船一到，便在埠头抛售。这埠头便变成了某一产品的专卖场所。栏与埠头所交易的都是专一产品，一般也都在所属的某一牙行之控制下。专业墟市是珠江三角洲商品性农业专业化的必然产物。[2]

这类市场往往是乡村专门经营、以买卖单一物品为主的市场。例如，河北清苑形成了以棉花、粮食、油料和畜产品为中心的农贸市场。清苑县城的工业，大部分是以农副产品为原料的轻工企业，与农村的流通领域密切相关。如面粉、鸡蛋加工、纺织、食品等，虽然这些产品的销售主要面向农村以外的大中城市甚至国际市场，但原料却收购于当地农村。其中，庆兴鸡蛋场的收购方式主要是，在“厂外设有庄（收蛋站），每庄有账房会计和收货员两人，每适收蛋旺季，外设庄十几处，最多时达22处，主要设在各县及北部山区，有时也在山西、山东、

[1]　陈吉光：《民国时期宁波集市研究》，宁波大学硕士学位论文，2010年。
[2]　叶显恩、谭棣华：《明清珠江三角洲农业商业化与墟市的发展》，《广东社会科学》1984年第2期。

河南等地设庄。鲜蛋由庄运往蛋场，以大车运输为主”。蛋场将原料加工成蛋黄粉和蛋白片等成品，通过天津出口，主要销往欧美各国。1927年出口量最大，当年换取外汇达50万美元。又如1922年开工的乾义面粉厂，生产能力每天达四千袋面粉，原料来自周围农村，因其在清苑当地农村市场的收购量大，几乎能操纵当地农村粮市的价格。该面粉厂的主要产品销往京、津、华北各地，颇有名气。清苑周围邻县还有几个较有名气的大专业市场。如唐县的毛皮业，其中包括生皮业、熟皮业、猪鬃猪毛业等。安国县的药业，该业自明、清以来就很有名气，安国素有“药州”“药都”之称。再有就是高阳县的“织布业”，清苑农村纺织业属高阳织布区。[1]

专业市场是生产扩大和社会分工发展的产物。专业市场的辐射力度通常要比普通者集市大，它们往往与城市、通商口岸建立起联系，而不是依靠本地市场的需要而存在，专业市场的产品或来自本地，但面向外部市场；商品或来自外地，在本地市场交易。总之，专业市场的起源“并不是作为当地的自给性生产者处理其剩余产品的地方，市场的增长表明了日益专业化的分工及区域互补性开发的增长”。[2]

专业化市场的发展，促进了商业组织的变化。例如，20世纪30年代以前除少数大地主能把自家生产的棉花轧籽、打包直接运往终端市场外，广大小农都是在本地市场出售。花店、花客是他们的唯一主顾，数目过小的时候，就先有小贩收买，然后再由他们转售给花店。由于轧车在乡村社会中并不普遍，因而一般情况下，棉农都是直接出卖籽花。为谋取暴利，许多棉商采取种种不法手段，使广大棉农深受其害。如许多棉商利用棉农收获前缺钱的困境，先借钱给他们，然后再在棉花收获后压价收买。20世纪30年代以后，棉花运销合作社开始大量出现。棉花运销合作社旨在集合一地域内生产之棉花，直接运送到城市或纱厂出售，以免除中间人的剥削。先收取棉花，然后再轧花、评等级、打包，“一方面能使包装美观划一，一方面有可表示他们的特征，而容易得到社会上之

[1] 侯建新：《20世纪上半叶冀中农村市场评析》，《中国社会经济史研究》2001年第2期。
[2] 奂平清：《华北乡村集市变迁与社会结构转型》，中国人民大学博士学位论文，2005年；郭锦超：《近代华北商品市场的发育特点》，《江海学刊》2003年第5期。

认识与信用”，最后再统一出售。由于棉花出售时，正值新花收获之时，广大棉农为金钱所需，总是希望尽快出售。但此时由于供过于求，价格低落，且运销合作社从收花到最后出售，中间要费许多周折。为解决此问题，先由合作社借款垫付给农户，以棉花做抵押，棉花卖出后再行偿还。此种借款方式的实行，曾使农村中许多传统的借款组织遭到严重冲击。通过运销合作社售卖棉花，广大棉农避免了中间商人的剥削，增加了收入。棉花销售不再囿于传统的乡村社会内部。借此机会，村民们开始更多的与城市发生联系，加入近代化的商品经济潮流中来。[1]

近代中国与国际市场联系大大加强，外国资本势力对中国农村专业市场的影响越来越深。例如，江南丝绸市场分布在太湖东南扇形地区，著名的丝业市场有苏州府震泽镇、湖州府南浔镇、嘉兴府乌青镇、杭州府塘栖镇等。南浔镇的“湖丝”市场极负盛名，每当新丝上市，商贾辐辏，极盛时，“一日贸易数万金”。五口通商后，随着丝织业生产的兴盛以及国际市场生丝需求量的增加，江南生丝产量和商品量都大大提高了。江南丝蚕市场上逐渐发育成以广大农村为腹地，以市镇为依托，通过中心城市，以达通商口岸的多层次市场营销体系。在海关不独立的环境中，江南丝茧市场不可避免地受到西方资本主义的操纵。中国丝商“多假手外国洋行，而不能直接销售于用丝之外商，因之海外情形，无由知悉，每为洋行所操纵愚弄”。洋行的开价，对江南生丝市场具有决定性作用。[2]

侯建新在研究20世纪上半叶冀中农村市场后指出外部市场条件的改善给华北农民“带来一些生计，甚至小小的繁荣，但颇为有限，颇为不充分，而且还有一部分虚假成分，不足以改变个体农户世世代代积贫积弱的状态。商品生产说到底是生产剩余的产物，近代意义上的商品生产尤其如此。显然，大多数农户的普遍贫困是旧中国农村市场、大概也是全国市场发展的瓶颈”。[3]

---

[1]　王加华：《内聚与开放：棉花对近代华北乡村社会的影响》，《中国农史》2003年第1期。
[2]　单强：《近代江南丝茧市场研究》，《中国农史》1997年第2期。
[3]　侯建新：《20世纪上半叶冀中农村市场评析》，《中国社会经济史研究》2001年第2期。

第二节　农村要素市场的变迁

近代中国农村要素市场理论上主要包括土地市场、劳动力市场和资金市场。不过,近代中国农村劳动力仍然以务农为主,而农业劳动与土地紧密结合,因此在历史实际研究中宜把农业劳动力交易关系与土地制度相联系,因此本节主要讨论近代农村资金市场和土地市场的变迁。

一、农村资金市场(金融市场)

近代农村资金市场蕴含在金融市场内,有关资金市场的研究须从金融市场研究着手。

有学者认为清后期虽有外国金融资本侵入,但是中国自办的第一家银行直到1897年才成立,"普遍存在而且深入到农村的金融机构,主要有典当、钱庄、账局、票号等组织"。[1]我们经研究认为,在当时农村金融市场上,典当、钱庄是较为普遍的"存在",账局、票号则不能算"普遍"。

1. 典当

中国"典当"一词有广义和狭义之分,广义的典当包括典、当、质、押、按5种,[2]狭义的典当仅指其中规模较大的典与当的合称。典与当的区别一是在于当额限制上,当铺则可对质当额进行限制,典铺则没有限制;区别二是在受当物品上,当铺只收动产,典铺则还可收受不动产或对不动产权的占有使用收益,如典田时,典铺可自行耕种或转租他人耕种。近代以来,典与当的区别已经基本消失,因而合称为典当。[3]近代中国"当铺的事业,无论在城在乡,始终是以农村放款居首位的"。[4]

---

[1] 徐唐龄:《中国农村金融史略》,北京:中国金融出版社,1996年,第171页。

[2] 质店和押店是典当业中规模较小、期限短的店铺,民间通常将质押店通称为押店,按店主要为广东之称呼,典当则多指规模较大者。

[3] 杨勇:《近代江南典当业研究》,复旦大学博士学位论文,2005年。

[4] 李金铮:《20世纪20—40年代典当业的衰落——以长江中下游地区为中心》,《中国经济史研究》2002年第4期。

清代中叶珠江三角洲农村各墟市几乎都设有当铺。据道光《广东通志》统计当铺数，番禺有218个，南海347个，顺德119个，东莞122个，新会112个，中山51个。顺德龙山小陈涌就设有公顺当、遂和当；沙富设有方来当、元吉当等。从公顺当于道光二十五年（1845）四月初五日晚次被劫，“失赃万余金”来看，其规模已甚可观。[1]

太平天国运动期间，江南地区的典当业遭到毁灭性的打击。例如，杭州“在城大小典当，向有九十余铺”，“各典焚掠殆尽，典伙或杀或逃，受害最为惨酷”，是“典铺一业，直已一扫而空”。江苏的南京、苏州“自克复后尚无典铺”。战后为了应付贫民的借贷急需，清政府“出示招商，稍示变通，准其取利三分，以十二个月为满，如该商等资本无多，并准察司酌拨闲款，酌取利息，以备地方善后之事”。可见为了吸引商人开当，清政府对典当业的业规做了更加有利于典商的修改。同时，清政府还派官员亲赴苏杭等受破坏最严重的地区筹公款开设公典，例如在苏州开设济元、济实两公典，支持太仓州开设丰玉典、震泽县开设恒义典等。由于战后江南典当业的极端缺乏，而需求却有增无减，加上清政府对开典提供了一系列优惠条件，江南典当业恢复很快。受战后利息优厚、满当期限短、质当需求量大的吸引，江南地区各乡镇纷纷出现大量小押店。光绪初年，丁日昌主政江苏时，曾经禁小押，同时仍然大力提倡开典当，“赶招殷实妥商，开设典铺，多多益善。稗贫民得通有无，不致受盘剥之累”。[2]其他地区典当业在太平天国运动后也有所发展。

到了民国初年，古老的典当业也不得不为适应社会变革的需求，实行自身的转型。其主要表现为：为了增强与银行、信用合作社等现代农村组织竞争的实力，开始筹设同业组织，甚至于试办典业银行。1913年，江苏省内百余典业代表于南京创立江苏典业公会，公推汪作黼为会长。1915年，在杭州成立了全浙典业公会，参加者有全浙各县典当360家，到1918年，入会典当家数增至394家。在此基础上，部分有识之士运用现代金融理念，试办典当业自己的银行，目的是通过自己的银行为典当调剂资金，解决困难。1921年3月，松江典业银行成立，

[1] 叶显恩、谭棣华：《明清珠江三角洲农业商业化与墟市的发展》，《广东社会科学》1984年第2期。
[2] 杨勇：《近代江南典当业研究》，复旦大学博士学位论文，2005年。

吸收大量社会存款，尤以定期存款和储蓄存款为多。1921年9月，江苏典业银行成立，总行设在苏州阊门内西中市，资本额100万元，先集资50万元。当年存款12万元，放款40万元。江苏典业银行的主要股东为南京、苏州、上海等江苏银行业、钱典业的实力派人物。1921年，杭嘉湖州三属典当业共同出资创办浙江典业银行，资本额100万元，典业认六成，招股四成，实收资本约26万元，经营丝绸押款及一切堆栈业务。[1]

民国年间，江南典当业的城乡分布也比较合理。根据1935年《中国经济年鉴》的调查，苏南多数地区典当业无论是数量还是资本额，在城乡之间的分布大致均匀，并没有出现集中于都市的现象（参见表6–8）。表中显示：从店铺数量上来看，典当多集中于苏南各地农村，几乎是城市典当的一倍左右；从资本额上来看，城市典当数量虽少，但资本不少，占到41.52%。大体可以推算出，农村中的典当相比较而言数量多、规模较小、分布较广泛。

表6–8　1934年苏南各地典当的城乡分布[2]

县　别	城当数	城当资本（元）	乡当数	乡当资本（元）	乡当资本占比（%）
宜　兴	2	140 000	1	50 000	26.32
吴　江	1	28 000	15	814 000	96.67
靖　江	1	80 000	—	—	—
常　熟	8	326 200	12	393 400	54.67
嘉　定	1	33 700	5	117 000	77.64
青　浦		—	4	200 000	100
南　汇	2	62 000	17	338 500	84.52
太　仓	3	140 000	4	134 000	48.91
松　江	6	186 100	11	320 000	63.23

[1] 昝金生：《民国时期江南农村金融研究》，苏州大学博士学位论文，2011年。
[2] 据杨勇：《近代江南典当业研究》，复旦大学2005年博士学位论文表2–10改编。

（续表）

县　别	城当数	城当资本（元）	乡当数	乡当资本（元）	乡当资本占比（%）
奉　贤	1	26 000	10	191 000	88.02
江　阴	1	41 700	4	191 000	82.08
吴　县	26	1 130 600	18	549 900	32.72
昆　山	2	130 000	2	39 000	23.08
宝　山	1	18 000	5	130 000	87.84
金　山	2	80 000	4	120 000	60
川　沙	2	20 000	1	55 000	73.33
无　锡	14	567 545	19	596 100	51.23
总　计	73	3 009 845	132	4 238 900	58.48

1934年实业部中央农民实验所曾经对农民借贷来源进行调查。根据这一调查结果，得出下表：

表6–9　1934年江浙地区农户借贷来源分析[1]　　单位：%

地　区	银　行	合作社	钱　庄	典　当	其　他
江　苏	8.8	5.6	6.2	18.5	60.9
浙　江	3.7	4.5	10.1	16.2	65.5
江浙平均	6.3	5.1	8.2	17.4	63.2
全国平均	2.4	2.6	5.5	8.8	80.7

从表6–9可见，近代中国农户借贷来源中，私人高利贷仍然占据绝对优势；在金融机构中，典当借贷居第1位，其次为钱庄，再次为银行与合作社；典当在江浙地区农民借贷中占有相当地位，平均达17.4%，比全国平均高出近一倍。

[1]　据昝金生：《民国时期江南农村金融研究》，苏州大学2011年博士学位论文表3–4改编。

尽管典当业在近代努力实行自身的转型，但是在20世纪20—40年代典当业仍然呈衰势。浙江典当清时达500余家，1915年降至480余家，1934年更减至327家；安徽典当清代最盛时有796家，1927年有数十家，1929年仅存16家；江西典当民国初年仅南昌城乡就有47家，1936年仅存十数家；湖南1917年有典当、质当223家，到1935年仅有质当、押当十数家；湖北清光绪年间仅武汉三镇一带就有典当30余家，辛亥革命初各地典当业几乎全部收歇，到20世纪20年代初有所恢复，1927年又全部停业。此后又开始复活，1931年大水灾后停业者又达一半。典当业的衰落虽然有现代经济因素的影响，但主要是社会环境动荡不安和经济衰败的结果，与典当业自身的性质和经营特点似乎关系不大。[1]苏南典当业清末民初各时期变动情况见表6-10：

表6-10 近代以来苏南典当业数量演变[2]

县　别	同光年间	1912年	1928年	1934年
吴　县	40	50	49	44
常　熟	13	21	21	20
昆　山	1	4	4	4
吴　江	16	16	15	16
太　仓	4	9	8	7
嘉　定	5	4	4	6
宝　山	—	11	12	5
崇　明	8	17	15	12
松　江	10	17	15	17
上海县	20	49	50	—
南　汇	20	18	17	19

[1] 李金铮：《20世纪20—40年代典当业的衰落——以长江中下游地区为中心》，《中国经济史研究》2002年第4期。

[2] 据杨勇：《近代江南典当业研究》，复旦大学2005年博士学位论文表2-2改编。

（续表）

县　别	同光年间	1912年	1928年	1934年
青　浦	4	6	6	4
奉　贤	8	10	8	11
金　山	5	7	7	6
川　沙	4	2	2	3
武　进	10	17	17	16
无　锡	25	35	40	34
宜　兴	5	6	6	3
江　阴	7	10	10	5
靖　江	—	1	1	—
总　计	205	310	301	232

江南地区的典当业在全国居于较高水平。虽在太平天国运动中遭到重创，战后得到恢复和发展，例如这一期间上海县典当由20个增加到49个。民国时期经历一系列战事的冲击，典当数总计趋于减少。1937年，日军逐渐入侵江南各地，江南典当业遭到毁灭性打击。

2. 钱庄

农村钱庄在近代农村旧式金融业中占有重要地位，并同城市钱庄和城市金融业紧密相连，是全国钱庄业的有机成分。刘克祥指出，农村钱庄最初发源于货币兑换，最初钱庄亦多由从事货币兑换的钱桌、钱摊、钱铺、钱挑子、找换店等发展演变而来。19世纪下半叶，当城市尤其是通商口岸的钱庄业蓬勃发展时，在农村大部分地区尚无钱庄。[1]有些较为发达的市镇，如江南盛泽等已有钱庄。盛泽镇是绸绢专业市镇，有“日出万绸”之称。清末盛泽镇有多家钱庄，并成立

[1] 刘克祥：《近代农村地区钱庄业的起源和兴衰——近代农村钱庄业探索之一》，《中国经济史研究》2008年第2期。

了钱业公所。[1]至20世纪初，大部分省区50%以上的县设有钱庄，钱庄已相当普遍。河北安国是重要的药材集散地，钱庄产生较早，并主要为药材市场服务。1907年，全县有钱庄、银号19家，民国初年增至100多家。其后衰落，1931年尚有50家，其中药材市场占40家。与安国比邻的无极，钱庄产生也较早，清代即有钱庄10家，民国时增至40余家，遍布县城和各集镇，并有2家官办钱庄，已基本"形成金融网络"。河北束鹿辛集镇，位于冀中平原中心，是河北传统皮毛集散市场，钱庄兴起于同治前，1862年有钱庄4家，清末增至27家，1937年七七事变前达40家；四川各地，早期钱庄、银号多从换钱业发展、演变而来。四川首家钱庄"同生福"，就是在1896年由巴县一家钱铺改建的。同时，铜元、银元兑换业务兴盛，由此产生新的钱摊、钱铺，其后也逐渐演变为钱庄。如忠县、资中分别在1904年和民国初年开始出现的"换钱摊"，后来有的扩大营业，开展存放款业务，从钱摊演变为钱庄，忠县还成立了"钱业公会"；山西在道光后，金融业发达，不仅城市里出现了票号，农村一些本钱较多的钱桌、钱铺、钱肆，相继发展为钱庄。他们扩大和增加业务，除了银钱兑换，又替商户保管货币，并受托办理商户支付事宜，签发钱帖、钱票，成为各商支付中介。同治光绪年间，一些大的兑换商又将代管的钱币出借，经营存款和放款业务。这样，货币兑换商又从支付中介发展为信用中介；山东阳信，钱业机构在清末称"钱桌"，民国初年改称"钱铺"，后又改称"钱庄"或"银号"。名称的改变，从一个侧面反映了从钱桌到钱铺、钱庄的发展、演变过程。山东周村、龙口，均为旧镇，分别是河港和海港。周村位于鲁中，自同治初年后，晋商在周村先后开设票号、钱庄，1904年票号、钱庄发展至8家。此后本地商人也开始投资钱庄业，钱庄增多，1915年发展到90余家，资本万元以上的即有23家。各钱庄为协调业务，是年成立"福德公馆"（俗称"钱行会"）；浙江绍兴商业发达，绍兴老酒、茶叶、丝绸、锡箔等广销中外，绍兴商帮更是上海、杭州钱庄业的主角。他们在沪杭经营钱业的同时，咸丰同治年间开始在家乡大办钱庄。1886年山阴、会稽两县有钱庄42家。辛亥革命前后，受政局影响，绍兴钱庄降至20余家。后市面复苏，城市银行势力日益强大，

[1] 樊树志：《明清江南市镇探微》，上海：复旦大学出版社，1990年，第292页。

绍兴商帮使出回马枪，绍、杭、沪三地钱庄，相互投资，互为连枝，绍兴钱业迅速恢复和发展，1932年，绍兴城区钱庄增至51家，同时向乡下扩散。安昌、柯桥、华舍、临浦、崧厦等集镇均有钱庄，其中安昌镇多达8家。奉化紧邻鄞县（宁波），1876年，县城大桥镇首家钱庄开业，1911年增至8家。民国初年钱庄扩至溪口、萧王庙等集镇。1932年，全县钱庄达38家，为最盛期，除大桥镇16家外，其余22家散布在西坞镇、萧王庙、亭下、溪口等9个集镇和村庄；广东惠阳、高要、潮阳、揭阳等地的钱庄，都是由小型兑换业发展而来的。潮阳的银钱找换业者最初在县城和集镇摆摊，继而扩大业务，发展为找换店，专营银钱找换，也有的兼营存贷业务，逐渐发展为钱庄。在揭阳，钱庄又称"银钱庄"或"汇兑庄"，也是从银钱找换和汇兑发展而来。高要自1888年后，因广东自造银元，印制粤钞（俗称"毫券"），出洋华侨及进口洋货渐多，商家自开银铺，经营银两、银元以及各种洋币的兑换，后来这些银铺逐渐变为钱庄；福建龙溪、海澄一带，清末有专营银毫、铜钱兑换的"钱柜子店"（也称钱店）。进入民国，市面纸币、铸币相间流通，货币兑换业务减少，钱店受到冲击。到1915年，钱柜子店纷纷停闭，或转营钱庄、银号，于是出现了首家钱庄；江西新淦、兴国、浮梁，湖北黄冈等地的钱庄，前身不少也是钱店、钱铺，最初只是兑换银钱，后来才增加存款、贷款，名称亦随之发生变化。新淦钱业商，清末称"钱桌"，民初称"钱铺"，后来逐渐改称"钱号"或"钱庄"，并按规模大小和业务范围分为汇划庄、钱号、零兑庄三等。铅山钱庄中，资本最多的4家均超过20万元，但最初都只兑换零星银钱，后来才增加存放款业务。兴国的钱店也是源于零星银钱兑换，以后逐渐发展到存款、抵押、放款、出票、汇兑以及买卖金银、银元等。浮梁大部分钱庄集中于景德镇，清代中期，各地商贾云集于镇，商贸活跃，工商行号、钱庄、票号鹊起，其中账帮源于民间高利贷，钱庄源于兑换业，票号源于汇兑业；湖北黄冈的钱庄，也都是由单纯兑换扩大到经营存放款而演变产生。[1]

到民国时期国内一些地方钱业的发育、形成尚停留在货币兑换和小额借贷阶段，只有钱店、钱摊、钱桌子等，而未有钱庄产生。这种情况在钱庄业较发达

[1] 刘克祥：《近代农村地区钱庄业的起源和兴衰——近代农村钱庄业探索之一》，《中国经济史研究》2008年第2期。

的沿海及东南地区，已经罕见，只有少数或个别县区存在。如江西宜丰，没有专营钱庄，只有附设于商号的钱铺，一般设于纸行、货店。西南、西北各省，则有不少地区仍停留在货币兑换阶段。例如广西临桂、永福、灌阳、龙胜等地，都主要是兑换钱摊。临桂在嘉庆年间，已有9家钱铺，清末增至24家，但未见钱庄。灌阳在民国时期，县城有银铺兼营的钱柜，办理兑换业务，但业务量不大，亦无钱庄。永福县城虽有几家"钱庄"，但资金微薄，仅在圩期摆摊设点，经营小额兑换业务，称作"钱摊"更确切。龙胜则仅有1家钱币兑换店。又如，云南蒙自、江城，只有兑换摊（所），而无钱庄，梁河也只有商店兼办的汇兑。贵州修文，虽然被称为"吃措钱"的兑换业相当兴盛，但始终未有钱庄，1935年后，兑换业亦消失。[1]

从全国范围看，近代农村钱庄有官（军）办、官（军）商合办、商办三种基本形式，以商办为主。有的地区先有官办钱庄，后来才出现商办钱庄。如广东顺德，1904年时只有省官钱局，设于甘竹海关的官办钱庄；民国初年，蚕丝业和对外贸易的兴盛，私人钱庄才开始产生和发展。广西宣化县，清末设有官办银号，经理官款；察哈尔阳原，1912—1937年县设平市官钱局，处理货币兑换业务；河北无极，民国时期除商办钱庄外，有两家官办钱庄，负责收缴、存管田赋和其他税款。1927年8月，西北军方振武部驻防湖北襄阳，以襄阳金融枯竭、周转不灵为由，设立"襄枣南宜四县钱号"（后改称"鄂北地方钱号"）。四川新都，1934年设立的公泰字号（钱庄）系由驻军和绅商合办，以驻军为主（次年驻军调走，字号歇业）；安岳在1935年前，驻县部队也曾开办鑫记钱庄。广西龙州，1904年4月由广西边防督办郑孝胥（督办署驻龙州）等设新龙银号，官商合办，官商各出银2.5万两，经营存放汇业务。也有的地区，商办钱庄在先，官办钱庄在后，山西即属于这种情况。该省农村钱庄业产生较早，清道光后，一些本钱较多的私人钱桌、钱铺、钱肆等，已相继发展为钱庄。辛亥革命后，票号衰落，钱庄进入极盛期，1914年全省钱庄达561家。这些全是私人企业，并无官办钱庄。后来阎锡山为了巩固地盘，发展山西公营事业，开始筹设各类官办钱庄（银号），1933年9月

[1] 刘克祥：《近代农村地区钱庄业的起源和兴衰——近代农村钱庄业探索之一》，《中国经济史研究》2008年第2期。

颁发《山西省村政十年建设计划案》，要求各县设立县银号，作为县政建设必设的公营事业。于是一些县开始设立官办银号。如岚县，因无公款，乃由富户集资4 000银元办起了县银号。湖南，湘阴县城1905年已有“商钱局”，1914年又建“公钱局”；浏阳宣统年间已有2家私人钱庄，1912年也成立县“公钱局”，办理商业汇兑和公私存款。[1]

近代农村钱庄的资本规模，单个钱庄之间，差异悬殊。大的几十万元，或超过百万元，小的一两千元，或仅一两百元。通过存款集聚社会游资，扩充资力，放款赚取利息差额，或利用自有资本，放款取息，是农村钱庄最主要的业务和获利手段。各地钱庄的存放款和业务对象，各有侧重，或因帮派及所在地区而异，如浙江嘉善钱庄有本帮、绍帮、西塘庄3派，本帮客户主要是米业、绸布、百货业和南北杂货、油麻麸饼业，绍帮客户以农村大佃农为主，西塘庄因位于窑业发达地区，窑户是其主要业务对象。发行庄票，是部分资本规模较大的农村钱庄的重要业务。庄票分本票、期票两种，面额有大有小。前者随时可以兑取现金，后者届期兑现，亦可互相授受。庄票不仅可以代替现金支付，有的还可用于采购、完粮纳税，甚至流通市面。如湖南江永私营裕永钱局，1925年印发500文、1 000文两种纸币，用于完粮纳税，贩购黄豆、茶油、桐油、棉纱、棉布等。福建连城钱庄及兼营钱业的商户，利用销往外地的木材、土纸等货款，兼办申票、潮州票、福州票、邑票等业务，各票可直接到相应地区购货或兑取现款，而申票更可到江西等地购货后转往上海结算。安徽阜阳钱庄发行的钱票、银票，除作钱庄现金支付外，还用于采购、贩运和囤积商品。广东普宁，从1926年由农会领导设立的钱庄开始，一直发行“镭票”（当地俚称，即铜钱票）、银票；大革命失败后，1930—1937年先后建立的4家钱庄，也多发行纸币。亦有其他商号从事纸币、镭票发行，1930年仅洪阳一地，发行镭票者即达90多家。江西德安、安徽阜阳，不仅大小钱庄发行庄票，甚至城内大小商号，农村殷实户，都出市票。陕西洋县，1934年前，各钱行（亦称钱铺）除从事银钱兑换，也发行地方代用币券（油布票），代收

[1] 刘克祥：《近代农村钱庄的资本经营及其特点——近代农村钱庄业探索之二》，《中国经济史研究》2009年第3期。

地丁银。[1]

从全国范围看,20世纪20年代末期以前,农村钱庄业基本上处于兴起和发展、扩散阶段,1921—1931年达于高峰。此后由于东北沦陷,国内银行加速发展,废两改元和法币政策推行,钱庄数量明显下降,到1935—1937年,已经不到高峰期的60%,农村钱庄业急剧衰落,东北钱庄更所剩无几。全国农村地区钱庄数合计指数表明,以1911—1920年为100,1921—1926年达到116.3,此后该指数下降,至1936—1937年已经降为67.5。1937年日本全面侵华战争爆发后,绝大部分钱庄停业、倒闭,农村钱庄业陷入凋零状态。具体到每个省区,受经济、政治、社会等因素的制约,高峰时段不尽相同。如安徽、广西、湖南、陕西的高峰期是1911—1920年;浙江、河南是1932—1935年;而山西、四川是1927—1935年,但总的发展趋势是一致的(表6–11)。[2]

表6–11 1911—1937年农村地区钱庄发展状况统计[3]

省别	调查县数	1911—1920年	1921—1926年	1927—1931年	1932—1935年	1936—1937年
江苏	24	163	249	174	204	94
浙江	15	69	99	176	222	128
安徽	17	115	88	66	37	24
福建	22	57	149	174	150	123
广东	14	60	186	257	168	171
广西	7	73	46	29	27	14
江西	28	167	171	104	69	86
湖南	20	133	108	95	57	59
湖北	22	182	327	163	154	73

[1] 刘克祥:《近代农村钱庄的资本经营及其特点——近代农村钱庄业探索之二》,《中国经济史研究》2009年第3期。

[2] 刘克祥:《近代农村地区钱庄业的起源和兴衰——近代农村钱庄业探索之一》,《中国经济史研究》2008年第2期。

[3] 据刘克祥:《近代农村地区钱庄业的起源和兴衰——近代农村钱庄业探索之一》,《中国经济史研究》2008年第2期表3改编。

（续表）

省　别	调查县数	1911—1920年	1921—1926年	1927—1931年	1932—1935年	1936—1937年
河　南	24	112	115	113	131	93
山　东	69	687	854	691	600	262
河　北	33	229	159	243	187	213
山　西	30	155	185	219	226	154
四　川	29	72	106	204	205	196
陕　西	14	161	92	50	28	80
东　北	26	161	106	180	77	6
其　他*	11	63	29	36	34	20
合　计	405	2 659	3 069	2 974	2 576	1 796

*包括贵州、甘肃、宁夏、热河、察哈尔、绥远等6省区。

近代农村钱庄，虽然从总体上说，资本规模不大，经营理念、手段及效益有其局限性，但它作为近代时期发生发展起来的农村金融业，仍有其不可忽略的历史地位。大量资料显示：在一些地区，农村钱庄不仅成为主要乃至唯一的金融机构，完全操纵地方金融，支配地方财政，而且直接代理县金库；农村钱庄（包括官办钱庄）在调剂、融通农村资金（表6–11显示近代中国农户借贷来源中钱庄处在金融机构第2位），促进乡村农业、手工业、矿业发展和商业流通方面，发挥了作用。如湖北宜都，虽然钱庄资金普遍不足千元，存放款利息略高于银行，但一般商号乐于与之往来，营业颇为活跃。由于长阳、五峰、鹤峰等县的山货土产集散于宜都，外埠商人来此采购桐油、木油、皮梓油类和生漆、木材、斗方纸等土特产品，所带之“申”“汉”“沙”“宜”期票，悉由钱庄收储，放给本地商号到申、汉、宜进货，资金通融的作用十分明显。四川大足，虽然部分农村钱庄剥削残酷，龙水镇钱庄老板甚至因高利和逼债而遭人毒打，但一些集镇的竹木器、小五金、土纸、土碗、煤窑生产所需资金，都靠钱庄调剂解决，大足钱庄在支持生产、促进商业流通方面还是发挥了不小的作用。[1]

3. 合会

近代中国农村还有一种民间互助合作性质的融资组织——合会。合会历史悠久，其名称有多种，主要有合会、钱会、赊会、认会、摊会、标会、轮会、摇会、互助会等。各种合会大致可分为单、复两种形式，单式会由会首与会脚（又称作脚、散会、散脚、赊友、会子、会脚子等）直接组成。而复式会在会首和会脚之间还有第三者会总（又称作总会、种会、小会头或总等）居中介绍。复式会组织时，会首首先邀集会总，再由会总各自组织会脚入会。会总组织的会脚数不必相等，因会式不同而异。会总若在二人以上，为便于判别，分别称为头总、二总、三总等。会总有收款优先、会金减纳甚至免纳等特权。会脚邀齐后，会首将会规送交各会脚，通知开会日期。会规通常写在纸本或纸折上，其格式分两部分，前半部为契约文字，说明会名、会期（集会的日期及次数）、会额（会首、会总和会脚收会时所得总金额）及入会者的责任；后半部则为会款摊付方法的说明，详载会首、会总和会脚应摊款数。自齐会后每隔一定时间转会一次，转会日期均为预先设定，一年、半年、每季、间月或每月不等。转会次数与会额成正比，与人数成反比。每次转会所集会款，用一定方法决定得会之人，得会方法有坐次轮收、拈阄摇彩、投标竞争、抽签、议定和掷骰比点等。经过若干次转会，只剩下最后一个没有得会者，满会之时，由其收得会款，此会即宣告解散。安徽徽州、浙江杭嘉湖的“新安会”，苏北的“至公会”，苏属崇海的“年会”，及流行各地的“七贤会”“七子会”“坐会”“认会”“摊会”等均属于轮会。[2]

合会有如下主要特点：第一，组织中各成员的权利义务平均。在合会中，会脚的权利与义务均是平等的，会首与会脚之间所承担的权利与义务的差别也不是太大，整个组织中各成员权利义务基本平均，这在所有的金融组织中是独一无二的；第二，资金来源和规模相对扩大。合会中的资金来源于多个会脚，尽管

[1] 刘克祥：《近代农村钱庄的资本经营及其特点——近代农村钱庄业探索之二》，《中国经济史研究》2009年第3期。

[2] 徐畅：《“合会”述论》，《近代史研究》1998年第2期。

单个会脚的资金规模较小，但随着会脚数量的增加，总的资金规模随之扩大了，总的交易金额可以非常高，从而克服了单笔民间借贷规模不足，无法满足需求的缺点；第三，风险更为分散。由于一个合会由众多会脚汇集资金，风险分散，且单个会脚的出资金额较小，不会对会脚的风险承受能力有较高要求。[1]

近代合会遍及全国大部分农村地区，据实业部1934年调查，22省871县合会报告次数为1 922次。事实上农村合会数目远远大于此数。由于地租、苛捐杂税的层层剥削，农村经济衰退，农户负债率上升，因新式借贷机关缺乏，农户借贷一般只有乞助于高利贷和典当。而合会则可以使农户获得短期或中期的小额资金通融，不失为一种辅助的融资方式。[2]

合会纯粹是私人情谊的合作，不具有法律效力。若遇会脚耍赖逃避，不交纳会金当由会首负责。有些合会往往因会首不负责任或其他会脚不守会规，未及终了而散，受损的是轻会者，故江阴有俗语说："弄得好是个会，弄不好是个害！"[3]

4. 银行

中国近代专业性农村金融机构的开端是1911年由李颂臣等发起组织在天津设立的殖业银行。这家为股份有限公司，"以放款于农工为宗旨"，资本总额初定为72万两，主要业务有长期抵押放款、保证放款、短期放款及保管、汇兑、储蓄等业务。它借鉴了德、法土地信用银行与日本劝业银行的经验，但更多地沿袭了典当业的手段，因资金薄弱未设分行，存在时间较短，无力面向广大农村。[4]

1912年3月，南京临时政府曾拟定《兴农银行则例》《农业银行则例》和《殖边银行则例》。其中，兴农银行"以放款于农业之改良、发达为宗旨"，农业银行"以放款于农业为宗旨"。[5]这是民国初期筹建专业性农村金融机构的设想。1914年4月，北洋政府的农商部会同财政部，就劝业银行条例上报呈文："我国地

[1] 张希慧：《我国民间金融发展研究》，湖南大学博士学位论文，2009年。
[2] 徐畅：《"合会"述论》，《近代史研究》1998年第2期。
[3] 昝金生：《民国时期江南农村金融研究》，苏州大学博士学位论文，2011年。
[4] 徐唐龄：《中国农村金融史略》，北京：中国金融出版社，1996年，第191—192页。
[5] 中国第二历史档案馆等编：《中华民国金融法规选编》，北京：档案出版社，1989年，第19、24页。

大物博，夙擅天府之称。惟农工各业，囿于小成，未能弘大规模，扩充营业。推原其故，端由农林垦牧水利工矿等项，非有雄厚资本，不足发展事业；而环顾内外，金融机关现未遍设，农工借贷又苦无从，遂使地利未获尽辟，富源不克大兴，国计民生，胥受其困。亟宜特设银行，借以劝导实业。”根据此宗旨，劝业银行任务“以放款于农林垦牧水利矿产工厂等主业为目的”。其经营的农村金融业务，主要是水利、森林及垦牧放款、购买农民银行工业银行之债票、以不动产作抵押放款等。劝业银行条例的制定，主要借鉴了日本劝业银行条例的文本。在当时军阀混战、政治腐败的条件下，劝业银行一直没有实际兴办，所谓条例，也只是一纸空文而已。[1]

1915年10月，北洋政府财政部要求普设农工银行，拟订《农工银行条例》，规定：以一县境为营业区域，一营业区域以设一银行为限。放款用途限于垦荒、耕作；水利、林业；购办种子、肥料及各项农工原料；农工生产的运输、囤积；购办或修理农工用器械、层屋；购办牲畜、修造牧场；购办渔业、蚕业种子及各种器具和其他农工各种兴作改良等事。农业贷款5年以内分期摊还或3年以内定期归还的以不动产作抵押；一年以内定期或分期归还的以不易变坏的农产品作抵押，以渔业权作抵押的，另以公债票或不动产为增加抵押。据此，1915年11月财政部设立通县农工银行，资本定为20万元（实收10万元），主要放款业务为定期抵押放款和分期抵押放款两种，抵押品以田地、债据为主。该银行曾组织农工借款联合会和农工借款协助会，以增强信用程度。自1915年至1927年上半年，共放款90余万元，其中购买肥料占33.6%，购买牲畜占23.4%，还有43%为购置农具、雇工、种子、水利、林业等费用。[2]

1922年3月，施肇曾等在江苏震泽镇创办江丰农工银行。该行以扶农辅工为办行宗旨。资本总额20万元，经营业务有存款、放款、汇兑、买卖证券等。因当地农村经济较为繁荣，可吸收存款作农业投资。其农业放款业务主要有三种：一是农产抵押放款，抵押物品为生丝与米。1929年即达六七万元，受抵七八千担，放款时按市价70%作抵，并自建堆栈；二是动产抵押放款，1929年底

[1] 徐唐龄：《中国农村金融史略》，北京：中国金融出版社，1996年，第192—193页。
[2] 同上书，第193—194页。

这种放款已达36 025元；三是不动产抵押放款，以房地田业作抵押，此放款占农工贷款的85%以上。此外，江丰农工银行也仿照通县农工银行农工借款联合会办法推进合作放款，至1927年达50余万元。[1]

1924年4月，浙江蚕区由钱惟烈等组建嵊县农工银行，主要经营农家蚕桑放款、茧子抵押放款，并设堆栈，推行动产抵押放款，也兼办储蓄、存款、汇兑、保险及信托业务。1925年2月，其与绍兴中国银行签订合同互相通汇，并使用兑换券，领用中行钞票。1927年设专部代理保险业务及信托事宜。[2]

在全国各省政府建立的农民银行中，最早成立的是江苏省农民银行。1927年6月，江苏省建设厅厅长叶楚怆、财政厅厅长张寿镛提议，将孙传芳征收未完的两角亩捐，作为江苏省农民银行基金继续征收，并提出几项办法：取消孙传芳时代之特捐亩税办法；征收农民银行基金，其数额及征法与亩税相同；已征收之亩税，准农民以收据作农民银行基金；基金收足四分之一后，即行着手筹备农民银行；在未征收前，应做广大宣传。江苏省政府于同年8月，聘请薛仙舟为农行筹备主任，后因其病故，10月改聘马寅初、唐有壬、过探先等为筹备委员，成立筹备委员会，筹办江苏省农民银行，以供给农民低利生产资金，扶助农村经济发展。1928年7月，江苏省农民银行总行在南京正式成立。该行资本总额暂定为200万元，以专案指定征收各县农行基金充之，后省政府又加拨苏北骆马湖地产，充实银行资金实力，到1935年资本增至400万元，用于办理全省农贷及其他放款业务。总行设立后，即在各地设立分行。常熟、吴江、高淳、松江等分行均在1928年9月至1929年6月间陆续成立。至1931年，分行已有上海、南京、丹阳、常州、无锡、江阴、苏州吴江等20所，遍布江苏各地，并在溧阳、太仓、宝山、沭阳、震泽设立营业处。江苏省农民银行农村放款业务主要有青苗放款、储押放款和运销放款，三种农贷同时进行。青苗放款是在农产品未收获以前，由苏农行贷款给农民，用以购买种子、肥料、农具、牲畜等，农产品收获后偿还的贷款。贷款的方法是：由借款的合作社，将各社员耕种某种农产品的亩数、预计收获量、借款用途等项，详细开列，连同申请书函送农行，农行派员核准后，发放贷

[1][2] 徐唐龄：《中国农村金融史略》，北京：中国金融出版社，1996年，第195页。

款。储押放款是农民在收获农产品后,送到仓库质押向农行取得的借款。乡村如无仓库,可以由合作社兼办仓库业务,或组织储藏合作社代理仓库业务。储押的农产品以农民自己出产为限,主要有米、谷、麦、杂粮、兹绸、棉花等,押款额不得超过该项农产品市价七成,期限不得超过8个月,其目的是使农户避免贱卖贵买之苦。储押放款始于1929年,江苏省农民银行在吴江设立农业仓库,办理丝绸储、押,这是我国第一家新式农业仓库。同年冬,又在无锡东厅后宅设立农业仓库,经办粮食储、押。1930年,国内粮食丰收,但是因为洋米倾销,粮价极低,谷贱伤农。应时之需,苏农行农业仓库业务得到进一步发展。1932年冬,仓库增加到34所。1933年,增加到94所。1934年,自办、代办及委托办理的仓库达184所,储米、麦、豆等467 890石,棉花杂粮等3 444 836斤,土布96 486匹,豆饼等168 225斤,农具51 025件,黄狼皮等2 897只,生丝、金银37 320两。储押物品价值达400余万元。1935年,仓库数增加到211所,储押物品价值达1 000余万元。1936年,仓库猛增到317所,储押品价值总额1 700余万元,押户158万户,每户借款平均为4.16元至5.1元。抗战期间,农仓损失较重。1946年后复业的农业仓库减少为71所,分布于21个县,未能恢复到战前水平。运销放款,这是苏农行1933年开始办理的一个重要业务。在农产品收获以后,由合作社收集社员的农产品,定标准分等级,加工包装,准备运往外埠销售。在着手举办的时候,可以先向农行借农产品市值七成的款项。合作社将农产品办理妥当后,由农行代为雇船、保险,运往上海或其他各埠销售。合作社方面填写委托书,委托农行或农行在各地的销售代办处,代为销售。1934年5月1日,苏农行设立的上海农产运销处成立,其业务为代理各地合作社购买和运销。代理运销的方式有三种:一是委托农产运销处全权处理,二是限定最低价,三是随时接洽。成立当年,农产运销处代理运销的种类有食粮运销、棉花运销、猪只运销、鱼类运销,以及黄豆、花生、土布、芝麻等运销。徐畅对抗战前江苏省农民银行的研究认为,该行是抗战前经营最好、成绩最为显著、对农村贡献最大的农业银行。[1]

浙江省各县设立县农民银行或农民借贷所。浙江省最早创办的县农民银

---

[1]　徐畅:《抗战前江苏省农民银行述论》,《中国农史》2003年第3期。

行是衢县地方农民银行，成立于1929年5月，由衢县县长邀请商会会长共同发起，并由商会会长项槐为董事长兼经理，属于官商合办，实收资本62 000元。海宁县农民银行亦于1928年开始筹备，由县长发起，资本金于田赋地方抵补金项下带征，收足10万元。1931年正式成立时，组织了由5—9人组成的监理委员会，由县政府、国民党县党部、县建设会等的代表为固定委员，并另聘地方绅士为聘任委员。在筹建县农民银行的同时，有些县因资金筹措困难，便只成立农民借贷所或农民放款处。农民借贷所有一定的自有资金，资金不足，由银行贷款支持；农民放款处自有资金很少，基本上依靠银行贷款转贷给各合作社。从1930年至1934年，浙江省共设立县农民银行和农民借贷所共47家，资本额达897 720元。至1937年前，浙江省先后成立县农民借贷所25所，县农民借贷所筹备处5所，县农民放款处3所，再加上16个县设立的县农民银行，全省总计有49个县设立了农业金融机构。江浙两省农民银行放款大部分放于合作社或信用合作社。1934年，全国共有20家农业银行，其中江苏4家，浙江9家，江浙两省占到全国总数的65%。[1]

工农业产品交换比价问题在近代中国日益严重，使中国农业成为资本主义发展的牺牲品。这种不等价交换造成农村对城市的负债，进而到20世纪30年代造成农村金融枯竭。南京国民政府不得不关注农村金融问题。中国农民银行正式成立于1935年4月，它的前身为1933年4月南京国民政府设立的豫鄂皖赣四省农民银行，总行设在汉口，曾在南京、上海、杭州等地设立分行。邹晓异等认为中国农民银行成立之初具有农村金融救济银行、“剿匪”银行、军事银行和蒋介石私人银行等多重角色及职能。1935年11月国民政府实施法币政策时，中国农民银行发行的货币与法币同样行使，确立了其国家银行的法律地位，并与中央银行、中国银行、交通银行一起构成国家银行体系。此后，通过兼并农本局和四行所进行的改组，中国农民银行逐步统一了农贷，成为国民政府的国家农业专业银行。[2]

---

[1] 訾金生：《民国时期江南农村金融研究》，苏州大学博士学位论文，2011年。
[2] 邹晓异、黄静：《论中国农民银行的农贷运行机制》，《河北大学学报》2004年第4期；邹晓异：《试论中国农民银行角色和职能的演变》，《中国经济史研究》2006年第4期。

1936年6月,国民政府颁布《农本局组织规程》:“农本局以调整农产品、流通农业资金,借谋全国农村之发达为宗旨,由实业部联合国内各银行组织之。”农本局业务分两大类:其一,设农产处,主管农业产品之调整,以农业仓库为推进中心;其二,设农资处,主管农业资金之流通,并以合作金库为业务经营之主要机构。合作金库自1936年开办,为三级制的组织系统,上级组织为中央合作金库,资本至少1 000万元;中级为省、直隶市的合作金库,资本在100万元以上;下级为县市合作金库,资本在10万元以上;县市以下则设县库代理处、信用合作社及其联合社。到1944年我国共有省级金库1所,县市级金库451所。再加上散布各处的信用合作社、借贷所、农业仓库等。有学者分析了合作金库制度的意义,认为这是一个从中央到地方、从城市列乡镇的多层次、多渠道、多种形式的新式农业金融体系。[1]

其他银行也办理农贷业务。例如,1933年起中国银行开始兼办农贷业务,在总管理处内组织放款委员会负责设计及指导农贷事项,在上海、浙江等地分行设有“农贷股”,省有“农贷专员”,区有“农贷视察”。县设农贷办事处,并派主任辅导员负责推进该县农贷业务。此外,还辅设县合作金库为农贷业务的附属分理组织。中国银行杭州分行是浙江办理农业贷款业务中较早的银行之一。1936年在诸暨、萧山、吴兴、海盐、嘉兴、长兴等六县开办农业贷款,放款的对象主要是合作社,是年发放农贷26万元。交通银行1934年起兼营农业合作放款,其农贷业务组织,是在总管理处储信部设农贷课,设课长和副课长主管农贷事务,分行内设农贷股,各县设农贷办事处或辅设县合作金库,为调剂农业金融的基础组织。交通银行杭州分行曾于1937年4月间与浙江省建设厅办理农村合作社贷款合约,与杭县等10个县的农民银行、农民借贷所共同办理对农村合作社贷款。邮政储金汇业局拨款500万元作为农贷基金,并于乡镇邮局内附设“农业抵押处”“农业押汇运转部”举办农业合作贷款。1935年5月1日,正式颁布《邮政储金汇业局农产抵押放款章程》,规定主要经营农产抵押放款,每户抵

[1] 徐唐龄:《中国农村金融史略》,北京:中国金融出版社,1996年,第216—217页;薛树万:《合作金库本质之鸟瞰》,《中农月刊》5卷9、10期,1944年10月;《合作金库组织系统及其理论之探讨》,《中农月刊》5卷11期,1944年11月。

押借款以2 000元为限，最长期限不得超过8个月，过期不赎即自由拍卖抵押品。此后在苏、浙等省开办农贷业务。上海商业储蓄银行至1934年放款农村信用合作社共21县98社，其中江苏为最多，15县60社，安徽1县31社，浙江5县7社，江浙共67社，占总数的68.4%。[1]

5. 信用合作社

民国时期农村金融市场的一个主要特点是，农贷主要以合作社为对象，于是，合作社及合作金融成为广受关注、广被研究的对象。合作运动兴起与华洋义赈救灾总会有关。华洋义赈救灾总会是辛亥革命后，中外人士为了救助灾民，出资成立的最大的救助性慈善机构。1922年4月，华洋义赈会设立农利委办会，该会委派著名经济学者到河北、山东、江苏、浙江、安徽五省进行农村调查，结果一致认为："救灾先须防灾，防灾先须调剂农村金融，俾能恢复元气"，认为实行信用合作社制度是适宜中国农村社会的实际状况的。1923年1月，农利委制定《农村信用合作社章程》，开始试办农村信用合作社。同年6月，河北省香河县第一信用合作社宣告成立，这是我国最早成立的农村信用合作社组织。华洋义赈会办理合作社的目的是"救济农村贫困，促进农村建设，故本会合作事业，应以农村为对象"。华洋义赈会主要把河北省当作实验区，在其指导下，河北省的农村合作运动逐渐发展起来，从1923年的8社增加到1927年的561社，社员也由256人增加到13 190人，缴纳股金由286元增至20 698元，有合作社的县数也由当初的8个县增加为56个县。从此，农村合作运动在河北境内开始，并逐渐波及全国其他各省。江苏省最早建立的信用合作社是南通通海私立甲种商业学校合作银行，该行成立于民国十二年（1923）5月，主要经营储蓄和放款业务。浙江最早的信用合作社是1924年由沈定一创办的萧山县衙前信用合作社。20世纪30年代国民政府颁布《农村合作社暂行章程》和《合作社法》，江南农村合作事业取得了长足的发展。江南地区的合作社在全国一直占主导地位，1931年全国成立的合作社以江苏为最多，占全国总

[1] 详见徐唐龄：《中国农村金融史略》，北京：中国金融出版社，1996年，第211—214页。

数的45.24%，而苏浙沪宁更是占到全国的67.9%，之后几年，在其他地区合作社数量激增的情况下，所占比例有较大幅度的下降，仍占到23%的比重。1935年全国有合作社26 224家，是1931年的2.26倍。苏浙沪宁地区1935年有合作社6 222家，是1931年的3.27倍。在各类合作社中，信用合作社依然占绝对主导地位，1932年至1934年苏浙沪宁共有合作社4 831社，其中信用合作社就有2 927社，占60.6%。[1]

在另一方面，民国时期信用合作社自有资金少，依赖社外资金。对外部资金的依赖，给合作社带来了诸多影响。有人认为，社外资金对于农村合作社的支撑极不稳定，从而无法保障农村合作乃至农村经济的复苏。有人认为，靠政府强力与银行资本的资助而推进的合作社资金结构呈现畸形、失衡的状态。[2]

6. 近代农村金融市场变化总趋势

20世纪30年代农村金融枯竭，农村负债情况日益严重，见表6–12：

表6–12　河北定县农村负债情况变动[3]

年　份	负债户数占总户数的百分比	负债户数指数	借款总次数	借款总次数指数	借款总额（元）	借款总额指数
1929	33	100	335	100	21 026	100
1930	44	135	466	139	34 401	164
1931	58	178	726	217	48 944	233

20世纪30年代，随着农民贫穷化的加深，高利贷资本的活动越来越猖獗，引起了各界的关注。当时学者们对高利贷多有评述，例如王寅生以马克思在《资本论》中对高利贷的论述为基础，对中国高利贷作了理论论述和批判，薛暮

[1] 昝金生：《民国时期江南农村金融研究》，苏州大学博士学位论文，2011年。
[2] 王先明、张翠莉：《二三十年代农村合作社借贷资金的构成及其来源》，《天津师范大学学报》2002年第4期；赵泉民、忻平：《资金构成与合作社的“异化”》，《华东师范大学学报》2006年第2期。
[3] 资料来源：李景汉：《定县农村借贷调查》，《中国农村》1卷6期。

桥描述了中国高利贷的表现形式，并猛烈抨击了高利贷的危害性。[1]李景汉对定县高利贷的调查结果显示，借债的农家一年比一年多，借款的次数一年比一年多，借款的总额一年比一年多。[2]1949年后，学者们对近代农村高利贷进行了较为充分研究。因为篇幅有限，在本书不再一一论述。

近代农村利率不断增长。例如，毛泽东调查发现赣南地区的市场利率水平在显著上升。“所有放高利贷，差不多全属这班新发户子。大地主、中地主放债也是放的加三利，加五利非常之少，捡谷钱、捡油钱可说没有。还有更凶的‘月月加一’利，即见月还利百分之十……前清时候放恶利的比较少，民国以来放恶利的渐渐加多。‘现在人心更贪了’，就是贫民对于高利贷者含有历史意义的评语。‘今个人，人心较贪了咧’这个话，在寻乌贫民群众中到处都听见。”[3]又如，李金铮考证民国时期高利贷利率，发现明显比清代高利贷水平要高得多。“与乡村资金短缺形成鲜明对比的是，农民对资金的迫切需求。二三十年代的各种调查资料表明，农民借债率一般达到60%—70%以上。资金的供不应求，为高利贷的横行提供了社会土壤，农民的现金借贷多为月利3分以上的高利率，粮食借贷月利率高达5分以上。”“另外，据中央农业实验所1933年12月22省的调查，地主、富农、商家、钱局、亲友、合作社等向农民借贷货币的年利率平均为34%，借贷粮食的年利率为71%”。[4]

更大范围内农村利率增长情况可见表6–13：

表6–13　河南、安徽、山东127村利率增长指数[5]

	1929	1934		1929	1934		1929	1934
河南中部			安徽北部			山东东部		
烟　区	100	124	烟　区	100	133	烟　区	100	115
非烟区	100	108	非烟区	100	129	非烟区	100	116

[1] 王寅生：《高利贷资本论》，《中国农村》创刊号，1934年10月；薛暮桥：《中国农村中的高利贷》，《中国农村》第2卷第8期，1936年8月。
[2] 李景汉：《农村高利贷的调查》，《民间（北平）》，1934年第1卷第14期，第10—13页。
[3] 毛泽东：《毛泽东农村调查文集》，北京：人民出版社，1982年，第130页。
[4] 李金铮：《近代中国乡村社会经济探微》，北京：人民出版社，2004年，第224、491页。
[5] 资料来源：章有义：《中国近代史农业资料》第3辑，北京：三联书店，1957年，第363页。

20世纪30年代，从农村借款来源看，中国农村各种金融组织利率比较例见表6–14：

表6–14　江南农村各种金融组织月利利率比较[1]

项　　别	无　　锡	吴　　江	句　　容
信用合作社	1分2厘	1分	1分2厘
农业仓库	1分5厘	1分5厘	1分4厘
典　当	1分8厘	2分	2分
高利贷普通率	2分	2分5厘	2分

由上表可见，在江南农村高利贷、典当的利率一般为月利2分或2分以上，农业仓库及信用合作社的利率相对较低。农民通过向仓库储押农产品直接获得利率较低的贷款，有助于农民缓解高利贷的盘剥。

在中国农村金融市场上，私人高利贷占据优势地位，此外广泛存着传统金融组织典当、钱庄，以及农民自发组织的金融互助组织合会。民国时期，现代农村金融组织的逐步产生与发展。这样，在农村金融市场上开始出现了二元金融的格局。政局不稳定，战争频繁，给农村金融市场造成极大破坏。杜恂诚认为，近代农村新式金融的开展需要解决受体的设计，农村信用合作社是一种信用受体，它本身并不是金融机构，它以加入者的信用来降低贷款风险，并以此来促进中国农村社会信用共同体的发育。农村新式金融的品种设计是从实际出发的，风险防范是有效的。农村新式金融可以做到低成本和薄利润，农村新式金融专业机构除了在开创期需要政府投入外，其日常经营能够做到自负盈亏。农村新式金融需要长期稳定的社会、经济和货币条件才能稳步推进，需要政府的自律清廉才能约束其成本和贷款方向，这些方面体现了当时中国农村新式金融的局限性，并注定这次农村金融新的尝试不能取得成功。[2]

[1]　据章有义编：《中国近代农业史资料》第3辑，北京：三联书店，1957年，第206页表改编。
[2]　杜恂诚：《20世纪20—30年代的中国农村新式金融》，《社会科学》2010年第6期。

二、土地市场及租佃制度的变化

近代中国土地市场与租佃制度应当结合起来考察。赵冈认为:“一旦土地可以自由买卖,除非政府强力干涉,地权是不会平均分配的,实际分配的情况是由市场交易所决定。”[1]“土地作为生产要素,只要进入市场交易,也是两个市场平行,古今中外皆然。中国历史上也是如此,两个市场平行,人们在一个市场上进行土地所有权的交换,在另一个市场中进行土地使用权的交易,后者即租佃市场。我们不能只承认其一,而不承认其二。既然有两个平行的土地市场出现,就有人愿意在土地上投资,在一个市场上买进土地所有权,而在另一个市场上卖出使用权。”[2]

近代中国土地市场与租佃制度基本上延续历史上的格局。土地是农民赖以生存的保障,农民对于土地都非常重视,非到万不得已的情况下,决不肯轻易放弃自己的仅有的一点土地,因此土地所有权的转移,大都由土地抵押而进行典当,再由典当而至于绝卖。在这一产权转换的过程中,买卖双方必须严格执行复杂的程序,即卖者写卖契约,载明土地坐落地、各四至、面积及土地价格,并注明活卖、绝卖字样,由在场人同时签字画押,交买方收存,最后到县署登记验契。土地亦有使用权的交换,即土地佃耕,把土地租种给他人耕种,从中收取一定的租额,这是土地市场最基本的交换形式。

近代土地市场主要变化有:

1. 官地公地私有化加剧

近代战争频繁,部分地权向新兴的军阀官僚手中转移。晚清湘淮军将领依仗“军功”,占据了大量土地,这些土地有不少原来是国有土地。例如,天津附近小站地区为屯田区域。到清后期,淮军周盛传部在此经营营田达6万余亩,此后,这些营田成为盛军将领的私田。这导致国有土地流失。光绪末年,一道

[1] 赵冈:《中国传统农村的地权分配》,北京:新星出版社,2006年,第9页。
[2] 同上书,第8页。

台以贱价购得营田上游荒地3万余亩,拦河截水,开垦荒地。[1]清代中期之后,东北和蒙地"招佃开垦"的情况比较普遍,地方官员和庄头从中侵渔不少。到民国初期,荒地放垦,往往是由大地主取得大片土地的开垦权,再分租给佃农开荒耕种,这些大地主中亦不乏军阀豪绅。在寺田以至旗地的处置过程中,军阀豪绅地主凭借其政治军事权力,也可以较容易地廉价获得土地。安徽霍邱张敬尧家和阜阳倪嗣冲家各拥有七八万亩以上的土地;徐世昌在辉县有50多顷土地;[2]张作霖在东北占有土地15万余晌(每晌合十亩)。[3]冯国璋是河北省河间人,《新青年》编者在1919年曾以"河间府的田地现在也买不着了"来形容冯在其家乡抢购田产的情况,[4]冯在苏北还有田75万亩;曹锟兄弟是天津静海一带最大的地主,而且垄断了那一带的水利机关。[5]再如,在1913—1922年历任福建镇守使、护军使、巡按使、督军、省长等职的李厚基,在江苏徐海一带就占有200多顷土地。[6]大官僚靳云鹏在济宁购置田产达10万亩。[7]山东临沂县甄家沟的一个甄姓地主,在1920年代不过是一个乡长,为了掠夺土地,诬指一个农民是土匪,罚地12亩,霸为己有,又把另一与他有过口角的农民吓跑,没收了这户农民的80亩地。此外,还用半价强买了与其地相邻的一些土地。[8]

官田旗地公地私有化案例还有很多。[9]"1887年清代的官方土地记录仍然记载,特别在华北和满洲,除了民田外,还存在着大量旗田、屯田和皇庄。这些都反映了早期满族统治者企图把适应满洲政治和社会结构的土地制度强加在被征服的中国的土地制度之上。实际上,到了19世纪后期,除了田赋税率有差别外,早期的区别差不多已不复存在了。人口的增长、微薄的官俸以及土地私有这一中国基本制度的压倒一切的影响,这三者合起来的影响实际上几乎把各

[1] 张培刚:《清苑的农家经济》,《社会科学杂志》季刊,第7卷第1期,第10页,1934年3月。
[2] 章有义编:《中国近代农业史资料》第二辑,北京:三联书店,1957年,第14页。
[3] 同上书,第15页。
[4] 《新青年》第7卷,第一号,第119页。
[5] 章有义编:《中国近代农业史资料》第二辑,北京:三联书店,1957年,第16页。
[6] 吴寿彭:《逗留于农村经济时代的徐海各属》,《东方杂志》第二七卷,第六号,第78页。
[7] (日)小林一美:《近代华北的土地经营与商行运行的特征》,《国外中国近代史研究》第26辑,第175页。
[8] 天津:《益世报》,1936年12月26日。
[9] 详见汪敬虞主编:《中国近代经济史(1895—1927)》,北京:人民出版社,2000年,第724—750页。

种各样土地使用的法定形式统一起来了。旗地与民田一样，也分成被汉族佃户耕种的分散的小块土地，它们通过种种花招而被自由地租赁、抵押或买卖。”[1]清末民初官地在不断减少的，不仅荒地不断减少，熟田也一样在不断减少。国有土地流失的速度从短期来看并不很快，但是从长期来看，累积起来，流失的规模是很可观的。据估计，甲午战争前官地约占全国耕地面积的25%，到20世纪30年代这一比重已经下降为10%。[2]官地私有化为传统中国土地市场增加了土地供给。

官僚地主的土地是积累和消散都是比较快的，真正可以称为“千年田换八百主”的。但是这部分土地一旦经过分家细分之后，或者转化为族田之后，也就沉积下来，难以流转了(可以说这是一个逆流，但其规模小得多)。

族田是旧中国宗族共有的田地，有祭田、社地、义庄田、祠堂田等名目，可谓小众公有地。以徽州府而论，据1949年统计，全府耕地1 183 477亩，其中族田为169 431亩，占全部耕地的14%。族田占比重最大的为广东省，清代前期，大户族田数千亩，小户数百亩。清代后期有所增加，光绪年间，或谓有的府县族田“粮额实占其邑之半”。苏州是族田的发源地，也是族田发达的地区。近代苏南族田来源形式多样化，族田不断增置。[3]族田有的由族长经管，有的由宗族成员按年轮值经营。所收地租用于祭祀、助学、救济等。族田一般不许出售，族田的增加可视为土地市场供给的减少。不过，近代亦有宗族成员把自己拥有的族田轮值年经营权出当的案例。[4]这种轮值年经营权出当的形成，也成为地权市场组成部分，更可以说土地的日益虚拟资本化。

2.“地权失平”加重与租佃范围的波浪式扩大

尽管存在军阀地主与豪强地主依仗特权对土地市场的冲击，但是正常的市场规律仍然在顽强地发挥作用。绝大多数大土地占有者仍然是通过市场把土地出租经营，在生产力的角度引导土地趋于市场合理分配。土地使用权市场的

[1] 费正清:《剑桥中国晚清史》下卷第一章第一节“农业”。
[2] 汪敬虞主编:《中国近代经济史(1895—1927)》,北京:人民出版社,2000年,第732页。
[3] 张少筠:《近代苏南族田研究》,南京师范大学硕士学位论文,2008年。
[4] 彭文字:《清代福建田产典当研究》,《中国经济史研究》1992年第3期。

正常运行,牵制并保障土地所有权市场的正常发挥作用。随着农业商品化的发展,一部分善于经营的小农将剩余的财力用于购置土地,变成富农和地主。而财力单薄的小农一旦遭遇天灾人祸,陷入破产失地的困境。近代农村土地买卖频繁。如河北省清苑县固上村的土地买卖较为频繁,1930年土地变动的户数占总户数的比例为2.3%,1936年为2.5%,1945年达到14.5%,其余年份则在上述区间波动。[1]又如,1925年寻乌出卖田地的有600家,占全县总数的20%,典当约占5%,南昌县1947年地权异动共1 107次,江西契税(由土地购买者向政府呈印契据时,政府照买价按契税率而征课的税)收入的不断增加也可以推知土地买卖频繁情况。据调查分析,当时江西卖地原因主要是无资金偿还债务、日用不敷、田赋税过重、婚丧、荒年等。可见出卖土地者大多数是为生计所迫的农民。[2]农民纷纷失去土地,土地日益集中到地主、富农手中,近代"地权失平"加重。

陶直夫(即钱俊瑞)、吴文辉、薛暮桥等都曾经对20世纪30年代中期关内农村土地占有情况做过调查统计,现将他们的统计合编成下表以供参考。

表6–15 20世纪30年代中期关内农村土地占有状况(%)[3]

	户数				占有土地			
	T	W	X	平均	T	W	X	平均
地主	4	3	3.5	3.5	50	32	45.8	42.6
富农	6	7	6.4	6.5	18	25	18.0	20.3
中农	20	22	19.6	20.5	15	23	17.8	18.6
贫雇农	70	68	70.5	69.5	17	20	18.4	18.5

注:T为陶直夫的统计,W为吴文辉的统计,X为薛暮桥的统计。

[1] 史志宏:《20世纪三四十年代华北平原农村的土地分配及其变化——以河北省清苑县4村为例》,《中国经济史研究》2002年第3期。
[2] 孙桂珍:《近代江西农村市场研究》,江西师范大学硕士学位论文,2003年。
[3] 资料来源:章有义:《明清及近代农业史论集》,北京:中国农业出版社,1997年,第82—84页。

表6-16　20世纪40年代各阶级土地占有情况[1]

地　区	占全国耕地（%）	地富占地（%）	中贫雇农占地（%）	占全国人口（%）	地富占人口（%）	中贫雇农占人口（%）
中　南	22.9	48.8	51.2	29.6	13.0	87.0
华　东	23.4	43.7	53.4	27.4	7.2	90.7
华　北	17.3	45.0	55.0	11.8	7.6	92.4
东　北	16.3	89.4	11.6	7.6	24.3	75.7
西　北	8.5	52.2	47.8	5.6	12.5	87.5
西　南	11.6	75.0	25.0	18.0	11.9	89.1
全国平均		56.9	43.1		11.4	88.6

表6-17　旧中国土地占有状况（%）[2]

	1925—1937年		1937—1948年		全国解放前夕	
	户数或人口	土　地	户数或人口	土　地	户数或人口	土　地
地　主	3.11	41.47	4.82	41.24	3.45	32.16
富　农	6.38	19.09	5.78	15.4	4.86	13.75
中　农	24.02	25.87	28.72	31.39	28.93	30.89
贫雇农	61.4	20.77	58.49	16.13	53.62	17.23
其　他	4.5	0.72	2	0.25	10.83	3.41

从上列三个表我们得知：20世纪三四十年代中期中国农村占人口少数（表6–16显示占比为11.4%）的地主富农，占地却很多（表6–16显示占比为全国平均56.9%，东北为89.4%）；而人口占多数的贫雇农，拥有的土地却很少。

[1] 资料来源：丁长清、慈鸿飞：《中国农业现代化之路：近代中国农业结构、商品经济与农村市场》，北京：商务印书馆，2000年，第56—57页。

[2] 据郭德宏：《中国近现代农民土地问题研究》（青岛出版社，1993年）表1–16改编。郭德宏先生是近现代中国土地问题研究专家，他所引用的资料面广且详，但是将表6–1中各阶级有关数据合计，则可发现其中有些小疵，例如：1925—1937年户数或人口合计只有99.41%，而土地数合计达107.92%。现暂按原表数据，请读者引用时注意。

可以说，在旧中国农村，直到土地改革前，封建土地关系长期以来一直占统治地位，其特征是：占农村人口比例很少的地主和富农占有很大一部分土地，而占农村人口多数的贫雇农却只有少量土地，有些甚至无地。占有大量土地的地主并不耕种土地，而无地和少地的农民为了维持生计不得不向地主租佃土地。

近代中国的土地租佃关系，主要发生在地主与贫农之间。中农也有租种地主土地的，其比例较小。另外，也存在少数带有资本主义性质经营的富农佃种地主土地的情况（即佃富农），其比例更小（据1933年广西省立师专师生对22县的调查，在佃农和半佃农户数中，富农仅占1.8%），可谓微不足道。广大无地和少地的贫苦农民，为了获得土地使用权，不得不以交纳地租的代价租种地主土地。地主凭地权所获取的地租，不是像资本主义地租那样的平均利润以上的余额，而是一种吞噬农民全部剩余劳动的封建性地租。此外，在近代农村租佃关系中，还存在着超经济强制和佃农对地主的人身依附关系。因此，在近代中国占统治地位的土地租佃关系是一种封建性质的租佃关系。[1]

租佃范围的大小及其变化，直接受到地权分配和地主土地经营习惯的制约：地主兼并，地权集中，自耕农失地破产，少地户、微地户和无地户多，自然导致佃农增加，租佃范围扩大；反之亦然。清中叶后，官田逐渐转化为民田，原先带有某种农奴性质的官田佃农转化为民田佃农或自耕农；太平天国战争又使地主阶级受到严重打击，许多省份地权分散，自耕农数量大增。19世纪70年代以后，军人地主和商人地主兴起，使地权有所集中，佃农增加，但是自耕农（包括地主、富农、中农等）仍然高于佃农。民国初时，自耕农比例略低于佃农与半自耕农之和。至全面抗战前，佃农与自耕农的比例变化总趋势是自耕农比例下降，佃农比例增加，这表明租佃关系的范围在扩大。不过，这种变化的幅度，根据全国各省加权平均数看来，尚不算大（参见表6–18）。

[1]　参见陈廷煊：《近代中国地主土地所有制下的租佃关系》，《中国经济史研究》1991年第4期。

表6–18　近代各类农户比重的变动[1]

年　　份	报告县数(个)	自耕农(%)	半自耕农(%)	佃农(%)
1912	655	49	23	28
1931	684	46	23	31
1933	730	45	23	32
1935	960	47	24	29
1937	1 058	46	24	30
1947		42	25	33

从表6–18看来，自1912年至1937年，各类农户比例变化不大，自耕农比例下降了3%，半自耕农上升了1%，佃农上升了2%。抗战以后，这种佃农比例上升的趋势进一步加强。表6–18是各省加权平均的结果。实际上各省自耕农与佃农的比例变化趋势及变化幅度不一。1912—1937年间，华北各省，除河南外，自耕农比例都在上升增加，佃农比重下降；华中方面，江浙两省是自耕农减少，佃农增加，皖、赣和两湖则是佃农比重也下降，皖、赣、湘等省半自耕农比例增加较大；西南四川、云南和贵州3省自耕农大量减少，佃农比重增加，尤其是云贵两省有明显的佃农化、无地化趋势；西北地区这种趋势不明显。[2]张履鹏发现："到清末民初，这种转化过程加速，尤其是南方由于新式工业兴起，要雇用工人，带动农村雇工工资上升，经营地主的成本曲线上升；另一方面作为机会成本的租金也上升。于是经营地主纷纷转化。"[3]所以他认为："地价低或者用工价高会促使租佃制度发展。"[4]刘克祥也根据大量资料研究认为，近代中国农村土地租佃范围可谓波浪式扩大。[5]

---

[1] 据许涤新、吴承明主编：《中国资本主义发展史》第3卷，第292表缩编。
[2] 许涤新、吴承明主编：《中国资本主义发展史》第3卷，第291—293页。
[3] 张履鹏：《中国农田制度变迁与展望》，北京：中国农业出版社，2009年，第108页。
[4] 同上书，第114页。
[5] 详见刘克祥：《20世纪三四十年代的租佃结构变化与佃农贫农雇农化》，《中国经济史研究》2016年第5期。

3. 地租相对加重

近代中国的土地租佃制度根据土地和其他生产资料同农民的结合方式,可分为租种制、伙种制和帮工佃种制三类。

租种制是近代中国农村主要租佃形式。在租种制下,地主只出租土地,其他生产资料由佃户自备。分租制曾长期在中国封建社会实物地租中占主导地位,到了近代其所占比重已逐渐减少。据国民党政府中央农业实验所1934年对22省879县的调查,在全部租佃关系中分租制只占28.1%,而定租制占71.9%。

伙种制是地主不仅出租土地,还提供牲畜、农具、种子、肥料等生产资料的一部分,土地收获物在地主与佃户之间按事先规定的比例分配。它多见于陕北和华北地区。在伙种制下,地主因为还提供了一些其他生产资料,其分成比例要高于分租制。

帮工佃种制或称"分益雇役制",其特点是地主除出租土地外,还提供牲畜、饲料、种子、肥料等生产资料的大部分,有些还借给佃户本人及家属口粮和燃料,以至住房和用具;一般农具由佃户自备。土地收获物在地主与佃户之间按事先规定的比例分配,同时佃户将借用的种子、口粮等加利息归还地主。地主所获土地收获物的比例更高,一般是在八成,有的达到九成。帮工佃种制另一特点是,佃户要无偿为地主承担较多的诸如赶车、运货、饲养牲口等劳役,佃户的妻子及儿女也要无偿为地主纺线、织布、洗衣、做饭、看护孩子等。帮工佃种制介于土地租佃和劳力雇佣这两种剥削方式之间,其佃户是丧失了一切生产资料的赤贫农户,他们不得不既要承受地租剥削,又要承受粮食等借贷高利的盘剥,还要承受大量劳役剥削。由于帝国主义侵略的加深和国内商品经济的发展,中国农民分化加剧,贫农丧失生产资料的情况愈加严重,所以甲午战争后帮工佃种制在北方地区得以广泛流行,在南方地区也有发展。[1]

近代中国的地租形态,实物地租仍占主要地位。另外,在近代中国农村,劳役地租不仅在边远少数民族地区还存在着,即使在上海、苏南等经济较发达的

---

[1] 以上参见陈廷煊:《近代中国地主土地所有制下的租佃关系》,《中国经济史研究》1991年第4期;刘克祥:《试论近代北方地区的分益雇役制》,《中国经济史研究》1987年第3期。

汉族地区也仍然存在“脚色制”等劳役地租残余，例如宝山县农村，实行“脚色制”时，地主出租一亩耕地，不收租金，但佃户必须为地主做一至两月工。[1]

关于近代中国农村地租剥削的程度，可以地租“购买年”（即多少年的地租等于地价）作国际比较，30年代中国农村平均地租购买年为7—9年，第一次世界大战后德国为20年，英国为27—30年，可见当时中国地租剥削比英德等国苛重得多。[2]

近代中国农村的地租率，从多数史料看来，呈逐渐增长趋势，例见表6–19、表6–20、表6–21、表6–22：

表6–19　南通、宿县地租指数变化（以1905年为100）[3]

	南通			宿县		
	上等田	中等田	下等田	上等田	中等田	下等田
1914年	147	157	174	81	96	64
1924年	229	240	255	148	169	160

表6–20　民国时期河南部分地区地租剥削率[4]

县别	每亩租值（元）	每亩地价（元）	租值与地价的%
灵宝	4.4	42	11.2
淮阳	6.08	62	10
汝南	3.68	27	14
上蔡	4.22	43	10
内乡	2.77	48	6
镇平	3.11	37	8
信阳	3.71	37	10

[1] 以上参见陈廷煊：《近代中国地主土地所有制下的租佃关系》，《中国经济史研究》1991年第4期。
[2] 严中平等：《中国近代经济史统计资料选辑》，第310页。
[3] 资料来源：冯和法编：《中国农村经济论》，上海：黎明书局，1934年，第267页。
[4] 资料来源：陈玉峰：《解放前河南省的租佃关系》，《北方文物》1994年第2期。

表6–21 民国时期河北部分县村地租率

县 村 别	地价(亩元)	租值(亩元)	租值占地价(%)
保定	50	2.5	20
平谷县夏各庄、小辛庄	40	5	12.5
香河县后延市	40	4	10
遵化县卢家寨	40	4.5	11.2
滦县八里桥庄	40	4.5	11.2
昌平阿苏卫	25	2	8
蓟县纪各庄	20	2	10
玉田县龙窝六村	50	5	10
乐亭县马头庄	30	4.5	15

表6–22 民国二十三年各省每亩普通租额占普通地价之百分率[1]

地 域	每亩普通租额			普通田地之平均价格	每亩普通租额占每亩普通地价之百分率		
	谷租	钱租	分租		谷租	钱租	分租
总 计	4.2	3.6	4.6	32.6	12.9	11.0	14.1
江 苏	3.4	3.8	5.6	43.7	7.8	8.7	12.8
浙 江	4.6	4.3	5.9	44.7	10.3	9.6	13.2
安 徽	3.1	3.1	5.4	33.0	9.4	9.4	16.1
江 西	3.3	3.5	6.7	18.2	18.1	19.2	36.8
湖 北	2.8	3.4	5.6	41.2	6.8	8.3	13.6
湖 南	4.4	4.4	7.2	25.3	17.4	17.4	28.5
四 川	7.1	5.6	8.3	49.1	14.5	11.4	16.9

[1] 资料来源:国民政府主计处统计局编:《中国租佃制度之统计分析》表35,正中书局印行,1946年。

（续表）

地　域	每亩普通租额			普通田地之平均价格	每亩普通租额占每亩普通地价之百分率		
	谷租	钱租	分租		谷租	钱租	分租
河　北	3.1	3.0	3.3	40.8	7.6	7.3	8.1
山　东	5.5	4.7	6.1	29.3	18.8	16.0	20.8
山　西	1.7	1.8	1.8	29.0	5.9	6.2	6.2
河　南	4.4	2.9	2.5	—	—	—	—
陕　西	3.1	2.4	3.0	23.8	13.0	10.1	12.6
甘　肃	2.1	2.0	2.4	17.5	12.0	11.4	13.7
青　海	1.1	1.2	1.8	—			
福　建	5.7	5.1	6.0	28.6	19.9	17.8	21.0
广　东	7.5	6.7	6.1	39.5	19.0	17.0	15.4
广　西	6.6	4.7	6.5	—			
云　南	7.5	6.3	7.6	45.3	16.6	13.9	16.8
贵　州	5.0	2.3	4.5	37.2	13.4	6.2	12.1
察哈尔	1.2	0.8	1.9	27.4	4.4	2.9	6.9
绥　远	1.8	0.8	1.5	12.5	14.4	6.4	12.0
宁　夏	6.1	4.6	4.2	—			

4. 地权交易形式多样化

近代中国土地市场上地权交易形式有当、押、典、抵等融通性债权交易形式，也有活卖、绝卖、佃权顶退等形式，还有找价、回赎等习俗，呈现多样化变化趋势。这不仅在金融工具缺失的时代充当了资金融通工具的替代，农户赖以济危解困，更促进了土地流转，使生产要素组合与资源配置通过地权市场得以活跃和发展。[1]在这些地权交易形式中，“一田二主”（或谓双层地权、永佃制，亦有

[1] 龙登高：《清代地权交易形式的多样化发展》，《清史研究》2008年第3期。

多种二级交易形式)分布较广,引起较多关注。

双层地权即把地权分为田底、田面两种相对独立的权利,并为地主与佃农分别占有,形成一田二主的独特现象,有的甚至演化成一田三主、一田多主的复杂形态。在"一田二主"制下,田底主(地主)拥有田底,收租权、出卖权、典当抵押权,可向佃户收取租谷,要承担向政府交税之责;田面主(佃农)享有对土地的长期使用权,田产收益权,必须向田底主交租。田面主的田面权可以出租、抵押、典当、出卖、继承、赠与等。一般双层地权的主要特征有:(1)地主仅仅收取租金,田底的变动不影响佃户的地位,即俗谓"换东不换佃""倒东不倒佃";(2)佃户可以随时退佃,但不得自行转佃(须得地主同意);(3)佃户按约交租,地租剥削量相对稳定,不许地主"增租夺佃";(4)佃户长期具有经营土地的自主权;(5)不存在主佃之间的人身依附关系。在近代,双层地权最普遍地发生在长江下游地区。农民享有"田面权"的租田,各地名称不同,在松江、吴江、常熟等县叫"大租田",吴县叫"管业田",太仓叫"单租田",无锡叫"灰肥田"或"老租田",江宁县叫"肥土",嘉兴称"永年田",南通称"田面永业权"等。北方绥察两省的永佃比例最高,因两省地属新垦区,政府为奖励移民垦殖计,对垦民许以"永佃权";长江流域苏浙皖三省,其比例也较高,这是因为经济商品化、人口稠密以及肥沃的土壤等因素,共同导致地权发生分裂,田底田面的流转异常活跃。在苏南,田面田主要分布在12个县,田面租田占整个出租田亩数的比例,吴县、吴江、松江三县一般都在80%以上,吴县甚至达到90%上下;无锡、常熟、太仓在70%—80%。[1]

在近代中国的乡村中,双层地权的交易异常活跃。黄宗智评论道:"在长江三角洲,土地所有权演变成两层地权,同时适应了旧的原则和新的惯例。为满足城市富人投资土地的愿望和贫困农民卖出土地的需要,田底权的买卖变得越来越自由。20世纪的华阳桥已形成了一个几乎是自由竞争的田底权市场。田底权几乎可以像股票和债券一样买卖。"[2]双层地权的二级流转包括田底、田面的流转,各存在着多种形式。由于土地买卖中标的的不同,买卖的名称更加复

[1] 胡华:《近代江南双层地权研究》,南京师范大学硕士学位论文,2004年。
[2] 黄宗智:《长江三角洲小农家庭与乡村发展》,北京:中华书局,2000年,第120页。

杂，除了卖之外还有顶、替、退等多种，以及“绝卖”与“活卖”“实顶”与“活顶”等。全面抗战以前，江南田底、田面价格的增长或波动主要是田面产权自然增值或市场价格影响的结果，此外，也受到战争、革命以及“二五减租”政策的影响。20世纪20年代末30年代初，大致来说田面价格约为田底价格的一半。到全面抗战前，基本维持了这一状态，如江南地区田底每亩60元，田面每亩30元。但这一时期田面权的增值趋势也出现了较大程度的上扬，有的甚至反超田底价好几倍。如江苏“现时多数地方，田面权之售价辄有在田底权售价以上，亦有与田底价相垮或在田底价以下者。如金山青浦等县，田底田面价格几相等，海门则田面价超出田底价以上，其熟地田底价仅占全部地价四分之一，而田面价则超占四分之三。启东县现时田底价格，每亩不过二十元，而田面价则率皆在七八十元左右，于此可见各县田面价，概较田底价为高也”。全面抗战爆发后地价的最大特点就是猛烈下跌。日寇投降以后，旧政府恢复统治，部分地区田底权价格曾因之激增，田面权价格相对降低。但大多数地区田面价已超过田底价。常熟县葛成乡，抗战前“田面”“田底”每亩皆为5石，而抗战胜利后“田面”每亩为6石，“田底”每亩仅1石。在国民党政府发动内战时期，各种负担日益加重，收田底租的利益减少，也促使田底价格的下降。淮海战役以后，革命战争胜负形势已定，田面价格随着高于“田底”价格。地主为了逃避土地改革的惩处，纷纷出卖田底，以至田底价格大落。[1]

双层地权的制度安排赋予了农民可靠的而有保障的佃种权，割断了佃农对地主的人身依附关系，提高了佃农的地位，使之具有了近乎今天所倡之“独立市场主体”的地位，能够自主经营，如“所有种子肥料以及农具的供给，生产物的处分及栽培，绝对自由”。田面权作为农民的一项产权，可以用来进行抵押或典当，以获取必要的资金。[2]

中日甲午战争以后，尽管中国耕地总面积有所增加，但是其增长速率仍然低于人口增长速率，人多地少的矛盾加剧。据估计，全国人均耕地面积1887年

---

[1][2] 胡华：《近代江南双层地权研究》，南京师范大学硕士学位论文，2004年。

为2.99市亩,至1912年降至2.77市亩。[1]这使得农户土地经营规模受到更大限制,更为狭小。土地买卖频繁和分家、抵押、典当等,造成了土地的高度零碎化。很多农户的地块分割也越来越零碎,往往还形成互不连接的插花地。这种状况给农业生产的发展造成极大的障碍。而双层地权制下,佃户还能灵活调整农地,常能看见"佃户将业主不同而相毗连的田拼成一块",在小范围缓解了农地零细化的问题。[2]

[1] 章有义:《近代人口和耕地的再估计》,《中国经济史研究》1991年第1期。
[2] 胡华:《近代江南双层地权研究》,南京师范大学硕士学位论文,2004年。

结语

市场的兴衰是社会经济整体兴衰的表征，研究近代市场的发展变化情况，是深入认识中国经济社会近代化历史过程的关键之一。进行中国市场史研究，可以为进一步开展中国城镇发展史、工业史、农业史、金融史、财税史等经济史专题研究提供重要基础。探讨中国市场长期变动与经济波动的联系，有助于推动中国经济中长期发展的研究。只有以本国长期历史发展过程中形成的条件为出发点，参照他国经验，才能成功地建立具有本国特色的现代市场经济体制，因此加强中国市场史研究具有重要现实意义。

一、近代中国市场的发展

随着近代中国对外开放的扩大，交通条件的改善，近代工业的发展，农产品的进一步商品化，近代中国国内市场也有明显扩大。吴承明等认为这一时期埠际贸易额不仅包括了全部进口商品和出口商品，也包括了绝大部分内地贸易，他们算出中国埠际贸易额从1840年至1894年半个多世纪里由5.6亿元增至14亿元，增长了1.5倍，年增长率为1.8%；而从1894年至1920年这26年间由14亿元增至70亿元，增长了4倍，年增长率约6.4%。从前后两期年增长率的比较可以看出，进入20世纪后中国国内市场确实有了明显的扩大。他们还对1920年、1936年国内市场商品值进行了估算，参见表1。

表1 国内市场商品值估计

	1920年		1936年			
	当年价格(亿元)	比重(%)	当年价格(亿元)	比重(%)	可比价格(亿元)	比重(%)
农业产品	39.08	42.3	75.33	44.8	61.14	43.0
手工制造业产品	29.75	32.2	43.86	26.1	36.34	25.5
近代制造业产品	8.83	9.6	28.31	16.8	23.45	16.5
矿冶业产品	2.91	3.1	4.96	3.0	4.11	2.9
国内生产商品合计	80.58		152.46		125.04	
进口洋货	11.88	12.8	15.61	9.3	17.15	12.1
全部商品总计	92.46	100	168.07	100	142.19	100

表1显示,1920—1936年间国内市场商品值增长了82.1%,年增长率为3.8%,剔除物价上涨因素,实际增长54%,年增长率为2.7%。相对20世纪初的情况,20世纪20年代以后增长率不高,主要是由于这一期间世界经济危机也波及中国,造成中国国内自1931年起长达数年的经济萧条;从1931年起日本帝国主义侵占中国东北,使国内市场交易量丧失15%—20%;官府的财政搜刮加重,内战连年不息,水旱灾害频仍,农村破产等,也限制了市场交易的扩大。

这一期间现代化制造业产品所占国内市场商品值的比重,从1920年的9.6%增至1936年的16.5%,增幅颇大。(但它包括了外资在华工业在内,外资厂约占中国境内工厂产值的35%。)同期,手工制造业产品所占的比重由32.2%降为25.5%,降低幅度与现代化产品增长的幅度大致相符。这也许从一个侧面反映出中国工业化的进程。然而,值得注意的是,农产品所占市场商品值的比重不但没降，反而从1920年的42.3%增至1936年的43.0%。也就是说，整个市场(包括东北)上农产品与工矿业品的比率反而恶化了，如不计进口货，1920年是100∶106，1936年是100∶102，其趋势难以令人乐观。

二、城乡市场发展的不平衡

除了前面已提到的有关20世纪二三十年代限制国内市场发展的若干因素外，我们还应当对甲午战争后至抗战前长期制约中国国内市场发展的局限性择其重要者做一点简要分析。

首先，对民族资本企业而言，这个有所扩大的国内市场有相当一部分被外国资本所分割。外国舶来品和外厂制品给中国工业品市场造成了极大的压力。

表2　煤、棉纱、面粉市场比例

	煤 1913年		棉 1903年		纱 1908年		面粉 1913年	
	实数(千吨)	%	实数(包)	%	实数(包)	%	实数(万包)	%
中国	5 743	39.41	129 500	11.31	223 500	23.93	2 036	37.87
华商厂矿产量	5 743	39.41	129 500	11.31	223 500	23.93	2 036	37.87
外国	8 828	60.59	1 015 400	88.69	710 510	76.07	3 340	62.13
进口量	1 691	11.61	912 400	79.69	607 510	65.04	674	12.54
在华厂矿产量	7 137	48.98	103 000	9.00	103 000	11.03	2 666	49.59

上表反映了三种主要工业品市场上外国资本主义产品占据优势地位的情况。其他如毛纺织品、火柴、卷烟、水泥等商品市场，大体也是这样。

其次，中国城乡市场的发展极不平衡。近代上海等城市市场的发育在全国居超前地位，其门类较齐全，交易方式日益先进，现代市场运作所必需的金融、保险、中介服务机构等也有相应的发展。上海地处中国“黄金水道”——

长江的入海口，地理位置十分优越。广阔而富饶的腹地为上海提供了丰富的土产，又可以消纳从上海流出的大量商品。上海在19世纪后半叶时已经成为中国最大的通商口岸，上海外贸占全国外贸总额的比重，从19世纪60年代起长期在50%以上，1907年以后虽然由于其他口岸的发展这一比重有所下降，但仍居全国第一把交椅，一般年份多为40%—45%。在外贸的带动下，到20世纪初期时上海已经成为全国近代化程度最高的城市：它是全国近代工业中心，也是全国最大的内贸中心；它有全国最大的港口，有全国最先进的城市设施；铁路和公路使它从陆路通往江浙以及更远的内地，内河、长江、沿海和外洋四大航线使它从水路与国内外相连；20世纪20年代龙华机场和虹桥机场的修建，又使它进一步跨入了水、陆、空立体交通的时代。北洋政府统治时期，上海是全国南北两大金融中心之一。国民党政府在南京成立后，上海除了具备已有的经济优势外，由于上海金融业资产阶级与蒋介石政权之间素有联系，而且上海在地理上也接近南京，因此上海的金融业又获得了空前的发展。这一时期上海的金融地位越来越远超北京，成为全国最大的金融枢纽。中国、交通两大银行的总行（或总管理处）由北京迁来这里，“四行两局”各自的总部都集中在上海；金城、盐业、大陆、中国实业等银行的总行也由于政治重心的南移而先后从北方迁来，全国著名银行中有81%的总行设在上海，上海成为全国重要金融单位首脑机关的集中地，是中国的“金融首都”。上海金融市场十分活跃，既有货币市场，又有资本市场；既有外汇市场，又有内汇市场；既有黄金市场，又有白银市场，真可谓门类齐全，营业鼎盛。当时上海被人们称为“东方的纽约”，“中国的华尔街”。这一时期上海一地已集中了全国近半数的金融业资力，它是全国货币发行的枢纽，外汇和金银交易的总汇；巨额资金在这里集散、吞吐，辐射作用十分广泛；全国的借贷利率的升降和金银外汇行市的涨落也以它为转移；全国其他大商埠的内汇市场以上海的行市为基准，各大商埠都有申汇市场，各地买卖申汇，犹如买卖硬通货，或买卖币值坚挺的外汇一样。1927年前北京和上海分别是中国北方和南方两大金融中心，北京证券交易额与上海大致相埒。而到了1933年，北平（北京）全年证券交易额仅相当于上海证券交易所交易额的0.5%。

1934年上海债券成交额高达47.7亿元。1933年前上海的证券交易分别在上海华商证券交易所和上海证券物品交易所证券部两家进行。1933年5月31日根据国民党政府《交易所法》的规定，原上海证券物品交易所证券部停止营业，并入上海华商证券交易所。同时上海华商证券交易所进行改组，增加资本120万元，经纪人名额从55名增至80名。自该6月1日起，上海地区所有证券交易都由上海华商证券交易所一家办理。它在上海闹市区汉口路建了八层证券大楼，内有较好的交易场所，有比较完整的设备，是全国乃至远东的一座专门从事证券交易的建筑，它所容纳的资金来自全国各地，成为中国最大证券市场所在地。上海的黄金市场到20世纪30年代时也日益发达，交易量逐年增加。1933年前上海的黄金交易分别在上海金业交易所和上海证券物品交易所两家进行，1934年9月证券物品交易所奉令将其标金交易业务合并于金业交易所，上海金业交易所成为上海唯一的标金市场。标金是标准金条（每条重漕平10两，另有大条重70两者主要用于出口）的简称。按上海金业交易所所规定，所内交易黄金分国内矿金、各国金块及金币、赤金、标金四种。实际交易以标金为主，其余三种交易数量极少，所以上海黄金市场习惯上多称为标金市场。20世纪二三十年代上海标金市场每年成交量“恒达三四千万条乃至五千万条之巨”，1935年法币改革后，上海标金交易减少。可以说抗战前上海的标金市场，堪称“远东之最”。当时人称上海黄金市场“有组织，有规模，每日交易额至巨，虽不足与伦敦、纽约媲美，然凌驾法国、印度、日本而上之”。[1]

1917年旅澳华侨马应龙等在上海创办了先施百货公司。公司设有40多个商品部，销售10 000多种商品，其规模和营业状况让先前开设的几家外国百货公司望尘莫及。1918年旅澳华侨郭乐等也在上海开设了永安百货公司。永安的经营规模与先施差不多，其经营方针是要“选办环球物品，搜罗改良国货”，以“振兴中国商业，挽回外溢利权”为宗旨。以后相继又有新新、大新等大型百货公司在上海开设。先施、永安、新新、大新等都是股份公司，以集股方

[1] 洪葭管、张继凤：《近代上海金融市场》，上海：上海人民出版社，1989年，第20、21—22、236页。

式筹集零散资金，成为上海百货商业的巨头。它们内部管理组织严密，经营方式灵活，商店设施先进，成为上海百货业的样板。与此同时，一些中小百货商店也不断增设，在1925年时上海百货行业的户数已达400家，比1894年以前增加两倍以上。上海的棉布布业也由于内地棉布商号纷纷来沪设庄购布，有了更大的扩展，总户数由1900年时的130多家发展为1925年时的450多家。西药、五金、饮食业等行业的商号户数、资本额、营业额和从业人数等也都大大增加。随着民族资本主义工业的发展，一些工业企业在上海设立发行所、分销处、外庄等销售机构，这也是一种新式商业。据1928年版的《上海商业名录》所记，当时上海商业字号约有6 000户，可分成数百种商业行业。从总体上看，它们的集资方式、经营方式等都更加现代化了。

民国时期，上海又较早地产生了被人们称作“市场之市场”的物品交易所，如上海华商棉布交易所、上海面粉交易所、上海杂粮油饼交易所等，它们使物品交易集中一地，价格得以平衡，使流通更为灵活，市场更为活跃。物品交易所的产生，是上海商业进一步现代化的重要标志。

广州、天津、汉口等国内其他一些城市市场，也在通商口岸资本主义工商业的带动下，出现了新的发展变化。

近代中国城乡市场发展极不平衡。全国各地农村定期集市有70 000多个，它们在20世纪初仍然是农村市场的骨架。农村集市数量虽多，但是交易手段十分落后。在广大内地乡镇市场上，传统的商业渠道和交易方式仍然存在。中国广大农民因为资金短缺，运输手段落后，并缺乏相应的市场营销知识等，他们同外界的经济联系仍然主要依靠传统商业进行。

洋商及通商口岸等城市的华商收购农村土产，需要依靠中国乡镇的传统商业组织；洋货及国产机制工业品渗入农村市场，同样也要依靠传统商业。由于在中国内地和农村，原有的商业流通网几乎不加改变就可以适应新的商品流通的需要，因此只要改善交通条件，贸易量就会大增。19世纪末20世纪初，随着中国市场的进一步开放，中国交通条件的逐步改善，中国内地乡镇和农村市场已经在不同层次上同进出口贸易相关联，传统商业已经同楔入中国国内市场的外资商业、华资新式商业环环相扣、彼此呼应、互相制约的关系。

这种关系反映了半殖民地半封建条件下中国商业的复杂性和过渡性。[1]

三、大宗商品流转模式及其对工农产品价格的影响

1. 大宗商品流转模式

当时中国市场上流转的大宗商品主要有棉布、棉纱、大米、小麦、棉花、烟叶、面粉、糖、蚕丝、茶叶、卷烟、煤等。近代中国大宗商品的流动，直至20世纪30年代后期仍然以上海等几大口岸为主要运销地。[2]当时中国大工业主要集中在上海等口岸城市，进口的外国工业品也是通过通商口岸流向内地市场，而农产品及手工产品中的大宗交易也多是由内地市场集中销往通商口岸城市。1936年中国埠际贸易值中，70%左右是在上海、汉口、天津、青岛、广州这五大商埠之间流转。这些商品流转大体可分为两大类型：第一类是工业品由沿海通商口岸流向内地，第二类是农产品及农产加工品由内地流向沿海通商口岸。这一大宗商品流转的基本模式在近代中国长期未变，这也恰恰表明了近代中国国内市场的半殖民地半封建性质。[3]

2. 商品价格结构

商品流转的基本模式对近代中国市场价格结构有着重要的影响。工业品主要由沿海通商口岸流向内地，因而工业品的价格水准是在通商口岸决定的。它们经过批发、转运、零售等各个环节销往内地和农村，每个环节都要加上运

---

[1] 沈祖炜：《中国近代商业市场的三重结构（1895—1927）》，《中国经济史研究》1994年增刊。

[2] 根据1936年中国40个海关的统计，1936年各关共运出：大米723.7万公担，以九江运出最多，计有183.7万公担，运往上海的占85%；次为芜湖、长沙，其中也有很大部分运往上海。上海共运入279.7万公担，再加大量进口洋米，故又运出177.2万公担，主要销往天津和广州；小麦135.0万公担，其中汉口占46%，镇江占24%，芜湖占18%。这些小麦有63%运往上海，22%运往天津；棉花91.8万公担，其中汉口占55%，沙市占18%，天津占16%。这些棉花有91%运往上海，其次往青岛、广州等；蚕丝160.7万公斤，其中99.3%运往上海；红茶939公斤。汉口运出最多，计有480万公斤，内有98%销往上海。三都澳运出208公斤，居第二位，内有98%运往福州；绿茶2 248万公斤，以杭州、宁波、汉口为主，绝大部分销往上海页。棉纱125万公担。其中由上海运出者约占77%，主要销往重庆、天津、广州、蒙自、长沙、汉口等地。青岛运出10万公担，主要销往天津、上海。汉口运出8万公担，主要销往重庆。天津运出者则几乎全部销往上海。

[3] 许涤新、吴承明主编：《中国资本主义发展史》第3卷，第228—231页。

销费用、商业利润、利息、捐税等,所以它们是逐级加价的。农产品及农产加工品的长途运销主要是由农村和内地流向通商口岸,但是它们的价格水准也是由通商口岸这一头决定的,为了扣除运销费用和商业利润、利息、捐税等,在各流通环节中,它们是按已定的价格逐级被压价,最终农民成为价格损失的主要承受者。

进入长途运销的农产品和农产价格品虽然基本上是供国内消费,但其价格水准也由通商口岸这一头决定,并受国外价格的支配。以大米为例,上海市场上国米远远多于洋米,但洋米价格低于国米,因而国米价格受到洋米的支配。上海米价又影响安徽、江西、湖南等地的米价。在20世纪30年代上海小麦市场上,洋麦价格对上海麦价的支配作用比洋米对上海米价的作用更大。这是因为美国小麦过剩,对华倾销,已在上海市场具有了垄断性。1930—1932年间美国麦价下降了40%多,虽然这时中国小麦歉收,按理麦价应涨,但上海麦价(汉口货)仍然随美麦下降了24%还多;1933—1936年间,美国麦价上升了48.6%,上海麦价也随之上升了47%。其他如棉花、茶叶、生丝等情况也大致如此。

工农业产品交换比价问题涉及工农业劳动生产率的差异等,也与市场结构与价格结构有关。在近代中国的商品流通中,工业品逐级加价,农产品逐级压价,势必对农业极为不利,使中国农业成为资本主义发展的牺牲品。20世纪30年代的中国农业危机和农村破产,就是这种不等价交换结果的集中表现。

这种价格结构不仅造成农村的输出不能抵偿工业品的输入,即农村对城市的负债,也造成内地省份的入超,即内地对沿海口岸的负债。以四川为例,其输出以农产品为主,输入以机制工业品为主。这种贸易结构使得该省贸易长期入超,1891—1910年间年均入超400万关两,1911—1920年间年均入超升为700万关两,1925—1930年间增至1 500万关两。其他如云南、广西等内地各省,同样都是长期入超。[1]这种农村对城市的负债及内地对沿海口岸的负债问题,在旧中国经济体制内得不到解决,长期积累日益严重,加剧了中国城乡

[1] 详见许涤新、吴承明主编:《中国资本主义发展史》第3卷,北京:人民出版社,1993年,第231—239页。

之间，内地与沿海之间经济发展的不平衡，到20世纪30年代造成农村金融枯竭，使广大农民贫困化程度加深，“三农”问题更加严重。

四、发育极不完全的市场

我们还要看到，从总体上看中国近代国内市场，仍然是一个发育极不完全的市场。在这个市场上长期以来没有统一的货币。市场上使用的通货中既有银两又有银元，还有各种铜币和纸币等等。单就银两一项而言，全国各地银两，因其重量及成色各不相同，有近百种标准。即使在同一个地方，“因有各种不同交易，恒有各种不同银两”。[1]由于币制混乱，造成了内地汇价悬殊。例如，由江苏汇款至甘肃，各种银两之间的兑换竟达9次之多，每转换一次均须付0.5%的好处费，而“兑换率上所得的好处”，还没有计算在内。[2]这个市场上也没有统一的度量衡。各地方“各行各法，漫无标准”。“同一秤也，有公秤、私秤、米秤、油秤之分别”，每斤定量自十二三两至二十余两不等。“同一天平也，有库平、漕平、湘平、关平之分别”，自八九分至一两不等。“同一尺也，有海关尺、营造尺、裁衣尺、鲁班尺及京放、海放之分别”，自八折至九折不等。这些混乱使得市场交易“奸弊丛生”。[3]其他种种违碍正常商品流通之处，不一而足。

在旧中国市场上，该有的规范没有，有的只是过多的关卡和苛捐杂税，过重的交易费用。清政府顽固地坚持实行危害民族工商业发展的税收政策，特别是坚持实行严重危害中国民族工商业发展的厘金制度。各地方政府往往借口“稽查偷漏”，从交通要冲的市镇直至偏僻地方，遍设征收厘金的局、卡。这些局、卡常常向过往货商“任意讹索”厘金。厘金税率原为1%，到了20世纪初有的地方已经变成10%以上。在江西，“定章名为取十，其实乃取三十、四十。又况查验不时，羁滞留难，无卡无之”。[4]致使“行之愈远，则商货成本

[1]《中国经济周刊》第9页，1925年2月14日。
[2] 马士著、张汇文等译：《中华帝国对外关系史》，第一卷，第31页。
[3]《农商公报》1925年7月，专载，第10页。
[4]《江西商务说略》，转引自汪敬虞编：《中国近代工业史资料》第2辑，第1148页。

愈重。是禁止商货之流通，迫其近售，而罚其远行者也”。[1]著名绅商张謇等曾一再提出厘金于国于民都有害，是一种恶税，要求改革厘金制度，但遭到清政府各级官吏的反对。北洋政府统治时期，不但厘金制度仍然延续下来，各种危害市场正常发展的捐税也日益苛重。1928年南京国民党政府成立后，曾表示要裁撤厘金，但是也经过了一番周折，直到1930年底才决定从1931年元旦起全国裁厘。为了弥补税收损失，国民党政府决定仿照欧美资本主义国家的成例，对日用工业品开征统税，即根据一物一税的原则，货物一次性收税后即可通行全国。“裁厘改统”后，税目简化，税收渐趋合理，有利于商品流通和工商业发展。不过，在具体征税过程中，仍然有重复征税的现象，而且统税税率仍然很高。

20世纪30年代初世界经济大危机波及中国，造成中国国内自1931年起长达数年的经济萧条；日本帝国主义从1931年起侵占东北，使中国国内市场交易量丧失15%—20%；官府的财政搜刮加重，内战连年不息，水旱灾害频仍，农村破产等等，也限制了市场交易的扩大。

刘佛丁、王玉茹合著的《中国近代的市场发育与经济增长》，运用现代经济学理论对中国近代经济史进行重新梳理，较为详细地分析了近代中国市场发育极不平衡的状况。认为：(1)近代中国由传统经济向近代经济转变最本质的特征是自然经济转变为市场经济；(2)近代中国的市场发育极不平衡；(3)近代中国市场组织和协调机能低下，导致交易费用很高，而效率较低；(4)近代中国统一的市场要素市场还在形成过程中。关于近代中国交易费用很高，而效率较低市场发育迟缓的原因，该书认为主要是市场主体分散而致。[2]另一位著名经济史专家杜恂诚根据近代中国社会的实际情况认为，法治、伦理和金融独立是中国的市场经济秩序建立和完善的三个基本条件，但近代中国由于法治的极不完善、伦理标准的混乱、传统政治谋求直接控制经济和垄断金融业，延缓了近代市场经济的发育成熟。[3]

[1] 张謇：《张季子九录》卷7，政闻录，1931年，第2页。
[2] 详见刘佛丁、王玉茹：《中国近代的市场发育与经济增长》，北京：高等教育出版社，1996年。
[3] 杜恂诚：《市场经济需要“三条腿”支撑：近代中国市场经济的发育何以延缓》，《探索与争鸣》1994年第4期。

㊟主编 吴承明 陈争平

中国市场通史

第②卷

李伯重 邓亦兵 主编

明至清中叶

中国出版集团 东方出版中心

国家社会科学基金重点项目

（编号05AJL004）

主　　编 吴承明 陈争平

第2卷主编　李伯重　邓亦兵

主要撰稿人：

任　放　武汉大学历史系教授（绪论、第一章）

邓亦兵　北京市社会科学院历史研究所副研究员（第二章）

方　行　中国社会科学院经济研究所研究员（第三章）

李伯重　清华大学历史系教授（第四章）

商　瑾、萧国亮　北京大学社会学系教授（第五章）

吴承明　中国社会科学院经济研究所学部委员、研究员（第六章）

目　录

绪 论

关于市场，学界尚无统一界定。《辞海》“市场”条诠释其义有二：“商品买卖的场所”；“一定地区内对各种商品或某一种商品的供给和有支付能力需求的关系”。[1]综而言之，市场是指商品买卖的场所，反映了一定地区内商品的供求关系。吴承明对市场的理解是：商品流通形成市场，商品流通的数量决定市场大小，商品交换的内容决定市场性质。[2]关于市场体系，陈忠平认为：市场体系是由不同等级市场构成的商品流通网。[3]严格而论，市场体系是指特定区域内，由不同类型的市场构成的市场网络或市场结构。换言之，市场体系是指市场层级结构，即不同类型的商业实体构成。

在中国经济史研究领域，已有许多学者对市场体系提出独特的见解。在此，笔者首先缕述学界关于市场体系的观点，然后对城乡平行市场说予以论述。

一、学界有关市场体系的论述

关于中国传统的市场体系，目前在国际学术界影响最大的仍是施坚雅的理论阐释。1964—1965年，施坚雅在《亚洲研究杂志》发表有关中国社会经济

[1] 辞海编辑委员会编：《辞海》（缩印本）“市场”条，上海：上海辞书出版社，1980年，第346页。
[2] 吴承明：《中国的现代化：市场与社会》，北京：三联书店，2001年，第111页。
[3] 陈忠平：《明清时期江南地区市场考察》，《中国经济史研究》1990年第2期。

史研究的专论,对中国市场体系初步提出了一种新的分析模式。[1]这一模式在1977年出版的《中华帝国晚期的城市》一书中得以完善。[2]施坚雅模式包括集市体系理论和区域体系理论,前者主要研究中国乡村社会,以《中国农村的市场和社会结构》为代表;后者主要研究中国城市化,以《中华帝国晚期的城市》为代表。施坚雅的区域体系理论是集市体系理论的拓展和深化,两者均以德国地理学家克里斯塔勒(Walter Christaller)的中心地学说为主要研究方法,同时吸纳了其他学者的研究成果。施坚雅认为中华帝国晚期存在9个具有经济史意义的区域,即岭南、东南沿海、长江下游、长江中游、长江上游、西北、西南、华北、东北。中国的市场体系包括8个等级的区域经济中心模式,从上至下依次为:中央首府、地域首府、地域城市、大城市、地方城市、中心市镇、中间市镇、标准市镇。他指出,"在中国长期而相对稳定的王朝后期,对中心地的分析可以毫无困难地以下述假设为依据:一个居民点的经济职能始终如一地与它在市场体系中的地位相符合,而市场体系则按照固定的等级自行排列"。[3]

其他中外学者对市场体系也提出了独到见解。吴承明在考察明清市场时认为,自从宋代打破坊市制后形成了各级市场:地方小市场(包括墟集、市镇),城市市场,区域市场,突破区域范围的大市场(全国性市场)。[4]方行通过剖析清代前期农村市场,指出大体存在3种类型的市镇:主要具有"保障供

---

[1] G. William Skinner, "Marketing and Social Structure in Rural China, Part 1, 2, 3." In *Journal of Asian Studies* 24: 1(1964); 24: 2(1965); 24: 3(1965). 中文版为史建云、徐秀丽译,虞和平校:《中国农村的市场和社会结构》,北京:中国社会科学出版社,1998年。关于施坚雅模式的评述,参见任放:《施坚雅模式与中国近代史研究》,《近代史研究》2004年第4期;《施坚雅模式的学术效应——以中国学术界为例》,见华中师范大学中国近代史研究所编:《庆祝章开沅先生八十华诞·中国近代史论集》,武汉:华中师范大学出版社,2005年,第488—508页;《施坚雅模式与国际汉学界的中国研究》,载《史学理论研究》2006年第2期。另参王庆成:《晚清华北的集市和集市圈》,《近代史研究》2004年第4期;史建云:《对施坚雅市场理论的若干思考》,《近代史研究》2004年第4期,等等。

[2] G. William Skinner, *The City in Late Imperial China*, Stanford University Press (1977). 中文版为叶光庭等译、陈桥驿校:《中华帝国晚期的城市》,北京:中华书局,2000年。

[3] [美]施坚雅著、史建云、徐秀丽译,虞和平校:《中国农村的市场和社会结构》,北京:中国社会科学出版社,1998年,第5页。

[4] 吴承明在《论清代前期我国国内市场》(《历史研究》1983年第1期)一文中,将市镇列入城市市场范畴。后来,他将此文编入文集时,删掉了这一表述。在另一篇专论《18与19世纪上叶的中国市场》(1997年)中,吴氏将市镇纳入地方小市场的范畴,指出明清以来,城市发展停滞,"反之,发展了市镇和墟集经济,形成了遍布各地的地方小市场";"市镇经济或地方小市场的繁荣固然与人口密度有关,而重要的恐怕还是农业尤其农家副业的商品化,以及小农贸易的细碎性和间歇性使然"。又说,从清代地方商税的增长,可以看出"地方市场特别是市镇、集墟贸易的发展"。参见吴氏《中国的现代化:市场与社会》,北京:三联书店,2001年,第112—117、247—248、270页。

给”功能的市镇，主要具有贩运贸易集散商品功能的市镇，多功能全面发展的市镇。从东南沿海到内地穷乡僻壤，形成以市镇为骨干、与墟集相串联、多层次的农村市场网络。[1]郭松义在考察清代地区经济发展后指出，星罗棋布的市镇和墟市，都和近旁的中心城市如苏州、杭州、上海、广州等紧密相连，再通过它们与全国各地以及外国市场相沟通。[2]赵冈指出，农村集市是商业网的最低层。巡回商贩到府县城批购商品，再用板车或肩担将货携至农村市集。府县城是较高层级的商业网点，既有批发商，也有较大的零售市场，其上有更高的商业网点。这许多层级结合起来，遂构成全国的商业系统。[3]刘秀生认为，清代存在三级市场结构，即商品收购市场、商品集散市场、商品零售市场。[4]许檀从市场层次的角度，将明清城乡市场体系区分为流通枢纽城市、中等商业城镇、农村集市三个层级。其中，流通枢纽城市主要指作为全国性或大区域流通枢纽的城市，其贸易范围一般覆盖数省或十数省，多为中央级的税关所在地；中等商业城镇主要指作为地区性商业中心在商品流通中发挥承上启下作用的城镇，其贸易范围覆盖1—2个府、10个县左右或者更大些；农村集市作为基层市场遍布全国，正是由于农村集市网的形成，才使得城乡市场联结成为一个整体。[5]陈桦认为，清代商品市场可分为三种类型或三个等级，分别是农村市场、地区市场和区域市场。[6]

江南是学者们谈论最多的地区。罗威廉认为，一种良好的区域模式，必须形成扩散型的区域市场结构。这种市场结构符合“平衡的和系统的中心地理模型”，有利于商品集散。中华帝国晚期，江南发展出一种成功的区域经济模式，它包含了“层次复杂的互补的市场网络关系”，展示了“平衡的市场等级的发展”。[7]陈学文认为江南市场体系是三级结构：初级市场（地方小市场）、中级市场（府州县城与巨镇）、高级市场（苏杭大城市的区域市场）。[8]陈忠平按

[1] 方行：《清代前期农村市场的发展》，《历史研究》1987年第6期。
[2] 郭松义：《清代地区经济发展的综合分类考察》，《中国社会科学院研究生院学报》1994年第2期。
[3] 赵冈：《明清市镇发展综论》，《汉学研究》1989年第7卷第2期。
[4] 刘秀生：《清代中期的三级市场结构》，《中国社会经济史研究》1991年第1期。
[5] 许檀：《明清时期城乡市场网络体系的形成及意义》，《中国社会科学》2000年第3期。
[6] 陈桦：《清代区域社会经济研究》，北京：中国人民大学出版社，1996年，第187—188页。
[7] ［美］罗威廉：《导言：长江下游的城市与区域》，见［美］林达·约翰逊主编、成一农译：《帝国晚期的江南城市》，上海：上海人民出版社，2005年，第9、10、12页。
[8] 陈学文：《明清时期太湖流域的商品经济与市场网络》，杭州：浙江人民出版社，2000年，第255—256页。

照商品贸易场所的规模及商品交换关系的层次,将明清江南市场体系分为三个等级,即市镇初级市场、城镇专业市场、城市中心市场,声称明清江南已形成以400多个市镇初级市场为基础、几十个城镇专业市场为支柱、苏杭两大城市中心市场为枢纽的商品流通网络。[1]范金民综合考察明清江南市场的各个层次及其在区域经济乃至全国经济中的作用与地位,将江南市场分为乡村小市场(小市镇初级市场)、地方专业市场、区域中心市场、全国中心市场四个层次,兼及庙会等特殊市场。[2]王卫平运用施坚雅的集市体系理论分析明清江南市场结构,认为市场层级由低到高依次为:标准市镇、中间市镇、中心市镇、地方城市、地域中心城市、超地域中心城市。[3]

此外,罗一星提出岭南二元中心市场说,即清代前期岭南存在两大中心市场——广州是"洋货"和"土特产"的集散中心,佛山镇是"广货"和"北货"的集散中心。[4]庄维民指出,在沿海城市开埠之前,山东传统的市场结构由定期市、运河城镇市场、沿海城镇市场构成,这三类市场自成系统,各具特色。定期市具有产地市场性质,城镇市场具有集散市场性质。[5]其他学者对市场体系也发表了相同或类似的看法。[6]可见,学界关于中国传统的市场体系众说纷

[1] 陈忠平:《明清时期江南地区的市场考察》,《中国经济史研究》1990年第2期。陈氏市场体系不包括"小生产者直接交换的集市原始市场"和"单向输入农产品的城市消费市场",认为这两类市场没有真正的商品流通,其功能被上述三级市场构成的商品流通网络所取代。

[2] 范金民:《明清江南商业的发展》,南京:南京大学出版社,1998年,第131页。

[3] 王卫平:《论明清时期江南地区的市场体系》,《中国社会经济史研究》1998年第4期。他指出,由于江南市镇的专业化性质较强,与外界的联系较为密切,因而在划分层级时不可能与施氏理论完全对应,应注意其地域特点。

[4] 罗一星:《清代前期岭南二元中心市场说》,《广东社会科学》1987年第4期。赵冈也称,佛山与广州近在咫尺,但两者并无商业上的从属关系。佛山的繁盛并不亚于广州;事实上,两者是平行的商业中心。参见赵氏:《明清市镇发展综论》,《汉学研究》1989年第7卷第2期。此前,李华已注意到,广东的商品流通以省城广州和手工业城市佛山为中心,通过水陆交通网与各州县城、各墟市相连,深入农村各角落。参见李氏:《清朝前期广东的商业与商人》,《学术研究》1982年第2期。这颇似地理学上的双核结构,参见陆玉麒:《中国区域空间结构研究的回顾与展望》,《地理科学进展》第21卷2002年第4期。

[5] 庄维民:《近代山东市场经济的变迁》,北京:中华书局,2000年,第139—140页。

[6] 参见顾朝林:《中国城镇体系——历史·现状·展望》,北京:商务印书馆,1996年,第110页。单强:《江南区域市场研究》,北京:人民出版社,1999年,第3—5页。王笛:《跨出封闭的世界——长江上游区域社会研究(1644—1911)》,北京:中华书局,2001年,第218—219页。方志远:《明清湘鄂赣地区的人口流动与城乡商品经济》,北京:人民出版社,2001年,第471—472页。张海英:《明清江南商品流通与市场体系》,上海:华东师范大学出版社,2002年,第326—327页。龙登高:《江南市场史——十一至十九世纪的变迁》,北京:清华大学出版社,2003年,第23、229页。陈国灿:《江南农村城市化历史研究》,北京:中国社会科学出版社,2004年,第117、198—201页。

纭，这些不同观点成为后续研究的参考因子。

二、城乡平行市场说

与国内外诸多学者认定城乡市场的关系是垂直的上下级关系不同，笔者认为中国传统的城乡市场分属不同的体系，各自构成相对独立的市场网络，两大市场体系之间是平行的互补性关系，其市场结构的相似性大于差异性。这一观点主要受到吴承明市场分类的启示。吴氏分类法包括两个层面：一是农村市场（即墟集、市镇之类的地方小市场）与城市市场，二是商业辐射力远大于一般城乡市场的区域中心市场和全国性市场（即突破区域范围的大市场）。区域内当然存在城乡交换，它在一定程度上反映了工农业产品的交换状况，但在当时，“我国区域市场内的工农业产品交换并不多，因为农村家庭手工业比较发达，而城市手工业又主要是供应城市消费。这种情况，直到清代前期，没有根本变化”。[1]

明清时期的市场体系，实际上是一个“品”字结构，如下图所示。

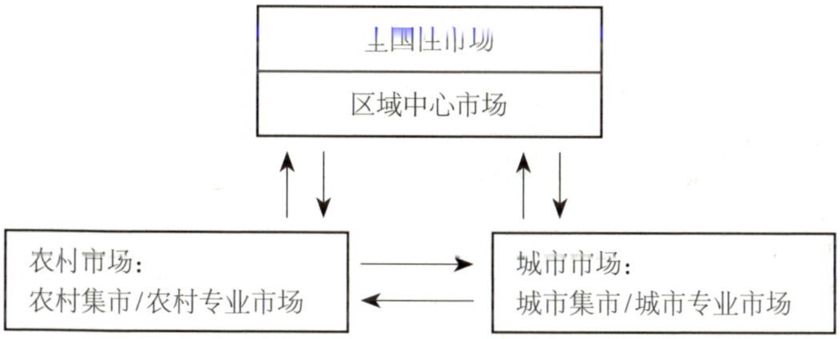

明清时期市场体系示意图

此图既可表示区域市场体系，也可表示全国市场体系。详言之，全国各经济区均存在城乡两大自成体系的市场结构：区域性的农村市场体系、区域性的城市市场体系。从商品交易的场所、时间及种类看，城乡市场大体上可分为两大类别：一是集市，包括城乡各类定期市、常设市、不定期市、庙会等；二是

[1] 吴承明：《中国的现代化：市场与社会》，北京：三联书店，2001年，第115—116页。

专业市场，包括城乡各类以专项商品为交易对象的市场。需要强调的是，城市与农村均有集市和专业市场，在市场结构与功能上形成对应性的关系，各有其相对独立的商品流通范围（市场圈）。同时，城乡之间存在商品流通关系，但绝非城市高于农村的垂直性隶属关系，而是互补性的平行市场关系。也就是说，在市场结构方面，城乡之间既有独立性（但不封闭），又有互补性（但不统属），是对应而非对立的商品流通关系。在城乡市场之上，另有商业辐射力更强的区域中心市场——若干超级都市和超级市镇。个别区域中心市场发展为全国性市场。例如江南、华北，各自拥有一个既是区域中心市场，又是全国性市场的超级都市（苏州、京师），完整体现了区域与全国市场体系的合二为一，表明其市场发育状况良好。

城乡畛域有别，两者之间的关系错综复杂。从行政、赋敛关系看，大体上是城乡垂直的统属关系；从市场结构看，大体上各成一体，形成平行的互补性关系。

关于城市、农村的定义，国内外学术界莫衷一是。尽管如此，借用城市、农村的概念展开科学研究，却成为不争的事实，成为学术界默认的范式，迄今为止，似乎没有哪一位学者用别的概念取代城市或农村这两个关键词。且不论西方学界关于城市和农村的理念是否适用于中国历史，起码应该意识到的一个基本常识，就是以城乡二元视角记载史事，自古而然。翻阅众多明清方志，在表述市场体系时，多采取在城集、在乡集之叙事结构。例如，乾隆《莱州府志》卷2《市集》记载：掖县，在城集四，在乡集十四，神会二。平度州，在城集十，在乡集三十一，神会四。昌邑县，在城集五，在乡集二十八，神会一。潍县，在城集五，在乡集十八，神会三。胶州，在城集五，在乡集十二。高密县，在城集，在乡集十八。即墨县，在城集四，在乡集十二，神会四。又如，道光《直隶定州志》卷7《地理·市集》所载：本州集，分城内、四乡。曲阳县，分城内集、四乡集。深泽县，分城内集、四乡集。此类例证甚多，表明时人已明确区分城市与乡市。再引乾隆《夏津县志》卷2《建置志·街市（镇集附）》以为佐证："况乎市之在乡者，恒有集头，以把持其中，而奸牙巧侩相为朋比，或则影射以分肥，或则搆争以致讼，民之坐困更有不同于城市者。且城市之中，大率皆贾人耳，而乡则或以农之家设市廛，耕耘之余即习市道；或以士之子兼市业，诵读之时常存市心，以绝长补短。”城市多贾人，乡市多农家，城乡之市立判。在某些经济贫乏之区，城乡之市并无差异。如陕西富平县，“县市花布、农器，即丝帛亦少。各镇市粟米、酒脯、菜炭而止，资生兴利无长策”；[1]又如湖北长阳县，“长邑昔年人烟寥寥，虽城市无异村落”。[2]

牟复礼在研究明清时期苏州城市史之际，提醒人们：与工业化以前的欧洲相比，中国的城市和农村是相互开放的，彼此之间没有明显的空间利用方式相互隔绝。这完全不同于相互封闭的欧洲城乡关系。中国人的生活无论在心理层面、社会层面还是物质层面，都有一种明显的城乡连续性。与欧洲不同，中国的城市把乡村生活和农业活动包含于其中。同时，城市的许多经济活动（商业、金融业、制造业等）分布于城郊，城市的特色延伸到城外，影响了农村生活，而农村特色也在城市受到欢迎。[3]关于城乡之间互补性的经济关系，傅衣凌有深刻体认，“城乡关系不是对立的，而是互相配合”；“农村经济与城市经济的相互依存，城乡不分”。他在分析明清城市的特点时，注重城市内部的乡族性，指出农工商相结合的乡族群体的存在，“使商品交换经济和自然经济混在一起，城乡居民就是通过这各种不同的渠道，互相往来，彼此渗透。是以中国城市里的工商业者是没有和农村彻底绝缘的，不论是工人阶级或资产阶级的前身，他们都在农村各拥有小块的土地或更多的土地，农业收入曾占他们收入的一定分量，也即因此故，使商业资本更容易与土地资本相结合，在这种社会条件支配下，他们之间的关系，很不易分化，削弱了行会制在城市的作用，而城市反受乡村势力的影响，这是欧洲中古社会所没有的现象”。此外，城市工商业者和地主经济有着千丝万缕的关系，城居地主颇能说明问题，“我们还应当注意封建土地所有制对于市镇经济的渗透。明清两代不在乡地主之多，他们寄居城镇，还有着大量的地租收入，这些人与农村经济关系的密切是不言而喻的……市镇工商业者，通过土地租赁，总是与地方上的地主保持着一层温情脉

[1] 乾隆《富平县志》卷2，《建置》。
[2] 乾隆《长阳县志》卷2，《市集》。
[3] F. W. Mote, “A millennium of Chinese urban history: form, time and space concepts in Soochow”, in Robert A. Kapp ed., Rice University Studies-Four views of China 59.4. 引自李伯重：《工业发展与城市变化：明中叶至清中叶的苏州》，见李伯重、周生春主编：《江南的城市工业与地方文化（960—1850）》，北京：清华大学出版社，2004年，第13页。

脉的关系，而不能达到纯粹的经济关系”，又说“中国有不少工业区是在农村，而城市工商业者，也都没有和农村相决裂，他们往往是半工半农、半商半农”。因此，“这种城市居民与农村关系的紧密结合，是造成典型的亚洲的消费城市的因素之一，并且具体呈现了商品流通与消费的封建性”。[1]

城乡市场体系研究需要思考的一个问题，是关于行政中心等级和经济中心等级之间重合或一致的问题。对此，施坚雅认为“只有通过分析一个具体地区的市场结构才能确定；要把这个地区的中心地按照它们在市场体系中的经济职能和地位进行分类，然后可以与每个中心地的行政地位作比较”。通过分析中国一些分散的地区市场结构，施坚雅将高于中心集镇的中心地分为两个层次，并归纳成下表。

中心地类型	市场类型	最大属地
〔小市〕	〔小市〕	〔小市场区域〕
基层集镇	基层市场	基层市场区域
中间集镇	中间市场	中间市场区域
中心集镇	中心市场	中心市场区域
地方城市		城市贸易区域
地区城市		地区贸易区域

施氏的初步分析表明，“只有一小部分中间集镇成为县城或较高层次行政单位的首府，但三种最高层次的中心地中相当大部分具有这类行政地位。在晚清，作为县级政府所在地的都市（但并不同时也是府城或省城）往往是中间或中心集镇，后者更为常见，府治常常不是中心集镇就是地方性城市，而大多数省城在上述中心地等级中应该归类于地方或地区性城市”。[2]施氏的观点表明，城乡经济中心地分属不同系统，同时集镇与城市互有重叠。经济中心地与行政中心地的交叉情形主要体现在府县城与中间集镇、中心集镇之间，也就是说，府县级市场与镇级市场大体处于同一层级。

[1]　傅衣凌：《明清社会经济变迁论》，北京：人民出版社，1989年，第69—73、196页。

[2]　〔美〕施坚雅著、史建云、徐秀丽译、虞和平校：《中国农村的市场和社会结构》，北京：中国社会科学出版社，1998年，第9—11页。

在部分学者眼中，市镇属于城市范畴。梅原郁将市镇称之为“地方小都市”。[1]李伯重认为，明清时期苏州的城市化进程，是以一个大城市（府城）为中心、以郊区市镇为“卫星城市”的城市扩张。[2]童书业指出，景德镇、佛山镇等实际上已成为都市，不能再算作市镇。[3]刘翠溶认为，明清都市化发展的最显著现象，就是专业市镇的出现，反映出区域经济的高度分工和商业化。[4]范毅军强调，明清江南地区城镇化的基本性质，是市镇的广泛性成长（extensive growth）更甚于其集约性成长（intensive growth），这意味着当时的市镇固然在量上有持续的增长，但其本身的结构与功能并未在质上有所突破。[5]樊树志指出，江南许多市镇都有镇城隍庙，说明市镇的规模与功能已与县城不相上下，显示了市镇在乡村城市化进程中的独特作用。[6]赵冈认为，要研究中国历史上的都市化（urbanization）过程，应该把城郡（cities）与市镇（market towns）分开来讨论。中国历史上都市化的另一条途径，是县治以下的市镇之兴起。[7]将市镇视为城市化的标志，从一个侧面说明市镇与府县城属于同一层级。

赵冈将市镇置于城市化的范畴予以考察，并无特异之处，但他强调市镇的非层级性的观点，却值得注意。他指出，江南地区宋代以后兴起的非传统性的市镇，其特点在于它们是超层级的。江南所产的丝绸、棉花、棉布，并不通过各层级来集散，而是由各市镇直接通向全国性市场。这种超层级的特性，可以从两方面看出：一是市场规模。在层级性的市场结构中，最低层级的单位规模

[1] 梅原郁：《宋代地方小都市的一面——以镇的变迁为中心》，《史林》第41卷第6号。引自樊树志：《晚明史（1573—1644年）》，上海：复旦大学出版社，2005年，第80页。

[2] 李伯重：《工业发展与城市变化：明中叶至清中叶的苏州》，李伯重、周生春主编：《江南的城市工业与地方文化（960—1850）》，北京：清华大学出版社，2004年，第20、64—65页。

[3] 童书业：《中国手工业商业发展史》（校订本），北京：中华书局，2005年，第245页。

[4] 刘翠溶：《明清时期长江下游地区都市化之发展与人口特征》，梁庚尧、刘淑芬主编：《台湾学者中国史研究论丛·城市与乡村》，北京：中国大百科全书出版社，2005年，第251页。

[5] 范毅军：《市镇分布与地域的开发——明中叶以来苏南地区的一个鸟瞰》，《大陆杂志》2001年第102卷第4期；《明中叶以来江南市镇的成长趋势与扩张性质》，《台北“中研院”历史语言研究所集刊》2002年第73本第3分。

[6] 樊树志：《市镇与乡村的城市化》，《学术月刊》1987年第1期。滨岛敦俊认为，城隍庙会多是城市中规模最大的庙会之一。17世纪后半叶，江南市镇出现城隍祭祀，缘于该地区的商业化和市镇发展，凸显市镇希望将自己置于各级行政序列的下层，“并不是象征着这些市镇要求成为与州县平等的‘都市’，而是垂直的行政支配（最上层是皇帝）内部的自我表明”。参见该氏著、沈中琦译：《明清江南城隍考——商品经济的发达与农民信仰》，《中国社会经济史研究》1991年第1期。换一个角度思考，滨岛的例证恰恰证明市镇与府县城在信仰圈上存在着平行关系。

[7] 赵冈：《明清市镇发展综论》，《汉学研究》1989年第7卷第2期。

最小,高层级的单位规模则递增。但是江南市镇往往大于府县城,如南浔镇之于湖州、硖石镇之于海宁、盛泽镇之于吴江、罗店镇之于嘉定等,不胜枚举,证明这些市镇之地位与府县治没有层级关系,是由其本身市场活动范围及经济实力所决定的。二是商路。如嘉兴县属的新塍镇、大张圩诸市镇所产之丝绸,不向嘉兴府城集中,而是运往盛泽镇。嘉兴府最大的市镇——濮院镇,以濮绌、沈绸著名,这类产品一部分直接运往外地,一部分运往盛泽镇。从这些市镇运送商品的路线,可以看出它们与府县治缺乏明显的集散关系。研究江南市镇的学者往往以苏州为例,视其为各市镇之上的一个商品集散地,从而认为江南市镇也具有层级性的结构。这是一个错觉。苏州主要不是发挥传统的货物集散功能,而是江南纺织品的加工站。因为染色与踹砑两道工序不能由个别农户以副业方式进行,必须由大作坊经营。这种规模经济的作坊设在苏州最合适。苏州邻府——松江是当时棉布生产中心,苏州境内的众多市镇又是盛产丝绸的地方,集两种纺织品于一处,大量加工处理,能够大幅降低成本。于是,附近的丝织品与棉纺织品自然会向苏州集中,加工以后再运往外地市场。不过,苏州之外的市镇也有一些染踹加工作坊。如松江各镇有许多棉布染踹的较小作坊,南翔镇、枫泾镇、盛泽镇、双林镇、濮院镇等则有较大的染踹作坊。这些地方就地加工染踹的产品,不必再运往苏州,可以直接销往远方市场。此外,在这些市镇上收购的产品以远方市场为主。江南的纺织品因为远方市场才得以兴盛,后来又因为失去了远方市场而衰落。江南市镇不是层级性的地方商业中心,而是自始至终依赖全国性市场,与之发生直接的运销关系。尤其是,这些市镇吸引外地的大量资金,前来收购的是远方的客商(例如南浔镇的京庄、广庄,双林镇的泾县会馆、金陵会馆),而非通过府县治的层级管道。江南水网密布,市镇将大量纺织品以低廉的运费从水路运出,亦无须通过层级式的集散管道,便可直达远方市场。有学者将市镇大小按等级划分,依照市镇的规模、商业管道的层次,列出上下从属关系。这种层级式的关系,只适用于内地的传统市镇(赵氏仅指传统农村集市——引者),无法适用于明清时期在江南崛起的新型市镇。江南市镇直接与远方市场,甚至国际市场发生联系,没有明显的层级关系。这就是在明清时期的特殊环境中的都市化之独特形态。此外，广东的佛山镇、江西的景德镇都是外向型经济，从一开始就摆脱了层级市场的框框，它们直接将其产品——铁器与瓷器运销远方市场。[1]无独有偶，王家范也曾注意到市镇的非层级性。他指出："市场经济聚集的方向与行政建制并不完全一致，有它自己的等级层次。"又说，"江南市镇与市场经济的联系，并不主要采取向区域中心集聚的方式，却是孤立地、分散地由每个市镇多方向、多渠道地向全国扩散"；"在太湖流域，明确的市场等级系列尚未正式形成"。[2]

市镇非层级性的一个重要标志，就是市镇在商品流通方面扮演的角色与行政中心所在地的普通城市旗鼓相当，并不完全依赖城市的流通渠道。关于市镇与府县城比肩而立之现象，文献多有记载。以江南为例，吴江县黎里镇"在二十三都。宋时号村，至元始成聚落。明成（化）弘（治）间为邑巨镇，居民千百家，百货并集，无异城市。自隆庆迄乾隆间，货物贸易如明初，居民更二三倍焉"。该县同里镇，"在二十六都。宋元间民物丰阜，商贩骈集，百工之事咸具。明初居民千百家，室宇丛密，街巷逶迤，市物腾沸，可方州郡。嘉（靖）隆（庆）而后，稍不逮昔，然民居日增，贸易至今犹盛焉"。再看县市，"自吴江县治达于四门内外，元以前无千家之聚。明成（化）弘（治）间，居民乃至二千余家。栋宇鳞次，百货会集。通衢市肆以贸易为业者，往来无虚日。嘉（靖）隆（庆）以来，居民益增"。可见，黎里镇、同里镇与吴江县城相较，实不相上下。另如该县盛泽镇之丝绸交易，乾隆《盛湖志》卷下《土产》载，"绫罗纱绢，不一其名，京省外国，悉来市易"。沈云《盛湖杂录》亦称，乾嘉之际，该镇"远商鳞集，紫塞雁门，粤、闽、滇、黔辇金至者无虚日，以故会馆旅邸、歌楼舞榭繁阜喧盛，如一都会焉"。[3]再如，宜昌府长乐县之渔洋关"为一邑巨镇，百货丛集，十倍于城中"。[4]甚至个别墟场也被史家称为都会，如湖北长阳"都镇湾场，客商

[1] 赵冈：《明清市镇发展综论》，《汉学研究》1989年第7卷第2期。
[2] 王家范：《明清苏州城市经济功能研讨——纪念苏州建城两千五百周年》，《华东师范大学学报》1986年第5期。但他否定了这一推断，理由是"地方志的自我夸张是一大弊病，宜为治史者所警惕"，并进而以苏州为例，作为反证。不过，作者在举证时态度似乎并不确定。
[3] 黎里镇、同里镇、盛泽镇之史料，引自洪焕椿编：《明清苏州农村经济资料》，南京：江苏古籍出版社，1988年，第269、278页。
[4] 同治《宜昌府志》卷11，《风土·风俗·职业》。

云集，乡村第一都会”。[1]

邓亦兵指出，清代前期城市经济发展的主要表现，在于府州县城的商业区向城外拓展，甚至一些城市的商业街市就在关厢。城关地带是城乡的接合部，其商品经济的发展对城市周边农村有极大影响，因为前来城关地带交易的，除了客商，还有当地的农民。所以，城市与市镇一样，与农村有着纵深联系。总体上，“市镇商品经济与城市商品经济的发展只有快慢之别，并无性质不同，城市与市镇一样，都是全国商品流通网络上的结点。通过商品流通的网络，城市和市镇与周围农村建立广泛的经济联系，使城市与市镇不仅具有消费意义，也具有生产意义”。[2]韩大成在研究明代城市时，除了店铺贸易，几乎逐一提到那些商业都市定期性的集贸市场。许檀在论及明清时期的临清市场时，强调它兼有三种不同级别的市场功能：既是零售商业构成的消费市场，又是农产品集散市场和多种商品的中转批发市场。[3]李龙潜指出，广东某些发达的墟市，具备市集贸易、铺户（坐贾）贸易、行商贩运贸易三种商业形态。[4]城乡这种复合性市场结构，表明城乡市场存在结构上的对应性，即每一种市场形式都在城市或农村里存在，尽管其发育程度并不相同。

关于农村定期市构成市场体系最低一级，学界基本上没有歧见。但是，关于市镇的性质，即市镇属于城市，还是属于农村，学界对此看法不一。前面已引若干学者将市镇纳入城市范畴，此不赘述。另有学者则坚持市镇属于农村范畴。例如，吴景超谈论城市的研究方法，首先强调“都市的定义及其与乡村市镇的区别”。[5]叶显恩、谭棣华指出，珠江三角洲墟市按功能划分，有原始墟市、基本墟市、专业墟市、市镇四种类型。[6]方行认为，清代前期，市镇贸易和墟集贸易已成为农村市场的主体；农村市镇的增加及其经济功能的强化，反映出当时城乡分离运动的发展。[7]洪焕椿在编选明清时期苏州农村经济资料时，

---

[1] 乾隆《长阳县志》卷2，《市集》。
[2] 邓亦兵：《清代前期的市镇》，《中国社会经济史研究》1997年第3期。
[3] 许檀：《明清时期山东商品经济的发展》，北京：中国社会科学出版社，1998年，第171页。
[4] 李龙潜：《明清广东社会经济研究》，上海：上海古籍出版社，2006年，第125页。
[5] 吴景超：《近代都市的研究法》，《食货》1935年第1卷第5期。
[6] 叶显恩、谭棣华：《明清珠江三角洲农业商业化与墟市的发展》，《广东社会科学》1984年第2期。
[7] 方行：《清代前期农村市场的发展》，《历史研究》1987年第6期。

专门将“农村市镇与物资交流”列为一章，悉将市镇及县市归入农村范畴，称“农村市镇”是“上联城市、下联广大农村的纽带，是农村社会经济的中心”。[1]吴滔从市镇与农村关系的角度思考市镇变迁，指出明初江南地区的市镇附属于乡、都、图等基层组织。自明中叶以降，市镇的独立性逐渐凸显，以“市镇”为单位的区划观念逐渐流行，其边界大致与巡检司等县级以下行政组织的管辖区域相吻合。清中叶后，以市镇公共事业为中心的地方行政运作，取得与往昔凌驾其上的赋役敛派机构相同的地位。清末民初，实行乡镇自治，市镇作为区划单位开始真正管辖周边农村，现代意义上的“镇管村”机制于焉形成。[2]

笔者认为，市镇是指明清时期介于县城与村落之间的具有相对独立性的商业实体，属于农村经济范畴。[3]征之于史：嘉庆《余杭县志》载，“六朝唐宋之制，县与镇相为表里；镇大则升为县，县小则降为镇”。明清时期，“联民有乡、里、都、图、区、保之名，虽与古异，亦先王乡田同井、使百姓亲睦之意也。若郊外，民居所聚谓之村，商贾所集谓之镇，虽不列于官，亦以类附书焉”；[4]“商贾聚集之处，今皆称为市镇”。[5]史家有言，市镇的价值在于“必由所聚，通商惠工于兹”。[6]又称：“坊以表里，市以交易，而街则坊市之通衢，镇又乡村之街市也，盖寓表厥宅里之意云。”[7]可见，在时人眼里，市镇属于乡村社会的商业范畴。关于此种历史真相，王家范有清晰表述。他提醒

---

[1] 洪焕椿编：《明清苏州农村经济资料》，南京：江苏古籍出版社，1988年，“前言”第4页。

[2] 吴滔：《明清江南基层区划的传统与市镇变迁——以苏州地区为中心的考察》，《历史研究》2006年第5期；《明清江南市镇与农村关系史研究的回顾与前瞻》，见行龙、杨念群主编：《区域社会史比较研究》，北京：社会科学文献出版社，2006年，第389—405页。

[3] 在探讨清代中国的城市社会结构时，施坚雅使用了“自县以下的集镇社区”的提法，以说明市镇在区域体系中的空间位置。参见［美］施坚雅主编、叶光庭等译、陈桥驿校：《中华帝国晚期的城市》，北京：中华书局，2000年，第643页。珀金斯关于中国传统贸易的论述，有助于我们加深对传统市镇的理解。他认为，在现代工业出现之前，大部分的中国国内贸易在农村市镇之内进行，或者，在囊括市镇周边农村的广阔范围之内进行。这种农村市场的内涵，特指在市镇之内，或在市镇附近几十里之内生产和销售的货物的贸易，许多县际贸易也包括在内，但不包括市镇百里以外的市场或地区。农民出售的农产品，大约为全部产量的20%—30%，其中仅有7%—8%的产品成为长距离贩运贸易的对象。在经济关系方面，中国农民除了置身于邻近的农村市场，基本上与世隔绝。参见［美］珀金斯著、宋海文等译、伍丹戈校：《中国农业的发展（1368—1968年）》，上海：上海译文出版社，1984年，第147—150、166、182—183页。

[4] 正德《姑苏志》卷18，《乡都·市镇村》。

[5] 弘治《湖州府志》卷4，《乡都·市镇》。

[6] 隆庆《岳州府志》卷7，《职方考·都厢》。

[7] 嘉靖《荆州府志》卷1，《舆地志·坊市》。

人们,明清市镇的实际生活史固然“与城市有某种物流的中转关系,但绝非是城市主动扩张的结果,相反却是由乡村经济生活的扩展,自然应运而生的中心地;远离城市,即使是穷乡僻壤,山间边道,也会滋生出类似集镇或乡市。市镇紧紧依赖着周围的乡村而生存,盛衰相连,休戚与共,比政治与消费性的府县城更有自在的根底,乡音也纯淳得多,几不杂‘官话’。浏览各代方志,府县志往往缺乏对乡市集镇的严格界限,除少数较大集镇外,市与镇的称法比较随意,相当数量的‘镇’实与乡市相差无几。雍正朝起,江南一镇之地,为二至三县所共管,上(塘)属某县集镇,下(塘)却划归某县农村,更是把这种景象凸显得十分清晰。这些都能说明是时江南市镇,仍然植根于农村,乡村包围市镇,两者的界线多数是模糊的,例外的事例有,但极少”。[1]再以景德镇证之。瓷业市镇景德镇的发展即依赖周边农村的农林产品和瓷土的商品流通,主要包括米谷杂粮、芝麻和油菜籽、棉花和苎麻、甘蔗、蔬菜、窑柴和槎柴、生活用柴、竹木、茶、炭、桐油、茶油。[2]没有来自浮梁农村的商品支撑,景德镇的瓷业将丧失发展的基础。当然,景德镇瓷业正是浮梁农林商品量增长的关键因素。景德镇与其赖以生存的“乡脚”有一种互补性的市场关系。

按照施坚雅关于中国农村市场体系的模式,属于市镇(town,另译集镇)范畴的彼此相连的经济中心地包括(自下而上):标准市场(standard market)、中间市场(intermediate market)、中心市场(central market)。标准市场又叫基层市场,“它是农产品和手工业品向上流动进入市场体系中较高范围的起点,也是供农民消费的输入品向下流动的终点”。至于中间市场,“它在商品和劳务向上下两方的垂直流动中都处于中间地位”。与基层市场和中间市场相比,中心市场“通常在流通网络中处于战略性地位,有重要的批发职能。它的设施,一方面,是为了接受输入商品并将其分散到它的下属

[1] 王家范:《明清江南研究的期待与检讨》,见陈江《明代中后期的江南社会与社会生活》之序,上海社会科学院出版社,2006年,第4—5页。王氏强调,必须将地方志和当地习俗上的“市镇”,与经济学意义上的市镇区分开来。有些市镇数量增长的描述受此误导,又掺杂主观意图,故与实情不符,因此研究者仍需在概念的考辨上多下功夫。

[2] 梁淼泰:《明清景德镇城市经济研究》,南昌:江西人民出版社,1991年,第243—254页。

区域去；另一方面，为了收集地方产品并将其输往其他中心市场或更高一级的都市中心”。这三种经济中心地所在的居民点，分别称之为“标准集镇”（又译作“基层集镇”）、“中间集镇”、“中心集镇”。在理想状态下，基层集市的空间分布意味着18个自然村以六角形围绕着一个集市。[1]实际上，每个市镇都有自己的市场圈。再以景德镇为例，明清时期该镇瓷业闻名遐迩，在瓷器的带动下，形成了以景德镇为中心的市场体系：第一层是镇区，第二层是浮梁农村及鄱阳鲇鱼山、凰岗一带，第三层是饶州府属鄱阳、乐平、余干、余江、万年5县，安徽祁门、婺源2县，休宁、建德与浮梁相邻的乡村，南康府都昌县东乡。[2]

在讨论市镇的城乡属性时，需要指出：在镇级市场中，包括极少数的超级市镇（如汉口镇、佛山镇），它们既是传统市镇发展的极致，是市镇商业水平的最高代表，又是颇具城市风格的商业聚落，与城市市场体系中的超级都市相比毫不逊色，都是区域资源配置的中心市场。

应该强调的是，笔者提出城乡市场平行说，旨在凸显城乡各有相对完整、自成一体的市场网络，城乡之间并不因此而隔绝。相反地，两大网络之间历史形成某种结构对应、功能互补的关系。城乡平行市场说也并不否认其中存在垂直性的经济关系。实际上，城乡具体的市场之间，既有横向的平行关系，又有纵向的垂直关系；[3]既有上下层级之间的商品流通，又有跨层级甚至跨体系的经济互动。王笛所绘清代长江上游市场体系的结构图值得注意。该结构图显示，第一层次是农村，第二层次是乡镇（基本市场），第三层次是商业性城镇（地区市场），第四层次是区域城市（区域市场），第五层次是中心城市（多功能高级市场）。他强调各层次地域流通中心之间保持着

---

[1] ［美］施坚雅著、史建云、徐秀丽译、虞和平校：《中国农村的市场和社会结构》，北京：中国社会科学出版社，1998年，第6—8、22—24页。

[2] 梁淼泰：《明清景德镇城市经济研究》，南昌：江西人民出版社，1991年，第379页。

[3] 作为城乡市场体系的结点之一，市镇的中介作用相当凸显。以宁波及其腹地为例，农民在开集之日，将织成的土布卖给掮客在城郊集镇开设的店铺。掮客将收购的土布卖给宁波的行商，行商再将这些土布销往苏州和上海，卖给城里的布商。棉花的运销过程也不例外。参见［日］斯波义信：《宁波及其腹地》，见［美］施坚雅主编、叶光庭等译、陈桥驿校：《中华帝国晚期的城市》，北京：中华书局，2000年，第510—511页。

复杂的纵横向联系。例如,以农村为基轴,存在着农村与农村、农村与乡镇、农村与县城、农村与区域城市、农村与中心城市之间纵向及横向的多层次经济联系。乡镇、县城、区域城市、中心城市各自与外界的经济联系皆如此。[1]尽管王氏市场结构图与笔者所绘不同,但他强调城乡之间经济联系的多元性,所言极是。

[1] 王笛:《跨出封闭的世界——长江上游区域社会研究(1644—1911)》,北京:中华书局,1993年,第217—219页。

第一章
市场体系

第一节　农村市场

农村市场是明清时期市场体系的重要组成部分，与城市市场形成非垂直性的对应关系。农村市场包括集市和专业市场两大类。

一、农村集市

明清时期，农村集市概有不同类型。按开市时间，农村集市可分为定期市、不定期市、半定期市、常设市，其中定期市是最常见的一种农村集市。按贸易规模，农村集市可分为大市（大集）、小市（小集）、会，会包括庙会和特别集期的集市。按开市地点，农村集市可分为乡集、镇集、山市、庙市等。按贸易主体，农村集市可分为民市、军市。按商品构成，农村集市可分为牛市、骡马市、米市、果市、柴市、丝市等专门市。按商税征免，农村集市可分为官集（税集）、义集。按经济功能，农村集市可分为四种：以满足小农一般性需求为主的集市，以满足小农生产性需求为主的集市，以某种商品集散为主的集市，庙会。[1]鉴于定期市是明清农村集市的主体，故笔者以之作为主要讨

[1] 参见韩大成：《明代城市研究》，北京：中国人民大学出版社，1991年，第129—134页。方行、经君健、魏金玉主编：《中国经济通史·清代经济卷》中册，北京：经济日报出版社，2000年，第1074—1090页。龚关：《明清至民国时期华北集市的数量分析》，《中国社会经济史研究》1999年第3期。樊树志：《江南市镇：传统的变革》，上海：复旦大学出版社，2005年，第51—81页。有关清（转下页）

论对象。

史载:“市有定居,墟惟趁赶。南曰墟,北曰集。”[1]“货物辐辏,处古谓之务,今谓之集,又谓之墟。”[2]“日中为市,神农氏之教也……南人曰趁墟,北人曰赶集,皆间数日一举。”[3]墟、场、集、店、村市、庙会,均属农村定期市,它们数量庞大、分布广泛、功能独特,成为明清时期农村市场蓬勃发展的基础。农村初级市场的名称带有地域色彩。大体上,北方称集,两广、福建称墟,川黔称场,江西称圩,湖广称市,江南则将具有相当规模的市称为镇。在江南,农村定期市并不发达。对此,滨岛敦俊的解释是:在江南各种史料中基本上没有定期集市的记载,不存在有关定期集市的历史记忆,因此江南可能没有出现过定期集市。个中缘由在于,江南水网四通八达,水流缓慢,即使没有撑船技术的普通人也可以摇船,方便地利用水路交通,这或许导致定期集市的出现成为多余。明代中期以后,以市镇为中心的市场圈成为江南农民重要的生活圈和信仰圈。江南的史实,打破了一般商业中心的发展在时间序列上由临时集市、定期集市到每天集市、常设店铺的进程。[4]在滨岛之前,施坚雅、刘石吉也有类似见解。例如,刘石吉曾将江南与江西略作比较,指出明清江南市镇在全国最发达,墟市贸易则极少见,许多地方因“市镇化”而绝迹;江西则不同,墟市与市镇并肩成长,纷然杂陈。[5]不过,范金民注意到:在江南不少地方,尤其是常州、镇江等府,除了日市和庙会,尚有每旬一至两次的定期集市。这种定期集市并没有随着日市的兴盛而消退,相反历久不衰,延续至今。这不

(接上页)代定期市与牙行及斗秤、定期市与课税的关系,参见[日]加滕繁著、王兴瑞译:《清代村镇的定期市》,《食货》1937年第5卷第1期。明清时期,山东集市商税概有课程、牙杂、牛驴三项,多由牙行经纪征收。参见许檀:《明清时期山东商品经济的发展》,北京:中国社会科学出版社,1998年,第260—262、266—273页。另,李龙潜对明清时期广东墟市的税收也有专论,参见李氏:《明清时期广东圩市租税的征收》,《学术研究》2006年第2期。

[1] 康熙《永州府志》卷3,《舆地志·墟》。少数墟集也有定居人口,道光《建始县志》卷3,《户口志·风俗》载,“乡间各场之最著者,如板桥子、红岩子、高店子等处,俱不过数十家。鼓刀当垆,以供村民日用所给,故人多古朴,不染纷奢淫巧之习,爱土物而重本业焉”。

[2] 道光《耒阳县志》卷8,《风俗·墟期》。

[3] 同治《平江县志》卷4,《地理志四·镇市》。

[4] [日]滨岛敦俊著、沈中琦译:《农村社会——研究笔记》,见复旦大学历史学系、复旦大学中外现代化进程研究中心编:《近代中国研究集刊》(2),《近代中国的乡村社会》,上海:上海古籍出版社,2005年,第272—273页。

[5] 刘石吉:《明清时代江西墟市与市镇的发展》,见梁庚尧、刘淑芬主编:《台湾学者中国史研究论丛·城市与乡村》,北京:中国大百科全书出版社,2005年,第251页。

是地方基层市场发育不全的症状，恰恰是农村市场网络细密化、完善化的表现。[1]

加藤繁指出，唐宋时期，从州县治所到镇市村落都有定期市。这种定期市，历元明清三代而益盛。又称，当时各村镇中大抵都有常设的商店，但是，主要的商业交易仍在定期市进行，诸如茶叶、生丝等重要产品莫不经此而成为大宗流通商品。[2]另有论者称，墟集没有城墙，没有常设的店铺，除了集期，与农村并无二致。[3]如广东，“昔者日中为市，聚则盈，散则虚。今北人称集，指聚而言，南称墟，言乎其散也。广管生齿日繁，贸迁百货，随地通流，凡名镇巨村，必有购求物力之地，即谓之市，大率所在备饔飧为多，其或合数村、十数村于适中处所，晨朝趋至，迄午而罢。一旬之内，咸定以期，所近各不相复，则谓之圩”。[4]如湖南，“每月或一六二八为期，或三七四九为期，相沿既久，一成不易，乡民咸集，交易而退，大率如此”。[5]农村定期市为广大基层民众的生活带来极大的方便，成为传统商品经济不可或缺的重要组成部分。

这就不难理解，有方志家径直将这种定期市记为“村市”“乡市”，“是村市为墟，厥名已久”；[6]或指明其在农村的确切方位（如某都某图）。明代刘玑所修《岳州府志》，记载巴陵县之村市有7处。嘉靖《荆州府志》卷1《舆地志·坊市》所载公安县之“市”，俱在乡村。嘉靖《新化县志》卷2《地理志》专辟“乡市”条，列出太阳乡、永宁乡、石马乡等乡有6个乡市。嘉靖《安化县志》卷2《乡市》，亦载明大田市等8市。同治《南昌府志》载，南昌县之茌港市，“坐落三十六都四图及三十七都三四图地方，距城六十里。地临大河，上通抚建，下达省会，地密人稠，一四七日百货辏集，远近皆至”。又如新建县之牛行市，“在章江西岸沙井下三里凤凰洲上，分隶洪崖、桃花二乡。每三六九日当集，商民辐辏，络绎不绝，沙尘坌涌”。

[1] 范金民：《明清江南商业的发展》，南京大学出版社，1998年，第151页。
[2] ［日］加藤繁著、王兴瑞译：《清代村镇的定期市》，《食货》1937年第5卷第1期。
[3] 韩大成：《明代城市研究》，北京：中国人民大学出版社，1991年，第127页。
[4] 咸丰《顺德县志》卷5，《建置略二·墟市》。
[5][6] 道光《耒阳县志》卷8，《风俗·墟期》。

明清时期，各地农村定期市的设立与废止必需呈请知县等地方官员认可。论者称，从各地方官普遍开设墟市、鼓励乡民从事贸易看，明清时期的地方政府在当地商业活动与市场体系的运作中，发挥了相当积极的作用。[1]地方官府开设墟场，亦有安抚民心、维持稳定之用心。兹引清人段汝霖撰《楚南苗志》以证。段氏称，“苗人鲜识字，又多远栖岩谷深林之间，无事罕来城市。虽有文告，彼固未尝闻知，官又不能家喻户晓、耳提面命，官、苗势隔。抚绥之道，惟在聚所欲而去所恶也。苗人之所欲惟利，而日用所需又在盐、钱、布疋、绒线、丝、麻等物，官为之设集场、通商旅，以贸迁有无，则苗人经岁所获药材、山货、芝麻、杂粮等物有所出易，不致壅滞不行，则利得矣。而需用诸物，又得随便买用，不致有钱无市，则群情自然畅悦”。[2]可见，设立市场、物通有无，是顺应人性、关注民生的重大举措，同时，维护正常的市场秩序，也是保持一方安宁之所需。此外，家族及士绅之于农村初级市场，意义非同寻常。傅衣凌指出，明清闽粤诸省乡族共有的圩场甚多，它们不是单纯建立在商业和自由的手工业之上，而是为了巩固乡族集团利益，因此具有严重的封建割据性，在一定程度上阻碍了大城市和全国性市场的发展。[3]至于集市牙行的设置及其功能，山根幸夫对华北的研究堪称典型，不赘。

村落之外，普通市镇皆有集市。或为常市，如盛泽镇，“四方大贾辇金至者无虚日，每日中为市，舟楫塞港，街道肩摩”；[4]或为定期市，如河南涉县，“凡集镇皆分日市，本处人贸易日用之物，扬子所谓一哄之市”。[5]再如直隶滦州开平镇、榛子镇，每旬2大集、2小集。史载：“开平镇，城西南九十里，西达天津，北通口外，商贾辐辏，财物丰盈，五十日大集，二七日小集”；“榛子镇，城西北

---

[1] Lien-sheng Yang（杨联陞），《Government Control of Urban Merchants in Traditional China》，《清华大学学报》1970年第8卷第1期。引自刘石吉：《明清时代江西墟市与市镇的发展》，见梁庚尧、刘淑芬主编：《台湾学者中国史研究论丛·城市与乡村》，北京：中国大百科全书出版社，2005年，第292页。

[2] 乾隆《楚南苗志》卷5，《抚绥防范团练附》。

[3] 傅衣凌：《明清社会经济变迁论》，北京：人民出版社，1989年，第37—39页。关于明清时期广东墟市的设置、类型、管理及特点，参见黄启臣：《明清珠江三角洲商业与商人资本的发展》，《中国社会经济史研究》1984年第3期；李龙潜：《明清广东社会经济研究》，上海古籍出版社，2006年，第120—169页。

[4] 乾隆《吴江县志》卷4，《镇市村》。

[5] 嘉庆《涉县志》卷2，《建置·市镇》。

九十里。畿东巨镇，三省通衢，东西门三重，市肆民居环列，一六日大集，四九日小集。”[1]另有市镇，每旬5集或3集。[2]又，湖南黔阳县之江西街、安江市、新路市、铜湾市在县志中均归入“市镇”条目下，以与“墟市”有别。但它们又都拥有墟市，形成市中有墟、并存不悖的复合式市场格局。[3]刘石吉在论及江西墟市时，强调市镇的规模比一般墟市大，市镇是农村墟市发展的高级形式。在市镇范围内，往往设有不同数量的小市，保持原有的墟期不变，表明市镇对农村墟市具有支配作用。[4]超级市镇亦有定期市，道光《佛山忠义乡志》卷5《乡俗志·墟市》载：普君墟，逢一六日集；表冈墟，逢二七日集。方行指出，即使那种多功能全面发展的市镇（或称最发达的农村市镇），也还保留着“日中为市”或“及辰而散”的集市，以方便农民出售蔬菜、水果、鱼虾等鲜活商品，满足市镇居民“饔飧之用”。如浙江秀水县之王江泾镇，即有“乡人出街来，盐米鱼虾市”的记载。这种集市的交易主体，多是农民与商人等市镇居民，基本上丧失了农村墟集的原有特性，而成为市镇贸易的组成部分。[5]

山根幸夫对明清时期华北定期市的研究表明，[6]定期市的开设场所城乡有别。在城集，由县城街区渐次向城关转移。在乡集则有四种类型：(1) 乡村小都市（镇、市、店），如东阿县的安平镇，为寿张县、阳谷县乡民赶集之处，四方商贾辐辏；(2) 交通要道，如东阿县的西程铺集，高唐州的30里铺集；(3) 寺观门前，如郓城县旛旗庙集、元庙集、黄姑庵集、南玉皇庙集等，俗称庙市或庙前市；(4) 曾是官方派出机构（巡检司、卫所等）所在地，如威海卫东北2里的东仓集，明代系军营屯聚处，军营裁革后，集市遂废。

作为农村初级市场，墟场集市就在乡村之间，最贴近农民的生活。其商业

[1] 光绪《滦州志》卷8，《封域志中·市镇》。

[2] 康熙《陇州志》卷3，《田赋志·市集》载：“三乡马鹿镇市、县头镇市、故川镇市，俱以双日作市。”乾隆《高平县志》卷4，《市集》载：“米山，二五八日；寺庄，一四七日；河西、马村、徘徊、建宁，俱一四七日；野川，二五八日；原村，三六九日；周纂，二五八日；下台，二五八日；陈塸，一四七日。”

[3] 同治《黔阳县志》卷8，《舆地图·市镇》。

[4] 刘石吉：《明清时代江西墟市与市镇的发展》，见梁庚尧、刘淑芬主编：《台湾学者中国史研究论丛·城市与乡村》，北京：中国大百科全书出版社，2005年，第251页。

[5] 方行：《清代前期农村市场的发展》，《历史研究》1987年第6期。

[6] ［日］山根幸夫：《明清华北定期市的研究》，东京：汲古书院，1995年，第1—25页。引自樊树志：《江南市镇：传统的变革》，上海：复旦大学出版社，2005年，第92—93页。

服务对象主要是乡村居民,市场交易的商品以乡民所需的生产资料及日用品为主。诚如史家所言:“村聚亦有市墟,以便一隅贸易,时兴时废,举绌举赢,在上令之不扰,亦盈虚之足征。”[1]“贸易辐辏,农末相资,市有定期,便民也。”[2]吴承明指出:明清时期的墟集均是地方小市场,范围不出一日内往返里程。墟集市场的交换“主要是小生产者之间的品种调剂和余粮调剂,是属于自然经济范畴内的交换,它一定程度的发展,不是破坏自然经济,而是巩固自给自足”。[3]施坚雅正是从分析农村基层市场的商品交换功能入手,开始构筑中国传统的经济中心地模式。用他自己的话说,“传统时代后期,市场在中国大地上数量激增并分布广泛,以至于实际上每个农村家庭至少可以进入一个市场。市场无论是作为在村社中得不到的必要商品和劳务的来源,还是作为地方产品的出口,都被认为是不可缺少的。我用‘基层’(standard)一词指一种农村市场,它满足了农民家庭所有正常的贸易需求:家庭自产不自用的物品通常在那里出售;家庭需用不自产的物品通常在那里购买。基层市场为这个市场下属区域内生产的商品提供了交易场所,但更重要的是,它是农产品和手工业品向上流动进入市场体系中较高范围的起点,也是供农民消费的输入品向下流动的终点。一个设有基层市场的居民点(但并不同时也设有较高层次市场),这里称之为‘基层集镇’”。施氏认为,“低于基层集镇水平的居民点类型各个地区不同,在中国农村大部分地区常见的是聚居型的村庄,在很多地区,这些村庄是基层城镇下面唯一的定居点类型。然而,在一些地方,某种‘村庄’中存在一种我在这里称之为‘小市’的市场。这种通常称之为‘菜市’的小市专门从事农家产品的平行交换,很多必需品难以见到,实际上不提供劳务或输入品。作为地方产品进入较大市场体系的起点,它所起的作用微不足道。小市在中国农村的零星存在,其有限的职能及其处于较大市场体系的边缘地位,这一切使我认为它在中心地的固定等级之外——是一种过渡形式,在多数情况下可以解释为一种初期的基层市场。为了不引起混乱,我用‘小市’这一

[1] 康熙《邵阳县志》卷2,《建置三》。
[2] 咸丰《金乡县志略》卷2,《建置·街市》。
[3] 吴承明:《中国的现代化:市场与社会》,北京:三联书店,2001年,第112页。

术语既指这种市场，又指这种市场所在的居民点”；“没有一个一般性的术语可以代表小市或幺店，它们是村社和基层集镇之间的中间和过渡”。[1]

需要指出的是，施坚雅“基层集镇”的概念存在混淆之处。他关于基层市场的论述正是农村定期市的特性所在，但他以基层集镇与之对应，似欠妥当。因为基层集镇之外，尚有更多的基层市场不在集镇之内，而遍布村落之中。尽管施氏提及小市、幺店，但他低估了这类农村定期市应有的市场地位。国内一些学者的观点与施氏也有相似之处。例如，陈忠平在分析明清江南市场体系时，强调市镇初级市场的主要功能在于，“一方面，输入并直接向附近农民家庭散售外来的生活资料及生产资料，以满足其经济生活的正常需要；另一方面，购集并为更高层次市场提供本地的农副产品及手工产品，以保证市场商品流通的继续进行。因此，遍布江南农村的市镇初级市场既是整个市场体系渗入乡村的终点，也是全部乡村经济联结市场的起点，它是整个商品流通网络的基本网结”，[2]以之说明江南一隅或有其合理性，但放之全国则未必确当。严格而论，在商品经济最发达的江南，其农村初级市场仍是定期市或常设市，[3]只不过此地市镇高度繁荣，定期市的功能遂被市镇所取代而大为萎缩。

定期市皆有集期，即开市日期。崇祯《瑞州府志》卷6《古迹志二·市》记载，早在宋代，上高县之麻塘市（县西40里宣风上乡）即以寅、申、巳、亥日作为集期，路口市（县西40里）则以子、午、卯、酉作为集期。恰如文献所载，“每遇场期，远近妇女携纱易棉者肩相摩、踵相接也”。[4]一县之中，或二八，或三九，或一六，或二七，或四九，或五十，或经旬，或双月，互相间错开来，方便民众趁墟赶集，方便商品中转调剂，使一县之农村基层市场极富弹性，生机盎然。

---

[1] [美]施坚雅著，史建云、徐秀丽译，虞和平校：《中国农村的市场和社会结构》，北京：中国社会科学出版社，1998年，第5—7页。

[2] 陈忠平：《明清时期江南地区市场考察》，《中国经济史研究》1990年第2期。

[3] 万历《嘉定县志》卷2载：“市中交易，未晓而集。每岁棉花入市，牙行多聚少年以为羽翼，携灯拦接，乡民莫知所适，抢攘之间甚至亡失货物。”光绪《嘉定县志》卷8，《风土志·风俗》载：“棉布、蒲鞋、竹器以黎明或清晨为市，其意谓蚤市蚤回，既充一日之用，不妨一日之功，勤苦营生，不得以日中为市例之。惟布经市必在日中，往返远者三四十里，必穷日之力也。”又如，《古今图书集成》卷676，《职方典·苏州府部汇考八·苏州府风俗考·本府（吴县长洲县附郭）》载：“吴邑饶地产，山有松薪，圃有果实，条桑育蚕，四五月间乡村成市，故赋税易完。”

[4] 同治《来凤县志》卷28，《风俗志·女功》。

按照“施坚雅模式”的理论诠释，这种市场的周期性与个体“商号”的流动性、传统中国社会中“经济角色的不明确”（既是生产者又是贸易者）、农户平均需求的有限性、交通水平等因素相关。随着流动商号及消费者汇聚农村市场，出现了经济活动的“悸动”，亦由此确定了传统社会的基本生活节奏。像其他人类活动的周期一样，交易活动“周”可以分为自然的或人为的两种。前者受制于天体运行节律，后者则无视这种节律。中国集期体系中两个最重要的谱系以阴历旬和十二进位周期为基础，以天干地支来标示。以阴历旬作为集期安排的基础，包括三个集期体系，即每旬1集、每旬2集、每旬4集。每旬1集的集期十分罕见，每旬2集的集期在中国各地最普遍，每旬4集的集期通常存在于其基层市场为每旬2集的地区中的中间市场或中心市场。另一种阴历旬谱系的集期体系为每旬3集。以12进位周期为基础的集期表现为3个规则的体系，即12日1集、6日1集、3日1集。另有2日1集、1日1集、1日2集的集期体系。隔日市（2日1集）意味着它们在阴历每月的单日或双日开市，“隔日集期通常只在人口密集、都市化或商业化较高的小面积地区内流行。例如浙江省宁波市和慈溪县城之间的平原，成都平原上成都市西边和南边的部分地区，还有河南北部安阳到黄河之间的一个区域。每日市和一日两市很大程度上限于中心集镇和城市”。[1]

明清长江中游地区的集期符合施坚雅模式。明清时期，该地区每旬2集即5日1集的定期集市较为普及。以江西为例，石城县之小松墟，逢二七日有集；高田墟，逢四九日有集；湛陂墟，逢一六日有集。[2]玉山县之寨头墟、镇头墟，“每月以一六日为集”。[3]据康熙《新宁县志》卷1《舆图志·墟期》记载，该县每旬2集的墟场占多数。亦有每年集中开集5天、10天或1个月的集市。

[1] 施坚雅指出，在中国，最古老的集期体系（黄河流域最初所采用的）是每旬1集，西南地区则是12日1集。随着市场结构的发展，从较高层次的市场到基层市场，先后增加了一个新的集日，“加倍”了它们的集期，成为每旬2集和每12天2集。这种集期安排逐渐成为中国农村最常见的体系。后来，发展中地区的最高层次市场再次加倍了它们的集期。加倍是增加集日频率最有利的方式，因为它不必打乱旧的时间安排。参见施氏著、史建云、徐秀丽译，虞和平校：《中国农村的市场和社会结构》，北京：中国社会科学出版社，1998年，第11—20页。

[2] 顺治《石城县志》卷2，《营建志》。

[3] 康熙《广信府志》卷3，《地舆志·坊乡·玉山县》。

例如，清代湖南浏阳县墟场的集期，[1]不是每月都有，而是集中在6月至11月，亦即集中于夏秋时节。也不是逢单日或双日开集，而是固定在某月的某几天，似是庙会而非庙会。这种情形尚不多见，更多的墟场集期是每月均有。景德镇所在之浮梁县似有例外。农村市场称市街（又叫街市），成为浮梁农村的商业点。其分布：镇郊区密集，农业区均匀，山区稀疏。其等级：镇郊区呈同心圆分布的若干市街，是镇区的延伸，其市场功能超出一般市街；农村市街多为村市，店铺少，资本小，可称为初级市街，另有店铺多、资本大的市街，可称为农村二级市街，它是农林商品和外来货物的集散地，或是乡村工业之地，或是交通要津。从总体上看，浮梁农村市场以市街为主，属于农村集市层级，市场高于市街者为镇。市街发挥着浮梁农村与景德镇之间商品流通的中介作用。不过，这类市街没有集期，商品交易经由店坊。论者称，没有集期反映了农民与商品流通渠道难得直接联系，是闭塞的表现。个中原因是大宗的窑柴和瓷土贸易基本上不经由市街，而由乡族把持，直接运往景德镇。在浮梁，市街大多是一个较大的村庄，士绅地主势力强大，此与珠江三角洲的墟市相仿。[2]加藤繁提醒人们，定期市开市的回数，“视市之规模的大小及市场即开市的村镇之相互的距离等情形而定，不能因某地开市回数多，便武断商业一定是盛大的”。[3]

墟场交易规模不一，有的场面宏大，热闹非凡。如湖南桂阳直隶州之方圆墟、正和墟，“皆号最盛，交易计月，各至万缗”。[4]趁墟人数有数以万计者，如慈利县之槲木桥，“亦县大墟也，民会日中，一旬再集，号曰赶场。陈市之货鳞次露积，交易既捷，直（值）又特廉，故每会男妇动至万人”。这种万人云集的热闹场面并不少见，慈利县其他墟场“各以日相递，亦多有民每会日中，往往辄至万人云”。[5]农村墟场的贸易范围往往超出一县之隅，涵盖数县。如

[1] 嘉庆《浏阳县志》卷16，《风俗·村市墟期》；同治《浏阳县志》卷4，《营建·市集》。
[2] 梁淼泰：《明清景德镇城市经济研究》，南昌：江西人民出版社，1991年，第285—297页。
[3] ［日］加藤繁著、王兴瑞译：《清代村镇的定期市》，《食货》1937年第5卷第1期。在论述定期市与附近村落的关系时，加藤繁注意到每个定期市均有固定村落的乡民前来交易，即定期市拥有稳定的市场圈。在诸种原因中，使买卖的价格保持平衡是最重要的因素。
[4] 同治《桂阳直隶州志》卷20，《货殖传第十》。
[5] 光绪《慈利县志》卷2，《地理第一之二·市集》。

江西吉水县仁寿乡八都之界山墟,创设于明洪武二十七年(1394),“以旬中一四七日聚,新淦、永丰、吉水三县人交易”。[1]广东潮州海阳县的渡头庵墟,位于县南60里,又叫龙溪都庵埠市,“海、潮、揭、澄四邑商贾辐辏,海船云集,逐日市”。[2]甚至个别墟场的商业地位在县城之上。利川县之永兴场,位于县西70里六保,“乾隆二年设场,繁庶为一邑最。光绪十七年,施南府同知署徙此”。[3]

尚有少数墟场类的农村初级市场,因其得天独厚的地理位置和不可取代的商品交易地位,而成为跨省区的大市场,所谓“墟之大者,邻邑邻省货物皆至”是也。[4]如广东吴川县之芷寮墟,“芷寮为海口,市舶所集,每岁三月后,福、潮商艘咸泊于此,五月渐稀,岁以为常”。[5]另如赣南山区有所谓“头塘江、二营前、三筠门岭”之称,以凸显塘江墟、营前墟、筠门岭墟的经济实力。南康县之塘江墟,位于县北40里,“商舶尾衔,市廛鳞接”,[6]清初成为赣南首屈一指的商品交易中心。塘江墟有“小赣州”之称,赶集人数少则3万,多则6万。闽粤赣3省9县近40个乡镇的农副产品,均以塘江墟为集散地。仅次于塘江墟的赣南第二大商品交易中心,是上犹县的营前墟,粮食、猪只、纸张、鱼类、香菇、笋干等商品在此集散。上犹县、崇义县、南康县乃至湖南桂东县的商贩齐聚于此,将商品销往湘、粤等地。会昌县筠门岭墟,为闽、粤、赣3省之通衢,水陆交通皆称便捷,是赣南第三大商品交易中心。此墟形成于明万历年间,迨至清代,其市场营销态势已超过县城。江西输往闽、粤的粮食、油类,闽粤进入江西的食盐、海产品,均以该墟为集散地。[7]农村集市商业辐射力之强大,于此可见一斑。这些超级农村定期市场之所以不能列入区域中心市场,主要有两点原因:其一,它们是临时性的商贸场所;其二,它们没有定居的工商人户。超

[1] 光绪《吉水县志》卷4,《地理志·市墟》。

[2] 乾隆《潮州府志》卷14,《墟市》。又称:“岭南志村市曰墟,取寅申巳亥为期,三日一趁之。盖市之附近郭通衢者,商贾辐辏无虚日,而远乡之民通食货、资日用,莫如趁墟为便利矣。潮民殷盛,物产亦饶,墟距城或数里,或数十里、百里,大率三日一市,其犹古之遗意欤。”

[3] 光绪《利川县志》卷7,《户役志·坊市》。

[4] 道光《龙南县志》卷2,《地理志·坊乡·墟市》。

[5] 乾隆《吴川县志》卷4,《风俗》。

[6] 同治《南康县志》卷2,《建置志·城池·市镇》。

[7] 谢庐明:《赣南的农村墟市与近代社会变迁》,《中国社会经济史研究》2001年第1期。

级农村庙会亦如是。不过，此类市场的存在，表明明清时期各类城乡市场除了常态的普通市场形式，也存在非常态的超级市场形式。在农村市场体系中，有超级集市、超级市镇；在城市市场体系中，也有超级集市、超级都市。当然，各种类型的数量极少的城乡超级市场并不具有典型意义，它们是个案，是特例，是发展的极致，只代表了各类市场的最高水平。相比之下，那些众多的普通市场才具有普遍性，在区域经济范畴内具有典型意义。

墟集一般多出现于交通不便、经济落后地区，“场亦市也，在乡村者凡十有三……”，[1]以弥补本地区大中型市镇相对不足、市场机制相对萎缩之缺憾。同治《崇阳县志》声称“邑无大市镇，惟白霓桥、桂口、沙坪、堰市数处，为趁虚所集”。湖南邵阳县属于山区，“市墟之在乡村者，或兴或废，固无常所，不过数十家止耳”，由此“知山危水险，舟车不至，滇粤不通，地方之贫已可概见矣”。[2]嘉庆《桂东县志》卷9《风俗志》记载：“桂东山高水驶，舟车不通，逐末者少。间有贩卖京广货者，率皆闽、粤及江右人，然亦只肩挑脚运，非有巨商大贾，如他处之云腾海流也。各乡墟集以二八、三七等日交易而退，皆布、米、菽、粟之类，无奇货异物。”该县计有市镇15个，其中墟集就有11个。与桂东县地理及经济情形相似的是桂阳县，据清同治年间所修《桂阳县志》，该志书不列“市镇”条目，只列“墟市”条目，计有墟集18个。少数民族居住地区尤多墟场。史称：“苗民入市与民交易，驱牛马，负土物如杂粮、布绢诸类，以趋集场。粮以四小碗为一升，布以两手一度为四尺，牛马以拳数多寡定价值。不论老少，其法将竹篾箍牛前肋，定其宽侧，然后以拳量竹篾。水牛至十六拳为大，黄牛至十三拳为大，名曰拳牛。买马亦论老少，以木棍比至放鞍处，从地数起，高至十三拳者为大。齿少拳多，价差昂，反是者为劣，统曰比马。届期毕至，易盐、易蚕种、易器具，以通有无。”[3]苗民的交易规则别具一格，以碗、手、拳取代标准化的度量衡，颇有乡土风情，但也显现市场机制的不规范。

[1] 同治《靖州直隶州志》卷1，《地理·街市》。一般说来，墟集属于农村定期市，也有个别墟集属于常设市。如江西吉水县之谷村墟，“在同水乡六十一都，永乐十二年兴，每日出为市，至食时而罢”。参见光绪《吉水县志》卷4，《地理志·市墟》。

[2] 康熙《邵阳县志》卷2，《建置三·市墟》。

[3] 乾隆《辰州府志》卷14，《风俗考·三厅苗俗》。

值得注意的是，湘西某些邻近墟场的集期相同，[1]而不是像某些学者所指出的那样，集期分布的方式是避免开市时间与邻近市场相同，从而使农民差不多每天都可赶集，也可减少邻近市场之间的竞争。施坚雅对此有专门论述。一般来说，基层市场依赖于两个或三个较高层次的集镇而不是仅仅依赖一个。以故，"集期分配的原则是要使一个基层市场与它邻近的几个高层次市场间的冲突最少，相邻的基层市场的集期则根本不必考虑。换言之，当建立新的基层市场时，所采用的集期要尽量不与邻近的中间市场发生冲突，而不管邻近的基层市场的集期"。这样一来，邻近基层市场的集期往往相同，而中间市场的集期与它下面的任何一个基层市场的集期没有冲突。他同意杨庆堃的观点，即一个中间集镇不仅是较大的中间市场体系的中心，也是较小的基层市场体系的中心。在许多每旬2集的地区，中间集镇采用双重集期体系：固定的两天（如一六日）称"小市"，其余两天（如三八日）称"大市"。逢"小市"，中间集镇起基层市场的作用，逢"大市"则发挥中间市场的作用。这种力争避免集期冲突的时间安排，主要不是为了农民方便（农民只是偶尔去赶中间市场），而是为了满足"地方上层人物"及"大部分行商"的需求。[2]宁波及其腹地的集期安排，也证实了施氏的观点。斯波义信指出，相互配合的集期使生意人不会因耽搁而造成损失，也省去了同一天赶赴许多地方的烦扰，完全可以按照所需的顺序逐次展开商贸活动。从中获益者包括采购商、流动商、掮客、计量员、秤手、税务员等市场专业人员，甚至向市镇批发商订货的店铺老板。集市体系空间和时间上的相互配合，有利于宁波商业系统的价格趋于一致。农民的生活节奏取决于集镇集期，典型的是以5天为1个周期。商贩的生活节奏适应于以1旬为1个周期。农业生产的年周期也会影响农民、商贩和手艺人的生活节奏。[3]

---

[1] 宣统《永绥厅志》卷15，《食货门三·商业·各场市商业情形》。

[2] ［美］施坚雅著，史建云、徐秀丽译，虞和平校：《中国农村的市场和社会结构》，北京：中国社会科学出版社，1998年，第26—37页。

[3] ［日］斯波义信：《宁波及其腹地》，见［美］施坚雅主编、叶光庭等译、陈桥驿校：《中华帝国晚期的城市》，北京：中华书局，2000年，第507—509页。他还提及，赊销期也根据阴历确定，不同行业依习惯形成特定期限。

庙会是定期市之一种。全汉昇指出，欧洲中古时代，在教堂前有公认定期大市（fair）或公认定期常市（market）。在中国，也有这种与宗教场所相关的市场，即寺庙前的庙市，或称庙会。[1]史称："交易于市者，南方谓之趁墟，北方谓之赶集，又谓之赶会，京师则谓之赶庙。"[2]庙会以祭神为宗旨，在举行各种宗教仪式的同时，常伴随各类演出（唱戏、杂技等）及商贸活动。在某种意义上，庙会就是一次商品交易会。与一般性的农村集市相比，庙会的会期长，商品种类齐全，人口密度高，综合功能更加凸显。"凡迎神赛祷类皆商贾之为，或市里之饶者耳纠铢黍，以成庆会，未足云损。而肩贩杂肆，藉此为生计，则食神惠者不知其几矣。"[3]庙会不仅能够满足农民日常生活所需，能够提供多种多样的生产资料，而且能够满足社会上层的奢侈追求，包括乡绅、官宦、富商等对较高档次消费品的需求。庙会有城乡之别。这里仅讨论农村庙会，城市庙会详后。

牲畜、农具、种子等生产资料的交易是农村庙会的重要内容，以故庙会多在春耕之前、秋收之后。如山东，泰安府平阴县的药王庙会，在城北渐家庄，每年农历四月廿市，"商贾辐辏，买卖农具及牛马等物，商贾便之"。[4]嘉庆年间，济南府禹城县的庙会有21场，在农村者16场，"会之日，四方云集，平地张幕，画界成巷，愿乘居奇，以相贸易。然有无相通，亦惟日用、农器、马牛驴豕之属为多"。[5]光绪年间，曹州府郓城县的农村庙会交易十分兴旺：东乡一年之中有9处，西乡9处，南乡13处，北乡10处，多在农历二—四月、九—十一月。[6]再如河南涉县，"惟逢会市，则他处商贾多有至者，然亦惟在城城隍庙会（凡二次，第一次三月二十七日起至四月初二日止；二次自四月十四日起十六日止）、西路顶上会（自三月初一日起十九日止，其村会则以二十日起二十五日止），及胡

[1] 全汉昇：《中国庙市之史的考察》，《食货》1934年第1卷第2期。有学者将庙会与庙市区别开来，认为庙会是以寺庙为依托，在特定日期举行的祭祀神灵、交易货物、娱乐身心的集会，而庙市则包容于庙会之中。由庙会而发生的庙市不同于一般集市，具有附着性、独立性、神圣性。参见小田《庙市特征小议》，《中国经济史研究》2006年第1期。

[2] 佚名：《燕京杂记》，王锡祺辑：《小方壶斋舆地丛钞》第6帙。

[3] 道光《佛山忠义乡志》卷5，《乡俗志》。

[4] 嘉庆《平阴县志》卷2，《庙》。

[5] 嘉庆《禹城县志》卷4，《建置志·街市》。

[6] 光绪《郓城县志》卷2，《建置志·集会》。先记东南西北各村集，再记"城东。华陀庙，二月二十四日会，马牛、木料百货俱备。下皆仿此"，包括城东9会、城西9会、城南13会、城北10会，各有日期。

峪(村会以四月十七日起十九日止)、更乐(村会凡三次:第一次三月初六日起初九日止;二次四月十二日起十四日止;三次四月十九日起二十二日止)、河南店(会以三月十六日起十九日止)等数会,客货颇集,人众殷盛。其余会,至者寥寥也”。[1]据悉,清代河南的“轮铺会”(庙会之一种)的会期多在春秋两季,符合农业生产规律和乡村社会“祈谷春社、秋社报成”的礼俗,尤其是集中在农历二—四月,大致与春耕时农民购置农具、种子,荒月时购入粮食的需求相吻合。[2]

赵世瑜指出,由于江南地区商品经济发达,庙会的经济功能被具有同样功能的贸易场合所取代,呈减弱之势。江南许多庙会虽然有市,但多与宗教祭祀有关,即所谓“香市”,较少华北、西北、西南地区那种商业贸易、物资交流大会的性质。在后者,商品经济的发展水平决定了庙会还要发挥它的经济功能,作为市镇集场的必要补充。[3]范金民的观点与之相左,他认为江南各乡镇的庙会,除了大众化的烧香拜佛、娱乐消遣外,宗教色彩并不彰显,就其市场功能而言,庙会已经成为农民添置农具等日常器物的重要媒介。因此,农村庙会实际上是当地民众借助宗教形式展开的各地土特产品交易会,这些交易品大多是非本地出产但日常生活又急需的物品。庙会这种市场形式——定向生产、专门运输、集中出售、成本低廉、价格优惠——对于深受经数道营销环节逐级趸贩、商品价格层层加码之苦的农民最有实用意义,也最受农民欢迎。明清江南迎神赛会的兴隆,从一个侧面反映了该地区商品经济的发达,因为许多类似活动都由商人发起(或有商人资助),许多工商业繁盛之地往往也是庙会兴旺之所。[4]嘉定黄渡一带的猛将庙会,“八月十八前后数日,远近烧香者争趋之,田家器用毕聚成市。至晚自烧香归,各携农、织具,络绎于路”。[5]太湖南岸清中叶兴起的双杨会,堪称传统农村庙会之特异者。它以丝业市镇——震泽、南浔、盛泽——为中心舞台,每10年举行1次,出会的路线与该区域丝绸生产的中心地

[1] 嘉庆《涉县志》卷2,《建置·市镇》。

[2] 邓玉娜:《清代河南集镇的集期》,《清史研究》2005年第3期。有关河南庙会,另参见王兴亚、马怀云:《明清河南庙会研究》,《天中学刊》1995年第1—2期。

[3] 赵世瑜:《狂欢与日常——明清以来的庙会与民间社会》,北京:三联书店,2002年,第218—219页。

[4] 范金民:《明清江南商业的发展》,南京:南京大学出版社,1998年,第149—150页。

[5] 咸丰《黄渡镇志》卷2,《疆域·风俗》。

带相一致，是跨乡、跨镇、跨县、跨省的水上盛会。参加庙会者，来自上海、南京、苏州、无锡、常州、杭州、嘉兴、湖州、宁波、绍兴等地，万商云集，轰动一时。[1]

不独江南，长江中游地区庙会的商品流通功能亦令人瞩目。以江西为例，康熙《瑞金县志》卷3《建设志·关隘》记载，该县招召乡（旧名工田寨）"九月之墟景盛"。农历九月十三日为英显侯王诞寿，届时闽、粤、赣"三省百货攸聚，牛马人物充斥郊圻。自初二起至二十，仅十八日，而诸有毕售"。同属赣南山区的崇义县茶滩墟，每年农历八月十三日都要举行董公庙会。石城县高田墟每年有下元庙会、中元庙会、将军庙会，届时贸易场面十分壮观，打醮演戏热闹非凡。鄢都县曲洋墟之黄屋乾庙会，其目的是为许真君祝寿。庙会期间出售的商品，被视为禳除灾祟的吉祥物，以故供不应求。[2]同治年间，江西万载县之槠树潭，每年"八九月间歌舞赛神，即以通商"。[3]

论者称，最迟在乾隆至道光年间，全国多数地区已形成农村集市网，它与商业城镇相协调，沟通城乡市场，成为全国商品流通网络的有机组成部分。农村集市网是长距离贩运贸易的基础，是保障小农经济正常运转的重要环节。[4]

二、农村专业市场

农村专业市场包括市镇、集市两类专业化市场。在同一经济区内，它与专业化的城市市场相对应。

专业市镇是市镇研究之要目，它关涉农村专业市场的发育问题。珀金斯指出，许多世纪以来，中国农村就已存在"高度的专业化"。中国农民"不准备去生产他们家中所需要的一切产品。他们集中力量于少数主要产品，并且通过交易去取得其余的东西。在20世纪以前，这种交易的大部分产生于农村的

[1] 洪璞：《明代以来太湖南岸乡村的经济与社会变迁——以吴江县为中心》，北京：中华书局，2005年，第144—149页。

[2] 谢庐明：《赣南的农村墟市与近代社会变迁》，《中国社会经济史研究》2001年第1期。

[3] 同治《万载县志》卷11，《风俗·赛会》。

[4] 许檀：《明清时期山东商品经济的发展》，北京：中国社会科学出版社，1998年，第305—306页；《明清时期农村集市的发展》，《中国经济史研究》1997年第2期；《明清时期城乡市场网络体系的形成及其意义》，《中国社会科学》2000年第3期。

市镇之内”。[1]赵冈指出,江南市镇上的主要交易方式与内地传统农村市集上的交易方式不同。前者最主要的交易项目是收购农村副业生产的纺织品,收购者是握有巨资的客商(通过当地的牙行中介),卖者是从事副业生产的小农户;至于后者,买卖双方都是“散户”。与收购纺织品的商业活动同步兴起的,是江南市镇上的米粮市场,许多农户逐渐专业化。[2]关于明清时期农村专业化(主要集中于纺织业)的研究成果,见之于李伯重对江南早期工业化的精细考察。[3]

所谓专业市镇,是指以生产或销售某一类商品或某几类商品为主的市镇。以此而言,专业化的镇级市场,包括以某项商品的生产销售著称的专业市镇市场,或一镇之中若干大宗专项商品交易市场。明清时期,专业市镇可分为手工业生产专业市镇和商品流通专业市镇。实际上,手工业生产专业市镇兼营商品销售,形同商品流通专业市镇。专业市镇的出现,是商品经济发展到一定阶段的产物,它表明某地区的市镇经济迈进了规模经济的门槛,其市场化程度较高。[4]

专业市镇之理念由傅衣凌提倡,[5]许多学者踵迹之,尤以江南市镇研究为伙。刘石吉详细考察了长江三角洲地区棉花和棉织专业市镇、蚕桑和丝织专

[1] [美]德·希·珀金斯著、宋海文等译、伍丹戈校:《中国农业的发展(1368—1968年)》,上海:上海译文出版社,1984年,第148页。

[2] 赵冈:《明清市镇发展综论》,《汉学研究》1989年第7卷第2期。

[3] 李伯重:《江南的早期工业化(1550—1850)》,北京:社会科学文献出版社,2000年,第57—77页。彭泽益指出,清代农村家庭手工业经营之普遍,生产之发达,以业别而论,莫过于纺织业。参见彭氏:《清前期农副纺织手工业》,《中国经济史研究》1987年第4期。

[4] 也有学者提出批评意见,如赵冈指出,将市镇分为商业市镇、手工业市镇、交通市镇等是不妥的,因为市镇发展到一定程度时,必定是多功能的。参见赵氏:《明清市镇发展综论》,《汉学研究》第7卷,1989年第2期。包伟民、黄海燕指出,专业市镇这一范式反映了江南经济发展过程中最有特色的内容,有其内在的合理性。可是随着范式的强化,以及学者本身的失误,遂产生矫枉过正的弊病,表现为过分强调市镇经济的专业性,忽视其作为农村地区一般性商业聚落的特性,出现明显的“泛专业化”现象。参见包伟民、黄海燕:《“专业市镇”与江南市镇研究范式的再认识——以浙江乌青镇个案研究为基础》,《中国经济史研究》2004年第3期。另,道格拉斯·诺斯认为,大宗出口商品,以及与这种商品相配套的稳定的高利润、低成本的区域外市场,是决定一个区域或子区域经济发展的关键因素。罗威廉持不同看法,认为“无论是从相对的还是绝对的角度而言,很明显大宗商品出口的发展并不能保证导致区域经济的繁荣”,成功地发展出区域市场结构,才是关键所在。参见[美]罗威廉:《导言:长江下游的城市与区域》,见林达·约翰逊主编、成一农译:《帝国晚期的江南城市》,上海:上海人民出版社,2005年,第8—9页。

[5] 傅衣凌:《明清时代江南市镇经济的分析》,《历史教学》1964年第5期。

业市镇、米粮专业市镇。[1]方行认为，农村市镇的专业化不仅体现在商品集散方面，而且体现在生产资料市场系列的形成方面，尤其是后者，是专业化不断深化的标志。[2]樊树志指出，除了丝绸业市镇、棉布业市镇、粮食业市镇这三类主要市镇，江南地区尚有盐业、榨油业、笔业、冶业、窑业、渔业、编织业、竹木山货业、刺绣业、烟叶业、制车业、造船业、海运业等各类专业市镇，共计16种。陈学文按职能划分明清时期湖州府的市镇，大体包括手工业专业市镇、商业专业市镇、交通枢纽型市镇。陈桦指出，市镇的专业化是长江三角洲地区市镇发展的特点。范金民强调，在江南水乡，地方专业市场以专业市镇为中心，向周围地区展开，涵盖该市镇影响波及的广阔专业化生产区。单强认为，以乡镇市场所经营的商品种类划分，江南乡镇约可分为三类专业市场：棉布与棉花专业市场，丝绸与蚕丝专业市场，包括粮食、运输、盐业、水产、编织、竹木山货、建材、铁制品农具、绣品、烟叶、笔墨、花车、榨油等在内的其他各类专业市场。[3]在众多学者的论述中，陈忠平的观点对笔者阐述专业化的镇级市场颇有启示。

陈忠平以商品贸易场所的规模及其内部商品交换关系的层次为标准，认为明清江南存在一个"城镇专业市场"，即在非农业人口较多（至少在千户以上）、专业性商业活动频繁、商业设施齐全的专业城镇中，商人组织（含牙行）通过大商小牙在专业区内进行的大宗专项商品的集散贸易。它是江南地区社会分工和专业化发展的结果，以满足各专业区大宗专项商品中长途贩运贸易的需要。与之相适应，从事专业化商品购销的各类批发商和中间商（牙商）如雨后春笋，成为城市高级市场的主体，如米行、豆行、花行、布号、丝行、绸行等。这些商业机构将各地贩来的大宗专项商品批发给周围市镇的米铺、布庄等小商贩，再由其零售给乡村农户；或者向周围市镇中的布庄、丝绸领头等小商小牙批量购买专项土特产，然后售与客商，由其批量外销。因此，城市高级市场

[1] 刘石吉：《明清时代江南地区的专业市镇》，《食货》1978年第6—8期。
[2] 方行：《清代前期农村市场的发展》，《历史研究》1987年第6期。
[3] 樊树志：《江南市镇：传统的变革》，上海：复旦大学出版社，2005年，第203—214页。陈学文：《明清时期湖州府市镇经济的发展》，《浙江学刊》1989年第4期。陈桦：《清代区域社会经济研究》，北京：中国人民大学出版社，1996年，第133—136页。范金民：《明清江南商业的发展》，南京大学出版社，1998年，第134—139页。单强：《近代江南乡镇市场研究》，《近代史研究》1998年第6期。

主要是批发市场，以进行本专业区所产及其所需的大宗专项商品的批购、批售贸易为特色。这种批发业务既满足了地域广阔的专业区内集中生产与消费的需求，保证了该区域社会再生产的继续，又通过城市与市镇之间的沟通，将本地区贩卖的专项商品化整为零或成批购销，便利了商品流通，也强化了各类市场的联系，在区域性商品流通网络中发挥着骨干网纲的作用。[1]显然，陈忠平将“城镇专业市场”纳入“高级市场”的范畴，肯定了专业市镇的市场地位。

综合相关学者的成果，明清江南专业市镇概有：棉纺织业市镇，如朱泾镇、枫泾镇、三林塘镇、诸翟镇、朱家角镇、黄渡镇、南翔镇、罗店镇、江湾镇、大场镇、章练塘镇、鹤王市、梅李镇、支塘镇、华墅镇等；丝织业市镇，如震泽镇、盛泽镇、王江泾镇、南浔镇、王店镇、濮院镇、乌青镇、菱湖镇、双林镇、临平镇、塘栖镇；陶业市镇，如蜀山镇、千家窑镇、炉头镇、瓶窑镇等；流通型市镇，如洛社镇、浒墅镇、枫桥市、平望镇、刘河镇、乍浦镇、福山镇等；竹木山货市镇，如上陌镇等。这些专业市镇的地理位置大体与江南稻作棉织区、桑作丝织区、竹木茶纸笋炭种植制作区等专业化的经济区相一致。

笔者也曾对长江中游专业市镇作过缕述，并与江南专业市镇予以比较，指出在专业市镇的构成方面，明清时期长江中游地区和江南地区均有手工业生产专业市镇、商品流通专业市镇以及墟集专业市场。相对而言，长江中游地区的手工业生产专业市镇及商品流通专业市镇在整体实力上稍逊于江南地区的同类市镇，但其墟集专业市场的发达程度却超过江南地区。从总体上看，长江中游地区的专业市镇呈现葫芦形的发展状况，即少数大型的专业市镇发展迅猛，在全国居于领先地位；广大的中小型专业市镇发育迟缓，而且数量有限；处于市镇体系最基层的农村墟集市场不仅数量很多，而且在区域市场网络中发挥着重要作用。江南地区的专业市镇呈现圆柱形的发展状况，即大中小型专业市镇呈现均衡发展势头。[2]

---

[1] 陈忠平：《明清时期江南地区市场考察》，《中国经济史研究》1990年第2期。他认为，明清江南的普通府县城与市镇相似，应看作市镇初级市场的组成部分。此一见解值得商榷，不过也透露出普通府县城实与农村市镇处在大体平行的市场层级上。另，关于江南丝业领头，可参见洪璞：《明代以来太湖南岸乡村的经济与社会变迁——以吴江县为中心》，北京：中华书局，2005年，第156—175页。

[2] 任放：《明清长江中游市镇经济研究》，武汉：武汉大学出版社，2003年，第165—230页。

一个专业市镇的市场圈可能有多大？试以南浔镇为例，以作简要说明。该镇是蚕丝、棉花、棉布的重要集散地，“每当新丝告成，商贾辐辏”，“去南浔之东，百里而遥，地沿海，田之高仰者宜木棉，其乡民大半植此。夏种秋收，采积既多，即捆载而易钱于西贾。浔之西，百里而近，地多冈阜，为茶粟竹木山场，俗少女工，时因其地之所出，亦捆载而易布于东贾。浔市居其中。四乡之人自农桑外，女工尚焉，推车蹋弓纺线，织机率家有之。村民入市买棉，归诸妇。妇女日业于此，且篝灯相从夜作，亦一月得四十五日工，计日成匹，旋以易棉，蚩蚩续来不已”。[1]这表明，南浔镇的辐射半径可能已达百里左右。在这东西百里之间，因专业分工的不同，存在着许多农村初级市场，成为南浔镇的市场腹地。

言及农村专业市场，不可遗漏专业墟集。并非所有的墟集都有专业市场，但确有若干墟集在历史变迁过程中形成了有浓郁地方特色的专业市场，如岭南的丝墟、蚕市，赣南的夏布墟等。这里仅以赣南夏布墟为例，以作说明。赣南盛产苎麻，夏布墟非常普及。最著名者，当推宁都州之夏布墟及赣州府兴国县之夏布墟。史载，“宁都州俗，无不缉麻之家，敏者一日可绩三四两，钝者亦两以上。诸织匠织成布，一机长者十余丈，短者亦十丈以上。四五两织成一丈布者为最细，次六七两，次八九两，则粗矣。夏布墟，则安福乡之会同集、仁义乡之固厚集、怀德乡之璜溪集，在城则军山集。每月集期，土人商贾杂遝如云。计城乡所产，岁鬻数十万缗，女红之利普矣。石城县志亦曰，石邑夏布岁出数十万疋，外贸吴、越、燕、亳间。赣州各邑皆业苎，闽贾于二月时放苎钱，夏秋收苎，归而造布，然不如宁都布洁白细密”。[2]又据同治《兴国县志》，“妇人无蚕桑之职，惟事绩苎。而织布须另雇工匠，竭终岁之劳不能衣其夫子”。可见，兴国县夏布制造业分工明细，绩苎这道工序由农妇完成，织成夏布则需要雇请专业工匠，表明市场化的劳动协作关系存在于赣南夏布的生产过程之中。“绩苎丝，织之成布，曰夏布，土俗呼为春布。一机长至十余丈，短者亦八九丈。衣锦乡、宝城乡各墟市皆卖夏布。夏秋间，每值集期，土人及四方商贾云集交易。

[1] 同治《南浔镇志》卷24，《物产·布帛之属》。
[2] 吴其濬：《植物名实图考》卷14，《隰草类·苎麻》。

其精者洁白细密，建宁、福生远不及焉。”[1]

某些农村庙会也凸显某种专业化特征，如庙会牲畜市场。以山东为例，莱州府胶州的九龙山会，位于州城西南20里，“每岁四月，市马牛者集此”。[2]青州府诸城县五弩山，在县治东南60里，“山前有庙，每岁四月，市牛马者会焉”。[3]论者称，此类市场与普通农村牲畜市场的不同在于：前者既是零售市场，也是批发市场，交易者主要是商贩，而后者的交易者主要是农民。[4]

农村专业市场的存在，是专业作物种植扩大和社会分工发展的必然结果，有助于专业化的商品性农业区域的形成。

关于农村市场的历史内涵，方行有清晰阐述。他指出，小农经济的生产目的，“即经济运行目标，是在家庭内部实现生产和消费的平衡，以维持一家的温饱”。为此，农民“一方面要进行自给性生产，以直接取得生产资料和生活资料，特别是衣食等基本生活资料。另一方面，又要进行商品性生产，与手工业者和其他农民交换产品，以取得自己不能生产的生产资料和生活资料”。所以，农民再生产“是一定程度的以流通为媒介的再生产”，再生产过程中“生产资料和生活资料的价值补偿要经过市场”。可见，“农村市场是小农经济再生产实现的必要条件”。到清代前期，举凡粮食作物、经济作物、农民家庭手工业的商品生产均有发展，农村市场亦更显其重要性。[5]不过，伊懋可认为，传统中国社会的技术停滞，应归咎于人口增加和市场密集。关于后者，他指出：市场网络的日益密集刺激了农民家庭手工纺织业的发展。因为农家只需少许投资，购置简单的器具，便可利用闲置劳力在家中从事纺织，然后定期送到当地基层市场出售。只要售价超过原料和工具的成本，农家便觉得有利可图。同时，由于基层市场上有许多农家出售纺织品，棉布商或经纪人便可以低廉的价格购买所需产品。以故，他们觉得没有必要斥资创设纺织工场、亲自监督织工生产。这样一来，便形成市场与生产技术的分离，即商人的关注焦点是市场运

[1] 同治《兴国县志》卷12，《土产·食货类》。
[2] 道光《重修胶州志》卷12，《山川志》。
[3] 乾隆《诸城县志》卷6，《山川考第三》。
[4] 许檀：《明清时期山东商品经济的发展》，北京：中国社会科学出版社，1998年，第298—302页。
[5] 方行：《清代前期农村市场的发展》，《历史研究》1987年第6期。

行，而不是生产经营和技术改进。[1]明清以降，农村市场的长期存在和持续增长有其复杂的历史因缘，仍有许多问题有待探究。

第二节 城市市场

这里讨论的城市市场，是指明清时期各级行政中心所在地的商品交换场所，上至京城、省会，下至府、州、县城。从商品流通的角度看，城市市场与农村市场存在结构上的对应性，也有集市和专业市场。

一、城市集市

所谓城市集市，是指明清时期在各级行政中心所在地及其关厢，以日用品为主的集贸市场，包括定期市和常设市。[2]参加城市集市商品交易的既有城区居民和商人，也有附近的乡民。

加藤繁根据清末的直隶正定县方志抄本，指出县市集期为二七日，赴县市的村庄仅东路就有12个，实际的总数当然倍于此。又称，举凡州县城门附近东南西北4关开设的集市，均可视为“都市的市”。[3]斯波义信指出，15世纪宁波城区有3个市场：“大市”位于县衙门和东大路以北主要大街之间的广场；

---

[1] Mark Elvin, “The High-Level Equilibrium Trap: The Causes of the Decline of Invention in Traditional Chinese Textile Industries”, in W. E. Willmott.ed, *Economic Organization in Chinese Society*, Stanford: Stanford University Press, 1972. 引自王业键：《明清经济发展并论资本主义萌芽问题》，《中国社会经济史研究》1983年第3期。王氏认为，明清时期中国的经济发展属于广泛性的成长（estensive growth），其最显著的现象是农业耕作区域的扩张和区域间商品流通的增加。这一时期商品经济的发展（尤其是江南）可从国内外市场的扩大来解释。国内市场的扩大与开发中地区的农业发展密切相关，海外市场的发展则与地理大发现后西力东渐有关。伴随大批移民及广大腹地的经济开发，已开发地区和开发中地区之间的经济交流不断增长，主要是工业品与农产品的交流。开发中地区人口的迅猛增加，导致对若干生活必需品如棉布、陶瓷器、食盐等的需求相应增加。不过，由于技术、资本的缺乏或地理因素的限制，开发中地区的百姓无法生产足够的产品，以满足自身的需要。同时，他们的粮食和原料（如棉花、铜）生产却有大量剩余。已开发地区的情形与之相反：拥有资本和技术，可以大量生产这些商品，但粮食不足，某些工业原料缺乏。因而，这两大地区间的贸易得以不断发展。

[2] 庄维民指出，传统定期市以村镇市、厢关市、庙会为基本成分，因为是商品流通的初级阶段，以故称之为初级市场。参见庄维民：《近代山东市场经济的变迁》，北京：中华书局，2000年，第140页。

[3] ［日］加藤繁著、王兴瑞译：《清代村镇的定期市》，《食货》1937年第5卷第1期。

“中市”位于该主要大街之后、向东的两条街道上；“后市”位于靠近东北的城角处。值得注意的是，另有4个市场，均分布于4个主要城门外，每旬开集一次：西门外市场的集期是逢初八、十八、廿八日，南门外市场逢初七、十七、廿七日，灵桥门外市场逢初四、十四、廿四日，东渡门外市场逢初九、十九、廿九日。还有1个城郊市场——甬东市，位于灵桥门以东约2.5公里的甬东区，集期不定。这些城郊集市都位于水运线上或水道附近，建有码头或船埠头，以供宁波周边农村居民的舢板停泊。迨至16世纪中叶后，新设的城郊集市——东津市（位于灵桥东约1公里），取代了东门外的两个集市。直到20世纪，宁波城郊集市无甚变化。这些定期市场以经营日用必需品为主。例如，光绪十二年（1886），宁波城内和城郊居民所需的土制棉布概有14种，其中有3种土布——产自余桃的彭桥布、产自宁波西门外的望春桥布、产自鄞县的土布——系由商贩在宁波南门外的集市（每旬1集）上出售。[1]

凡集市在城者，称在城集。与之相对应者，则是在乡集。如河南磁州，嘉靖年间在城集3处（含关厢集），在乡集3处；[2]直隶正定府元氏县，崇祯年间在城集4处，在乡集10处。[3]在城集有定期市、常设市之分，但以定期市为主。以河北定州为例，史载“南人曰市，北人曰集，贩夫贩妇之利也，亦民风民气所由见。州之城乡十余集，殊期日。至期，则叠肩骈迹，喧雷汗雨，民气昌矣。其用物，惟镰、锸、筐、篚、盆、碗、布、枲、席；其食物，惟豆、麦、菽、粟、瓜、菜；其畜物，惟马、牛、骡、驴、羊、豕、鸡、鹜。物之稚者勿粥，器之窳且靡者鲜所见也”。[4]另如康熙《陇州志》卷3《田赋志·市集》载：“州城东街市、西街市、南街市，每日一市，十日一轮。”光绪《滦州志》卷8《封域志中·市镇》对在城集、在乡集均有记述，其中关于在城集的记述为：“东西大街，逢四日集；南北大街，逢九日集；东关，逢六日集；西关，逢八日集；南关，逢一日集；北关，逢三日集。近因四关居民稀少，市井萧条，集市俱移城内。六日移至东街，一日移

[1] ［日］斯波义信：《宁波及其腹地》，见施坚雅主编，叶光庭等译，陈桥驿校：《中华帝国晚期的城市》，北京：中华书局，2000年，第484—487页。

[2] 嘉靖《磁州志》卷1，《地里志·关坊里镇》。

[3] 崇祯《元氏县志》卷1，《市集》。

[4] 道光《直隶定州志》卷7，《地理·市集》。

至南街，八日移至西街，三日移至北街，余日如故。”再如浙江，“北瓦，一名下瓦，仁和县地方，在众安桥南。旧志云，瓦之为说，盖取聚则瓦合，散则瓦解之义”，[1]显然是定期市。

山东的情形堪称典型，“盖北俗之于市皆有期日，麇集而市，市罢而散，故谓之集，犹有古者日中为市、交易而退之遗意”。[2]许檀的研究成果表明，[3]山东各州县城一般都有定期集市，方志称之为“州市”“县市”“在城集”。大体上，由于州县城人口密度较大、商业活动较多，以故“在城集”的集期较之农村定期市要密集。不过，也有部分乡镇定期市的繁盛程度超过州县城。东昌府夏津县城之县市，明代以一六日为集期，康熙年间增为每旬5次，即“以二四六八十双日为期”。[4]旧在四关轮流，后移城内，“贸于市者，除牲畜、杂粮、棉花、白布而外，无他珍奇”，尤其是“且闻前此城市中，瓜果鱼菜之类，计值不过数文及数十文不等”，[5]表明县城集市（包括某些专业化的街市）实与农村集市并无二致。这种轮集制亦见于他处。临清附近的威县，明代文献载，“威之市集，类不坐肆，而货悉陈于坊门，实应古交市朝市之义。今其俗，遇奇日则为市，以日递迁，周其城之四隅而复始”。[6]济南府平原县的集市，在东西南北各城关轮置，“县治南北关逢七大集，北关又以四九日小集”；“东西关逢二大集，东关又逢五小集”；“小北关逢十小集”，每旬二七、四九、五十共6天开市。[7]兖州府金乡县城的集市也属轮集制。据咸丰《金乡县志略》卷2《建置·街市》，“城大街故有集，后皆移之四关……集在关，月无虚日。南关、北关每二十日各三集，一二三日连集轮转；东关亦二十日三集，六七八日随南关集后；西关每二十日十一集，四九南街，五十北街，又南街逢六，北街逢七，西街逢八，随北关集后”。邓亦兵认为，一些经济落后地区的县城，街市往往采取定期市的形式。如陕西汉南地区，西乡县城有十字街、东街、西街、南街、西关5

[1] 成化《杭州府志》卷3，《封轸三·市镇》。
[2] 咸丰《金乡县志略》卷2，《建置·街市》。
[3] 许檀：《明清时期山东商品经济的发展》，北京：中国社会科学出版社，1998年，第254—255页。
[4] 嘉靖《夏津县志》卷1，《地理志·坊市》；乾隆《夏津县志》卷2，《建置志·街市》。
[5] 乾隆《夏津县志》卷2，《建置志·街市（镇集附）》。
[6] 嘉靖《威县志》卷2，《地理志·坊市》。
[7] 乾隆《平原县志》卷2，《建置志·市集》。

处市场，轮流开市；略阳县城的市场在县治前、县治北，半月轮转。[1]

墟场多设在乡村，亦有设在县城者。例如，湖南直隶桂阳州嘉禾县之县前墟，“旧在北门外教场，去县稍远，居民不便贸易。康熙庚寅年，知县陈祥祚迁城内”。[2]又如江西东乡县盛产蓝靛，“比户皆种。八月中旬，县城墟期，市靛者常集至千余人”。[3]道光《定南厅志》卷1载：“建县之初，未有墟市，货物皆之邻县贸易，一遇淫潦，民皆束手。万历十一年，知县章莹立墟市于城隍庙前，佥立墟长，较定称、锤、斗、斛，厘戥丈尺，物价照时，每月以三、六、九日为期。国朝顺治丁酉，移于城外，今复于城中。”

除了普通州县，那些著名的大都市均有定期市的踪影。韩大成提醒人们，明代的杭州、苏州、天津、临清、济宁等，除了店铺贸易，城内外还有许多的集市。[4]明初，南京除了固定店铺和街边搭棚，另有多处集市，或在闹市区，或在城门外。例如：“大市，在大市街、旧天界寺门外，物货所聚；大中街市，在大中桥西……长安市，在大中桥东……上中下塌坊，在清凉门外，屯卖段疋、布帛、茶盐、纸蜡等货。”[5]再如开封，明代刊印之《如梦录》除街市纪、关厢纪外，另有小市纪，从其所列商品看，当为定期市或常设市之零售商业。论者称，集市的存在与发展为城市居民购置商品提供了方便，是城市店铺贸易的重要补充。[6]

即使京师，也有此类集贸市场。童书业指出，明代北京商业与南京的不同之处，在于“按时开市的市集，似乎比南京发达，这表明了北方商业的特征。由于北方城市和镇市的商业比较不发达，所以市集很盛。市集不是天天有的，它只是按照一定的时期，商贩们运货到一定的地点，买东西的人也在一定的时期内，赶去交易。这是定期的商场。这种商场在北方不但乡间有，甚至城市中也有，好像北宋时代大相国寺的市场一样。明代的北京城中，有寻常的商市，也有定期的市集。寻常的大商市，如米市、煤市、猪市、羊市、牛市、马市、果品

[1] 邓亦兵：《清代前期的市镇》，《中国社会经济史研究》1997年第3期。
[2] 乾隆《直隶桂阳州志》卷2，《封域志下・市镇》。
[3] 同治《东乡县志》卷8，《风土志・土产・货之属》。
[4] 韩大成：《明代城市研究》，北京：中国人民大学出版社，1991年，第77页。
[5] 王俊华：《(洪武)京城图志・街市》。
[6] 韩大成：《明代城市研究》，北京：中国人民大学出版社，1991年，第52—53页。

市、缸瓦市等，各有定所。定期开市的，则有灯市、庙市、内市之分”。[1]

史载：“京师有三市——庙市者，都城隍庙左右街也，以朔、望及廿五日；灯市者，上元灯节也，以正月十日至十八日，在东华门外；宫市者，皇城之内、紫禁城之外，以每月初四、十四、廿四日——诸士绅多行观。”[2]在此，先叙述灯市、内市（即宫市），庙市详后。

灯市缘于朝廷与百姓同乐的上元灯节。史载：“永乐间，文皇帝赐灯节假十日。盖以上元游乐为太平盛事，故假期反优于元旦，至今循以为例。”[3]明万历时，“每年正月初十日起，至十六日止，结灯者各持所有，货于东安门外，迤北大街，名曰灯市。灯之名不一，价有至千金者。是时，四方商贾辐辏，技艺毕陈，珠石、奇巧、罗绮毕具，一切夷夏、古今异物毕至。观者冠盖相属，男妇交错。近市楼屋赁价一时腾踊，非有力者率不可得。十四日曰试灯，十五曰正灯，十六曰罢灯”。[4]明末，灯市“起初八，至十三而盛，迄十七乃罢也。灯市者，朝逮夕市，而夕逮朝灯也。市在东华门东，亘二里。市之日，省直之商旅、夷蛮闽貊之珍异、三代八朝之骨董、五等四民之服用物皆集”。[5]

内市，系为内廷所需而开设的集市。“内市在禁城之左，过光禄寺入内门，自御马监以至四海子一带皆是。每月初四、十四、廿四三日，俱设场贸易。”[6]崇祯元年（1628），人称宫市“其繁丽不如庙市，然诸货亦毕集”。[7]之所以集期逢四，“闻之内使云，此三日例令内中贱役辇粪秽出宫弃之，以至各门俱启，因之陈列器物，借以博易”。[8]正因为如此，虽然明代中叶后，内市与外市一样，以日用品为交易大宗，但其特异之处，乃是内府器物及高档消费品。明末清初之人孙承泽《天府广记》卷5《后市》载：“宫阙之制，前朝后市。在玄武门外，每

[1] 童书业：《中国手工业商业发展史》（校订本），北京：中华书局，2005年，第241—242页。关于北京的三大定期市（灯市、庙市、内市），参见邱仲麟：《繁华入梦——明代士人记忆中的北京三大市》，见陈平原、王德威编：《北京，都市想像与文化记忆》，北京：北京大学出版社，2005年，第19—34页。
[2] 蒋德璟：《游宫市小记》，见黄宗羲编：《明文海》卷359，《记三十三·游览》。
[3] 沈德符：《万历野获编》卷1，《列朝·节假》。
[4] 沈榜：《宛署杂记》卷17，《上字·民风一·土俗·元宵游灯市》。
[5] 刘侗、于奕正：《帝京景物略》卷2，《城东内外·灯市》。万历中叶，灯市大盛，陈设10余里，“则天下瑰奇钜丽之观毕集于是，视庙中又盛矣”。参见谢肇淛：《五杂俎》卷3，《地部一》。
[6] 沈德符：《万历野获编》卷24，《畿辅·内市日期》。
[7] 蒋德璟：《游宫市小记》，见黄宗羲编：《明文海》卷359，《记三十三·游览》。
[8] 沈德符：《万历野获编》卷24，《畿辅·内市日期》。

月逢四则开市，听商贸易，谓之内市……若奇珍异宝进入尚方者，咸于内市萃之。至内造，如宣德之铜器、成化之窑器、永乐果园厂之髹器、景泰御前作房之珐琅，精巧远迈前古，四方好事者亦于内市重价购之。”

三大市之外，琉璃厂是京城颇有声名的定期市，在正阳门外之西。乾隆年间，“厂制东三门，西一门，街长里许……每于新正元旦至十六日，百货云集，灯屏琉璃，万盏棚悬，玉轴牙签，千门联络，图书充栋，宝玩填街”。[1]清光绪年间，街市更盛，“街长二里许，廛肆林立，南北皆同。所售之物以古玩、字画、纸张、书贴为正宗，乃文人鉴赏之所也。惟至正月，自初一日起，列市半月”。[2]明清以降，直到今日，琉璃厂都是北京著名的文化市场之一。

此外，京城还有名目繁多的定期市。例如，乾隆年间，“腊月朔，街前卖粥果者成市，更有卖核桃、柿饼、枣、栗、乾菱角米者，肩挑筐贮，叫而卖之。其次，则肥野鸡、关东鱼、野猫、野鹜、醃腊肉、铁雀儿、馓架果罩、大佛花、斗光千张、楼子庄元宝。初十外，则卖卫画、门神、挂钱、金银箔、锞子黄钱、销金倒酉、马子烧纸、玻璃镜、窗户眼，请十八佛天地百分，钱店、银号兑换压岁金银、小梅花海棠元宝。廿日外，则卖糖瓜、糖饼、江米竹节糕、关东糖、糟草炒豆，乃廿三日送灶饷神马之具也。又有卖窑器者，铜银换瓷碗、京烧之香炉烛台；闷葫芦，小儿藉以存钱；支煱瓦，灶口用为助炊。至廿五日外，则脂麻秸、松柏枝、南苍术，熰岁矣”。[3]再如，光绪年间的数处集市：崇文门外之花儿市，“自正月起，凡初四、十四、二十四日有市。市皆日用之物。所谓花市者，乃妇女插戴之纸花，非时花也。花有通草、绫绢、绰枝、摔头之类，颇能混真”；[4]药王庙西之东小市、故衣市，“凡日用衣服、几筵箧笥、盘盂铜锡、琐屑之物，皆于此取办。盖外城士夫多居城西，商贾皆居城东。东城隙地正多，故为百货所萃”；天桥，“地

---

[1] 潘荣陛：《帝京岁时纪胜》正月，琉璃厂店，北京：北京出版社，1962年。

[2] 富察敦崇：《燕京岁时记》厂甸儿。琉璃厂之史迹，另参吴长元《宸垣识略》卷10，《外城二》，北京：北京古籍出版社，1983年。

[3] 潘荣陛：《帝京岁时纪胜》十二月，市卖。

[4] 富察敦崇：《燕京岁时记·花儿市》。震钧《天咫偶闻》卷6（北京：北京古籍出版社，1982年）亦有相似记载：“花儿市大街，在崇文门外大街东。每月逢四日有市，日用及农器为多，来者多乡人。其北四条胡同，则皆闺阁妆饰所须。翠羽明珰，假花义髻之属，累累肆间。”

最宏敞，贾人趁墟之货，每日云集”；[1]位于正阳桥之穷汉市，乃“日昃市，古贩夫贩妇之夕市是也”。[2]

如前所述，城乡均有庙会，属定期市之一种。全汉昇指出，北宋时，这种庙市已很发达。明代的庙市以北京城隍庙最为繁荣，堪称国际性的公认定期大市。[3]清代北京的庙会比明代更盛，从集期看，大体可分为两类：

其一，每月开放数次的庙会，如京城四大庙会。枝巢子《旧京琐记·市肆》载：“京师之市肆，有常集者，东大市、西大市是也；有期集者，逢三之土地庙，四、五之白塔寺，七、八之护国寺，九、十之隆福寺，谓之四大庙市，皆以期集。”[4]另有文献称，“朔、望则东岳庙、北药王庙，逢三则宣武门外之都土地庙，逢四则崇文门外之花市，七、八则西城之大隆善护国寺，九、十则东城之大隆福寺，俱陈设甚伙。人生日用所需，以及金珠宝石、布疋绸缎、皮张冠带、估衣骨董，精粗毕备。羁旅寄客，携阿堵入市，顷刻富有完美矣”。[5]此外，崇国寺，每月逢七、八日有庙市；火神庙，每月逢四日，自庙前至西口开市；大慈仁寺，每月逢五、六日有庙市。[6]

其二，每年开放一次的庙会，如崇元观，每岁正月初一日起，庙市10日；都灶君庙，每年八月初一日起，庙市3日；太平宫，每岁二月初一日起，庙市3日。[7]

不过，北京庙会也有变化。如城隍庙，明代是最大庙会，清代却趋于式微，开市时间由原先每月3次变为每年1次。详言之，弘治年间，城隍庙会相当繁盛。史载：“都城之西，都城隍庙在焉。每月朔暨望，则商贾毕集，大者车载，小者担负，又其小者挟持而往，海内外所产物咸萃焉。至则画地为限界，张肆以

[1] 震钧：《天咫偶闻》卷6，《外城东》。
[2] 刘侗、于奕正：《帝京景物略》卷4，《西城内·城隍庙市》。杭州也有穷汉市，史载：“东花园市，属钱塘县，自马婆上下街巷延及升仙、望仙二桥，日出为市，日中始散，凡城内外居人，有布帛、牲口、衣服、器皿诸物，不论新旧、零顷，亟欲贸易者，举集于此，故又名为穷汉市。”参见成化《杭州府志》卷3，《封畛三·市镇》。
[3] 全汉昇：《中国庙市之史的考察》，《食货》1934年第1卷第2期。
[4] 童书业：《中国手工业商业发展史》（校订本），北京：中华书局，2005年，第302页。
[5] 潘荣陛：《帝京岁时纪胜》五月，都城隍庙。另参佚名：《燕京杂记》，见王锡祺辑：《小方壶斋舆地丛钞》第6帙。
[6] 吴长元：《宸垣识略》卷8，《内城四》；卷9，《外城一》；卷10，《外城二》。
[7] 吴长元：《宸垣识略》卷9，《外城一》；卷10，《外城二》。

售。持金帛相贸易者，纵横旁午于其中，至不能行，相排挤而入，非但摩肩接踵而已。”庙市交易之物，举凡“文士之图籍椠铅，武士之弓矢，农之钱镈鉏钐，工之斧凿刀銶，贵富者之明珠大贝，贫夫之敝衣败屦，儿童之弄具，妇女之粉黛脂泽，以至道释家之鱼螺铙鼓，俳优家之蓁筝箫管，物物具焉。而于古之所谓簠簋、瑚琏、彝鼎、樽罍、敦牟、卮匜之属，独一无所见”。[1]万历时，市集已由每月2集增至每月3集，所谓“城隍庙市，月朔、望、念五日，东弼教坊，西逮庙墀庑，列肆三里。图籍之曰古今，彝鼎之曰商周，匜镜之曰秦汉，书画之曰唐宋，珠宝、象玉、珍错、绫锦之曰滇、粤、闽、楚、吴、越者集”；[2]“陈设甚伙，人生日用所需，精粗毕备。羁旅之客，但持阿堵入市，顷刻富有完美”。[3]迨至清代，城隍庙之集市大不如前，“今庙市以每岁五月初一日至初十日止，非复每月三日矣”，[4]昔日独领风骚的城隍庙市已被新兴的四大庙市取而代之。不过，庙会之多、庙市之盛，实为京城市场一大特色。昔日京师的庙会所在地，大多成为今日北京的商业文化中心区。[5]

京城庙会从一个侧面凸显出庙会在北方极盛，史乘多有记述。明万历年间，郑州药王庙会“香火最盛。每年四月初，河淮以北，秦晋以东，宣、大、蓟、辽诸边，各方商贾辇运珍异并布帛、菽粟之属，入城为市。京师自勋戚、金吾、中贵、大侠，以及名娼、丽竖，车载马驰，云贺药王生日，幕帟遍野，声乐震天。每日盖搭篷厂，尺寸地非数千钱不能得。贸易游览，阅两旬方渐散”。[6]北方庙会，有“会”“大会”“货会”等名。乾隆《平原县志》卷2《建置志·市集·会场》载：“南关三义阁，五月十二日起，大会三日。西关，九月十二日起，大会三日。北街，十一月十二日起，大会三日。县西南森罗殿，正月十八日起，大会三日。县南张官店，六月、十月俱初四起，大会三日。县东鸣鸡店，六月二十八日起，又十一月十八日起，俱大会三日。县东北马腰务，六月二十四日起，大

[1] 吴俨：《吴文肃摘稿》卷3，《序·送上高司训徐君东之序》。
[2] 刘侗、于奕正：《帝京景物略》卷4，《西城内·城隍庙市》。明末盛时，延至10里。参见花村看行侍者：《谈往录》下卷，《灯庙二市》。
[3] 沈德符：《万历野获编》卷24，《畿辅·庙市日期》。
[4] 吴长元：《宸垣识略》卷7，《内城三》。
[5] 赵世瑜：《狂欢与日常——明清以来的庙会与民间社会》，北京：三联书店，2002年，第208页。
[6] 沈德符：《万历野获编》卷24，《外郡·郑州》。

会三日。县西南腰站，五月二十五日起，又九月三十日起，俱大会三日。”光绪《郓城县志》卷2《建置志·集会》载：“四关厢皆有货会，三月三日北关会，三月二十八日东关会，五月十三日东门内会，九月九日西关会，腊月八日南关会。春、秋、冬会，百货俱备，并有牛马、木料。惟夏会无牛马、木料，只麻布等货。”

与北方庙会相比，南方庙会也不逊色。以江南为例，庙会之最当推杭州香市。张岱《陶庵梦忆》卷7《西湖香市》载：“西湖香市，起于花朝，尽于端午。山东进香普陀者日至，嘉、湖进香天竺者日至，至则与湖之人市焉，故曰香市。然进香之人市于三天竺，市于岳王坟，市于湖心亭，市于陆宣公祠，无不市，而独凑集于昭庆寺。昭庆寺两廊，故无日不市者，三代八朝之骨董，蛮夷闽貊之珍异，皆集焉。至香市，则殿中边甬道上下、池左右、山门内外，有屋则摊，无屋则厂，厂外又棚，棚外又摊，节节寸寸。凡胭脂、簪珥、牙尺、剪刀，以至经典木鱼、牙子儿嬉具之类，无不集……如逃如逐，如奔如追，撩扑不开，牵挽不住，数百十万男男女女、老老少少，日簇拥于寺之前后左右者，凡四阅月方罢，恐大江以东断无此二地矣。”杭州香市以宗教为舞台，实为大型集贸市场。趁此机会，各类商贩做足生意，“城外赶香市者不过十分之一，而城中三百六十行生意，夏、秋、冬三季不敌春香市之多，大街小巷无不挨肩擦背也”。[1]迨至清代，香市缩短为1个多月，开市时间起自农历正月末，止于养蚕开始之际。届时，来自农村的香客多买照蚕的蜡烛和护蚕的泥猫等物。职是之故，香市与农人的植桑养蚕密切相关。再如江阴县广福寺之观音会，每年农历六月十九日为会期，“吴会、金陵、淮楚之商迎期而集，居民器用多便之，既月而退”。[2]

论者称，“城镇中的庙会买卖的日用百货较多，杂以非耐用消费品和奢侈品；乡村庙会多生产、生活必需品，实用性较强。尤其是大城市的庙会，与农村庙会格外不同，除了大量中高档消费品，还有许多精神产品和休闲用品”；“庙会在通都大邑带有更多的文化娱乐色彩，而在乡村小镇则商业贸易色

---

[1] 范祖述：《杭俗遗风》，见王锡祺辑：《小方壶斋舆地丛钞》第6帙。
[2] 嘉靖《江阴县志》卷2，《提封记第二上·市镇》。

彩更浓”。[1]客观而论，大都市的庙会在交易品种及规模上与农村庙会判然有别，那些普通州县的庙会实与农村庙会相去不远，甚至热闹程度反倒有所不及。

二、城市专业市场

所谓城市专业市场，是指明清时期在各级行政中心所在地、以专项商品为交易对象的市场，包括大宗商品批发市场、专业街市、专业庙会。

城市批发市场以长距离贩运贸易为指归。以上海县城为例，其棉花棉布市场的腹地包括周边沿海数县广阔的专业化生产区。褚华《木棉谱》称，“邑种棉花自海峤来，初于邑之乌泥泾种之，今遍地皆是，农家赖其利，与稻麦等”。市场交易的棉花除了当地所产，另有外地所产，“今棉花有白有紫，自濒海所种，转贩至邑中者，曰沙花。邑产曰杜花，杜之为言土也”。棉布方面，远自嘉定县黄渡镇出产的棉布亦贩运至此，“道光之季，里中所产土布，衣被七闽者，皆由闽商在上海收买，价之高下听客所为”。[2]再如山东，东昌府夏津县的棉花市场，“自丁字街口又北，直抵北门，皆为棉花市。秋成后，花绒纷集，望之如荼。否则，百货不通。年之丰歉，率以此为验”。[3]另如湖南，长沙府湘潭县的粮食市场颇具规模，“秋冬之交，米谷骈至，樯帆所舣，独盛于他邑焉”。[4]

除了客商云集的批发市场，还有各类专业化的街市。论者称，城市与市镇的区别之一，是城市形成了专项商品买卖、设施齐全的街市。[5]明清时期，街巷往往是商业聚落的同义语。方志中多有“街市”条目，似可证明城邑之街多有市场之设，所谓“坊以表里，市以交易，街则坊市之通衢，而村镇又乡居之街

[1] 赵世瑜：《狂欢与日常——明清以来的庙会与民间社会》，北京：三联书店，2002年，第200—202页。

[2] 宣统《黄渡续志》卷5，《人物·商业·孙时杰》。

[3] 乾隆《夏津县志》卷2，《建置志·街市（镇集附）》。

[4] 乾隆《湖南通志》卷49，《风俗·类纪·商贾》。

[5] 方行、经君健、魏金玉主编：《中国经济通史·清代经济卷》（中册），北京：经济日报出版社，2000年，第1147页。按，明清文献所记府州县城之市场，既有以普通居民为销售对象的定期市、常设市或专业街市，又有以客商为主体的批发市场。因记述详略不一，殊难析分。有些记载过简的在城集或街市可能是客商云集的批发市场，但已无法核实。目前暂按如下方法处理：文献明确记载客商云集的在城集，归入城市批发市场；仅记为“米市”“猪市”“柴市”“菜市”者，归入城市专业街市。

市也”。[1]山东夏津县堪称典型，既有以批发业务为主的棉花市场，又有各具特色的专业街市。乾隆《夏津县志》专辟“街市”条以载其事：“县城东西，两门相对，稍偏南北，两门相望，其街直通，为城内诸街之纲。自南门而北转东，为城隍庙街、为新街，稍北转西，为义学街，线市、布市、木市皆在焉。又北，名曰十字街，南为猪市，北为钱市，东为牛驴市，西为鱼市。自十字街而东，为关帝庙街、为文庙街，抵东城墙，西通县治，曰县前东西街，为菜市；曰影壁前南北街，为杂货市，此一邑人烟辐辏处也。钱市迤北转东，曰丁字街，为柴市。再东，曰千佛寺街，与东门通焉……西门内亦曰丁字街，转北为营子街，杂粮市在焉。”[2]另如乾隆《武宁县志》卷4《城池·街市》载，县前横街、县前直街、上坊街、东井街、北门街、青云街、东门外街等，均为市场之所在。光绪《靖州直隶州志》卷1《地理·街市》载，州城有东门正街等，“以上街均有市，凡二十有六”。再如，直隶蔚县之米市、猪羊市，在鼓楼南街；菜市，在牌楼；草市，在南街；炭市，在鼓楼后。[3]湖北长阳县城，北门街有米市，南门十字街有柴炭市，东、西街有杂货市，城区及江边有鱼市，仁厚街有菜市，油市在西关外。[4]

明清专业街市，或为单一商品销售之地，或为多种专业市场集聚之所。而且，专项商品的买卖也不限于某一街道，往往同时存在于多个街道，以方便城区居民。上引史料已有所示，再举一例。四川汉州州城，正东街有草市、线子市，正西街有布市，梓潼街有蔗市，衣衿街有花木市、猪市，正南街有葫豆市、糠市、鸡市、柴市、煤炭市，正北街有青果市、布市、菜子市，驻防街有炭市，小北街有苕市，广驿街有豆子市、瓜子市、成衣市，麦子市街有杂粮市，城隍庙街有米市，北门外顺城街有菜市、花生市，金坪街有线子市，西门外桂花街有线子市。[5]

城市专业市场也包括某些关厢集市。如上引湖北长阳县之油市，位于西关外。再如登州府黄县，其在城集均为定期市，而且向专业化的方向发展。史称，“其为市也，百十为群，以骡驴负货而至。市粮、市果，常于南关；市木、

[1] 嘉靖《归州全志》卷上，《坊市》。按，嘉靖《荆州府志》卷1，《舆地志·坊市》有类似文字。
[2] 乾隆《夏津县志》卷2，《建置志·街市（镇集附）》。
[3] 乾隆《蔚县志》卷8，《城池》。
[4] 乾隆《长阳县志》卷2，《市集》。
[5] 嘉庆《汉州志》卷8，《城池志》。

市牛豕驴骡，常于东关（猪市旧在城西南，因践踏义冢，同治八年出示移在东关）；市蔬菜瓜果，常于东街；市薪刍，常于西关。百货各随所期之日，以为所市之地。东关之集期以九日，南关之集期以七日，北关之集期以三日，西关之集期以一日、五日”。[1]如此例证，不胜枚举。

店铺是街市的商业标志之一，店铺贸易的专业化往往构成专业街市的重要内容。[2]例如，同治《黄县志》卷3《食货志》载，“其居肆而贾者，东街有衣肆，南关有粮肆，西关则列肆数百，银钱之肆多至数十”。另据斯波义信的研究成果，[3]明清宁波城内的市场分布，受城门和街道所构成的运输系统的影响，设置很不稳定，从明初的3个市场到光绪三年（1877）为止的7个市场，为城市居民提供商品服务。东大路和西大路构成了城区商业的主轴，沿此轴线的街道或与之交叉的街巷开设有各类店铺，经营布匹、食物、包类、帽子、家具、木材、毛竹、丝线、药材等商品。这些店铺多按行业分布，以故街巷的命名多有行业色彩，如药行街、竹行巷、药局衙、饼店弄、南饭巷等。宁波城内最繁荣的商业区有两个：一是东渡门内，以竹木器和印刷品为主；一是灵桥门内，聚集了大量的药材店、竹木器店和漆器店。城外市场最繁荣者也有两个：一个是江厦（位于东门和奉化江之间），建有小帆船、舢板、航海帆船的码头，钱庄密集，另有众多经营海产品、糖、木材、麻、谷物的店铺。尤其是从事南北沿海贸易的专业化商行（“南号”和“北号”）也在此集中，鱼栈衙、糖行街、钱行街等街名已透露出相关的历史信息。此外，福建会馆、天后宫（庙宇）、庆安会馆（航运业会馆）、造船场等也都聚集于兹。另一个位于宁波江东的甬东，有许多经营

[1] 同治《黄县志》卷3,《食货志》。

[2] 童书业指出，宋元时代，商店绝大多数设在城市。迨至明代，商店已遍布城乡。参见童氏：《中国手工业商业发展史》（校订本），北京：中华书局，2005年，第238—239页。刘石吉认为，明清时期各村镇中虽有常设商店，但定期市似乎是主要的商品交易场所。参见刘氏：《明清时代江西墟市与市镇的发展》，见梁庚尧、刘淑芬主编：《台湾学者中国史研究论丛·城市与乡村》，北京：中国大百科全书出版社，2005年，第290页。另有学者强调明清市场构成中摊点和商店的突出地位。参见方志远：《明清湘鄂赣地区的人口流动与城乡商品经济》，北京：人民出版社，2001年，第470页。韩大成在论述明代开封城市商业时，将其分为3部分：店铺贸易、摊贩贸易、集市庙会贸易，其中开张店铺是广大工商业者最常见的一种营业形式。参见韩氏：《明代城市研究》，北京：中国人民大学出版社，1991年，第67—70页。按，店铺有杂货店、专业店之分，只有后者才可归入城市专业市场。杂货店属于普通的城市市场，暂不讨论。

[3] ［日］斯波义信：《宁波及其腹地》，见［美］施坚雅主编、叶光庭等译、陈桥驿校：《中华帝国晚期的城市》，北京：中华书局，2000年，第487—488页。

海产品、木材、谷物及南北货的店铺。在甬东市场，出现了专业化的店铺，经营项目包括石板、铁器、燃料和蜡烛、纸张、染料、杂货、家畜、蔬菜、水果等商品，米行街、木行街、羊市街、卖席桥、粮贩桥、打铁街、铁匠巷、锅厂巷、锚厂弄、船坊巷等地名表明专业性商行和手工业行业的密集。

宁波的史实表明，越是大都市，其专业市场似乎越发达。再以开封、南京为例。明代刊印之《如梦录·关厢纪第七》称："（开封）仁和门外吊桥下……有棉花市、鲜果行"；"西厢挨门俱是生意。五更时鲜菜成堆，拥挤不动，俱有贩者来买，灯下交易。城门开时，塞门而进，分街货卖"。另有牲畜集市，"马市街早晨牛驴上市，午间骡马上市"，因此开设"过客买卖骡马大店"，以备商贩歇息。又如，明代南京街市素称发达，其中专业街市甚多。史载"三山街市，在三山门内、斗门桥左右，时果所聚；新桥市，在新桥南北，鱼菜所聚；来宾街市，在聚宝门外，竹木柴薪等物所聚；龙江市，在金川门外，柴炭等物所聚；江东市，在江东门外，多聚客商船只米麦货物；北门桥市，在洪武门街口，多卖鸡鹅鱼菜等物……内桥市，在旧内府西，聚卖羊只牲口；六畜场，在江东门外，买卖马牛驴骡猪羊鸡鹅等畜"，另有草鞋夹，在仪凤门外江边，为木筏屯集之处。[1] 其中，果子行营业最盛，时人称："南都大市，为人货所聚者亦不过数处，而最伙为行口，自三山街西至斗门桥而已，其名曰'果子行'。它若大中桥、北门桥、三牌楼等处，亦称大市集，然不过鱼肉蔬菜之类。"[2]

论及城市专业市场，某些庙会也应纳入其中。以北京为例，从庙会交易的商品看，清代北京的有些庙市呈现某种专业性特征，概有三种情形：一是买卖农具的，如"北顶碧霞元君庙，在德胜门外土城东北三里许。每岁四月有庙市，市皆日用农具，游者多乡人。东顶在东直门外，与北顶同"；[3] 二是买卖儿童玩具的，"都城隍庙在宣武门内沟沿西，城隍庙街路北。每岁五月，自初一日起，庙市十日。市皆儿童玩好，无甚珍奇，游者鲜矣"；[4] 三是买卖花木的，如中

[1] 王俊华：《（洪武）京城图志·街市》。
[2] 顾起元：《客座赘语》卷1，《市井》。
[3] 富察敦崇：《燕京岁时记·北顶（东顶附）》，北京：北京出版社，1962年。或记北顶在安定门外，参见潘荣陛：《帝京岁时纪胜·四月·天仙庙》。
[4] 富察敦崇：《燕京岁时记·都城隍庙》。

顶碧霞元君庙，“在右安门外十里草桥地方。每岁六月初一日有庙市，市中花木甚繁，灿如列锦，南城士女多往观焉”。[1]此外，北京还有专卖一物而每月开放数次的庙市，“小药王庙在东直门内路北，北药王庙在旧鼓楼大街。自正月起，每朔日、望日有庙市，市皆妇女零用之物，无甚可观”。[2]

总之，社会分工与专业化生产是专业市场赖以存在的基础。专业市场的发达与否，可视为区域经济发展水平的评价指标之一。

第三节　区域中心市场

明清时期区域市场发育较快的区域（如江南、华北），其共同之处在于，各自拥有一个既是区域中心市场、又是全国性市场的经济中心地（苏州、北京）。相比之下，西北、西南、东北等区域市场发育相对迟缓的地区，虽说也有局部的市场拓展（如川东盆地），但其整体态势则逊于前者。限于篇幅，这里仅讨论江南、华北及岭南的区域中心市场。

一、问题的提出

区域中心市场是指对某一区域农村市场及城市市场均有强大辐射作用的特大型市场。这种市场可进一步发展成为全国性市场。关于区域的划分标准，学界意见不一，大体包括地理、人文、历史诸因素。[3]

罗威廉指出，在一个中心地区域系统的内部，区域中心城市比其他城市具有优越性，包括拥有更多的功能和经济多样性，拥有更高的交换关系层次

[1] 富察敦崇：《燕京岁时记·中顶》。
[2] 富察敦崇：《燕京岁时记·小药王庙北药王庙》。
[3] 参见冀朝鼎著、朱诗鳌译：《中国历史上的基本经济区与水利事业的发展》，北京：中国社会科学出版社，1981年，第9—10、13页；［美］施坚雅主编、叶光庭等译、陈桥驿校：《中华帝国晚期的城市》，北京：中华书局，2000年，第333—335页；邹逸麟：《我国古代经济区的划分原则及其意义》，《中国史研究》2001年第4期；郑学檬等：《中国经济通史》第4卷，长沙：湖南人民出版社，2002年，第106—108页；赵德馨：《经济史学研究中区域划分的标准与模式》，《中南财经政法大学学报》2006年第4期，等等。

等。区域中心城市应该是区域中最繁荣之地，除非出现了“异乎寻常的剥削”或是“系统运行的失调”。一般来说，区域主要都市的繁荣有利于整个区域，否则，就是受到了对区域扩展产生负面作用的因素的干扰。此外，包括罗威廉在内的一批学者关注区域中心市场在区域社会的“嵌入度”（中心城市与腹地之间经济联系的程度），借此探讨城市与腹地关系的性质。以江南为例，通过分析市场等级及相关的中心地，人们认为在中华帝国晚期，苏州和上海在区域腹地内的嵌入度越来越高，同时，这两座都市也日益繁盛。大体上，在中华帝国晚期，所有的主要城市都深深地嵌入了它们的腹地。针对有些学者——保罗·霍恩伯格、林恩·李、詹姆斯·万斯——主张用网络模式取代中心地模式来研究城市在区域贸易中的地位，罗威廉认为这两种模式并不矛盾，高等级的中心城市既是区域网络，也是区域系统的组成部分。[1]

有学者提醒人们注意区域经济的均质性和结节性。均质性是指区域内各组成部分经济上的一致性，如华北的棉、麦，长江下游的丝、稻，西北的畜产品，其市场需求将影响整个区域。结节性是指区域内存在一个经济核心和一个互补性的外围区，核心与外围之间存在功能一体化趋势。以晚清言之，天津之于华北腹地，上海之于长江三角洲，广州之于珠江三角洲，汉口之于长江中游，重庆之于巴渝地区，均反映出经济中心与互补性外围区的关系。[2] 由罗威廉等人的观点稍作延展，可以说，大凡一个经济区，必有一个以区域中心市场为轴心的核心区。换一个角度讲，该核心区嵌套在一个更大范围的经济区之中，代表着这一经济区的最高发展水平。大体上，在长江下游，这一核心区是以苏州为轴心的江南；在华北，这一核心区是以北京为轴心的京畿地区；在华中，这一核心区是以汉口为轴心的江汉平原；在华南，这一核心区是以广州为轴心的珠江三角洲。

关于区域中心市场，陈忠平以“城市中心市场”指称之，认为鸦片战争前，

[1] ［美］罗威廉：《导言：长江下游的城市与区域》，见［美］林达·约翰逊主编、成一农译：《帝国晚期的江南城市》，上海：上海人民出版社，2005年，第11、13—16页。

[2] 罗澍伟：《近代中国的区域与城市》，《城市史研究》第11—12辑，天津：天津古籍出版社，1996年，第4页。

只有苏州、杭州取得了江南地区城市中心市场的地位。[1]相对而言，范金民的定义更加清晰。他指出："区域中心市场是指一定区域范围内集中了较多的工商人户，各种商业设施较为齐全，商业活动繁盛，并在其周围形成大小市场的区域中心。"有四类商人穿梭于这类市场：铺商、行商、牙商、长途贩运商。如果说地区专业市场的商品流通主要是专业性的，那么，区域中心市场的商品流通则主要是区域性的。在江南，这类市场包括苏、松、常、杭、嘉、湖地区的苏州、杭州，宁、镇地区的南京、镇江，以及清中叶以后的上海、无锡。[2]包括施坚雅模式在内的众多研究成果，均将区域中心市场锁定为大城市，而将农村市镇排除在外，或根本未予考虑。这是城乡市场垂直说的逻辑使然。根据笔者提出的城乡市场平行说，区域中心市场既存在于城市市场体系之中，也存在于农村市场体系之中，构成城乡商品流通的最高级市场。在城市范畴，区域中心市场是超级都市；在农村范畴，区域中心市场是超级市镇。鉴于一个特定区域内城乡俱在，以故，无论超级市镇抑或超级商业都市，其市场圈均包含城乡之域。就此而言，区域中心市场超越于相对独立的城市市场体系和农村市场体系之上，是兼容城乡的中心市场。

二、江南区域中心市场

学界关于"江南"有不同界定，[3]本章的"江南"概念以李伯重的界定为依准，即明清时期江浙地区的八府一州，包括苏州、松江、常州、镇江、应天（江宁）、杭州、嘉兴、湖州诸府，以及由苏州府析出的太仓州。[4]

江南区域中心市场包括两个层级：第一级是苏州，它既是区域中心市场，也是全国性市场；第二级是杭州、南京、无锡、上海等超级都市，以及若干超级

---

[1] 陈忠平：《明清时期江南地区市场考察》，《中国经济史研究》1990年第2期。

[2] 范金民：《明清江南商业的发展》，南京：南京大学出版社，1998年，第139—140页。

[3] 中外学者有关江南概念的讨论，参见冯贤亮：《明清江南地区的环境变动与社会控制》，上海：上海人民出版社，2002年，第1—10页。

[4] 李伯重：《简论"江南地区"的界定》，《中国社会经济史研究》1991年第1期。后来，李伯重参照施坚雅关于经济区特征的看法，又从经济联系的角度对"江南地区"的概念作了补充说明，强调它是一个完整的经济区。同时指出，江南地区存在一个以太湖水系和江南运河为主干的水网，以及以此为基础的包括各级市场的市场网络。这样的界定对于江南早期工业化的研究十分重要。参见李氏：《江南的早期工业化（1550—1850）》，北京：社会科学文献出版社，2000年，第18—23页。

市镇。苏州之市场将置于下文“全国性市场”部分予以评述,在此重点论述杭州、南京诸区域中心市场。

明清时期,杭州工商业堪称发达,几与苏州齐名,以故时人将苏杭并称。明中期的杭州,堪称“东南一都会,接屋成廊,连衽成帷,市积金银,人拥绵绣,蛮樯海舶,栉立街衢,酒帘歌楼,咫尺相望,四时有不谢之花,八节有常春之景,真所谓别作天地也”;“温州、处州、台州、严州、绍兴、宁波等浙江以南商舶俱会,樯竿如簇”,而且杭州城门外“可十余里间,市肆相接,亦与城中一般”。[1]明万历时,当地人张瀚称:“嘉禾边海,东有鱼盐之饶;吴兴边湖,西有五湖之利。杭州其都会也,山川秀丽,人慧俗奢,米资于北,薪资于南,其地实啬而文侈。然而桑麻遍野,茧丝绵苎之所出,四方咸取给焉。虽秦、晋、燕、周大贾,不远数千里而求罗绮缯币者,必走浙之东也。”[2]杭州市场的商品来自江浙等地,“杭州省会,百货所聚,其余各郡邑所出,则湖之丝,嘉之绢,绍之茶、之酒,宁之海错,处之磁,严之漆,衢之橘,温之漆器,金之酒,皆以地得名”。[3]杭州市场最引人注目者,当推此乃杭嘉湖丝绸集散的中心市场,甚至违禁走私出口的江南丝绸也多由杭州输出。江南与浙东闽广市场的联系也主要依赖杭州。

不过,有学者认定杭州只是江南南部的区域中心市场,其所经营的绝大部分商品是本地的农副产品和日用品,在杭州停泊的货船大部分是运载本地产品的中小型船舶,区域中心市场的色彩浓厚。[4]论者称,苏杭中心市场主要是客籍商帮与批发商、牙行之间商品交易的场所,凸显趸买趸卖之特色。其市场腹地涵盖整个江南地区,“一方面,它们通过本地区所产或其所需各类商品的大宗输出输入贸易,保证了整个地区社会经济活动的正常运行;另一方面,它们又通过与客商以及本地区城镇专业市场商牙组织之间的联系,将江南地区各级市场结为一体并使之与全国市场密切联结了起来。可以说,在江南地区的整个商品流通网络中,苏杭城市中心市场起着统摄市镇初级市场基本网结

[1] 崔溥著、葛振家点校:《漂海录——中国行记》,北京:社会科学文献出版社,1992年,第100、102页。
[2] 张瀚:《松窗梦语》卷4,《商贾纪》。
[3] 王士性:《广志绎》卷4,《江南诸省》。
[4] 范金民:《明清江南商业的发展》,南京:南京大学出版社,1998年,第141页。

与城镇专业市场骨干网纲的中心枢纽作用”。[1]

明初，南京是国都所在，经济地位十分重要，市集贸易、铺户贸易、长距离贩运贸易均称发达，各地商人齐聚于此，“以至斗门、淮清之桥，三山、大中之街，乌倮、白圭之俦，骈背项兮交加，日中贸易，哄哄咤咤”。[2]海内外商品堆积如山，“荆江之粟如云，吴浙之粳如雾。艘舻载之，蔽江而赴；舸舫输之，溯流而聚”。又称“万艘云趋，千廪积稂；贡琛浮舫，既富斯强；万邦丕享，洞视俯仰”。[3]这时的南京，足称全国性市场。然而，明成祖迁都北京后，南京全国性市场之地位亦随风而逝。在明后期至清前期，尽管南京是全国最重要的丝织业城市之一，有着颇具规模的丝绸、粮食、书籍、折扇市场，成为转输长江中上游木材的最大港口，然而，南京仅是江南西北的区域中心市场，扮演着沟通江南与长江中上游市场及皖北、河南等中原市场的角色。尽管如此，南京市场之繁盛不减。顾起元《客座赘语》卷1《风俗》载：“自大中桥而西，由淮清桥达于三山街、斗门桥以西，至三山门，又北自仓巷至冶城，转而东至内桥、中正街而止，京兆赤县之所弹压也，百货聚焉。其物力，客多而主少，市魁駔侩，千百嘈□其中。”另参张瀚《松窗梦语》卷4《商贾记》，内称“沿大江而下，为金陵，乃圣祖开基之地。北跨中原，瓜连数省，五方辐辏，万国灌输。三服之官，内给尚方，衣履天下，南北商贾争赴”。论者称，清代丝织业的重点渐由苏杭转向南京，尤其是南京的缎品细密精致，成为清代丝织品的代表。[4]同治《上江两县志》卷7《食货考》云：“织，巨业也。明有神帛堂供应机房……乾嘉间，机以三万余计，其后稍稍零落，然犹万七八千。北趋京师、东北，并高句丽、辽沈，西北走晋绛，逾大河，上秦雍、甘凉，西抵巴蜀、西南之滇黔，南越五岭、湖湘、豫章、两浙、七闽，溯淮泗，道汝洛。”于此可见南京织物销路之广，几遍天下。附带提及，镇江是南京市场的延伸，起着沟通江南与长江中上游市场的作用。

无锡作为江南区域中心市场，其地位之确定应在清代。当时，无锡是著名

[1] 陈忠平.《明清时期江南地区市场考察》,《中国经济史研究》1990年第2期。
[2] 桑悦：《南都赋》，见黄宗羲编：《明文海》卷1,《赋甲·国事一》。
[3] 余光：《两京赋》，见康熙《江宁县志》卷14,《艺文志下》。
[4] 童书业：《中国手工业商业发展史》（校订本），北京：中华书局，2005年，第273—275页。童氏又称，19世纪中叶，苏州织机万余台，不及南京之半。

的“布马头”，史称“常郡五邑，惟吾邑不种草棉，而棉布之利独盛于吾邑，为他邑所莫及……坐贾收之，捆载而贸于淮、扬、高、宝等处，一岁所交易，不下数十百万。尝有徽州人言：汉口为船马头，镇江为银马头，无锡为布马头，言虽鄙俗，当不妄也。坐贾之开花布行者，不数年即可致富。盖邑布轻细不如松江，而坚致耐久则过之，故通行最广”。[1]迨至晚清，无锡的茧市、丝市声名大噪，又是粮食加工的中心市场。

上海原本是棉布业市场，明代渐趋繁盛。清嘉道年间，因运河衰竭、海运兴盛，上海遂取代刘河镇，成为江南豆类等商品的大市场。据松浦章的研究成果，乾隆至道光年间，福州、台湾、广东各地运往上海的货物，以糖类、苏木为主；天津、山东、辽东各地运往上海的货物，以大豆、豆油、豆饼、枣类、瓜子、紫草为主。从上海运往广东的货物，以棉花、布匹、米豆为主；运往北方的货物，以茶叶、纸张等南货为主。[2]五口通商之前，上海已显露全国性市场的征兆，只不过当时近旁有苏州、沿海有广州，均为商业辐射力强劲的市场，上海市场的实力尚不足与之抗衡。以故，直到中英《南京条约》签订之时，上海仍是江南区域中心市场之一，沟通着江南与沿海南北市场的经济联系。[3]

在专业化的镇级市场中，存在若干超级市场，此即区域之内的最高级市场——区域中心市场，其市场腹地远至数府甚至跨省区。清代闻名全国的四大镇——河南朱仙镇、江西景德镇、广东佛山镇、湖北汉口镇——当属区域中心市场。在江南，这种超级市镇概有盛泽镇、濮院镇等。

盛泽镇作为绫绸专业市场，近如吴江县、震泽县所产绫绸“皆聚于盛泽镇”，[4]远则“京省外国，悉来市易”。[5]嘉、道之后，盛泽镇丝绸市场的腹地向

---

[1] 黄印：《锡金识小录》卷1，《备参上·力作之利》。

[2] 方行、经君健、魏金玉主编：《中国经济通史·清代经济卷》中册，北京：经济日报出版社，2000年，第1200—1201页。

[3] 有关上海在鸦片战争前已成为区域商业中心的论述，参见[美]林达·约翰逊：《上海：一个正在崛起的江南港口城市，1683—1840》，见[美]林达·约翰逊主编、成一农译：《帝国晚期的江南城市》，上海：上海人民出版社，2005年。

[4] 乾隆《吴江县志》卷5，《物产》载：“凡邑中所产，皆聚于盛泽镇，天下衣被多赖之。富商大贾数千里辇万金来买者，摩肩连袂，如一都会焉。”乾隆《震泽县志》卷4，《物产》有类似文字：“凡邑中所产皆聚于吴江之盛泽镇，天下衣被多赖之。”

[5] 乾隆《盛湖志》卷下，《土产》。引自洪焕椿编：《明清苏州农村经济资料》，南京：江苏古籍出版社，1988年，第278页。

南扩展至桐乡县濮院镇周围的桑作丝织生产区，导致当地“绸市渐移于江苏之盛泽镇，而濮市乃稍稍衰息”。[1]迨至晚清，盛泽镇丝绸市场繁盛依旧。彼时，吴江县之厘捐局设在盛泽镇，“盛泽局兼统震泽镇，厘务以丝绸为大宗，所入尤巨”，“镇之丰歉，不仅视田亩之荒熟，而视绸业之盛衰”。[2]

濮院镇亦是丝绸大镇，“机户自镇及乡，北至陡门，东至泰石桥，南至清泰桥，西至永新港，皆务于织。货物益多，市利益旺，所谓日出万绸，盖不止也”。贩运丝绸的商帮，“有苏、沪、杭、绍、南京、镇江、盛泽各帮”。其丝织品，除了供销附近城镇，还销往两湖、华北、华南等地，“犹以京货为多，光宣间，有设分庄于苏、沪，以便京帮客商之接洽者”。[3]值得注意的是，作为商品流通的重要交通工具，该镇的航船业十分兴旺。据乾隆《濮院琐志》，因丝绸生产的需要，清前期濮院镇每天到苏州的航船有6班，到杭州有3班，到嘉兴除了早、中、晚3班，还有夜航船，此外，与青镇、南浔、硖石、盛泽诸镇之间的商贸往来，也都有航船相通。直到民国年间，航船都是江南水乡市场关系的重要载体。[4]

另有学者从生产区位因素分析太湖南岸的苏嘉湖地区，认为明代中叶以后，这一地区已成为著名的蚕桑丝织业中心。其中，生丝的产销中心，明代在菱湖镇和双林镇，清代则转移到了南浔镇和震泽县；丝绸的产销中心，清中叶后由濮院镇转移到了盛泽镇。[5]

每一个区域中心市场均有自己相对稳定的市场圈。同时，若干中心市场之间也会产生一定的经济联系。在同一经济区内(如江南)，经济实力最强的中心市场往往对其他中心市场产生程度不同的市场引力。上述江南各区域中心市场，均与苏州——兼为区域中心市场和全国性市场　保持着联系。例如，盛泽绫绸运至苏州染色加工，濮院每天驶往苏州的航船次数超过驶往杭

[1] 光绪《桐乡县志》卷2,《疆域志下·桐乡八景图·梅泾濯锦图说》。

[2] 光绪《吴江县续志》卷38,《杂志一·纪兵》；光绪《盛湖志》卷3,《风俗》。引自戴鞍钢、黄苇主编：《中国地方志经济资料汇编》,上海：汉语大词典出版社,1999年,第289页。

[3] 民国《濮院志》卷14,《农工商》；民国《嘉兴新志》第1章《地理·濮院镇》。引自戴鞍钢、黄苇主编：《中国地方志经济资料汇编》,上海：汉语大词典出版社,1999年,第292—293、712页。

[4] 范金民：《明清江南商业的发展》,南京大学出版社,1998年,第137页。关于航船之制，费孝通亦有专门论述，参见该氏：《江村农民生活及其变迁》,兰州：敦煌文艺出版社,1997年,第187—193页。

[5] 洪璞：《明代以来太湖南岸乡村的经济与社会变迁——以吴江县为中心》,北京：中华书局,2005年,第117—144页。

州、嘉兴的航班数，苏州设有濮绸批发市场。区域中心市场之间保持直接的商贸关系，有利于加强彼此的商品流通，促进区域经济的整合。

三、华北区域中心市场

这里讨论的华北，大体上包括山东、山西、河南、河北（直隶）。该区域中心市场可分为两个层级：第一级是北京，它既是华北地区最大的中心市场，也因其政治中心之地位而成为全国性市场；[1]第二级是天津、临清、济宁、开封等超级都市，以及若干超级市镇。北京的市场运行情形将在下文“全国性市场”部分予以讨论，此略。

元、明定都北京后，天津成为京师转漕之重地，每年有数百万石漕粮海运北上。明初，罢海运，漕粮改由运河北上，天津作为京师门户之地位更张，带动了商业发展。史载，明正德年间，天津“北近北京，东连海岱，天下粮艘商舶鱼贯而进，殆无虚日”。[2]时人《天津歌》赞曰：“商舶浮海兮杳杳，鱼舟聚沽兮鳞鳞。楚艘吴舰，樯簇树而帆排云兮，仍仍而频频。”[3]明代后期，张瀚《松窗梦语》卷4《商贾纪》称：“南北舟车并集于天津，下直沽、渔阳，犹海运之故道也。”康熙年间，时人称：“天津为卫，去神京二百余里，当南北往来之冲。京师岁食东南数百万之漕，悉道经于此。舟楫之所式临，商贾之所萃集，五方之民之所杂处，皇华使者之所衔命以出，贤士大夫之所报命而还者，亦必由于是。名虽为卫，实则即一大都会所莫能过也。”[4]论者称，康熙年间开放海禁，天津再度成为沿海港口，贸易范围扩大到闽广、台湾。输入天津的大宗商品计有糖类、瓷器、纸张、茶叶、苏木、胡椒，另有橘饼、乌梅、槟榔、龙眼、桂圆、佛手等果品，药材、酒、姜、笋、鱼翅、红曲、白矾、生漆、松香等。从天津出发，由海路贩往南方的货物主要有枣、梨、核桃、大豆、花生、药材等，由内河南下的货物主要是食盐。清代，天津是长芦盐区的运销中心，长芦盐销往直隶130余州县、河南

[1] 有学者指出，对于像中国这样的地域广阔的中央集权制官僚国家而言，政治因素在决定中心地等级时，发挥着非同寻常的重要作用。参见［美］罗威廉：《导言：长江下游的城市与区域》，见［美］林达·约翰逊主编、成一农译：《帝国晚期的江南城市》，上海：上海人民出版社，2005年，第5页。

[2] 山东按察司副使吕盛之跋，正德十四年，见民国《新校天津卫志》卷首。

[3] 汪必东：《天津歌》，见民国《新校天津卫志》卷4，《艺文上·歌》。

[4] 山东按察司副使薛柱斗之序，康熙十三年，见民国《新校天津卫志》卷首。

50余州县，相当一部分是在天津转输。到清代中叶，天津已是华北最大的商业中心和港口城市。[1]

再如临清，史载“元明建都燕京，全国经济端赖河运。临清处汶卫流域，每界漕运时期，帆樯如林，百货山积，经数百年之取精用宏，商业遂勃兴而不可遏。当其盛时，北至塔湾，南至头闸，绵亘数十里，市肆栉比，有肩摩毂击之势”；[2]“商贾萃止，骈樯列肆，云蒸雾滃，而其地遂为南北要冲，岿然一重镇矣”。[3]明正统时，吏部尚书王直称：“临清为南北往来交会咽喉之地，在东昌，郡之北为其属邑。财赋虽出乎四方，而输运以供国用者，必休于此而后达；商贾虽周于百货，而懋迁以应时需者，必藏于此而后通，其为要且切也如此。”[4]利玛窦赞叹：“临清是一个大城市，很少有别的城市在商业上超过它。不仅本省的货物，而且还有大量来自全国的货物都在这里买卖，因而经常有大量旅客经过这里。”[5]论者称，临清商业以中转贸易为主，其水道北达京津，南抵苏杭，西至汴梁，构成广袤的商品流通网，涵盖京师、直隶、山东、河南、山西、陕西、甘肃、湖广、广东、江西、福建、安徽、江苏、浙江、辽东等，甚至远及西藏、内蒙古，换言之，遍及明代13个布政司中的9个，清代关内18个行省中的14个，堪称全国性中转市场。迨至清代，它的商业地位因运河淤塞而趋于下降，其区域性市场功能渐居主导。最迟到隆庆万历年间，临清已成为华北最重要的商业城市。万历年间，临清钞关所征商税每年为83 000余两，居全国钞关之首。彼时，临清还是华北最大的纺织品和粮食交易中心。[6]

作为漕船进入华北后第一个停泊点，明清时期的济宁是鲁西南经济中心，商业地位在山东仅次于临清。明万历时，“济当河漕要害之冲，江淮百货走集，多贾贩，民竞刀锥，趋末者众，然率奔走衣食于市者也”。[7]乾隆《济宁直隶州

[1] 方行、经君健、魏金玉主编：《中国经济通史·清代经济卷》中册，北京：经济日报出版社，2000年，第1210—1216页。
[2] 民国《临清县志》第4册，《经济志十一·商业》。
[3] 王偰：《临清州治记》，见康熙《临清州志》卷4，《艺文》。
[4] 王直：《临清建城记》，见康熙《临清州志》卷4，《艺文》。
[5] ［意大利］利玛窦、金巴阁著，何高济、王遵仲、李申译，何兆武校：《利玛窦中国札记》，北京：中华书局，1983年，第337页。
[6] 许檀：《明清时期山东商品经济的发展》，北京：中国社会科学出版社，1998年，第158—171页。
[7] 乾隆《济宁直隶州志》卷2，《舆地一·风俗》，引旧志。

志》记载，各类专业化的工商业街区已有百余个。其中，义井巷堪称最繁盛，“济上当南北要冲，而义井巷又当济上要冲，其居民鳞集而托处者，不下数万家；其商贾之踵接而辐辏者，亦不下数万家”。[1]值得一提的是，济宁还是山东烟草的主要产地和加工中心。

开封亦是华北的区域中心市场。史载，“京师以南，河南当天下之中，开封其都会也。北下卫、彰，达京圻，东沿汴、泗，转江、汉，车马之交，达于四方，商贾乐聚”。[2]明代刊印之《如梦录·街市纪第六》称，开封约有百余个行业，“满城街市，不可计数，势若两京”。如马道街，“定戥有名。皮匣、大箱、冠带、帽盒、文具、簪匣、七寸枕箱等货，皆是重铜饰件。刷牙篦子、舌抿、眉掠，灌香精雅。京城、临清、南京、泰安、济宁、兖州各处客来，贩卖不断”。当时全国各地商贾云集开封，所谓“此市有天下客商，堆积杂货等物，每日拥塞不断”。

市镇方面，堪称区域中心市场者，如河南开封县之朱仙镇，扼水陆交通要冲，南船北马于此交汇，商业繁盛。该镇兴起于明代中后期，清乾隆年间达到极盛，商号超过千家。其流通范围大致覆盖河南北部的开封、归德、彰德、卫辉等府。[3]另如山东长山县之周村镇，清康熙年间已是华北巨镇。史载：“长邑南十八里，为周村大镇，地不通夫水陆，而天下之货聚焉，熙熙然贸易有经，如游化日。”[4]迨至乾（隆）嘉（庆）年间，周村镇臻于鼎盛，“长山周村镇商贾云集，各行货物皆出南省，凡采买运载俱安然无恙”；[5]“烟火鳞次，泉贝充牣，居人名为旱马头。马头者，商贾往来停泊之所，若汉口、佛山、景德、朱仙镇之属。以其不通水路，无巨舰飞帆破浪翻风之概，故别之曰旱马头云”。[6]可见，在时人眼里，周村镇已与天下四大镇齐名。

---

[1]　杨定国：《义井巷创修石路记略》，见道光《济宁直隶州志》卷4，《建置志一·街衢》。

[2]　张瀚：《松窗梦语》卷4，《商贾纪》。

[3]　许檀：《清代河南朱仙镇的商业——以山陕会馆碑刻资料为中心的考察》，《史学月刊》2005年第6期。

[4]　金鉽：《周村义集记》，康熙四十九年，见嘉庆《长山县志》卷13，《艺文志二·记》。

[5]　叶观海：《天后阁记》，乾隆三十九年，见嘉庆《长山县志》卷13，《艺文志二·记》。

[6]　王衍霖：《周村重修兴隆桥碑记》，嘉庆三年，见嘉庆《长山县志》卷13，《艺文志二·记》。

四、岭南区域中心市场

如前所述,李华、罗一星、赵冈等人倡言“岭南二元中心市场说”,认为明清时期广州与佛山镇同为岭南区域中心市场,诚为发人深省之见解。

明清时期,广州是广东省会、岭南最大的都市,同时也是岭南最主要的商品集散地之一。通过三江水系和大小不等的商路,广州将棉纺织品、丝织品、茶叶、糖、水果、瓷器等向国内其他地区输出,同时吸纳大量粮食及各地土特产。与国内贸易相比,广州的商业特色在于其对外贸易。因为,广州是全国最重要的口岸城市,其经济支柱是对外贸易,由此也带动了珠江三角洲及相关地区商品经济的发展。史载:“往者番舶通时,公私饶给。其贸易旧例:有司择其良者,如价给之;次则资民买卖。故小民持一二钱之货,即得握椒,展转交易,可以自肥。广东旧称富庶,良以此。助国供军既有赖,而在官在民又无不给,是因民之所利而利之者也。”[1]“在昔,州全盛时,番舶御尾而至……豪商大贾,各以其土所宜相贸,得利不赀,故曰金山珠海、天子南库,贪者艳之。”[2]李华称,在某种程度上,明清时期的广州主要是一个对外贸易的港口。[3]广州市场结构的特点,是以对外贸易为主、国内贸易为辅,两者相互促进。

早在唐宋,广州即设有市舶司。明初,亦于此设置市舶司,掌管对外贸易。当时,安南、占城等“凡十二国,皆尝来往广东者”。[4]郑和下西洋后,广州的对外贸易得到更大发展。史载:“广东省城,为十郡根本之地,而城南郭外,正诸商贸易之区,生民之凑集如云,财货之积聚满市,真一省丰阜之最,两广通利之源也。”[5]明嘉靖时,朝廷关闭浙江宁波、福建泉州的港口,广州遂成为中国主要的对外贸易港口。澳门沦为葡萄牙殖民地后,进出广州的外国商船骤增。大约明万历以后,外国商船来广东贸易被限定在广州进行。当时,广州每年春秋两季都举办定期市,集期为数星期,或数月。粤闽等地商人将货物源源不断

[1] 屈大均:《广东新语》卷15,《货语·诸番贡物》。
[2] 屈大均:《广东新语》卷15,《货语·黩货》。
[3] 李华:《清朝前期广东的商业与商人》,《学术研究》1982年第2期。
[4] 屈大均:《广东新语》卷15,《货语·诸番贡物》。
[5] 吴桂芳:《议筑广东省会外城疏》,见陈子龙等辑:《明经世文编》卷362,《吴司马奏议》。

输往广州，赶赴春秋集市。东南亚及欧美商人也闻风而至，参加盛大的商品交易会。尤其是葡萄牙商人最热衷于此。时任台湾殖民当局长官的荷兰人讷茨称，葡人“每年两次到广州(那边每年举行两次盛大的市集)去买货。他们的确从这种通商中获得了比马尼拉的商人(指占据马尼拉的西班牙商人——引者)或我们(指荷兰商人——引者)更多的利润”。葡萄牙商人将广州集市上的中国商品贩运到日本长崎，获利匪浅。讷茨又称，“中国是一个物产丰富国家，它能够把某些商品大量供应全世界，中国人把货物从全国各地运到他们认为最有现款购买他们的货物的市镇和海港……但后来他们运往广州市集上的货品的数量是如此之大，以致葡萄牙人没有足够的资金购买”，于是，中国商人“就用他们自己的船，责任自负地把货物运往马尼拉、暹罗、望加锡等地去”。[1]对此，明末清初之人屈大均的记述可以佐证。他写道：“又广州望县，人多务贾与时逐。以香、糖、果、箱、铁器、藤、蜡、番椒、苏木、蒲葵诸货……南走澳门，至于红毛、日本、琉球、暹罗斛、吕宋，帆踔二洋，悠忽数千万里，以中国珍丽之物相贸易，获大赢利。”[2]

康熙二十三年(1684)海禁大开后，相继设立江、浙、闽、粤四关，粤海关之大关在广州。乾隆二十二年(1757)实行一口通商，此后数百年间，广州独享对外贸易之厚利。嘉道年间，粤海关每年所征商税约占全国关税的三分之一。清代前期，广州主要进口商品为毛织品、棉织品、金属、皮毛、棉花、鸦片、檀香、锡、胡椒、白银等，出口商品包括茶叶、生丝、缎绸、土布、白铜、白银等。[3]以广州为轴心，一个沟通海内外的区域性的商品流通网络于焉形成。

与广州比肩而立的另一区域中心市场，乃南海县之佛山镇。此镇宋代即有市舶务之设。根据明景泰二年(1451)陈贽撰《祖庙灵应祠碑记》，佛山“东距广城仅五十里，民庐栉比，屋瓦鳞次，几万余家。习俗淳厚，士修学业，农勤耕稼，工擅炉冶之巧，四远商贩恒辐辏焉”。[4]迨至乾隆年间，“四方商贾萃于

[1] 李龙潜：《明清广东社会经济研究》，上海：上海古籍出版社，2006年，第186页。
[2] 屈大均：《广东新语》卷14，《食语·谷》。
[3] 姚贤镐编：《中国近代对外贸易史资料(1840—1895)》第1册，北京：中华书局1962年，第254—257页。
[4] 道光《佛山忠义乡志》卷12，《金石志上》。

斯，四方之贫民亦萃于斯，挟资以贾者什一，徒手而求食者则什九也”。[1]彼时，佛山已是商铺林立、作坊遍布、里巷621处的超级市镇。[2]

佛山镇的兴盛与铁器制造业大有干系。明中叶，佛山已是广东铁器制造业之中心，各地“诸炉之铁冶既成，皆输佛山之埠”。[3]当时，佛山铁器不仅销往江、楚等地，而且远销吕宋、日本。佛山铁器制造业分工明确，有所谓“炒铸七行”之说。在铁器业兴盛之际，佛山的石湾陶瓷业也有较大发展，“南海之石湾善陶，凡广州陶器皆出石湾”。[4]

在历史文献的字里行间，往往透露出佛山镇凌驾广州省会的商业实力。史载：“佛山镇离广州四十里，天下商贾皆聚焉。烟火万家，百货骈集，会城百不及一也。”[5]康熙二十三年（1684）郎廷枢撰《修灵应祠记》称，“四方商贾之至粤者，率以是为归，河面广踰十寻，而舸舶之停泊者鳞砌而蚁附，中流行舟之道至不盈数武，桡楫交击，争沸喧腾，声越四五里，有为郡会之所不及者。沿岸而上，屋宇森覆，弥望莫极。其中若纵若横，为衢为街，几以千数。阛阓层列，百货山积，凡希觏之物，会城所未备者，无不取给于此。往来驿络，骈踵摩肩，廛肆居民，楹逾十万，虽曲遂之状，无以过也”。[6]刘献廷《广阳杂记》卷4称“天下有四聚，北则京师，南则佛山，东则苏州，西则汉口”，佛山镇之显赫地位跃然于眼前。清末徐珂盛赞：“佛岗之汾水旧槟榔街为最繁盛之区，商贾丛集，阛阓殷厚。冲天招牌，较京师尤大；万家灯火，百货充盈，省垣不及也。”[7]

以佛山镇为中心，西江、北江、东江三江沿岸各墟镇和下游的江门、澳门两埠，组成了通贯两广内河、遥接沿海各郡的商业贸易网。史称：“自唐宋元明以迄于今，人稠地广，烟火十万余家，凡仕宦之所往来，商贾之出入，货贝舟

---

[1] 道光《佛山忠义乡志》卷5，《乡俗志》。

[2] 道光《佛山忠义乡志》卷1，《疆域志·里巷》。另据道光《佛山街略》，约有数百种商品充斥佛山市场。参见谭棣华：《从〈佛山街略〉看明清时期佛山工商业的发展》，《清史研究通讯》1987年第1期。

[3] 屈大均：《广东新语》卷15，《货语·铁》。

[4] 屈大均：《广东新语》卷16，《器语·金鱼鐗》。

[5] 吴震方：《岭南杂记》卷上。

[6] 道光《佛山忠义乡志》卷12，《金石上》。

[7] 徐珂编撰：《清稗类钞》第5册，《农商类·佛岗招牌》，北京：中华书局1984年，第2333页。

航之所聚集，俱于是乎汇。而且衣冠文物之盛，几甲全粤，盖骎骎乎海滨邹鲁矣……佛山居省上游，为广南一大都会，其地运之兴衰，东南半壁均所攸关。”[1]可见，佛山镇不仅在岭南区域市场体系中占有举足轻重的地位，而且对东南数省的商业也颇有影响力。

第四节 全国性市场

关于全国性市场（或全国中心市场），范金民的界定可资参照。他指出，这种市场首先是区域中心，代表了该区域的经济水平和市场特色。同时，又具有跨区域的经济功能，反映了全国性某种或若干种商品的流通规模和水平，已经成为全国市场的重要部分。此外，它与海外市场也有或多或少的联系。[2]全国性市场的成长，是以区域经济的发达和长距离贩运贸易为依托的。明清时期，兼为区域中心市场和全国性市场者，当推北京、苏州。

一 政治中心型的全国性市场：北京

明清时期，北京作为中国的政治中心和最大的消费型城市，全国的各类商品齐聚于此，由此形成全国性市场。

明代，张瀚《松窗梦语》卷4《百工纪》对京城市场之繁盛有清晰表述：“自古帝王都会，易于侈靡。燕自胜国及我朝皆建都焉，沿习既深，渐染成俗，故今侈靡特甚。余尝数游燕中，睹百货充溢，宝藏丰盈，服御鲜华，器用精巧，宫室壮丽，此皆百工所呈能而献技，巨室所罗致而取盈。盖四方之货，不产于燕而毕聚于燕。其物值既贵，故东南之人不远数千里乐于趋赴者，为重糈也。故终没于衣食中，贵得而贵用之，所入仅足以偿其劳，不能得余资以享其逸。则百

[1] 叶汝兰：《重修佛山经堂碑记》，乾隆五十三年，见道光《佛山忠义乡志》卷12，《金石下》。
[2] 范金民：《明清江南商业的发展》，南京大学出版社，1998年，第143页。关于明清时期是否形成全国性市场，学界存在分歧。傅衣凌指出，诸种事实“都说明当时商品生产的发展，已越过狭窄的本地市场，而趋向全国性的范围前进”。参见范氏：《明清社会经济变迁论》，北京：人民出版社，1989年，第148页。陈桦则认为，以清代社会生产力水平而论，尚不足以产生全国性的经济中心城市。参见陈氏：《清代区域社会经济研究》，北京：中国人民大学出版社，1996年，第378页。

工之事，奏技薄而呈能浅也。此固知尽能索不能逃，大抵皆为财用耳。且京师者，四方之所观赴，天子者，又京师之所视效也。九重贵壮丽，则下趋营建；尚方侈服御，则下趋组绘；法宫珍奇异，则下趋雕刻。上有好者，下必甚焉。”清代潘荣陛《帝京岁时纪胜·正月·填仓》称：“惟是京师居民不事耕凿，素少盖藏，日用之需，恒出市易。”北京市场上流通的商品，既有平民百姓所需的生活日用品，更有社会上层所需的高档消费品，所谓“京师负重山，面平陆，地饶黍谷、驴马、果蓏之利，然而四方财货骈集于五都之市。彼其车载肩负、列肆贸易者，匪仅田亩之获、布帛之需，其器具充栋与珍玩盈箱，贵及昆玉、琼珠、滇金、越翠。凡山海宝藏，非中国所有，而远方异域之人，不避间关险阻，而鳞次辐辏，以故畜聚为天下饶”。[1]

陈桦提出“北京地区经济圈”的概念，认为这是一个以北京为中心的经济体，其主要作用是满足北京的巨大消费需求，其运输半径距北京不超过200公里。圈内的经济联系主要通过市场调节。尽管存在这样一个以北京为主轴的核心经济区，但在很大程度上，北京的经济生活仍然依赖全国各地，尤其是经济发达地区的强有力支持。[2]明永乐二十一年（1423），山东巡抚陈济称：“淮安、济宁、东昌、临清、德州、直沽，商贩所聚。今都北平，百货倍往时，宜遣人监榷商税，一年以为定额。”[3]此言表明北方重要商埠的商品流通，均以京城为销场。同时，北京也吸纳南方的货物，所谓“今天下财货聚于京师，而半产于东南”。[4]外邦商品也源源不断地进入京城，“今因帝都所在，万国梯航鳞次毕集，然市肆贸迁皆四远之货，奔走射利皆五方之民”。[5]

在输入北京的物品中，首推粮食最为重要。明代，数额庞大的漕粮从江南起运，通过大运河运抵京师，每年计有数百万石。清代，北京的粮食供应也有赖于此，朝廷每年从山东、河南、江苏、安徽、浙江、江西、湖北、湖南、奉天等地征集包括稻谷、小麦、豆类等在内的漕粮，亦达数百万石。漕粮的运缴，加强了

[1] 张瀚.《松窗梦语》卷1,《商贾纪》。
[2] 陈桦:《清代区域社会经济研究》,北京：中国人民大学出版社，1996年，第76—78页。
[3]《续文献通考》卷18,《征榷考·征商》。
[4] 张瀚:《松窗梦语》卷4,《百工纪》。
[5] 谢肇淛:《五杂俎》卷3,《地部一》。

北京与全国各产粮区的经济联系，凸显了北京作为全国政治中心的地位。由长芦盐区供应的食盐，也是运销北京的大宗日用品。此外，来自渤海湾的水产品，京西宛平、房县的煤炭，河间的棉布，定州的瓷器，江南的丝绸，山西的铁器等，均大量输入北京。

评估北京全国性市场的功能，应该重视大运河的作用，因为北京与全国各地的商品流通，主要是通过大运河这条南北交通要道。确切地说，由于漕运是运河运输的主体，漕运是北京的生命线，以故，北京的商业辐射力也借助运河向沿线各省区扩散，南北经济关系由此更加密切和稳固。这无疑会巩固北京作为全国性市场的地位，扩大其对于全国各区域市场的拉动作用。清代定例，漕船除了漕粮外，准带土宜，享有免征商税之利，所谓“随带土宜利虽倍而无征”。[1]康熙二十二年（1683），定漕船载运额数，每船载正耗米500石、土宜60石。雍正七年（1729）谕，增土宜40石。翌年又准，头工、舵工各带土宜3石，水手共20名，每船额带土宜120石。[2]清代前期，每年来往于运河之上的漕船有数千艘，货运量相当可观。无怪乎时人感叹：“南北货物多于粮船带运，京师藉以利用，关税藉以充足，而沿途居民藉此以为生理者亦复不少。若一停运，则虽有行商贩卖贸迁，未必能多，货物必致阻滞，关税亦恐不无缺少。”[3]

作为皇城之地，北京庞大的人口刺激了市场需求，强化了北京与全国各区域市场的联系，这种长期而稳定的经济交往也增强了北京自身的商业职能。明清时期的北京，已大不同于往昔，城内出现了许多繁荣的工商业区。明初，陈敬宗《北京赋》赞曰：“百宝之所充斥，百器之所崇积。粲金珠兮列肆，联绣绮兮阡陌。”[4]北京最繁华的街市，是大明门与正阳门之间的棋盘街，俗称“朝前市”。据叶权《贤博编》，早在嘉靖年间，大明门御道两旁，已是“商贩云集，百货罗列”。成于万历三十七年（1609）的《皇都积胜图卷》显示，棋盘街相当繁盛。明末，这里也是“天下士民工贾各以牒至，云集于斯，肩摩毂击，竟日喧

[1] 《清朝通志》卷94，《食货略十四·漕运》。
[2] 《清朝文献通考》卷43，《国用考五·漕运·漕运规例》。
[3] 雍正九年正月二十四日江西巡抚谢明奏折：《为酌陈停运漕粮之议仰祈睿鉴事》，见《雍正朱批谕旨》第11函。
[4] 陈敬宗：《澹然先生文集》卷1，《赋·北京赋》。

嚣”。[1]另如前门外大街也相当繁盛：东边，“此皆商贾、匠作、货栈之地也”；西边，“此皆市廛、旅店、商贩、优伶丛集之所，较东城则繁华矣”。[2]各省商人几乎在北京都建有会馆，亦可证实北京工商业之繁盛。

论者称，北京商业的繁荣，除了每日集市的朝前市，以及灯市、庙市、内市等大定期市之外，带状商业（commercial strips or commercial ribbons）的专业性胡同，与东西四牌楼、东西单牌楼及各小市场之类的商店丛（cluster of establishments），都提供了大量的便利品（convenience goods），其与定期市提供选购品（shopper's goods）不同，但都是北京经济活动的基础。[3]

二、工商发达型的全国性市场：苏州

关于苏州之繁盛，古往今来，史不绝书。

自明代中叶起，苏州工商业已相当发达。史载，“吴苏郡城，衡余四里，纵六七里，围之盖四十有五里，乌吁！亦宏矣。卧龙街迤东皆长洲所治，而西则吴所治也。公廨、官署、士夫、商贾多聚于西，故地则东旷西狭，而俗则西文于东也……今而户口太繁，生理寖微，大率吴民不置田亩，而居货招商，阛阓之际望如锦绣。丰筵华服，竞侈相高，而角利锱铢，不偿所费”；[4]“城中与长洲东西分治，西较东为喧闹，居民大半工技，金阊一带比户贸易，负郭则牙侩辏集，胥盘之内密迩”。[5]苏州名士唐寅《阊门即事》诗云：“世间乐土是吴中，中有阊门又擅雄。翠袖三千楼上下，黄金百万水西东。五更市贾何曾绝，四远方言总不同。若使画师描作画，画师应道画难工。”[6]明后期，苏州之繁盛不减，“自金陵而下，控故吴之墟，东引松、常，中为姑苏。其民利鱼稻之饶，极人工之巧，服

[1] 蒋一葵：《长安客话》卷1，《皇都杂记·棋盘街》。
[2] 吴长元：《宸垣识略》卷9，《外城一》；卷10，《外城二》。
[3] 邱仲麟：《繁华入梦——明代士人记忆中的北京三大市》，见陈平原、王德威编：《北京：都市想像与文化记忆》，北京：北京大学出版社，2005年，第19—34页。
[4] 曹自守：《吴邑城郭图说》，见嘉靖《吴邑志》卷首。
[5] 崇祯《吴县志》卷10，《风俗》。
[6] 唐寅：《阊门即事》，见同治《苏州府志》卷4，《城池》。

饰、器具足以炫人心目，而志于富侈者争趋效之”。[1]乾隆二十四年（1759），宫廷画家徐扬以写实手法创作了《盛世滋生图》（俗称《姑苏繁华图》），将苏州的工商业繁荣状况绘于笔端，真实地再现了清代前期的苏州历史风貌。范金民的研究表明，[2]该图绘有260余家店铺招子，其反映的内容都可找出相应的文献相印证。据悉，出现在《姑苏繁华图》中的丝绸店铺计有14家，棉花棉布业23家，染料染业4家，蜡烛业5家，酒业4家，凉席业6家，油漆漆器业5家，铜铁锡器业5家，金银首饰珠宝玉器业8家，衣服鞋帽手巾业14家，图书字画文化用品业10家，灯笼业5家，竹器业4家，窑器瓷器业7家，粮食业16家，钱庄典当业14家，酒店饭馆小吃等饮食副食业31家，医药业13家，烟草业7家，南货业5家，洋货业2家，油盐糖杂货业17家，酱菜业5家，柴炭行3家，皮货行1家，麻行1家，猪行1家，果品业2家，乐器店1家，扇子铺2家，船行3家，茶室6家，澡堂1家，花木业2家，客栈业3家，其他行业11家。

如上所揭，苏州分东、西两大城区。其中，西半城以商业著称，既有繁盛的集市贸易、铺户贸易，又有发达的长距离贩运贸易。在时人眼里，苏州以商业擅名，“杭州以湖山胜，苏州以市肆胜，扬州以园亭胜”。[3]胥门、阊门之间，南濠、枫桥之地，商业最称昌达。

明嘉靖年间，运河“自阊门北马头抵胥门馆驿，长五六里，东西两岸居民栉比，而西岸尤盛……凡此河中，荆襄、川蜀大船多于东泊，盐艘、商贾则于西泊。官舲钲鼓，昼夜不绝。绮罗箫管，游泛无禁。盖西阊之盛，自唐以来为然……自此过钓桥，水北流，由南濠至枫桥，将十里，人烟相续，而枫桥为盛，凡上江、江北所到菽麦、绵花，大贸易咸集焉”；[4]“而自胥及阊，迤逦而西，庐舍栉比鳞次，殆等城内，此亦客户居多之故也”。[5]据吴县人王心一记载，明代后期，城中月城市，乃“两京各省商贾所集之处”，上塘、南濠“为市尤繁盛”；又称“尝出阊市，见错绣连云，肩摩毂击，枫江之舳舻衔尾，南濠之货物如山，则

[1] 张瀚：《松窗梦语》卷4，《商贾纪》。
[2] 范金民：《清代苏州城市文化繁华的写照——〈姑苏繁华图〉》，见熊月之、熊秉真主编：《明清以来江南社会与文化论集》，上海：上海社会科学院出版社，2004年，第268—289页。
[3] 李斗：《扬州画舫录》卷6，《城北录》，引刘大观语。
[4] 嘉靖《吴邑志》卷12，《水·城外河渠》。
[5] 曹自守：《吴邑城郭图说》，见嘉靖《吴邑志》卷首。

谓此亦江南一都会矣”。[1]清初文献称，“货物、店肆充溢金阊，贸易镪至辐辏。然倚市门者称贷矕财，多负子母钱，远方贾人挟资以谋厚利。若枫桥之米、豆，南濠之鱼、盐、药材，东西汇之木簰，云委山积，而奸牙市侩巧为乾没，亦时有之”。[2]综观市场流通商品，粮食、丝绸、棉布等实为大宗。明代方志载：“豆、麦自上江来，皆泊枫桥、上塘等处，其多万斛，岁时常然也。绫、锦、纻、丝、纱、罗、䌷、绢皆出郡城机房，产兼两邑，而东城为盛，比屋皆工，织作转贸四方，吴之大资也。”[3]清人称，“数十年来，大都湖广之米辏集于苏郡之枫桥，而枫桥之米，间由上海、乍浦以往福建”。[4]至于江南棉布以苏州为加工中心和集散地，则毋庸多言。

与西半城不同，苏州东半城以丝织业见长。史载“在东城，比户习织，不啻万家”；[5]“郡城之东皆习机业，织文曰缎，方空曰纱，工匠各有专能。匠有常主，计日受值。有他故，则唤无主之匠，代之曰唤代。无主者黎明立桥以待，缎工立花桥，纱工立广化寺桥。以车纺丝者，曰车匠，立濂溪坊。什百为群，延颈而望，如流民相聚，粥后俱各散归。若机房工作减，此辈衣食无所矣”，[6]已形成专业化的劳动力市场。李伯重认为，就工商业对明清苏州城市变化的影响而言，商业发展起了非常重要的作用，但工业发展所起的作用更大。可以说，苏州城市变化的主要动力来自城市工业的发展。到清代中叶，城市工业在苏州地区经济中已经居于主导地位，在此意义上可以说苏州已经成为一个工业城市。[7]傅衣凌强调“苏杭型城市”代表着中国城市的发展方向，其意义不容低估。[8]

迨至清前期，苏州作为全国性市场之地位已深入人心。康熙年间，时人赞叹：“东南财赋，姑苏最重；东南水利，姑苏最要；东南人士，姑苏最盛。”论及

---

[1] 王心一：《重修吴县志序》，见崇祯《吴县志》卷首。
[2]《古今图书集成》卷676，《职方典·苏州府部汇考八·苏州府风俗考·本府（吴县长洲县附郭）》。
[3] 嘉靖《吴邑志》卷14，《物产上·物货》。
[4] 蔡世远：《与浙江黄抚军请开米禁书》，见贺长龄辑：《清经世文编》卷44，《户政一九·荒政四》。
[5] 乾隆《元和县志》卷16，《物产·工作之属·织作》。
[6]《古今图书集成》卷676，《职方典·苏州府部汇考八·苏州府风俗考·本府（吴县长洲县附郭）》。
[7] 李伯重：《工业发展与城市变化：明中叶至清中叶的苏州》，见李伯重、周生春主编：《江南的城市工业与地方文化》，北京：清华大学出版社，2004年，第10、64—65页。
[8] 傅衣凌：《明清社会经济变迁论》，北京：人民出版社，1989年，第151—152、154页。

市场，又称苏州“山海所产之珍奇，外国所通之货贝，四方往来千万里之商贾，骈肩辐辏”。[1]刘献廷《广阳杂记》卷4将苏州列为四大商业中心之一：“天下有四聚，北则京师，南则佛山，东则苏州，西则汉口。”康熙末年，翰林院检讨孙嘉淦认为苏州市肆之繁盛超过京师：“姑苏控三江、跨五湖而通海，阊门内外居货山积、行人水流，语其繁华，都门不逮。”[2]顾禄《清嘉录》将苏州市场誉为全国之最，所谓“吴城五方杂处，人烟稠密，贸易之盛，甲于天下”。[3]

国外游客对苏州如日中天的商业繁盛情形也赞不绝口，认为苏州商业繁盛程度在杭州之上。明弘治初年，一位来华的朝鲜人称：“苏州古称吴会，东濒于海，控三江，带五湖，沃野千里，士夫渊薮。海陆珍宝，若纱罗绫缎、金银珠玉；百工技艺，富商大贾，皆萃于此。自古天下以江南为佳丽地，而江南之中以苏杭为第一州，此城尤最。乐桥在城中，界吴、长洲两县治间，市坊星布，江湖众流通贯吐纳乎其中，人物奢侈，楼台联络。又如阊门码头之间，楚商、闽船辐辏云集。又湖山明媚，景致万状。”[4]此种情形，正是苏州作为全国性市场所导致的经济效应。

苏州以整个太湖流域为市场腹地，与江南尤其是苏、松、嘉、湖的各专业市场保持着不同程度的联系，也与全国其他区域市场保持着联系。套用范金民的表述，清代前期的苏州集众多“中心”于一身：云集全国乃至外洋货物的商品中心，闻名全国的丝绸生产、加工和销售中心，全国最大、最为集中的棉布加工和批销中心，江南地区最大的粮食消费和转输中心，全国罕见的金融流通中心、刻书印书中心，颇为发达的金银首饰、铜铁器以及玉器漆器加工中心，引领时尚的服饰鞋帽中心，饮誉全国的美食中心，设施齐全、服务一流的生活中心，交通便利的运输中心。[5]李伯重指出，一个城市的商业腹地，是指该城市商业

[1] 沈寓：《治苏》，见贺长龄辑：《清经世文编》卷23，《吏政九·守令下》。
[2] 孙嘉淦：《南游记》，见贺长龄辑：《清经世文编》卷6，《学术六·师友》。
[3] 顾禄：《清嘉录》卷5，《五月·关帝生日（磨刀雨）》。
[4] 崔溥著、葛振家点校：《漂海录——中国行记》，北京：社会科学文献出版社，1992年，第108页。
[5] 范金民：《明清江南商业的发展》，南京大学出版社，1998年，第143—147页；《清代苏州城市文化繁华的写照——〈姑苏繁华图〉》，见熊月之、熊秉真主编：《明清以来江南社会与文化论集》，上海社会科学院出版社，2004年，第268—289页。有关苏州的研究，另参见王家范：《明清苏州城市经济功能研讨——纪念苏州建城两千五百周年》，《华东师范大学学报》1986年第5期；王淑芬：《明末清初苏州城经济与社会结构初探》，《思与言》第33卷第1期（1995年）；李伯重：《工业发展与（转下页）

功能所及的地区。明中叶至清中叶苏州城的商业腹地，可分为四个层级：最直接的是苏州府辖下地区；其次是整个江南地区；再次是施坚雅所谓“长江下游经济巨区”；最后，作为当时中国最大的商业城市，苏州的商业功能覆盖了中国最主要的经济区，因此其商业腹地也包括了中国的大部分地区。[1]

（接上页）城市变化：明中叶至清中叶的苏州》，见李伯重、周生春主编：《江南的城市工业与地方文化（960—1850）》，北京：清华大学出版社，2004年；[美]迈克尔·马默：《人间天堂：苏州的崛起，1127—1550》，[意大利]保罗·圣安杰洛：《帝国晚期的苏州城市社会》，见[美]林达·约翰逊主编、成一农译：《帝国晚期的江南城市》，上海：上海人民出版社，2005年。

[1] 李伯重：《工业发展与城市变化：明中叶至清中叶的苏州》，见李伯重、周生春主编：《江南的城市工业与地方文化》，北京：清华大学出版社，2004年，第23—24页。

第二章

国内商贸网络

明清时期中国商贸网络的特点：

第一，作为商品流通的载体，贸易路线十分庞大，是秦王“车同轨”以来整个封建时代长期积累的产物。经过先人2 000多年的不断筛选和修治，到了清代，这一交通体系已经达到了封建时代可能达到的最为完美的状态。加之，明清以来，沿海运路的开辟与发展，与内地江河、陆路相联系，使原本的交通体系更完善，是史无前例的。

第二，明清商品流通的品种增多，商品量扩大，在商品结构上与之前有所不同。这里从不同的牙行名称来说明。据雍正《北新关志》中记载，长距离流通的商品，明代主要有丝、棉花、棉布、苎麻、米麦、豆、铁锅、靛青、纸、生漆、糖等。清代前期除了仍有这些商品之外，还增加了如网、田炭、犁头铁、芦箬、三楞草、包茶箬、包茶纸、车心木、柏子车、烟叶、花饼、蒲包、石炭、柏油、棕、煤、铁钉、豆饼等商品。[1]清代前期增加的品种，主要是一些生产资料、各类包装用料、运输工具的零件。这些商品的增加，与生产发展和商品长距离流通的需求相适应，也从另一侧面说明商品流通的扩大。

[1] 许梦闳纂辑：《北新关志》卷11，《季钞·附长单》，雍正九年刻本。

第一节　主要贸易路线与交易设施

一、官路

官路,最主要的是驿路。驿路,也称驿道,在明代已经初具规模。官路是国家为政治、军事、财政需要而开辟,从中央向各地传递谕令、公文,官员往来,运输物资的道路,并在沿途建有驿站,配备驿卒、驿马、驿船等设施,提供易换马匹,暂时住宿等服务。明代设立水驿、马驿、递运所,在各省设有急递铺。清代前期基本上继承了明代的驿路体制。清代在西北地区作战,为运输军需、传递军情,递送军队设有军站,其路称为站路。

清代前期的驿路,以京师为中心,分达各省省城及边疆的重要城市,这是驿路的干线。从干线还有分达各地方城镇的路,是驿路的支线。有的文献称干路为官马大路,支路为官马支路,简称为官路和大路。由于清中后期将站改成驿,在光绪《清会典事例》中,有塘驿、台驿并称的情况,所以军站路、塘路也都是驿路。[1]官路以陆路为主,水路联运,形成交通网体系。

此外,各省范围内的府州与府州、府州与县、县与县之间,都设有铺。铺,也称急递铺,是为省内官府,驻军协、标、营之间递送公文、军情而设,由军队兵丁负责递送,并规定昼夜行程的里数。[2]铺与铺之间的道路则称铺路。铺路是以各省府、州所在县为中心,与府属各县相连的道路,也是省内连接各县的陆路交通网。北方省份铺路都是陆路,南方部分省份有陆铺,也有水铺。江苏扬州府,从兴化分别至甘泉邵伯镇、东台有水铺路相通。江西赣江及其支流修水、汝河、盱江、遂江、袁江、锦江、禾水、贡水、上犹江以及修水支流冯水,汝河支流临水、宜黄水,遂江支流左右溪,贡水支流桃江、潋江水、湘水、梅江,盱江支流黎滩水,鄱阳湖支流昌江、乐安江、锦江、信河等都是水铺路。福建同安县

---

[1] 光绪《清会典事例》卷559—560,《兵部·邮政》,北京:中华书局,1991年(据光绪二十五年石印本影印)。

[2] 光绪《清会典事例》卷539,《兵部·邮政·设铺》。铺只设在内陆18省,但也有少数州县不设铺,如江苏海州。

至马巷厅有30里水铺路。[1]有时省内的铺路和驿路是重合的，同一地点有铺也有驿，如在杀虎口、浒墅关等地设驿，也设铺。[2]广东“至京沿途安设塘铺兵役驰递部文京报，自省城至韶州江口水路共设塘船十只……由江口前进俱属陆路”。[3]在有驿州县，就有驿路；在无驿州县，则有铺路。特别是在崎岖山地，没有驿路全部是铺路。因此，铺路实际是驿路的扩展和延伸部分，是交通体系的支动脉。

由驿路和铺路组成的官路网，是一个覆盖全国的交通体系。它不仅用于国家行施政令，同时也为商民提供了方便。更应强调的是，这一交通体系为一定区域范围之内，甚至远距离省区之间的商品流通准备了必要的、良好的条件。大量的商品流通，使得政府的税收活动和这一交通体系的关系密不可分。

二、商路

在清朝广阔的版图上，除上述交通网络之外，还有众多连接驿路、铺路的地方小路、山路和许多能通舟行船的河流。这些没有纳入网络的民间道路对于行人和商品流通的意义也是很大的。内陆地区的主要江河有黑龙江、滦河、海河、黄河、淮河、长江、西江、闽江、韩江等水系以及运河，对于货物运输来说，都是重要的水路。

长途贩运所经路途一般多为水陆合程。商人吴中孚在《商贾便览》中，记载了许多条这样的路。[4]从广东韶州府乐昌县沿武水逆行至湖南宜章，陆行到郴州澄江口，再沿来水、湘江至衡阳、湘潭等地。宜章县“南门外一线溪河，不通本省直达粤东”。“宜邑界连广东乐昌县，凡广货运往楚、蜀、滇、黔等省，俱船载宜邑城外落行，雇夫挑运来郴。其本省长衡等府货物运广者，亦船载郴州城外落行，雇夫挑运宜邑，往来如织，昼夜不息。”[5]民间道路中的陆路，有的虽然只是村寨之间的小路、山路，但这些道路或者是驿路的延长，或者是铺路的

[1] 参阅光绪《清会典事例》卷659—683，《兵部·邮政》。
[2] 光绪《清会典事例》卷532—556，《兵部·邮政·设铺》。
[3]《粤东省例新纂》卷5，《兵例上·驿传》，道光二十六年刊本。
[4] 吴中孚：《商贾便览》卷8，《天下水陆路程》，乾隆五十七年本。
[5]《湖南省例成案》卷34，《户律·市廛》，乾隆二十四年，藏中国社会科学院经济研究所图书馆缩微卷。

延长，或者连接了省际驿路、县际铺路。总之，大部分陆路与驿路、铺路相通，成为驿路、铺路交通网络的扩展部分。

商贾运输货物，一般都要利用官路。因为官路网络密集，也比较安全，尤其是在不通水路的地区，没有运价高低的考虑的情况下，更是沿官路行走。例如近京的“良乡县上接宛平，下连房山一带驿路，为各省统会入京大道，商民辐辏，差使络绎”。[1]“苏州有致和塘，自娄门至仓山绵亘七十余里，为苏松接壤要道，商旅往来，塘马络绎，莫不由此一路。”[2]“泽州府之凤台县，为豫晋商贾往来之路。”[3]“汾州府属之永宁州青龙渡地方，向因渡口为山陕要津，商贩往来，查收税务。”[4]“广信府铅山县之桐木关，界连闽省之崇关县，为经商之大道。”[5]“江西之大庾岭，尤为客商要路。”[6]可见官路的利用率是很高的。官路上的府州城镇自然也是商贾往来的要津，有的驿站所在地，还是商品交易市场。直隶井陉县城外大石桥，“为山西、四川及陕甘口外驿站，客商往来之地”。[7]所以，从商品流通的角度看，官路和商路都是商品流通的渠道，它们有着共同的功能。

从商人的立场出发，民路是官路的不可缺少的交通条件。在许多情况下，他们要选择民路。首先，水运运价低于陆运。从运价考虑，所有可以通航的河段都是首选的道路。如前所述，民路网上大量水道通行，商人们也充分利用了这些水道。当然，商人会精打细算，根据道路的实际情况选择道路。逆水行舟速度过慢时，商人必然弃舟就车。例如从湖南长沙出发向东南方向，经茶陵州至江西永宁县路江，这条水路是山溪，逆水上行比陆路“迟缓”，且“难定日期”，[8]于是，商人一般都先陆行至路江，再沿水路顺流至江西各地。若反向行走也是先陆行至茶陵州高垅，然后顺水至长沙。商人到这里也是择陆而行，像这种小河，重载逆水更难行，即使运货也是陆快于水。所以水陆联运的民路自

[1]　乾隆三十九年三月十五日直隶总督周元理奏折，见《宫中档乾隆朝奏折》第35辑，第1页。
[2]　雍正五年十一月二十四日苏州巡抚陈时夏奏折，见《宫中档雍正朝奏折》第9辑，第372页。
[3]　雍正十三年六月十三日山西巡抚觉罗石麟奏折，见《宫中档雍正朝奏折》第24辑，第813页。
[4]　乾隆三十三年六月二十八日山西巡抚苏尔德奏折，见《宫中档乾隆朝奏折》第31辑，第181页。
[5]　凌燽：《西江视臬纪事》卷1，《详议》，乾隆本。
[6]　《清宣宗实录》卷31，道光十七年九月戊戌，北京：中华书局，1986年。
[7]　道光十四年十月二十九日吏科给事中瞿溶奏折，见中国社会科学院经济研究所图书馆藏清代钞档，以下简称钞档。
[8]　吴中孚：《商贾便览》卷8，《天下水陆路程》。

然成为商品运输的首选通道。

其次，小路可以抄近，缩短行程。民路既非官马大道，有的崎岖难行，但因里程大为减少，所以商人还是愿意就此而行。例如，西宁南大山“山路崎岖陡峻，上下二十里系赴皋兰县小径，商旅多由此，较大路近二日”。[1]陕西泾阳、三原二县“虽非大路，较之大路转近数十里，故为客商行走之捷径”。[2]河南信阳州入湖北境有两条路：“一自信阳州城起向西南行，由平靖关入湖北境，历应山、安陆、云梦、孝感等县至杨店村，计程三百九十里，名为西大路，即向来之驿路也。一自信阳州城起，向东南行，由武胜关入湖北境，历广水小河溪亦至杨店村，计程二百九十里，名为东大路，向来商贾往来之捷路也。”“从前东路荒凉，西路人烟辏集。”到乾隆时，“东路商贾辐辏，日就开展，一切坊店及诸色贸易之人，俱舍西就东，沿路村庄稠密，烟户日繁，较之西路颇称繁庶”。甚至驿路也因此而由西移东了。[3]由苏州府经东坝至安徽芜湖的水路，由于“此路避长江而走芜湖者，近便口(此处疑漏‘无’字——引者)盗”，[4]所以商人多沿此路行走。陕西同州府郃阳县“夏阳村逼近黄河，向有渡口，乃通晋之捷径”。[5]民间人等在四安山与长兴县交界，“新开山路，凡绸绫纸张等物，可以打捆车载者，商旅皆由此路直达金陵，不过百余里”，里程大大缩短。[6]四川“綦江县在重郡大江之上另一小河，旱路通遵义府属而至黔省，向为川贩出没之区。彭水、黔江二县在重郡大江之下又另一小河，由归并涪州之武隆县而进水陆皆通”，“为楚民及川贩往来捷径”。[7]

再次，民路不设关卡，商人便于偷漏商税。江苏扬州府“芒稻河、白塔河二口因其外通大江，扬关、由闸皆可透越”。[8]“商民自杭嘉湖置货至常镇、金陵等处，若由浒关绕道有六百余里，由浙省湖州长兴至乌溪港仅止四十里，商

---

[1] 乾隆《西宁府新志》卷5,《地理志·山川》。
[2] 乾隆二十九年四月初六日陕甘总督杨应琚等奏折，见《宫中档乾隆朝奏折》第21辑，第140页。
[3] 乾隆二十九年九月十三日湖北巡抚常均奏折，见《宫中档乾隆朝奏折》第22辑，第614页。
[4] 吴中孚：《商贾便览》卷8,《天下水陆路程》。
[5] 卢坤：《秦疆治略》道光本。
[6] 道光十四年十月二十九日吏科给事中瞿溶奏折，见钞档。
[7] 雍正五年十二月十三日任国荣奏折，见《宫中档雍正朝奏折》第9辑，第470页。
[8] 乾隆十七年七月十一日江苏巡抚庄有恭奏折，见《宫中档乾隆朝奏折》第3辑，第354页。

民畏大关之绕道而舍远就近，多由乌溪支河小港，漏税者难以数计。”[1]其他如绕越夔州、芜湖、九江、淮安、太平等关都有许多小路，都是这样。乾隆四十三年张銮、李福等人携带禁运商品玉石，从新疆经甘肃，至陕西吴堡县渡河，又经山西永宁州、汾阳、平遥、沁州、凤台入河南境，经过河内、武陟、永城等十三州县，入安徽境，又经滁州至浦口乘船绕道至苏州。[2]从经过的路线看，凡是有税口和稽查关口的地方，他们都是绕道而行的，所以长途偷运才能得逞。同样由于不设关卡，非法行为易于逃过盘查，所以这类小路又是私贩、人贩等的通行之路。

最后，各地方道路的客观环境、条件不同，也决定了商人行走的路线。“由陕至甘，原有两路：一由陕西沿边一带，自安边靖边入宁夏之花马池，由宁夏而至凉、甘、肃，此一路也。一由陕西之邠州长武至甘属之泾州，由泾州而至兰州前往甘、凉、肃，此一路也。但查由泾州一路抵兰，必从巩昌府属之会宁、安定二县地方行走，此二县地方，处在山隈，并无井口，乡民俱食窖水。偶遇天时稍旱，窖水不足，居民即星散奔往他处就水，是以大商大贩皆不从此路而行，缘缺水故也。”[3]这是水的供应状况决定道路的选择。四川境内从灌县、郫县至金川有两条道，经汶川之桃关出口者为大道，由汶川之牛头山出卧龙关者为小道。两条道路相比，大道虽然“为银饷所必经”，但是商人却很少由此行走，因为“大道塘汛外百里无人烟”，没有为行商旅服务的设施，“往来者必携糗粮锅灶”。在小道上，每至一程，就有居民歇店十数家，不必带粮背锅了，所以尽管人烟不多，而“商贾奔走络绎不绝”。[4]季节不同，也影响道路选择。在北方冬季水路河冻，商人必须“起岸走路”。春冬季节运河粮船回空，商人为避开漕船，“不得到瓜州者十有八九”。“往四川货物，秋冬由荆州雇川船装往各府去卖；春夏防川河水大难行，由樊城雇小船至沔县起旱，雇骡脚一百二十里至阳平关，骡脚运货至此，下转装往各府去卖”，[5]春夏长江水大商货难行，商人转

[1] 道光十四年十月二十九日吏科给事中瞿溶奏折，见钞档。

[2] 参阅乾隆四十三年十二月初九日河南巡抚郑大进奏折；初十日山西巡抚觉罗巴延三奏折，见《宫中档乾隆朝奏折》第46辑，第26、48页。

[3] 乾隆十九年六月十七日甘肃巡抚鄂昌奏折，见《宫中档乾隆朝奏折》第8辑，第833—834页。

[4] 李心衡：《金川琐记》,《小方壶斋舆地丛钞》第8帙。

[5] 吴中孚：《商贾便览》卷8,《天下水陆路程》。

走汉水，中间经陆路，再沿嘉陵江入川。多种因素决定商人选择民路；也可以说，民路的形成，也是商人选择的结果。

总之，官路与民路共同组成了清代的水陆交通运输网络，这一网络扩大了商品流通的渠道，为商品流通的发展提供了广阔的基础条件。大量商品正是沿着这一网络的经纬，从任何一地流到另外一地，农村、市镇、城市之间经济上的联系由此而密切起来。

三、交易设施

商品在流通中需要各种服务，如运输、转运、储存、保管、食宿、纳税、保安等，所以在社会上就产生了相应的设备、人员、机构。这里把这些设备、人员、机构等统称为为商品流通服务的设施。[1]设施的数量以及普遍程度，是和商品流通量成正比的；设施的质量，则和当时的科学发展水平相关。商人运货到达目的地，或在中途转运，需要住宿、存贮商品、销售商品，旅店、货栈、铺房、亭廊等设施成为商品运输的必要条件。

旅店，也称歇店，北方亦称大车店。全国各地道路沿途和行旅较多的集镇，私家业此者甚多。例如，从江西抚州府至樟树镇的路上，状元岭有店，邹家铺有小店，朱树桥有店，官店有大店，清风桥有大店。从扬州进京的路上，中经宿迁县新安集，"至此，路旁无店屋，只是小草舍，店惟卖点心而已"。进入山东境内，桃墟集有小店，黄家铺有小店，漫河有店可住，香城铺有店可住。[2]江西兴国县鲤公寨，"有旅店十余所，为油贩行人所栖止"。[3]湖南永绥茶洞地方有"客店二十余户"。[4]在安化陈东生与谭一宗合开"歇店生理"。[5]自四川灌、郫两县至金川的小道上，"居民歇店仅有十数家"。[6]从陕西凤县至褒城的栈道上，"有店舍岩穴可宿"。[7]大体上说，相距一天的路程，总可找到借宿之处，

---

[1] 以下简称"设施"。
[2] 吴中孚：《商贾便览》卷8，《天下水陆路程》。
[3] 乾隆《兴国县志》卷3，《六乡图考》。
[4] 《湖南省例成案》卷34，《户律·市廛》，乾隆二十一年。
[5] 《湖南省例成案》卷1，《名例》，乾隆三十一年。
[6] 李心衡：《金川琐记》。
[7] 吴中孚：《商贾便览》卷8，《天下水陆路程》。

而不必露宿荒郊。诸如此类的旅店,一般都只为商人提供食宿,功能单一。

另有一些旅店可为商人提供更多的服务。湖南宜章县“沿河一带设立大店,栈房十数间。客货自北至者为拨夫,为雇驴,由南至者为雇船”。[1]贵州与湖南交界处的民族地区,有苗民“在大途旁开店贸易者,黔楚客民贩牛经过,投宿其家,与外间逆旅无异。知敬客民薪水,以及往宿钱取值甚廉,无盘剥客民之习。客或早行,邀其相送,持矛枪护至数十里”。遇有他寨苗民劫掠,“辄挺矛与斗,名曰:护客”。[2]这些店,既贸易又有旅店的职能,还可指派镖丁护卫。陕西咸阳“城内系水陆码头,商贾云集,气象颇形富庶。其实各铺皆系浮居客商,货物皆从各县驮载至此。由水路运往晋、豫。至粮食、木板亦由西路车运而来,用舟载至下路,到此纳税后方准放行”。[3]这里的铺也起到旅店、存贮、代客雇船、纳税等作用。贵州余庆县人李二胡子“向开设饭店生理。道光十三年三月间,有龙泉县人陈老大住歇李二胡子店内,发卖布疋”。[4]可见有的饭店也具有旅店的职能,且可以住在里面做生意。

货栈,也称行栈、栈房、堆房或行店,专为往来商人存贮货物。乾隆年间,叶忠昌在佛山镇“开张行店,贮顿客货”。[5]江浙“米船丛集”之处,商人将米“或堆贮栈房待价;或栈房收买商米;或商人以米向栈房当银,图复买米”。[6]江苏浒墅关北“一带行栈甚少,外江贩运米豆不能沿途存贮,俱由浒关投税,至苏分运行销。近年常州府属各处开设米豆栈房”,“广为囤收”。[7]苏州“米栈在山塘新桥”。[8]道光十六年丁合兴在四川巴县“木洞镇开栈房生理”。[9]直隶获鹿县“关外有栈房,大都皆晋人为之”。[10]在张家口有官房租给商贾贮

[1] 嘉庆《郴州总志》卷21,《风俗志》。
[2] 严如熤:《苗疆风俗考》,《小方壶斋舆地丛钞》第8帙。
[3] 卢坤:《秦疆治略》,《咸阳县》。
[4] 贵州《成案》稿本。
[5] 《豆豉巷码头碑记》,乾隆四年,转自《明清佛山碑刻文献经济资料》,广州:广东人民出版社,1987年,第39页。
[6] 方观承:《方恪敏公奏议》卷2,《抚浙奏议》,乾隆十三年五月三十日。
[7] 嘉庆十七年三月初一日江苏巡抚章煦奏折,见《第一历史档案馆藏档案·朱批奏折·财政类·关税》。
[8] 顾震涛:《吴门表隐》卷5,嘉道年间本。
[9] 《清代乾嘉道巴县档案选编》(上),成都:四川大学出版社,1989年,第326页。
[10] 乾隆《正定府志》卷11,《风物上·风俗》。

存货物。[1]木材在运销中，不存贮于货栈，而贮存在河岸滩边，如：芜湖县西滨江炮台下滩地，“为徽、临两郡本（疑“木”字——引者）商堆贩木植之所”。[2]道光初年，临清木商建“临清会馆”于此。[3]这些地方是商人开设的木行或木厂，为商人存贮木材，发挥货栈的功能。

货栈通常都比较大，至少也有房屋数间。四川巴县千厮门外洪岩坊镇江寺侧，有黄明贵自置的“栈房五间，铺面四间”。[4]有的货栈具有相当规模，仓储量较大。直隶通州“为水陆总汇之区，凡山东、河南及直隶之大名、天津，江南之徐州”的粮食，都“装运来通”，所以通州存粮的堆房就很大。“东关有永茂、永成、福聚、勇源四大堆房”，乾隆年间堆贮麦石常在五六十万石左右。乾隆四十二年，存贮张圣如等220余家商人贩运的麦共539 000余石。[5]尽管不知道有多少间房，但从存贮的粮食量，可以判断这里的货栈是比较大的。河南归德府黄河岸边刘家口地方，有“行栈数十家，每一户房屋至百余间，向来豫省饼豆囤积该处，各商贩运南下”。[6]假设有行栈10家，每家有货房100间，那么，行栈的货房共有1 000间，虽然不知每间房的大小，但只从间数就可以知道，货栈规模是相当大的。

总之，粮食商品体积巨大，所以堆房的占地面积是不会很小的。商人租用货栈堆贮货物，同时向店铺批发商品。有的商人较快批发销售完商品返回；有的商人将货物“暂交行户存贮”，因事回家；有的商人旧货尚未销售完，又返回置办新货；[7]也有的商人委托行户代销。就这样日复一日，月复一月，年复一年，货栈中总有尚未销售完的商品，商人也有去有还，货栈就在商品的运销中发挥着重要的作用。

[1] 顺治二年六月二十八日冯圣兆题本，见《明清档案》A2—249，B1009—1010，台湾“中央研究院”历史语言研究所现存清代内阁大库原藏明清档案。
[2] 嘉庆《芜湖县志》卷6，《古迹志》。
[3] 民国《芜湖县志》卷13，《建置志·会馆》。
[4] 《清代乾嘉道巴县档案选编》（上），四川省档案馆、四川大学历史系主编：《清代乾嘉道巴县档案选编》（上册），成都：四川大学出版社，1989年，第406页。
[5] 乾隆四十三年六月三十日刑部尚书胡季堂等奏折，见《通州志》卷10，《艺文·疏议》。
[6] 道光二十八年二月二十二日文光奏折，见钞档。
[7] 参阅乾隆《通州志》卷10，《艺文·疏议》。

四、运输工具

运输工具主要有舟船、车辆和牲畜。它们是流通中的商品载体,是商品流通最基本的设施。清王朝幅员广阔,各地江河、道路的自然状况差别很大,所以使用的运输工具,同为舟船却各不相同。“船名千百,样式多端,且不时更换,虽老客江湖不能尽识。”[1]同为车辆,也是式样各异。这里根据文献记载,尽可能地描述各地民间船只和车辆的情况。

民间船只,为适应各该地区江河状况,因而船型不尽相同。海河水系运输货物的主要靠太平船和厂船。[2]

黄河水系的船型,上游、中游和下游各不相同。上游,甘肃兰州多用浑脱皮筏,亦称混沌。有羊皮和牛皮两种,分别由多张皮制成,每个混沌又可以与其他混沌联结成筏。混沌吃水浅,不怕搁浅,不怕触礁,操作灵活,运输成本低。一般顺水到达目的地后,可以把混沌卖掉,人空回,[3]很适合黄河上游使用。乾隆元年,有人在兰州“见百姓于黄河中,以牛皮混沌运米,最为便捷”。[4]宁夏一带有板船和木筏。板船“橹舵略具,帆樯不施,无楼无篷,仅有舱以储百货”。[5]中游行驶的多是陕西船,“方头平底,无柁无篷”,[6]下游“往来载货之船只有双桅行船,土人名为西河牛,体骨既大,水手亦多”,[7]“腹大受多,楼篷俱备,此种最宜雇用长运”。[8]黄河下游粮船经过淮安关往江浙,在淮安关由黄河来船称西河船。乾隆三十五、三十六年西河船过关分别为7 950只和6 550只。[9]

淮河水系的行船有连划、芒子、朴稍等。这类船两头高翘,吃水深,抗风浪

[1] 吴中孚:《商贾便览》卷2,《各省船名样式》。
[2] 参阅《河北省航运史》,北京:人民交通出版社,1988年,第170页。
[3] 参阅《中国少数民族地区交通运输史略》,北京:人民交通出版社,1991年,第226页。
[4] 乾隆八年十月十八日山西巡抚刘于义奏折,《历史档案》1990年第3期。
[5] 徐珂:《清稗类钞》第13册,舟车类,北京:中华书局,1984年。
[6] 鄂海:《汾渭通船并募水手疏》,见贺长龄:《皇朝经世文编》卷114,《工政二〇·各省水利一》。
[7] 乾隆五十三年正月二十五日河东河道总督兰第锡奏折,见《宫中档乾隆朝奏折》第67辑,第152页。
[8] 英和:《筹漕运变通全局疏》,见贺长龄:《皇朝经世文编》卷48,《户政二三·漕运下》。
[9] 乾隆三十八年二月十五日两江总督高晋奏折,见《第一历史档案馆藏档案·朱批奏折·财政类·关税》。

能力强。连划和芒子船有两篷两桅。朴稍船一篷一桅，也有双篷桅的。[1]

行驶在长江中的船类很多，据统计，包括各种官船和漕船在内，约有70种之多。[2]另据乾隆《钦定大清会典则例》列出九江关交纳船料的船共有54种，按省区可分为川江船、湖北船、湖南船、江西船、江南船，江南船也称长江下游船。[3]

西江水系的行船，有河头船分大、二、三号，“其船稍捷，其价稍廉”；[4]北江有泷船、单船。单船以独木制成，行驶在湖南宜章与乐昌间的河道中。[5]此外，广东船只种类更多，如九江艇、三板船、乡艇等。韩江水系的行船有两兜篷、三兜篷、小河船、驳船，这些船都利于河滩行驶。[6]闽江水系的行船有杉板船、五帆船“专运客货与渡人来往”。[7]

浙江有建德船、龙鸟船，[8]浙东之舟“大者曰划船，小者曰橛头船”。[9]钱塘江中之舟，“类湘中之扒捍，大抵滩行皆此类也”。[10]在运河中行驶的船有北方西河牛船，也有南方划子船，种类繁多。

在缺乏水运的广大地区的商品运输，除山区需要人力背负外，主要靠车载和牲驮。陆运的工具主要包括牲畜、大车等。大车是北方各省主要的运输工具，一般用骡或马牵引，但各省车辆结构不同，用于牵引的牲畜数量也不一样。例如，甘肃兰州的车“惟用一马，车轮较中原宽尺余，故一出甘境，便不合辙”。[11]陕西“民间车辆，每辆驾马骡二三匹头不等”。[12]“向例骡车入关须改用长毂，以关中辙迹较阔，短毂不能行也。”[13]河南车辆更为特殊，“俱系本地四

[1] 参阅《河南航运史》，北京：人民交通出版社，1989年，第216页。
[2] 参阅《长江航运史》，北京：人民交通出版社，1991年，第414页。
[3] 程嘉谟等编修：《钦定大清会典则例》卷47，《户部·关税上》，见《文渊阁四库全书》史部，第624册，台北：商务印书馆，1981年据乾隆十二年本影印。
[4] 《福星载道路程考》，《公车见闻录》，《行舟》，道光抄本。
[5] 参阅《湖南省例成案》卷34，《户律·市廛》，乾隆二十四年。
[6] 参阅黄钊：《石窟一征》卷3，《教养》。
[7] 施鸿保：《闽杂记》，见《小方壶斋舆地丛钞》第9帙。
[8] 参阅《福星载道路程考》，《公车见闻录》，藏中国社会科学院经济研究所图书馆抄本。
[9] 乾隆《鄞志稿》卷1，《建置沿革·风俗》。
[10] 刘献廷：《广阳杂记》卷3，北京：中华书局，1957年。
[11] 阙名：《兰州风土记》，见《小方壶斋舆地丛钞》第6帙。
[12] 乾隆十九年八月十八日陕西巡抚陈宏谋奏折，见《宫中档乾隆朝奏折》第9辑，第373页。
[13] 吴焘：《游蜀日记》同治甲戌五月十四日，见《小方壶斋舆地丛钞》第7帙。

轮太平车，其车轮仅高尺余，车身亦短，并无车辕，虽亦用四马，俱系并列平拉，并无驾辕头畜，非比直省两轮四套高车，装载多而旋转便”。[1]甘肃车辆“多系木轮”，内地车辆多包以铁皮，称“铁脚车辆”。[2]

用驴、骡、马、骆驼、牦牛等驮运货物，是全国普遍的运输方式，北方尤其如此。例如，乾隆年间，直隶宣化有人“赶驴驮煤赴（保安）州货卖”。[3]陕西山区“自古舟楫不通，车辆难行，惟藉驴头以资转输”。[4]镇安县回民“多畜骡之家，以赶脚为业”。[5]甘肃河州“麦豆杂粮，辇载驴驮以往西宁者，不绝于路”。[6]湖北枝江容美地方，有茶商“驱驴”往来。[7]在贵州“路多陡坡，货物往来，马驮人负，舟车绝迹”。在云南行路也要“雇夫马”。[8]西藏“驴骡有限”，常用牦牛驮运。[9]蒙古则多用骆驼驮货。牲畜载重一步一步行去，速度难以快捷，“日行不能百里”。[10]

一般来说，用车、牲畜运输货物的距离都比较近，而用船运输商品则比较远。船只、车辆虽各地不同，但有一个共同的特点，即各地的运输工具都是当地人长期实践、筛选的结果，它们大都能够适应各自地区河流、道路的交通状况，有利于安全迅速地运输商品。

第二节　大宗商品的流通

一、粮食

粮食流通的运道，一是水路，一是陆路。可以通舟行船的河流是水路运

[1] 乾隆二十年二月二十八日河南巡抚蒋炳奏折，见《宫中档乾隆朝奏折》第10辑，第814页。
[2] 《清宣宗实录》卷177，道光十年十月丁酉。
[3] 《清代地租剥削形态》，中华书局，1982年，第82页。
[4] 顺治十一年正月巡抚延绥等地董宗圣揭帖，见《明清档案》A18—131，B10215—10217。
[5] 乾隆《镇安县志》卷6，《风俗》。
[6] 《秦边纪略》卷1，《河州》，乾隆年间版。
[7] 顾彩：《容美纪游》康熙，见《小方壶斋舆地丛钞》第6帙。
[8] 郑光祖：《（醒世）一斑录》，《杂述》卷6，《行店欺诈》记乾隆年间事，道光二十七年版。
[9] 松筠：《西招图略》，见《皇朝藩属舆地丛书》第一集，下。
[10] 魏定国：《分贮府谷疏》，见乾隆《登州府志》卷11，《艺文》。

输的基本条件。清代前期分布于大陆十八省的江河，能够通船载粮的主要有长江、西江、韩江、闽江、淮河、黄河、海河、滦河等水系及运河。由于陆路多是区域性运输，故不在本文讨论的范围。

长江是粮食运销的主渠道，对此前人已有许多论述，兹不赘述。值得一提的是，长江各段支流的粮食运销和与粮食对流的商品情况。四川是产粮区，部分川粮从叙州府，沿金沙江及其支流运销云南，[1]另一部分溯流而上至嘉定府，转由陆路运往川西南民族地区。大部分川粮沿长江上游各支流，运到重庆集中，然后顺流而下至汉口。由汉口溯流而上的商品有布匹、棉花、杂货等，“俱汇集于重庆府发卖”。[2]

汉水早在清代顺治康熙年间就有粮船往来。乾隆中期以前，粮食流向从湖北襄阳，溯流而上，运往陕西汉中地区。中期之后，陕南地区种植业发展，水稻盛行于河谷平原，[3]至乾隆四十三年，陕南粮食则顺汉水而下，返销襄阳、汉口。[4]另一路，沿汉水从襄阳运粮至小江口，再沿支流丹水运往陕西商州龙驹寨，然后陆运西安，[5]还可以从樊城，沿支流唐白河，逆流而上至河南南阳府。河南的粮食亦下运湖北。[6]因此，这条运路是不同粮食品种的对流。在湖北境内，沿汉水支流涓水，随州杂粮运往汉口，[7]沿汉水支流富河、章水，安陆粮食运往汉口。[8]荆州米豆、沔阳州豆、宜昌杂粮也都沿长江运往汉口。[9]集中于汉口的布匹、棉花等商品，则与粮食对流到以上各地，商贩、乡民以粮易布、花、盐等商品。

湘江是湖南粮食外运的主渠道，沿湘江各县的粮食集中湘潭，转输汉口。[10]“淮商载盐而来，载米而去。”[11]衡山县的“鱼、豆则至自荆、沔，枣、麦则

[1] 《清高宗实录》卷311，乾隆十三年三月是月。
[2] 雍正十年七月初十日四川夔关监督穆克德布奏折，见《宫中档雍正朝奏折》第20辑，第243页。
[3] 参阅肖正洪：《清代陕南种植业的盛衰及其原因》，《中国农史》1988年第4期。
[4] 乾隆四十三年十二月二十三日陕西巡抚毕沅奏折，见《宫中档乾隆朝奏折》第46辑，第293页。
[5] 严如熤：《三省边防备览》卷5，《水道》。
[6] 雍正十年五月十八日河东总督田文镜奏折，见《宫中档雍正朝奏折》第19辑，第741页；乾隆二十一年正月初二日河南巡抚图尔炳阿奏折，见《宫中档乾隆朝奏折》第13辑，第400页。
[7] 章学诚：《章氏遗书》卷24，《湖北通志检存稿》乾隆。
[8] 乾隆二十九年三月初五日湖广总督李侍尧奏折，见《宫中档乾隆朝奏折》第20辑，第737页。
[9] 乾隆十九年二月二十一日湖广总督开泰奏折，见《宫中档乾隆朝奏折》第7辑，第640页。
[10] 参阅王国斌等：《18世纪湖南的粮食市场与粮食供给》，《求索》1990年第3期。
[11] 嘉庆《长沙县志》卷14，《风土》。

来自襄、邓”,[1]说明从汉口返销湖南的商品有淮盐,荆州和沔阳的豆,襄阳和河南邓州的枣、麦。支流耒水道通郴州,从郴州陆运至宜章,再从宜章下水往广东。湘米与广货对流在此道上,“往来如织,昼夜不息”。[2]湘江上游直达广西,“湖南衡、永之谷,多至广西桂林粜卖”,[3]小船“上下桂、全、衡、湘间,转运粤糖、淮盐而已。”[4]以上两条运路,把长江水系和西江水系连接起来,成为粮食南北流通的渠道。沿澧江、沅江、资江也都有粮食运销,沿江居住的乡民以米易豆,或易来自江浙闽广的商品。[5]

江西也是产粮区,粮食沿长江运往江南;或向北沿昌江运往安徽;或沿赣江上游各支流运销福建、广东。江南的丝布、徽州的木材、广东的盐返销江西。[6]

安徽南部的粮食,沿长江运销江宁、崇明,或沿长江再入运河向南北分销。[7]在江宁,崇明商人“以布易米”,江广米客“以米易布”。[8]还有一部分粮食,沿支流青戈江、赏溪、麻溪,运至太平县、旌德县。[9]

西江及其支流分布在广西、广东。广西的粮食集中于戎墟镇,外输广东,[10]返销棉布等商品到广西。[11]广东省内粮食运销路线,以西、北、东三江为主。[12]

韩江及其支流分布于广东东部、福建。江西的粮食由人夫挑运至福建长汀,沿支流鄞江运至广东嘉应州;福建武平、广东平远的粮食,沿支流石窟溪下运镇平。嘉道年间,镇平人黄钊说:“本地产米仅敷三五月之粮。其由武平来者,谓之下坝,米由平远来,谓之东石米。”[13]

[1] 康熙《衡山县志》卷8,《物产》。
[2] 《湖南省例成案》卷34,《户律·市廛》;卷4,《兵律·关津》,乾隆。
[3] 杨锡绂《奏明劝民种植杂粮疏》乾隆,见《四知堂文集》卷4。
[4] 乾隆《祁阳县志》卷4,《风俗》。
[5] 参阅李华:《清代湖南城乡商业的发达及其原因》,《中国社会经济史研究》1991年第3期。
[6] 参阅陈支平:《清代江西的粮食运销》,《江西社会科学》1983年第3期。
[7] 参阅[日]山本进:《安徽米流通と清代崇明の棉业》,《东洋史研究报告》13,1988年。
[8] 晏斯盛:《上制府论布商易米书》,见贺长龄:《皇朝经世文编》卷47,《户政二二,漕运中》。
[9] 参阅王宇尘:《清代安徽粮食作物的地理分布》,《中国历史地理论丛》1992年第2期。
[10] 参阅黄滨:《明清时期广西“无东不成市”布局研究》,《广西社会科学》1982年第3期;亦参阅李华:《清代广西农村的商业性农业》,《史学月刊》1991年第6期。
[11] 参阅叶显恩:《广东航运史》,人民交通出版社,1989年,第181页。
[12] 参阅陈春声:《市场机制与社会变迁》,广州:中山大学出版社,1992年。
[13] 黄钊:《石窟一征》卷3,《教养》。

闽江及其支流分布于福建省内。关于福建粮食运销问题已有研究，[1]兹不赘述。

淮河上游流经豫南，有潢河、曲河、灌水、史河等支流汇入；中游流经安徽境内，有颍河、肥河、涡河、浍河等支流汇入；下游经洪泽湖，在江苏境与运河相汇后入海。光州、光山的米谷，沿潢河下运；固始、商城的米谷，沿灌河、曲河、史河下运。豫南米谷分别在淮河的乌龙集、三河尖集中，沿淮河干流运往江南，[2]每年米去盐回。[3]颍河支流沙河流经北舞镇，在周家口集入颍河。北舞镇和周家口集是豆麦杂粮集散地，粮食沿沙河、颍河下运。[4]惠济河经鹿邑入涡河，归德府的粮食沿涡河下运。[5]在安徽境内，颍州、凤阳、泗州的粮食，也分别沿肥河、颍河、涡河、浍河汇入淮河运往江南。[6]沿睢水，河南和泗州的粮食运至淮安。[7]从江南返销安徽、河南的商品，以杂货为主，杂货一般包括“细缎、布匹、糖、纸”，还有药材、铁等。[8]在周家口集，道光年间的杂货行有180家，[9]说明江南商品也在周家口集分销。

黄河沿岸的甘肃，“兰州之麦可以顺流，中卫之稻可逆挽”。[10]宁夏是“产米之区”，“商民自中卫乘舟，由黄河以至宁夏”。[11]这是不同粮食品种的对流运销。沿支流大夏河，河州的粮食运至广浪河口起旱，陆运广浪城。[12]归化城粮食陆运至湖滩河朔，然后沿黄河下运，中间经起岸陆运，再下水直达山西荣河、永济，陕西韩城、朝邑。[13]关中地区的粮食，沿渭水下运山西。每当收获季

[1] 参阅王业键：《十八世纪福建的粮食供需与粮价分析》，《中国社会经济史研究》1987年第2期。
[2] 乾隆《光州郡志》卷21，《盐法》。
[3] 康熙四十八年二月十六日曹寅奏折，见《宫中档康熙朝奏折》第2辑，第99页。
[4] 乾隆《郾城县志》卷1，《川渠》；乾隆二十年九月十二日安徽巡抚鄂乐舜奏折，见《宫中档乾隆朝奏折》第12辑，第482页。
[5]《清高宗实录》卷371，乾隆十五年八月是月；乾隆十七年十一月十七日河南巡抚蒋炳奏折，见《宫中档乾隆朝奏折》第4辑，第349页。
[6] 乾隆十六年八月十九日海望题本，见钞档。
[7] 乾隆十九年六月二十四日安徽庐凤道尤拔世奏折，见《宫中档乾隆朝奏折》第8辑，第882页。
[8] 乾隆二十一年九月二十六日伊拉齐奏折，见《宫中档乾隆朝奏折》第15辑，第414页。
[9]《重修关帝庙岁积厘金记》碑刻，道光十八年，原碑现存周口市博物馆。
[10]《秦边纪略》卷4，《靖远卫》。书叙曰：“书中纪年及乾隆。”
[11] 黄焜：《边防三事》，见《小方壶斋舆地丛钞》第6帙。
[12]《清高宗实录》卷157，乾隆六年十二月是月。
[13] 乔光烈：《最乐堂文集》卷1，乾隆。

节，晋商“争先收买，多者累万少亦盈千，以致连舸接楫，贩运而归”，[1]或者由盐商“顺便带粮回晋”。[2]渭水“咸阳以东，现有买卖煤米往来客船”，[3]关中百姓或以粮易盐，或以粮易煤。归化的粮食也从湖滩河朔，由“木筏装载”，“至永宁之碛口，复陆运，经乡宁至孝（义）”。[4]宁远厅乡民，每岁至左云县城“粜卖粮食，置办农具”。[5]河南府的粮食，沿黄河向西运销山陕；开封、归德二府的粮食向东下运江南。[6]乾隆年间，有人在黄河风陵渡口，记下了往来船只所卸商货：“吴材楚产秦粟兼，河南暖种多木棉。”[7]这里是山陕豫三省交界地，乡民或以粟易吴楚产品；或易河南棉花，各取所需。

海河及其支流分布在直隶，下游经天津入海。沿支流子牙河、滹沱河、釜阳河，广平、顺德、正定的粮食输入天津。[8]返销畿南各地的是食盐等商品。[9]不过由于天津是粮食集散地，直隶各府州县民间口粮也需要从天津“水运接济”。[10]

滦河发源于蒙古，经四旗、喀喇河屯、热河、永平，在乐亭境入海。自喀喇河屯以下通航，每年只有4个月。永平府乡民从下游“载缸、锅各器具，赴热河等处觅售。回棹买带米粮，入潘家口贩卖”，或“至卢龙、迁安一带，随地卸买”。[11]

运河贯通直隶、山东、江苏、浙江四省，是南北粮食交流的重要通道。[12]卫河流经河南、直隶、山东入运河，豫北三府的粮食集中到楚旺镇，[13]沿卫河下运

[1] 乾隆十八年五月二十一日陕西巡抚钟音奏折，见《宫中档乾隆朝奏折》第5辑，第421页。
[2] 乾隆十七年八月十六日山西巡抚阿思哈奏折，见《宫中档乾隆朝奏折》第3辑，第603页。
[3] 鄂海《汾渭通船并募水手疏》，见《皇朝经世文编》卷114，《工政二〇·各省水利一》。
[4] 乾隆《孝义县志》，《物产·民俗》。
[5] 乾隆二十九年三月二十二日山西巡抚和其衷奏折，见《宫中档乾隆朝奏折》第20辑，第842页。
[6] 道光五年六月十八日文连奏折，见钞档。
[7] 胡稚威：《石笥山房文集》卷2，《曲沃行》嘉庆。
[8] 雍正（无年月）顺天提督吴襄奏折，见《宫中档雍正朝奏折》第26辑，第621页。
[9] 乾隆十八年三月十六日直隶总督方观承奏折，见《宫中档乾隆朝奏折》第4辑，第814页。
[10] 乾隆五十二年五月十八日直隶总督刘峨奏折，见《宫中档乾隆朝奏折》第64辑，第403页。
[11] 乾隆十六年十一月二十七日直隶总督方观承奏折，见《宫中档乾隆朝奏折》第2辑，第45页。
[12] 参阅［日］香坂昌纪：《清代における大运河の物货流通——乾隆年间淮安关を中心として——》，《东北学院大学论集》1985年15期；许檀《明清时期运河的商品流通》，《历史档案》1992年第1期。
[13] 《清高宗实录》卷51，乾隆二年九月戊申。

临清。天津秫粱“溯流而至”临清。[1]山东豆产地“峄县尤为水运总汇”，[2]豆粮下运江南。沿黄河、淮河，河南的麦豆杂粮米谷入运河南下；沿长江经仪征的米谷船只沿运河北上。在江苏，与运河平行的串场河、盐运河，[3]以及徐六泾河、白茆河也是粮食运道。[4]运河沿岸的无锡乡民用“棉布易粟以食”。[5]在浙江，杭、嘉、湖、金、严、绍等府都依靠从运河转输的粮食。[6]通常情况下，浙江西部与东部不存在长期粮食供求关系。[7]“衢、严之米多为江南徽州贩运。”[8]徽州的竹木返销浙江。[9]

通观清代前期粮食运输的规模之大、范围之广，几乎覆盖内陆18省区。凡是能通舟的河流，包括支流和支流的支流都有粮船往来。缺乏水运之利的广大地区，用车载、牲驮、背背肩挑方式进行粮食陆运，也是随处皆有。还有本文未涉及的传统商人形成行商坐贾的组合、运输、仓储之间的配合，都反映了粮食运输活动具有全国性。粮食市场也具有相当重要的地位，在城乡人口，以及不同经济收入阶层、不同地区对粮食品种的需求，以及自然灾害的救济等方面，都起到举足轻重的作用。因此，毫无疑问，清代前期粮食运输，为全国商品流通统一市场的形成，准备了充足的条件，打下了良好的基础。

二、棉布及其原料

棉花流通的特点，首先是平原棉花向山区流动。直隶平原多种棉花，山西北部多山是无棉区，“棉花则出真定诸处，经平遥东来，南行灵隰，则自孝义转贩”。[10]豫北内黄县“东南两乡沙土多种棉花，……山西客商多来此置局收

---

[1]　乾隆《临清直隶州志》卷2，《建置》。
[2]　乾隆十七年四月二十二日江苏巡抚庄有恭奏折，见《宫中档乾隆朝奏折》第2辑，第739页。
[3]　雍正五年七月二十四日陈时夏奏折，见《宫中档雍正朝奏折》第8辑，第576页；《康雍乾时期城乡人民反抗斗争资料》（下册），中华书局，1979年，第591页。
[4]　乾隆三十六年六月十一日江苏巡抚萨载奏折，见《第一历史档案馆档案·朱批奏折·财政类·关税》。
[5]　黄印：《锡金识小录》卷1，《备参上·米价》，乾隆。
[6]《清高宗实录》卷313，乾隆十三年四月是月。
[7]　参阅［日］则松彰文：《清代中期の浙西における食粮问题》，《东洋史研究》第49卷第2号。
[8]《清高宗实录》卷215，乾隆九年四月是月。
[9]　参阅王珍：《徽州木商述略》，《徽州社会科学》1991年第2期。
[10]　乾隆《孝义县志》，《物产民俗·物产》。

贩”。[1]上海的棉花流向浙江西部山区。“吾邑地产木棉,行于浙西诸郡。”[2]这种流通不仅在省与省之间进行,而且在有的省内也如此。乾隆年间,陕西“韩城、郃阳一带出产木棉”,韩城以北是“层层山岭”,棉花“皆由韩城北运”。[3]

其次,是北棉南运的情况。山东、河南的棉花,沿运河,经过淮安关、宿迁关、扬州关、浒墅关“连舻捆载而下,市于江南”。[4]“宿迁一关,全赖西(黄河)、北(运河)两河枣、梨、棉花等货。”[5]“淮关钱粮俱系北来”,“棉花等货船输税居多”。[6]乾隆十二年,江苏巡抚安宁称,“缘上年太仓、崇明棉花欠收,客商多自河南等处贩花来南,故花税较上届多收”。[7]浒墅关“棉花一项,因苏属丰收,无藉外省,是以外省棉花来苏报税甚少,故自乾隆十三年三月十八日起,至八月初二日止,收棉花税银九百九两一钱一分,比之乾隆十二年三月十八日起,至九月初二日止,共收棉花税银二千四两八钱六分,计少收银一千九十五两七钱零”。[8]浒墅关税则,“净棉花每一百四十斤作担,每担税一钱二分”。[9]据此计算,乾隆十二年过关净棉花约234万斤,乾隆十三年净棉花过关约106万斤。乾隆十二年是江苏缺棉年的输入量,第二年是江苏棉花丰收年,外来棉花少,因此从这两年的情况看,浒墅关的过关量当在106万—234万斤左右。

棉花在汉口集中后,向南转输广东。“湖广诸省汉口等处”输入的棉花,经太平关征税。太平关乾隆十九年,“征收税银,全藉棉花、粮包、枝元、茶、油等货”。“去岁出产棉花之区,若湖广等省,因雨水失调,秋花欠薄,其江西、湖南所产茶子,及本省所出糖包等物,亦皆因旱欠收,商贩稀少,是以税课盈余,较之上年不无短少。”[10]

---

[1] 《河北采风录》卷2,《内黄县水道图说》,道光。
[2] 叶梦珠:《阅世篇》卷7,《食货三》。
[3] 陈宏谋:《培远堂偶存稿》,《文檄》,卷27、35。
[4] 康熙《嘉定县志》卷4,《物产》。
[5] 乾隆十八年二月初七日江苏巡抚庄有恭奏折,见《宫中档乾隆朝奏折》第4辑,第720页。
[6] 乾隆三年三月初八日海望等题本,见钞档。
[7] 乾隆十三年七月初九日户部尚书傅恒等奏折,见钞档。
[8] 乾隆十四年十一月十五日江苏巡抚觉罗雅尔哈善奏折,见《第一历史档案馆藏档案,朱批奏折·财政类·关税》。
[9] 《钦定户部则例》卷74,税则,浒墅关商税则例,见《清代则例》故宫珍本丛刊第285册,海口:海南出版社,2000年。该书有乾隆四十六年奏折,说明是乾隆四十六年以后的版本。
[10] 乾隆十九年十月初六日广东巡抚鹤年奏折,见《宫中档乾隆朝奏折》第9辑,第724页。

再次是江南棉花向南、向北流通。据范金民研究，江南"向南方福建、广东地区，后来甚至还向关东、江西等地输出棉花"，并估计外输籽棉5 400万斤。[1]棉花由海船运入福建，经闽海关"北来棉花、布疋等货"。[2]江南棉花也运入广东，"闽、粤人于二三月载糖霜来卖，秋则不买布而止买花衣以归，楼船千百皆装布囊累累"。[3]嘉庆年间，沿海运输兴盛，江南棉花多由海路向北运往山东、奉天。"近年洋面平靖，各海口皆通，一应布匹、丝、棉等货，又均由海道运往山东登、莱等府，及奉天、锦州、直隶、天津等处贩卖，是以浒墅关税课盈余银两屡形短绌。"[4]另外，江南棉花也经凤阳关向北运销。"查凤关征收水旱二钞，旱钞原不及水钞之多。""旱税，系棉、绸、缎、布疋等项，全赖浙江、苏松等处，产丰价平。"[5]新疆的棉花输入甘肃，嘉庆年间，甘肃高台知县"见土鲁番棉花捆运入关者甚夥"。[6]四川输入，南江"棉花买自汉中"。[7]

最后，一些沿河地方，中下游的棉花逆流运销到上游地区。在北方，陕西咸阳是棉花集散地，嘉庆年间，棉花商人在这里建立了会馆。"邑之有花行，其来已久，而花行之有会馆，实始于兹。""业于花者水陆并至，南则荆、襄、云梦，东则临汝、宏农，北则幽、冀、三晋，运载殆无虚日。"[8]关中平原虽然产棉，但为数不多，"不足本地之用"。[9]棉花来源，一自湖北逆汉水、丹水上达，二"向多贩自河南"。[10]棉花转输甘肃、陕北、晋北等地。汉口等地的棉花，逆汉水，经襄樊达陕西兴安、汉中。[11]"川之棉花"溯嘉陵江而达甘肃成县。[12]江西龙南

[1] 范金民：《明清江南商业的发展》，南京大学出版社，1998年，第72页。
[2] 嘉庆二年二月十一日闽浙总督魁伦奏折，见《宫中档嘉庆朝奏折》台北故宫博物院藏本，序号001988。
[3] 褚华：《木棉谱》。
[4] 嘉庆十八年六月十六日两江总督百龄、江苏巡抚朱理奏折，见《第一历史档案馆藏档案·朱批奏折·财政类·关税》。
[5] 乾隆二年十一月二十二日安庆巡抚赵国麟奏折，见《明清档案》台湾"中央研究院"历史语言研究所现存清代内阁大库原藏明清档案，A78-18，B44053—44054。
[6] 郑光祖：《(醒世)一斑录》，《杂述》卷2，《教民纺织》。
[7] 道光《南江县志》上卷，《物产》。
[8] 《创建花商会馆碑记》嘉庆二十年，引自志勤《清代前期陕西植棉业的发展》，《西北历史资料》1980年第1期。
[9] 杨屾：《豳风广义》乾隆。
[10] 陈宏谋：《培远堂偶存稿》，《文檄》，卷27、35。
[11] 严如熤：《三省边防备览》卷5，《水道》；卷14，《艺文下》。
[12] 乾隆《成县志》卷3，《物产》。

“溯流(逆赣江)而来,惟苎与棉”。[1]贵州遵义府、思南府“棉花自铜江口、秀山负荷以来”;[2]“木棉地不甚出,岁由常德运至”。[3]

不过,在长江上棉花是双向流通的。长江沿岸的芜湖关有“下江棉花”经过,[4]至道光时,仍然如此,“以油、豆、木棉、布匹为大宗”。[5]九江关有江西“棉花装载出境售卖”。[6]在四川,沿长江“由楚贩运棉花来渝投行发卖”,[7]这是逆流运销,“更有沿江一带,愚民将所种棉花,贱值卖于客贩,顺流而下,载至江楚”。[8]

棉布的流通与棉花的流通特点是一致的:由平原向山区,北布南运,及沿河地区的逆向运销。直隶布匹向山西、陕西运销,真定“郡近秦陇,地既宜棉,男女多事织作。晋贾集焉。故布甫脱机,即并市去”。[9]山西平阳、绛州,陕西同州的棉布运往陕北山区的延长县。[10]江苏常熟、昭文的棉布“南到浙江,及于福建”,[11]“闽不畜蚕,不植木棉,布帛皆自吴越至”。[12]“闽笋客贩卖江浙、汉广等处,货脱买布回发。”[13]广东平远布帛“半资江赣”。[14]浙江北新关税收“北来苏松布匹各物为大宗”。[15]四川中江棉布南贩“至滇黔,为大装货”。[16]

此外,云南、贵州大部分是山区,所需的棉布,一部分从两湖、江西等平原地区,逆水运入。“黔省跬步皆山,出产有限,所有外来货物,惟布匹、磁器等项居多。”[17]遵义东乡尽管从常德输入棉花,但所织布匹一部分逆水上运“蜀之重

[1] 乾隆《龙南县志》卷13,《风俗》。
[2] 道光《印江县志》,《田赋志第四》。
[3] 道光《思南府续志》卷2,《地理门·风俗》。
[4] 乾隆五十二年六月十五日安徽巡抚书麟奏折,见《宫中档乾隆朝奏折》第64辑,第685页。
[5] 道光十三年正月二十三日安徽巡抚邓廷桢奏折,见钞档。
[6] 嘉庆八年七月二十日阿克当阿奏折,见《第一历史档案馆藏档案·朱批奏折·财政类·关税》。
[7] 《清代乾嘉道巴县档案选编》(上),成都:四川大学出版社,1989年,第343、339、422页。
[8] 乾隆三十年十月十日四川总督阿尔泰奏折,见《宫中档乾隆朝奏折》第26辑,第285页。
[9] 乾隆《正定府志》卷12,《风物志下·物产》。
[10] 乾隆《延长县志》卷4,《食货志·服食》。
[11] 郑光祖:《(醒世)一斑录》,《杂述》卷7。
[12] 王沄:《闽游纪略》,见《小方壶斋舆地丛钞》第9帙。
[13] 道光《永安县续志》卷9,《风俗志》。
[14] 嘉庆《平远县志》卷2,《物产》。
[15] 道光十四年三月三十日英裕奏折,见钞档。
[16] 道光《中江县新志》卷1,《地里志·物产》。
[17] 乾隆五十一年十一月二十日贵州巡抚李庆棻奏折,见《第一历史档案馆档案·朱批奏折·财政类·关税》。

庆、泸、溆”，另一部分销往山区“威宁、平远，极于金川”。[1]在长江上棉布多逆行，“川江来往货船上水布匹”；[2]湖北江陵“川客贾布沙津抱贸者，群相踵接”；[3]上海中机布“走湖广、江西、两广诸路”；[4]逆支流金沙江“船路梭织，百货流通，而以盐、布为大宗，一行于雷波及左路蛮地，一行于马边及右路蛮地，云南永善一带均资焉”；[5]逆支流嘉陵江“陕（汉中）之布匹，悉货于是（甘肃成县）”；[6]逆支流汉水、大竹河、任河，“布自襄樊”运入至四川太平厅。[7]在湖南，逆湘江，耒阳“布通行郴、桂、粤西间”，[8]逆澧水及其支流布匹运往湖北鹤峰州。[9]

然而，棉布流通与棉花流通也有不同之处。其一，江苏松江、常州两府和通州、太仓州是当时最大的产布区，各种布匹除了向南运销外，还向北运往山东、奉天等地。浒墅关“以奉天、山东各路布匹为杂税”；[10]凤阳关“旱税系棉、绸、缎、布匹等项，全赖浙江、苏松等处，产丰价平”。[11]但“近年洋面平靖，各海口皆通，一应布匹、丝、棉等货，又均由海道运往山东登、莱等府，及奉天、锦州、直隶、天津等处贩卖”。[12]山东布匹也经山海关或沿海北运。[13]另外，淮安关、扬州关也都有南来布匹经过输税。[14]这是沿运河运输的棉布。

其二，棉布经安徽芜湖关、江宁西新关，沿长江流通，西新关税收受“江广油、布等货”影响。[15]芜湖“户关全赖上江油、豆、杂货，下江布匹、棉花等税。

---

[1] 道光《遵义府志》卷17,《物产》。
[2] 雍正十年七月初十日四川夔关监督穆克德布奏折，见《宫中档雍正朝奏折》第20辑，第243页。
[3] 乾隆《江陵县志》卷22,《风上二·物产》。
[4] 叶梦珠:《阅世编》卷7,《食货五》。
[5] 嘉庆《屏山县续志》卷下,《舆地志·场市》。
[6] 乾隆《成县志》卷3,《物产》。
[7] 严如煜:《三省边防备览》卷5,《水道》; 卷14,《艺文卜》。
[8] 道光《耒阳县志》卷8,《风俗》。
[9] 道光《鹤峰州志》卷7,《物产》。
[10] 嘉庆十八年六月十六日两江总督百龄等奏折，见《第一历史档案馆档案·朱批奏折·财政类·关税》。
[11] 乾隆二年十一月二十二日安庆巡抚赵国麟奏折，见《明清档案》A78-18，B44053—44054。
[12] 嘉庆十八年六月十六日两江总督百龄、江苏巡抚朱理奏折，见《第一历史档案馆藏档案，朱批奏折·财政类·关税》。
[13] 乾隆三十年五月二十一日金简奏折，见《宫中档乾隆朝奏折》第25辑，第32页。
[14] 散见《宫中档乾隆朝奏折》。
[15] 乾隆十年十一月三日户部尚书海望等奏折，见《明清档案》A140-51，B78635—78638。

去年黄豆、棉花、布匹到关稀少”，以致盈余银短少。[1]在道光年间，由于“频遭欠岁，小民艰于糊口，无暇谋及长襦，棉布因而滞销，商贾无从转运”。[2]

其三，甘肃、宁夏、蒙古、青海等少数民族地区需要棉布，许多山西、陕西商人在河南、湖北、江苏等产布区大量收购布匹往贩。河南孟津“秦陇巨商终年坐贩”；[3]湖北棉布为“西贾所收”；[4]江苏宝山棉布“有陕西巨商来镇设庄收买”。[5]以上所述，都是省与省之间的较长距离的运销。在各省内部也还有县与县之间的运销，其特点与省际棉布流通特点基本一致。此外，由于产棉区的纺织业不发展，也形成原料和纺织品的对流。如东北的棉花与山东的棉布，长江上棉花和棉布的相对流通，广西“自桂林贩棉花、白糖等杂货至湖南”，[6]湖南耒阳“布通行郴、桂、粤西间”。[7]

三、丝织品及其原料

这里所指的丝类包括桑蚕丝和山蚕丝。以桑蚕丝为原料织成的绫、罗、绸、缎、绢等产品，统称丝绸；以山蚕丝为原料织成的各种绸，统称茧绸。

桑蚕丝的产区比较广泛，无论南方还是北方，几乎大部分省区都产桑蚕丝，其中最著名的产丝地是浙江湖州，“查浙省杭嘉湖绍出产蚕丝，惟湖州所属为多，头蚕所产上丝，俱供上等纱、缎、罗、绫、绒、纬等用，次等作湖绉、绸、绢及次等纱、罗之用”。[8]其次为江苏苏州等地。在四川，桑蚕丝主要产于西部州县；安徽产于皖北；其他湖北、湖南、广东、福建、贵州、广西等省都有部分州县产桑蚕丝。北方的直隶、山东、山西、河南、陕西等地也产少量的桑蚕丝。以上这些桑蚕丝产地，大部分也生产丝绸，因此也是丝绸产地。[9]乾隆五十九年重

[1] 乾隆三十六年六月九日户部尚书素尔钠等奏折，见《明清档案》A211—130，B118227—118231。
[2] 道光十四年三月十三日安徽巡抚邓廷桢奏折，见钞档。
[3] 嘉庆《孟津县志》卷4，《贡赋·土产》。
[4] 康熙《德安府全志》卷8，《物产》。
[5] 民国《月浦里志》卷5，《实业志·商业》，记乾嘉间事。
[6] 道光《西延轶志》卷2，《舆地下·风俗》。
[7] 道光《耒阳县志》卷8，《风俗》。
[8] 乾隆二十九年三月初九日杨廷璋等奏折，见《宫中档乾隆朝奏折》第20辑，第765页。
[9] 参阅郑昌淦：《明清商品经济》，北京：中国人民大学出版社，1989年。

庆有“绸号四十余家”,“机房二百余家,色绫系伊等自织”。[1]湖北“荆州素出绫绢丝布,其所需之丝,皆取给本省”。[2]湖南龙山“丝皆家出,树桑饲蚕”。[3]山东桑蚕丝织业主要分布于济南、东昌、兖州等府的二三十个州县。[4]清代陕西关中地区的桑蚕丝业重新兴起,许多州县植桑养蚕,缫丝织绸。[5]山西同州府“四境多桑蠓极丰,商多以华(州)丝为最”。[6]河南的桑蚕丝织业在乾隆时期发展到鼎盛,具有代表性的景文州汴绫庄扩大到五座分号,产品种类繁多,统称汴绫,闻名省内。[7]

桑蚕丝的产地虽然很多,但产丝质量好、数量多的只有浙江湖州地区,因此,湖丝在当时十分出名,许多省或县的丝织品用湖丝织成。江西建昌府的绢,“乡人货湖丝成之”。[8]安远县湖绵绸“贸易者于苏、湖买丝”织成。[9]“江宁本不出丝,皆买丝于吴越。”[10]位于江宁的西新关“全赖进城丝斤”输税。[11]“粤缎之质密而匀,其色鲜华,光辉滑泽,然必吴蚕之丝所织,若本土之丝,则黯然无光,色亦不显,止可行于粤境,远贾所不取。粤纱金陵、苏杭皆不及,然亦用吴丝,方得光华不褪色,不沾尘,皱折易直,故广纱甲于天下,缎次之。”[12]正因为此,湖丝的运销也十分广泛。“凡浙省湖丝贩运来粤,必由南、韶二府方抵省城及佛山等处销售。”[13]闽、广等省“客商每年赴浙江湖州一带买丝”。[14]湖丝还经北新关向北方运销,在北新关税中,本省绸、丝等货占所征税银“十之二、三”。[15]潞安府长治县不出桑蚕丝,顺治时期“丝线取给山东、河

[1] 《清代乾嘉道巴县档案选编》(上),成都:四川大学出版社,1989年,第347页。
[2] 乾隆二十年五月十三日湖广总督开泰奏折,见《宫中档乾隆朝奏折》第11辑,第366页。
[3] 嘉庆《龙山县志》卷7,《风俗》。
[4] 参阅许檀:《明清时期山东经济的发展》,《中国经济史研究》1995年第3期。
[5] 参阅魏志强:《明清时期关中区域市场初探》,1987年硕士论文。
[6] 乾隆《同州府志》卷13,《物产》。
[7] 参阅魏千志:《清代开封景文州汴绫庄的发展》,《中华文史论丛》1983年第3期。
[8] 康熙《建昌府志》卷3,《舆地志·土产》。
[9] 乾隆《安远县志》卷1,《舆地志·物产》。
[10] 嘉庆《江宁府志》卷11,《风俗物产》。
[11] 道光二十一年八月初七日存住奏折,见钞档。
[12] 乾隆《广州府志》卷48,《物产》。
[13] 乾隆二十八年三月二十四日两广总督明山奏折,见《宫中档乾隆朝奏折》第17辑,第263页。
[14] 《上谕条例》第11函,《户例》,禁丝斤出洋,乾隆二十四年。
[15] 道光十四年三月三十日英裕奏折,见钞档。

南、北直等处”；乾隆时期，丝“来自远方川、浙之地”。[1]其他贵州正安丝“质精色美，商通各省，贩运甚多”，[2]山西阳城“乡人治丝，以贸于中州，故无缣帛之出”，[3]陕西三原丝“近日贩自蜀楚”。[4]

由于浙江的蚕丝质量好，江南地区丝织业水平又比较高，所以江南的丝绸产品在全国大部分地区销售。江南丝绸沿长江，向西运销江西、两湖、四川等地，经西新关的货物有“苏杭纱缎绫绸”。[5]位于四川的夔关，税收中就有来自江南的绸缎税。[6]湖南常德“锦绮之属，取之江浙远方”。[7]苏杭丝绵运销湖南宁乡县。[8]江宁的“绸、缎、绒匹等项，贩运苏城、粤省”。[9]同时也运往安徽，“缎匹贾诸江宁，土人无有织者”。[10]运销陕西、山西、河南及西北边疆等地的江南丝绸，先沿长江运至浦口，“起岸运往长淮，雇船赴颍、亳、河南等处”。[11]经河南，再运至陕西、山西及西北边疆。“陕省为自古蚕桑之地，今日久废弛。绸帛资于江浙。”[12]沿运河，江南的丝绸运销京师、直隶、山东。浒墅关税收“南来绸布杂税亦居额数之半”。[13]扬州关、淮安关税中，“南来之绸缎”税也占有一定数量。[14]“苏州府属吴江县盛泽一镇，地产绸绫，商贩云集。”[15]山东济宁商人在这里建有济宁会馆，嘉庆二十二年，共有商号27家；济南商人嘉庆中期在这里建成东齐会馆，这些山东商人主要经营丝绸买卖。[16]正如当时碑刻记载的那样：“吾杭饶蚕绩之利，织纴工巧，转而之燕、之齐、之秦晋、之楚蜀滇黔闽粤，

[1]　乾隆《潞安府志》卷34，《艺文续编六》。
[2]　爱必达：《黔南识略》卷32，《正安州》。
[3]　乾隆《阳城县志》卷4，《物产》。
[4]　乾隆《三原县志》卷1，《地理·物产》。
[5]　乾隆十九年四月二十六日安徽布政使高晋奏折，见《宫中档乾隆朝奏折》第8辑，第115页。
[6]　乾隆二十四年四月初三日四川总督开泰奏折，见《第一历史档案馆档案·朱批奏折·财政类·关税》。
[7]　嘉庆《常德府志》卷18，《物产考九》。
[8]　嘉庆《宁乡县志》卷8，《风俗志》。
[9]　道光二十一年八月初七日存住奏折，见钞档。
[10]　嘉庆《宁国府志》卷18，《食货志·物产》。
[11]　乾隆《凤阳县志》卷3，《舆地志·市集》。
[12]　陈宏谋：《巡历乡村兴除事宜檄》乾隆十年，见《培远堂偶存稿》文檄，卷19。
[13]　道光十四年二月十七日豫堃奏折，见钞档。
[14]　乾隆二十一年九月二十六日伊拉齐奏折；四十二年六月二十日两江总督高晋奏折，见《宫中档乾隆朝奏折》第15、39辑，第415、118页。
[15]《清高宗实录》卷114，乾隆五年四月庚辰。
[16]　参阅范金民：《明清时期于苏州的外地商人》，《中国社会经济史研究》1989年第4期。

衣被几遍天下。”[1]

与桑蚕丝相比，山蚕丝的产地有限，所以山蚕丝的产量、流通都不广泛。山东的山蚕丝向江南地区运销，叶梦珠说，山东茧绸“嘉、湖、苏、松，在在皆织，故用者愈众，而价愈贱”。[2]山蚕丝也向东北运销。[3]贵州遵义的山蚕丝“行楚、蜀、闽、滇诸省”，“广东程乡茧亦遵义丝也”。[4]茧绸的流通状况与山蚕丝差不多。山东茧绸除经山海关，向东北运销之外蒙阴的茧绸也销往苏州。[5]陕西宁羌“本养山蚕，抽丝织茧，贩行川广，获利已属不赀”。[6]“遵义之绸，广行他省”，[7]“其绸行于荆、蜀、吴、越间矣”。[8]

但在各地市场上，江南丝绸这种名牌产品与各地方的丝绸产品，处于竞争共存的局面。乾隆年间成书，以开封城中社会生活为背景的小说《歧路灯》第五十二回，记载了城内市场上的商品，其中有汤阴绸、临颍锦；第二十八回，记有杭纱、南京绸。在新蔡，“绢帛多取诸西（西平）、遂平县，造绫罗纱缎，则诸南方行商用之”。[9]湖南衡山“绫罗绸缎上出于广（广东），下出于苏、京（南京），省其薮也，衡其所波及耳。城中绸店不过一二家得之也”。[10]“遵绸之名竟与吴绫、蜀锦争价于中州，远徼界绝不邻之区。”[11]这说明江南丝绸虽然在各地流通，但并未完全占有各地的市场。

综上所述，可以看出，丝织业生产专业化程度高，分工细致，单独任何一个人都不能完成整个生产过程。植桑的不一定养蚕，养蚕的不一定育种，育种的不一定养蚕，养蚕的不一定缫丝，缫丝的不一定织绸，织绸的也不一定缫丝，等等。总之，丝织业生产中，各环节的产品都是商品，都在市场上流通，而且，还有一部分丝及丝绸向国外销售。

[1] 《吴阊钱江会馆碑记》，见《江苏省明清以来碑刻资料选集》，北京：三联书店，1959年，第24页。
[2] 《阅世编》卷7，《食货六》。
[3] 乾隆三十年五月二十一日金简奏折，见《宫中档乾隆朝奏折》第25辑，第32页。
[4] 李宗昉：《黔记》卷2。
[5] 参阅许檀：《明清时期山东经济的发展》，《中国经济史研究》1995年第3期。
[6] 张廷槐：《栈道栽桑记》，见道光《续修宁羌州志》卷4，《艺文志》。
[7] 宋如林：《请种橡育蚕状》道光五年，见《皇朝经世文编》卷37，《户政》12，《农政》中。
[8] 爱必达：《黔南识略》卷30，《遵义府》。
[9] 乾隆《新蔡县志》卷3，《田赋下·物产》。
[10] 道光《衡山县志》卷18，《风俗》。
[11] 道光《遵义府志》卷16，《农桑》。

四、竹木

竹木流通在明代就已经有了，但流通范围比较小，从设置征收竹木税的税关数量就可以得到证明。全国各大江河是竹木流通的载体，这里围绕几条主要河流进行描述。[1]

明代主要围绕京师四周设立了通州等五个税关，以及河北真定税关。到了清代前期，除通州税口仍然保留外，乾隆时因正定府“木税为数无多”，[2]税关被裁革。明代在兰州设立的税关，清代未继承，但在京师北和西北方向，新设立潘桃口，即潘家、桃林两口，与古北口、杀虎口、武元城等税关，征收竹木税。

北方蒙古克什克腾、乌兰布通等处，分布大片森林，而滦河及其支流，就是这些山场林木向京畿地区运送的途径。早先政府需用木料，“召募商人，自备资本，出古北口、潘家、桃林等口，采伐木植，运至通州、张湾地方，照数验收给价”。[3]其后，政府改官方召募商人采伐，完全由商人雇工，自伐运输，将木材伐运，交给市场，用税收进行管理。木商“自山场运木，皆系雇觅蒙古牛车”，陆运到滦河大河口，或运至支流小滦河口。[4]

大青山的木材从托克托河口下水，沿黄河至河保营，再运至山西河津县仓头镇市场售卖。[5]顺治七年，在杀虎口设关收税。[6]到乾隆二十五年，“大青山无木可伐”。[7]

黄河支流汾水，发源于山西宁武府芦芽山，经忻州、太原、汾州、平阳、绛州，自河津县境入黄河。其支流文水，发源于吕梁山，经交城武元城、文水开栅

---

[1] 参见经君健：《清代前期民商木竹的采伐和运输》，《燕京学报》1995年第1期。
[2] 《清高宗实录》卷90，乾隆四年四月己丑。
[3] 乾隆《工部则例》，营缮清吏司，抽分，内务府藏抄本。
[4] 乾隆三十年十二月二十三日直隶布政使观音保奏折，见《宫中档乾隆朝奏折》第27辑，第133—134页。
[5] 刚毅等：《晋政辑要》卷11，《户制·杂税八》，光绪十三年刊本；乾隆八年十月十八日山西巡抚刘于义奏折，见《历史档案》1990年第3期。
[6] 康熙朝《大清会典》卷34，《户部》18，《课程三·关税》，见《近代中国史料丛刊三编》第72辑，台北：台湾文海出版社，1993年。
[7] 道光四年三月初五日邱树棠奏折，见钞档。

堡，在汾州境汇入汾水。吕梁山的落叶松、云杉、油松、桦木等木材，沿文水、汾水南运。交城县的武元城在汾水旁，“为水旱总路。其水泉滩地势宽平，水陆驮运之木悉聚于此”。[1]

运河是贯穿南北的河流，其将各条东西流向的江河串联起来，西南的竹材、木材沿运河北上，经通州运销京师，是竹木运销网络中的一条重要干线。明代在运河沿岸设有淮安、临清、杭州各关征收木税。清代淮安关和宿迁关征收木税并不多。临清工关，“征船料、木税”。[2]以征船料为主，所以征收的木税也很少。但这并不说明运河的木材运输量少，因为粮船跨带，是运河运输木材的重要方式。康熙时期，漕船“船尾拴扎大筏，不令查验”。[3]乾隆五十四年，“李天培私带桅木一千九百五十根”，共欠淮安、宿迁两关木税银一千二百六十七两五钱。[4]到嘉庆年间，漕船跨带竹木逐年增加，“较从前多至五六倍，统计江广三省粮船跨木不下六七十万根之多”。[5]运河上每年通行的“江西、湖广粮船二千余只”，[6]这些船不仅天篷上装载竹木，而且船两旁跨带，估计每年运输竹木当在数百万根左右。

运河向南流入浙江省严州府境内，富春江称桐江，其支流新安江的上游在安徽省徽州府境内，称率水。率水支流古阳水发源于黄山，经黟县、休宁，在屯溪入率水。率水也在这里与新安江合流。率水上游支流小溪，都是木材运路，休宁、祁门、黟县、歙县的木材沿小河下运浙江。富春江支流东阳江流经金华境内，东阳江支流衢江流经衢州，其支流金溪经开化、常山入衢江。这些河流总汇于运河，所以严、金、衢三府的竹木最后也运输到杭州。早在明代运河南端的杭州北关和南关就征收木税，清代仍旧，南新关专征金、衢、严等府山场的木税，康熙时木税开始减少。乾隆年间，南新关的木植过关量大幅减少，虽然税不足额，但每年也总保持在两万两左右。

长江及其支流是明清两代竹木运输量最大的水路。明代沿长江设有荆

[1] 《晋政辑要》卷12，《户制·关税二》。
[2] 《清会典》卷58，《工部》。
[3] 《清圣祖实录》卷265，康熙五十八年七月壬寅。
[4] 乾隆五十四年六月十二日淮安关监督征瑞奏折，见《宫中档乾隆朝奏折》第72辑，第499页。
[5] 《清仁宗实录》卷365，嘉庆二十四年十二月庚寅。
[6] 《清圣祖实录》卷265，康熙五十八年七月壬寅。

关、龙江关、芜关征收木税。清代不仅保留了这些税关，而且还在上游四川地区增设了渝关，在支流地区的湖南省境内新设辰关。芜关分为芜湖户关和芜湖工关，工关主要征收竹木税。另外，户部管辖的九江关与江西赣关，也征收部分竹木税。

长江上游的四川山区，遍布密林，盛产各类杉木、柏木，保宁、顺庆、潼川、巴州南江木材，分别沿嘉陵江、涪江、渠江至重庆，汇入长江。建昌所属之雷波卫、昭通府之永善县的杉木及云南的木材，沿车洪江、牛栏江、金沙江也运到重庆，沿长江下运。重庆是“全川江水总汇”之地，[1]“大小两码头，人民众多，用木浩繁。各路山客零星砍伐木植，扎就小排，贩运来重，量材发卖，银货流通。城外江北咀一带地方，江宽水平，山客发卖各项木植，远商扎造下楚大排，数十年来，百无一失”。[2]康熙四十六年，政府在重庆城外北岸两河合流之处设立渝关。[3]“每年五六月江水泛涨方能扎筏放行，至七八九十等月始陆续抵关”，[4]“或就近发卖，或运贩下楚”，“凡有江楚商贩，在重庆零买已税之木，总汇扎筏，前往湖广江南贩卖”。[5]

长江中游流经洞庭湖，这里汇聚了湖南的湘江、资江、沅江、澧江，而四江是湖南、贵州竹木的主要运道。湘江发源于广西桂林境内，经永州、衡州、湘潭流入洞庭湖。湘江干支流经的永州府祁阳县“竹木之产饶于他郡。每年架排载舟，涉洞庭而抵鄂汉者，络绎不绝”，“编筏贩到汉镇，岁可数万金”。[6]湘江支流潇水发源于瑶峒山区，经道州，在零陵县入湘江。乡民“走下河”，沿潇水下运，用船载木至道州、零陵等地发卖。[7]资江发源于宝庆府，经新化、益阳入洞庭湖。资江上游的益阳商贩，“将竹木扎成小筏，或五六排，八九十排不等，用篾缆连环，牵绵数里”，[8]沿资江下运。资江沿岸的安化、新化、宝庆的竹木，

[1]《清会典事例》卷942,《工部·关税》。
[2] 乾隆二年八月二十九日四川巡抚硕色题本，见钞档。
[3] 黄廷桂等监修、张晋生等编纂：《四川通志》卷16上，《木政》，雍正十一年，见《文渊阁四库全书》《史部》317,《地理类》，台北：台湾商务印书馆，1983年。
[4] 乾隆十九年十月十九日四川总督黄廷桂奏折，见《宫中档乾隆朝奏折》第9辑，第818页。
[5] 乾隆二年八月二十九日四川巡抚硕色题本。见钞档。
[6] 乾隆《祁阳县志》卷4,《风俗》。
[7] 道光《永州府志》卷5上，《风俗志》，转引自《道州志》。
[8]《湖南省例成案》,《工律·河防》卷2，乾隆十三年。

也都沿资江运往湖北。沅江发源于宝庆府南部，上游分布在靖州境内，称洪江；流经沅州、辰州、常德府境，称沅江，在常德府入洞庭湖。整个沅江上游地区，水道顺畅，运木方便。城步县的杉木沿洪江下运，沅江上游的渠水等河也可以运送竹木。沅江支流清水江发源于贵州都匀府，经镇远、黎平，在湖南黔阳入沅江。雍正年间，"自黔省清水江开辟后，而材木出山愈多，各由江河总归洞庭，而下运江省"。[1]"黔省黎平府地处深山，山产木植，历系附近黑苗陆续采取，运至茅坪、王寨、卦治三处地方交易。该三寨苗人，邀同黑苗、客商三面议价，估着银色，交易后，黑苗携银回家，商人将木植即托三寨苗人照夫。而三寨苗人本系黑苗同类，语言相通，性情相习。而客商投宿三寨，房租、水火、看守、扎排，以及人工杂费，向例角银一两给银四分，三寨穷苗藉以养赡，故不敢稍有欺诈，自绝生理。"[2]澧江经永顺、澧州入洞庭湖。澧江及其支流溇水亦有竹木流通。清代政府在辰州设立税关，征收木税和盐税。

长江中游在湖北境内，除了有来自四川、湖南、贵州的竹木运销，还有汉水及其支流的竹木流通。这些竹木的一部分在湖北销售，大部分运往下游，并通过安徽、江苏向北、向南转运。因此早在明代就设立了荆关，清代仍旧。"荆州一郡，襟江带河，上接西蜀，南通云贵。在明季荆关银两全借上江之板木竹料，下江之大小船只。"[3]"荆关榷税，实惟仰资川来竹木，及上下往返船只，乃可取给国课。"[4]顺治三年，政府在荆关开征船料、木税。[5]

长江离开湖北省，进入江西境。纵贯江西的赣江及其支流，汇入长江南岸的鄱阳湖。赣江支流贡水，发源于宁都州武夷山，上游称锦水，经瑞金，中游称贡水，经会昌、雩都，在赣县境内先与北来湓江水合流，又与南来桃江水汇合入赣江。康熙、雍正年间，有木材沿贡水"运至金陵"售卖。至道光年间，则

[1] 雍正（无年月）按察使湖南辰永靖道王柔奏折，见《宫中档雍正朝奏折》第26辑，第122—123页。

[2] 嘉庆六年十二月二十七日碑刻，见姚炽昌选辑、点校，锦屏县政协文史委员会、锦屏县志编纂委员会办公室编：《锦屏碑文选辑》，1997年内部刊印本，第42页，转引自张应强：《从卦治"奕世永遵"石刻看清代中后期的清水江木材贸易》，《中国社会经济史研究》2002年第3期。

[3] 顺治八年九月初一日工部主事刘澍题本，见《顺治年间设关榷税档案选》上，《历史档案》1982年第4期。

[4] 顺治三年十一月湖广巡抚高士俊揭帖，见《顺治年间设关榷税档案选》上，《历史档案》1982年第4期。

[5] 顺治四年四月卢六艺揭帖，见《明清档案》A5-146，B2607—2608。

只“贩及省垣青山而止”。[1]桃江水发源于赣州府南部,经龙南、信丰入贡水。龙南“商之巨者,顺流而往,仅杉木、清油及靛与铁,溯流而来,惟苎与绵”。[2]乾隆年间,南安府、赣州府上游地区山多田少,民间多种桐梓木植,沿赣江下运。[3]明代在江西省沿长江处设立九江关,清代仍其旧。九江关主要征收船料税,其次有茶、盐、竹、木税。至嘉道年间“木税一项逾其全额之半”。[4]

长江过了江西之后,来到安徽省。这里的支流青弋江、泥汊河、新裕河,将安徽省内的竹木运入长江。明代政府在安徽省芜湖县设立芜关,征收竹木和船料税,清代仍其旧,但改称芜湖工关。大体说,乾隆年间,是芜湖工关竹木通过量最多的时期。

长江进入江苏省后入海。竹木运输至江苏,首先到达江宁府,这里是江南最大的竹木集散市场,“数省所聚,四时常足”。[5]明代政府在江宁府城设立西关和新江关,征收进城的落地税及通过该城的税。[6]清代将西关改称西新关,隶户部,新江关改称龙江关,隶工部,龙江关“以竹、木、煤、炭四项为大宗,棉花、杂货等次之”。[7]长江中的竹木排把经过江宁府后,一路则从仪征或瓜州转入运河,运往北方,或沿途卸卖,或直抵京师。另一路“至镇江牌湾地方改为小排进口,由河路运往苏州等处发卖”。[8]还有一部分竹木排把,或沿黄浦江运至松江府,或从苏州沿运河向南输往浙江。[9]

南方包括两广、福建地区,即东江、北江和西江流域遍布的广东和广西省,闽江、九龙江和韩江流域分布的福建省,这些河流也是竹木的运输载体。广东除广州、肇庆、惠州、潮州四府竹木相对稀少之外,[10]其他地区都产竹木,有竹

---

[1] 道光《会昌县志》卷11,《风俗志》。
[2] 《龙南县志》卷13,《风俗》,乾隆十五年序文,抄本。
[3] 乾隆十九年五月二十日江西巡抚范时绶奏折,见《宫中档乾隆朝奏折》第8辑,第538页。
[4] 同治元年五月二十八日沈葆桢《查明九江关实在情形并筹变通办理折》,见《沈文肃公政书》卷1。
[5] 康熙二十二年《苏州府采办木植定例碑》,见《明清苏州工商业碑刻集》,南京:江苏人民出版社,1981年,第113页。
[6] 乾隆《江南通志》卷79,《食货志·关税》。
[7] 道光四年三月初八日广亮奏折,见钞档。
[8] 雍正八年九月十八日镇海将军王釴奏折,见《宫中档雍正朝奏折》第17辑,第13页。
[9] 顺治十七年正月二十日《松江府为严禁巡船抢掠竹木告示碑》,见《上海碑刻资料选辑》,上海:上海人民出版社,1980年,第108页。
[10] 雍正二年十月二十九日董象纬奏折,见《宫中档雍正朝奏折》第3辑,第394页。

木流通。东江支流清化水发源于始兴县南山，沿清化水，始兴县木材下运。东江支流流溪，经从化县入东江。北江上游及其支流分布在韶州、连州、南雄州，干支向南，经英德、清远至三水。浈水流经南雄、始兴、仁化等县，竹木沿浈水下运至韶州入北江。粤北的乐昌、乳源和湖南的宜章等县地处武水上游，也有木材下运。

北江支流泷水分布在韶州府境内，经乳源入北江。乳源县松杉，沿泷水、北江贩运。[1]北江支流湟水发源于连州，至黄土坑入北江。阳山松杉，[2]沿湟水下运。西江上游及其支流分布在广西省，下游流入广东境，在三水与北江、东江合流后入海。广西的竹木，沿浔江上游、漓江上游、蒙江上游下运，沿浔江支流北流江，龙江上游，左江和右江上游，木材下运。这些竹木除本省使用外，大部分经梧州沿西江流向广东省。明代在两广未设征收竹木的税关。清代在北江与支流的汇合处，韶州府城东设立太平桥税口，在城西设立遇仙桥税口，在湟水下游沿岸设立浛光厂税口。康熙九年，三税口统归太平关。[3]太平关虽属户部，但征收木税，“太平、遇仙、浛光三关厂木税二十二条”。[4]

福建地区的竹木，沿闽江其及支流，向海口方向运集。闽江北部的支流建溪，由众多溪流合成，下游经建宁府城，在延平府入闽江。松溪及支流经政和、松溪县入建溪。松溪“上游各属产木山场甚多，商人砍伐出运”。[5]沿松溪、建溪运输的竹木，都汇入闽江。建溪上游西溪、九曲溪、武溪、东溪发源于武夷山，“木植多在深山通涧之处，秋冬砍伐，俟春水涨发，由溪顺流而下。木客于南台收买扎排，海运江浙售卖”。[6]闽江支流富屯溪，经延平府南平县入闽江，木材沿富屯溪下运入闽江。支流梅溪、古溪，流经泰宁、建宁后合流，经梅口寨入富屯溪。建宁杉木“或土人自运，或外商行贩，道途搬木，相续不绝”。[7]福

[1] 康熙《乳源县志》卷8，《事纪志·风俗》。
[2] 道光《阳山县志》卷2，《舆地下·物产》。
[3] 康熙朝《大清会典》卷34，《户部》18，《课程三·关税》。
[4] 乾隆十二年五月二十二日户部尚书刘于义等奏折，见钞档。
[5] 《运木出水酌量装排章程》乾隆三十五年十一月，见《福建省例》，《杂例》卷29。
[6] 颜希深：《闽政领要》卷中，《各属物产》乾隆三十二年；蒋衡《记虹桥板》，见《云寥山人文钞》卷4，道光。
[7] 乾隆《建宁县志》卷6，《物产》。

建西北部的木材，部分向北运销江西。如汀州宁化木材，“先时徽贾买山，连筏数千为捆，运入瓜步，其价不赀。近本邑木商自运，价大减于前”。[1]宁化木材也陆运江西水次，沿赣江运往江南。闽江支流沙溪，经永安、沙县入闽江。“永安县周围二三百里范围内，有大片天然林，树种有栲、槠、樟以及珍贵的楠等。商人复从永安辖界贩运，路由宁属翠峰、新村、西塔、石坑、温坑山谷一带地方，陡辟新径而出，至河放运。”[2]

闽江所有支流下运的木材，除部分本省销售外，都沿江运至福州海口。康熙年间海禁放开后，所聚竹木，相当数量从海上外运。雍正年间，“闽省延、建、邵三府所属近河各县，俱系产木之区，沿溪顺流，直抵省城。每岁商民从此装运出海，至江浙两省发卖”。[3]浙江木材“半取给于闽。每岁乡人以海舶载木出五虎门，由海道转运”。[4]钱塘江口嘉兴府属的乍浦，所用木材就自“闽广来”。[5]

竹木除了从福建沿海运输外，在江苏沿海也有贸易。嘉庆五年江苏通州吕四场人，船载40根芦竹，海运山东莱州府售卖，欲买黄豆回江苏。嘉庆十三年，江苏人船载篁竹，从上海出港，欲海运山东胶州售卖，装载黄豆、青豆运回。[6]江海关征收竹木“按根、按围，板按块科税”，[7]许多竹木都是长径大围，由于目前资料尚缺，难以估计通过江海关的竹木量。

综上所述，按各地河流的竹木运输量从大到小排列，依次为长江、运河、滦河及其支流、闽江及其支流、黄河中游、汾河及其支流、广东三江及其支流、潮河及其支流、辽河及其支流、松花江及其支流牡丹江。按各关竹木税数量从多到少排列，依次为芜湖工关、龙江关、九江关、南新关、荆关、辰关、渝关、潘桃口、杀虎口、武元城、太平关、赣关、古北口、胡纳胡河口、吉林三关。以上只是

[1] 康熙《宁化县志》卷2，《土产》。
[2] 康熙《宁洋县志》卷2，《物产》。
[3] 雍正十一年三月初三日御史觉罗柏修等奏折，见《宫中档雍正朝奏折》第21辑，第204页。
[4] 《安澜会馆碑记》嘉庆十年元月，转引自李伯重：《明清时期江南地区的木材问题》，《中国经济史研究》1986年第1期。
[5] 乾隆《乍浦志》卷1，《城市》。
[6] 《问情别单》，见《备边司誊录》大韩民国国史编纂委员会影印本，第5册。转引自［日］松浦章：《李朝漂着中国帆船の〈问情别单〉について》（下），见《关西大学东西学术研究所纪要》第18辑，1985年。
[7] 《清会典事例》卷234，《户部·关税》。

大概估计，因为各河流、各税关每年竹木流通量都不同，多寡实难定论。[1]

五、铁及其制品

铁的运销，南方以湖南、广东、云南、四川等省为主，北方则以山西、陕西两省为中心，分别向其他地区流动。湖南永定县的铁“贸贩者多江南巨商，故邑有小南京之号。国初称极盛，乾隆末始渐微”。[2]雍正年间，“江省河工椿木与粮船战艘之所需板料及□铁、桐油等项多系商贾赴黔楚地方贩卖”。[3]嘉庆年间，“沅陵等县商民贩买铁斤，运赴江苏等省销售，共一百余万斤”。[4]沿沅江，辰溪、泸溪、乾州等地“所出生板，俱装运浦市，出售于炒铁厂，炒成熟铁，然后装运湖北汉镇等处销售”。[5]浦市是这一带铁的集散地，“为上游大市镇，饶油、铁、白蜡诸货，各省行商多停泊于此”。[6]北部澧州的津市也是铁的集散地，石门县的铁“多取给于津市”。[7]湖南南部“产铁各地方，外来射利商贩悉于就近设炉锤炼，下船装运赴湖北汉口发卖，或由汉口而转运两江递贩”。[8]湖南铁除运销江南等地之外，还贩运广西。“自湖南贩苏木、铁条等杂货至桂省。”[9]在湖南本地，辰州府的铁“货于四方，贫富恃以为业”。[10]衡山“铁则货自茶陵”。[11]

湖北汉口镇是南方铁的集散地，除聚集湖南铁之外，云南、四川铁沿长江运到这里。汉口的“铁来自云贵、四川”。[12]嘉庆时，这里“有铁行十三家，铁匠五千余名”。[13]四川重庆是铁的聚集地，往长江下游运销的同时，也在本省销售。“有新厂、老厂、真武场、陈家场、玉隆砀以及南邑等处铁货来渝发卖。”

---

[1] 参见邓亦兵：《清代前期竹木流通量》，《清史研究》2005年第2期。
[2] 同治《永定县志》卷6，《物产》。
[3] 雍正七年按察使湖南辰永靖道王柔奏折，见《宫中档雍正朝奏折》第26辑，第122—123页。
[4] 道光《两广盐法志》卷35，《铁志》。
[5] 刘家传：《矿厂利弊说》附，见道光《辰溪县志》卷21，《矿厂志》。
[6] 严如煜：《苗疆风俗考》，见《小方壶斋舆地丛钞》第8帙。
[7] 嘉庆《石门县志》卷18，《风俗》。
[8] 雍正六年湖南辰永靖道按察使王柔奏折，见《宫中档雍正朝奏折》第26辑，第66页。
[9] 道光《西延轶志》卷2，《舆地下·风俗》。
[10] 乾隆《辰州府志》卷16，《物产考下》。
[11] 康熙《衡山县志》卷8，《物产》。
[12] 章学诚：《湖北通志检存稿》，见《章氏遗书》卷24，《食货考》，乾隆。
[13] 包世臣：《筹楚边对》，见《安吴四种》卷34，《齐民四术》。

嘉庆时,这里的铁匠铺共有75户。[1]

广东铁"出阳春、阳江及新兴","商贾皆从罗定江运铁,总集佛山,故铁以佛山为凑"。[2]佛山是广东生铁的集散地,在这里将生铁再炼成熟铁,制造各种器具,向外运销。嘉应州平远县民从康熙至嘉庆时期,长年"煽炉冶铁"。[3]乾隆时,"铁则载至芜湖,以取利焉"。[4]郴州兴宁县民"需用铁斤,须自粤东贩运",[5]"取之粤省,肩运殊苦"。乾隆年间准予在本地开采铁矿。到嘉庆时,"商民贩运铁斤至江浙等省销售"。[6]

此外,江西龙南的铁,沿赣江"顺流"运往江南。[7]南安府属之上犹县民,自乾隆至道光年间都以"铸铁营生",[8]"贫民淘取(铁砂),远赴营前厂售卖"。[9]福建铁在本地及邻省浙江、江西销售,"闽省田少山多,内有产铁山场,可以采取矿砂,就近烧造器皿,便民利用";福宁府"所出铁斤器皿,除本邑供用外,俱转贩于上游之松溪、政和等县,并毗连浙省地方,现在往来络绎"。[10]江西高安县"铁取于福、广"。[11]据李伯重研究,明代福建年产铁6 000吨左右,清代乾隆时年产铁800吨左右,由此推断福建铁的外输,清代不如明代。[12]

北方山西潞安、泽州两府产的铁,"输市中州","日不绝于途"。[13]据称:"泽州、潞安、平定州处处产铁之乡,每年骡驮车载,运赴四方不知凡几。"[14]乾隆时,只"潞安府之铁税,每岁出息多至数万两"。[15]山西商人乾隆九年在洛阳建有潞泽会馆,其中铁货商铺有四家。[16]在朱仙镇,也有一通乾隆三十三年建

[1]《清代乾嘉道巴县档案选编》(上),成都:四川大学出版社,1989年,第298、302页。
[2] 雍正《罗定州志》卷1,《舆地志·物产》。
[3] 康熙、嘉庆《平远县志》卷1,《风俗》;卷2,《风俗》。
[4] 乾隆《嘉应州志》卷11,《风俗》。
[5]《清高宗实录》卷166,乾隆七年五月甲子。
[6] 道光《兴宁县志》卷3,《矿厂》。
[7] 康熙《龙南县志》卷1,《舆地志·风俗》。
[8]《清宣宗实录》卷165,道光十年二月丁丑。
[9] 乾隆四十年八月初二日两江总督高晋等奏折,见《清代的矿业》(下册),北京:中华书局,1983年,第506页。
[10] 乾隆十六年八月二十二日福建布政使顾济美奏折,见《宫中档乾隆朝奏折》第1辑,第489页。
[11] 康熙《高安县志》卷2,《物产》。
[12] 李伯重:《江南的早期工业化(1550—1850年)》,北京:社会科学文献出版社,2000年,第308页。
[13] 雍正《泽州府志》卷12,《物产》。
[14] 雍正(无年月)山西按察使蒋泂奏折,见《宫中档雍正朝奏折》第27辑,第686页。
[15]《清高宗实录》卷1489,乾隆六十年十月庚子。
[16] 乾隆三十二年五月《关帝庙香火地亩碑记》,现藏于洛阳豫西博物馆内。

立的关帝庙碑，据碑文《重修关帝庙碑记》记载，当时朱仙镇有铁货铺十家，全是山西商人经营的。[1]当时河南产铁有限，这些铁铺主要是购买山西铁，说明山西铁占领河南市场的情况。据乾隆四十八年淮关监督全德报称，“黄河货船于四月十四、十五日有铁、碱等货船只抵关。询之该商，据称从豫省引河以上之武陟、封邱等县贩来”。[2]河南武陟、封邱等县不产铁，沿黄河运往江南的铁，应当是从山西转运来的。顺治元年，有山西籍商人宋维新，从山西“用价驼运”，“铁一千五百三十斤”到山海关。[3]宋维新从山西路运铁斤到山海关，虽然运输的是官铁，但运销的路线当与民用铁是一致的。孝义县“铁出城西八十里外之郭家掌诸村，掏沙取之，所产无几，止彼处数十里村民鼓铸器皿。近城则多用外来之铁”。[4]五台县出生铁，“为阖邑器用资”。[5]这说明了山西铁在省内自用和流通情况。陕西铁“只能铸造铁锅、铁盆，余皆铸成铁条、铁锭，贩运各处”。[6]

手工业生产工具的流通，常常与铁的运销不可分离。广东佛山出产的铁锅运销南方各省，铁线则贩运全国各地：“锅贩于吴越荆楚……铁线则无处不需，四方贾客各辇运而转鬻之。”[7]奉天金州城天后宫的屏风上，记载了四方来货，从名称看红白糖、铁器、纸张、夏布、苏木、胡椒等当来自闽广。[8]山西的钉铁运销直隶、河南、山东、江苏。乾隆五十一年九月，潞安府赵如明等人，“揽了德兴号店内的铁钉，用小车推送苏漕三义店（直隶属地）交卸”。[9]河南的铁器“自壶关县（山西属地）来”，[10]并转运山东。“卫河一带粗重锅油等货”，贩运至山东。[11]乾隆十八年，通州船户崔长顺，在胶州装载客货有铁钉八包、紫草九

---

[1] 碑现藏于朱仙镇岳庙内。
[2] 见《宫中档乾隆朝奏折》第55辑，第746页。
[3] 顺治二年五月山海关硝磺商人宋维新揭帖，见《明清档案》A2—223，B949—950。
[4] 乾隆《孝义县志》，《物产民俗》。
[5] 乾隆《五台县志》卷3，《建置志·村屯》。
[6] 嘉庆十九年四月十九日陕甘总督长龄等奏折，见《清代的矿业》（下册），北京：中华书局，1983年，第519页。
[7] 乾隆《佛山忠义乡志》卷6，《乡俗志·物产》。
[8] 转引自［日］加藤繁：《中国经济史考证》第3卷，商务印书馆，1973年，第142页。
[9] 乾隆五十一年九月十五日署理山西巡抚福崧奏折，见《宫中档乾隆朝奏折》第61辑，第515页。
[10] 乾隆《林县志》卷5，《风土志·农工记》。
[11] 乾隆六年十一月二十二日山东巡抚朱定元奏折，见《第一历史档案馆藏档案·朱批奏折·财政类·关税》。

包、鱼翅一包、豆油五坛……到苏州交卸。[1]嘉庆时,淮安、宿迁关过关主要商品有“山西钉铁、药材、碱、矾”,“各项杂货重船,皆由黄河顺流直下”。[2]乾隆时,内地的铁器经张家口外贩。[3]

六、油料

油料包括桐油、乌桕油、油漆等。桐油是桐树子榨出的油,“其用甚广”,[4]“不可食,并不宜灯,特用以饰器物”。[5]“涂房屋器用皆资之。”[6]“船家多用以制船。”[7]“桐油照夜之外,兼可煮以代漆。”[8]乌桕油是乌桕树子外面包着的一层白色脂肪,当时人们用桕脂造蜡烛,用其子榨油燃灯。“乌桕,其实榨为油,可燃灯,尤宜作烛。”[9]乌桕“收子压油,可以制烛,远近货之”。[10]

油料中的桐油、乌桕油主要产在南方,有湖南、浙江、四川、广西、江西、贵州、福建、广东、湖北、安徽等省。湖南产桐油最多,“商贾趋之,民赖其利以完租税,毕婚嫁”。[11]永顺附近的沅陵、乾州也“出桐油”,“亦多外客贩买”。[12]浙江衢州府开化县,土人种植乌桕、桐树,“取其子榨油”。[13]广西庆远府宜山县洛岩墟、南丹土州化良场是桐油的产地和集散地。[14]江西广信府上饶、兴安出桐油、乌桕油“较旺他邑,闽人种山者多资为生计”。[15]贵州遵义“油桐树,郡无外不有”,又产乌桕油。[16]福建上杭县有桐油,“但杭地阔人稠,本地所出不

---

[1] 《历代宝案》第5册,台湾大学1972年影印本,第2712页。
[2] 嘉庆十九年七月二十五日淮安关监督元成奏折,见《宫中档嘉庆朝奏折》,台北故宫博物院藏,序号016118。
[3] 托津等奉敕纂,《钦定大清会典事例》卷191,《户部·关税·禁令》,见《近代中国史料丛刊三编》第66辑,新北:台湾文海出版社,1991年。
[4] 乾隆《乌平县志》卷2,《地舆·物产》。
[5] 道光《宁都直隶州志》卷12,《土产志》。
[6] 嘉庆《於潜县志》卷10,《食货志》。
[7] 道光《江北厅志》卷3,《食货·物产》。
[8] 乾隆《连江县志》卷4,《物产》。
[9] 道光《仁寿县新志》卷2,《户口志·土产》。
[10] 乾隆《沅州府志》卷24,《物产》。
[11] 乾隆《永顺府志》卷10,《物产》。
[12] 严如熤:《苗疆风俗考》,见《小方壶斋舆地丛钞》第8帙。
[13] 乾隆《开化县志》卷5,《物产》。
[14] 道光《庆远府志》卷8,《食货志·墟市》。
[15] 乾隆《广信府志》卷2,《地理·物产》。
[16] 道光《遵义府志》卷17,《物产》。

敷本邑之用”,[1]需从外地购入。安徽安庆、池州两府“桕油郡邑皆出”。[2]宁国县有乌桕油,“民以为利”。[3]

外销桐油的省有湖南、贵州、江西、湖北,主要流向江南、北方、广东各地。湖南永顺县的桐油在列夕集散,“列夕在县西,离城八十里。自王村以上进猛峒小河,往来行舟多泊焉。民居罗列,商贩聚处,桐油……等货,于此收买,亦要区也”。[4]从王村以下,舟可沿北河入沅江。龙山县的桐油“胥籍人力搬运,南至隆头镇洗车河裁通小舟。西抵湖北来凤卯洞,亦小舟装载。至百户司,入北河以达辰、常。江右、闽广及山陕皮货客,亦贸易于此,归皆易桐油转售他处”。[5]沪溪、乾州的桐油集中在浦市,“各省行商多停泊于此”。[6]道州桐油“装运下河,其利最夥”。[7]装载桐油的船只沿潇水,入湘江。黔阳“洪河为上河,油商囤积之地”。[8]这里聚集的桐油,不但有本地的,而且还有贵州产的。贵州的桐油“由清水江而下,可通湖广之黔阳县,直抵辰州、常德两府”。[9]思南府的桐油也“运两湖销售”。[10]“查江省河工椿木,与粮船、战艘之所需板料,及□铁、桐油等项,多系商贾赴黔楚地方贩卖。”[11]以上地方的桐油,也包括油漆,都沿支流运入沅江,再汇入长江。湖南桐油还沿湘江的支流耒水,向南运销广东。每当“九、十月间,收茶、桐油”,郴州“行旅官商络绎不绝”。[12]

湖北安陆府、德安府等地的山区,“向多出产桐、柏、药材、柴炭等物,外贩往来络绎”。[13]桐油、桕油沿汉水汇入长江,集中在汉口。汉口的“桐油、白蜡来自辰州”。然后,沿长江运销安徽、江苏、浙江等地。[14]长江沿岸的芜湖关户

---

[1] 乾隆《上杭县志》卷19,《物产》。
[2] 乾隆《江南通志》卷86,《食货志·物产》。
[3] 嘉庆《宁国府志》卷18,《食货志·物产》。
[4] 乾隆《永顺县志》卷1,《地舆志·市村》。
[5] 嘉庆《龙山县志》卷7,《风俗》。
[6] 严如熤:《苗疆风俗考》,见《小方壶斋舆地丛钞》第8帙。
[7] 嘉庆《道州志》卷10,《风土·土产》。
[8] 黄本骥:《湖南方物志》,见《小方壶斋舆地丛钞》第6帙。
[9] 雍正六年四月二十六日云南总督鄂尔泰奏折,见《宫中档雍正朝奏折》第10辑,第348页。
[10] 道光《思南府续志》卷3,《食货门·物产》。
[11] 雍正七年按察使湖南辰永靖道王柔奏折,见《宫中档雍正朝奏折》第26辑,第122—123页。
[12] 嘉庆《直隶郴州总志》卷21,《风俗》。
[13] 乾隆二十九年三月初五日湖广总督李侍尧奏折,见《宫中档乾隆朝奏折》第20辑,第737页。
[14] 章学诚:《湖北通志检存稿》,见《章氏遗书》卷24,《食货考》。

关，雍正年间“多藉江楚油豆”。[1]乾隆时期，也是“以棉花、烟叶、桐油等货为重”。[2]嘉庆二年、道光十二、十八等年，芜湖户关税银短缺，因“辰油、襄豆等货，产运较前稀少”所致。[3]安徽怀宁县“滨临大江，商贩辐辏”，[4]“桐树本地不甚种之，油多来自湖广”。[5]设于江宁府的西新关，乾隆十年收税少，“因江广油、布等货来者微少，故略短于上年”。[6]

江西赣南山区的桐油，经赣江分别向南、北运销。“每岁贾人贩之他省，不可胜计。故两关之舟载运者，络绎不绝。”[7]过赣关的货物中，就有“南赣二府土产桐油、木油（即乌桕油）”。[8]广东太平关“征收税银全藉棉花、糖包、枝元、茶、油等货。往年各货长年流通，络绎贩运”。[9]这里的油就是从江西运入的。另外，江西的桐油还运销福建上杭县。上杭县本地产桐油，但“本地所出不敷本邑之用，恒藉江右益之”。[10]乾隆三十年四月十三日西宁奏报说：“上年浙江秋冬雨雪愆期，河道乾浅，舟楫载运维艰，商货往来稀少，桕油收成欠薄。”[11]说明浙江产的桕油经北新关运销。

湖南、湖北、贵州、江西的桐油、桕油、油漆，以及浙江的桕油，分别沿长江和运河，向北、西北运销。经浒墅关向北运销的货物中有“江广桐油”。[12]经通州、天津到京师也有桐油等油料。乾隆五十二年，天津关“因上年秋令，南河一带，水势浅阻，一切油船、茶船、杂货等项船只，未能及时流通，以致商贩稀少”。[13]据山西平遥县商人立碑记载：“颜料行桐油一项，售卖者惟吾乡人甚伙。自生理以来，绝无开行店口，亦绝无经纪评价，必本客赴通自置，搬运来

[1] 乾隆元年十一月初一日无人名，见钞档。
[2] 乾隆五十二年六月十五日安徽巡抚书麟奏折，见《宫中档乾隆朝奏折》第64辑，第685页。
[3] 嘉庆二年四月十二日安徽巡抚朱珪奏折，见《宫中档嘉庆朝奏折》，台北故宫博物院藏，序号002328；道光十三年正月二十三日安徽巡抚邓廷桢奏折；道光十九年十二月二十二日安徽巡抚程楙采奏折，见钞档。
[4]《清高宗实录》卷81，乾隆三年十一月是月。
[5] 道光《怀宁县志》卷7，《物产》。
[6] 乾隆十年十一月三日户部尚书海望等奏折，见《明清档案》A140–51，B78635—78638。
[7] 乾隆《赣州府志》卷2，《地理志·物产》。
[8] 乾隆二十年五月二十九日江西巡抚胡宝瑔奏折，见《宫中档乾隆朝奏折》第11辑，第551页。
[9] 乾隆十九年十月初六日广东巡抚鹤年奏折，见《宫中档乾隆朝奏折》第9、11辑，第724、126页。
[10] 乾隆《上杭县志》卷19，《物产》。
[11]《宫中档乾隆朝奏折》第24辑，第586页。
[12]《清宣宗实录》卷84，道光五年六月庚辰。
[13] 乾隆五十二年四月初四日天津关监督穆腾额奏折，见《宫中档乾隆朝奏折》第63辑，第813页。

京，报司上税，始行出卖，其由来固匪伊朝夕也。”[1]油料商品还经运河入淮河过凤阳关，向河南运销。[2]河南朱仙镇是桐油的集散地，那里的桐油会有商铺30家，经营者都是山西、陕西的商人。[3]朱仙镇聚集的桐油分别向直隶、山西、陕西等地流通。

七、大牲畜

大牲畜包括马、牛、骡、驴、骆驼等。大牲畜在农副、运输、手工业中用途比较广泛，特别是在现代交通工具出现以前，在广阔的陆路地区，大牲畜就显得格外重要，是人们尤其是商人、农民运输的主要工具。正是人们对大牲畜的这种需求，使得大牲畜的交易市场无处无之。一方面是星罗棋布的大牲畜交易市场，另一方面则是密集的征收大牲畜关税的常关。清政府规定，左翼、右翼两关专征牲畜税。崇文门、山海关、张家口、居庸关、杀虎口、坐粮厅、天津关、临清关、淮安关、徐州关、西新关、赣关、武昌厂、打箭炉、梧州厂等关，[4]以及浒墅关、江海关、凤阳关、北新关、夔关、太平关兼征牲畜税。[5]道光十三年，在密云县穆家峪设立税局，征收牛税。[6]以上诸关几乎包括了户部管辖的所有常关，而且基本上都设在驿路上，有的设在水驿沿线，说明大牲畜长距离的运销几乎遍布全国各地。以下着重描述马和牛的运销。

马的贩运方向，首先是北马南贩，其次是从广西、贵州、云南、湖南等地向广东、福建、浙江等地贩运。马是国家重要的军需品和运输工具，民间虽然也使用，“近有仿北方马耕之法”，“索纼如牛，入土稍浅，而亦足以承之”。[7]但主要还是“官买客贩”。[8]民间养马多为官方收购，当然民间的买卖、贩运也是存在的。商人“俱先以货物换回蒙古马匹，成群牧放”，或待官方派人

[1] 《公建桐油行碑记》乾隆十八年，见李华：《明清以来北京工商会馆碑刻选编》，北京：文物出版社，1980年，第2页。
[2] 道光十九年十月二十四日郑家麟奏折，见钞档。
[3] 乾隆三十三年《重修关帝庙碑记》，现藏于朱仙镇。
[4] 参阅《钦定户部续纂则例》，道光十八年校刊，卷43—71，《税则》。
[5] 《清会典》卷23，《户部》。
[6] 《清会典事例》卷238，《户部·关税》。
[7] 嘉庆《邵阳县志》卷47，《风土志·物产》。
[8] 乾隆《上杭县志》卷19，《物产》。

采买，[1]或自行贩运到各省销售。“各省马贩赴口外买马，赶回内地售卖者，往来络绎。”[2]“查西省马贩，每于八九月间，前赴豫、东贩售。”[3]马群被人驱赶，沿河岸路南下，“每岁边马至，或数千百蹄色别为群，纵牧河岸，望若云锦”。[4]“每岁十一月，口外贩马来南者，驱散马数千，分十余队，每队一人扬鞭押赴。先至金陵、镇江，乃循此堈身大路，过江阴抵常熟、昭文，以及太仓、松江，直往浙省。”[5]在南方，广东“不产马，而贵州、广西、四川等处多有贩马来卖者”。[6]“向系马客由广西贩至广东售卖”。[7]福建“无产马，必待春冬，方有别省（川、广）马匹贩到（此处疑漏‘此’字——引者注）”。[8]西藏“产马少，悉由霍尔一带及青海等处来者，价颇昂”。[9]

牛的产区比较广泛，大概各省都有产牛的地方，其中除了农家自养之外，还出现了养牛专业户，江苏淮安府安东县，顺治年间，有“乡民张姓者，畜水牛百头”。[10]正因如此，牛的贩运和买卖到处存在。直隶古北口是“牛贩赴京”必经的关卡，[11]山西杀虎口也是牛“出入”的关口，[12]从北向南贩牛必经这两个关口。长江上的西新关也是“江北乡镇居民赶贩牛”南下所经过的税关。[13]由于自然灾害，乾隆二十一年经过西新关的“猪、羊、牛、驴”倍少。[14]汉口的牛“来自河南”。[15]四川、贵州的牛，“舟中装载”至湖南永绥等地。[16]龙山县牛厂是“川贵牛支聚集”地，从这里贩运至“辰、常以及长沙”等处。[17]

---

[1] 乾隆二十年五月二十五日两江总督尹继善奏折，见《宫中档乾隆朝奏折》第11辑，第493页。
[2]《清仁宗实录》卷335，嘉庆二十二年十月癸未。
[3]《清仁宗实录》卷8，嘉庆元年八月壬寅。
[4] 厉秀芳：《真州风土记》嘉庆，见《小方壶斋舆地丛钞》第6帙。
[5] 郑光祖：《（醒世）一斑录》，《杂述》卷1，《堈身路》，道光。
[6] 雍正十三年闰四月二十五日广州将军张正兴奏折，见《宫中档乾隆朝奏折》第24辑，第588页。
[7] 乾隆二十一年二月初八日广州将军李侍尧奏折，见《宫中档乾隆朝奏折》第13辑，第637页。
[8] 雍正十年七月二十六日准泰奏折，见《宫中档雍正朝奏折》第20辑，第321页。
[9] 盛绳祖：《卫藏识略》乾隆，见《小方壶斋舆地丛钞》第3帙。
[10] 钱泳：《履园丛话》，《丛话一四》，《祥异·水牛》。
[11]《清宣宗实录》卷236，道光十三年四月丙辰。
[12] 雍正六年正月二十二日山西巡抚觉罗石麟奏折，见《宫中档雍正朝奏折》第9辑，第636页。
[13] 乾隆二十年三月二十四日安徽布政使高晋奏折，见《宫中档乾隆朝奏折》第11辑，第60页。
[14] 乾隆二十一年六月九日大学士傅恒等奏折，见《明清档案》A194-93，B108579—108582。
[15] 章学诚：《章氏遗书》卷24，《食货考》。
[16]《湖南省例成案》卷34，《户律·市廛》，乾隆二十一年。
[17] 嘉庆《龙山县志》卷7，《风俗》。

第三节　全国商路网的形成

一、运河

运河把直隶、山东、江苏、浙江四省串联起来，又将海河、黄河、淮河、长江四水系并联相结，又通过流入运河的富春江，中经陆路与闽江水系联结；长江通过湘江、赣江，中经陆路与西江水系、韩江水系相连；海河与滦河或经陆路，或经海路也可相通，成为重要的水运路线。除运河干流是水驿道之外，其他流入运河的江河亦可通航。卫河流经豫北、直隶南和山东，在临清入运河，卫河"为豫漕、芦盐舟楫通行之处"。[1]分布在山东境内的大清河，"水道宽深，可施舟楫"。[2]大清河是山东境内运输粮食、盐等商品的水道。[3]在江苏境内，与运河平行流通的串场河、射阳河、盐运河都有支流与运河相通，这些河也能通舟。流经苏、松二府和太仓州的吴淞江、刘河"萦绕贯穿其中，或农佃出入。或商船往来。与干河同资利济"。[4]"白茆、徐六泾二河与福山港毗连，皆系通海要津，向来海关于三处俱设口稽查征税。""江北靖江、如皋、通州、泰兴四州县商贩船只往来不由京口，即与福山对渡一帆直达。"[5]江阴县郑江河"商帆贾舶，越江海趋苏常者，遂往往骈集于此"。[6]出苏州阊门搭船，可直达松江府；亦可穿太湖、固城湖、丹阳湖，直达安徽芜湖；还可至浙江湖州府，再沿西苕溪至孝丰县。沿支流华亭塘、黄浦江，可往来于上海、浙江。在浙江境内，支流富春江及其支流也可行舟。沿支流桐溪、天目溪、柳溪，至分水、昌化；沿桐江、新安江、率水，可达安徽徽州府；沿东阳江、衢江，可达常山、清湖镇。[7]

明代时期，来中国的朝鲜使节，就曾经称："滦河源出独石口外牧厂，由多

---

[1] 朱云锦：《豫乘识小录》。

[2] 雍正八年十一月十一日山东巡抚岳浚奏折，见《宫中档雍正朝奏折》第17辑，第160页。原文称丁河，地图为大清河。

[3] 马国翰：《对钟方伯济南风土利弊问》，见《玉函山房文集》卷1，对问。

[4] 张世友：《议浚吴淞江书》，见贺长龄：《皇朝经世文编》卷113，《工政十九·江苏水利下》。

[5] 乾隆三十六年六月十一日江苏巡抚萨载奏折，见《第一历史档案馆藏档案·朱批奏折·财政类·关税》。

[6]《江阴重修文明桥改名文富桥碑记》道光十三年，见李兆洛：《养一斋文集》卷9。

[7] 参阅吴中孚：《商贾便览》卷8，《天下水陆路程》。

伦诺尔行丰宁县境。”“至入潘家口,其附入者,不下三十余水。”[1]“滦水阔不盈丈,而中甚深。土人以河水青绿急流,呼曰商都。两岸柳条丛生,秋时采为箭杆。”[2]滦河及其支流,经直隶与蒙古交界地区,过多伦诺尔厅境、喀喇河屯、热河,入永平府境,又经迁安、卢龙、滦州,在乐亭县境内入渤海。“自喀喇河屯滦河渡口起至乐亭县清河口入海之处,河宽数丈至数十丈不等,径路纡回,其间虽多激湍巨石,而小舟蜿蜒而行,尚无阻碍。”但一年之中“六七月间则盛涨难行,冬春又复冻阻,只有四五八九等月可以行舟”。[3]

海河分布在直隶省内,下游经天津入海。其支流子牙河与永定河之间,有大小六十余条河流,分别汇于东西二淀,西淀亦称白洋淀。雍正三年经允祥奏请疏通治理,乾隆五年又进一步开通航道,形成以白洋淀为中心的海河水系,其中子牙河、清河、淀河舟楫相通。[4]“滏水发源河南彰德府之磁州,流入直属各州县,合诸水抵天津入海,凡广平、顺德、正定、河间诸郡之米盐刍豆,无不藉以转输。”[5]流经保定的淀河在乾隆年间疏通后,“天津一带商民重载,由淀河一水直达,挽输甚便”。[6]在宝坻县有宁车沽一道,雍正五年疏通,“起自淮鱼淀,达于北塘口,长四十里,拓浚深通,估帆来往”。[7]上述几种主要商品,除大牲畜之外,都依托运河流通,淮安关以“豆、麦、枣、棉等件为重,皆自北至南”运销。[8]而且运河沿岸还是一些商品的集散地,诸如粮食、竹木、棉花、棉布、豆饼等。

二、黄河水系

黄河发源于青藏高原。清代前期,黄河是否能通舟行船,一直是人们关注的问题。康熙时期玄烨巡历西北,“自横城舟行,顺黄河下流,历人所未经

[1] 海忠纂修:《承德府志》卷15,《山川》,道光十一年刻本。
[2] 黄可润纂修:《口北厅志》卷2,《山川》,乾隆二十三年刻本。
[3] 乾隆十六年十一月二十七日直隶总督方观承奏折,见《宫中档乾隆朝奏折》第2辑,第44—45页。
[4] 乾隆十八年三月十六日直隶总督方观承奏折,见《宫中档乾隆朝奏折》第4辑,第814页。
[5] 雍正(无年月)提督吴襄奏折,见《宫中档雍正朝奏折》第26辑,第621页。
[6] 乾隆十八年十月二十四日直隶总督方观承奏折,见《宫中档乾隆朝奏折》第6辑,第530页。
[7] 《畿东河渠通论》,见贺长龄:《皇朝经世文编》卷107,《工政十三·直隶水利上》。
[8] 雍正(无年月日)淮安关监督庆元奏折,见《宫中档雍正朝奏折》第27辑,第731页。

行之河套，直达数千里，所至之处，无不详视”。[1]雍正、乾隆时期，也多次派人勘查。据调查结果，上游兰州至宁夏，中游宁夏至湖滩河朔河段，顺水逆水皆可行舟。从湖滩河朔至山西吉州之埽上，也是陕西宜川大跌哨，可以顺水行舟，[2]以下河段至吉州七狼窝不能行船。下游河南陕州至孟津段也难行舟，[3]其他河段顺水逆水都能通舟。黄河上游处高寒地区，有六个月可以通航。[4]中下游有十个月可以通航。嘉庆六年以后，黄河下游年年决口，河床日淤日高，已有不得不北徙的趋势，到咸丰五年铜瓦厢决口，黄河改道由山东利津入海时为止，黄河下游航运就基本废弃了。黄河支流渭水、汾水，分别流经陕西、山西。康熙年间，陕西巡抚鄂海调查渭水航运情况指出，宝鸡以上河道淤塞，“宝鸡至郿县一百四十余里，水落之时重载难行，郿县以东河深水平，重船无阻，可以挽运”。[5]据康熙年间山西巡抚噶礼调查汾河航运情况的奏报，“自河津县至洪洞县船皆可行。惟自赵城至省城，石多滩浅，非制造小船实难行走”。[6]雍正时期，经过凿挖疏通，洪洞以上至省城河段“皆通流”。[7]黄河下游支流洛水、沁水，分别流经河南府洛阳和怀庆府河内、武陟。洛水河宽水深，可以行船。[8]沁水流经的武陟县木栾店，商贾云集，“自此买舟，由沁达黄河”。[9]乾隆时，“淮、宿两关，钱粮全赖黄河、运河、洪泽湖三路豆货等税。而黄河尤为大宗”。[10]

三、淮河水系

淮河发源于河南桐柏山，流经豫南、皖北地区，在江苏境内与运河交汇后入海。淮河上游支流潢河，流经光山、光州，是每年盐来米去的主要运输渠

[1]《清圣祖实录》卷294，康熙六十年九月甲午。
[2] 参阅乾隆八年十月十八日山西巡抚刘于义奏折，载《历史档案》1990年第3期。
[3] 参阅乾隆四十三年四月十五日河南巡抚郑大进奏折，见《宫中档乾隆朝奏折》第42辑，第657页。
[4] 参阅雍正八年二月初一日署理陕西总督查郎阿奏折，见《宫中档雍正朝奏折》第15辑，第594页；《清高宗实录》卷138，乾隆六年三月戊辰。
[5]《清圣祖实录》卷216，康熙四十三年四月丙申。
[6]《清圣祖实录》卷216，康熙四十三年四月戊子。
[7] 雍正七年四月初三日工部侍郎马尔泰等奏折，见《宫中档雍正朝奏折》第12辑，第795页。
[8] 参阅朱云锦：《豫乘识小录》道光。
[9] 顺治《怀庆府志》卷2。
[10] 乾隆四十七年七月二十二日淮安关监督全德奏折，见《宫中档乾隆朝奏折》第52辑，第514页。

道。[1]支流灌水,流经商城、固始,在固始称曲河,灌水至龙潭"始通舟筏"。康熙二十八年加以疏通,"装运米炭入淮,易盐往来甚便"。[2]支流沙河,流经鲁山、舞阳、郾城,商贾往来,"上下风帆不绝"。[3]其余支流如惠济河、贾鲁河"虽迂回曲折,尚俱可以挽运"。[4]淮河中游支流颍河、涡河、浍河都是商船经由的"要路河道"。[5]淮河下游经洪泽湖或经高邮湖入运河。

四、长江水系

长江上游及其支流,金沙江、嘉陵江、涪江、渠江、赤水河等流经四川、云南、贵州省;长江中游支流汉洋河、香溪、陆水、富水、汉水流经湖北地区;南岸与洞庭湖相通,汇入洞庭湖的澧江、资江、沅江、湘江等流经湖南、贵州东部;长江下游支流乐安江、青弋江、泥汊河、新裕河、赣江等流经安徽、江西等地,在江苏省入海。

长江干流从湖北江夏至下游丹徒京口驿是水驿道,上游从成都至江夏,虽非驿道,但是商贾贩运的重要水路。长江上游支流主要分布在四川境内,嘉陵江及支流白水江皆"可通舟楫"。[6]"嘉陵较汉江更巨,商贾舟楫,贸迁停泊。"[7]流经太平厅的后江,"舟行下东乡、绥定、合州"。[8]流经夔州府的开江"舟航四达"。[9]大宁河"小舟上下"。其他支流涪江、渠江、中江也都可以通船。支流金沙江及其支流车洪江、牛栏江,在雍正年间已开通河道600余里。[10]乾隆时期,云南昭通盐井渡、贵州威宁之罗星渡先后疏通,"舟行以抵泸州"。[11]支流涪陵江,流经贵州称乌江,"为黔楚蜀通津","江楚商旅由铜仁陆行者,多

[1] 参阅乾隆《光州郡志》卷21,《盐法》。
[2] 乾隆《固始县志》卷4,《水》。
[3] 乾隆《郾城县志》卷1,《川渠》。
[4] 乾隆十七年十一月十七日河南巡抚蒋炳奏折,见《宫中档乾隆朝奏折》第4辑,第349页;《清高宗实录》卷371,乾隆十五年八月是月。
[5] 乾隆十六年八月十九日海望等题本,见钞档。
[6] 严如煜:《三省边防备览》卷5,《水道》,道光。
[7] 卢坤:《秦疆治略》道光。
[8] 严如煜:《三省边防备览》卷7,《险要下》。
[9] 陶澍:《蜀輶日记》嘉庆十五年十月十一日,见《小方壶斋舆地丛钞》第7帙。
[10] 雍正九年十一月十二日云南巡抚张允随奏折,见《宫中档雍正朝奏折》第19辑,第143—144页。
[11] 王太岳:《铜政议》下,见贺长龄:《皇朝经世文编》卷52,《户政二七·钱币上》。

自此济蜀，卖盐艘溯思南而上者亦多泊此”。[1]

长江行船之险，世人皆知。乘船入川，先在距汉口十里的杨林口换乘川船，在进入宜昌府新滩前，要把货物卸下陆运，空船由雇用的二百余名纤夫牵引逆水上行。牵道忽高忽低，只有一小孔容脚登踏，纤夫像猿猴一样负牵爬行。“船行江中纤牵山顶声息不能相闻，船上设锣鼓，以锣鼓声为行止进退。纤绳或挂树梢、绊石上，则锣声骤发，纤夫停足，另有管纤者，名捡挽，无论岩之陡峭，树之丛杂，扑身脱解，倾跌所不计。”[2]“上滩船每日停泊时甚多，以负重不利于浅，近岸又多乱石，故当欲泊之际，船头用长木二，各以棕绳缠木上，预撑入水，其木轧轧，然船势稍杀，方徐徐抵岸。”[3]

长江中游北岸的汉水及其支流分布于湖北、陕西、河南，汉水上达陕南汉中、兴安二府，下经湖北襄阳，直达汉口。“汉水至汉中城可行百斛钜舟。”[4]汉水上游支流任河，在四川太平厅境称北江，“河自东而西可行船，山内所产药材、茶叶，由此顺流而下至陕西紫阳任河口计程三百六十里，合汉江直达襄樊。襄樊花布等货，溯流至此起旱，发运各处”。[5]沿汉水支流丹水，商船从小江口直达陕西商州。[6]沿汉水另一支流唐白河，商船逆流而至河南赊旗店。在湖北安陆、德安二府，汉水支流富河和章水“可通舟楫”。[7]其他支流清江、蛮水、沮漳河、滠水、倒水、举水、浠水均可通船。[8]

长江中游南岸洞庭湖有湘江、沅江、资江、澧江分支，流经湖南、贵州，湘江与资江，沅江与澧江之间又分别有支流相通。除湘、资、沅、澧四江干流可以行船外，一些支流小溪亦能通舟。湘江支流浏阳河、连溪、来水、渌江、涓水、宜江、潇水，潇水支流乌江水、东江、掩水，流经桃川的平乐江等，均能通船，这些小溪流经的县都有从事农、渔业或运输的船只。[9]沅江支流北江、

[1] 晏斯盛：《黔中水道记》，见贺长龄：《皇朝经世文编》卷118，《工政二四·各省水利五》。
[2] 陈明申：《夔行纪程》，见《小方壶斋舆地丛钞》第7帙。
[3] 谢鸣篁：《川船记》乾隆二十四年八月，见《赐砚堂丛书新编》。
[4] 严如熤：《三省边防备览》卷5，《水道》。
[5] 陈明申：《夔行纪程》，见《小方壶斋舆地丛钞》第7帙。
[6] 参阅刘献廷：《广阳杂记》卷1。
[7] 乾隆二十九年三月初五日湖广总督李侍尧奏折，见《宫中档乾隆朝奏折》第20辑，第737页。
[8] 参阅周兆锐：《清代前期湖北省经济布局研究》，《湖北大学学报》1989年第2期。
[9] 参阅《湖南省例成案》卷12，《兵律·关津》，乾隆。

酉水,酉水支流松桃江,在永绥茶洞地方,“川黔之牛、猪、米、豆等物,舟中装载而来”。[1]支流潕水在贵州境称清水江,“平瀠宽阔,向可通舟,由清水江而上可直抵黄平州之重安江,由重安江而上,另有小河可通平越府之黄丝驿,由黄丝驿至贵阳省城则不过百余里。由清水江而下可通湖广之黔阳县,直抵辰州、常德两府”。[2]“此河原为云贵入楚通津,商贾往来,帆樯络绎。”[3]澧江与沅江之间有一道小河,“北接湖北公安,南达常德大河”,“系商贾往来通津”。[4]

五、珠江水系

西江水系上游流经广西,下游在广东境内与北江、东江合流后入海。在广西境内,支流贺江、郁江、右江皆可行舟。沿柳江、融江上达贵州,“贸易之人,多由此河往来”。[5]沿右江,从“百色下河直抵南宁府属地方”。[6]从百色逆流而上,沿驮娘江至剥隘、西林等地,雍正年间开通,“广东之三板等船”,“载货前来沿河交易”。[7]临桂县陡河有东西二流,“一达漓江,一湾折入鲢鱼陡,下永福,以至柳江,溯流而接黔粤之通津”。“自灵渠而北曲赴湖南,自鲢鱼陡而西,直际黔省之古州”[8],这是一条与驿路并行的水路。另外,从“西延之水,自兴安老源头发源,至大埠头始通舟,下水至湖南新宁一百二十里”。[9]在广东境内,西江、北江的干流是水驿路,西江、北江、东江其及支流都是商贾往来的水路。

六、沿海

东北是大豆、高粱、芝麻、杂粮等生产地,向华北输出粮食,生产资料是山

[1] 《湖南省例成案》卷34,《户律·市廛》,乾隆二十一年。
[2] 雍正六年四月二十六日云南总督鄂尔泰奏折,见《宫中档雍正朝奏折》第10辑,第348页。
[3] 乾隆三十三年七月十五日迈拉逊、三宝奏折,见《宫中档乾隆朝奏折》第31辑,第335页。
[4] 乾隆三十三年七月初七日迈拉逊、三宝奏折,见《宫中档乾隆朝奏折》第31辑,第240页。
[5] 康熙五十二年十月二十八日张文焕奏折,见《宫中档康熙朝奏折》第4辑,第598页。
[6] 雍正十二年九月初九日广西江右总兵潘绍周奏折,见《宫中档雍正朝奏折》第23辑,第504页。
[7] 雍正十二年七月二十三日尹继善奏折,见《宫中档雍正朝奏折》第23辑,第323页。
[8] 嘉庆《临桂县志》卷11,《山川十》。
[9] 道光《西延轶志》卷2,《舆地下·山川》。

茧和木材。天津和山东登青莱三府都从奉天进口粮食。奉天金州口岸的山茧“发往山东者尤多”。[1]乾隆五十六年，福山安永和船从金州装载“各样谷子及山茧、凉花等物”回县。[2]嘉庆十三年蓬莱张成顺承揽六名商人从奉天购买的茧包、高粱、包米等物，赴宁海州发卖。康熙二十二年准许盛京木材“沿海运至天津贸易”。[3]山东蒲台从奉天输入木材。[4]从华北返销东北的商品有小麦、布匹。锦州海口“入口货为天津、山东两处之麦。”[5]山东蒲台的布由商贩转售“北往关东”。[6]乾隆三十九年山东商人带“白布二十六匹，黑布四百八十匹”，赴奉天贸粮。

东北输往江浙的商品有粮食、瓜子、药材、茧绸、苏油，生产资料是豆饼。嘉庆二十一年天津陈百顺船，到辽东“买得黄豆、苏油、豆饼等项”，“要到江南省上海发卖”。另有客商“带茧绸六十一匹，同往江南上海县交卸”。[7]“关东豆麦每年至上海者千余万石。”[8]从江浙返销东北的商品有茶叶、布匹、绸缎、杂货、纸张等，生产资料有棉花。乾隆二十七年浙江鄞县商人，在上海“装载茶、布、杂货，往关东”。奉天商船“将彼省货物来江贸易，于回掉之时装载棉花出口”。[9]

东北运往闽广的商品也是粮食、瓜子、药材，生产资料有豆饼。乾隆三十一年福建龙溪县商人在锦州“装买豆子、瓜子”回县。[10]嘉庆十八年福建商船从锦州载黄豆、白米、鹿肉饼、牛斤、木耳、志远、甘草、丹参、赤芍药、柴胡、防风等回籍。道光四年海澄县商船，从盖州载黄豆、青豆、饭豆、黑菜、粉条、牛斤、牛油、鱼脯、烧酒等回籍。广东商人也购置同样商品回广东发卖。从闽广返销东北的商品有各样糖货、纸张、南方药材、铁锅、夏布、苏木、胡椒等。奉天

[1] 乾隆三十年三月初七日金简奏折，见《宫中档乾隆朝奏折》第24辑，第317页。
[2] ［日］松浦章：《李朝漂着中国帆船の“问情别单”について》(上、下)，《东西学术研究所纪要》1984年17辑，18辑，1985年。以下凡未注明出处者皆自此文。
[3]《清会典事例》卷942，《工部·关税》。
[4] 乾隆《蒲台县志》卷2，《物产》。
[5] 民国《锦县志》卷13，《交通·商港》。
[6] 乾隆《蒲台县志》卷2，《物产》。
[7]《历代宝案》第9册，第5510页；第10册，第5532页。
[8] 包世臣：《海运十宜》道光五年，见《安吴四种》卷3，《中衢一勺》。
[9] 乾隆四十二年六月二十三日江苏巡抚杨魁奏折，见《宫中档乾隆朝奏折》第39辑，第184页。
[10]《历代宝案》第6册，第3195页。

金州城天后宫的屏风上，记载了四方来货，从名称看红白糖、铁器、纸张、夏布、苏木、胡椒等当来自闽广。[1]乾隆四十四年闽船“装载纸货”赴关东。[2]闽商船在“关东贩卖乌茶、黄茶、绸缎、布匹、碗、纸、糖、面、胡椒、苏木，回日则载药材、瓜子、松子、榛子、海参、银鱼、蛏乾”。[3]

华北运往江浙的商品有粮食、枣、梨、腌猪、药材，生产资料有豆饼、铁钉。乾隆十八年通州船户崔长顺，在胶州装载客货有铁钉八包、紫草九包。鱼翅一包，豆油五坛等货，到苏州交卸。[4]乾隆三十四年，通州船户姚恒顺在胶州揽装腌猪等货，到刘河交卸。[5]道光三年丹阳船至青口装豆饼往上海发卖。同年，张用和船至山东莱阳“置豆饼、羊皮、水梨等货而返”。[6]道光五年鄞县船从山东载红枣、粉条回县。江浙返销华北的商品有茶叶、布匹、纸张、绸缎，生产资料有棉花、竹材。嘉庆五年通州船载芦竹运往山东。嘉庆十三年江南人“自上海县载篁竹”到胶州发卖。道光六年昆山船从上海装载客货，有各种纸张、扣布、麻布、锡箔、茶叶、板笋、糖果、药材、密笺等到胶州交卸。[7]

据文献记载，福建商船“至山东贩卖粗细碗碟、杉枋、糖、纸、胡椒、苏木，回日则载白蜡、紫草、药材、茧绸、麦豆、盐肉、红枣、核桃、柿饼”。[8]嘉庆六年，海澄船户金双美“在广东买收赤白糖等项”，到天津卖糖“复买收红枣、乌枣、核桃、梨子等物”回籍。[9]道光四年，广东澄海船装糖货至天津发卖，复买高粱酒、乌枣回籍。[10]道光十六年闽船在福山装黄豆、小麦、豆饼回籍。[11]闽广运往华北的商品以糖为主，还有纸、苏木、粗细瓷器、茶叶、胡椒，生产资料有木材。华北返销闽广的商品以粮食为主，还有枣、核桃、梨、白蜡、药材，生产资料有豆饼。

[1] ［日］加藤繁：《中国经济史考证》第3卷，北京：商务印书馆，1973年，第142页。
[2] 《历代宝案》第6册，第3492页。
[3] 黄叔璥：《台海使槎录》卷2，《赤嵌笔谈·海商》，台北：宗青图书出版有限公司，1995年。
[4] 《历代宝案》第5册，第2712页。
[5] 《历代宝案》第6册，第3265页。
[6] 郑光祖：《（醒世）一斑录》，《杂述》卷1。
[7] 《历代宝案》第10册，第5997页。
[8] 黄叔璥：《台海使槎录》卷2，《赤嵌笔谈·海商》。
[9] 《历代宝案》第8册，第4632页。
[10] 《历代宝案》第10册，第5850页。
[11] 《历代宝案》第12册，第6825页。

据浙江巡抚奏报：闽广商船“所载进口货物不过糖、靛、果品、杂货；出口转置亦惟绸缎、布匹、药材等物”。携带棉花“赴粤货卖者，亦不过酌带十之一二”。[1]闽省商民每岁从福州装运木材，“至江浙两省发卖”。[2]广东商人运糖、薯粉到苏州。[3]据山本进研究，粮禁放开时，福建向江浙输出砂糖、烟草，从江浙进口米谷、棉花。粮禁时，福建继续向江浙输出砂糖、烟草，从江浙进口棉花、丝织品，从台湾进口米谷，向台湾转输江浙的丝织品，由此形成以厦门为中心的，福建、江浙、台湾三角形的交易关系。[4]闽广运往江浙的商品有糖、薯粉、干笋、香菇、胡椒、苏木、药材，生产资料有松杉楠、靛青。[5]江浙返销闽广的有丝织品、布匹，生产资料有棉花、豆饼。

商船在沿海行驶，比在内河行驶安全。据说：海运“每岁漂没之数，总不过千百分之一。而遇飓风松仓在其中。松仓者，巨浪入仓，豆见水辄胀大至倍，恐船撇裂，故酌弃其半于海，以松之也。今南粮由运河，每年失风殆数倍于此”，[6]而且海运关卡少，不受漕船阻碍而耽误行程。更重要的是，海船比河船载量大，同样的商品，相同的目的地，海运比河运迅速、方便、安全、运费低，效益高，对于粗重的商品粮食来说，尤其如此。随着清政府从北向南逐渐放开对民间海上粮食运销的限制，海运粮食量呈明显增长趋势，特别在嘉庆时期达到2 050万石，这正是海运发展的结果。而且，嘉道时期，黄河、运河由于泥沙淤积，重船难行，以致内陆商品流通量明显减少。在这种情况下，海运对清代前期商品流通更具有重要意义。

以上描述的内河与沿海网络，是一个彼此相通的树形结构网络。每条江河水系都单独形成一个树形结构运路。长江、淮河、黄河、海河、西江各像一棵倒下的大树，树干如同干流；树枝如同支流，树枝上有分枝，如同支流上有支流，或连接的陆路。树干与树枝、树枝与树枝的结点，如同大小不同的集散市场，或市镇、城市，树枝上的树叶如同乡村。运河、韩江、闽江、滦河水系各像一

[1] 乾隆四十二年六月二十日三宝奏折，见《宫中档乾隆朝奏折》第39辑，第109页。
[2] 雍正十一年三月初二日御史觉罗柏修等奏折，见《宫中档雍正朝奏折》第21辑，第204页。
[3] 乾隆四十八年七月初四日福建巡抚雅德奏折，见《宫中档乾隆朝奏折》第56辑，第669页。
[4] 参阅［日］山本进：《海禁と米禁——清代闽浙沿海の米谷流通》，《社会经济史学》55辑5期。
[5] 乾隆《乍浦志》卷1，《城市》。
[6] 包世臣：《海运十宜》道光五年，见《安吴四种》卷3，《中衢一勺》。

棵直立的大树。除长江与西江、韩江之间,由湘江、赣江及陆路相连接之外,其他河流都与运河相通,由此每个独立的树型结构运路,就被联结成彼此相通的多个树形结构运销网络。这就是纵横交叉的商品流通网络。

东北沿海的运路与通往山海关等地的陆路,及分布在该地区的河流相连;天津沿海运路与滦河、海河水系相连;山东沿海运路与该地区河流水系相连;江苏沿海运路与长江、淮河、黄河水系及运河相连;浙江沿海运路与该地区河流网络相通;福建沿海运路与闽江水系和台湾海路相通;广东沿海与该地区的河流水系相通。在海运粮食对其他商品流通的带动下,以奉天、山东和江苏赣榆、台湾三个产粮地为中心,向各沿海省区输出粮食,带回其他商品,促成东北华北、江浙和闽广三个沿海区域市场之间的商品流通。东北华北市场出口粮食、枣、瓜子等农产品、农副产品,换取江浙市场的布、茶、纸和闽广市场的糖、陶瓷器皿、纸张等手工业产品;东北华北市场出口肥料、山茧,换取江浙市场上的棉花;江浙市场出口棉花、丝,换取闽广市场上的木材、染料、铁,形成了农副产品和手工业产品的交流,生产资料的交换和地区间互为市场的格局。这反映出各区域市场内的商品供应,不仅生活资料相互依赖,而且生产资料也是要相互依赖的。

此外,周边地区的商品流通渠道,与内地运输路线相连接。东北的运路,从义州,经山海关,直通永平府,还可达京师,与运河相通。北边的运路,分别经喜峰口、古北口,至直隶,达京师,也与海河水系和运河相接;或经杀虎口至山西;或从河套至陕西,商品运路与黄河水系相通。西北甘肃的商品运路,分别在东、西两个方向,与黄河水系相通;新疆地区的商品运路,通过驿路,与蒙古、甘肃相接。西边的商品运路,与长江水系相通。西南的商品运路,经长江与洞庭湖相通;云贵的商品运路,也与长江水系相连;云南、广西的商品运路,与西江水系相连。因此,周边地区的商品流通路线,不仅与内地运输路线相连接,而且形成互通的网络。

这样,周边、内地、沿海的商品流通运路连接起来,形成清代前期全国商品流通网络。这一网络又促使清代前期全国商品流通的范围、规模,超过以往任何朝代,从而呈现社会商品流通的繁荣。

第三章
要素市场

生产要素通常是指人类进行物质资料生产所投入的经济资源。在社会经济发展的历史过程中，生产要素的内涵日益丰富，但土地、劳动力和资本始终被认为是三大基本生产要素。生产要素市场即是指从事生产要素交易的场所，更是指用商品交易的方式把生产要素的需求与供给联系起来的一种经济关系。明代中叶以来，随着粮食生产和经济作物生产的发展，随着手工业中家庭劳动向雇佣劳动的发展，个体小生产向手工作坊和工场手工业社会化大生产的发展，土地市场、劳动力市场和资本市场都得到不同程度的发育，进入了一个新的发展阶段。下面将分别加以叙述。

第一节　土地市场

土地是封建社会最重要的生产要素。土地买卖是中国地主制经济的重要特征。土地买卖形成的土地市场是传统市场中对社会经济影响甚为深远的市场。

土地具有不可移动性，在物质形态上是不能流通的。以土地所有权为核心，以及与之相关的财产权利，如收益权、支配权和经营权等权利形成产权，产权是可以交易的。我们所说的土地市场，就是指土地产权交易所形成的市场。

一、土地市场形成的条件

土地市场的形成,需要具备一定的条件。首先是土地私有制的确立。土地买卖双方必须是能处置其所有土地的私有者,才能自愿并参与买卖。战国时期,土地私有制发展,封建国家逐渐赋予土地占有以法律规定,实际占有遂成为合法占有,开始具有私有财产的性质。秦国商鞅变法,“废井田,民得买卖”,耕地卷入流通。秦统一六国后,“令黔首自实田”,标志着土地私有制在全国范围内的确立,有利于土地买卖的流行。其次,由于土地私有,他人要取得土地,就必须支付一定的代价来进行交换。土地也只有具备用货币表示的价格,交换才能较广泛地展开,这就需要商品货币经济有一定程度的发展。西汉时,从中原以至西域土地价格的文献记载渐多,说明了当时商品货币经济的发展。再次,土地买卖必须达到一定的数量,也就是要有一定的规模,才能形成土地市场。战国时期,土地买卖只是稀疏出现,不能形成土地市场。西汉文帝时,土地兼并开始盛行,至汉武帝时大盛。中国封建社会的土地市场至西汉前期始告形成。

此后,随着农业生产和地主制经济的发展,土地市场经历了不同的发展阶段。自汉代至唐代中叶,封建等级制度和封建特权严重,贵族、官吏可以凭借特权,通过帝王赐田、假借请射公田、强占强市民田等多种多样合法和非法渠道占有土地。同时,封建国家实行均田制,各类庶民也可以通过国家授田获得土地。土地买卖还未成为人们占有土地的主要途径,人们对土地市场的依赖程度很低,土地市场还处在发展微弱的初级阶段。

唐代中叶以后,均田制破坏,出现了后世所谓的“田制不立”“不抑兼并”。国家既不向官吏和庶民授田,又“田畴邸宅,莫为限量”。这就打开了土地买卖的闸门,兼并洪流不可遏止。不但贵族官吏兼并土地,庶族富豪也兼并土地;不但地主买田,农民买田的也增多;不但私田买卖盛行,公田买卖也一度大盛;不但私有田地交易盛行,公共、集体所有田地,如学田、义田、养济院田等也进入买卖。总之,唐代中叶之后,封建国家限制土地买卖的松弛,土地买卖日益增多。土地买卖成为人们占有土地的主要途径,土地市场的范围与规模急剧扩大。但多种多样的土地买卖，都是土地所有权买卖在原有基础上的重复，所以说这个时期土地市场的发展，只是一种外延的扩大。

二、土地市场的主要特征

明代中叶至清代前期，为土地市场发展的内涵扩大阶段。其主要特征是，除地权买卖继续扩大之外，土地经营权进入市场，形成大规模交易，土地市场进一步壮大。

明清时期，随着贵族、官僚地主的封建特权日益削弱；随着农业生产发展，取得地主经济身份所需土地最低必要量降低；随着人口增加，多子均分财产继承制度推动土地分散的力度加大；非经济因素对土地买卖的限制也日益松弛。如土地买卖的亲邻优先权，在明清两代已无法律规定，只是在许多地区仍然作为民间习俗存在。乾隆年间，政府正式立法加以禁止，"凡执产动归原先尽亲邻之说，借端掯勒，希图短价者，俱照不应重律治罪"。[1]这些习俗在商品货币关系的侵蚀下，又演化为"脱业钱""画字银""喜礼银""挂红银"等陋规。当时河南固始县"乡规俗例，凡卖产业，都要给原业主赏贺银两"。湖南武陵县"俗例，凡遇卖产，亲房子侄均有画押钱文"。[2]对这些陋规，地方官批"严行禁止"。[3]社会经济为中小地主的发展，为农民"力农致富"成为自耕农和地主，提供了较为宽松的条件，土地买卖日益频繁。

清代前期，四川"丁赋较南北各省均轻，有田业者除纳正加各赋外，所得亦较其他各省优"，到中叶，农业生产恢复之后，"凡有余资者，几无不求田问舍为安置之法，缘是买田者亦视他省为多"。[4]对佃农买地成为自耕农和地主的情况，方行教授在《清代农民经济扩大再生产的形式》[5]一文中，曾有所讨论，在此不拟赘述。除此之外，还有许多农民典当地亩自耕。《清代乾嘉道巴县档案选编》中录有典当地亩契约和典地纠纷案例一百余宗，其中少数有任凭"招

[1] 《大清律例》卷9，清稿本。
[2] 中国第一历史档案馆、中国社会科学院历史研究所编：《清代土地占有关系与佃农抗租斗争》(上、下)，北京：中华书局，1988年，第345、515页。
[3] 《清代土地占有关系与佃农抗租斗争》(下)，北京：中华书局，1988年，第432页。
[4] 周洵：《蜀海丛谈》卷上，重庆：大公报馆民国三十七年(1948)。
[5] 载于《中国经济史研究》1996年第1期。

佃耕种”“招佃自种居住”“耕管”等文字,当进土地的可能是地主,也可能是农民,难以判断。大多数记录的是当与某某“上庄耕种”“在上耕种”“耕种居住”“名下耕种”“姓下耕种”“上庄改田耕种”“耕种”等等,这些都应当是农民当地自耕。下面选择记载较为确凿的11宗示例如表3-1。

当田价一般为买田价的60%—80%,当田比买田要便宜得多。当田自耕也是佃农或无地少地农民成为自耕农乃至成为经营地主的另一种选择。

表3-1　清代四川巴县农民当田耕种示例

时　间	农　民	田　土	当　价	耕种情况	备　注
乾隆十六年	徐彰彩	田地一份	银70两铜钱48千文	其弟“负犁耕”田	已耕种十七年
二十二年	彭才美	田业一份	铜钱197千8百文	彭“在田栽秧”	加价两次
三十六年	曾荣光	田	铜钱2百千文	“耕种两载”	
三十七年	杨光林	田	铜钱25千文	“耕种两载”	
四十年	王德周	山土一段	铜钱10千文	“自耕一半”“余下招佃”	
四十二年	胡鹏珍	田地一份	铜钱128千文	“田地都是小的耕种”	加价一次
五十三年	石含富	田业一份	铜钱1 100千文	其田“自耕”	先后加价六次
五十八年	杨永臣	田		因“屡次加当……不愿耕种”	
嘉庆八年	牟思元	三处田业全份	银930两	“已耕过数载”	先后加价三次
十四年	何朝榜	田业	银80两	因旱“无费耕种”	
十六年	李新华	田业一份	银125两	“上庄自耕”	

明代以来，定额租制发展，到清代前期已在全国范围内占据主导地位，在定额租制下，地主的土地所有权与经营权分离。随着社会经济的发展，土地经营权商品化，具体化为多种形式进入土地市场。

首先，土地经营权以押租形式进入市场。押租制在明代发展，清代在全国普遍流行。这是一种佃农交纳押金才能佃种地主土地的制度，也就是地主以收取押金转让土地经营权的制度，它标志着土地经营权的商品化、货币化。湖南有人说，“楚南俗例，凡招佃耕种，必须进庄银两，少则十余金，多则四五十金，虽宗族戚友未有无佃银而能承耕者”。[1]正如江西民谚所说，“佃户之出银买耕，犹夫田主之出银买田”。[2]押租制的普遍发展，也就是土地经营权商品化的普遍发展。

祭田一类的土地，自宋代以来，或由政府规定，或由宗族规定，一般是“永禁买卖”。到了清代押租制流行后，这类不能买卖的土地，其经营权也以收取押租形式进入市场。乾隆间，浙江常山县江姓祀田是佃农“须先拿出顶钱存祠，方许佃种”。有些地方祭田是由族人轮流值年耕作。轮值的人也可将田地经营权出佃，收取押租。江西上饶县王姓祀田即由轮值人出佃，“得收脱肩钱”。有的祭田甚至是可由佃户自由顶批，广东潮阳县林姓族内祭田三易佃户，均系自行转抵，“并未经由田主批佃”。

其次，土地经营权以佃权顶当形式进入市场，佃农向地主支付押租取得的土地经营权，也可以叫作佃权。佃农的佃权既是有偿取得，当然可以有偿转让，既可由别的农民顶耕，也可以典押银两。这种佃权有偿转让，清代也在全国普遍流行。如在浙江海盐县的“乡间俗例”，佃农从其他佃农手中佃种土地，“要出顶佃银两，给与前佃户”。瑞安县的乡间“俗例，佃户有顶佃银子，故可将田顶当与人”。乾隆时，佃农“李世圣将佃种尹姓租田三亩，向钟应元押当银五两二钱”，只是“暂时押当”，并不是顶给他耕种，至期无银取赎，遂“将田二亩，转顶与朱阿宝，得五两银子，拿去送还钟应元”。[3]

[1]《湖南省例成案》，刑律，卷9，中国社会科学院经济研究所图书馆藏缩微胶卷本。
[2]《宁都仁义乡横塘塍茶亭内碑记》，见《民商事习惯调查报告录》，司法行政部1930年。
[3]《清代地租剥削形态》，北京：中华书局，1982年，第620—622页。

第三，田面权进入土地市场。清代永佃制流行于东南诸省。在这种租佃制度下，地主的土地所有权发生分解，分割成田底与田面。由于佃农投入工本垦辟、改良土地，或出资购买，地主遂用田面权形式，将土地的经营权转让与佃农。地主对于田底，佃农对于田面，分别享有占有、收益和处置的权利，主要是可以分别让渡、分别出佃并收取地租。当时东南各省，田面权交易频繁，绝卖、活卖、加找、典当之类的交易形式应有尽有，与通常的土地地权买卖如出一辙。方行教授在《清代佃农的中农化》[1]一文中有所论述，在此不拟赘引。

第四，在押租制盛行的四川、湖南诸省，地主与佃农之间，以加押减租形式，将佃权买卖关系，演化为地权买卖关系，经过多次加押减租，押金增加，地租减少，甚至只是象征性的存在，实际上成了分期付款式的土地地权买卖。这种名义上的土地经营权转让，实际上的土地所有权转让，在四川最为流行。[2]

上述四种土地产权进入市场，必然会使土地市场的土地交易量成倍地增长，特别值得指出的是，上述四种土地产权交易，都可以使佃农以比较低的交易成本获得耕地，比买田自耕便宜得多。首先从租佃土地来看，魏金玉教授曾经指出，押租相对于地价而言，数量不小，只有具有一定经济力量的佃农才能付得起押金。[3]在这里我们可以用他提供的资料，从另一个角度逆向地看，农民佃地却比买地耕种要便宜得多。请阅下表3–2。

表3–2　清代地价与押租比值示例[4]

年　代	地　区	地　价	押　租	押租/地价
康熙年间	广东大埔	95.5两	5两	0.05　（1/20）
雍正十二年	江苏奉贤	18两	3两	0.16　（约1/6　）

[1]　参见《中国学术》2000年第2辑。

[2]　魏金玉教授在方行、经君健、魏金玉主编：《中国经济通史·清代经济卷（下）》（北京：经济日报出版社2000年）“地主经济篇”中，方行教授在《清代佃农的中农化》（《中国学术》2000年第2期）一文中均有论述，请参阅，不赘引。

[3]　《中国经济通史·清代经济卷（下）》，北京：经济日报出版社，2000年，第1857—1848页。

[4]　资料来源：《清代地租剥削形态》，北京：中华书局，1982年；《清代乾嘉道巴县档案选编》，成都：四川大学出版社，1989年；李调元：《童山文集》卷111，绵州李氏万卷楼嘉庆十四年刻本，李朝夔道光五年补刻；乾隆《永清县志》，《列传第八》；中国社会科学院经济研究所图书馆藏清代钞档（简称：钞档）。

（续表）

年　代	地　区	地　价	押　租	押租/地价
十三年	广东博罗	13两	8.6两	0.6 （3/5）
乾隆六年	湖南新化	320两	4.5两	0.014 （约1/71）
十四年	广东清远	183两	52两	0.28 （约1/4+）
十六年	福建宁化	47.5两	24.5两	0.51 （约1/2+）
十八年	福建瓯宁	88两	3.6千文（折银4两）	0.04 （1/25）
十九年	福建清流	20两	米1石（折银1两）	0.05 （1/20）
二十五年	江苏上海	49两	4两	0.08 （约1/12–）
二十九年	湖北蕲水	210两	34两	0.16 （约1/6–）
三十三年	四川宜宾	当价160千文	22千文	0.13 （约1/8+）
三十六年	湖南衡山	850两	230两	0.27 （约1/4+）
三十六年	湖南衡山	350两	180两	0.51 （约1/2+）
三十六年	湖南邵阳	28两	2.6两	0.09 （约1/10–）
四十三年	江苏丹阳	50两	16.2两	0.32 （约1/3–）
四十六年	湖南华容	120千文	14千400文	0.12 （约1/8–）
四十六年	江西玉山	75两	10.5千文（折银13.1两）	0.17 （约1/6+）
五十四年	四川巴县	330千文	50千文	0.15 （约1/7+）
五十四年	四川巴县	当价590千文	50千文	0.085（约1/12+）
乾隆年间	四川罗江	十亩地价当百亩押租		0.1 （1/10）
乾隆年间	河北永清	“鬻十亩资可五十亩赁值”		0.2 （1/5）
嘉庆十年	湖南浏阳	660两	250两	0.38 （约1/3+）

（续表）

年　代	地　区	地　价	押　租	押租/地价
十二年	四川泸州	当价560千文	120千文	0.21　（约1/5+）
十五年	四川巴县	424两	100两	0.24　（约1/4−）
十八年	湖北郧县	34千文	22千文	0.65　（约2/3−）
二十年	?	915千文	400千文	0.44　（约2/5+）
道光二年	四川巴县	920两	300两	0.33　（约1/3）
七年	四川巴县	当价541两	350两	0.65　（约2/3−）
十八年	四川巴县	1 400两	100两	0.07　（约1/14−）
十九年	四川巴县	当价350两	30两	0.086（约1/12+）
二十九年	四川巴县	460两	200两	0.43　（约2/5+）
二十九年	四川巴县	200两	200两	1

从上面的示例看，押租约为地价3/5的一例，约为2/3的2例，约为1/2的四例，其余24例押租与地价的比值均在1/3以下。少者只有1/20、1/25，以至只有1/71。押租与地价相当的仅只一例，可能是属于四川文献记载所说的“明佃暗当”之类了。佃田便宜于买田自耕于此可见。佃权的转让价亦应与此差不多，甚至还会更便宜一些。在当时农业生产力和社会经济制度之下，农民经济力量有限，大都买不起土地，这就为他们获得耕地提供了一个巨大的回旋余地。

其次，从加押减租的产权转让看，加押的极限是“侔于田价”或“与买价相去无几”。佃农实际上总是利用地主急需用钱的机会，压低押金。通常是所加押金低于买价，甚至大大低于买价。如宣统年间，四川永川县有一宗地主肖卫封佃田与尤照临的案卷说，“肖卫封此田出谷百二十挑，约值价钱千一百串。尤照临以稳钱（即押租）三百串佃耕，每年租谷二十三石。遂后加成稳钱五百八十串，年租两斗，与贱价出卖无异”。这是佃农以一半左右的地价买了这块土地，地租已成了一种象征性的装饰物。又如在巴县，有的佃农多次加押至银170两，就只剩下“租钱一串”。有的加押至360两银子，只剩下“租六升”。有的甚至加押后“土无租”。许多地主由于家道衰败，无力还押退佃，加押减租就成了名义上的土地经营权转让，实际上的土地所有权转让，其交易成本比通常的土地买卖要低得多。

再次，从田面权交易看，田面价通常由田地肥瘠和当地耕作习惯决定，以江苏为例，姜皋在《浦泖农咨》中说，松江府“田又有田面之说，是佃户前后授受之价也，亦视其田之高下广狭肥瘠以为差等。向来上者一亩可值十余千，递降至一二千钱不等。若村落稠密，人口殷繁，进出水便当，即下田亦如上田之值。惟田亩窄狭者，虽田脚膏腴，而农人多恶之而不愿承种”。金匮县、无锡县一带，田面价则“较田价相上下”，与田底价差不多。而青浦县的有些地方，“地高而港阔，水旱无虞”，田面价“较昂于底”。[1]值得指出的是，耕种自己田面的佃农，经营稳定，乐意作长期打算，向土地投入工本，兴修水利，改良土壤，往往能获取级差地租，即所谓“田垦熟，成了肥地”。因此购买这类田地，地价虽高，而收益也高，并不吃亏。

以上四种土地产权的交易（部分田面交易除外），农民都可以用低于地权买卖的交易成本获得耕地，这就有利于土地在实际生产者之间的合理流动，从而有利于土地资源的优化配置。

在封建社会中，优化土地资源配置的首选是，耕地掌握在具有比较充裕劳动力和资金而又没有地租负担的农民手中，即自耕农手中。到了清代，佃农通过垦荒和“力穑积财置田”等历史上原有途径实现自耕农化的情况均有所发展。但值得注意的是，由于租佃制度发展，永佃制下田面权的流行，押租制下加押减租的流行，又为佃农自耕农化开辟了新的途径。这两类佃农，对耕地具有部分所有权，有比较完全的经营独立性，可以自主选择资金和劳动力的投入方向，或扩大生产规模，获取规模效益；或从事机会成本低的经济作物种植和家庭手工业生产，获取比较利益。特别是由于经营稳定，佃农乐意作长期打

---

[1] 以上均参阅方行：《清代佃农的中农化》，《中国学术》2000年第2期。

算,向土地投入工本,兴修水利,改良土地,获取级差地租。如乾隆间,江西安远县有的佃农,买得田面权后,耕种二十多年,连续追加工本,“顶耕年久,田成膏腴”。[1]嘉庆《增城县志》也说,由于佃田“以永远为期,硗瘠之土,一经承佃,辄不惜工费以渔利,而田主莫能取盈”。这都说明这些自耕农化的佃农能使土地潜力得到比较充分的发挥。

但是,在当时社会经济制度之下,佃农自耕农化终究是有限的,一般意义的佃农仍然占有大多数。押租制和押租制下佃农转佃的流行,又为优化土地资源配置提供了另一种机制。魏金玉教授曾经指出,押租制是一种“筛选”,它把许多农民因付不出押金而被摒除在押租佃户行列之外,而使另一批经济实力比较强的农民成为押租佃户。[2]我们还可以说,佃农转佃耕地也是一种“筛选”,是一种“吐故纳新”的再筛选,这从佃农转佃耕地的原因即可说明。从《清代地租剥削形态》一书所列事例可以看出,佃农将耕地出顶,主要原因是缺少劳动力、生产工具与生产资金,如“欠债无偿”“人少难于耕管”“欠租耕不起”“患病不能照管田务”父死“不会种田”“因贫乏用”“有病不能多耕”“自己种植不完”“没有工本”“因牲口倒了两头,不能照数佃种”等等。经过转佃,耕地就转到了劳动力较强和资金较多的佃农手中。“筛选”“再筛选”的循环往复,就可以使土地资源配置经常处于一种相对优化的状态之中。

江苏、浙江、福建、广东、湖南、四川、江西等省都是永佃制和押租制比较流行的地区,也是当时粮食生产和经济作物生产比较发达的地区,与这些新的租佃关系所具有的优化资源配置的作用,应当是分不开的。中国地主制经济为适应生产力发展所具有的调整经济关系的灵活性,诚令人叹为观止。方行教授在《中国封建经济发展阶段述略》[3]一文中曾经指出,到明清时期,经过赋役制度和租佃制度的改进,农民这个实际生产经营群体在资源配置中已占居主导地位,这就为优化资源配置开辟了相对广阔的道路。本文的论述,也可作为

[1] 《清代地租剥削形态》,北京:中华书局,1982年,第494页。
[2] 参见《中国经济通史·清代经济卷(下)》,北京:经济日报出版社,2000年。
[3] 载于《中国经济史研究》2000年第4期。

对上述论点的一点补充。

明清时期，土地买卖又分化出一种活卖形式。历来的土地买卖，都是一次性买断，完成土地所有权的转移。而活卖是卖主保留日后可以回赎的权利，契约上通常写明“回赎”“银到契还”“不拘年月远近，银到归赎”等一类文字。甚至不论田土已数易其主，都可以回赎，归原业主管业。它与典当不同之处，主要在于既是土地经营权收益权的转移，还是所有权的转移。传统的一次性买断的买卖，就以绝卖、杜卖、断卖等名称与活卖相区别。

值得注意的是土地买卖中出现的找价（或称加找等）。它是指土地出卖后，卖主可以向买主要求增加田价。据陈铿教授考证，找价出现于明代弘治年间，嘉靖特别是万历后流行，并成为民间“俗例”“俗风”。万历时许多土地买卖契约中已注有“自卖之后，不敢言尽”字样，[1]就是说田价未尽。浙江海宁人许敦俅的《敬所笔记》可资佐证。这部约在万历三十八年（1610）前后所撰写的笔记中说，“卖田一契交还，永无异言。止有典戤之产，则加价过册，今则祖父所卖之田，已历数十年者， 加不已，以二加至于三加，犹为未已。挈妻孥老弱持强操戈，索诈百出。成交时，则奴颜谄谀，后日则为寇仇，反面无耻。是风方起于十年之内，未甚远也”。到清代前期，找价之风，已遍及各省。

找价兴起后，卖主可以多次找价，历时久远也可找价。明代谢肇淛在《五杂组》中说，“俗卖产业与人，数年后辄求足其值，谓之尽价，至再至三，形之词讼，此最薄恶之风，而闽中尤盛”。冯梦龙说，“鬻产者再三加找，尚告白占，百年前古契，犹怀为至宝”。[2]由于找价有利可图，渐向各不同阶级中延伸。谢肇淛在前引书中说，“找价争论之家，贫富不甚相远”。范濂也说，“找价初犹尤赖小人为之，近年则士类效尤，腆然不顾名义矣”。[3]上述这些说法，对贫苦卖地农民虽有诬蔑不实之词，然所述事实确是这样。

找价之风至清代变本加厉，次数加多，时间延长，绝卖土地也有找价，《福

[1] 陈铿：《中国不动产交易的找价问题》，本节还采用了他的其他观点与资料。
[2] 崇祯《寿宁县志》卷上。
[3] 范濂：《云间据目抄》卷2，收入蔡尔康辑：《申报馆丛书》，上海：申报馆光绪年间刻本。

建省例》记载,“不论业已断绝,强凑强尽”,“竟有一田凑尽数次至数十次者,仍不满足”。《湖南省例成案》记载,“有数十年卖出之产而子孙告找者,有转相授受之产而隔手告找者”。绝卖的田产,不但可要求找价,并且形成“俗例”。安徽怀宁县有土地“杜卖加找一次”的“乡间俗例”。湖北京山县有“凡出卖产业,许原业加找一次”的“俗例”。[1]福建建阳县也“有一卖一增之例”。[2]有的甚至多次找价,安徽怀宁县,乾隆间,杨廷荣绝卖土地后四次向买主找价,加添银82两。[3]

找价还由卖地蔓延至典地。乾隆间,广东普宁县、陕西长武县均有典地后“索讨找价”的事例。[4]甚至找价总额已超过土地时价,仍然告找,如福建闽清县陈焕彩家于乾隆二十年(1755)将田典与谢家,价银170两。乾隆二十八年找价40两,三十四年又找钱6 000文,三十八年再找钱6 000文,四十三年又找钱4 000文。“先后典凑借共得过价银二百三十两纹圹,钱一十六千文,时价已经浮过,本无可凑”,后因陈家有人去世,“葬柩无资”,又“凑断出制钱十四千文”,才订立断契。[5]

找价产生的经济原因,大多是由于地主特别是农民因家有急需,被迫贱价出卖土地,但心有不甘,遂活卖以保留回赎的权利。后因回赎无资,只得找价以求补偿。所以文献记载的找价理由,多是“原价轻浅”“价值太轻”“田多价少”“卖价不敷”“其田原价未足”“当日未得契价足讫”,等等。清代前期,田价持续上涨,更加重了卖主心理的不平衡,找价之风,遂愈演愈烈。如在湖南,“楚俗从前卖产间有卖主不甘即弃,亦有以卖产为耻,故于卖契之后,混注不拘年月远近、银到归赎字样者。迩年田地物色加昂,奚啻十倍,刁徒控找控赎,讼庭殆无宁日”。[6]

活卖找价,卖主“失之东隅,收之桑榆”,未始不是一种补偿。对买主也有利:一是乘人之急,贱价得地。二是田产可暂不契税过割缓交田赋,如咸丰

[1] 《清代土地占有关系与佃农抗租斗争》(下),北京:中华书局,1988年,第561、574页。
[2] 转引自陈铿:《清代南平建瓯地区田价研究》,《中国经济史研究》1990年第3期。
[3] 《清代土地占有关系与佃农抗租斗争》(下),北京:中华书局,1988年,第436页。
[4] 《清代土地占有关系与佃农抗租斗争》(上),北京:中华书局,1988年,第250、252页。
[5] 转引自周玉英:《从文契看明清福建土地典卖》,《中国史研究》1999年第2期。
[6] 《湖南省例成案》卷8,户律。

《邵武县志》说，“邑多控丢粮之案，其弊皆由买田时不即收粮，一图钱粮减轻，二图暂收帮贴银钱，且应一时之用。及至差催，非逃避不见，即丢粮控找，以至索找相习成风，讼案山积”。

找价风起，实得到了封建官府的一定支持，谢肇淛说，对找价事实，“官府不知，动以为卖者贫而买者富，每讼辄为断给”。[1]冯梦龙也说，官府往往“怜贫量断，亦从俗云尔”。[2]后来封建政权谋图禁止，但积重难返，只得在立法中留存余地。雍正八年，政府规定，“卖产亦有绝卖文契，并未注有找贴字样者，概不准贴赎。如契未载绝卖字样，或注明年限回赎者，并听回赎。若卖主无力回赎，许凭中公估找贴一次，另立绝卖契纸”。乾隆十八年，又规定，“嗣后民间买置产业，如系典契，务于契内注明回赎字样。如系卖契，亦于契内注明永不回赎字样。其自乾隆十八年定例以前典卖契载不明之产，如在三十年内，契无绝卖字样者，听其照例分别找赎。若远在三十年以外，契内虽无绝卖字样，但未注明回赎者，即以绝产论，概不许找赎。如有混行告争者，均不应重律治罪”。[3]

宗族势力对找价也推波助澜，许多文契中注有“四亲力劝受业者亏”“托亲劝谕得业者亏”“时价过浮，前已立断”，但“藉在族间[illegible]再二劝谕”等等。福建霞浦县一带，“霞俗产业买卖，如在五服之内，只典不断，俗称同族无断业。他如写明永断葛藤不敢言贴之业，尚待找价一二三次”。[4]该省建阳县漳平县一带，“五服以内亲属，如有将田地房屋买卖，概不能作为断绝，俗谚所谓至亲无断业”。[5]

找价陋习相承，难于遏止，遂迫使买主尽量压低田价，以应付找价。福建松溪县连城县一带的“风俗，凡民间置买田房产业，必须预留日后卖主找贴地步，并图短纳契税，每令减价立契，以至买后告找告贴，一再不休”。[6]如此恶性循环，直至民国年间仍无休止。

[1]《五杂俎》卷4，北京：中华书局，1959年。
[2] 崇祯《寿宁县志》卷上。
[3] 光绪《清会典事例》卷755，北京：中华书局，1991年（据光绪二十五年石印本影印）。
[4] 施沛生：《中国民事习惯大全》（第2编），上海：上海书店，2002年影印本。
[5]《民商事习惯调查报告录》，北京：中国政法大学出版社，1998年，第551页。
[6] 沈圭：《赞政集》，转引自陈铿：《中国不动产交易的找价问题》。

总之,由于土地买卖增多,特别是由于土地经营权的进入市场,明清时期土地市场的发展,不仅是外延的扩大,更是内涵的扩大。找价虽为土地商品化发展的产物,却又体现了封建经济制度下小农经济对土地买卖日益发展的一种抑制,成为不利于土地商品化发展的新的"传统附属物",使土地商品化呈现为既发展又停缓的矛盾态势。这说明了土地市场虽然比较发达,而其发育程度却是比较低的。

三、土地市场的性质分析

前面我们主要对土地市场量的扩大作了一些分析,当然其中也包括了一些质变的分析,如封建国家不立田制、土地经营权进入土地市场等。下面我们将对后者再作点补充。

首先,在土地市场中,土地作为一种买卖的客体,任何时候都是生产要素,但这并不是决定土地市场性质的充足条件。土地市场的性质更大程度上决定于市场主体,即土地的购买者和出卖者的需求、使用方向以及其经济行为在社会再生产中的作用。在中国封建社会的一个很长时期内,购买土地的主要是贵族、官吏、地主和商人。他们买进土地,是一种投资,以求财富增值。从另一个角度看,也是一种积累,一种储蓄,最后大都是用于生活消费的需要,特别是享受性消费和发展性消费的需要,如用于楼宇园林、珍宝奇玩、佳肴美酒、声色狗马、字画书籍之类。买土地用于生产的究竟为数不多。而出卖土地的大多是农民,他们出卖土地主要是用于生老病死、婚丧嫁娶、清偿债务、交纳租赋等。当土地所有者需要支付上述种种消费需要,而又手头拮据的时候,他们就会出卖土地,将这些积累与储蓄转化为社会消费基金,以补充社会消费基金的不足,维持社会再生产的顺利运行。因此,土地买卖是当时社会平衡再生产中积累与消费基金比例关系的一种手段与机制,土地市场是当时社会平衡积累与消费供求的调节器。[1]宋代以后,农民和地主买田自耕的情况虽有增加,但任何事物的性质都以一定量作为必要条件,都有其数量界限。农民和地主

[1] 参阅张忠民:《前近代中国社会的土地买卖与社会生产》,《中国经济史研究》1989年第2期。

买地自耕的数量，在土地交易总量中的比例并不大，难以改变土地市场的上述性质。

明代中叶以后，自耕农和佃农购买土地的增加，大量发展的中小地主购进的土地通常也自己耕种一部分，特别是押租制和永佃制流行之后，土地经营权、田面权进入市场，生产者因生产需求而购买和租赁土地大增。地主买卖土地虽然大量存在，但土地在生产者之间流动的比重大大增加了，从此土地市场作为生产资料市场，也就是作为生产要素市场的性质开始突出了。这无疑是土地市场的一个重大变化。

其次是土地价格形成的发展。根据历史文献记载，有多种因素影响土地供求关系，从而导致地价的波动。这些因素有年成好坏、地租轻重、赋役轻重、人口多少、治安好坏（包括战争）、货币供应量大小、买卖双方社会地位高低、卖主需求缓急程度等。如江南苏松地区，“崇祯末年，盗贼四起，年谷屡荒，咸以无田为幸，每亩只值一二两，或田之稍下，送人亦无有受诺者”。[1]这些因素大都只是在特定条件下影响和决定地价。而在通常条件下，决定地价的根本因素则是与土地质量相联系的土地收益率，即投入与产出的比值。[2]土地收益率高，则地价高，土地收益率低，则地价低。随着社会经济的发展，土地收益率决定地价，呈现出不同的表现形式。

在秦汉以至唐代中叶，农业生产力和社会经济还不够发达，农民改造自然条件的技术与经验相对不足，影响地价的经济因素也比较单纯，土地收益率对地价的决定，遂朴素地简单地以土地自然丰度表现出来。如汉代的地价记载，“丰镐之间，号为土膏，其贾一金”。[3]至东汉初，关中地价仍是“厥土之膏，亩价一金”。[4]《九章算经》也说，“善田一亩价三百，恶田七亩价五百”。有些地理位置优越的土地，如灌溉便利、邻近城市的负郭田之类，其土地收益率高，地价也高。如在都江堰地区，“地居水侧者，顷直千金，富强之家，争相

[1] 钱泳：《履园丛话》卷1，北京：中国书店，1991年。
[2] 此处采用高聪明博士的意见。
[3]《汉书·东方朔传》，北京：中华书局，2000年。
[4]《后汉书·杜笃传》，北京：中华书局，2000年。

侵夺”。[1]

唐代中叶以后至宋代，是地主制经济发展的一个高峰期，买地的大多是官僚和庶族豪强地主，他们最关心的是作为土地所有权经济实现的地租。加以当时农业生产力发展，亩产量提高，而且比较稳定，特别是定额租开始发展，“岁收租自有常入”，“利害较然”。[2]在此条件下，地租遂成为决定地价的重要因素，所以宋人说，“民间买田之初，必计租知定价”。[3]贾似道实行公田法时，也“不以亩为价，而随租以为价”。[4]实际上决定地价的仍然是与土地质量相联系的土地收益。对此，当时人也是很清楚的，他们说，“地有肥瘠之异，故租之多寡，赋之轻重，价之低昂系焉”。[5]

明代中叶以后至清代，商品经济发展，商品性农作物发展，农产品价格遂成为决定地价的重要因素。首先是粮价。在江南地区，“田价随米价为低昂”。[6]在湖南，田价“视田之肥硗及谷之贵贱为低昂”。[7]在湖北，“户口渐增，谷价日昂，危岩峻岭，价等膏腴”。[8]其次是棉价。在江南地区，康熙间，“钱粮连邀蠲免，花价复昂，每田一亩，遂增至数金”。[9]“沙田最宜棉花，草少易治，故田价亦昂。”[10]在河南，“种花之田，平川少而山岭多，凡山地种至数岁，即称老花地，收获必倍，且竟耐旱涝，故其价贵于平田，惟久故也”。[11]在四川“涪江两岸之地，棉土一亩，需钱三百余钏，不产棉者，仅需二百余钏，或不及二百钏”。[12]其他如桑田、菜田也是如此。在江南地区，“吾吴西郊，山地亩值钱数百，桑园亩值钱三十千”。[13]在山西，五台县泉岩河的“西畔在上游，得水易，可种蔬菜瓜壶，每亩值七八十千；东畔田在下游，得水难，仅可种五谷及萝

[1]《旧唐书·高士廉传》，北京：中华书局，2000年。
[2]《宋会要辑稿》，食货61之1，北京：中华书局，1957年。
[3]《宋会要辑稿》，食货69之13。
[4] 黄震：《黄氏日抄》卷84，台北：台湾商务印书馆，1983年影印本。
[5]《宋会要辑稿》，食货69之12。
[6] 光绪《金山县志》卷17。
[7] 同治《醴陵县志》卷1。
[8] 同治《建始县志》卷3。
[9] 咸丰《紫堤村志》卷2。
[10] 郑光祖：《(醒世）一斑录》卷2，道光二十七年刻本。
[11]《湖南省例成案》卷2，兵律。
[12] 民国《遂宁县志》卷7。
[13] 冯桂芬文，见葛士浚：《皇朝经世文续编》卷42，上海：宏文阁，光绪二十四年。

卜，每亩价仅值四五十千”。[1]粮价增昂，影响地价，棉、桑、菜价高于粮价，所以种这些经济作物的土地价格高于粮地，实质仍然是土地收益决定地价。只是土地肥硗的概念发生变异。历来田地肥硗以粮食生产为准绳。沙地与山地不宜种粮，属于硗瘠土地一类，如江南嘉定县，“嘉土沙瘠，不宜于禾，外冈地势高阜，尤不宜于禾，往者皆种木棉”。[2]而高地与沙地宜于种植桑棉，桑棉利益高于粮食，所以其地价也高于粮地。

消费者对农产品的需求，也促进了生产者对土地的需求。明代中叶以后，商品货币经济发展，推动了人们购买田地，就土所宜，种植各种农作物，以追逐市场利益。浙江吴兴一带，“为东南沃野，山居林木材章，水居菱芡芰荷，田畴粳秫，陆地桑麻菽芠蔬果，此利皆可致千金，故富民率好为兼并。爱地重于金玉，虽尺土不以假人。其为卉木花草，芬葩艳丽，可以娱耳目而妨地者，悉弃不好”。[3]到了清代，农产品的商品生产进一步发展，种植经济作物大都需要肥沃田地，押租高，地租亦高，而佃农却是“膏腴之地，争相佃种”。如四川郫县，清代前期盛产高质量烟草，“烟田一亩，佃课十金”，而包括佃农在内的农民，以“大约终岁获利过稻麦三倍，人争趋焉”。[4]又如湖南郴县一带，乾隆嘉庆间，因“迩者粤东麻价颇高，素有心计者，谓田中一年之所收，不敌一年三刈之麻，乃略施其智于瘠薄之产，而麻之获价果倍于谷，效之者遂群然起矣。于是有争佃富室之田，且甘愿倍租以偿之者”。[5]就是安徽徽州一带的荒山，“荒山百亩，所值无多。而棚民可以出千金、数百金租种”，由于种植苞芦、杂粮，可“获利倍蓰”。[6]这都说明由于消费者对农产品的需求增加，甚至促使佃农租种高地租的田地。这都是商品经济发展给土地市场带来的重要变化。这可以说是西方经济学中派生需求理论的一种反映。

---

[1] 光绪《五台县新志》卷2。
[2] 乾隆《续外冈志》卷1。
[3] 张羽:《张来仪文集·芙蓉庄记》康熙刻本。
[4] 嘉庆《四川通志》卷75。
[5] 嘉庆《郴县志》卷终。
[6] 道光《徽州府志》卷4之2。

第二节　劳动力市场

劳动是人类社会生存和发展最基本的条件,也是社会经济运行和发展最基本的条件。劳动力市场,无论是传统经济,还是现代经济,都是最重要的生产要素市场。

一、劳动力市场的发育情况

中国雇佣劳动发生甚早,战国时期,文献中即出现了“庸客”“庸保”“庸夫”“庸民”等名称。《韩非子》中记述有一家三子均庸于人的事例。进至两汉,农、工、商、建筑、运输等行业中,都有使用雇佣劳动。唐宋时期,雇佣关系有所发展,唐代私人茶园有同时雇佣采茶短工百余人的记载,敦煌资料里保存有雇佣契约。宋代官私手工业常用“和雇”办法使用劳动力。官手工业中还有“当行”差,应是采取付酬办法招募人工。农业中雇佣劳动也有增加,甚至出现农忙急需劳动力时“多方召雇鲜有应者”的情况。到明清时代,雇佣关系进一步发展,遍及各个生产领域和商业、服务业领域。雇佣劳动者的数量日益增多,一些城镇和农村也出现了守候待雇的短工市场。

劳动力市场不仅是指从事劳动力交易的场所,更是指按照市场规律对劳动力资源进行配置、开发和调节的一种机制。劳动力市场的形成和发育,必须是劳动力成为商品,并且可以无阻碍地作为买卖的对象出现在市场上。这就是说,劳动力所有者必须具有人身自由,在法律上是自由人,可以自主地支配和处置自己的劳动力,把自己的劳动力当作商品出卖,同时又可以自由流动。他们为了较好的雇佣条件,既可以在雇主之间、行业之间自由流动,还可以在地区之间自由流动。否则,劳动力市场既难以形成,劳动力市场对供求、竞争和价格(工价)的调节机制更无从发挥作用,并得到发育。

上述这些条件,虽然是由社会经济发展和生产社会化发展所决定的,但也必须克服传统经济的某些制度性障碍。首先如雇佣制度的封建性束缚。中国古代的雇工,大都与雇主具有人身隶属关系,长工列于雇主的户籍之中,受雇主管束。他们同奴仆一样，同属贱民阶层，法律上与雇主具有不平等地位，雇工与雇主彼此相犯，其处刑规定都是不平等的。直到清初，雇工与雇主之间仍具有主仆名分。他们之间，大都订有契约，议有年限。在议定年限之内，是不能自由辞工的。年限越长，人身束缚就越大。

由于社会经济发展的冲击，实际生活中雇主与雇工之间的人身隶属关系逐渐松弛。封建政权适应政治与经济的需要，对实际生活中的这种发展变化，往往从法律上予以确认。明代万历十六年（1588），封建政权颁布条例，解放了农业短工，使他们在法律上与“凡人”处于平等地位。清代乾隆五十三年（1788），清政府又颁布条例，解放了农业和商业雇佣的长工，给他们以人身自由。至于手工业雇工，明代中叶以后，匠籍制度松弛的同时，在实际生活中已不被视为与雇主有人身隶属关系了。从清代初年起，特别是在乾隆以后，雇工与雇主之间，不立文契，不议年限，明系长工而按月支取工资，口头约定的工期未满而随时辞工等现象，日益增多。因对工作条件不满而辞工离去的也属常见。现存清代刑部档案中所见这类辞工的具体理由有：“工钱少”“拖欠工钱”“劳累受骂”“相待刻薄”“饭食菲薄”“工作辛苦”等。如乾隆间，江南丹阳县长工蔡士因雇主拖欠工银四钱，索讨未得，当即说“我不做了”，丢了镰刀就走。[1]这些都说明雇工可以自由选择雇主。他们在雇主之间，以至行业之间的自由流动已成为可能。在这一点上，江南地区实开风气之先。明代有人说，“主仆之分有定，然风俗亦有不同，常郡之无锡则于此分最轻，朝秦暮楚、恬不为怪”。[2]

对劳动者的人身束缚又来自封建国家的户籍制度和赋役制度。在中国古代，农业人口的增减，是社会经济发展或萎缩的重要标志。作为人户主要部分的农民，既是封建国家赋税徭役的主要来源，也是封建国家军队的主要来源，因此，中国很早就形成了用以稽查户口、征收赋税、调派徭役、维持治安的户籍制度。总的精神是严格限制人户的自由迁徙。用商鞅的话说，就是“使民无

[1] 参阅魏金玉文：《明清时代的农业资本主义萌芽问题》，北京：中国社会科学出版社，1983年；黄冕堂：《清史治要》，济南：齐鲁书社，1990年；吴量恺：《清代乾隆时期农业经济关系的演变和发展》，见《清史论丛》第1辑，北京：中华书局，1979年。

[2]《古今图书集成》职方典，卷715，常州府部，上海：中华书局，民国二十三年。

得擅徙”。[1]这种户籍制度实与赋役制度相表里，在赋役并重的时代，这种限制尤为严格。唐代中叶以后，由于赋役制度的变革，限制有所缓解。至明代中叶以后，自由度才不断扩大，黄册制度瓦解，特别是实行一条鞭法后，将田赋与徭役一律合并征银，徭役银不由户丁分派，而由地亩承担，使“赋税之法，密于田地而疏于户口”。[2]从此农民就容易离乡离土。到清代，编审制度已不如明代严格，摊丁入地之后，最后完成役并入赋，更不需要严格控制人口流动。乾隆初，废除编审制度，更无由控制农民流动，从此“熙攘往来，编审不行，版图之籍，莫可得而稽矣”。[3]在传统经济中，手工业、商业和服务业中的雇佣劳动者主要来自农民。农民的解禁，也就是这些雇佣劳动者的解禁。人们常用像“鸟儿一样自由”来形容具有人身自由的雇佣劳动者，实际上清代江南地区早已有了这样的语言。康熙《钱塘县志》说，“四方之民，朝西暮东，如鸟之飞，鱼之游，流寓多于土著”。[4]这种流寓之人，当然包括各行各业的雇佣劳动者在内。这说明雇佣劳动者又获得了在地区之间流动的自由。清代雇佣劳动者包括自由流动在内的人身自由的发展，就为劳动市场的形成和发育提供了重要的前提条件。

中国国土辽阔，各地经济发展不平衡的差距甚大，对劳动力市场的发育情况作全面分析，困难很大，江南地区是清代社会经济最发达的地区，山东是北方农村经济最发达的地区。这里拟以江南地区为典型，探讨城镇劳动力市场的发育情况，以山东为典型，探讨农村劳动力市场的发育情况。

二、江南城镇劳动力市场

从明代中叶至清代中叶，江南地区手工业、商业和服务业以及城镇经济均有长足发展。这是农业劳动力转移，农村剩余劳动力由农业向非农产业转移，由农村向城镇转移的过程，也是劳动力市场开发和配置劳动力资源的过程。乾隆间，江南地区的城市和大小市镇有五六百个以上，手工业、商业和服务业

[1] 《商君书·垦令》，台北：台湾商务印书馆，1956年。
[2] 顾起元：《客座赘语》，江宁傅氏晦斋，光绪三十年刻本。
[3] 光绪《富阳县志》卷13。
[4] 康熙《钱塘县志》卷6。

的各种行业数以百计，全面估算在这些城镇和行业中就业的雇佣劳动者，无疑是困难的。现在只能用鸟瞰式的方法，举若干资料，以观其大概。

首先从手工业看，清代江南地区有全国最为发达的丝织业。据吴承明教授和范金民教授估算，明后期江南丝织业织机最多不过1.5万台。到清代中叶丝织业鼎盛时期，织机总数约有8万台，二三百年间增加了三四倍。[1]这就提供了大量的就业岗位。徐新吾教授估计，清代前期，南京、苏州、镇江、盛泽、杭州、湖州、双林、绍兴、宁波诸地约共有织机6.89万台，织工约21.32万人。[2]江南丝织业，一般是"有力者雇人织挽，贫者皆自织，而令其童稚挽花，女工不事纺绩，日夕治丝"。[3]这类贫者既有大量个体手工业者，又有大量兼业农民，估算雇工人数很难准确，故徐新吾教授注云："以上材料大多出于估算，仅为反映一个大致轮廓而已。"

明清时期，江南地区棉纺织业发达。棉布、绸缎均须经过染踹加工，增添色泽。明代染坊、踹坊多集中在松江，清代康熙年间转移至苏州。雍正元年苏州织造胡凤翚说，染坊、踹布工匠"总计约有二万余人"。[4]又据雍正九年（1731）另一记载说，苏州"踹匠不下万有余人"。[5]这样，苏州染匠也大约是一万人左右。此外，盛泽、濮院诸镇均有丝绸染坊，盛泽镇"业此者约近千人"。[6]这些大都是雇佣劳动者。

乾隆间，苏州有从事对纸张进行刷色洒金的手工作坊33家，有工匠八百余人。[7]

乾隆初年，苏州西南木渎镇，有制酒"烧锅者二千余家"，"日耗米万石"。[8]虽多为家庭作坊，恐亦有不少雇工。

---

[1] 许涤新、吴承明主编：《中国资本主义的萌芽》，北京：社会科学文献出版社，2007年，第370页；范金民：《江南丝绸史研究》，北京：农业出版社，1993年，第203页。
[2] 徐新吾主编：《近代江南丝织工业史》，上海：上海人民出版社，1991年，第56页。
[3] 乾隆《吴江县志》卷38。
[4] 苏州织造吴凤翚奏折，见《雍正朱批谕旨》第48函，乾隆三年刻本。
[5]《清朝文献通考》卷23，上海：商务印书馆，1936年。
[6] 沈云：《盛湖杂录》（不分卷），见樊树志：《明清江南市镇探微》，上海：复旦大学出版社，1990年，第291页。
[7]《明清苏州工商业碑刻集》，南京：江苏人民出版社，1981年，第94—95页。
[8] 罗仑主编：《苏州地区社会经济史》（明清卷），南京：南京大学出版社，1993年，第469页。

康熙中叶,吴江县陈去病的祖父所开油坊,有“佣作童指千”,雇工百人左右。[1]

其次从商业来看,明代万历间,从方志所载门摊税推算,松江府华亭、上海、青浦、嘉定四县店铺门面至少已达7 400间。到清代乾隆间,仅嘉定一县的店铺门面至少在3 000间以上。[2]在苏州、从碑刻资料看,康熙间,布商有76家,木商有132家,金铺和金珠铺79家。烛店,道光间有一百多家。同治间,银楼有119家,酱坊有86家。这些店铺当然需要雇佣大量店员。康熙间,顾公燮说,“以吾苏郡论,洋货、皮货、衣饰、金玉、珠宝、参药诸铺,戏园、游船、酒肆、茶座,如山如林,不知几千万人”。[3]这是说在这些店铺就业的人员总有几千几万。

再次从服务业来看,传统服务业大致可分为两类,一类是为个人生活和社会生活提供服务的行业,一类是为生产和流通提供服务的行业。从宋代以来,随着社会经济的发展,服务业始终是一个重要的经济增长点。在清代江南地区,茶楼酒肆之设,从城市扩展至乡村,至乾隆间益盛。如在无锡,“酒馆茶坊昔多在县治左右,近则委巷皆有之”,“至各乡村镇亦多开张”。有“遍地清茶社”之说。[4]在浙江海宁县,“城镇之有茶肆,始于乾隆时”。“清晨趋市曰早茶,午后曰吃晚茶,习以为常”。[5]太仓州璜泾镇,“自嘉庆以来,酒肆有四五十家,茶肆倍之。乡人入市肆饮酒之外,无不饮茶者”。[6]苏州尤繁华,“虎丘一地,茶坊多临塘河,不下十余处,皆筑危楼杰阁,妆点书画,以迎游客”,[7]这当然会容纳众多劳动者就业。钱泳说,苏州商贾云集的阊门、金门一带,“晏会无时,戏馆酒馆凡数十处,每日演剧,养活小民不下数万人”,就是“如寺院、戏馆、游船、青楼、蟋蟀、鹌鹑等局”,也成为“穷人之养济院”。[8]

---

[1] 范金民:《明清江南商业的发展》,南京大学出版社,1998年,第34页。
[2] 张忠民:《上海,从开发走向开放:1368—1842》,昆明:云南人民出版社,1990年,第235页。
[3] 顾公燮:《消暑闲记摘抄》卷上,涵芬楼秘笈本。
[4] 黄印:《锡金识小录》卷1、卷2,光绪二十二年活字本。
[5] 民国《海宁州志》卷40。
[6] 道光《璜泾志》。
[7] 顾禄:《桐桥倚棹录》卷10,上海:古籍出版社,1980年。
[8] 钱泳:《履园丛话》卷26。

又如为商品交易服务的牙行，明代以前多为个体经营，牙人在商人之间往来说合。明代始集铺面、堆栈、客房于一身，为商人提供介绍交易、仓储和食宿的服务。至清代除上述服务之外，又增添了垫款、收账、代办运输、预买商品等服务。乾隆间，苏州府所属长洲等9县，共有牙行4 513户，其中元和县就有902户。[1]乾隆间，松江府的华亭等十县，共有牙行3 637户。[2]两地雇工之数也当以万计。

在现代经济中，商业、服务业属第三产业，而金融业、运输业属于服务业而纳入第三产业之中。它们既为个人生活服务，也为生产和流通服务。乾隆初年，吴县，长洲、元和、昆山、新阳、常熟、昭文、吴江、震泽等九县共有典铺489户。[3]乾隆嘉庆间，松江府的华亭、青浦、上海、金山、奉贤、南汇、娄县、宝山等县，共有典铺195户。[4]又如上海县的钱庄，乾隆四十五年（1780）有18家，10年之后增至64家。乾隆五十一年至嘉庆二年（1797）的十年中，上海县城的钱庄先后存在的至少有124家之多。[5]这都需要雇佣数以千计的店夥。

乾隆间，江南内河航运的“船只之多，大小不下数十万艘，百姓赖以资生者何啻数百万人”。[6]其中船工应当是数以万计。沙船业是清代兴起的海运业。嘉庆初，上海一地千石以上的海运沙船最多时达到3 600只。鸦片战争前夕，上海沙船业拥有“沙船水手十余万人”。[7]道光间，沙船主郁润桂有沙船70余艘，雇工2 000余人。[8]

以上对劳动力市场的发展分别作了些叙述。下面作点总的估算。同治间，苏州周庄镇全镇居民5 000余人，其中作坊店铺雇工店伙占1 000余人。[9]工商业中雇佣劳动者占居民总数的20%左右。据李伯重教授估算，1850年

---

[1] 乾隆《苏州府志》卷11。
[2] 张忠民：《上海，从开发走向开放：1368—1842》，昆明：云南人民出版社，1990年，第232页。
[3] 范金民：《明清江南商业的发展》，南京：南京大学出版社，1998年，第481页。
[4] 张忠民：《上海，从开发走向开放：1368—1842》，昆明：云南人民出版社，1990年，第240页。
[5] 《上海钱庄史料》，上海：上海人民出版社，1960年，第9—12页。
[6] 梁廷楠：《粤海关志》卷8，《税则一》。
[7] 《筹办夷务始末》同治朝，卷28，故宫博物院民国十九年本。
[8] 吕舜祥：《上海的沙船业》，1960年稿本，藏上海嘉定县博物馆。
[9] 陶煦：《贞丰里庚申见闻录》卷下，民国年间抄本。

间，江南城镇人口约为720万人。[1]按上述比重推算，则雇佣劳动者约为150万人左右。周庄镇为一中等市镇。城市与大市镇中，雇佣劳动者在总人口中所占比例还要更高一些，加上居无定所的船工，则清代中叶雇佣劳动者的总人数当在150万人以上。

上述产业结构的调整，也是劳动力结构最重要的调整。它是劳动力市场扩大的反映，也是劳动力资源得到合理利用的反映。这无疑会为各种市场机制发挥作用开辟道路。

江南地区经过中国古代经济重心南移以后的长期开发，经济发达，教育兴盛，文化繁荣，加以交通便利，信息通畅，造就了劳动者的智慧灵巧。明代周忱说，“天下之民，出其乡则无所容其身；苏松之民，出其乡则足以售其巧”。[2]到清代，又有人说，“吴中人才之盛，实甲天下。至于百工技艺之巧亦他处所不及”。[3]这就是说，江南地区的劳动者既有技艺优势，又有地缘优势。他们在本地区竞争上岗，无疑具有明显的优势地位，甚至可以说具有某种垄断性地位。因此，许多技术要求较高、报酬较为丰厚的岗位，大多为本地的劳动者捷足先登。如在城市中，苏州刷色洒金的印纸业，其雇工“悉系江宁镇江等处人士”。[4]苏州冶坊工匠多隶籍无锡、金匮两县，硝皮工匠多为江宁人。[5]尤其是丝织业，机匠基本上都是江南籍人。如丝织业发达的江宁府，其“织工推吾乡为最”。[6]“元缎织工头号必须江宁镇人……次则秣陵、陶吴，再次禄口、殷巷，南乡以外，皆不为也。”“天青则城内人为佳。”锦缎“以北乡迈皋桥人织最善”。“摇经者皆北乡人。”[7]江宁府的丝织织工，实际是为本籍人所垄断。浙江城镇织工亦多来自本土。如海盐县织工至城镇打工，大多是“农隙时多远出赁织，西至杭州，北至湖州，有至宜兴者”。[8]又如吴县香山一带，“民习土木工

[1] 李伯重：《江南的早期工业化》，北京：社会科学文献出版社，2000年，第417页。
[2] 《与行在户部诸公书》，见程敏政辑：《皇明文衡》卷27，上海：商务印书馆影印民国年间本。
[3] 道光《苏州府志》卷194。
[4] 《明清苏州工商业碑刻集》，南京：江苏人民出版社，1981年，第94—95页。
[5] 洪焕椿：《明清史偶存》，南京：南京大学出版社，1992年，第537页。
[6] 甘熙：《白下琐言》，光绪十六年刻本。
[7] 《续纂江宁府志》卷15，《拾补》。
[8] 光绪《海盐县志》卷8。

作者十之六七，尤多精巧，凡大江以南有大兴作，必藉其人”。[1]

在农村中，江南地区蚕桑业发达，在养蚕、缫丝两个重要技术环节中，还出现了专业化的短工。太湖以南地区养蚕多，乾隆间有人说，“南方至蚕忙之月……来佣工者成都市，即日用百余人，登时俱有。更有包箔者，每箔自蚁至老，佣价不过钱余。量力包数箔，各自经理。主人只是熟记养蚕之法，坐而提调。至于蚕多之家，佣工者甚众，即饭食亦是雇觅人做，女工岂能任此”。[2]这种情况明代即有。黄省曾《蚕经》中说，“养蚕之人，后高为善；以筐计，凡二十筐，佣金一两。看缫丝之人，南浔为善，以日计，每日佣金四分，一车六分”。不过养蚕工价，至清代提高了一倍多。

江南人既占有了较好的工作岗位，又得到了较充分的就业，这说明了竞争机制在劳动力资源配置上开始发挥作用。

手工业、商业和服务业的发展，虽然提供了大量的劳动岗位，但江南人亦难以全部包揽。如有人说，“百工技艺，吴人为众，而常苦不足”。[3]遂不得不引用外地人来填充。这些外来打工者多来自邻省及江浙经济比较落后的地区。如濮院镇，“典当司柜多徽州人，成衣木局多宁波人，镊工多句容人，染坊银匠多绍兴人，漆工多江西人”。[4]又如双林镇的“包坊工匠则来自安徽泾县”。[5]又如苏州的染坊，“除青坊工匠多来自近郊唯亭外，黑坊镇江人，红坊句容人居多，绸布印布坊则是绍兴人”。[6]尤其是一些技术要求不高的重体力劳动，即所谓“粗活”“重活”，本籍人不愿干，更多由外地人担充。如苏州所谓“膂力凶悍之辈”的踹匠，“俱系江宁、太平、宁国人民”。[7]油坊“杵油须壮有力者”，石门县石门镇的油坊，明代即已是“辄募旁邑民为佣”。[8]双林镇的油坊“博士人数逾百，尽是长兴及南京两处人”。[9]甚至农业生产的空缺，也有外

[1] 光绪《光福志》卷1。
[2] 杨屾：《豳风广义》，北京：农业出版社，1962年。
[3] 乾隆《吴县志》卷24。
[4] 杨树本：《濮院琐记》卷2。
[5] 民国《双林镇志》卷15。
[6] 罗仑主编：《苏州地区社会经济史》（明清卷），南京：南京大学出版社，1993年，第468页。
[7] 苏州织造吴凤翚奏折，见《雍正朱批谕旨》第48函，乾隆三年刻本。
[8] 康熙《嘉兴府志》卷15。
[9] 民国《双林镇志》卷15。

地人前来填补。有些丝织业机户,脱离农业而移居城镇,其闲置土地多由附近地区的人来耕种。如濮院镇,"近镇人家多业机杼,间有业田者,田事皆雇西头人为之。西头谓石桐邑界,其地人多而田少,往往佃于他处,每于春初挈眷而来,年终挈眷而去,名曰种跨脚田"。[1]

劳动力需求的增加,导致了传统分散、个别的雇佣方式的改变,出现了短工市场。农村和城市均有。明末清初,浙江嘉兴府湖州府一带,农村短工是"主人握钱而呼于畔,奔走就役,什百为群"。[2]到清代中叶,至蚕忙之月,"来佣工者成都市,即日用百余人,登时俱有"。[3]这种雇工市场,在丝织业中尤为发达。如苏州,明代是"市民罔藉田业,大户张机为生,小户趁织为活,每晨起,小户数百人嗷嗷相聚玄庙口,听大户呼织,日取分金为饔飧计"。[4]到清代,无主工匠等待机户唤找,"黎明立桥头以待,缎工立花桥,纱工立广化寺桥,以车纺丝者曰车匠,立濂溪坊。什百为群,延颈而望,如流民相聚,粥后散归"。[5]这种市场清代丝织业发达的市镇均有。如濮院镇,"太平巷,本福善寺,西去正道,阖镇织工拽工,每晨集此以待雇"。[6]他们"每早各向通衢分立,织工立于左,拽工立于右,来雇者一见了然,谓之巷工"。[7]在黄溪市,"为人佣织者,立长春、泰安二桥,待人雇织,名曰走桥,又曰找做"。[8]在丝织业集中的苏州,工匠立桥头待雇,"每桥有行头分遣,今织造府禁革,以其左右为利也"。[9]看来行头分遣要收取一定费用,如不是遭到禁革,劳动力交易的中介组织实是呼之欲出。上述这些事实又体现了供求机制在开发劳动力资源方面的作用。特别可以指出的是,江南地区劳动力外流的很少,而外地流入的却很多,说明外地劳动力的流入可以通行无阻。同时城镇人口大量增加,如双林镇

[1] 沈廷瑞:《东畲杂记》,见民国《濮院志》卷14,《农工商·农桑》。
[2] 张履祥:《杨园先生全集》卷7,苏州:江苏书局,同治十年本。
[3] 杨屾:《豳风广义》。
[4] 蒋以化:《西台漫记》卷4,明万历年间刻本。
[5] 康熙《苏州府志》卷21。
[6] 《濮川所闻记》卷2,上海:上海书店,1992年。
[7] 杨树本:《濮院琐记》卷1。
[8] 道光《黄溪志》卷1。
[9] 康熙《苏州府志》卷21。

在清代中叶，“土客总之，吾镇贸易之人，衣食于此者十居五焉”。[1]据李伯重教授估算，明末，江南城镇人口约为300万人，到清代中叶，约增为720万人。[2]二百多年约增加了一倍多，说明城乡之间劳动力的流动也通行无阻。这种劳动力流动较高的自由度，表明劳动力市场得到发育。

雇佣劳动者的工资水平，是衡量社会经济发展水平的一个标志，也是衡量劳动力商品化程度的一个标志。在现代经济中，劳动力的生产成本，除劳动者养活自己及其家庭成员的生活需要之外，还应当包括劳动者所需要的教育培训费用。因此劳动者通过劳动获取的工资，至少必须保证劳动者及家庭成员的生活需要。在传统经济中，为生产力发展水平所局限，当然达不到这样的水平。下面我们考察一下清代前期江南地区的情况。

农村的长工价，魏金玉教授据清初《补农书》所提供的资料匡算，“长工每一名工银五两，吃米五石五斗，平价五两五钱”。副食按为主食的1.262 6倍计算，工钱部分占29%，工食部分占71%。这是说需要两个人出雇，才可维持另一个人过同样的生活。[3]又陶煦在《租核》中说，江南长工工价，“多或七八石，少或五石，再少者不能耕十亩者也”；他与《补农书》作比较说，“今工银稍增，亦以米计，岁六石”。按照他的说法，一般长工价年工资约米5或6石，技能较高的可达七八石，技能低者在5石以下。乾隆十七年（1752）前后，浙江汤溪县谢起常雇乔嵩种靛三年，“言定每年辛力银八两二钱”。[4]据汪辉祖《病榻梦痕录》所记萧山乾隆十七年前后米价推算，石米约合银一两一钱。则8两2钱工价，约合米7石。种靛需一定技术，故乔嵩工资较高。这说明年工资七八石米的工价，确实是存在的。考虑到长工的饮食一般较为优厚，张履祥就主张对待长工要“吃口好”。如果省吃俭用，七八石米的工价，或可能养活一个长工的成年家属。

在传统经济中，城市工资水平一般高于农村，劳动力流入地区的工资水

[1] 同治《双林记增纂》卷8。
[2] 李伯重：《江南的早期工业化》，北京：社会科学文献出版社，2000年，第417页。
[3] 许涤新、吴承明主编：《明清时代的农业资本主义萌芽问题》，北京：中国社会科学出版社，1983年，第365、440页。
[4]《康雍乾时期城乡人民反抗斗争资料》（上），北京：中华书局，1979年，第268页。

平一般要高于劳动力流出地区。江南地区城市手工业工资资料，与农村长工工资资料同样非常零散，难以作系统比较。现存苏州纸坊工匠工价资料尚属齐全。乾隆二十一年，纸坊刷色洒金等有24个工种，工银分为五等，每工工银二分的有两种，二分一厘的有五种，二分四厘的有14种，二分六厘的有一种，四分的有两种。每一工种的工作列有定额，超额有奖。其工资条文的首条如下："向先每日推工丹素五刀为一工，除饭食外，每工银二分四厘。另外多刷五刀，另加工银，并贴伙食，共加银五分。倘每日五刀之外，二三刀者，留抵下日凑足五刀为一工。以下各条，仿此类推。"[1]此工资条例所说一工的定额，似应为一个通常工作日的定额，即不延长工作时间，不提高劳动强度的通常工作日定额。其工银规定也是一个通常工作日的工资。前引海盐县外出打工的织工是，"每年正月出，四月归；七月又出，岁暮归"，大约每年工作300天。苏州纸坊工匠姑按回家过年，秋收，以及其他节假日、生病等休工，一年工作10个月、300天计。则二分一工者，每年工资为银六两，二分一厘一工者，年工资为银六两三钱，二分四厘一工者，年工资为七两二钱，二分六厘一工者，年工资为银七两八钱，四分一工者，年工资为银十二两。乾隆五十八年（1793），对刷纸工统一工价，规定"纸匠每日以刷纸六百张为一工，系计刷数为工，并不计日"，每"月给工银一两二钱。如有勤力多刷者，亦即按工给价外，再给茶点银半分，以示鼓励"。[2]这是每年工价为银十二两。钱泳在《履园丛话》中说，乾隆二十年后，苏松常镇一带，米"每升亦只十四五文为常价"，至乾隆五十年后始涨。"余少时，每白银一两，亦不过换到大钱八九百文，嘉庆元年（1796），银价顿贵"。按此米价、银价推算，年工资为银十二两者，只合米八石左右，年工资六两者，只合米四石左右。其余均在五六石之间。按此与农村长工工价比较，雇主都供应饭食，城乡基本工资大约接近。如果要多得工资，在于"勤力多刷"。如每日多刷两三刀，一年大致可多得半年工资，这可能是城市工匠工价高于农村长工工价的一种具体表现形式，但这也只可以养活一个或一个多点的成年家庭成员。工匠多来自农村，农村长工价自然成为城市工匠工价的重要参照

[1]《明清苏州工商业碑刻集》，南京：江苏人民出版社，1981年，第90—92页。
[2] 同上书，第93页。

系。从养活家庭成员的数量看，无论城市与农村，劳动力与工价之间都是一种差距甚大的不等价交换，这既说明劳动力商品化程度低，又与劳动力供大于求也不无关系。但是这种工价机制有利于调节城乡劳动力的有序流动，可以避免工资过高，农民大量涌入城市。

劳动力市场的发育，主要可以从两个方面考察：除劳动力流动的自由程度之外，还有工资水平的整合程度。江南地区的城镇手工业，大都是小作坊和个体户，行业泛杂，分散在众多的城市和市镇之中，而劳动力供给又比较充裕，工价的整合是很困难的。加以工价资料缺乏，整合情况难以探究。但从官方文献中，可见两例。

例一，康熙五十四年（1715），嘉定县知县在该县南翔镇关帝庙内立碑告示："踹匠工价平色，各字号不得扣克，其增减悉照苏松之例。"乾隆四十年，嘉定县知县又于南翔镇立碑告示："踹布工价，虽多寡不一，总按布匹之长短、大小、阔狭定价，较与苏郡工价无亏。"[1]南翔镇是清代踹坊集中之地，这两则资料说明，这里踹匠的工价，清初其增减悉以苏松各地之例为准。乾隆间更明确指出向苏州踹匠工价看齐。踹布业主要集中在苏松两府，工种单一，技术简单，主要凭借体力，具有整合工价的有利条件。踹匠又因工价争端多次聚众罢工。官府如果是迫于踹匠的要求而作此规定，就应当说已具有一定工资整合的意义。

例二，清初，官营丝织业在江宁、苏州、杭州各设织造局。三局因地区不同和设立先后不同，工资水平互有差异。其所雇工匠，一般都享受口粮和工价待遇。乾隆十年，官府厘定江南三局的工食。对原采多种类多等级的食米发放办法，加以改变，对三局织挽、摇纺各匠的口粮，统一规定发给食米四斗。苏、杭两局的工价，本采都要高于江宁局。由于统一规定织挽各匠每人每日发给工银五分，从前苏州局连工钱和盐菜津贴银计算，织匠每日可得一钱一分，挽匠每日得银八分，至此遂显著降低。[2]江南织造局的这种统一工价与口粮，可能有减少开支、便于管理等因素，但江南织造局实行买丝招匠的生产形式，织

---

[1]《上海碑刻资料选辑》，上海：上海人民出版社，1980年，第99—100页。
[2] 彭泽益：《清代前期江南织造的研究》，《历史研究》1963年第4期。

局选定领机机户，发给机张执照，作为领机凭据，同时又备好丝料，责令领机机户雇募工匠进局织造。工匠均来自民间，民间工价低于官工匠的工价甚多。民间工价作为重要的参照系，自然会对官方工价产生影响，促进两者差距的缩小。

在现代经济中，劳动力供求与劳动者工资收入、劳动条件等的关系，在很大程度上是通过工会组织与经营者组织，按照国家法律与政策来集体交涉、具体商定的。如果协商不成，往往要通过罢工来解决。清代前期，在雇佣劳动者集中的苏州，频繁发生了这种“聚众叫歇”“齐行叫歇”的罢工斗争。从康熙至道光，踹匠和丝织工匠较大规模的罢工斗争就有十次，此外还发生了纸匠、烛匠、金箔工匠等各行业工人的罢工斗争。这些斗争主要是为了“增添工价”、反对银两“轻平短色”“克扣工钱”等。如康熙三十九年（1700）的一次，由于踹坊包头克扣工钱，“千百踹匠景从，成群结队，抄打竟无虚日”。这种有组织的群众性的罢工，往往取得一些成效，大都由官方出面，一定程度地满足工匠的要求。如康熙间，官方规定，踹匠的工价伙食，“不许包头多克”。雍正年间规定，纱机和缎机工人在所给工资之外，每年每只织机各发给酒钱一钱，作为常例，使“铺匠相安”。乾隆间规定，对纸匠“按月按工给发”工资，“钱照时价高下”，“坊主不容苛刻短扣”。尽管多数罢工遭到了封建政府的压制和禁止，[1]但是，这已是一种反政治压迫和反资本剥削的新型斗争，在封建社会中，无疑是一种新的政治经济因素。

三、山东劳动力市场

明代中叶以后，特别是到了清代，山东省农业生产发展，两年三熟制得到普及，粮食作物结构亦随之调整，小麦、大豆、高粱取代粟谷成为主要粮食作物。经济作物也同时发展。到清代中叶，107个州县已有90余个州县种植棉花，专业化和大面积种植均有扩大。花生引种始于乾隆嘉庆之间，到清末已有四十余州县种植花生，花生成为仅次于棉花的第二大经济作物。烟草，明代无

[1] 参见洪焕椿：《明清史偶存》《明清苏州工商业碑刻集后记》。

种植，清代迅速扩大，到清末已有40%的州县种植烟草。劳动力市场只有在商品经济发展的基础上，才能得到发育。商品性粮食作物和经济作物的发展，就为山东农业劳动力市场的发展提供了基础条件。

劳动力市场的发展，可以从市场规模、市场主体、市场客体、市场功能和市场机制等方面进行考察。在传统经济中，劳动力市场的发育，总是从市场主体的发展变化开始。所谓市场主体，是指参与劳动力市场活动的个人或者经济组织。具体地说，主要是指购买劳动力的雇主和出卖劳动力的雇工。他们是市场主体中的基本对立面，分别为市场供给与市场需求的决定力量，是劳动力市场的基础要素。

清代山东省土地集中程度在北方各省为最高，地主相对较多。历史上，农村地主一般是将大量土地出租，保留宅畔小量土地自营，种植租谷以外的优质粮食，以及油麻果蔬之类，以供应家庭日用所需，具有比较完整的自给性。地主家庭除农田耕获之外，还有洒扫修建、劈柴挑水、架车抬轿、看庄护院等家务劳动。这些都是需要雇工的，尤其是需要雇用从年头到年尾常年工作的长工。正如《致富奇书》所说，“如有田百亩，则使仆从自种三十亩，其余佃人种之可也”。中小地主如此，而大地主更是如此。

随着农村商品生产的发展，农村经营地主增多。他们耕种大面积土地，既从事自给性生产，又从事商品性生产，以追逐财富增殖。在农业生产中，经济作物的用工，大大高于粮食作物。1935年的一个统计表明：在山东每亩小麦一年用人工15个，大豆12个，高粱18个，小米21个，花生24个，棉花60个，烟草135个。[1]多熟复种制的推广和经济作物的发展，地主的雇工经营亦随之发展。

清初，东昌府的大地主是：“土宜五谷六畜，大致千亩之家，千树梨枣，牛数具，骡马百蹄，园畦蔬果称是。”[2]康熙间，濮州土地肥沃，多种木棉，一亩可摘二百斤，大经营“有万亩之家者”。[3]雍正间，益都县有雇用农工数百人种烟的

[1] 上海社会科学院经济研究所编：《英美烟公司在华企业资料汇编》第1册，北京：中华书局，1983年。
[2] 《古今图书集成·职方典·东昌府部》。
[3] 康熙《濮州志》卷2。

大地主。[1]乾隆间，曲阜史大纲在农忙时，“雇觅短工十余人锄田”。[2]嘉庆、道光间，海丰县张自标“设长席佣工数十人，课耕织”。[3]

有些中小地主也雇长工种地。乾隆间，即墨县监生李士玘雇佣农工数人，专雇一厨工为他们做饭。兰山县监生伏柱玖，雇农工数人种地。郯城县监生谢淮，雇工耕种，并雇有喂牲口的工人。寿光县李景华雇丁举惠、张恩德、杨小存三个长工种地。[4]

经营地主的这种发展，一直延续到清末。据罗仑教授等的调查，光绪末叶，山东46个县131户经营地主的耕作面积是：100亩以下的10家，100亩至299亩的57家，300亩至499亩的38家。500亩至999亩的17家，1 000亩至2 000亩的9家。耕地面积大，雇工自然就多。章丘县进修堂孟家，种地450亩，雇长工37人，农忙时雇佣短工常有五十多人。淄川县树荆堂毕家，种地600亩，经常雇长工三十多人，短工五十多人，农忙时雇短工常有120多人。[5]

从农民方面看，农民大多从事自给性生产，以满足家庭的温饱需求。他们主要靠家内劳动力耕作。有些农民在农忙时雇佣少量短工，只是补充家内劳动力的不足，属于辅助劳动的性质。到了清代，农民从事商品生产的增多，在自耕农以至佃农中，并出现了一批富裕农民。北方平原地区，农民通常耕地规模大致为30亩。有些佃农的耕地却大大超过此数。乾隆间，海阳县佃农孙继能租种土地70亩，沂水县佃农朱三租种土地68亩。[6]农民的耕地规模如果超出了家内劳动力所能负担的限度，就需要雇工，甚至要雇长工。乾隆间，山东农民王克仁雇王成子佣工，吕季常雇齐刚佣工，他们都是正月上工，十月下工的长工，并与雇主“一同力作”。[7]山东农民任继生雇吕五夫妇在家佣工，农忙时又雇二个短工帮同刈麦。[8]滋阳县佃农宋美立，雇贾人帮工，二月上工，十月

[1] 光绪《益都县志》卷11。
[2] 《康雍乾时期城乡人民反抗斗争资料》（上册），北京：中华书局，1979年，第247页。
[3] 民国《无棣县志》卷13，明清时期，无棣县名海丰县。
[4] 李文治等：《明清时代的农业资本主义萌芽问题》，北京：中国社会科学出版社，1983年，第167—169页。
[5] 罗仑、景甦：《清代山东经营地主经济研究》，济南：齐鲁书社，1985年，第117—124、92、84页。
[6] 吴量恺：《清代乾隆时期农业经济关系的演变和发展》，《清史论丛》第1辑。
[7] 许涤新、吴承明主编：《明清时代的农业资本主义萌芽问题》，北京：中国社会科学出版社，1983年，第287—296页。
[8] 南京大学历史系明清史研究室编：《中国资本主义萌芽问题论文集》，第280页。

下工。[1]

富裕农民不但雇工种粮食，也雇工种植经济作物。乾隆间，济宁直隶州“黄孙康雇孙四种园”。[2]嘉庆间，曹州吕居仁雇张标、齐三看守棉田。[3]道光间，高唐州“州境种花地多，种谷地少”，“贫者专恃佣趁”，[4]其中当然有不少农民雇工种棉。

从事商品生产的经营地主和富裕农民增多，是雇主这个市场主体的一个重要发展变化。他们在发展商品生产中，一方面增加了对劳动力的需求，特别是在农忙季节，需要大量的短工（包括日工和月工）。另一方面，他们为了劳动力、资金、土地等生产要素能得到充分和合理的利用，以节约成本，获取最大化盈利，更要求有一个能随时雇佣，又能随时解雇的具有专业性质的短工群体。农村原来的短工大多是种地较少的自耕农和佃农兼充，他们往往把做短工当作一种副业，一种救急办法，雇佣收入并不是他们生活的主要来源。现在这种性质的雇佣劳动已不能完全适应经济发展的需要了。一种“靠佣工度日”的专业性短工群体随应运而生。在乾隆年间，这类短工已大量涌现。如博平县张美山“佣工度日”。济宁直隶州杨四“一向做工度日”。昌乐县三家庄人冯三“靠着做工度日”。阳谷县田家庄人田文“一向在外做工度日”。兰山县龚二“一向在外佣工”。[5]

同样基于节约成本，长工工期也在缩短。原来那种既有农业劳动、又有家务劳动，从年头到年尾的长年佣工，当然仍然存在，但经营地主与富裕农民雇佣长工已多在正月上工，九月农忙之后，即行辞工。宁阳县是“十月朔……辞场圃，犒农工”。沂州是“十月朔，家家皆设酒肴燕佣人，名曰散场”。在济南府，农历十月，“田事竣，田家设酒肴劳佣工，谓之辞场”。其他如滋阳县、邹县

[1]《中国古代社会经济史资料》第1辑，福州：福建人民出版社，1985年，第256页。

[2] 刘永成：《论清代雇佣劳动》，《历史研究》1962年第4期。

[3] 许涤新、吴承明主编：《明清时代的农业资本主义萌芽问题》，北京：中国社会科学出版社，1983年，第105页。

[4] 徐宗幹：《斯未信斋文编》卷1，同治年间刻本。

[5]《中国古代社会经济史资料》第1辑，第351页；许涤新、吴承明主编：《明清时代的农业资本主义萌芽问题》，北京：中国社会科学出版社，1983年，第469页；吴量恺：《清前期农业经济中的短雇》（未刊稿）。

均有同样记载。[1]又如乾隆间，滕县宫玖雇朱得成佣工，“讲明正月十六日上工，十月尽下工”，“工价每月交支”，“并不是长年雇工”。[2]与那种工作全年的长年雇工相比，工期缩短了四分之一或五分之一。

长工工期缩短，至清末在继续。据罗仑教授等调查，章丘县太和堂李家，光绪三十四年到宣统元年的两年中，先后雇用了长工33人，其中上工不足100天的15人，100—200天的11人，200天以上的仅7人。[3]这都说明，长工正在向短工转化。出现这种情况，与工价的调节机制也有关联，将在后面另作讨论。

这些短工和长工中许多人是丧失了土地的穷苦农民。乾隆间，峄县夏四，“没妻子，也没田地、房屋，做短工度日，晚上空窑孤庙内住宿”。寿光县崔桥，“因家贫难度……被迫将仅有的七分五厘地出卖，外出佣工度日”。[4]有的人甚至是孑然一身。乾隆间，在滕县冯栋家做工的杨二，“父母已死，并没兄弟妻子”。莒州刘玘山，父亲已死，“没兄弟妻子”，领母亲出外佣工，有30多年了。[5]

从经济学的严格意义上说，雇佣劳动者必须具有双重自由：一是摆脱了人身束缚，具有人身自由；一是摆脱了财产，特别是土地的束缚，一无所有，只剩下出卖劳动力的自由，这才是完全意义的自由雇佣劳动者。上述这些职业化的短工和长工，应当说已是这样的雇佣劳动者。他们的涌现，表明了雇工这个劳动力市场主体也发生了某种重要变化。

市场主体的发展变化，导致了劳动力交易形式的发展变化。由于短工需要的人量增加，到清代中叶，短工市场在全国各地大量出现，北到盛京，西到四川，东到江浙，南到广东，均出现了以雇佣短工为主的劳动力市场，称为“工大市”“人市”“佣市”等。通常设在专门地段，如集市、村头、大路旁、寺庙门前

[1] 《古今图书集成·职方典·兖州府部、济南府部》。
[2] 吴量恺：《清前期农业经济中的短雇》（未刊稿）。
[3] 罗伦主编：《苏州地区社会经济史》（明清卷），南京：南京大学出版社，1993年，第75页。
[4] 《中国古代社会经济史资料》第1辑，福州：福建人民出版社，1985年，第314页；刘永成：《清代前期农业资本主义萌芽初探》，福州：福建人民出版社，1982年，第67页。
[5] 《中国古代社会经济史资料》第1辑，福州：福建人民出版社，1985年，第360页；《清代地租剥削形态》，北京：中华书局，1982年，第790—791页。

等地。山东出现尤早。康熙间，在青州府，“东省贫民，穷无事事，皆雇与人代为耕作，名曰雇工子，又曰做活路”。“每当日出之时，皆荷锄而立于集场，有田者见之，即雇觅而去。其无锄者，或原有锄而质当与人者止袖手旁观，见无人雇觅，皆废然而返。”[1]原来农村雇工或由雇工与雇主直接商谈，或经中间人介绍，“佣人需要相认中保”，“乡间雇佣，各有保荐可稽”。[2]特别是雇佣长工，更是如此。短工市场的出现，雇工不必走乡串户寻找雇主，雇主也不必到处唤人，这无疑是传统劳动力个别、分散交易形式的一个重要突破。

雇佣关系的变化，同雇工经营性质的变化是相关联的。上述雇佣劳动的这些变化，正是商业性农业发展，从事商品生产的经营地主和富裕农民增多的反映，也是以佣工为主要生活来源的自由雇佣劳动者增多的反映。这是清代山东劳动力市场新的发展。

四、劳动力流动情况

劳动力流动的自由程度，是劳动力市场发育的一个重要尺度。清代的雇佣劳动者，从封建国家的法律和户籍管理制度方面看，已经获得了在地区间自由流动的权利。文献资料说明，山东的雇佣劳动者不仅在省内流动，而且流向省外，清代刑部档案中，山东人到河南、江苏、直隶，特别是到吉林、奉天等地佣工的记载就很多。乾隆间，诸城人王玉田，“来吉林卖工度日”。费县人王忠典到宁古塔地方“各处佣工砍柴度日”。安丘人张凤彩“向在盖平地方佣工度日”。[3]光绪《大清会典事例》也有直隶、山东“流寓小民”，到奉天“单身佣工”的记载。

劳动力流动是生产社会化和商品经济发展的必然现象，是由生产力发展所决定的。清代劳动力的地区间流动，当然具有这方面的原因，对劳动力市场的这种发展应当予以肯定。但是，我们又必须看到，在中国历史上，穷苦农民出外逃荒的流民现象，史不绝书。魏晋南北朝的佃客，宋代的客户，很多就是

[1] 李渔：《资治新书二集》卷8，上海图书集成印书局，光绪二十年本。
[2] 黄六鸿：《福惠全书》卷19，清刻本；董沛《晦暗斋笔语》卷1，光绪年间本。
[3] 吴量恺文，见《清史论丛》第5辑；《中国古代社会经济史资料》第1辑，第328页；《明清时代的农业资本主义萌芽问题》，第470—471页。

外来流民。清代人口大量增加，山东就是一个人多地少比较严重的省份，加以土地集中程度相对较高，贫苦农民丧失土地的现象也较严重。康熙间山东不少贫苦农民"无所依藉"，就已"逃亡京畿近地及边外各处"。[1]正如乾隆《沂州府志》所说，"十岁九灾，所由来也。而游食四方，浸以成俗。初犹迫于饥寒，久而习为故事。携孥担橐，邀侣偕出，俗曰逃荒，恬不为怪"。[2]

清初，关外满族兵丁、家口、庄丁等大量入关，加以战争破坏，劳动人手缺乏，顺治间就已启动招民垦荒。康熙以来，应垦者仍络绎不绝，特别是关内出现灾荒，清政府更令"有司毋许拦阻贫民出口"，让他们"各赴丰稔地方佣工觅食"。[3]山东距东北不远，所以山东穷苦农民到东北地区佣工的人很多。这种劳动力流动，在很大程度上是穷苦农民就食他方的流民性质的劳动力流动，也是一种盲目自发的劳动力流动。这并不说明地区间已经形成了以工价为劳动力流动主要调节信号的劳动力市场，也就是说，劳动力流动并不是在一个统一的劳动力市场之内，由价格机制调节的劳动力自由流动。这两种性质不同的劳动力自由流动是不容混淆的。

还应当看到，农村中还有许多没有人身自由的雇佣劳动者。缙绅地主之家就有具有主仆名分的等级制雇工，如曲阜孔府的这种雇工。安丘县的一些大地主还有世袭制雇工。这些雇工的祖先将其本身及其子孙的劳动力一次性地都卖给地主，子子孙孙都要与地主做工。这些雇工的名字被刻在石碑上，石碑反面刻有"海枯石烂"四个大字，标志着永久不能反悔。[4]此外，在民间还有如下一些具有人身束缚的雇佣劳动者。

首先是典当雇工。这是劳动者将自身定期或不定期地典当给雇主。雇工在取得典价后，到雇主家服役劳动，直到典限期满。典期有长有短，一般都是年限长，典价低。乾隆间，文登县张连同妻与子，典期3年，典价只是杂粮4斗。滕县张君仪同妻与子，典期5年，典价为银3.5两。沂水葛旺是典期8年。钜野县万乾夫妇，典期10年，典价4千文，另每年给白布2疋，棉花20斤。

[1]《清圣祖实录》卷116，北京：中华书局，1985年。
[2] 乾隆《沂州府志》卷4。
[3]《清高宗实录》卷967—1048，北京：中华书局，1985年。
[4] 葛懋春：《从昌潍土改工作中看封建剥削》，《文史哲》1951年第3期。

费县王路典期25年，而典价只有小钱千文。[1]在终结雇佣关系时，有的要归还雇主原价，这如同借债，做工只是偿付利息；有的不必归还典价，典价就成为工价。

雇工在典当期间，不仅出卖了劳动力的使用权，而且失去了人身自由，失去了中途解除雇佣关系的权利。如有的契约中规定，“自工雇后，须用小心伏事，听候使令，不敢违慢，亦不敢擅自抛离拐带财物在逃”。如违，须“依数赔还”。[2]如前述张君仪夫妇因雇主王与信“酗酒暴戾”，无法忍受，力求下工。因无力归还典价，只得将儿子作为人质，才得离开王家。[3]

其次是债务雇佣。这是一种高利贷与雇佣劳动相结合的雇佣形式，即劳动者在借债以后，无力偿还，只得以劳动偿抵债务本息。康熙间，利津县王东才欠刘汉强高粱钱70文，王东才“给汉强做工抵帐”。乾隆间，招远县王武臣是杨维峄家佃户，因为欠交租粮，被迫到杨家佣工抵欠租。[4]高利贷利率高，如果欠债数量较大，做工抵债的时间就长，在此期间也会失去出卖劳动力的自由。

第三是年限婢婿。雇主用婢女或仆媳配给雇工，雇工在议定年限内为雇主服役劳动。这些雇工大都是无力娶妻的劳动者。雍正间，山东徐缵烈招吴恨为婢婿，做工23年为满，立有文契。[5]这种年限婢婿与雇主之间，已无平等地位，而是有了主仆名分。在议定年限内，即使生了子女，他们及其子女都不能离开雇主家庭，已没有人身自由，当然更没有中途辞工的权利了。

特别是，整个清代，就是在鸦片战争之后，农村经济始终是在封建经济的旧轨道上运转，地主和农民的自给性生产仍然在整个农业生产中占据主导地位，经营地主与富裕农民的商品生产发展还很微弱。农村中的大量短工，以至部分长工，都还是没有脱离土地的农民，佣工收入并不是他们生活的主要来源，他们既不能离乡，又不能离土。乾隆间，黄县林四“种了一

[1] 许涤新、吴承明主编：《明清时代的农业资本主义萌芽问题》，北京：中国社会科学出版社，1983年，第410—412页；黄冕堂：《清史治要》，济南：齐鲁书社，1990年，第275页。
[2] 同上书，第382页。
[3] 同上书，第384页。
[4] 同上书，第390、510页。
[5] 同上书，第400页。

亩多烟叶”,后来烟叶被虫子吃了,只得到农闲时在潍县染坊当了3个月短工。[1]直至清末,情况仍然如此。据罗仑教授等的调查,章丘县太和堂李家所雇短工,“一般都是拥有小块土地的雇农、贫农甚至中农。他们被雇与否直接受到农业季节性的限制。短工在被雇以外的时间里,多贩砂锅、卖柴草,维持家庭生活。许多短工出卖劳动力的工资收入,并不是他们的主要生活来源”。淄川县树荆堂毕家的短工,“大都是有三至七亩地的贫苦农民”。“短工全家的生活主要依靠种地来维持,农忙期间外出当短工,就像非农忙期间外出推小车卖山果一样,只是次要的副业收入”。章丘县进修堂孟家的佃户高清玉,给孟家当了31年佃户,但“得空还干短工”。[2]这种性质的短工,在数量上大大超过了那种专“靠佣工度日”的短工,他们都是不能自由流动的劳动者。

前面所说的种种情况,都从劳动力自由流动这个角度,说明了清代农村劳动力市场发育程度的低下。

五、雇佣劳动者的工资形式及其水平

雇佣劳动者的工资形式及其水平,是衡量社会经济发展水平的一个标志,也是衡量劳动力商品化程度的一个标志。

明清之际,山东实物工资还比较普遍。据《醒世姻缘传》所说,“长工曰觅汗,该与他的工粮,定住了要那麦子绿豆,其次才是谷黍。再其次冤冤屈屈的要石把黄豆。若要搭些秫黑豆在内,他说这样喂畜生的东西,怎么把与人吃”。这说的是济南府的情况,其他地区可能大体类似。

到清代中叶,货币工资已普遍流行,但实物工资仍然残存。乾隆间,定陶县明克已雇黄邦佣工,“每年工价一千三百大钱,两疋布,每疋二丈四尺,十斤棉花,三双鞋,三包烟,立有雇工文契”。[3]按此工价,如加上饭食,还基本是实物工资。许多情况是,按货币工资订立契约,但部分或全部以实物支付。

[1]　吴量恺:《清代乾隆时期农业经济关系的演变和发展》,《清史论丛》第1辑。
[2]　罗仑主编:《苏州地区社会经济史》(明清卷),南京:南京大学出版社,第72—73、85、93页。
[3]　《康雍乾时期城乡人民反抗斗争资料》,北京:中华书局,1979年,第257页。

“乾隆间，汶上县马允开雇王士玉佣工，议定一年工价七千文，后结算工价时，因以前马给王黄豆二斗，作价稍多，发生争执”。[1]到光绪末年，章丘县太和堂李家，对其长工羊倌就用羊毛支付工价。据其工资账记载，光绪三十三年(1907)，其长工丘四长取玉米1升，折400文；三十四年，冯巴子取麦子2升，折1 120文，取高粱1斗，折3 600文；短工冯朋林取谷子5升，折1 900文。[2]

工价标准，按当时人说，要“别忙闲”“异勤惰”“分难易”。这就是说，农忙时工钱要高一些，难重的农活工钱要高一些，勤快雇工工钱要高一些，否则就低一些。乾隆间，山东各县长工价略如下表3–3。

表3–3　乾隆朝山东长工工价表

年　代	地　区	雇　主	雇　工	工　价	备　注
雍正十三年	汶上县	马永武	王士玉	钱7 000文	3月上工，10月下工
乾隆二年	滋阳县	宋美立	贾　大	小钱4 000文	
乾隆二年	泰安县	郭　瑞	王富贵	3 500文	
乾隆五年	蒙阴县	王　让	王有成	小钱7 000文	
乾隆八年	阳信县	史　光	牛景言	钱4 000文	
乾隆十二年		王　象	吴　二	钱4 500文	
乾隆十四年	安丘县	张　珍	吴　二	钱4 500文	
乾隆二十一年	临邑县	袁　祥	张景轩	小钱6 000文	
乾隆二十二年		任继生	吕　五	钱2 500文	
乾隆二十二年	济阳县	郭　明	王　二	小钱9 000文	
乾隆二十三年		孙　珍	盛　大	京钱6 000文	
乾隆二十五年		丘介远	高　狗	京钱3 000文	
乾隆三十七年	武城县	梁　吉	曲　林	小钱3 500文	

[1] 《中国古代社会经济史资料》第1辑，福州：福建人民出版社，1985年，第259页。
[2] 《苏州地区社会经济史》(明清卷)，南京：南京大学出版社，1993年，第78页。

（续表）

年　代	地　区	雇　主	雇　工	工　价	备　注
乾隆四十三年	长清县	高希长	张　五	小钱2 000文	
乾隆四十四年	东平州	陈文超	张　二	小钱5 000文	
乾隆五十年		王克仁	王成子	钱7 000文	
乾隆五十年		吕季常	齐　刚	小钱6 500文	
乾隆五十年	寿张县			钱6 500文	
乾隆五十六年	兰山县			钱4 500文	
乾隆五十六年	朝城县			钱6 000文	
乾隆五十七年	兰山县			钱7 500文	
乾隆五十七年	阳谷县	吕淑世	卢　先	京钱9 000文	
乾隆五十九年	邹　县			钱4 800文	
乾隆五十九年	滕　县	冯　栋	杨　二	京钱9 500文	
乾隆五十九年		潘竣亭	邵　兴	京钱4 800文	

上表所列25例中，长工工价2 000至3 000文的2例，3 000至4 000文的3例，4 000至5 000文的7例，5 000文的1例，6 000—7 000文的5例，7 000至8 000文的4例，9 000文以上的3例。以下列表3–4说明山东月工工价情况。

表3–4　乾隆间山东月工工价表

年　代	地　区	雇　主	雇　工	工　价
乾隆二十一年	滕　县	宫　玖	朱得成	300文大钱
乾隆二十七年	兰山县	杨朝栋	龚　二	1 200文小钱
乾隆三十年	郯城县		姜丫头	100文大钱
乾隆四十九年	博平县	侯宗贷	张美山	250大钱
乾隆五十三年	诸城县			800文小钱

上表所列5例中，如姜丫头工价按大钱算，则合200文小钱，故5例分别为小钱200文、500文、600文、800文、1 200文。

至于日工，雍正间，齐河县杨坤雇时玉龙、王乞林锄地，因系农忙时节，时以“人家都给九十个钱，怎样只给六十二个”，遂发生争执。[1]乾隆间，昌乐县刘琰雇冯三佣工，“议明从七月初一日起，到年底止，连忙月闲月牵拉在内，给工价小钱三千七百文”，冯以“忙工时候做一日可得一百多钱，每月可得三千多小钱”，认为不合算。[2]另有沂水县一例，每日工价50文。[3]这是日工工价50文、62文、90文、“一百多”文各例。

上述这些工价，时间不同，地点不同，难以说明什么问题。但差距大，档次多，透露了山东地区工价整合程度很低的信息。

据罗仑教授等调查，光绪间，章丘县东矾硫村的情况是“按照当时当地的习惯，长工大都经人介绍（多系长工介绍长工），由当家人直接雇请。短工则在短工市上当面议价雇领。农活较多时，短工市即开市”。短工市上的短工价格通常有一定的市价，它常以农活忙闲以及轻重等情况由雇主与短工当面议定。但市价往往为附近村几个较大的经常的雇主在短工市上协商后喊出，因此，市价常被这些较大的雇主所“操纵”。“在农忙时，这个市每天有二三百人挤在短工市上等待雇主”。[4]这种市价，可以认为是每项农活都有一个一般价格，但具体到每个雇工，仍然要根据他的技能与体力，参照一般价格，与雇主当面商定。被雇主们所操纵的这个市价，也是他们根据劳动力供求情况，参照一般价格先喊出来的。就是长工也应当有这样一个一般价格。这种一般价格，是由当地气候等自然条件所形成的食物、衣服等必不可少的需要范围所决定的，是一种历史的产物。每个雇工的工价大致是按照劳动力供求情况与雇工本人的条件围绕这个当地最低生活费用的一般价格而上下调整。民国《馆陶县志》说，“在昔前清中叶，个人生活所需，以诸物价贱，耗费金钱较少，故长期佣工上者（长于稼穑并善使牲口）每年劳金合制钱十五千上下，次者七八千文。迄清

[1] 《中国古代社会经济史资料》第1辑，福州：福建人民出版社，1985年，第254页。
[2] 同上书，第313页。
[3] 《明清时代的农业资本主义萌芽问题》，北京：中国社会科学出版社，1983年，第497页。
[4] 《苏州地区社会经济史》（明清卷），南京：南京大学出版社，1993年，第70页。

末年，上者每年劳金制钱二十千文，次者十千至十四五千不等”。长工、月工、日工的工价档次多，差距大，盖由于此。

山东短工市，多含在农村集市之中。据有的学者研究，山东集市交易半径多在3—5公里之间，最长的不到7公里。农民赴集贸易一般只是一二小时路程，步行半日即可往返。各州府之间，每集平均人口、交易面积、交易半径，相当接近，平均交易面积平原地区约在40—70平方公里之间。[1]前面说过，短工市上应雇的短工以至长工，大部分还是没有脱离土地的农民，他们也就只能在附近的集市上出卖劳动力，难以跑到别的州府去当短工。而那种职业雇工的人数终究不是很多。这就不论是在上述地方小市场上，还是在更大的范围内，都不会通过劳动力自由流动，形成均衡机制，导致工价的整合。

但是工价对于劳动力的供求却已开始发生调节作用。农忙季节，工价高，比长工、月工的平均日工资要高许多倍。如前述昌乐县冯三，六个月的工价只“小钱三千七百文”，农忙时做工，就“每月可得三千多小钱”。所以，很多长工在农忙时下工，或接近农忙时下工，就是“为了在短工工价较高的农忙时当短工”。[2]这说明，长工工期的缩短，不但是雇主的要求，也是雇工的要求。

农忙时较高的工价，不但吸引了农业雇工，还吸引了手工业工人。光绪间，聂兴德的父亲、大哥、二哥和他自己，均在淄川县毕家恒盛丝织机坊做工。大哥每月织绸6匹、二哥每月织10匹，他每月织7匹，父亲是刷丝好手，每日刷2匹。当时工价每织1匹得钱500文，刷丝1匹得钱800文。农忙时节做一天短工，比做一天织工可多得七八十文。在这几个月里，他们父子四人经常到附近地主家里当短工。[3]

基于专业雇工少，副业雇工多的同样原因，工价调节劳动力供求也只能局限在地方小市场所能涉及的附近地区，难有更大的作用范围。以雇佣劳动为副业农民的大量存在，实为劳动市场机制发育的一个基本障碍。

在现代经济中，劳动力的生产成本，除劳动者养活自己及其家庭成员的生

[1] 许檀：《明清时期山东商品经济的发展》，北京：中国社会科学出版社，1998年，第251—253页。
[2] 《苏州地区社会经济史》（明清卷），南京：南京大学出版社，1993年，第74—75页。
[3] 同上书，第89—90页。

活费用之外，还应当包括劳动者所需要的教育培训费用。因此劳动者通过劳动所获取的工资，至少必须保证劳动者及其家庭成员的生活需要。在传统经济中，为生产力发展水平所局限，当然达不到这样的水平。

乾隆十二年（1747）五月，山东兖州、济南、泰安一带，“粟米每仓石市价自一两四五钱至一两七八钱不等”。[1]乾隆十三年八月，山东巡抚阿里衮奏，“康熙年间，每银一两，易钱一千，少亦九百余文，今止易七百余文”。[2]如银1两，易钱720文，则粟米每仓石为钱1 018文至1 296文。前列长工工价表中，乾隆十二年，王象所雇吴二工价每年4 500文，乾隆十四年，张珍所雇吴二，工价每年也是4 500文。此种工价，按上述粟米价折算，可买粟米3.5石至4.5石。光绪末年，淄川县树荆堂毕家，所雇大伙计年工价为高粱4石，两伙计年工价为高粱3石，牛倌为高粱2.5石，乾隆十二年前后，年工价4 500文，可能为较高工价。山东口粮标准当时是“大口小口，一个一斗”，[3]即每人每月口粮为杂粮一斗。乾隆间，贫苦农民为维持生存，包括衣食住在内，需要多少货币或实物，难以考证。但上述工价，至少可以为一个成年人和一个小孩提供一年口粮则是可以肯定的。前引莒州刘玘山，父亲已死，“并无兄弟妻子”，“领母亲出外佣工，有三十多年了”，这是一人佣工可养活一人的事例。我们还可以推断，长工工价高的，如果省吃俭用，或者可以养活一大一小两口人，但工价少的则可能连一个人也养不起。据调查，光绪间，工资少的长工，“每年挣得的工资都是仅能勉强维持自己的生活，老婆孩子是根本养不起的。有些长工终生不得结婚，就是因为太穷困的缘故”。[4]

至于短工，有兼业短工，有专业短工。专业短工的收入，视年工作日多少而定，特别视农忙季节工作日多少而定。这是难有准头的。正是由于收入不正常，可能抱有一种“今朝有酒今朝醉”的心态。“贫民无产，佣力耕作。素值日不百钱，酒食必责丰备。狂饮大嚼，日为恒度。稍未餍饫，投箸出之。主费

[1] 《清高宗实录》卷290。
[2] 《清高宗实录》卷323。
[3] 《苏州地区社会经济史》（明清卷），南京：南京大学出版社，1993年，第89页。
[4] 同上书，第86页。

不赀,佣得醉饱而已。此风盛于西北村落,虽禁约,弗为少止。”[1]

魏金玉教授根据清初《补农书》所提供的资料匡算,在江南地区当时需要两人出雇,才能维持另一个人过同样的生活。[2]江南地区农民生活水平较高,张履祥又主张对待长工要“吃口好”。尽管山东农民的生活水平要低一些,但从两人出雇能养活一人到一人出雇养活一人或养活一大一小两口人,总是工价水平有所提高的反映。这就意味着雇工靠工价维持劳动力再生产的可能性已在增大。

清代江南地区的城镇劳动力市场和山东省的农村劳动力市场,从全国来说,具有一定的典型意义。其他地区的劳动力市场,或者是具体而微,或者是五十步与百步之差。马克思说,“人体解剖对于猴体解剖是一把钥匙”,[3]解剖江南地区和山东省的劳动力市场,对于全国其他地区的劳动力市场,或者具有一定的认识价值。

第三节 资金市场

资金市场通常是指调节资金需求与资金供给的机制,也指各种金融工具的交易场所。资金市场在现代经济中,是生产要素市场的重要组成部分。它有一个随着商品经济的发展而发生发育的历史过程。在中国明代中叶以后的明清时期,传统经济发达,资金市场遂得以孕育,并成为现代化经济因素。

一、资金市场孕育的因素

工农业生产和商品经济的发展,导致社会资金需求的增长,是资金市场孕育的经济前提。明代中叶至清代前期,粮食作物、经济作物、手工业、矿业和商业均有长足发展,农民、手工业者和工商业家的资金需求日益扩大。他们只能

[1] 光绪《临朐县志》卷8。
[2] 许涤新、吴承明主编:《明清时代的农业资本主义萌芽问题》,北京:中国社会科学出版社,1983年,第442页。
[3]《马克思恩格斯选集》第2卷,北京:人民出版社,1995年,第108页。

仰求于借贷，以缓解自有资金的短缺。从农民来看，在农业生产发达的地区，劳动集约农业开始向资金集约农业转移。道光间，在江南苏松地区，据沈镜贤《泖东草堂笔记》记载，肥料费用就约占秋粮亩产值的五分之一。有些农民遂只得“赊豆饼壅田”。[1]种植经济作物其生产成本高于种植粮食作物。据包世臣《郡县农政》记载，“种烟必须厚粪，计一亩烟叶之粪，可以粪水田六亩”。有些农民遂需“借债屯粪”。[2]有些种桑养蚕的农民，桑叶不敷，“往往贷钱买叶”。[3]有的还利用借贷，以调剂资金，牟取商业利益。蚕丝新上市时价贱，他们将丝向典当质银，价长赎回另售，“以典当为待价缓售之计”。[4]所以王有光在《吴下谚联》中说，农民“自春徂夏，买牛购种，办壅工作，日赊，日借，日质当”，与借贷联系紧密。

从手工业来看，明清时期手工业的发展，呈现出家庭劳动向雇佣劳动发展的趋势，个体小生产向手工作坊、工场手工业大生产发展的趋势，资金需求大增，个体手工业者借贷的很多。如沿海各盐场，“凡灶户资本，多称贷于商人”。[5]在广州，“闽粤人多贾吕宋银至广州，揽头者就舶取之，分散于百工之肆。百工各为服食器物偿其值”。[6]不但个体手工业如此，一些规模较大的手工作坊和矿场，借资经营者亦比比皆是。道光间，曲阜孔传成向商铺借京钱二百千，“买羊绒作毡帽生理”。[7]乾隆间，有商人来福建闽清县经营窑业，后因“工费不赀，将舍业去。邑人刘世进出银千两余贷之，窑业乃成”。[8]湖南桂阳直隶州何植苕，“采银大凑山，数载赀荡尽。州人相戒莫肯假贷。岁已尽，家无十日粮，矿丁坐食其家者犹十许人”。后得富矿，“送钱米者塞门，所得银铅不可胜计，倚为生者数千人，家致十余万金”。[9]“送钱米者塞门”，所贷钱米自当不少。

---

[1] 光绪《松江府续志》卷5。
[2] 同治《新城县志》卷1。
[3] 嘉庆《于潜县志》卷10。
[4] 方观承：《方恪敏公奏议》卷2，咸丰元年刻本。
[5] 朱轼：《请定盐法疏》，见《清经世文编》卷50，北京：中华书局，1992年。
[6] 屈大均：《广东新语》卷15，北京：中华书局，1985年。
[7] 《孔府档案》第88册，转引自刘秋根：《明清高利代资本》，北京：社科文献出版社，2000年，第299页。
[8] 民国《闽清县志》卷5。
[9] 同治《桂阳直隶州志》卷20。

从商业看,明清时期,城市、市镇、集市发展,商品市场扩大,城镇商业繁荣,贩运贸易兴旺。由于人口增加,小商小贩成为城乡贫民糊口就业门路,其启动资本多自借贷来。历史文献中,多有质“钱八百”、贷“白金二镒”、贷“子母三十金”之类的记载。正如丘濬所说,“市井小民,营刀锥之利以资口腹……其资本多质于豪家,而计日取息为偿”。[1]许多城市坐商也是如此。赵士麟说,“杭(州)城百万生灵,五方杂处,济济攘攘,夙称饶庶。要皆揭资贸贩,朝谋夕食,外成簇锦之形,实少中人之产”。[2]就是著名的苏州,“货物店肆,流溢金阊,贸易镪至辐辏,然倚市门者称贷鬻财,多负子母钱”。[3]资金雄厚的贩运商人,在运销旺季,也需融通资金。康熙间,刑部尚书徐乾学曾“发本银十万两,交盐商项景元于扬州贸易”。[4]乾隆间,天津长芦盐商,“秋冬攒运之时,需本尤多,往往称贷于人,未免民间重息”。[5]

清代前期,贩运贸易发展,埠际之间资金流通的数量巨大,多靠商人自行携带。道光间,江苏巡抚陶澍说,“苏(州)城为百货聚集之区,银钱交易全藉商贾流通。向来山东、山西、河南、陕西等处每年来苏办货,约可到银数百万两”。[6]这种商品流通与货币流通矛盾的解决,也需要资金市场的发展。

清代以前,资金供给主要依靠官吏、地主与商人。他们用自己拥有的财富,附带地、兼业地甚至是偶发地在城市与乡村贷放资金。其利息收入不是其财富积累的主要来源,只是其官俸(包括赃银)、地租和商业利润收入的补充,以用于购买土地、经营商业和奢侈生活。这种货币贷放,虽具有生息资本的一定特征,但主要是依存于地租和商业资本的运动,并不具备完全意义生息资本的性质。

而那些具有独立的资本形式和专业化经营的所谓“专以权子母为业”的“称贷之家”,大都只存在于城市之中,且为数极少,只有发放高利贷的典当(质库)孤立地在城乡发展。简陋的信用必然导致资金供给不足,从而导致借

[1] 丘濬:《重编琼台稿》卷8,收入《文津阁四库全书》集部,别集类,第417册,北京:商务印书馆,2005年影印本。
[2] 赵士麟:《读书堂采衣全集》卷43。
[3]《古今图书集成·职方典·苏州府部》。
[4] 汪文安编:《东华录》康熙卷,上海:商务印书馆光绪二十九年本。
[5] 乾隆四十九年征瑞奏折,见《中国第一历史档案馆藏·内务府奏销档》。
[6] 陶澍:《陶云汀先生奏疏》卷22,清刻本。

贷利率偏高，不利于商品生产和商品流通的发展。社会经济的发展与良性运行呼唤资金市场。

二、资金市场孕育的几个方面

清代前期，在社会经济发展的推动下，适应资金需求的增长，资金市场从以下几个方面开始孕育。

（一）信用机构的发展

首先是农村地主的兼业放贷，出现了专业化的发展趋向。农村借贷通常以谷物为多，其专业化趋向亦从此开始。明末，江南常熟县黄亮功的祖父，以业田“不若贷粟于人，其息倍收”，遂“专以权子母为业”。后来黄“仍家法，尤乐此不疲”。至清初，“积赀钜万，而家益富”。[1]江西、湖南盛产米谷。乾隆间，两省的农村“殷户”，还“仿钱典之例，听民以物质谷”。[2]江西富户，“以谷为当本，少则百余石，至数百石”，多者至“数千石”。[3]嘉庆、道光间，湖南巴陵县吴敏树的父亲，长期以谷出典，“所积头谷，盖盈万石矣”。[4]平江县喻琢圃的兄弟叔侄，亦从事典当谷物，“各以所积谷润乡里，岁凡数万石”。[5]农村粮食借贷大都以消费借贷为多，时至清代，更不能排斥有不少资金借贷的存在。普通的谷物借贷，向典当方式发展，也无疑是一种专业化的发展趋向。

由于农村商品货币经济的发展，地主货币借贷的专业化，也开始兴起。南方各省就多。清代前期，江南华亭县邹连城，系“农家子，祖父皆巨富，藏镪无数”。邹“善居积，朝夕惶惶，权子母之利，富甲一乡”。[6]江西浮梁县，李成沅“以租田百亩为本，殖其息，渐至丰盈”。[7]湖南桂阳州，何钟有田200亩，商于母，以“有田一顷足食，请卖百亩，谋居积，守积谷无为也，于是出资举贷，人人

[1] 丁祖荫：《虞阳说苑》，虞山丁氏初园民国二十一年铅印本。
[2] 《清史列传》卷42，上海：中华书局民国十七年本。
[3] 秦承恩：《劝民间质谷谕》，见《清经世文编》卷40。
[4] 吴敏树：《柈湖文集》，样九，思贤讲舍光绪十九年刻本。
[5] 李元度：《天岳山馆文钞》卷23，爽谿精舍光绪六年本。
[6] 董含：《三冈识略》卷9，上海：申报馆光绪年间本。
[7] 乾隆《浮梁县志》卷8。

贷其钱，辄大获”，“三十年后，遂至巨万”。[1]

其次是典当的普遍发展。典当是一种以实物抵押为特征的高利贷行业，唐宋以来即在农村特别是城市发展。清代前期，社会投资和自身积累增多，典当发展尤速。山东文登县在乾隆初年，县内小当铺“资金二三四百不等”，县城大当资金“亦不过二三千”两银子。至乾隆中叶，海运商人“获息既多，乃于各市开设大当，本各四五六千不等”。[2]乾隆嘉庆间，陕西渭南县贺士英之父原开设当铺二所，至贺士英继续经营，“岁岁增设，积至三十处，散布于渭南、临潼、蓝田、咸宁、长安数百里之间”。[3]道光咸丰间，安徽歙县大当商许翁，“十数世之积数百万之资”，“启质物之肆四十余所，江浙间多有之”。[4]不但民间开设典当，官府也大量开设。从康熙开始，皇室内务府即投资开设典当。仅据《内务府奏销档》记载，乾隆间，先后列入“皇当”序列的当铺，即有30多座，每座资本在银2万至5万两之间。据韦庆远教授统计，雍正七年至十三年，各省衙署48宗生息银两之中，即有13宗用于开设典当，资本总额达银147 700两之多，另有10宗也有部分资金用于投资典当。[5]

典当因之数量增多，规模扩大。乾隆间，有人说，“查康熙五十年前，一州一邑当铺止一所或数所，或并无一所。五十年后，以迄于今，旧无当铺之州邑，今皆有数所矣。其旧有数所者，今或至五六十所七八十所矣”。[6]罗炳绵先生根据清代典税数字推算，全国17个行省的典当数，康熙二十四年为7 695座，雍正二年为9 904座，乾隆十八年为18 075座，嘉庆十七年为23 139座。嘉庆间与康熙相比，约增长两倍。[7]资金上万两银子的当铺比比皆是，大型当铺资金有的竟达银十万两。康熙间，刑部尚书徐乾学交本银十万两给布商陈天石，在北京“大蒋胡同开张当铺”。[8]

---

[1] 同治《桂阳直隶州志》卷20。
[2] 光绪《文登县志》卷3。
[3] 路德：《柽华馆文集》卷5，解梁：解梁书院光绪七年本。
[4] 俞樾：《右台仙馆笔记》卷13，济南：齐鲁书社，2004年。
[5] 韦庆远：《明清史辨析》，北京：中国社会科学出版社，1989年，第77—88、227—228页。
[6] 佚名：《宦箴指要·论今剩语·钱贵之由》，河北大学图书馆藏抄本。
[7] 转引自刘秋根：《明清高利贷资本》，北京：社会科学文献出版社，2000年，第81页。
[8] 康熙二十八年十月副都御史许三礼奏折，见《东华录》康熙卷。

再次是钱庄、账局与票号的兴起。钱庄或称钱铺、钱店、银号。明代隆庆万历年间已出现钱店，主要是从事银钱兑换，明代称为“列肆兑钱”，清初称为“卖钱之经纪铺”。[1]从乾隆间开始，钱庄始突破单纯兑换银两与铜钱业务，发展为信用机构，从事货币借贷。北京从康熙到道光十年，先后设立钱铺达389家。[2]上海从乾隆五十一年到嘉庆二年，陆续设立钱庄达124家。[3]乾隆间，福建、浙江、江苏、湖南、湖北、陕西、四川、广东诸省，钱庄均有发展。[4]

账局，亦称账庄、账行，作为向工商业、放款的金融组织，产生于乾隆初。乾隆元年（1736），山西汾阳商人王庭荣在张家口设立祥发永账局，实与西北特别是中俄茶叶贸易的开展有关。乾隆末年，账局扩展至北京，据李燧说，山西汾阳、平阳两府的“富人携资入都，开设账局”。[5]嘉庆间续有开设。至咸丰间犹甚兴旺。当时人说，“都中设立账局者，山西人最夥”，“世世相承，历有年所”。[6]同时也向其他地方发展，主要分布在北京、天津、张家口、太原、多伦等北方城市。南方也有开设。焦继华的曾祖嘉庆间在四川温江设立泰和昌号，“放账生理”。[7]嘉庆间，广东佛山各类行铺中，也有“放账铺”的名目。[8]

票号一般认为产生于道光初年，民间银钱汇兑前此主要由殷实之家或商铺兼营。乾隆间，天津日升昌颜料铺开始兼营汇兑业务，于道光初年，正式转为专办汇兑，改名为日升昌票号。[9]从此票号发展成为以汇兑为主要业务的信用机构。在咸丰以前，共成立17家，计山西平遥7家，祁县7家，太谷3家。早年设立的日升昌、蔚泰厚、日新中三家票号到道光后期，设立分号35处，分布在南北各地20多个城市，[10]初步形成一个汇兑网络。但票号极盛时期，在清代后期。

---

[1] 《皇朝文献通考》卷13，钱币一。
[2] 咸丰九年九月十六日工部尚书兼管奉天府尹事张祥可等奏折，见钞档。
[3] 《上海碑刻资料选集》，上海：上海人民出版社，1980年，第254—255页。
[4] 《清高宗实录》卷232。
[5] 李燧：《晋游日记》，太原：山西经济出版社，2003年。
[6] 咸丰三年三月十四日侍读学士宝钧奏折，见《清代档案丛编》第11辑。
[7] 《樊山集》公牍，卷2，渭南县署光绪十九年本。
[8] 《明清佛山碑刻文献经济资料》，广州：广东人民出版社，1987年，第341页。
[9] 杨端六：《清代货币金融史稿》，北京：三联书店，1962年，第124—125页。
[10] 张国辉：《清代前期的钱庄和票号》，《中国经济史研究》1987年第4期。

（二）信用业务的发展

吸收各种闲置资金和储蓄，并将其转变为社会投资，是信用机构业务发展的一个重要环节。清代前期，吸收存款的业务在各种信用机构中相继开展。

典当吸收存款，约始于明代末年。洞庭商人席祯，其质库中寄存有大量故人款项。“临清之破也，悉亡其资。君恐以累故人之寄橐者，将倾庋还之，绝去什一勿复事。”[1]徽州人陈锡元对其妻说：“我有八百金，贮主人典中，汝日坐啖，亦不过羡余微利耳。”[2]

入清以后，典当吸收存款最为普遍。存款的有寒士，凌应撰“本寒素，仅积百余金，于汪氏典中，取薄息以佐薪水”。[3]有达官贵人，雍正四年（1726），查抄直隶总督李维钧家产，其存于汪廷英四座当铺的银两达6万两之多。[4]有皇室资金，潘敏德根据实录及圣谕统计了乾隆、嘉庆、道光三朝138笔生息基金，其中发典生息27笔，发盐典生息4笔，其余为发商生息。[5]也有地方政府资金。道光二年（1822），清廷允许“于江苏藩库耗羡等项下拨银十万两，发典生息，每年共得息额一万二千两”，[6]以补充各属衙门办公经费。另外，许多地方的教育经费、慈善经费亦多存入典当。乾隆间，湖南巡抚陈宏谋曾将岳麓、城南两书院的教育经费银2 500两，“交湘潭县典商生息”。[7]河北祁州留养局将捐款120两，“畀当商权之，收其租息以赡留养”。[8]

有些典当吸收的生息存款，数量巨大。孔府执事官孔继潢在东北锦州开设兴成当，因经营不善倒闭。道光八年，东伙清算总账，共存原本钱107 100吊，又存“兴成隆本钱八千吊，利钱一千二白四十吊；存兴源烧锅本钱二万吊，

[1] 吴伟业：《梅村家藏稿》卷47，上海：商务印书馆，民国年间影印本。
[2] 转引自刘秋根：《中国典当制度史》，上海：上海古籍出版社，1995年，第109页。
[3] 姚世锡：《前徽录》，扬州：江苏广陵古籍刻印社，1984年影印本。
[4] 浙江巡抚李卫奏折，见《雍正朱批谕旨》第40册。
[5] 潘敏德：《中国近代典当业之研究》第88—97页附表，台湾师范大学历史研究所，1985年。
[6] 《东华录》道光，卷2。
[7] 陈宏谋：《培远堂偶存稿》，文檄四八，临桂陈氏培远堂藏刻本。
[8] 乾隆《祁州志》卷2。

利钱九千吊；存西柜本钱一万吊，利钱一万零一百三十九吊六百八十文”。[1]存款与自有资金之比，竟达5∶3，不可谓小。存款客户主要为工商企业，亦值得注意。

典当发放贷款业务也有发展，典当放贷的抵押品，本多为衣被、家具、器物、首饰、珠宝、古玩等实物，到清代前期，江南地区的典当又将市场紧俏的农产品纳入抵押品之列，开展了“米麦花豆丝质当”，为农民和商人融通资金又开启了一个门路。农民当丝牟利的情况，前面已经说过，又有些农民在秋收米谷价贱时，将米“投典贱质”，待粮价上涨时，赎回出售，“希贸易以博利”。[2]这种情况在明代即已出现，至清代更多。

而商人则是利用典当资金，大量购销米谷。乾隆间，据汤聘说，江南地区，“民间典当，竟有收当米谷一事，子息甚轻，招来甚众”。商人“恃有典铺通融，无不乘贱收买”，“随收随典，辗转翻腾，约计一分本银，非买至四、五分银之米谷不止”。待米谷昂贵，则“收明子母，陆续取赎，陆续出粜”。同时，“每年遇蚕丝告成，及秋底棉花成熟，此等商户一如收当米谷之法，恣胆张罗”。[3]商人的这种收当米谷、蚕丝和棉花的活动，究纯属囤积居奇的投机行为，还是有利于这些农产品的购销，应视具体情况作具体分析，不能一概而论，而典当在此起了媒介资金供求的作用，则是没有疑问的。

此外，有些典当还开展了不要求提供抵押品的借贷。顺治间，山东曲阜孔府张士瑚说，“睢宁相礼生陈维新央身作保揭到东当铺银五两”。[4]雍正间，鱼台县李瑚“央朱建皇保揭到南阳义德典纹银一百两”。[5]

钱庄银号经营存款业务大致始于乾隆间。乾隆五十九年(1794)，清查吉林协领诺穆三侵渔公款的上谕中即有寄存“钱铺银二千两”的记载。[6]此种现象后来日益普遍。道光二年，有人奏称，京师钱铺，“有人寄存银两，或托故借入银两，积聚益多，遂萌奸计，藏匿现银，闭门逃走”。[7]其存款记息，并可

[1]《曲阜孔府档案史料选编》第3编第15册，济南：齐鲁书社，1981年。
[2] 乾隆《乌青镇志》卷2。
[3]《皇清奏议》卷44，墨缘堂民国二十五年石印本。
[4]《曲阜孔府档案史料选编》第3编第15册，济南：齐鲁书社，1981年。
[5] [6]《清高宗实录》卷1446。
[7]《清宣宗实录》卷44，北京：中华书局，1986年。

零星提取。广东番禺潘氏荥阳书院旧例规定，“其尝银存箱五十两以上者，俱汇交本城殷实铺户，周年出息”。[1]广东佛山嘉庆间进士李可琼说，“佛山殷实银铺如福记等，可以按月计息者，亦有数家”。[2]又有人选雷州知府，携妻儿赴任，置瞽母于京师，说“有经折可向某钱店按月取钱数千可养赡”。[3]

钱庄银号不但吸纳私人存款，也吸纳官府公费。雍正间，山西大同镇，将其所领恤兵生息银两9 000余两，“分借当商钱布各铺领运，每两仅交息银一分”。[4]崇彝有记载说，乾隆嘉庆间，北京著名“四大恒”（恒知、恒兴、恒利、恒源）钱庄，因信用卓著，“官府往来存款及九城富户显宦放款，多倚为泰山之靠”。[5]

钱庄向私人特别是向工商业户的放款亦同时展开。广东佛山银号颇多，见于记载的有安盛、晋丰、福记、中泰等数家。嘉庆间何朝钰设立中泰银号，雇梁朝昌为店伙，“在店管理放借出入银两”，梁挪用店中银两10 800两，道光三年（1823）年底结账，梁私刻咸丰等36家铺店图章，捏写借据37张，每张借银200至500两不等，[6]以图蒙混。从这个例子可以看出，银号向店铺融通流动资金已属普遍。清代中叶，南北海运畅通，关东、山东商人将当地豆货用沙船运销上海，又从上海贩回棉布、丝织品等货物。嘉庆道光之间，交易量已很巨大，商人经常向上海钱庄融通资金。据说，“沙船在出海时，经常向钱庄借入大宗款项，在上海购进土布等货物前往南北销售”。道光间，李也亭在上海开设久大沙船号，“因有钱庄通融的便利，经营颇为顺利，不久渐成巨富”。[7]这是钱庄向商人发放大宗贷款的一例。

账局为向工商业放款的重要机构。账局向商人放发贷款，“旋放旋收，各

[1] 潘禺：《荥阳潘氏家乘》卷7，引自叶显恩、谭棣华：《略论明清珠江三角洲高利贷资本》，见《明清广东社会经济研究》，第87页。
[2] 《明清佛山碑刻文献经济资料》，广州：广东人民出版社，1987年，第368页。
[3] 《北东园笔录四编》卷2，光绪二十一年刻本。
[4] 《宫中档雍正朝奏折》第20辑。
[5] 《道咸以来朝野杂记》，北京：北京古籍出版社，1982年。
[6] 《粤东成案初编》卷22，道光年刻本。
[7] 《上海钱庄史料》，上海：上海人民出版社，1960年，第234页。

行铺户皆藉此为贸易之资”。[1]“钱店之懋迁半出账局”。[2]“无账行则钱店无从转运”，[3]从这些记载可以看出账局与各行铺户借贷关系的密切。其借贷方式，据王茂荫记载，“账局自来借贷，多以一年为期。五六月间，各路货物到京，借者尤多。每逢到期，将本利全数措齐，送到局中，将利收起，令借者更换一券，仍将本银持归，每年如此”。[4]账局也同时开展存款业务。嘉庆间，焦继华曾祖在四川温江开设泰和昌号，“放账生理”，“亲友寄放银两生息者甚多”。[5]

票号的存放款业务，在开始阶段，一般是与汇兑结合进行的。如商人汇兑款项时，要求票号先垫付汇款，议定在一定时间内，商人交还垫款，并支付一定数量利息，这实际上是票号的一种放款。另如票号收到商号汇款，与之议定延迟一定日期向受款者交付汇款，对此票号可免收汇水，或给予一定补贴，这实际上是票号收进的存款。张国辉教授在《清代前期的钱庄和票号》[6]一文中，所举蔚泰号苏州分号、日升昌张家口分号向北京和苏州汇款3 200两和15 000两银子的两个例子，就是很好的说明。

到道光后期，票号办理存放款已发展为经常性业务。如道光二十七年（1847），蔚泰厚苏州分号总结账中有存款银36 053两，放款80 873两。道光三十年，日新中京都分号总结账中，有存款36 683两，放款68 469两。[7]

金融机构另一重要业务的发展，就是汇兑的开展。据范濂《云间据目钞》和朱祖文《北行日谱》记载，明代已有商铺经营汇兑。到清代，康熙初年，陆世仪曾记载苏州缙绅与旅京商人拨兑银钱的事例：“今人家多有移重赀至京师者，以道路不便，委钱于京师富商之家，取票至京师取值，谓之会票，此即飞钱之遗意。”[8]至乾隆间，由富商之家兼营的地区间银钱汇兑，日渐向金融机构钱庄、银号集中，有些殷实典当也经营汇兑。乾隆四十三年（1778）在苏州发生

[1] 咸丰三年三月十四日侍读学士宝钧奏折，见《清代档案丛编》第11辑。
[2] 转引自黄鉴晖：《清代帐局初探》，《历史研究》1987年第4期。
[3] 黄辅辰：《戴经堂日记》。
[4] 王茂荫：《王侍郎奏议》卷3，合肥：黄山书社，1991年。
[5] 樊增祥：《樊山集》公牍，卷2。
[6] 载于《中国经济史研究》1987年第4期。
[7] 均见黄鉴晖等编：《山西票号史料》，太原：山西人民出版社，1990年。
[8] 陆世仪：《论钱币》，见《清经世文编》卷52。

的高朴私鬻玉石案中，银钱会票即由银号开出。当时走私者出售玉石后，除支付现银外，又“交付会票四纸，共银一万一千七百九十两，会到京中声闻银号等店兑付”。[1]嘉庆、道光间，广东佛山李可琼多次写信给在北京的儿子说，“汝京中乏用，昌隆谅可口融，伊银水公平，即汇费谅亦不多索”。“若汇单写到佛山晋丰银铺，京客谅无不放心，即汇到佛山福记亦可。均时刻不误，汇费不致多索也”。“前月汇安盛银四百两，何时收到寄知”。[2]可见佛山与北京之间已有多家钱庄可以汇兑银两。前述汇款虽为生活费用汇兑，商业汇款也应可通。

有些典当也经营汇兑。乾隆十七年（1752）八月，甘肃安定县闫杰贩羊生理，将羊贩至兰州，“颇有利息，将卖羊之钱会在会宁县范姓当铺内”，后遇见同伴张某，“即告之取回，收置羊只”。[3]

到道光间，以汇兑为主要业务的票号产生，并迅速发展。商业汇兑在票号汇兑中占有主要地位。根据日升昌江西铅山县河口镇分号咸丰三年的总账分析，当年所汇交付款为银181 043两，其中汇交商号的为131 518两，占收汇总额的74.3%，汇交官吏的仅为3 713两，占2.10%。同一时期交汇的款项174 577两银中，来自商号交汇的为142 596两，占交汇总额的81.68%，官史交汇的1 135两，仅占0.65%。[4]票号为日益发展的埠际贸易融通资金的作用已逐渐显著。

道光间，许楣说，“今之会票，有累至千金者”，“千金之票，欲金而得金”，并且是“交银于此，取银于彼，从无空票”。[5]咸丰初，冯桂芬也说，“今山西钱贾，一家辄分十数铺，散布各省，会票出入，处处可通”。[6]杨以增也说，“各省银号汇兑银两，盈千累万，仅以一纸为凭者，信也”。[7]可见票号、钱庄、银号的汇兑信用，已为社会认可。

---

[1] 故宫博物院文献馆编：《史料旬刊》第19期，北平神武门外发售室1930年发行。
[2] 《明清佛山碑刻文献经济资料》，广州：广东人民出版社，1987年，第369页。
[3] 乾隆十八年五月十九日甘肃巡抚鄂乐舜题本，见《第一历史档案馆藏·刑科题本》。
[4] 《日升昌江西河口分号总帐》，见《山西票号史料》，太原：山西人民出版社，1990年。
[5] 许楣：《钱币论》卷3、卷6，道光二十六年刊本。
[6] 冯桂芬：《显志堂稿》卷11，校邠庐光绪三年刻本。
[7] 咸丰三年十一月初九日江南河道总督杨以增奏折，见钞档。

（三）信用工具的发展

清代前期，信用工具最重要的发展是票号的汇票和钱庄（银号）钱票和银票的发行。票号发行汇票，前面已经说过，这里只就钱票和银票（以下简称钱票）的发行作些说明。

在银铜货币流行的条件下，由于银铜采掘量有一定限制，货币增加往往赶不上对货币需要的增长。同时，信用制度的发展，使货币作为支付手段的职能也随之发展，这就为信用货币的产生提供了可能。清代前期，在商品生产和商品流通发展的基础上，钱票应运而生。钱票发行约起于乾隆间。无论南方北方大致相同。在北京，"溯查钱票自乾隆年间流行以来，流通京外，实为裕国便民之良法也"。[1]在山西"查嘉庆八九年间，每银一两易钱八九百文，彼时钱票流行已久"。[2]在上海，咸丰九年有人说，"上海各业银钱出入行用庄票百余年矣"。[3]据此推算，当在乾隆二十年（1755）前后。在江苏常熟地区，乾隆四十年也已是"广用钱票"。[4]

钱票作为信用票据，在一定范围内代替货币流通，主要用于北方地区。"西北诸省陆路多而水路少，商民交易，势不能尽用银桩。现钱至十千以上，即须马驮车载，自不若钱票有取携之便，无盘运之烦。"道光间，如在河北省"民间以银易钱，铺户给予钱票，随时支兑，原属例所不禁"。在山东，"各钱铺收换银两，系现钱与钱票相兼并用"。在陕西，一般州府地瘠民贫，商贾稀少，使用现钱居多，"汉中、兴安两府，铺户较多，间有行用钱票者，亦因换钱数多，不便负载，付以票据，以凭取用，与现钱交易无易"。而西安、凤翔、同州三府，"烟户既多，商贾小众……始使用钱票"。而在山西，民间早已流行钱票。

在南方地区，有洋钱流通。洋钱质量、形式划一，以枚定价，使用方便，因之银钱、洋钱、钱票三者并用。在江苏，"江南通省通商大贾，皆以银易换洋钱，另星贸易始以银易换制钱"。为了"便于携取"，也有以银"更换钱票"。钱票

[1] 咸丰三年四月初三日鸿胪寺卿祥泰为拟变通章程奏折，见钞档。
[2] 道光十八年六月二十五日山西巡抚申启贤复奏折，见《中国第一历史档案馆藏·军机处录副折》。
[3] 《上海钱庄史料》，上海：上海人民出版社，1960年，第20页。
[4] 郑光祖：《（醒世）一斑录》卷6。

“皆系本店所出，票到即行发钱，与现钱无异”。在福建，“商民交易，向系纹银、制钱与各钱铺之钱票并用。近年以来，用票者十之八九。缘钱票轻便，易于携带收藏”。[1]

由上可见，乾隆至道光的一百年间，钱票在南北许多省区已广泛流行。商品经济发展，需要信用的有力支持。在一些商品经济比较发达地区，还出现了钱票信用继续扩大的趋向。道光间，北京以外钱庄的钱票，借商品贸易渠道，流通于北京城内。有人说，有些钱铺“虑及票存钱文一时不能开发，故于票上加写外兑及换外票字样”。[2]在陕西西安一带，钱铺在有人兑钱时，“有不用本字号票据而以别字号之票交付者，及持票往取，仍无现钱付给”。[3]这说明钱票在流通过程中，已从见票即付，发展为不同地区间的票据流通。

在山西，市场上流通的钱票，“有凭贴、兑帖、上帖名目。凭帖系本铺所出之票，兑帖系此铺兑与彼铺，上帖有当铺上给钱铺者，有钱铺上给当铺者。此三项均系票到付钱，与现钱无异”。有些钱铺“又有年节被债逼索，自行开给钱票，盖用图章，以为搪账地步，俗名壶瓶帖”，“以及期帖系易银时，希图多得钱文，并写迟日之票，期到始能取钱”。[4]这说明当铺已签发钱票。有些钱铺还签发兼具支付手段与储藏手段的期票。

在上海，道光二十一年（1841）上海县的一个告示中说，“钱庄生意或买卖豆、麦、花、布，皆凭银票往来，或到期转换，或收划银钱”。[5]这说明，不仅商品交易可以凭银票成交，而且债权债务关系的清理，也可通过银票“到期转换，收划银钱”，相互清算。这已有票据交换的意味。这个告示还提到，“遗失票银千两，有人拾取送还，酬谢银十两，见票银多少增减”。这表明钱庄发行的银票，面额有的已达千两银子。上海附近的常熟县一带，乾隆嘉庆之交，郑光祖说，“我邑常昭城中钱铺用票，十千百千，只以片纸书数，即可通用，辗转相授，穷年不向本铺点取，日积而多，存贮盈万，该铺以此钱营谋生息。若乡镇店口，

[1] 以上各例均转引自张国辉：《清代前期的钱庄和票号》，《中国经济史研究》1987年第4期。
[2] 道光十八年六月十八日步军统领奕经奏折，见《中国第一历史档案馆藏档案·军机处录副折》。
[3] 道光十八年七月二十六日陕西巡抚富呢扬阿奏折，见《中国第一历史档案馆藏档案·军机处录副折》。
[4] 道光十八年六月二十五日山西巡抚申启贤奏折，见《中国第一历史档案馆藏档案·军机处录副折》。
[5]《上海钱庄史料》，上海：上海人民出版社，1960年，第12页。

多小本经营，艳钱铺之射利，竞出百文小票通用”。[1]这说明上海苏州一带信用工具的发展水平，已较各地为高。

但是，钱庄开写期票及注写外兑、换外票、并换某城票等业务，清廷以容易造成货币信用膨胀为由，于咸丰年间严格禁止。因之钱庄的期票、票据交换以及钱票的异地流通均未得继续发展。

（四）利息率市场化的发端

在中国传统经济中，民间借贷通常都是高利贷。封建政权大都对民间借贷的利息率实行管制政策，规定利率上限和利息总量上限，并禁止复利。随着社会经济的发展，民间借贷利率在降低。从历代规定的利率上限看，唐代是月利不得过五分或六分，北宋是月利不得过六分，南宋下降为每月取利不得过四分，元、明、清三代都是每月取利不得过三分。如清代规定，“凡私放钱债及典当财物，每月取利并不得过三分，年月虽多，不过一本一利”。[2]从民间借贷的实际情况看，黄冕堂教授根据清代乾隆朝26个年头、嘉庆朝20个年头、道光朝22个年头的刑科题本债务档案统计，年或月利三分的274件，二分的128件，五分的52件，年利超过一倍的95件。此外尚有一分、一分半、二分半的多件。[3]这说明民间借贷利率在继续降低。它在围绕法定三分的月利而上下浮动，而下降的趋势明显强于上浮的趋势。至清后期，更视月利二分为重息。光绪间，樊增祥在一判牍中说“事在光绪十二年，迄今八载，现负二分重息，何得彼此均不筹还”。[4]

典当业典当财物利率的下降趋势更为明显。典当是传统经济中主要高利贷信用机构，它们都需要向政府申请，登记注册，名曰“领帖”，并接受政府管理，所以大都执行法定月利三分的利息率。随着社会经济的发展，借贷资本供给增多，资金供求关系趋向宽松，加之典当之间的竞争加剧，典当利率在全国范围内均有所降低。各地典当降低利率，江南地区最早，始于康熙年间。多数

[1] 郑光祖：《（醒世）一斑录》卷2。
[2] 光绪《清会典事例》卷764，《钱债》。
[3] 《清史治要》，济南：齐鲁书社，1990年，第510页。
[4] 《樊山集》批判，卷5。

地区则是在乾隆以后。一般达到了月利二分左右,低的达到一分五厘,一些大额借贷利率还要低。[1]这说明民间借贷开始走向由市场按资金供求关系来决定利息率水平,呈现出利率市场化的苗头。

典当、银庄(银号)、账局、票号吸收的民间存款,以及它们向工商业发放的贷款,应不属于高利贷的范畴,其利息率情况约略如下。

从存款看,各级政府的军政经费和社会公益事业的经费通常多存于典当。军政经费的存款利率一般为月利一分。如雍正七年四川总督黄廷桂将朝廷拨给兵丁恩赏银两14 000两交成都十三家当铺,"每月一分生息"。雍正十年(1732),山西大同镇将所领恤兵生息银9 000余两,"分借当商钱布各铺","每两仅交息银一分"。嘉庆二十五年(1820),广东南雄州将官款一万银两存"盐当二商周年一分生息,以助兵差增给口粮之需"。道光十九年(1839),两广总督邓廷桢等将军事工程余款35 000两,存典生息,"周年一分起息"。也有高于这个利率的,雍正间,河南总督田文镜将生息银两四千两,存入祥符县当铺,"长年按二分起利"。道光二年,江苏省于藩库耗羡等项下拨银10万两,"发典生息,每年共得息银12 000两"。也有低于这个利率的。乾隆间,陕西省生息银两交商营运,"每月息银八厘,为息尚轻,每年以十个月为率,息银两月一缴"。[2]

民间社会公益基金、慈善事业在典当存款,利率也是高低不一,但似稍高于公款储存利率。乾隆间,河北吴桥县留养局发当生息银200两,"岁收息四十八两,遇闰加银四两"。这是月利二分。湖南岳麓、城南书院生息银两2 500两交典当生息,"每两每月收息银一分五厘"。湖北省民间堤院水利经费发典生息三笔,月利分别为1.5分、1.3分、1.2分。道光间,武昌府积善堂以银1 000两,"发交典当,以一分生息"。江苏华亭县赈灾款一部"分存乡典,月以六厘起息"。[3]

---

[1] 参阅方行:《清代前期农村的高利贷资本》,《清史研究》1994年第3期;刘秋根:《明清高利贷资本》,北京:社会科学文献出版社,2000年,第204页。

[2] 参见《宫中档雍正朝奏折》第13辑,第20辑;《粤东省例新纂》卷3,道光二十六年刻本;道光十九年六月二十七日两广总督邓廷桢奏折,见钞档;《东华续录》道光,卷2;陈宏谋:《培远堂偶存稿》文檄,卷89、卷48。

[3] 参见光绪《吴桥县志》卷4;张建民:《中国经济史研究》1990年第4期;裕谦:《勉益斋续存稿》卷1,清刻本;光绪《松江府续志》卷14。

钱庄、银号、账局、票号存款利率的资料甚少，特别是工商业存款资料难得。据云，咸丰同治年间，“各票庄存款，多则银七八百万两，少则银二三百万两，且官款不计利息。其存款之有利息者，不过二三厘耳”。[1]“国家公款暂存票庄，资厚可信，而且代理汇兑。官吏私人钱财，尤喜存入票号，有定期活期二种，以六个月为长期，间有一年者。活期可随时支用，利息在三四厘之间，有多至八厘者。官吏私款甚至有不计息者”。[2]钱庄、银号、账局之存款利率估计相差不远。

在信用机构中，存款通常是贷款的基础，故贷款利率高于存款利率。雍正四年，山东鱼台商人李瑚央人作保，“揭到南阳义德典纹银一百两，三分行利”。[3]利率为法定利率的上限。而钱庄、账局、票号对工商业放款的利率也如此。如账局集中的北京、张家口等地，两地账局对商人尤其是殷实商铺与贩运商的放款利率，如道光二十四年一般是三厘八至五厘。而票号的放款利率，据道光二十四年、三十年，咸丰二年、十年各年票号信件，北京、张家口、平遥县放款月息是三厘八至五厘，苏州、清江浦的月息则是五至九厘。并且这些地方都有利息行市，利息率随资金需求松紧而浮动。[4]

三、资金市场发展的初步状态

清代前期信用制度的上述发展，说明许多农民和手工业者的资金借贷，已从为应付天灾人祸的临时救急措施，进入再生产过程，成为经常性的起生产周转作用的环节。在商品经济比较发达的地区，特别是一些工商业发达的大中城市，工商业生产经营资金的供求在信用借贷中已占有突出的地位。个人对个人的资金借贷虽然还广泛存在，但金融机构在资金市场上的地位已越来越重要，它们全面承担存放款和汇兑业务，逐渐发展为具有比较完整形态的金融组织，现代银行的基本职能已萌生。这说明资金市场的孕育已开始走向社会化和现代化，它已成为现代化的一个经济因素。

[1] 《晋商成败记》，见卫聚贤：《山西票号史》，重庆：中央银行经济研究处，1944年。
[2] 陈其田：《山西票庄考略》，上海：商务印书馆，1937年。
[3] 《曲阜孔府档案史料选编》第3编第15册，济南：齐鲁书社，1988年。
[4] 参见刘秋根：《明清高利贷资本》，北京：社会科学文献出版社，2000年，第206页。

但是又必须看到，资金市场的发展还是初步的，其发展水平也是低下的。

首先，资金市场的经营主体多种多样，异常庞杂。从事资金借贷的除典当、钱庄（银号）、账局、票号等金融机构之外，还有大量工商业店铺、如盐、米、珠宝、金银、杂货等兼业经营，更有大量官吏、地主、商人等属于个人行为的贷放。这种店铺和个人从事的贷放，在全国广大地区广泛存在。他们经营的借贷，在全社会资金借贷总额中甚至还占有主导的优势地位。这说明借贷资本的专业化程度还很低，社会游资仍然充斥于私人手中，难以集中有序地调节资金供求，顺利地进入工商业的资金营运。

其次，资金市场还具有很大程度的货币市场性格。大量的资金借贷者都是工农业小生产者和中小商人，他们通常只是进行一种短期的货币借贷。他们进入资金市场的目的，大多是为了获得现实的支付手段，以解决短期资金周转的需要，而不是解决长期的投资需求，以获得追加资本，用于补充固定资产，扩大生产经营能力。这种资金市场不能使大量闲散资金转化为社会投资，对社会经济发展的促进作用还是微弱的。

再次，大量资金借贷通常是在亲戚、故旧、邻里之间进行，带有血缘关系、地缘关系的封建面纱，并且通常还要中人作保，订立契约，甚至还需要实物抵押。这种以人际关系为基础的资金借贷，在许多比较正规的金融机构中也难以避免。资金交易方式社会化程度低，就难以分散市场风险，并束缚资金市场的发展。

最后，在资金借贷中，特别是在农村，保守的高利贷仍然是主要的信用形式。这是一种利率高而又不划一的借贷关系。它没有固定界限，主要取决于借款人需要的迫切程度和负担能力，借款人大都没有讨价还价的余地。而多种多样的经营主体更加重了这种利率参差不齐的状况，利率不但因借款用途不同、时间季节不同、地区不同而有差异，甚至因亲疏不同有差异。这种不标准不规范的利率，对利率的稳定和市场化都是不利的。

清代前期的信用制度可以说还是一种高利贷为主体的不完整的信用制度。资金市场是随着商品生产和货币流通的发展而发展的。清代前期资金市场还处于一种不发达状态，正是整个经济的商品化和货币化程度还较低的反映。

第四章

全国市场的形成

“鸦片战争以前的中国是否出现了全国市场”？这是中国经济史研究中的一个重大问题。对此问题的研究，对于我们正确认识西方到来之前的中国经济状况具有极为重要的意义。学界在此问题上一直存在重大争议，对于究竟什么是“全国市场”，迄今为止也未有一个明确的定义。换言之，参加争论的各位学者，都是依照个人的理解来判断明清中国是否已有一个全国市场。但是，如果对“什么是全国市场”这个核心概念没有一个共同的理解，就无法深入讨论是否有全国市场的问题。因此首先要做的工作，是确定一个适合中国国情的“全国市场”的定义，再由此出发进行展开研究。

本章所讨论的“全国市场”是一个外来的概念，在英文中为“national market”。在国内，早先有人将此术语直译为“民族市场”，但这个“民族市场”的术语后来被大多数学者抛弃，原因是在欧洲，“全国市场”的出现与“民族国家”的形成这两个重要历史现象之间有相辅相成的密切关系，故一个民族国家范围内的全国市场可称为民族市场；而在中国，情况则非常不同，因此把“民族市场”这个具有特定的欧洲背景的概念搬到中国来是不恰当的。尔后，又有学者把national market等同于“国内市场”(domestic market)。但“国内市场”是与国外市场相对而言；同时，国内市场并不一定是统一的，也可以是一些分散的区域市场，故英文中亦可用复数(domestic markets)。这里讨论的“全国市场”(national market)是一个全国性的整合的市场，也就是国内一些学者所说的“统一的国内市场”。

第一节　全国市场形成的基础：国内贸易条件的改善

从根本上来说，全国市场的形成就是一个国家内的主要区域市场通过跨地区贸易的发展而实现的整合。因此跨地区贸易的主要条件的改善对于全国市场的形成具有关键作用。

明至清中叶（1368—1840），中国大地上发生了若干意义深远的变化，为中国全国市场的形成奠定了基础。这些变化包括：

一、制度改善

这一时期出现的主要制度改善方面，以下三点最为重要：

（一）国家对于贸易的自由放任政策

过去许多学者认为明清国家奉行传统的“抑商”政策，但是事实上恰恰相反，在明清大部分时间内（特别是在18世纪），国家实行的是一种自由放任的贸易政策。[1]在许多情况下，大规模的粮食贸易以及其他一些民生产品的贸易受到国家的鼓励。上层官僚也已认识到商业与农业同样重要，因此必须通过削减商税来鼓励商业发展。[2]

---

[1] 吴承明说：“明代徽商、西商等大商人资本兴起的时候，曾引起地主阶级的惊慌，不断发出‘末富居多，本富尽少’的慨叹和‘金令司天，钱神卓地’的责难。同时，商人以‘致富皆在千里或万余里外，不资地力’，有‘不置土田’‘不殖产’‘江南大贾强半无田’的倾向。到清代，大商人资本发展了，由几十万两级进至几百万两级，以至千万两级。但对‘钱神’的责难反而少了；‘重本抑末’被康熙的‘便民恤商’所代替。”（许涤新与吴承明主编：《中国资本主义发展史》第1卷，北京：人民出版社，1985年，第693页）。

[2] 例如张居正就认为：“古者为国者使，商通有无，农力本穑。商不得通有无以利农，则农病；农不得力本穑以资商，则商病。故商农之势，常若权衡。然至于病，乃无以济也……余以为欲物力不屈，则莫若省征发，以厚农而资商；欲民用不困，则莫若轻关市，以厚商而利农”（张居正：《张太岳集》收于张居正：《赠水部周汉浦榷竣还朝序》，《张太岳集》卷8，上海：上海古籍出版社，1984年）。汪道昆也向皇帝提出：“窃闻先王重本抑末，故薄农税而重征商，余则以为不然，直壹视而平施之耳。日中为市……盖与耒耜并兴，交相重矣……商何负于农？”（汪道昆：《太函集》卷65，合肥：黄山书社，2005年）。

除了在一些地方设置税关征税外，明清（特别是清前中期）国家很少干预国内贸易。与明代相比，清代前中期的商税征收制度更为完善，征税方式更加规范，[1]因此虽然随着贸易的增长商税也增加了，但是整体而言，商税在政府财政收入中的地位仍然远不及农业税收。[2]清代前中期的商税税率，一般浮动在3%—6%之间，[3]与前朝相比是很低的。[4]这个税率往往长期不变，故实际税负会因物价上升而减轻。[5]不仅如此，由于清代商税是从量计征，商品价格上涨，若税则不变，则税率呈下降趋势。[6]对商业课以低税并非清代国家缺乏征税能力，而是因为其奉行的轻赋政策。[7]一些学者认为尽管税率低，但是商人所受各种的勒索和捐献数量很大，从而使得商人实际负担很重。但是这些现象由来已久，并非明清所独然，而且与过去相比，这些勒索和贡献在清代前中期并不算严重。同时，商人也有种种办法逃避勒索。[8]此外，商人也通过种

[1] 参阅邓亦兵：《清代前期关税制度研究》，北京：北京燕山出版社，2008年，第92、224、425页。

[2] 例如，康熙二十一年（1682），盐课和关税约合岁入地丁银的五分之一左右，而到乾隆三十一年（1766）相当于地丁银的三分之一（许涤新、吴承明主编：《中国资本主义的萌芽——中国资本主义发展史》第1卷，第697页）。到道光二十九年（1849），政府岁入为4 250万两银，其中77%来自农业，其余来自商业（魏光奇：《清代后期中央集权财政体制的危机》，《近代史研究》1986年第1期）。

[3] 何本方：《清代商税制度刍议》，《社会科学研究》1987年第1期。何氏认为税则即税率，所以他的估计也是以税则为基础的。但是邓亦兵在《清代前期关税制度研究》中与何氏就此问题进行了商榷，指出税则与税率有关系，但并非同一个概念。同时，每种商品都有一个税率，相同的商品在不同的地点，即设关地点，税率是不一样的，因此很难有一个数字说明税率。主要是税率与商品价格有关。因此，如果要说明这个问题，只能是描述。总体上，税则在雍正朝有一次较大变化，乾隆时有部分调整，以后就没有大的改变了，但物价是不断上升的，所以税率当是下降趋势。正因为此，每年的税收数量就达不到定额，给征管人员留下了苛收的空间。

[4] 宋代商税在政府财政收入中占颇大比重，故有“州郡财计，除民租之外全赖商税”之说（许涤新、吴承明主编：《中国资本主义的萌芽——中国资本主义发展史》第1卷，第697页）。1849年中国国家的财政收入为4 250万两，其中77%来自农业而其余来自商业。到了1885年，财政收入上升到7 700万两以上，而这个增加主要是由于商税增加了三倍。在1911年（即清朝的最后一个财政年度），财政收入接近于30 200万两，其中田赋从1885年的3 000万两增至5 000万两，各种杂税约为44 500万两，商税则超过20 700两（魏光奇：《清代后期中央集权财政体制的危机》）。

[5] 吴承明指出：“榷关税理论上按值计征3%左右，实际是按斤、匹、包、件等征银若干。据许檀、经君健最新研究，此项税额有时依市价调整，但只占很小部分，绝大多数商品的税额数十年乃至百余年未曾变动，故实际税负会因物价上升而减轻。”（吴承明：《18与19世纪上叶的中国市场》，收于吴承明：《中国的现代化：市场与社会》，北京：三联书店，2001年）。

[6] 邓亦兵：《清代前期关税制度研究》，北京：北京燕山出版社，1980年，第224、226—229页。

[7] 在引用魏光奇的话时，王国斌说：“清廷具有以此方式增加收入的能力，这很难说是国家虚弱的表现。在近代早期的欧洲国家，中央集权化的表现之一就是征税。中国中央政府对海关关税控制的发展是国家创建新的基础设施能力的一个明显表现。……不论晚清国家有多虚弱，征税能力肯定不弱”（R Bin Wong，*China Transformed—Historical Change and the Limits of European Experience*, Cornel University Press, 1998, pp. 155–156）。因此清代前中期实行低赋政策，并非出于国家无力征税。

[8] 例如在大运河漕运中，所有漕船也都夹带为商人私货。商人还往往买通一个路过的官员，打着他的旗号行船，从而避免榷关检查和征税。

种手段与官吏勾结偷税漏税,从而减轻了实际损失。[1]

总而言之,清代的制度环境比前代更有利于商业。在18世纪和19世纪初期,商人及其财富也有了极大的发展。[2]

(二)国内贸易障碍的消除

王国斌指出:以清代的政治和经济政策为基础,清代中国由四个主要"政治经济区"组成,即核心区、腹地区、陆地边疆区和沿海边疆区。在18世纪,清代国家成功地将这四个政治经济区整合成为一体。[3]作为结果,在中国内地基本上没有贸易障碍。较之前代,明清榷关的数量已大为减少。[4]

在明代,国家出于安全的考虑,在内地与边疆地区之间设置了不少贸易障碍。但是到了清代,由于国家对边疆地区的有效统治,这些贸易障碍的绝大多数也逐渐消除了。因此清代内地和边疆的贸易增长非常迅速。[5]特别是其中自然资源最丰富和经济发展潜力最大的东北地区,到了19世纪初期已发展成为中国主要的粮食(豆、麦)和肥料(豆饼)的主要输出地之一,东北与江南之间的豆—布贸易也成为当时中国规模最大的双边贸易之一。[6]

因此在某种意义上可以说,近代早期欧洲人指望一个"民族国家"在推动全国市场形成方面去做的大部分事情,明清(特别是清代)国家都做了。

---

[1] 吴承明指出:"邓亦兵估计乾隆时榷关之贪污偷漏约占税额的150%,以嘉、万皇帝之昏庸、政治之腐败,当远过之。"(吴承明:《16与17世纪的中国市场》,收于吴承明:《中国的现代化:市场与社会》)。

[2] 详见下节。

[3] 王国斌:《中国之政治经济区》,《中国社会历史评论》第2辑,天津:天津古籍出版社,2000年。

[4] 例如,1077年宋朝有大约两千个税关征收转运税和出售税,数量随时间推移增加。到1205年,仅广州、肇庆、惠州三州就有83个税关,都设在"农村定期集市"的地点。如果这个数字代表全国范围的平均密度,此时中国南北方的商税关总数已接近一万(Mark Elvin, *The Pattern of the Chinese Past*, Stanford University Press, 1973, p. 167)。与此相对照的是,明清(特别是清),税关的数量不仅非常少,而且没有设置在农村集市上的。

[5] 例如江南丝织品对新疆的输出,在明代则不仅贸易规模小,而且不稳定,而到了清代,已达到相当的规模而且变成一种长期而稳定的贸易(参阅范金民:《清代江南与新疆地区的丝绸贸易》,《南京大学学报1988年优秀论文集》,1988年)。

[6] 本章中所说的"江南",包括明清的苏、松、常、镇、宁、杭、嘉、湖八府以及从苏州府析出的太仓州,其地域范围大致相当于长江三角洲。这样界定的理由,见李伯重:《简论"江南地区"的界定》,《中国社会经济史研究》1991年第1期。

(三)货币制度的变化

在明清时期,中国的货币制度也出现了重大变化,这首先是货币“白银化”的重大进展。[1]国家出于财政的原因,在推进“白银化”方面扮演了关键的作用。[2]作为“白银化”的结果,白银变成了标准货币,铜钱则成了次要货币,仅只在小额交易中使用。此外还有票据也在流行。这种以白银为标准、辅以铜钱和票据的货币体系,在当时的条件下无疑是最佳选择。[3]

这个“白银化”对于长途贸易具有非常重大的意义,因为它不仅使得商人省去了在不同的货币之间的复杂折算,也使得在以前朝代发行铜钱和纸币中经常出现的通货膨胀得以避免,从而使得大规模的长途贸易得以在一种相对统一而稳定的货币制度下进行。一些学者认为明清货币制度十分落后,因为这时使用白银是作为秤量货币而非铸币来使用,同时,由于各地计量单位不一,不同地区有不同的平码,[4]白银成色也不易控制,因此需要大量的专业人员来进行折算和鉴别。但是我们要看到白银作为秤量货币来使用,虽有其缺陷,但却也避免了铸币会招致的各种问题。[5]在秤量白银时,不同地区有不同的平

---

[1] 依照万志英的看法,这个“白银化”开始于15世纪(Richard von Glahn, *Fountain of Fortune: Money and Monetary Policy in China, 1000 to 1700*, University of California, 1996),但是依照王文成的看法,早在宋代就已开始了(王文成:《宋代白银货币化研究》,昆明:云南大学出版社,2001年)。

[2] 这是因为大部分赋税要以白银交纳,同时绝大部分政府开支也以白银支付。见吴承明:《18与19世纪上叶的中国市场》,千家驹、郭彦刚:《中国货币演变史》,上海:上海人民出版社,2005年,第171页。

[3] 伊懋可指出:“危害中国传统后期金融制度的弊端之一是多种形式的银锭、铜钱和票据同时流通。这需要大批的人来从事这些通货的鉴别和兑换。但是如果与此相较,采用其他使用的办法所引起的流通手段的短缺,却更为严重。虽然一种管理妥善的统一纸币无疑更加可取,但是我们并没有很令人信服的理由去批评中国政府,说它没有朝此方向努力。维持这样一种通货十分困难,因此在货币政策方面采取自由放任当然是更加明智的抉择”(Mark Elvin, *The Pattern of the Chinese Past*, p. 294)。

[4] 叶世昌指出:据民国初年中国银行的调查,各地平码有170多种,尚不包括云南、甘肃、广西、新疆四省(叶世昌:《中国古代金融通史》,上海:复旦大学出版社,2001年,第158页)。在鸦片战争前,由于中央权威尚在,各地平码可能会少一些。

[5] 铸币不仅会导致更大的地方差异,而且会导致劣币、盗铸等问题,从而引起通货膨胀。在使用铸币的国家,这些问题是很难避免的。例如在唐宋等朝代,铜钱因政府铸造大钱以及盗铸引起的恶性通货膨胀反复发生。而在西欧,使用铸币的国家更是多种铸币共存并行,例如在16世纪中期的德国,每个地区都有自己的货币(Robert L. Heilbroner, *The Worldly Philosophers: the Lives, Times, and Ideas of the Great Economic Thinkers*, Simon & Schuster, 1980, p. 80)。

码,但是应强调全国也通行全国性的标准计算单位——“漕平”和“库平”。[1]此外,在实际商业活动中,还通用“公码平”和“钱平”,彼此依照规定的比例进行折算。[2]依据晚近的研究,在19世纪初期,票号还发展出了“本平”制度,对各地不同的秤量单位进行准确而便捷的折算。为了方便其员工运用,他们还编写了银色歌,将各种地方标准之间的折算简明化,使之一目了然。在19世纪初期这种制度得到广泛采用,在大笔款项的异地转移中起了重要作用。[3]

出现于18世纪的“虚银两”是货币制度方面的另一大进步。“虚银两”是宝银的价值符号,只规定这种银两的名称、重量、成色和按照当地的行用方法,没有白银实物存在。它仅代表白银来发挥货币的职能作用,是政府和民间公认的能在市场上流通使用的标准银两,主要是作为记账单位和清算单位。[4]“虚银两”的发明对于跨地区贸易具有重大意义。由于有了这种虚拟货币,前述白银使用中的问题就可以得到有效的解决。同时,在铜钱的铸造方面,几经整治,清代铜钱的制作也比过去更为统一。[5]

除上所述,还有其他一些制度创新。其中很有意思的一个是商标的使用。虽然商标出现很早,但是到了清代,由于市场竞争日益加剧,商标使用逐渐流行了起来。从清代文献中我们可以看到,在布匹、药品、金银、庄票、珠宝、茶叶、酒、瓷器、文具、铜器等商品上,都有使用商标的。许多商标还得到政府和家族组织的保护。[6]

---

[1] 清朝政府在各地指定银匠充当“官炉”,专管银锭熔铸和鉴定宝银,并有私人自设的炉房进行这种工作。见千家驹与郭彦刚:《中国货币演变史》,第171页。尔后到了道光三十年(1850),安徽汪氏在上海租界创设公估局,专司银炉熔铸银两的鉴定。公估局估银分秤量和看色。秤量定宝银的重量,看色判断质量和成色。成色好的“申水”(即“升水”,增加),差的“耗水”(即“减水”,减少)。升耗数量,用墨笔记于宝银中央凹部。质量和成色低于规定限度退回不批或改铸再批。

[2] 千家驹、郭彦刚:《中国货币演变史》,上海:上海人民出版社,第176页。虽然公码平和钱平主要是在晚清普遍运用,但在清代中期肯定已经出现并得到相当广泛的运用。

[3] 黄鉴晖:《山西票号史》(修订本),太原:山西经济出版社,2002年,第114—129页。

[4] 见千家驹、郭彦刚:《中国货币演变史》,上海:上海人民出版社,第171页。

[5] 特别是在清代。参王德泰、强文学:《雍正朝货币制度改革的背景、内容和意义》,《中国钱币》2006年第4期。

[6] 黎志刚:《中国近代的国家与市场》,香港:香港教育图书公司,2003年,第8—33页。1825年上海著名布号绮藻堂发布关于其商标注册和使用的规定,仿冒和滥用者将受到惩罚。

二、交通运输的发展

长途贸易发展的一个主要障碍是运费。由于陆运运费高昂，那些单位价值低而体积大的货品很难进入跨地区的长途贸易。[1]水运比陆运便宜得多，[2]但是只有在拥有良好的水道系统的地方，才有廉价的水运可得。

明清时期，中国的水运系统出现了两大进步。第一个进步是在中国最重要的长江水道上，原来彼此隔绝的航段逐渐连接起来了。宋代的长江贸易主要是集中在下游。明初也还是这样。明后期，沙市、九江成为新兴商业城市，这样就与长江下游连接起来了。到了清代，长江上游（即宜宾至宜昌段）随着四川的开发，与中游航段连接起来。乾隆初为运云南铜矿，还在宜宾以上疏凿险滩，开通金沙江船路1 300余里。至此，长江全线通航。另一进步是北洋航线的开通。由上海绕山东半岛到天津的北洋船线辟于元代，但基本上是用于官漕。明代废海漕，航道几乎湮灭。清代康熙朝重辟，并由天津延至营口，与辽河联运，每年沙船运北方豆、麦、枣、梨等到江、浙；运布、茶、糖等南货去华北、东北，成为南北一大干线。至于南洋沿海航线，明代已经开通，但在清代，台湾贸易又颇有发展。[3]以此为基础，一个巨大的水运网最终形成。这个水运网表现为三个巨大的T形。这三个T形有一条共同的东西向长臂和三条分离的南北向长臂。东西向长臂是中国最主要的水运主干线——长江，连接着长江上、中、下游主要地区，南北向长臂则是中国南北主要地区联系起来的三条水运干线：第一条为沿海航线，第二条为大运河—（长江）—赣江，第三条则为汉江—（长江—洞庭湖）—湘江。其中湘江和赣江又通过灵渠运河或陆路与

---

[1] 例如，用牲口驮运粮食200英里远，运费就等于粮食在产地的价格（Dwight Perkins, *Agricultural Development in China, 1368–1968*, Aldine Publishing Co, 1969, p. 120）。

[2] 例如，在运输费用仿冒，大运河船运比陆运优越得多。同量货物的大运河航运运费，在明代仅及陆运运费的70%。而据抗战前的调查，在运河许多航段上，民船（即木帆船）的单位运费仅为独轮车的1/16—1/5，驴车的1/15—2/5。而在长江中下游航运中，运费更低得多。据光绪时英国人的报告，长江大木帆船运费仅为陆运运费的1/20—1/30。而据1930年代的调查，用木帆船由芜湖运米至上海，每吨运费尚低于轮船和铁路。因此由长沙用木帆船运米至苏州后米价的增加，不超过原价的30%（李伯重：《明清江南与外地经济联系的加强及其对江南经济发展的影响》，《中国经济史研究》1985年第2期，《发展与制约：明清江南生产力研究》，台北：联经出版事业公司，2002年，第302—304页）。

[3] 吴承明：《论明代前期国内市场和商人资本》《论清代前期我国国内市场》（均收于吴承明：《中国资本主义与国内市场》，北京：中国社会科学出版社，1985年）。

珠江水系连接。[1]以这三个T形干线为基础的水道网,把施坚雅所确定的中国九大经济巨区中的八个联系了起来,只有西北地区不在其中。但是西北由于经济落后,对全国市场所起作用非常有限。

以上述进步为基础,清代中国的水运系统大大扩大了。中国内河航运的总里程增加了好几倍,在1840年前达到了5万公里左右;沿海航运里程也有很大增加,在1840年前已约有1万公里。[2]这个巨大的水运网覆盖了中国的大多数地区。在水运里程增加的同时,航运能力也提高了。到了19世纪中期,中国水域中航行船只总数超过20万艘,总载量达400万—500万吨。[3]

上述重大发展导致了全国性水运网的形成。该水运网可以胜任那些体积大而单位价值低的货物运输。在此方面,竹木长途贸易是一个很好的例子。邓亦兵的研究表明清代前中期出现了一个以水运为基础的竹木贸易网。[4]由于木材贸易成为一项大规模贸易,政府共设立16处征收竹木的税关,集中在水运交通要道上。[5]由此可以清楚看到水运系统成了中国国内运输网的基础,而税关的地域分布也可以代表该运输网内各地长途贸易的发展情况。

这个水运网的形成导致了长江和沿海贸易的急剧扩展。以国内商税作为一个指标,[6]可以看到在1578—1812年间大运河贸易量增加了8倍,而在

---

[1] 赣江与珠江水乡之间有60公里的陆路,即著名的大庾岭商路。湘江与珠江水系则有灵渠相连。大庾岭商路和灵渠都在秦代就已开通,并在中国商业发展中扮演着重要作用。在鸦片战争以前,大多数中国向西方出口的商品即通过这两条路线运到广州。

[2] 吴承明:《中国资本主义与国内市场》,北京:中国社会科学出版社,第245、247—249页。

[3] 与此相对照,19世纪世界海上霸主英国在1800年仅拥有1 700艘船,总载量185万吨;到1841年,其总载量增至283万吨,但仍远逊中国。见樊百川:《中国轮船航运业的兴起》,成都:四川人民出版社,1985年,第47—48、82—85页。

[4] 这个贸易网涵盖了中国大部分地区。具体而言,在乾隆时期,按各地河流的竹木运输量从大到小排列,依次为长江、运河、滦河及其支流、闽江及其支流、黄河中游、赣江及其支流、广东三江及其支流、辽河及其支流、汾河及其支流、潮河及其支流、松花江及其支流牡丹江(邓亦兵:《清代前期竹木运输量》)。

[5] 其中专门征收竹木的税关有7处,另有5处兼征其他税,由工部管辖,还有4处由户部管辖的关也兼征竹木税,所以16处征收竹木的税关。这些税关,按各关竹木税数量从多到少排列,依次为芜湖工关、九江关、龙江关、南新关、荆关、辰关、潘桃口(含通永道所管各口)、杀虎口、渝关、赣关、太平关、胡纳胡河口、武元城、古北口、吉林三关(邓亦兵:《清代前期竹木运输量》,《清史研究》2005年第2期)。

[6] 吴承明说:"用商税考察市场兴衰乃常用之法。"因此把税关的变化作为贸易变化的一个指标是有道理的。尽管用税关税额记录来评判贸易变化是颇成问题的,但是这些记录仍然是关于贸易变化的最重要的资料来源之一。特别是在其他资料无法获得时,税关记录就更为重要了(吴承明:《16与17世纪的中国市场》)。

1735—1812年间，沿海贸易增加了近8倍，长江贸易增加了102倍；在1578—1812年间，长江贸易在国内长途贸易中所占的比重从7%上升到34%，而在1735—1812年间，沿海贸易的比重由20%增加到30%。[1]另外一项研究也表明：从康熙到嘉庆全国关税总额从120万两增至480万两；其中沿海诸关税额增长最快，从18万两增至180余万两，所占比重也从15%上升到38%；长江各关税额从37万两增至134万两，所占比重基本保持在30%上下；运河诸关税收从60万两增至一百四五十万两，数额虽有增长，但它在全国关税总额中所占比重则从清初的50%降至30%左右。这三条水道合计，税收额占全国关税总额的80%—90%。到清代中叶，长江、沿海、运河三条水道在全国商品流通中三分天下的格局已经确立，而长江、沿海航运的后来居上之势正方兴未艾。[2]1820年以后，由于大运河湮塞，长江贸易和沿海贸易的份额还有进一步提高。

此外，明至清初，陆运的发展也十分显著。到19世纪初，一个由12条商业干道组成的陆运网已形成。这些干道不仅将中国所有的内地省份和大多数主要城市连接了起来，并且也把蒙古、新疆、西藏、青海等边疆地区和内地连接了起来。[3]

三、地区专业化与劳动分工的发展

王业键指出：经过长期的发展，中国在19世纪以前已形成了三个主要的经济地带。第一个地带是发达地带，包括东部、北部和东南部十个省份。第三个地带是不发达地带，包括东北、内外蒙古、青海、西藏。第二个地带则是发展中地带，包括上述发达与不发达两个地带之间的其他省份。[4]但是我认为从18世纪的情况来看，东北可以计入发展中地带而非不发达地带。这三个地带之间在经济发展水平上的差异与在人口密度方面的差异颇为相似。发达地带

[1] I-chun Fan, *Long-distance trade and market integration in the Ming-Ch'ing period, 1400–1850*, Ph.D. dissertation, Stanford University Library, 1992, p. 130.

[2] 许檀：《清代前期流通格局的变化》，《清史研究》1999年第3期，《明清时期中国经济发展轨迹探讨》，《天津师范大学学报》2002年第2期。

[3] 刘秀生：《清代商品经济与商业资本》，北京：中国商业出版社，1993年，第163—226页。

[4] 王业键：《近代中国农业的成长及其危机》，《"中央研究院" 近代史研究所集刊》1978年第7期。

人口稠密,发展中地带人口密度次之,不发达地带人口稀少。

在清代,这三个地带在经济变化和人口变化方面也各不相同。在18世纪,发达地带工业和商业有重大发展,而发展中地带农业发展迅速。但与此同时,发达地带人口增长缓慢,而发展中地带人口增长快速。至于在不发达地带,经济和人口的变化都不大。[1]

三个地带之间关系,颇类似于近代发达国家与发展中国家、不发达国家之间的关系。具体而言,发达地带从发展中地带以及不发达地带获得粮食、肥料、矿产品、木材和多种原料,同时向后两个地带提供制成品、资金、技术、人力乃至财政支持。[2]以这种地域分工为基础,中国形成了一个以江南为核心、上述三个地带为腹地的经济整体。这三个地带如同三个同心圆围绕着核心,人口与财富集中的程度依次递减。江南不仅是中国水运系统的中心,而且也是中国贸易、工业、商业、金融乃至文化的中心,几乎整个中国都在其最大商业腹地的范围之内。[3]

总之,正如王国斌和濮德培所总结的那样:“虽然还需要更多的研究,但是我们现在已可以暂且地说:在18世纪的中国,就像在其他近代经济中那样,市场整合促进了地区专业化。”[4]

四、货币供给的增加

上述中国货币“白银化”是以白银供给的巨大增加为基础的。据吴承明估计,中国国产白银的年产量从明代的20万—30万两,增加到了清代的40

[1] 李伯重:《控制增长,以保富裕:清代前中期江南的人口行为》,《新史学》1994年第5卷第3期;《清代前中期江南人口的低速增长及其原因》,《清史研究》1996年,第2期;James Lee and Feng Wang, *Malthusian Mythology and Chinese Reality—The Population History of One Quarter of Humanity*, Harvard University Press, 1999。

[2] 参阅王业键:《近代中国农业的成长及其危机》,《中央研究院近代史研究所集刊》1978年第7期。

[3] 有些学者没有采纳这种三个地带划分法,但是也把中国作了类似的划分。例如许檀认为明清中国有四个主要经济区,即:(1)江南,以高效农业与丝、棉纺织业并重为特色;(2)珠江三角洲,以外贸为导向迅速崛起;(3)华北平原,经历了种植结构的调整与棉纺织业的发展;(4)长江中上游地区,成为全国最大的商品粮输出区,此外还有初步开发中的边疆地区。这些区域都通过贸易结合在一起。详见许檀:《明清时期区域经济的发展》,《中国经济史研究》1999年第4期。

[4] R. Bin Wong & Peter Perdue, "Grain Market and Food Supplies in Eighteenth-Century Hunan", in Thomas Rawski & Lillian Li eds, *Chinese History in Economic Perspective*, University of California Press, 1992.

万—50万两。[1]此外中国也从邻国（主要是日本，以及缅甸、越南等）进口相当数量的白银。[2]

比上述增加更加重要得多的是美洲白银的输入。在1840年以前的三个世纪中流入中国的美洲白银数量，有各种不同的估计。据全汉昇的估计，西属美洲所产银约有1/2流入中国，估计在1571—1822年间的西班牙银元有2亿元以上。[3]吴承明估计1650—1833年间有13 800万两银（约4 310吨）从西方流入中国，[4]而同期中国国内银产量仅有7 000万两（约2 190吨）。[5]晚近弗兰克（Andrew Gunder Frank）估计在17、18两个世纪，有48 000吨白银从欧洲和日本流入中国，再加上中国自产和从东南亚、中亚输入的白银（10 000吨），流入中国的白银共达60 000吨，占世界白银产量的一半。[6]

铜钱的铸造量在清代也有很大增加。由于云南铜矿的开发，官铸钱数从康熙末年的三十多万贯增加到嘉庆初年的一百多万贯。此外私铸数量也越来越大。因此王业键认为在18世纪后期，铜钱的增加程度比白银更大。[7]

特别要强调的是信用工具的出现。在18世纪后期和19世纪初期，中国出现了四种信用工具，即：（1）钱票（或银票）；（2）庄票；（3）会票；（4）过账制度。钱票（或银票）是银号、钱庄、当铺或者其他商号发行的商业票据，用以代替钱（或银）而流通。会票大体相当于汇票，但是还可用作清偿债务的凭证，用于多

[1] 吴承明：《16与17世纪的中国市场》《18与19世纪上叶的中国市场》，《中国的现代化：市场与社会》，北京：三联书店，2001年。

[2] 在这些国家中，日本是主要产银国，在16世纪中期到18世纪中期生产了8 000—9 000吨银，绝大部分输往中国（Satoshi Ikeda, *The history of the capitalist world-system vs the history of East-Southeast Asia*, in Review 19, No1, 1996; Richard von Glahn, "*Myth and reality of China's seventeenth century monetary crisis*", in *The Journal of Economic History* 56(No.2, 1996); Andre Gunder Frank, *Re-Orient: Global Economy in the Asian Age*, Vistaar Publications, 1998, p. 146）。

[3] 全汉昇：《明清间美洲白银的输入中国》，《中国文化研究所学报》1969年第2卷第1期。

[4] 其中1650—1699年间流入的为1 550万两，1700—1749年间流入的为5 620万两，1750—1799年间流入的为95.9万两，1800—1833年间流入的为2 940万两。更早的估计显然过高。例如孙毓棠估计在1571—1821年间，有1亿银元（大约合7 100万两）从西属菲律宾输入中国；1700–1828年间有超过5亿银元（约合35 700万两）从英国和其他欧洲国家输入中国；1784—1833年间有1亿银元从美国输入中国。但是王业键已指出从英国和欧洲输入的数字实际上已包括从菲律宾和美国输入的数字，应当降至3亿银元（王业键：*Secular Trends of Rice Prices in the Yangzi Delta, 1638–1935*）。而按照全汉昇的估计，同期从菲律宾输入的总数大约为2亿银元（全汉昇：《明清间美洲白银的输入中国》）。

[5] 吴承明：《18与19世纪上叶的中国市场》，《中国的现代化：市场与社会》，北京：三联书店，2001年。

[6] Andre Frank Gunder, *Re-Orient: Global Economy in the Asian Age*, pp. 147–149.

[7] 王业键：《中国近代货币与银行的演进（1644—1937）》，台北："中央研究院"经济研究所，1981年。

种债务的结算,其性质与现代银行托收结算颇为相近。[1]“过账制度”是一种19世纪前期宁波商人发明的、以信用作为基础的会计结算制度。[2]所谓“过账”即是在贸易结算、信用往来活动中,不必现金交易,而是双方通过自己开户钱庄去划账。庄票则是钱庄应顾客的要求而发行的一种期票。从18世纪以来,银号发行的庄票已在中国流通越来越广泛。[3]一份1841年上海县官府发布的告示显示:钱庄的庄票早就起着支付手段和流通手段的作用。商人在买卖豆、麦、花、布时,不仅可以用钱庄庄票支付货价,而且可以“到期转换”,也可以“收划银钱”。[4]可见当时钱庄银票在钱庄的业务以及豆、麦、棉、布的贸易中都得到广泛使用,而这些贸易正是长途贸易的重要内容。此外,到了19世纪中期,以票号为代表的金融机构发展出了大规模的信贷业务。有人估计道光后期遍布全国的票号,一个分号每年放款额大约为30万两。[5]这些放款业务也主要是通过票据来进行的。这些私人金融机构的信用工具的出现和广泛使用,大大增加了实际流通货币的数量。[6]

五、商人集团与商人资本的成长

建立在地缘纽带基础之上的十个最大的商人集团,即一般所说的“十大商帮”,出现于16世纪后期,而在以后的几个世纪中有迅速的发展。这些商帮全都从事长途贸易,创建了各自的跨地区的商业网。其中最强大的徽商和晋商两大商帮所建立的商业网,更几乎涵盖了全国。

---

[1] 刘秋根:《15—18世纪中国资金市场发育水平蠡测》,提交长江商学院中国管理研究院组织的“中国金融与市场史专题学术研讨会”论文,发布于http://www.cenet.org.cn/download/25047-1.doc。

[2] 咸丰八年(1858),薛福成在回忆录中写道:“宁波殷实富室所开钱庄,凡有钱者皆愿存钱于庄上,随庄主略尝息钱,各业商贾向庄上借钱,亦略纳息钱。进出只登账簿,不必银钱过手也”(转引自孙仰芳:《“过账码头”:老宁波的城市名片》,《宁波日报》2008年7月16日)。由此可知这种制度在咸丰以前很久就已盛行。

[3] 王业键:《中国近代货币与银行的演进》,台北:“中央研究院”经济研究所,1981年。

[4] 道光二十一年闰三月二十一日《上海县告示碑》,收于中国人民银行上海分行编:《上海钱庄史料》,上海:上海人民出版社,1960年,第12页。

[5] 张海鹏、张海瀛主编:《中国十大商帮》,合肥:黄山书社,1993年,第40—43页。

[6] 这一点,郑光祖说得很清楚:“我邑常昭城市中钱铺用票(原注:乾隆、嘉庆间此风大行),十千百千只以片纸书数,即可通用,辗转相授,穷年不向本铺点取,日积而多,存贮盈万。该铺以此钱营谋生息……若乡镇店口,多小本经营(原注:福命甚薄),艳钱铺之射利,覓出百文钱小票通用(原注:嘉庆十五六年此风最盛),颇为乡里害,而其败立见。”(郑光祖:《醒世一斑录》卷2,《人事·福命有一定之限量》,道光二十三年青玉山房刊本。)

在明代后期以来的三个世纪中，大商号发展迅速。明代大商人的资本组织还限于家族范围，清代则已有信贷发展，使得商号规模得以进一步扩大。[1]康熙时，徽商“虽挟资行贾，实非己资，皆称贷于四方大家，而偿其什二三之息”。[2]在此方面，晋商最为成功。根据清末曾在俄国驻华领事馆中供职的俄国官员鲍戈亚夫连斯基说，“汉族人特别喜欢联合行事，特别喜欢各种形式的合股。……有些商行掌握了整省的贸易，甚至是整个大区的贸易。……因此，中国早已有了现代美国托拉斯式企业的成熟样板。当前在中国西部地区活动的主要是山西和天津的商行”。[3]这种情况在19世纪中期甚至更早就已出现，其基础是两大制度创新：联号制和股份制。这两种新制度对于扩大商业企业规模和业务规模，都具有极为重要的作用。

在这三个多世纪中，还出现了商业资本加速集中到大商人手中的趋势。吴承明指出：我们所见明中叶以来兴起的大商人，如徽商、山西商、陕西商，都是在盐、茶、布、丝等长距离贩运贸易中发家的。这种大商人的资本量，在明代还是银50万两级、最高百万两水平；[4]到了清代，则数百万两已属常见，进入千万两级。[5]何炳棣也估计18世纪后半期盐商总盈利约两亿五千万两，30个场商每年各可获利150到200万两。[6]这样大的资本量，在当时的世界上也是罕见的。[7]

---

[1] 吴承明：《论清代前期我国国内市场》，《中国资本主义与国内市场》，北京：中国社会科学出版社，1985年。

[2] 康熙《徽州府志》卷8，《蠲赈》。

[3] 转引自张海鹏、张海瀛主编：《中国十大商帮》，合肥：黄山书社，第22—23页。

[4] 如与同时期的西欧商人相比，明代大商人拥有的资本已经颇为惊人。例如据《孔恩文件》记载，万历四十年（1615）已出现拥赀达5 500英镑至7 500英镑的帆船商人，这已接近1602年荷兰东印度公司最大股东勒迈尔（Isaäc le Maire）拥赀8 100英镑的数额。转引自叶显恩与周兆晴：《明后期广州市场的转型》，《珠江经济》2008年第5期。而上述帆船商人尚非中国最大的商人。

[5] 其中淮盐商人“办运者百数十家，有挟资千万者，最少亦一二百万”，“淮商资本之充实进以千万计，其次亦以数百万计”，山西巨商“元氏号称数千万两”。广州行商伍怡和的资本有二千六百万元，其他大的行商亦在千万两左右。以上见吴承明：《论清代前期我国国内市场》，《中国资本主义与国内市场》，北京：中国社会科学出版社，1985年。

[6] 何炳棣：《扬州盐商：十八世纪中国商业资本的研究》，《中国社会经济史研究》1999年第2期。

[7] 濮德培（Peter Perdue）对此作了一个很有意思的比较：许多人相信内森·罗斯柴尔德（Nathan Rothschild，死于1836年）是18世纪初期世界上最富有的人。但是他的财产与同时代的广东行商伍秉鉴相比，就是小巫见大巫了。据估计罗氏的财产约合530万美元（1828年美元），而伍氏的财产约合5 600万美元，远远超过罗氏家族的财产。伍氏并非主要投资于土地，而是与波士顿的福布斯（the Forbes family）家族一起投资于商业。见Peter Perdue, *Lucky England, Normal China: Review on Kenneth Pomeranz's The Great Divergence: China, Europe, and the Making of the Modern World Economy*, in H-World (August), 2000.

六、商业通信系统的发展

商业通信系统的发展对于中国的长途贸易的发展具有重要意义。自秦统一后,中国就已建立了全国性的政府通信系统——邮驿系统。到了明清(特别是清),这种系统已经非常完善,清朝政府为了保证邮驿职能的正常发挥,制定了严密的组织管理制度,并有严格的立法保障。不仅在内地,而且在边疆地区,这个系统都运作完好。[1]虽然邮驿系统由政府经营并为政府服务,但是在一些情况下,与官府或官员有关系的商人也可能通过这个系统传送商业信件。不过就大多数商人而言,在18世纪以前,彼此通信可能主要是派遣私人信使传送。这种方式对于大多数普通商人来说不仅费用过于昂贵,而且在许多情况下并不一定非常有效。为了满足日益增长的商业通信的需要,出现了一种完全由私人兴办的新通信系统——民信局。这种系统何时出现,没有明确记载,[2]但到了19世纪初期已经成熟。仅上海一地,就有70余家民信局。它们与江南各地的民信局,担当了民间信函的传送。1838年狄听奏陈:“臣籍隶江苏,深知上海县地方滨临海口,……江苏省外州县民间设有信船、带货船各数只,轮日赴苏递送书信并代运货物。”[3]在汉口、重庆等商业城市,至迟到道光初年都已开设了民信局。[4]到了19世纪中期,民信局的工作已高度专业化

[1] 例如在福建、山东、贵州等地,参阅张燕清:《清代福建邮驿制度考略》,《福建论坛》(人文社会科学版)2001年第6期;张苓苓:《清代山东邮驿制度考略》(硕士毕业论文,曲阜师范大学,2006年),发布于http://www.lunwentianxia.com/product.sf.3437407.1;吴晓秋:《论清代贵州传统邮驿的历史变革》,《贵州文史丛刊》2007年第3期。

[2] 胡婷说:“明永乐年间,由于资本主义的萌芽在东南沿海商业比较发达的城镇,产生了民信局,并逐渐向内地发展。清同治、光绪年间,民信局进入全盛时期”(胡婷:《民信局的取缔与邮政的近代化》,《重庆邮电大学学报》(社会科学版)2007年第19卷第1期)。但黄鉴晖认为明代有民信局是不可能的,说在乾隆朝出现亦恐太早,应当是在嘉道时期(黄鉴晖:《山西票号史》,太原:山西经济出版社,2002年,第40页)。但是戴鞍钢则指出:广州一口通商时,长江三角洲地区的商人已雇有专人专事信息传递,“盖因丝货、茶叶产于江浙,而洋货则来自广东,此往彼来,殆无虚日。且有常川住居广东之人谓之坐庄,专为探听货物之多寡、价值之低昂而设。遇有可以贸利或有某货滞销不可运往者,即专遣捷足兼程赶回,不过数日可到”。戴鞍钢:《口岸城市与周边地区近代交通邮电业的架构——以上海和长江三角洲为中心》,《复旦学报》2007年第1期。因此民信局的出现至迟应在乾隆朝。

[3] 戴鞍钢:《口岸城市与周边地区近代交通邮电业的架构——以上海和长江三角洲为中心》,《复旦学报》2007年第1期。

[4] 黄鉴晖:《山西票号史》,太原:山西经济出版社,2002年,第40页。

了。[1]这种专业的民间通信系统的出现和发展，对长途贸易作用之大当然自不待言。

上述这些变化，为中国全国市场的形成奠立了基础。下面，我们就来看看中国全国市场的形成。

第二节　全国市场形成的动力：跨地区贸易的发展与区域市场的整合

由于区域市场只能通过跨地区贸易结合起来，因此跨地区贸易的发展对于中国区域市场的统合就是关键。在明清时期，跨地区贸易发展迅速，从而导致了中国主要区域市场的统合。

一、跨地区贸易的发展

在16世纪中叶至19世纪中叶的三个世纪中，中国的跨地区贸易有了巨大的发展。

首先，进入长途贸易的商品种类有很大增加。在16世纪中期以前，长途贸易的商品以奢侈品以及盐、铁等少数特殊商品为主。民生产品（特别是体积大而单位价值低的产品如粮食和布匹）的买卖，则主要限于地方市场上的交易，在跨地区贸易中所占的比重很小，绝对规模也不大。到了16世纪中期以后（特别是到了18世纪），长途贸易的内容发生了巨大变化。跨地区贸易的商品，无论在品种还是数量上都大为增加。民生产品的贸易取代奢侈品的贸易成为长途贸易的主体。同时，布代替盐，成为市场上占主导地位的工业品，市场上工业品总值超过农产品，成为流通发展的真正动力。[2]

---

[1] 1900年甬江信局全盛等人禀称："信业在长江南北洋，自乾隆朝创始迄今已百余年，内河之局数百年，纳捐已有数十年，自祖父辈传下，幼习此业者居多，走从小船，不辞辛劳，栉沐而为，业此者四五万人，万难改图别为"。中国近代经济史数据丛刊编辑委员会编：《中国海关与邮政》，北京：中华书局，1983年，第138页。

[2] 吴承明：《论清代前期我国国内市场》，《中国资本主义与国内市场》，北京：中国社会科学出版社，1985年。

其次,长途贸易量有了巨大增加。吴承明对长途贸易中的七种主要商品(粮食、棉花、棉布、生丝、丝织品、盐、茶)的增加情况作了估计。从他的估计可以看到:自明代后期到清代中期,粮食总量从不到1 000万石增加到3 000万石,[1]而棉布总量则从1 500万—2 000万匹增加到4 500万匹。长途贸易的丝和丝织品的总值,从30万两飙升到248万两。[2]根据这些数字计算,跨地区贸易中的粮食和布匹的总量,在这三个多世纪中增加了三倍,而丝织品的数量则增加了8倍。关于长途贸易中的商品量,我们在下文中还要讨论。仅从以上所述,我们已可清楚看到:在鸦片战争以前的三个多世纪内,跨地区贸易增长非常迅速。这一点也从商税的增加得到证实。若以钞关税收为参数,那么按照范毅军的计算,1400—1850年间中国的长途贸易量增长了39倍之多。[3]依照许檀与经君健的研究,尽管税额没有很大变化,国内钞关每年税收总数,从1685年的122万两增加到了1812年的481万两,增加了294%。[4]这个增加的幅度已经颇为惊人,但是如果对上述估计中一些明显偏低的情况进行修正,并加入更多种类的商品一同计算,那么长途贸易量所占的比重还更高。

晚近的研究表明:以往学界对明清(特别是清)时期的长途贸易量估计明显偏低,原因是吴承明的研究中忽略了一些快速增长的贸易。尔后其他学者的研究显示,除了上述商品之外,还有一些商品的贸易量增加也十分可观,例如:

(1)木材:嘉庆时,仅大运河上的漕船夹带的竹木量就“较从前多至五六倍,统计江广三省粮船跨木不下六七十万根之多”。[5]

---

[1] 还要注意的是,进入长途贸易的粮食,在明代后期主要是在一些经济巨区内部交易,但是到了清代中期,则被运到数百乃至数千里以外的地方销售。

[2] 吴承明:《论清代前期我国国内市场》,许涤新、吴承明主编:《中国资本主义发展史》第1卷,北京:人民出版社,1985年,第282—284、255—263页。

[3] Fan I-chun, *Long-distance trade and market integration in the Ming-Ch'ing period, 1400–1850*, pp. 130, 132.

[4] 许檀、经君健:《清代前期商税问题新探》,《中国经济史研究》1990年第2期。这些税关的绝大多数是位于水运路线上。不过,在此文中,“税额”这个词的含义不够明确,没有分清定额与实际税收数额,因为定额的增加是比较多的,不是没有很大变化。如果是按其文中所述是税收总数的话,这个数字可能有出入。参阅邓亦兵:《清代前期关税制度研究》第8章,邓氏在该章中分别列表,说明定额和实际税收数。

[5] 转引自邓亦兵:《清代前期竹木运输量》,《清史研究》2005年第2期。

（2）豆货（包括豆和豆饼）：在18世纪后半期，每年大约有500万石华北豆货沿大运河南下（走私的豆货尚未包括在内）。[1]到了19世纪初期，从东北和华北南运到上海的豆货数量远远超过此数。[2]

（3）蔗糖与烟草：在17和18两个世纪中，台湾每年输出蔗糖的数量增加了50倍，从200万斤增加到1亿斤。[3]烟草贸易量增加速度更为惊人。烟草于17世纪后期引入中国，但仅一个半世纪后，就已成为中国长途贸易中的主要商品之一。

这里要强调东北与中国沿海各地之间的海上贸易。在18世纪之前，这项贸易规模很小，但是在18世纪发展非常迅速，以至于到了19世纪初期，已成为中国最大的跨地区贸易之一。贸易的内容也体现了清代长途贸易的基本特点：作为一个新开发地区，东北向江南以及东南沿海（但主要是江南）输出豆货、"杂粮"（主要是麦和高粱）、人参等药材、梨枣等水果，而从江南及东南沿海输入棉布、丝绸、茶叶、蔗糖、纸张、瓷器以及其他制成品。由于东北与中国东部沿海地区（特别是江南）之间的贸易迅速增长，税关的税额也有大幅度增加。[4]

总之，在鸦片战争以前的三个世纪中，跨地区贸易有巨大的增长。关于此问题，在下面谈到跨地区贸易的规模时还要详细讨论。

二、主要区域市场的整合

近来的研究已证实在18世纪的中国，在一些主要经济区中出现了市场整合，而且这种整合达到了令人惊异的程度。例如李中清（James Lee）对清代价

[1] 陈慈玉：《从清代前期淮安关功能论官商的关系》，收于"中央研究院"近代史研究所编：《近代中国初期历史讨论会论文集》，1988年。

[2] 详细讨论见下文。

[3] Fu-mei Chen & Ramon Myers, *Some distinctive features of commodity markets in late imperial China: three case studies*。但是穆素梅（Sucheta Mazumdar）估计到了1880年代，台湾每年输出蔗糖也只有6 000万斤（Sucheta Mazumdar, *Sugar and Society in China: Peasants, Technology, and the World Market*, Harvard University Press, 1997, p. 663）。

[4] 例如，在18世纪，山海关的征税的年税额从2.5万两增加到111 129两，而每年实际收税12万—13万两。许檀：《清代前中期东北的沿海贸易与营口的兴起》，《福建师范大学学报》2004年第1期。

格进行方差分析,得到云贵地区的米市场的价格方差相关系数为0.39。[1]而陈春声和马立博对18世纪中期岭南经济区的米价所作的相应分析的结果分别为:广东和广西东部的相关系数为0.63(1750—1769),整个两广地区为0.67(1738—1769)。[2]如与威尔(David Weir)所得到的18世纪法国的相应数字(0.38)相比,[3]上述这些数字非常之高。即使对中国其他地区的情况还需要研究,但现也已可以肯定:在19世纪中期以前,中国主要的经济巨区内的市场整合已达到非常高的水平。

上述这些发展导致了中国主要区域市场的整合。施坚雅(G William Skinner)认为中国的跨地区贸易的空间结构是受长江、大运河和东南沿海航运支配的,这些航路将九大经济巨区中的五个——长江下游、长江中游、华北、东南沿海和岭南联系了起来。这五个"经济巨区"是中国最主要的经济区,中国人口和经济的大部分都集中在这些地区。至于余下的四个巨区,施氏特别强调长江三峡之险和崇山峻岭之艰,将长江上游及云贵两大经济巨区与上述五个"经济巨区"之间的贸易降到了最小。[4]但是事实上是到了清代,长江上游与中游航段联成一体,长江上中游商运发展的结果导致汉口镇这样大的商业城市的出现,不仅长江上中游商货汇集于此,淮盐、苏布、东南洋广杂货也在此集散;鸦片战争前年贸易额达到1亿两左右。[5]金沙江上游的云贵也成为中国主要的铜与木材的来源地。[6]由于粮食、木材和金属都是长江上游和云贵地区的主要产品,这些产品大规模沿长江下游东下,表现出长江上游和云贵区域市场与长江中下游市场结合起来了。在北方,东北与长江下游通过海路

[1] James Lee, "State and Economy in Southwest China, 1400—1800",待刊。

[2] 陈春声:《市场机制与社会变迁:十八世纪广东米价分析》,广州:中山大学出版社,1992年,第143页;马立博:《清代前期两广的市场整合》,收于叶显恩主编:《清代区域社会经济研究》,北京:中华书局,1992年。

[3] 吴承明:《利用粮价变动研究清代的市场整合》,收于吴承明:《中国的现代化:市场与社会》,北京:三联书店,2001年。

[4] G William Skinner, "Marketing Systems and Regional Economies: Their Structure and Development", Paper presented for the Symposium on Social and Economic History in China from the Song Dynasty to 1900, Beijing, Oct 26–Nov 1, 1980.

[5] 吴承明:《论清代前期我国国内市场》,《中国资本主义与国内市场》,北京:中国社会科学出版社,1985年。

[6] 李伯重:《江南的早期工业化,1550—1850年》,北京:社会科学文献出版社,2000年,第330—334、368页。

贸易的市场整合更加显著。[1]这种整合的结果是，在19世纪之前，东北与长江下游两地区之间的贸易，发展成为中国最大的贸易经济区之一。因此，可以清楚看到，在19世纪中期以前，中国主要的区域市场都已整合起来了。

此外，近来的研究也表明：这个市场整合的程度比过去想象的要深得多。即使是大多数学者都认为商业化水平比较低的河南，也深深卷入了跨地区贸易，因此在18世纪和19世纪初期，在河南也兴起了一些从事大规模长途贸易的中心。[2]许多边远地区也卷入了长途贸易。例如，由于华东和华北的森林资源早已耗尽，[3]而森林资源主要集中地湖南、四川、云南、贵州的山区就成了中国主要的木材来源地。在16世纪中期以前，上述地区的森林资源基本上还没有受到大规模的商业开采。[4]但是从16世纪中期开始，私人经营的商业开采就繁荣了起来，而且日益向西推进，深入以往人迹罕至的深山老林。他们采伐的大部分木材进入了长途贸易。[5]当时的一些人士指出在山高水急的金沙江林区与和数千里之外的江南之间有着密切的经济联系。以至于位于川西金沙江林区的建昌卫，因有大量木材沿江东下输往江南，故"虽僻远万里，然苏杭种种文绮，吴中贵介未披而彼处先得"。[6]

在明清时期的中国，确实有一些区域市场并未与其他区域市场紧密联系

---

[1] 随着东北的开发，到了19世纪中期，营口取代锦州成为东北最大的港口城市，原因是比起锦州，营口拥有更大的经济腹地和更好的交通位置，因为营口位于当时东北主要水运要道——辽河河口。许檀：《清代前中期东北的沿海贸易与营口的兴起》，《福建师范大学学报》2004年第1期。

[2] 在这些中心中，位于河南东部的周口镇和位于河南南部的赊旗镇特别值得注意。这两个镇都不是政治和行政中心，而是商业中心。它们兴起于17世纪初期，而在19世纪中期达到全盛，在中国南—北向和东—西向的跨地区贸易中扮演着重要作用。周口镇还是一个中国对俄茶叶出口的转运站。在19世纪中期，这两个镇上各有1 000家以上的商铺，年贸易额达到500万—600万两（周口）和400万—500万两（赊旗）。与此相对照，河南省第二大城洛阳（也是一个跨地区贸易中心）的年贸易额仅为400万—500万两。详参许檀：《清代河南的商业重镇周口》，《中国史研究》2003年第1期；《清代中叶的洛阳商业》，《天津师范大学学报》2003年第2期；《清代河南赊旗镇的商业——基于山陕会馆碑刻资料的考察》，《历史研究》2004年第2期。

[3] 特别是在中国经济最发达的江南地区，早在明初就已出现了严重的木材供给匮缺。李伯重：《明清江南生产中的木材问题》，《中国社会经济史研究》1986年第1期；《江南的早期工业化，1550—1850年》，北京：社会科学文献出版社，2000年，第321页。

[4] 明初政府曾在这些地区大规模伐木，营造北京的宫殿和造船，但宣德以后这类活动已少。而商业性的伐木业则很少见于记载。

[5] 经君健：《清代前期民商木竹的采伐和运输》，《燕京学报》1995年第1期；邓亦兵：《清代前期竹木运输量》。

[6] 王士性：《广志绎》卷5，西南诸省。参阅李伯重：《江南的早期工业化，1550—1850年》，北京：社会科学文献出版社，2000年，第382—383页。

在一起。但是如上所言，仅主要的区域市场结合为一个市场，便可称之为全国市场了。[1]

那么，这些区域市场结合得有多紧密呢？从王业键对中国两家变动的研究中，可以清楚地看到那些最重要的区域市场相互联系非常紧密。他对鸦片战争之前两个世纪中长江下游、长江中游、东南沿海、岭南和华北五个主要经济巨区的米价作了皮尔逊相关分析（pearson correlation analysis），表明在中国主要的经济巨区中的价格变动基本上是同步的，相关系数是正的，大多数相对值高达6.0或者6.0以上。换言之，中国主要的区域市场之间的价格变化系数的一致性非常明显，从而显示了大多数区域市场是彼此紧密相联系的。[2]

以上所述表明：在19世纪之前，一个整合的全国市场已经形成。在这样一个整合的全国市场中，货物可以自由流动，因此剧烈的竞争也是不可避免的。棉布就是一个例子。来自不同地方的棉布之间的竞争日益加剧，结果是江南棉布占据了中国棉布的高端市场，而其他地方的棉布则占据了低等棉布的地方市场和区域市场。[3]

总之，在19世纪中期以前，中国已有一个规模巨大而且整合良好的全国市场。当然这种整合良好是以近代以前的标准而言的。正如王国斌（R. Bin Wong）和濮德培（Peter Perdue）在其关于18世纪湖南的粮食市场和食物供给的研究中所指出的那样，"过去学界长期流行的清代中国的农村经济是自给自足而非商业化的印象，最后将会不得不屈服于关于活跃的和整合的市场的日益增多的证据。但是在输出地区之外，也还存在未被稻米市场整合影响到的地区。这提醒我们：中国作为一个市场社会的图像是不完全的"。[4]

---

[1] 唐文基认为：16至18世纪国内大宗商品的远距离贸易，是大宗商品在不同的经济区内交换，导致了五个大"经贸区"的形成，即江南经贸区、珠江三角洲经贸区、长江上中游经贸区、华北经贸区和西北经贸区。虽然这五个经贸区并没有覆盖中国所有地区，但是五个经贸区之外的许多地区，如福建、江西、云南、贵州等，其产品也大量进入各个经贸区，商人更是在经贸区的市场大显身手。五个经贸区之间，五个经贸区与其他地区之间的大宗商品远距离贸易，使全国范围内各层次的市场融为一体，形成了一个大网络。商品流通的规模，无论是数量之多、范围之广，均前所未有。全国性大市场从而形成。见唐文基：《16至18世纪中国商业革命和资本主义萌芽》，《中国史研究》2005年第3期。

[2] Yeh-chien Wang, "Secular Trends of Rice Prices in the Yangzi Delta, 1638–1935", in Thomas Rawski & Lillian Li eds, *Chinese History in Economic Perspective*, University of California Press, 1992.

[3] 李伯重：《江南的早期工业化，1550—1850年》，北京：社会科学文献出版社，2000年，第326—377页。

[4] R Bin Wong & Peter Perdue, *Grain Market and Food Supplies in Eighteenth-Century Hunan*.

第三节　要素市场的形成：生产要素的流动

按商品形态的不同，市场客体可分为生产资料和生活资料商品、技术商品等。因此按客体，市场可分为消费品市场、生产资料市场、劳动力市场、资金市场、土地市场、技术和信息市场等。前两者常并称为“商品市场”，后几类则常合称为“生产要素市场”。

在一个发达的市场中，不仅商品，而且主要生产要素，都能够自由流动。而只有商品和生产要素都能够在全国范围内大规模地自由流动，这个市场才能称为全国市场。在此意义上来说，可以把这种流动的发展视为全国市场形成的主要标志。不仅如此，由于生产要素的自由流动体现了市场发展的更高水平，因此可以将其视为衡量市场发育程度的一个标准。

在鸦片战争前的三个世纪内，中国各主要经济区之间的商品和生产要素流动有了巨大的增长。由于商品流动的情况在本文其他部分已有较多讨论，在此我们集中讨论主要生产要素的流动情况。生产要素是在生产经营活动中利用的各种经济资源的统称，一般包括土地、劳动力、资本、技术和信息等。这里我们将讨论劳动、资本、技术和信息。

一、劳动

持续的大规模国内移民，是明代中期到清代中期中最显著的历史现象之一。这个时期的移民活动与以前的国内移民活动相比，不仅在规模上，而且在性质上，都颇为不同。在16世纪之前，大规模的移民主要是政治性的和强制性的。[1]但在17世纪以后，经济性移民逐渐成了主流。在大多数情况下，国家即使不是积极支持、至少也是默许这种移民。大多数移民从人口稠密、经济发达的东部地区，流向人口较少、经济较落后的中部、西部以及东北和台湾，以寻求较好的发展机会。移民的总数在1776年达到1.2亿，即中国户籍人口的

[1]　在大多数情况下，国家在这些人口迁移活动中起着关键作用，并将其作为加强边防或者维护国内秩序的手段。

40%。[1]值得注意的是,颇大一部分移民从东部发达地区移居到中西部相对落后的地区,并不意味着他们因此而与全国市场隔离。事实上,移民在其新居住的地方,甚至会更深地卷入商业化和长途贸易。[2]

另外一个值得注意的情况是人口从农村移居城镇。特别是在东部发达地区,不断发展的城镇从附近农村和国内其他地区吸收了数量可观的移民。[3]不论在全国何处,都可以见到有移民在从事农业、工业和商业。在江南许多繁荣的工商业城镇里,外来劳工甚至成了纺织品加工业(踹染业)中的主要劳动力。[4]以我对江南城镇人口所作的估计为基础,方行认为在1850年以前的江南已有一个发达的劳动市场,城镇雇佣劳动者的总人数当在150万人以上。[5]在这些市场上,劳动力可以自由地在不同的地方和不同的职业之间流动。

因此,这些大规模的移民表现了劳动在中国各地区之间的自由流动。

二、技术

在明清中国,由于基本上不存在对技术传播的人为障碍,因此技术可以比

[1] James Lee & Feng Wang, *Malthusian Mythology and Chinese Reality—The Population History of One Quarter of Humanity*, p. 118.按照曹树基的估计,1776年时中国人口(包括边疆地区的人口)的18.4%都是国内移民或国内移民的后代。在中国西南地区,这个比重高达39.3%,但是还并非最高者。在中国东北与西北地区,这个比重高达97.5%,而台湾则为94.4%。参阅曹树基:《中国移民史》第6卷,福建人民出版社,1997年,第619页。虽然他所说的"国内移民或国内移民的后代"的含义并不很清楚,但是清代前中期移民规模巨大是无可置疑的。

[2] 傅衣凌指出:山区自然资源丰富,有利于商品生产的一面,"在僻远的、自然性经济占主导地位的个别山区,有时商品生产也有一定程度的发展。那是为什么呢?因为山区生产不是矿物煤、铁之类,就是栽种经济作物如松、杉、漆、麻、烟、茶、甘蔗、蓝靛、果树,或农产品加工成品的纸、夏布等。这些产品都不是农民自身所能消费得了的,必须投向市场出卖,以进行交换",因此中国"(农业资本主义)萌芽的产生,不同于一般的封建国家,而走自己的发展道路。它的发展规律:大致先从山区发展到平原,从经济作物发展到稻田生产",傅衣凌:《明清社会经济史论文集》,北京:人民出版社,1982年,第154—155页。当然,开发山区,在山区进行商品生产,首要条件是有充足的和具有相当商业化知识的劳动者,而从东部来的移民恰恰就是这样的劳动者。因此他们移居各地山区,便大大促进了商品生产的发展。他们在山区从事商品生产得出的许多产品(如傅氏列举的那些产品),很大部分进入长途贸易。

[3] 例如,在17世纪初期到19世纪中期的两百多年中,长江三角洲的城市化水平大约提高了一倍,从10%增加到了20%。大多数迁入此地区城镇的移民是商人与工匠,来自全国各地,尽管此地区已是当时世界上人口最为稠密的地区。参阅李伯重,*Agricultural Development in Jiangnan, 1620–1850*, Macmillan Press Ltd & St Martin Press Inc, 1998, p. 21。

[4] 李伯重:《江南的早期工业化,1550—1850年》,北京:社会科学文献出版社,2000年,第423—426页,《工业发展与城市变化:明中叶至清中叶的苏州》,《清史研究》2001年第3、4期与2002年第1期。

[5] 方行:《清代前期江南的劳动力市场》,《中国经济史研究》2004年第2期。

较容易地从一个地方传到另一个地方。这种传播还可归功于以下原因：出版业发达、官府鼓励、商人活动，等等。但是最重要的可能是移民，而在此方面最重要的例子就是美洲农作物的传播。15世纪末欧洲人发现了美洲，16世纪将红薯、玉米、马铃薯、烟草、辣椒等美洲作物带到了中国。在以后的两个世纪中，关于这些作物的知识迅速传遍整个中国，并变成中国许多新开发地区（特别是东北和西南）的主要农作物，而这些地区远离新作物引入中国的东南沿海。

三、资本

在明清时期内，中国的金融制度发生了意义重大的变化。这个变化使得大规模的资金流动变得越来越容易。在18世纪以前，商人携带大量现款（例如数千乃至数万、数十万两银）跋涉数百里或数千里，到遥远的市场去采购商品，乃是常见现象。[1]可见其时从事资金转移的金融机构还不发达。到了18世纪，出现了账局、钱庄、票号等从事资金转移的金融机构。[2]在18世纪初期，在北京与江南之间已有频繁的和大规模的金钱转移业务，而这种业务主要由徽商经营。他们的钱庄发行的会票，不仅用于汇兑，而且也用作支付或者结算手段。但是在江南和中国其他地方（如山东、东北等地）之间的汇兑业务还不很发达。[3]到了19世纪初期，晋商创建了更为发达的金融机构——票号，并建立起了全国性的金融网。在1823—1827年间票号从日升昌1家增至11家，每家又有多个分号，[4]遍及27个主要城市。据估计，一个分号的年汇兑额在50万—120万两银之间，[5]因此通过票号而实现的资金流动总额，每年应当

[1] 典型的描述如叶梦珠所言："（松江）标布，……俱走秦晋。……前朝标布盛行，富商巨贾操重赀而来市者，白银动以数万计，多或数十万两，少亦以万计"（叶梦珠：《阅民编》卷5，《食货五》，上海：上海古籍出版社，1981年）。

[2] 关于账局与票号，见张海鹏、张海瀛主编：《中国十大商帮》，合肥：黄山书社，1993年，第40—43页，关于账房，见范金民：《明清江南商业的发展》，南京：南京大学出版社，1998年，第178—183、214页。

[3] 范金民：《明清江南商业的发展》，南京：南京大学出版社，1998年，第181—183页。

[4] 据冯桂芬在咸丰二年（1852）写的《用钱不废银议》中说："今山西钱票，一家辄分十数铺，散布各省，会票出入，处处可通"。该文收于冯桂芬：《显志堂稿》卷11，续修四库全书本，上海：上海古籍出版社，1999年。

[5] 张海鹏、张海瀛主编：《中国十大商帮》，合肥：黄山书社，1993年，第40—43页。

达数千万两乃至上亿两。[1]由于这一进展，大笔资金的自由流动，变得十分容易了。

汇兑只是票号的主要业务之一。除了汇兑，票号也从事存贷款业务，[2]把资金充裕地区的社会闲散资金转移到资金紧缺地区，向急需资金的商人放款，以期资金收益的最大化。[3]不仅如此，票号发行的票据已在长途贸易中广泛采用。[4]这种活动使得资金的自由流动变动更加方便。

四、信息

信息的自由流通是市场整合不可缺少的内容。前述民信局的兴起，对于商业信息流动具有重大意义。但是除此之外，我们还可看到其他一些制度性的变化。

首先，早在16世纪之前很久，中国就已建立了国家的物价报告制度。这种制度在清代已非常完备。清代的粮价奏报开始于康熙朝，而自乾隆初年开始，地方官吏需按时将当时、当地粮食市场的价格情况进行统计汇总，层层上报到朝廷。这种制度有人称为“雨雪粮价奏报制度”，认为是世界上仅有的、对地方气候变化及农田耕作等监测严密、奏报详细的制度。[5]朝廷的粮食供给政策，就是根据奏报上来的全国各地的气候和粮价来确定的，通过贵粜贱买、外地调拨、减免赋税等手段来调节粮价，维持粮价稳定。对于商人来说，这是一个非常重要的信息来源，因为通过与官员的交往，这些信息是不难获得的。

---

[1] 11家票号，每家分号依照前引冯桂芬所言为十余个，兹以13个计，则总数为143个，每个汇兑额以50万—170万两之中数85万两计，则所有票号的年汇兑总额为1.2亿两。

[2] 从一些残存的记载来看，在1840年代与1850年代之交，日升昌有17个分号，存款可能有72万两，而放款达81万两。参阅黄鉴晖：《山西票号史》（修订本），太原：山西经济出版社，2002年，第146页。

[3] 例如在1840年代与1850年代之交，山西4家票号都通过其在社会闲散资金充裕的北京的分号吸收存款，然后在因资金较为紧缺而利率较高的苏州和清江浦发放贷款（黄鉴晖：《山西票号史》，太原：山西经济出版社，2002年，第147页）。

[4] 这一点，道光八年（1828）江苏巡抚陶澍在奏折中说得非常清楚：“苏城为百货聚集之区，银钱交易全藉商贾流通。向来山东、山西、河南、陕西等处，每年来苏办货，约可到银数百万两……自上年秋冬至今，各省商贾，具系汇票往来，并无现钱运到……”［陶澍：《为请暂借铜本易制钱以平市价折》，收于陶氏《陶云汀先生奏疏》卷22，续修四库全书本，上海：上海古籍出版社，1996年］。

[5] 刘子扬、张莉：《康熙朝雨雪粮价史料——清代专题档案》，北京：线装书局，2007年。

还应当注意的是，在明清时期，传统的政府信息流通系统——邸报制度，发展到了十分完备的程度。[1]虽然主要仍然是刊载谕旨、奏疏下阁者等官方文件，但是这些文件中也包含了相当多的社会新闻。[2]又，虽然邸报实际上普通人也可以看到，[3]但是邸报从朝廷向各地发送的管道是各省督抚派驻北京的提塘官，其他省级以下道府州县欲看抄报，还得另外花费向督抚提镇转抄，辗转费时。为了克服此弊端，便出现了省级以下衙署绕过提塘官，直接从北京获取抄报的现象。为适应这种需求，于是私营报房应运而生，经营者多系京师衙门中的胥吏或与之有联系的“消息灵通人士”，搞一份“正版”的提塘抄报，再雇人抄写一批副本发卖牟利，地方州县衙署便是他们的主要客户。[4]由于小报是私自发行，政府很难对其施加有效的控制。于是，出于政治上的需要，从明代后期开始，政府允许民间自设报房，翻印部分邸报稿件，公开出售。这样，从事抄报和送报工作，就成了一个有利可图的行业，因此出现了获准公开发行报纸的民间报房。[5]这些民间报房所出的报纸统称“京报”。京报通过其所刊载的宫门抄、上谕和章奏等稿件，为读者提供大量社会新闻。这些京报还通过各种关系，利用驿递系统迅速传送到各地。京外发行和外省发行，由专门的送报

---

[1] 永榕等：《历代职官表》，上海：上海古籍出版社，1980年，卷21说：“国朝定制，各省设在京提塘官，隶兵部以本省武进士及候补候选守备为之，由督抚遴选送部充补，三年而代。……谕旨及奏疏下阁者，许提塘官誊录事目，传示四方，谓之邸抄”。

[2] 邸报刊载的谕旨及“奏疏下阁者”，包括全国的重要人事任免命令、豁免灾区赋税的命令、皇帝的恩赐、皇帝的重要行动、对特殊功勋的奖赏、外番使节的觐见、各处的进贡礼物，等等。此外，邸抄上还登载一些全国发生的特殊事故，如老年人瑞、违法失职的官吏处分等，甚至于奸淫案件也登在内。在战争时期，军事上的胜利、叛乱的镇压也登在邸抄上。《红楼梦》第75回，尤氏与宁府嬷嬷悄声议论江南甄家的事：“昨日听见你老爷说：看见抄报上，甄家犯了罪，现今抄没家私，调取进京治罪……”第99回则说到贾政在江西粮道衙门，“桌上堆着许多邸报”，贾政一一看去，读到了薛蟠行凶杀人的案情报道，下面还注着“此稿未完”，因为怕“牵连着自己，好不放心，即将下一本开看，偏又不是，只好翻来覆去，将报看完，终没有接这一本的”。可见有不少社会新闻。

[3] 例如谈迁自述编写《国榷》经过，就谈到对邸抄的访求（谈迁：《北游录》）。《儒林外史》第1回中，也说到乡农秦老爹进城去，带了一本邸抄回来给王冕看。这些都说明邸报流传民间的现象是普遍的。见完颜绍元：《古代官府的“内参”》，《趣说古代官场生态》，福州：福建人民出版社，2006年。

[4] 这种损害提塘发报权益的做法，如果得不到上级和有关方面的谅解与认同，是很难长期操作的，道光初年的“抄写京报私借印信官封递送案”，就是在这种情况下发生的。见完颜绍元：《古代官府的“内参”》，《趣说古代官场生态》，福州：福建人民出版社，2006年。

[5] 成于乾隆七年《六部成语批注》“京报起源”条称：“凡朝廷示谕京外大臣一切应办之事，以及用人行政并有当使天下人共知之件，若无月报，则何而知之？故由内阁衙门发钞，改名邸抄，交报局刊印通行。其机密大事则不发抄。至报局之设，虽系禀知官府，然其主人实同开铺牟利无别。其设立之始，从本朝定国之初，因明朝之制而稍为改变者。”这种报局，实即乾隆以后盛行的民间报房。公慎、公德等，都是乾隆年间有名称可考并公开发行京报的报房。

人送至各地。还可由信局递送，甚至在外地翻刻。在新式报纸产生以前，京报成了臣民获知朝政和国家大事的主要信息来源。[1]这些信息对于进行长途贸易的商人来说是十分重要的。

其次，在明代中期到清代中期的三个多世纪中，有两种商业情报收集方式在中国商人集团中得到了普遍运用。一种主要行用于晋商中，另一种则多为徽商采用。晋商的大型商号，通常实行联号制，总号设在山西原籍，而在外地重要城市广设分号。分号与总号之间进行频繁的信息交流，以掌握各地市场动向。[2]徽商则主要通过宗族纽带来收集商业情报。大商人常常借祭祀等机会召集在各地经商的族人集会，交流各种信息。[3]至于众多的独立经营的中小商人，则多借助商人会馆进行商业信息交流。在此时期，商人会馆增加十分迅速。到了19世纪初期，会馆已遍及全国主要城市甚至若干市镇，从而使得商业情报的传布十分容易。

由于主要生产要素可以在全国范围内自由流动，因此它们也可以被合理配置，以实现利益最大化。例如，在18世纪或者19世纪初期，苏州书贾鉴于江南劳动力价格较高，在本地刻书不够划算，于是“往往携书入粤，售于坊肆，得值就（顺德县）马岗刻所欲刻之板。板成未下墨刷印，即携旋江南，以江纸印装分售，见者以为苏板矣”。[4]所需要的纸张，则主要来自皖南、浙东、江西与福建。其中特别是江西和福建，地位更为重要。[5]生产出来的最终产品（书籍），则不仅畅销江南，而且还大量运售外地乃至外国，成了江南一项重要输出产品。[6]这种分工所涉及的各个地方相互距离数百里乃至数千里，之所以形成

---

[1] 方汉奇：《中国新闻事业通史》第1卷，北京：中国人民大学出版社，2000年，第213页；《关于中国古代报纸的几个问题的考释》，原载《北京日报》，转载于wwwbjdcomcn，2007-07-16；刘家林：《中国新闻通史》，武汉：武汉大学出版社，1996年，第34—35页。

[2] 张海鹏、张海瀛主编：《中国十大商帮》，合肥：黄山书社，1993年，第21—22页。

[3] 同上书，第484—485页；张海鹏、王廷元主编：《徽商研究》，合肥：安徽人民出版社，2010年，第426—427页。

[4] 咸丰《顺德县志》卷3。

[5] 为保证纸张供应，江南出版商还到江西、福建等纸产地去专门订购或包买纸张（即“压槽”）压槽的规模相当大，因此福建著名的建阳竹纸（建阳扣），自康熙以来，被“吴中书坊每岁以值压槽，禁不外用，故闽人不得建阳扣”。见郭柏苍：《闽产录异》卷1，长沙：岳麓书社，1986年。

[6] 李伯重：《明清江南的出版印刷业》，《中国经济史研究》2001年第3期。

这种分工，乃是出于全国市场中形成的各地产品和服务的比较优势。[1]这个例子充分表现了在18世纪和19世纪初期的中国，劳动力、技术、资本和信息是如何自由流动和市场是如何有效运作的。

总之，商品、劳力、资金和信息的流动，在明代中期到清代中期的三个多世纪中确实有重大进展。这一进展显示出：到19世纪中期以前，一个整合良好的全国市场已在中国形成。

第四节　商品市场：19世纪初期中国全国市场的规模

一个市场的大小主要取决于长途贸易的规模。在本节中，我们将通过对长途贸易中主要商品量的分析，来推测19世纪初期中国市场规模的大小。

在19世纪以前，中国的跨地区贸易已到达了很大的规模。现把吴承明关于鸦片战争前夕中国国内贸易、长途贸易和对外贸易中7种主要商品的贸易额的估计列于下表。

表4-1　鸦片战争前主要商品市场估计

商品种类	商品量	商品值		商品量在总产量中的比重(%)
		银(万两)	比重(%)	
粮食	245.0亿斤	16 333.3	42.14	10.5
棉花	255.5万担	1 277.5	3.30	26.3
棉布	314 517.7万匹	9 455.3	24.39	52.8
丝	7.1万担	1 202.3	3.10	92.2
丝织品	4.9万担	1 455.0	3.75	
茶	260.5万担	3 186.1	8.22	

[1] 参阅李伯重：《江南的早期工业化，1550—1850年》，南京：南京大学出版社，1998年，第187、368、387、425页。

(续表)

商品种类	商品量	商品值		商品量在总产量中的比重(%)
		银(万两)	比重(%)	
盐	32.2亿斤	5 852.9	15.10	
合计		38 762.4		

表4-2 鸦片战争前主要商品流通额(调整)

商品种类	国产商品流通额		净进口(+)净出口(-)银(万两)
	银(万两)	比重(%)	
粮食	13 883.3	39.71	
棉花	1 085.9	3.11	+302.5
棉布	9 455.3	27.04	+80.2
丝	1 022.0	2.92	−225.2
丝织品	1 455.0	4.16	已计入丝中
茶	2 708.2	7.75	−1 126.1
盐	5 352.9	15.31	
合计	34 962.6		

吴氏总结说:到了鸦片战争前夕,以上述粮食、棉花、棉布、生丝、丝织品、盐、茶七大商品为代表,长途贸易量大约占到了国内贸易量的20%。[1]这个比例尽管比过去一般想象的要大,但是似乎并不很高,由此可以推出下列结论:长途贸易的相当规模并不很大。

吴承明是第一位对19世纪中期以前中国全国总产量和主要商品数量进行估计的学者。他的研究具有开创性,为尔后学界对明清市场的研究提供了

[1] 吴承明:《论清代前期我国国内市场》,《中国资本主义与国内市场》,北京:中国社会科学出版社,1985年;许涤新、吴承明:《中国资本主义发展史》第1卷,北京:人民出版社,1985年,第282—284、318—329页。

重要的基础。但是吴氏后来也发现其过去所作的估计有一些问题。这些问题主要是:(1)以往的估计有明显的低估倾向,(2)这些估计未将许多重要商品包括在内。

为了克服这两方面的缺陷,吴承明参考吴慧对1840年中国贸易的估计,并对原有的估计作了一些修正。吴慧的估计包括了更多的商品种类,并对这些商品的贸易额作了新的计算。[1]虽然除了粮食的商品额外,吴慧关于相关商品的贸易额的估计与吴承明的估计颇为接近。但是由于吴慧对粮食的商品值的估计比吴承明的高得多,同时吴慧估计中还包括了更多的商品种类,因此他对国内贸易总额的估计也大大高于吴承明的估计。[2]吴承明后来采纳了吴慧的估计,把国内贸易总额由原先的3亿多两修正为5亿多两,比原先的估计高出40%。[3]

表4-3 1840年中国的国内贸易 (单位:万两)

商品种类	吴承明估计	吴慧估计
粮食	16 333.3	29 505.5
棉花	1 277.5	1 169.6
棉布	9 455.3	9 455.3
丝	1 202.3	1 100.7
丝织品	1 455.0	1 455.0
茶	3 186.1	2 916.9
盐	5 852.9	5 352.9
铁	—	600.0
铜	—	100.0
瓷器	—	450.0

[1] 吴慧的估计源自其未刊书稿《中国商业史》,转引自吴承明:《论清代前期我国国内市场附记》,《中国的现代化:市场与社会》,北京:三联书店,2001年。

[2] 吴慧估计国内贸易总额为5亿2 488万两,比吴承明的相应估计3亿8 762万两高出35%。

[3] 吴承明:《论清代前期我国国内市场附记》,《中国的近代化:市场与社会》,北京:三联书店,2001年。吴氏总结说:"看来鸦片战争前国内市场商品值(不是交易值)5亿余两,大体可行。我原估3.5亿两,主要是粮食商品量估计过低了。"

(续表)

商 品 种 类	吴承明估计	吴 慧 估 计
染料	—	382.7
合计	38 762.4	52 488.1

由于吴慧的著作一直未刊出,因此我们不知道他是如何得到其估计的,但是他的估计中似乎也存在与吴承明的估计相同的问题。这里,我们仍然以吴承明的估计为基础,进行补充和修正。

首先,吴承明的估计存在低估的倾向,这可见于以下方面:

(1) 吴氏自己已指出他以往对1840年中国长途贸易中的粮食总量的估计(3 000万石)可能过低。[1]之所以过低,是因为他在作上述估计时,未将一些规模较大的跨省粮食贸易计入。[2]其他学者对清代长途贸易中的粮食的数量的估计,都大大高于吴氏。例如,郭松义估计在18世纪后期,长途贸易(即跨省)中的粮食为4 350万—5 450万石,此外还有中途(即省内)贸易中的粮食300万石。[3]邓亦兵则估计18世纪后期沿内河水道贸易的粮食总量为6 200万石。[4]如果我们接受郭氏的估计,将长途贸易中的粮食以中数5 000万石计,则将比吴氏的估计高出40%。

(2) 豆:在清代中叶,豆货贸易是最大的国内贸易之一。吴氏估计关东海运到上海的豆、麦为1 000万官石(或苏石)。[5]费正清估计1844年有价值

[1] 吴承明:《论清代前期我国国内市场附记》,《中国的近代化:市场与社会》,北京:三联书店,2001年。

[2] 例如,他忽略了山东的跨省贸易,而据许檀的研究,山东每年的跨省粮食贸易量为500万—800万石,价值500万—800万两。许檀:《明清时期山东商品经济的发展》,北京:中国社会科学出版社,1998年。

[3] 郭松义:《清代粮食市场和商品粮数量的估测》,《中国史研究》1994年第4期。在这些粮食(主要为稻米)中,长江贸易为1 750万—2 350万石,大运河贸易为1 200万—1 700万石,西江(珠江支流)贸易为400万石,沿海贸易为1 000万石。

[4] 邓亦兵:《清代前期内陆粮食运输量及变化趋势》,《中国经济史研究》1994年第3期。她以各榷关粮税数推算运粮额,唯均加150%作为报关之偷漏额。计乾隆时长江水系年运粮1 850万石;淮河水系1 100万石;西江水系320万石;运河水系2 350万石;其他小河系共580万石;合计6 200万石。海运未计入,而乾隆以后各水系运量下降。

[5] 吴承明:《论清代前期我国国内市场》,《中国资本主义与国内市场》,北京:中国社会科学出版社,1985年。

1 000万银元(约合700万两)的货物通过沙船从东北运到上海。[1]但是这个估计可能太低,因为仅只是其中豆与麦的价值就已大大超过此数。按照笔者计算,每年从东北和华北沿海路输入上海的豆为2 200万石,麦为300万石。[2]依照此时的价格,[3]300万石麦价值500万两,2 200万石豆价值2 200万两。因此豆、麦合计为2 700万两。

由于有些学者可能会怀疑此数过高,笔者在此作一简单讨论。几乎所有第一手史料都说19世纪初期经海路输入上海的北方豆、麦为1 000万石。但要注意的是这是关东石,如折算为官石(苏石),则为2500万石。[4]这个数量大大超过东北(关东)的大豆生产能力。但是如果我们将此作为北方(东北、山东和苏、皖两省北部)经海路输入江南的全部豆货的总数的话,[5]则是很可能达到的。[6]除了转口江南外,东北的大豆也有直接输往闽、广的。[7]

(3)吴氏估计清代中期山东每年外运的棉布为数十万匹,[8]但许檀的研究表明其数高达300万—500万匹。[9]

其次,除了表4-1和表4-2中所列出的7种商品之外,还有一些在跨地区

---

[1] John K. Fairbank, *Trade and Diplomacy on the China Coast*, Harvard University Press, 1953.

[2] 李伯重, *Agricultural Development in Jiangnan, 1620–1850*, pp. 113, 114. 在这2 200万石豆货中,约有200万石转口运到浙东和福建。

[3] 19世纪初期的豆价为1两/石(上海的到岸价格),而江南麦价通常为米价的70%。李伯重:《发展与制约:明清江南生产力研究》,第356页;*Agricultural Development in Jiangnan, 1620–1850*, p. 128,而在19世纪头三十年的平均米价为大约2.5两/石(Yeh-chien Wang, *Secular Trends of Rice Prices in the Yangzi Delta, 1638–1935*)。

[4] 参阅李伯重, *Agricultural Development in Jiangnan, 1620–1850*, pp. 113–114;《发展与制约:明清江南生产力研究》,第360页。1关东石约为2.5官石(官石即苏石)。

[5] 由于道光前期大运河湮塞,山东和苏、皖两省北部运往江南的豆货改道海路南下。

[6] 在上述四个主要地区中,在1931年以前山东一直是江南最大的豆、麦供应者。在1914—1918年间,山东省所产的大豆全国总产量的1/5,而所产的麦则占全国总产量的1/8;苏北和皖北所产的大豆也比东北多(此系我用Dwight Perkins, *Agricultural Development in China, 1368–1968*, tables C.8, C.13, D.5, D.15中的数字计算得出)。当时的全国大豆总产量大约7 700万石(其中山东接近3 000万石)。19世纪初期的产量数字已不可得,但是可以确定的是山东的产量很大,甚至可能超过1914—1918年代产量,原因是在1819—1913年的一个世纪中,山东人口从2 940万增加到3 840万,而耕地面积则仅由1766—1873年的12 100万亩增加到1913年的12 700万亩(Dwight Perkins, *Agricultural Development in China, 1368–1968*, tables A.5, B.12, B.14),由于人口增加远远快于耕地增加,越来越多的耕地被用于种植粮食作物,因此用于种植输出大豆的耕地也肯定比19世纪初期少。换言之,19世纪初期山东的大豆产量和输出量,肯定大大高于20世纪前中期。考虑到这些情况,我们认为在19世纪初期,从上述四个地区输往江南的大豆达到2 000万—2 500万石应当是非常可能的。

[7] 许檀:《清代前中期东北的沿海贸易与营口的兴起》,《福建师范大学学报》2004年第1期。

[8] 吴承明:《论清代前期我国国内市场》,《中国资本主义与国内市场》,北京:中国社会科学出版社,1985年。

[9] 许檀:《明清时期山东商品经济的发展》,北京:中国社会科学出版社,1998年。

长途贸易中非常重要的商品未被包括在内。这些商品包括金属、瓷器、木材、肥料、烟草、蔗糖、煤、棉花等。

(1)铁、铜、瓷器:依照吴承明的估计,19世纪初期长途贸易中的铁、铜和瓷器的价值分别为600万两、100万两和450万两,总计为1 150万两。[1]

(2)木材:依照戴一峰的研究,鸦片战争前仅从福州输出的福建木材,每年就达到900万银元(大约650万两)。[2]但这只是当时国内木材长途贸易的一小部分,因为福建在木材生产和输出方面远远不及中国西南地区。[3]范毅军指出木材和稻米、棉花、丝货一同成为长江贸易中最重要的商品,他并估计在18世纪,在通过长江沿线各税关的贸易的总量中,木材贸易五分之一以上,或者说占中国长途贸易总量的6.6%。[4]邓亦兵没有对18世纪和19世纪初期竹木贸易量进行估计,但是从她的文章中所使用的史料可以看到跨地区的竹木贸易的规模非常大。其中每年通过芜湖工关和龙江关并上税的木材,其数就各达数百万根,年征税额达14万两左右。[5]在19世纪初期,木材也是东北地区向北京和天津输出的主要商品之一。仅盛京、高丽沟地方,就有20 000余人从事“砍伐树木售卖之事”。[6]所砍伐的木材主要输往京津。[7]

(3)蔗糖:在19世纪初期,台湾的蔗糖年产量大约在8 400万—8 800万斤之间。广东和四川是仅次于台湾的产糖地区,年产量也很大,尽管无法确知其数字。[8]这些糖绝大部分运销中国其他地方,[9]价值可能到每年数千

[1] 吴承明:《论清代前期我国国内市场》,《中国资本主义与国内市场》,北京:中国社会科学出版社,1985年。

[2] 戴一峰:《试论明清时期福建林业经济》,《中国农史》1991年第4期。按重量,1两约等于1.4银元。

[3] 关于清代木材贸易的研究,见经君健:《清代前期民商木竹的采伐和运输》,李伯重:《江南的早期工业化 1550—1850年》第6章,戴一峰:《试论明清时期福建林业经济》,《中国农史》1991年第4期。

[4] I-chun Fan, *Long-distance trade and market integration in the Ming-Ch'ing period, 1400–1850*, pp. 212–213.

[5] 邓亦兵:《清代前期竹木运输量》。其中“龙江关止收银六万七千二百四十余两。芜湖关共收银七万二千六十一两零”。

[6] 曹振镛等纂修:《清仁宗实录》,嘉庆八年七月,北京:中华书局,1986年,第550页。

[7] 经君健:《清代前期民商木竹的采伐和运输》,邓亦兵:《清代前期竹木运输量》。

[8] 许涤新、吴承明主编:《中国资本主义发展史》第1卷,北京:人民出版社,1985年,第353—356页。

[9] 在1880年前后,仅台糖,每年输出量即达1亿斤。见Fu-mei Chen & Ramon H Myers, “Some distinctive features of commodity markets in late imperial China: three case studies” in the Institute of Economics of Academia Sinica ed: *The Second Conference on Modern Chinese Economic History*, Vol 3, published by the Institute of Economics, Academia Sinica, 1989.

万两。[1]

（4）烟草：据嘉道时记载，湖南衡阳所产衡烟多由西商经营，“山西、陕西大商以烟草为货者，有九堂十三号，每堂资本出入岁十余万金，号大于堂，兼通岭夕为飞钞交子，皆总于衡烟”。[2]“郡城商贾所集，烟铺十居其三四。城固水以北，沃土腴田，尽植烟苗……当其收时，连云充栋，大商贾一年之计，夏丝秋烟。……南郑、城固大商重载此物，历金州以抵襄樊、鄂清者，舳舻相接，岁縻数千万金。……又紫阳务滋烟苗，较汉中尤精，尤易售。”[3]山东济宁“业此（烟草）者六家，每年买卖至白金二百万两，其工人四千余名”。[4]此外，福建、广东、浙江、四川、甘肃也是重要烟产区。[5]因此，在19世纪初期，长途贸易中的烟草的价值很可能超过1 000万两。

（5）煤：在18世纪后期和19世纪初期，煤贸易已发展到很大的规模。[6]仅从山东南部峄县沿着大运河北运的煤，每年即达数十万石，商人也因此而致巨富。[7]

（6）棉花：吴承明估计进入市场中的棉花量为255.5万担，是依据“有20%的织布农户自己不种棉、须得从市场上购买所用的棉花”这一假定来推算出来的，但大多数购买发生在地方小市场内，因此吴承明缺少对长途贸易的估计。邓亦兵的研究指出：在18世纪和19世纪初期，棉花的跨地区贸易很昌盛。棉花被从河北和河南运到山西与陕西，从山东和河南运到江南，从河南运到长江中下游，从江南运到福建和广东，从陕西运到四川，甚至从新疆运到甘肃。[8]这些贸易中，

---

[1] 许涤新、吴承明主编：《中国资本主义发展史》第1卷，北京：人民出版社，1985年，第355页。又，以一条1893年的史料为基础，陈富美和马若孟估计台湾糖产值为120万两，其中80%—90%是输出。而根据一条1809年的记载，有60多艘船只从广东澄海县运载18万—24万篓蔗糖前往苏州与上海，价值100万两。又据王韬所云，19世纪中期从汕头和台湾运往上海的蔗糖价值数百万两。范金民：《明清江南商业的发展》，南京：南京大学出版社，1998年，第209页。

[2] 同治《衡阳县志》卷10。

[3] 岳震川：《府志食货论》，见《皇朝经世文编》卷36。

[4] 包世臣：《闸河日记》道光九年，见包世臣：《包世臣全集》卷6，黄山书社，1989年。

[5] 许涤新、吴承明主编：《中国资本主义发展史》第1卷，北京：人民出版社，1985年，第353—356页；徐建青：《中国手工业经济通史》（明清卷·清代手工业部分），福州：福建人民出版社，2004年，第479—483页。

[6] 李伯重：《明清江南工农业生产中的燃料问题》，《中国社会经济史研究》1984年第4期；《江南的早期工业化，1550—1850年》，北京：社会科学文献出版社，1985年，第288—298页。

[7] 许檀：《明清时期山东商品经济的发展》，北京：中国社会科学出版社，1998年，第149页。

[8] 邓亦兵：《清代前期棉花、棉布的运销》，《史学月刊》1999年第3期。

有一些规模很大。[1]因此进入长途贸易的棉花的价值,每年达到数百万两。

总之,虽然现在我们还不能得到19世纪初期中国长途贸易总额到底有多大的结论,但是从上面的分析中我们也可以确信如果所有进入长途贸易的货物合计,其总值将比表4–3中的数字大得多。长途贸易在国内贸易中所占的比重,也比吴承明估计的25%要更高。[2]笔者认为这个比重可能达到30%—40%。[3]有些学者可能认为这个估计过高,但是可以确信的是,长途贸易在国内贸易中所占的比例,肯定比以往的估计要高得多。[4]

第五节 19世纪初期中国全国市场的空间结构

如上所述,学者对于中国全国市场的结构的看法有很大差异。但事实上,这些意见也很含糊,而且对于为什么他们心目中的全国市场是依照他们所说的方式建构的,没有人作出解释。在此,使用施坚雅(G. William Skinner)关于经济巨区的理论,重构19世纪初期中国的全国市场,尽管施氏自己并未将此理论用于全国市场的研究中。下面,看看19世纪初期中国全国市场的空间结构,特别注意这个市场的中心。

---

[1] 例如,在鸦片战争前,每年从江南运往闽广的棉花达54万担,其时棉价为700—800文/担。李文治编:《中国近代农业史资料(1840—1911)》第1卷,北京:三联书店,1957年,第734页。而银、钱比价大约为1两:1 000文。林满红:《嘉道钱贱现象产生原因——“钱多钱少”论之商榷》,收于张彬村、刘石吉主编:《中国海洋发展史论文集》第5辑,“中央研究院”中山人文社会科学研究所1993年印行。因此,在19世纪初期,棉价为0.7—0.8/担。据此,54万担棉花价值4万两。这个数字看来过低,因为据王韬所说,在19世纪中期每年从上海运往闽广的棉花价值大约数百万两,而在1845—1846年间,从上海运往福建的棉花价值134 911美元。范金民:《明清时期江南与福建广东的经济联系》,《福建师范大学学报》2004年第1期。

[2] 吴承明估计1840年长途贸易额为1.3亿两,而国内贸易总额为5亿2 488万两(见本章表4–2和表4–3)。因此依照吴承明的估计,长途贸易额大约占国内贸易总额的25%。

[3] 这里我们可以以山东为例。在清代中国,山东是一个中等发达的、以农业为主的省份,在工商业和长途贸易方面,远不及长江中下游和东南沿海各省发达。但是依据许檀的研究,在19世纪中期,跨省贸易在山东地区的贸易总额中所占的比例为33%。许檀:《明清时期山东商品经济的发展》,第391—392页。因此就中国内地而言,30%—40%的比例是十分可能的。

[4] 例如根据清代的统计,嘉庆十七年(1812)全国榷关税收入为481万两。与此相对照,地方商税仅为93万两(许檀与经君健:《清代前期商税问题新探》)。换言之,榷关税为地方上税的五倍。尽管这两种税都并非实际贸易量的理想指标,但是上述差异也表现了长途贸易在国内贸易中的分量确实很大。

一、清代中国全国市场的空间结构

在某些情况下，一个区域市场与一个经济区是等同的，因为两者都以地区专业化和劳动分工为基础。在工业化以前的时代，水运系统对于地区的功能整合极为重要。因此区域市场和经济区的空间结构都同样具有施氏所指出的许多共同特征。[1]

从结构上来看，清代中国的一个经济区通常由一个人口密集的核心区和围绕着这个核心区的边缘区组成，这些边缘区的人口随着它们与核心区的距离的增加而递减。核心区不仅人口稠密，而且也是主要经济资源的集中地，是连接各主要城市的贸易干线以及涵盖边缘区的贸易网络的中心。同样地，一个区域市场也由一个中心和其最大的商业腹地组成。从本质上来说，这个中心就相当于前述核心区，而腹地则相当于前述边缘区。

全国市场情况与此相类。全国市场的空间结构也由一个中心及其最大商业腹地组成。该中心是主要贸易干线的集中地，通过这些干线连接该地区内主要城市以及覆盖边缘区的贸易网络。

虽然施坚雅强调清代中国的经济巨区是自给自足的，但是他也指出有一个正出现的中国的“世界体系”。在这个体系中，江南是中心，而通过有效的水路与长江下游各地的核心相联系，使得长江下游地区在经济上起到一种半边缘的中间作用，中国本部的其他部分则在更大的体系中成为边缘区。[2]范毅军在其以通过跨地区贸易体现出来的区域整合水平为基础讨论长途贸易的重要性的示意图中，标示出了三个带状圆弧。第一个圆弧是长江下游，该地区构成核心圆弧，而江南则为圆心。第二个圆弧是那些有较高密度的运输与商业的地区，包括华北、长江中游和东南沿海。中国余下的部分，包括长江上游、云贵、岭南、东北和西北，为第三个圆弧，这些地区相对而言与长途贸易比较疏远。[3]很明显，尽管存在一些差异，这个示意图与施坚雅的示意图颇为类似。

---

[1]　这些特征见G William Skinner, *Marketing Systems and Regional Economies: Their Structure and Development*。

[2]　G William Skinner, *Marketing Systems and Regional Economies: Their Structure and Development*.

[3]　I-chun Fan, *Long-distance trade and market integration in the Ming-Ch'ing period, 1400–1850*, pp. 296, 297.

如前所述，长江水系、大运河和沿海是三条主要水路，构成了中国水运系统的主干。而中国的国内长途贸易也正是集中在这三条水路经过的地区。因此，中国全国市场也就以这三条水路为基础，呈现出一种三叉形的枝状空间结构。换言之，商业腹地并不一定以同心圆的方式环绕着这个市场的中心。从功能上来说，第一层商业腹地包括直接与这三条水路相邻的地区，第二层腹地包括可以通过其他大小水道进入这三条水路的地区，而第三层腹地则为那些仅有陆运的地区。对于这个结构来说，是否有水运比距离的远近更为重要。[1]因此，如果以江南为核心，那么长江中游的环洞庭湖地区就可以视为第一层腹地，而闽浙赣边区尽管很接近江南，但仅能视为第二层腹地。

尽管存在这些差别，在主要方面这两种结构仍然颇为相似。一般而言，一个全国市场的中心与该国的经济核心区相当，而全国市场的腹地则与边缘区相当。

二、苏州：清代中国全国市场的中心

从上面的分析可见，全国市场的中心应当是经济上最为发达而且在水运系统中处于中心地位的地区。在明清中国，仅有一个地区——江南——同时具有这两个特点。由于苏州是江南的中心，因此苏州也就很自然地成为中国全国市场的中心。

（一）作为中国经济核心区的江南

正如施坚雅所总结的那样，主要由于其关键位置，长江下游的外部贸易对内部贸易的比例高于中国其他任何地区。自然资源以及长期投资政策也有利于长江下游地区。在19世纪，长江下游的人口密度和城市化水平也高居中国各地之首。[2]由于江南是长江下游地区的核心区，因此当然也是中国的经济核心区。

[1] 19世纪初期和中期的学者在讨论海运问题时，已明确指出了这一点。例如包世臣说："上海人视江宁、清江为远路，而关东则每岁四五至，殊不介意。水线风信，熟如指掌。关东、天津之信，由海船寄者至无虚日。此不得以元明之事说也"。包世臣：《海运南漕议》，见包世臣：《包世臣全集》卷1。魏源则说："辽海、东吴若咫尺，朝阳暮岛如内地"（魏源：《复魏明府询海运书》，见《皇朝经世文编》卷48，《户政》）。

[2] G William Skinner, *Marketing Systems and Regional Economies: Their Structure and Development.*

具体而言，江南地区有以下特点：不仅拥有全国最高的人口密度和城市化水平，[1]而且拥有全国最大城市苏州，大城市南京、杭州，中等城市松江、上海、湖州、常州等。由于这个地区拥有足够的消费需求和购买力，使得全国各地的商人在此都能获得正常利润，因此它也成为大多数大宗商品的长途贸易的终点。这些大宗商品包括长江上游和中游的粮食和木材，云南的铜，华北的棉花，华北与东北的豆货，华南和台湾的蔗糖，等等。

江南地区因为处于前述的两个大T字的交叉处，因此在中国水运网中也处于中心地位。随着水运的发展，上海、南京、乍浦和杭州都成了中国内河航运和海运的重要港口。其中，上海发展最快，在鸦片战争前的一个世纪中，从一个地区港口发展成为中国最大的港口之一。据估计，在1820年代和1830年代，每年大约有5 300—54 000艘大型沙船出入上海港，总吞吐量超过300万吨，相当于中国沙船总吨位的三分之二。[2]这种中心位置，使得江南能够通过中国的水运网与全国大多数地区进行贸易。

因此，毋庸置疑，江南地区是全国经济的核心区。同时，这种中心位置也使得它成为全国市场的中心。

（二）作为中国全国市场中心的苏州

区域或者全国市场中心的主要功能之一，是为其最大商业腹地提供商品批发和其他服务。由于江南是为18世纪和19世纪初期中国的全国市场的核心，许多长途贸易终点大宗商品的最大市场也集中于江南。这些市场包括最大的稻米和木材市场（苏州）、最大的豆货市场和麦市场（上海）、最大的棉布市场（苏州和松江）、最大的丝织品市场（苏州、杭州、南京）和最大的生丝市场（南浔、双林、乌青、菱湖）。[3]最能代表江南在全国商业中的这种中心地位的是苏州在全国粮食贸易中所处的领导地位。在1840年以前的两个世纪中的米价变化方面，苏州和中国五个“经济巨区”之间的米价变化系数的相关性程度

---

[1] 江南陆地面积不到4万平方公里，而1840年的人口约为3 600万，城市化水平约为20%。李伯重，*Agricultural Development in Jiangnan, 1620–1850*, pp. 19–22。

[2] 樊百川：《中国轮船航运业的兴起》，成都：四川人民出版社，1985年，第84—85页。

[3] 范金民：《明清江南商业的发展》，南京：南京大学出版社，1998年，第152—154、161、166—170页。

最为明显。由于这种中心地位，江南米价不仅影响到区域市场上的供求关系，而且也影响到全国市场上的供求关系。[1]

也正是因为在全国市场中的这种中心地位，江南能够将全国商人吸引至此。[2]在所谓“十大商帮”中，有四个（徽州商人、宁波商人、龙游商人和洞庭商人）把江南作为自己业务的根据地，尽管其中只有洞庭商人是江南本地商人。其他六个商帮的商人也在江南大力经营。他们建立的会馆增加迅速，到了19世纪初期已遍布江南大小城市乃至许多市镇。江南会馆的密度，远高于中国其他任何地区。[3]

此外，江南在全国市场中的这种中心位置，也可从江南在金融方面的领先地位见之。在18世纪和19世纪初期，中国主要金融机构是钱庄（银号、汇兑庄、钱号等），而江南钱庄之多，甲于天下。[4]在江南，许多钱庄是山西商人经营的，但是附近的宁波商人和绍兴商人也在金融方面很活跃，特别是在上海更是如此。[5]

由于江南是中国全国市场的核心区，因此江南的“高水平中心地”（high-level central place）也可视为全国的“高水平中心地”。这就解释了为什么苏州府城是1850年以前中国唯一的一个在经济中心地位方面可以超越其所在“经济巨区”的腹地的大都市，以及为什么苏州高踞全国经济之首的原因。

苏州不仅是江南最大的城市，而且也是江南商业、工业和文化的中心。这种地位使得苏州也成为中国经济和全国市场的中心。苏州所拥有的这种独特

[1] Yeh-chien Wang, *Secular Trends of Rice Prices in the Yangzi Delta, 1638–1935*.

[2] 例如，乾隆《吴县志》卷8“市镇”说：“吴为东南一大都会，当四达之冲，闽商洋贾，燕齐楚晋百货之所聚，则杂处阛阓者，半行旅也”。府城的阊门一带，更是外地商人集中的地方。《云锦公所各要总目补记》说：“吾苏阊门一带，堪称客帮林立，　如鲜帮、京庄、山东、河南、山西、湖南、太谷、西安、温台州帮……长江帮等等，不下十余帮”。转引自范金民：《明清江南商业的发展》，南京：南京大学出版社，1998年，第184—185页。据《雍正朱批谕旨》卷200，雍正元年四月五日苏州织造胡凤翚奏：“阊门南濠一带，客商辐辏，大半福建人民，几及万有余人”。换言之，其中仅是聚居于南濠一带的福建客商，人数就多达万人以上。但是较之在江南的徽州商人，福建商人的数量又少多了。正如明清江南谚语所说，“无徽不成镇”。

[3] 详见范金民《明清江南商业的发展》，第4章第2节（依照范金民的解释，公所与会馆在性质上非常相似）。

[4] 在18世纪后期，苏州有150—200家钱庄，上海则有至少124家钱庄。江南其他城镇上的钱庄数量也不少。参阅范金民：《明清江南商业的发展》，南京：南京大学出版社，1998年，第178—183、214页。

[5] 在苏州，乾隆时期多达100—200家的钱庄，全部都由山西商人经营，但在上海则主要是宁波商人和绍兴商人经营钱庄。范金民：《明清江南商业的发展》，南京：南京大学出版社，1998年，第214、230页。

地位，也为当时到中国考察的西方目击者的观察所证实。1845年法国政府派遣拉萼尼（Lagrené）使团来华，其中有丝织业代表耶德（Isidore Hedde）。他游历苏州之后，称它为“世界最大的都市”，并写道：“谚语说：‘上有天堂，下有苏杭’，特别是苏州更是了不起。在那里耀眼的魅惑人的东西应有尽有。物产丰富，气候温和，举凡娱乐、文学、科学、美术的东西无一或缺。这里是高级趣味的工艺和风靡全国的风尚的源泉地。这里一切东西都是可爱的、可惊叹的、优美的、高雅的、难得的美术品。这个都市是江南茶、丝之邦的首府，不仅是美术与风尚的女王，而且是最活跃的工业中心，又是最重要的商业中心、货物集散地。总之一句话，是世间的极乐土，使人深感古来诗人、史家和地理学者之言的确不假。”[1]正是由于苏州具有这样的地位，太平天国以后，取代苏州而成为江南中心城市的上海，同时也高居于近代中国发展中的全国市场之上。[2]这并非巧合。

（三）苏州vs汉口：中国全国市场的最高中心和次级中心

有些学者可能会质疑苏州在全国市场中占有的这种中心地位，因为在18世纪和19世纪初期的中国，一些其他城市也起着主要商业中心的作用。在这些城市中，汉口又最为重要。

早在明末，汉口就已十分繁华，与江西景德镇、河南朱仙镇、广东佛山镇并称为天下“四大名镇”。入清之后，汉口发展更为迅速。康熙时刘献庭说：“汉口不特为楚省咽喉，而云贵、四川、湖南、广西、陕西、河南、江西之货，皆于此焉转输，虽欲不雄天下，不可得也。天下有四聚，北则京师，南则佛山，东则苏州，西则汉口”。[3]在这“四聚”中，北京是首都，在商业上的重要性不如其他三个城市（苏州、汉口和广州—佛山）。佛山的商业主要为岭南地区和海外贸易服务，因此其商业腹地远比汉口和苏州小。汉口位于长江和长江的两大支流——汉水与湘江——的交汇点，号称“九省通衢”，在长江流域贸易中占据

---

[1] Isidor Hedde, “Description Methodique des Produits Divers, 1848”，收于［日］宫崎市定：《アジア研究》，Vol.2，京都大学出版会，1959年。

[2] G William Skinner, *Marketing Systems and Regional Economies: Their Structure and Development.*

[3] 刘献庭：《广阳杂记》卷4，北京：中华书局，1957年。

非常重要的地位。但是与苏州相比，汉口有几个重大弱点。第一，汉口远离南北大通道大运河和海路，使得它难以在东部贸易中占有中心地位；第二，从长江贸易来说，汉口位于长江中游，顺流航行较易而逆流航行较难，因此就那些体积大而单位价值低的货品而言，汉口可以在长江上游和中游地区产品输往长江下游的贸易中发挥重大作用，但是却很难在长江下游产品输往长江上游和中游的贸易中有很大作为；第三，汉口位于中国的发展中地带而远离发达地带，这使得它难以成为金融和服务的中心。这些弱点，使得汉口不可能像苏州那样成为全国市场的最高中心，而只能成为一个重要的次级中心，尽管其地位大大高于其他的区域中心。《大清一统志》称：汉口"往来要道，居民填溢，商贾辐辏，为楚中第一繁盛处"。[1]这个说法是很恰当的。

此外，与苏州相比，汉口还有一个很大的不利条件。苏州位于中国城市化水平最高的江南，周围有众多的城市(包括像南京、杭州、上海、乍浦乃至宁波、扬州等著名商业城市和港口城市)，它们有发达的商业和服务，彼此之间有便利的水运系统和完善的交通设施相连接，因此这些城市为苏州分担商业职能。通过分工，苏州在商业上的作用可以得到更大的发挥。在工业方面，苏州也处于同样的地位，即把低附加值的低端产品的生产分散到附近城镇，而将高附加值的高端产品的生产集中到城内。[2]汉口则不然。在汉口附近，没有较大的城市，正如刘献庭所指出的那样：虽然汉口和苏州都是商业中心，"然东海之滨，苏州而外，更有芜湖、扬州、江宁、杭州以分其势，西则惟汉口耳"。[3]换言之，汉口可以说是一片平原上的唯一高山，而苏州则是一片高原的顶峰。这种情况，使得汉口的商业腹地，要远远小于苏州。

当然，汉口的地位仍然非常重要。这里可以把"天下四聚"中的汉口以及佛山(实际上应当是广州—佛山地区)和北京作为全国市场的次级中心。它们都是巨大的跨地区市场的中心。在这些次级中心之下，还有一些各省省会城市和其他一些重要城镇如临清、重庆、营口、景德镇、樟树镇等，可以视为全

[1] 嘉庆《大清一统志》卷261，上海：上海古籍出版社，2000年。
[2] 李伯重：《工业发展与城市变化：明中叶至清中叶的苏州》，《清史研究》2009年第1期。
[3] 刘献庭：《广阳杂记》卷4。

国市场的第三级中心。再往下，则是地方市场的中心，主要包括府县治所城市等。因此，中国的全国市场在结构上分为多层次，具有高度的等级性，而苏州则位居最高等级，成为全国市场的最高中心。

全国市场的出现与发展是中国经济史上最重大的事件之一。这个重要性可从中国经济在这三个世纪中所取得的成就见之。与过去的普遍看法相反，新近的研究表明中国经济在这个时期中经历了迅速的成长。[1]导致这个经济成长的主要动力是所谓的“斯密动力”（the Smithian dynamics），而这种动力只有在一个市场中才能很好运作。[2]市场规模越大，整合程度越高，这个动力的运作就越好。因此，在一个整合良好的全国市场中，这个动力能够发挥到极致。这一点，部分地解释了在西方到来之前的几个世纪中中国经济何以表现如此良好。

在过去的半个世纪中，“近代早期”中国历史的研究，一直被置于一种从欧洲经验得出的分析框架中。西方的到来被视为中国历史的转折点，实际上也就意味着西方对中国历史的变迁起了决定性的作用。但是正如从中国全国市场形成问题上所看到的那样，这种欧洲中心史观误导了人们对中国历史真相的认识。因此，如果要更好地了解中国的过去，必须破除这种史观，实事求是地来看待历史。

---

[1] 关于这种观点，麦迪森作了具有代表性的表述：“从17世纪末至19世纪初，清朝在其自定的目标上表现得极为出色。从1700年到1820年，人口从1.38亿增长到3.81亿，增长速度几乎是同期日本人口增长速度的八倍，欧洲的两倍。人口增长并没有导致生活水平下降。在18世纪，尽管欧洲的人均国民生产总值扩张了四分之一，中国国内生产总值的增长速度仍然快于欧洲”（Angus Maddison, “Chinese Economic Performance in the Long Run”, *Development Centre of the Organisation for Economic Co-Operation and Development*, 1998, p. 39）。但是此并非新观点。“资本主义萌芽”学派就认为在明清时期中国经济有很大发展，并将其视为“资本主义萌芽”出现的前提。

[2] 关于“斯密动力”的性质、特点及其对于近代经济成长的作用，见Feuerwerker Albert, *Presidential Address: Questions about China's Early Modern Economic History that I Wish I Could Answer*, in Journal of Asian Studies (Ann Arbor), vol. 5, No. 4; R. Bin Wong, *China Transformed—Historical Change and the Limits of European Experience*, Ch 2.

第五章
海外市场

14世纪中后期至19世纪，西方国家相继进行“地理大发现”、资本原始积累、工业革命，进而主导了世界市场。然而同时期中国大一统的专制统治有增无减，利用其特权由上至下统制了海外贸易。亚当·斯密曾说过有两种系统，可以增进人民的财富，一是农业的系统，另一则是商业的系统（现代的系统）。[1]海外贸易是“商业的系统”的重要组成部分，但是却由于明清专制政府的强大专制而萎缩。

明清政府对海外贸易的管理，有一个共同点，那就是从明至清，朝廷都是以朝贡政治思维来管理海外贸易，对南洋各国海外贸易进行朝贡贸易的管理，对要求自由通商的西欧殖民者也是如此，他们的待遇同暹罗、琉球等国一样，没有自由通商，只有先向“天朝”朝贡，视忠诚程度给予一定的通商特权，正如蒋廷黻所言，“（中国与他国关系）没有国际关系，只有朝贡关系”。[2]这种安自尊大的思维，无视世界潮流，一再实行海禁政策，进而错失发展的机遇，最终导致了长达世纪之久的落后。

---

[1] Adam Smith, *An Inquiry into the Nature and Causes of the Wealth of Nations*, From Chapter IX, *"Of the Agricultural Systems, or of those Systems of Political Economy which represent the Produce of Land as either the sole or the principal Source of the Revenue and Wealth every Country"* London: 1917.

[2] Tseng-tsai Wang（蒋廷黻）, *Tradition and Change in China's Management of Foreign Affairs*, p. 9.

第一节　对外贸易制度的变迁

中国的对外贸易始自秦汉，至唐宋时得到极大发展，而自明清始对外贸易转向以海外贸易为重，并得到了相当的发展；然而，绝大部分时间里，明清政府却运用其专制特权，实行垄断专权，与民争利，对欣欣向荣的海外贸易强加阻挠，极大地限制了自由贸易的发展，造成了近代中国的落后。

一、郑和下西洋与朝贡贸易的发展

明永乐宣德年间，郑和先后组织了7次空前绝后的下西洋活动，一定程度上促进了中国海洋贸易的发展，并在政治上推行了有效的"怀柔远人"的亲和政策，并在经济上极大地繁荣了朝贡贸易，促进了对外贸易的发展。宣德八年(1433)后，明政府再也没有组织过如此浩大的远洋航行了。

(一)郑和下西洋的历史背景

明成祖即位后，皇位并不稳固，内有建文帝余臣的反对，外有漠北鞑靼、瓦剌、沿海反动势力的觊觎。故明成祖一改明太祖"守备为上"的消极国防政策，采取积极主动的策略，亲征漠北。并出于"协和万邦，恩泽广被"的政治考虑，[1]派遣郑和出使西洋，向西洋各国宣扬天朝国威，以正皇位之名。郑和每到一处，必先宣读大明皇帝的诏谕，壮明国威。《郑和家谱·敕海外诸番》曾载："皇帝敕谕四方海外诸番及头目人等：朕奉天命君主天下，一体上帝之心，施恩布德。凡覆载之内，日月所照，霜露所濡之处，其人民老少，皆欲使之遂其生业，不致失所。今遣郑和敕普谕朕意。尔等只顺天道，恪守朕言，循理安分，勿得违越。"[2]

郑和得以出使西洋还和郑和本身的品质有关。郑和生于明洪武四年

[1] 有学者还认为明成祖派遣郑和出使西洋是为了"踪迹建文"，但这并无翔实史料给予记载。既然是为了寻找建文帝，那么隐秘的追踪不是更好吗？何事大张旗鼓。

[2] 《郑和家谱·敕海外诸番》，昆明：晨光出版社，2005年影印本。

(1371),回族人,原本姓马名三保,云南昆阳人。在靖难之变中,马三保为燕王朱棣立下战功,明成祖御书“郑”字赐姓,改名为和,任为内官监太监,官至四品。不仅如此,史书记载郑和“自幼有材智”,“材负经纬,文通孔孟”,“丰躯伟貌,博辩机敏”。[1]其次,郑和本是回族人,信仰伊斯兰教,曾在第5次出使西洋时亲自到泉州伊斯兰教先贤墓行香;还信仰佛教,曾资助刊印佛经。[2]这些宗教信仰有利于团结当时信仰伊斯兰教的阿拉伯诸国和信仰佛教的东南亚诸国。

当然,郑和下西洋还有经济上的考虑,那就是发展朝贡贸易,获得当时西洋各国的诸如香料、象牙、珠宝等奢侈品,有学者甚至认为这是郑和出使西洋的主要目的。[3]在开读诏谕以后,先对国王进行赏赐,而后进行贸易。《瀛涯胜览·祖法儿国》曾载:“中国宝船到彼,开读赏赐毕,其王差头目遍谕国人,皆将乳香、血竭、芦荟、没药、安息香、苏合油、木鳖子之类,来易泞丝瓷器等物。”[4]

郑和下西洋声势浩大,这体现在帆船的数量、随从人数、所经国家和地区、携带的物品等诸多方面。第一次下西洋时,其军士、水手多达2.7万余人,分乘宝船60余艘。[5]李约瑟先生在其著作《中国科学技术史》中曾提到郑和的船队:“在永乐王朝时代,它有3 800艘船,其中包括1 350艘巡船,1 350艘属于卫、所和寨的战船,以南京附近新江口为基地的主力船队的4艘大船,以及400艘运粮的潜船。此外,还有250艘远洋宝船,每艘宝船上的人数,平均由公元1403年的450人,增到公元1431年的690人以上。在最大的大船上,必然超过了1 000人。另外还有300艘商船作为辅助,及一大堆小船作为传令船和警船。”[6]

(二)郑和下西洋的大致经过

明初,时人以婆罗(Borneo)和文莱为界,以东称为东洋,以西称为西洋。

---

[1] 张廷玉等撰:《明史》卷304,《郑和传》,北京:中华书局,1974年。
[2] “今菩萨戒弟子郑和,法名佛善,施材命工刊印流通。”姚广孝题记:《佛说摩利支天经》,海潮出版社1996年。
[3] 张廷玉等撰:《明史》卷304,《郑和传》,北京:中华书局,1974年。
[4] 马欢:《瀛涯胜览》,《祖法儿国》,北京:海洋出版社,2005年。
[5] 李庆新:《明代海外贸易制度》,北京:社会科学文献出版社,2007年,第61页。
[6] [英]李约瑟:《中国的科学与文明》第11册,台北:台湾商务印书馆,1980年,第241页。

郑和首航是在永乐三年(1405)。郑和的船队一般是从苏州的刘家港出发，[1]航至福建五虎门，再由此南下占城(今越南南部)，再由占城到满剌加(今马来西亚)、爪哇等，穿过马六甲海峡向西行。由于当时航行所用的是帆船，所以，郑和每次出行都在冬季或是早春，风从大陆往海上吹，以便利用东北季风，回国时都在夏季，风从海上往大陆吹，以便利用西南季风。郑和7次下西洋的往返时间、人数和所经之地列表如下：

表5-1　郑和下西洋的往返时间、人数和途经的国家和地区[2]

顺序	出发时间	返航时间	所载人数	途经主要国家和地区
1	永乐三年冬(1405)	永乐五年九月(1407)	27 800	占城、暹罗、苏门答腊、旧港、满剌加、锡兰、古里
2	永乐五年冬(1407)	永乐七年夏末(1409)	27 000	占城、爪哇、暹罗、浡泥、柯枝、加异勒、旧港、满剌加、锡兰、古里
3	永乐七年九月(1409)	永乐九年六月(1411)	不详	占城、爪哇、暹罗、苏门答腊、阿鲁、溜山、浡泥、柯枝、加异勒、旧港、满剌加、锡兰、古里、阿拔把丹、小葛兰、甘巴里
4	永乐十一年冬(1413)	永乐十三年七月(1415)	27 670	占城、爪哇、满剌加、锡兰、柯枝、古里、阿鲁、彭亨、急兰丹、忽鲁谟斯、溜山、木骨都束、扑喇哇
5	永乐十五年冬(1417)	永乐十七年七月(1419)	不详	占城、爪哇、满剌加、锡兰、柯枝、古里、阿鲁、彭亨、急兰丹、忽鲁谟斯、溜山、木骨都束、麻林
6	永乐十九年冬(1421)	永乐二十年八月(1422)	不详	占城、暹罗、爪哇、满剌加、榜葛剌、锡兰、柯枝、古里、阿丹、祖法儿、剌撒、溜山、柯枝、木骨都束、扑喇哇
7	宣德六年十二月(1431)	宣德八年七月(1433)	27 550	占城、满剌加、苏门答腊、暹罗、锡兰、溜山、小葛兰、加异勒、柯枝、古里、忽鲁谟斯、祖法儿、剌撒、阿丹、木骨都束、竹步、天方

[1] 有学者认为第二次、第六次下西洋是从广东出发。见李庆新：《再议郑和下西洋：以两次从广东启航为中心》,《广东社会科学》2003年第2期。

[2] 出发时间、返航时间和途经国家及地区资料来源于晁中辰：《明代海禁与海外贸易》，北京：人民出版社，2005年，第102—103页，“所载人数”根据其他资料整理。

从上表可看出，在第一次到第六次航行时，基本上是每隔两年就出洋一次，而且，再次出航的时间和上一次回国的时间相隔并不远，基本上是两年。与郑和下西洋直接或间接关联的国家和地区有56个。[1]就航线而言，大体上有4段:(1)从中国南海出发，经占城、真腊（今柬埔寨），入暹罗湾，再南航至满剌加（今马六甲）;(2)苏门答腊和爪哇各岛之间的航线。从满剌加经林加列岛至三佛齐（苏门答腊），再经卡里马塔与勿里洞之间，达到爪哇，再西航经过马六甲海峡至苏门答腊北岸和马来西亚西岸;(3)孟加拉湾航线。以翠兰屿（尼科巴群岛）北航至榜葛剌（孟加拉），西抵锡兰，西航至溜山（马尔代夫群岛）和印度西海岸;(4)阿拉伯航线。从印度西海岸西北航行，至波斯湾的忽鲁谟斯，沿阿拉伯半岛经祖法儿（佐法尔）至阿丹（亚丁），越亚丁湾，沿非洲东岸经木骨都束（摩加迪沙）、扑喇哇（布瓦剌）、竹步（准博）、麻林（马林迪）再南航经莫桑比克海峡，经马达加斯加岛南端而返回。或另从阿丹航红海，西北行至天方（麦加）。[2]

（三）郑和下西洋与朝贡贸易的发展

郑和下西洋带来了朝贡贸易的极大繁荣，这体现在以下几个方面：

首先是朝贡次数的增多。朝贡初建于洪武，于永乐年间达到鼎盛，宣德后保持平稳，明中后期后江河日下。据统计，洪武初年，海外各国由海路而来进贡次数为116次；而至永乐朝，有45个国家和地区总共238次由海路来朝贡；洪熙宣德间则来朝贡的国家有17个，贡49次。[3]朝贡次数的频繁从一定程度上反映了当时朝贡贸易的繁荣。

其次，朝贡商品的种类和数量增多。洪武末年，明成祖采取消极防卫的政策:“得其（海外诸国）地不足与自给，得其民不足以使令，徒慕虚名，自弊中土，载著史册，为后世讥。朕以蛮夷小国，阻山越海，僻在一隅，彼不惟中国

[1] 参见朱偰:《郑和七次下西洋所历地名考》,《东方杂志》1946年42卷12号。
[2] 孙玉琴:《中国对外贸易史教程》,北京：对外经济贸易大学出版社,2005年,第146—147页。
[3] 根据张廷玉等撰:《明史》卷1至9,《太祖记》《成祖记》《宣宗记》记录加总统计，北京：中华书局，1974年。

患者，朕绝不伐之。”[1]消极防卫带来的是朝贡贸易的稀落。但是，在郑和下西洋后，这种状况得到了改善，朝贡商品在数量、种类上都得到了提升。[2]郑和下西洋带来的朝贡贸易的极大发展，使得朝廷拥有了大量的海外产物，以至于永乐宣德年间出现了以香料折算官俸。宣德九年十一月（1434），“丁丑，行在（南京）户部奏：宣德八年，京司文武官俸米折钞，请给与胡椒苏木，胡椒每斤准钞一百贯，苏木每斤准钞五十贯。南北二京官各于南北京库支给。从之”。[3]下西洋结束三年后，南京国库的苏木和胡椒的库存还很多，达到3 000 000斤左右，是为壮观：“正统元年（1436）三月甲申，敕（南京守备太守）王景弘等，于官库支胡椒、苏木三百万斤，遣官运至北京交纳，毋得沿途生事扰人。”[4]“正统元年六月乙已，南京装运胡椒、苏木马快船一百艘至京。”[5]

郑和出使西洋，促进了亚洲与非洲之间的经济、文化交流，推动了洲际贸易的发展。郑和的船队既是负载皇命而使亚非诸国臣服的外交使团，也是为了经济利益而进行交易的商人使团。郑和的西航，畅通并扩展了自唐宋以来由南洋、印度洋沿岸至波斯湾、阿拉伯乃至东非沿岸的航线，进一步促进了海上丝绸之路的发展，把中国与亚非各国之间的国际贸易推向了一个高峰。郑和船队的贸易区，可分为三个：东南亚、南亚和西亚。[6]郑和在发展亚非国际贸易上功劳甚高，法国学者弗朗索瓦·德勃雷（François Poulet）曾给以较高评价，称赞郑和西航使得中华帝国“向外部世界开放”，并使得贸易体系由“纳贡和皇帝赏赐的制度”向着“持久和均衡的贸易外来”演变。

郑和下西洋不仅带来了朝贡贸易的极大繁荣，同时，私人贸易也受益于此，得到了较大的发展。“自永乐改元，遣使四出，招谕海番，贡献迭至，奇货重宝，前代所希，充溢府库，贫民承令博买或多致富，而国用亦羡裕矣。”[7]两广巡抚都御史林富在所上书中也强调：“贸易旧例，有司择其良者如价给之，其次资

[1]《明太祖实录》卷68，郑州：中州古籍出版社，1990年。
[2] 这在李东阳重修之《明会典》卷97《礼部·朝贡》中有详细记载，因篇幅所限在此省略。
[3]《宣宗宣德实录》卷114，北京：北京出版社，1998年。
[4]《明英宗实录》卷15，北京：人民出版社，2000年。
[5]《明英宗实录》卷18。
[6] 郑一钧：《论郑和下西洋》，北京：北京海洋出版社，1985年，第445页。
[7] 严从简：《殊域周咨录》卷9，北京：中华书局，1993年。

民买卖,故小民持一钱之货,即得握椒辗转交易,可以自肥。"[1]

(四)郑和下西洋与对外贸易政策的变迁

1. 郑和下西洋对明代海外政策的影响

汉人朱元璋推翻了北方少数民族建立的元朝,为显示朱明王朝的合法性,统治集团大力推崇程朱理学,以达到"家不异政,国不殊俗"的目的。一方面,程朱理学注重保守之风,"夷夏之防""内外之限"的观念弥漫朝政;另一方面,程朱理学又蕴含"四夷来王""万国朝宗"的中华文明礼法。故在明初,太祖采取德治天下,怀柔远人的外交策略。洪武三年,遣使诏谕西洋琐里(今印度科罗曼德尔海岸)诸国:"朕仿前代帝王,治理天下,惟欲中外人民咸乐其所。"[2] 另一方面,实行"海禁"。洪武四年(1371),明太祖明确表示:"朕以海道科通外邦,故尝禁其往来。"[3]

郑和下西洋的明成祖时期,明朝的海外外交政策有了一定的改观。明成祖调整外交政策,通过各种措施,促进朝贡贸易的发展,进而达到招抚四夷的目的。主要有以下几个措施:减免征税,招徕贡使、放宽贡期和贡道限制、复设市舶司。郑和下西洋后,各国纷纷来朝。时人黄省曾称:"是时,太宗皇帝入瓒丕绪,将长驭远驾,通道于乖蛮革夷,乃大赉西洋……由是明月之珠,鸦鹘之石,沉南龙速之香……凡蛮岛日域,纷如来宾,而天堂印度之国,亦得附于职方。"[4]

不仅如此,郑和船队凭借其庞大的力量宣扬了明朝国威,很好地传播了中华文明,很成功地完成了他的政治使命,大大提升了明朝在亚非各国中的地位。暹罗、班科库和印度巴西亚苏门答腊都有纪念郑和的三宝(三保)庙。满刺加国王来访即是一个例证。在洪武和建文年间,满剌加并没有和明朝相通。永乐元年(1403),明成祖遣尹庆出使满剌加,宣扬招徕之意,并赐其诏印,互通

[1] 林富:《两广疏略》,广州:广东人民出版社,1987年。
[2]《明太祖实录》卷53。
[3]《明太祖实录》卷70。
[4] 黄省曾著、谢方校注:《西洋朝贡典录》,北京:中华书局,2000年。

友好。永乐七年(1409),郑和在满剌加建立官仓,存贮钱物。满剌加国王感恩,亲率使团朝贡:“永乐九年七月二十五日,满剌加国王拜里迷苏剌率其妻子及陪臣五百四十余人入朝。”[1]

当然,郑和下西洋本身是一项皇权主导的国家行为,在提高了明朝国际地位的同时也不可避免地助长了统治者自傲尊大的心理,不利于社会政治变革,[2]这种影响一直到延续到了清代。

2. 郑和下西洋与明代海外贸易管理

(1)对朝贡贸易的管理

明前期奉行“禁海”政策,对外贸易中以官方的朝贡贸易为盛,所以,对海外贸易的管理上首先体现为朝贡贸易的管理。唐宋时期,经济繁荣,政治开化,社会处于鼎盛时期。对外交流频繁,朝贡礼仪由鸿胪寺主管。“中国有报赠、册吊、程粮、传译之费,东至高丽,南至真腊,西至波斯、吐蕃、坚昆,北至突厥、契丹,谓之八蕃,其外谓之绝域,视地远近而给费。”[3]明继承前朝的制度,在外交礼仪上明确规定了贡期、贡道、勘合、赏宴等环节。明初规定了各国朝贡的频率,《明会典》载,琉球两年一贡,日本10年一贡,其余国家大多为3年一贡。至郑和下西洋沟通南洋诸国以来,加之朝贡有利可图,朝贡就变得频繁,以至于很多国家一岁数贡。“(永乐中)数有事于西洋,遣中使以舟师三万金帛谕赐之,随便朝贡者十有六。”[4]对朝贡贸易的管理还涉及贡道、勘合、朝觐、礼待等环节,郑和下西洋后,各国来使频繁来朝,明廷“厚往薄来”,给予优待。其中,史籍有明确记载的在永乐、宣德年间接待外国来使的宴席次数达到了7次。[5]

(2)市舶司、市舶宦官

明初设置市舶司的常设机构以管理海外贸易,但是,在建制上市舶司的地

---

[1] 《明太宗实录》卷77,北京:中华书局,1985年。
[2] 冯尔康:《“郑和下西洋”的再认识——兼论“下西洋”与封建专制政治的关系》,《南开史学》1980年第2期。
[3] 欧阳修、宋祁:《新唐书》卷221,下,《西域传》,北京:中华书局,1975年。
[4] 李东阳等撰、申时行重修:《大明会典》卷105,《主客清吏司》。
[5] 整理自李东阳等撰、申时行重修:《大明会典》卷114,《礼部·精膳清吏司》。

位不及前朝，地位卑微，任者多为谪贬之人，并受到布政司和市舶太监的双重管辖，主要设置浙江、福建和广东三市舶司，“宁波通日本，泉州通琉球，广州通暹罗、占城、西洋诸国”。[1]前两个废立无常，唯有广州比较稳定。郑和经略西洋，贡使增多，导致永乐三年九月(1405)在三个市舶司设置驿馆：广东称为怀远馆，福建称为来远馆，浙江称为安远馆。[2]明代的“禁海”政策使得市舶司执掌的职能只能限制在一定的范围之内，仅增海防的职能：“因设市舶司，置提举官以领之，所以通夷情，抑奸商，俾法禁有所施，因以消其隙也”。[3]永乐年间，由于郑和下西洋的影响，朝贡贸易得到相当的发展，进而市舶司的职能有所提升，但是，这并没有改变市舶司建制低下的状况，这也反映了明代统治者对长期经略海洋意识的淡薄。

明太祖时期，宦官并未涉足海外贸易管理。直至永乐元年(1403)，明成祖命内臣齐喜为提督广东市舶，其后往浙、闽派遣中使，形成了市舶衙门，凌驾于市舶司之上。明成祖锐意经略西洋，在海外贸易的管理上直接派遣宦官参与市舶司的管理，体现了明廷对海外贸易的垂直管理。[4]“永乐元年，始至市舶提举司于泉，设官掌之，又主以中贵一人。”[5]在市舶太监主导下，隶属于地方政府的市舶司饱受排斥，市舶司的权利被架空。这是自郑和下西洋来出现的新情形。

(3)其他机构

朝贡贸易作为明代外交政策的一部分，理应接受国家各相关机构的参与。明代礼部为中枢六部之一，隶属于中书省。正官，尚书一员，左右侍郎各一员。明初来明的朝贡者，必先觐见皇帝，并赐宴会同馆，礼部接待。永乐十九年(1421)迁都北京，南京尚留“南六部”，但职权已大大削弱。兵部为明廷的军事机构，受中书省统辖。兵部所属的会同馆，是接待各国来使的机构。户部掌管天下户口、田赋。海外贸易中的“关榷”是户部的执掌之一。鸿胪寺则为

---

[1]　张廷玉等撰：《明史》卷81,《食货志》，北京：中华书局，1974年。
[2]　张廷玉等撰：《明史》卷75,《职官志》，北京：中华书局，1974年。
[3]　张廷玉等撰：《明史》卷81,《食货志》，北京：中华书局，1974年。
[4]　李庆新：《明代海外贸易制度》，北京：社会科学文献出版社，2007年，第127页。
[5]　高岐：《福建市舶提举司志》，“艺文”条目，北京：书目文献出版社，1990年。

主事朝会、宾客、礼仪等的机构，外邦的祭祀、朝会、宴飨、册封等都由鸿胪寺负责。太常寺则具体掌管国家礼乐。永乐年间，由于外邦来朝贡的使臣很多，互通语言、流畅的交流变得困难，所以，永乐五年，设四夷馆，开设译文，以此来推动语言交流。

3. 对郑和下西洋的评价

从永乐三年（1405）到宣德八年（1433），郑和下西洋历经近30年，从规模、频率、航程上都堪称世界之最，在达到“宣德化而四夷服”目的的同时，也促进了海外贸易的发展和促使明政府调整其对外政策。朝贡贸易的极大繁荣是郑和下西洋最好的证明。受到郑和下西洋的影响，西洋各国纷纷来朝，络绎不绝，颇有汉唐盛世之风。而且，作为一个重要的副产品，私人海外贸易在郑和下西洋时也得到了相当的发展，这促使民间海外商业资本的积累，对明中后期私人海外贸易的发展起到了一定的作用。同时，作为一项浩大的政治工程，郑和经略西洋也必然带来外贸管理制度的变迁。永乐年间一改太祖“守备为上”的成宪，积极开放，向外邦示好，并在实际中对对外贸易的管理体制和机构设置上都作了积极的调整，一定程度上促进了朝贡贸易的顺利实施，使得对外关系有了较大的发展。

然而，经略西洋在明成祖死后便已江河日下，宣宗时第7次出使西洋已是奄奄一息。1433年后，便戛然而止，下西洋的伟业由此终结。郑和经略西洋，给明代政治、经济思想体制带来种种影响，不得不对其中的成败功过进行反思。

（1）经济利益和政治利益的博弈

首先，从明政府的角度分析，派遣郑和出使西洋的主要目的是宣扬国威，以正中华正统之名。然而，这种政治性很强的朝贡贸易本身就是一种不平等的交换过程。明政府为了显示国威，往往对来使进行丰厚的赏赐，比如，永乐六年七月，冯家施兰头目玳瑁、里欲各率群臣来朝，明政府“赐二人钞各100锭、文琦6表里，余赐赉有差”。[1]这种频繁而丰厚的赏赐给朝廷带来了沉重

[1]《明太祖实录》卷81。

的负担，“国初，府库充溢，三宝太监下西洋，赍银七百余万”。[1]在明成祖时，社会经济发达，尚能支撑如此浩繁的工程。但是，一旦经济衰弱，便无力支持。永乐十九年，时人邹缉上言“钱出国外，自昔有禁，今乃竭天下之所有与之（下西洋），可谓失其宜矣”。[2]所以，明政府耗费了巨大的成本，换来的只是政治上“怀柔远人”的收益，而这种臣服是一种主体不平等的交流，也并非真诚的归顺。

其次，从朝贡之国来说，郑和所经过的国家不管在经济、文化、影响力等诸多方面都远落后于明朝，或是希望臣服于明帝国，受其保护；或是惮于明政府的军事力量而臣服。“惮其兵威，且贪中国财物，莫不稽颡称臣，厚礼使者。”[3]中国的丝、绸、茶、瓷、银等物品对其有巨大的吸引力。而且，这种交易很值得，只需政治上臣服明朝，就可以换来数倍的经济赏赐。自然，朝贡者如流。等到明室式微，回赐减少，自然朝贡也就减少了。

最后，和明成祖的支持分不开。明成祖是一代贤主，大有作为。永乐年间是明朝的繁荣时期，而明成祖个人热衷于海洋事业，勤修政令支持出使西洋，自然就会出现郑和下西洋的伟业。宣德后，国力式微不能支持耗费庞大的航海了，也没有出现明成祖式的君主来组织航海活动。正所谓“安危在出令，存亡在所任”。[4]

（2）大陆文明与海洋文明

航海活动本质上是一项资本主义的事业，航海代表着一种自由、开放、探索和竞争的精神。从经济上来说，航海需要庞大的财力支持，这是一项需要高回报的高风险活动。没有出于经济目的而斥巨资的航海活动自然会入不敷出，终止自然是迟早的事。

然而，中国自秦汉以来的封建社会一直都是“重农抑商”的思想占统治地位，小农经济是经济体系的基础，这种基于陆地的农业文明本质上体现出一种“守备”“重义轻利”“保守”的精神，谢和耐（Jacques Gernet）曾指出：“如果说

[1] 王士性：《广志绎》卷1，北京：中华书局，1980年。
[2] 邹缉：《奉大殿灾疏》，上海：上海古籍出版社，1993年。
[3] 王鸿绪：《明史稿·郑和传》，台北：明文书局，1991年。
[4] 司马迁：《史记》卷50，《楚元王世家》，北京：中华书局，1982年。

宋代国库的大部分是由经商税所维持，而商业经济在蒙古人统治的时代仍保持这一种重要性，那么国家的主要收入此后就将由农民提供了。”[1]在一个农业占统治地位的经济体里，商业利益是得不到保护，更得不到提倡的。而这是与资本主义性质的航海事业格格不入的。这也说明了明代的大陆文明和经营航海事业所需的海洋文明精神是不符的，这导致了郑和下西洋成为绝唱，并影响到了整个清代以闭关锁国为主流的外交政策。

由于农业文明本身保守的特点，自给自足型的经济特征淡化甚至忽视竞争精神，政治上大一统的观念使得统治阶层打压一切对其统一不利的活动，尤其诸如追逐利益的私人航海之类的商业活动。这种封建政治经济形态不利于形成保护私人产权的制度，从而也就不利于推进社会变革。“有效率的组织需要建立制度化的设施，并确立财产所有权，把个人的经济努力不断推向一种社会性的活动，使个人收益不断接近社会收益率。”[2]郑和下西洋是封建地主阶级所支持，并以政治目的为主的航海活动，没有产生产权制度的社会激励，经略西洋的事业是无法持久的。

二、倭寇与走私贸易

“倭寇”本意包括“倭”与“寇”。前者指的是对日本的称呼：“倭，特东海诸夷之总名”，[3]后者则是对盗贼和侵略者的称呼。史籍首次使用“倭寇”一词是在《明太祖实录》：“戊子，升太仓卫指挥佥事翁德为指挥副使。先是，倭寇出没海岛中，数侵掠苏州、崇明，杀伤居民，夺财货，沿海之地皆患之。”[4]

最初，倭寇是由日本的海盗、奸商、武士、浪人、流民等所组成的，以后逐渐有中国人加入，尤其至嘉靖后，既包括日本的海盗，又包括像王直、徐海那样的中国海盗，主要是被封建剥削而破产的沿海农民、渔民、盐民，少数名落孙山的落魄书生、罢免职务的官吏等。他们活动的特点是：“往往出没海洋，窥伺中土。得间则张其戎器，以劫杀为事不得间，则陈其方物，以朝贡为辩。劫杀则

[1] ［法］谢和耐(Jacques Gernet)著、耿昇译：《中国社会史》，南京：江苏人民出版社，1995年，第339页。
[2] ［美］道格拉斯·C.诺斯、托马斯著、张柄九译：《西方世界的兴起》，北京：学苑出版社，1988年，第1页。
[3] 茅坤：《奉上李汲泉中丞消寇事宜》，见《明经世文编》卷256，北京：中华书局，1962年。
[4] 《明太祖实录》卷41。

剥民财，朝贡则剥国物。”[1]

“倭寇”的性质一直尚无定论，学界对此争论激烈，主要有两个派别。其中，一派认为嘉靖年间的倭寇入侵是国内阶级斗争，嘉靖间倭寇的主体是中国人。持本观点的以戴裔煊、林仁川、陈抗生、王守稼等为代表；另一派则认为倭寇的主体是日本人，御倭战争是爱国自卫。持本观点的以范中义、仝晰纲、陈学文、郝毓楠、张显清等人为代表。

（一）倭寇问题的产生和发展

明初，日本国内党林立，各封建地主（大名）为了争夺地盘而扩充武力。“强大的庄官和名主为了反抗国衙（国司的衙门）或为了争夺权势和领地，都把自己武装为武士，加强一族的联合，并让其统治下的农民（自耕名主和下人等）武装起来，组成称为‘郎党’的部下。”[2]商人、名主、浪人的结合使得其具有商人的嗜利性和武士的掠夺性。再者，明初禁海，禁止私人贸易，使得走私变得有利可图。所以说，明初倭寇的出现是武士加入商人集团的产物。“与其说倭寇的起因在于日本人的经济拮据，毋宁说他们经济上的欲望，及高丽的衰弱，明朝的海禁使然。”[3]

以嘉靖间“倭寇之患”为分界点，倭寇对中国沿海的侵略大概可以分为两个时期。[4]第1个时期从洪武二年（1369）起至嘉靖三十一年（1552），第2个时期为嘉靖三十一年后。

洪武元年（1368）倭寇就已开始侵扰沿海地区，“倭寇出没海岛中，乘间辄傅岸剽掠”。[5]明初倭寇主要来自日本的萨摩、肥后、长门、筑前、博多、鹿儿岛等南部地区，多从日本九州的博多出发，经台岐、对马岛屿，沿朝鲜半岛西岸北

[1] 张羽中：《杜狄夷以安中土疏》，见《明经世文编》卷292。
[2] ［日］井上清著、天津市历史研究所译：《日本历史》上册，天津：天津人民出版社，1974年，第106页。
[3] 郑樑生：《明代中日关系研究》，台北：文史哲出版社，1985年，第278页。
[4] 学界对明代倭寇分期多持有不同意见。如日本学者田中健夫从性质和内容上分为“十四至十五世纪倭寇”和“十六世纪倭寇”。范中义、仝晰纲则分为三个时期：洪武正德年间为前期、嘉靖年间为中期、隆庆崇祯间为后期。范中义、仝晰纲：《明代倭寇史略》，北京：中华书局，2004年，第4—5页。
[5] 张廷玉等撰：《明史》卷130，《张赫传》，北京：中华书局，1974年。

上，抵辽东半岛东岸，然后横渡渤海湾，至山东半岛登州登陆。“宋以前日本入贡，自新罗以趋山东，今若入寇，必由此路。”[1]而从日本到浙江也有一条航道。故倭寇侵掠的地区以辽东、山东和浙江两个地区最为严重；永乐、宣德年间倭寇有所收敛，但仍不断侵掠沿海地区；正统、正德年间较洪武、宣德间大为减少，侵掠活动有所收敛。[2]

至嘉靖初，倭寇（其中也有葡萄牙人）开始大肆猖獗，到嘉靖中后期更是变本加厉，这是倭寇对中国入侵最严重的时期。经过明朝的剿灭和日本形势的变化，至隆庆、万历间，倭寇势力大为减弱，以至基本灭绝。[3]明代倭寇入侵的基本情况见下表：

表5-2　明朝倭寇入侵情况统计表[4]

时　　间	入侵次数合计	时　　间	入侵次数合计
洪武年间	44	成化年间	4
永乐年间	27	弘治年间	3
洪熙年间	1	正德年间	4
宣德年间	6	嘉靖年间	267
正统年间	6	隆庆年间	9
景泰年间	3	万历年间	20
天顺年间	2		

（二）倭寇与走私贸易

嘉靖前期，倭寇问题不是很严重，主要有两方面的原因，一是明初严厉的海禁及强大的国力。二是此时日本尚在室町幕府的控制下，并未进入群雄割据的战国时代，并未形成大规模的海盗组织。

[1]　郑若曾：《筹海图编》卷7,《山东事宜》，北京：中华书局，2007年。
[2]　范中义、仝晰纲：《明代倭寇史略》，北京：中华书局，2004年，第11—35页。
[3]　同上书，第308页。
[4]　整理自范中义、仝晰纲：《明代倭寇史略》，北京：中华书局，2004年。

明中叶后，随着农业经济的发展，商品经济和城市手工业也发展起来了，东南沿海地区尤为突出。中国的许多商品，如丝、茶、瓷器、棉织品、糖、铁器等在亚洲、欧洲市场上倍受欢迎，“(占城、爪哇人)最喜青磁器，井赓香、花糟、续绢、纤丝、硝子珠等货。”[1]

但由于海禁，许多商品在日本极为缺乏，价格极为昂贵，利润可观。在日本市场上，“丝每百斤直银五六十两，取去者其价十倍。丝绵每百斤价银至二百两。红线丝线每斤价银七十两。水银，其价十倍中国，每百斤卖银三百两。针价银七分。铁锅，每一锅价银一两。川芎，常价一百斤价银六七十两，甘草每百斤二十金以为常”。[2]由于日本急需的中国商品得不到供应，以至于发生了日本细川氏与大内氏两家族于嘉靖二年分路争贡的事件。明朝政府以此严海禁，断绝了与日本的朝贡贸易。一些以“朝贡”为名的日本商人由此转入走私贸易，与中国的海寇商人互相勾结；中国商人也铤而走险，进行私商贸易。海禁并未使得私人贸易停滞，这表现在以下方面：

第一是私人海上贸易集团的形成。倭寇亦盗亦商的性质使得在嘉靖间至清初形成了众多的海商集团，这些集团是伴随着私人海上贸易的规模和海商资本的积累而发展起来的。当时主要的海商集团有三大集团，现列表如下：

表5-3 明末清初时期私人海上贸易集团[3]

海商集团	活动时间	合谋的国家/地区	规　模
江浙皖海商集团			
许氏兄弟	16世纪40、50年代	通佛朗哥，在日本经商	“船多于七十余艘，招亡命千人如海”[4]
王直	16世纪40、50年代	通日本，在日本、暹罗、西洋等国经商	巨舰百余艘，“凡三十六岛之夷，皆其指使”

[1] 巩珍：《西洋番国志》，北京：中华书局，2000年。
[2] 李言恭：《日本考》卷1，《倭好》，北京：中华书局，2000年。
[3] 整理自林仁川：《明末清初私人海上贸易》，上海：华东师范大学出版社，1987年，第85—131页。
[4] 何乔远：《闽书》卷146，《夷岛志》，福州：福建人民出版社，1994年。

（续表）

海商集团	活动时间	合谋的国家/地区	规　　模
徐海	16世纪40、50年代	通日本	率众五六万、大船千余艘
萧显海	16世纪40、50年代	通日本	不详
邓文俊、林碧川	16世纪40、50年代	经营中日贸易	不详
闽广海商集团			
何亚八	16世纪50年代	大泥国等地	不详
许栋、许西池	16世纪50年代	通日本	不详
谢老、严山老	16世纪50、60年代	通日本	不详
洪迪珍、张维海	16世纪50、60年代	通日本	不详
张琏、萧雪峰、林国显	16世纪60年代	不详	不详
吴平、曾一本	16世纪60、70年代	不详	不详
林道乾	16世纪70、80年代	不详	不详
林凤海	16世纪70、80年代	不详	不详
郑芝龙海商集团			
郑芝龙	明末清初	暹罗、马尼拉、马六甲等地	“凡海舶不得郑氏令旗，不能来往，每舶例入二千金，岁以千万计”

海商集团的数量、规模上都是前朝所不及的，这是私人海上贸易获得发展的一个例证。

第二是私人海上贸易商港的形成。随着私人海上贸易的发展，东南沿海迅速兴起一大批贸易港口，成为海盗商人进行贸易的据点。

表5-4 明末清初时期私人海上贸易商港[1]

商港名称	主要海盗商人	商港名称	主要海盗商人
双屿港	国内、日本、葡萄牙、彭亨、暹罗人	澳门港	葡萄牙人
烈 港	王直	南澳港	日本、欧洲人
舟山岑港	王直	澎湖港	国际海岛商人
普陀山	不详	大员港	荷 兰
洋 山	日本海盗	鸡笼淡水港	西班牙人
拓 林	肖显、王直、徐海等	晋江安平港	郑芝龙
漳州月港	国内、国际商人	诏安梅岭港	东西洋海盗
商港总计	14		

第三促进了国际贸易的发展私人海上贸易的发展带来了亚洲、欧洲贸易的繁荣。嘉靖前期,明朝的对外贸易以朝贡贸易为主。至明末清初,私人海上贸易的范围不断扩大,贸易的国家和地区不断增多,东起日本、朝鲜,中经菲律宾群岛和南洋群岛,西达阿拉伯半岛,甚至非洲东海岸,都有私人海商的商业活动。主要的贸易范围有四个:东北亚、东南亚、西南亚及非洲和欧洲各国。

清初禁海期间,私人海外贸易并未随着海禁而完全禁止,这体现在以下几个方面:

(1)郑氏海商的经营规模。郑氏海商崛起于明末,至清初时势力更强大。日本学者曾载有1641年郑氏海商集团的经营情况:

表5-5 1641年郑氏海商集团与其他唐船货运量对比[2]

物品名称	郑芝龙的6只船	郑氏之外的9只船	郑氏比例(%)
生 丝	30 720斤	96 455斤	24.16

[1] 整理自林仁川:《明末清初私人海上贸易》,上海:华东师范大学出版社,1987年,第85—131页。
[2] [日]山胁悌二郎:《長崎的唐人貿易》,吉川弘文馆,昭和39年,第30页。

（续表）

物品名称	郑芝龙的6只船	郑氏之外的9只船	郑氏比例(%)
绢织物	90 920反*	44 016反	67.39
木棉麻布其他交织	40 110反	198 433反	16.82
砂　糖	39 000斤	5 771 500斤	0.68
矿　物	11 200斤	52 280斤	17.65
皮　革	2 050枚**	50 900枚	3.88
苏　木	19 500斤	79 200斤	19.76
药　物	6 500斤	73 460斤	8.13

备注：*反，日本布匹单位，长10米，幅宽34厘米；**枚，日本量词，张、幅之意。郑氏货运量所占比例由笔者整理。

从中可以看出郑氏海商集团在生丝、绢织布、苏木、矿物、木棉麻布商品货运量中占据了很大的份额，尤其是绢织物。再如，1641年6月26日晚和7月1日晚，郑芝龙的一只帆船在长崎的贸易：

表5-6　1641年6月26日和7月1日郑芝龙前往长崎帆船货运量[1]

日　期	物品名称	数　量	日　期	物品名称	数　量
6月26日	白生丝	5 700斤	7月1日	白生丝	6 000斤
6月26日	黄生丝	1 050斤	7月1日	黄生丝	1 000斤
6月26日	燃　丝	50斤	7月1日	白　绸	16 700匹
6月26日	白纱绫	15 000匹	7月1日	纱　绫	800匹
6月26日	红纱绫	400匹	7月1日	纶　子	4 500匹
6月26日	白绉绸	7 000匹	7月1日	天鹅绒	625匹
6月26日	花绸子	80匹	7月1日	麻　布	3 300匹
6月26日	麻　布	7 700匹	—	—	—

[1]《长崎オランダ商馆日记》第1辑，东京：东京大学出版学会，1976—2001年。

以上的资料一定程度上说明了郑氏海商集团在海上贸易的大规模,同时,也折射出对清廷政权的巨大威胁。

(2)去往日本及南洋各国的商船仍在继续。据日本学者大庭修所说:"至贞享元年(康熙二十三年,1684)时来日本长崎的唐船中,有郑成功的商船,有平南王尚可喜、靖南王耿仲明派遣的商船,它们都可以说是与清政府无关,或者说是具有抗清性质的商船。"[1]由于走私贸易利润极高,沿海商民常冒禁出海与外商交易,以求"恒百余利倍"之利,且形成"惯习"。[2]海禁期间,澳门外商每年驶往日本运载白银来中国的船只为35艘,赴日长崎舶船数有所减少,但并不是大量减少。见下表:

表5-7 海禁期(1657—1684)赴日商船数[3]

年份	船数	年份	船数	年份	船数	年份	船数
1657	51	1664	38	1671	38	1678	26
1658	43	1665	36	1672	43	1679	33
1659	60	1666	37	1673	20	1680	29
1660	45	1667	30	1674	22	1681	9
1661	39	1668	43	1675	29	1682	26
1662	42	1669	38	1676	24	1683	27
1663	29	1670	36	1677	29	1684	24

另外,去往暹罗的船只也并未减少,尤其是在海禁解除后获得了一定的增长。见下表:

[1] [日]大庭脩:《江户时代における唐船持渡書の研究》,关西大学出版部,昭和56年,第9页。
[2] 周玄暐:《泾林续记》,台北:艺文印书馆,1967年。
[3] [日]木宫泰彦著、陈捷译:《中日交通史》(下册),北京:商务印书馆,1935年,第314—315、327—328页。

表5-8　1689—1702年部分中国船只到暹罗贸易的情况[1]

年　份	船只数目	备　　注
1689	14—15	来自广州、漳州和厦门,后来继续去日本。
1695	8	5艘来自厦门,2艘来自宁波,1艘来自广州。
1697	至少4艘	停靠在阿瑜陀耶。[2]
1698	7	
1699	6	4艘返回中国,2艘去日本。
1701	1	
1702	至少10艘	

海禁的结果,非但没有中断、甚至也没有严重梗阻中国的海外贸易,连康熙皇帝本人也惊叹:“向虽严海禁,其私自贸易者何尝断绝。”[3]由此来看,康熙于1683年重开海禁,无不是出于现实的考虑。

(3)荷、英等国通过私人贸易获得巨额利润。康熙二十二年(1683)平定台湾,因荷兰“助讨”郑氏有功,“首开海禁通门”,[4]“首许互市”。[5]朝廷明白“外国人不可深信,在外官员奉请互市面上,各图自利耳”。[6]但荷兰商人“后一世纪中,他们在福建沿海各口岸进行一种走私贸易,每次贸易都须用贿买取得许可”。[7]可见,口岸开放后的荷兰商人并没有认真遵守中国法令。荷兰人还利用各种贸易手段,在中国沿海获得了惊人的利润,“至1652年,(荷兰东印度)公司赢利51兆利佛尔,到1693年,几乎近100兆了”,[8]增长了1倍。英国的对华贸易下详。

[1] 林春胜、林信笃编写、浦廉一注释:《华夷变态》东京1958年,第一册第633页,第二册第1271、1274、1736、1947、1998页,第三册第2081、2205、2232页。

[2] 阿瑜陀耶由乌通王始建于1350年,是阿瑜陀耶王朝首都。1767年,该城被缅甸攻占后焚毁,郑信复国后将都城南迁吞武里,建立吞武里王朝,在老城东重建新城。老城废墟现为世界文化遗产阿瑜陀耶历史公园所在地。维基百科:http://en.wikipedia.org/wiki/Makassar。

[3]《清圣祖实录》卷94,康熙二十三年七月十一日上谕,北京:中华书局,1985年。

[4]《清史稿》卷164,《邦交志七》,“和兰”,北京:中华书局,1977年。

[5] 魏源:《海国图志》卷78,《筹海总论》,郑州:中州古籍出版社,1999年。

[6]《康熙起居注》(第1册),北京:中华书局,1984年,第120页。

[7]［美］马士:《中华帝国对外关系史》第1卷,北京:商务印书馆,1963年,第54页。

[8] 周谷城主编:《中西交通史》,上海:上海书店,1996年,第102页。

(三)倭寇与对走私贸易的管理政策

为了防范倭寇的侵掠，明朝一方面通过海禁来“申禁人民无得擅出海与外国互市”：禁止私自出海、禁止私自出海捕鱼、禁止私通海外诸国、禁止私自出海与外国互市；[1]另一方面通过朝贡贸易的形式来羁縻日本统治者，要求他们制止倭寇的骚扰。日本应明廷要求，剿灭了对马、台岐等岛屿上的倭寇老巢。“时对马、台岐诸岛贼掠滨海居民，因谕王捕之。王发兵尽歼其众，挚其魁二十人。”[2]

但是，明政府对日本的朝贡政策作出了种种限制。如永乐二年(1404)规定10年一贡，船限2艘，人限200，违例则以寇论；宣德元年(1426)规定贡船不超过3艘，使臣不超过300，刀不超过3 000，不许违禁等。[3]另外，还颁给勘合文册，作为朝贡的凭据。把本字号勘合100道及日字号底簿1扇赐给日本，把日字号勘合100道及日本字号底簿各1扇存在于礼部，本字号底簿1扇发福建布政司，以便朝贡时进行核对。[4]此后每当改元，即照例送去新勘合和底簿，把未用完的旧勘合和底簿收回。[5]明朝共颁赐给日本的勘合有永乐、宣德、景泰、成化、弘治、正德六种。[6]

嘉靖后，倭患严重，导致明廷不得不调整其对外贸易政策。至隆庆时，终于开放海禁，使得对外贸易得到了一定的发展。同时，相关的外贸管理措施也得到了发展，其中，具有典型意义的就是从月港海商管理制度到对郑氏海商管理制度的变化。月港海商管理制度的新特点主要体现在以下几个方面：首先是对除日本外的任何商船，均可停靠，随时贸易；其次是关税征收的非歧视原则，一律课以同比率的水饷和陆饷税率；再次是纳税商品均可自由交换，不受政府限制，新的海关制度开始形成。

从管理机构上来说，明政府在月港设置了安边馆、靖海馆、海防馆和督饷

[1]《明太祖实录》卷231。
[2] 张廷玉等撰:《明史》卷322,《日本传》,北京：中华书局,1974年。
[3] 郑若曾:《筹海图编》卷2,《倭奴朝贡事略》,见《四库全书》,第584册,第278页。
[4] 王辑五.《中国日本交通史》,上海：上海书店,1984年,第151页。
[5] [日]木宫泰彦:《日中文化交流史》,北京：商务印书馆,1980年,第543页。
[6] [日]藤家礼之助:《日中交流二千年》,北京：北京大学出版社,1982年,第162页。

馆，前三者主要是对月港海商的镇压与控制机构，督饷馆才是海商的管理机构。督饷馆设税务官一名，饷吏二人，书手四名，主要由漳州府的官员兼任。月港海商的管理办法主要有以下几点：一是海商出海需明政府的批准，由海防官发放船引，才能出海，并严查违禁品出海；二是税制从抽分制改为饷银制，主要有三种税：（1）水饷。按照船只大小而征税，如“行西洋船，船阔一丈六以上者，每尺抽银5两，一船共抽银80两”。[1]（2）陆饷。按进口货物的价值和数量来征税。如“土丝布，每匹税银一分六厘，粗丝布每匹税银八厘，西洋布每匹税银一分七厘，东京乌布每匹税银二分，八丁荞每百斤税银一钱正，青花笔筒每个税银四厘”。[2]（3）加增饷。专门征收从吕宋回来的商船。因中国海商到吕宋贸易，很少运货回国，带回大批墨西哥银元，这样免征进口税。明政府以此征税来弥补损失。之前规定的是每船征收150两，后遭反对而减至每船120两（1590）。[3]

清建国之初，面临的最主要的内患来自郑氏集团的威胁。顺治十年（1653），朝廷对郑成功采取了招降加封的政策，封“海澄公桂靖海将军”印，许以泉、漳、惠、潮四府驻兵，[4]但没有如愿。为了维护新生的清朝政权，清廷必然要肃清一切抵抗力量，包括抗清隐患，并武力遏制割断海内外的一切联系，取缔一切对外贸易活动，以此削弱并最终歼灭郑成功的抗清力量。这些成为清初实行海禁政策的客观因素。故在清初，海禁就成了对外政策的主流。

自皇太极即位后，清廷颁发谕令：“若往外国贸易，亦当告诸诸贝勒，私往者罪之。”[5]凡违禁私与外国贸易者，按走私罪惩处，即使是诸贝勒，“不奉谕旨和遣人与外国贸易”，罚银200两。[6]私自与跟随使者前来盛京的朝鲜商人贸易者，也以走私视之，按窃盗例治罪。清廷通过以上的措施来统治对外贸易。1644年后，对外贸的限制就更加的变本加厉，这体现在“迁海”和“海禁”两方面。为防御郑成功及其子孙从海上与沿海民众联合抗清，清初统治者实行大

---

[1] [2] [3] 张燮：《东西洋考》卷7，《饷税考》，北京：中华书局，2000年。
[4] 《郑成功档案史料集》，第74页，转引自马汝珩、马大正主编：《清代的边疆政策》，北京：中国社会科学出版社，1994年，第203页。
[5] 《清太宗实录》卷1，北京：中华书局，1985年，第10页。
[6] 《清太宗实录》卷9，北京：中华书局，1985年，第14页。

规模迁徙沿海居民入内地的政策，史称“迁海”。与此同时，严禁商民船只私自入海，是为“海禁”。现列表如下，以考察清廷对对外贸易限制的严厉：

表5-9 顺治至康熙年间的“禁海”和“迁海”令(1656—1678)

年份	禁令内容	备注
顺治十三年(1656)六月	“凡沿海地方口子，处处严防，不许片帆入口，一贼登岸。如有疏虞，专讯各官即以军法从事，督抚提镇并议罪。”[1]	首颁海禁令
顺治十八年(1661)	明律禁止将牛马、军需、铁质、铜钱、缎匹、绸绢、丝绵等私出境外贩卖，违者治罪，船货没官。[2]	
顺治十八年(1661)	“前因浙江、江南、福建、广东濒海地方，逼近贼巢，海逆不时侵犯，以致生民不获安宁。故令迁移内地，实为保全民生。”[3]	推行“迁界令”[4]
康熙二年(1663)	“宁海州之黄岛等二十岛及蓬莱县之海洋岛，皆远居海中，游氛未靖，奸宄可虞，请暂移其民于内地。”[5]	山东总督祖泽溥疏言，得到清廷批准
康熙四年(1665)	“青、登、莱沿海等处居民，准令捕鱼外，若有藉端捕鱼，在沿海贸易，通贼来往者，照先定例处分。”[6]	
康熙十一年(1672)	“凡官员兵民私自出海贸易，及迁移海岛，盖房居住，耕种土地者，皆拿问治罪。该管州县知情同谋故纵者，革职治罪；如不知情，革职永不续用。该管道府，各降三级调用。总督统辖文武，降二级留任。巡抚不管兵马，降一级留任。”[7]	
康熙十七年(1678)	“上自福州福宁，下至诏安，沿海筑寨，置兵守之，仍筑界墙，以截内外，滨海数千里，无复人烟。”[8]	防范郑经

[1] 光绪《清会典事例》卷776，北京：中华书局，1991年(据光绪二十五年石印本影印)。
[2] 《大清律例》，第225条，北京：法律出版社，1999年。
[3] 《清圣祖实录》卷4，北京：中华书局，1985年。
[4] “迁界令”由何人首先提出学界有不同主张。江日升撰、陈碧笙校：《台湾外纪》卷11，福建人民出版社，1983年，记载：郑成功旧属、后来降清的海澄公黄梧系献策者。刘献廷：《广阳杂记》卷3，北京：中华书局，1957年，也采此说。萧一山：《清代通史》卷上，北京：中华书局，1986年，第347页，则认为“是满洲贵族家奴方星华的弟弟方星焕献的计谋”。
[5] 《清圣祖实录》卷9，北京：中华书局，1985年。
[6] 光绪《清会典事例》卷776，北京：中华书局，1991年(据光绪二十五年石印本影印)。
[7] 光绪《清会典事例》卷120，北京：中华书局，1991年(据光绪二十五年石印本影印)。
[8] 夏琳：《闽海纪要》卷3，福州：福建人民出版社，2008年。

清初的外贸政策，不仅针对本国人民，还涉及对外商的管理政策，而这当中，最重要的便是对葡萄牙、荷兰和英国的政策。这将在下一小节“西方殖民者的东渐”第三部分“明清时期对西方殖民者的管理政策”中详细论述，此处不再赘述。

其间还值得一提的是郑氏海商集团的外贸政策。郑芝龙集团独霸海上后，其对国内外海商的管理办法较明对月港的管理制度又进了一步。主要体现在：对国内海商的管理上，征收税金，发放“特许通行证”是“船引”和“水饷”的结合。郑成功继承了这种税制，并改名为“牌饷”。史料载，“牌饷”分为大小两种：大船征收2 100两，小船征收500两，牌照一年一换。[1]郑经时则改为“梁头饷”：“梁头饷银一千五百两零七分。查伪郑时计船二百一十只，载梁头一万三千六百三十七担，每担征银一钱一分。”[2]对国外海商的管理上，郑氏海商积极发展同日本、英国及南洋诸国的海上贸易，甚至不征收当年的关税。1670年英国在厦门和台湾与郑成功通商。并在1672年和英国签订了郑、英协议条约，征收3%的进口货物税。[3]1678年，“英国东印度公司在以上两地的投资，现金方面共达30 000元，货物方面达20 000元”。[4]

（四）对倭寇与走私贸易及其政策的反思

明初的倭寇之患，并未形成对明廷的政权威胁。这主要是由于明初的海禁和永乐、宣德朝强大的国力使然，当然，还有郑和出使西洋带来的朝贡贸易的发展和日本方面的原因。至嘉靖间，倭寇入侵的频率、次数和规模都较前朝大大地提高了，这有着深刻的经济原因。最主要的便是明朝的“海禁”政策与当时社会经济发展的需求，尤其是沿海地区对外贸巨大的需求相斥，并未从政策上支持海外贸易的发展。在“海禁”下，出海经商有着巨大的经济利润，才会有私商铤而走险，和倭人勾结，形成势力庞大的海商集团，如徐海、王直、郑

[1] 参见［日］太田南亩：《一话一言》卷42，转引自张菼：《关于台湾郑氏的“牌饷”》，《台湾文献》卷19第2期。
[2] 季麒光：《覆议康熙二十四年饷税文》，台北：成文出版社，1983年。
[3] 详参《台湾郑氏与英国通商关系史》，《台湾文献》卷16第2期。
[4]［美］马士：《东印度公司对华贸易编年史》第1卷，广州：中山大学出版社，1991年，第85页。

氏海商集团等。私人海商集团的形成是同明廷的"海禁"政策相互斗争的必然产物,以至于和强盗相勾结,形成"倭寇"之患。王直、郑芝龙集团等代表的是资本主义商业性质的团体,而明政府则是代表封建地主利益的集团。在其开海贸易要求被明政府拒绝后,私自出海并以强盗行径进行贸易就只能是唯一的选择了。所以说,"市通则寇转为商,市禁则商转为寇"。[1]与其说倭寇之患是政治之患,不如说是社会经济发展而要求的"市通"条件得不到满足的经济之患。明中后期是中国社会经济获得迅速发展的时期,如果在政策上对海外贸易加以鼓励,那么,中国的资本主义很可能就要发展起来。

倭寇给明廷带来的不全是动乱和破坏。在经济上,倭寇之患同样带来了私人海外贸易的繁荣。不管是对外贸易港口的兴盛、贸易集团的兴起、规模的扩大,都在相当程度上促进了私人海外贸易的发展。这种兴盛的局面同样使得明政府改革其外贸政策,于正统年间始行抽分制,创造了现代意义的关税制;于隆庆年间开放海禁,制度上为私人海外贸易的发展创造了条件;并在外贸商港的管理上也较贡舶制度前进了很多;始行"船引",不对进出港限制、设置税务官,纳入正规化管理、实行水饷、陆饷和加增饷的固定和比率税制,这些都是具有重大意义的关税改革,客观上促进了海外贸易的发展。

当然,明中后期开放海禁的另一重大影响是白银的内流。这对明清的社会经济发展意义重大。中国的丝绸、瓷器、茶叶等产品在欧洲、南洋、日本等市场上的比较优势极为明显,导致欧洲人把他们得自美洲的白银大部分用来购买中国商品,隆庆开海禁后私人海上贸易的极大繁荣更是导致中国商品源源不断流向各国。当时从美洲运来的白银主要通过马尼拉和长崎流入中国。1602年,西班牙驻墨西哥殖民当局向马德里报告:"每年从阿卡普尔科运往马尼拉的白银总计500万比索,1597年高达1 200万比索。""17世纪初,由日本人、中国人、葡萄牙人和荷兰人的船只,从日本载运出口的白银每年可达150 000到187 500公斤。……最终还是流入到中国大陆。"[2]著名历史学家

[1] 郑若曾:《筹海图编》卷11,《经略一·叙寇原》,见《四库全书》,第584册,第278页。
[2] [英]威廉·S.阿特韦尔:《国际白银的流动与中国经济:1530—1650》,《中国史研究动态》1988年第9期。

梁方仲估计:“由万历元年至崇祯十七年(1573—1644),合计各国输入中国的银元由于贸易关系的至少远超过一万万元以上。”[1]《明史·食货志》载:“(嘉靖时)天下财赋,岁入太仓库者二百万两有奇”、[2]“万历六年,太仓岁入凡四百五十余万两”。[3]大量的白银流入对明后期的社会经济产生了很大的影响。使得白银广泛流通,确立了银本位制,进一步促进了商业的繁荣,对商品经济的发展起到了很大的促进作用。

然而,至清初,为了防范并消灭郑氏集团的反抗,清政府严申海禁,这对于明朝中后期的开海政策是一个大倒退。虽然为了政局的稳定而禁海,这使得沿海的经济受到了很大的打击。一方面,迁海导致沿海人口下降。致使数千里海岸线,一片焦土,船只被毁,房屋倒塌,粮田荒芜,人烟绝迹。据夏琳《闽海纪要》卷上载:“……令将山东、江、浙、闽、广海边居民,尽迁于内地,设界防守,片板不许下水,粒货不许越疆,则海上食尽,鸟兽散矣。”“分遣满员,督迁各省之界,千年生聚,一旦流离死亡,惨不可言。”[4]

另一方面,禁海政策禁止人民出海捕鱼、贸易,不许舟楫往来,不许片帆下海.对外贸易几乎停顿。政令使得“将所有沿海船只,悉行烧毁,寸板不许下水,凡溪河临桁栅,货物不许越界,时刻瞭望,违者死无赦。如此半载,海贼船只无可修葺,自然朽烂。”[5]

清王朝的海禁政策不同于明朝时为了防倭寇而行的海禁,它对清朝后世的影响是不能低估的。海禁极大地限制了商品经济的发展,从而大大地打击了自明后期以来沿海地区蓬勃发展的商品经济。后随着西国东渐,片面的海禁已经无法阻止开放通商的形势。但是,因海禁而导致的经济损失已使得清廷失去了同西方国家进行贸易而获得巨大利益的机遇。及至鸦片战争前,中国商人赴西欧各国贸易船只200余艘,其中部分商船属海外华侨所有。这些船只每艘平均载重量不会超过300吨,“故用于中国各地对外贸易的船只总吨

[1] 梁方仲:《明代的国际贸易与银的输出入》,《中国社会经济史集刊》1939年第6卷第2期。
[2] 张廷玉等撰:《明史》卷78,《食货志》,北京:中华书局,1974年。
[3] 张廷玉等撰:《明史》卷79,《食货志》,北京:中华书局,1974年。
[4] 转引自刘鉴唐、张力主编:《中英关系系年要录》第1卷,成都:四川省社会科学院出版社,1989年,第38页。
[5] 江日升撰、陈碧笙校:《台湾外记》卷11,福州:福建人民出版社,1983年。

数应达60 000—70 000吨”。[1]中国商船未能远赴欧美各国进行贸易，这大大削弱了中国海商在世界贸易中的地位和影响。以后西方商人已明显占据了主导地位，中国海商已然落后。西方商人绝对控制了中外贸易的进口与出口。1800年7月17日至1801年7月5日外国船只进口数目已达64艘；1836年6月9日至1837年5月29日，外国进口船只已增至214艘。[2]海禁对清政府的对外贸易产生了无法估计的影响。正如许涤新、吴承明在《中国资本主义的萌芽》一书所作的评价：“海禁是清朝贵族统治者专制主义与蒙昧的产物，它在政治上、经济上和思想上都产生了深远消极影响。”[3]

嘉靖时倭患严重，故严格海禁。由此导致的走私贸易的利润极为高昂，“海禁”和“高额利润”是相生的，一旦海禁实施，那么高额利润也就产生了。“私造大船越贩日本者，其去也以一倍而博百倍之息，其来也又以一倍而博百倍之息”。[4]百倍的利润尚有夸张。但十倍的利润则比较合理：“水银，镀铜器之用，其价十倍中国，常因匮乏，每斤卖钱五百两。”[5]按照林仁川（1987）的估计，私人贸易的高利润现象则是普遍的。由于中国商船的航线主要是北路向日本和南路向东南亚及西亚各国两条，故林仁川分别估计了日本和南路航线的商船数目，接着估计了各航线的商船吨位，以此得到各航线的贸易额，加总得到贸易总额，然后，再估计各个商品的进口价格和出口价格，估计出利润率，最后用利润率和贸易总额计算得到利润额。经整理相关资料，列出最终的贸易额、利润率、利润额如下，由此可见私人海外贸易的发展。

表5-10　明末清初私人海外贸易利润总额和利润率[6]

航　　线	年均商船数	平均利润率	年均贸易总额（两）*	利润额**
日　本	40.7	250%***	2 170 000	1 550 000

[1] [2] 姚贤镐编：《中国近代对外贸易史资料》（第1册），北京：中华书局，1962年。
[3] 许涤新、吴承明主编：《中国资本主义的萌芽》，北京：人民出版社，1985年，第704页。
[4] 顾炎武：《天下郡国利病书》卷93，上海：上海科技文献出版社，1985年。
[5] 郑若曾：《筹海图编》卷2，见《四库全书》，第584册，第278页。
[6] 林仁川：《明末清初私人海上贸易》，上海：华东师范大学出版社，1987年，第215—273页。

（续表）

航　　线	年均商船数	平均利润率	年均贸易总额（两）*	利润额**
东南亚、西亚	91	150%	14 300 000	7 870 000
合　计	131	—	16 470 000	9 420 000

备注：*年均贸易总额为进出口贸易额之和；**平均利润率=利润额/（年均贸易总额−利润额）；***本为247.2%，但林仁川（1978）为方便起见取整。

三、葡萄牙、西班牙、荷兰等西方殖民主义的东渐

15世纪至17世纪，正值世界历史上的大航海时代。尤其是15世纪末16世纪初的“地理大发现”，掀开了世界历史的新篇章，从此亚洲、非洲、欧洲、美洲不再是独立的大陆，各大洲之间的经济、文化交流开始日渐频繁，统一的世界市场开始了新的征程。与此同时，亦盗亦商的欧洲殖民者的足迹遍及世界，在商品和枪支的掩护下开始了对新兴市场的争夺。当然，他们也来到了中国——在他们眼里似乎满是黄金的国土。从此，东方文明与西方文明开始了正面交锋，险阻欲至，机遇犹存。

（一）西国东渐的历史背景

“地理大发现”开辟了新航道，并导致了新兴市场的发现，使得环球航行成为可能并有利可图。15世纪末至16世纪是西欧各国大规模资本主义原始积累的时期，各国为了积累资本主义发展所需要的资本而急需向外扩张。加之《马可·波罗游记》极具渲染神秘性的对东方的描述，使得西方人普遍相信东方的中国盛产精美的丝绸、瓷器，是一个极为富饶的国度。除了丝绸、瓷器，茶叶也构成了西方东来的最大动力之一。1607年，荷兰东印度公司首先从澳门运输茶叶销往欧洲。1610年荷兰阿姆斯特丹首开饮茶风气。1636年在巴黎逐渐推广，1650年传入伦敦，1659年传入莫斯科，茶叶逐渐在这些欧洲国家中成为一大饮料。中国茶从广州源源不断地运往英伦三岛。加之南洋各国所产的香料是在西欧的需求弹性很低，经营香料利润巨大，这些使得欧洲各国的

商船极力驶向东方。

葡萄牙人最先来到东方。1510年，葡萄牙的舰队司令阿尔布克尔克击败旁遮普土王，占领了果阿。接着占领了有“香料群岛”之称的摩鹿加岛（今印度尼西亚的马鲁古群岛），并于正德六年（1511）攻占了马剌加（马六甲）。由此垄断了当时东西方的香料贸易，获利巨大。

西班牙人尾随其后，并派武装船队东来与葡萄牙争夺摩鹿加岛，后于嘉靖八年（1529）缔约和解，西班牙花费35万得克（Dacats，葡萄牙货币）从葡萄牙手中购得摩鹿加岛。自此，西班牙人专注于征服吕宋（菲律宾），并于隆庆五年（1571）武力征服吕宋，成为其之后330多年间殖民活动的南洋据点，也成为与中国贸易的基地。

荷兰人接踵而至，于16世纪末入侵爪哇，排挤了葡萄牙势力，并因华人不忍西班牙残酷统治而起义的机遇轻易夺得摩鹿加岛，[1]荷兰人自此便以巴达维亚（雅加达）为据点，建立殖民统治，并与中华帝国发生贸易往来。

英国人在明末曾来到中国沿海，并炮击虎门炮台，但是，频繁的和中华帝国的贸易关系是在入清后，并逐渐成为欧洲各国对华贸易的主角。

（二）葡萄牙、西班牙、荷兰等西方殖民主义的东渐

1. 葡萄牙的东渐与对华贸易

1513年，葡萄牙人欧维士（Jorge Alvares）首先来到广东屯门，但是遭到明政府的拒绝。1516年，拉法尔·裴勒斯特罗（Raphael Perestrello）到达广东。1517年，在啡瑙·比利·安剌德（Fernas Peres de Andrade）率领之下，有八艘船（四艘葡萄牙船、四艘马来船）到达中国海岸，其中六艘停在圣约翰岛附近（上川岛），另外两艘进入了广州。明廷对葡人以礼相待，并允许去首都做客。然而葡人在此居留以后，便在屯头、南门等地“设立营寨，大造火铳……杀人抢船，势甚猖獗”。[2]严中平曾说：“16世纪横行江苏、浙江、福建、广东沿海的所

[1] 晁中辰：《明代海禁与海外贸易》，北京：人民出版社，2005年，第141页。
[2] 胡绳：《从鸦片战争到五四运动》，北京：人民出版社，2000年，第19页。

谓倭寇乃是一个巨大的国际海盗群。这个被称为倭寇的海盗群，以中国人为主，日本人次之，还杂有东、西其他许多国家的亡命之徒，其中首要的便是葡萄牙人。”[1]

葡萄牙人的海盗行径激怒了明朝政府，于是明朝政府派兵驱逐了葡萄牙人，并禁止葡萄牙人在东南亚一带的朝贡贸易，“番舶几绝”，致使“番舶不至，则公私皆窘”。[2]但心有不甘的葡萄牙人北上至浙江宁波的双屿港，建立基地，从事中国与日本之间的贸易。直至嘉靖十四年（1535），广东官府才允许外国商船驶入濠镜[3]（澳门）。1524—1527年间，私人海上贸易发展迅速，这引起了明政府的注意，于是1548年，明政府派出了朱纨、卢镗率军进攻双屿岛，“俘斩溺死”殖民者数百人，“贼巢自此荡平，余党遁往福建”。[4]嘉靖三十二年（1553），葡萄牙人通过谎报国籍、贿赂海道副使汪柏等手段，并表示愿向明政府交纳各种税课，获得在澳门等地互市的许可，从此强租澳门。

清建立后，1667年葡萄牙派遣使节来到北京，并于1727年又派遣麦德乐来到北京。1753年再次派遣使节来到北京。自1553年葡萄牙强租澳门后，葡萄牙就以澳门为基地，迅速开辟了澳门—长崎、澳门—望加锡[5]—帝汶、澳门—果阿—里斯本、澳门—马尼拉—墨西哥的环球大三角航线，于是其他西方国家纷至沓来，使澳门成为中西贸易的中转港。[6]葡萄牙人以澳门为基地，独占中国市场达七八十年之久。自此之后，中国和欧洲的贸易关系开始日渐紧密。葡萄牙人从欧洲运来毛织品，从印度运来琥珀、珊瑚、象牙、檀香、白银、贵金属等等，以及大量的胡椒。每年的输出品，据《亚细亚葡萄牙》（*Asia Portugueza*）载，计有丝货5 000箱，每箱装有100匹丝绒或绸缎，或150匹绢

---

[1] 严中平：《老殖民者史话》，北京：北京出版社，1984年，第499、523页。

[2] 张廷玉等撰：《明史》卷325，《佛朗机传》，北京：中华书局，1974年。

[3] 澳门原属香山县，又称香山澳。因澳门有南北二湾，规圆如镜，故曰濠镜。——笔者注

[4] 郑若曾：《筹海图编》之《朱中丞甓馀集》，见《四库全书》第584册，第278页。

[5] 望加锡（印尼语：Kota Makassar）为印度尼西亚南苏拉威西省的首府，亦是苏拉威西岛上最大的城市。望加锡坐落于苏拉威西岛的西南部，滨临望加锡海峡。维基百科：http://en.wikipedia.org/wiki/Makassar。

[6] 黄启臣：《明清之际的“西学东渐”》，载《黄启臣文集——明清经济及中外关系》，香港：天马图书有限公司，2003年，第422页。

纱；[1]2 200或2 500条金条，每条重10两；还有800磅麝香；此外还有珍珠、宝石、糖、瓷器，以及其他各色各样的珍玩。[2]

还要提到的是葡萄牙人的鸦片贸易。在英国垄断鸦片贸易之前，葡萄牙人是鸦片贸易的主角。截至18世纪中叶为止，鸦片贸易几乎不存在，那时只有澳门的葡萄牙人进行鸦片贸易。[3]在1767年以前，运往中国的鸦片不超过200箱，贩运者主要是葡萄牙人，但是到1767年就增加到1 000箱。[4]直至19世纪初，葡萄牙仍是鸦片出口的来源之一。道光元年（1821），阮元曾上奏："鸦片来路大端有三：一系大西洋（葡萄牙），一系英吉利，一系米利坚（美国）。大西洋住居澳门，每于赴本国置货及赴别国贸易之时，回帆夹带鸦片，回粤偷销。"[5]但是，应该承认的是，此时葡萄牙人的鸦片贸易还未形成气候。

2. 西班牙的东渐与对华贸易

西班牙人尾随葡人来到中国，1571年征服吕宋后以吕宋为基地和中国进行贸易，"吕宋在中国东南洋，与欧罗巴相去绝远，西班牙于前明中叶探得之，立为埔头，由是其商船来粤东者，率称大小吕宋，或称宋仔，而西班牙之名转稳"。[6]后遭致荷兰人的驱逐，退出了台湾，西班牙在中国沿海地区建立据点的努力一再落败。1588年8月，为了争夺海上霸权，英国和西班牙在英吉利海峡会战，号称"无敌舰队"的西班牙舰队3万余人竟然被9 000多人的英国海军击败，几乎全军覆没。从此以后西班牙急剧衰落，"海上霸主"的地位被英国取而代之，自此之后西班牙在中国的势力日渐式微。

入清后，西班牙与清廷的交往仍在继续，西班牙控制的吕宋对清廷的朝贡

---

[1] 马丁·马蒂尼（Martin Martini）在他的《Atlas Sinensis》里说是1 300箱。

[2] 龙思泰（Andrew Ljungstedt），*An Historical Sketch of the Portuguese Settlements in China; and of the Roman Catholic Church and Mission in China*, pp. 82–84.

[3] A. J. Sargent, *Anglo-Chinese Commerce and Diplomacy*, Oxford: 1907, pp. 49–57.

[4] 《1855年10月22日麦都思关于鸦片问题的报告》，见英国国会档案（British Parliament Papers）：*Papers Relating to the Opium Trade in China*, 1842–1856, p. 53.

[5] 台北故宫博物院编：《清代外交史料》，道光朝一，台北：成文出版社，1968年。

[6] 徐继畬：《瀛环志略》卷7，太原：山西古籍出版社，2004年。

贸易并未断绝，多遣使和运送白银、粮食、海产品等到沿海地区要求贸易："(崇德)十三年正月，吕宋以麦收歉薄，附洋船载谷二千石、银二千两、海参七百斤，来厦门欲易麦二三千石。"[1]不仅如此，吕宋所产的香料、燕窝、瓷器等不断运至沿海的厦门，以货易货，交换中国特产：乾隆四十六年六月，吕宋夷商万利落及郎吗叮先后来厦，番梢六十余名，货物燕窝、苏木，各带番银一十四万余圆，在厦购买布匹、磁器、桂皮、石条各物；四十七年二月，夷商郎安敦、牛黎美亚，番梢七十余名，遭风到厦，货物苏木、槟榔、乌木，在厦购买白纸、青白石器、石条、花砖、方砖各物；四十八年九月，夷商郎万雷来厦，番梢五十余名，货物苏木、槟榔、呀兰米、海参、鹿脯，在厦购买布匹、磁器、雨伞、桂皮、纸墨、石条、石磨、药材、白羯仔。[2]

在出口到中国的商品中，白银是吕宋输往清廷的主要物品："用银始于闽粤，而闽粤银从番舶而来。番有吕宋者，在闽海之南，产银，其行银如中国行钱。西洋诸番，银多输其中，以通商故，闽粤人多商贸于吕宋运银。"[3]"米时哥，吕宋属国，其地多铸花边银钱，无物产，海舶来粤者，唯载银而已。"[4]但是，不得不承认，西班牙的直接对华贸易的数量是很少的。"西班牙人自己与中国进行的贸易是微不足道的。"[5]

3. 荷兰的东渐与对华贸易

荷兰，史称"红毛番"或"红毛夷"。万历二十九年(1601)，荷兰人到达广东香山，要求通商，自称"不敢为寇，欲通贡而已"。[6]但遭葡人拒绝，明政府为息事而召荷兰人入城，荷兰人无所获而离去。1603年，荷兰人侵掠葡人商船，所获甚多。1605年，荷兰再次入侵澳门，但是因守备严密而失败。荷兰人在中国沿海一无所获而转至侵犯澎湖，1604年首次入侵澎湖，占据约5个月后因明政府的讨伐而离去。1622年再次侵犯澎湖，遭明军击败，请求通商遭

[1] 《皇朝文献通考》卷297，上海：商务印书馆，1936年，第7464—7465页。
[2] 周凯：《厦门志》卷5，台北：大通书局，1984年。
[3] 邓淳：《岭南丛述》卷34，《粤中见闻》，广州：广东人民出版社，1983年。
[4] 阮元监修：《广东通志》卷33，《外番》，广州：广东人民出版社，1991年。
[5] [美]马士：《中华帝国对外关系史》第1卷，北京：商务印书馆，1963年，第52页。
[6] 张燮：《东西洋考》卷6，《红毛番》，北京：中华书局，2000年。

拒。1623年,荷兰遣人到厦门请求通商,明政府没有答应。1624年,荷兰人入侵并占据了台湾南部,1626年西班牙在和荷兰人的抗衡中占据了鸡笼(基隆)和淡水,但荷兰殖民者于1642年打败西班牙并将台湾据为己有。此后以台湾为据点和中国、日本进行通商。但是他们并未放弃对沿海地区的觊觎,于1630年和1633年入侵厦门,均为郑芝龙所破。诚如《明会要》所言:万历二十九年(1601),和兰驾大舰,携巨炮,薄香山,旋引去。三十二年,驾舰抵澎湖。时佛郎机横行海上,红毛与争雄,复汎舟东来,攻破美洛居国与佛郎机分地而守。后又侵夺台湾地,筑室耕田,久留不去。海上奸民,兰出货物为市。又出据澎湖,筑城设守,渐为求市计。天启三年,巡抚南居益发兵讨之,遂扬帆去,澎湖之警以息,然其据台湾者犹自若也,崇祯中,为郑芝龙所破,不敢窃内地者数年。[1]

清建立后,顺治十三年(1656),荷兰派遣哥页(Coyer)及开泽(Keyzer)二人,从爪哇出发抵至京师,请求开放互市。清廷同意荷兰商船八年通商一次,船数限制在4艘,但是不同意其他的请求。[2]其后荷兰人于康熙三年(1664),派遣使臣胡伦(Van Hoorn)转达巴达维亚总督之命,再次请求通商,但仍被清政府所拒。至雍正七年(1729)在广州设立商馆。通商的希望一直没有放弃,1795年,荷兰东印度公司借庆贺乾隆帝登基60周年之机,派遣铁俊甫(Isaac Titsingh)、文谱兰(A. E. Van Braam)为使节来华,谋求扩大贸易,但没有得到清朝的同意。

明后期,荷兰屡次向明廷通商未获通过,所以当时的贸易大多是走私贸易。至清朝时,清廷准许其进行贸易,1832年到中国来的荷兰船有70艘,都是从荷兰及爪哇开来的。1624—1661年独占台湾期间,每年派遣至亚洲的商船增多,并切断了中国同菲律宾的经济来往,垄断了中日贸易,在17世纪独霸了南洋贸易。

---

[1] 龙文彬撰:《明会要》(下册)卷77,《外蕃一》,北京:中华书局,1956年,第1507—1508页。

[2] 萧一山:《清代通史》第1卷第5篇,《中外之交通与会约》之九 ,"荷英西国人之继起。"北京:中华书局,1986年。

表5-11　1620年至1750年荷兰东印度公司派往亚洲的船数[1]

年　　份	年均商船数目
1602—1625	10
1626—1670	22
1671—1750	29

另据德·弗里斯(J. De Vries)载,17世纪的前20年里,从欧洲至东印度的船只只有250艘,荷兰占了一半;到17世纪50、60年代,数目则各为400艘,荷兰占了至少一半。[2]

中荷贸易中不得不提的就是茶叶贸易。在整个17世纪和18世纪初,荷兰是西方国家中最大的茶叶贩运国。17世纪末,荷兰的饮茶已较普遍。饮茶习俗的兴起,为茶叶贸易的发展奠下基础。17世纪至鸦片战争前期,中荷茶叶贸易的形式是中国—巴达维亚—荷兰的间接贸易形式。以巴达维亚为中心的间接贸易有赖于来往于中国和东南亚的中国帆船贸易。17世纪20—30年代,平均每年到达巴达维亚的中国帆船有5艘。[3]1683年清朝解除海禁后,中国帆船到达东南亚的数量有明显的增加,从1690—1718年间,平均每年有14艘中国帆船至巴达维亚。[4]但是,受巨大利润的驱使,其他欧洲国家加入茶叶贸易中来,使得荷兰的间接贸易受损。为此,1727年,荷兰东印度公司决定派2艘船直接到中国购买茶叶,进行直接贸易。荷兰从对华茶叶直接贸易中获益巨大。从1731—1735年,荷兰共派出11艘商船至中国。以武夷茶为例,1733年在广州每磅0.73荷盾,而在荷兰每磅卖到1.44荷盾,[5]茶价在广州与荷兰相差2至3倍,利润可观,见下表:

[1] 整理自[印尼]萨努西·巴尼:《印度尼西亚史(上册)》,北京:商务印书馆,1972年,第359页。
[2] J. De Vries, *The economy of Europe in an age of crisis, 1600–1750*, Cambridge University Press: 1976.
[3] [荷]伦纳德·鲍乐史:《荷兰东印度公司时期中国对巴达维亚的贸易》,《南洋资料译丛》1984年第4期。
[4] C. J. A. Jörg; P Wardle, *Porcelain and the Dutch China trade* Martinus Nijhoff: 1982, p. 20.
[5] C. J. A. Jörg; P Wardle, *op. cit.*, p. 81; N. W. Posthumous, *Inquiry into the History of Prices in Holland* E. J. Brill, Leiden: 1946, Vo l., p. 189.

表5-12 1729、1733年中荷茶叶贸易进出口价值及利润率(武夷茶)[1]

年 份	中国价值(荷兰盾)	荷兰价值(荷兰盾)	利润额	利润率
1729	242 420	355 681	113 261	147%
1733	336 881	988 510	651 629	194%

1729—1793年间,除了在极个别的特殊年份(1740)茶叶贸易只占到1/3外,其他的年份茶叶都占据了绝对重要的份额,在某些年份甚至接近90%,由此可见茶叶贸易在荷兰对华贸易中的比重。

表5-13 1729—1793年阿姆斯特丹对华茶叶贸易[2] (单位:荷盾)

年 份	进口中国货物总值	茶叶价值	茶叶所占比例(%)
1729	284 902	242 420	85.1
1730	234 932	203 603	86.7
1736	365 036	201 584	55.3
1740	1 075 001	590 320	34.9
1746	1 228 100	876 529	71.3
1750	1 366 760	960 403	70.3
1756	2 067 312	1 351 450	64.5
1760	1 803 274	1 614 841	89.6
1766	2 584 402	2 087 036	80.8
1770	2 405 232	1 777 256	73.9
1776	2 451 597	1 723 870	70.3
1780	2 471 829	1 738 936	70.4

[1] C. J. A. Jörg, *op. cit.*, p. 81, Table 3.
[2] C. J. A. Jörg, *op. cit.*, pp. 217–220.

（续表）

年　　份	进口中国货物总值	茶叶价值	茶叶所占比例（%）
1786	4 538 034	3 342 391	73.7
1790	683 971	367 316	53.7
1793	2 714 789	2 150 192	79.2

（三）明清时期对西方殖民者的管理政策

1. 对葡萄牙殖民者的管理政策

（1）明朝政府对葡萄牙人的管理政策

葡萄牙人是第一批到中国来的欧洲人。其在中国的行动方式，一开始就是海盗行径，引起明政府的戒备。嘉靖三十二年（1553）葡萄牙强租澳门。终明一世，明朝政府并未放弃对澳门的主权。这表现在以下几个方面：

缴纳地租。1573年，葡人将原来每年贿赂给广东海道副使的贿赂变成向明朝政府缴纳的地租，每年500两："地岁租银五百两，县征之。"[1]后又加上火耗15两。税银20 000两："岁输课二万金。"[2]缴纳地租表明了葡萄牙人承认明政府对澳门的完全主权。为防范和控制葡人，明廷于1574年在澳门与大陆的陆上交通咽喉修建了"关闸"，派官兵把守，每月限时限量向葡人供应生活必需品。

征收船税。明朝政府原在澳门设有河舶所，为葡人居留地后，中国政府又在澳门设立了海关，负责外国商船抽税事宜，税率则按政府所定则例。这一时期，明朝官员允许澳门葡人在澳门设立自己的税关，向葡萄牙船只另行抽税，作为维持澳葡自治机构运作的经费。

行政管理权。明朝政府在澳门设立提调、备倭守澳官和巡缉行署，掌管

[1] 陈沣：《香山县志》，引自《祝志》，北京：中华书局，2003年。
[2] 《明史》卷325，《佛朗机传》。

巡查拘捕海贼、奸伪事宜；1584年，明政府将二品官衔授予澳门自治机构首领——"督理壕镜澳事务西洋理事官"[1]（也被称为"夷目"），让他管理澳门的葡萄牙人，并授予若干管理澳门中国商民的权力。万历四十二年（1614），广东官府针对葡萄牙人历来的违法行为，制订了《海道禁约》，并设参将府，调兵戍防。[2]

司法处分权。明朝政府规定：若葡人自相侵犯，中国官员允许由葡人自己选出的法官依照葡国法律予以审判定罪，不服可上诉果阿高等法院。若案件涉及中国人，不论中国人是原告还是被告，都由在澳门的中国官员审判；[3]若发生中国商民命案，凶犯将被带往广州按律例判决。若发生危及澳门整体安全的民刑事案件，而澳葡自治机构又无法处置时，即使案件发生在葡人内部，中国官员有权行使最终司法处分权。[4]

（2）清朝对葡萄人的管理政策

鸦片战争前，清廷延续了明朝的管理政策。由于感到葡人盘踞澳门事情重大，顺治十八年行迁海令时，要求澳葡人奉旨迁界："申命疆臣，严行约束，即于澳夷，亦每事防范，诚以地方安危击乎市易，而市易利害在于夷商，杜渐防微之道，固不可不详慎也。"[5]广东大吏强调澳夷言语难晓，内地"不便安插"，"迁之更难"，[6]葡人才幸免于此。但清政府并未对其放松警惕："粮米计口而授，每几日放一关。其一切用物，皆奉禁稽查，留难勒扰，不许出。"[7]康熙三年（1664），清政府将前山寨改设副将，所辖官兵增至2 000人，原来经常开放的关闸改为每月开启六次，后来更改为每月开启两次。同时，像禁止国人一样，严禁葡萄牙商人出海贸易。清政府迫于形势，又出于对海外珍奇的需求，遂于康熙十八年（1680）应据有澳门的葡萄牙使者之请，开放对澳门的陆路贸易：准

[1] 张天泽：《中葡早期通商史》，香港：中华书局，1988年。
[2] 内容如下："禁畜养倭奴；禁买人口；禁兵船骗饷；禁接买私货；禁擅自兴作。将禁约勒成石碑，立在澳门的议事亭中，令'澳夷'永世遵守。"
[3] 费成康：《澳门四百年》，上海：上海人民出版社，1988年。
[4] 见马士："据记载1578年以前，中国曾派遣一位官员驻守澳门，承皇帝之旨管理该城，凡牵涉中国人在内的案件，不论他是原告或被告，都归他裁判。"引自《中华帝国对外关系史》，北京：商务印书馆，1963年。
[5] 夏琳：《闽海纪要》。
[6] 尹源进：《元功垂范》卷下，北京：中华书局，1980年，第29页。
[7] 江日升撰、陈碧笙校：《台湾外记》卷6，济南：齐鲁书社，1983年。

许“澳门夷人与内地商人各将货物,俱由旱路挑至关前界口,互相贸易”。[1]

鸦片战争爆发后,看到形势不利,葡人偏袒英国,并乘《南京条约》换文之机讹诈中国,提出七点要求:① 废除每年500两的澳门地租;② 把三巴门以外至关闸之间的地区划归澳门;③ 准许葡兵驻扎;④ 宣布澳门为自由港,允许各国商船前来贸易;⑤ 澳门商税应低于中英通商章程所规定的税率;⑥ 准许澳门商船参加五口通商;⑦ 废除关于澳门修建房屋和船只必须经中国政府批准的规定;⑧ 内地进入澳门的货物由澳门征税。但中方严词拒绝管辖权要求。1845年11月20日,葡女王玛丽亚二世宣布澳门为自由港,并任命殖民主义分子阿玛勒为新任总督,此人在澳门的野蛮行径,导致清廷在澳门无法行使主权。1887年12月1日,葡萄牙在英国的默契下胁迫清政府签订了《中葡和好通商条约》,规定中国政府准许葡萄牙“永居管理”澳门,葡萄牙未经中国政府同意不能将澳门转让其他国家。1888年4月28日,中葡代表互换了条约正式文本,中国最终丧失了对澳门的管治权。[2]

2. 对西班牙殖民者的管理政策

(1)明朝对西班牙人的管理

1574年,海盗头子林凤率众南下攻吕宋,与西班牙人发生冲突,当时的福建巡抚竟联合西班牙人剿灭林凤,西班牙人自恃有功,遂派人前来中国以求通商,中国准其朝贡,但禁止其传教,西班牙人并不满意,遂返回吕宋。1575年来到广州,转至澳门要求通商,但是再次遭拒。万历八年(1580),西班牙国王菲利普二世,再次派遣使臣丁伊格奈条(Martin Ignatius)来明朝,但是被葡萄牙人所破坏,没有取得理想效果。1598年,西班牙所属的吕宋再次遣使入华,但是仍遭拒:“万历二十六年八月初五日,吕宋径抵濠镜澳住舶,索请开贡,督抚司道谓其越境违例,议逐之;澳夷亦谨守澳门,不得入。九月移舶虎跳门,言候丈量。十月又使人言已至甲子门。舟破趋还。遂就虎跳门结屋群居不去。海道副使张邦翰饬兵焚其聚落。次年九月,始还东洋。或曰,此闽广商诱之使

[1] 李士桢:《请豁市舶澳门旱路税银疏》,《抚粤政略》卷2,广州:广东人民出版社,1994年。
[2] 李蓓蓓:《中葡关系与澳门问题》,《历史教学问题》1999年第4期,第15—16页。

来也。”[1]

此后随着吕宋和明朝的贸易进一步发展,而吕宋的贸易又掌握在中国沿海地区的海商手里。西班牙人对中国海商的仇视心理日趋严重。1603年,西班牙对其属地的华人进行了大屠杀,“当时留居在西班牙统治下各岛屿的二万人中,除了少数逃脱之外,几乎全部都死在刀剑之下”。[2]随着海商人数的恢复,1639年又进行了大屠杀,留居吕宋33 000的华人中受害者达三分之二,并出台限制华商的税收和教会政策。[3]但是,当朝政府并未对西班牙殖民者采取任何措施。

(2)清朝对西班牙人的管理政策

入清后,西班牙控制的吕宋曾遣使到清廷要求贸易,但是清廷以“天朝”自居,只是要求其朝贡,自由通商要求受阻。“本朝崇德中,吕宋遣使进贡于明,使臣留闽未还。顺治三年,福建平,守臣送其使入京师。四年六月,上赐以服物,赐敕谕于其王,遣归本国。康熙五十六年,吕宋等国口岸多聚汉人,圣祖仁皇帝谕令商船禁止南洋贸易。”但是,至雍正后,一定程度上开放了自由贸易,然而,对于西班牙,清廷尚存戒备之心:“雍正五年后,通市如故。(时提臣王郡以例禁五谷出洋奏请)得旨:朕统御寰区,内外一体,吕宋虽隔重洋,朕心并无歧视,……今载谷易麦,更为情理当从。著转饬有司均平粜糴,俾番船载回,以济其用。并将朕旨传谕来商知之。”[4]

3. 对荷兰殖民者的管理政策

明清时期对荷兰殖民者的直接管理主要是在入清后。在早期来华的西方列强国家中,荷兰与中国的关系最为复杂。顺治十年(1653)荷兰向清朝政府提出在广东贸易的请求,是第一个以“朝贡”方式来华并见诸史书的西方国家。为扩大在华贸易,获得贸易特权,于顺治十二年(1655)第一次派遣使臣觐见清廷。清朝准许其遣使朝贡,贡道广东。但须“在馆交易”,因“海上贸易

[1] 金光祖:《广东通志》卷28,番夷。
[2] [美]马士:《中华帝国对外关系史》第1卷,北京:商务印书馆,1963年,第51页。
[3] 同上书,第52页。
[4]《皇朝文献通考》卷297,上海:商务印书馆,1936年,第7464—7465页。

已经题明不准”，明令不许随意通商贸易。《世祖实录》载：顺治十二年（1655）“礼部言，荷兰国从未入贡，今重译来朝，诚朝廷德化所致。念其道路险远，准五年一贡，贡道由广东入。至海上贸易已经题明不准，应听在馆交易，照例严饬违禁等物。得旨：荷兰国慕义输诚，航海修贡，念其道路险远，著八年一次来朝，以示体恤远人之意”。[1]

康熙二年（1663）则准荷兰由广东“入贡”。康熙三年（1664），清廷“以荷兰国王助兵克取厦门、金门，颁敕谕二道褒奖”。[2]因为助清有功，荷兰以为清廷会因此对自己扩大贸易特权，遂遣范胡伦（Pietet van Hoorn）出使北京，但康熙帝并未允许：“海寇未经剿除，荷兰国不时互市，实有未便。”[3]其使命失败告终。所以在康熙二年（1663）曾准许荷兰贸易一次之后，至康熙五年（1666）又谕令永行停止贸易。康熙七年（1668）放宽了规定，贡期之内可以自由贸易，但是非贡期间则不许：“查外国非系贡期，竟来贸易者，会典并未开载，唯康熙二年准荷兰国贸易一次，康熙三年准暹罗国贸易一次，随于康熙五年永行停止。请嗣后非系贡期，概不准其贸易。从之。”[4]

康熙二十二年（1683）清军收复台湾时荷兰奉清朝之命，派海军助战。虽然荷军到达时，清军已征服郑氏占领全岛，但还是因其“助讨”郑氏有功，“首开海禁通市”，[5]“首许互市”。[6]而且在雍正时期，还对荷兰进行减免税额和准许其进行大量的丝绸贸易，这虽是大清帝国对西方殖民者的“格外开恩”，但并未消弭其对西方殖民者的戒备之心：“雍正初年，通市不绝。夏秋交来广，由虎门入口，至冬乃回，岁以为常。乾隆元年，特命裁减荷兰税额，谕曰：朕闻外洋红毛夹板船到广时，泊于黄浦地方，输税之法，海船按梁头徵银二千两左右，再按则由其货物之税，此向例也。近于额税之外，将伊所携置现银另抽加一之税，名曰缴送，与旧例不符，非朕嘉惠远人之意。著该督查例裁减，并宣谕各夷人知之……二十七年，准荷兰国夷商每船配置土丝五千斤，二蚕湖丝三千斤。

[1] 《清世祖实录》卷102，北京：中华书局，1985年。
[2] 光绪《清会典事例》卷502，北京：中华书局，1991年（据光绪二十五年石印本影印）。
[3] 《康熙起居注》第1册。
[4] 《清圣祖实录》卷25，北京：中华书局，1985年。
[5] 赵尔巽：《清史稿》卷164，《邦交志》七，“和兰”，北京：中华书局，1977年。
[6] 魏源：《海国图志》，《筹海总论》卷78。

是年十月，其商人许力等呈称彼国无织纫之工，求量带绸缎。经两广总督苏昌奏准每丝千斤扣带绸缎八百斤，著为例云。”[1]

（四）反思

西方国家的东渐，是中国开拓海洋事业，并融入世界市场的有利契机。但是，明清大部分时期朝廷在管理政策上严厉海禁，并以天朝自居，不去了解西方世界并应时代的要求开放国家之间的平等贸易，加上西欧各国的殖民特性，“有不能和平贸易者，即起而逞暴行，肆掠夺”，[2]并且，“以兵力不足威，辄以甘言诱之”的工于心计的贸易请求使得朝廷对其严加控制，进而使得双方剑拔弩张，自由贸易的发展受到很大的阻碍。

西国东渐对中国海外贸易直接的影响是导致了自宋元以来中国海商苦心经营的亚洲海洋贸易优势的丧失。葡萄牙人以强大的武力占据果阿、澳门、马六甲和长崎，垄断了中日贸易；西班牙人在菲律宾建立殖民统治，中菲贸易受到极大的打击；荷兰在爪哇巴达维亚建立殖民统治，控制了印尼与中国的贸易；英国人在印度苦心经营后卷土重来，直接建立了远东贸易圈，[3]等等。这些都导致了中国在亚洲海洋贸易中地位和优势的丧失，从而延缓了中国迈向现代化的进程。

另外，当朝政府极力打压海商集团，使得“没有帝国支持的商人”[4]（merchants without empire）和西方各国以武力为后盾的商船的竞争中处于劣势，使得新兴的资本主义商业性质的海商集团既受到本国政府的打压，又受到各列强的侵掠，从而江河日下。郑氏海商盛极而衰的历程最好地说明了这一点，这和西方各国大力支持航海活动形成鲜明对比，迥异的政策导致了大相径庭的贸易发展进程。

对首先怀抱自由通商美好希望的各国来说，明清政府给他们的绝大多数是失望。比如荷兰人，始终坚持通商的请求，甚至遣使北京，呈贡方物，在皇帝

[1] 《皇朝文献通考》卷298，上海：商务印书馆，民国25年（1936），第7472—7473页。
[2] 萧一山：《清代通史》第1卷，第五篇《中外之交通与会约》，北京：中华书局，1986年。
[3] 庄国士：《论中国海洋史上的两次发展机遇与丧失的原因》，《南洋问题研究》2006年第1期。
[4] Wang Gungwu, *China and the Chinese Overseas*, Times Academic Press, Singapore, 1992, p. 79.

公司名存实亡。1858年11月，维多利亚女王加冕为“印度女王”，直接统治印度，东印度公司对印度的管理终结，[1]1873年，东印度公司最终解散。

（二）东印度公司的对华贸易

清初，英国对华贸易一直不景气，葡萄牙人百般阻挠，使英国商人与郑氏政权控制的台湾和厦门地区进行贸易。1670年，两者建立了通商关系，东印度公司为其输入军火等物资。1674年，郑经趁三藩之乱占有厦门之际，英商旋即赴厦门贸易，1676年在厦门设立商馆。随着1680年郑经败北，厦门的英国商馆也于1681年停闭。

台湾归清后，“澳门为夷人聚集重地，稽查进澳夷船往回贸易，盘诘奸宄出没”，[2]在澳门口岸设立粤海关征税总口。粤海关便立牌告示天下：“康熙二十四年议准：番船贸易完日，外国人员一并遣还，不许久留内地。”[3]但在康熙二十三年（1684）开海贸易，“直到1685年，皇帝宣谕开放中国各口岸准予通商以后，英国人才通过东印度公司获得在广州开设一个商馆的权利；可是第一艘船却在1689年才派来”。[4]然而，在其后的鸦片贸易中，由于东印度垄断了鸦片贸易，获利巨大，这引起其他散商的强烈不满，经过散商长达4年的请愿、公众演说、群众集会和院外活动，1833年，议会终于取消了东印度公司的垄断权，中国这时也对英国的自由贸易实行开放。[5]1834年，东印度的对华贸易垄断权终止。

1. 茶叶

茶叶贸易在东印度公司的对华贸易史上占有极为重要的地位，而且是导致白银流入中国的重要因素。中国茶叶“是其商业王冕上最贵重的宝

[1] Dutt Romesh, *The Economic History of India in the Victorian Age*, 7th Edition, London: 1950, pp. 225–235.

[2] 梁廷枏总纂、袁钟仁校注：《粤海关志》，广州：广东人民出版社，2002年，第7页。

[3] 同上书，第1216页。

[4] ［美］马士：《中华帝国对外关系史》第1卷，北京：商务印书馆，1963年，第58页。

[5] ［美］费正清（J. K. Fairbank）、崔瑞德（D. C. Twitchett）主编、中国社会科学院历史研究所编译：《剑桥中国晚清史》（上卷），北京：中国社会科学出版社，1985年，第111页。

石”,[1]“是一个世纪以来在东印度公司的垄断之下和中国通商的记录”。[2]英国获得茶叶的第一次记载是在1664年,但来源未明,“这些茶叶大概是从荷兰购得的,也有可能是从他们自己船上的职员购得的……1689年,东印度公司从厦门进口了第一批茶叶”。[3]18世纪后期,茶已经成为英国每家每户必不可少的饮料,中国茶叶输入英国的数量骤然上升,特别是在1784年英国为了消灭茶叶走私,通过了抵税法案(Commutation Act),将茶叶进口税从119%[4]减至12.5%以后,贸易额更是成倍增长。[5]庄国土(1995)认为,茶叶是18世纪中西贸易的核心商品,茶叶开始成为中英贸易中的重要商品始于1716年。17世纪20年代起,东印度公司绝大部分年份中,所购买的茶叶都占其从中国总进口值的一半以上。在1765—1774年间,茶叶占到从中国进口货物总值的71%,而至1785—1794年间,这个比例提高到85%。[6]参见下表:

表5-14　1722—1833年间东印度公司进口货物总值中茶叶贸易的比例[7]

年　份	货物总值(两)	茶　叶		
		数量(箱)	货值(两)	茶叶所占比例(%)
1722	211 850	4 500	119 750	56
1723	271 340	6 900	182 500	67
1730	469 879	13 583	374 311	73
1733	294 025	5 459	141 934	48
1736	121 152	3 307	87 079	71

[1] [英]格林堡:《鸦片战争前中英通商史》,北京:商务印书馆,1961年,第171页。
[2] A. J. Sargent, *Anglo-Chinese Commerce and Diplomacy* Oxford, 1907, p. 50.
[3] [美]马士:《中华帝国对外关系史》第1卷,北京:商务印书馆,1963年,第10页。
[4] 庄国土则认为是“茶叶消费税由100%下降到12.5%”。庄国土:《茶叶、白银和鸦片:1750—1840年中西贸易结构》,《中国经济史研究》1995年第3期。
[5] 严中平等编:《中国近代经济史统计资料选辑》,北京:科学出版社,1955年,第1页。
[6] E. H. Pritchard, *“The crucial years of early Anglo-Chinese relations, 1750–1800”*, Washington: 1936, p. 163.
[7] 资料来源:K. N. Chaudhuri, *The Trading World of Asia and the English East India Company: 1660–1760* Cambridge, 1978, p. 638. Earl. H. Pritchard, *op. cit.*, pp. 395–396, H. B. Morse, *op.cit.*, Vols. 2–4,转引自庄国土:《茶叶、白银和鸦片:1750—1840年中西贸易结构》,《中国经济史研究》1995年第3期。

（续表）

年　　份	货物总值（两）	茶　　叶		
		数量（箱）	货值（两）	茶叶所占比例（%）
1740	186 214	6 646	132 960	71
1750	507 102	21 543	366 231	72
1761	707 000	30 000	653 000	92
1766	1 587 266	69 531	1 370 813	36
1770	1 413 816	67 128	1 523 849	94
1775	1 045 433	22 574	498 644	48
1780	3 026 043	61 200	1 125 983	55
1785	3 942 069	103 865	2 564 701	87
1790	4 669 811	159 595	4 103 828	88
1795	3 521 171	112 840	3 126 198	89
1799	4 091 892	157 526	2 545 624	62
1817	4 411 340	160 692	4 110 924	93
1819	5 786 222	213 882	5 317 488	92
1822	6 154 652	218 327	5 846 014	95
1825	5 913 462	209 780	5 913 462	100
1833	5 521 043	229 270	5 521 043	100

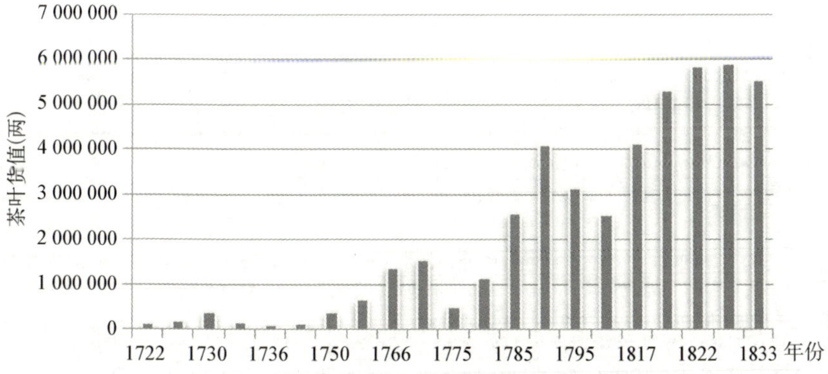

图5-1　1722—1833年东印度公司茶叶贸易的货值　　（单位：两）

从上表和图可以看出，1722—1833年间，茶叶在东印度公司的对华贸易中占据了极大的份额。有的年份，如1825和1833年，茶叶贸易甚至是对华贸易的全部。从1785年开始，东印度公司的茶叶贸易进口数量开始急剧增长。

茶叶贸易由东印度公司一手垄断，并给公司带来了惊人的利润。公司以茶叶为主要内容的对华出口生意利润率常在26%以上，有时高达43%。[1]从1815年开始，东印度公司在茶叶中的获利都在100万英镑以上，占其总利润的90%。[2]茶叶贸易不仅是东印度公司对华贸易最重要的商品，还是英国财政收入的重要来源。1815年后，得自茶叶贸易的利润提供了英国国库收入的10%。[3]

2. 生丝、瓷器、南京土布等

茶叶虽然占据东印度公司对华贸易的大头，但是，茶叶并非贸易内容的全部。“除了茶之外，颇受英国市场欢迎的中国商品还有生丝、南京土布等等。当时，茶叶占对英输出总额的大约五分之三，而丝约占五分之一。”[4]根据马士在《东印度公司对华贸易编年史》中的记载，笔者对生丝、瓷器和南京土布的贸易状况统计如下：

表5-15　1700—1829年东印度公司自华输入的生丝、南京土布和瓷器的货值及各自比例[5]

年　份	生丝价值*	南京土布价值*	瓷器价值*	总货值*	生丝价值比例	南京土布价值比例	瓷器价值比例
1700	9 536.8			44 928.64	21.23%	—	—
1701	39 000			245 500	15.89%	—	—

[1] K. N. Chaudhuri, *The Trading World of Asia and the English East India Company: 1660–1760*, Cambridge, 1978, p. 638. Earl. H. Pritchard, *op. cit.*, pp. 395–396, H. B. Morse, *op.cit.*, Vols. 2–4，引自庄国土：《茶叶、白银和鸦片：1750—1840年中西贸易结构》，《中国经济史研究》1995年第3期。

[2] A. J. Sargent, *op. cit.* p. 51.; Earl. H. Pritchard, *op. cit.* p. 163.

[3] Michael Greenberg, *British trade and the opening of China 1800–1842* Cambridge, 1951, p. 3.

[4] H. B. Morse & H. F. MacNair, *Far Eastern international relations* Houghton Mifflin Company: 1931, p. 65.

[5] ［美］马士：《东印度公司对华贸易编年史》第1—5卷，广州：中山大学出版社，1991年。

（续表）

年 份	生丝价值*	南京土布价值*	瓷器价值*	总货值*	生丝价值比例	南京土布价值比例	瓷器价值比例
1702	66 000			223 657	29.51%	—	—
1724	30 000			211 850	14.16%	—	—
1730	23 143			595 824	3.88%	—	—
1734			9 000	296 291	—	—	3.04%
1735			114	8 639	—	—	1.32%
1736		896	8 097	121 152	—	0.74%	6.68%
1783		366 146		691 458	—	52.95%	—
1792	468 000	30 000	3 500	4 566 299	10.25%	0.66%	0.08%
1817	177 640	176 940		8 126 861	2.19%	2.18%	—
1819	406 400	163 000		8 036 420	5.06%	2.03%	—
1820	397 325	178 035		8 535 320	4.66%	2.09%	—
1821	398 043	125 062		7 977 543	4.99%	1.57%	—
1822	270 364	100 938		8 548 128	3.16%	1.18%	—
1823	286 897	—		8 673 691	3.31%	—	—
1828		3 200		7 676 186	—	0.04%	—
1829		1 050		7 621 526	—	0.01%	—

备注：*1972年以前价值的单位为两，之后的单位为元。各货值占总货值的比例由笔者计算出来。

从上表可以看出，生丝在东印度公司对华贸易中所占的比重总体上来说不大，不过，在18世纪初至18世纪30年代中，生丝的比重大于以后的时期。南京土布所占的比重在某些年份（1783）尤为突出，占到了一半以上。然后，自1821年后，比例急剧下降，甚至可以忽略不计。瓷器所占的比例则始终不大，这和茶叶贸易的高利润吸引是相关的。“虽然瓷器、漆器、丝绸和其他中国商品的需求由于欧洲的中国风格（Chinoseries）的流行仍在增长，但东印度公司宁可让这类商品的贸易由其和船员利用他们的优待吨位（privilege tonnage）去经营，本身则集中经营茶叶贸易。”[1]

3. 白银与鸦片

在东印度公司的赤字发生之前，白银是东印度公司最重要的对华输出商品；为了平衡赤字，东印度公司大量对华输出鸦片，以获得白银购买茶叶。[2]东印度公司对华贸易输入的最大兴趣来自茶叶这种利润高昂的商品。虽然东印度公司也大量对华输出其工业品，但是，自给自足的封建经济下的中国人对英国的工业品兴趣不大，使得英国每年对华贸易发生逆差。18世纪60年代以后，东印度公司及英国的对华贸易逆差扩大。见下表5-16：

表5-16　1792—1811年东印度公司对华贸易逆差[3]

年　　份	对华输入货值/对华输出货值（%）	贸易赤字（两）
1765—1766	302	
1775—1776	256	
1785—1786	428	
1785		222 766
1786		864 307
1787		904 308

[1]　Michael Greenberg, *op. cit.*, p. 3.
[2]　庄国土：《茶叶、白银和鸦片：1750—1840年中西贸易结构》，《中国经济史研究》1995年第3期。
[3]　整理自庄国土：《茶叶、白银和鸦片：1750—1840年中西贸易结构》，《中国经济史研究》1995年第3期。

表5-17 1792—1811年英国对华贸易逆差[1]

年 份	英国对华出口（英镑）	英国对华进口（英镑）	贸易顺差（+）/逆差（−）
1792	559 651	2 305 851	−1 746 200
1793	752 926	2 899 852	−2 146 926
1794	738 496	4 115 308	−3 376 812
1795	627 571	4 702 251	−4 074 680
1796	492 305	1 059 596	−567 291
1797	494 974	2 792 656	−2 297 682
1798	775 235	7 578 414	−6 803 179
1799	824 328	2 609 050	−1 784 722
1800	919 543	2 666 673	−1 747 130
1801	1 029 069	5 157 316	−4 128 247
1802	1 089 168	4 645 911	−3 556 743
1803	1 146 234	5 203 542	−4 057 308
1804	1 003 571	4 561 030	−3 557 459
1805	1 102 620	4 829 016	−3 726 396
1806	1 222 198	3 740 296	−2 518 098
1807	1 313 993	2 156 075	−842 082
1808	1 191 327	6 124 816	−4 933 489
1809	1 042 139	3 749 298	−2 707 159
1810	933 459	3 390 988	−2 457 529
1811	963 715	3 660 830	−2 697 115
总计	18 222 522	77 948 769	−59 726 247

[1] 统计至British Parliament Papers, Vol. 40, *Total value of China produce imported into Great Britain, 1792–1811.* p. 27和British Parliament Papers, Vol. 40, *An account of the value of all goods exported from Great Britain to China, in each year, from 1792–1811, both inclusive.* p. 33。转引自公一兵:《1780—1880年间中国白银出入的变化及外国银元之地位》,1999级"泰兆奖助金"论文集。

上表明显地说明了从18世纪60年代到80年代后期,英国及东印度公司的对华贸易逆差在扩大。整个1792—1811年,英国的对华贸易赤字达到将近60 000 000英镑,合1.8亿两白银。[1]为了大量购买中国的茶叶,英国及东印度公司不得不支付白银,并对华输出大量的白银。这样,产自美洲的白银流至英美等国后,又流入了中国。

18世纪60年代以后,白银一直是东印度公司对华输出的主要商品,18世纪初至中叶后,白银占到了东印度公司对华贸易货值的90%。虽然18世纪中叶后对华输出的商品主要是铅、锡和棉花,白银所占的比重有所下降,但是,绝对值仍在增加,18世纪80年代至19世纪20年代平均输入的白银数量显然较18世纪60年代至80年代的平均数量多(见图5–2)。1766—1800年,东印度公司共输入33 000 000两白银至中国。下表是一个最好的说明:

表5–18　1677—1751年白银输出值占东印度公司对华输出货值的比例[2]

年　份	总货值(两)	白　银(两)	白银所占比例(%)	年　份	总货值(两)	白　银(两)	白银所占比例(%)
1677	2 110	4 778	65	1721	5 439	132 000	96
1681	31 350	37 500	54	1723	8 664	102 000	92
1682	43 797	84 000	66	1729	12 951	480 000	97
1698	75 000	60 000	44	1731	12 747	657 090	98
1699	16 425	79 833	82	1733	30 000	105 000	78
1704	14 898	139 452	90	1735	2 568	144 000	98
1707	8 343	63 000	88	1738	3 360	120 000	97
1709	7 905	93 000	92	1747	7 407	105 000	93
1717	9 636	99 000	91	1749	1 845	90 000	97
1719	8 064	96 000	92	1751	70 476	412 800	85

[1] 1英镑=3两白银,见[美]马士:《中华帝国对外关系史》第1卷,北京:商务印书馆,1963年,第14页。

[2] [美]马士:《东印度公司对华贸易编年史》第1—5卷,转引自庄国土:《16—18世纪白银流入中国数量估计》,《中国钱币》1995年第5期。

表5-19　1760—1823年东印度公司对华输出白银数量[1]　（单位：两）

年 份	白银数量	年 份	白银数量	年 份	白银数量	年 份	白银数量
1760	765 414	1770	822 044	1788	2 094 878	1801	77 920
1761	216 000	1771	879 630	1789	1 321 920	1803	1 376 886
1762	322 410	1772	574 872	1790	2 106 041	1804	795 062
1763	528 609	1773	81 452	1791	172 800	1815	1 048 272
1764	338 781	1776	394 016	1792	518 400	1816	2 452 511
1765	1 690 479	1777	230 400	1796	120 960	1820	1 898 863
1766	1 930 593	1778	90 720	1797	626 965	1823	659 998
1767	620 040	1783	8 460	1798	1 326 830		
1768	521 427	1786	2 062 082	1799	1 623 171		
1769	489 186	1787	1 912 320	1800	421 442	总计	33 121 032

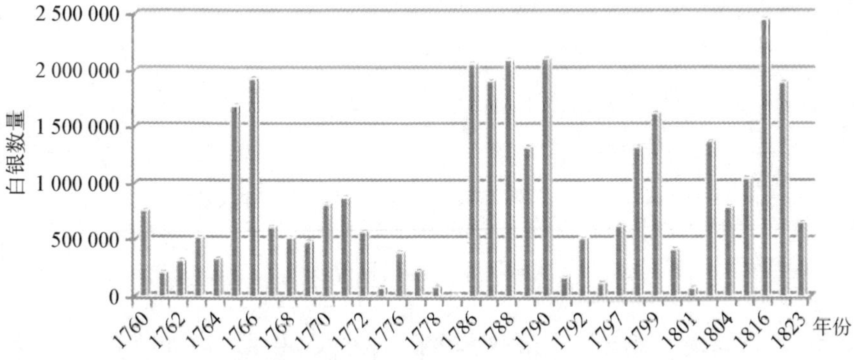

图5–2　1760—1823年东印度公司对华输出白银数量（单位：两）

根据庄国土（1995a，1995b）的估算，1700至1823年间，东印度公司流入中国的白银数量为53 875 032两，而明后期至鸦片战争前约280年的时间流入中

[1] 1760—1799年的数量来自E. H. Pritchard, *op.cit.* p. 163; 1800—1823年的数量来自W. E Cheong, "Trade and Finance in China: 1784–1834: a Reappraisal in Business History", vol. 12, No. 1, Jan. 1965. 转引自庄国土：《16—18世纪白银流入中国数量估计》,《中国钱币》1995年第5期。

国的白银数量为51 560万两,东印度公司在这区间输入中国的白银数量占280年间总数量的10%还多!

为了平衡巨额的贸易赤字,东印度公司不得不支付巨额的白银,但是,从供给的角度的来看,美洲的白银产量却在减少,1820—1829年的总产量仅为1700年一年产量的80%,也仅是1800—1809年总产量的44%(见下表5-20)。这就引发了中西贸易结构中最为重要的问题:东印度公司必须寻找一种能让中国支付白银购买的商品,以平衡西方对白银的供给和需求。对西方来说,他们很幸运地找到了中西贸易结构平衡的商品——鸦片。但对中国来说简直是灾难。

表5-20　1650—1829年西属美洲的白银产量[1]　(单位:元)

年　份	白银产量
1650	10 000 000至13 000 000
1700	12 000 000
1750	18 000 000至20 000 000
1780	22 000 000
1790—1799(平均)	23 716 784
1800—1809	22 147 572
1810—1819	11 981 312
1820—1829	9 683 792

但是,鸦片并非自东印度公司对华贸易开始就输入到中国的。在中国鸦片从唐代以来就作为药物使用。1620年,台湾人开始把鸦片和烟草混合起来用作麻醉剂传播到东南沿海。葡萄牙最先输入鸦片到中国。虽然在1729年时清政府禁止鸦片输入,但葡萄牙人仍从印度港口如达曼和果阿将这种麻醉剂输入中国。但是,葡人的鸦片规模很小:"在1767年以前,此种'毒药'输

[1] A. Attman, "American bullion in the European world trade 1600–1800", Goteborg, 1986, p. 33,转引自庄国土:《16—18世纪白银流入中国数量估计》,《中国钱币》1995年第5期。

入中国很少超过200箱，该年则达1 000箱；这样的数额继续了好多年，皆由葡萄牙人经营。”[1]为平衡巨大的贸易赤字，东印度公司的高级职员华生上校（Colonel Watson）提议从英属孟加拉运鸦片至中国，并得到董事会的支持。1773年，东印度公司专门成立了鸦片事务局（Opium Corporation），垄断了鸦片的生产和出口。麻洼（Malwa）、比哈尔（Behar）、比纳莱斯（Benares）是印度鸦片的主要产地，而印度受英国管辖，故东印度公司控制了鸦片的生产，通过迫使当地农民种植鸦片并低价收购，高价卖出，东印度公司赚取了高额利润。[2]

18世纪的最后10年中，东印度公司每年从印度输往中国的鸦片为2 000箱，1800年后每年输入4 000箱。1822年则达到 7 773箱，1832年则为21 605箱，1838年高达40 000箱。[3]马士在《东印度公司对华贸易编年史》中给出了东印度公司对华鸦片输出数量，见下表：

表5–21　1818—1828年东印度公司对华鸦片输出数量[4]

年　份	鸦　片	
	数量（箱）	价值（元）
1818—1819	4 580	4 159 250
1819—1820	4 600	5 583 200
1820—1821	4 770	8 400 800
1821—1822	4 628	8 314 600
1822—1823	5 882	7 988 930
1823—1824	7 082	8 515 100
1824—1825	8 655	7 619 625
1825—1826	9 621	7 608 205

[1] H. B. Morse, “The International Relationship of the Chinese Empire”, *op.cit.* p. 173.
[2] 1779年，鸦片在广州的售价为每箱500—600银元，3倍于最初的价格，见H. B. Morse, “Chinese Repository”, “The International Relationship of the Chinese Empire” vol. 5. pp. 546–547。
[3] 庄国土：《茶叶、白银和鸦片：1750—1840年中西贸易结构》，《中国经济史研究》1995年第3期。
[4] 整理自［美］马士：《东印度公司对华贸易编年史》第4—5卷，广州：中山大学出版社，1991年，第402页。

(续表)

年　份	鸦　　片	
	数量(箱)	价值(元)
1826—1827	9 969	9 610 085
1827—1828	9 535	10 425 076
合　计	69 262	78 224 871

上表说明,19世纪20年代至30年代,东印度公司输入中国的鸦片数量和价值在增加,这一定程度上说明了鸦片贸易的兴盛。这即是导致白银外流的最重要的因素。

顺差:+;逆差:−;单位:海关两

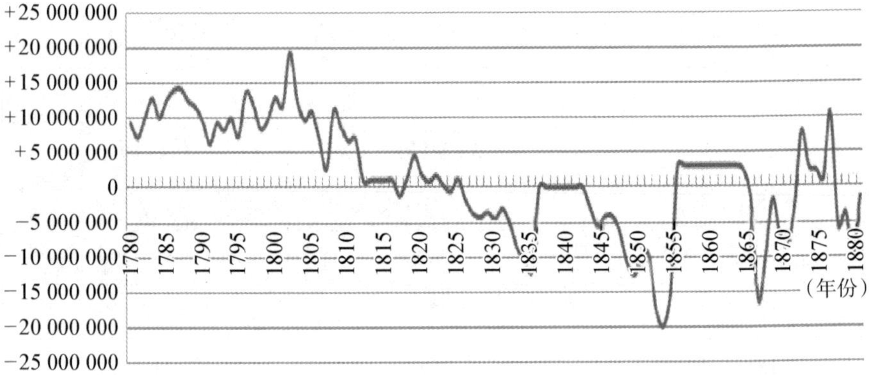

图5–3　1780—1880年中国白银流入和流出情况[1]

根据上图的显示,在19世纪20年代—30年代期间,白银从顺差变为了逆差,这和之前白银大量顺差的情形是不符的,而中国对鸦片的进口是用白银支付的,所以,这不能不说鸦片贸易的增长带来了中国白银的外流。

一方面,17世纪中叶以后,国内经济获得了很大的发展,这体现在国内生产总值在17世纪至20世纪初总体的不断提高上,见下表:

[1]　引自公一兵:《1780—1880年间中国白银出入的变化及外国银元之地位》,1999级"泰兆奖助金"论文集,第347—348页。

表5-22　1600—1913年中国GDP值[1]　（单位：1990年百万美元）

年　份	GDP	年份	GDP
1600	96 000	1870	189 740
1700	82 800	1890	205 379
1820	228 600	1990	218 154
1850	247 200	1913	241 431

国内经济的不断发展需要大量的白银为基础，以此来提供足够的货币流动性和稳定的银价。当大量的白银内流时，这种较为稳定的货币体系得以维持。

另一方面，当鸦片贸易导致白银大量外流时，白银供给的减少势必会导致国内银价的上涨，那么，稳定的通货就得不到保障，基于白银本位的货币制度将会波动，进而对中国的社会经济带来很大的影响。此中，最明显和最严重的就是“银贵钱贱”。

表5-23　1798—1850年中国的白银和铜钱比价[2]（单位：1两白银合铜钱数）

年　份	比　价	年　份	比　价	年　份	比　价
1798	1 090.00	1816	1 177.30	1834	1 356.40
1799	1 033.40	1817	1 216.60	1835	1 420.00
1800	1 070.40	1818	1 245.40	1836	1 487.30
1801	1 040.70	1820	1 226.40	1837	1 559.20

[1] 1600—1870年的数据来源于Maddison (1998, 2001 and 2003); 1890, 1913的数据来源于Liu and Yeh (1965)。见：Angus Maddison, *Chinese Economic Performance in the Long Run: 960–2030 A.D.* 2nd Edition, OECD Development Centre, 2007, p. 157.

[2] 资料来源：河北宁津县大柳镇统泰升记商店出入银两流水账、买货总账。原账册藏北京图书馆，中国科学院经济研究所藏一部分。严中平等编：《中国近代经济史统计资料选辑》，北京：科学出版社，1955年，第37页。该账册的数据从另外一个侧面也证明了中国从1810年前后开始从白银流入转为白银外流。转引自公一兵：《1780—1880年间中国白银出入的变化及外国银元之地位》，1999级“泰兆奖助金”论文集。

（续表）

年　份	比　价	年　份	比　价	年　份	比　价
1802	997.3	1821	1 266.50	1838	1 637.80
1803	966.9	1822	1 250.20	1839	1 678.90
1804	919.9	1823	1 249.20	1840	1 643.80
1805	935.6	1824	1 269.20	1841	1 546.60
1806	963.2	1825	1 253.40	1842	1 572.20
1807	969.9	1826	1 271.30	1843	1 656.20
1808	1 040.40	1827	1 340.80	1844	1 724.10
1809	1 065.40	1828	1 339.30	1845	2 024.70
1810	1 132.80	1829	1 379.90	1846	2 208.40
1811	1 085.30	1830	1 364.60	1847	2 167.40
1812	1 093.50	1831	1 388.40	1848	2 229.30
1813	1 090.20	1832	1 387.20	1849	2 335.00
1814	1 101.90	1833	1 362.80	1850	2 230.30

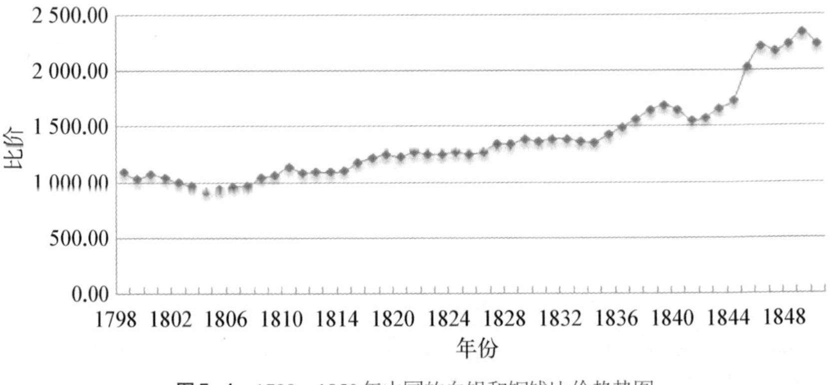

图5-4　1798—1850年中国的白银和铜钱比价趋势图

显而易见，19世纪30年代后，随着白银的大量外流，国内市场上白银价格迅猛上涨。

五、广州通商体制与对外贸易的发展

广州占据珠江三角洲要冲，上有依西江、北江、东江，支流众多，百川汇通。下游直入南海，海口开阔，港汊交织，航道优良，被称为“金山珠海，天子南库”。在明清时期的对外贸易发展史上具有极为重要的地位，“英国和中国的对外贸易，事实上是伦敦和广州之间的贸易”。[1]

(一)明清时期广州的海外贸易及管理制度

1. 明代广州的海外贸易及管理制度

(1)贸易发展

明中叶以前，广州的海外贸易主要是以朝贡贸易的形式进行的。明王朝建国后，实行禁海的贸易政策，只有经过朝廷允许的国家才能前来进行朝贡贸易，并在广州设市舶提举司，负责安南、占城、暹罗、真腊、爪哇、满剌加、三佛齐、淳泥、锡兰山、苏门答腊、大坭、急兰丹等西洋诸国的朝贡，这使得广州兴盛一时。从洪武至正德四年(1368—1509)，“凡十一国，皆尝来往广东者，在昔州全盛时，番舶衔尾而至，其大笼江，望之如蜃楼骠砀……豪商大贾，各以其土所宜，相贸得利不赀”。[2]

各国来使所带货物，属贡品者加封识，造册报户部，随贡使一起运解京帅；附带的货物，先由市舶司按需要收买，余下部分才“许令贸易”。官府名为给价收买，从怀柔的动机出发，所以，给价很高，有时远高于实际价值。前文已有论述。

然而，到明中叶后，由于私人海上贸易的发展，朝贡贸易式微。嘉靖年间(1522—1566)，沿海的经济获得了长足的发展，但是，朝廷仍然禁海，为对抗海禁，海盗贸易兴起，而至倭患严重，这一定程度上说明了沿海地区私人海外贸易的兴盛，尤其是在广州，有时这种走私贸易公然进行。时人有载：近日，番

[1] [美]马士：《东印度公司对华贸易编年史》“序”，广州：中山大学出版社，1991年。
[2] 屈大均：《广东新语》卷15，《货语》，北京：中华书局，1997年。

夷市易,皆趋广州。广东隔海不五里而近乡名游鱼洲,其民专驾多橹船只接济番货。每番船一到,则通同濠畔街外省富商搬磁器、丝绵、私钱、火药违禁等物,满载而去,满载而返。追星趁月,习以为常,官兵无敢谁何。比抽分官到,则番舶中之货无几矣。[1]

至嘉靖三十二年(1553),葡萄牙强租澳门之后,澳门变成广州对外贸易的外港和东西方国家国际贸易的中继港口。当时明政府虽然实行海禁,但又视澳门为"化外"之区,允许当地商人出海贸易。所以广州的商人利用这个有利条件远渡重洋,出海贸易。所谓"远而东西二洋,无不有也"。[2]与此同时,葡萄牙等欧洲商人也纷至沓来澳门,同广州的商人进行贸易活动。嘉靖四十三年(1564),庞尚鹏在《抚外濠镜澳夷疏》里提到外国商船到澳门贸易的情形:"每年夏秋间,夷舶乘风而至,往二三艘而止,近增至二十余艘,或倍增焉。"[3]至隆庆年间(1567—1572),开放海禁,私人贸易得到了进一步发展。

除此之外,广州的海外贸易繁荣还体现在外国商人同中国商人合作经商。《巴达维亚城日记》1636年11月26日曾有这方面的记述:在留日本人与中国人并土人若干名,舣装戎克船只,积载粗恶的支那生丝10 000斤,及约2 500乃至3 000斤的广南生丝,并瓷器、铁锅及其他唐物,欲于七月末日向日本开航。当在同船出发前,在新收获期前,预计可有生丝一万二三千斤入手。[4]

(2)管理

明廷对广州的对外贸易管理首先体现在对朝贡贸易的管理上。前已述,明政府明确规定广州负责除日本、琉球以外的西洋诸国的朝贡,国家多达二十个,[5]"国朝定贡期,三年一贡,由两广总督、广东巡抚代题,敕部议准后,知照

[1] 霍与瑕:《霍勉斋集》卷12,《上潘大巡广东事宜》,北京:人民出版社,1959年。
[2] 屈大均:《广东新语》卷9,《事语》。
[3] 刘廷元等:《万历南海县志》卷12,北京:人民出版社,1980年。
[4] [日]岩生成一:《南洋日本町的研究》,转引自傅衣凌:《明清时代商人及商业资本》,北京:人民出版社,1980年,第122页。
[5] 马欢《瀛涯胜览》(海洋出版社2005年)和巩珍《西洋番国志》(中华书局2000年)都记载为20个,而费信《星槎胜览》则记载为30个。

该督，抚令其入贡”。[1]关于贡道、贡期、赏赐等前文已有叙述。

明中叶后，朝贡贸易式微，这体现在以下两个方面：[2]首先是对朝贡附带的货物实行“抽分制”。据嘉靖《广东通志》记载，正德四年（1509），广东镇巡等官都御史陈金等题，将暹罗、满剌加国，并吉阐国夷船货物，俱以十抽三。[3]正德十二年（1517）改为“抽其十二”。朝贡附带物，经按成数抽收实物后，允许出卖。“抽分制”是一种征收实物的税收制度。税率从原来的30%调整为20%，这说明了朝贡贸易向私人贸易的让步。其次是放松了对朝贡贸易对象、贡期、规模等的控制。正德九年（1514），朝廷为收购龙涎香，“近因布政使吴廷举谓缺上贡番物，不问何年，来即取货，致番舶不绝于海澳”，[4]冲破了贡期和贡舶规模的限制。由此之后，广州的海外贸易主要是以私人海外为主。

其次对广州的管理体现在私人贸易上。私人海外贸易的合法化使得贸易的发展极快，为了便于管理，明政府对私人船舶的出海实行限额制，于隆庆元年（1567）实行“引票制”。这是一种出海贸易的通行证。凡持有官府颁发的引票者，可以合法前往海外指定地点贸易。

与此同时，海关税制方面也从原来的抽分制改为“饷银制”，一是水饷，二是陆饷，三是加增饷，对此前文已有叙述。税制的完善有利于广州私人贸易的正常进行。正如清人王临亨所记载的，“西洋古里，其国乃西洋诸番之会，三、四月间入中国市杂物，转市日本诸国以觅利。满载皆阿堵物也。余驻省时，见有三舟至，舟各赍白金三十万，投税司纳税，听其入城与百姓贸易”。[5]

（3）贸易地区结构

明朝时期，广州贸易的海外市场，仍以东南业市场为主，但是，随着1517年葡萄牙人驶入广州，广州的贸易范围发生了变化，黄启臣（1990）指出明代广州存在三条重要的航线：一是广州—菲律宾—拉丁美洲航线，开

[1] 梁延枏总纂、袁钟仁校注：《粤海关志》卷21，《贡舶一》，广州：广东人民出版社，2002年，第421页。
[2] 叶显恩、周兆晴：《明后期广州市场的转型》，《珠江经济》（*South China Review*）2008年第5期。
[3] 据《武宗实录》卷67记载，此事在正德三年（1508），北京：中华书局，1962年。
[4] 《明史》，《佛朗机传》。
[5] 王临亨：《粤剑编》卷3，《外夷志》，北京：中华书局，1987年。

辟于1522—1620年间，号称海商"丝绸之路"，二是广州—欧洲航线，以印度西海岸的果阿（Goa）为中转站，转至欧洲，三是广州—日本航线，经澳门抵达长崎。[1]因此，广州商人在东南亚市场上与西方殖民主义商人相贸易，已带有同西方国家贸易的性质，与广州市场相系的海外市场也伸展到欧美地区。[2]

随着私人海外贸易兴盛，广州海外贸易的贸易结构也发生了变化，出口商品也多为丝货、丝织品、棉布、糖、瓷器、铁器、粮食、茶叶、药材等。明代从广州出口的商品，共有236种，其中，手工业品137种，占58%。下表给出了1600年广州出口到印度、欧洲和日本的货物和至菲律宾的货物量：

表5-24　1600年广州出口至印度、欧洲和长崎的货物[3]

货物名称	数　　量	利润率（%）	货物名称	数　　量	利润率（%）
出口至印度、欧洲					
白丝	100担	150	黄铜手镯	2 000担	100
绸缎	10 000—20 000匹		砂糖	200—300担	100—150
黄金	3—4担	80—90	麝香	6—7担	150
黄铜	500—600担	100	茯苓	2 000担	100—200
水银	100担	70—80	樟脑	2 000担	
朱砂	500担	70—80	瓷器	大量	100—200
出口至长崎					
白丝	500—600担	75—87	黄金	3 000—4 000两	44

[1] 黄启臣：《明代广州的海外贸易》，《中国经济史研究》1990年第4期，第107—108页。
[2] 叶显恩、周兆晴：《明后期广州市场的转型》，《珠江经济》（*South China Review*）2008年第5期。
[3] C. R. Box, *The great ship from Amacon: annals of Macao and the old Japan trade, 1555–1640*, pp. 179–182, Centro de Estudos Históricos ultramarines, 1960; C. R. Box, *The Christian Century in Japan, 1549–1650,* pp. 109–110, The Hispanic American Historical Review, Vol. 32, No. 3 (Aug., 1952); E. H. Blair & J. A. Robertson, *the Philippine islands 1498–1898* vol. 19, pp. 306–311.

（续表）

货物名称	数　　量	利润率（%）	货物名称	数　　量	利润率（%）
丝线	400—500担	164—186	水银	150—200担	125—130
绸缎	1 700—2 000匹	111—127	铅	2 000担	113
棉线	200—300担	128—157	白铅粉	500担	155—160
棉布	3 000匹	80—90	锡	500—600担	
糖	210—270担	100—200	麝香	2担	75—130
茯苓	500—600担	300—354	大黄	100担	100
甘草	150担	200—233	陶器	20 000件	—

表5-25　1586—1644年广州经澳门出口到菲律宾的货值表[1]　（单位：比索）

年　份	总货值	年　份	总货值	年　份	总货值
1586—1590	163 633.3	1606—1610	733 176	1631—1635	571 396.6
1591—1595	735 500	1611—1615	1 074 700	1636—1640	458 063
1596—1600	805 183.3	1616—1620	630 716	1641—1644	309 999
1601—1604	101 033.3	1626—1630	310 383.2	总　计	5 583 784.7

其中，广州对外输出的商品数量最大的是丝绸。西人对此曾有记载："帝国全境有大量的丝绸，多从广州城运往葡属印度，每年多达3 000多公担（每公担59公斤），另外，运往日本的许多公担没算在内，还有通常开往吕宋群岛的15艘船所载和暹罗及其他国家的人拿去的大量丝绸都未计算在内。"[2]

[1] 张铠：《晚明中国市场与世界市场》，《中国史研究》1988年第4期，转引自黄启臣：《明代广州的海外贸易》，《中国经济史研究》1990年第4期，第113页。

[2] ［西］罗耀拉著、陈用仪译：《自西班牙至中华帝国的旅程及风物简志》，载《16和17世纪伊比利亚文学视野里的中国景观》，第141页，转引自汤开建、严忠明：《明中后期广州交易会始末考》，《学术研究》2005年第5期。

广州私人海外贸易的发展导致了大量的白银内流。黄启臣（1990）估计了在1585—1591年间，由欧洲经果阿运往广州的白银数量在90万两；1580—1640年，由日本运入澳门入广州的白银约50万—300万两；1587—1640年，从美洲墨西哥运入中国的白银总计2 025万西元。[1]梁方仲（1939）认为，1578—1644年，从葡、西、日本等国输入明朝的白银为1.4亿元白银，其中，33%经澳门入广州。[2]这些巨大的白银数量极大地繁荣了广州的海外贸易。同样，私人海外贸易的发展还使得海商积累了雄厚的资本。万历四十年（1612）时已出现拥有达5 500英镑至7 500英镑的帆船商人，这已接近1602年荷兰东印度公司最大股东勒迈尔拥有的8 100英镑的数额。[3]

2.清代广州的海外贸易及管理制度

（1）商品贸易的发展

清朝贸易发展较之明朝，最明显的就是外国商船来经商贸易者日益增多，并超过南洋各国，成为广州海外贸易的主体。这表现在以下几个方面。

第一，来广州商船数目的增加和贸易量的增大。康熙五十四年（1715）至五十九年（1720），英、法等国商船到来贸易的只有68艘，进口的货物有胡椒、毛呢等几十种。[4]到了乾隆十四年（1749）至道光十八年（1838），外国进来的商船则达到5 266艘，[5]数目大为增加（见下表5-26）。不仅如此，商船的吨位也在增加。1730—1830的100年间，外国进入广州贸易的商船吨位增加了25倍，其中英国的增加了36倍。[6]

不仅如此，清代广州的海外贸易商品量也取得了很大的发展。按照黄启臣（1988）的估计，1828—1837年间9年的商品贸易量为784 854 050两，是1729—1756年间27年贸易量227 469 079两的3.45倍；1828—1837年间9年的关税收

[1] 黄启臣：《明代广州的海外贸易》，《中国经济史研究》1990年第4期。
[2] 梁方仲：《明代国际贸易与银的输出入》，《中国社会经济史集刊》卷6第2期。
[3] 《孔恩文件》第1卷，南京：江苏教育出版社，1995年，第167页。
[4] 《宫中档》，转引自吕坚：《谈康熙时期与西欧的贸易》，《历史档案》1981年第4期。
[5] 梁廷枏总纂，袁钟仁校注：《粤海关志》卷24，《市舶》，广州：广东人民出版社，2002年。
[6] ［美］马士：《东印度公司对华贸易编年史》第5卷，广州：中山大学出版社，1991年，第233页。

表5-26　1749—1838年至粤海关贸易的外国商船数目[1]

年　份	商船数目	年　份	商船数目	年　份	商船数目
1749—1758	194	1779—1783	504	1818—1823	876
1759—1768	204	1789—1798	515	1823—1838	1 101
1769—1778	304	1799—1808	785	总计	5 226

入为15 697 281两，是1758—1767年间9年关税4 655 717两的3.37倍。[2]

第二，进出口商品较明朝更为丰富和量大。当时出口的商品多达80种，其中，以茶叶、丝、绸、土布、铜和糖为主。最为明显的变化是广州海外贸易的大宗商品从明朝的丝绸变为清朝时的茶叶。丝和绸则在清代降为占出口第二位的商品。马士曾在《东印度公司对华贸易编年史》中载有茶叶、生丝、绸缎、南京土布的贸易量。

从中可以看出，茶叶货值的比例一直在上升，占到了出口贸易一半以上的总值，远超过占第二位的生丝和绸缎出口货值。甚至东印度公司的90%的利润都来自广州的茶叶贸易，每年的纯利润达到40万—50万两。[3]

与此同时，进口商品的种类和数量也在增加，进口商品的种类为115种。[4]19世纪以前，最为重要的进口商品为白银，前一章已述。王业键（1986）曾估计了1700—1830年间流入广州的白银为4亿银元，占同时期流入中国白银的80%。[5]19世纪后，进口商品结构变化最为显著的就是英国向广州输入的鸦片，其在广州进口商品的总值中所占的比例在增加，与此同时，白银的流入比例越来越少。见下表：

[1] 根据梁廷枏撰：《粤海关志》卷24，《市舶》数字统计，转引自黄启臣：《清代前期广东的对外贸易》，《中国经济史研究》1988年第4期。

[2] “1729—1837年粤海关贸易商品量值表”，整理自黄启臣：《清代前期广东的对外贸易》，《中国经济史研究》1988年第4期。

[3] 李康华：《中国对外贸易简论》，北京：对外经贸出版，1981年，第192页。

[4] 光绪朝《钦定大清会典》卷510，北京：中华书局，1991年。

[5] 王业键：《全汉昇在中国经济史研究上的重要贡献》，《清史研究集》第5辑，北京：光明日报出版社，1986年，第258页。

表5-27　1817—1833年广州出口的商品及占总货值的比例[1]

(货值单位:银元;比例:%)

年份	出口总值	茶　叶		生　丝		绸　缎		南京土布	
		货值	比例	货值	比例	货值	比例	货值	比例
1817—1819	54 585 032	27 263 600	49.95	3 150 415	5.77	4 635 029	8.49	3 468 593	6.35
1820—1824	97 400 278	58 276 355	59.83	7 491 649	7.69	12 204 298	12.53	4 617 850	4.74
1825—1829	95 212 859	60 900 344	63.69	9 426 589	9.90	9 821 866	10.32	4 165 647	4.38
1830—1832	71 103 372	46 694 226	65.67	9 618 056	13.53	5 934 189	8.35	1 002 052	1.41

表5-28　1817—1833年广州进口的商品及占总货值的比例[2]

(货值单位:银元;比例:%)

年份	进口总值	毛织品		棉　花		鸦　片		白　银	
		货值	比例	货值	比例	货值	比例	货值	比例
1817—1819	69 866 514	8 367 308	12	19 947 297	28.6	13 683 439	19.6	18 461 000	26.4
1820—1824	126 730 748	16 601 728	13.1	20 646 223	16.3	42 474 750	33.5	29 035 666	23
1825—1829	135 329 043	16 361 287	12.1	29 949 497	22.1	59 821 593	44.2	11 887 213	8.7
1830—1832	107 768 748	10 951 087	10.2	22 802 434	21.2	54 211 714	50.3	2 386 945	2.2

[1] 引自黄启臣《清代前期广东的对外贸易》,《中国经济史研究》1988年第4期。
[2] 同上文。原文有误,为“126.736 [illegible]33”笔者修正。

第三，西欧各国纷纷在广州建立自己的商馆。商馆的建立反映了广州海外贸易的发展。最早在广州建立商馆的是英国人，其后为法国人，见下表：

表5-29　西欧各国在广州建立商馆的概况[1]

国　　家	建立商馆时间	备　　注
英　国	康熙二十四年（1685）	
法　国	康熙三十七年（1698）	1724年放弃，1732年重设
荷　兰	雍正七年（1729）	
丹　麦	雍正九年（1731）	
瑞　典	雍正十年（1732）	

据统计，外国商人在广州建立商馆的数量为13家，建在西城外郊区的河岸旁，后面即是中国行商集中的十三行街，这主要是为了方便和中国商人交易。

（2）管理

康熙二十二年（1683），清政府出兵平定台湾，官员奏请开海禁。次年，康熙帝以开海既"于闽粤边海生民有益"，又可"充闽粤兵饷，以免腹地省份转输协济之劳"，[2]下令准许人民出海贸易 。康熙二十三至二十四年（1684—1685），首先在泉州，继之在广州、宁波、松江，分别设立了闽、粤、浙、江4海关与外国通商。[3]至此，海禁放开，并设立了现代意义的海关来管理对外贸易，这一直持续到道光二十年（1840）。在其中的10年中，曾于1717—1727年实行南洋海禁，但是，"内地商船，东洋（日本）行走犹可，……至于外国商船，听其自来"。[4]仅是部分禁海。乾隆二十年（1755），由于英国人对宁波和天津的侵扰，1757年，乾隆撤销宁波、泉州、松江的海关，仅保留广州，允准番商"将止许

[1]　［美］马士：《东印度公司对华贸易编年史》第1卷，广州：中山大学出版社，1991年；梁延枏总纂、袁钟仁校注：《粤海关志》卷24，《市舶》，广州：广东人民出版社，2002年。

[2]　《清圣祖实录》卷116，康熙二十三年九月甲子，北京：中华书局，1985年。

[3]　彭泽益：《清初四榷关地点和贸易量的考察》，《社会科学战线》1984年第3期。

[4]　《康熙起居注》，康熙五十六年。

在广东收泊交易，不得再赴宁波”。[1]但这仅是对英荷的部分海禁，其他国家仍可来华贸易。[2]此后，广州独口通商近70年（1757—1825）。

清廷对广州的海外贸易管理体现在两个方面：对朝贡贸易的管理和对私人海外贸易的管理。首先是对朝贡贸易的管理。清代承袭明代的朝贡体系，外国进贡，要列入贡典，由礼部掌管。《钦定大清会典》载由粤道进贡的有暹罗等亚洲国家："凡入贡个定其期（原注：……暹罗三年一贡，苏禄五年一贡……），暹罗由广东虎门，……暹罗由两广总督、广东巡抚具题，……如各国因谢恩等事入贡，由各该督抚奏准。"[3]然而，清朝朝贡贸易较之明朝，最为明显的就是欧洲各国由粤道来要求通商，而清廷仍是以藩属关系来对待他们。顺治十二年（1655），荷兰正式向清廷入贡，但是，清廷认为他们"僻在西陲，海洋险远，声教不及"，通过赏赐来使荷兰"缅怀德化，效慕尊亲"，规定"八年一次来朝，员役不过百人……所携货物，在馆交易，不得私自货买"。[4]康熙六年（1667），西班牙人正贡船1只，护贡船3只，取道广州，携带22人进京，带来了各种西洋特产，并受到了清廷的厚重册封。[5]雍正三年（1725），意大利人来贡，带来了大量的西方特产，并要求善待耶稣教士，雍正帝诏曰："圣主仁皇帝念系海外之人，从宽禁锢……以示朕中外一体，宽大矜全之至意。"[6]1553年，葡萄牙人强租澳门。雍正五年（1727），葡萄牙国王若昂五世派遣陪臣进京恭贺，并受到丰厚赏赐，并于1753年再次遣使入京。乾隆五十八年（1793），英国派遣特使马戛尔尼（George Macartney）率领规模庞大的使团来到中国，包括5艘贡船，正使、副使、各种职司和兵员超过700人。[7]但是，其自由通商的要求被婉拒，但清廷允许其载货归国，并对其售货进行免税，退税14 200两白银。[8]

---

[1] 《清高宗实录》卷550，乾隆二十二年十一月戊戌。
[2] 见黄启臣：《清代前期海外贸易的发展》，《历史研究》1986年第4期；亦见《黄启臣文集—明清经济及中外关系》，香港：香港天马图书有限公司，2003年，第476页。
[3] 光绪朝《钦定大清会典》卷39，北京：中华书局，1991年，第409—412页。
[4] 梁廷枏：《海国四说》，北京：中华书局，1993年，第204—205页。
[5] 见王尔敏：《五口通商变局》，桂林：广西师范大学出版社，2006年，第55—57页。
[6] 梁廷枏：《海国四说》，北京：中华书局，1993年，第226页。
[7] 朱杰勤：《中外关系史论文集》，郑州：河南人民出版社，1984年，第492—499页。
[8] 同上书，第546—547页。

其次是对私人贸易的管理。限制私自出海。开海时规定：除照例纳税外，出海船限定载重在500担以下，而且要预先禀明地方官，登记姓名，取具保结，领取印票，还要在船头烙印号码，以备出入海口时官府查验；[1]私带违禁品如硫黄、军器等物出洋贸易的，“仍照例处分”。[2]

再次是分类别地对进出口商品进行管理。陈国栋（2006）列举了交易量最大的几种商品。茶叶，原本茶叶是由陆路或是内河水道运至广州出口，后由于乾隆二十年发生了英国人绕过粤海关而至宁波进行贸易的事件，清廷遂提高了浙海关的关税，“寓禁于征”，禁止往宁波贸易。后又为了查禁违禁品，嘉庆二十三年（1818）禁止茶叶运往广州。生丝，1762年后，生丝按照配额出口，每船只许携带土丝5 000斤，二蚕湖丝3 000斤，头蚕丝和绸绫缎匹禁止出口。1765年后，洋船的限额改为每船准带粗丝2 000斤。大米，为解决粮食短缺问题，清廷通过减税的办法鼓励进口大米。白铅，白铅是铸币的材料，故清廷对此限制很严，嘉庆二十年（1815）后，每年限出口70万斤。大黄，清廷规定广州不可出口大黄，后放松管制，限额为500斤，后有放宽，可自由贸易。棉花，广州严行禁止进口棉花，因为，这是导致白银外流的商品，但是，后来又放宽了管制。还有些商品永远禁止进出口，如食盐，这是为了保护食盐专卖的高额利润。

（3）贸易区域

明后期，葡萄牙人来到中国沿海，广州的贸易区域从南洋扩展至西欧。入清后，广州的贸易区域就更加地扩展了。不仅有暹罗、吕宋、苏禄群岛、马六甲、加里曼、爪哇等东南亚各国，还有欧洲各国诸如英国、丹麦、瑞典、普鲁士、意大利、奥地利等。除了上述的明朝的三条贸易航线，清朝的贸易区域相比明朝，进一步扩展至美洲、俄国和大洋洲。清朝时期乾隆五十年（1785），美国“中国皇后号”（Empress of China）到达广州，把广州的航线扩展至美洲；嘉庆十年（1805），俄罗斯派遣“希望号”和“涅瓦号”两艘商船抵达广州，开辟了俄罗斯航线；嘉庆二十四年（1819），从广州开出第一艘至大洋洲的茶叶船“哈

[1]《清圣祖实录》卷115，康熙二十三年四月辛亥，北京：中华书局，1985年。
[2]《清圣祖实录》卷117，康熙二十三年十月丁巳，北京：中华书局，1985年。

斯丁侯爵号”(Marquis of Hasting),首开大洋洲航线。[1]但是,有一点需要注意的是,清代前期,因为日本德川幕府的“锁国”政策,根本就没有日本船来华贸易,[2]中日之间的贸易是“往市”,仅有中国商船驶往日本的单向贸易。

(二)广州通商体制

1. 牙行

唐代开元年间,史籍已开始用“牙”来称呼经纪商:“安禄山……为互市牙郎。”[3]随着牙人的壮大,出现了牙人的组织——牙行,关于牙行的记载最早见于元代:至元二十三年(1286)八月,中书省咨文称:“除大都羊牙及随路买卖人口、头匹、庄宅牙行,依前存设,验价取要牙钱,每十两不过贰钱,其余各色牙人,并行革去。”[4]明中叶以后,随着商品经济的活跃,海外贸易也得到发展,介于买方和卖方的牙行迅速兴起。

明代牙行主要有两大类:一类为官府经营的官牙。为了管理对外贸易,明初在沿海地区设立了市舶司,并设有专门从事对外贸易的牙行。嘉靖时,广东市舶司中的客纲、客纪等都属于官牙。另外,在一些市镇中,地方政府为检查税收管理市场,也设有官牙。牙行组织结构分为客纲和客纪。客纲,是由若干牙行结成一纲的纲首,总管牙行事宜。客纪,即牙行经纪人。外商货物上岸之前,广州牙商先到船上估价商货,议定税额,并负责征收。他们还负责供给外商船上人员所需的粮食和日用品,从中攫取30%—50%的利润。另外一类为城镇市集上的私牙。这类牙行或是从牙人做起,赚取佣钱,凭借个人本事积累资本然后开设牙行,或是凭借祖上积蓄,聘请有经验的牙人作掌柜开设连锁牙行。有富甲一方的大牙行,为地客商提供巨额货源,也有勉强度日的小牙行,他们主要将收购的货物转售给大牙行,小部分出售给购买量不大的客人。

[1] [英]格林堡(Michael Greenberg)著,康成译:《鸦片战争前中英通商史》,北京:商务印书馆,1964年,第86—87页;另参考魏源:《海国图志》卷16。
[2] 张存武:《清韩宗藩贸易》,台北:“中央研究院”近代史研究所,1978年,第237页。
[3] 刘煦:《旧唐书》卷200,《安禄山传》,北京:中华书局,1985年。
[4] 黄时鉴点校:《通制条格》卷18,《关市》,杭州:浙江古籍出版社,1986年。

牙行的大小不同满足了不同层次的市场需要，保证了市场交易的顺畅进行。[1]

牙行的主要职能就是联系买方、卖方，或替卖方代卖，或替买方代买，或代购代销，促成二者交易，从中收取牙佣。明代，牙行还要向官府报告往来客商情况和代官府收税。在促成交易活动后，牙行要按2%的比例，向卖方征收商税。[2]《明世宗实录》记载了牙行收取税收的税率和牙佣与商税的分配比例："每银一 两扣牙银三分，一分给牙（按即牙佣），余二分为代收商税，年终则牙行俱从官阉拨。"[3]

明万历年间（1573—1620），作为承揽对外贸易的商业服务团体，牙行会馆建立并发展了起来。据周玄暐所述："广属香山（澳）为海船出入噤喉，每一舶至，常持万金，并海外珍异诸物，多有至数万者。先报本县，申达藩司，令市舶提单同县官盘验，各有长例。而额外隐漏，所得不资，其报官纳税者，不过十之二、三而已，继而三十六行领银，提单悉十而取一，盖安坐而得，无薄书刑杖之劳。"[4]

牙行会馆虽然是在封建官府控制下承包对外贸易业务的商业团体组织，但却是明代海外贸易发达的一种反映。随着西方国家纷纷成立东印度公司经营东方，明朝对西欧的海外贸易得到了发展。明中叶以后，牙行转为承销外国商品的商业团体，而成为广州商人的重要组成部分。凡充牙商者，必系殷富之家，并要彼此互保，经官府批准，发给牙帖，方取得合法资格。

脱胎于元代舶牙的明代牙商，在明代后期负责管理外商生活，以及在对外贸易中所起的半官方的作用，为后来清代广州特殊的行商制度开启了先河。[5]梁嘉彬（1937）也曾说，"（牙行）代市舶提举盘验纳税，是为'十三行'之权舆"。[6]

2. 广东十三行

自唐代之后，政府大多对获利巨大的商品贸易实行垄断专卖制度，最为明

[1] 高叶华：《明代"牙人""牙行"考略》，《重庆师范大学学报（哲学社会科学版）》2007年第2期。
[2] ［日］山根幸夫：《明清华北定期市的研究》，日本：东京汲古书院，1995年，第125—153页，转自高叶华：《明代"牙人""牙行"考略》，《重庆师范大学学报（哲学社会科学版）》2007年第2期。
[3] 《明世宗实录》卷409。
[4] 周玄暐：《泾林续记》，《涵芬楼秘笈》第8册，北京：北京图书馆出版社，2002年。
[5] 叶显恩、周兆晴：《明后期广州市场的转型》，《珠江经济》（*South China Review*）2008年第5期。
[6] 梁嘉彬：《广东十三行考》，广州：广东人民出版社，1999年，第24页。

显的就是盐铁专卖。梁嘉彬（1937）曾详细考证过清代十三行制度萌生于盐商专卖制度。清人吴震芳曾说道：“粤东未设盐院之前，只盐（课）市（舶）提举司监之。岁行盐二万七千四百余道，岁征课十四万一千二百四十六两有奇。”[1]大清《盐法志》也载：“康熙二十年（1681），严广东私充盐商之禁。……二十七年，议准大小盐阜，概招土著殷实人民承充。”[2]《两淮盐法志》对盐商由总商（或商总）向行商收取佣金来换取行商经营特权记载得尤为清楚：康熙九年，巡抚御史席特纳、徐旭龄悯商人之困，特疏陈运盐六大苦：“商总科敛，谓之公匣。”[3]这种由盐商专卖演变而来的十三行专卖制度在清代经历了三个明显的阶段，下分而叙之。

第一阶段是1685—1720年。康熙二十四年（1685），清廷在广州设立粤海关。康熙二十五年（1686）清廷招募了数家较有实力的行商，又叫洋行或洋货行，指定他们与洋船上的外商做生意并代海关征缴关税。由此，广州十三行诞生了。[4]但是，需要明确的是，此时的数目并非是精确的“十三”，数目不定：“国朝设关之初，船只无多，税饷亦少，有行口数家。”[5]最多时有26家，最少时仅数家。[6]之所以叫作“十三行”，是沿袭了明朝的称谓罢了：“国朝设关之初，番舶入市者仅二十余柁。至则劳以牛酒，令牙行主之，沿明之习，命曰十三行。”[7]清廷甄选“官行”（又称“官牙”“牙行”、mandarin's merchants[8]）之称的商人组织来行使贸易特权，规定充当行商者必须是身家殷实的商人，经申请并获批准后，缴获保证金，发给行帖（执照），就可以开行营业了。

清廷规定，外商到达广州后，不得自由贸易，必须首先投住到行商开办的商馆中，此后所有的商业活动均需在商馆内完成，外商的贸易活动由行商代理，

[1] 吴震方：《岭南杂记》，见《龙威秘书》。
[2] 《盐法志》卷219，北京：人民出版社，1998年。
[3] 《两淮盐法志》，《古今盐议录要》下，台湾：学生书局，1966年。
[4] 关于广东十三行创建的时间，过去史学界常有争论。梁嘉彬认为是在康熙二十四年（1685）：“粤海关设关（1685）之初，可确定已有十三行。”然经过彭泽益对史料的详细考证，证明了十三行的创建时间在1686年4月。“清代广东洋货行和洋行制度的产生是紧接着粤海关开关的第二年的春夏之间，即从康熙二十五年四月开始的。”参见《清代广东洋行制度的起源》，《历史研究》1957年第1期。
[5] 《广东通志》卷180，《经政略》二。
[6] 孙玉琴编著：《中国对外贸易史教程》，北京：对外经济贸易大学出版社，2005年，第197—198页。
[7] 梁廷枏总纂、袁钟仁校注：《粤海关志》卷25，“行商”，广州：广东人民出版社，2002年，第491页。
[8] ［美］马士：《东印度公司对华贸易编年史》第1卷，广州：中山大学出版社，1991年，第66页。

并受到行商的监督和管理。行商的主要职能是：(1) 承保税饷："凡外夷船到粤海关，进口货物应纳税银，督令受货洋行商人于夷船回帆时输纳。"[1] (2) 代销代购进出口货物："……令各行商公通照时定价销售；所置回国货物，亦令各行商公通照时定价代买。"[2] (3) 代办各种交涉事宜，代理外商向清廷传达各种公函。但是如入贡和敬奉皇上的御用物品，行商不得插手，必须由总督、巡抚亲自管理。(4) 监督外管理外商："凡粤东洋商承保税饷，责成管关监督……"[3]

其中，行商最为重要的经济职能就是承保税饷。当时的税制是分开的：对船只征收的叫作"船钞"，对所载货物征收的叫作"货税"。雍正四年(1726)后，又规定了"规礼"来勒索行商，额定银元1 950两，包括丈量、通事、管事、库房、稿房等，名目繁多。马士在《东印度公司对华贸易编年史》中曾载有当时行商承保税饷的税率如下：

表5-30 行商承保的进出口税饷的税率[4]

进口商品	数 量	进口税率（两）	出口商品	价值（两）	出口税率（两/担）
广幅毛织物	10尺（141英寸）	0.5	生丝	120—160	1.80
窄幅毛织物	10尺（141英寸）	0.5	绢布	250—350	2.20
长毛绒	10尺（141英寸）	0.15	麝香	13	0.2
粗梳毛斜纹织物	10尺（141英寸）	0.15	药草	1.5	0.1
羽纱	10尺（141英寸）	1.00	大黄	10—18	0.10
铅	每担	0.30	铜	11—12	0.40
			砂糖	1.2—2.3	0.10
			茶叶	25—50	0.20

[1] 梁廷枏总纂、袁钟仁校注：《粤海关志》卷25，"行商"，广州：广东人民出版社，2002年，第491页。
[2] 同上书，第492页。
[3] 同上书，第491页。
[4] ［美］马士：《东印度公司对华贸易编年史》第1卷，广州：中山大学出版社，1991年，第93—106页。

第二阶段是1720—1760年。海外贸易的发展和行商垄断的高额利润吸引了大量的商人进入，这导致了竞争的加剧，利润减少："……只图夷人多交货，以至亏本。"[1]为再次加强垄断，康熙五十九年（1720），广州的行商成立了"公行"（co-hong），规定了13条行规，[2]核心内容是保持垄断贸易的地位得以继续维持，比如说中外商人一视同仁，不得贱买贵卖、协定垄断货价，不得私自降价、以入会费来限制入会，保持垄断、按照出资额的大小来选拔公行的"大股东"，并赋予专卖权。但是，第二年由于外商的反对被废止。自此之后，公行制度取代了行商制度。此处必须指出的，不可混淆"公行"和"广东十三行"。前者成立的时间晚于后者，只是后者的一个公共组织。[3]

但是，公行仍受到清廷的严酷压榨："雍正改元（1723）之际，行商经济已多陷困难地步"，"广州海关需索层出不穷……由是行商困苦之情不觉流露矣"。[4]与此同时，西欧各国对这种垄断制度越来越不满，"行商地位愈益巩固，外人地位愈受压迫"。[5]

乾隆初年，十三行负责一切南洋、欧洲的税饷业务，乾隆十年（1745），清廷在20余家洋行内选择殷实的商人作为"保商"，由其承保政府的税饷。外商船到港口，皆须先找保商，保商可以优先购买外商货物，余下的才由其他行商分销，但若外商亏饷，要由保商垫付。行商之间，则实行同商互保，一商亏饷，全行负责。乾隆二十五年（1760），同文行潘振成（Puaukhequa）申请成立专门办理西欧税务的外洋行获得批准，清廷还专设本港行专管暹罗朝贡，改设海南行为福潮行，专管福建和潮州税务。在外洋、本港、福潮诸行分办业务的基础上而成立的"公行"，是当时经营对西欧各国外贸业务的行商的垄断组织。

第三阶段是1760至1842年。外洋行专办西欧的税务，这有利于加强对西欧各国贸易的垄断经营，引起了东印度公司的反对。当时的两广总督收

---

[1]　梁廷枏总纂、袁钟仁校注：《粤海关志》卷25，"行商"，广州：广东人民出版社，2002年，第492页。

[2]　参见［美］马士：《东印度公司对华贸易编年史》第1卷，广州：中山大学出版社，1991年，第163—164页。

[3]　同上书，第41页。

[4]　同上书，第88—91页。

[5]　同上书，第91页。

纳了东印度公司贿赂银十万两，因而下令将“公行”裁撤，众商只须分行各办。[1]乾隆三十六年（1771），东印度公司通过行贿的手段，瓦解了“公行”。到乾隆四十年（1775），外洋行的行商得到两广总督及其他官员的援助，企图重新组织“公行”。此事虽为东印度公司所反对，然而西欧各国的外商及公司以外的英国散商始终未与公司合作，结果东印度公司的反对毫无成效，而“公行”遂得再度复兴。[2]自乾隆四十年以后，“公行”一直是行商制度下垄断对外贸易的行商组织。从此以后，行商不仅进一步加强了对西欧诸国来华贸易的垄断经营权力，而且还获得了处理涉外事件的权力。[3]终清一世，行商始终受到清廷的统制，后又受到洋商的辖制，并不是独立行使垄断经营权。

一口通商（1757）以后，直到鸦片战争前，对外贸易完全由广州的“公行”所垄断，清政府通过“公行”贯彻政府外贸政令并管理外商，以官制商、以商制夷，官府不直接与外国人打交道。就在成立“公行”的过程中，行商经营的业务活动范围也在不断扩张。他们除了评估进出口货物的价格和承揽进出口货税之外，还代外商收购丝茶，以供出口，对外商的进口货物“代为运往各省发卖”的同时，他们还要充当外国商人的“保商”，当时，最为著名便是伍浩官，即伍秉鉴（Howqua）。

然而，经过清廷的层层压榨，行商的利润受到了极大的剥削。首先是高昂的专利费，高达200 000两（55 000英镑），[4]其次是“规礼”，甚至高于关税，还有名目繁多的各种勒索。按照萧国亮（2007）的统计，乾隆中叶至道光二十二年（1842），行商向清政府捐款共22次，总数达9 370 000两之多，年均捐款130 000两，超过贡银的两倍。[5]这导致了行商欠下了高额债务。道光十九年（1841），行商欠备贡、参价、商捐、摊银总计1 328 130两白银。[6]

另一方面的压榨来自洋商。清政府对本国商人严厉压榨，对外国商人软

---

[1] H. B. Morse, *op. cit.*, Vol. 1, p. 301.
[2] 梁嘉彬：《广东十三行考》，广州：广东人民出版社，1999年，第143页。
[3] 萧国亮：《清代广州行商制度研究》，《清史研究》2007年第1期。
[4] 姚贤镐：《中国近代对外贸易史资料》第1册，北京：中华书局，1962年，第190、192页。
[5][6] 萧国亮：《清代广州行商制度研究》，《清史研究》2007年第1期。

弱无力,这导致洋商对行商的压榨,因为代销货物、扩大经营规模、经营不善和无力应付官府勒索而占用洋商款项,借贷资本造成了本国行商的大量"行欠",洋商对此强加勒索,马士曾载有18%—20%,高的甚至是40%的高利贷的记录。[1]但是,清政府却对此严加禁止。这导致了行商合伙同洋商经营鸦片贸易,攫取非法利润。

行商既受到清政府的控制、官吏勒索,又受外商高利贷盘剥,在重税和重商欠的情况下,不断走上衰落和破产的道路。乾隆六十年(1795)行商石中和因拖欠外商巨额贷款,而入狱监禁并发配伊犁;嘉庆元年(1796)万和行商蔡世文因欠债50万两而自杀。其他行商也十有八九破产衰落。

另一方面,散商在对外贸易中日渐活跃。道光二十二年(1842),英国强迫清政府签订《南京条约》十三款,其中第五款宣布废除十三行商制度:"外商与何商贸易,听其自便。"这么一来,广东十三行独揽对外贸易的行商制度宣告结束。到了咸丰六年(1856),十三行街因一场大火而化为灰烬,行商由此结束。

(三)评价

由明入清,经过朝代更迭的休整后,广州的对外贸易获得了很快的发展,尤其是和西欧各国的贸易发展。海外贸易的繁荣需要制度安排的支持,但是,终明、清两世,大部分时间里,当朝对海外贸易采取的措施都是逆外贸发展而行的。这表现在以下方面。

首先,对西欧各国的戒备之心越来越重,为限制"外夷",采取多种严格的政策措施,这加深了对海外贸易发展的阻碍。乾隆后,对外商的管理十分苛细,发布了一系列的"规条""章程"约束外商在华的活动和行为。乾隆二十二年(1757)后,清廷实行广州一口通商的政策,对来华外商的管理日趋严格,实行官设行商垄断外贸并通过行商管理外商的公行制度,禁止外商与中国人私相交接。就在一口通商政策实行不久后,乾隆二十四年(1759),因

[1] H. B. Morse, *op. cit.,* vol. 3. p. 197.

发生“洪任辉事件”,[1]清政府颁布了《防范外夷规条》5款,重申外商来华贸易必须遵守的各种规定。[2]以后,嘉庆十四年(1809)和道光十五年(1835),清政府又分别颁布《民夷交易章程》和《防夷八条》两个规定,[3]进一步加强对外商的管制。[4]

其次,行使自己的专制特权,成立代理制度来对海外贸易进行行政垄断性质的管理,这种管理制度就是——广东十三行。按照萧国亮的说法,十三行制度“具有对外贸易垄断所有权与垄断经营权相分离的垄断特征”,成为“专制国家统制对外贸易的工具”。[5]作为封建国家对贸易垄断权力行使的代理人,十三行一方面促进贸易发展,正如道格拉斯·C.诺斯所言:“排他性共有产权的建立扩大了专业化和分工,并出现了一个特殊的组织形式——国家——去界定、裁决和行使产权……一方面设计了产权来使统治者收益最大化,另一方面在内部建立起法律和执行机构,以提高经济效率。”[6]但是,没有良好的制度支持、市场环境和足够的行商资本,行商在和专制国家、行外商人、洋商博弈的过程中势力日渐式微,最终走向尽头。作为部分代表统治利益的半官方性质的体制,行商制度的终结也说明了专制国家对海外贸易控制的失败,最终,自由竞争性质的散商打败了垄断寡头性质的行商,成了贸易体制的

---

[1] 乾隆二十四年(1759)英商洪任辉北上宁波、天津,控告粤海关贪污克扣,从而引起“洪任辉事件”。详见李金明:《1757年广州一口通商与洪任辉事件》,《南洋问题研究》1993年第2期。

[2] 《粤海关志》卷28,《夷商三·部复两广总督李侍尧议》:“1. 夷商在广州贸易完毕,应即依限随原船回国(五六月收泊进口,九十月扬帆回国),即有行欠未清,也只许到澳门居住,不许在省城住冬,也不许内地商民与其往来交接;2. 夷人到粤,只能居住于商馆之内,由寓居行商管束稽查,非开洋行之家,概不许寓歇夷商;3. 禁止内地民人借领外夷资本,倘若有违,将借领之人从重究拟;4. 禁止夷人雇请内地之人为其传递信息,如有不遵,即将代为雇觅及递送之人一并严拿究治;5. 酌拨营员督同广州协标带兵于洋船收泊进口处加强稽查,俟其出口后方能撤回。”

[3] 梁延枏总纂、袁钟仁校注:《粤海关志》卷28,《夷商三》;卷29,《夷商四》,广州:广东人民出版社,2002年。

[4] 如禁止外夷护货兵船驶入内河海口;夷商货账未清,只准酌留司事者一两名在澳门住冬清理并将留居者姓名登记造册申报两广总督及粤海关衙门存案,次年令其回国,夷商不许在澳逗留;分别稽查澳门华、夷户口并西洋人房屋情况,造册申报存案,西洋人不准再在澳门添造房屋,华人挈眷在澳居住者只准迁移出澳,不许再有增添;夷船到口,引水船户须向澳门同知领取印照,守口营弁验照放行,不许夷船私雇引水;夷商买办人等由地方官慎选承充并随时稽查,不许私雇,买办于代买食物之外,不得代买违禁货物及勾通走私舞弊并代雇华人服役;限制商馆雇用民人数目;不许夷人偷运枪炮及私带番妇番哨人等至省;禁止夷人在内河及省城闲游;夷人具禀事件,一律由行商转禀;禁止夷船在洋私卖货物,等等。

[5] 萧国亮:《清代广州行商制度研究》,《清史研究》2007年第1期。

[6] [美]道格拉斯·C.诺斯著、陈郁译:《经济史中的结构与变迁》,上海:上海人民出版社,1994年,第71页。

胜利者。

再次,从外贸体制上来说,专卖制度是国家同民争利的一种表现,这种“藏富于国”的制度最不利于“藏富于民”。太史公司马迁曾说,“善者因之,其次利道之,其次教诲之,其次整齐之,最下者与之争”。[1]“与民争利”的体制使得私人海外贸易资本积累受到了严重的损害,使民间商业资本匮乏,无力建立起强有力的自律性组织来对抗强大的洋商组织,“善战者,致人而不致于人”,[2]贸易何尝不是一样呢?

最后,清廷在管理本国商人和外国商人政策上,对比强烈。在对外国贸易者的管理上,清廷仍按照朝贡贸易式的思维方式,按照对方国家的态度,诚意大者给予的优惠最多,实行一种差别主义、连带责任、限制主义的政策。比如说规定:(1)葡萄牙只能在澳门交易,不能在十三行交易。(2)暹罗有免征税银的特权,比如“(雍正二年)暹罗王国不惮险远,进献稻种、果树等物,最为恭顺……其压船随带货物,一概免征税银……”[3]清廷对暹罗的态度和对荷兰的态度形成鲜明对比,荷兰曾数次遣使北京,呈贡方物,在皇帝前行三跪九叩的大礼,但是,所获甚少。(3)外船犯法,各船负连带责任。

管理本国商人方面,对行商变本加厉,强加勒索,惧怕外国人而又利用行商来管理外国人,但是,清廷这个“委托人”对“代理人”过于严厉,以至于逼得行商最终破产。相比对外国商人的管理,对本国商人要苛刻得多,这和同时代西方国家大力支持商业贸易活动形成了鲜明的对比。最终,“以官制商,以商制夷”[4]的管理制度被终结。正如陈国栋所说:“清代前期对外贸易的性质,有很强烈的‘分殊主义’(particularistic)的色彩,对本国人和外国人采取不同的待遇、对不同的邦国采取相异的办法。在这样一个近代之前(pre-mordern)的架构下展开了中外之间的贸易。”[5]

[1] 司马迁:《史记》卷50,《货殖列传》,北京:中华书局,1982年。
[2] 《孙子兵法》,《虚实第六》(卷上),太原:山西古籍出版社,1999年。
[3] 《世宗训典》卷35,北京:中华书局,1975年,第7页。
[4] 黄启臣:《广州十三行:以官制商以商制夷》,《21世纪经济报》2005年12月26日。
[5] 陈国栋:《东亚海域一千年——历史上的海洋中国与对外贸易》,济南:山东画报出版社,2006年,第207页。

第二节 海外市场的扩展

明清时期的对外贸易出现了很多新的现象。中国传统朝贡贸易经过了由盛转衰的历程，中国和亚非国家的贸易得到了进一步的发展；私人海上贸易蓬勃发展，逐渐取代官方朝贡贸易的地位，成为海上贸易的主体；西方国家势力进入亚洲，不仅直接冲击了中国对外贸易的传统格局，而且也逐渐渗入中国与其他国家的贸易联系。

一、海外市场的区域构成

（一）传统海外市场区域

1. 藩属领地市场：朝鲜等藩属国

中国海外市场区域构成中传统而持久的一部分是藩属领地市场，如朝鲜、安南、占城、暹罗、琉球诸国。这部分海外市场在明清时期得到进一步发展。这里以朝鲜市场为例，说明明清政府对这一市场开拓的政策、市场本身的存在形式及其商品载体。

明清时期，一方面，朝鲜承认中国的宗主国地位，称臣纳贡，另一方面明清王朝则给予朝鲜优惠的贸易待遇。市场形式一般可分为三种：朝贡贸易、使团贸易和边境贸易。

朝贡贸易是指通过朝鲜进贡和政府回赐的形式进行的物资交流的一种方式，这是中国朝廷同藩属国进行的一种传统的经济往来形式，有严格的类型、数量等规定。崇德二年定：朝鲜贡道由凤凰城。同年规定：朝鲜每年进贡一次，并圣节、元日、冬至三大节，为四贡同进。[1]明清时期，朝鲜和中国的朝贡贸易最为频繁。其他国家多限定为三年一贡，朝鲜可以一年两贡或一年三贡，而

[1] 光绪《钦定大清会典事例》卷502，北京：中华书局，1991年。

且允许交易种类也较其他藩属国为多。表5-31为各个藩属国在明初的赏赐物品种类分布,由此可看出朝鲜在各国朝贡贸易中的优惠地位。

表5-31 明初各国赏赐物品种类分布[1]

国名	时间	赏赐物品
朝鲜	洪武	国王金印、大统历、锦绣绒绮、金绮纱罗、彩缎纱罗
	永乐	国王冕服九章、圭玉佩玉,《春秋会通》《大学衍义》等书,纻丝纱罗、珠翠七翟冠、红纻丝大衫、素纻丝圆领霞帔金坠、绫绢茄兰香帽珠、镀金银匣、象牙犀角,《通鉴纲目》《烈女传》等书,脑、麝、沉、檀、白花蛇等药
	正统	远游冠、绛纱袍、翼善冠、龙衮玉带
安南	洪武	国王镀金银印、大统历、彩缎等
	景泰	彩缎、锦
占城	洪武	国王镀金银印、大统历
	永乐	锦、纻丝、纱罗
暹罗	洪武	大统历、织金纻丝纱罗等物
	永乐	锦、纻丝纱罗、织金纱罗
琉球	洪武	国王镀金银印并文绮等,纻丝纱罗冠服、纻丝罗、绢公服

使团贸易是指使团官员和随朝贡使团行动的商队进行的贸易活动。这种贸易方式也是朝廷认可的。明朝礼部允许朝鲜使臣随身携带一定数量的物品,利用入贡之余,在华进行易物或贩卖,并给予一定的税收优惠。

海外诸国入贡,许附载方物,与中国贸易。[2]顺治初年定:凡外国贡使来京,颁赏后,在会同馆开市,或三日,或五日,唯朝鲜、琉球不拘期限,由部移文户部,先拨库使收买,咨覆到部,方出示差官监视,令公平交易。[3]除了在京城

[1] 据记载:朝贡使臣另有赏赐,在此未列入。按则例中品物数各不等,相同的不复列,给赐对象为国王及其亲属,见《正德大明会典》卷100,《给赐》,日本汲古书院,1989年。
[2] 张廷玉等撰:《明史》卷78,《食货志》,北京:中华书局,1974年。
[3] 光绪《大清会典事例》卷510,北京:中华书局,1991年。

附近的贸易市场之外，边境贸易市场也不可忽视。边境贸易既有官方力量，也包含着大量的民间贸易活动。明朝为了通过民间渠道向朝鲜求购马匹耕牛，在中朝交界处开设马市。马市贸易不仅限于牛马贸易，并扩大至各种皮张、铁农具、布匹、丝绸、土特产。清代，中朝两国在边境设置了三个稳定的边市，即中江市、会宁市和庆源市。在设置初期，这些市场都有政府严格规定贸易时间、人员、交易品种和数量。但后来都融入了民间力量，放松了相应条款。

总的来看，这一时期，中国输往朝鲜的商品有：丝绸、瓷器、茶叶、药品和书籍等，自朝鲜输入的商品有马、牛等。其中规模最大的是“绢马贸易”，即朝鲜以马交换中国的丝绸。而更为详细的商品构成，根据杨昭全先生的统计，如表5–32和表5–33所示：[1]

表5–32　输入中国的朝鲜货物分类

金银类	金、银
动　物	牛、马、狗、鹰
稻　种	早、晚稻种
靴　类	毛冠靴、貂衣靴、护膝靴
绸　类	绵绸、白细绵绸
皮　类	冠貂皮、金熊皮、貂皮、貂鼠皮、豹皮、獭皮
布　类	白细苎布、红细苎布、黄细苎布、紫细苎布、丝麻交织布、丝苎交织布、苎麻交织布、麻布、白苎布、黄苎布、红苎布
方席类	满花方席、满花寝席、满花帘席、朵彩花席
衣冠类	广绢汗衫、广绢夹裙、毛衣冠、襦衣、苎布袴、草笠
果　类	松子、茶
药　材	人参、麝香、五味子
水　产	海参、海带、全腹、文鱼、大口鱼、广鱼、红蛤

[1]　杨昭全、韩俊光：《中朝关系简史》，沈阳：辽宁民族出版社，1992年，第163页。

（续表）

文　具	黄毛笔、画轴
纸	纯白纸、纯白厚纸、纯白次厚纸、表纸、印经纸
佛　具	释迦舍利、念珠、铜佛等

表5-33　输入朝鲜的中国货物分类

金银类	白金、白银、织金
衣　冠	冠服、冕服、貂裘毛冠、锦护膝
布　绢	罗纱、罗里绢、文绮沙罗、文绮绢、纱罗绫段、彩帛、彩绢、色段罗
瓷　器	白瓷尽钟、白瓷吧茶瓶、白素瓷器、白瓷青花大盘
漆　器	各种漆器
药　材	蜜沈龙眼、沉香、龙脑、朱砂、白花蛇、川乌
动　物	马、羊、麒麟
书　籍	《四书五经大全》《古今烈女传》《劝善书》《十八史略》《性理大典》《元史》《朱子成书》《春秋会通》《通鉴集贤》《胡三省音注资治通鉴》等

2. 邻国贸易市场——日本市场

日本与一般的藩属国不同，其贸易市场有着不同的特点。这里就明清政府对这一市场开拓的政策、市场本身的存在形式及其商品载体进行分析。

明初实行朝贡贸易和海禁政策一体，但日本由于国内复杂的政局形势和胡惟庸案件的影响，中日朝贡贸易未能实现。永乐年间，两国关系解冻，朝贡贸易也确立起来，但是较之朝鲜等国，日本朝贡贸易受到严格的限制，明政府规定日本十年一贡，每次入贡，船不得超过三只，人员不得超过三百人。明朝中期，朝贡贸易由盛转衰，而中日朝贡贸易的情况更不容乐观。而到嘉靖二十七年（1548）之后，中日朝贡贸易已经彻底断绝，合法的贸易渠道被切断。隆庆开禁之后，政府允许中国商船赴东南亚地区贸易，但日本仍在严禁之列。“隆庆改元，福建巡抚都御史涂泽民请开海禁，准贩东西二洋。盖东洋若吕宋、苏禄诸国，西洋若交趾、占城、暹罗诸国，皆我羁縻外臣，无侵叛。而特严禁贩楼奴者，比于通番接济之例，此商舶之大原也。”[1]在这种情况下，中日之间缺乏正常的贸易渠道，双方的贸易需求得不到满足，私人海外贸易的兴起成为必然。但是政府对中日私人贸易的合法性一直未予承认，中日私人贸易一直都处于非法的状态，也就是所谓的走私贸易。

需要指出的是，西方势力入侵亚洲之后，中日之间的贸易，除了有中日商人经营外，欧洲商人的中转贸易业占有重要地位，最初是葡萄牙人，将中国的丝及丝织品由澳门、马尼拉转输日本。之后是荷兰人，他们以台湾为贸易基地，从事中日间的中转贸易。

进入清朝以后，顺治帝希望将日本纳入其朝贡贸易体系，但未获成功。尽管如此，鉴于中日贸易的重要性，顺治帝在海禁的情况下还是允许中日牌照贸易的存在。康熙帝开海之后，中日民间贸易的合法性得到承认，双方的贸易迎来了发展高潮。康熙晚年实行南洋禁航令，但唯独没有禁止对日本的贸易，这与明政府隆庆开禁唯独不开放日本形成鲜明的对比。雍正帝继承了康熙帝的政策，并建立了商总制度。

由此看来，就明清两朝政府对日贸易政策来说，清朝对日贸易环境更为宽松。学术界曾经对明清时期的海外贸易政策进行过对比，结论不一，但在对日贸易政策上却意见统一，认为清政府的贸易政策更开放、更务实。这种政策上的转变受制于现实的考虑。更具体地说，清朝对于日本铜的迫切需要，是这种务实政策实行的重要原因。

很多学者把清朝的中日贸易称为“丝铜贸易”。因为中国需要大量铜钱，而作为铸币原料的铜，产量相对不足，而日本铜储量极为丰富，这样，双方的铜丝贸易自然而然就发展起来。“17世纪后半期，长崎贸易输出的重点已从银转移到了铜。这是因为，日本的铜产量，由于四国的别子、立川铜矿的开发而创纪录地上升，于是幕府也有意把铜作为替代了银的主要输出品。铜在中国作为铸造钱币的原料，需求量极大……虽然日本铜的输出，适应了当时世界对铜的需求，但将中国人和荷兰人的兴趣如此巧妙地由金银引向铜并能使这种势

[1] 张燮：《东西洋考》卷7，《饷税考》，北京：中华书局，2000年。

头长期持续不衰的最主要理由，无论如何说是因为铜的价格低廉稳定，再加上品质优良。”[1]由于铜的紧缺和铸币的重要性，清政府从建立之初就对中日铜的贸易给予特别的关注。康熙年间，中国从日本输入的铜斤数量是相当可观的。康熙开海后的16年间，日本铜的进口量可以维持在两三百万斤左右，甚至有的年份可以达到六七百万斤。台湾学者刘序枫也对这一时期的铜输入量作了估算，据他估计，从1684年海禁开放后，日本铜的年输入量约300万—400万公斤，1696至1710年达到最高输入量400万—700万斤。这种局面直到滇铜的开发才得以扭转。至乾隆初年，已经基本摆脱了对日本铜的依赖。

日本输往中国的商品主要是贵金属和一些工艺品。贵金属除了铜之外，还有金和银，金、银作为货币，是一种支付手段，而铜则是作为商品输出的。《皇明象青录》记载，日本“互市华人的货物有金银、琥珀、水晶、硫磺、水银、铜镶、白珠、青玉、苏木、胡椒、细绢花布、螺锢、金漆器、扇、刀剑等”。

明清时期，中国向日本输出的货物多种多样，包括手工业品、农产品、医药类商品等等。日本学者对这些商品曾做过详细的统计，罗列如下：[2]

手工业品：续子、纱续、给纱、罗、纱、肥、闪缎、云纳、锦、里缩、金缎、五丝柳条、袜褐、绸棉织钱袋、绢绸、棉布、丝绵布、垛棉布、乡肖服、金丝布、葛布、天鹅绒、丝线、纸、书信纸、墨、笔、扇子、箔、砚石、线香、针、栉蔑、勾袋、造花、茶瓶、瓷器、竹器、锡器、象眼坛、漆器、光明朱、绿青、木偶、角细工物、皮匣、绣货、细用器、胭脂、锅、牛筋。

书册古玩书籍、墨迹、绘画、古董、花石。

农产品及其加工品：白丝、茶、冬笋、南枣、漆、砂糖、藕粉、攀枝花、天蚕丝、黄丝、五丝、七丝。

医药类：明矾、绿矾、红豆、芡实、槟榔子、拚植、芍药、黄精、何首乌、白术、石解、甘草、海缥峭、紫金锭、蜡药、药材、红花、木犀、附子、天门冬、沉香、乌木、峨渭、龙脑、磨香、珍珠、英石、眼茄、山归来、块蛇胆、车渠。

金属类：亚铅。

---

[1] ［日］速水融、［日］宫木又郎编、厉以平、连湘译：《经济社会的成立：17—18世纪》，北京：三联书店，1997年，第156页。

[2] ［日］木宫泰彦著、陈捷译：《中日交通史》（下册），北京：商务印书馆，1932年，第364—365页。

果品：波罗蜜、龙眼、荔枝、橄榄、蜜饯物。

珍禽类：翡翠、鹤鹉、五色雀、碧鸡、孔雀。

3. 南洋民间贸易市场

明朝前期，中国与东南亚的贸易也是沿着两条途径进行的，一条是和合法的朝贡贸易，一条是民间的走私贸易。到明后期，东南亚国家大多被欧洲人占领，他们与中国的官方朝贡关系中断，民间贸易成为唯一的方式。隆庆元年（1567），明王朝宣布开放海禁，允许民间商人从福建漳州月港出海贸易。在此之前，明政府已经允许外国商人以私人身份到广东贸易，由此结束了明代长达200年之久的“海禁”时期，“朝贡贸易”的独占地位丧失，私营海外贸易终于合法化。

清初，朝廷为了切断郑氏军队的人力、物力后援，不惜采取禁海与迁界的措施。顺治十二年（1655），“沿海各省分，应立严禁，无许片帆入海，违者立置重典”。[1]康熙二十二年，清政府统一了台湾，宣告开海贸易，“向令开海贸易，谓于闽粤边海民生有益，若此二省，民用充阜，财货流通，各省俱有裨益。且出海贸易非贫民所能，富商大贾，懋迁有无，薄征其税，不致累民，可充闽粤兵响，以免腹里省分转输协济之劳，腹里省分钱粮有余，小民又获安养，故令开海贸易”。[2]厦门为当时中国与东南亚的贸易口岸，其贸易范围遍及东南亚各地，即噶刺吧、三宝垅、实力、马辰、赫仔、暹罗、柔佛、六坤、宋居朥、丁家卢、宿雾、苏禄、柬埔、安南、吕宋诸国。[3]

海禁开放以后，中国与南洋贸易呈现一派繁荣景象：“民内有耕桑之乐，外有鱼盐之资。商舶交于四省，遍于占城、暹罗、真腊、满刺加、渤泥、荷兰、吕宋、日本、苏禄、琉球诸国。”[4]此后，中国与南洋各国官方朝贡贸易逐渐为私人海上贸易所取代，成为海上贸易的主体。下面表格显示了当时中国海商到达东南亚各国船只情况：

---

[1] 《清圣祖实录》卷116，北京：中华书局，1985年。
[2] 《清圣祖实录》卷117，北京：中华书局，1985年。
[3] 周凯：《厦门志》卷5，《船政略·洋船》，台北：成文出版社，1967年。
[4] 姜宸英：《海防篇》，《中外地舆图说集成》卷98，昆明：云南人民出版社，2003年。

表5-34 1689—1702年暹罗贸易中国船只情况

年 份	船 数	备 注
1689	14—15艘	来自广东、泉州和厦门,最后开到日本
1695	8艘	5艘来自厦门,2艘来自宁波,1艘来自广东
1697	至少4艘	停泊在阿瑜陀耶
1698	7艘	
1699	6艘	4艘返航中国,2艘到日本
1701	1艘	
1702	超过10艘	

资料来源:Sarasin Viraphol, *Tribute and Profit, Sino-Siamese Trade 1652–1853*, Harvard, 1977.55。

表5-35 1684—1716年到马尼拉的中国船数

年 份	船 数	年 份	船 数	年 份	船 数	年 份	船 数
1684	5	1693	18	1701	9	1710	25
1685	17	1694	12	1702	15	1711	14
1686	27	1695	19	1703	21	1713	15
1687	16	1696	117	1705	17	1714	17
1688	7	1697	17	1706	27	1715	14
1690	14	1698	24	1707	15	1716	10
1691	13	1699	20	1708	32		
1692	14	1700	17	1709	43		

资料来源:Pierre Channu, *Les Philippines et le Pacipique des Iberiques*, Paris, 1960. pp. 169–180。

表5-36 1680—1720年巴达维亚贸易的中国船只数量(每年平均)

年 份	船 数	年 份	船 数
1680—1690	9.7	1700—1710	11
1690—1700	11.5	1710—1720	13.6

资料来源:Leonard Blusse, *Chinese Trade to Batavia in the 17th and 18th Centuries*。

这一时期的私人贸易与朝贡贸易不同，是以追求高额利润为目的。正如傅元初在《请开洋禁疏》中指出，“海滨之民，惟利是视，走死地如骛，往往至岛外欧脱之地”，如“中国胡丝百斤，价值百两者，至彼得价二倍”，[1]也就是说中国胡丝在国内价每百斤为100两，运到吕宋南洋各国，卖价为200两，利润率为100%。在利润的驱使下，中国海商开始大量涌向东南亚各国，出现以我国海商赴海外贸易为主的新趋势。

贸易商品内容除一小部分奢侈品外，绝大多数是百姓的日常生活用品和手工业原料，如月港的进口货物是夏布、白棉布、乌棉布、番花手帕等纺织品，木棉、吉贝花等纺织原料及木材、生漆、红花米、虾皮、绿豆、黍仔等农林产品，出口货物以生丝、糖、瓷器为大宗，还有各种染料、矿产品、水产品、农产品、干鲜果品和文化用品。

4. 其他传统海外市场构成

（1）琉球中转市场

洪武五年（1372），明遣使琉球，琉球接受朝廷册封，从此成为中国重要的朝贡国。明廷对其来华朝贡贸易也实行较为优惠的政策，允许其一年两贡或三贡，并特许其随贡商品在北京及福建市舶司，不拘期限与华商交易。琉球经济发展落后，本国亦不产香料等中国需要的大宗贡品，而朝贡贸易获利丰厚，故琉球国不惜远渡重洋，到东南亚各地购买香料转贡于中国，同时将中国的丝绸、瓷器、铜钱等转口与东南亚、日本等地，琉球从中获利，使之由一个名不见经传的弹丸小国，成为海上丝绸之路上一个举足轻重的国家。1609年，日本入侵琉球，对琉球颁布了“裁制令”，规定不得随意与中国往来，不得随意通商别国。至此明王朝与琉球的朝贡贸易遂告衰落。

（2）南亚西亚东非市场

郑和七下西洋，深入南亚、波斯湾、阿拉伯海、红海，与南亚、西亚、东非各国开展交往。每次下西洋时期，都由郑和率领的庞大舰队运载大批中国的丝绸、瓷器以及金、银、铁器、铜钱、漆器等物品与海外各国展开贸易。中国商品

[1] 顾炎武：《天下郡国利病书》卷95，上海：上海古籍出版社，1992年。

以三种方式流布于海外：一是以赏赐的方式与访问国展开朝贡贸易；二是赐予国王、王后和大臣的各类物品；三是直接与当地市场贸易。每次郑和出使归来，都有各国使节随船来华，中外朝贡贸易盛况空前。中国商品中最受欢迎的是中国丝绸和瓷器。同时，通过郑和船队也为海外各国商品开拓了中国销售市场。其中，输入中国最多的物品是各类香料和胡椒。

在南亚地区，郑和舰队主要与印度南部西岸的重要城市和贸易据点小葛兰、柯枝、古里等进行贸易，使这些地区与明朝前期的朝贡贸易达到高潮；在西亚地区，郑和舰队，主要通过忽鲁莫斯等地，展开和西亚地区名贵宝石、琥珀以及各种手工业产品的贸易；在阿拉伯半岛和红海地区，郑和舰队主要是通过祖法儿、阿丹、天方、默德那等地和当地发生联系；在东非地区，郑和舰队通过访问摩加迪沙、马林迪和布腊瓦等地加强了和当地的联系。中国船队通过向当地提供他们所需要的布匹、瓷器和其他工业品来促成双方建立稳定的贸易关系，以及获得当地丰富的象牙和香料，从而使中非贸易呈现了前所未有的高潮。

(二)新兴海外市场区域

公元16世纪以前，中国保持其传统的对外贸易地区构成，即主要开展与亚非国家的贸易。16世纪以后，中国的传统对外贸易地区构成系统遭到破坏，中国与欧洲国家的贸易关系发展起来，并在中国对外贸易关系中占据主导地位。

明清以前，中国与欧洲国家的贸易大多是间接进行的。从16世纪中叶开始，中国对外贸易格局发生重大变化，中国与西欧的贸易关系日趋发展，并逐渐占据了中国对外贸易关系中的主导地位。

1553年，葡萄牙人以欺诈和贿赂的手段强占了中国的澳门。澳门从此成为葡萄牙开展对华贸易的基地。此后，葡萄牙组织中日贸易船队，从事东南亚—中国—日本的转口贸易，澳门也逐渐发展成为东方国际贸易的转运中心。

1567年，西班牙远征军到达东方，占领菲律宾群岛。但菲律宾群岛较为贫瘠，“既无香料，又无金银”，甚至一些日用品也要靠海外供应。为维持殖民统治，西班牙人一度鼓励中国商人前来贸易。明后期的开海政策也使中国商人出海贸易激增。西班牙人依靠中国的货物不仅解决了菲律宾岛上的生存需求，他们还将中国商船运来的丝绸、瓷器等物品转贩到其美洲殖民地，中国的丝绸、瓷器由此传遍世界。从17世纪20年代开始，澳门的葡萄牙人开始大量贩运中国的丝绸及生丝到菲岛及墨西哥，使中国海商受到极大排挤。而同时占领台湾的荷兰人在我国沿海及马尼拉湾口的海盗式抢劫也使中国赴菲商船大大减少。

17世纪初，荷兰人以台湾为对华贸易的基地，与中国海商开展大规模的贸易活动，将中国丝织品、瓷器等物品转贩于日本、东南亚及欧洲各地。到明末，绝大多数中日贸易由荷兰人经营，据统计，明末由荷兰人运往日本的中国丝及丝织品，几乎每年都超出中国海商运输的数量。1637年，荷兰的运量大约相当于中国海商的13倍。

这里，基于各国的特点和对中国历史的影响角度，主要对英国、美国和俄国进行详细分析。

1. 英国市场

17世纪前期，由于荷兰及葡萄牙人在华势力的强大，阻挠其他国家的对华贸易，英国与明王朝的贸易进展缓慢。然而到18世纪初，英国对华贸易已超过所有国家对华贸易的总和，成为中国最大的贸易伙伴。到19世纪30年代初期，英国占了中国对外贸易份额的80%左右，居于绝对的优势地位。这一时期中英贸易由三大部分组成，一是英国东印度公司的对华贸易，二是英国东印度公司船员的私人对华贸易，三是印度与中国之间的港脚贸易。在18世纪中后期，三种贸易形式在中英贸易中所占比例如下所示：

表5-37　各类英商在中英贸易商所占的比重：输入中国[1]

年　度	各类英商输华总值	东印度公司		东印度公司船员私人		港脚商人	
		价值	占总值%	价值	占总值%	价值	占总值%
1760—1764	470 286	345 930	73.6	86 436	18.4	37 920	8.0

[1]　严中平：《中国近代经济史统计资料选辑》，北京：中国科学社会出版社，1958年，第7—8页。

表5-38 各类英商在中英贸易商所占的比重:输出中国

年度	各类英商输华总值	东印度公司		东印度公司船员私人		港脚商人	
		价值	占总值%	价值	占总值%	价值	占总值%
1760—1764	979 586	876 846	89.5	70 160	7.2	32 580	3.3

在进出口商品结构方面,中国主要输出茶叶、生丝、土布等商品。并从英国市场输入毛纺织品、棉花、鸦片等。

东印度公司自中国输出的茶叶:1760—1764年,年均42 065担;1785—1789年,年均增至138 417担;1800—1804年,年均又增至221 027担;1825—1829年,年均更增至244 704担。若以1780—1784年年均指数为100,1800—1804年为394.6,1825—1829年竟达440.2。[1]鸦片战争前,英国东印度公司开始在中国经营生丝贸易。1760—1764年,年均贸易值3 749银两,只占该公司自中国输出总值的0.4%。1764年,清王朝放松了对生丝出口的限制,英印公司经营的中国生丝贸易规模开始扩大。1770—1774年,增至年均358 242银两,占该公司自华进口总额的25.3%;1775—1779年,年均增至455 376银两,占37.7%;1780—1784年,年均为376 964银两,占23.1%;1785—1789年,年均增至50余万银两,但在该公司自中国进口总值中所占比重却因茶叶贸易的增长而有所下降,仅为11.7%。[2]

中国土布的出口,始于18世纪30年代。自1736年中国土布开始对英国出口,其出口值逐年增加。1760—1764年,年均仅为204银两,占东印度公司自中国输出总值的0.1%。毛织品是中英贸易初期由英国输入的主要商货。但因其售价高实用性差,难以在中国打开销路,如1775—1779年,英国东印度公司输入中国的毛织品价值年均仅为27.7万银两。其后英国东印度公司运用各种促销手段,使得毛织品贸易有所增长。至18世纪末的1790—1794年,增

[1] 严中平:《中国近代经济史统计资料选辑》,北京:中国社会科学出版社,1958年,第14—15页。
[2] 同上书,第14页。

至年均150万银两以上，至19世纪初的1820—1824年，又增至年均200万两以上。[1]但到鸦片战争前夕，伴随英国棉纺织业的进步，毛纺织品输入日渐跌落，退居棉花、棉布和棉纱之后，仅居第三位。

为适应中国手工业土布的需要，早在1768年，印棉就开始流入中国。19世纪初的25年间，英美商船输入广州的棉花年均近24万余担左右，1825—1833年，年均增值44万担。[2]在鸦片战争前的二三十年间，棉花即跃居中国进口商品（正当商品）的首位。

到18世纪以前，鸦片并不是作为吸食的毒品，而是作为药品，进口量有限。1757年英国占领印度鸦片产地孟加拉后，英商就成为最大的鸦片贩子。1773年，英国为扭转对华贸易的逆差，赋予了东印度公司贩运鸦片的专利权，由此确立了英国对华鸦片贸易的政策。东印度公司将此权力拍卖给散商，后者称为鸦片贸易的实际经营者。此后，英国对华鸦片贸易规模越来越大。

2. 美国市场

早在18世纪70年代，以英国东印度公司为中介，北美就同中国有了间接的贸易往来。美国独立战争后，中美两国建立了直接的贸易关系。此后美国对华贸易大为发展。1784—1833年间，美国驶往广州的商船共计997艘，平均每年近20艘；而1833—1840年的7年共为246艘，平均每年达35艘以上。[3]

虽然美国同中国开展直接贸易的时间较晚，但发展速度很快，同欧洲各国相比，超过了法国、荷兰、丹麦和葡萄牙等国，仅次于英国，居西方国家对华贸易的第二位。清前期，美国的对华贸易主要由波士顿的普金斯公司、阿契尔公司，费城的琼斯奥克福公司和纽约的托马斯斯密斯公司四大商号经营。中美贸易中美国输华的商品最大宗是棉花。其次是毛皮，美商主要是贩运印第安人的水獭皮及南太平洋岛屿的海豹皮到广州销售。美商贩运来的其他商货还有洋参、水银、檀香木以及银元和鸦片。美国从广州输出的商品有茶叶、绸缎、

---

[1] 严中平：《中国近代经济史统计资料选辑》，北京：中国社会科学出版社，1958年，第11页。
[2] 同上书，第12页。
[3] 姚贤镐：《中国近代对外贸易史资料》第1册，北京：中华书局，1962年，第287—288页。

丝绒、生丝、瓷器、土布、水银、桂皮及糖等。其中以茶叶为大宗,且增速较快,常占美国从广州输出总值一半左右。其次是绸缎,约占该时期中国对美出口总额的两成左右。

该时期美国对华贸易实际上是一种国际三角贸易。一方面,美国商船载运本国产品至欧洲销售,将其所得的西班牙银元运回国内,再载运这些银元赴广州购买其所需的中国商货;另一方面,美国商船在欧洲各港口进行转运贸易,待积累足够的西班牙银元后再驶向广州,从广州购进茶叶、丝绸、土布等物后归国。美国自中国输入的商货也并非仅为满足本国的需求,其中很大部分被转运至其他国家。

在这一时期的中美贸易中,中国一直处于出超地位,美国为了弥补贸易逆差,来华商船中往往携带大量白银。从1804年之1829年间,美国白银几乎年年流入中国,以1818—1819年为最多高达7 369 000元。1824年,纽约最大的对华贸易商对华输出总额1 311 057元,其中白银900 000元,占总额的68.64%。[1]1826年以后,美国一方面开始转口英国的棉布,另一方面则追随英国进行大规模的对华鸦片走私。从此流入中国的美国白银明显减少。据统计,1805—1829年,美国向广州走私鸦片达3 757担。其中1828年—1829年,一年即达1 256担。[2]正如托马斯·普斯金所言:"虽然几年以来我们进口的以丝绸和土布为大宗的中国产品每年都平均在100万元以上,可是过去一年我们没有装运一枚西班牙银元到中国。我们的基金是出自从土耳其输出的鸦片,从大不列颠输出的英国制造品。"[3]

3. 俄国市场

中国同俄国的贸易是循陆路跋涉,透过清王朝同俄国的贸易,可窥见鸦片战争前中国陆路贸易的一斑。康熙二十八年(1689)中俄《尼布楚条约》签订后,两国建立了贸易关系。除了在黑龙江通商外,清政府准许俄国商队每隔三

[1] 姚贤镐:《中国近代对外贸易史资料》第1册,北京:中华书局,1962年,第293、298、299页。
[2] 同上书,第293页。
[3] 同上书,第299页。

年来北京一次，每次不得超过两百人。但是他们往往不遵守这些规定，入京商队人数最多时曾高达八百余人。俄商赴华次数也日繁，甚至连年接踵而至。俄国商队带到北京的货物主要是从西伯利亚廉价取得的皮革，而他们从北京购买的货物主要是丝绸、茶叶、大黄、烟草等。康熙六十一年（1722），由于俄国侵略势力不断对中国北部边疆进行劫掠，清政府不得不暂时停止了中俄陆路贸易。雍正五年（1727），中俄《恰克图条约》签订后，又恢复了在北京的中俄贸易。之后，到北京的俄国商队都基本按照规定时间，规定人数进行贸易。

除了官方贸易之外，《恰克图条约》确定恰克图为双方互市地点，并对通商事宜作了具体规定。中俄两国商人的边境贸易有多种形式。一是俄国商人在蒙古地区开展俄蒙贸易的同时，向前来的中国内地商人进行交易；二是中国内地商人经嫩江和额尔古纳河赴尼布楚等地同俄罗斯商人进行的互市贸易；三是中国山西商人经俄咯尔咯蒙古地区同俄国商人交易；四是中俄两国商人在西伯利亚南部边界与蒙古沙漠之间举办年度集市贸易，双方出售各自的商货。恰克图是通过陆路进行的中外贸易，而且通商地点的地理环境、人文传统和经济发展程度，都与中国沿海地区有着较大的差别，所以，无论征税制度、贸易方式，自然也与其他通商处不同。征税方面，最初中俄都各自在其境内固定地点，征收货物通过税，恰克图通商地点不征收。后来，俄国单方面改变了原来的征税法，与恰克图设卡征收输入俄境的货税。交易方式一开始有以现银交易，也有实物交易，到1792年，中俄双方规定，恰克图市场实行“彼此货物交易”，“两边商人自相定价”。1755年，由俄政府派出的前往中国的商队宣告停止了，此后中俄大宗贸易就都集中在恰克图了。

恰克图对华出口的商品，以毛皮为主，据统计1757—1784年，出口毛皮的价值占俄国出口货物总值的85%。[1]此外还有羔羊皮、绵羊皮、俄国皮革、亚麻布、粗呢绒等。中国通过恰克图出口的商品主要是棉布、丝绸、生丝、冰糖、烟草、茶等物品。

[1] 吴建雍：《18世纪的中国与世界》，沈阳：辽海出版社，1999年，第200页。

表5-39　1755—1762年中俄恰克图贸易的统计数字[1]　（单位：卢布）

年　份	俄国货物	中国货物
1755	606 084	230 981
1756	450 768	241 252
1757	421 878	418 811
1758	525 999	511 071
1759	718 145	698 985
1760	699 940	658 331
1761	391 469	619 598
1762	101 643	37 672

表5-40　1768—1785年中俄恰克图贸易的统计数字[2]　（单位：卢布）

年　份	俄国货物	中国货物	年　份	俄国货物	中国货物
1768	25 477	25477	1777	1 440 546	1 342 127
1769	1 074 651	928 984	1778	794 539	667 253
1770	1 351 977	1 271 738	1780	2 700 187	2 700 187
1771	1 246 410	1 142 510	1781	3 735 311	3 735 311
1772	1 002 518	934 121	1782	3 532 342	3 532 342
1773	1 140 185	1 153 992	1783	2 789 176	2 789 176
1774	1 227 760	1 120 870	1784	2 413 356	2 413 356
1775	1 365 825	1 278 584	1785	1 805 926	1 805 926
1776	1 638 791	1 401 915			

[1] 吴建雍：《18世纪的中国与世界》，沈阳：辽海出版社，1999年，第199页。
[2] 同上书，第201页。

表5-41　1792—1800年中俄恰克图贸易的统计数字[1]（单位：卢布）

年　　份	每方货物[2]	年　　份	每方货物
1792	2 467 279	1797	2 378 750
1793	3 549 432	1798	2 783 942
1794	2 522 941	1799	3 677 823
1795	2 720 285	1800	4 191 923
1796	2 551 764		

(三)总结：传统贸易结构与重组

在西方势力入侵前，中国对外贸易市场地域分布主要集中于东南亚地区，这主要是因为地域的优势。郑和下西洋，将市场拓展到南亚、西亚，甚至于东非部分地区。在这些地区，贸易方式并不是统一的，在朝贡贸易中，各国的贸易形式和周期都有不同的等级。在明中前期，朝贡贸易达到历史高潮，这种官方贸易形式并不是平等市场交易，从中国方面来说，输出远大于输入，进入中国的商品主要是当地的一些土特产和奢侈品，而输出的主要是中国的手工业品，如丝绸和瓷器。这与中国当时相对发达的手工业水平相关。当然在一些具体情况下，明清朝廷有时出于现实考虑，也会要求藩属国贡献一些特殊商品，如对朝鲜牛马的需要。除了官方贸易外，各国不同程度地存在着民间力量参与和中国的贸易，与官方贸易不同，民间贸易在非法情况下，主要推动力就是对利润的追求，所以参与地商品种类也不尽相同，除一小部分奢侈品外，绝大多数是百姓的日常生活用品和手工业原料。

传统的基于地域优势的市场构成，在葡萄牙人势力进入亚洲之后，发生了改变。嘉靖三十二年(1553)葡萄牙人进入澳门，开辟澳门—果阿—里斯本航线，英国、法国和美国也相继来到澳门、广州贸易。在之后西方势力的角

[1] 吴建雍：《18世纪的中国与世界》，沈阳：辽海出版社，1999年，第202页。
[2] 此为以货易货。

逐中，英国贸易霸权地位确立，在清代前期，成为对外贸易的主要国家。例如乾隆五十七年（1792），英国输入广州的商品货值为4 383 663银两，占输入广州总值5 069 653银两的86%，从广州输往英国的商品货值为5 534 931银两，占广州输出总值7 490 524银两的74%。美国输入广州商品货值为109 816银两，占输入广州总值的2%，从广州输往美国的商品货值为317 270银两，占广州输出总值的4.2%，法国输入广州商品货值为49 120银两，占输入广州总值的1%，从广州输往法国的商品货值为361 925银两，占广州输出总值的5%。[1]这些数据说明在18世纪，英国对广东贸易处于独占鳌头的地位。到了19世纪也基本如此。但有些商品（如土布）则是美国超过了英国。例如，1800—1809年，1815—1824年，自广州输往美国的土布超过广州出口土布总量的50%，居土布贸易之首。[2]

西方势力侵入对中国传统贸易区域构成的冲击不仅表现在它们和中国的直接贸易上，同时由于大多数亚洲国家逐渐成为西方国家的势力范围，中国与其他亚洲国家的贸易事实上也逐渐为它们控制，成为它们中转贸易的一环。例如欧洲商人的中转贸易业占有重要地位，最初是葡萄牙人，将中国的丝及丝织品由澳门、马尼拉转输日本。之后是荷兰人，他们以台湾为贸易基地，从事中日间的中转贸易。

二、海外市场的商品结构

明前期，古代官方贸易达到顶峰。郑和船队通过赏赐、馈赠、贸易等途径，将中国商品大量输往海外，见于记载的大宗商品有：瓷器、漆器、茶叶、樟脑、雨伞、生丝、丝绸、丝绵、金、银、铜钱、铁器、金属制品、书籍、纸张、粮食、建筑材料等。明后期随着私人海外贸易的发展，中国输往海外的商品种类和数量都有了进一步增加，其中手工业品特别是丝织品和瓷器依然占据主导地位。进口的商品，包括香料、珠宝、矿产品、手工业原料、手工业品、农副产品等。其中香料、珠宝等奢侈品主要来自东南亚、西亚和非洲，矿产品主要来自日本。

---

[1] H. B. Morse, *The Chronicles of the East India Company Trading to China*, 1635–1834. Vo13, p. 201.
[2] 严中平：《中国近代经济史统计资料选辑》，北京：中国社会科学出版社，1958年，第16页。

清代前期，随着中国与欧美国家贸易规模的扩大，进出口商品构成也发生了明显的变化。18世纪中叶以前，中国进口商品依然是以奢侈品为主；出口的主要是生丝等土特产品和瓷器等手工业品。18世纪中叶以后，中国商品构成转为棉花、棉布、棉纱为大宗；出口则以茶叶为主，丝织品仍占有一定地位，同时土布出口也呈现增长趋势。

（一）进出口商品结构

1. 生丝和丝绸

丝绸是中国传统的出口商品，出口的历史源远流长，其向外传播的途径也多种多样。进入明清以后，通过海上丝绸之路进行的丝绸贸易达到了中国古代的最高峰。明代，丝和丝织品仍然是最大宗的出口商品，随着海上交通的发展，中国的丝织品传遍了世界各地。除传统的亚洲各国和地区之外，随着欧洲人的东来，中国丝和丝织品还远销欧洲及美洲各地。官方朝贡贸易：诸国每次来华朝贡，明朝廷都赏赐大量丝质产品。如洪武元年（1368），占城贡虎象方物来贺即位，太祖一次赏赐的丝绸就有织金绮、纱罗绢等各五十匹。[1]郑和下西洋时期，每到一处，宣谕完毕，即以丝绸等物赏赐馈赠，并开市贸易，交换当地的特产。“郑和船队到达哪里，中国丝绸也就传布到哪里。而这次丝绸外传的规模之大，超过历史上的任何时期。”[2]下表是郑和船队输入东南亚的丝绸。

表5-42　郑和船队输入东南亚丝绸情况

国　名	今属国名别	输入丝绸种类	备　　注
占　城	越　南	柠丝、绫绢	《瀛涯胜览》第13页
真　腊	柬埔寨	锦、缎、丝布	《星槎胜览》卷1第3页

[1] 严从简著、余思黎点校：《殊域周咨录》卷7，北京：中华书局，2000年，第247页。
[2] 陈炎：《略论海上“丝绸之路”》，《历史研究》1982年第3期。

(续表)

国　名	今属国名别	输入丝绸种类	备　　注
暹　罗	泰　国	色绢、色缎	《星槎胜览》卷1第4页
交栏山	印度尼西亚	五色绢	《星槎胜览》卷1第4页
旧　港	印度尼西亚	五色布绢、色缎	《星槎胜览》卷1第6页
重迦罗	印度尼西亚	花绢	《星槎胜览》卷1第7页
满剌加	马来西亚	色绢	《星槎胜览》卷1第9页
麻逸冻	菲律宾	五色布绢	《星槎胜览》卷1第10页
彭　坑	马来西亚	色绢	《星槎胜览》卷1第10页
阿鲁国	印度尼西亚	色缎、色绢	《星槎胜览》卷1第11页
苏门答腊	印度尼西亚	色绢	《星槎胜览》卷1第13页
花面国	印度尼西亚	缎、帛	《星槎胜览》卷1第14页

资料来源：马欢：《瀛涯胜览》，《丛书集成初编》之三二七四，北京：中华书局，1985年。费信：《星槎胜览》，《丛书集成初编》之三二七五，北京：中华书局，1991年。

明朝中后期，朝贡贸易逐渐衰落，同时葡萄牙、西班牙、荷兰等西方殖民者相继而来，尤其是葡萄牙人，通过几条航线，基本控制了中国生丝和丝绸出口的主要路径。这使得中国生丝和丝绸对外贸易的形势发生了很大改变：广州—东南亚—阿拉伯地区的传统贸易线路逐渐没落，取而代之地是广州—澳门—果阿—欧洲、广东—日本、广东—菲律宾—拉丁美洲—欧洲等几大航线。

广州—澳门—果阿—欧洲航线，是葡萄牙人控制的重要的贸易线路。16世纪初葡萄牙人就不断通过这条线路向欧洲贩运丝绸，并从中获得了非常高的利润。据当时(1515)一位正为葡萄牙人服务的意大利人记载："中国……盛产各种白色细蚕丝，每一坎塔罗价值三十克罗扎多；十六匹一捆的优质锦缎，每匹价值五百里尔；缎子、花缎……从中国运到此地，这些货物可获利三十倍。"[1]1514—1521年的八年间，"生丝及诸如各色锦缎、各种缎了与织锦等丝

[1] 张天泽著、姚楠、钱江译：《中葡早期通商史》，香港：香港中华书局，1988年，第39—40页。

织品一直都是中葡贸易中葡方从中国出口的主要商品”。[1]1553年，葡萄牙取得澳门居留权后，这一贸易路线更为发展，每年从广州采购经澳门运往海外的丝织品有53 000多箱，其中从澳门输往里斯本的丝货约5 000箱。[2]

日本是中国丝绸出口的传统市场。但在16世纪末，日本是中国严禁通商的国家。中国丝绸很难以合法的方式输出到日本，于是，澳门的葡萄牙人便在两者之间充当起中介的角色。为了赚取更为丰厚的利润，葡萄牙人并不直接把从广州采购的丝绸等商品运回欧洲，而是先运往日本销售，换得价值是其投入资本两三倍的白银。随后再回到广东，用日本的银锭交换中国的丝绸。葡萄牙大帆船每年从广州、澳门运往长崎的生丝，最多时可达三千多担，少时也有一千五六百担。广东—日本的丝绸贸易中，除葡萄牙人的大帆船外，中国人、日本人经营的商船也是一支不可低估的力量。隆庆元年，明廷“准贩东西二洋”后，前往日本的海商迅速增加。据日本学者统计，崇祯十年（1637），输入日本生丝总量大约206 639斤；此后的崇祯十三年（1640）、十五年（1642）、十六年（1643）、十七年（1644）分别是364 428斤、105 500斤、119 664斤、137 432斤。[3]

广东—菲律宾—拉丁美洲—欧洲是16、17世纪世界上最长的贸易航线，也是中国丝绸出口的主要路线之一。在这条航线上，生丝和各色绸缎是葡萄牙、西班牙商人贩运的主要商品。生丝和丝绸运到马尼拉后，只有少量在本地出售或转销到日本，大部分都由西班牙通过大帆船贸易运销到拉丁美洲的殖民地和欧洲的本土市场。“一担生丝在广州价格为120比索（80两），马尼拉为200比索，运到秘鲁首都利马为1 950比索，利润率为875%；一匹广州缎子在马尼拉为5比索，在利马为50比索，利润率900%；织锦、丝毛织品、天鹅绒缎的利润率均在800%。”[4]在如此巨额利润的刺激下，广东—菲律宾—拉美之间的丝绸贸易发展十分迅速，1580—1643年达到鼎盛。

到了清代，生丝和丝绸贸易又出现了新的形势，英、荷、法、美等国还都组

---

[1] 张天泽著，姚楠、钱江译：《中葡早期通商史》，香港：香港中华书局，1988年，第67页。
[2] 邓开颂、吴志良、陆晓敏主编：《粤澳关系史》，北京：中国书店，1999年，第120页。
[3] 范金民：《明清时期中国对日贸易的兴衰》，《中国经济史研究》1992年第1期。
[4] 全汉昇：《中国经济史论丛》第1册，香港：新亚研究所，1972年，第122页。

织了各自的东印度公司，西方商人来粤收购、运载成了当时广东丝绸出口的主要方式。这一时期，中国对西方的贸易，尽管以茶叶为最大宗的出口商品，但是，丝绸和生丝依然在对外贸易中具有显赫的地位。清代生丝和丝绸贸易经历了曲折的发展过程，进入18世纪以后，西方的东印度公司发现茶叶能给他们带来更多的利润，同时中国的丝绸和生丝也遇到了欧洲制品和亚洲产品的竞争，其贸易在中西贸易总额中所占的比重有所下降。但是从数量上来说，这两种商品在出口经过一段时间增长缓慢乃至减少的时期后，又分别在18世纪中叶和19世纪初有了较大幅度增长。

在中英通商地最初年代，英国东印度公司船只所购货物都以丝织品为大宗。1717年，其对华贸易结构发生根本性转变，茶叶开始成为其购置的大宗货物，丝绸在英国进口中国货物总值的比例逐渐下降。[1]1722年，英船“埃梅莉亚公主号”和“莱尔号”在广州的投资为211 850两白银，其中茶叶占57%，丝织品占25%。[2]1723年，茶叶在英国进口的中国货物总值中占34%，丝织品占17%。[3]丝织品在中英贸易中地位的下降，已经成为定势。而如果从实际数量来看，1760年前，除个别年份达到3万匹以上，其余大部分年份每年都在1万—2万余匹间。[4]

表5-43　英国东印度公司每年进口丝绸数量　（单位：匹）

年份	进口量	年份	进口量	年份	进口量	年份	进口量
1677	19 042	1713	18 517	1740	11 623	1751	10 950
1678	14 760	1714	8 230	1741	12 588	1752	14 127
1679	12 789	1717	11 218	1742	27 644	1753	34 433
1680	21 592	1718	15 139	1743	23 747	1754	20 455
1681	8 500	1719	9 457	1744	17 919	1766	14 259
1705	9 878	1720	6 376	1745	24 120	1756	15 906

[1] ［美］马士：《东印度公司对华贸易编年史》第1卷，广州：中山大学出版社，1991年，第156页。
[2] 同上书，第169页。
[3] 吴建雍：《18世纪的中国与世界》，沈阳：辽海出版社，1999年，第257页。
[4] 吴建雍：《清前期中西海路丝绸贸易》，《西南、西北和海上丝绸之路比较研究学术讨论会论文》，2001年。

（续表）

年 份	进口量	年 份	进口量	年 份	进口量	年 份	进口量
1708	17 520	1721	1 003	1746	15 253	1757	12 989
1709	5 962	1734	16 028	1747	11 315	1758	6 201
1711	23 638	1738	11 107	1748	6 090	1759	15 205
1712	13 064	1739	39 133	1750	3 000	1760	11 601

这个时期，其他东印度公司对丝织品的进口，也经历了与英国类似的过程，由于茶叶进口数量的增加，丝绸比重有所下降，然而每年进口数量大体相当。如荷兰东印度公司的一些代表性数据：[1]

表 5-44　荷兰东印度公司进口丝绸数量　（单位：匹）

年　份	数　量	年　份	数　量
1729	570	1765	2 800
1740	8 450	1776	4 669
1750	6 195	1786	4 742
1758	5 780	1792	3 340

瑞典东印度公司数据：[2]除了首航年份较大，其余一般为数千匹。

表 5-45　瑞典东印度公司进口丝绸数量　（单位：匹）

年　份	数　量	年　份	数　量	年　份	数　量
1733	23 355	1747	20 892	1759	139
1736	5 727	1749	12 543	1761	4 000
1739	15 126	1751	2 393	1764	5 946

[1] [2] 吴建雍：《清前期中西海路丝绸贸易》，见《西南、西北和海上丝绸之路比较研究学术讨论会论文》，2001 年。

(续表)

年 份	数 量	年 份	数 量	年 份	数 量
1740	8 252	1752	4 133	1766	1 908
1742	12 388	1753	5 724	1767	2 870
1743	5 794	1754	11 580		
1745	2 671	1757	4 115		
1746	19 128	1758	3 380		

进入19世纪,欧美国家进口丝织品数量有了大幅增加,标志着中西丝绸贸易新阶段的起始。这一时期引人注目的是,美国商人购买的丝绸超过了英国,且英国散商取代了东印度公司,总揽丝绸生意。这种现象一直到鸦片战争爆发,美国商人和英国散商成为中国外销丝织品的主要买主。列表如下:[1]

表5-46 美国和英国散商丝织品购买情况

年 份	英国散商	美国商人	总 计
1819	1 000(担)	5 119(担)	6 119(担)
1820	2 366(担)	1 600(担)	3 966(担)
1821	60 000(匹)	276 614(匹)	336 614(匹)
1822	37 842(匹)	38 143(匹)	419 272(匹)
1823	21 000(匹)	350 000(匹)	371 000(匹)
1824	385 000(匹)	573 552(匹)	612 052(匹)
1825	33 712(匹)	619 614(匹)	653 326(匹)
1826	60 000(匹)	303 885(匹)	363 885(匹)

[1] 吴建雍:《18世纪的中国与世界》,沈阳:辽海出版社,1999年,第261页。

（续表）

年　　份	英国散商	美国商人	总　　计
1827	40 000（匹）	420 494（匹）	460 494（匹）
1828	90 000（匹）	211 310（匹）	301 310（匹）
1829	93 000（匹）	186 653（匹）	278 403（匹）(1)
1830	49 500（匹）	262 107（匹）	378 457（匹）(2)
1831	54 683（匹）	268 677（匹）	318 177（匹）
1832	54 683（匹）	215 219（匹）	273 902（匹）(3)
1833	66 550（匹）		88 550（匹）

备注：(1)内有荷兰所购750匹；(2)内有荷兰所购23 350匹；(3)内有荷兰所购4 000匹。

2. 瓷器

明朝初年，瓷器仍然是朝贡贸易的重要商品，同时东南沿海的民间走私也甚为猖獗。通过这两种方式，中国瓷器遍布于东南亚、南亚以至非洲等地。然而这种从广东到东南亚、南亚以至非洲的传统的瓷器外销贸易，在葡萄牙人进入东南亚后，逐步产生变化。葡萄牙最早控制了东西间贸易，并开始向欧洲进口中国瓷器。据载，1522年，葡萄牙商人从东方运至欧洲的货物有三分之一是瓷器。[1]

17世纪初，荷兰主要往来于东南亚的中国帆船商人那里购买瓷器。1624年，荷兰侵占台湾后，瓷器贸易中心也转移到台湾。据载，1638年荷兰东印度公司在台湾的瓷器存货已达890 328件。[2]这些瓷器不仅供应欧洲市场，还运销东南亚、中东地区。1662年，郑成功收复台湾后，荷兰东印度公司无法再从中国获得瓷器供应，转向日本和波斯寻求替代品。清政府统一台湾后，荷兰东印度公司重新得到中国瓷器的供应，此后，中国瓷器进口荷兰，得到持续发展。

[1] 吴建雍：《18世纪的中国与世界》，沈阳：辽海出版社，1999年，第277页。
[2] 同上书，第278页。

荷兰学者沃尔克（T. Volker）估算，1602—1682年，荷兰总计进口中国瓷器大概有300余万件。[1]

到了18世纪，输入到欧洲的中国瓷器无论是数量还是种类，都发展到中西瓷器贸易的最高峰。这是因为，瓷器在欧洲已经逐渐进入寻常百姓的日常生活中，而当时欧洲的制瓷水平，还处于起步阶段，为满足日益扩大的需求，唯有依靠中国瓷器供应。

18世纪初，英国东印度公司的对华瓷器贸易迅速发展起来，1712年前，英国在进口中国瓷器上的投资，最多的年份，可占其进口中国货品总值的20%。除了供应本国市场，英国还将中国瓷器再出口到欧洲其他地区和北美殖民地。

表5-47　1777—1778年各个东印度公司对中国瓷器的输出数量[2]

国　家	船　数	运载数量（吨）
英　国	8	348
荷　兰	4	111
法　国	6	100
瑞　典	2	99
丹　麦	2	39

由于当时外国商船装载瓷器，形成了稳定的模式，不同时期瓷器的出口量，虽可体现在商船数量的变化上，可是，在商船数量大体稳定的时期，其数量变化就不会太明显。因而瓷器贸易的发展，更明显地表现在订购的规模和种类上。18世纪中叶，中西瓷器贸易的高峰期，以大量瓷器的提前订货、装饰图案种类繁多、美不胜收为特点。[3]而之后对粗瓷器的需求明显增多，1759年，

[1] 吴建雍：《18世纪的中国与世界》，沈阳：辽海出版社，1999年，第279页。
[2] G. A. Godden, *Oriental Export Market Porcelain and its Influence on European Wares*, New York 1979. p. 47.
[3] 吴建雍：《18世纪的中国与世界》，沈阳：辽海出版社，1999年，第293页。

瑞典公司曾指示代理人“购买重的和耐用的瓷器”。[1]这也是瓷器进入欧洲居民日常生活的体现。

然而到了18世纪末，中国瓷器遭遇了强有力的竞争，最主要的是英国，欧洲开始大规模使用英国瓷器。在工业革命的浪潮中，英国在中国先进制瓷技术的启迪下，也纷纷模仿景德镇的青花瓷和白瓷等著名产品，逐渐发展起他们本国的制瓷工业，因而，对中国瓷器进口的数量逐渐减少。到1792年，英国东印度公司停止了购买中国瓷器，而在荷兰东印度公司存在的最后几年，荷兰经营的瓷器贸易已经不占重要地位了。

在这时，美国开始大量进口中国瓷器，使得中国在欧洲市场压力下的出口规模得以继续维持。美国独立战争之后，中美直接贸易的海上航线于1784年开始打通，为中国瓷器大量销美创造了条件。被称为“最杰出成就”的“中国皇后”号首航广州，返程货物中除茶、丝外，所载中国瓷器共有962担。此后，瓷器便成为美国进口的主要中国商品之一。中美瓷器贸易虽然较英法各国迟，但其华瓷的入口量迅速超越其他欧洲国家。1798—1799年的贸易季里，Robertwaln记录到五艘从广州回航的美国商船所载运的瓷器量，总共是1 107箱。中美瓷器贸易在1820年前后达到一个高峰，1816年John Jacob A Stor的一张瓷器订单里就包括了265箱青花的茶或咖啡套装饮用具，600箱茶具和102箱混合瓷器，总值7 304.86美元。而喀里多尼亚（Caledonia）号美国商船在1817—1818的贸易季度从广州向美国贩运了数量惊人的瓷器，商人Robertwaln、John C.和William H. Smith在这批船货中买到3 000箱瓷器。[2]

3. 茶叶

茶叶很早就是中国向外输出的一种商货，在早期朝贡贸易中作为回赐赠予各个朝贡国，郑和下西洋也将茶叶带到西亚和东非各地。但茶叶真正成为中国出口货物中的重要一部分，还是从欧美对茶叶的大量需求开始的。茶叶是17世纪初期最先由荷兰东印度公司介绍到欧洲的，然而只是作为珍贵的礼

---

[1] 吴建雍：《18世纪的中国与世界》，沈阳：辽海出版社，1999年，第294页。

[2] 同上书，第295页。

品使用,并未成为输往欧洲的主要商品。17世纪中叶传入英国,并兴起饮茶之风。1717年,在英国对清朝通商中,“茶叶已开始代替丝成为贸易中的主要货品”。[1]荷兰东印度公司自1717年开始,也大量购买中国茶叶,致使中国东南沿海地区与巴达维亚的帆船贸易,原本以中国商人购入胡椒为主,转变为荷兰购进中国茶叶。[2]欧洲各大贸易公司从中国购买茶叶,欧洲茶价下降,使茶叶销路迅速扩大,推动普通市民进入茶叶消费行列,又促使更多华茶输入欧洲。1716—1720年间,西欧各国对华贸易形成的以茶叶为大宗进口商品的结构反映了18世纪欧亚通商的主要特点,茶叶贸易成为所有欧洲东方贸易公司最重要的、盈利最大的贸易。

从中国方面来看,鸦片战争前,在广州的出口贸易中,茶叶占首位。1817年10 707 017银元,占出口总值的55%;1825年为13 572 892银元,占出口总值的51%;1832年为15 241 712银元,占出口总值的58%。[3]茶叶在中国贸易结构中的重要地位可见一斑。

18—19世纪,中国出口的茶叶品种主要有红茶、绿茶、砖茶、茶末和小京砖茶。欧洲人一般嗜好红茶,美国人最初倾向绿茶,后来也转饮红茶。俄国则一直是重要的砖茶进口国。中国最早向欧洲出口绿茶,后来才大量出口红茶。鸦片战争以前,中国茶叶一直独占世界市场,提供了全部的世界茶叶消费量。

18世纪中国茶叶销路大扩与欧美各国的激烈竞争不无关系。英国东印度公司集中全力经营茶叶贸易。茶叶货值比例从一开始就超过总货值的一半,并在18世纪末取得垄断地位,茶叶几乎成为英国东印度公司的唯一运营商品。

表5-48 1722—1783年茶叶在英国东印度公司从中国进口总货值中的比例

年　　份	总货值(两)	茶叶货值(两)	占总货值%
1722	211 850	119 750	56

[1] [美]马士:《东印度公司对华贸易编年史》第1卷,广州:中山大学出版社,1991年,第156页。
[2] K. Glamann, *Dutch-Asiatic Trade, 1620–1740*, p. 216.
[3] 姚贤镐:《中国近代对外贸易史资料》第1册,北京:中华书局,1962年,第254页。

（续表）

年　　份	总货值（两）	茶叶货值（两）	占总货值%
1723	271 340	182 500	67
1730	469 879	374 311	73
1733	294 025	141 934	48
1736	121 152	87 079	71
1740	186 214	132 960	71
1750	507 102	366 231	72
1761	707 000	653 000	92
1766	1 587 266	1 370 818	86
1770	1 413 816	1 323 849	94
1775	1 045 433	498 644	48
1700	2 026 013	1 106 900	55
1785	2 942 069	2 564 701	87
1790	4 669 811	4 103 828	88
1795	3 521 171	3 126 198	89
1799	4 091 892	2 545 624	62
1817	4 411 340	4 110 924	93
1819	5 786 222	5 317 488	92
1822	6 154 652	5 846 014	95
1825	5 913 462	5 913 462	100
1833	5 521 043	5 521 043	100

资料来源：Chaudhuri, p. 538. Pritchard, pp. 395–396. Morse. Vol. 2–4。

荷兰虽然最早将茶叶从中国输往欧洲，但直到18世纪40年代初，其输往欧洲的茶叶主要购自巴达维亚的中国帆船。随着欧洲对茶叶需求的迅速增长，荷印公司已经不满足于这一渠道，1728—1734年，在巴城茶叶贸易继续进行的同时，荷印公司从荷兰派船直接前往广州购买茶叶。到18世纪50年代，巴城贸易停止。中荷直接贸易成为茶叶贸易的主要形式。同时茶叶在荷兰进口中国商品中的比重情况与英国情况类似，占据了绝对的主导地位。具体情况如下表所示。[1]

表5-49　1729—1793年荷兰进口中国茶叶货值和比重

年　份	总货值（荷盾）	茶叶货值（荷盾）	比重（%）
1729	284 902	242 420	85.1
1730	234 932	203 603	86.7
1736	365 036	201 584	55.3
1740	1 075 001	590 328	54.9
1746	1 228 130	875 529	71.3
1750	1 366 760	960 402	70.3
1756	2 067 312	1 351 450	64.5
1760	1 803 274	1 614 841	89.6
1766	2 584 402	2 087 036	80.8
1770	2 405 232	1 777 256	73.9
1776	2 451 597	1 723 870	70.3
1780	2 471 829	1 738 936	70.4
1786	4 538 034	3 342 391	73.7
1790	683 971	367 316	53.7
1793	2 714 789	2 150 192	79.2

[1] 庄国土：《18世纪中国与西欧的茶叶贸易》，《中国社会经济史研究》1992年第3期。

茶叶从中美贸易初始就是美国寻求的最重要商品。1784年，美船“中国皇后”号首航广州，茶叶占该船总货值的92%。[1]然而，美国船只并不像同期的欧洲船只那样几乎主要从事茶叶贸易。1792年，6艘从广州回航的美国船只中，茶叶价值略高于总货值的一半。[2]在19世纪初到30年代的大部分年份，美国船只在华出口货物中，茶叶价值约占30%—40%，至1837年，美船的茶叶货值首次超过60%，达到65%。[3]在18世纪其他欧洲大陆国家，如法国、瑞典、丹麦等对华贸易中，茶叶所占的中国货值比率也高达65%—75%不等。[4]

表5-50　1792年部分欧洲国家在华所购商品中茶叶所占比例

国　别	船　只	总货值（两）	茶叶货值（两）	所占比例（%）
丹麦	1	228 653	133 260	58
瑞典	1	279 003	223 960	80
法国	2	361 925	214 920	59
热那亚	1	86 780	63 480	73

资料来源：［美］马士：《东印度对华贸易编年史》。

至19世纪80年代开始，由于欧洲大陆国家的白银来源逐渐枯竭，同时走私英国已无利可图，他们逐渐退出茶叶贸易，广州的茶叶贸易为英人所支配，小部分为美国商人分享。进入19世纪，美国取代了西欧大陆各国东印度公司，在广州的茶叶市场上，成为唯一与英国竞争的西方国家。鸦片战争前几年，广州每年出口茶叶350 000担，价值94 450 000银元，占中国出口货值的

[1]［美］马士：《东印度公司对华贸易编年史》第2卷，广州：中山大学出版社，1991年，第95页。
[2] 同上书，第204页。
[3] Yen-ping Hao, *The Commercial Revolution in Nineteenth-Century China: The Rise of Sino-Western Mercantile Capitalism*, University of California Press, Berkeley, 1986, p. 16.
[4] Zhuang Guoto, *International Trade in Chinese Tea in 18th Century*, A Paper Presented to the 34th International Congress on the Asian and North Africa Studies, Hong Kong, 1993, pp. 30–33.

70%。[1]下表反映了英美两国购买茶叶的数量对比。

表5-51 英美两国购买茶叶数量情况 (单位:担)

年 度	西方年均进口茶叶数量	英国年均进口茶叶数量	所占比重(%)	美国年均进口茶叶数量	所占比重(%)
1800—1804	284 426	224 430	80	37 584	13
1805—1809	234 249	171 198	73	58 695	25
1810—1814	260 913	247 689	94	16 528	6
1815—1819	296 478	233 584	70	97 825	28
1820—1824	305 389	231 931	76	73 459	24
1825—1829	352 814	294 556	83	48 702	14
1830—1832	352 419	260 179	74	86 906	25
1800—1832	298 098	237 652	80	59 957	20

资料来源:[美]马士:《东印度对华贸易编年史》。

4. 土布

土布是清朝前期中国与西方贸易中的另一项重要商品。在对外贸易中,土布又称南京布,因为在鸦片战争以前中国向欧美各国出口的土布主要就是南京布。有关西方第一次购买土布的记载是在1734年。然而直到18世纪70年代,土布并没有成为中西贸易的主要商品。大规模土布出口,始于18世纪

[1] 姚贤镐:《中国近代对外贸易史资料》第1册,北京:中华书局,1962年,第258页。

70和80年代之交，主要输往英、美、法、丹麦、荷兰、瑞典、西班牙等国。据统计，乾隆六年（1741），从广州出口的棉布为15 699匹，五十九年（1794）增至598 000匹，嘉庆元年（1796）增至820 000匹，三年（1798）增至2 125 000匹，二十四年（1819）又增至330 000匹，价值为170多万元。[1]

1786年，土布开始出现在英国东印度公司对华贸易的主要项目中，成为仅次于茶叶、生丝的重要商品。西方各国购买的土布总计372 020匹，有史以来第一次达到6位数。其中荷兰购买了98 200匹，法国和丹麦购买的数量也都超过了7万匹，英国居第四位，42 000匹。[2]数年后，美国和法国购买的土布领先其他国家，但不久，英国进口数量就超过了法国。进入19世纪，西方进口的土布，主要就是英美垄断。这一时期，英美购买数量和西方购买总数量如下表。

表5-52　英美两国购买土布数量　（单位：匹）

年　份	英国公司	英国散商	美　国	总　计
1786	40 000	2 000	33 920	372 020
1790	40 000	56 500	166 700	509 900
1792	60 000	14 300	69 000	402 200
1793	70 000	25 000	255 000	426 000
1794	90 000	117 000	220 000	598 000
1795	80 000	45 000	685 000	1 005 000
1796	119 200	25 000	475 000	820 200
1797	144 700	103 000	200 000	573 000
1798	136 300	196 000	1 530 000	2 125 000
1799	180 000	170 000	735 000	1 160 000
1800	6 615	807	6 366	14 713
1801	144 700	40 000	1 400 000	1 584 700

[1]［美］马士：《东印度公司对华贸易编年史》第2卷，广州：中山大学出版社，1991年，第347—366页。
[2] 同上书，第400页。

(续表)

年　　份	英国公司	英国散商	美　　国	总　　计
1802	171 500	33 000	750 000	1 050 000
1803	150 000	850 000	630 000	941 000
1804	190 000	210 000	1 235 000	1 720 000
1805	298 500	67 500	1 250 000	1 679 500
1806	210 000	50 000	525 000	860 000
1807	200 000	88 000	1 200 000	1 488 000
1808	200 000	275 000	300 000	775 000
1809	120 000	110 000	1 000 000	1 245 000
1810	2 692(担)	1 299(担)	6 391(担)	10 382(担)
1811	295 200	160 600	178 600	634 400
1812	196 400	115 000	107 000	418 400
1813	460 000	150 000		610 000
1814	5 875(担)	1 213(担)	547(担)	7 635(担)
1815	2 495(担)	769(担)	3 378(担)	6 785(担)
1816	2 804(担)	1 606(担)		4 410(担)
1817	210 000	433 000	586 000	1 229 000
1818	191 700	606 800		798 500
1819	203 700	223 300	2 932 000	3 359 000
1820	202 000	268 000	440 000	910 000
1821	147 000	405 000	1 324 000	1 876 000
1822	117 000	404 678	1 107 706	1 629 384
1823		860 000	250 000	1 110 000
1824	5 000	574 750	536 000	1 115 750

（续表）

年　　份	英国公司	英国散商	美　　国	总　　计
1825	7 000	489 000	721 000	1 217 000
1826		239 300	308 700	547 900
1827	3 500	758 000	619 000	1 380 500
1828	4 000	957 000	353 000	1 314 000
1829	1 500	703 500	350 000	1 055 000
1830		925 250	125 750	1 051 000
1831	1 000	315 500	122 285	438 785
1832		121 500	39 000	170 500
1833		30 600		30 600

资料来源：马士《东印度对华贸易编年史》。

从上表可看出自1793年，美国所购数量就占总购买数量的一半以上，进入19世纪后，更是超过70%。但1827年以后，英国比例开始上升，英美位置发生互换。

5. 棉花及棉织品

鸦片战争前，正当商品中，棉花进口位居进口商品的首位。[1]它是英国东印度公司运往中国的大宗商品，主要产自印度。棉花专门成为英国运销广州的主要商品，是从1785年开始的。这一年棉花对华输入量总计48 492担。[2]此后印度棉花运销中国数量急剧增多。1787年，广州进口棉花已经达到187 311担。[3]到1803年，更是达到284 570担。[4]从1813年开始，印度棉花输入中国进入了新的阶段。下表为这一时期中国进口印度棉花的数量。

[1] 姚贤镐：《中国近代对外贸易史资料》第1册，北京：中华书局，1962年，第259页。
[2] ［美］马士：《东印度公司对华贸易编年史》，第2册，广州：中山大学出版社，1991年，第432页。
[3] 同上书，第456页。
[4] 同上书，第707页。

表5-53 1813—1833年中国进口印度棉花数量 (单位:担)

年 份	英 国			其他国家	总 计
	公 司	散 商	总 计		
1813	132 815	110 415	243 230		243 230
1814	91 177	225 845	317 022		317 022
1815	126 711	129 606	256 317	840	257 157
1816	130 163	333 704	463 867		463 867
1817	83 530	354 867	438 397		438 397
1818	68 808	323 842	392 650		392 650
1819	95 772	138 174	233 946	19 149	253 095
1820	84 627	97 785	182 412	120 182	532
1821	146 990	194 641	341 631	3 516	345 147
1822	50 344	175 322	225 666	888	226 554
1823	29 000	18 000	47 000	13 635	60 635
1824	106 254	194 591	300 845	1 575	302 420
1825	102 881	270 286	373 167	195	373 362
1826	133 042	342 735	475 777	1 020	476 797
1827	176 206	270 538	446 744	1 307	448 051
1828	148 855	326 530	475 385		475 385
1829	119 648	256 313	375 961		375 961
1830	147 240	351 409	498 649	3 271	501 920
1831	91 862	351 206	443 068	170	443 238
1832	102 546	324 942	427 488		427 488
1833	116 247	326 393	442 640		442 640

资料来源:《东印度公司对华贸易编年史》各卷。

从上表看出，尽管英国东印度公司从印度向中国运销棉花的数量，依然在不断上升，然而并非直线上升，特别是1826年前，波动很大。但从总的趋势看，即使是在1826年后，棉花进口数量较稳定时，广州的棉花市场也远非从前那样繁荣，因需求饱和而呈现的萧条景象时而发生。同时英国散商在棉花贸易中起到越来越大的作用，因为1813年英国议会取消了东印度公司对印度贸易的垄断权。下表是这一时期棉花进口的价值估计。

表5-54　1817—1833年棉花进口总值　（单位：银元）

年　份	棉　花	年　份	棉　花
1817	8 184 150	1 826	7 229 612
1818	7 132 502	1 827	5 804 290
1819	4 630 645	1 828	5 603 953
1820	3 239 931	1 829	5 080 100
1821	5 052 859	1 830	5 667 737
1822	2 994 874	1 831	4 933 133
1823	4 106 208	1 832	5 474 825
1824	5 252 351	1 833	6 726 739
1825	6 231 542		

资料来源：姚贤镐：《中国近代对外贸易史资料》第1册，北京：中华书局，1962年，第257页。

中英棉花贸易曾对英国筹措对华贸易投资发挥过很大作用。但是最终却慢慢衰弱，主要是因为中国棉花的扩种和运输条件的改善。19世纪初，棉花开始由帆船从江南地区运往广州，同时长江三角洲所产棉花质量精优，很快占据广州市场。正如东印度公司大班提到的，对印度棉花需求的减少，是因为中国本地棉花的大量扩种，北方省份的棉花由近海运往广州，价格明显低于印度棉花。

(二)传统贸易商品结构与重组

在出口商品中,中国历来以丝货和瓷器为大宗。这一结构直至明初朝贡贸易鼎盛时期仍然如此。然而自从西方势力侵入亚洲,这些传统出口品的贸易方式、贸易对象以及贸易航线都与传统模式大相径庭,西方各国成为这些商品出口的主要经手方和最终的消费方。同时自葡萄牙人和荷兰人把茶叶运往欧洲及南洋群岛销售后,茶叶日渐成为欧洲人生活的必需品,于是中国茶叶出口与日俱增,并逐渐占据出口商品结构的最重要地位。鸦片战争前夕,广东的出口商品以茶叶占首位,其次才是丝货及土布等。如下表所示,嘉庆二十二年至道光十三年(1817—1833)期间,茶叶出口值占总货值的50%—66%左右,而生丝仅占5.7%—13.5%,其中又是以输往英国为主,英国东印度公司90%以上的利润是靠从广州经营茶叶贸易中获取的,大约每年纯利润达到40万—50万两。而且连英国政府的税收也是以茶税收入为最大源泉。而18世纪后期,土布的出口,则从一定程度上反映中国手工业的发展。下面表格把主要出口品在1817—1833年的出口货值数量及其比例分别列出。

表5-55　1817—1833年广州主要出口商品货值表　(单位:银元)

年代	出口	茶叶		生丝		绸缎		土布	
	总值	货值	比例(%)	货值	比例(%)	货值	比例(%)	货值	比例(%)
1817—1819	54 585 032	27 263 600	49.93	3 130 413	5.77	4 633 629	8.49	3 468 593	6.35
1820—1824	97 400 278	58 276 355	59.83	7 491 649	7.69	12 204 298	12.53	4 617 850	4.74
1825—1829	95 212 859	60 900 344	63.96	9 426 589	9.90	9 821 866	10.32	4 165 647	4.38
1830—1833	71 103 372	46 694 226	65.67	9 618 056	13.53	5 934 189	8.35	1 002 052	1.41

资料来源:《东印度公司对华贸易编年史》各卷。

中国古代对外贸易的进口商品，绝大多数供给上层社会所必需的奢侈品和消费品，如象牙、宝石、香料等，明代仍然如此，这些商品来源于东南亚以及东非各国。西方势力入侵伊始，并没有特别适合进口中国的商品，其主要产品——毛纺织品在打入中国市场时，也遇到了中国社会本身的抵制，无法进一步拓展市场，主要国家只能用白银来购买中国商品。这种进口商品结构到了清代前期，特别是到19世纪30年代前后却发生了很大的变化。随着西方国家产业革命的完成，英、美等国家输入广东贸易的商品，棉花占首位（正常商品中）如下表所示，这为中国棉纺织业的发展提供了原料。

表5-56　1817—1833年广州主要进口商品货值表　（单位：银元）

年代	进口总值	毛织品		棉　花		鸦　片		白　银	
		货值	比例（%）	货值	比例（%）	货值	比例（%）	货值	比例（%）
1817—1819	69 866 514	8 367 308	12	19 947 291	28.6	13 683 439	19.6	18 461 000	26.4
1820—1824	126 736 033	16 601 728	13.1	20 646 323	16.3	42 474 750	33.5	20 035 666	33
1825—1829	125 329 043	16 261 287	12.1	29 949 497	22.1	59 821 593	44.2	11 887 213	8.7
1830—1833	107 768 748	16 261 287	10.2	22 802 434	21.2	54 211 714	50.3	2 386 945	2.2

资料来源：《东印度公司对华贸易编年史》各卷。

这一时期中国与西方国家的贸易正面临着重大的转折。中西贸易的基本结构，是西方国家以其殖民地产品，主要为棉花、胡椒等，交换中国的茶、丝、瓷器等，不足部分以白银输入中国。当这种贸易结构能保持平衡时，西人仍然获得巨额利润，传统的贸易方式仍可维持。然而由于白银短缺，传统的中西贸易结构难以为继，走私鸦片随即走上历史舞台，并且在中西贸易中起着越来越重要的地位，成为西方国家的主要牟利方式。

三、贸易增长

以上分别从海外市场的区域构成和商品构成两个角度考察鸦片战争前明清海外贸易市场的拓展情况。从中我们可以看到新兴力量的兴起及其对传统贸易结构带来的巨大冲击。而新势力的冲击带来的一些问题，主要聚焦于两个方面：一是随着贸易的拓展而带来的国际收支平衡问题；二是对外贸易对国内经济状况的影响。

（一）贸易增长和国际收支平衡

随着新兴西方力量在中国对外贸易中占有越来越重要的地位，中国的国际收支情况也在发生着变化。清初国际收支状况主要是中国商品的大量出口以及白银的源源不断流入，然而一切都在鸦片贸易的发展中改变了情况，随着鸦片在中国的泛滥，西方国家以鸦片换取中国商品，白银流向逐渐改变，中国经历了一个由白银输入到输出的历程。一般说来，19世纪以前中国一直保持着贸易出超白银内流的局面，到19世纪以后，由于鸦片走私贸易的影响，中外白银的流向发生根本变化，由内流变为外溢。以下我们将详细分析在国际收支中占据主导位置的两种物品的贸易情况：鸦片和白银。

1. 鸦片

葡萄牙人最先将鸦片作为商品输入中国，他们以澳门为基地向中国输入鸦片。在英国人于18世纪60年代开始鸦片贸易之前，中国稍具规模的鸦片贸易还不存在。18世纪60年代以后，英国对华进出口贸易迅速扩大，贸易逆差日趋严重。1765—1766年，英国东印度公司从中国输入的商品是对华出口商品值的302%。在1775—1776年间。这一比值是256%。英国国会通过替代税法后的1785—1786年度，从中国进口的商品是对华出口的商品328%。[1]尽管其间英国不断输入白银，但仍不足以弥补迅速扩大的中国商品进口造成的贸

[1] Prichard, *Crucial Year*, p. 143.

易逆差，导致公司在广州资金周转屡屡发生困难。1784年公司在广州的财库尚有214 121两白银的盈余，到第二年，就出现了222 766两的赤字。1786年。赤字高达864 307两。1787年，更达904 308两。[1]

为了平衡茶叶贸易造成的巨额逆差，走私鸦片成为英国东印度公司的救命稻草。结果英国人得偿所愿，从鸦片贸易中获得巨额利润，平衡了其对华贸易的巨额逆差。英国对华鸦片贸易的利润如下：1773—1774年，仅为77 894银两；1825—1829年，增至年均5 744 286银两。若以1815—1819年年均指数为100，1825—1829年年均指数则增至244.3。1809—1810年，鸦片专卖收入占孟加拉省财政收入的8%，1827—1828年，则升至12%。这样英国输入中国的白银压力就大为减轻，1783年，英国对华贸易的投资中，除了商品外，各船运来的白银只有8 640两，而行商向英商提供的鸦片货银就达74 117两。[2]1811年，鸦片为东印度公司对华贸易提供的现金，更加具有举足轻重的地位。“从欧洲运来的舱货和从印度运来的委托代售的数额，远不及回程投资所需的资金，我们的意见认为可以完全信赖依靠通过鸦片贸易以获得现金。”[3]关于这一时期，英国输入中国的鸦片数量，如下表所示，输入中国的鸦片增长迅速，到了19世纪30年代达到最高峰。

表5-57　1821—1836年度印度鸦片在华销售情况　（单位：箱）

贸易年度	孟加拉鸦片	麻洼鸦片	合　计
1821—1822	2 910	1 718	4 628
1822—1823	822	4 000	5 822
1823—1824	2 910	4 172	7 082
1824—1825	2 655	6 000	8 655
1825—1826	3 442	6 179	9 621

[1] ［美］马士：《东印度公司对华贸易编年史》第2册，广州：中山大学出版社，1991年，第95、100、118、135页。
[2] 吴建雍：《18世纪的中国与世界》，沈阳：辽海出版社，1999年，第396页。
[3] ［美］马士：《东印度公司对华贸易编年史》第2册，广州：中山大学出版社，1991年，第138页。

(续表)

贸易年度	孟加拉鸦片	麻洼鸦片	合　计
1826—1827	3 661	6 308	9 969
1827—1828	5 114	4 361	9 475
1828—1829	5 961	7 171	13 132
1829—1830	7 143	6 857	14 000
1830—1831	6 660	12 100	18 760
1831—1832	5 960	8 265	14 225
1832—1833	8 290	15 403.5	23 693.5
1833—1834	9 535	11 715	21 250
1834—1835	7 767	8 749	16 516
1835—1836	11 992	14 208	26 200

资料来源：Canton Register 1827–1836各年度鸦片贸易及进出口报告。

这一时期，鸦片贸易的主要竞争者是美国和英国：英国东印度公司所经营的孟加拉官方鸦片和美国商人运入的土耳其鸦片。

美国对华鸦片走私仅次于英国，居第二位。1805—1808年，美国船只每年从土耳其运出的鸦片不少于200箱。1817年，土耳其出口的鸦片高达1 900箱，主要为美国人贩运。[1]由于英国人垄断了鸦片主要产地，美国输入中国的鸦片数量远远落在英国后面。1818—1833年，美国人总共输入中国的鸦片价值4 925 997银元，平均每年307 875银元，只相当于对华出口的10%。同期英国人输入中国的鸦片价值104 302 948银元，平均每年6 518 934银元，[2]等于东印度公司从中国全部出口商品总值。[3]1821—1839年，美国鸦片在华销售数量如下表。

[1] Dulles, *Old China Trade*, p. 147.
[2] Dulles, *Old China Trade*, p. 148.
[3] 严中平：《中国近代经济史统计资料选辑》，北京：中国社会科学出版社，1958年，第11页。

表5-58　1821—1839年度土耳其鸦片在华销售数量　（单位：箱）

贸易年度	数　量	贸易年度	数　量
1821—1822	462	1830—1831	1 671
1822—1823	40	1831—1832	402
1823—1824	270	1832—1833	380
1824—1825	100	1833—1834	963
1825—1826	550	1834—1835	?
1826—1827	56	1835—1836	911(担)
1827—1828	1 000	1836—1837	743
1828—1829	1 256	1837—1838	?
1829—1830	700	1838—1839	?
合　计	11 733		

资料来源：吴义雄：《鸦片战争前鸦片贸易再研究》，《近代史研究》2002年第2期。

以上数据只是账目统计，而实际鸦片销售可能更为嚣张，“在那个时候，美国人和鸦片贸易的瓜葛，比任何统计数字所表示的都要深切得多。……鸦片的销量日有增加，于是美国人就像英国人和其他外国人一样，用这样得来的汇票代替现金银以购买他们的回程货物。在鸦片贸易这一方面，英国人，所有的美国人，和其他贸易商所获的利益相比，是有过之而无不及的。”[1]

以上数据主要是英美两国输入中国鸦片数量的统计，而下表则是综合考察两国输入鸦片数量、产地和价值。[2]

表5-59　1821—1822年度至1838—1839年度对华鸦片贸易情况

贸易年度	孟加拉鸦片（箱）	麻洼鸦片（箱）	土耳其鸦片（箱）	合计（箱）	价值（元）
1821—1822	2 910	1 718	462	5 090	8 753 500

[1] ［美］丹涅特：《美国人在东亚》，北京：商务印书馆，1959年。
[2] 吴义雄：《鸦片战争前鸦片贸易再研究》，《近代史研究》2002年第2期。

（续表）

贸易年度	孟加拉鸦片（箱）	麻洼鸦片（箱）	土耳其鸦片（箱）	合计（箱）	价值（元）
1822—1823	1 822	4 000	40	5 862	8 030 930
1823—1824	2 910	4 172	270	7 352	8 785 100
1824—1825	2 665	6 000	100	8 765	7 629 625
1825—1826	3 442	6 179	550	10 171	8 158 205
1826—1827	3 661	6 308	56	10 025	9 640 045
1827—1828	5 114	4 361	1 000	10 475	11 162 141
1828—1829	5 961	7 171	1 256	14 388	13 458 787
1829—1830	7 143	6 857	700	14 700	12 545 057
1830—1831	6 660	12 100	1 671	20 431	14 026 285
1831—1832	5 960	8 265	402	14 627	11 723 890
1832—1833	8 290	15 403.5	380	24 073.5	15 618 429
1833—1834	9 535	11 715	963	22 213	14 675 890
1834—1835	7 767	8 749	743	17 259	10 085 910
1835—1836	11 992	14 208	911（担）	27 111	17 904 248
1836—1837	8 075.5	13 430.5	743	24 249	16 236 166

（续表）

贸易年度	孟加拉鸦片（箱）	麻洼鸦片（箱）	土耳其鸦片（箱）	合计（箱）	价值（元）
1837—1838	7 203.5	14 508.5	743	24 455	12 387 536
1838—1839	7 637.75	7 611.5	743	17 992	9 590 070
总计				279 239	210 411 814

资料来源：吴义雄：《鸦片战争前鸦片贸易再研究》,《近代史研究》2002年第2期。

关于这一时期输入中国的鸦片总数，根据马士的统计，可列如下表5-60。1800—1810年间，英人和美人运往中国的鸦片平均每年4 016箱。在1810—1820年间，平均每年为4 494箱，比上一个十年略有增加，1824年输入中国的鸦片第一次超过了1万箱，达12 434箱。1832年以后，每年超过2万箱，到1838年，更高达40 200箱，根据马士的统计，1800—1838年，输入中国的鸦片达422 676箱，每箱平均价约750银元。[1]18世纪最后十年共有20 000箱鸦片输入中国。因此，从1790—1838年，输入中国的鸦片价值239 045 040两。

表5-60　1800—1838年输入中国的鸦片数量　（单位：箱）

年　份	总　计	年　份	总　计	年　份	总　计
1800	4 570	1813	4 769	1826	12 231
1801	3 974	1814	3 673	1827	11 154
1802	3 292	1815	4 310	1828	13 868
1803	2 840	1816	5 106	1829	16 257
1804	3 159	1817	4 140	1830	19 956
1805	3 908	1818	4 359	1831	16 550

[1] Morse, *International Relation*, Vol. 1. pp. 238–240.

(续表)

年 份	总 计	年 份	总 计	年 份	总 计
1806	4 306	1819	4 186	1832	21 985
1807	4 359	1820	4 244	1833	20 486
1808	4 208	1821	5 959	1834	21 886
1809	4 593	1822	7 743	1835	30 202
1810	4 968	1823	9 035	1836	34 776
1811	5 091	1824	12 434	1837	34 373
1812	5 066	1825	9 373	1838	40 200

资料来源：Morse, "The International Relations of the Chinese Empire ", Vol. 1. pp. 238–240。

2. 白银

19世纪后半期主持中国海关的英国人赫德曾说:"中国有世界上最好的粮食——大米;最好的饮料——茶;最好的衣物——棉、丝和皮毛。他们无需从别处购买任何的东西。"[1]的确,中国经济具有高度自给自足性质,这使得外国产品的中国市场非常狭小。所以,从16世纪到18世纪前期,中国对西方的贸易一直保持巨大的顺差,西方人以美洲的白银支付所购买的中国丝茶,导致长达280年的白银大规模流入中国的过程。

明代(1567—1643)流入中国的白银主要来自西属美洲和日本,流入中国的白银主要购买中国丝绸。17世纪末,日本的银产量占世界四分之一,日本白银流入中国的主要方式有三条。一是葡萄牙人从澳门贩卖丝绸到日本,再回到澳门,用这些白银购买运往欧洲的中国货物。二是日本商人携带白银到台湾、中国东南沿海及南洋各地采购中国丝货。三是荷兰人参与的对日丝绸贸易。

东印度公司对华贸易初期,由于没有任何货物可以赢得中国市场的需求,

[1] Greenberg, "British Trade" , p. 5.

只好载运各种银元来购买颇受欧洲市场欢迎的丝绸、茶叶、瓷器等。因此在相当长的一段时间里，到中国的东印度公司商船所载运的货物几乎90%以上为白银。[1]

表5-61　1677—1751年东印度公司对华输出货值比例　（单位：两）

年　份	货　物	白　银	白银所占比例(%)	年　份	货　物	白　银	白银所占比例(%)
1677	2 110	4 778	65	1721	5 439	132 000	96
1681	31 350	37 500	54	1723	8 664	102 000	92
1682	43 797	84 000	66	1729	12 951	480 000	97
1698	75 000	60 000	44	1731	12 747	657 000	98
1699	16 425	79 833	82	1733	30 000	105 000	78
1704	14 898	139 452	90	1735	2 568	144 000	98
1707	8 343	63 000	88	1738	3 360	120 000	97
1709	7 905	93 000	92	1747	7 407	105 000	93
1717	9 636	99 000	91	1749	1 845	90 000	97
1719	8 064	96 000	92	1751	70 476	412 800	85

资料来源：H. B. Morse, *The Chronicles of the East India Company Trading to China, 1635–1834*, Vol. 1 pp. 307–313。

18世纪中期以后，为了减少白银的输出，欧洲各东印度公司，特别是英国和荷兰，通过三角贸易方式，增加向中国进口亚洲本地产品；同时英国还采用倾销毛织品的手段，使白银在对华贸易投资中的比例明显下降，即由原来的90%以上，减少到30%—40%。例如1761年，英国对华投资中，从其本土运来的银元有300 000元，相当于216 000两，占总投资的47%。毛织品总价值达到179 444两，占总投资的39%。[2]然而由于茶叶贸易的迅速增长，白银输华的绝

[1] 吴建雍：《18世纪的中国与世界》，沈阳：辽海出版社，1999年，第304页。
[2] ［美］马士：《东印度公司对华贸易编年史》第2册，广州：中山大学出版社，1991年，第512页。

表5-62　1760—1823年英国东印度公司对华白银输出

年　份	两	年　份	两	年　份	两	年　份	两
1760	765 414	1770	822 044	1788	2 094 878	1801	77 920
1761	216 000	1771	879 630	1789	1 321 920	1803	1 376 886
1762	322 410	1772	574 872	1790	2 106 041	1804	795 062
1763	528 609	1773	81 452	1791	172 800	1815	1 048 272
1764	338 781	1776	394 016	1792	518 400	1816	2 452 511
1765	1 690 479	1777	230 400	1796	120 960	1820	1 898 863
1766	1 930 593	1778	90 720	1797	626 965	1823	659 998
1767	620 040	1783	8 460	1798	1 326 830		
1768	521 427	1786	2 062 082	1799	1 623 171		
1769	489 186	1787	1 912 320	1800	421 442	总计	33 121 032

资料来源：1760—1799年数据：Earl H. Pritchard, *The Crucial Years of Early Anglo-Chinese Relations, 1750–1800*, Washington, 1936, p. 399; 1800—1823年数据：W. E. Cheong, *Mandarins and Merchants, Jardine Matheson and Co. a China Agency of the Early Nineteenth Century*, Bangkok, 1979, p. 19。

对量仍然持续增加。

自19世纪初，英国东印度公司用港脚贸易来筹集资金，由于鸦片的大量走私，实际上，白银不但不再流入中国，反而由中国向外流出了。

表5-63　1817—1833年广州进出口白银数量[1]

年　份	进　口	出　口	合计：入+出-
1817	4 795 000	3 920 000	+875 000
1818	7 369 000	6 088 679	+1 280 321
1819	6 297 000	2 461 470	+3 835 530
1820	5 323 584	1 395 000	+3 928 584

[1] 姚贤镐：《中国近代对外贸易史资料》第1册，北京：中华书局，1962年，第254—257页。

（续表）

年 份	进 口	出 口	合计：入+出−
1821	5 659 000	1 780 560	+3 878 440
1822	6 292 840	234 600	+6 058 240
1823	5 172 386	2 618 500	+2 553 886
1824	6 587 856	1 743 357	+4 844 499
1825	5 705 200	4 341 000	+1 364 200
1826	1 841 169	4 019 000	−2 177 831
1827	2 450 000	6 094 646	−3 644 646
1828	732 200	4 703 202	−3 971 002
1829	1 158 644	6 755 372	−5 596 728
1830	255 355	6 595 306	−6 339 951
1831	683 252	4 023 003	−3 339 751
1832	745 319	5 155 741	−4 410 422
1833	703 019	6 731 615	−6 028 596

荷兰人在18世纪也输出大量白银到中国。在1757年，荷兰东印度公司重开荷兰与中国之间的直航贸易之前，荷兰对华贸易主要通过巴城进行三角贸易，其间主要通过热带产品，如胡椒、香料等与中国帆船交换茶叶。重开直航贸易之后，荷兰也和英国一样，开始用白银购买中国茶叶。

表5-64 1720—1795年荷船购买中国商品货值及从欧洲运往亚洲的白银数量

（单位：千荷盾）

年 份	中国货值	运往亚洲白银	年 份	中国货值	运往亚洲白银
1720—1730	300	8 000	1760—1770	24 800	37 900

(续表)

年　份	中国货值	运往亚洲白银	年　份	中国货值	运往亚洲白银
1730—1740	4 800	16 800	1770—1780	24 400	35 900
1740—1750	115 000	13 700	1780—1790	26 300	40 000
1750—1760	248 000	23 600	1790—1795	6 600	13 400

资料来源:Femme S. Gaastra, *De geschiedenis van de VOC*, Walburg pers, 1991, pp. 135, 147。

其他欧洲国家的对华贸易公司,并没有拥有热带产品的来源地,他们对华贸易自始至终都建立在输出白银的基础上。

虽然美国商船直到1784年才到达中国,但不久之后,他们已经成为中国第二大茶叶买主和最大的白银供应者。

表5-65　美船输入中国货值与白银数量　　(单位:千银元)

年　份	总货值	白银数	白银所占比例(%)	年　份	总货值	白银数	白银所占比例(%)
1805	3 842	2 902	76	1824	5 301	4 464	84
1806	5 127	4 176	81	1825	5 570	4 523	81
1807	4 284	2 895	67	1826	2 557	1 653	64
1808	3 475	3 032	87	1827	2 364	2 524	65
1809	808	70	0.3	1828	4 481	565	10
1810	5 715	3 783	83	1829	1 355	602	44
1811	2 973	2 580	78	1830	742	80	11
1812	2 771	1 875	68	1831	1 291	367	28
1813	1 451	616	42	1832	1 261	452	36
1815	572			1833	1434	290	20

（续表）

年　份	总货值	白银数	白银所占比例（%）	年　份	总货值	白银数	白银所占比例（%）
1816	4 220	1 922	64	1834	1 010	376	38
1817	6 703	4 546	80	1835	1 869	1 392	74
1818	6 777	5 601	83	1836	1 194	414	35
1819	9 057	7 414	82	1837	631	155	25
1820	8 173	6 297	77	1838	1 517	729	48
1821	4 291	3 391	79	1839	1 534	993	65
1822	5 936	5 075	86	1840	1 010	477	47
1823	4 636	3 584	77			80 395	

资料来源：1805—1815年数据：Foster Rhea Dulles, *The Old China Trade*, New York, 1970, reprint from the first edition of Boston 1930, p. 210; 1805—1815年 数 据：Yan-ping Hao, *Chinese Teas to American-a Synopsis*, in Ernest R. Mayand John K. Fairbank, ed, *America's China Trade in Historical Perspective*, Harvard University, 1986, p. 23。

3. 总结

这一时期外国进口总值增长迅速，出口总值虽然也有所增长，但总体增幅不如进口总值。同时鸦片贸易进入黄金时期，结果导致19世纪中期国际收支平衡方向的逆转。

表5-66　1817—1839年中国国际收支平衡表　（单位：银两）

年　份	外贸进口总值（除鸦片金银）	外贸出口总值（除鸦片金银）	进出口贸易平衡	鸦片输入估计	国际收支平衡
1817—1819	9 053 298	13 770 740	+4 717 442	3 532 440	+1 185 002
1820—1824	7 952 488	14 678 252	+6 725 764	6 016 893	+708 871
1825—1829	9 161 314	14 390 108	+5 228 794	9 719 010	−2 564 297

(续表)

年　份	外贸进口总值(除鸦片金银)	外贸出口总值(除鸦片金银)	进出口贸易平衡	鸦片输入估计	国际收支平衡
1830—1833	9 192 608	13 443 641	+4 251 033	9 719 010	−5 467 977
1835—1839	13 740 381	24 836 688	+11 096 307	15 494 472	−4 398 165

资料来源：Morse, "The International Relations of the Chinese Empire".

(二)贸易增长与国内经济发展

明清时期,手工业、商品性农业、货币经济和市镇都得到一定程度的发展,这也促进了贸易的增长及国内经济的发展。

1. 促进新型手工业的发展

为适应明清时期,特别是清前期对外贸易的需要,全国兴起了不少为出口生产的新型的加工手工业。其中以丝织手工业、制瓷业、制茶业、棉织业的发展为典型。

首先,海外贸易为丝织品提供了广阔的国际市场,从而推动着广东和全国丝织手工业扩大生产规模和生产分工。例如,明中叶以后,靠近广州的佛山丝织业已发展到18行,即丝缎行、什色缎行、元青缎行、花局缎行、拧缎行、牛郎纱行、绸续行、帽续行、花绞行、金彩行、扁金行、对边行、栏杆行、机纱行、斗纱行、洋绞绸行等。但仅此佛山以及珠江三角洲的丝织品仍远远不能满足广州出口丝货贸易的需要,所以需要大量收购长江三角洲的苏、杭地区的生丝作原料,纺织更好的粤纱;加上利用国外进口的苏木(又称苏仿)和紫矿(即紫铆)的绛红色和紫色等新式染料进行染印,织出的“粤缎之质密匀,其色鲜华,光辉滑泽”,为“东西二洋所贵”。[1]这样,广州需要外省供应生丝织制丝织品,外省的生丝和各种丝织品也要依靠广州转运出口。于是江、浙商人就“窃买

[1] 屈大均:《广东新语》卷15,《货语》,北京:中华书局,1983年。

丝绵、水银、生铜、药材一切通番之货，抵广（州）变卖”，[1]从而又促进长江三角洲地区丝织业生产的发展，使得苏、杭地区“正嘉以前，南溪仅有纱帕；隆万以来，机杆之家相沿此业，巧变百出”。[2]苏州城东居民“皆习机业”为生，并出现了织机专业化，市面上有大量的续机、绢机、罗机、纱机、绸机、布机出售，进而织出精美绝伦的丝缎，供给“大部分欧洲之需”，而且赢得了世界的声誉，为同时代欧洲产品所望尘莫及。欧洲人也不得不发出“世上没有任何一个国家其工艺会如此精湛”[3]的感叹。

中国瓷器大量出口，也促进了佛山以及江西景德镇瓷器产量、花色品种的增加和质量的提高以及生产规模的扩大。例如，佛山的陶瓷业，明中叶进行技术革新，提高了装窑和温度控制的技术和工艺水平，使之进入全盛时期。整个石湾陶瓷业分为海口大盆行、大巷大盘行、横耳行、花盆行、白釉行、黑釉行、红釉行、边钵行、逞行、钵行、塔行、扁钵行、大国行、下窑堡行、中窑茶堡行、簿金行、公仔行、茶壶行、尾灯行、盏箱行、金箱行、电具行等大、中、小二十三行，“有陶窑一百零七座，容纳男女工人三万有奇”。[4]为了满足瓷器出口的需要，广州的商人还到景德镇去买回大批白瓷坯，再加彩绘烧成色泽艳丽的彩瓷，号称“广彩”出口。这又直接促进了景德镇瓷器生产的发展。嘉靖时“景德镇，民以陶为业，聚佣五万余人”。[5]到万历年间，“镇上佣工皆聚四方无籍游徒，每日不下数万工”。而且在民营瓷器工场中有了较细致的生产分工，瓷器生产过程已经分为和土、澄泥、造坯、过刮、汉水、打圈、过釉、入匣、满窑等工序，“共计一杯工力，过手七十二，方克成器”。[6]与此同时，在广州河南也兴起了瓷器加工业。瓷器商人先到江南景德镇购买大批白瓷器回来，然后在河南设厂开炉烘染加工，“另雇工匠，仿照西洋画法”，制成彩瓷，售之洋商。所谓“其器购自景德镇，彩绘则粤之河南厂所加者也。”[7]这种加工的瓷器同佛山斤湾的传统

[1] 郑若曾：《筹海图编》卷12。
[2] 乾隆《湖州府志》卷11，《物产》。
[3] ［英］乔丹·詹尼斯：《十八世纪中国的出口工艺》，伦敦，1950年，第62—63页。
[4] 吴景康：《石湾陶业考》，《广东文物》卷10，广州：广东人民出版社，1994年。
[5]《明世宗实录》卷240，北京：中华书局，1974年。
[6] 刘坤一等修：《江西通志》卷490，台北：华文书局，1967年。
[7] 刘子芬：《竹林陶说》，《广窑附广彩》，广州：广州出版社，1995年，第7—8页。

陶瓷交相辉映,共同满足瓷器出口的需要。

茶叶的大量出口使制茶业进入一个新时期。据著名经济史专家彭泽益先生的研究,清前期广东出口的花熏茶,全部是在广州设厂加工制造的。这类制茶工场由茶行经营,多数设在珠江对岸的河南(现在海珠区)。据外国人记载:"这些茶行都是宏大而宽敞的两层楼的建筑。下层堆满了茶叶和操作工具,上层挤满了上百的妇女和小孩,从事于拣茶和把茶分为各类的工作……这种工作的工资为每斤六文,平均每人每天可得六十文—相当于三个便士。"[1]为了弥补广东茶叶出口之不足,除由工场派人到全国产茶区收购茶叶回厂加工外,有些茶行商人还到外省去就地兴办茶厂制茶。例如,道光二十年(1840)前后,因"英人之在粤南之对华贸易,已有相当进展,时输出品以茶为大宗。两粤茶产不多,爰由粤商赴湘示范,使安化茶农改制红茶……因价高利厚。于是各县竞相仿制,产额日多。此为红茶制造之创始,亦即湖南茶对外贸易发展之嚆矢。"[2]

佛山棉纺织业是利用外国大量进口棉花而逐步兴办起来的外向型手工业。据统计,嘉庆十九年至二十年(1814—1815)运入广州的英印棉花货值约银1 051 708两,占当年广州进口商品量值的32%。[3]这些进口棉花为佛山棉纺织业的兴起提供充足的原料。故鸦片战争前,佛山的棉纺织业工场相当多,规模也相当大。有一则外国人记述佛山棉纺织业兴盛情景的资料说:"这里被雇佣的工人和所完成的作业数量是很可观的。每年有一万七千名男女童工从事于织绸工作。……他们的织机很简单,但出品一般都很精致。从事织造各种布匹的工人共约五万人,产品需求紧迫的时候,工人就大量增加。工人们分别在大约二千五百家织布工场作工。平时每一工场平均有二十个工人。"[4]

---

[1] Robert Fortune, *A Residence Among the Chinese*, p. 197, London, 1857年,转引自彭泽益编:《中国近代手工业史资料》第1卷,北京:中华书局,1962年,第485—486页。
[2] 吴觉农:《湖南省茶业视察报告书》,《中国实业》第1卷第4期,第720页。
[3] 黄启臣:《清代前期广东的对外贸易》,《中国经济史研究》1988年第4期。
[4] *Description of the City of Canton*, Vol. 2, pp. 205–300, The Chinese Repository, No. 7; Nov, 1833.

2. 商品性农业的发展

一方面，由于丝织品、茶叶、土布、砂糖、果品的大量出口，直接刺激各地农村蚕桑、甘蔗、茶叶、果木、蔬菜等经济作物的迅速发展。诸如浙江的杭、嘉、湖地区，江苏的苏、松、宁地区的种桑养蚕业，长江三角洲、河南、河北、湖北的棉花种植业，湖南、广西、福建、陕西、甘肃的种烟业，四川、福建、台湾、广东的种蔗业，安徽、浙江、福建、湖南等的种茶业，都逐步成为商品生产，为江苏的棉布业，苏、浙的丝织业，福建、四川、广东、台湾的榨糖业的发展提供充足的原料。加上早已誉满全球的江西景德镇的陶瓷业，山西、广东的冶铁业和造纸、榨油、制茶业，为对外贸易准备了充足的货源。在珠江三角洲的顺德、番禺、东莞、香山、南海等县形成了养蚕、养鱼、甘蔗、种茶、水果、蔬菜、花卉的专门化商品生产基地，出现了许多专门从事商品生产的茶户、桑户、香户、果树户、蔬菜户、鸭户、葵户等专业户，为广东的制茶业、纺织业、制糖业、酿酒业等手工业的高度发展奠定了坚厚的原料基础。

这里我们以清代珠江三角洲商品型农业发展为例加以详细说明。嘉靖至万历年间，南海、顺德等县的种桑养蚕已跃居农业生产中的首位或第二位。乾隆二十四年，广州成为中国对欧美国家唯一的通商口岸，外国人采购生丝及其他的丝织品都集中于广州。生丝的外销量越发巨大，价格也越高。因高利润的吸引，乾隆、嘉庆年间，珠江三角洲地区出现了“弃田筑塘，废稻树桑”的热潮。除原有桑基鱼塘区进一步扩大基塘范围以外，其他地方，如顺德的桑麻乡在乾隆年间已遍种桑树。中山的小榄也在同一时期扩大蚕桑的种植，成为蚕桑的重要产区。除以蚕桑养鱼为专业的区域外，还出现了以种植果木为主的专业区域。果木的种植，历史悠久，品种繁多，尤以荔枝、柑橘、香蕉、大蕉和菠萝、龙眼为最佳水果，驰名中外。从明中叶起，果木业得到迅速的发展，逐步形成果木的专业区域。主要是以广州为中心，南至番禺的大石、龙湾、古坝，东至黄埔、菱塘，西南至顺德的陈村、南海的平洲、番禺的韦涌，纵横一百里的一大片老沙围田区。其中尤以陈村的果木业最负盛名。其次是东莞的北部和增城的西南部，即石龙、新塘一带的低丘陵地区。至于零星的小面积种植果木，各县皆有。这些小面积的果木区，往往以盛产某一品种而驰名于世。

另一方面，随着海外贸易的发展，中外经济文化交流的加强，明中叶后开始引进一批新的粮食作物和经济作物，又进一步加速了商业性农业发展的步伐。万历八年（1580），东莞人陈益随海商从广州到安南经商，万历十年（1582）回国时，把番薯带回家乡试种成功。同时，高州人林怀兰亦“自外洋挟其种回国”种植。之后，番薯就在广东、福建、浙江、江苏等省传播种植，获得成功。清初全国各地皆种。玉米原产于中南美洲的墨西哥和秘鲁，嘉靖、隆庆、万历时期，由往墨西哥经商的海商带回广东惠州及福建泉州开始种植，清初也传播至全国各地。这两种粮食作物引进种植和传播开来，终于成为国内的重要粮食作物，而且是属耐旱抗灾力强的高产粮食品种。所以，使全国粮食产量大为增加，据统计，明代中叶以后，全国粮食年总产量达到696亿斤，[1]比宋代的464亿斤增长50%。迨至清代，全国粮食生产又有了长足的增长。这样就可以解决广东以至全国的相当一部分民食问题，促使中国人口的增长，同时还能腾出更多的稻田、麦田种植经济作物，扩大农业生产的分工和经济作物专业种植区域的巩固，进一步发展商业性农业。

3. 货币经济的发展

明初以来白银一直比较紧缺，因而限制了国内商品经济的发展。隆庆初“钱法不行”，白银的地位日益重要。当时，明代国内白银的产量很少，白银的大量内流使中国货币实现了白银化。同时，白银是一种世界货币，这为进一步开展海外贸易、加入世界经济体系提供了可能。

白银首先在东南沿海地区流通。“用银始于闽、粤，而闽、粤银多从番舶而来。”[2]这些银子很多就是西班牙人从美洲掠夺来的。顾炎武说：“西班牙钱用银铸造，字用番文，九六成色，漳人今多用之。”[3]到万历年间，白银的使用已相当普遍。万历时给事中郝经说：“今海内行钱，唯此地一隅。自大江以南，

[1]　沈定平：《从国际市场的商品竞争看明清之际的生产发展水平》，《中国史研究》1988年第3期。
[2]　《岭南丛述》卷34，《粤中见闻》。
[3]　顾炎武：《天下郡国利病书》卷93，上海：上海古籍出版社，1992年。

强半用银。即北地，唯民间贸易，而官帑出纳仍用银。则钱之所行无几耳。”[1]白银的广泛流通，大大增强了交换手段，对商业的繁荣无疑会有巨大的推动。

白银的大量内流，使国内商业资本趋于活跃。手中握有大量白银的商人，可以进行全国性的商业活动。这在徽商身上表现得最为突出。明朝后期，徽商成了势力最大的商业资本集团。史载“新安徽州大贾，鱼盐为业，藏镪有至百万者，其他二三十万则中贾耳”。[2]徽州商人的足迹几乎遍布全国各地。例如扬州的繁荣就和徽商的关系很大。“徽人在扬州最早，扬州之盛，实徽商开之。扬州，徽商之殖民地也。”[3]另外，还有粤商、闽商、吴越商等商业集团，握有巨资，组成商帮，到处建立会馆，进行大宗的商品贩卖，使明后期的商业资本显得异常活跃。万历年间，国内的商业活动已呈现出空前繁荣的景象。在广东沿海，“诸夷往来其间，非盗边也。顾奸人逐番舶之利，不务本业……珠现、犀齿、毒湄、金翠，皆自诸夷航海而至，故聚于粤之东”。[4]徽州商人更是将贵重物品贩运全国各地，有的长途贩运，有的坐而行贾，依靠雄厚的资本牟取厚利。隆庆开放后，外国商人来华经商者迅速增加。在京师，“凡山海宝藏，非中国所有，而远方异域之人，不避间关险阻，而鳞次辐辏，以故畜聚为天下饶”。[5]外国货物不仅是限于珠宝之类，一些普通商品，例如玻璃也开始在中国市场上出现。

大量白银流入，然后散布全国各地，既适时地解决了中国的银荒问题，又使白银成为真正的主要货币，在城市和乡村集镇中广泛使用，标志着中国货币经济进入了一个划时代的新阶段。明中叶以后，白银不仅仅用于商业交易，而且在部分工农业生产的雇佣劳动中也作为计算工资货币，并为赋役折银缴纳提供了条件，使中国赋税和徭役货币化进入大发展时期。如差役方面，许多地方实行一条鞭法，把里甲之役改为征银。嘉靖三十八年（1559），御史潘季训在肇庆府“征银在官，毋令里甲亲之”，称为均平银。均徭中的力差亦折银征收。隆庆三年（1569），肇庆府也无分银差、力差，“十余年来，一切编银，官自

---

[1]　孙承泽：《春明梦余录》卷47，《钱法议》，福州：海峡文艺出版社，1985年。
[2]　谢肇淛：《五杂俎》卷4，上海：上海书店出版社，2001年。
[3]　陈去病：《五石脂》，南京：江苏古籍出版社，1986年。
[4] [5]　张瀚：《松窗梦语》卷4，《商贾记》，北京：中华书局，1985年。

雇役”了。可见,隆、万以后,在全国范围内顺利地推行一条鞭法,是与外贸的白银大量流入密切相关。一条鞭法的核心是将赋役折成银两交纳。如果没有白银的广泛流通,老百姓无处筹措银两,这种办法是绝对无法推行的。顾炎武就深刻地看到了这一点,所以他在《日知录》中说“食粮折输变卖,无不以银,后遂以为常,盖番舶之来多矣。”实践证明,一条鞭法在东南地区推行得较为顺利和成功,而在商品经济落后的西北地区就阻力较大,其关键就在于白银流通的多寡不同所致。

4. 城市和市镇的发展

广州、福州、漳州、宁波等城市,都既是对外贸易商港,又是商业都会。明后期,苏、松、杭、嘉、湖所谓“江南五府”,日益发展成为江南最繁荣的城市。在江南和沿海一带涌现出的中小市镇更是数不胜数。我们同时还看到,以东南沿海地区为中心,沿长江和运河向内地辐射,在其沿岸陆续兴起了一些新的工商业城市。例如山东的临清,其他如武汉三镇、成都、淮安、济宁等城市,商业活动都呈现出空前繁盛的局面。

但如果以对外贸易的影响角度,珠江三角洲地区的更为典型。明中叶以后,随着农业、手工业和对外贸易的迅速发展,珠江三角洲经济踏入了隆盛时期,市镇也逐步繁荣壮大起来。关于清代珠江三角洲的大市镇,有史记载:“顺德县虽环水为乡,而内河境狭,余壤无几。……唯龙山、龙江、勒楼、黄连、陈村人务商贾,然皆贸易于石龙、江门、省垣、佛山四镇。”其余番禺、新会等县在省内的贸易,也大体都在此四镇。清初龙廷槐在其《敬学轩文集》中记载:“大镇为省城、佛山、石湾。”而按照更普遍的说法,历史上把省(广州)、佛(佛山)、陈(陈村)、龙(石龙)并称为“广东四大镇”。直到现在,仍有人赞此四镇“省佛陈龙早擅名,油糖酒米最丰盈。蚕丝布匹东江杉,生意滔滔数不清”。[1]

佛山镇,地处东、西、北江三江交汇处,地势得天独厚,早在明景泰年间,佛

[1] 钟濑彬:《石龙南桥落成志庆》,东莞石龙镇人民政府编:《石龙镇志》,广州:岭南美术出版社,2004年,第467页。

山就已发展到“民庐栉比、屋瓦鳞次，凡三千余家”。[1]到明末，佛山成为一个真正的“大都会”。到清乾隆朝时，佛山城区也不断扩展，由25铺增加到道光时27铺，从3墟6市发展到4墟11市，举镇已经三万余户人家，人口数十万，跻身于“天下四大聚”之列。当时佛山之汾水旧槟榔街，“为最繁盛之区，商贾丛集，阛阓殷厚，冲天招牌，较京师尤大，万家灯火，百货充盈，省垣不及也。唯街衢较窄，有仅容二人并行者”。[2]

陈村，咸丰年间开始有记载为镇。乾隆十三年（1748），陈村新墟开，发展尤旺，远近各地商民都来此进行贸易，成为本邑一大中心市场。新墟的建立，陈村市场空间范围得以扩大，市场规模也有了相应扩大，逐步发展成为一大镇。陈村自古盛产花果，每年载花果出售周围各郡，甚至远涉江浙。当时，陈村新旧墟的手工业，因产锡箔，建有锡箔厂，“为工数百人，设有会馆”，所产的锡箔品，“懋迁于西粤贵州甚远，与刺绣之出洋同也”。同时，还有农副产品加工业，如腌菜业，史称：“陈村之腌菜”，亦很出名，曾纷纷“流通他郡。”[3]

石龙由墟升级为镇，约在乾隆初期。“石龙，又邑之一会也。商贾凑集，当郡与惠潮之冲，其民侨寓多而土著寡，东江自北岸而下，合增江扶胥以达虎门，其市流齐纳东莞之水来汇大，江上下得潮汐嘉秀之气，衣冠甚茂。其地千树荔千亩潮蔗，橘柚蕉相无算，其民耕植之外唯操舟楫。”[4]乾隆四年，东莞县令印光任重建石龙龙溪义学，有碑记曰：“城北三十里，有镇曰石龙，地当孔道，罗浮峙其左，龙江绕其前，山海雄奇，人物瑰丽，俨若都会。”[5]其后嘉庆二年（1797）知县彭人杰著《东莞县志》已用“石龙镇”为名记事。

18世纪时，珠三角工商业城镇星罗棋布，已经出现了某些具有都市化色彩的发展倾向，而东莞县石龙镇更是“交通惠广，商贾如云，而鱼盐之利、蕉荔橘柚之饶，亦为东南诸邑之冠”。[6]除此之外，清代的珠江三角洲还有很多地区，

[1] 《佛山真武庙灵应祠记》，广东社会科学院等编：《明清佛山碑刻文献经济资料》，广州：广东人民出版社，1987年，第3页。
[2] 徐珂：《清稗类钞》第17册，《农商类》，北京：中华书局，2003年，第342页。
[3] 咸丰《顺德县志》卷2，《图经》。
[4] 雍正《东莞县志》卷2，《风俗》，故宫博物院编：《故宫珍本丛刊》，海口：海南出版社，2001年。
[5] 《重建龙溪义学记》，东莞石龙镇人民政府编：《石龙镇志》，广州：岭南美术出版社，2004年，第433页。
[6] 乾隆《广州府志》卷2，《东莞图说》。

如顺德龙江乡、南海九江大墟、香山县小榄乡、三水县西南乡、新会县江门港以及番禺南村、海石湾，香山石岐，增城新塘等，虽然当时习惯上称为乡、墟、港，其商业规模已经不亚于当时的市镇了。

第六章
市场发展趋势

经济的发展是有起有伏的，或说有周期性，尤其是商业和市场的发展。论者谓中国商业史上有三次繁荣期。一次在春秋战国，延至东汉末而衰。一次在宋，历元而发展势头中断。一次在明后期，及至鸦片战争而转型。[1]此就三千年大势而言。近世周期论者尚有百年上下之长周期、25年左右之中周期、数年一见之短周期等理论。周期原因，论者各殊，而作为一种经济发展规律则有普遍性。我国社会主义经济的发展，其周期频率与波动幅度不亚于任何资本主义国家。在历史上也是这样，推因数据不足，难详究。在欧洲，13世纪以来的几次百年以上的兴衰已大体可考，16世纪以来考察较详，18世纪以后则各种中短周期均有精密研究。在我国，则除近现代外，这种研究还基本上是空白。

周期性研究当以整个国民经济为对象，但因史料不足，常是从最敏感的商业和市场入手。如厄什（A. P. Usher）、阿倍（W. Abel）等对中世纪欧洲农业长周期的研究就是用市场价格和贸易状况论证的。[2]16世纪是欧洲重商主义时代，物价革命，市场繁荣，财富积累，引起社会大变革。马克思认为16世纪是欧洲资本主义时代的开始。在中国，16世纪即明正德至万历前期，商品货币经济有颇大发展，已为史学界公认。实则，这种发展也引起了社会某些具有近

[1] 胡平：《中国商业百科全书》，北京：中国大百科全书出版社，1993年。
[2] 参见《剑桥欧洲经济史》第5卷第2章，《革命中的农业》，北京：经济科学出版社，2002年。

代化倾向的变革，并出现启蒙思潮。[1]这正是它不同于秦汉、宋代两次商业繁荣之处。傅衣凌晚年提出“明清社会经济变迁论”，并指出：“从16世纪开始，中国在政治、社会和文化方面发生一系列变化。”只因种种原因，这些变化起伏跌宕以至中断，但到最后仍未脱离世界经济发展的共同规律。[2]笔者深佩其论。但是，我国研究这时期经济发展的论著，大都是明清并述或通论；像讲赋役大都是从一条鞭直落到摊丁入地；讲商品、货币和市场，也是从嘉靖到乾隆；好像直线发展似的，不见曲折兴衰，是有未足。

在20世纪70年代末编辑《中国资本主义发展史》第一卷的时候，该卷是讲明清的资本主义萌芽。资本主义萌芽，嘉靖万历间记载颇多。但天启以后（进入17世纪）却极罕见，有些萌芽事例竟无下文，到乾隆时始再现，中间有段空白。无从解释，笔者将这些无下文的事例移到清代有关行业一并叙述去了。[3]这实在是一种逃避的办法。

1981年，莱登汉学家宋汉理来访，承示所著《十六世纪中国商人和商业》，[4]谈及西方学者关于“中国17世纪危机”论点。当时笔者正准备写《明代国内市场和商人资本》[5]一文，已明见17世纪中期市场的萧条，到1711年康熙谕“滋生人丁永不加赋”才转入繁荣。但为了不愿套用西方经济史中“17世纪危机”[6]的说法，就在该文中以“明盛世”即嘉靖万历为准。后来在《论清代前期我国国内市场》[7]时又是以“清盛世”即乾隆嘉庆为准，从而把17世纪避开了。这实际是可耻的。

---

[1] 笔者对此有两篇发言，见张海峰等主编：《鸦片战争与中国现代化》，北京：中国社会科学出版社，1991年，第3—6页；孔令仁主编：《中国近代化与洋务运动》，济南：山东大学出版社，1992年，第7—10页。

[2] 傅衣凌：《明清社会变迁论》，北京：人民出版社，1989年；又见《中国传统社会：多元结构》，《中国社会经济史研究》1988年第3期。

[3] 许涤新、吴承明主编：《中国资本主义发展史》第1卷，北京：人民出版社，1985年，第139—140页。

[4] H. T. Zurndorfer, “Chinses Merchants and Commerce in Sixteenth Century China”, *Institum Sinologicum Lugduno Batavum,* Vol.XV, Leiden, 1981.

[5] 载于《中国社会科学院经济研究所集刊》1983年第5辑。

[6] 认为欧洲16世纪是黄金时代，而17世纪则发生“普遍危机”，几乎成为西方史学界共识。又以危机主要由于世界贸易衰退引起，亦有人称之为“世界性危机”。第二次世界大战后，新一代史学家对此有所批判，但主要认为各国情况不同，并不根本否定危机存在。参见［意］奇波拉主编：《欧洲经济史》第2卷，《十六和十七世纪》中译本，北京：商务印书馆，1988年，第5—6页，尤其见《导言》。

[7] 载于《历史研究》1983年第1期。

本章论16与17世纪市场，可说为补前愆。在文中是从商路、商镇、主要商品的运销和大商人资本的兴起来考察市场的。近年来，时贤在这些方面的论述步步深入，远远超过了拙作，笔者自不当掠人之美。因而本文改从人口、物价、财政、商税、白银问题几个方面作些初步探讨。为节约篇幅，删除叙事，以分析为主。

第一节　16至17世纪的中国市场

一、市场概述

第二次世界大战后，西方史学界对近代社会渊源的看法有由生产导向转向需求导向的趋势。例如，过去十分重视工业革命和技术革新，今则强调16世纪的重商主义，200年后的工业革命乃是市场扩大和它所引起的诸种社会变革的结果。有人认为，若无17世纪危机，工业革命还会更早到来。其实，马克思早有此类看法。他和恩格斯在《德意志意识形态》中认为，欧洲的变革发源于"特殊的商人阶级"的形成，市场扩大导致工场手工业的振兴，最后是大机器工业的兴起。[1]在《资本论》中，马克思又指出这种商业是指批发商或贩运贸易，不是那种"不执行职能或半执行职能"的"杂种"，即零售业。[2]1969年，希克斯（J. R. Hicks）发表《经济史理论》，认为世界经济的发展是由习俗经济、命令经济向市场经济转换，这种转换始于"专业商人"的出现。[3]其所谓专业商人，亦即马克思"纯商人"之意。

此皆指西欧。我国直到20世纪前期尚未完成向市场经济的转换。但笔者认为，在16世纪已可看到市场经济的萌芽。因而，本文所探讨的也不是那种历史上常见的《东京梦华录》式的市场繁荣，而是具有时代特征的、影响社

[1] 《马克思恩格斯选集》第1卷，北京：人民出版社，1972年，第59—61页。
[2] 《资本论》第3卷，第320、347页。
[3] ［英］希克斯：《经济史理论》，北京：商务印书馆，1987年，第25、32页。晚近兴起的以诺斯（D. C. North）为首的制度学派，强调产权界线和交易费用，也是这种观点，见所著：《经济史上的结构和变迁》，北京：商务印书馆，1992年。

会变动的商业活动。

这首先就会想到徽商的兴起。有段常被引用的歙县的记述：弘治间，“于时家给人足。居则有室，佃则有田，薪则有山，艺则有圃”。一片自然经济景象。“寻至正德末嘉靖初则稍异矣。出贾既多，田土不重，操资交捷，起落不常”，开始市场化。“至嘉靖末隆庆间则尤异矣。末富居多，本富尽少……资爰有属，产自无恒。”开始社会分化。到1609年（万历三十七年），记载成书时，分化加剧，“贫者（指农）既不能致富，少者（指商）反可以制多”，弄成“金令司天，钱神卓地”的局面。[1]

从中可见，歙县商人的发展是16世纪开始的，到16世纪60年代已改变社会结构。这当然不能代表整个徽州。如1488年成书的《休宁县志》即有“民不力田，而多货殖”之说。反之，徽州府“嘉靖之世，人有终其身未入城廓者……有少与外事者，父兄羞之”，到明末才反过来，“闭户不出者即群而笑之”。[2]

研究徽商的著作极多，但甚少究其盛衰之迹。或谓他们“三百年称雄于东南半壁”，这是不可能的，再强也不能300年不变。亦有人暗示说，1617年盐实行纲法后徽商有衰退倾向，但未证实。17世纪扬州一带的记载大量转为“绮谷锦绣”“侈靡相高”之类。这倒有点启发。侈靡益甚往往是衰退之兆；欧洲17世纪危机的描述亦如此。

明代市场繁荣有远早于16世纪者，即两京和苏州。南京永乐初，北京成化间，人口即达百万，[3]这主要是政治原因。苏州洪武时人口即达47万，商业繁荣，但不过是恢复旧观而已。[4]苏州地区的社会分化，据何良俊观察，还是嘉靖以来四五十年间事。这时“去农而改业工商者三倍于前矣”，而“去农”而依附于乡宦、官府者更5倍、10倍于前。[5]苏州地区从事于长距离贩运的商人即所谓洞庭商人，其兴起约与徽商同时，有“钻天洞庭遍地徽”之谣。但他们是出生于产业发达之区，贩运以太湖土产和在各地设肆为主，“纯商人”性质

[1]　万历《歙县志》卷4，《风土》。
[2]　康熙《徽州府志》卷2，《风俗》，引赵吉士语。
[3]　何一民：《中国城市史纲》，成都：四川大学出版社，1994年，第196页。
[4]　洪武：《苏州府志》卷10。按所记，元至元二十七年即有44.6万人。
[5]　何良俊：《四友斋丛说杂抄》卷3。

逊于徽商。又据傅衣凌说，他们在嘉靖以后就趋于衰落了。[1]

伯仲徽商的山西、陕西商人始于洪武初的开中法。但开中是一种特殊的贸易行为，离“纯商人”尚远。1492年开中折色后，纳银户部的边商可称“半商人”，以扬州为基地的内商则与徽商等同了。因而，他们也是16世纪的产物。进入17世纪即万历后期，“秦晋间来贾淮扬者亦若朋比而无多”，[2]扬州的山西商，尤其是陕西商衰落了。18世纪即乾隆时期，山西商人再度鼎盛，纵横南北；陕西商人则在四川有较大发展。唯山、陕商人对他们祖籍社会分化的作用甚小，即使在平阳、泽潞、三原，也仍是完全的传统社会。

16世纪市场有两地应注意者，即江西与山东。

江西在明初是个经济比较发达地区，在十三布政使司中税粮额居首位，人口仅次于浙江，常是“直(江苏、安徽)浙赣”并称，“百工技艺之人……江右为伙，浙直次之”。[3]社会分化，外出之人也是“惟江右尤甚”。[4]嘉靖时，江西“岁额给路引九万五千二百张”，[5]大约是各省最多的(路引主要给城镇商民)。江右商人，数量可敌徽商，“天下推纤樯者必推新安与江右，然新安多富，江右多贫者”。[6]原来江西在宋、元已是经济比较发达的地区，明代无大进展，17世纪衰退以后，就相对落后了，从表6-1可见。到18世纪，官府称“江南”已不包括江西。

表6-1　江西、山东经济地位比较[7]

年　份	占全国人口比重(%)		占全国田赋比重(%)	
	江　西	山　东	江　西	山　东
1393	14.84	8.68	9.05	8.75
1578	9.65	9.33	9.82	10.70

[1] 傅衣凌：《明清时代商人及商业资本》，北京：人民出版社，1956年，第102页。他主要指西洞庭。东洞庭商人后来活跃于上海的钱庄、银行和做洋行买办，则是另一“潮”了。
[2] 万历《歙志·货殖》。其他情况均见张海鹏、张海瀛主编：《中国十大商帮》，合肥：黄山书社，1993年。山西、陕西商人的衰落亦与1617年盐的纲法有关。
[3] 张瀚：《松窗梦语》卷4,《百工纪》。
[4] 王士性：《广志绎》卷4。
[5] 嘉靖《江西省大志》卷1,《赋书》《课程》。
[6] 谢肇淛：《五杂俎》卷4。
[7] 据梁方仲：《中国历代户口、田地、田赋统计》，上海：上海人民出版社，1980年，第204、259、345、387页。

（续表）

年　　份	占全国人口比重（%）		占全国田赋比重（%）	
	江　西	山　东	江　西	山　东
1661	9.23	8.35	8.00	11.03
1767	5.50	12.22	3.14	11.14

与江西相反，山东原属落后地区，16世纪有较快发展。其发展得力于南北贸易。1411年重开会通河后，临清成为仓储和转运重镇；宣德建钞关，为七大关之首；弘治年间升为州，成为北方最大的粮食和纺织品贸易中心。济宁、绛县亦因运河而繁荣。至于所谓山东商人，清代始盛，然社会变迁亦早有迹可循。如绛县，“弘正以前，人情简朴，务稼穑”，嘉隆以来，“民弃本业，好游惰”。[1]博平县，天顺成化时“尤淳且厚”，嘉靖中则“务本者日消，逐末者日盛”。[2]17世纪，临清市场衰落，许檀辑有资料如表6–2。有人据以论曰，“临清直到乾隆时期尚未恢复到明朝临清之鼎盛”。[3]许檀所示，亦见于明户部尚书赵世卿疏，赵并云，河西务原有布店一百六十余家，到万历三十年（1602），只三十余家矣。[4]

表6–2　山东临清市场的盛衰[5]

	1573—1620年	1749年
布　店	七十三家	各街俱有
缎　店	三十二家	七八家
杂货店	六十五家	不详

[1] 乾隆《绛县志》卷1,《地理》,引外史氏语。
[2] 康熙《博平县志》卷5,《民风》。
[3] 郑克晟、冯尔康文，载叶显恩主编：《清代区域社会经济研究》（上册），北京：中华书局，1992年，第162页。
[4]《明神宗实录》卷376，万历三十年九月丙子。
[5] 据许檀：《明清时期的临清商业》，《中国经济史研究》1986年第2期。原列1573—1620年间不详者三业经删去。

（续表）

	1573—1620年	1749年
瓷器店	二十余家	减半
纸　店	二十四家	五六家
辽东货店	大店十三家	今无
盐　行	除公店外十余家	近不及半
典　当	百余家	十六、十七家
客　店	大小数百家	减半

16世纪尚有福建商人和广东商人勃兴，均属海商，更具“纯商人”性质，其作用将于本节第七部分述之。海商于17世纪40年代急剧衰退，至80年代后才慢慢恢复。

二、人口

多数学者同意何炳棣看法，即1393年（洪武二十六年）的人口调查6 054万比较可信，并把1600年作为明代人口最高峰。由于这期间人口统计不实，只好假定这期间人口是直线增长的。唯汪士信提出在宣德至正德约百年间有个人口停滞时期，但仅是根据邱浚的一段提倡人口增殖的议论，无数据佐证。[1]不过，从本文下面关于市场的分析看，这个想法值得注意。至于1600年高峰的估计，何炳棣作1.5亿，珀金斯作1.2亿—2.0亿，[2]汪士信作1.1亿，我们在《中国资本主义发展史》中作1.2亿。

困难在17世纪。17世纪前期无任何可用数据，后期只有赋役单位“丁”数。如以最后5年（1730—1734）的丁数与最早5年（1741—1745）的口数比，

[1] 汪士信：《明代人口问题》，《平准学刊》1985年第1辑。邱浚的议论见《大学衍义补》。

[2] 何炳棣：《中国人口研究，1368—1953》，上海：上海古籍出版社，1989年，第3—4页。[美] 珀金斯：《中国农业的发展，1368—1968》，上海：上海译文出版社，1984年，第288页。有径估2亿者，见Shu-yuen Yim, “Famine Relief Statistics as a Guide to the Population of Sixteenth Century China”, *Ch'ing-shih Wen-ti*, Vol. 3, No. 9, 1978。

则一丁合6.06口。这样,1652年(顺治九年)的1 448万丁合8 775万人。[1]时疮痍未复,可视为人口最低谷,即比明代高峰减少27%。别家估计亦有减少35%以至40%者。[2]

经历农民起义和明清之间的战争,人口减少是肯定的,但减少多少尚有斟酌。战争伤亡常被夸大。[3]1652年之统计过低。一则时两广、云贵尚为李定国、孙可望所据,更不论郑氏台湾。二则明后期即有大量移民,战争中又有大量难民,他们在流动中不能入册,即定居后亦需相当长时期才被编户口。因而,人口最低谷不会是八九千万,当在一亿左右,即减少不足20%。

人口增减与经济盛衰互为因果,欧洲17世纪亦出现人口下降和停滞,并被视为17世纪危机的标志之一。时亦有法国宗教战争、德国三十年战争等大规模战争,但论者更注意的是饥馑和瘟疫。17世纪欧洲各地的谷物收获率普遍下降。[4]有人说,17世纪全球气温下降了2℃—3℃,被称为“路易十四小冰期”。我国学者研究,长江下游有三个冷暖周期,1650—1710年适为冷期。[5]从《明史·五行志一及三》可见,16世纪下半叶比之上半叶水旱灾年份减少,而到17世纪上半叶陡增。法国汉学家魏丕信研究长江中游,提出“中国水利周期论”,17世纪正在两个周期的低谷,又著《政治危机、管理危机、水利危机和人口危机:17世纪长江中游的衰退》。[6]人口与经济的关系不仅表现为人口数量,还表现为人口行为。刘翠溶根据族谱分析,指出17世纪中叶以前的生育率较低,以后则稳定于近代水平。又明代人口集中江南的程度大于清代,而明

---

[1] 丁、口数据见梁方仲:《中国历代户口、田地、田赋统计》,上海:上海人民出版社,1980年,第248—249、251页。

[2] Kang Chao, *Man and Land in Chinese History*, Stanford, 1986, p. 40; Mark Elvin, *The Pattern of the Chinese Past*, Stanford, 1973, p. 311.

[3] 当时记载尚有民族感情掺入,如《扬州十日》《嘉定三屠》均所不免。亦有阶级偏见,我做学生时,我师郑天挺言,有人将张献忠在各地杀人的记载统加起来,恰为4亿。

[4] 有详细统计,见[意]奇波拉主编:《欧洲经济史》第2卷附录,北京:商务印书馆,1988年。

[5] 《全国气候变化学术讨论会文集》,1981年,第71—77页。我未见原书,转引自前人著作。

[6] Pierre-Étienne Will, “Un cycle hydraulique en Chine: laprovince du Hubei du XUII au XIX siècles”, Bulletin de L’Ecole Fran, cais d’Extrēm-Orient, Vol. 68, 1980, “Crise Politique, crise des encadrements, crise hydraulique et crise demographique: labasse con joncture dans le bassin central du Yangzi au XUII siècle” en P. Gourou et G. Etienne eds. *Des labours de Cluny à la revolution verte: technique et population*, Paris, 1985.

代长子出生时的父亲年龄南方高于北方。[1]这就可能影响17世纪的人口年龄结构(青年化程度)。上述诸论,都与战争无关。总之,人口问题须从更多的社会经济方面考虑,不能专注于战争。

此外,战争会造成生产力,包括劳动力的破坏,但不必然影响市场繁荣。显著之例莫过于太平天国战争,长达15年,人口损失两千多万,而市场并未萧瑟。茶出口一直增长,丝出口增长更快。战争最激烈的南京、苏州,人口减少过半。而大军一过,南京“城中设立五大行,自出买办奇货藏”,“城外直如五都市,外小负贩时相从”。苏州更是“百货云屯,盛于未乱时倍蓰”;“生意繁盛,较平时数倍”。[2]在上海,还因人口阜聚,出现了大批新的市镇。[3]盖战时政府巨额支出,居民流动亦倾出家资,购买力膨胀引起市场战时繁荣,乃属常见。

三、物价

明初厉行钞法,屡屡禁用金银交易(1375、1397、1403),甚至禁用铜钱(1394),而宝钞到永乐初已贬值90%了。货币改革大体从宣德年间起,银两成为计价标准。这里对价格予以考察。

(一)田价

徽州遗有颇完全的田地买卖文契,惜已分散。兹据已刊行的能计出亩银价的卖田契(不包括卖地契)并参用时贤已整理出的成果,按25年(四分之一世纪)分期平均,列入表6–3。[4]徽州未受洪武重赋江南政策及明末战乱影响,未见弃田而走的现象,其田价有一定的代表性。

---

[1] 刘翠溶:《明清人口之增殖与迁移》,台湾“中央研究院”编:《第二届中国社会经济史研讨会论文集》,1983年,第30页;《明清时期家族人口与社会变迁》,台湾“中央研究院”经济研究所,1992年,第88页。

[2] 彭泽益:《中国近代手工业史资料》第1卷,北京:中华书局,1962年,第540、542、545—546页。

[3] 刘石吉:《明清时代江南市镇研究》,北京:中国社会科学出版社,1987年,第99页,该书有“太平天国对江南商品经济的影响”一节,认为“有许多资料足以证明彼时商业贸易仍然发展”,第80页。

[4] 中国社会科学院历史研究所所藏文契,见《明清社会经济资料丛编》第2辑,北京:中国社会科学出版社,1990年,第131—168页。安徽省博物馆所藏文契,见同资料丛编第1辑,1988年,以清代为主,我以彭超《明清时期徽州地区的土地价格》一文所整理的分时期的平均价格加权补入,该文见《中国社会经济史研究》1988年第2期。又补入休宁胡氏买田契资料,见前引《中国资本主义发展史》第1卷,第63页。

表6-3 16—17世纪徽州田价

年代	文契件数	田价两/亩	年代	文契件数	田价两/亩
1426—1450	10	2.04	1551—1575	17	7.51
1451—1475	11	2.82	1576—1600	17	7.54
1476—1500	4	10.62	1601—1625	23	12.58
1501—1525	15	12.39	1626—1661	20	12.55
1526—1550	11	12.14	1662—1722	98	7.96

表6-3见明前期徽州田价坚挺，百年间上涨6倍，当是经济发展、富户和商人投资土地的反映。此后长期稳定于12两余的水平，未能再扬，似是受土地边际报酬的限制。可注意的是16世纪下半叶田价有半个世纪的下跌，跌幅达40%，这需寻求解释。至于1662年以后的下跌，则是当时物价的一般趋势。

其他各地田价、地价都无法作出长期序列，不合本文要求。李文治辑有各省学田的货币租率，[1]从中可推算出12省34个府州县的学田田价，唯多只一两年数字，从略。

（二）米价

研究明代米价者已有多家，[2]兹将各家资料互为补充，列入表6-4。明米价有官价、市价。大约嘉靖以前官价常制约市价，嘉靖后反是官价资料较实，但不合本文要求，表6-4用市价；唯嘉靖后市价资料太少，亦酌取税粮、漕粮折色价。表6-4明代资料共185个数据，按年平均，再分常年、灾年入表。因见各地变动趋势大体一致，差值亦不大，或者零售市价已含地区差价，故以年系之。

[1] 李文治：《明清时代土地关系的松解》，北京：中国社会科学出版社，1993年，第418—424页。
[2] 全汉昇：《宋明间白银购买力的变动及其原因》，《新亚学报》1967年第8卷第1期；《明代北边米粮价格的变动》，《新亚学报》1970年第9卷第2期。黄冕堂：《明史管见》，济南：齐鲁书社，1980年，第348—355页。汪士信：《明代的粮食运销途径与价格变动趋势》；叶世昌：《论大明宝钞》，均见《平准学刊》第4辑，下册，1989年。

表见灾年年数甚伙，因有些记载是因灾才作。兹以常年3、灾年1之比率求得最后一栏的平均价。

表6–4　15—18世纪的米价

年　代	常　年		灾　年		平均**
	年数*	两/石	年数*	两/石	两/石
1426—1450	6	0.29	1	1.00	0.47
1451—1475	10	0.35	7	1.20	0.56
1476—1500	9	0.45	6	1.51	0.22
1501—1525	8	0.51	9	2.31	0.96
1526—1550	6	0.57	9	2.65	1.09
1551—1575	6	0.49	6	2.44	0.98
1576—1600	8	0.52	6	1.34	0.73
1601—1625	6	0.70	8	2.42	1.13
1626—1643					（11年）2.61
1644—1650（上海）					2.73
1651—1675（上海）					1.41
1676—1700（上海）					1.00
1701—1725（苏州）					1.03

备注：*指有记录的年数。1644年入清代后，有逐年估计数。**为按常年3、灾年1的比率加权计算后的数据。

表6–4见明代米价稳步上升，百年约增1倍，不像徽州田价那样猛烈，也不像田价那样似乎有个边际（极限）。这是合理的，表明粮食尚有增产潜力。至于1626年后的高涨，自是战乱造成。事实上，战争激烈地方米价达四五两，山东一度达24两（未采入）。这时已无法分常年灾年了。

进入清代，研究米价者更多。本文讲17世纪，各省报价制度尚未建立，资料主要在上海、苏州，因此，表6–4取王业键所作有逐年估计的两地系列，[1]亦便于与下列棉、布价对照。这期间，米价大幅度下降，下面再谈。

需注意者，在16世纪下半叶米价也有半个世纪的下降期，只是下降幅度没有徽州田价那样大而已。这时政治腐败，以及所谓倭祸，都不应造成物价下降。那么，这种现象似可归之货币上的原因：一个世纪的商业和市场较大发展中，货币供应量不足了。这种周期性的货币短缺，历史上亦常见。今天人们惧怕通货膨胀，而在金属币时代并非如此。古人怀念五铢钱，不仅因其质量好，而且数量足，百多年铸了“二百八十亿万”。而唐大历以后出现的市场危机，即因铸钱成本太高，各监不肯多铸（每年不超过10万缗），以至“钱重货轻”，物价下降。这在明代就不是缺钱，而是缺银了。下文将专论银的问题。

（三）棉、布、绢价

朱元璋立国即下令：“凡民田五亩至十亩者，栽桑麻木棉各半亩，十亩以上者倍之。”这是一种典型的自然经济思想，几乎要家家“三自给”，但绝对是行不通的。明代是棉业大发展时代，建立了一个前所未有的、仅次于粮和盐的棉货大市场。宣德时税布13万匹，正德增至1 686 000匹。[2]布不是按户，而是按粮田亩数征，并且，那时北方还“昧于织”，只好“吉贝则泛舟而鬻南，布则泛舟而鬻北”，棉的商品率大约比清代还大。徐光启还点明，“北方之吉贝贱而布贵，南方反是”。[3]

遗憾的是，笔者收集到的明代棉和布价资料太少，且多是折交租赋的官价，无法证明徐光启所示。这些资料不能作出序列，为节约篇幅，免列表。大体上，15到16世纪，棉价由每担5两增至7两，布价则因官价控制，一直在每匹2钱5分至3钱水平。

到进入17世纪和进入清代后，棉和布价资料多起来了，但仅限于上海一

[1] Yeh chien wang, “Secular Trends of Rice Prices in the Yangtze Delta, 1638–1935”, in T. G. Rawski and L. M. Li ed. *Chinese History in Economic Perspectiue, Berkeley*, 1992, pp. 40–41.

[2] 此指赋布，不包括课和商税的折色布，不同于表6–5。

[3] 徐光启：《农政全书》卷35，《木棉》。

带。这种资料可以观察到较长期物价下降的走势，而这种观察最好用图，因亦免列表，而与上述米价一起制成图6–1。

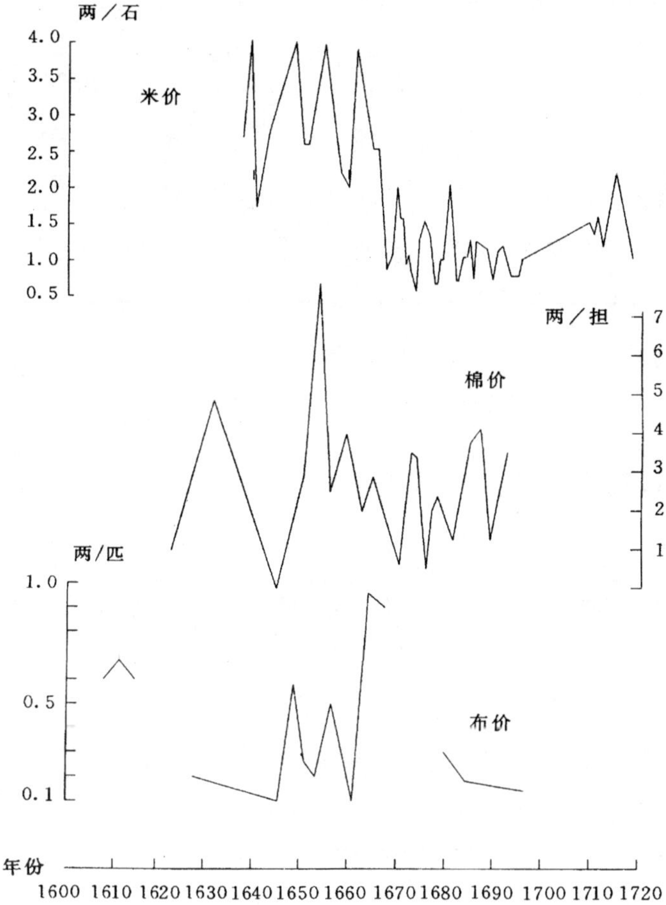

图6–1　上海米、棉、布价格[1]

看图6–1就知道是在市场危机情况下的价格形态，好像一个商人在那里挣扎，到17世纪末才松了口气。棉价，尤其布价因无逐年价，不像米价活泼，

[1] 米价据王业键（Yeh-chien Wang），"Secular Trends of Prices in the Yangtze Delta, 1638–1935"，in Thomas G. Rawski and Lillian M. Li ed. *Chinese History in Economic Perspectiue*, University of California Press, 1922, pp. 41–45。用逐年估计数。棉价、布价据叶梦珠：《阅世篇》卷7，《食货》；姚廷遴：《历年记》；徐新吾主编：《江南土布史》，上海：上海社会科学院出版社，1992年，第89—92页。棉有23个年的价，布有13个年的价。

其实也是波动很厉害的。官价管高不管低,故此时是自由市场。又据《历年记》,石米和担棉的价格,1649年都是三两五钱左右,即1∶1,而1669年变为1∶2,1687年变为1∶4。从经济发展说,这是一种倒退现象,也反映市场危机。

可能由于棉、布的替代作用,明代丝、绢的生产无大发展。从下面表6–5亦见,明廷所征布激增,绢则递减,嘉靖后大量加派,而所增有限。大约明代丝绸出口活跃,国内市场并不很大。又明代绢的货币作用大于布,绢及折绢税目不下10种,官俸、赏赉均用绢。笔者所得绢价26项,亦不能作成序列,免列表。所见绢的官价与市价几无差别,地区间亦少差别。大约洪武年间所定绢价颇高,每匹6钱,宣德后降至2钱5分至3钱,正统时升至5钱,成化、弘治年间波动,嘉靖、万历时稳定于7钱,崇祯战起,高至1两。

四、财政白银化和财政危机

明沿用两税法。唐杨炎创两税,原是田亩纳谷,户税纳钱,唯时帛价低,实际纳帛。宋代两税,则南方商品经济发达诸路已是夏税征钱、秋粮纳谷了。明之两税皆征实物,并将丝、绢、棉、布、麻,以至红花、蓝靛都入两税,税目达40余,加以课、贡,凡政府所需之物无不征实。广积粮,以至“红腐不可食”;储铁锈蚀,不堪制镞。朱元璋的这种实物财政政策是行不通的,其出路只有白银化。兹将明财政收入按10年期列为表6–5,所选布、绢均属带有货币性者。资料全据《明实录》,惜万历只有一年数,崇祯全无。

表6–5 明代财政收入

年 代	米麦(万石)	布(万匹)	绢(万匹)	宝钞(万锭)	银(万两)
1430	3 979	20.5	94.1	7 388.9	32.9
1440	3 045	14.6	18.6	2 882.3	0.5
1450	2 588	13.3	18.9	2 368.4	—
1460	3 036	13.4	19.4	2 574.1	14.6

（续表）

年　代	米麦（万石）	布（万匹）	绢（万匹）	宝钞（万锭）	银（万两）
1470	3 032	90.6	28.5	2 874.9	7.1
1480	3 035	85.8	28.6	2 910.6	4.6
1490	3 079	117.4	17.9	3 246.9	8.1
1500	3 090	117.4	17.9	3 246.9	3.2
1510	2 787	171.3	12.7	3 238.1	3.3
1520	2 787	171.3	12.7	3 238.1	3.4
1532	2 659	13.3	32.0	2 414.3	242.6
1542	2 659	13.3	32.0	2 569.2	223.9
1552	2 659	13.3	32.0	2 414.4	243.3
1562	2 660	13.3	32.0	2 414.4	259.0
1571	3 061	62.3	32.0	1 018.3	310.0*
1602	2 837	39.5	14.8	0.1	458.2*
1621	2 780	12.9	20.6	8.1	755.2*
1626	2 780	12.9	20.6	8.1	398.6*

备注：*《实录》所列数太小，改用太仓收入数。米麦包括田赋、屯田子粒、课粮、课折粮、牛租谷。布包括额布、课折布。绢为额绢。宝钞包括户口钞、折色钞、盐钞、杂课钞等。银包括杂课银、盐课银、盐钞折银、屯牧地银、漕粮折银（不同时期按每石0.5、0.7、0.8计）、黄金折银（不同时期按5、7、8倍计）；不包括金花银（约100万两）。

财政的白银化包括田赋、课、役三个方面。

田赋白银化始于1436年，将南直隶、浙江、江西、湖广、福建、广东、广西7省的部分税粮改征银，即后来所称金花银，通作100万两，进内库御用，终明之世未变。[1]100万两按当时所定折价每石2钱5分两，合400万石，占洪武时7省税粮1 762万石的22.7%。后调整折价，1538年调为五钱，则只合200万石，

[1] 原定五省，后加入广东、广西。初只征得八九十万两，但迅即增至百余万两，明末又常不足百万两。

占嘉靖时7省税粮1 699万石的12%。[1]

金花银行于南方，北方如何？于谦、户部尚书李敏都有北方税粮折色之议，而实施情况未详。山西、陕西均有折银之事，但非常规。[2]山东、河南某些地方有常折者，但限于运往指定粮仓之赋。[3]

运京漕粮400万石，弘治时始见以172 000石折银。1572年户部请定年折100万石，不准。万历时定年折344 000石，称永折。唯嘉靖、万历年间见有7次折100万石以上之记载，[4]平均折150万石。

灾区税粮，从而逋赋，惯行折银。嘉靖年间有四年数，平均折159万石，[5]以四年中一年灾计，年均40万石。

各省支边粮草有折银之例。[6]万历时，民运九边粮折银263万两，草折银22 000两，[7]按每石7钱计，合赋粮379万石。

田赋白银化程度如何？有一资料谓正德初“夏税共该五万五百余两，秋粮944 800余两”。[8]两项共995 000两，加金花银共1 995 000两，按每石2钱五分计合粮398万石，占正德时全国税粮额2 697万石的14.1%。又1549年（嘉靖二十八年）收夏税折银十二万一千两，秋粮折粮339 600两，马草折银5 495万两，[9]共101万两，加金花银共201万两，按每石5钱计，合粮402万石，占嘉靖全国税粮额2 285万石的17.6%。假设这年有漕折150万石，当占全国税粮额24%。总之，田赋白银化的程度不高。不过，这是指中央收入。全国赋

---

[1] 各省税粮均据前引梁方仲：《中国历代户口、田地、田赋统计》，上海：上海人民出版社，1980年。

[2] 见《宪宗实录》卷210，成化十六年十二月庚午；卷228，成化十八年六月甲寅；卷242，成化十九年七月壬子，以上均为山西。陕西例，见《孝宗实录》卷128，弘治十年八月丁丑。

[3] 《孝宗实录》卷23，弘治二年二月庚子。

[4] 《穆宗实录》卷70，隆庆六年五月己酉；《熹宗实录》卷29，天启三年五月丙午；梁方仲：《中国历代户口、田地、田赋统计》，第369页；《神宗实录》卷144，万历十一年十二月甲子，卷159，万历十三年三月无日。

[5] 唐顺之：《与李龙冈邑令书》，转引自唐文基：《明代赋役制度史》，北京：中国社会科学出版社，1991年，第186页。

[6] 湖广，《英宗实录》卷93，正统七年六月庚戌；广东，《英宗实录》卷124，正统九年十二月丁未；四川，《孝宗实录》卷150，弘治十二年五月甲申。

[7] 梁方仲：《中国历代户口、田地、田赋统计》，上海：上海人民出版社，1980年，第376—378页。

[8] 唐文基：《明代赋役制度史》，第138页。唐认为此指金花银。笔者以为此乃户部尚书韩文之岁入估计，不包括金花银（金花银不入户部）。

[9] 潘潢：《会议第一疏》，转引自唐文基：《试论明代统治集团的消费问题》，《中国社会经济史研究》1988年第2期。

粮中，支边500万—800万石，万历时已大部分折银，留地方1 000万石，则较少折银。总的看，在三饷加派前，田赋白银化程度不会超过50%，也许不到40%。

课的白银化，首先是盐。明行灶籍制，灶民的负担属役，而所谓课实指引价。商人纳米或他物，得引贩盐，1492年改为纳银，盐课就全部白银化了。引价初每引三四钱，嘉靖时已升至1两5钱至2两，成为太仓银库最大一笔收入。贩余盐原纳米，亦改纳银。嘉靖时，盐课银由50余万两增至130余万两。

茶亦行引法，商人纳钱得引，后改纳钞，不知何时改纳银，可能在天启废钞时。四川、陕西茶是向生产者征实1 026 000斤，专用于与藏人易马。1490年陕西招商纳米给引，使贩茶，以40%交官，称中茶；1494年改为纳银。陕西中茶1601年始成定例，年500引。四川于1524年开始中茶50 000引，1569年改38 000引，年得银14 000两。[1]

矿冶之课有金银、铜铁、铅汞、朱砂、青绿等，嘉靖后无记载，大约一直征实。

役的方面。在籍工匠约30万人，每四年赴京服役90天，1485—1562年完成白银化，每匠年纳代役银四钱五分，政府可收入135 000两。官工业征用民夫约150万人，亦同时改为雇佣，已另文详述。[2]

城市之役，主要是铺行和火甲。铺行是编排铺商供官府需索和劳役，1566年北京改为纳银，依等次每家纳1钱至9钱，他市未闻改革。火甲即组织商民轮值巡夜，救火防盗。万历、崇祯时，江南城市有改为纳银雇差者。[3]

役的主体是遍布乡镇的里甲、均徭、杂泛。

里甲主要是上供物料。其白银化始于宣德时周忱在应天之改征里甲银，其后又有各种名目，一条鞭时全面推广。里甲银无数据，只好借均徭酌估。

均徭包括中央及地方征派之役，有多达五十目者。宣德起即有改征银之例，正德时已有银差、力差之别，一条鞭时普遍白银化。唐文基辑有嘉靖时7省16个府县的14种役的折银价，共有149个数据。兹将其各役种的平均值再

[1] 以上均据《明史》,《食货志四》。
[2] 许涤新、吴承明主编:《中国资本主义发展史》第1卷，北京：人民出版社，1985年，第114—120页。
[3] 韩大成:《明代社会经济初探》，北京：人民出版社，1986年，第332—339页。

作总平均(人数不多而银价特高的马夫、膳夫酌减权数),计每个役应纳银7两5钱。服役人口按1亿1千万计,依前述丁口比例当有1 830万丁,10年一役即183万役,可收均徭银1 373万两。唐文基又辑有嘉靖时12省33个府州县的均徭银数和户口数,从中可计出平均每户负担均徭银7钱3分。服役人口按5口之家计有2 200万户,应纳均徭银1 650万两。与前数平均均徭银在1 500万两左右。唐文基又辑有4省6个府县的里甲银和均徭银(力差与银差合计)的数字,从中可计出里甲银为均徭银的52%。[1]以此估计里甲、均徭银共约2 280万两。此项银两一般不入户部,而为置办上供物品、雇佣夫役及地方多种支费所用。

杂泛以临时性的河工、殿堂修建、运输为大项。推广一条鞭后,仍多是签派。

一条鞭有赋役合一者,但多是随赋带征役银,田赋本身仍以实物为主。辽饷加派前,有个资料说,中央收入本色折色共值1 461万两,入内府者600万两,主要是丝、绢、茶、蜡等,余入户部,内银400万两。[2]入内府的金花、买办等银以150万两计,连同户部的四百万两,共占1 461万两的37.6%,实物仍占62.4%。地方情况未详,地方亦需储粮,其白银化主要在役,支出亦多取自里甲、均徭银。

明自弘治末起,财政拮据,嘉靖后进入危机,隆庆后益不能支。学者不少研究太仓银库者,多罗列其入不敷出惨状,若即崩溃。殊不知,当时政府既不能发行公债,亦不能像欧洲君主那样向犹太商人借款,根本不可能实行赤字财政。因此,将太仓结余情况(材料难找,不像叫喊亏空者多)列为表6–6。

表6–6　明代太仓收支[3]　　(单位:银万两)

年　代	收　入	支　出	库　存		
			老库	外库	未言明何库
1442—1473	2 076	1 836			240

[1] 唐文基所辑三种资料分别见《明代赋役制度史》,第238—239、246—247、245、281页。
[2] 据户部侍郎李长庚奏,《神宗实录》卷584,万历四十七年七月甲午。李上张将进内府的丝、茶、绢、蜡等折色,以纾银困,不准。
[3] 据《明实录》。个别年的收人用全汉昇估计数,见《明中叶后太仓岁入银两的研究》,《中国文化研究所学报》1972年第1号,第136—139页。

（续表）

年　代	收　入	支　出	库　存		
			老库	外库	未言明何库
1500左右	149	100			200—400
1506	150	625			
1528	130	241	400	100	
1550—1554	1 496	2 712			
1555			114		
1567—1570	851	1 795	100	210	
1573	282	284			437
1583	372	565		300	
1586			601	98	
1587	370	370	400	9	
1589	327	346	224	31	
1590	374	400	117	40	
1593	451	547		18	
1600			200		

表6–6见1550—1554年五年连续亏空，1567—1570年四年连续亏空，这大约是太仓最紧张的时期，但仍有库存。原来太仓年入银200余万两。16世纪80年代起增至300余万两，库存增加；16世纪90年代起增至400余万两，唯支出大增，又感紧张。

所谓财政危机是指白银而言，中央所征以实物为多，并无危机。1583年“京仓积米足资八九年，愈多则愈浥烂”；1588年“太仓米足支七年，而米价腾贵”。[1]朝臣们在解决银库不支的建议中，有一条是将丝、绢等改征银和将内廷“十库”中不用的东西折银，[2]皇帝不准。这种实物经济思想正是财政危机的原因之一。

据说老规矩是太仓老库贮银八百万两不准动，需款从外库应付，不知这规矩维持了多久。但明代市场和商品经济大发展正是在嘉靖财政陷入危机之后。原来货币的功能就在于流通，财政危机，老库窖藏的白银流出来了，投放市场，市场焉得不活。

以上是16世纪。进入17世纪，有两事当言。

一是税监之祸。税监遣于1597年，而开始进银在1601年。据《明史·食货五》说共进“几及三百万两”，据《明实录》逐笔加算还不到200万两。不过，据说内进的只占十分之一或十分之二，其余都由税监和“群小”瓜分了。[3]税监之祸，惨不忍睹。但从财政上说，主要是把原应纳之税银经太监之手转入内廷。从经济上说，是将社会上流通的白银用暴力聚敛起来，而最后还是流回市场。因为内廷是在修“两宫三殿”，而太监尤其是分得50%—60%的“群小”，是不会有多少储蓄的。滥派税监，是由于万历贪婪，非真正缺银，因到加派辽饷时还是“内帑充积，帝靳不肯发”[4]而已。

二是军饷加派。这始于1592—1600年的“三大征”，共支军费588万两，时太仓尚裕，加派不多，大约只派了山东。这三次战争在宁夏、朝鲜、贵州，无碍生产，军费则主要投入内地市场。1618—1620年加派辽饷，递增至每年520万两，使田赋白银化比重大增，唯时米价升至每石一两，折米不过500万石，占万历时税粮额的17.6%。这次战事在辽东，而这笔巨额支出大半投入内地市场，以支付募客兵之费和购买与转运粮、马、器械之费。1630—1639年再增辽饷和加派剿饷、练饷，使加派总额达2 000万两，连同旧有的赋税共达2 700万两；不过未

[1] 《神宗实录》卷144，万历十一年十二月甲子；卷196，万历十六年三月辛卯。
[2] 《世宗实录》卷457，嘉靖三七年三月癸酉；《熹宗实录》卷9，天启元年九月丁卯。
[3] 十分之一说，《世宗实录》卷359，万历二十九年五月辛丑；十分之二说，《世宗实录》卷398，万历二十三年七月戊午。
[4] 《明史》卷78，《食货二》。

能收齐，1643年实征只1 585万两，支出则达2 122万两。[1]这时战事遍南北，生产破坏，生灵涂炭。但就空前巨额的各种征敛税，当时似未发生货币困难，表明社会上流通的白银增加了，不像16世纪下半叶那样捉襟见肘。而大量的支出投放市场，必致引起通货膨胀，物价上升，即如在物价一节所表现那样。同时，也表现出白银贬值，下文再详。

五、商税

用商税考察市场兴衰乃常用之法。明代商税有座商税（门摊）及通过税。依本文目的自然只取后者。明代民间交易一直用银。明廷为推行钞法，采商税收钞政策，所以明代征收商税的关名为钞关。明代建朝之始，钞关的设置兴废变化频繁，直到明代后期，部分钞关才固定下来。最早征收商船货物的钞关，设置于洪武年间（1368—1398），当时对钞关的管理，并未脱离税课司。宣德四年（1429），设立的钞关除漷县（后移至河西务）、临清州、济宁州、徐州、淮安府、扬州府、上新河七处之外，还有浒墅关、北新关。九江关“始自明景泰元年”。[2]后因征税重复，又革除了部分关。终明之季，户关有28处，工关15处。[3]当时征收方式，是过往船只、竹木排筏进行测量，量船只大小征税，称船料，量竹木排筏长宽阔征税，称木税。其中只有临清、北新两关收船料及货税。

起初各关有本色、折色，或钞贯不同的征收，民间交易一直用银，商人手中唯有银，只好用银买钞。此种政策反映内廷尤其是监督钞关的太监的保守思想，实不利于通商，户部亦无可奈何，各钞关定额也很难统一。正统元年（1436）“弛用银之禁，朝野率皆用银”，[4]到隆庆六年（1572），开始“令各钞关折收银两”。[5]可以看到用银两计算的定额。其中河西务、临清、北新、浒墅、九

[1] 户部尚书倪元璐疏，见《明代赋役制度史》，第361—362页。
[2] 江殷道修、张秉铉等纂：《九江府志》卷3，《田赋附载关钞》，康熙十二年刻本。
[3] 参见邓亦兵：《清代前期税关设置》，《清史研究》2007年第2期。
[4] 张廷玉等撰：《明史》卷81，《食货五·商税》。
[5] 凌寿祺：《浒墅关志》卷4，《榷税则例》，收入《中国地方志集成》乡镇志专辑，南京：江苏古籍出版社，1992年（据道光七年刻本影印）。

江、扬州、淮安七关税额在部分书中有详细记载,[1]北新关、浒墅关据关志,其他数字均见具体资料。以下把明代部分钞关的定额列表6–7。

表6–7　明代钞关税收定额　　(单位:万两)

序　号	钞关名称	隆庆年间	万历年间	天启年间	崇祯年间
1	河西务	4.6	4.6	3.2	3.2
2	临　清	8.3	8.3	6.3	6.38
3	扬　州	1.3	1.3	2.56	2.56
4	淮　安	2.2	2.2	4.46	6.63
5	北　新[2]	3.3	4.97	8.0	11.0
6	浒　墅[3]	4.0	4.5	8.75	17.99
7	九　江[4]	1.5	2.5	5.75	13.0
8	太平桥厂[5]	4.2	4.2	4.2	4.2
9	遇仙桥	—	0.4	0.4	0.4
10	浛光厂[6]	—	0.6	0.6	0.6
11	赣关桥[7]	—	—	—	3.5—3.79

[1] 河西务、临清、北新、浒墅、九江、扬州、淮安七关,隆庆年间数字,见《神宗实录》卷315;万历、天启、崇祯年间数字,参见孙承泽:《春明梦余录》卷35,《钞关》。《明会典》记载“崇文门宣课分司”。万历时亦记“崇文门宣课司”。后户部尚书赵世卿在奏疏中称:“崇文门、河西务、临清、九江、浒墅、扬州、北新、淮安各钞关”,显然将崇文门列入钞关中。参见张廷玉等撰:《明史》卷01,《食货五·商税》。“崇祯二年,户部议榷额疏”中将崇文门并列在钞关中。孙承泽:《春明梦余录》卷35,《钞关》。亦宣课分司,亦钞关,说明这时钞关制度初创,还处在变化中,这里以《明会典》记载为准。

[2] 许梦闳纂辑:《北新关志》卷4,课额,雍正九年刻本。另一说法,“杭榷初设盈缩不恒,总计七务六关,征收料税。始额设四万两,至天启元年五万两。(天启五年)又倍增八万两,以为定制。后因内外多故,榷赋频加,”崇祯时期,“增至十三万八千有奇。”堵胤锡《榷政纪略》卷2,《明贯制》;卷3,《革长单》。

[3] 凌寿祺:《浒墅关志》卷4,《榷税则例》。

[4] 顺治六年十月十八日户部尚书巴哈纳等题为九江湖口抽税事本,《历史档案》1982年第4期。

[5] 郝玉麟等监修、鲁曾煜等编纂:《广东通志》卷22,《贡赋志四·杂税附商税》,收入《文渊阁四库全书》史部320,地理类,台北:台湾商务印书馆,1983年(据雍正十年刻本影印)。

[6] 遇仙桥、浛光厂,金光祖纂修:《广东通志》卷10,《盐税·商税附》,康熙三十六年刻本。

[7] 顺治十七年二月南赣巡抚苏弘祖揭帖,《历史档案》1983年第1期。

（续表）

序　号	钞关名称	隆庆年间	万历年间	天启年间	崇祯年间
12	潼　关[1]	—	—	—	0.44
13	梧州厂[2]	—	—	—	1.3
14	芜湖户关[3]	—	—	—	3.0
15	龙江关[4]	—	—	—	3.6
16	正阳关[5]	—	—	—	0.7—0.8
	总　计	29.4	33.57	44.22	78.5—78.89

在隆庆年前，各钞关中，临清征收数量最多，河西务次之，再次为浒墅关。临清初设时，收税仅合七八千两，北新一二千两，至隆庆间定额各数逾万两。到万历时，九江关征增数很快。据《明史》记载，各税关“岁征本折约三十二万五千余两，万历二十五年增银八万二千两，此定额也。乃二十七年以后，历岁减缩，至二十九年总解二十六万六千余两”。明末各关定额都有增加，至崇祯“十三年增关税二十万两”。[6] 明末增加三饷，数字不大可靠外，至万历、天启年间的征数基本上反映了当时商品流通的发展。

明末反映税收不足额者迭起，但均在抗议税监之祸的疏奏中，以关税为税监所夺。所有钞关中唯临清关、河西务两关征不足额，[7]此时通货膨胀，市场银货充裕，收税不难，其他税关均足额。表6–7记录的关税定额比较低，此非通过税全部。且钞关行政开支、地方提留、羡余等均在定额之外。以明代钞关税收还原为商品流通额，殆不可能。

[1] 顺治十年二月二十八日陕西巡按御史高尔位奏折，见台湾“中央研究院”历史语言研究所藏明清史料，登录号086049。
[2] 谢君惠、王尚贤等纂修：《梧州府志》卷7，《赋役志·国课（厂税）》，清初抄本。
[3] 尹继善等修、黄之隽等纂：《江南通志》卷79，《食货志·关税》，乾隆元年刻本。
[4] 王新命修、张九征纂：《江南通志》卷20，《关税》，康熙年间刻本。
[5] 顺治七年八月二十日江南总督马国柱揭帖，见台湾“中央研究院”历史语言研究所藏明清史料，登录号088063。
[6] 张廷玉等撰：《明史》卷81，《食货五·商税》。
[7] 孙承泽：《春明梦余录》卷35，《钞关》，北京：北京古籍出版社，1992年。

六、白银问题

宋、金、元的纸币都多少可以兑现,明之宝钞完全不兑现,是以不行。16世纪已是银本位。市场盛衰与白银量直接相关。当时有多少白银,无人知晓。但也非完全盲茫。1643年秀才蒋臣向思宗提出个荒唐的建议:再行钞法。但他说当时民间存银有2.5亿两,倒有点合乎情理。[1]全汉昇估计15世纪中国存银约1亿两。[2]王业键用倒推法估计1680年左右有2.2亿—2.5亿两,1650年左右有2.0亿—2.4亿两。[3]参考另文所述,这里从16到17世纪,中国存银约由1.5亿两增至2.5亿两,其中除用于银器、银饰、窖藏者外,市场流通者不超过60%。这种增加,有国内生产和国外流入两个来源。

(一)国内银产量

考察明代银产量者已有梁方仲、全汉昇、白寿彝诸名家。[4]因对《明实录》用词理解不同,估计有异,但共同论点是,正统以后产量大减,以至1520年以后再无记载。笔者认为,《明实录》中的"课"与"采纳"是旧矿与新矿之意,正统后不分新旧,皆官矿应缴之定额,而非30%的税额。实际产量高于定额者大约为有司分取,但从报告看多数是不足定额,吁请减免。因据《明实录》制成表6-8,其数大体可代表官矿产量的兴衰。14世纪末每年银产量不足3万两,15世纪初增至近30万两,1435年后三度停产,降至五六万两水平,进入16世纪,跌至3万余两。官矿的衰退,主要由于管理腐败,且属征役,劳民伤财,得不偿失;同时,缺乏勘探,不能深采,不久即枯竭。嘉靖、万历时均有开矿之议,都未见效。

---

[1] 参见彭信威:《中国货币史》,上海:上海人民出版社,1965年,第736页。

[2] 未见原文,转引自Michel Cartier, Les importations de métaux monétaires en Chine: essai sur la conjoncture chinoise, *Annales*, no. 3 Mai-Juin 1981.

[3] 见Yeh-chien Wang, Secular Trends of Prices in the Yangtze Delta, 1638—1935, in Thomas G. Rawski and Lillian M. Li ed. *Chinese History in Economic Perspectiue,* University of California Press, 1922, p. 57.

[4] 梁方仲:《明代银矿考》,《中国社会经济史集刊》第6辑,1939年,第65—112页。全汉昇:《明代的银课与银产额》,《新亚书院学术年刊》第9号,1966年,第245—246页。白寿彝:《明代矿业的发展》,收入《中国资本主义萌芽》下册,成都:巴蜀书社,1987年,第697—747页。

表6-8　明代银课收入[1]　（单位：平均每年银两数）

年　份	银课收入	年　份	银课收入
1401—1410	144 345	1450—1454	—
1411—1420	290 560	1455—1464	63 582
1421—1424	227 453	1465—1474	59 776
1425—1434	239 764	1475—1486	67 656
1435	—	1487—1490	81 270
1436—1440	4 081	1491—1500	53 055
1441—1443	—	1501—1510	32 621
1444—1449	48 292	1511—1520	32 920

明代禁民间开采银矿，但“盗矿”不止。早期盗矿者多属豪势之家，但未必有大成效。如叶宗留，三次聚众开矿，均以“不够食用”“矿薄”“无所得”而失败，最后流为大盗。广东顺德豪民勾引势家开矿，“每岁得银渐至千余两”，但1544年“苗脉已尽”，只好散伙。[2]然而，正统以后，矿禁松弛，官矿衰微，民矿略兴，有善经营者，乃意中事。尤其云南，宋应星说，“开矿煎银，惟云南可永行”；[3]万历时，云南尚有五六万两银课。据万历《云南通志·赋役志·矿课》载，“课银赢缩靡定，初年所解，全出官帑，季年所纳，半出民间”。因而，16世纪以后的银课已不全是官矿产量了，包括30%的民矿税。全部银产量不会只有几万两，边同漏税民矿，可能在20万两以上。

16世纪下半叶，财政白银化，市场大发展，那时还没有像样的信用制度，区区二三十万两的白银产量，不足以应付流通需要。前面物价一节提出，1550年以后的物价下跌是由于通货短缺，在此可得印证。但正在此时，大约1570年以后，白银开始大量从国外流入。

[1] 1401—1424年为课；1425—1434年为课与采纳合计；1436—1486年为采纳；1487—1520年为金银课合计（金课很少）。

[2] 二例见许涤新、吴承明主编：《中国资本主义发展史》第1卷，北京：人民出版社，1985年，第174—175页。

[3] 宋应星：《天工开物》卷下，《五金》。

(二)外国白银流入

16世纪晚期,直到1930年代,除19世纪个别年度外,都有外国白银流入中国。这方面已有不少名家论述。[1]唯16、17世纪没有直接资料,大都是根据西方学者关于美洲白银运到东方的总量和日本学者关于日本出口白银总量,估出一个流入中国的数量,不易看出时间序列变化。现据最新的研究,作些探讨。

先看美洲白银。秘鲁银矿开采于1550年代,墨西哥银矿略晚。流入中国的主要渠道是中国与吕宋间的贸易,其繁盛是在1567年明廷开海禁之后。"东洋吕宋,地无他产,夷人悉用银钱易货,故归船除银钱外无他货携来,即有货亦无几。"[2]这里所谓银钱指含银0.75两、0.36两、0.18两的西班牙银元和更小的银辅币。所谓归船,指闽、浙海商回到漳州的船,粤商回到广东的船,葡萄牙商回到澳门的船,1624年以后荷兰商回到台湾的船,都大量载回白银。这时,漳州海澄的月港是最大的商港,除对入港船收船税和货物税外,对从吕宋来的船加征(银税)每艘150两,1590年减为120两。月港税收的变化见表6-9。

表6-9　月港的关税收入[3]　　(单位:两)

年　份	收　入	年　份	收　入
1567—1572	3 000	1594	29 000
1573	6 000	1599	27 000
1576	10 000	1615	23 400
1583	20 000	1628	23 400

[1] 全汉昇:《明清间白银的输入中国》,《香港中文大学文化研究所学报》1969年第2卷第1期。孙毓棠:《明清时代的白银内流与封建社会》,《进步日报》1951年2月3日。《中国货币史》,第782页;见Yeh-chien Wang, "Secular Trends of Prices in the Yangtze Delta, 1638–1935", in Thomas G. Rawski and Lillian M. Li ed. *Chinese History in Economic Perspectiue,* University of California Press, 1922, pp. 59–61; William S. Atwell, International Bullion Flows and the Chinese Economy CA1530–1650, Past and Presen, no. 95, May 1982; Michel Cartier, "Les importations de métaux monétaires en Chine: essai sur la conjoncture chinoise", *Annales*, no. 3 Mai-Juin 1981. Frederic Wakeman, Jr., China and the Seventeenth-Century Crisis, *Late Imperial China*, vol. 7, No. 1, 1986, pp. 1–24.

[2] 张燮:《东西洋考》卷5、卷7。

[3] 据全汉昇:《明季中国与菲律宾间贸易》,《中国经济史论丛》(第1册),香港:崇文书店,1972年,第428页。

月港税收有定额，1632年因不足定额罢港督，不能灵敏反映贸易消长。钱江从多种西方文献中辑出自中国（包括澳门、台湾）驶入马尼拉港的船只表，又从马尼拉海关征中国船进口税事例中算出平均每船货值3.5万比索，由此可推算出运回白银数。唯他估计，贸易利润150%过高，又未扣除运销费用，酌为改算，如表6–10。

表6–10　中国与吕宋贸易运入白银估计[1]（单位：平均每年数）

年　份	船　只（艘）	运入银（万两）	年　份	船　只（艘）	运入银（万两）
1570—1579	7.5	28.5	1640—1649	18.1	68.8
1580—1589	23.4	88.9	1650—1659	6.7	25.5
1590—1599	18.5	70.3	1660—1669	6.0	22.8
1600—1609	27.4	104.1	1670—1679	5.2	19.8
1610—1619	27.3	103.7	1680—1679	8.3	31.5
1620—1629	23.7	90.1	1690—1699	16.8	63.8
1630—1639	36.8	139.8	1700—1709	19.6	74.5

表6–10可见17世纪早期白银入流大增，高时年达140万两。1630年后，葡、西自南美运银受荷、英舰队打劫，1635年菲利浦四世限制马尼拉贸易，1639—1640年西班牙人在吕宋屠杀华侨，此时国内战争激烈，1661年顺治帝严厉海禁。于是，入流白银直线下降。当时，中欧贸易尚有从印度果阿经马六甲到澳门，荷、英船自欧洲直航广州者，不在表6–10之内。但此两路来银亦用于吕宋贸易，留存数未能详。

再看日本。日本银矿发现较早，1540年代大量开发。日本产业更落后，

[1] 钱江：《1570—1760年中国和吕宋贸易的发展及贸易额的估算》，《中国社会经济史研究》1986年第3期。表10估算法：平均每船载货值35 000比索，售后得利润100%，回航载值70 000比索，内90%为白银，即63 000比索，合48 000两。减除马尼拉进口税6%，即2 100比索，合1 617两；中国港口水饷银饷302两；销售费用和回程运费（去程运费计入货价）按回程载值15%计，即10 500比索，合8 043两。共减除9 962两。平均每船实运回38 000两。

“倭人但有银置货，不似西洋人载货而来，换货而去”。[1]1567年明廷开放海禁后仍禁日本贸易，中日贸易全属非法，航日唐船上常有银匠、熔炉，得日本银后即熔化分给客户和水手。一段时间葡船活跃。日本运华白银颇难稽考，只能将各家论述粗略安排，以求略见时间顺序，如表6–11。有些估计过高，未取；其他亦系毛估，未扣除运销费用。总之不合理想，有待时贤指正。表见日本白银内流趋势与前表吕宋来银一致。其1640年代以后的下降，除前述吕宋贸易原因外，尚有日本产银量下降、葡船退出中日贸易、1670年起日本丝价大跌、1685年日本限制唐船进口等。

表6–11　中日贸易运入白银估计[2]

年　份	年　距	平均每年万两
1540—1570	30	25—50
1570—1600	30	50—60
1600—1630	30	100—150
1630—1647	18	80
1648—1672	24	77
1673—1684	11	49
1685—1700	15	34

（三）银价的变动

上两表白银流入总数达两亿两，实属过高。这里多未计入贸易中的运输和海外费用，亦商亦盗情况下的海上损失，移民华侨的资费，洋船的利润等；总之，运回的白银部分并未留在国内。同时，中国亦有黄金、铜钱和银货出口。白银净增加也许不过一亿两。即使如此，仍然是个很大的数量，数倍于国内银

[1] 郑若曾：《筹海图编》卷4。
[2] 除前注各家外，并见林仁川：《明清私人海上贸易的特点》，《中国社会经济史研究》1987年第3期；范金民：《明清时期中国对日丝绸贸易》，《中国社会经济史研究》1992年第2期。

产量。这必然促进市场繁荣，加速经济白银化，而白银本身的价值也必然降低。白银价值可从物价中观察出来，而更直接的是金银比价和银与铜钱的比价。这种比价资料甚少，兹就所见列入表6–12。

表6–12　白银价值的变动[1]

年　份	金一两合银（两）	年　份	银一两合铜钱（文）
1375	4	1375	1 000
1385	5	1407	1 000
1397	5	1465—1487	700—800
1413	7.5	1493	700
1481	7	1504	700
1573—1620	7—8	1628	700
1628—1644	10	1645—1647	2 000—5 000
1662—1700	10	1662	700
1790	15	1721	780

表6–12可见，与黄金比，白银的价值明显贬低。大约洪武初所定白银官价过高，14、15世纪的贬值属自然趋势，16世纪末和17世纪初的剧烈下跌则是白银大量进口的结果。这种1∶10的比率维持了很长时期（在国外长期是1∶12），到18世纪后期才再次剧烈变动（那是另一次白银进口高潮）。银和铜钱的比价却看不出银通货贬值的作用。其中1645—1647年的异常是由于劣质恶钱泛滥所致，其他年份大都是明政府折银的官价，故少变化；也许和清代不同，16、17世纪中国并无铜荒。

[1]　金银比价：1375—1413年、1573—1644年，整理自顾炎武：《日知录集释》卷10；1481年，整理自《宪宗实录》卷219；1662—1790年，整理自郑光祖：《（醒世）一斑录》卷6，《杂述》。银钱比价：1375年、1407年，整理自《明会典》卷31；1465—1487年，整理自《宪宗实录》卷74、卷208；1628年、1645—1647年、1662年，整理自叶梦珠：《阅世篇》卷7；1721年，整理自光绪《清会典事例》卷220。

白银量增多,银根松动,当会引起利息率下降。但那时中国还没有金融市场,民间借贷主要是贫民向富户求贷。黄冕堂收集了41个记述借贷利息的例子,兹将其整理入表6-13。其中只有两例是商人借款。从中可看出利息率明显下降的趋势,不过,很难说是受白银进口的影响,而是商品经济和市场发展所致。

表6-13 民间借贷利息[1]

年 份	例 数	不足1倍	倍 息	数 倍	10倍
1403—1424	2			1	1
1426—1435	2		1	1	
1436—1449	6		4	2	
1465—1487	6		3	2	1
1488—1505	7		6	1	
1506—1521	5		5		
1522—1566	6	1	5		
1573—1620	7	1	6		

七、余论

16、17世纪,中国是世界上产业最先进的国家。中国的丝绸、瓷器等是国际市场上的抢手货,对外贸易全部顺差。中国造船技术亦精,在那个世界贸易大发展的时代,与欧洲争雄,创一条外向型经济发展的道路,是可能的。然而未然,原因在中国内部。

明政府坚持朝贡制度,一如其坚持实物财政制度。实物财政妨碍国内市场的发展,前文已屡言及。朝贡制阻碍国际市场的开发,尤有过之。朝贡允许

[1] 黄冕堂:《明史管见》,济南:齐鲁书社,1980年,第328—332页。

贡外附带方物，实为一种贸易。除贡舶外禁止商舶，这就形成外商只能借贡入贸，而华商不能出海的奇怪局面。朝贡贸易实为易货贸易，外商来货免税，得银尽购丝绸而去，没有白银内流。外商利大，1523年发生“争贡之役”，明政府更严海禁，烧毁全部出海大船，对海商实行连坐，海商只好转而为盗。终嘉靖之世，国内市场大发展，财政白银化已近完成，而国际市场尚在禁锢之中。也正在这时，发生在物价一节所说的白银危机。由于闽、粤、浙海商（前文说过，他们更近于“纯商人”）的斗争，1567年开放海禁，才见转机。

重商主义时代的海上贸易原是海盗贸易，中国海商之武装自己，不足为怪。为海上竞争，欧洲各国无不建立舰队，荷、英与西、葡之争即是如此。按当时中国国力，建立强大舰队毫无困难，视前郑和之下西洋、后郑成功之光复台湾可知。但明政府不此之图，只知罢市舶司，填平双屿港，烧毁大船，曰御倭寇，何其愚也。

因此，尽管1570年代至1640年代有大量白银流入中国，国际贸易在中国国民经济中只占微不足道的地位。17世纪30年代起中国发生长达半个多世纪的物价下跌，市场萧条，主要是由于国内原因造成的，也可说是市场发展中的周期性现象，而不是由于世界贸易紧缩所致。有些学者认为16世纪中国已纳入世界经济体系，“中国17世纪危机”是“世界17世纪危机”的一环，[1]笔者以为非是。

第二节 18至19世纪上叶的中国市场

一、市场周期

清代前期，尤其康雍乾三朝，史称盛世。国土广辟，户口繁滋，经济的发展在时间和空间上都超过历代有为的王朝。市场规模空前扩大，市场组织、商品结构、运储条件均有改进。然而，受小农经济影响，地方小市场的发展胜于区

[1] 参见S. A. M. Adshead, “The Seventeenth Century General Crisis in China”, *Asian Profile*, No. 2, 1973, pp. 271–280。

域大市场,长途贩运贸易在进入19世纪后反有衰退迹象。

市场的发展从来都是周期性的。清代前期,在市场总的繁荣趋势中,亦有两次衰退。17世纪下叶,在国家统一、生产恢复中,曾出现商业凋敝、市场萧条局面,物价剧跌,农民窘困。进入18世纪,市场转入繁荣,物价上升,交易活跃。世纪中期以后,平稳发展,于世纪末达于极盛。进入19世纪不久,发生第二次市场萧条,三四十年代达于低谷。其影响面广,较前次为严重。唯50年代即转入复苏,形成近代市场,交易空前扩大。这两次市场萧条,考其基本原因,概属经济因素,与战乱、灾荒无关,故可视为经济周期。此外,还会有一些中短期的市场波动,因资料不足,难以申论。

17世纪后期的市场衰退,笔者认为概括为"17世纪市场危机",过于笼统。日本学者岸本美绪称之为"康熙萧条",较为恰当。[1]此次萧条实在清初大陆平定、生产基本恢复之后,不应与明清战争所造成的经济破坏混为一谈。靳辅奏当时江浙士民反映:"顺治初年……(各物)价值涌贵而买者甚多,民间货财流通不乏,商贾具获厚利,人情莫不安恬。近来各物价值颇贱而买者反少;民情拮据,商贾亏折,大非二十年前可比。""顺治初年,凡十家之中,富足与平常可以度日者居其七八,穷窘者居其二三……迩来家家穷窘……求其真正富足者,百家之中不过一二家。"[2]"近来""迩来"当指顺治初二十年后,即康熙初期。又黄宗羲论当时"钱力竭"曰:"土田之价不当异时之十一,岂其壤瘠欤?曰否,不能为赋也。百货之价亦不当异时之十一,岂其物阜欤?曰否,市易无资也。"[3]这里,"异时"当指顺治早期。不过,"十一"夸大,康熙米价约为顺治之半。

康熙萧条不是由于供给问题,而是由于市面缺银,需求萎缩。顾炎武《钱粮论》说关中"岁甚登,谷甚多,而(至征粮之日)民且相率卖其妻子","何以

[1] "危机"为论经济周期中常用语,非必危殆,Pierre Étienne、Frederic Wakeman Jr.均有文论中国17世纪经济危机,已见我前文。岸本美绪著述为"The Kangxi Depression and Early Qing Local Markets",*Modern China*,10.2,1984;《康熙年间の谷贱について——清初经济思想の一侧面》,《东洋文化研究所纪要》第89册,1981年。

[2] 《靳文襄公奏疏》卷7,《生财裕饷第二疏》。

[3] 黄宗羲:《明夷待访录》,《则计一》。

故?则有谷而无银也”。[1]唐甄本人曾经商,他的《潜书》刊于康熙四十一年,写江南景象曰:“农空、工空、市空、仕空。”农空因“谷贱”,工空因“布帛贱”,卖不出钱来,所以“空”。而市空指“舟转市集而货折资”,即生意赔钱,以致“枫桥之市,粟麦壅集;南濠之市,百货不行”。所以如此,由于缺银钱。“中产之家,尝旬日不睹一金,不见缗钱。无以通之,故农民冻馁,百货皆死,丰年如凶。”[2]

康熙时缺银,或以清初禁海所致。上引靳辅奏亦称禁海靖边二十年后,“流通之银日销而壅滞之货莫售”;慕天颜《请开海禁疏》称禁海“二十年来所坐弃之金钱,不可以亿万计”。[3]笔者在前节曾详考这时白银来源停滞,非全由于禁海,本节将再论及。这时,人丁、耕地增长,生产发展,国库充裕,而市面通货奇缺,实与康熙俭约治国、集中管理财政的紧缩政策分不开的。雍正继位,耗羡归公(实系作为地方财政)和大量发放养廉银,情况即为改观。

19世纪上叶的市场衰退,或称“道光萧条”,亦颇允当。这次萧条是在清国势已衰,农业生产不景气,财政拮据的情况下发生的。龚自珍在嘉庆末(约1820)指出:“人心惯于泰侈,风俗习于游荡,京师其尤甚者。自京师始概乎四方,大抵富户变贫户,贫户变饿者,四民之首,奔走下贱,各省大局,岌岌乎皆不可以支日月,奚暇问年岁!”[4]情况十分严重,唯把经济衰退尽归之于超高消费,不尽合理。当时突出的现象是银贵钱贱,物价下跌,交易停滞,商民皆困。银价由每两合钱1 000文增至2 200文,江南米价跌落约25%,并因市场远较康熙时为大,影响面广,议论汹汹。

农民因谷贱银贵,难以纳赋,与康熙萧条同。马敬之说:“银币耗,农夫织妇,毕岁勤劳,低估以售之,所得之钱,不可输赋。”[5]而左宗棠进一步指出:“银价日昂,银复难得,农者以庸钱粪值为苦,田主以办饷折钱为苦。”[6]商品经济发展,小农的生产要素已离不开市场,因有货币成本问题。左宗棠是讲湖南,

---

[1] 顾炎武:《亭林文集》卷1。
[2] 唐甄:《潜书》下篇上,《存言·更币》。
[3]《皇朝经世文编》卷26,《户政一·理财上》。
[4]《定庵文集》卷中,《西域置行省议》。
[5] 马敬之:《银币论》,见《皇朝经世文编》卷51。
[6] 左宗棠:《上贺庶农先生》,见《左文襄公书牍》卷1。

其实他处亦然。包世臣说江南“蚕棉得丰岁,而皆不偿本”[1]亦此意。

然而,市场上最敏感的是商人,商人亏折,一时最为瞩目。包世臣在上文中说:“商贾不行,生计路绌,推原其故,皆由银贵。”冯桂芬在《用银不废银议》中说,由于银贵,“富商大贾,倒罢一空,凡百贸易,十减五六”。[2]有大臣奏:“向之商贾,今变而为穷民;向之小贩,今变而为乞丐。”[3]

值得注意的是盐商。声势喧赫的两淮盐商,突告“消乏”。至道光六年,商欠达600余万两;道光十年,“能运四五万引者无多,十数万引者更少”;扬州“向有数百家,近因消乏,仅存数十家。”[4]福建盐商,亦陷“疲乏”,因“银价昂贵”,“商本加重”,“不旋踵间,相继倒罢”。[5]内地最大的盐商是山西河东盐商,因“银本昂贵”,承办半签引地者,每年需赔四五千两,承办一签引地者,其赔累又倍之。是以商人视为畏途,纷纷思退。[6]盐商是最大的商业资本家,他们的衰乏,影响很大。由于钱庄、票号有了发展,以及钱票、庄票、期票、外兑票的发行,至道光时已初步形成一个信用货币市场。萧条开始时北京曾两次发生钱票挤兑、钱庄大量倒闭的信用危机,[7]这是康熙萧条中所没有的。

道光萧条情况比较复杂,它是伴随着早已出现的银贵钱贱的银钱比价波动而来的。银为什么贵,当时议论大多归之于鸦片进口泛滥、白银外流,实则尚有其他因素,需从整个市场货币需求量和供给量上另作专论。及至19世纪50年代,尤其70年代后,又有白银内流,同时,咸丰七年(1857)起,清廷大发银票、宝钞,铸大钱、铁钱,造成通货膨胀,道光萧条也随之结束。

二、人口与耕地

人口迅速增长和耕地大量垦辟是18世纪经济与市场繁荣的重要因素。

清早期只公布人丁数,如何估算人口,已有多家研究。通常用1丁合5口

[1] 包世臣:《致前大司马许太常书》,见《安吴四种》卷26。
[2] 冯桂芬:《显志堂稿》卷11,并见《校邠庐抗议》。
[3] 骆秉章:《采买淮盐济食分岸纳课济饷折》,见《骆文忠公奏议》卷5。
[4] 陶澍:《再陈淮鹾积弊疏》《请派大臣查办淮鹾折》,见《陶文公全集》卷11、18。
[5] 王庆云:《户部议复福建督抚陈奏盐务折》,见《王文勤公奏稿》卷4。
[6] 兆那苏图:《酌议变通河东盐务章程疏》,见王延熙等辑:《皇朝道咸同光奏议》卷35,上。
[7] 参见张国辉:《晚清钱庄和票号研究》,北京:中华书局,1989年,第5—12页。

计算；或选较稳定时期之丁折口数为基期，再按丁之增长率推算；或以乾隆时之人口增长率回测前三朝；吴慧并求得一“人丁隐漏率”以助测算。[1]丁是赋税单位，有按田亩派丁者，有按税粮派者，但多数是按三等九则派丁，故丁与人口数并非全无关系。唯丁赋有轻重，比例不一。如1781年之编审，盛京1丁合9.5口，而吉林1丁合4.5口。[2]内地比数较小，或谓1丁合3口余，然“一户一丁”概念仍流行。无奈，仍按1丁合5口比例，估算顺治十八年（1661）和雍正二年（1724）之人口数，以前者代表长期战乱后之人口低谷，后者代表已恢复到明代盛世之人口水平。实则经济恢复约在康熙五十年（1711）已完成，以雍正二年为代表是因该年分省数字较详。

乾隆六年（1741）开始公布依保甲制建立之人口统计，时已摊丁入地，隐匿较少，大体可用。唯其前数十年之统计人口年增长率高达18‰，显系在逐步转制中，不足据。因择乾隆二十二年（1757）代表18世纪中期，嘉庆十七年（1812）代表19世纪初期，咸丰元年（1851）代表19世纪中期，估算人口数。这些年份均不合理想，亦因有较详之分省数字，以便比较。

以上五个基期，原丁或口之统计均有缺漏，时贤已多有修正。较新的章有义对1812、1851年之修正为准，补估前三个基期原缺之台湾、黑龙江、西藏人口数字；又另据资料，补估五个基期的吉林人口和新疆除原列巴里坤、乌鲁木齐以外之南北疆人口数字。估算结果，分七个大区，列入表6–14。

表6–14　人口估计[3]　（单位：万人）

	1661年	1724年	1757年	1812年	1851年
华北4省	3 531.1	4 906.3	6 481.1	9 399.1	9 634.2
华东3省	3 086.6	3 505.5	5 969.7	9 826.9	11 204.1

[1] 吴慧：《清代人口计量问题》，《中国社会经济史研究》1988年第1期。

[2] 孔经纬主编：《清代东北地区经济史》，哈尔滨：黑龙江人民出版社，1990年，第138、140、154、156页。

[3] 华北：河北、河南、山东、山西。华东：江苏、安徽、浙江。华中：江西、湖北、湖南。东南：广东、广西、福建、台湾。西南：四川、云南、贵州。西北：陕西、甘肃、新疆。东北：辽宁、吉林、黑龙江。各年原数见梁方仲：《中国历代户口、田地、田赋统计》，上海人民出版社，1980年，第250、258、262页。章有义修正见所撰《近代中国人口和耕地的再估计》，《中国经济史研究》1991年第1期。我所作修正项目颇繁，实则对总数影响不大；为节约篇幅，不录，读者如有需要可向作者索阅。

(续表)

	1661年	1724年	1757年	1812年	1851年
华中3省	1 352.6	1 531.5	2 582.9	6 907.0	7 897.4
东南4省	1 316.2	1 547.1	1 952.8	4 336.5	5 896.1
西南3省	74.8	296.3	803.3	3 228.5	5 759.1
西北3省	1 250.9	1 324.3	1 352.4	2 618.5	2 895.1
东北3省	5.2	25.2	47.6	141.6	312.5
西　藏	90.0	90.0	100.0	148.9	153.7
总　计	10 707.4	13 226.2	19 289.8	36 607.0	43 702.2

清代耕地统计，远较人口为差。盖所统计为税亩，隐漏固多，又沿行折亩及畸零免科，故大幅度偏低；另一方面，或包括山、塘、基地，又有偏高因素。时贤对此亦多有修正。这里取章有义对1812、1851年之修正为准，并用他的办法，即以增加44%来补估折亩及隐漏，来修正1661、1724、1753年之耕地数(采用1753年而不用人口之1757年，因1757年无分省数字)。又另据资料，补估五个基期原缺之台湾、新疆、吉林、黑龙江耕地数字，又章有义所列1851年之江苏、安徽、陕西耕地数，与前后各年均不符，改用《大清会典》1812—1887年之年增长率从1812年耕地数字重新估计。最后均以1清亩=0.921 6市亩折成市制。估算结果列入表6–15。

表6–15　耕地面积估计[1]　　(单位：万市亩)

	1661年	1724年	1753年	1812年	1851年
华北4省	26 441.0	37 766.5	36 165.7	39 835.9	41 288.9
华东3省	18 654.7	19 829.2	20 080.8	21 237.1	21 724.8

[1] 各年原数见表6–1梁方仲:《中国历史户口、田地、田赋统计》第380页。章有义修正见章氏所撰《近代中国人口和耕地的再估计》，并参见史志宏:《清代前期的耕地面积及粮食产量估计》，《中国经济史研究》1989年第2期。我所作修正项目颇繁，为节约篇幅，不录，读者如有需要可向作者索阅。

（续表）

	1661年	1724年	1753年	1812年	1851年
华中3省	16 424.9	17 944.2	18 490.0	18 496.5	19 085.8
东南4省	5 497.8	7 153.1	7 461.7	7 372.9	8 093.1
西南3省	991.9	4 004.7	7 441.6	7 780.5	8 147.1
西北3省	5 063.9	7 080.1	7 793.8	7 362.2	7 861.6
东北3省	240.3	1 500.0	1 890.0	3 035.8	4 136.9
总　计	73 314.5	95 277.8	99 323.6	105 120.9	110 338.2

假设，1661—1724年为明清战后经济恢复时期；1724—1851年为经济增长时期，其间又分为三个阶段。依表6–14、表6–15，各时期、阶段之年增长率如表6–16。

表6–16　人口、耕地年均增长表

	人口（‰）	耕地（‰）	代表年份
恢复时期	3.36	4.17	1661—1724
增长时期	9.46	1.16	1724—1851
18世纪上叶	11.50		1724—1757
		1.44	1724—1753
18世纪下叶	11.72		1757—1812
		0.96	1753—1812
19世纪上叶	4.55	1.24	1812—1851

表6–16可见，半个多世纪的恢复时期，耕地的增长速度快于人口增长速度，这也许是18世纪人口迅速增长的原因之一。18世纪人口增长速度达11.6‰，的确太快了，同时耕地的增长率大幅度下降。但进入19世纪已见转机，人口增长率剧降，而耕地增长率恢复上升。到19世纪下叶，即进入近代，

又有变化。据前引章有义文估计,1851—1933年,人口增长率降至1.92‰,而耕地增长率升达3.35‰,快于人口的增长。不过,这已不是本文范围。但可看出,所谓人口压力主要指18世纪,以后就逐见缓解了。

清代大力垦辟山区、边区,耕地面积比明盛世增加了3亿余亩,是历代垦田最多的。唯在本文所考察的1724—1851年间,仅增1.5亿亩。辟地最多的为西南地区,增4 000余万亩;次为华北,增3 500余万亩;再次东北,增2 600余万亩。这三个地区的人口(移民)增长,与耕地的垦辟是相适应的。但是,本时期人口增长最多是在华东即通称江南三省,增加近7 700万人,而该区耕地垦辟不足2 000万亩。其次是华中三省,增6 300余万人,而耕地垦辟仅1 100余万亩。又东南人口增4 300余万人,耕地仅增940万亩。这三个地区都出现人口过剩。不过,华东、东南到19世纪末已有好转,到1930年代,人均耕地面积已恢复并超过18世纪水平。只华中三省情况继续恶化,不过这三省人口密度原不甚高,19世纪末人均耕地面积仍在两亩左右。

人口增长有多种因素,不必需有同比例的土地垦辟。1750—1900年欧洲人口增长率达13‰,[1]高于18世纪的11.6‰,主要不是由于耕地扩张,而是由于工业革命,改变了人口就业结构。我国没有工业革命,但这时农民家庭副业有很大发展,尤其棉纺织业的发展。原来人民生存的最大威胁是“饥寒交迫”,棉纺织业的发展在一定程度上解决了“路有冻死骨”问题,并有利于向山区、边区移民。其他副业和商业发展也有增加就业的作用。

农家副业的发展开拓了市场,而最为学者注意的是18世纪以来市镇经济的繁荣。江南苏杭等7府51个县,明盛世有市镇226个,乾嘉时增为410个。[2]岭南广州、琼州府19个县,雍正初有定期墟332个,道光时至少有662个。[3]常规,人口增加,城市兴起,小城市变大城市,形成区域的乃至全国性的大市场。我国西周已有10万人口的大城市,汉代长安人口约为古罗马的3倍,至宋达

[1] Prigatish Majtra, *Population: Technology and Development,* Gower Publishing Co., 1986, p. 25. 该书称同期中国之人口增长率为6‰。

[2] 陈忠平:《明清时期江南市场的考察》,《中国经济史研究》1990年第2期。

[3] 叶显恩主编:《清代区域社会经济研究》(下册)(罗一星文),北京:中华书局,1992年,第655页;郭蕴静:《清代商业史》,沈阳:辽宁人民出版社,1994年,第182页。

于高峰，汴京人口140万（或云200万），城市人口占总人口12%（或云20%）。[1]然而，明清以来，城市发展停滞，首都人口从未达到宋代汴京水平，甚至不如临安。苏州人口也逊于宋代时。反之，发展了市镇和墟集经济，形成了遍布各地的地方小市场。然而，总计清代城市和市镇人口，亦只占总人口的5%强。[2]赵冈认为，这是因为人口压力，余粮不足以支持城市消费，而农民需要交换，只好发展市镇。[3]此说有理，但不全面。市镇的大发展实在19世纪下叶到1930年代，北方尤其是这样。[4]而这时期人口增长率甚低，耕地增长率颇高，前已言及。总之，市镇经济或地方小市场的繁荣固然与人口密度有关，而重要的恐怕还是农业尤其农家副业的商品化，以及小农贸易的细碎性和间歇性使然。[5]

我国的小农生产，用方行的话说，是一种"农业和手工业、自给性生产和商品性生产双重结合"的模式。[6]这种模式能有效地利用所有生产要素，在维持我国众多人口的生活和开拓商品市场上发挥了重大的历史作用。但是，到了18、19世纪，它的局限性或副作用也日渐突出出来。其中最重要的是，它阻碍着市场促进社会分工和专业化的作用，阻碍着手工业尤其是棉纺织业从种植业中分离出来，也阻碍着自由劳动力市场的形成。

三、价格

（一）田价

18—19世纪田价资料不少，但能作长期系列分析者仍首推徽州档案。表

[1] 漆侠：《宋代经济史》（下册），北京：人民出版社，1988年，第933页；何一民：《中国城市史纲》，成都：四川大学出版社，1994年，第138页。
[2] 胡焕庸、张善余：《中国人口地理》（上册），北京：科学出版社，2007年，第255页。
[3] 赵冈：《中国历史上的市镇》，《中国社会经济史研究》1992年第2期。
[4] 对北方市镇的精密研究，见丛翰香：《市镇的勃兴》，丛翰香主编：《近代冀鲁豫乡村》，北京：中国社科出版社，1995年。又丁长清、慈鸿飞估计1930年代中国有16 000个人口在2 000—20 000之间的镇，镇和集总数约58 000个。见丁长清：《中国近代农村商品经济与市场》（待刊），1995年。
[5] 这方面的一篇出色研究是龙登高的《个体小农与传统市场》，为其提交1995年"小农经济，市场与现代化"学术讨论会的论文。
[6] 方行：《清代前期的小农经济》，《中国经济史研究》1993年第3期。

6–17专用歙县，符合田价地方性特点。所辑为卖田契，不包括卖地、山、塘契，唯田契中常附小塘，虽注明而无法剔除。又专指大卖即田底，不包括小卖即单卖田面者。在236年的382件卖田契中，唯有74年无契。表6–17系先求得每年平均价，再按10年平均。

表6–17　安徽歙县田价[1]

年　份	契　数	两/亩	年　份	契　数	两/亩
1665—1670	5	7.74	1781—1790	16	21.67
1671—1680	25	8.54	1791—1800	9	21.64
1681—1690	13	9.09	1801—1810	13	19.05
1691—1700	16	9.01	1811—1820	14	19.55
1701—1710	15	11.60	1821—1830	16*	21.03
1711—1720	23	12.49	1831—1840	12	15.51
1721—1730	33*	12.51	1841—1850	14	10.48
1731—1740	19	12.69	1851—1860	24	9.28
1741—1750	23	15.84	1861—1870	22	5.14
1751—1760	23	18.37	1871—1880	7	5.16
1761—1770	17*	21.58	1881—1890	3	5.54
1771—1780	14	23.26	1891—1900	6	5.44

备注：*减除一项特高价。1665年无契，以1664年契代替；1900年无契，以1901年契代替。

前节已经指出，徽州田价在嘉靖、万历间曾长期保持一个每亩12两强的高水平，似是受土地边际报酬的作用。入清后，顺治朝仍是每亩十二余两，至康熙剧跌至7—8.5两，康熙五十年（1711）始恢复，反映康熙年间不景气。[2]12余两水

[1] 据安徽省博物馆编：《明清社会经济资料丛编》第1辑，北京：中国社会科学出版社，1988年。包括该馆及徽州地区博物馆所藏卖田契档。

[2] 顺治朝平均12.17两，康熙朝平均7.96两，参见彭超：《明清时期徽州地区的土地价格与地租》，《中国社会经济史研究》1988年第2期，所用为歙县西乡田契。但钱泳称：顺治年间"良田亦不过银二三两"，康熙年间"长至四五两不等"，见《履园丛话》卷2，又光绪《常昭合志稿》卷22亦同。无锡、常熟无系列数字，岂地区差异如此之大耶？

平保持30余年，乾隆中期后跃进到一个21两左右的新水平；这似乎只能从货币方面即白银购买力降低予以解释。21两左右新水平维持近70年，1830年代跌落，则明显反映道光年间萧条。而1850年代以后的大跌，则是受太平天国战争影响。

时贤研究中，有赵冈所辑徽州府及浙江衢州、严州、杭州府，江西广信府之耕地资料并列有十年平均之田价系列，兹择其1641—1900年471个数据列入表6-18。表见五府田价水平略低于歙县，变动趋势与歙县基本一致，而升降幅度较歙县略大，康熙年间尤其是道光年间的不景气至为明显，而所受太平天国战争的影响与歙县迥异。

表6-18　安徽、浙江、江西五府水田价[1]

年　份	件　数	两/亩	年　份	件　数	两/亩
1641—1650	57	10.00	1771—1780	16	17.30
1651—1660	23	8.82	1781—1790	15	17.46
1661—1670	5	7.37	1791—1800	8	16.35
1671—1680	37	5.60	1801—1810	16	17.72
1681—1690	29	5.63	1811—1820	12	19.69
1691—1700	20	6.80	1821—1830	11	21.16
1701—1710	19	7.10	1831—1840	6	22.54
1711—1720	25	8.01	1841—1850	2	16.10
1721—1730	33	8.04	1851—1860	11	12.34
1731—1740	28	7.90	1861—1870	13	4.93
1741—1750	18	8.68	1871—1880	6	10.63
1751—1760	20	12.66	1881—1890	5	11.95
1761—1770	24	17.26	1891—1900	2	14.73

[1] 五府：徽州府、衢州府、严州府、杭州府、广信府。Kang Chao, “New Data on Land Ownership Patterns in Ming-Ch’ing China-A Research Note” , *Journal of Asian Studies*, XL: 4, August 1981, pp. 728–729.

据章有义研究，顾炎武所说徽商不置田业盖一时现象，商人兼地主乃常见。从卖田契看，卖田以筹店本、以偿商欠、以补盐课者屡见；在40家析产文书中，有26家是兼分田和店，至少有13家是由经商获利置田的。[1]据歙县卖田契，有近半数是将数块以至十来块小田凑成50、100以至500两之整数出卖，显系商人间之交易。又农户卖田，常于契中强调贫困、病丧以至有“呼天不应，呼地不灵”等语，而徽州卖田契中常有“因正用”“因急用”等词。这都说明徽州田价与商业和市场关系较为密切。

陈铿辑有福建建瓯地区田价。据称曾见卖契千余件，除卖地、山、赔田、年分田、祭田及单卖田皮、田骨等外，列表86件。唯顺治、康熙仅各1件。选其1750—1900年70件，按10年平均列入表6–19。该地区田按产量罗计（每罗70斤），或按担、斛、斗、桶计，表内均折为罗。金额多用钱文，按表6–32折为银两。陈铿从若干实例计算，当时建瓯亩产量约265斤，故表6–19数乘以3.786即每亩田价约数。表见其反映道光年间萧条亦颇明显，趋势与表6–17歙县一致。闽南亦商业较发达地区。至于1860年代以后与歙县变动不一致，或因受太平天国战争影响较轻所致。

表6–19 福建建瓯田价[2]

年 份	契 数	两/罗	年 份	契 数	两/罗
1750—1800	6	3.70	1851—1860	8	2.55
1801—1810	2	3.46	1861—1870	9	4.11
1811—1820	2	4.03	1871—1880	11	4.69
1821—1830	1	3.48	1881—1890	9	3.32
1831—1840	4	3.74	1891—1900	12	3.73
1841—1850	6	2.94			

[1] 章有义：《明清徽州土地关系研究》，北京：中国社会科学出版社，1984年，第23—24、27—28页。
[2] 陈铿：《清代南平建瓯地区田价研究》，《中国经济史研究》1990年第3期。

刑科题本中有不少田价资料，唯极分散。兹择其数据较多的湖南省得18世纪45件列入表6–20。原件以产量计、以种粮计者均折为亩，以钱文计者均按表6–32折为银两。因非原契，件数不多，且系各州县综合，质量较差。时湖南为发展中省份，18世纪上叶由每亩不足一两递增至十余两，60、70年代又增一倍，维持22至23两高峰，直追江南。案例以洞庭湖地区为多，当受湘米东运影响；80年代起田价陡降，盖亦与湘米输出受阻有关。

表6–20　湖南田价[1]

年　份	件　数	两/亩	年　份	件　数	两/亩
1711—1720	2	0.86	1761—1770	2	22.54
1721—1730	3	19.00	1771—1780	3	23.33
1731—1740	5	8.49	1781—1790	3	18.00
1741—1750	18	11.27	1791—1800	4	13.05
1751—1760	5	10.99	1801—1820	2	20.75

四川巴县和新都县档案，经学者整理，有卖田契刊布，可得系列田价，列入表6–21。各契多水旱田地捆卖，并常包括边坎、沟埂、房屋及基地，虽注明，但并捆作价，无法剔除。其田地面积，用“册载条粮”之银钱数表示；因田分等纳赋，丁银随赋加征，故每亩所纳条粮无定值。乾嘉时，四川全省赋额，平均为每亩载粮0.14钱。巴县契中，有13件附记种粮斗数，四川为大斗，按一斗二亩计，可计出平均每亩载粮0.188钱。中都县契，除载粮外，大都附记亩数，据78契平均，每亩载粮0.177钱。道光二十一年（1841）增赋，载粮数未详。表6–21中，巴县田价应以载粮为准，中都县则每亩价与载粮每钱价可并用。

[1] 中国第一历史档案馆、中国社会科学院历史研究所编：《清代土地占有关系与佃农抗租斗争》，北京：中华书局，1988年；又《清代地租剥削形态》，中华书局，1982年；黄冕堂：《清史治要》，济南：齐鲁书社，1990年；李文治：《明清时代土地关系的松解》，北京：中国社会科学出版社，1993年。

表6-21 四川巴县、新都县田价[1]

年份	巴县			年份	新都县		
	契数*	两/亩	两/载粮		契数	两/亩	两/载粮
1736—1748	2	13.30	63	1801—1810	3	49.06	240
1761—1770	4	13.26	196	1811—1820	1	40.00	224
1771—1780	2		138	1821—1830	9	28.15	227
1781—1790	1		197	1831—1840	2	38.52	
1791—1800	3	29.58	173	1841—1850	8	26.83	136
1801—1810	4	44.17	135	1851—1860	5	25.44	234
1811—1820	4	21.88	92	1861—1870	17	43.57	273
1821—1830	3	28.79	219	1871—1880	22	49.31	282
1831—1840	3	41.25	299				
1841—1850	3		209				

备注: *巴县另有12契价过高或过低未计入。

四川属移民开发区。从巴县资料可见,18世纪其田价上升较迟亦较缓,19世纪早期亦有下滑,而30年代后仍升,与他处不同。新都县资料始于19世纪,从中可见嘉庆末之下滑与道光后期剧跌,与他处趋势相同。但50年代后坚挺上涨,很难解释。又两县按亩计之平均价高峰都达五六十两,睥睨江南,令人诧异。盖两县均四川土地肥沃地区,由其载粮数较高可知。

北方地价,极少系列资料。表6-22所列山西襄汾县丁村地价,系据张正明、陶富海所辑卖契。数据不多,且限于19世纪,然19世纪初之下滑,道光中之再度下滑,及世纪晚期之大幅度跌落,则与表6-17歙县完全一致,与表6-22建瓯亦大体相符。说明此时地价变动,货币原因占有重要地位。襄汾为义和团运动地区,但似未影响地价,运动大开展后,地价还略升。

[1] 四川大学历史系编:《清代乾嘉道巴县档案选编》,成都:四川大学出版社,1995年。熊敬笃编:《清代地契史料》,新都县档案局。

表6-22 山西襄汾县丁村地价[1]

年 份	契 数	两/亩	年 份	契 数	两/亩
1739—1764	2	42.53	1851—1860	1	20.62
1801—1810	5	30.60	1861—1870	3	8.56
1811—1820	4	41.19	1871—1880	1	5.00
1831—1840	4	37.62	1890—1900	3	4.02
1841—1850	1	30.62	1901—1910	4	4.20

以上各省田地单位不同，不能直接比较，因将价格均化为指数，列入图6-2。图见趋势大体一致，18世纪下叶上升加速，而1770年后有段下滑，高峰俱在1830年代，然后是道光年间萧条。至于太平天国战争影响，大体在1860年代以后即告消失。此次战争延续15年，生灵涂炭，生产破坏，但究属局部地区，亦属暂时性的。战争支出军费1亿7 000万两，连同镇压捻军，共2亿余两。就市场说，有此巨额通货投入，必会提高购买力，导致战时繁荣。

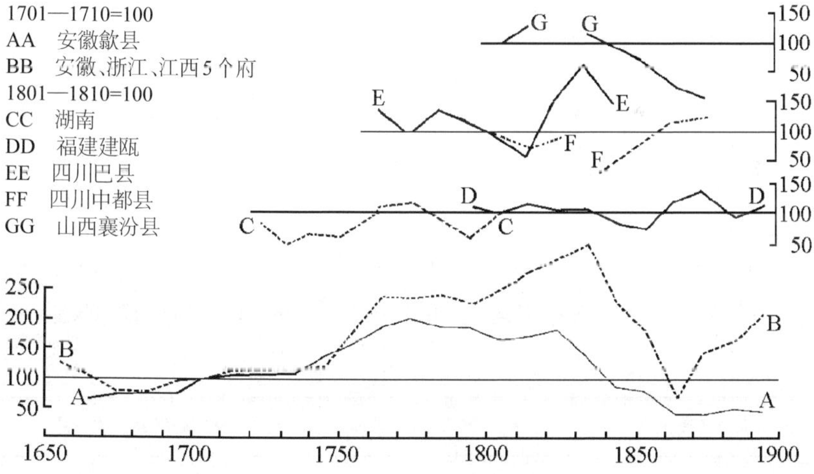

图6-2 田价指数

[1] 1821—1830、1881—1890年无契。张正明、陶富海：《清代丁村土地文书选编》，《中国社会经济史研究》1989年第4期。

（二）粮价

粮价反映市场情况最为敏感。清代粮价，时贤研究者甚多，成果丰硕。其系列较完整者唯米价，兹择七种研究，按五年平均价汇入表6–23并图6–2。小麦、杂粮数据不全，免列表，仅用原作者曲线图入图6–3。研究者不少是采用清代官方粮价单及雨雪粮价析。此项官方报告的可信性已有不少专门讨论。本文需要历年价格系列，此项官报仍属必需。就长期趋势说，表6–23所列各地米价与彭信威据《清实录》及其他文献所作之全国米价基本一致，但就中短期变动说，利用官报时仍需与其他资料核对。

表6–23　18—19世纪上叶米价[1]　　（单位：银两/石）

<table>
<tr><th>年　份</th><th>全国</th><th>上海</th><th>苏州</th><th>萧山</th><th>广东</th><th>湖北</th><th>湖南</th><th>甘肃（小米）</th></tr>
<tr><td>1641—1645</td><td rowspan="2">1.23</td><td>3.28</td><td></td><td></td><td></td><td></td><td></td><td></td></tr>
<tr><td>1646—1650</td><td>2.82</td><td></td><td></td><td></td><td></td><td></td><td></td></tr>
<tr><td>1651—1655</td><td rowspan="2">1.17</td><td>2.98</td><td></td><td></td><td></td><td></td><td></td><td></td></tr>
<tr><td>1656—1660</td><td>1.50</td><td></td><td></td><td></td><td></td><td></td><td></td></tr>
<tr><td>1661—1665</td><td rowspan="2">0.83</td><td>1.25</td><td></td><td></td><td></td><td></td><td></td><td></td></tr>
<tr><td>1666—1670</td><td>0.67</td><td></td><td></td><td></td><td></td><td></td><td></td></tr>
</table>

[1]　全国：彭信威：《中国货币史》，上海：上海人民出版社，1965年，第850页。原据《清实录》及其他文献。原为十年平均，以银克/公石计，兹按1两=37.031克、1（清）石=1.035 5公石改算。

上海、苏州、萧山均为王业键整理数，见 Yeh-chien Wang，“Secular Trends of Prices in the Yangtze Delta，1638–1935”，in Thomas G.Rawski and Lillian M.Li ed.*Chinese History in Economic Perspectiue,* University of California Press, 1922, pp. 41–45。上海：原据叶梦珠《阅世编》及姚廷遴《历年记》。苏州：原据《李煦奏折》及苏州府陈报粮价单。入本表时除去1756、1786、1814、1815年特大灾年。萧山：原据“萧山来氏家谱”（田仲一成整理）。入本表时除去1755、1785、1786年特大灾年。

广东据陈春声：《市场机制与社会变迁——18世纪广东米价分析》，第145、147页，广州：中山大学出版社，1992年。原据粮价单及其他文献。入本表时除去1713特大灾年。

湖北、湖南据牵胜牛；《18世纪两湖粮价时空特征研究》，《中国农史》1995年14卷第1期。原据粮价单，辅以文献。本表采用其6—11月平均价（低价），唯有数年缺，系自12月至次年5月平均价推出，又湖南1751、1752年用《宫中档》奏折补入。

甘肃据Peter C. Perdue, “The Qing State and the Gansu Grain Market, 1739–1864”，载上引Rawski and Li所主编书第124页，原文称五年滚动平均，看来不像。入本表时除去1759—1760年战争年份。

（续表）

年　份	全国	上海	苏州	萧山	广东	湖北	湖南	甘肃（小米）
1671—1675	0.63	0.86						
1676—1680		1.32						
1681—1685	0.84	0.98		0.88				
1686—1690		0.96		0.98				
1691—1695	0.72	0.90		0.87				
1696—1700			0.82	0.83				
1701—1705	0.94		1.04	0.87		0.63		
1706—1710			1.28	1.21	0.77	0.79	0.73	
1711—1715	0.90		0.90	0.92	0.73	0.70	0.66	
1716—1720			0.86	1.01	0.74	0.67	0.63	
1721—1725	0.86		1.06	1.18	0.78	0.87	0.76	
1726—1730			1.16	1.02	0.93	0.88	0.83	
1731—1735	0.97		1.22	1.11	0.81	0.90	0.83	
1736—1740			1.20	0.99	0.96			1.13
1741—1745	1.11		1.49	1.14	1.26	1.00		1.05
1746—1750			1.67	1.38	1.24	1.10	1.02	0.79
1751—1755	1.59		1.90	1.50	1.60	1.26	1.18	0.77
1756—1760			1.90	1.50	1.60	1.45	1.20	1.15
1761—1765	1.67		1.84	1.61	1.30	1.38	1.17	1.14
1766—1770			1.86	1.89	1.59	1.24	1.22	1.08
1771—1775	1.48		1.64	1.72	1.59	1.10	1.23	1.00
1776—1780			1.98	1.80	1.65	1.70	1.37	0.94
1781—1785	1.56		1.91	2.06	1.55	1.30	1.16	0.85
1786—1790			1.68	2.05	1.61	1.61	1.34	1.05

(续表)

年　份	全国	上海	苏州	萧山	广东	湖北	湖南	甘肃(小米)
1791—1795	1.91		1.40	2.84	1.44			
1796—1800			1.21	2.37	1.36			1.04
1801—1805	2.12		2.31	2.61				1.05
1806—1810			2.77					1.09
1811—1815	2.09		2.55					1.28
1816—1820			2.37					1.17
1821—1825	1.89		2.49					1.16
1826—1830			2.23					1.11
1831—1835	2.35		2.64					1.10
1836—1840			2.25					1.24
1841—1845	2.19		2.40					
1846—1850			2.09					1.21

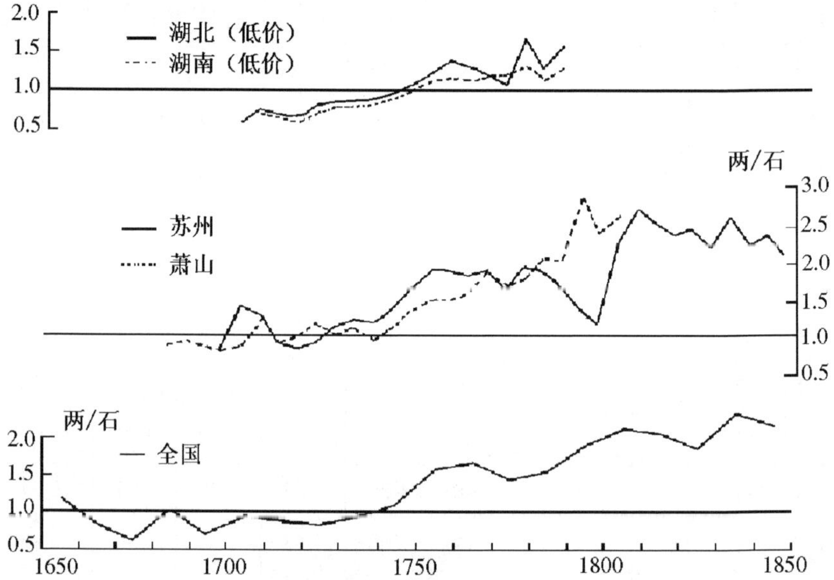

图6-3　米价变动

下面分三个阶段讨论：17世纪下叶，18世纪，19世纪上叶。

17世纪下叶仅有王业键据《阅世篇》《历年记》整理和补缺之上海（松江）米价系列。两书皆学者常用，唯制成系列，不免损益。此上海系列的最后十余年，与萧山系列完全相符，而与陈鸿、陈邦贤《熙朝莆靖小记》[1]所记莆田米价有出入。莆田属福建，仅数年数，姑置勿论。

上海系列中，1645年以前属战时，米价极昂，有时超过每石五两。1646—1655年即顺治前期稳定于接近三两水平，如第一节所述，于时市场活跃，商贾厚利，民生安恬。1656年开始跌价，其间除1659年（郑成功攻南京）外，未有超过2两者。1662年后，递降至1两以下，最低五钱，市场停滞，反映康熙年间不景气。其间，唯1679、1680年一度陡升至1两8钱、2两3钱，当系三藩战事影响。三藩战事主要在西南，军费支出达一亿两，但采购多在江浙。大量货币投入市场，物价乃涨。不过，三藩战后上海米价仍维持一两以下水平，直到18世纪到来。

18世纪是米价上升时期。表6–23苏州系列是据《李煦奏折》和苏州府粮价单制成。其价世纪初即达每石1两强，大约受1707—1709年江南水旱交替影响，旋落。真正上升自1720年代起，维持1两以上水平，世纪中期达1两5钱，七八十年代近2两，唯1788年后下降。这与萧山系列径庭，王业键因此怀疑1788年后苏州府官报不实。萧山系列是罒仲一成发掘《萧山来氏家谱》制成，自1684年起有逐年记录，当更可信。该记录与苏州系列一致，唯1788年以后仍维持2两以上水平，1793、1794年达3两以上。18世纪江南米价究竟上升到什么程度，尚难定论。郑光祖《一斑录·杂述》记常熟米价，1707年约九钱，至1790年代约2两。钱泳《履园丛话·旧闻》记苏、松、常、镇米价，1707年约九钱，至1790年代约1两5钱至3两2钱。萧山汪辉祖《病榻梦痕录》记1713年约1两1钱2分，1796年约3两5分（原记钱文者均按表6–32折成银两）。全汉昇研究，苏州米价1707年1两2钱五分，1786年4两3钱；扬州米价1709年1两2钱5分，1786年4两8钱。[2]看来，高峰约在18世纪80年代，世纪末有所回

[1] 《清史资料》第1辑，北京：中华书局，1980年。

[2] 全汉昇：《美洲白银与十八世纪中国物价革命的关系》，《中国经济史论丛》（第2册），香港：香港新亚研究所，1972年。

落是可能的。

江南为高米价地区。表6–23见18世纪全国米价水平概不超过2两。表中广东、湖北、湖南系列均主要据粮价单。广东当时是发展中地区，米价水平低于江南。湖北为米粮转运中心，米价水平低于广东。湖南为米输出地区，米价水平低于湖北，唯增长甚速。

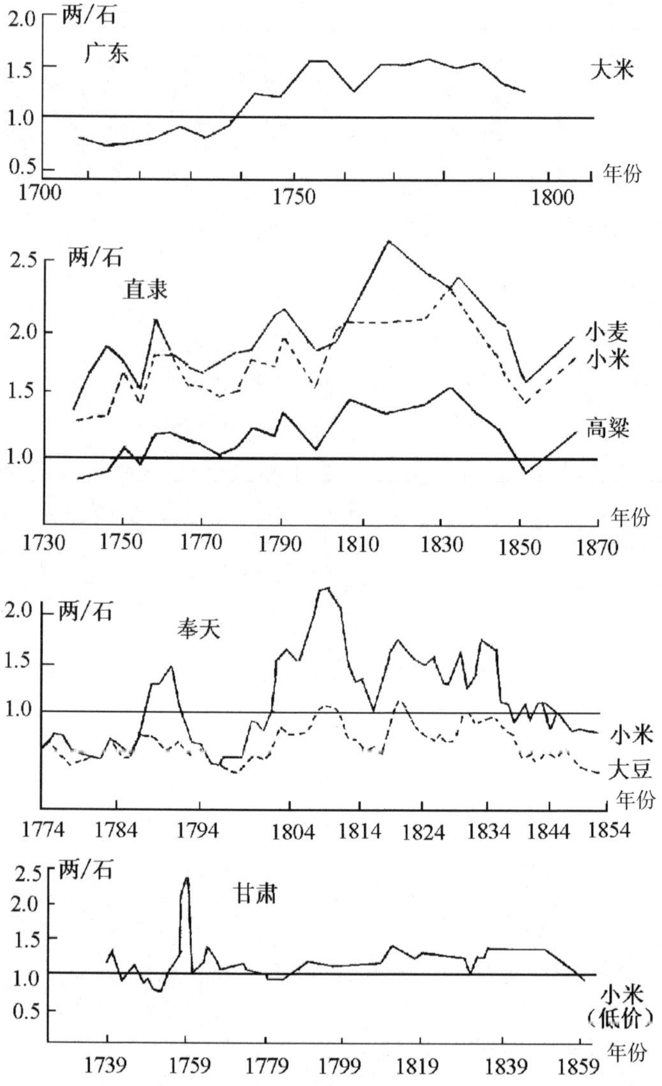

图6–4　粮价变动

为进一步观察18世纪米价变动趋势，兹以1736年即乾隆元年为界，分为前后两期，用回归分析，即$y=a+bx$公式，分列如表6–24。式中x为五年期，即第几个五年，a为常数或基数，b为回归系数，即平均每五年的升降额，以两/石计。

表6–24　18世纪米价回归分析

	时　期	a	b
苏　州	1701—1735	1.01	0.016 4
	1736—1800	1.71	−0.002 0
萧　山	1701—1735	0.96	0.021 4
	1736—1800	0.92	0.120 1
广　东	1706—1735	0.71	0.024 0
	1736—1800	1.25	0.027 6
湖　北	1701—1735	0.61	0.041 5
	1741—1790	0.86	0.082 6
湖　南	1706—1735	0.63	0.032 6
	1746—1790	1.08	0.027 0

18世纪江苏人口增长率颇高，达13.2‰，而表6–24见苏州米价前期之上升率在表中最低，每五年升0.016两/石。这当归功于苏州市场整合性强，能有效运进粮食，平衡供需。但后期竟成负数，似不可能。因1801年苏州米价即升至3两5钱，1808年达4两余。若非如前述1788年后苏州府之官报不实，则属统计误区。或谓萧山系列更可信，表见萧山米价上升率前期合理，后期达每五年0.12两，似又属过高，与江南市场发达情况不符。

18世纪，广东人口增长率为11.5‰，湖北为19.9‰，湖南为8.9‰。广东亦为市场整合较强地区，表见广东米价升幅比较适中，后期略大于前期。湖北人口增长率最高，米价升幅远大于广东，亦前低后高。这都与预期相符。湖南米价升幅低于湖北，与人口增长率相符，但后期反低于前期，则不知如何解释。

18世纪米价上升有两大因素，即人口剧增和白银内流，已成共识。货币因素下文再议。人口方面，假设人口增长与资源供给是相适应的，则物价不应上涨。但事实上，在人口迅速增长时期，即使粮食供给并不短缺，价格仍会上升，中外皆然，其故为何，有多种理论，比较合理的解释是，人口迅速增长使固定和流动家庭（户数）增多，购买趋于零散和频繁，市场总供给和总需求虽属平衡，但货币流通速度和交易频率增加，物价仍会上涨。当然，这是在市场繁荣条件下，一旦进入周期性危机，情况就不同了。

下面谈19世纪上叶。此时出现"道光萧条"，米价下跌一般在1821—1850年。郑光祖《一斑录·杂述》称，嘉庆后期（1820前）升米"常价亦必三十八、四十。道光三年大水，升米不过四十二"；"后二十年来，升米以三十二、三为常。唯十四年因岁频歉，升米至五十二。近五年来，升米仅二十二、三，为罕遘也。""近五年"约指1844—1848年。道光三年后二十年来，虽升米以三十二、三十三文为常，若折成银两，每石亦由二两五钱降至一两五钱左右。柯悟迟（亦常熟人）《漏网喁鱼集》记有道光十六年至咸丰七年米价。咸丰七年注"人心窘迫"，指太平军逼近。该记载用银两及钱文。兹将郑、柯两记载合并，制成常熟米价系列如表6–25。

表6–25　19世纪上叶常熟米价[1]　（单位：两/石）

年　份	米　价	年　份	米　价	年　份	米　价
1820	3.18	1832	（2.34）	1845	0.97
1823	3.36（大水）	1833	（1.72）	1846	0.97
1824	（2.56）	1834	3.83（歉收）	1847	1.04
1825	（2.59）	1835	（2.29）	1848	1.04
1826	（2.25）	1836	0.93	1849	2.83（大水）
1827	（2.42）	1838	1.33	1850	1.44
1828	（2.43）	1839	1.55	1851	0.97
1829	（2.36）	1840	1.62	1852	1.33
1830	（2.38）	1842	1.62	1855	1.06
1831	（2.38）	1844	1.26	1857	2.70（窘迫）

[1] 1820—1835年据郑光祖：《(醒世)一斑录》卷6，《杂述》，括号内为据"升米二三十文"常价。折算数。1836—1857年据柯梧迟：《漏网喁鱼集》，折算率见表6–32。

《中国经济史统计资料选辑》有从河北宁津县大柳镇泰升记商号账册中辑出之零售物价指数，属极可信之资料。兹将其农产品（大米、花生两项）零售价格指数，与王业键所作苏州米价系列，表6–25常熟米价系列均按指数汇入图6–5，以作比较。

从图6–5可见，苏州、常熟、河北宁津米价的变动十分同步。南北同步，表明道光萧条的主要原因是在货币方面，即当时所称“银贵”。再从图6–4中直隶和奉天（沈阳）小麦、小米、大豆、高粱价格的走势看，19世纪上叶北方粮价的下跌似乎比南方过无不及。至于图6–4中甘肃小米价格十分平稳，可能是由于军事控制较严，或则官报不实。

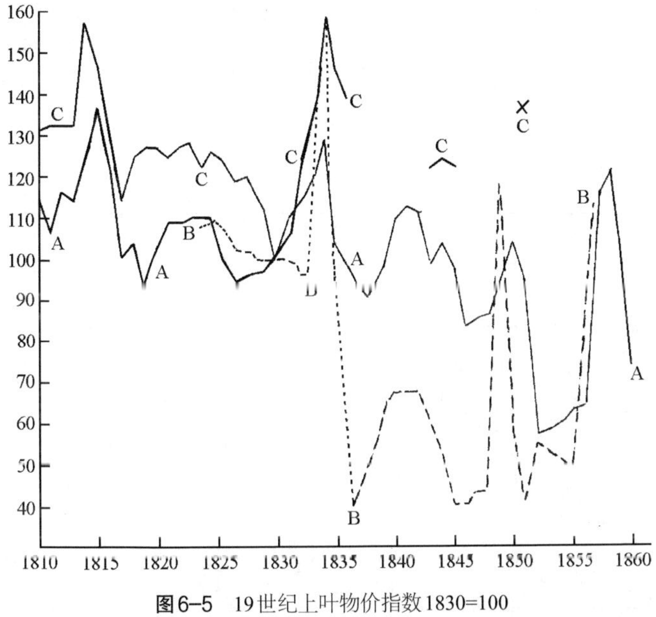

图6–5　19世纪上叶物价指数1830=100

A　苏州米价指数来源同表6–23。

B　常熟米价指数……据郑光祖《一斑录·杂述》估计，见表6–25。

……据柯悟迟《漏网喁鱼集》，见表6–25。

C　河北宁津县农产品零售物价指数，据严中平等编：《中国近代经济史统计资料选辑》，北京：科学出版社，1955年，第38页。

从图6–5还可看出，太平军起义以至在南京建国后，江南粮价并未上升。苏州米价，1850年2两3钱9分，1951年2两1钱8分，以后五年都在1两5钱以下。1860年太平军占领苏州,米价一度涨至4两,但1867年就恢复到战前水平。常熟米价趋势相同。上海高米价延续到1870年以后,则因绅富逃亡租界,人口倍增之故。

(三)棉价、布价、丝价

棉价据叶梦珠、姚廷遴、郑光祖记述,勉强可成上海、常熟两个系列,列入表6–26。

表6–26　江南棉花价[1]　(单位:两/担)

上海				常熟		
1621—1627	1.6—1.7	1680	3.0	1644—1735	常　价	2.2—2.5
1628—1635	4.0—5.0	1681	3.5—3.6	1736—1780	常　价	3.2—3.5
1644—1645	0.5—0.6	1682	4.1	1781		2.59
1649	3.4—3.5	1684	1.3—1.4	1782	风潮后	6.38
1650	5.0	1687	2.0—3.0	1783—1793	常　价	4.00
1657	2.5	1688	1.8	1794	雨荒后	9.57
1659	4.5	1689	2.6—2.7	1805	水荒后	9.26
1661	2.0	1690	1.4—2.0	1806—1814	复　归	(4.00)
1662	2.0—3.0	1692	1.2	1815	大旱后	5.44
1667	2.0—1.2	1693	1.6	1817		6.90
1669	1.4—0.8	1694	1.0—1.6	1821	丰　收	2.57

[1] 上海据叶梦珠:《阅世篇》卷7,《食货四》;姚廷遴:《历年记》。常熟据郑光祖:《(醒世)一斑录》卷6,《杂述》,唯1841—1849年改据卷8,《已酉水灾》。

（续表）

上　海				常　熟		
1670	3.0—4.0	1695	3.5	1824	大水后	8.67
1671	3.0—5.0	1696	3.0—3.6	1825—1832	常　价	3.33
1672	2.8			1833		7.33
1673	0.7—0.8			1835		5.92
1674	1.9			1836—1839	复　归	（3.33）
1676	2.0			1841—1842		3.85
1677	2.0			1843		3.20
1678	1.5			1844—1848	常　价	2.50
1679	1.5—1.6			1849	水　灾	4.91

表6–26见棉价的年度波动远大于米价。盖因米有外地米调剂市场的机制。江南用棉原亦由北方济运，清前期仍有部分流入，至后期主要本区供销。又棉单茬，无季节调剂。表中上海棉价属17世纪，虽起伏极大，但康熙朝下跌仍显然。姚廷遴著述原在比较粮与棉之价格变动，石米担棉比价由1∶1至1∶4不等，但后期常注“花贵”“米贱花贵”字样，意似棉价相对较高。表中常熟棉价属18、19世纪，数据太少。唯有五段标“常价”，二段标“复归”无数据，按前段价列入括号。此七段可视为棉价水平的七个台阶。其第一台阶跨百余年，不可能，可视为18世纪初之常价为每担2两5钱。经两台阶递增至世纪末之4两，即增60%，远低于同期萧山米价增幅220%（表6–23苏州期末跌价不实，故不用）。19世纪上叶的不景气，棉价由每担4两经三台阶跌至世纪中的2两5钱，即跌37.5%，远大于同期苏州米价之跌幅11.4%（萧山无资料）。棉属经济作物，在市场周期中其价格波动较大原在意料之中，但没想到与米价差距

如此之大。

布价数据极少，且品种多。表6–27中上海布价以标布为准，中机、阔布略同标布，唯尚有单用“布”者未详。广州出口布通称南京布，实苏松所产，或谓即上海紫花布。

表6–27　棉布价格[1]　　（单位：两/匹）

上海（松江）布价				广州出口英国布价	
1645	标布	0.10	A	1810	0.50
1651	标布	0.33	A	1817	0.61
1652	阔白布	0.32	B	1818	0.65
1654	标布	0.45	A	1819	0.63
1682	中机布	0.30	A	1820	0.92
1684	标布	0.20	A	1821	0.67
1695	黄沙布	0.18	C	1822	0.65
1743	布	0.09	D	1823	0.53
CA1760	木棉布	1.11	E	1824	0.55
1765	细布	0.29	F	1825	0.74
1793	布	0.26	D	1826	0.60
CA1800	布	0.72	G	1827	0.61
				1828	0.49
				1829	0.50
				1830	0.42
				1831	0.37
				1832	0.50
				1833	0.53

表中上海布价属17、18世纪，考察重点在与表6–26中的棉价相比。布价表中以叶梦珠所记最实，表见1684年比1654年下降55%，反映康熙年间市场不景气。依表6–26，相近期即1657—1679年，棉价下降38%，小于布价。18世纪之布价上升，很难把握。表中1743和1793年布价均洪亮吉提供，应可比，计50年

[1]　A叶梦珠：《阅世篇》卷7，《食货五》。B《上海县志》卷3，《田赋》。C《上海续县志》卷30，《杂记》。D洪亮吉：《卷葹阁文甲集》卷1，《生计篇》。E褚华：《木棉谱》。F《沙头里志》卷2。G杨小厓：《寒圩小志》，风俗。广州出口布价据《中国经济年鉴》第11章，第K220—222页，1934年，由出口量及出口值计出。

间上升189%。而依表6–26，同时期棉之常价仅增60%。不过，洪亮吉所称1793年布价每匹9分（原文是三四十文）低得令人难以置信。若以康熙年间萧条中之1684年与1800年左右相比，则布价增260%，棉价增196%；唯1800年之布价似属偏高。表6–27中广州出口布价属19世纪上叶，其1830—1833年平均价比1810—1819年平均价下降28%，反映道光年间不景气。按表6–26，相当时期棉之常价仅下降17%。

总之，在市场周期性波动中，布价的升降幅度远大于原料棉价。这是合理的，因布的需求弹性大，且不受年成丰歉的直接作用，价格全由市场供求决定。研究清代布价的意义远不只此。布是当时最重要的工业品，其商品值仅次于粮食。又是当时唯一有自由竞争价格的商品，与受政治或地理限制的盐及各种矿产品不同。明盛世，棉布产于松江，他处不织或不精，江南布价具有垄断性。至清，则各直省几乎都织布，且有十来个集中产区，成为市场上竞争性最强的商品，其价格变化，应自有规律。王延元曾有文论康熙至嘉庆，江南织布成本（按棉价计）增加，而劳动（织工）收益下降，[1]惜无地区性比较研究。刘秀生论清中期的棉布市场，认为当时有江南、冀鲁豫、湘鄂赣、广东、四川五个大的布产区，它们大体上不需要外地来布，可称为不叉布区。东北，塞北、西北、西南不产布，为受布区。福建、云南、贵州产布少，亦受布。如江南布已难进入冀鲁豫和湘鄂赣，但可越华北而远销东北以及福建、广东等地。[2]刘秀生的研究很有创见，惜缺乏价格数据，笔者无法佐证。实际上，当时农户生产商品布的能力几乎是无限的，各主产区也都有布远销，尤其精品，而关键在于市场需求或购买力，这方面的价格研究大有天地。

丝价之能成系列者有全汉昇辑自马士《东印度公司对华贸易编年史》简称《编年史》的广州丝价，已常被引用。全汉昇原为研究中国“18世纪的物价革命”，所辑以18世纪为限，引用者常失察。从《编年史》第三、四卷中辑录19世纪价格，并补充原缺项目，列入表6–28。当时出口称南京丝，包括湖

---

[1] 《论明清时期江南棉织业的劳动收益及其经营形态》，《中国经济史研究》1993年第2期。
[2] 《清代中期湘鄂赣棉布产销与全国棉布市场格局》，见叶显恩主编：《清代区域社会经济研究》（下册），北京：中华书局，1992年。

丝及大丝，又有部分廉价之粤丝，但难分列。又，表中19世纪为英国船的丝出口值除以担数之平均价，18世纪则杂有市价、预约价等，不尽可比。不过大体可看出：康熙时之价格下跌并不严重，18世纪之价格上涨亦较缓和，19世纪的下跌也不激烈。国内市场荣衰与出口关系不大，这是合理的。惜无国内丝价与之对证。

表6-28　广州出口生丝价[1]　（单位：两/担）

年　份	丝　价	年　份	丝　价	年　份	丝　价
1699	127—137	1768	265—294	1819	340
1702	132	1770	300	1820	334
1703	140	1771	265—275	1821	236
1704	100	1773	272.5	1822	216
1722	150	1774	272.5—277.5	1823	307
1723	142—145	1776	275	1824	169
1724	155	1777	265	1825	213
1731	155	1780	265	1826	183
1750	175	1783	275	1827	231
1754	155—220	1784	310	1828	251
1755	190—195	1785	290	1829	226
1756	192.5	1787	280	1830	169
1757	225—250	1793	255	1831	226
1759	198	1798	288	1832	225
1763	240—250	1799	270	1833	225
1765	269	1817	216		
1767	265	1818	261.5		

[1] 1699—1799年，见全汉昇：《美洲白银与十八世纪中国物价革命的关系》，《中国经济史论丛》1972年第2册，原辑自H. B. Morse, *The Chronicles of the East India Company Trading to China, 1635–1834*（编年史1、2、5卷）。1817—1833年，辑自［美］马士：《编年史》3、4卷，又1754年补自《编年史》5卷。

四、商税

清代商税包括盐课、关税[1]和地方商税，简如表6–29。

表6–29　商税[2]　（单位：万两）

年　份		盐　课	关　税	地方商税
顺治九年	1652	212	100（实征）	
康熙二十五年	1686	388	122（定额）	47
雍正三年	1725	387	135（定额）	52
乾隆十八年	1753	701	432（实征）	91
嘉庆十七年	1812	580	481（实征）	93

盐课之主体引课征自流通过程，但属专卖性质，量甚巨增长亦快，而与市场兴衰无甚关系。如康熙“计丁加引”，增课数10万两，乃为平三藩军费。雍正、乾隆增课多用颁“余引”方式，虽与人口增长有关，但常造成盐滞销，非尽市场需求。嘉庆、道光则更多采取盐斤加价办法，更多出于财政考虑。道光二十一年（1841）盐课实收496万两，[3]而此时正市场不景气，盐商“消乏”，已如第一节所述。因而，不能从盐课变动考察市场。表6–29所列地方商税系许檀、经君健从“杂赋”中辑出之属于流通税部分，即各种商品税和市集落地税，以及与集市贸易关系密切之牙税、牙贴税。尚有少量不属于流通税之地方商

[1] 明代称钞关，清代前期或称榷关，或称钞关，或称税局，或称某某关，清代后期称常关，称谓各异，原无一定，这里统一称税关，所征税称关税。

[2] 参见许檀、经君健：《清代前期商税问题新探》，《中国经济史研究》1990年第2期。康熙二十五年各关数额，参见康熙朝《大清会典》卷34，《户部18·课程·关税》。该年数字，系各关定额总和，但未包括山海、浙海、江海、粤海、闽海五关，因“新设未有定额”。时有税关17处，部分工关也未包括在内。雍正三年各关数额，参见雍正朝《大清会典》卷52，《户部三〇·课程四·关税》。该年各关岁额，指各关定额的总和，外加铜斤水脚。据23处税关数字统计，比康熙多了五个海关。并且天津、临清、淮安、北新、凤阳、浙海、江海关在康熙末年都增加了定额，见中国第一历史档案馆《雍正元年各省关税额史料》，《历史档案》1988年第1期。乾隆十八年各关实收税数，参见允祹等撰：《钦定大清会典》卷16，《户部·关税》，见《钦定四库全书荟要》卷8245，史部，台北：世界书局，1986年（据摛藻堂乾隆二十九年本影印）。其中工关实征27余万两，已含在内，户、工关，共44处。

[3] 王庆云：《石渠余纪》卷5，《直省盐课表》。

税如契税、典当税等不包括在内。表见这项地方商税直到嘉庆都是增长的，可以反映地方市场特别是市镇、集墟贸易的发展。但其增长速度甚小，1685—1812年百多年间增长不到一倍，必远落后于市场的扩大；此中原因，尚待研究。或者，税有定额、漏报溢额和胥吏贪污有以致之。

无论就经济发展还是市场整合来说，更重要的是长途贩运贸易；这项贸易的兴衰可从关税收中得到线索。兹将各关定额与实征总数列入表6-30。

表6-30　关税　（单位：万两）

年　份	各关定额	各关实征
顺治九年（1652）	——	100
康熙二十一年（1682）[1]	——	200
康熙二十五年（1686）	122	——
雍正三年（1725）	135	——
乾隆十八年（1753）	——	432
乾隆三十一年（1766）[2]	——	540
嘉庆十六年（1811）	——	460
嘉庆十七年（1812）[3]	——	481
道光二十一年（1841）	435	421
道光二十二年（1842）	435	413
道光二十五年（1845）	435	551
道光二十九年（1849）[4]	435	470

[1] 顺治九年、康熙二十一年，参见赵尔巽等撰：《清史稿》卷125，《志一百·食货六》。
[2] 乾隆三十一年，参见赵尔巽等撰：《清史稿》卷125，《志一百·食货六》。
[3] 嘉庆十六、十七年数字，据《史料旬刊》第28期至第30期，二十九处税关实征数计算。
[4] 道光二十一年以后，参见王庆云：《石渠余纪》卷6，《纪关税》。

另将四关收税数额列表6–31。

表6–31 四大榷关税收[1] （单位：万两）

淮安关		浒墅关		九江关		粤海关	
康熙正额	15.0	康熙正额	16.9	康熙正额	15.4	雍正正额	4.0
雍正正额	15.0	1727	35.3	1731	25.2	1727	9.1
1736	48.4	1738	38.2	1739	35.2	1742	31.0
1753	27.6	1753	49.5	1753	35.4	1753	51.5
1773	49.2	1764	57.9	1776	66.2	1765	60.0
1818	44.1	1791	58.3	1801	53.9	1804	164.2
1828	30.2	1818	42.7	1820	58.4	1812	124.7
1831	25.5	1831	27.2	1829	56.2	1831	153.3

户关则例分为两部分，一是对船户量船征收；另是对商人征收货物税，实征按斤、匹、包、件等单位量征银若干。唯牲畜、部分木材等税按值计征3%。据许檀、经君健研究，此项税额有时依市价调整，但只占很小部分，绝大多数商品的税额数十年乃至百余年未曾变动，故实际税负会因物价上升而减轻。法定附加税主要是加一火耗，其他为数甚小，并因时有裁革减免措施，部分被抵消。[2]至于非法之私征与勒索，无法计量，不过这虽增加商人负担，却不影响关税收入所代表的商品量。

表6–30显示乾隆三十一年的实征量最多，而实际在四十二年以后实征数量达到高峰，这与上二年动态比较的考核标准有一定关系。总体上关税数量是上升的，一方面因为税关数量增加，另一方面是税收数量增长。顺治九

[1] 吴建雍：《清前期榷关及其管理制度》，《中国史研究》1984年第1期；据康熙、雍正《大清会典》、乾隆《钦定大清会典》《宫中档乾隆朝奏折》《石渠余纪》，《中国近代对外贸易史资料》第1册，核对、修订、补充。其中淮安关1773年、1818年的数值，似包括宿迁关、庙湾海口的数量。

[2] 许檀、经君健：《清代前期商税问题新探》，《中国经济史研究》1990年第2期。

年“关税等银一百余万两”,关税数量显然比一百余万两少,原文并未指出顺治九年统计的税关数,税收量比明代增二十余万两,说明顺治时税收有一定增加。

康熙二十一年,统计关数不详。康熙二十五年统计了17处税关。康熙年税收数量、定额都普遍有所增加,到1682年“关税等银二百余万两”,尽管实数要比二百余万两少,仍比1652年增加近一倍。乾隆十四年(1749)上谕称:“当康熙年间,关差各有专员,恣意侵蚀,不但无赢余,并不敷正额。”[1]此时尚未实行养廉制,恣意侵蚀不可免,但不敷正额主要还是因为康熙市场不景气,物价下跌,亦即税负加重,贩运商裹足。

雍正初整理财政,税关之耗羡亦归入正税。上引之乾隆谕称“雍正间一番清理,于是以盈余报者相属,而缺额从未之闻”,对贪污现象有所抑制,乾隆帝估计,大约犯案律为十分之二三。“虽管关之人贤愚不一,或有奉行不善,欲增课以见长,因而需索累民者,然此十之二三耳。较之未经澄清以前,已觉减少者盖多矣。”[2]雍正八年(1730)用江西巡抚谢旻建议,所有盈余,连同耗羡除支付公用外亦入盈余,汇总解户部。[3]表6–31雍正三年(1725)之135万两仅为正额,统计了23处关,正额比康熙年增加了一倍多,有新增关数的因素。到雍正末年盈余为127万两,[4]与正额相差不大,等于定额多了一倍,以后关税之增加主要是盈余增长。

上引乾隆上谕继称:“自朕御极,政尚宽大,盈余岁减一岁,将渐开亏损正额之端。”此事殊费解。据表6–23,乾隆于1736年继位后江南米价确有几年下降,但旋即复升。又雍正乾隆之际曾发生“钱荒”,银每两折钱由900余文跌至800余文,至1749年即上谕发布时跌至790文(表6–32)。这意味着银货紧缩,不利商贾。又此时财政混乱,胥吏私用,恐怕还是盈余岁减之主要原因。乾隆十八年(1753)统计了44处关,实征432万两。乾隆三十一年统计关数不

[1]《清高宗实录》卷352,乾隆十四年十一月庚申。
[2]《清高宗实录》卷136,乾隆六年二月乙巳。
[3] 雍正《朱批谕旨》第35册,雍正八年三月初一日。
[4] 允祹等撰:《钦定大清会典》卷16,《户部·关税》,见《钦定四库全书荟要》卷8245,史部,台北:世界书局,1986年(据摛藻堂乾隆二十九年本影印)。

详，实征540万两。到乾隆四十二年规定与前三年盈余数比较，所以乾隆中后期各关盈余数是不断变动的，也可看成无定额。而这种比较，使实际征数增加，估计超过五百余万两。至于1795年即乾隆末年关税收入突增至846万两，可疑。盖礼亲王并不熟悉财政，其《啸亭杂录》仅以“司事者觊久留其任每岁以增盈余”为由，剧加至846万两。因而，以550万两左右作为18世纪关税收入之高峰。此后随市场繁荣，关税收入继升。1766年达540万两，比康熙时约增340%。

嘉庆十六、十七年统计了29处关，税收入下降是合理的。表6–30及表6–31（粤海关除外）均清晰可见。此时有九年的白莲教战争，对四川、湖北、陕西等地经济造成破坏，货运或受影响。但此时国库存银至少减少3 500万两，而整个战费支出达2亿两，大量购买力投入市场，不会出现萧条。这时关税收入下降，主要是占关税近半数的粮食长途贩运减少了（回程货也相应减少）。一般认为粮产区因人口增加减少粮食输出，以及运河淤塞妨碍运输。

道光年亦统计了29处关，关税收入继续下降，显系受市场不景气影响。唯表6–30中1845年突增至551万两，是因为粤海关比1842年增收了124万余两所致，这时各海关收入不断增加，而内陆税关如浒墅关、淮安关税收连年下降。表中1849年粤海关少收100余万两，所以总数也少。而470万两已包括五口通商后之洋关税221万两，原关税不足250万两矣。

前节笔者指出：“以明代钞关税收还原为商品流通额，殆不可能”。清代亦难。盖税额有定，贪污、偷漏难详。邓亦兵文估计粮食运输按贪污、偷漏150%处理，似有勉强。[1]粤海关有1750—1838年逐年税收记录，但进出口货难有平均税率。黄启臣对粤关研究甚稔，但一律按2%税率摊算贸易值亦受评议。[2]

[1] 邓亦兵根据嘉道年间人冯桂芬：《罢关征议》，见《皇朝经世文续编》卷47，“浒墅关一端言之，运米百石者，关吏教之报三十石，验过则云实米四十石，应倍罚作八十石，仍少完二十石”（罚银半数给胥吏）。问题在各关尤其各时期情况不同，雍正清理税务，乾隆亦多次整顿，晚清腐败最甚。

[2] 参见黄启臣：《清代前期海外贸易的发展》，《历史研究》1986年第4期；《清代前期广东的对外贸易》，《中国经济史研究》1988年第4期。陈尚胜：《也论清前期的海外贸易》，《中国经济史研究》1993年第4期。

五、白银的流入流出

清代货币方面有两大问题：银钱比价问题和白银的流入流出。银钱比价波动造成市场失序，当时人即有不少评议和改革建议，今清史学家更有不少研究，需另作专论。但将林满红所辑比较最完整的银钱比价变动系列列入表6–32，作为观察市场荣枯的参考，并作为本文常见的银钱折算之用。[1]

表6–32 18、19世纪银钱比价[2]（单位：文/两）

年份	比价	年份	比价	年份	比价	年份	比价
1721	780	1771	950	1821	1 267	1871	1 850
1722	780	1772	950	1822	1 252	1872	1 880
1723	800	1773	950	1823	1 249	1873	1 720
1724	820	1774	955	1824	1 269	1874	1 610
1725	845	1775	960	1825	1 253	1875	1 660
1726	900	1776	910	1826	1 271	1876	1 630
1727	925	1777	890	1827	1 341	1877	1 510
1728	950	1778	870	1828	1 339	1878	1 420
1729	980	1779	850	1829	1 380	1879	1 420
1730	950	1780	910	1830	1 365	1880	1 440
1731	925	1781	925	1831	1 388	1881	1 420
1732	900	1782	940	1832	1 387	1882	1 470
1733	880	1783	955	1833	1 363	1883	1 630

[1] 钱文与银两折合率各地不同，但除云南及边区外相差不过一二百文，对本文折合言，表6–32可适用。沃哥尔辑有17个省的约200个银钱比价，较详，见Hans U.Vogel, "Chinese Central Monetary Policy 1644–1800", *Late Imperial China*, Vol. 8, No. 2, Dec, 1987.

[2] 林满红：《嘉道钱贱现象产生原因“钱多钱劣论”之商榷》，载张彬村、刘石吉主编：《中国海洋发展史论文集》第5辑，第359—360页，台湾“中央研究院”中山人文社会科学研究所，1993年。唯1721年据《清会典事例》卷220。

（续表）

年份	比价	年份	比价	年份	比价	年份	比价
1734	860	1784	970	1834	1 356	1884	1 720
1735	840	1785	985	1835	1 420	1885	1 720
1736	820	1786	1 000	1836	1 487	1886	1 720
1737	800	1787	1 020	1837	1 559	1887	1 720
1738	755	1788	1 040	1838	1 637	1888	1 690
1739	830	1789	1 060	1839	1 679	1889	1 460
1740	830	1790	1 080	1840	1 644	1890	1 530
1741	830	1791	1 100	1841	1 547	1891	1 530
1742	815	1792	1 120	1842	1 572	1892	1 530
1743	800	1793	1 140	1843	1 656	1893	1 470
1744	825	1794	1 150	1844	1 724	1894	1 360
1745	850	1795	1 150	1845	2 025	1895	1 250
1746	825	1796	—	1846	2 208	1896	1 200
1747	850	1797	—	1847	2 167	1897	1 200
1748	775	1798	1 090	1848	2 299	1898	1 200
1749	790	1799	1 033	1849	2 355	1899	1 200
1750	805	1800	1 070	1850	2 230	1900	1 220
1751	820	1801	1 040	1851	—		
1752	840	1802	997	1852	—		
1753	850	1803	967	1853	2 220		
1754	850	1804	920	1854	2 270		
1755	850	1805	936	1855	2 100		
1756	850	1806	963	1856	1 810		
1757	850	1807	970	1857	1 720		

(续表)

年 份	比 价	年 份	比 价	年 份	比 价	年 份	比 价
1758	850	1808	1 040	1858	1 420		
1759	850	1809	1 065	1859	1 610		
1760	850	1810	1 133	1860	1 530		
1761	825	1811	1 085	1861	1 420		
1762	800	1812	1 094	1862	1 210		
1763	850	1813	1 090	1863	1 130		
1764	870	1814	1 102	1864	1 190		
1765	890	1815	—	1865	1 250		
1766	910	1816	1 177	1866	1 420		
1767	930	1817	1 217	1867	1 690		
1768	950	1818	1 245	1868	1 690		
1769	950	1819	—	1869	1 750		
1770	950	1820	1 226	1870	1 780		

下面只谈白银问题。笔者曾估计,明代国内白银产量盛时年约30万两,16世纪即见下跌,17世纪早期记录仅数万两,连同隐漏不过20万两。清代银矿有所发展,乾隆后保持30个左右矿厂,唯银课记录过少,亦不像明代银矿有多家研究。所见仅彭泽益的考察,据称1754年(乾隆十九年)最高峰时约产557 000万两,以后下降,1800年左右不过439 000两;道光时屡次密令增产而乏成效。[1]又1760年间华人在越南开宋兴银矿,年产100余万两;1761年在缅甸开波多温银矿,年产亦100余万两;产银主要运中国,惜为时不久即停产。[2]这样,粗略看,18世纪国内银产量应不下4 000万两,连同17世纪下叶和19世

[1] 彭泽益:《十九世纪后半期的中国财政与经济》,北京:人民出版社,1983年,第26—27页。
[2] 全汉昇:《中国经济史研究》(中册),香港:香港新亚研究所,1976年,第258页。

纪上叶当有7 000万两左右。

区区每年四五十万两的白银生产，显然不能满足清代人口增长和市场扩大的货币需要。这也是在市场交易中银不能排挤铜、从而引起复杂的银钱比价问题的原因之一，时论似注意不足。亦因人口和市场的巨大发展，在19世纪下叶大量发行纸币前，清代对进口白银的依赖远超过明代。究竟有多少白银流入，以及19世纪上叶有多少流出，时贤已有多家估计，而结果悬殊，当在时贤研究的基础上作进一步讨论。下面的讨论分四个时间段，即17世纪后期、18世纪前期、18世纪后期、19世纪前期。须说明者，每个阶段的估计都有不少漏洞，欲求完善，尚有待高明。

（一）17世纪后期

本期白银流入，主要来自中国与菲律宾（马尼拉）贸易和中国与日本（长崎）贸易。前节已对两者作过考察，本节作些修正；另增列本期新兴的尚属微弱的中英贸易。中菲贸易仍据钱江精心提供的数据，[1]但减除台湾来菲船只，因台湾时为郑氏所据，台船运回的白银鲜在清市场流通。又将“水饷银”计入，因此项银虽非商人所得，然清关吏收取后仍在大陆流通。具体方法是，设每船载货值35 000比索，在菲出售得利100%，回船载值70 000比索，内90%为银，即63 000比索；减除付马尼拉进口税6%即2 100比索，减除国外销售费用及回船费用按载值15%计即10 500比索，得50 400比索等于8 403两，运回中国。此值乘以船数，即白银流入数。

中日贸易，改用岸本美绪估计，她是据岩生成一对长崎与中国贸易提供的数据估算的。[2]在前节中用岩生的概数，而岸本是减除了由长崎驶往南洋和台湾的船只，只计驶往大陆的船只，故比前节所估为低。

中英贸易，是据H. B.马士《东印度公司对华贸易编年史》第一卷的附录表估计，限于该公司来广州、厦门、舟山、澳门的船。《编年史》所记有不同情

[1] 钱江：《1570—1760年中国和吕宋贸易的发展及贸易额估算》，《中国社会经济史研究》1986年第3期。
[2] ［日］岸本美绪：《康熙年间の谷贱について》，《东洋文化研究纪要》1982年，第89册。数据见［日］岩生成一：《近世日支贸易の数量考察》，《史学杂志》1953年61编11号。

况:(1)有些船记有运来白银值,多用镑,按每镑3两折成银两。(2)有些船兼记有运来货物值和运来白银值,从中可计出本时期(十年)白银所占总载值比例。(3)有些船仅记货物、白银之总载值,可从前项比例中计出白银值。(4)有些船既无货物值亦无白银值,当然不会空船开来,则按上三项每船运银的平均数计算。

以上三种贸易均有逐年的系列数字,为节篇幅,按十年汇总列入表6–33。

表6–33 17世纪后期白银流入估计

	中菲贸易		中日贸易		中英贸易		合计万两
	船数	万两	船数	万两	船数	万两	
1650—1659	67	256.9	406	512.5	0	0	769.4
1660—1669	45	172.5	184	544.4	1	0.4	717.3
1670—1679	30	115.0	27	10.1	3	6.6	131.7
1680—1689	77	295.2			12	29.2	324.4
1690—1699	168	644.1			5	27.6	671.7
合　计	1 483.7		1 067.0		63.8		2 614.5

原来1656年清政府禁海令后,华船出海即减少,但从表6–33看,大量减少是在1661年靖边令之后。就中日贸易言,从逐年数字看,1658—1662年从长崎运华白银反而由以前的每年几十万两增至一两百万两,清禁海政策适得其反。日本是清初白银入流的最大来源地,其锐减是由于1866—1867年日本政府禁止白银出口,此后每年来华白银不过万余两,乾隆时有中国银流入日本,故对日本来银的估计就此终止。但日本禁银出口后,据称又有经朝鲜、琉球和

经东南亚运澳门的白银流出，苦无资料计量。又17世纪日本金贵银贱，商人常从中国运黄金到日本换银谋利，据说中国输日货中生丝、丝织品外黄金居第三位，[1]这里未能计及贵金属的净流通，是估计中的漏洞。

表6-33均系外国统计，对清政府法令无所顾忌，可见禁海期间（1685年开海禁）白银流入并未终止。当时人如幕天颜将康熙银荒、市场不景气归之于禁海，所谓外国银钱“绝迹不见一文”“坐弃之金不可以亿万计”，乃夸大之词。再从银钱比价看，康熙最初二十余年禁海期间，除三藩之乱时升至2 000文以上外，都在700文以上水平，无大变动，开海禁后降至600文以上水平。[2]又从金银比价看，长期维持10换1，并无波动。[3]这可说明，与道光萧条不同，康熙不景气是市场缺银，而非银贵。前节中曾说，这时市场萧条与康熙之紧缩政策有关。时无金融机构，紧缩政策表现为财政节约。康熙曾自诩：“明朝费用甚奢，兴作亦广，一日之费，可抵今一年之用。”[4]1706年康熙谕：“前光禄寺一年用银百万两，今止用十万；工部一年用银二百万两，今止用二三十万。必如此，然后可谓之节省也。”1710年再谕：“朕每岁供御所需，概从俭约。各项奏销、浮冒，亦渐次清厘。外无师旅馕馈之烦，内无工役兴作之费。因以历年节省之储蓄，为频岁涣解之恩膏。”[5]户部银库，从无到有，据云康熙时积存达2 400万两，[6]为过去王朝所未曾有。民间存银，大约30%—40%为银饰、银器和窖藏，在物价下跌、白银购买力提高的情况下，这一比例也会增高。是以通货紧缩。

（二）18世纪前期

此指18世纪的前60年，因1760年以后将采取另一种估计方法。本时期，中菲贸易仍在继续，中日贸易微弱免计，中英贸易日渐重要，另加入中国与荷兰贸易，估计结果列入表6-34。

---

[1] 参见［日］滨下武志：《中国近代经济史研究中一些问题的再思考》，《中国经济史研究》1991年第4期。
[2] 据叶梦珠：《阅世篇》卷7。又见沃哥尔所辑江苏银钱比价，开海禁前常在1 100文以上，无大变动，开海禁后在900文左右。
[3] 郑光祖：《（醒世）一斑录》卷6，《杂述》。
[4] 《清朝文献通考》卷39，《国用考》。
[5] 王庆云：《石渠余记》卷3，《纪会计》。
[6] 《清代全史》第5卷，1991年，第400页。时无黄册记录，或称八百万两，此数亦不小了。

表6-34　18世纪前期白银入流估计

	中菲贸易		中日贸易		中英贸易		合计
	船数	万两	船数	万两	船数	万两	万两
1700—1709	191	732.3	33	274.0	—	—	1 006.3
1710—1719	110	421.7	17	163.8	—	—	585.5
1720—1729	116	444.7	30	262.6	—	—	707.3
1730—1739	127	486.9	38	312.0	28	152.4	951.3
1740—1749	131	502.3	49	455.4	38	164.3	1 122.0
1750—1759	139	532.9	71	503.5	39	212.0	1 248.4
合　计	3 120.8		1 971.3		528.7		5 620.8

表6-34见第二个十年起，中菲贸易衰落，盖受1717年康熙禁止与南洋贸易的影响。1727年雍正废除禁令，贸易恢复，但已不如往前。本期中菲贸易估计方法与前期同，唯已计入台湾来船，因台湾已于1683年入清版图；但减除了澳门来船（全期共19艘），因它们多属外国船的三角贸易，用银在澳门购中国货，驶马尼拉销售后载香料等返航欧洲。这里的漏洞是，估计所用回航每船载值和载值中90%为白银的假设是根据1662年以前的事例制定的，18世纪胡椒、香料等在中国畅销，运来白银比重恐怕没那么大了。再则，假定华船驶南洋其他港口的贸易不运或很少运回白银。乾隆以后，东南亚贸易活跃，巴达维亚（雅加达）、越南、暹罗尤繁，有否白银出入，未能详考。

此时中英贸易大有发展。估计方法一如前期。这方法原较精密，但1743年以后东印度公司档案不全，1754—1774年档案遗失，后经马士找到部分档案，补充为《编年史》第5卷，历年船数基本齐全，而载银资料甚少。参用第5卷补估，以致1750—1759年估计有54船是按每船载银70 909两计出（此时因采用伦敦汇票结算，载银比例大减)，有失精确。而另一问题是，《编年史》所统计限于英国东印度公司船只，而此时已有不少英国散商或印度商船驶广州。不过它们多系东印度公司委托，甚少自载白银，然终属漏洞。

中荷贸易是采用庄国土的近作，他是取用荷兰学者的著述，论证精当。[1] 荷兰东印度公司早就经营中国丝、茶、瓷器等，但是派船到巴达维亚向华船购货。1728—1734年曾由荷兰直接派9船驶广州，携来白银702 855两，记入表6–34的第四个十年。1735年荷印公司放弃对华直接贸易，改由巴城派船来广州，每船资本30万荷盾，其中除胡椒、香料等外约半数为白银，即每船携银43 228两。1735—1756年共来广州85船，以19船计入表6–34的第四个十年，38船计入第五个十年，28船计入第六个十年。1757年起又恢复直接贸易，1757—1794年共来广州135船；平均每船携银82 697两，以11船计入表6–34的第六个十年。

本时期，主要漏洞是，除英、荷外已有法国及其他欧洲船来中国，1750年广州有法国船4艘，瑞典、丹麦船各2艘，但无法估计它们所携白银数量。此外，如前所说，国外金价略高于中国，外商常从中国购黄金回国。又因中国银锭成分比墨西哥本洋成分为高，外商运进墨洋换取中国纹银出境，有10%以上的利润，纹银出口大约比黄金流失更大。这些都无法作出估算。一般假设是，这时茶叶、丝的利润较金银交易利润为大，加以清廷严禁，金银出口不会很多。

(三)18世纪后期

1757年西班牙殖民当局驱逐菲律宾非基督徒的华商，中菲贸易衰落，1760年以后无记录。同在1757年，清廷限广州一口通商。假定1760年以后外贸集中在广州，并假定美洲白银流入中国基本上是通过中国与欧洲的贸易渠道(本时期尚无中美贸易)。严中平主编的《中国近代经济史统计资料选辑》有从1765年起的中国与欧洲各国贸易的进出口值统计，即以此为根据，方法是出口值减进口值等于估计的白银进口值。唯严书缺1760—1763年的中欧贸易

[1] 庄国土:《茶叶、白银和鸦片：1750—1840年中西贸易结构》,《中国经济史研究》1995年第3期。所据有C. J. Jorg, *Procelain and the Dutch China Trade*, 1982; Kristof Glamann, *Dutch-Asiatic Trade*, 1958。

统计,仅有此期间中英贸易统计。查1764—1769年英商在全欧输华总值中占66.5%,在中国输欧总值中占48.4%,即按此比例补估所缺全欧数字。依此法估出逐年白银流入数,再按十年距汇入表6–35。[1]

表6–35 18世纪后期白银流入估计中国与欧洲海上贸易(单位:万两)

	出 口 值 Ⅰ	进 口 值 Ⅱ	估计白银流入值 Ⅲ = Ⅰ − Ⅱ
1760—1769	3 212.0	1 361.1	1 850.9
1770—1779	4 544.3	2 045.1	2 499.2
1780—1789	6 731.5	3 242.1	3 489.4
1790—1799	7 642.8	5 892.8	1 750.0
合　计	22 130.6	12 541.1	9 589.5

上述已知这时期英国船在欧洲输华特别是在由华输欧贸易中所占比重并不很大,采用这种方法可以包括全欧来船,是其最大优点。但缺点是,完全忽视了华船出海贸易。再则,此时陆路贸易颇有发展,尤其是1727年订立恰克图条约后,中俄商贸迅臻繁荣,不过,1858年俄开放银禁前基本上是易货贸易。

(四)19世纪前期

19世纪前期,实际是1800年到1834年6月,英国东印度公司解散后再无可系统计量的资料。下面估计采用《中国近代经济史统计资料选辑》(简称《统计》)提出的方法,即在中国与欧洲和美国的贸易中,用中国出口值减进口值,再减去鸦片走私进口值,得出白银流入或流出的估计数。

原来,英商早就向中国输进鸦片,作为携带白银以外抵偿他们对华贸易逆

[1] 严中平等:《中国近代经济史统计资料选辑》,北京:科学出版社,1955年。本文所用为第4—5页和第7—8页表,原书主要据Earl H. Pritchard, *The Crucial Year of Early Anglo-Chinese Relations, 1750–1800*, 1936; *The Struggle for Control of the China Trade During the Eighteenth Century*, *The Pacific Historical Reuiew*, Vol. 3, Sept, 1934。

差的一种手段。葡、法、荷船也有鸦片输华。1729年雍正即谕令禁止开设烟馆和贩卖鸦片。但乾隆海关则例，鸦片作药材进口，每百斤税银3两。1782年英国“嫩实兹”号装载1 601箱鸦片到澳门，是那时最大的一批，而在交纳关税和礼金后，海关监督发给执照放行了。因而，“虽然鸦片是违禁的，现在他由英国散商船及悬挂其他旗帜的船不断输入”。[1]到1799年，粤海关监督奉上级谕令，严禁进港船只夹带鸦片，“如有违犯，即予拿捕，送官究办”。次年，英东印度公司请董事部颁布命令禁运鸦片。因此，采取上述估计方法是根据这样一个假设：1799年以前，进口鸦片值已包括在表6–35所列的进口总值之内（Pritchard所作统计包括散商船以及东印度公司船员私人的贸易值），1800年起，英人正式视鸦片为走私，不包括在他们所统计的输华总值之内。当然，这种假设的真实性，尚有待时贤评正。

严中平《统计》第36页有1817—1834年的按照“出口值–进口值–鸦片走私值=白银流入流出”公式所作的逐年估计数。采用这个估计，但需补充和调整。第一，该估计是采用7月至次年6月的会计年度，将它调整为太阳历年度，即每项数字，以一半作为上年7—12月数，一半作为次年1—6月数。第二，原估计从1817年开始，须补充1800—1816年的数字。其中，鸦片走私值因马士《中华帝国国际关系史》第一卷中有逐年鸦片进口箱数，很易估出。严书第4—5页表中有1800—1806年中国与欧美贸易的进出口值可用，但尚缺1807—1817年数字，无奈，只得以严书第31页的广州白银进出口统计代替。这样，估计出1800—1834年6月的逐年白银流入流出数，再按5年距，汇入表6–36。

表6–36 19世纪前期白银流入流出估计中国与欧美海上贸易 （单位：万两）

	出口值 I	进口值 II	鸦片走私值 III	白银流入流出 IV = I – II – III	
1800—1804	5 159.9	4 363.7	1 355.6	出	503.4
1805—1809			1 603.1	出	665.1

[1] 《东印度公司对华贸易编年史》第2卷，广州：中山大学出版社，1991年，第400页。东印度公司于1797年垄断印度鸦片制造，但在印度拍卖给散商或港脚商船运华。

(续表)

	出口值 I	进口值 II	鸦片走私值III	白银流入流出IV = I－II－III	
1810—1814			1 745.0	入	468.0
1815—1819			1 507.2	入	668.5
1820—1824	7 317.4	3 852.5	2 931.7	入	533.2
1825—1829	7 275.0	4 608.5	3 725.7	出	1 059.2
1830—1834(6月)	6 068.6	4 108.4	4 343.8	出	2 383.6
合　计			17 192.1	出	2 941.6

表6–36显示,在19世纪的最初十年即有白银净流出,令人怀疑。因为这时期我国进出口贸易上仍属顺差,而在广州白银进出统计上,并无净流出(严书第33页)。然而,在有贸易进出口统计的1800—1804年,以及1805—1806年,贸易顺差确实不像1810年以后那样大,可以抵补鸦片输入而有余。虽然现在还不能解释这个困惑,但表6–36中1810年以后的估计,暂时可用。

总看以上估计,白银流动状况如下:

17世纪后期	流入	2 614.5万两
18世纪前期	流入	5 620.8万两
18世纪后期	流入	9 589.5万两
19世纪前期(1833年止)	流出	2 941.6万两
总　计	流入	14 883.2万两

这个估计,白银的流入比人们常用的1700—1830年流入5亿元即3亿6 000万两的概念为小。5亿元的概念是H.B.马士在一次题为“中国与远东”的演讲中说的,并无详细的计算。而马士的数字也实在太大了,用这个概念来研究18世纪中国经济特别是市场的发展,势必夸大了货币方面的作用,成为贵金属主义者(bullionist)。如果有这么大量的白银流入,也不会出现嘉庆的银贵和道光时那么严重的市场萧条。

嘉道的银贵和市场不景气,鸦片走私和白银外流当然是个重要原因,但也往往被夸大了。按照分年估计，在1817年下半年和1818年上半年即有150万两的白银净流出，但以后十年，除1824年有小量净流出外，仍是白银流入。1827年起，变为连续的白银流出，并由每年350余万两升至400余万两，1833年达669万两的高峰。以后情况虽无数据，但从下文可知，1855年以后又有白银流入了。

早在1820年（嘉庆二十五年），包世臣即提出当时银贵钱贱是由于鸦片走私，乃至“散银于外夷者倍差于正赋”。[1]他说正赋不过4 000万两，则鸦片走私近8 000万两，显然是不可能的。道光初黄爵滋、许乃济称每年耗银2 000余万两，或是按2万箱鸦片的零售价粗估，因按进口价计不到1 000万两。冯桂芬说咸丰初“计每年漏银二三千万两，故银骤贵”，显然是夸大。因为他的“漏银”是指减除贸易顺差后，依估计不超过1 000万两。他又说，1855年、1856年，欧洲诸国“一年中买（中国）丝至六七千万两，各货及鸦片不足抵，则运银偿之，银遂骤贱，以迄于今”。[2]今人论白银外流常用晚清名流的论据，也就不免夸大。至于银贵钱贱的复杂原因，需待专论。

[1] 包世臣：《安吴四种》，《庚辰杂著二》。
[2] 冯桂芬：《用银不废银议》，《显志堂稿》卷11。